GUIDE DE L'AMATEUR
DE
LIVRES A GRAVURES
DU XVIIIe SIÈCLE

JUSTIFICATION DU TIRAGE

50 exemplaires sur papier de Hollande (n°s 1 à 50)
1000 exemplaires sur papier vélin (n°s 51 à 1050)

TOUS NUMÉROTÉS A LA PRESSE.

N° 670

FRAGONARD
DESSIN POUR LES *Contes* DE LA FONTAINE (1795)
(Ancienne collection de Lord Carnarvon)
APPARTIENT A M. MORTIMER L. SCHIFF

HENRI COHEN

GUIDE DE L'AMATEUR
DE
LIVRES A GRAVURES
DU XVIIIe SIÈCLE

SIXIÈME ÉDITION
REVUE, CORRIGÉE ET CONSIDÉRABLEMENT AUGMENTÉE
PAR
SEYMOUR DE RICCI

PREMIÈRE PARTIE

PARIS
LIBRAIRIE A. ROUQUETTE
18, Rue La Fayette, 18

1912

AVANT-PROPOS

Lorsqu'un ouvrage de bibliographie, tiré à un millier d'exemplaires et publié à vingt-cinq francs, se vend couramment quatre-vingts francs en vente publique ; lorsque, de plus, il s'agit d'un livre indispensable, d'un manuel classique dont nul collectionneur et nul libraire ne sauraient se passer ; lorsque, enfin, la faveur des bibliophiles s'attache, avec une passion sans cesse renouvelée, au genre d'ouvrages dont il constitue l'unique répertoire existant, il n'y a qu'une chose à faire, c'est de le réimprimer.

Une simple réimpression du *Cohen* soit en typographie, soit par le procédé anastatique, aurait déjà été une opération fructueuse ; M. Rouquette, soucieux de la vieille réputation de sa maison, a eu l'ambition de donner aux amateurs un *Cohen* rajeuni de vingt-cinq ans, un compagnon du précieux manuel de M. Vicaire. Il a bien voulu me confier la réalisation de ses vœux : aux lecteurs de juger si je me suis acquitté de ma tâche avec le succès qu'ambitionne mon éditeur.

D'édition en édition, le *Cohen* était allé en augmentant de volume : la première n'était qu'une liste de livres choisis : la deuxième, fort en progrès, renfermait déjà le germe de toutes les éditions suivantes; la troisième, due à M. Mehl, porte l'empreinte de ses patientes recherches ; la quatrième, trop peu connue, contient plus d'une note que n'a pas reprise l'éminent auteur de la cinquième édition, celle que nous aspirons non à supplanter, mais à compléter, celle qui, depuis un quart de siècle, rend d'inappréciables services aux amateurs et aux libraires.

La sixième édition, par la force des choses, est plus volumineuse que ses devancières ; il eût été bien facile de la grossir encore, en y introduisant la description d'une foule d'ouvrages qui ne méritent en rien le titre de livres illustrés du xviiie siècle, bien qu'ils soient « ornés de figures » et qu'ils aient paru entre 1700 et 1800. La cinquième édition n'en renferme déjà que trop, et si un scrupule, peut-être exagéré, ne m'avait empêché d'éliminer quoi que ce fût de l'édition précédente, c'est par douzaines que j'aurais jeté par dessus bord et les *Scotin* et les *Harrewyn* et les *Œuvres de Buffon* et les *Origines typographicae* de Meerman et bien d'autres encore. Je me serais alors uniquement préoccupé de la valeur artistique des volumes qui me passaient entre les mains et j'aurais laissé à Quérard une foule de volumes de second ordre qu'aucun amateur délicat ne songera jamais à placer sur les rayons de sa bibliothèque.

Enfin, tant bien que mal, et malgré une sélection assez sévère, voici quelques centaines de numéros qui viennent s'ajouter au *Cohen* du baron Portalis. Il y a là-dedans un peu de tout : beaucoup de ces charmants almanachs, si chers au vicomte de Savigny de Moncorps ; un certain nombre de ces admirables suites d'ornements que l'on trouve parfois en reliure ancienne ; quelques illustrations de Gravelot publiées en Angleterre ; fort peu de vrais livres illustrés par Eisen ou par Marillier, car ceux-là figuraient tous déjà dans la cinquième édition.

Cédant aux sollicitations d'un grand nombre de libraires, ses confrères, mon éditeur a cru devoir maintenir les prix d'estimation, fort utiles en vérité à ceux qui ne se sont pas spécialisés dans l'acquisition et la vente de livres du XVIIIe siècle. Ces prix ont fait l'objet d'une révision très attentive et représentent la valeur approximative, en cette année 1912, de bons exemplaires, reliés en veau ancien ou dans le cartonnage de l'époque. La rareté des exemplaires en maroquin ancien, les incroyables fluctuations de ceux reliés en maroquin moderne, nous ont empêché de les coter, comme le faisait parfois la cinquième édition.

Pour le prix de ces exemplaires exceptionnels, j'ai renvoyé aux ventes dans lesquelles ils ont figuré : le bibliophile curieux pourra ainsi suivre à la trace le passage, de cabinet en cabinet, de plus d'un beau volume. Il constatera les variations de prix subies par chaque article et aura aussi le plaisir, pour beaucoup de livres célèbres, de savoir quel amateur en est aujourd'hui le possesseur heureux.

J'en ai agi de même pour les ouvrages aux armes et pour les dessins ; il n'est point indifférent de connaître l'emplacement de tel exemplaire de Madame de Pompadour et c'est une utile précaution contre l'habileté de Messieurs les faussaires que de signaler la destinée véritable des dessins originaux utilisés pour la gravure : j'ai vu un amateur sérieux couvrir de billets de banque un faux Moreau le jeune dont l'original, comme il l'apprendra par Cohen, appartient depuis trente ans à une très grande collection.

Pour faciliter les recherches, je me suis astreint, dans le corps de l'ouvrage, à ne citer des adjudications qu'en renvoyant au numéro du catalogue. Cette innovation, qui pourra rendre quelques services, m'a coûté de longues heures de travail.

A l'exemple de M. Picot et de M. Vicaire, j'ai indiqué la collation d'un très grand nombre d'ouvrages et c'est la modification la plus importante que j'aie apportée à la cinquième édition. Si j'avais eu quatre ou cinq ans devant moi, j'aurais étendu ce perfectionnement à *tous les volumes énumérés* : il m'a fallu me borner et je pense avoir fait le nécessaire pour presque tous les ouvrages qui en valaient la peine. Il ne faudra pas chercher ici une collation des *Œuvres de Buffon* ou de l'*Encyclopédie* ; mais on sera peut-être heureux d'y trouver celle du *Voyage de Saint-Non* et du *Voltaire* de Kehl.

Les dessins originaux des illustrateurs du dix-huitième siècle sont presque tous enfermés dans des collections particulières ; j'ai cru que mes lecteurs me sauraient gré de leur montrer comment dessinaient un Moreau, un Eisen, un Gravelot et un Marillier : on trouvera donc, dans cette sixième édition, la reproduction photographique de douze dessins d'illustrations, exécutés par douze des meilleurs artistes du dix-huitième siècle, et choisis dans les collections parisiennes les plus riches en cette spécialité : c'est, je crois, la première fois qu'un ensemble de ce genre sera présenté au public.

J'arrive à la partie la plus agréable de ma tâche : celle de remercier toutes les personnes qui, au cours de mon travail, m'ont communiqué des observations et des documents : tout d'abord, le baron Portalis qui a prodigué à son jeune continuateur les encouragements et les conseils ; mon excellent éditeur, M. Rouquette, qui m'a fourni tout un arsenal de fiches et de volumes, qui a rédigé les index et qui a collationné un très grand nombre des volumes décrits ; l'esprit fin et pénétrant qu'est M. Rahir, libraire modèle, qui, avec une patience inlassable, ne se refuse jamais à donner à un confrère en bibliographie le renseignement qu'il sollicite ; il a poussé la complaisance jusqu'à relire en entier les épreuves de cet ouvrage ; enfin, la fiche fait homme, le répertoire ambulant du xvIII^e siècle, M. Tourneux, qui m'a fort aimablement abandonné tout un dossier de « notes pour le Cohen ».

AVANT-PROPOS

Dans le bataillon sacré des bibliophiles, mon ami M. Robert Schuhmann ne m'en voudra pas de le nommer le premier : c'est dans sa bibliothèque qu'a été rédigée la meilleure partie de cette sixième édition ; ce sont ses exemplaires qui m'ont servi pour établir la plus grande partie de mes collations et, si sa patience et son amitié ont été soumises parfois à une assez dure épreuve, il n'est que juste de lui en témoigner toute ma reconnaissance.

Mais comment énumérer ici tous les amateurs qui, avec la plus délicate des complaisances, m'ont permis d'étoffer ma documentation en énumérant leurs trésors. Je ne veux oublier ni M. Henri Beraldi, digne continuateur de Paillet qu'il surpasse aujourd'hui de vingt coudées, ni M. Adolphe Bordes, ni M. Louis Cartier chez qui je n'ai vu que de véritables bijoux, ni Mme Dornois, ni M. Georges Christophle, héritiers de la précieuse collection de leur père, ni Mme la baronne James de Rothschild, dont j'ai étudié avec M. Picot comme guide (et quel guide !) l'incomparable collection, ni le baron Edmond de Rothschild, qui a bien voulu entrouvrir pour moi quelques-uns de ses cartons les plus précieux.

Je tiens à remercier, tout particulièrement, M. Maurice Pereire dont la bibliothèque, si riche en ouvrages peu connus et dédaignés des bibliophiles, a été libéralement ouverte à mon éditeur. M. Rouquette et moi y avons trouvé plus d'un ouvrage dont nous cherchions vainement à consulter un exemplaire, et le possesseur de ces précieux volumes a pris bien souvent la peine de nous en rédiger lui-même la description.

Citons encore — mais malgré tout j'en oublierai — M. Francis Charmes, dont la collection, bien que petite, est d'une si remarquable tenue ; M. Jacques Doucet, dont les beaux livres sont si libéralement communiqués aux travailleurs ; M. Dubeau, grand amateur des œuvres de Chodowiecki ; le comte de Rochambeau, à qui notre article sur La Fontaine doit bien des indications ; les nombreux libraires parisiens qui nous ont communiqué les ouvrages qui leur passaient par les mains et, pour finir, deux amateurs étrangers qui ont enlevé à la France bien des livres précieux, Sir David Salomons et M. Mortimer L. Schiff.

Enfin, je ne dois pas passer sous silence l'affectueux concours que m'a prêté mon ami M. Lucien Schloss qui, pendant mes visites dans les collections particulières, n'a cessé, avec un dévouement dont je le remercie, de remplir à mes côtés le rôle ingrat du greffier dans un inventaire.

A la suite de cet avant-propos, nos lecteurs trouveront une Préface du baron Portalis, où sont reproduites, presque sans modifications, les parties les plus intéressantes de la préface de la cinquième édition. On déplorera que la santé de l'éminent écrivain ne lui ait pas permis de nous donner la préface nouvelle qu'il nous avait promise et qu'il désirait écrire ; il a dû se borner à retoucher sa préface antérieure qui a été si favorablement accueillie par toute une génération de travailleurs qu'on sera heureux de la retrouver en tête de la sixième édition. Celle-ci ne saurait se présenter au public sous de meilleurs auspices.

SEYMOUR DE RICCI.

PRÉFACE

LES livres du XVIIIe siècle sont toujours à la mode et le seront tant que les bibliophiles auront le goût du livre élégant, orné avec ingéniosité et grâce. C'est que, sous la facilité apparente de son ornementation, se cachent beaucoup de savoir chez les dessinateurs et non moins d'habileté chez leurs interprètes les graveurs. Si décrié et dédaigné pendant le premier Empire et la période romantique, l'art charmant de nos pères s'est relevé peu à peu d'un injuste dédain, et les amateurs qui n'admettaient guère jadis dans leurs armoires que les *Contes de La Fontaine* des Fermiers-Généraux, ont tenu à connaître et à posséder ce dix-huitième siècle jusque dans ses productions les plus modestes. Aussi le besoin d'un manuel, d'un ouvrage consacré à la description des livres si nombreux éclos pendant cette période séculaire ne tarda-t-il pas à se faire sentir, d'autant que Brunet et, à plus forte raison, de Bure, avaient systématiquement, dans leurs ouvrages, omis ou à peine indiqué ces gracieuses productions. Ce sera l'honneur de Henri Cohen, conservateur des médailles à la Bibliothèque alors impériale, encouragé par M. Rouquette père, l'un des libraires qui ont le plus contribué à développer le goût des livres à figures, d'avoir jeté les premières assises d'un guide destiné à diriger les amateurs nouveaux, et même les anciens, dans leurs achats, à leur indiquer les meilleures éditions, le nombre des figures, les noms des artistes, les remarques diverses, les papiers sur lesquels ces ouvrages furent tirés, enfin leur prix courant ou celui qu'ils ont atteint dans les ventes.

Un premier essai, embryon de l'idée, bien incomplet encore, fut lancé en 1870 sous le titre de *Guide de l'Amateur de Livres à Vignettes*, rédigé par Cohen et rapidement épuisé. Une seconde édition, beaucoup plus complète et substantielle, parue en 1873 avec un frontispice de Chauvet, eut un égal succès et un rapide épuisement. Aussi, vers 1875, M. Rouquette méditait-il encore une nouvelle édition. Il avait dans sa clientèle M. Mehl, bibliophile strasbourgeois, qui s'offrit à revoir et à compléter ce que, dans le monde des amateurs, on n'appelait plus déjà que le *Cohen*. Il y ajouta des notes, et aussi des séries de livres se rapportant pour la plupart à la période révolutionnaire, si peu artistique du reste; cette troisième édition parut en 1876 et eut le même succès que les précédentes. Cependant, un dissentiment s'était élevé entre l'annotateur du Cohen et son éditeur, au sujet de la rémunération légitime du travail accompli et des soins apportés, dissentiment dans lequel nous demandons la permission de ne pas entrer. Les choses étaient à ce point quand, sur les sollicitations de sa nombreuse clientèle, M. Rouquette, ayant d'avance le placement de ses exemplaires, se décida à publier, de concert avec M. Cohen, qui mourut à quelque temps de là, une nouvelle édition, tout en se servant des notes et du travail fait pour la troisième. Cette quatrième édition vit le jour en 1880 et fut enlevée comme ses aînées, mais devint la cause d'un procès entre MM. Mehl et Rouquette. Une solution judiciaire est venue mettre fin à cette situation, sur la plaidoirie de M. Chaix d'Est Ange pour l'éditeur.

Cependant les années s'écoulaient dans ce débat. Depuis longtemps le *Guide Cohen* était épuisé et les rares exemplaires qui passaient dans les ventes voyaient leur prix primitif se doubler. Les demandes pleuvaient dans le passage. C'est alors que M. Rouquette me parla de la cinquième édition de son Guide. Des travaux antérieurs et mon goût pour les livres du siècle passé m'y avaient préparé. Toutefois, la tâche était ardue et surtout fastidieuse. Il s'agissait de reprendre la deuxième édition du Guide, si soigneusement rédigée, de respecter les anciennes notes substantielles, et aux appréciations souvent justes de Cohen, et tout en faisant figurer dans cette nouvelle édition les titres d'ouvrages nouveaux apportés par M. Mehl dans la troisième, titres *qui sont du domaine public*, ne sont en propre à personne, et que par conséquent on ne pouvait nous reprocher d'avoir utilisés, il s'agissait, dis-je, de délaisser ses notes, d'en rédiger d'autres et de les renforcer d'indications d'états, de prix, des noms des possesseurs actuels des dessins originaux, etc... Cette cinquième édition empruntait encore des éléments nouveaux à des séries de livres illustrés que ces messieurs avaient systématiquement écartées; c'est ainsi que, dans la série des *Galeries*, ces grands et beaux livres à figures dont ils n'avaient qu'à grand'peine accepté la *Galerie du Palais Royal* et le *Cabinet Choiseul*, nous avions décrit les *Galeries du Luxembourg, de Versailles, de Dresde, de Florence, de Düsseldorf*, le *Cabinet de Crozat*, la *Galerie des peintres flamands de Lebrun*, le *Musée Français*, etc. Il en a été de même de la série des livres de voyages, réduits dans les éditions précédentes au seul *Voyage à Naples de Saint-Non*, que nous avions enrichie, de la *Description pittoresque de la France*, des *Tableaux de la Suisse*, du *Voyage en Sibérie*, du *Voyage en Grèce*, du *Voyage en Sicile*, du *Tableau de l'Empire Ottoman*, etc...; de même pour la curieuse classe des *Almanachs*, souvent remplis de charmantes et spirituelles vignettes bien typiques et dont nous avions décrit plus de quatre-vingts spécimens. Nous avions ajouté encore des ouvrages d'*Architecture,* d'*Histoire,* des livres de *Fêtes,* d'*Équitation,* d'*Escrime,* de *Costumes,* l'*Œuvre de Watteau,* le *Liber Veritatis* de Claude. Enfin il nous avait paru intéressant de joindre à tant d'ouvrages oubliés les principaux recueils d'ornements formant livres, recueils extrêmement recherchés, où l'on trouve figurées toutes les manifestations extérieures du goût de tout un siècle, les *Éléments d'Orfèvrerie* de Germain, l'*Œuvre d'Eisen,* les recueils de *Meissonnier,* d'*Oppenord,* de *Cauvet,* de *Delafosse,* de *Boucher fils,* de *Cuviliès,* de *La Londe,* de *La Joue,* de *Salembier,* de *Pillement* et une foule d'ouvrages ou de recueils de gravures intéressantes, tels que les *Journées de la Révolution* de Monnet, l'*Œuvre de Demarteau,* les *Vues de Paris* de Janinet, la *Physiognomonie* de Lavater, les suites de *Costumes russes* de Le Prince, la suite de Pater et Lancret pour les *Contes de La Fontaine,* la suite d'Oudry pour le *Roman Comique,* l'*Œuvre des Piranèse,* le livre composé à Rome en l'honneur de Watelet, le *Recueil de Griffonis* de l'abbé de Saint-Non, etc...

Toutes ces adjonctions et beaucoup d'autres nous avaient donné un total de plus de six cents articles nouveaux. En même temps nous corrigions un grand nombre d'erreurs échappées aux précédents bibliographes, nous relevions dans les catalogues et spécialement dans les *Bulletins* fort bien rédigés de la librairie Morgand, les indications qui différaient de celles données dans le Guide. Aussi espérions-nous que les mots *revu, corrigé et considérablement augmenté,* que nous inscrivions sur son titre, ne seraient pas considérés comme trop téméraires par le public amateur, priant instamment, d'ailleurs, tous ceux qui relèveraient des inexactitudes ou des omissions de vouloir bien nous en faire part, pour parfaire dans l'avenir ce travail.

Le goût des images est bien ancien, il est presque aussi vieux que le monde. Le mode de les présenter a seul différé dans la suite des âges. Dès qu'il y eut manuscrit, il y eut enjolivement, ornementation faite en vue de reposer ou de récréer les yeux du lecteur, et l'on peut dire que le rudiment de la vignette se trouve dans les premières lettres ornées des plus anciens manuscrits byzantins. Une si haute antiquité est bien faite pour donner de l'orgueil aux amateurs de livres à figures aussi bien qu'à nos modernes illustrateurs. Qu'ils le sachent : ces derniers descendent, en droite ligne, des grands miniaturistes du moyen-âge, qui ont peint sur le vélin des scènes de mœurs, les vues de châteaux et de monuments, et représenté l'histoire religieuse ou les combats des Romans de Chevalerie. Les travaux de Jehan Fouquet, des Memling et des miniaturistes de l'école de Bruges et de Bourgogne, sont de l'illustration au premier chef. La figure, la vignette, voire même le cul-de-lampe, ont là de respectables et illustres ancêtres.

Naturellement, la découverte de l'imprimerie, en modifiant les procédés d'illustration, donna un essor décisif et prodigieux à l'ornementation du livre, en permettant la reproduction presque à l'infini du dessin original. Au travail unique et peint du manuscrit succède la vulgarisation de l'estampe. La gravure sur bois, d'une naïveté si agressive dans les ouvrages xylographiques, les diverses éditions de l'*Ars moriendi,* des *Danses macabres* et de *l'Apocalypse,* vient embellir par ces produits d'un art nouveau les livres de la fin du XVe siècle, les Romans de Chevalerie imprimés par Vérard et les Chroniques. Très cultivé dès l'origine en Allemagne et en France, cet art délicat trouve à Venise son expression la plus parfaite peut-être dans le *Poliphile* d'Alde de 1499. En Allemagne comme en France, il produit dès lors des chefs-d'œuvre, depuis les admirables *Passions* d'Albert Durer, jusqu'aux *Figures de la Mort* d'Holbein, en passant par les belles planches de *Tewrdannckh* composées par Hans Schaufelein ou celles du *Weiss Kœnig,* de Burgkmair, les travaux d'Aldegraever, de Beham, de Joest Ammann et de tant d'artistes éminents.

En France, les Jollat, les Geoffroy Tory, les René Boivin remplissent les Livres d'Heures et les Romans de Chevalerie de leurs compositions énergiques et ingénieuses. Après eux viennent Jean Cousin, l'élégant dessinateur de l'*Entrée de Henri II* et du *Poliphile* français, Codoré, celui de l'*Entrée de Charles IX*, Tortorel et Périssin, les auteurs des belles estampes historiques des guerres de religion, et puis le Petit Bernard, Jean Moni et les graveurs de l'école lyonnaise, pendant que Thomas de Leu et Léonard Gaultier, qui emploient le métal pour la gravure de leurs planches, se chargent de faire passer à la postérité, en de frappantes effigies, les portraits des auteurs.

Voici le XVIIe siècle et ses pompeuses ordonnances dont Lebrun et les artistes de son école sont la plus complète expression. Les Nanteuil, les Masson, les Edelinck portent l'art du portrait à son plus haut point de perfection, tandis que Callot et Abraham Bosse viennent donner leur note gaie et originale, dans l'expressive reproduction des scènes de la vie et qu'Israël Silvestre, l'ami de Callot, qui le grave et l'imite, Mérian et avant eux les De Bry emploient leur talent à reproduire les vues des châteaux et des villes. Citons aussi Crispin de Pas, remarquable dans les planches de l'*Art de monter à Cheval* de Pluvinel. Les vignettes de Chauveau pour les classiques du grand siècle sont bien sommaires et bien froides. Plus fines sont celles de Sébastien Leclerc qui prépare la transition entre l'idéal sévère du temps et un art plus gracieux et plus aimable ; mais c'est Bernard Picart, à cheval sur les deux siècles, secondé par ses élèves Du Bourg et Folkéma, qui arrive le mieux à unir dans les nombreux ouvrages illustrés et édités par lui, au compassé des sujets du grand siècle, la grâce qui point à l'horizon. Ses compositions sont plus harmonieuses, et les ingénieux ornements qu'il sème à profusion, préparent et annoncent les inimitables ornemanistes qui vont venir.

Il donne la mesure de ses connaissances historiques dans les *Cérémonies et Coutumes religieuses de tous les Peuples* et de son talent de composition dans les grands sujets de la *Bible*, des *Métamorphoses d'Ovide* et des *Aventures de Télémaque*. Son *Térence* même, avec ses figures au trait, n'est pas dépourvu d'intérêt. Il est le rival heureux, à Amsterdam, des artistes du pays, Harrewyn, Romain de Hooghe dont le talent original, mais sauvage, ne se sauve que grâce à l'agrément de nos conteurs dont ils commentent les ouvrages.

La note sentimentale est donnée, en France, dans ce premier quart du xviiie siècle, par Philippe d'Orléans dans son agréable volume de *Daphnis et Chloé* et la note humoristique par Gillot, le maître de Watteau, très entraînant dans ses *Bacchanales,* et très précis dans ses *Costumes de la Comédie italienne,* qui donne une valeur d'art aux *Fables,* bien oubliées sans lui, de Houdart de La Motte.

C'est lui qui a enseigné Watteau, artiste unique, le *maître des élégances françaises.* Trop vite enlevé à l'art, celui-ci n'a laissé que dans quelques eaux-fortes la trace de son talent de graveur, mais son influence a été grande sur le goût français. On peut suivre dans les délicieux dessins de son *Œuvre,* réuni par son ami M. de Jullienne et gravé par le comte de Caylus et Boucher, la sveltesse et le piquant de son dessin, d'une si spirituelle et si française allure. Quel amer regret de n'avoir pas un livre illustré par lui et de quel ragoût n'eussent pas été pour nous les *Contes de La Fontaine* par exemple, illustrés par Watteau ; Boucher, qui a si respectueusement rendu, dans sa première jeunesse, les croquis du maître, a laissé du moins une importante illustration, celle des *Comédies de Molière,* livre magistral où notre grand auteur dramatique a été compris et rendu par un grand artiste, secondé dans sa tâche, il serait injuste de l'oublier, par le graveur Laurent Cars.

L'art français, dans cette première moitié de siècle, brille alors de tout son éclat. Charles Coypel vient de peindre sa série de grands tableaux représentant les *Principales Aventures de l'admirable Don Quichotte de la Manche* et passe marché pour les faire reproduire en un curieux recueil par les meilleurs graveurs du temps. Pater, Lancret, Wleughels, peignent en de piquantes compositions les plus amusants des *Contes de La Fontaine,* que Larmessin grave ou fait graver sous sa direction. L'inimitable peintre d'animaux

Oudry, après avoir raconté en de vivantes eaux-fortes les aventures de Ragotin du *Roman Comique,* jette sur le papier bleu tout ce que lui inspirent les *Fables de La Fontaine,* croquis que plus tard retouchera Cochin, pour les rendre propres à la gravure.

Ce dernier et remarquable artiste, tour à tour dessinateur et graveur de premier ordre, nous amène à dire un mot de ces grands livres reproduisant les fêtes données à l'occasion des mariages princiers par la cour et la ville. Cochin succède dans la place de dessinateur des bâtiments du Roi aux frères Slodtz, et dans les beaux dessins des *Fêtes publiques données par la ville de Paris à l'occasion du mariage du Dauphin* en février 1745, dessins qu'il grava avec son père, il a donné toute la mesure de son habileté et de sa science. Moreau le jeune, le dessinateur impeccable, qui lui succèdera dans ce poste, saura l'égaler pourtant.

En même temps, des ornemanistes de premier ordre, d'une richesse d'imagination inépuisable, mettent dans des recueils, bien précieux maintenant, les divers modèles de tout ce qu'ils font exécuter dans les palais et les monuments qu'ils construisent, tels Oppenord et Juste-Aurèle Meissonnier, qui ne dédaignent pas de tracer pour leurs contemporains non seulement les détails architecturaux des portes, cheminées ou plafonds qu'ils exécutent, mais aussi les formes des meubles, des bronzes, des armoires, des surtouts, des pendules et généralement de tous les détails des mobiliers qu'ils font travailler par leurs metteurs en œuvre, pour les grands seigneurs.

Un peu plus tard apparaissent Germain et ses superbes *Éléments d'Orfèvrerie ;* Boucher fils et son *Recueil de Meubles ;* de La Fosse et sa *Nouvelle Iconologie historique ;* Eisen et son *Œuvre suivie ;* La Joue et ses *Morceaux de Fantaisie.* Choffard dessine et grave ses meilleurs culs-de-lampe et encadrements, La Londe ses modèles de meubles et d'objets d'ameublement d'un goût si châtié ; Salembier, les décorations compliquées du plus pur style inspiré de l'antique, que l'on appellera plus tard le style Louis XVI.

L'art de décorer les maisons et les accessoires qu'elles contiennent va aider à porter encore à un plus haut point de perfection, l'art d'orner les livres.

A ce milieu du xviiie siècle, le livre illustré triomphe par le crayon subtil et spirituel de toute une série de petits maîtres, l'honneur du goût français, merveilleusement secondés par une véritable phalange d'excellents graveurs, sortie de l'école des Cars, des Lebas, des Basan, des Wille; Gravelot, qui revient d'Angleterre où il a illustré *Shakespeare* et qui sait si bien poser ses figurines; Eisen, parisien jusqu'au bout des ongles, quoique d'origine flamande, au crayon d'une amoureuse douceur; Cochin, laissant les grands dessins de fêtes pour s'adonner à l'illustration du livre; Moreau le jeune, le plus complet d'entre eux peut-être, par l'instruction et la sûreté de l'exécution; Marillier, inimitable dans la vignette; Monnet, Freudeberg, Quéverdo et beaucoup d'autres, arrivent à créer aussi des petits chefs-d'œuvre d'élégance.

Mais laissons la parole à feu Henry Cohen qui, dans la préface de la deuxième édition de ce livre, a fort justement apprécié ces charmants artistes; nous pourrions ne pas dire aussi bien que lui :

« Parmi les artistes qui ont décoré les livres du xviiie siècle,
« il en est sept qui, par leur très grande supériorité, méritent un
« examen particulier. Ce sont : Eisen, Moreau, Gravelot, Bou-
« cher, Cochin, Marillier, Choffard. Quelques autres : Quéverdo,
« Monnet, Saint-Quentin, Le Barbier, et Duplessi-Bertaux suivent
« leur trace de très près, mais leur sont néanmoins inférieurs par
« quelque côté.

« De tous ces artistes, celui qui réunit à la fois le plus de
« grâce, de fini et de perfection, est certainement Eisen. Ce
« qui donne pourtant à Moreau le pas sur Eisen, c'est la variété
« et la flexibilité de son talent. Tandis qu'Eisen excellait dans les
« sujets voluptueux et savait donner un charme inexprimable à
« tout ce qui fait l'attrait de la femme, beauté, formes, grâce,
« ajustement, coiffure, le tout exécuté avec une velouté qu'on ne

« retrouve chez aucun autre artiste, mais dont le talent, on est
« forcé d'en convenir, ne se prêtait généralement ni aux sujets
« tragiques, ni à rien de ce qui tient à l'expression ; au contraire,
« Moreau, avec moins de fini qu'Eisen, réussissait dans tous les
« genres qu'il a traités. Veut-on de l'esprit ? Qu'on regarde la
« première suite de ses figures de *Molière*. Du dramatique ? Qu'on
« parcourt le *Voltaire* de Kehl ou l'*Arioste* de Birmingham.
« Cherche-t-on la belle composition des sujets ? Qu'on étudie le
« *Jean-Jacques Rousseau* de 1774 et les *Suites d'Estampes pour
« servir à l'Histoire du Costume et des Mœurs ;* l'abandon, la grâce,
« la naïveté ? Les *Chansons de Laborde*, les *A propos de la Société*
« viennent offrir à l'œil mille jolis tableaux. Désire-t-on enfin, au
« milieu de son inépuisable fécondité, une preuve de la souplesse
« de son talent ? Deux fois ce grand artiste a illustré Molière et
« Voltaire d'une façon différente et souvent dans les mêmes
« scènes et les mêmes situations. Malheureusement pour Moreau,
« sa carrière a été plus longue que celle d'Eisen ; et tandis
« qu'Eisen est mort dans toute la force de son talent, en léguant
« à la postérité ses *Contes de La Fontaine*, ses *Baisers de Dorat*,
« son *Temple de Gnide* et sa *Zélis au bain*, sans autre défaillance
« que celle d'avoir eu, comme tous les hommes, ses heures d'iné-
« galité, Moreau s'est survécu. Changeant de manière et fai-
« blissant déjà au début du siècle, si on retrouve encore dans
« les compositions de cette époque quelques éclairs de son génie,
« les dernières, depuis 1806 environ jusqu'à sa mort, n'offrent
« plus qu'une nuit profonde. Jamais on ne se figurerait que le
« Moreau du *Crébillon* de Renouard, des *Fabliaux* de Legrand
« d'Aussy, du *Tom Jones* traduit par Labédoyère, soit le Moreau
« du *Molière de Bret* ou des *Chansons de Laborde*. C'est Corneille
« du *Cid* et de *Cinna*, transformé en Corneille d'*Agésilas*.

« Gravelot qui, lui aussi, a exercé son art pendant une longue
« suite d'années, a été plus heureux que Moreau. Mort en 1773,
« à l'âge de soixante-quatorze ans, sa *Gerusalemme liberata,* qui

« date de 1771, non seulement ne décèle aucune trace de dépé-
« rissement, mais peut encore compter parmi ses meilleures pro-
« ductions. A peu près aussi fécond que Moreau, doué d'un
« talent presque aussi flexible que le sien, Gravelot manque
« peut-être un peu de cette grâce qui fait le charme d'Eisen, de
« Moreau et de Marillier, où peut-être reste-t-il encore dans sa
« manière quelque saveur de l'Angleterre où il a longtemps
« résidé. D'une grande supériorité dans les sujets comiques, gais,
« spirituels ou érotiques, il est légèrement inférieur dans les sujets
« tragiques. Tout le monde a pu remarquer à quel point, dans
« le *Corneille* de 1764, les scènes de comédie sont mieux traitées
« que les scènes de tragédie; combien son *Boccace*, ses *Contes*
« *Moraux*, ses illustrations de *Manon Lescaut* et de *Tom Jones*,
« l'emportent sur celles de son *Voltaire* et même sur l'*Almanach*
« *Iconologique*, malgré l'éminent mérite de ces œuvres. En fait de
« culs-de-lampe surtout, il serait difficile de dire qui, de Gravelot,
« de Marillier ou de Choffard aurait droit à la palme, si Marillier
« et Choffard n'avaient pas un peu plus de fini, chose qui, du
« reste, doit aussi quelquefois être attribuée au graveur.

« Marillier est le dessinateur spirituel par excellence. Où trou-
« ver rien de comparable à ses vignettes des *Fables de Dorat* et
« aux culs-de-lampe de ces mêmes fables, encore supérieurs aux
« vignettes? Et *Tangu et Félime*, et le *Théâtre de Florian*, et les
« *Épreuves du Sentiment* de Baculard d'Arnaud, et les *Idylles* de
« Berquin, et les petits médaillons qui ornent quelques-uns de ses
« frontispices? De même que Gravelot et Eisen, Marillier s'est
« senti moins à l'aise dans les sujets graves. Son *Crébillon* est très
« beau d'exécution, mais presque tous les sentiments qu'il a voulu
« rendre sont exagérés et forcés, et sa *Bible*, malgré tout le talent
« qu'il a déployé dans cette immense entreprise, ses *Illustres*
« *Français*, malgré l'ingéniosité de leur arrangement, laissent le
« spectateur bien froid.

« Cochin, bien que n'ayant guère dépassé l'âge de Moreau et

« de Gravelot, a fourni une plus longue carrière qu'eux, parce
« qu'il a commencé plus jeune. Aussi peut-on compter jusqu'à
« trois manières de faire distinctes, dans la vie de cet artiste. La
« première, qui finit vers 1740, a la correction du dessin et la
« raideur des peintures du xviie siècle. La seconde, qui offre
« parmi ses plus beaux résultats l'*Almanach Iconologique*, qu'il a
« publié conjointement avec Gravelot ; l'*Abrégé de l'Histoire de
« France du Président Hénault*, dans ses fleurons comme dans les
« estampes de la grande édition, le *Térence* de l'abbé Le Monnier,
« et le *Lucrèce* de Marchetti, joignent à cette même pureté et à
« cette même correction beaucoup plus de charme ; c'est aussi de
« cette époque que datent ses ravissantes petites vignettes de
« l'*Aminta*, du *Pastor Fido*, et des *Misotechnites aux Enfers*. La
« troisième manière de Cochin, dont les principaux types sont :
« la *Gerusalemme liberata*, les *Aventures de Télémaque* et le *Jean-
« Jacques Rousseau*, tous trois imprimés par Didot, a sans doute
« un caractère de noblesse qu'on ne saurait lui contester ; mais
« elle pèche par le trop de grandeur des figures relativement au
« cadre des estampes, l'exagération de rondeur et de plénitude
« des têtes, le manque d'expression, et surtout par la froideur qui
« dépare trop souvent les productions de ce maître ; ce qui fait
« que, tandis que Moreau, Gravelot et Marillier sont en si haute
« faveur aujourd'hui, Cochin n'est pas préféré, quoiqu'il leur soit
« peut-être supérieur. En revanche, la magnificence des frontis-
« pices que Cochin a exécutés pour certains ouvrages in-quarto et
« in-folio n'a été atteinte par nul autre.

« Boucher, le maître du xviiie siècle, a son *Molière*, un chef-
« d'œuvre, quelques-unes des plus heureuses compositions des
« *Métamorphoses d'Ovide* tirées pour la plupart de ses tableaux, sa
« *Faunillane*, quelques sujets du *Boccace*, quelques frontispices
« pour les *Comédies de Favart*. Ses dessins, largement exécutés,
« sont traités en peintre, et les graveurs doivent les serrer et
« les diminuer pour les ramener aux proportions du livre.

« Au même rang que ces remarquables vignettistes se place
« Choffard dont les seuls culs-de-lampe des *Contes de la Fontaine*,
« de l'édition des Fermiers-Généraux, suffiraient pour élever bien
« haut sa réputation, quand même il n'eût pas dessiné et gravé à
« l'eau-forte quantité d'autres œuvres charmantes, les fleurons de
« l'*Histoire de la Maison de Bourbon*, du *Voyage de Saint-Non à
« Naples*, des *Métamorphoses d'Ovide*.

« Quéverdo, charmant artiste d'un talent précieux, a réussi
« beaucoup de fines vignettes. Lebarbier et Monnet, après s'être
« élevés à un rang très distingué alors qu'ils collaboraient avec
« Moreau, le premier dans les *Chansons de Laborde*, le second dans
« les *Métamorphoses d'Ovide*, ont malheureusement trop déchu à la
« fin de leur carrière, surtout Monnet, dont les *Liaisons dange-
« reuses* offrent encore quatre ou cinq gracieuses planches, mais
« qui, à partir d'environ 1800, est devenu d'un mauvais qui sur-
« passe l'imagination. Du reste, Monnet fut toujours inégal, car
« l'une de ses principales œuvres, les *Romans et Contes de Voltaire*,
« est un mélange de choses excellentes et de médiocrités. Le
« Barbier, talent foid, académique, a pourtant eu de bonnes inspira-
« tions dans l'illustration des *Œuvres de Gessner*, bien appropriées
« au style de l'auteur. Telle de ses compositions pour les *Chansons
« de Piis* peut rivaliser avec ce que Marillier a fait de meilleur.
« Saint-Quentin a prouvé dans les *Chansons de Laborde* et dans
« la *Folle Journée de Beaumarchais* qu'il pouvait lutter avec les
« grands maîtres, et Duplessi-Bertaux, qui s'est inspiré de Callot,
« a fait deux chefs-d'œuvre, l'un avec le *Recueil des meilleurs
« Contes en vers* (où tout n'est pas de lui) et l'autre avec la *Pucelle*
« de l'édition de Cazin.

« Si je n'ai pas encore mentionné Borel, Freudeberg, Binet,
« Lebouteux, Desrais, Leclerc, Martinet, Monsiau et bien d'autres,
« ce n'est pas qu'ils ne soient aussi des artistes de beaucoup de
« valeur, surtout Borel, qui a poussé le genre érotique jusqu'à
« ses dernières limites, et Freudeberg, l'auteur de la première

« série de dessins pour le *Monument du Costume,* qui a si élégam-
« ment orné l'*Heptaméron de la Reine de Navarre*. Mais on ne peut
« cependant les considérer que comme des satellites qui gravitent
« autour des brillantes planètes auxquelles j'ai consacré ces lignes,
« et qui, du reste, prouvent une fois de plus l'immense richesse
« du xviiie siècle sous le rapport de l'art d'orner les livres ».

Toutes ces appréciations de Henry Cohen touchant les illustrations de livres, nous semblent fort justes et nous y souscrivons volontiers. Ajoutons néanmoins quelques remarques sur des artistes laissés dans l'ombre ou passés sous silence, soit qu'ils aient peu produit, soit que leur mérite, sans être secondaire, ne vienne pourtant qu'après les têtes de colonnes de l'Illustration.

Et tout d'abord, voici Freudeberg, artiste d'origine suisse, mais qu'un long séjour à Paris avait familiarisé avec notre art et nos élégances. Il est le dessinateur des charmantes compositions de la première suite d'*Estampes pour servir à l'Histoire du Costume et des Mœurs pendant le XVIIIe siècle,* et il a fallu tout le talent de Moreau pour le surpasser et le vaincre. De retour à Berne, sa patrie, il y a donné les figures un peu lourdes de l'*Heptaméron,* heureusement complétées des humoristiques vignettes et culs-de-lampe à l'eau-forte de Dunker, autre artiste suisse qui n'est pas sans mérite, auquel nous devons les figures du *Tableau de Paris.*

Deux graveurs dessinateurs valent aussi une mention : Pasquier, qui a collaboré à la *Manon Lescaut* de 1753 à côté de Gravelot, et Duclos, excellent graveur, qui a dessiné nombre de figures pour les opéras-comiques de Favart et de Sedaine.

Desrais est un artiste original qui, après avoir fait, lui aussi, sa petite suite pour les *Contes de La Fontaine,* a dessiné les *Figures de Modes,* cette belle collection qui, comprenant aussi les figures de Watteau de Lille et de Leclère, forme un recueil des plus recherchés.

A côté d'eux, Binet, gâté par les exigences et les excentricités de Restif de la Bretonne, ne manquait pourtant pas de talent, et ses figures pour *le Paysan et la Paysanne pervertis,* sont originales et non sans valeur. Le Bouteux était un bon dessinateur de vignettes, et si Née et Masquelier n'avaient pas mal traité la gravure de ses dessins pour le second et troisième volumes des *Chansons de Laborde,* on lui rendrait davantage justice.

Monsiau, dont nous n'avons dit qu'un mot, était un peintre qui dans sa jeunesse a beaucoup travaillé pour les libraires à côté de l'habile Marillier. Il n'a pas la finesse de son associé dans les figures qu'il a dessinées pour la *Bible,* non plus que la composition savante de Cochin, dont il s'est trouvé le collaborateur pour l'illustration du *Jean-Jacques Rousseau* de Defer de Maisonneuve, mais on y trouve de lui des scènes gracieuses, et le dessinateur des figures du *Voyage Sentimental* de l'an VII et du *Lutrin* de Boileau de 1798, méritait cette mention.

Antoine Borel est un excellent dessinateur. Il est bien regrettable qu'un artiste de cette valeur, qui avait compris si gracieusement les compositions des *Élégies de Tibulle,* de la traduction de Mirabeau, ait employé son crayon à traduire les imaginations érotiques des Nerciat et des Montigny, de concert avec son ami le graveur Elluin. C'est l'éditeur Cazin qui doit être le grand coupable en ayant tenté sans doute de pauvres artistes par l'appât d'un gain supérieur.

Beaucoup de dessinateurs gravitent autour de ces astres de premier éclat : Lefebvre et ses dessins miniatures pour les petits livres de Didot et de Bleuet, la *Manon Lescaut,* le *Gulliver, Primerose, Ollivier, Télémaque ;* Sergent, le graveur en couleur, avec ses *Portraits des Grands Hommes ;* Regnault avec son *Temple de Gnide ;* Queverdo avec sa *Henriade* et son *Florian ;* de Sève son *Racine* et ses *Contes du Temps passé ;* Swebach et ses *Campagnes d'Italie.*

Il faut faire une pointe ici, sur ces antiquaires, gagnés par l'exemple du comte de Caylus, sur ces voyageurs, ces amateurs de pittoresque qui, sous le règne de Louis XVI principalement, ont mis au jour à grands frais de superbes ouvrages. C'est l'abbé de Saint-Non, heureux d'avoir sous la main des artistes comme Fragonard et Robert-Hubert, qui, à la suite de voyages en Italie où il a réuni ses matériaux, entreprend la magnifique publication du *Voyage pittoresque à Naples et dans les Deux-Siciles*. Il emploie pour cet ouvrage des artistes comme l'architecte Paris, le dessinateur Desprès, l'ornemaniste Choffard, les graveurs Augustin de Saint-Aubin, Duplessi-Bertaux, et tous ceux de l'école de Lebas ; il dépense beaucoup d'argent en ornements de toutes sortes ; il se ruine, mais il laisse un livre superbe, largement illustré, et le type du genre.

Benjamin de Laborde, l'auteur des *Chansons*, autre ami des publications somptueuses, encourage et soutient le baron de Zurlauben dans son entreprise des *Tableaux topographiques, pittoresques et historiques de la Suisse*, avec les figures et les dessins de Le Barbier, de Pérignon, de Chatelet, et entreprend une publication beaucoup plus considérable encore, la *Description complète de la France*, par provinces ; immense ouvrage que les évènements politiques ont empêché de terminer. Dans ce qui a paru on retrouve une quantité de vues très artistiquement dessinées par Lallemand pour la Bourgogne et la Franche-Comté, par de Lespinasse pour Paris, Versailles et l'Ile-de-France... Plusieurs des belles planches, comme la *Revue de la Plaine des Sablons*, dessinée par Moreau le jeune, sont des estampes de premier ordre.

Le comte de Choiseul-Gouffier, un ambassadeur de France, emmène, en grand seigneur qu'il est, des artistes, pour prendre les vues qu'il médite de faire reproduire dans son *Voyage en Grèce*. Puis viennent Cassas et ses *Voyages en Syrie, en Palestine, en Dalmatie* ; Houël et son *Voyage en Sicile* ; jusqu'à Mme de Pompadour qui, dans ses *Pierres gravées* d'après Guay, donne sa note artistique de gravure à l'eau-forte. Les événements de la Révolution française provoquent aussi la publication d'autres ouvrages intéressants pour les scènes représentées ; tels sont les

Tableaux historiques de la Révolution française, avec les figures de Duplessi-Bertaux et les *Journées de la Révolution,* de Monnet. Nous n'avons pas encore nommé l'un des plus galants, l'un des plus entraînants, l'un des plus spirituels de tous les artistes du xviiie siècle. Quand il a touché à l'illustration du livre, qui donc l'a fait en maître, sinon Honoré Fragonard ? Il a malheureusement peu produit dans cet ordre. Quelques-unes de ses plus jolies compositions ont été gravées dans une édition des *Contes de La Fontaine,* restée inachevée ; mais ce n'est que de nos jours qu'on a bien connu tout ce que notre grand conteur lui avait inspiré.

Après lui, si une mention est due aux sérieux, mais froids élèves de David, qui subissent son influence, à Gérard, à Girodet, qui donnent aux Didot les solennelles compositions du *Racine* et du *Virgile* du Louvre, il ne reste plus à citer, à ce dernier soupir du siècle qui se range et se repent de ses péchés sous la férule du maître, que l'adorable Prud'hon. Seul dans cette éclipse de la grâce, l'enchanteur avait gardé cette fleur de morbidesse attendrie pour inventer de son amoureux crayon les scènes de tendresse de l'*Art d'aimer,* le groupe de *Phrosine et Mélidore,* et les frais et poétiques sujets de *Daphnis et Chloé.*

Ce serait un grave oubli et une criante injustice de passer sous silence ou même de laisser dans l'ombre, dans cette étude, les inimitables graveurs qui ont interprété tous ces dessins sérieux ou frivoles, et de ne pas connaître leur extraordinaire habileté, la finesse de leur préparation à l'eau-forte, la douceur et le velouté de leur burin, qualités sans lesquelles les livres que nous aimons ne sauraient exister.

Nous avons bien nommé déjà quelques artistes à la fois dessinateurs et graveurs tels que Bernard Picart, qui produit toute une école de graveurs habiles comme Folkéma, Fokke, Duflos, Tangé ; tels encore que Gillot, Huquier, mais combien d'autres artistes modestes traduisent avec conscience et distinction les dessins qui leur sont confiés, depuis Benoît Audran dans le *Daphnis et Chloé* de 1718 jusqu'à Roger, l'interprète respectueux des dessins de Prud'hon. On trouve dans les artistes choisis en 1723 par Charles Coypel, pour graver les *Aventures de Don Quichotte*, les meilleurs graveurs du temps : Louis Surugue, Aubert, Lépicié, Joullain, Ravenet, Poilly.

Boucher a trouvé dans Laurent Cars un graveur qui s'est identifié avec son modèle et fait corps avec lui. On ne comprend pas ses dessins pour Molière, interprétés autrement. Il a formé d'excellents élèves : Flipart, Beauvarlet, Chédel ; ce dernier, qui l'a beaucoup aidé dans les figures du *Molière*, de 1734, a été l'un des interprètes préférés de Cochin.

A la même époque, de Larmessin, et les graveurs qu'il emploie et dirige, tels que Schmidt, Filhœul, Aveline, Tardieu, burinent avec ampleur les compositions peintes de Pater, de Lancret, de Wleughels et de Boucher pour les *Contes de La Fontaine*. Des entreprises, telles que la gravure de la *Galerie de Versailles* sous la direction de Massé, viennent mettre en mouvement quantité d'artistes : Desplaces, Soubeiran, les Dupuis, Sornique, Ravenet, Charles-Nicolas Cochin, digne fils de l'interprète habituel de Watteau et qui l'a aidé dans l'exécution des Fêtes, est aussi l'un des principaux graveurs d'estampes et, quand il renonce à son art, c'est à Prévost et à Ponce qu'il donne de préférence ses dessins à traduire. C'est ce dernier qui a gravé ceux du *Roland Furieux*.

A Chedel et à Fessart il confie ses crayons des *Contes de La Fontaine*, dont les petites et spirituelles vignettes à mi-pages ornent l'édition de 1743, à ceux-ci, à Chenu, à Galimard, à Gaillard, à Lempereur, à Ryland, les dessins d'Oudry retouchés par lui pour la grande édition des *Fables*; à de Launay, à Rousseau, à Martin, ses *Figures de l'Histoire de France*.

Lebas, doué d'une incomparable activité, grave aussi des vignettes, mais son talent s'accommode surtout des grandes planches où il reproduit des tableaux. Obligé par les nombreux travaux dont il se chargeait de s'adjoindre des collaborateurs, et très bon professeur, du reste, c'est à son école que se sont formés les excellents praticiens qui ont gravé ces merveilleuses estampes et ont rempli de leurs travaux soignés les livres si élégants, grâce à eux, de la seconde moitié du siècle ; de Longueil, le graveur de prédilection d'Eisen ; Lemire au burin si pur, éditeur avec Basan des *Métamorphoses d'Ovide ;* Nicolas de Launay, artiste de premier ordre ; Née et Masquelier, adonnés aux vignettes et plus tard aux planches de voyages ; Ficquet, qui a si finement rendu presque tous les portraits des *Vies des Peintres Flamands* ; Halbou, Patas, Dambrun.

Voyez, dont on retrouve les noms au-dessous des estampes du *Monument du Costume ;* Gaucher, qui a réussi la gravure de vignette aussi précieusement que le portrait, ce qui n'est pas peu dire ; Dequevauvillier, Augustin de Saint-Aubin, l'un des meilleurs artistes du temps, avec sa *Description des pierres gravées du Duc d'Orléans ;* Helman, Godefroy, Aliamet, Le Veau, Liénard et Malapeau, les graveurs de la *Folle Journée.* Les frères Guttemberg sont plutôt les élèves d'une autre école également facile aux jeunes gens de talent, celle de Jean-George Wille. On y rencontre naturellement beaucoup de jeunes Allemands qui se forment chez lui, Weisbrodt, Weirotter, Klauber, Muller ; des Suisses comme de Méchel, Huber, Dunker, et quelques Français tels que Daudet qui a beaucoup collaboré à la gravure des *Galeries ;* P.-A. Tardieu, Romanet et tant d'autres. Il faut encore citer Couché et sa *Galerie du Palais-Royal,* pour aboutir aux graveurs des majestueuses éditions du Louvre : à Beisson, à Copia, à Godefroy, à Massard, à Coiny, à Langlois, à Blot, à Bourgeois de la Richardière. Voici enfin les graveurs en couleurs : Janinet, ses *Vues de Paris* et ses *Costumes des Grands Théâtres ;* Debucourt et ses estampes pour *Héro et Léandre ;* Sergent et ses *Portraits des Grands Hommes ;* Mixelle et ses *Recueils de Costumes ;* Clément et ses figures des *Œuvres poissardes de Vadé.*

Puis, gravitant au milieu de cette armée d'artistes, des amateurs comme Mariette, le comte de Caylus, M. de Julienne, M. de La Live, Vivant Denon, Mme de Pompadour, l'abbé de Saint-Non, encourageant les arts, surtout celui de la gravure et, par leurs œuvres, prêchant d'exemple.

Cette rapide revue des artistes, qui ont travaillé à l'illustration du livre dans cette période de cent années, peut faire juger de l'effort fait et de la somme de talent dépensée. Ce talent s'est employé à orner non seulement les romans et la littérature légère, mais encore les œuvres des plus grands auteurs français et étrangers, et ces charmantes productions de la typographie, du dessin et de la gravure, justifient, et au-delà, l'engouement des amateurs. On pourra dire peut-être de l'illustration des livres du XVIIIe siècle qu'elle est frivole, mais on ne pourra nier son charme, ni sa grâce. Elle fera longtemps la joie des bibliophiles, et sera toujours l'ornement et la gaîté de leurs bibliothèques.

Bon R. PORTALIS.

ABA, ou le Triomphe de l'innocence, suivi de la Vallée de Tempé (par Le Camus de Mesyères). *A Paris, chez Gueffier, s. d.* (ou Eleutheropolis, an X). In-18. (De 8 à 10 fr.)

164 pp. (plus 14 pp. de catalogue) plus 1 frontispice et 4 figures par Brion, gravés par Hulk.

ABRÉGÉ chronologique de l'Histoire ecclésiastique. *A Paris, Chez Jean-Thomas Hérissant,* 1751. 2 vol. in-8. (De 15 à 20 fr.)

Tome I : 4 ff. n. ch., 519 pp.
Tome II : 2 ff. n. ch., 480 pp. ; 1 f. n. ch.
2 fleurons et 17 vignettes par de Sève gravés par Baquoy.

ABRÉGÉ de l'Histoire romaine, orné de 49 estampes gravées en taille douce avec le plus grand soin, qui en représentent les principaux sujets. *A Paris, chez Nyon l'aîné et fils,* 1789. In-4. (De 25 à 30 fr.)

VII-192 pp. plus 1 frontispice et 48 figures.
Le frontispice est par Piauger, gravé par Tardieu et les 48 figures par Bolomey (4), Eisen (3) Gravelot (9) et Gabriel de Saint-Aubin (28), ou non signées (4), gravées par Aveline, Chenu, Courtois, Gaucher, Legrand, Levesque, de Lorraine, Mesnil, Pelletier, Ransonnette, Augustin de Saint-Aubin et Tardieu.
En veau ancien, 11 fr., vente Destailleur (1891), n. 165) ; un autre, 23 fr., vente Massicot (n. 493).
Les figures qui, pour la plupart, portent la date de 1760, 1761 et 1762, sont assez belles. Plusieurs passent pour avoir été gravées par Gabriel de Saint-Aubin lui-même bien qu'aucune ne soit signée de lui. Dans la préface, il est dit que cet abrégé est de l'abbé Millot, et que l'éditeur a acheté les planches qui avaient été faites pour le *Spectacle de l'histoire romaine,* par André Etienne de Prétot.
Réimprimé en 1796 et en 1805 ; mais les figures sont beaucoup moins belles. L'édition de 1805 porte l'adresse : *A Paris, chez Moutardier, an XIII.* La collation en est la même.

ABRÉGÉ de l'Histoire universelle en figures (par Vauvilliers) ou Recueil d'estampes représentans les sujets les plus frappants de l'histoire, tant sacrée que profane, ancienne et moderne, avec les Explications historiques qui s'y rapportent et les portraits en médaille des héros qui ont joué les plus grands rôles dans l'histoire, ornées de leurs attributs caractéristiques, dessinées par M. Marillier et gravées par le Sr Duflos le jeune. *A Paris, chez Duflos le jeune*, 1785-1790. 2 vol. gr. in-8. (De 30 à 40 fr. et plus en grand papier.)

Tome I (Histoire sacrée) : 4 pp. de table et 250 pp., plus 1 titre gravé et 88 planches en cahiers (presque tous de 6 planches numérotées) chiffrés A-Q.

Tome II (Histoire profane) : 4 pp. de table et 298 pp., plus 1 titre gravé et 108 planches (cahiers A-T.)

En tout 2 titres gravés et 196 figures par Marillier, Monnet et Duflos, gravés, avec texte au bas de la page, par Duflos, de Ghendt, Duponchel, Delvaux, etc.

Cartonné non rogné, 75 fr., vente Destailleur (1891, n. 162).

Cette publication paraissait en livraisons avec une couverture imprimée, contenant 16 pages de texte et (sauf pour les premières livraisons) 6 planches.

Les exemplaires ordinaires sont sur papier vergé de France, in-8, mais on en tira aussi quelques-uns sur papier vélin qui se vendirent plus cher ; il existe aussi deux tirages de luxe sur grand papier, l'un de format grand in-8, l'autre de format in-4 avec encadrements.

ACADÉMIE galante, contenant diverses histoires très curieuses, nouvelle édition. *A Amsterdam*, 1732. 2 parties en 1 vol. pet. in-12. (De 8 à 10 fr.)

1 figure signée Scotin.
Avait déjà été imprimé en 1710, 2 vol. in-12 avec deux frontispices non signés.

ADAM (Lambert-Sigisbert). — Collections de Sculptures antiques, Grecques, et Romaines, Trouvées à Rome dans les ruines des Palais De Néron et de Marius. Les originaux de cette Collection en Marbre de Paros et Salin sont chez le Sr Adam l'aîné, Sculpteur ordinaire du Roy, et professeur de son Académie Royale de Peinture et de Sculpture..., *Se vend à Paris, chez Joullain, marchand d'Estampes*, 1755. In-4. (De 25 à 30 fr.)

3 ff. n. ch. (titre, frontispice, table) 59 et 3 planches, ouvrage entièrement gravé.

Le frontispice est daté de 1754. Les 62 planches ont été dessinées par Adam et gravées par Adam (3), Cheilet (3), Defehrt (26), Fessart (5), A. Fontbonne (4), J.-C. François (7), Le Bas (3), Le Mire (1), Surugue fils (2) et Tardieu (8) ; deux ne sont pas signées.

Les marbres gravées dans ce recueil provenaient en grande partie de la collection du cardinal de Polignac.

En maroquin rouge ancien, aux armes de Machault d'Arnouville, 65 fr., vente Turner (n. 760).

ADDISON (Joseph). — Cato, a tragedy, *London, printed for J. and R. Tonson*, 1750. In-12. (De 5 à 6 fr.)

82 pp. et 1 f. n. ch.
Frontispice par Duguernier, gravé par Van der Gucht.

— The Works of the right honorable Joseph Addison, With a Complete Index. *Birmingham, Printed by John Baskerville*, 1761. 4 vol. gr. in-4. (De 30 à 40 fr.)

Tome I : xxv pp., 1 f. n. ch., 525 pp., 2 ff. n. ch. et 1 f. bl., plus 1 portrait et 3 figures.
Tome II : 4 ff. n. ch., 538 pp., 6 ff. n. ch.
Tome III : 579 pp., 6 ff. n. ch.
Tome IV : 555 pp., 5 ff. n. ch. et 1 f. bl.

En tout 1 portrait par Kneller, gravé par Miller, et 3 figures par Grignion, tous dans le 1er volume ; en outre, planches de médailles typographiées dans le texte.

Très belle édition.

ÆSCHYLUS. — Théâtre d'Eschyle, traduit en françois avec des notes philologiques et deux discours critiques. Par F. J. de La Porte du Theil. *A Paris, de l'imprimerie de la République*, an III (1795). 2 vol. in-8, texte grec et français en regard. (De 15 à 20 fr.)

Tome I : 2 ff. n. ch., xxxiv pp., 64 ff., 63 ff., 64 ff., 66 ff., plus 5 figures.
Tome II : 2 ff. n. ch., 92 ff., 64 ff., 61 ff., plus 3 figures.
En tout 8 figures, dont deux signées Anglette et Gautier, gravées par Cunègo et F=s Jourdan.
Très belle édition, qui existe aussi en papier vélin. (De 30 à 40 fr.)
« Les notes promises par le traducteur, dit Brunet, n'ont pas été publiées. Cependant l'auteur en avait fait commencer l'impression et même il s'en est trouvé deux fragments à la vente de Silvestre de Sacy. 1846 (n. 3617 : 49 fr.). savoir : 1° les notes sur les *Suppliantes*, 288 pp. formant un commencement de volume dont les 112 premières pp. contiennent une dissertation ; 2° notes sur les *Perses*, pp. 1-32. »
La Bibliothèque nationale (Yb 1586) possède les notes sur les *Suppliantes* avec corrections autographes du traducteur ; mais nous n'avons jamais vu les notes sur les *Perses*.

AGENDA (L') des Bonnes gens et de l'Homme de Bien. *Londres*, 1794. Pet. in-12. (De 5 à 6 fr.)

1 frontispice et 1 titre gravé non signés.

AGRAIN (Charles d'). — Captivité de Lafayette, héroïde, avec figures, Et des Notes historiques, non encore connues du Public, sur les Illustres Prisonniers d'Olmutz, en Moravie. *A Paris, chez Cocheris*, an V (1797). In-4. (De 10 à 15 fr.)

2 ff. n. ch., 8 et 60 pp., 1 f. n. ch. plus 1 figure.
Contient 1 figure et 1 cul de lampe, dessinés par d'Agrain, gravés par Henne.

ALCORAN (L') de Mahomet, traduit de l'arabe par du Ryer. *Amsterdam* 1734. 2 vol. in-8. (De 8 à 10 fr.).

Frontispice par A. V. D. Laan, le même pour les 2 volumes.

ALCORAN (L') des Cordeliers tant en latin qu'en français c'est-à-dire Recueil des plus notables bourdes et blasphèmes de ceux qui ont osé comparer Saint François à Jésus-Christ tiré (par Erasme Alber) du grand livre des Conformitez jadis composé par frère Barthelemi de Pise, cordelier en son vivant. Nouvelle édition ornée de figures dessinées par B. Picart. *A Amsterdam, Aux dépens de la Compagnie*, 1734. 2 vol. in-12. (De 20 à 25 fr.)

Tome I : 9 ff. prel. et 396 pp., plus 1 titre gravé, une grande pl. pliée et 12 figures.
Tome II : 420 pp., plus 8 figures.
En tout 1 titre gravé et 21 figures par Bernard Picart.
Ouvrage traduit du latin par Conrad Badius et publié dans cette traduction dès 1556. On y joint souvent la *Légende dorée* de Vignier (Amsterdam, 1734. In-12), et aussi la *Guerre séraphique*.
En maroquin rouge ancien, 150 fr., vente R. Portalis (février 1878, n. 16) ; un autre, 90 fr., vente Salvert-Bellenave (n. 210) ; en veau fauve ancien, 10 fr., vente Cousin (n. 52).
Le très bel exemplaire de Dutuit (n. 609) en maroquin citron de Padeloup, provient des ventes d'Hangard (1789, n. 2010 : 40 fr.) et Radziwill (n. 1292).

ALGAROTTI. — Il Congresso di Citera. *In Parigi, Appresso Prault*, 1756. In-16. (De 15 à 20 fr.)

2 ff. n. ch. et 85 pp., plus 1 frontispice.
Contient un frontispice d'Eisen gravé par Legrand ; un titre non signé, mais dessiné et gravé par Cochin ; une vignette non signée avec portrait de Mme de Pompadour ; une charmante vignette d'Eisen, gravée par Legrand.
Une note manuscrite de l'époque nous apprend que la signora***, à qui Algarotti dédie son ouvrage n'est autre que Mme de Pompadour.

— Il Congresso di Citera Del Conte Algarotti accresciuto del alcune Lettere e del giudizio d'Amore. *Parigi Appresso Marcello Prault*, 1768. In-16. (De 10 à 12 fr.)

2 ff. n. ch., 201 pp., 1 f. bl., plus 1 frontispice.
Contient un frontispice d'Eisen gravé par Legrand, 1 titre dessiné et gravé par Moreau (B. 274), 1 feuillet de dédicace entièrement gravé avec vignette et 1 vignette non signée à la p. 1.
Mêmes vignettes que dans l'édition de 1756, mais la première est retournée ; le frontispice est le même.
En maroquin rouge ancien, Bibliothèque nationale.

— Il Congresso di Citera del conte Algarotti. Nuova Edizione, Corretta, e accresciuta, e di apportune note illustrata. *Parigi. Presso G. C. Molini, Librajo, Rue Mignon vis-à-vis l'Imprimeur du Parlement*, 1787. In-18. (De 5 à 6 fr.)

<small>1 f. blanc, 1 titre gravé, 122 pp. et 1 f. n. ch.
Charmant titre gravé non signé.
Collection S. de Ricci.</small>

— Le Congrès de Cythère, traduit de l'italien du comte Algarotti (par Maciet, selon Barbier). *A Cythère et à Paris, chez Onfroy*, 1783. In-18. (De 8 à 10 fr.)

<small>Très joli frontispice gravé par Quéverdo.
En maroquin vert de Bradel-Derôme, frontispice en double état, avec et sans lettre, 165 fr., vente E. Martin (n. 447).
Cf. plus bas aux ALMANACHS, l'*Amour juge*.</small>

ALLIX. — Les Quatre âges de l'homme. *A Paris, chez Moutard, de l'imprimerie de Monsieur* (Didot), 1784. In-18. (De 6 à 8 fr.)

<small>1 titre gravé, 1 figure par Gois, gravé par Mᵉ Rillet et 1 vignette par les mêmes.</small>

ALMANACHS ILLUSTRÉS. — Comme l'a fait M. le baron Portalis, nous avons groupé, sous cette rubrique, une série considérable de ces charmantes et minuscules productions, où l'art de la fin du XVIIIᵉ siècle, malgré une certaine mièvrerie, s'est révélé dans ce qu'il avait de plus séduisant et de plus gracieux.

En dépit de toute notre bonne volonté, nous n'avons pu un instant prétendre à donner ici une liste complète des almanachs illustrés; nous avons conservé dans ces colonnes tous ceux de ces petits volumes que nos deux prédécesseurs avaient jugés dignes de figurer dans la cinquième édition; nous y avons ajouté un certain nombre d'articles ayant figuré dans des collections célèbres comme celles du baron Pichon; nous avons emprunté plus d'une description aux ouvrages de MM. Grand-Carteret (*Les Almanachs français*, Paris, 1896. In-8) et Meunié (*Bibliographie de quelques Almanachs illustrés*); nous avons surtout puisé à pleines mains dans les excellents travaux de M. le vicomte de Savigny de Moncorps; ses descriptions si exactes et si complètes nous ont été du plus grand secours et sa collection, sans rivale en cette spécialité, nous a fourni plus d'un volume précieux que l'on chercherait vainement ailleurs. Les numéros précédés de la lettre C. renvoient à la bibliographie de M. Grand-Carteret.

A l'ordre chronologique adopté par ce travailleur, et qui était celui de la cinquième édition du Cohen, nous avons substitué l'ordre alphabétique pur et simple, moins scientifique, sans doute, mais à coup sûr plus commode.

Il n'est presque aucun de ces *Almanachs* qui se rencontre assez souvent pour qu'on puisse en indiquer la valeur commerciale : aussi, ne trouvera-t-on pas dans ces quelques pages de prix d'estimation.

Rappelons que certains d'entre eux constituent de charmants bibelots. On les trouve fort rarement en veau ou cartonnés, plus souvent en maroquin rouge ou crème, avec des dorures assez spirituellement exécutées au moyen de plaques métalliques : on y remarque des cœurs et des carquois, des colombes, des armoiries galantes, des montgolfières et des ballons.

Il existe aussi sur ces livrets des reliures fort élégantes en satin crème, en soie brodée à paillettes et soutachée d'or. On y a même ajouté sur les plats des peintures à la gouache ou des médaillons de miniatures. On trouvera reproduite une charmante série de ces reliures dans *Les Almanachs illustrés du XVIIIᵉ siècle*, par M. le vicomte de Savigny de Moncorps (*Paris*, 1909. In-8.)

— L'Abrégé du grand tout ou l'heureuse réunion. Almanach orné de jolies gravures. *A Paris, chez Jubert*, 1788. In-32.

32 pp. de texte, titre-frontispice et 6 jolies figures attribués à Dorgez.
En soie à paillettes, collection Savigny (n. 87). Cf. Grand-Carteret n. 865.

— Les Accidents heureux ou l'Amour en gaité, almanach lyrico-récréatif. *Chez la veuve Despoillez et chez Jubert, à Paris*. (Calendrier pour 1785). In-32.

1 frontispice et 12 fig.
Sous la date de 1786, en soie ancienne brodée, collection Savigny (n. 65).

— L'Age heureux des plaisirs ou l'aimable Folie des Amours. *A Paris, chez Jubert-Doreur* (1787). In-24.

24 pp., et 6 ff. de calendrier, plus 1 frontispice et 12 charmantes figures non signées (mais de Quéverdo).
Nous avons vu ce charmant livret en mar. rouge ancien, chez M. Wassermann ; collection Savigny (n. 73).
En maroquin rouge, 250 fr., *Bull. Morgand* (1899) n. 35475.

— Les Agrémens du Spectacle, ou Recueil d'ariettes les plus nouvelles. *A Paris, chez Janet, s. d.* (1800). In-32.

Titre gravé, texte gravé et 6 jolies figures non signées.
Livret du genre *almanach*, sorte de carnet où l'on inscrivait sur les feuillets blancs les notes, adresses, gains et pertes de jeu, etc...
Ancienne collection Pichon (C. n. 1314).

— L'aimable fou ou la raison qui badine, avec chansons et figures, suivi du Secrétaire des dames et des messieurs composé d'un papier nouveau sur lequel on peut à l'aide d'un stylet, et sans encre ni crayon écrire aussi distinctement qu'avec la plume ses pertes et gains, les visites à rendre, les agendas de la semaine, parties de plaisir, rendez-vous, pensées, bons mots, pièces fugitives, comme épi-grammes, madrigaux, traits de conversations, saillies, adresses, etc. Il est économique, parce qu'on peut le laver jusqu'à 10 ou 12 fois, par le moyen facile d'une légère éponge mouillée, et y tracer de nouveaux caractères. *A Paris, chés Desnos*, 1786. In-24.

Frontispice et 12 jolies figures (C. n. 806).
En veau fauve ancien, collection Savigny (n. 66).
Réimprimé sous le titre : *L'Aimable fou ou la gaieté parisienne,... A Paris chez Desnos*, s. d. (vers 1787). In-24, avec les mêmes figures et un nouveau frontispice. Il constitue alors la 7e partie d'*Anacréon en belle humeur* (C. n. 837).

— A la plus digne de plaire. Almanach utile et amusant, avec tablettes économiques. Pour la présente année. *A Amsterdam. Et se trouve à Paris, chez Desnos, s. d.* (vers 1775 ?). In-24.

Frontispice avec le portrait de Marie-Antoinette et 11 figures non signées attribuées à Dorgez (C. n. 537), et que nous retrouvons dans *La Fleur des plaisirs*.
Le frontispice se trouve aussi en tête de la *Galerie des femmes illustres*.

— Almanac de poche pour l'année.... 1758. Avec la naissance des Rois, Reines... de l'Europe et suivi de pièces agréables... et orné d'emblèmes et d'autres figures en taille-douce, *par les héritiers G. Wolffgang, à Berlin*, 1757. In-32.

Titre gravé, 2 portraits et 12 figures.

— Almanach Anacréontique ou les Ruses de l'amour. *A Paris, chez Boulanger, s. d.* (1784). In-18.

Frontispice et 12 figures de Quéverdo.
Cf. Carteret n. 785 (d'après l'exemplaire Paul Eudel); en reliure ancienne mosaïquée, collection Savigny (n. 46).

— Almanach Chantant des plus belles filles de Paris qui cherchent à se marier ou Les plaisirs de l'amour honnête à l'usage des jeunes filles et garçons,... *A Paris, chez Prévost*, s. d. (vers 1797). In-12.

Joli frontispice au pointillé (C. n. 1242j. Ancienne collection Bégis.

— **Almanach Dansant**, Chantant contenant Plusieurs Rondes et autres Chansons Nouvelles sur les plus beaux Airs. *A Paris, Chés Duchêne* (1753). In-32.

Titre gravé. Joli frontispice représentant une salle de bal. (C. n. 193). Ancienne collection Pichon.

— **Almanach Dansant** ou Positions et Attitudes de l'Allemande, avec un discours préliminaires sur l'Origine et l'Utilité de la danse. Dédié au beau sexe, par Guillaume, maître de danse, pour l'année 1769, où se trouve un recueil de contre-danse et Menuets nouveaux par La Hante aussi Maître de Danse. *A Paris chez l'auteur*. In-8 carré.

Titre gravé par Berthault; 12 fig. (et un deuxième titre gravé).
Une nouvelle édition sous le même titre parue un an plus tard (*pour 1770, A Paris, chez l'auteur Talade et Dufour*. Petit in-8), contient les mêmes figures. Quérard signale une troisième édition de Paris 1777, *Chez Talade*.
(Cf. Grand-Carteret n. 404; Savigny n. 9). Broché, sous la date de 1770, 88 fr., vente La Béraudière (n. 966).

— **Almanach d'Aristide** ou du Vertueux Républicain pour l'an III de la République. Par le C. Bulard de la section de Brutus. *A Paris, chez Caillot*. (1794). In-32.

VIII-128 pp., plus un très joli frontispice de Quéverdo gravé par Gaucher (C. n. 1161).
Dans un deuxième tirage, le frontispice n'est pas signé, et on lit de plus sur le titre : *Présenté à la Convention Nationale*.
Les deux tirages sont à la Bibliothèque nationale.

— **Almanach Dauphin**, ou histoire abrégée des princes qui ont porté le nom de Dauphin, par le sieur C*** G*** (Charles Guillaume). *A Paris, chez Charles Guillaume*, 1751. In-8.

24 portraits d'après Étienne Desrochers, (y compris ceux de Louis XIII, Louis XIV, Anne d'Autriche, Marie-Stuart, Marie Leczinska, Jeanne d'Arc, etc...). Plusieurs de ces portraits sont datés de 1697.
Cf. Grand-Carteret, n. 178.

— **Almanach de Coblentz**, ou Le plus joli des Recueils catholiques, apostoliques et françois. A l'usage de la belle Jeunesse émigrée, émigrante et à émigrer. *A Paris, chez Lallemand*, 1792. In-24.

190 pp., plus la table et un frontispice représentant la famille Royale : Louis XVI, Marie-Antoinette et le Dauphin.
Le texte ne contient que des poésies royaliste; aussi ce recueil fut-il confisqué à plusieurs reprises. (Cf. Grand-Carteret n. 1031; Tourneux n. 11735.)

— **Almanach de Dieu** pour l'année 1738, dédié à M. Carré de Montgeron, conseiller au Parlement de Paris. S. l. (*Au Ciel*). Petit-in-12.

Joli frontispice et 12 figures non signées.
Curieux almanach janséniste (C. n. 141).
Le frontispice représente la Religion en deuil pleurant sur la destruction de Port-Royal; chaque figure contient le portrait d'un Janséniste célèbre, avec une scène de sa vie.

— **Almanach de Gotha**. *Gotha*, 1764-1801. In-32.

1764. Almanac (sic) de Gotha, contenant diverses connaissances curieuses et utiles pour l'année bissextile 1764. Imprimé à Gotha, chez Reyher.
Première année très rare, sans figures.
1765. — Un frontispice de Marillier, gravé par de Launay et un titre gravé non signé.
1766. — Même frontispice de Marillier et même titre gravé.
1767. — Id. et un cul-de-lampe.
1768. — Id. et 12 figures dessinées et gravées par J.-H. Meil.
1769. — Id. et 12 figures allégoriques de Meil.
1770. — Id. et 5 figures copiées de Gravelot (de l'*Almanach iconologique*).
1771. — Id. et 5 figures des *Dieux de l'Olympe*.
1772. — Id. et 12 figures des *Dieux d'après l'antique*.

1773. — Id. et 12 figures de *Vues de de monuments du jardin de Stowe*.

1774. — Id. et 12 figures de Meil pour *la Chasse*, opéra comique de W...

1775. — Id et 12 figures de Meil pour *Émilia Galotti*.

1776. — 1 f. replié, 72 pp., 8 ff. n. ch., 151 pp., 3 pp., 1 frontispice et 1 titre gravé et 12 figures non signées, d'après les figures de Freudeberg pour le *Monument du Costume*. Petites vignettes très fines et très recherchées. (Cf. Savigny n. 20).
Cette suite s'est vendue 100 fr., vente Destailleur (1891, n. 401).

1777. — 1 frontispice et 1 titre gravé et 12 figures non signées d'après des compositions de Boucher, et autres.
Jolie suite finement gravée. (Cf. Savigny, n. 21).

1778. — Frontispice gravé et 12 figures de Chodowiecki pour l'*Histoire du prédicateur Gros*, extraite du *Voyage de Sophie de Memel, en Saxe*.
Très jolie suite.

1779. — Frontispice gravé et 12 figures de coiffures antiques et modernes gravées par Liebe.

1780. — Frontispice gravé de 12 figures de Chodowiecki sur divers sujets.

1781. — Frontispice gravé et 12 figures non signées, représentants les cérémonies nuptiales de divers peuples.

1782. — Frontispice gravé et 12 figures non signées sur l'*Histoire des Croisades*.

1783. — Frontispice gravé, 4 planches de coëffures et habillemens de Dresde et 12 figures pour *Huon de Bordeaux*, gravées par Chodowiecki.

1784. — Frontispice gravé, 4 planches de coëffures et habillemens de Leipsic, et 12 figures de Chodowiecki pour *Gil Blas de Santillane*.

1785. — Frontispice gravé, 4 planches de coëffures et habillemens, et 12 figures de Chodowiecki. *Histoire de l'Homme*.

1786. — Frontispice gravé, 4 planches de coëffures et habillemens de Paris et 12 figures de *La Folle Journée ou le Mariage de Figaro*, gravé par Chodowiecki.

1787. — Frontispice gravé, 4 planches de coëffures et habillemens de Paris et 12 figures de Freudeberg, pour Boccace, gravées par Geyser et Endner.

1788. — Frontispice gravé, 4 planches de coëffures et habillemens français et anglais et 12 figures pour *Caroline de Liechtfield*, gravées par Chodowiecki.

1789. — Frontispice gravé, 4 planches de coëffures et 12 figures de la *Vie de Frédéric II*, par Chodowiecki, gravées par Geyser.

1790. — Frontispice gravé par G. Endner, *Vue de la Bastille*, 4 figures de coëffures de Paris, et 12 figures, sujets historiques contemporains, par Chodowiecki, gravées, le frontispice par lui-même et les autres par Endner.

1791. — Frontispice et titre gravés par Endner, 4 planches de coëffures de Paris et de Berlin et 12 figures, sujets historiques, de Chodowiecki, gravées par Geyser.

1792. — Frontispice gravé d'Endner, 3 planches de coëffures et 12 figures de Chodowiecki, gravées par Geyser, sujets historiques.
Joli exemplaire à la Bibliothèque nationale en soie brodée de paillettes.

1793. — Frontispice gravé par Endner, 2 planches de coëffures gravées par Verhelst, portrait de François II, gravé par Riepenh d'après Bosh, et 12 figures de Chodowiecki, gravées par Henne, sujets historiques.
Suite très fine.

1794. — Frontispice gravé par Riepenh, 2 planches de coëffures nouvelles, portrait du prince de Saxe-Cobourg, signé S..., 12 planches, sujets historiques, de Chodowiecki, gravées par Geyser.

1795. — Frontispice gravé par Riepenh, portraits de Louise-Auguste-Wilhelmine de Prusse et Frédéric de Prusse et J.-Henri de Moellendorff et 12 figures de Chodowiecki, gravées par Grunler, sujets historiques.

1796. — Frontispice gravé, 4 planches de coëffures et 12 figures de Chodowiecki, gravées par Grünler, sujets historiques.

1797. — Frontispice gravé, 2 planches de coëffures et 12 planches de Chodowiecki, gravées par Geyser, sujets historiques.

1798. — Frontispice gravé, 12 planches de Chodowiecki gravées par Henne, sujets de fantaisie.

1799. — Frontispice gravé et 12 planches de Chodowiecki, gravées par Grünler pour les *Anecdotes de Frédéric II*.

1800. — Frontispice gravé et 12 figures de divers caractères de l'homme, gravées par R.

1801. — Frontispice gravé et 12 figures de vues diverses de Schmidt, gravées par Bœttger.

Nous arrêtons là la description de l'almanach de Gotha, faite d'après l'exemplaire très complet du comte de Sauvage.
Les volumes les plus recherchés sont ceux qui contiennent la réduction du *Monument du Costume* et les figures de Chodowiecki pour la *Folle journée*.

Almanach de la Convention Nationale pour l'an III de l'ère républicaine,... *A Paris, chez Dufart, imp.*

libraire, chez Basset, Caillot, Langlois fils, Demoraine, etc. IIIe année de l'Ere Républicaine (1794). In-18.

Curieux frontispice de Quêverdo célébrant la découverte du télégraphe (C. n. 1162).
Bibliothèque nationale.

— Almanach de la Fédération de la France, dédié à la Nation. *A Paris, chez Blanmayeur, successeur du sieur Boulanger, rue du Petit-Pont, à l'image Notre-Dame*, 1791. In-24.

Titre gravé et 12 très jolies figures révolutionnaires.
Très rare et très précieux almanach. (C. n. 999).
En maroquin rouge ancien, 905 fr., vente Sardou (n. 320), prix très élevé pour un almanach (Cf. C. n. 999); en soie peinte, collection Savigny (n. 141).

— Almanach de la Mère Gérard pour l'année bissextile 1792 ou les Droits de l'Homme et du Citoyen. Mis en vaudevilles, suivis de Noels Civiques et Patriotiques, pour l'amusement et l'instruction des petites-filles de la Mère Gérard. *A Paris, chez les marchands de nouveautés, an III de la Liberté*. In-32.

1 joli frontispice non signé, en dessous duquel on lit :

> Tandis que Gérard explique
> Les décrets à nos garçons,
> Mes soins aux filles j'applique,
> Je les instruis par des chansons.

Voyez à COLLOT-D'HERBOIS pour l'*Almanach du père Gérard*.
Il existe aussi une édition sans frontispice, et sans les *Noels*. Cf. Grand-Carteret, n. 1081; Tourneux, n. 11742.

— Almanach de la Naissance de Monseigneur le Dauphin. *A Paris, chez Boulanger*, 1782. In-32 oblong.

12 figures relatives à la naissance du Dauphin. Selon Grand-Carteret (n. 663), on ne connaît pas d'autre exemplaire que celui de la collection Savigny.

— Almanach de la Samaritaine (du Pont-Neuf), avec ses prédictions pour l'année 1787. In-18.

Frontispice non signé.
15 fr. vente La Bassetière (1892).
Cet almanach a paru sous le même titre en 1788, avec un frontispice représentant l'horloge de la Samaritaine que l'on venait de supprimer. Il existe une réponse intitulée : *Almanach en réponse à celui de la Samaritaine;* mais elle n'est pas illustrée (Cf. Grand-Carteret, n° 838).

— Almanach de la Toilette et de la coiffures des Dames françaises et romaines... *A Paris, chez Desnos*, 1777. In-24.

2 frontispices et 12 ou 24 figures, non signés.
En maroquin rouge ancien, (24 figures); 280 fr., vente Béhague (n. 341); le même ou un autre semblable, ancienne collection Carnarvon (n. 58 f.); en maroquin rouge ancien, avec 12 figures seulement, 150 fr., vente L. de Tinan (n. 79); en veau ancien, 210 pp. vente Sardou (n. 310).
Charmant petit recueil de figures de costumes, auxquelles on ajoute une suite curieuse de portraits de courtisanes, toutes coiffées différemment. En regard de chaque portrait se trouvent des vers très méchants sur ces dames, qui sont nommées en toutes lettres.

— Almanach de la toilette et de la coëffures des dames françoises, suivie (sic) d'une dissertation sur celle des dames romaines. Souvenir à l'Angloise. Orné d'un Frontispice qui représente la manière dont se coëffoient les Femmes sous différens règnes; et autres gravures. *A Paris, chez Desnos*, s. d. (calendrier pour 1779). In-24.

2 frontispices et 24 figures avec coiffures.
Se joint au *Recueil général de costumes et de modes;* les 2 volumes, en maroquin rouge ancien, 400 fr., vente Pichon (1897, n. 407). C'est cet exemplaire que décrit Grand-Carteret (n. 572) mais sous la date de 1777. La date de 1779 ne serait-elle pas une erreur du catalogue Pichon ?

— Almanach des Aristocrates, ou Chronologie épigrammatique des apôtres de l'assemblée nationale. *A Rome*

(Paris) *l'An III de la Barnavocratie.* In-12.

3 ff. n. ch., pp. III à XXIV, 6 ff. et 203 pp., plus un joli frontispice et une charmante figure (à la p. 145), sans noms d'artistes.
En maroquin rouge de Hardy, 34 fr., vente Werlé (n. 195).
Bibliothèque nationale (C. n. 1163; Tourneux n. 11729).

— Almanach des Ballons ou Globes aérostatiques; Étrennes du jour physico-historiques, et chantantes, Pour l'An. Biss. M.DCC.LXXXIV. *A Annonay, Et se trouve à Paris, Chez Langlois père et fils (ou Chez Desnos),* 1784. In-32.

Deux médiocres figures sur bois, représentant une montgolfière et un ballon. (C. n. 759).
Très rare et précieux almanach (Bibliothèque nationale); mais il est plus recherché pour son texte que pour ses illustrations.
Signalons, à ce propos, l'*Almanach des Globes ou recueil d'expériences physiques ou aérostatique, dédié à MM. Montgolfier, Paris,* 1785; l'*Almanach du Globe pour 1785. Dédié au Roi de Prusse. Orné de gravures,* 1785; *Le Triomphe des Globes,* 1795.

— Almanach des Cocus, ou Amusemens pour le beau sexe, pour l'année M.DCCXLI. Auquel on a joint un Recueil de Pièces sur les Francs-Maçons. Ouvrage instructif, Épigrammatique et Énigmatique, dédié à la Jeunesse Amoureuse, par un Philosophe Garçon. *A Constantinople* (Paris), *de l'imprimerie du Grand Seigneur, Avec l'approbation des Sultanes,* 1741. Pet. in-12.

Frontispice original non signé (imité des *Petits Pieds*).
On lit sur le frontispice ces mots : *Forge à Cornes.*
L'Almanach des cocus a continué à paraître en 1742 et 1743; mais en 1743 l'adresse est : *A Pékin, Chez Jean Cornar, imprimeur de l'Empereur de la Chine, au Soleil Couchant.*
Ces trois éditions de l'almanach (C. n. 147) sont d'une extrême rareté; les deux premières sont à l'Arsenal, la troisième à Rouen (fonds Leber, n. 2542).

— Almanach des Curieux pour l'année mil sept cens quarante-neuf. Où les Curieux trouveront la Réponse agréable des Demandes les plus divertissantes pour se réjouir dans les Compagnies. *A Paris, de l'imprimerie de Gissey, rue de la Vieille Boucherie à l'Arbre de Jessé,* 1749 (et années suivantes.) In-12.

Curieuse gravure sur bois au revers du titre (C. n. 168).
Cet almanach parut jusqu'à la fin du XVIIIe siècle.

— Almanach des Douze Ministres, pour l'année 1790. *A Paris, rue Saint-André-des-Arts, hôtel Châteauvieux,* 1790. In-12.

Frontispice non signé, donnant les portraits des douze ministres en forme d'arbre généalogique. (C. n. 959).

— L'Almanach des Folies de l'amour ou le tribut de l'amitié au beau sexe. *A Paris, chez Jubert,* 1787. In-24.

Titre-frontispice et 12 jolies figures de Dorgez.
En maroquin rouge ancien, avec riches dorures, collection Savigny (n. 74). Sous la date de 1788, collection Félix Meunié (C. n. 3371).

— Almanach des Folies modernes ou les étrennes du jour contenant quantité de chançons relatives aux fantaisies à la mode. *Chez Bailly libraire, rue Saint Honoré et chez Hardouin au Palais-Royal,* 1785. In-32.

Titre-frontispice et 5 curieuses figures attribuées à Quéverdo, relatives aux ballons, au baquet de Mesmer, etc.
Almanach précieux, à cause des anecdotes et chansons sur les ballons qu'on y relève à chaque page.
En maroquin rouge ancien, jolie reliure ornée, collection Savigny (n. 58). On n'en signale pas d'autre exemplaire (C. n. 810).

— Almanach des Françoises célèbres par leurs vertus, leurs talents ou leur beauté, dédié aux dames citoyennes qui ont les premières offert leurs dons patriotiques à l'Assemblée nationale. *A Paris, Chez Lejay fils*, 1790. Petit in-12.

Un joli titre-frontispice et une figure curieuse, non signés.
La figure représente les femmes d'artistes, Mmes Vien, Fragonard, Suvée, Vestier, etc., venant déposer leurs bijoux sur le Bureau de l'Assemblée. (C. n. 960.)
En veau ancien, collection Savigny (n. 106).

— Almanach des Grâces, étrennes érotiques chantantes. *A Paris, Chez Cailleau*, 1784 et 1785. In-18.

2 frontispices de Monnet et Lejeune, gravés par David.

— Almanach des Grâces, étrennes érotiques chantantes; dédié et présenté à Madame, comtesse d'Artois. Il n'appartient qu'aux Grâces, De régner sur les cœurs. *A Paris, Chez Cailleau*, 1786. In-24.

Frontispice, 6 ff. n. ch., et 288 pp.
Le frontispice est de le Jeune, gravé par David.
Communiqué par M. Lucien Schloss.

— Almanach des Grâces, étrennes érotiques chantantes, dédiées à Mme d'Artois, pour l'année 1792. *A Paris, Chez Cailleux fils.* In-12.

1 figure par Marillier gravée par de Ghendt.
Cet almanach a paru de 1784 à 1795 et de 1804 à 1807 (C. n. 761).

— Almanach des Héroïdes, contes, fables, théâtres, etc., pour l'année 1773. *Amsterdam, chez Magerus.* In-32.

6 vignettes d'après Eisen.
Les figures sont copiées de celles des *Baisers* de Dorat et des *Tourterelles de Zelmis*, etc.

— Almanach des Honnêtes gens, contenant des prophéties pour chaque mois, des anecdotes peu connues sur les journées des 10 août, 2 et 3 septembre 1792 et la liste des personnes égorgées dans les différentes prisons. *A Paris, chez tous les marchands de nouveautés*, 1793. In-12.

Frontispice gravé non signé et planche à la p. 52, absente dans beaucoup d'exemplaires.
Il en existe sept éditions sous la même date; la première est la plus rare. (C. n. 1087).
Cet almanach n'est pas de Sylvain Maréchal, mais, selon M. Tourneux, de Louis Ventre de La Touloubre, dit Galard de Montjoye.

— Almanach des Honnêtes gens, *A Paris, chez tous les marchands de nouveautés*, 1793. In-18.

Joli frontispice non signé.
Divers almanachs ont paru sous ce titre ou sous celui d'*Almanach des gens de bien*, de 1795 à 1799, avec diverses figures. Citons celui de 1795, avec un curieux frontispice satyrique connu en plusieurs états.

— Almanach des Marchés de Paris. Étrennes curieuses et comiques avec des Chansons intéressantes, Dédié à Marie Barbe, Fruitière Orangère. Dessiné et gravé par M. Quéverdo. *A Paris, Chez Boulanger*, 1782. In-24.

Titre gravé et 12 charmantes figures dessinées et gravées par Quéverdo. *Le Bon Portugal; Oranges fines; La Vallée; Marché au Poisson; La Rue au fer; Les Écosseuses; Les gros Gobets à la courte queue; La Marchande d'abricots: La Marchande de crème; V'là le Melon, V'là le sucré; Chasselas à la livre: Marrons bouillis, ils brûlent la poche; Du bon Boudin gras et salé.*
Relié devant l'*Almanach galant des costumes*, en maroquin rouge ancien, 450 fr., vente Pichon (1897, n. 410).
En soie blanche à paillettes, collection Savigny (n. 34).
Selon la remarque qu'a faite M. Grand-Carteret (n. 666) ces jolies figures avaient déjà paru en 1780 dans l'*Itinéraire descriptif de Paris*. Il en existe de rares épreuves avant la lettre. (Collection Savigny).

— Almanach des Muses. *A Paris, Chez Delalain*, 1764. In-12.

Ce recueil a paru de 1764 à 1833 sans interruption (sauf en 1799). Il fut rédigé de 1764 à 1793 par Sautereau de Marsy. On y trouve, depuis l'origine jusqu'en 1794 un titre gravé, changeant d'année en année et presque toujours dessiné et gravé par Poisson. Les années 1795 et suivantes ont, à sa place, un frontispice (sauf 1807 et 1808 qui présentent des titres gravés, le dernier étant de Marillier).

Certaines années existent sur papier de Hollande. On peut trouver la collection jusque vers 1789, reliée par l'éditeur en veau fauve ou veau écaille, ou même en maroquin. Cf. l'intéressante notice de Grand-Carteret (n. 377).

L'année 1793 est seule recherchée : elle contient l'un des premiers textes de la *Marseillaise*.

— Almanach des Prisons, ou Anecdotes sur le régime intérieur de la Conciergerie, du Luxembourg, etc... et sur différents prisonniers qui ont habité ces maisons sous la tyrannie de Robespierre, avec les chansons, couplets qui y ont été faits. 3eme édition. *A Paris, chez Michel*, an III. In-16.

Très curieux frontispice allégorique représentant la place de la Révolution, couverte de pyramides de têtes humaines et Sanson, n'ayant plus personne à exécuter, réduit à se guillotiner lui-même. (C. n. 1166).

Cet almanach fort rare est, selon M. Tourneux, l'œuvre de Philippe-Edme Coittant.

Bibliothèque nationale.

— Almanach des Sens en plusieurs estampes dessinées et gravées par Martinet dont les talents sont connus, avec tablettes économiques... *A Paris, chez le Sr Desnos*, 1781. In-16.

Frontispice, titre gravé, et 6 charmantes figures d'après Quéverdo.

En maroquin rouge ancien, collection Savigny (n. 31).

— Almanach des Trois Règnes, En huit parties. Première partie. Almanach de Flore, s. l. (*A Paris, chez Hérissant*) 1774. In-24.

Titre gravé et 50 figures, généralement coloriées. (C. n. 509).

En maroquin rouge à dentelles par Derôme, aux armes de Mme Du Barry, figures coloriées, bibliothèque de Versailles.

— Almanach de Versailles. *A Versailles, chez Blaisot*. 1784. In-24.

2 jolis petits portraits de Louis XVI et Marie-Antoinette.

— Almanach d'Idalie, ou la Bigarrure galante, étrennes chantantes mêlées d'anecdotes et enrichies de nouvelles coëffures. *A Paris, Chez Jubert*, 1784. In-24.

12 figures non signées et 12 portraits imaginaires de femmes, destinés à montrer des coiffures à la mode. (C. n. 758).

— Almanach du bon Français, ou Anecdotes, Pensées, Maximes et Réflexions de feu Monseigr le Dauphin, père du Roi, avec un Recueil anniversaire d'Allégories des principales époques de l'avènement de Louis XVI, au trône. *A Paris, Chez le Sr Desnos, s. d.* (1781 ou 1782), 2 parties. In-24.

vi-53 pp., plus 2 titres gravés, 2 frontispices (le premier par Lachaussée, d'après Brion) et 15 figures (d'après P. de Berainville par Voysard), avec légendes en vers. (C. n. 645.)

En maroquin rouge ancien, collection Savigny (n. 32). Un médiocre exemplaire en maroquin rouge ancien, 30 fr., vente Sardou (n. 313).

— Almanach du Cabriolet Avec un Pot-pourri en Vaudeville, sur des Airs choisis et connus Pour la présente année Par M***. *A Paris, Chez C. P. Gueffier* (1756). In-12.

Titre gravé et curieux frontispice d'A. Humblot, gravé par Maisonneuve, représentant le cabriolet.

Curieux recueil (C. n. 217) de couplets (attribués à Marescot) sur l'introduction en France de la voiture dite *cabriolet*.

Collection de Bonnechose.

— Almanach du Chasseur (par Goury de Changran). *A Paris, chez Pissot*, 1772. In-12,

5 ff., 207 pp., 37 pp. de musique et 1 f. blanc.

Frontispice gravé par Choffard, et musique gravée.

Broché. 8 fr., vente Destailleur (1891, n. 968); en veau, 15 fr., *Bull. Morgand*, 1899, n. 35477.

Réimprimé en 1780 sous le titre de *Manuel du Chasseur ou Traité complet et portatif de vénerie, de fauconnerie,...* etc. Sous des titres légèrement différents, cet almanach fut réimprimé tous les ans de 1772 à 1785.

Aux armes de France, bibliothèque de l'Arsenal; en maroquin rouge, aux armes d'Orléans, 40 fr., vente de Yéméniz (1867, n. 1069). Ce dernier amateur avait écrit en tête de son exemplaire la curieuse note qu'on va lire : « Le libraire Royet ayant acquis quelques exemplaires de cet ouvrage, gratta adroitement la date et substitua son nom et son adresse sur de petits papiers qu'il colla sur les anciens. Quelques libraires en ont fait une édition sans date sur les catalogues. Il supprima aussi les deux feuillets de l'approbation et du privilège, qui indiquent la date et le nom de l'auteur. Mais, il n'a pu supprimer la page 307 où la date se retrouve. » (Cf. C. n. 463.)

— Almanach du Comestible, nécessaire aux personnes de bon goût et de bon appétit qui indique généralement toutes les choses que l'on peut se procurer à la Halle. *A Paris, Chez Desnos*, 1778 ou 1779 ou 1781. In-16.

Titre imprimé, 6 pp., 115-180-55 pp., plus un joli frontispice (C. n. 591).

En maroquin rouge ancien, (sans date) 85 fr., vente L. de Tinan (n. 84); le même ou un autre semblable, collection Savigny (n. 25).

— Almanach du Diable, contenant des prédictions très curieuses et absolument infaillibles pour l'année 1737, *aux Enfers* et la clef de l'Almanach du Diable pour l'année 1738. In-24. *Aux Enfers*.

Frontispice gravé. A la fin. 4 ff. gravés. (C. n. 136).

— Almanach du Diable Pour l'année 1738. *Aux Enfers Avec Privilège*. In-24.

Frontispice assez curieux représentant une glace et titre gravé représentant le Diable semant ses almanachs sur le monde. Bibliothèque nationale et collection Paul Lacombe (C. n. 159).

— Almanach du Mariage pour l'année 1735, ouvrage instructif et épigrammatique, nouvelle édition augmentée de la carte de l'isle du mariage avec la description littérale du pays. Dédié à la Jeunesse amoureuse par un philosophe garçon. *A Paris, Chez Charles Guillaume*, 1734. In-24.

Frontispice et 15 planches dont la carte de l'Isle du mariage.

Un exemplaire en maroquin violet ancien a figuré successivement aux ventes de Méon (n. 2561 : 4 fr. 55), de Pixérécourt (n. 1517 : 9 fr. 75), de Veinant (1855), n. 842 : 25 fr.) du baron Pichon (1869, n. 819 : 31 fr.) et du comte de Béhague (n. 1428 : 76 fr.). Il portait sur le feuillet de garde la note manuscrite suivante :

« Cet almanach fut défendu malgré la Permission, à cause de la figure qui sert de frontispice et qui a pour inscription : *Magasin de cornes*. Il fit même assez de bruit pour s'attirer une critique qui fut adressée à l'auteur, par une dame de province (24 pp. in-12). Cet almanach avait déjà paru en 1732 sans estampe. La critique est de la même année chez Pierre Baudouin et chez l'éditeur de l'almanach. »

Nous avons vu l'édition de 1732 à Aix, chez M. Mouravit, et l'année 1735 est citée par Quérard (C. n. 125).

— Almanach du Parnasse pour l'année 1728 contenant le nom de tous les poètes vivants avec un catalogue exact de leurs ouvrages. *A Paris, Chez la Veuve Pissot*. In-24.

Frontispice représentant le Mont Parnasse.

Bibliothèque de l'Arsenal.

J'ignore pour quel motif l'auteur du catalogue Soleinne (T. V, n. 785) a voulu attribuer à l'abbé de La Porte ce catalogue des poètes dramatiques, rédigé sans aucun doute par les frères Parfaict. (C. n. 114).

— Almanach du Sort ou Recueil de Nouveaux Oracles. *A Paris, Chez Duchesne Libraire*, 1757. In-32.

Titre gravé et frontispice non signés.

Ancienne collection Pichon (C. n. 232).

— Almanach Folichon ou le Joujou des Dames, Étrennes galantes pour la présente année. *En Suisse, Chez le li-*

braire *des Petites-Maîtresses. A Paris, Chez Cuissart libraire, quai de Gesvres, à l'Ange Gardien* (1756). In-32.

Frontispice par Sauffay, gravé par M. Sollin, représentant l'auteur accoudé sur un bureau.
Paraissait encore en 1762 (C. n. 218).

— Almanach Galant des Costumes français Des plus à la Mode, Dessinés d'après nature dédié au Beau Sexe, A. P. D. R. *A Paris, chez le S*r *Boulanger, rue du Petit-Pont, près le petit Châtelet,* 1782. In-18.

Titre gravé et 18 charmantes figures non signées, très finement gravées.
Almanach entièrement gravé. (C. n. 669).
Relié en maroquin rouge, ancien, après l'*Almanach des Marchés*, 450 fr., vente Pichon (1897, n. 410).
Reliure avec paillettes, collection Savigny (n. 36).

— Almanach Galant des Costumes français les plus à la mode, dessinés d'après nature, dédié au beau sexe. *A Paris, Chez Boulanger,* 1785. In-18.

Frontispice gravé et 18 planches de modes.
Un exemplaire relié en soie blanche avec gouaches sur les plats, 46 fr., vente Béhague (n. 340).

— Almanach Galant, moral et critique en Vaudevilles, orné de Gravures. A. P. D. R. *A Paris, chez Boulanger,* (1780, 1785 ou 1786). In-32.

Texte gravé, titre-frontispice de Berthaut, gravé par Quéverdo et 12 jolies figures non signées (C. n. 813) dont on connait des épreuves avant la lettre.
En vieux maroquin rouge, ancienne collection Carnarvon (n. 580); sous la date de 1786, en soie peinte, collection Savigny (n. 64).
L'année 1780, en soie à paillettes, 300 fr., *Bull. Morgand* 1899, n. 35479.

— Almanach Géographique ou Petit atlas élémentaire. *A Paris, Chez Desnos,* 1770. In-32.

Titre et frontispice gravés non signés, un portrait de Christian VII, gravé par Savart, et des plans géographiques (tantôt au nombre de 30 et tantôt de 48).

Première année d'un recueil, qui continua à paraître annuellement jusqu'en 1789. (Cf. Grand-Carteret, n. 426).

— Almanach Littéraire, ou Étrennes d'Apollon. *A Athènes et à Paris, veuve Duchesne,* 1777-1793. Petit in-12.

1777. Frontispice par Eisen, gravé par Lingée. — 1781. Frontispice par Cochin gravé par Gaucher. 1787. Frontispice par Marillier, gravé par de Ghendt. — 1790. Frontispice par Marillier, gravé par de Ghendt. — 1791. Frontispice non signé, probablement par Marillier. — 1792. Frontispice par Marillier, gravé par de Ghendt.
Onze années de cet intéressant almanach se trouvent à la bibliothèque de l'Arsenal (C. n. 574).

— Almanach Iconologique. Voyez à GRAVELOT.

— Almanach Lyrico-galant ou les Délices du Siècle. *A Paris, chez Esnauts et Rapilly,* 1784. In-24.

Ouvrage entièrement gravé. Titre-frontispice et 12 jolies figures de modes.
En maroquin rouge ancien, collection Savigny (n. 47).
Voyez le suivant :

— Almanach Lirico galant ou les Délices du siècle. *A Paris, Chez Esnauts et Rapilly,* s. d. (1786). In-24.

Titre gravé et 12 figures de modes féminines par Desrais.
Un précieux exemplaire en maroquin rouge ancien, aux armes de Marie-Antoinette, avec les figures coloriées est porté à 1,500 fr., au *Bull. Morgand* (II, 6, n. 11).

— Almanach Lyrico-mithique pour l'année bissextile 1752 ou les fables de Phèdre et de Mr de La Fontaine en vaudevilles, par M. Nau. Avec approbation. *A Paris, chez Pecquet.*

Frontispice, titre gravé et 72 pp. de fables mises en musique.
En reliure ancienne mosaïquée, collection Savigny (n. 4).
Les années 1753 et 1754 sont signalées par Carteret (n. 197).

— Almanach Moral et poétique de la Fable. — Voyez à PETIT MANUEL MYTHOLOGIQUE.

— Almanach nouveau. S. l. n. d. (1770). Pet. in-8.

24 ff. dont chacun porte une vignette attribuée à Gravelot.
En veau fauve ancien. collection Savigny, (n. 10). Cf. *Bull. Morgand*, 1899 (n. 35481 : 75 fr.), et Grand-Carteret, n. 427.

— Almanach Poétique énigmatique pour l'année 1759. Orné de figures, dédié à Son Altesse Sérénissime Madame la Duchesse d'Orléans, par M. Deschamps de S:e Suzanne, avec approbation et privilège du Roi. *A Paris, chez Duchêne... et la Vve Legras.* In-16.

Un titre-frontispice par Eisen gravé par de Ferth et 12 figures, aussi par Eisen, gravées par Aliamet et Delafosse.
Collection de 12 énigmes, avec leur solution à la fin. (Savigny, n. 7).
Décrit par Grand-Carteret (n. 220) sous la date de 1756.

— Almanach pour l'année 1745. *A Amsterdam, avec privilège.* In-64.

24 ff. et 12 figures. Le calendrier de chaque mois consiste en 2 ff., entre lesquels est une planche gravée avec un quatrain que surmonte une vignette.
En maroquin vert ancien, collection Savigny (n. 3).

— Almanach pour la présente année. La Galerie des femmes illustres, ou Éloge de celles qui se sont fait un Nom. Avec des Chansons à la louange du Beau Sexe, faisant suite aux Figures dessinées et gravées par Label, dont le mérite est connu, qui se vendent séparément. *Paris, Chez Desnos, s. d.* (vers 1778). In-24.

Frontispice avec portrait de Marie-Antoinette et 52 (?) planches de portraits de femmes. (C. n. 592).
A paru aussi, en 1780, sous le titre: « Les Femmes illustres ou Éloge de celles qui se sont fait un nom, Étrennes chantantes ornées de figures. Avec Tablettes économiques, Perte et Gain, Petit Secrétaire à l'usage des Dames et des Messieurs. *A Paris, Chez Desnos*, 1780. In-24 ».
Le frontispice est celui qu'on retrouve dans *A la plus digne de plaire, s. d.* et dans *La Fleur des plaisirs* (1783).

— Almanach pour la présente année 1776 ou Petit recueil d'Estampes représentant les quatre saisons et les heures du jour avec des vers analogues à chaque sujet, suivi de tablettes à double usage sur lesquelles on peut écrire la nuit sans lumière comme le jour avec le stylet, ses pensées, souvenirs, rendez-vous, billets, propos galans, etc. *A Paris, chez Desnos*, 1776. In-18.

1 frontispice de Desrais, gravé par Patas et 8 figures non signées.

— Almanach pour la présente année (1786), ou petit Recueil d'estampes représentant la mythologie, avec chansons analogues suivi de tablettes à double usage. *A Paris, chez Desnos.* (Le frontispice porte ce second titre : *Les Métamorphoses d'Ovide en chansons.*) In-18.

Frontispice par Desrais, gravé par Patas et 52 figures à l'eau-forte non signées. (C. n. 814).
En maroquin rouge ancien, collection Savigny (n. 70).

— Almanach Royal, commençant avec la guerre de 1701... où est exactement observé le cours du soleil d'injustice, avec ses Eclipses; ou la juste punition du ciel démontrée, dans XVIII emblèmes gravés en taille-douce. *A Paris, Impr. royal du petit-Louis, s. d.* In-4.

Frontispice et 17 planches à l'eau-forte.
Violent pamphlet imprimé en Hollande contre Louis XIV et Philippe V d'Espagne. Porté à 60 fr., *Bull. Morgand*, n. 9633.

— Almanach utile et agréable de la loterie de l'École royale militaire pour l'année 1759 [et 1760] où l'on voit son origine, son progrès, son établissement en France et la façon de placer le plus avantageusement sa mise. Enrichi de quatre-vingt-dix figures en taille-douce qui pourront servir de devises. *A Amsterdam et se vend à Paris chez Prault père..., Laurent, Fr. Leclerc,* 1759. In-18.

VIII-98 pp., plus un frontispice signé de Le Mire et 90 figures non signées, mais qui sont de Gravelot.

Chaque figure est accompagnée d'un quatrain rimé par Gravelot. Elles représentent pour la plupart de gracieuses scènes enfantines, dans le genre des culs-de-lampes du Boccace de 1757.

En veau ancien 165 fr., vente Destailleur (1891, n. 356); dans une reliure fatiguée en veau 330 fr., vente Pichon (1897, n. 404; en maroquin rouge ancien, 180 fr., *Bull. Morgand,* 1899, n. 35485. Cf., pour la description des figures, Savigny, n. 6 et Grand-Carteret, n. 277).

Il existe des figures un tirage sur grand papier (une vingtaine de pièces au Cabinet des Estampes); le dessin original du titre a été acheté 60 fr., par le Musée Carnavalet.

Un autre dessin était en 1877 dans la collection Leroux.

Ce joli petit volume a paru également sous le titre suivant : *Les jeux de la petite Thalie,* etc. *Paris, Desnos,* s. d. — Le frontispice seul est changé.

— L'Amant trompé par l'amour, et autres sujets agréables, extrait des trois muses réunies ; mis en musique par les plus célèbres compositeurs modernes. *A Paris, Chez Desnos,* 1790. In-24.

Titre gravé, frontispice et 8 figures en couleurs.

En maroquin rouge ancien, 125 fr., *Bull. Morgand,* 1899, n. 35384.

Signalé par Grand-Carteret (n. 1106) sous la date de 1793, avec les mêmes figures de coiffures que dans le *Nouveau chansonnier.*

— L'Ami du Roi. Almanach des honnêtes gens. *A Paris, chez l'apothicaire de la démocratie au Palais-Royal* (calendrier pour 1792). In-18.

Joli frontispice gravés par Dorgez avec les portraits du Roi, de la Reine et du Dauphin.

Il y a deux éditions, l'une de 102 pp., l'autre de 106 pp. (plus 1 f. n. ch.), mais sans calendrier. L'une et l'autre se trouvent à la Bibliothèque nationale. C. n. 1048 ; Tourneux, n. 11743).

— L'Amour à l'épreuve ou le Bijou bien gardé. Étrenne amusante Dédiée aux deux sexes. *A Paris, Chez Laporte, Libraire, rue des Noyers, Hérou, doreur sur cuirs, même rue, et Chez Maillet, imprimeur rue S*t *Jacques,*1779. In-24.

62 pp., plus 1 titre gravés et 18 jolies figures.

En maroquin vert ancien, collection Savigny (n. 27). C'est le seul exemplaire connu, selon M. Grand-Carteret (n. 610).

— L'Amour à Olympe, ou le Triomphe de Cupidon sur les dieux et déesses. Almanach érotique. *A Paris, chez Jubert, doreur,* 1787. In-24.

Texte gravé, avec un titre-frontispice et 12 jolies figures très bien gravées par Dorgez. Recueil de chansons, avec figures mythologiques.

En maroquin rouge ancien, collection Savigny (n. 75); 106 fr., vente Gaillard (C. n. 839).

— L'Amour badin ou les ruses de Cupidon dédiées à la jeunesse. *A Paris, Chez Boulanger,* s. d. (1788). Petit in-16.

Frontispice et 12 jolies figures par Quéverdo (C. n. 866).

Broché, 100 fr., vente Destailleur (1891, n. 362).

— L'Amour dans le globe ou l'almanach volant, composé de petites pièces fugitives, légères ou galantes en prose et en vers, avec un précis historique de l'origine du globe aérostatique, des expériences du Champ de Mars, Versailles, de la Muette et des Tuileries, ainsi que vers et chansons y relatifs, le tout enrichi de figures. *A Paris, chez Jubert,* 1784. In-24.

4 jolies planches pliées (*Expériences du Champ de Mars, Alarme causée par la chute d'un ballon à Gonesse, L'Expérience faite à Versailles..., Le Globe de la Redoute*).

Petit volume très rare et fort recherché (C. n. 764).
En maroquin rouge ancien, avec montgolfière sur les plats, collection de M. de Savigny (n. 48). Un autre, collection Tissandier.

— L'Amour dans le globe..., *A Paris, chez Jubert*, 1785. In-24.

Titre gravé (suivi d'un titre imprimé : *La Colombe de Vénus ou la beauté triomphale, 2ᵉ partie de l'Amour et du Globe, A Paris, chez Bailly*) et 5 planches pliées.
Suite de l'almanach décrit ci-dessus. (C. n. 791).
Collection Tissandier; ancienne collection du baron Pichon.

— L'Amour en bonnes fortunes. Étrennes chantantes avec figures et Tablettes économiques. Pertes et Gain. à l'usage de l'un et l'autre sexe. *A Paris, chez le sieur Desnos*, 1784. In-24.

Titre gravé, texte gravé et 11 figures (C. n. 765).
Ces figures se retrouvent dans les *Grâces en goguette* et la *Soirée de Paphos*.

— L'Amour Hermite ou le Jou-jou de l'amour. *A Paris, chez l'auteur, rue St-Jacques*, 1784. In-24.

Titre gravé et 12 jolies gravures par Quéverdo (C. n. 675).
En soie ancienne, collection Savigny (n. 54).

— L'Amour juge ou le Congrès de Cythère. Traduit de l'Italien de M. le comte Algarotti. Étrennes pour la présente année. *A Cythère, et se trouve à Paris, chez Onfroy, libraire*, 1783. In-18.

Joli frontispice dessiné et gravé par Quéverdo, représentant le Congrès de Cythère. (C. n. 735).
En maroquin vert ancien, collection Savigny (n. 40).

— L'Amour parmi les jeux. Le Souvenir du bon tems; dédié aux Belles. *A Paris, Chez Boulanger, Relieur et doreur*, 1784, 1785, 1786 ou 1791. In-24.

3 ff. n. ch., 62 pp., et 4 ff. n. ch. y compris un beau titre gravé dessiné et gravé pas Quéverdo, et 12 jolies figures non signéer.

Un exemplaire sous la date de 1785 dans une jolie reliure brodée, nous a été communiqué par M. Rahir; un autre, en maroquin rouge (1786) est porté à 500 fr., *Bull. Morgand*, nov. 1909, n. 13.

La suite des figures se trouvait en avant-lettre chez le baron Pichon. M. de Savigny (n. 62) les possède en avant-lettre et en eau-forte. (C. n. 766).
Nous donnons les titres de chacune de ces minuscules estampes :

Janvier. — *Les Quilles.*
Février. — *La Cligne-musette.*
Mars. — *La Courte-paille.*
Avril. — *Le Pied de bœuf.*
Mai. — *Le Gage touché.*
Juin. — *Les Quatre-coins.*
Juillet. — *Le Cheval fondu.*
Août. — *Le Billard.*
Septembre. — *Le Colin-Maillard.*
Octobre. — *La Bascule.*
Novembre. — *Le Cache-Cache.*
Décembre. — *La Main-Chaude.*

— Les Amours d'Héloïse et d'Abeilard dédiées aux âmes sensibles. *A Paris, chez Esnauts et Rapilly*, 1791. In-24.

Titre-frontispice, deux portraits en médaillons et 12 jolies gravures non signées, retraçant toute la vie des deux amants. En tout 43 pp., y compris les figures.
En maroquin vert ancien, collection Savigny (n. 120).
Cet almanach existerait avec la date de 1786, 1787 et de 1792. (C. n. 1049).

— L'Amour victorieux ou les conquêtes de Cypris. Almanach chantant. *Paris, chez la Vᵛᵉ Depoilly et chez Jubert*, 1784. In-24.

Titre-frontispice et 12 jolies figures représentant diverses épisodes de la stratégie amoureuse.
En maroquin rouge ancien, collection Savigny (n. 55).

— Les Amusemens champêtres, collection d'estampes agréables, et passe-temps de la Jeunesse, convenable à l'un et à l'autre sexe. Age heureux des plaisirs. Théâtre de la vie humaine. Étrennes chantantes. *A Paris, chez Desnos*, 1790. In-24.

24 figures gravées en couleurs.

— Les Amusemens de Paris. Almanach lyrique et galant. *A Paris, chez Jubert*, 1786. In-24.

Titre-frontispice et 12 jolies figures par Dorgez, avec chansons en regard. (C. n. 818).
En soie brodée, collection Savigny (n. 63) ; en maroquin rouge ancien, 170 fr., vente Destailleur (1891, n. 360).

— Amusemens héroïques et galans, orné de jolies gravures. *A Paris, chez Jubert*, s. d. (1790). In-16.

Titre-frontispice, texte gravé et 12 figures de sujets chevaleresques.
Grand-Carteret n. 896, d'après l'exemplaire Paul Eudel.

— Anacréon en belle humeur, ou les Espiègleries de l'Amour. Quatrième partie du plus joli chansonnier françois. *A Paris, Chez Desnos*, 1783. In-24.

96 pp., plus 40 pp., pour le Secrétaire et 6 ff. de calendrier. 12 jolies figures non signées (d'après Dorgez ?)
Avec les figures avant la lettre, maroquin rouge ancien, 81 fr., vente Sardou (n. 312). Cf. aussi *Bull. Morgand*, nov. 1909, n. 14.

— Anacréon en belle humeur, ou les Matinées de Paphos, chansonnier français. Élite de chansons, romances, vaudevilles, etc., par Voltaire, J.-B. Rousseau, Fénelon, Regnard, Collé, etc. *A Paris, Chez Desnos*, 1785. In-24.

12 figures y compris un frontispice, dans la manière, dit-on, de Gravelot.
8 de ces figures se retrouveraient dans le *Petit-Boccace* ; d'autres dans *Ce qui plaît aux dames* et dans la *Collection complète des romans d'Estelle*.
Au catalogue de Lord Carnarvon est décrit (n. 6) un exemplaire en vieux maroquin rouge sous la date de 1785 contenant « plates and frontispice before letters by Chodowiecki. » Est-ce cet exemplaire qui est porté depuis au *Bull. Morgand* (II, 6, n. 12) où il est décrit comme probablement de 1789, et renfermant 8 vignettes par Desrais ? (Cf. Grand-Carteret, n. 792).
Faisons remarquer que sous le titre d'*Anacréon en belle humeur*, Desnos a publié un chansonnier en douze parties, qu'il a vingt fois remis en vente cahier par cahier, sous des titres différents, et chaque fois avec une nouvelle suite de gravures.

— Année galante ou Étrennes à l'amour, contes enrichis de figures et d'ariettes s. l. n. d. Gr. in-8.

1 frontispice libre et 12 vignettes en-têtes libres, en couleur non signés.
Volume rare. Le texte est gravé.

— Annette et Lubin ou les Délices de la campagne. Almanach chantant. *A Paphos, et se trouve à Paris, chez la veuve Tiger, rédacteur et éditeur*, 1793. In-24.

6 figures non signées.
Texte (chansons) imprimé en rouge et encadré. (C. n. 1107).
Collection Savigny (n. 124).

— Apologie de la Tendresse ou le Pouvoir de l'Amitié, almanach orné de jolies figures. *A Paris, Chez Janet*, an III (1795). In-32.

Titre et 12 figures assez fines non signées.
Selon Grand-Carteret (n. 898) avait paru pour la première fois dès 1789 environ.

— Apologie des dames, les jolies Françaises, leurs Coëffures et Habillemens. Etrennes à la beauté Avec des Couplets galans Accompagnés de Figures. Suivie de Tablettes Economiques Perte et Gain. *A Paris, Chez le Sr Desnos*, 1781. In-24.

Titre gravé, frontispice, chansons gravées et 11 figures de coiffures tirées du *Recueil général de Coëffures* de Desnos. (C. n. 649).

— Les Aventures de Don Quichotte, ornées de jolies gravures. *Paris, Marcilly*, an IX (1801). In-32.

Titre gravé et 12 vignettes, relatives aux aventures de Don Quichotte (C. n. 1357).

— Les Aventures parisiennes, almanach nouveau galant, historique, moral et chantant, sur les plus jolis airs, mélangé de nouvelles chansons, d'anecdotes plaisantes, de contes, d'épigrammes, de bons mots, de maximes curieuses, d'observations intéressantes, etc., etc. Première partie. *A Paris, Chez Jubert*, 1784. In-24.

72 pp., et 12 charmantes figures non signées, représentant des scènes galantes. (C. n. 767).

En maroquin rouge ancien, 206 fr., vente Pichon (1897, n. 415); en maroquin crème ancien collection Savigny (n. 44).

Personne n'a jamais vu de *deuxième partie* faisant su¹te à la *première*.

— Le Babillard instruit. Almanach qui n'en est pas un, contenant un choix de choses qu'il est le plus important de ne pas ignorer, avec des anecdotes et des observations intéressantes sur les mœurs et le génie de différens peuples, notamment des Français, des Anglais, des Espagnols, etc., terminé par quelques anecdotes de la jeunesse de feu M. de Voltaire. *A Paris, chez Desnos*, 1787. In-24.

Frontispice et 10 jolies figures non signées sans lettre. (C. n. 840).

En maroquin rouge ancien, collection Savigny (n. 76).

Ces figures ont été utilisées de nouveau, avec ou sans lettre, dans un autre almanach *La Lanterne magique, suivie du petit chansonnier français.* (A Paris, chez Desnos, 1792). Cf. Grand-Carteret, n. 852.

— Les Belles Marchandes, almanach Historiques (sic) Proverbiale (sic) et Chantant. *A Paris, chez Jubert*, 1783. In-24.

Frontispice, 12 figures, 24 pp., 24 pp., et calendrier pour 1784.

Contient 1 frontispice et 12 figures, *la Marchande de plaisir, la Jardinière, les Marchandes de modes, la Couturière, la Chapelière, la Bijoutière, la Boulangère, La Marchande d'œufs frais, la belle Fourreuse, la Limonadière, la Parfumeuse, la belle Fruitière.*

Relié en soie à paillettes, 350 fr., vente Pichon (1897, n. 411, indiqué comme de 1783, mais sans date).

En maroquin crème, collection Savigny (n° 42).

Ce volume et le suivant sont parmi les plus jolis et les plus recherchés de toute la collection des almanachs. (C. n. 737).

— Les Belles Marchandes de Paris. II⁰ partie. Almanach chantant sur les plus jolis airs. *A Paris, Chez l'Auteur*, 1784. In-24.

Faux-titre, frontispice, 12 figures, 48 pp., 46 pp.

Contient 1 frontispice et 12 ravissantes estampes non signées: *la Marchande d'étoffes de soie, la Restauratrice, la Confiseuse, la Miroitière, la Fourbisseuse, la Lingère, l'Orlogerie* (sic), *la l'Hutière* (sic), *la Bottière, la Bonnetière, la Jolie Chandelière, la Vitrière.*

Un bel exemplaire relié en soie avec paillettes, fleurs brodées, glace, etc., 800 fr., vente Pichon (1897, n. 412).

En maroquin rouge ancien, 100 fr., vente Béhague (n. 803).

En vieux maroquin vert, ancienne collection Carnarvon (n. 58 h).

En maroquin rouge ancien, collection Savigny (n. 43).

Il existe des exemplaires dans lesquels le titre-frontispice gravé est remplacé par un titre imprimé, présentant quelques différences dans la légende.

Dans l'avertissement, on annonce pour 1784, la publication d'une troisième partie qui semble n'avoir jamais paru. (C. n. 737).

— Les Bygarrures de Cythère ou les Caprices de l'amour. Étrennes galantes sur les airs connus et choisie (sic). *A Paris, chez Jubert*, 1787. In-24.

24 pp. de texte, titre-frontispice et 12 jolies figures attribuées à Dorgez. (C. n. 841).

En maroquin rouge ancien, collection Savigny (n. 77). Cf. le suivant.

— Les Bigarrures de Cythère ou les Caprices de l'Amour. *A Paris, Chez Jubert*, 1793. In-24.

Titre gravé et 12 jolies figures, par Dorgez.

En soie, avec miniatures, 250 fr., *Bull. Morgand* 1899, n. 35488.

— Le Bijou de la Reine. S. l., 1778. In-12 oblong.

Le f. 1 contient un sonnet au Roi et à la Reine surmonté de leurs portraits. Les 12 autres ff. renferment le calendrier mois par mois avec un portrait en tête de chaque page (Louis XVI, Marie-Antoinette, Monsieur, Madame, le Cte d'Artois, la C^{esse} d'Artois, Louis XV, la P^{sse} de Piémont, Mme Élisabeth, le duc de Chartres. l'Empereur d'Autriche, Henri IV); au verso de chaque f., un sonnet.

En maroquin rouge avec portraits du Roi et de la Reine, dans un étui aux armes

royales, 615 fr., vente La Béraudière (1879) aujourd'hui collection Savigny (n. 26).
Sur le premier feuillet, on lit à la pointe les noms de Desrais et de Voysard (C. n. 594).

— Le Bijou du Jour de l'an, ou les Étrennes à la mode, la corbeille de Clycère, chansons choisies. *A Paris, chez le sieur Desnos*, 1784. In-24.

12 figures non signées.
(Cf. C. n. 793.)

— Le Bijou mignon des dames. Almanach pour 1769. *Gravé par Cocquelle, rue du Platre*... In-128.

Almanach minuscule contenant 6 figures allégoriques. Collection Tissandier (C. n. 409).

— Les Bords rians de la Seine ou les Environ de Paris. *A Paris, chez Jubert*, s. d. (1788). In-32.

Titre gravé, titre imprimé, 12 figures, et 24 pp. de chansons.
Contient 1 titre gravé et 12 figures très jolies non signées, parfois attribuées à Binet.
En maroquin rouge ancien, 73 fr., vente Pichon (1897, n. 420); un autre se trouvait chez Paillet (Savigny, n. 59); celui de Paul Eudel contient le calendrier plié pour 1788. (C. n. 868).

— Les Bucoliques de Cythère, ou les travaux de Bergers amoureux. *A Paris, chez Janet*, 1795. In-64.

Frontispice et 12 jolies figures non signées dans le goût de Dorgez. (C. n. 1179).

— Le Calendrier curieux et utile Pour l'année bissextile 1748. *A Paris*. In-32.

Frontispice, titre gravé et 4 figures sur bois.
Collection de Bonnechose. (C. n. 163).

— Calendrier de Paphos, dédié aux jolies femmes, recueil de pièces en vers, les plus ingénieuses et les plus galantes, faites par les Dames ou en leur honneur avec les noms d'auteurs, suivi de tablettes économiques perte et gain. *A Paris, Chez Denos*, 1781. In-24.

Frontispice, titre gravé et 8 (souvent 7) figures non signées (C. n. 611), les mêmes que dans *Les Caprices de l'Amour*.
Sur certains exemplaires, le mot *dédié* du titre est remplacé par *Elite des poésies fugitives*.

— Calendrier Historique des Théâtres de l'Opéra, Et des Comédies Françoise Et Italienne Et des Foires. *A Paris, Chez Cailleau*, 1751. Petit in-12.

Titre-frontispice allégorique gravé par Fessard d'après Danarceau.
Cet intéressant almanach (C. n. 179 : Bibliothèque nationale) rédigé par l'abbé de La Porte, peut se placer en tête de la longue série des *Spectacles*; celle-ci commence à l'année 1752 avec un volume intitulé :
Almanach Historique et Chronologique De tous les Spectacles. *A Paris, Chez Duchesne libraire*, 1752. Petit in-12. Charmant titre gravé non signé; frontispice d'Eisen, gravé par Delafosse.
En 1753 reparaît le titre de *Calendrier historique*...
A partir de 1754, nous trouvons, avec un nouveau frontispice, un nouveau titre qui ne changera plus guère jusqu'en 1794 :
Les Spectacles de Paris ou suite du calendrier historique et chronologique des Théâtres.
Les collections complètes de cet almanach sont très recherchées; la première année est introuvable.

— Les Caprices de l'Amour et de Baccus ou chacun à son goût. Chansonnier françois. Elite de Chansons, Romances, Vaudevilles... *A Paris, Chez Desnos*, 1786. In-24.

Texte gravé, frontispice (pas toujours le même) et 7 figures, 8 pp. de musique gravée. (C. n. 820).
Ce sont les mêmes figures que dans le *Calendrier de Paphos*.

— Les Caprices de Vénus. *A Paris, chez Jubert, doreur*, 1790. In-32.

Titre-frontispice et 12 figures attribuées à Dorgez. (C. n. 1013).
En maroquin rouge ancien, collection Savigny (n. 116).

— Ce qui plait aux dames ou le plus joli des almanachs; Chansons, Ariettes, Vaudevilles, Airs d'Opéra... *A Paris, Chez Desnos*, 1790. In-24.

Texte gravé et 12 jolies figures. Ce sont celles que l'on retrouve dans *Anacréon en belle humeur* et le *Petit Boccace*. (C. n. 973).

— Le Chansonnier périodique ou tous les ans meilleur ou pire. Almanach orné de Jolies Gravures. *A Paris, Chez Jubert*, 1789. In-24.

Titre gravé et 12 jolies figures de Dorgez.
Ces figures existent avant la lettre. (C. n. 901).

— Les Charmes de la sensibilité. Etrennes aimables aux jeunes cœurs. *A Paris, chez Janet,* an V (1796). In-64.

Titre-frontispice et 9 figures dans le goût de Dorgez.
Collection Savigny (C. n. 1229).

— Les Châteaux en Espagne ou l'Amour patissier. Almanach nouveau avec gravures. *A Paris, chez Jubert, doreur,* 1788. In-24.

Titre gravé et 12 figures par Dorgez.
Charmant recueil de chansons (C. n. 3372).
En soie brodée, avec gouaches, collection Savigny (n. 88).

— Le Choix du sentiment ou le Secrétaire aussi utile qu'agréable, contenant des bouquets, des compliments de nouvelle année, des remerciements tant en vers qu'en chansons, avec des airs notés. Almanach pour la présente année 1788. *A Paris, chez Mérigot.* In-18.

Frontispice gravé par Ransonnette (C. n. 870).

— La Civilogie portative ou le manuel des citoyens, almanach lyrique orné de jolies gravures. *A Paris, chez Janet, successeur du sieur Jubert,* 1792. In-48.

Titre gravé et 12 figures révolutionnaires par Dorgez.
En maroquin rouge ancien, collection G. Salomon. (Savigny, n. 144 et Grand-Carteret, n. 1052).

— La Cocarde citoyenne, étrenne dédiée à la Nation. *A Paris, chez Jubert, doreur,* 1790. In-32.

Titre-frontispice et 7 figures non signées, mais attribuées à Dorgez.
Jubert était le relieur-doreur de la reine Marie-Antoinette.
En maroquin vert ancien, collection Savigny (n. 136). Cf. Grand-Carteret n. 974.

— Les Colifichets lyrico-galants, ou la Folie amoureuse d'un peintre, almanach orné de jolies gravures. *A Paris, chez Jubert, doreur,* 1787, 1790 ou 1791. In-24.

Titre frontispice et 12 jolies figures gravées par Dorgez.
La dernière est intitulée : *Envoi à MM^{rs} les aéronautes.*
Un bel exemplaire en maroquin vert ancien est dans la collection Ferdinand de Rothschild.
Nous en avons vu deux chez M. de Savigny (n. 107) : le premier aux armes du Dauphin fils de Louis XVI, et le second en maroquin rouge avec la prise de la Bastille frappée sur les plats.
Il y a deux planches différentes pour la 5e figure. (C. n. 842).

— Les Concerts républicains ou Choix lyrique et sentimental. Ouvrage orné de quatre gravures dessinées et gravées par Quéverdo. *A Paris, chez Louis, Libraire et se trouve chez Charon,* an III, 1795. In-12.

4 jolies figures par Quéverdo, très finement gravées. (C. n. 1186).

— Les Contrastes ou Spectacles à la mode. Almanach orné de jolies gravures. *A Paris, chez Janet, doreur,* 1790. In-24.

Titre-frontispice et 12 figures (C. n. 1014).
En soie, avec gouaches, collection Savigny (n. 117).

— Les Contre-tems, ou les Disgrâces de Cythère. Almanach lyrique orné de jolies gravures. *A Paris, Chez Janet,* s. d. (1793). In-24.

Titre-frontispice et 12 figures non signées. (C. n. 1122).

En maroquin vert ancien, 81 fr., vente Pichon (n. 424).

— La Copie de mille originaux. Almanach orné de jolies gravures. *A Paris, chez Jubert, doreur*, 1790. In-24.

Texte gravé. 24 et 24 pp. Titre-frontispice et 12 jolies figures par Dorgez (C. n. 975).

En maroquin rouge ancien, collection Savigny (n. 108).

— La Corbeille de Glycère, bouquetière à la porte du Temple de Vénus à Athènes. Chansons choisies sur les airs les plus agréables. *A Paris, Chez le sieur Desnos*, 1784. In-24.

Titre gravé et 12 jolies figures dans le goût de Marillier, dont quelques-unes se retrouvent dans le *Fond du sac*. (Cf. C. n. 768).

— Cupidon logicien ou Les Pédagogues à Cythère... *A Paris, chez Jubert*, 1789. In-24.

Titre-frontispice et 6 figures (C. n. 905).

— Cupidon vainqueur des Héros et des Demi-Dieux, almanach érotique avec figures. *A Paris, Chez Janet*, an III. In-32.

Titre-frontispice et 12 figures non signées.

— Les Délices de Cérès, de Pomone et de Flore ou la Campagne utile et agréable, avec un précis des travaux de l'agriculteur, du jardinier et du fleuriste, contenant le temps des semailles, de la floraison de chaque plante, et celui des récoltes; ornées de douze estampes relatives aux amusements de la ville pendant chaque mois; suivies de tablettes pour écrire et dessiner ce que l'on désirera, en se servant de telle pointe que l'on voudra même d'une épingle. *A Paris, Chez Desnos*, 1774 ou 1775 ou 1781. In-32.

53 pp. et 38 ff., plus 1 frontispice, 12 figures et 12 ff. d'explications.

Contient 1 frontispice et 12 jolies figures non signées.

Chacune des 12 figures montre dans un médaillon le dieu ou la déesse tutélaire de chaque mois, quelquefois avec les traits de personnages de l'époque : on reconnaît sans peine Louis XVI, Marie-Antoinette, le comte d'Artois, la comtesse de Provence, (C. n. 517).

En maroquin rouge ancien, 43 fr., vente Pichon (1897, n. 405); un autre, collection Savigny (n. 18).

Les figures seules avec leur texte explicatif, en maroquin rouge ancien à dentelles, 175 fr., vente Destailleur (1891, n. 357).

L'année 1781, en maroquin rouge ancien 300 fr., *Bull. Morgand*, nov. 1909, n. 15.

Les mêmes figures, un peu fatiguées, se retrouvent dans *L'Année galante ou les Caprices de la raison*. *A Paris, chez Desnos*, 1788. In-24. (C. n. 867).

— Les Délices de l'Adolescence. *A Paris, Chez Janet, s. d.* (1794). In-64.

Frontispice et 12 figures par Dorgez.
En vieux maroquin vert, ancienne collection Carnarvon (n. 58 d).

— Les Délices du Palais-Royal. *A Paris, chez Boulanger*, 1786. In-24.

Titre-frontispice par Quéverdo et 12 petites figures très fines.

Les figures sont dessinées et gravées par Dambrun. Un bel exemplaire relié en soie brodée d'ornements était dans la collection du baron J. Pichon. C'est peut-être celui qui appartient à M. de Savigny (n. 60).

Cet almanach renferme de fort curieuses vues du Palais-Royal; il est extrêmement rare. (C. n. 823).

— Diversités galantes ou Journal de l'Amour. Petit chansonnier françois. *A Paris, Chez Desnos*, 1788. In-24.

8 jolies figures dans le goût de Dorgez.
En vieux maroquin rouge, collection Carnarvon (n. 7), puis à 350 fr., *Bull. Morgand*, II, 6 (1908) n. 13.

— L'École de la modestie ou le Manteau civique dédié aux Enfans de la Nation. *A Paris, chez Janet, doreur*, 1791. In-32.

Titre-frontispice et 12 jolies figures attribuées à Dorgez. (C. n. 1016).

En maroquin rouge ancien, collection Savigny (n. 140).

— Les Embûches de Cythère. *A Paris, chez Desenne, libraire.*

48 pp., titre gravé (par Jubert) et 12 très jolies gravures de modes.
Précieux et rare almanach, fort recherché, comme le sont du reste tous ceux reproduisant des costumes et des coiffures.
En maroquin crème, avec jolis ornements, collection Savigny (n. 78).

— L'Empire de la Beauté par les élémens, les âges et les saisons. Étrenne au beau sexe. *A Paris, Chez Janet,* 1796. In-24.

Titre-frontispice et 12 jolies figures non signées.
Cf. Grand-Carteret, n. 1230 (d'après l'exemplaire Paul Eudel).

— L'Enchanteur ou l'Almanach sans pareil. *A Paris, chez Janet, s. d.* (vers 1796). In-16.

Texte gravé, 12 figures non signées (C. n. 1231).
Collection Savigny (avec un calendrier pour 1800).

— Époques plus intéressantes des Révolutions de Paris, ou le Triomphe de la liberté, Dédiées aux bons citoyens. *A Paris, chez Boulanger* (calendrier pour 1790). In-18.

Titre-frontispice et 14 jolies figures non signées, mais probablement gravées par Dorgez ou Dambrun, avec texte et musique gravés. (C. n. 977).
En maroquin rouge ancien, avec la prise de la Bastille sur les plats, collection Savigny (n. 135).

— Les Escapades de l'amour ou les dissipations de tous les âges. Chansonnier français, élite de chansons, romances, vaudevilles, etc., des auteurs les plus distingués de ce genre, tels que J.-B. Rousseau, Guyot de Merville, le comte de Boufflers, comte de Tressan, de Piis, Mérard de Saint-Just. *A Paris, Chez Desnos,* 1784. In-24.

1 frontispice et 8 gravures (sans lettre) non signées, de Marillier.
On les retrouve dans l'almanach *Les Sens*.

Les dessins originaux, provenant de la collection Morel-Vindé sont chez M. de Savigny de Moncorps (n. 45).
Forme la 8e partie de l'*Anacréon en belle humeur*. (C. n. 797).

— Les Espiègleries de l'Amour, ou le Triomphe des Sens, chansonnier français. *A Paris, Chez Desnos* (calendrier pour 1791). In-18.

1 frontispice et 12 figures coloriées, plus 8 pages de musique gravée (C. n. 1017).

— L'Esprit des amans ou les amours du siècle. Almanach orné de jolies gravures. *A Paris, chez Janet, successeur du Sr Jubert,* 1793. In-32.

12 figures non signées. (C. n. 1127).

— L'Esprit du siècle ou les prestiges de l'imagination. Almanach orné de jolies gravures. *A Paris, chez Jubert, doreur,* 1790. In-24.

12 figures par Dorgez avec chansons en regard. (C. n. 978).
En maroquin rouge ancien, collection Savigny (n. 109).

— État actuel de la France, considérée dans ce qu'elle offre de plus curieux et de plus intéressant avec la distance de Paris aux villes importantes, etc., d'après les observations de MM. de l'Académie royale des sciences, etc. *A Paris, chez Desnos, libraire ingénieur* (1775). In-32.

1 frontispice non signé et 2 cartes coloriées dont 1 pliée.

— Étrenne galante contenant le Calendrier pour l'Année 1749. Et un nouveau Recueil de Vaudevilles, Muzettes, Parodies, Ronde de Table, Récit de Basse, etc. *A Paris, Chez Daumont, rue de la Ferronnerie, à l'Aigle d'Or.* In-18.

Titre gravé dans un cadre orné.
Livret entièrement gravé, chansons, musique et calendrier (C. n. 173).

— Étrennes à la vérité, ou Almanach des Aristocrates, orné de 2 gravures en taille-douce et allégoriques pour la présente année, seconde de la liberté; 1790. *A Spa, chez Clairvoyant, impr.-libr. de L. A. R. et N. S. les princes fugitifs, à l'enseigne de la Lanterne.* In-8.

2 figures non signées qui manquent souvent. (C. n. 979).
Cet almanach, pamphlet libre et violent contre la royauté fût brûlé par arrêt de Parlement, en date du 2 janvier 1790.

— Étrennes au beau Sexe ou la Constitution française mise en chansons, suivies de Notes et Vaudevilles constitutionnels. *Paris, De l'imprimerie royale,* 1792. In-18.

Frontispice satirique et 1 figure non signée représentant l'intérieur du club des Jacobins (C. n. 1057).

— Étrennes aux amateurs de Vénus, *A Paphos.* (Paris), 1790. Pet. in-12.

16 pp., et 26 ff., plus le frontispice gravé. Contient 1 frontispice et 12 figures libres non signées.
Recueil assez rare composé de chansons.
A la bibliothèque de Rouen (Leber n. 2565).
Existerait aussi sous la date de 1787 (ancienne collection Pichon), et en deux autres éditions non datées, l'une de 1788, l'autre de 1806. (C. n. 845 et 980).

— Étrennes aux Belles, données par Voltaire 15 jours avant sa mort. *A Paris, chez la veuve Guillaume,* 1783. In-12.

Frontispice par N. Ransonnette (Voltaire lisant des vers à une dame).
On prétend que Voltaire composa vers la fin de sa vie, un *Almanach du Cultivateur,* dont le manuscrit s'est perdu. (C. n. 735).

— Étrennes aux dames, avec le Calendrier de l'année 1763... contenant une notice des femmes illustres dans les belles-lettres, et une notice des livres composés par des femmes (par J.-B. Guillaume Musier). *A Paris, Chez Musier,* 1763, 2 parties in-12.

1 fleuron non signé, se répétant sur chaque titre et 1 vignette à mi-page par de Sève, gravée par Sornique, pour la première partie.
Contient une curieuse liste de poésies composées par les femmes du XVIe siècle.
A paru aussi en 1764 (C. n. 356).

— Étrennes aux f..rs démocrates, aristocrates, impartiaux, ou le Calendrier des trois sexes, almanach lyrique, orné de figures analogues au sujet. *Sodome et Cythère, et se trouvant plus qu'ailleurs dans la poche de ceux qui le condamnent.* (Paris) 1790. Pet. in-12.

44 pp., plus 9 figures libres non signées.
Pamphlet contre Marie-Antoinette (C. n. 981).
Réimprimé en 1792 et 1793, in-18, figures.

— Étrennes [ou Étrennes curieuses et utiles] aux Francs-Maçons. Pour l'année 1749 (et suivantes). In-32.

Paraissait chaque année avec un titre gravé et un frontispice nouveau, le plus souvent gravé sur bois.
Années 1749 et 1750 à la Bibliothèque nationale; année 1754, ancienne collection Pichon (C. n. 172).

— Étrennes bienfaisantes du sentiment, dédiées aux âmes bienfaisantes. *A Paris, chez Boulanger* (calendrier pour 1784). In-24.

Titre gravé et 12 figures non signées.
En soie à paillettes, 70 fr., vente Pichon (1897, n. 414).

— Étrennes chantantes avec des couplets analogues aux Modes parisiennes enrichies de nouvelles coëffures les plus galantes et habillemens les plus en usage. *A Paris, Chez Desnos,* s. d. (1780). In-12.

Un frontispice et 24 jolies figures de costumes par Desrais.
En maroquin rouge ancien, figures coloriées, 155 fr., vente Destailleur (1891, n° 404).

— Les Étrennes de Cupidon, almanach nouveau Pour l'Année M.DCC.LXXXVI, Enrichi de Figures en taille douce, *contenant La dernière conquête de l'Amour* dans l'Isle de Délos, Scène dialoguée, suivie de Notes mythologiques ; l'explication des divers attributs des Dieux et des Déesses de l'antiquité, pour l'intelligence des Tableaux & des Ouvrages des Poëtes ; quelques Chansons traduites d'Anacréon, & d'autres sur différens sujets, le tout terminé par quelques pièces de Poësie. *Et se trouve à Paris, Chez Maillet et Heron, Et à Versailles, Chez Benoist.* In-24.

79 pp., plus le calendrier et 12 figures, par J.-J. Hubert, Mlle Leves, Patas, et C.-F. Maillet.
En maroquin rouge ancien, collection Savigny (n. 69).

— Étrennes de l'amour, des ris, des jeux et des plaisirs. Almanach chantant, orné de gravures faites par un célèbre artiste. A. P. D. R. *A Paris, chez Boulanger,* 1784. In-18.

Frontispice et 12 figures par Quéverdo avec une chanson en regard de chacune.
En soie blanche à paillettes, avec médaillons gouachés, collection Savigny (n. 41), avec 4 états des figures : eau-forte, avant-lettre, lettre et coloriées (C. n. 769).

— Les Étrennes de mon cousin, ou l'Almanach pour rire, par C. D. (Carrière Doisin). *A Falaise (Paris),* 1787. In-12.

2 grandes figures satiriques sur les ballons, gravées à l'eau-forte, non signées.
Cet almanach parut sous le même titre en 1788 (avec 2 figures) et en 1789 (avec un frontispice).
L'édition de 1788 est la plus recherchée.
Cf. Lemonnyer II, col. 183, Grand-Carteret n. 847.

— Les Étrennes de Piron à l'Assemblée nationale. *S. l. n. d.* (1789). In-18.

VIII-46 pp., plus 2 figures libres.
Existe à la bibliothèque de Rouen (Leber n. 4936).

— Les Étrennes de Polymnie ou Choix d'ariettes nouvelles de l'Opéra-Comique et du Vaudeville. *A Paris, Chez Janet, s. d.* (vers 1796). In-32.

Titre gravé et 6 figures non signées (C. n. 1232).

— Étrennes des jolies femmes ou Almanach de la beauté. *A Paris, chez ceux qui vendent des almanachs,* 1783. In-12.

Titre imprimé, 24 figures de coiffures (coloriées).
En maroquin rouge ancien, collection Savigny (n. 38).

— Étrennes d'Ésope, aux François, pour la présente année 1774. *A Athènes et se trouve à Paris, chez Bleuet.* In-32.

1 frontispice double et 60 figures, très fines, dessinées et gravées par J.-A Chevalier, datées de 1774.
Collection du vicomte de Savigny (n. 17) en maroquin rouge aux armes de Louis XV.
C'est le même ouvrage qu'*Esope en belle humeur* illustré par Huet.
On le trouve aussi avec le titre : Fables choisies d'Esope mises en chansons, avec figures dessinées et gravées par M. Chevalier. *A Samos et se trouve à Paris, chez Méquignon le jeune,* 1780. In-16.
Le frontispice de ce recueil est une des rares vraies caricatures du XVIIIe siècle (Grand-Carteret n. 631 avec une reproduction).

— Étrennes des Saisons, ou Extrait des plus beaux endroits de tous les poèmes connus sur les saisons ; dédiées à Madame la Dauphine. *A Paris, chez le Sr Desnos, s. d.* (1771). In-24.

60 pp., plus 1 portrait de Marie-Antoinette Dauphine d'après Victoire Noviance, 1 titre gravé et 4 figures allégoriques.
En maroquin rouge ancien, collection Savigny de Moncorps (n. 11).
Existerait sous la date de 1775 avec 4 figures de plus. Cf. Grand-Carteret, n. 446.

— Étrennes du Jour de l'an, ou le Cadeau sans prétention. *A Paris, chez Le Vacher,* 1790. In-18.

1 frontispice et 12 figures en couleur.
Un joli exemplaire dans une reliure en satin blanc brodé, 122 fr., vente La Béraudière (n. 1022).
Ces charmantes figures sont des réductions d'estampes célèbres de Debucourt (2), Mlle Gérard (1), Greuze (2), Morland (2), Smith (1), Boucher (2) et Williams (2). On en trouvera la liste dans les ouvrages de M. de Savigny (n. 115) et de M. Grand-Carteret (n. 984).

— Étrennes du Sentiment ou Porte-Feuille d'un homme amoureux : Recueil de poësies agréables et galantes. Dédiées aux dames. *A Amsterdam et se trouve à Paris, Chez Desnos*, 1772. In-18.

3 jolies figures et 1 plan de Paris.
Avec 2 figures seulement, collection Savigny (n. 16), en maroquin rouge ancien. (C. n. 484).

— Étrennes du Sentiment dédiées aux âmes bienfaisantes, a. p. d. r. Dessiné et gravé par Quéverdo. *A Paris, chez Boulanger*, 1784. In-24.

12 ravissantes petites gravures de Quéverdo, représentant *la Bonne année sans politique, le Seigneur bienfaisant, les Rivaux blessés, le Mai, La Rosière, les Vendanges*, etc.
70 fr., vente Pichon (1897, n. 414) en soie ancienne; un autre semblable était dans la collection de lord Carnarvon (n. 58 d) (*Bull. Morgand*, II, 6, n. 15 : 500 fr.). Cf. Savigny, n. 49 et Grand-Carteret n. 770.

— Étrennes du Sentiment, de l'Amour et de l'Amitié, réunissant l'honnêteté et le bon goût dans le choix des chansons qui les composent et des Estampes qui les accompagnent. *A Paris, chez le sieur Desnos*, 1786. In-24.

Titre gravé et 12 jolies figures dont la 1re forme frontispice.
Décrit par Grand-Carteret (n. 827) d'après l'exemplaire de M. Paul Eudel.

— Étrennes du Sentiment, de l'Amour et de l'Amitié, réunissant l'honnêteté et le bon goût dans le choix des chansons qui les composent et des estampes qui les accompagnent. Almanach pour la présente année (1790), avec tablettes économiques, perte et gain. *A Paris, Chez Desnos*. In-24.

Titre gravé et 12 charmantes figures non signées.

— Étrennes ecclésiastiques, historiques et topographiques de l'archevêché de Paris et des Beautés que l'on y admire. On y trouve dans le plus grand détail les environs de la capitale à 12 et 14 lieues à la ronde, avec toutes les routes de cette distance en 18 cartes... *A Paris, chez Delalain libraire, Desnos, ingénieur géographe*, 1762. In-12.

Joli frontispice gravé plié en deux, par Berthault d'après Marillier, et 18 cartes, le plus souvent enluminées par l'éditeur.
Selon Grand-Carteret (n. 336) les exemplaires connus ne renfermeraient que 16 cartes au lieu de 18 annoncées sur le titre.

— Étrennes en vaudevilles législatifs. *Paris, chez les marchands de nouveautés. Paris*, 1793. In-18.

Frontispice non signé.

— Étrennes galantes des Promenades et Amusemens de Paris et de ses Environs. *A Paris, Chez Boulanger*, 1783. In-24.

62 pp. et 1 f. n. ch., dont 1 titre gravé par Quéverdo (daté de 1780) et 12 figures gravées par Dambrun d'après Quéverdo. (C. n. 653).
Décrit sur un exemplaire communiqué par M. Rahir.
Un autre, en maroquin crème orné de gouaches avec calendrier de 1780 en 6 ff., collection Savigny (n. 30.)

— Étrennes Galantes ou l'Instant heureux de Cythère, dédié aux deux sexes. *A Paris, chez Desnos*, calendrier pour l'année 1777. In-32.

Frontispice et 11 jolies figures non signées.
En maroquin rouge ancien, 161 fr., vente Pichon (1897, n. 486).
Ces mêmes figures ont été, comme l'observe M. Grand-Carteret (n. 580) employées également par Desnos dans plusieurs autres recueils : *Les Heureux Momens de Cythère; Le Tableau de l'Hymen et de l'Amour*, 1777 et 1786; *Étrennes galantes ou Tableau de l'hymen et de l'Amour*.

— Étrennes Galantes, ou tableau de l'hymen et de l'amour, chansonnier français. Élite des meilleures chansons, romances, vaudevilles, etc., des auteurs les plus estimés de ce genre, savoir : Chaulieu, Madame Deshoulières, Houdart de la Motte, Piron, Moncrif,

Marivaux, Ferrand, Fuselier, La Grange-Chancel, Le Grand, Autreau, Riccoboni, Avisse, de l'Isle-Dominique, etc. *A Paris, chez Desnos*, 1790. In-16.

1 f. n. ch. et 96 pp., dont 4 ff., de musique et 11 jolies figures non signées comprises dans la pagination.
Ce sont les mêmes figures que dans l'almanach précédent.
En maroquin rouge ancien, collections Savigny (n. 105) et Ferdinand de Rothschild.

— Étrennes Géographiques. Royaume de France divisé par généralités, subdivisé par élections, diocèses, bailliages, etc., par L.-A. Ducaille, gravé par Lattré. *A Paris, chez Ballard, libraire, et aux Spectacles*, 1760. In-18.

Titre gravé par Choffard, frontispice par Tardieu et 30 cartes par Lattré.
Cf. Grand-Carteret, n. 294.

— Étrennes libertines pour l'année 1743, contenant le Libertin puni ; la Femme forcée, conte ; la Fille imbécille, conte ; les Regrets superflus ; le Céon, et autres. *A Cythère, chez la reine d'Amathonte, à l'Enseigne des Plaisirs, avec le Privilège de la Mère d'Amour.* In-8.

32 pp.
Selon la Bibliographie de Gay (C. n. 154), cette rarissime plaquette serait ornée d'un frontispice libre ; un exemplaire se trouvait chez Soleinne (n. 3840).

— Étrennes lyriques anacréontiques pour l'année 1785. *Paris, chez l'auteur,* 1785. Pet. in-12.

1 frontispice de Cochin, gravé par Gaucher.
Un exemplaire contenant la figure avant la lettre et son eau-forte se trouvait chez Eugène Paillet.

— Étrennes mignonnes, pour l'année 1741. In-32.

1 frontispice et 1 titre gravé, dessinés et gravés par Cochin.
Comme ces figures, dit Jombert, devaient se tirer à quarante ou cinquante mille Cochin grava, quatre fois sur la même planche, les mêmes sujets.

Les *Étrennes mignonnes* (C. n. 107) parurent de 1725 environ à 1845. Plusieurs années contiennent des illustrations outre l'année en 1725 nous trouvons un frontispice avec le portrait de Louis XV ; en 1726 deux médaillons du roi et de la reine sur deux pages se faisant face ; en 1728 la famille royale ; en 1742 le dauphin présentant au roi ses respects pour la nouvelle année ; en 1743 un frontispice et une figure (*Audience donnée par le roi à un ambassadeur de la Porte*).
Les années 1725, 1726, 1735 et 1741 se trouvent à l'Arsenal ; l'année 1743 était chez Jérôme Pichon ; l'année 1739 se trouve chez M. de Savigny (n. 2) en trois exemplaires avec reliures variées.

Étrennes nationales. Cf. *Trésor des Almanachs.*

— Étrennes nationales dédiées à la Liberté Française, ornées de huit portraits de MM. les députés de l'Assemblée nationale et de sept gravures représentant les principaux événements depuis l'ouverture des états-généraux jusqu'au mois de décembre avec leur explication contenant les noms, qualités et demeures de MM. les députés par ordre alphabétique, des bailliages et sénéchaussées. *A Paris, Le Mercier et chez les marchands de nouveautés,* 1790. In-12.

Frontispice, 8 portraits à l'aquatinte (La Fayette, Bailly, Petion, le Chapelier, Mirabeau, l'abbé Dillon, l'abbé Grégoire, Buzot) et 6 figures gravées en travers, représentant des épisodes de la Révolution. (C. n. 985).
Collection Savigny (n. 137).

— Étrennes patriotiques aux armées françaises ou recueil des plus beaux traits de courage, de bravoure, de patriotisme des armées de la République. *A Paris, chez Girod et Tessier,* an II (1793). In-32.

Joli frontispice par Quéverdo.
Bibliothèque nationale. (C. n. 1136.)

— Étrennes patriotiques ou Recueil anniversaire d'allégories sur les époques du règne de Louis XVI, composées et dédiées au roi par le Chevalier de Berainville. *A Paris, chez Desnos*, 1778. In-18.

Titre-frontispice et 15 gravures par Voysard.

C'est la seconde partie de l'*Almanach du bon François* (C. n. 645).

— Le Fanal des Patriotes ou les LXXXIII Départemens. Almanach Orné de jolies Gravures. *A Paris, chez Janet*, s. d., calendrier pour 1791. In-24.

Titre gravé et 6 figures par Dorgez. (C. n. 1023.)

En maroquin vert ancien, 105 fr., vente Destailleur (1891, n. 1836), 200 fr., vente Pichon 1897 (n. 423); en maroquin rouge ancien, collection Savigny (n. 139).

— Les Fantaisies aimables ou les Caprices des belles représentés par les costumes les plus nouveaux. *A Paris, chez Jubert*, 1786. In-24.

Titre-frontispice et 12 jolies figures de costumes qui se retrouvent retournées et avec d'autres légendes dans un autre recueil (C. n. 772).

En maroquin rouge ancien, collection Savigny (n. 61).

— Les Fariboles du Parnasse. *A Paris, chez Jubert*, 1788. In-64.

Titre-frontispice non signé et 12 jolies figures de Dorgez, avec chansons en regard.

Reliure ancienne en satin, ancienne collection Carnarvon (n. 58 a); en maroquin rouge ancien, collection Savigny (n. 89).

— Les Fastes républicains, ou les Heureux présages des Triomphes civiques. *A Paris, chez Janet*, s. d. (1796). In-24.

Titre, musique et 12 planches gravés, dans la manière de Dorgez.

— La Fête des Bonnes gens, ou les Mœurs champêtres. *A. Paris, chez Boulanger, rue du Petit-Pont*, 1787. In-32.

Titre-frontispice et 12 figures par Quéverdo. Texte gravé.

Les figures avant la lettre dans la collection du vicomte de Savigny (n. 79) dans un exemplaire en maroquin ancien.

En reliure brodée, avec glace, 58 fr., vente Béhague (n. 806).

Réimprimé sous le titre d'*Almanach dédié aux bons citoyens. A Paris, chez Blanmayeur*, an II, avec les mêmes figures (C. n. 848 et 1079). Se trouve aussi dans la collection Savigny.

— Figaro et Blaise et Babet, dédiés à Melle Contat et Mme Dugazon. *A Paris, chez Boulanger, négociant*, 1787. In-24.

Titre-frontispice et 12 figures par Quéverdo, 6 ff. de calendrier et 45 pp. de texte. (C. n. 773).

En maroquin crème, collection Savigny (n. 80).

— Les Filets de l'Amour ou les pièges tendus à Cythères. *A Paris, chez Jubert, doreur*, 1787. In-24.

24 pp. de texte, calendrier plié au commencement et à la fin plus un titre gravé et 12 jolies figures gravées par Dorgez. (C. n. 849).

Reliure ancienne en soie, gouaches sur les plats, ancienne collection Carnarvon (n. 4); en soie brodée collection Savigny (n. 81).

Les figures existeraient en couleurs.

— Les Finesses cousues de fil blanc ou les aventures amoureuses. Almanach charmant et chantant. *A Paris, chez Janet*, 1796. In-24.

Titre-frontispice fort joli et 12 figures avec chansons en regard.

En soie brodée, collection Savigny (n. 127).

— La Fleur des Plaisirs, Étrennes chantantes à la mode, Dédiées aux grâces, Enrichies de figures et suivies du gazetier chantant. *A Paris, chez le sieur Desnos*, 1783. In-18.

12 jolies gravures non signées, mais attribuées à Dorgez et texte gravé.

Ces figures avaient déjà servi pour l'almanach *A la plus digne de plaire* (Cf. C. n. 748).

En maroquin rouge ancien, 175 fr., vente Béhague (n. 802); le même ou un autre, 160 fr., vente Destailleur (1891, n. 358).

— Le Fond du sac ou Ce qui reste des Productions d'un Bel Esprit, Bons mots, Chansons; et tout ce qu'on voudra. *A Paris, chez Desnos, s. d.* (vers 1780). In-24.

Titre gravé et 6 jolies figures dans le goût de Marillier (C. n. 634); elles se retrouvent en partie dans *La Corbeille de Glycère* (1784).

— Le Gaillard de bonne humeur ou les plus courtes folies sont les meilleures. *A Paris, chez l'Auteur, s. d.* (1789). In-24.

23 pp. de texte, titre-frontispice et 12 très jolies figures.
En soie brodée, avec gouaches, collection Savigny (n. 100).
Cf. Grand-Carteret n. 918, d'après l'exemplaire du baron Pichon.

— Galatée, pastorale. A vous que j'aime. *A Paris, chez Boulanger*, 1790. In-32.

Texte gravé par Jagot, frontispice dessiné et gravé par Quéverdo et 12 figures non signées (probablement de Quéverdo).
Très jolie suite. Elle se retrouve dans les exemplaires contenant le calendrier pour 1791. (C. n. 986).
En soie orange à peintures, collection Savigny (n. 111).

— Les Goguettes Parisiennes ou l'Almanach Jovial Dansant, Chantant et même Buvant, Orné de Jolies Gravures Par un Citoyen de bonne Compagnie. *A Paris, chez Janet, successeur du Sr Jubert, s. d.* 1793. In-32.

32 et 24 pp., avec un calendrier plié au commencement et à la fin, plus 1 titre gravé et 10 figures (C. n. 1142).
En soie ancienne, ornée de gouaches, dans un étui en vieux maroquin rouge aux armes, ancienne collection Carnarvon (n. 5).
Il existe sous le même titre dans la collection Savigny (C. n. 1143) un almanach tout différent avec 12 autres figures de sujets militaires galants.

— Les Grâces en goguettes; Chansonnier François, Elite de Chansons, Romances et Vaudevilles par MM. l'abbé de Lattaignant, la Motte-Houdart, Au-

vrai, Masson de Morvilliers,... Avec Tablettes, Perte et Gain; Petit secrétaire à l'usage de l'un et l'autre sexe. *A Paris, chez le sieur Desnos*, 1784. In-24.

Frontispice et 11 jolies figures, les mêmes que dans l'*Amour en bonnes fortunes* et la *Soirée de Paphos*.
Forme la deuxième partie de l'*Anacréon en belle-humeur*.
Les figures existent en avant-lettre (collection Savigny, C. n. 774).
Réimprimé en 1789 avec le même titre et les mêmes figures, mais avec un nouveau frontispice gravé à l'aquatinte.

— Le Guide national ou l'Almanach des adresses à l'usage des honnêtes gens. *S. l.*, 1791. In-12.

Joli frontispice non signé (C. n. 1025).

— L'Heureux mariage. Etrennes anacréontiques au goût du Siècle d'or. *A Paris, chez Esnauts et Rapilly*, 1789. In-24.

Texte gravé, titre-frontispice et 11 charmantes figures dont 9 sont copiées dans les *Chansons* de Laborde (C. n. 1144).
En maroquin vert ancien, collection Savigny (n. 102).

— Les Imaginations asiatiques, ou les Prodiges indiens, arabes et chinois. *A Paris, chez Janet*, an IV (1795). In-24.

Texte gravé, titre-frontispice et 12 figures non signées (C. n. 1214).

— Les Intrigues de la Capitale, accompagnées de plusieurs autres. *A Paris, chez Jubert*, 1788. In-18.

Titre gravé et 12 charmantes figures de costumes, par Dorgez (C. n. 876).
Almanach contenant des chansons, plusieurs avec musique notée.
En maroquin rouge ancien, 110 fr. vente du comte de la Béraudière (n. 1044), aujourd'hui chez M. de Savigny (n. 90).
L'exemplaire du baron J. Pichon ne contenait que 7 figures, dont 2 signées de Dorgez.
Cf. infra les *Loisirs de Paphos*.

— Itinéraire descriptif de Paris avec indications quotidiennes. Débit à Paris des comestibles les plus abondants et les plus recherchés de chaque saison, 1780. In-18.

12 figures dessinées par Quéverdo et gravées par Dambrun.
Les figures avant la lettre et leurs eaux-fortes, se trouvent dans la collection de M. le vicomte de Savigny.

— Le Jardin des Ames sensibles... *A Paris, Chez Janet*, s. d. (1789). In-24.

Texte gravé et 12 figures de Dorgez, importantes pour le costume de l'époque révolutionnaire.
Signalé par Grand-Carteret (n. 922) sous les dates de 1789, 1793 et 1802.

— Les Jeux de Polymnie et d'Erato, *A Paris, chez Janet*, an V (1796). In-24.

Texte gravé. Titre-frontispice et 6 jolies figures de Berthet (C. n. 1259).

— Les Jolies françaises, leurs coiffures et habillemens. Étrennes à la beauté. avec des couplets galants accompagnés de figures et tablettes économiques, perte et gain. *A Paris, chez Desnos*, 1782. In-24.

Entièrement gravé. (136 et 8 pp). Titre gravé et 12 jolies figures de modes.
A la fin se trouve en 8 pp., un fort intéressant catalogue officinal de Desnos, décrivant 140 almanachs.
Petit livré fort rare. Collection Savigny (n. 33).

— La Journée d'une jolie femme, les loisirs de la beauté ou le lever de l'aurore et le coucher du soleil ; orné de douze gravures et de chansons analogues avec tablettes économiques, perte et gain. Souvenir et nécessaire le plus agréable qu'on puisse offrir aux dames. *A Paris, chez le sieur Desnos, ingénieur-géographe et libraire de sa majesté Danoise, rue St Jacques au Globe*, 1787 et 1788. In-24.

Titre gravé et 11 jolies figures non signées (*Le Réveil, le Lever, le Déjeuner, la Toilette*, etc.
Les exemplaires à la date de 1788 ont un nouveau frontispice à l'aquatinte.
Ce sont les figures qu'on retrouve dans le *Passe-temps des Jolies françaises* (1786 et dans *Le Quart d'heure des jolies Françaises* (1785). Cf. C. n. 851 et 877.
En maroquin rouge ancien, collection Savigny (n. 83).

— Les Lacets de Venus. *A Paris, Chez Bailly, Libraire*, 1789. In-32.

48 pp. de texte. Titre-frontispice par Jubert et 12 jolies planches de coiffures.
Un exemplaire en maroquin brun a été vendu 40 fr. en janvier 1908 (n. 416 du catalogue) par MM. Clavreuil et Rieffel, libraires à Paris ; en maroquin ancien à mosaïque, avec miniatures et glaces, 460 fr., vente Pichon (1897, n. 418 : indiqué comme s. d. calendrier pour 1787) ; cartonné (1787), 115 fr., vente Destailleur (1891, n. 426) Cf. Savigny, n. 102, Grand-Carteret n. 853.

— La Lanterne magique ou fléaux des aristocrates. Étrennes d'un patriote dédiées aux Français libres, ouvrage dans lequel on verra tout ce qui s'est passé depuis l'assemblée des notables jusqu'à présent ; orné d'estampes et de couplets analogues. *A Berne*, 1790. In-18.

12 figures allégoriques sur les principaux évènements de la Révolution, avec texte explicatif. (C. n. 987).
Collection Savigny (n. 138).
Les figures existent avant la lettre.
Pour un almanach de 1787 également intitulé la *Lanterne magique*, Cf. Grand-Carteret n. 852.

— Les Leçons pastorales des favoris du dieu des cœurs ou l'École de la Tendresse. *A Paris, chez Janet*, an IV (1795). In-64.

12 figures non signées.
Collection Savigny (C. n. 1215).

— Les Loisirs de Paphos. Étrennes érotiques et lyriques. *A Paris, Chez Nyon*, 1787. In-24.

32 pp., titre gravé et 12 figures non signées dont plusieurs se retrouvent dans les *Intrigues de la capitale*.
Cf. Grand-Carteret n. 854, d'après l'exemplaire Paul Eudel.

— La Lyre de la Raison ou Hymnes, Cantiques, Odes et Stances à l'Être Suprême, pour la célébration des Fêtes Décadaires de l'an III de la République. *A Paris, Chez Dufart, Basset, Caillot, Demoraine, Louis*, an III (1794). In-12.

Frontispice dessiné et gravé par Quéverdo (C. n. 1196).

Le Manuel des Toilettes. *A Paris, Chez Valade, libraire*, 1777-1778. 2 vol. In-18.

54 charmantes figures coloriées de coiffures en 4 cahiers.
Un exemplaire complet, 500 fr., vente Destailleur, un autre, collection Savigny de Moncorps (n. 23).
Ce Manuel, dit M. de Savigny, était imprimé à Liège, chez J. Jacques Tutot et l'éditeur envoyait à Paris les figures pour y être enluminées. En même temps, les figures sans être coloriées, paraissaient à Amsterdam (Liège), puis dans un journal quotidien publié à Liège, *La Feuille sans titre* (1er février au 31 décembre 1777 : 334, n°5), eaux-fortes dans le texte. M. de Savigny a suivi plus loin encore le sort de ces figures ; je renverrai à son intéressante étude. Cf. aussi Grand-Carteret, n. 602.

— Les Métamorphoses d'Ovide en chansons. Cf. à *Almanach pour la présente année ou petit recueil d'estampes représentant la mythologie...*

— Le Microscope des visionnaires ou le hochet des incrédules. Almanach Orné de Jolies Gravures. *A Paris, chez Jubert*, 1789. In-18.

1 titre gravé, 32 ff., et 12 figures non signées dans le goût de Binet.
Joli almanach entièrement gravé. C. n. 929).
En maroquin rouge ancien, 141 fr. vente Pichon (n. 421).
En maroquin rouge ancien, 500 fr., *Bull. Morgand*, novembre 1909, n. 16.
En maroquin blanc ancien, collection Savigny (n. 94).

— Les Modes parisiennes ou manuel de toilette, avec tablettes économiques. *A Paris, Chez Desnos*, s. d. (1781). Petit in-12.

Frontispice, titre gravé, et 12 jolies figures de coiffures.
En maroquin rouge ancien, figures coloriées, 400 fr., vente Destailleur (n. 424).

— Les Modes parisiennes ou les dons merveilleux de la nature embellis par l'art avec figures et chansons, Tablettes économiques perte et gain. *A Paris, Chez le Sr Desnos*, 1784. In-24.

Frontispice, titre gravé et 24 jolies planches de coiffures féminines avec chansons en regard.
Almanach très rare dont M. de Savigny (n. 50) possède un joli exemplaire en maroquin rouge ancien, avec les figures coloriées.

— Les Mois à la Mode ou l'an des plaisirs. Almanach pour la présente année. *A Paris, Chez Langlois*, s. d. (1789). Pet. in-12.

12 jolies figures et 24 chansons avec musique notée (C. n. 930).
En maroquin rouge ancien, 70 fr., vente Destailleur (n. 363).

— Les Muses à Cythère ou Élite de chansons et figures analogues, avec Tablettes économiques, Perte et Gain. *A Paris, Chez Desnos*, 1783. In-24.

Frontispice et 11 jolies figures galantes avec chansons gravées et musique.
Forme la 3e fascicule d'*Anacréon en belle humeur* (C. n. 752).

— La Muse triomphante, ou choix agréable de vers les plus ingénieux faits par des Dames célèbres. *A Paris, chez Desnos*, s. d. (1781). In-24.

Frontispice représentant Apollon couronnant un buste de femme, titre et sept charmantes planches gravés.

— Les Mystères dévoilés tant mieux, tant pis, ou le Pronostiqueur véridique, almanach orné de jolies gravures. *A Paris*, s. d. (1793). Pet. in-12.

32 pp. et 24 pp. d'ariettes, plus 12 jolies petites figures signées Dorgez.
Cf. Grand-Carteret n. 1147 (d'après l'exemplaire Paul Eudel).

— Le Narcotique des Sages, ou le Véhicule de la Folie. Almanach orné de jolies gravures. *A Paris, chez Janet*, 1791. In-24.

Titre-frontispice et 12 figures dans le goût de Binet, probablement antérieures à 1791 (C. n. 1026).
Collection Savigny (n. 118).
Signalé sous la date de l'an IV (1795-1796) dans la collection Paul Eudel.

— Les Niches de Cupidon ou le Triomphe des sens. Chansonnier françois. Élite de Chansons, Romances, Vaudevilles des auteurs les plus agréables en ce genre... *A Paris, Chez Desnos*, 1785. In-24.

Frontispice à la manière noire, 8 pp. de musique gravée et 12 figures.
Fait partie des *Anacréon en belle humeur* (C. n. 801).

— Les Nœuds de l'hymen serrés par la tendresse, ou les épreuves du sentiment, *A Paris, chez Janet*, 1801. In-32.

12 jolies petites figures gravées par Dorgez.
Almanach renfermant le calendrier de l'an IX et formant carnet de jeu.

— Nouveau Calendrier du diocèse de Strasbourg dans lequel on a marqué en rouges les festes de commandement : contenant la naissance des souverains et principaux princes et princesses de l'époque; le clergé de France; la liste du Conseil souverain d'Alsace ; l'arrivée et le départ des postes et autres curiosités utiles pour l'année bissextile 1780. *A Strasbourg, chez Jean-François Leroux*. In-16.

Frontispice et 15 curieuses figures de costumes.
En maroquin rouge ancien, collection Savigny (n. 29.
Petit volume fort rare. Le frontispice gravé porte le titre : *Représentation des modes et habillemens de Strasbourg. Chez Leroux, imp. et libraire, au coin de la rue des Orfevres, gravé par Striedbeck, 1756.*

— Nouveau Calendrier perpétuel composés en faveur des curieux suivant les hypothèses Julienne et Grégorienne, comprenant des Instructions chronologiques, Astronomiques, Astrologiques, Géographiques et Hydrographiques. Ensemble l'art de Fortifier, d'Arpenter et de réduire toutes les espèces de Bois d'œuvre : avec Un catalogue des plus célèbres Historiens qui ont traité de l'Antiquité, contenant un petit sommaire de leurs Ouvrages, suivi d'un Traité affectif à l'Histoire, au Commerce et à la Banque des différens États de l'Europe. Le tout conclu par des sages Maximes pour la pratique et l'usage du Monde. Enrichi de Figures et Cartes en taille-douce. Dédié à Monseigneur le Marquis de Breteuil. *A Paris, Chez Mesnier*, 1741. In-12.

Frontispice allégorique.
Écrit, assure-t-on, par Du Tille Duvivier. (C. n. 151).

— Nouveau chansonnier. Étrennes les plus agréables aux dames de bonne humeur. Tablettes économiques avec perte et gain. *A Paris, chez le sieur Desnos*, 1787. In-24.

Frontispice et 12 jolies figures de coiffures (*à la Colette, à l'Agnes, à la Chouchon, etc.*
Ces coiffures qui se retrouvent dans l'*Apologie des dames* (1781) sont extraites du *Recueil des coiffures* de Desnos (Cf. Savigny, n. 84 et Grand-Carteret, n. 855). Elles reparaissent encore, en 1793, dans l'*Amant trompé par l'Amour*.

— La Nouvelle Omphale. Comédie représentée par les Comédiens Italiens Ordinaires du Roi, devant leurs Majestés le 22 novembre 1782, et à Paris, le 28 du même mois. Dédié aux Femmes Vertueuses. S. l. (*Paris, Valleyre l'aîné*) 1775. In-12 carré.

Curieux almanach comprenant en tout et pour tout un titre, le calendrier en 2 ff. pliés et 4 figures qui, en se dépliant, donnent 4 nouveaux sujets. Toutes ces illustrations sont accompagnées de poésies.

Broché dans son étui ancien, figures coloriées, 250 fr., *Bull. Morgand*, novembre 1909. n. 17. Existe aussi à la Bibliothèque nationale (C. n. 832).
Cf. chez Grand-Carteret (n. 822) la description d'un almanach analogue intitulé *Les Délices de Cythère*.

— Les Nouvelles folies parisiennes ou les caricatures à la mode. *A Paris, Chez Marcilly et Demoraine*, 1780. In-24.
Titre-frontispice et 12 figures de caricatures représentant des Merveilleuses et des Incroyables.
En maroquin rouge ancien, collection Savigny (n. 130).

— L'Oniroscopie ou application des songes aux numéros de la loterie de l'École royale militaire; tirée de la cabale italienne et de la sympathie des nombres. Ornée de jolies figures analogues au sujet, et de tablettes de papier composé, très essentielles à cet ouvrage. *A Paris, chez Desnos, libraire et ingénieur-géographe du Roi de Danemarrk, rue St-Jacques, au Globe*, 1773. In-18.
112 pp.
Joli frontispice et trois figures fort curieuses (Cf. Savigny, p. 39).

— L'Optimisme des nouveautés ou l'effusion sentimentale. Almanach nouveau. *A Paris, chez Jubert*, 1788. In-24.
Titre-frontispice et 12 figures de Dorgez, toutes relatives à l'école des enfants aveugles par Haüy (C. n. 879).
En maroquin rouge ancien, collection Savigny (n. 86).

— Le Panthéon des Philanthropes ou l'école de la Révolution. Almanach orné de jolies gravures. *A Paris, chez Janet, successeur du sieur Jubert*, 1792. In-24.
Titre-frontispice et 7 jolies figures de Dorgez.
Collection Savigny (n. 143); collection Paul Eudel (C. n. 1028).

— Le Parfait modèle, orné d'Estampes qui représentent plusieurs beaux traits tirés de la *Partie de chasse de Henri IV*. *A Paris, Chez Desnos*, 1778. In-18.
1 titre gravé, 1 frontispice avec le portrait de Henri IV, 12 figures non signées, mais d'après Gravelot, et 12 pages de texte gravé.
En maroquin rouge ancien, collection Savigny (n. 19).
Parmi les figures se trouvent les quatre estampes que nous décrivons plus loin au nom de COLLÉ.

— Le Passe-temps des jolies françaises. Étrennes aux dames réunissant l'utile et l'agréable par les estampes et chansons qu'elles contiennent. *A Paris, chez Desnos*, 1786. In-18.
Titre gravé et 12 figures (C. n. 833), les mêmes que dans le *Quart d'heure des jolies Françaises* et *la Journée d'une jolie femme*.

— Le Passe tems des paresseux ou le monde analysé. *A Paris, chez Jubert*, 1789. In-64.
8 figures avec chanson en regard.
Almanach minuscule.
En maroquin vert ancien, collection Savigny (n. 95).

— Paul et Virginie. *A Paris, chez Janet*, 1793. In-64.
Titre gravé et 8 figures (C. n° 1238).
Almanach minuscule.
En maroquin vert ancien, collection Savigny (n. 126).

— Les Perfidies supposées ou les médisances pardonnables. Almanach orné de jolies gravures. *A Paris, chez Janet*, 1791. In-24.
Titre-frontispice, 12 figures de Dorgez et 24 pp. de chansons, avec la musique.
En maroquin rouge ancien, collection Savigny (n. 121).
Signalé par Grand-Carteret (n. 1068) d'après l'exemplaire de 1792 de la collection Paul Eudel.

— Petit almanach de Paris. Avec l'explication des douze signes du Zodiaque pour l'Année mil sept cent vingt-sept. Dessiné et gravé en bois par J.-M.

Papillon, rüe S.-Jacques au Papillon. *A Paris, chez J. Chardon*, 1727 et années suivantes.

Titre gravé, 12 figures pour le cadendrier, nombreux en-têtes, fleurons et culs-de-lampe, tous gravés sur bois par Papillon.
Cet almanach a continué à paraître jusqu'à 1745. L'œuvre de Papillon au Cabinet des Estampes renferme les titres des années 1732, 1734, 1735 et 1744. L'année 1729 était chez le baron Pichon, l'année 1733 en maroquin rouge ancien (Savigny n. 1) fut vendu 225 fr. par un libraire vers 1885 et l'année 1741 dans un curieux cartonnage de l'éditeur est portée à 90 fr. dans un catalogue d'Alisié.
On appelait jadis des *papillons* ces almanachs, parce qu'ils portaient généralement un papillon gravé sur le titre. Papillon était un des rares représentants de la gravure sur bois au XVIIIe siècle. Il a écrit sur son art un traité encore recherché aujourd'hui.
Un exemplaire des travaux de cet artiste en 4 vol. in-folio contenant 5,000 pièces, a été formé par lui et donné au Cabinet des Estampes.
Un petit recueil de 41 frontispices, vignettes, etc. *Paris, au Papillon*, s. d. In-16 et portant comme titre : *Ces estampes sont inventées et gravées en bois par J.-M. Papillon* figure (maroquin rouge ancien) dans la collection Ferdinand de Rothschild.

— Le Petit Boccace; recueil des plus jolis Contes en vers, et des meilleures épigrammes; agréable passe-tems de l'un et de l'autre sexe..., *A Paris, chez le Sr Desnos*, s. d. (1786). In-24.

64 pp., plus un carnet de pertes et gains, un calendrier et 8 figures. — Titre gravé, frontispice et 8 figures non signées qui se retrouvent dans *Anacréon en belle humeur*.
En maroquin rouge ancien, 42 fr., vente Sardou (n. 315).

— Petit Chansonnier, Calcas moderne, diseur de bons mots, prophète véridique, oracle divertissant en société. *A Paris, chez le sieur Desnos*, 1784. In-24.

Titre gravé, frontispice et 14 jolies figures.
En maroquin rouge ancien, 150 fr., vente Destailleur (1891, n. 359).
M. de Savigny (n. 51) ne signale que 5 figures qu'il attribue à Desrais. M. Grand-Carteret en mentionne 10 (n. 775).

— Le Petit cousin de La Fontaine, ou le Fablier des Grâces. Almanach moral et amusant. *A Paris, chez Janet*, s. d. (1800). In-24.

Titre et 12 planches gravées.

— Petites étrennes aux artistes pour la présente année ou sont représentés en médaillons les monuments mémorables érigés dans Paris depuis plusieurs siècles, notamment sous les règnes de Louis XIV, Louis XV et Louis XVI actuellement régnant. *A Paris, chez Desnos*, 1789. In-24.

Titre gravé et 16 planches pliées de vues de Paris.
Collection Savigny (n. 101).

— Petit Manuel mythologique, ou Almanach moral et poétique de la fable. *A Paris, chez le sieur Desnos*, 1783. In-24.

1 titre gravé, 1 frontispice et 8 figures mythologiques de Brion, gravées par Lachaussée.
Collection Savigny (C. n. 753).

— Le Petit Rameau ou Principes courts et faciles pour apprendre soi-même et en peu de temps la musique. *A Paris, chez Desnos*, 1775(-1778 ?). In-24.

Frontispice (Rameau se promenant sous une galerie) et 4 figures (les quatres parties du jour).
L'année 1775, collection Paul Eudel (C. n. 555).
Ce recueil parut d'abord (1772) sous le titre d'*Etrennes d'Euterpe*; il figure encore dans des catalogues de 1778.

— Les Plaisirs de la ville et de la campagne, nouvel almanach dédié aux deux sexes. *A Paris, chez Boulanger*, 1772. In-32.

Almanach gravé, orné de 18 fort jolies figures par Quéverdo (non signées) avec texte au verso de chacune.
Dans une réimpression de 1778 les figures 1-12 sont changées, les autres (13-18) étant restées les mêmes.

Les deux éditions, en jolies reliures anciennes richement ornées, collection Savigny de Moncorps (n. 13-14) ou se trouvent également les avant-lettre des figures.
Pour une édition de 1777, cf. Grand-Carteret (n. 584).

— Les Plaisirs variés ou les délices des saisons. Almanach chantant. *A Paris, chez Jubert*, 1783. In-24.

1 frontispice et 12 jolies gravures.
Vis-à-vis de chacune l'explication et une chanson.
Collection Savigny (n. 39).

— Les Plus courtes Folies sont les meilleures ou le Passe-temps des Dames. *A Paris, chez Desnos*, 1783. In-24.

12 figures non signées (C. n. 754).

— Le Plus joli Chansonnier français ou Anacréon en belle humeur, élite de chansons, romances, vaudevilles, etc. des auteurs les plus agréables en ce genre. *A Paris, chez le Sr Desnos*, s. d. (1783). In-24.

Frontispice, titre gravé et 12 jolies figures.
En maroquin rouge ancien, 92 fr., vente Sardou (n. 311).

— Pot-pourri agréable ou Doxologie de Cythère, Avec discours relatifs aux Figures, à la gloire, à l'honneur et aux hommages dus au Beau-Sexe. Avec Tablettes Perte et Gain. *A Paris, chez Desnos*, 1779. In-24.

Frontispice et 11 jolies gravures dont la 4e se retrouve dans les *Trophées de l'Amour* (C. n. 616).
Collection Savigny.

— La Pratique des amants ou la théorie du contemplateur. *A Paris, chez Jubert, doreur*, 1789. In-24.

Titre-frontispice attribué à Quéverdo et 12 figures. Calendrier plié avec vignette en tête de chaque mois.
En maroquin blanc peint, avec médaillons, collection Savigny (n. 96).

— Le Prix dû à l'Amour, je l'offre à vous que j'aime. *A Paris, chez Boulanger*, 1788. In-24.

Titre-frontispice dessiné et gravé par Quéverdo et 12 jolies figures (C. n. 991).
En soie brodée, avec miniatures, collection Savigny (n. 91).
Un nouveau tirage (assez médiocre) des mêmes planches a servi à illustrer *Les Amours de Mirabeau l'aîné*. (A Paris, chez Blanmayeur, 1791). Cf. Savigny, n. 119.

— Le Prototype des âmes sensibles ou les épargnes de la pudeur, almanach nouveau orné de jolies gravures. *A Paris, chez Jubert, doreur*, 1789. In-24.

32 pp. de chansons, titre-frontispice et 12 jolies figures, intéressantes pour les costumes (C. n. 944).
En maroquin rouge ancien, collection Savigny (n. 97).

— La Pyramide de neige. Almanach nouveau pour l'année MDCCLXXXV, enrichi de figures en taille-douce contenant la description du monument élevé pendant l'hiver de 1784, en l'honneur de Louis XVI, avec toutes les pièces tant latines que françaises attachées à cette pyramide,... *Se trouve à Paris, chez Maillet et Héron*, s. d. (1785). In 24.

Contient 5 figures dont la dernière montre le premier voyage aérien de Pilâtre des Roziers.
En maroquin rouge ancien, collection Savigny (n. 56), provenant je crois de la collection Pichon; on n'en signale pas d'autre exemplaire (C. n. 802).

— La Pythonisse de Lutèce ou les secrets découverts. Almanach orné de figures. *A Paris, chez Jubert doreur*, 1789. In-24.

Titre-frontispice et 12 figures (jolis costumes. (C. n. 945).
En maroquin rouge ancien, collection Savigny (n. 98).

— Le Quart d'heure des jolies Françaises, étrennes aux dames, mêlées de couplets sur les airs les plus agréables, avec tablettes perte et gain. *A Paris, Chez Desnos, s. d.*, calendrier pour 1785. In-12.

1 titre-frontispice et 12 figures non signées, fort jolies; plus 12 pages de texte gravées et 42 pages imprimées.
En maroquin rouge ancien, 100 fr., vente Pichon (1897, n. 417).
Ces figures sont malheureusement un peu ternes et les planches semblent en général fatiguées. Elles ont resservi pour *Le Passetemps des jolies Françaises* (1786) et pour *La Journée d'une jolie femme* (1787). On trouve la légende sur tablette blanche ou sur tablette grise (C. n. 724).

— Les Quatre saisons et les quatre heures du jour, almanach pour la présente année ou petit recueil d'estampes, avec des vers analogues à chaque sujet, suivi de tablettes à double usage... *A Paris, chez Desnos*, (1772). In-24.

Frontispice par Desrais, gravé par Patas et 8 figures allégoriques.
En maroquin rouge ancien, collection Savigny de Moncorps (n. 15).

— Recueil de contes lyriques sur les aventures du jour, extraits des Après soupés de la Société. *S. l. n. d.* (1790?). In-18.

Titre-frontispice et 6 charmantes petites estampes sans lettre, attribuées à Quéverdo.
En maroquin rouge ancien, collection Savigny (n. 112).

— Recueil général de Costumes et de Modes contenant les différens habillemens et les coiffures les plus élégantes des hommes et des femmes, almanach pour la présente année 1781. *A Paris, chez Desnos.* In-18.

Titre gravé et 25 planches dessinées par Desrais.
Un exemplaire en maroquin rouge ancien, 70 fr., vente Béhague (n. 337); le même ou un autre semblable, ancienne collection de Lord Carnarvon (n. 58 g).

— Recueil général de Costumes et Modes, contenant les différens habillemens et les coëffures les plus élégantes des hommes et des femmes gravés en miniature et en pied pour distinguer les habillemens, ouvrage fort désiré de l'un et l'autre sexe, et faisant suite à celui de la toilette des dames françoises et romaines. *Paris, Desnos, s. d.* (1780). In-18.

Un frontispice et 48 figures de costumes.
Ce recueil doit se joindre à l'*Almanach de la toilette*, etc.; ces deux volumes, en maroquin rouge ancien, 400 fr., vente Pichon (n. 407).
Sous le même titre il existe un tirage in-8 de ces planches avec un titre gravé spécial de plus grand format. Cf. *infra* au mot RECUEIL.

— Recueil général de Costumes et Modes..., (même titre).

Un exemplaire, attribué à l'année 1782, en maroquin rouge ancien, figures coloriées, 330 fr., vente Destailleur (1891, n. 405).
Ces mêmes planches ont encore été utilisées par Desnos, par suites de 12 dans plusieurs autres almanachs.

— La Réunion des uniformes ou l'almanach des trois couleurs et variétés, orné de jolies figures. *A Paris, chez Janet, Doreur, Beau-Frère et Successeur du Sr Jubert*, 1792. In-24.

Titre-frontispice et 12 jolies figures attribuées à Binet (C. n. 1071).
En maroquin vert ancien, collection Savigny (n. 145).

— Le Réveil Matin, almanach pour l'année 1766. *Gravé par Cocquelle, rue du Petit Pont, chez un limonadier, A. P.* In-128.

Almanach minuscule avec 12 figures représentant les cris de Paris.
Existe aussi sous la date de 1784, *chez Boulanger* (collection Savigny, n. 8).

— Les Ruses et les Jeux de l'Amour. Almanach érotique. *A Paris, chez Ardouin*. — Le Nécessaire des dames et des messieurs. *A·Paris, chez Jubert*, 1786, 2 parties en 1 volume in-24.

24 pp. de texte, un charmant frontispice et 12 jolies figures dans le goût de Desrais (C. n. 835).
En maroquin rouge ancien, collection Savigny (n. 71).

— Le Secrétaire des dames ou Porte-feuille d'un homme amoureux. *A Amsterdam et se trouve à Paris, chez Desnos*, 1772. In-32.

2 figures non signées.
Supplément des *Étrennes du sentiment*.

— Le Secrétaire des Messieurs, ou Recueil de Poésies agréables, etc. Avec Tablettes Économiques. Pour servir à déposer comme dans le sein d'un ami fidèle les secrets et les sentiments du cœur. *A Paris, chez Desnos, libraire*, 1772. In-18.

Frontispice par Desrais gravé par Wallaert.
Collection Savigny (C. n. 489).

— Les Sens, petit bijou pour la présente année Avec tablettes Economiques, Perte et Gain. *A Paris, chez le S. Desnos*, 1781. Petit in-12.

12 petites figures de Marillier finement gravées par Dorgez.
En maroquin rouge ancien (avec 10 figures), 115 fr., vente Pichon (n. 409).
Les figures se trouvent avec la tablette grise et la tablette blanche. Huit d'entre elles ont resservi en 1784 dans les *Escapades de l'amour*; comme nous l'avons dit à propos de cet almanach, les dessins originaux sont dans la collection Savigny (C. n. 658).

— La Soirée de Paphos ou les Plaisirs de la Table, chansonnier français par Dorat, Vadé, Moncrif, etc. *A Paris, chez Desnos*, 1887. In-24.

1 frontispice à l'aquatinte et 12 très jolies figures non signées (C. n. 857).
En maroquin rouge ancien, 66 fr., vente L. de Tinan (n. 125) et 92 fr. vente D*** (1907, n. 51).

— Les Soirées de Célie ou recueil de chansons en vaudevilles et ariettes orné de jolies gravures. *A Paris, chez Janet*, 1791. In-24.

Titre-frontispice gravé et 12 figures avec chansons en regard (C. n. 1073).
En soie brodée, collection Savigny (n. 122).

— Souvenir à la Hollandoise, enrichi de nouvelles Coëffures les plus galantes, où se trouve celle à l'Insurgente. Dédié aux Dames. Avec Tablettes, Perte et Gain. *A Paris, chez Desnos*, 1782. In-24.

Titre-frontispice et 12 figures de coiffures.
En maroquin rouge ancien, figures coloriées, 200 fr., vente Destailleur (1891, n. 425).
Ces planches, numérotées de 1 à 12, sont extraites du *Recueil général de coëffures* de Desnos (C. n. 728).

— Souvenir à l'anglaise et recueil de coiffures, dédié aux dames de bon goût, avec tablettes perte et gain. *A Paris, chez Desnos*, 1788. In-24.

Joli titre-frontispice et 12 charmants médaillons de coiffures datés de 1774 à 1777.
Ces planches sont extraites du *Recueil général de coëffures* de Desnos, planches 13-24. (Cf. Savigny n. 85).

— Les Suppositions de l'enjouement, ou les Épisodes Mytologiques. *A Paris, chez Jubert*, 1789. In-24.

24 et 32 pp. (plus un *Nécessaire* 48 pp. et un calendrier en 6 ff.) plus un titre gravé et 12 jolies figures non signées, dans la manière de Binet (C. n. 950).
En maroquin rouge ancien, 138 fr., vente Pichon (n. 422); le même (?) collection Savigny (n. 99).

— Le Suprême bon ton ou Étrennes de la mode aux personnes curieuses de leur parure. *A Paris, chez Janet, s. d.*, calendrier pour 1802. In-24.

Titre gravé et 12 planches de costumes, la plupart à deux personnages.
En maroquin rouge ancien, 76 fr., vente Pichon (n. 426).

— La Surprise nocturne ou les Ah! Ah! aventure plaisante, avec figures, tablettes économiques, perte et gain et stylet pour écrire. *A Amsterdam et se trouve à Paris, Chez Desnos*, 1779. In-24.

Frontispice et 1 figure pliée en 4 par Née d'après Moreau le jeune (B. 847) extraite des *Nouvelles* d'Imbert.
En maroquin rouge ancien, collection Savigny (n. 28).

— Le Tableau de Paris, Étrennes aux Beautés parisiennes. *A Paris, chez Esnauts et Rapilly*, 1790. In-24.

Titre-frontispice et 12 charmantes figures libres, que l'on trouve le plus souvent coloriées (C. n. 803).
En maroquin crème, collection Savigny (n. 113); le même almanach avec une suite toute différente, mais dans le même genre, en maroquin rouge ancien, même collection (n. 114).
A la vente Pichon (1897, n. 102) on adjugea pour 102 fr. à M. Thévenin, une des suites de douze figures tirées sur la même feuille.

— Tablettes historiques, topographiques et physiques de Bourgogne pour l'année 1756. 4ᵉ année. *A Paris, chez E. Ganeau, P. Guylen, libraires, à Dijon, chez François Desventes, libraire*. In-18.

Frontispice et titre gravé (Portrait et armoiries du prince de Condé) par Fessard d'après G. de Saint-Aubin.
En maroquin vert ancien, collection Savigny (n. 5).

— La Toilette des Grâces. *A Paris, chez Jubert*, 1789. In-24.

Frontispice et 12 charmants médaillons de coiffures. Collection Savigny (n. 101).

— Le Trésor des almanachs. Étrennes nationales, curieuses, nécessaires et instructives pour l'année 1786, Louis XVI régnant. *A Paris, chez Cailleau*. In-32.

Frontispice et 12 vignettes gravées sur bois dont la première représente le *Passage du Sʳ Blanchard d'Angleterre en France*.
M. de Savigny en possède (n. 72) un précieux exemplaire aux armes de Marie-Antoinette.
Ce recueil a commencé à paraître dès 1779 (collection Pichon); on en signale les années 1787 (collection Tissandier) 1788-1793 (collection Grand-Carteret) et 1794 (C. n. 617) chacune avec un frontispice différent, gravé sur bois. Les années 1788 et suivantes ne portent plus comme titre qu'*Étrennes nationales*. (Cf. collection Savigny, n° 110).

— Trésor des Devinations ou le portefeuille de Jérôme Sharp. *A Paris, Chez Janet*, 1791. In-24.

Titre frontispice et 10 figures allégoriques par Dorgez.
En soie, avec miniatures, collection Savigny (n. 123).

— Le Trésor des Grâces ou la parure de Vénus mis au jour par le favori du beau sexe. *A Paris, Chés Esnauts et Rapilly*, 1784. In-24.

Titre-frontispice et 12 médaillons de coiffures avec texte gravé.
En maroquin rouge ancien, reliure au ballon, collection Savigny (n. 52).

— Le Triomphe des Dames ou les Métamorphoses, almanach orné de jolies gravures. *A Paris, chez Janet*, an III (1794). In-12.

Frontispice et 12 jolies figures non signées. (C. n. 1207).

— Le Triomphe du Beau Sexe ou l'Honneur des dames vengé. Petit secrétaire à leur usage avec Tablettes Économiques, Perte et Gain. *A Paris, Chez le Sʳ Desnos*, 1784. In-24.

Titre et texte gravés. 9 figures représentant diverses scènes de la pantomine *Sophie de Brabant*.
On retrouve cet almanach sous le titre *Le Triomphe des Grâces ou Éloge du beau Sexe* (C. n. 783).

— Les Trophées de l'amour ou les plaisirs en liberté. Etrennes du Vaudeville. *Aux Enfants de la Joie. A Paphos. Paris, chez Jubert*, s. d. In-32.

Frontispice et 12 figures de Dorgez, quelques-unes assez libres.
En maroquin brun ancien, ancienne collection Carnarvon (n. 58 b), un autre en maroquin rouge, collection Savigny (n. 57).
Selon une observation de M. Grand-Carteret (n. 805) la première de ces figures se retrouverait en 1779 dans le *Pot-pourri agréable* (figure 4).

— Le Trottoir du Permesse, ou le Rimeur Fantastique. *A Paris, Chez Jubert Doreur, s. d.* (1788). In-24.

Calendrier plié au commencement et à la fin, 32 pp., plus un frontispice et 12 figures gravées par Dorgez, peut-être d'après Binet (C. n. 881).

En satin ancien, ancienne collection Carnarvon (n. 58 i) peut-être l'exemplaire vendu 210 fr., vente Destailleur (1891, n. 361); en maroquin crème, collection Savigny (n. 92).

— L'Union de l'amour et des arts. *A Paris, Chez Janet, s. d.* (1798). In-24.

Titre et 10 planches gravés, non signés.

— Variétés amusantes. Étrennes aux gens de bon goût. *A Paris, s. d.* (1783). In-16.

Titre gravé et 4 figures.

— La Veillée de Venus ou les Plaisirs de la société. Chansonnier françois. *A Paris, Chez Desnos, s. d.* (vers 1784). In-24.

Titre gravé, frontispice, 11 figures attribuées à Dorgez, 8 pp. de musique gravée.
Fait partie d'*Anacréon en belle humeur* (C. n. 784).

Remis en vente en 1808. *A Paris, chez Demoraine* avec un nouveau titre et un nouveau calendrier, sur papier bleuté.

— Véritable Almanach nouveau (Le) pour l'année 1733, ou le Calendrier jésuitique extrait de leur martyrologe, ménéloge, nécrologe. *A Trévoux, pour la plus grande gloire de la Société.* In-24.

12 petites figures non signées, une pour chaque mois. Très rare.
Les auteurs de ce pamphlet seraient les frères Quesnel, de Dieppe.

— La Vie pastorale. Étrennes dédiées à l'amour. *A Paris, chez Boulanger,* 1788. In-24.

Titre-frontispice dessiné et gravé par Quéverdo, et 12 jolies figures avec couplets correspondants (C. n. 882).
En soie brodée, avec médaillons peints, collection Savigny (n. 93).

— Les Vrais Amans ou la Constance récompensée. Etrennes aux cœurs sensibles. *A. Paris, chez Janet,* 1794. In-18.

Texte gravé, titre-frontispice et 12 figures non signées (C. n. 1208).

ALSACE (L') Française ou Nouveau Recueil de ce qu'il y a de plus curieux dans la ville de Strasbourg. *A Strasbourg, chez G. Boucher,* 1706. Petit in-folio. (De 40 à 50 fr.)

4 planches relatives à la cathédrale, une vue générale de la ville et 10 planches représentant les modes de Strasbourg, non signées.

AMÉLIE, ou les Écarts de ma jeunesse, orné de gravures. *A Paris, chez Dentu,* an VI (1798). 2 volumes in-12. (De 10 à 15 fr.)

196 et 106 pp. plus 2 figures signées Villerey.
L'ouvrage est libre, si les planches ne le sont pas.

AMI (L') des filles. *A Paris, chez Dufour,* 1761. In-12. (De 6 à 8 fr.)

8 pp., 236 pp. et 1 f. n. ch. plus un joli frontispice non signé.
La préface est signée de B. C. G. D. G. (Barthélemy Cl. Graillard de Graville).
Réimprimé en 1762, 1763, 1770 et 1776.

AMITIÉ (L') Scythe, ou Histoire secrette de la Conjuration de Thèbes. *A Issedon et se trouve à Paris, chez Vente,* 1767. In-12. (De 5 à 6 fr.)

II-188 pp., plus un titre gravé par Martinet.

AMOURS (Les) de Cartouche ou Aventures singulières et galantes de cet homme fameux, etc. *A Paris,* an VI, (1798). In-12. (De 10 à 12 fr.)

1 figure par Defraine, gravée par Delvaux.

AMOURS (Les) de Charlot et Toinette, pièce dérobée à V. (Versailles). 1779. In-8.

Plaquette de 8 pages, en mauvais vers, sans illustration ; elle est fort rare, la Reine ayant fait acheter par Beaumarchais toute l'édition. Gœtzmann la paya 17,400 livres au libraire Boissière, de Londres. Nous ne le signalons ici que parce que, dans un exemplaire célèbre, on y a ajouté deux figures libres attribuées à Desrais. Ces figures fort jolies avaient été finement gouachées dans l'exemplaire en question, provenant de la célèbre collection Hankey et porté à 1,500 fr., *Bull. Morgand*, n. 32104.

Sous le nom de Charlot était désigné le comte d'Artois, et sous celui de Toinette, la reine Marie-Antoinette dont les portraits sont très ressemblants et faciles à reconnaître.

Un dessin original de Desrais est ajouté à l'exemplaire de Leber (Bibliothèque de Rouen, Leber, n. 2281). M. Tourneux (*Marie-Antoinette devant l'Histoire*, p. 42) déclare que les portraits y ressemblent bien plutôt à Lafayette et à Mme de Stael.

AMOURS (Les) de Mirtil. *Constantinople*, 1761. In-8. (De 30 à 40 fr.)

VIII-141 pp., titre dessiné et gravé par Legrand, avec fleuron et 6 très jolies figures par Gravelot, gravées par Legrand.

Ce livre a été attribué à Fontenelle.

En veau fauve de Cuzin, 26 fr., vente Massicot (n. 495).

On rencontre parfois les figures tirées en bleu ou en rouge.

AMOURS (Les) d'Horace, par P. J. de la Pimpie de Solignac. *A Cologne, chez P. Marteau*, 1728. In-12. (De 5 à 6 fr.)

1 frontispice dessiné par Debrie, gravé par V. Gunst, et un fleuron sur le titre par B. Picart.

AMOUR (L') en fureur ou les Excez de la jalousie italienne, nouvelle curieuse enrichie de figures. *A Cologne, chez Pierre Marteau*, 1710 ou 1715, pet. in-12. (De 6 à 8 fr.)

1 titre gravé et 5 figures non signés.

La première édition de ce roman sur les ceintures de chasteté est de Cologne, 1684.

AMOURS et aventures galantes d'Alexandre avec la Sultane Amazille, première femme du pacha de Tunis. *A Paris, chez Pigoreau*, an V^e (1797). In-12. (De 15 à 20 fr.).

2 portraits et 2 figures non signés.

AMOURS (Les) et les aventures de lord Fox, traduit de l'anglais par M***. *Genève*, 1785 ; réimprimé en 1786, 1790 et 1791. 2 parties in-18. (De 15 à 20 fr.)

2 figures par de La Rue.

AMUSEMENS des Eaux de Spa, Ouvrage utile à ceux qui vont boire ces Eaux Minérales sur les Lieux. Enrichi de tailles douces. *A Amsterdam, Chez Pierre Mortier*, 1734. 2 volumes in-12. (De 25 à 30 fr.)

Titre-frontispice et 15 figures pliées non signées (1-14 et 6*). Réimprimé par le même en 1740 avec les mêmes figures.

Attribué à C. L. de Pœllnitz ou à Hecquet.

AMUSEMENTS d'un convalescent, dédiés à ses amis. *Paris*, 1761. Grand in-8. (De 30 à 40 fr.)

Ouvrage entièrement gravé, sauf 4 pp. imprimées en tête. (Attribué à P.-A. de La Place.)

Très joli titre dessiné par Gravelot, gravé par Choffard. Très rare.

Dédicace au marquis de Marigny. Le titre-frontispice a inspiré à Edmond de Goncourt une de ses plus jolies pages, dans *la Maison d'un artiste*.

En veau ancien, 32 fr., vente Goncourt (n. 360).

AMUSETTES des grasses et des maigres à l'usage de ceux qui aiment encore à rire. *A K. K. O. à l'image du faisant.* (De 25 à 30 fr.)

1 curieuse figure scatologique.

AMUSETTE des grasses et des maigres, contenant douze douzaines de calembourgs avec les faribolés de M. Plaisantin, les subtilités de la Comtesse Tation et les remarques de l'abbé Vue. Rédigée par une Société de Caillettes.

Au cap de Bonne-Espérance et Paris, chez le libraire qui donne trois livres pour 45 sols, s. d. In-18. (De 25 à 30 fr.)

Titre gravé et un frontispice très original, non signés.
Cartonné 17 fr., vente Goncourt (n. 622).

ANACRÉON. — Anacréon, Sapho, Bion et Moschus, Traduction nouvelle en Prose, suivie de la Veillée des Fêtes de Vénus, Et d'un choix de Pièces de différens Auteurs Par M. M*** C*** (Moutonnet de Clairfonds). *A Paphos Et se trouve à Paris, chez Le Boucher (ou J.-Fr. Bastien)*, 1773. In-8. (De 200 à 300 fr. et, en gr. pap. de format in-4 de 800 à 1000 fr.)

2 ff. n. ch., IV-280 pp. plus le frontispice. Contient 1 frontispice, 12 vignettes et 13 culs-de-lampe, gravés par Massard d'après Eisen.
L'un des livres les plus élégamment illustrés du XVIIIe siècle. Beaucoup d'exemplaires contiennent à la fin un opuscule intitulé : Héro et Léandre, poème de Musée. On y a joint la traduction de plusieurs Idylles de Théocrite par M. M*** C***. *A Sestos et se trouve à Paris, chez Le Boucher*, 1774. In-8 de XVI pp., plus un frontispice par Duclos d'après Eisen. Ce deuxième frontispice n'existe par conséquent que dans les exemplaires contenant *Héro et Léandre*.
Les 25 vignettes et culs-de-lampe existent en tirages hors texte et sont fort recherchés des amateurs. On connaît des exemplaires réimposés et tirés de format in-4; ils sont fort rares.
On réimprima l'ouvrage avec les mêmes vignettes, mais moins belles d'épreuves en 1780 (Cf. infra). Cette réimpression a peu de valeur.
Les dessins originaux d'Eisen, à la mine de plomb, se trouvent au Musée Condé à Chantilly; ils proviennent des ventes du baron d'Heiss (1785, n. 138 : 800 fr.) de Morel-Vindé (1823, n. 1205 : 400 fr.) et du comte de La Bédoyère (1837, n. 391 : 250 fr.)
La Bibliothèque nationale possède deux beaux exemplaires en maroquin rouge ancien, l'un (in-4) aux armes de Marie-Antoinette, l'autre (in-8) à celles du duc de Brissac.
Le célèbre exemplaire de M. Beraldi qui ne lui a pas coûté moins de 5,600 fr., est dans une riche reliure sur brochure par Cuzin, en maroquin bleu gris doublé de maroquin rouge : il contient les vignettes en tirage hors texte et l'eau-forte du frontispice pour Héro et Léandre. M. Béraldi a cédé vers 1888 pour 3,000 fr. un autre exemplaire en maroquin doublé de Cuzin, moins grand de marges, mais contenant également les tirages à part des vignettes.
On signale encore les tirages à part dans le bel exemplaire en maroquin rouge (doublé bleu) de Chambolle qui appartenait à Lord Carnarvon (n. 59; *Bull. Morgand* II, 6, n. 19 : 3,500 fr.) et dans l'exemplaire in-4 broché de Daguin (n. 411 : 2,705 fr.) qui contenait de plus l'eau-forte de la *Veillée*.
L'exemplaire Portalis en maroquin bleu de Lortic, avec 24 tirages hors texte sur 25, a été adjugé à 1,650 fr. (1882, n. 19).
Celui de Paillet, sur papier de Hollande, en maroquin vert de Trautz, avec les 25 hors-texte, et les frontispices en double épreuve, 6,000 fr. *Bull. Morgand*, n. 11745.
Une suite à toutes marges des tirages hors texte payée 26 fr. (!) à la vente Renouard (1854, n. 1000) a été revendue 3,020 fr. en maroquin rouge de Cuzin, vente Guyot de Villeneuve (n. 471).
Voici les prix de quelques beaux exemplaires de format in-4 : en maroquin vert à l'oiseau par Derôme, 560 fr., chez Quentin Bauchart (Mes livres, n° 43); revendu 3,780 fr., vente Lacarelle (n. 121); en maroquin vert de Derôme, 19 fr. 50, vente Pixerécourt (n. 536), revendu 2,150 fr., vente E. Martin (n. 133); des exemplaires in-4 en maroquin rouge ancien ont été payés : 2,500 fr., vente du 5 avril 1880 (n. 255); 625 fr., vente R. Lion (n. 122); 965 fr., vente L. de Tinan (n° 87); 1,520 fr., vente Destailleur (1891, n. 1009); 1,990 fr., vente Guyot de Villeneuve (n. 437); un de ces derniers est chez M. Robert Schuhmann.
De format in-8, en veau ancien, 300 fr., vente Daguin (n. 413); en maroquin vert de Capé, 170 fr. même vente (n. 412); en maroquin rouge de Duru, relié sur brochure avec pièces ajoutées, 315 fr., vente Ch. Cousin (n. 207); en veau ancien, 245 fr., vente Sardou (n. 201).

— Anacréon, Sapho, Bion et Moschus, Traduction nouvelle en Prose,... etc. *A Paphos, Et se trouve à Paris, Chez J. Fr. Bastien,* 1780. In-8. (De 40 à 50 fr.)

2 ff. n. ch., IV et 400 pp. plus 2 frontispices.
Mêmes figures que dans l'édition de 1773. Cette réimpression se trouve assez fréquemment sur grand papier, de format in-4; mais les épreuves y sont en général médiocres. (De 100 à 150 fr.)
Elle existerait aussi sous les dates de 1775 et 1779.

En maroquin violet ancien, Musée Dutuit (n. 239); en maroquin vert ancien, grand papier, 255 fr., vente Portalis (février 1878, n. 49).

— Les Odes d'Anacréon et de Sapho, en vers français par *le poëte sans fard* (Gacon). *A Rotterdam, Chez Fritsch et Bohm*, 1712. In-12. (De 15 à 20 fr.)

1 f. n. ch., CCXII-354 pp., 3 ff. n. ch., 1 f. blanc, plus le frontispice.
Contient 1 fleuron sur le titre et 1 frontispice de Bernard Picart gravé par B. Bernards.

— Odes, inscription, épitaphes, épithalames et fragments d'Anacréon, traduits en français Avec des Notes critiques et un Discours préliminaire par le C^{en} Gail. etc. Ouvrage orné de gravures. *A Paris, de l'imprimerie de Didot l'aîné, l'an IIe de la République française*, 1794. In-18. (De 10 à 15 fr.)

2 ff. n. ch., XX-74 pp., 2 ff., n. ch., plus 4 figures; les 2 premières sont dessinées et gravées par Quéverdo, la 3e terminée par Gaucher, et la 4e dessinée par Quéverdo et gravée par Gaucher.
Existe avec les eaux-fortes, dont une est découverte.
En maroquin bleu de Chambolle, figures avant la lettre, 38 fr., vente Massicot (n. 497). En maroquin rouge de Bozérian, avant-lettres et eaux-fortes, exemplaire Paillet, 250 fr., *Bull. Morgand*, n. 11746; en maroquin citron ancien, avec les eaux-fortes, collection Béraldi.

— Odes, traduites en français avec le texte grec, la version latine, des notes critiques et deux dissertations, par le citoyen Gail, avec estampes et odes grecques mises en musique par Gossec, Méhul, Lesueur et Chérubini. *A Paris de l'imprimerie de Pierre Didot l'aîné*, an VII (1799). In-4. (De 10 à 15 fr.)

XVI-204 pp., plus un portrait d'Anacréon gravé par Gaucher, d'après Le Barbier, 1 figure de Boichot gravée par Petit et 17 planches de musique gravées par Rousseau.
On trouve les figures en avant-lettre et eau-forte.

— Anacréon. Odes mises en vers par la citoyenne Defrance sur la traduction du citoyen Gail. *Paris, Imprimerie Delance*, l'an VI, in-16. (De 10 à 15 fr.)

3 planches par Gaucher d'après Quéverdo.

— Odes d'Anacréon, traduites en français, avec le texte grec, la version latine, des notes critiques, et un discours sur la musique grecque; par J. B. Gail, professeur de littérature au Collège de France. Nouvelle édition ornée d'estampes, et d'odes grecques mises en musique par Mehul et Cherubini. *Paris, de l'imprimerie de Didot l'aîné, S. D.* (sauf sur le tome III, an VIII), 4 vol. in-18. (De 20 à 25 fr.)

1 portrait médaillon de J.-B. Gail, dessiné par Le Barbier, gravé par Gaucher, 4 figures dont deux dessinées et gravées par Quéverdo et 2 autres non signées, 27 pp. de musique gravée par Richomme.
Existe sur grand papier vélin avec les figures avant la lettre et à l'état d'eau-forte pure.
En maroquin bleu de Cuzin, avec les figures avant la lettre, 40 fr., vente Daguin (n. 410).

ANCIEN (L') et le nouveau Paris, ou Anecdotes galantes et secrètes propres à peindre nos mœurs passées et présentes avec figures. *A Paris, chez l'auteur*, l'an VII de la République, 2 part. en 1 vol. in-18. (De 8 à 10 fr.).

2 figures non signées.

ANDELEZ DE MONGAUBET. — Abimelech, Tragédie, 1776. In-8. (De 5 à 6 fr.).

80 pp., et 1 f. n. ch., plus un frontispice par Monnet, gravé par Helman.
Bibliothèque nationale.

ANDRÉ. — Mémoires de Paul Jones, traduits de l'anglais par André. *A Paris, chez Louis*, an VI (1798). In-12. (De 10 à 12 fr.)

1 portrait et 1 vignette non signés.

ANECDOTES intéressantes et historiques de l'illustre voyageur (Joseph II) pendant son séjour à Paris; dédiées à la Reine. *Paris*, 1777. In-12. (De 15 à 20 fr.).

1 joli frontispice avec le portrait du comte de Falkenstein.
C'est le récit du voyage de Paris du frère de Marie-Antoinette.

ANGELO. — L'École des Armes, avec l'explication générale des principales attitudes et positions concernant l'escrime. *A Londres, Chez R. à J. Dodsley*, 1763. In-fol. oblong. (De 200 à 250 fr.).

60 ff. n. ch. de texte français et 47 planches de Gwyn gravées par Chamber, Elliot, Grignion, Hall et Ryland.
Se trouve avec texte anglais sous la date de 1765. Il existe des copies sous le même titre, London, 1787, in-12 oblong, avec les mêmes figures réduites non signées et le texte anglais (VIII-105 pp., et 4 ff. n. ch., plus 45 planches).
Réimprimé à Londres en 1817, in-folio.

ANQUETIL. — Histoire civile et politique de la ville de Reims, Par M. Anquetil, Chanoine Régulier de la Congrégation de France. *A Reims, Chez Delaistre-Godet*, 1756, 3 vol. in-12. (De 40 à 50 fr.).

3 frontispices par Robert.
Le bel exemplaire de Lamoignon, en maroquin vert à ses armes, vendu 430 fr., vente Turner (n. 724), avait le frontispice du Tome I tiré sur soie jaune et les deux autres frontispices tirés en rouge sur papier.

ANSEAUME. — Les Deux Chasseurs et la Laitière, comédie en un acte mêlée d'ariettes. *A Paris, Chez la Veuve Duchesne*, 1769. In-8. (De 30 à 40 fr.).

1 f. n. ch., 26 pp., 1 f. blanc.
Il existe pour cette pièce une suite de 6 figures in-8, dessinée par Duclos et gravée par Auvray, Duclos, Duhamel, Lingée et Patas (Ancienne collection Sardou).

— Le Maréchal-Ferrant, opéra-comique en un acte, musique de Philidor, 1767. In-8. (De 30 à 40 fr.).

6 figures de Quéverdo dédiées à M. de la Ferté, gravées par Thérèse Martinet et Duhamel.
Nous n'avons vu que les figures.

ANTHING. — Collection de Cent Silhouettes des Personnes illustres et célèbres, dessinées d'après les originaux par Anthing. *Gotha*, 1791. In-8. (De 80 à 100 fr.).

Un fleuron de Liebe sur le titre et cent portraits, en découpures noires dans les encadrements historiés et tirés au bistre.

ANTI-FINANCIER (L'), ou Relevé de quelques-unes des malversations dont se rendent coupables les fermiers généraux... *A Amsterdam*, 1764. In-8. (De 8 à 10 fr.).

Frontispice allégorique non signé, représentant Louis XV accordant à la France un impôt unique.
Ce pamphlet est attribué à Darigrand ou à Pierre Le Ridant.

ANTOINE, Bernard et Rosalie, ou le Petit Candide, *Paris, Ancelle*, 1796. In-8. (De 6 à 8 fr.).

1 figure non signée.

ANTONIN (Marc-Aurèle). — Réflexions morales de l'empereur Marc-Antonin. *Paris, Didot jeune*, 1800. Grand in-4. (De 20 à 25 fr.).

2 figures de Moreau (B. 275-276) gravées par Simonet et Dambrun. On trouve ce livre en papier vélin avec les figures avant la lettre (3 états différents) et les eaux-fortes.
Un exemplaire dans ces conditions contenant les deux dessins originaux de Moreau, 236 fr., vente E. Gautier (1872, n. 114), puis à 1,500 fr., *Bull. Morgand*, 1876, n. 14; aujourd'hui à Reims dans la collection Olry-Rœderer.

— Pensées de l'empereur Marc-Aurèle Antonin, traduites du grec par de Joly. *A Paris, chez Renouard*, 1796. 2 vol. in-18. (De 12 à 15 fr.).

Portrait gravé par Saint-Aubin et un portrait de Joly.
Existe sur grand papier vélin. On en tira six exemplaires sur papier rouge dont un seul sur grand papier (7 fr., vente

Renouard, 1854, n. 368). L'exemplaire unique sur peau de vélin avec le dessin original de St-Aubin, 48 fr., vente Renouard (1854. n. 369) revendu 70 fr., vente Hebbelinck (n. 1777).

APOTHÉOSE du beau sexe. *Londres,* 1741. Petit in-8. (De 10 à 12 fr.).

Titre rouge et noir, frontispice signé P. Yver sc., avec cette inscription : *la Boîte de Pandore.* C'est, nous fait observer M. Rahir, le frontispice qu'on retrouve en 1777, dans l'*Essai sur le caractère des femmes* par Thomas, dessiné par Cochin.

APULÉE. — L'Ane d'or avec le Démon familier de Socrate, traduit en françois par Compain de Saint-Martin. *Paris, Brunet,* 1736. 2 vol. in-12. (De 8 à 10 fr.).

Un frontispice et 12 figures assez médiocres de Desmaretz, gravés par Thomassin.

— Les Métamorphoses ou l'Ane d'or d'Apulée, philosophe platonicien, nouvelle édition (par l'abbé Compain de Saint-Martin), ornée de figures. (Texte latin en regard). *Paris, Bastien,* 1787. 2 vol. in-8. (De 30 à 40 fr.).

Tome I : LXVIII-648 pp., plus le portrait. et 8 figures.
Tome II : VIII-484 pp., plus 6 figures.
En tout 1 portrait et 14 figures qui sont des copies des anciennes gravures faites pour cet ouvrage, dans l'édition de 1623, par Crispin de Pas.
En veau marbré, aux armes de Marie-Antoinette, Bibliothèque nationale.

— Psyches et Cupidinis amores ex Apuleii Metamorphoseon libris excerpti. *Parisiis apud Ant. Aug Renouard,* 1796. In-12. (De 8 à 10 fr.).

106 pp., plus une figure par Prudhon, gravée par Roger, qui existe en avant-lettre et en eau-forte.
Petit livre tiré à 90 exemplaires seulement. Il y en eut un ou deux sur papier rose (vente Renouard n. 1915), et un seul sur grand papier vélin avec 18 dessins originaux de Coiny (en maroquin bleu), vendu 64 fr., vente Renouard (1854, n. 1916) et revendu 120 fr., vente Thibaudeau.
Il y eut aussi un exemplaire unique sur peau de vélin. (Bibliothèque nationale).

AQUIN DE CHATEAU-LYON (D'). — La Pléiade françoise, ou l'Esprit des sept plus grands poëtes. *A Berlin et se trouve à Paris, Chez Duchesne,* 1754. 2 vol. petit in-12. (De 8 à 10 fr.).

Tome I : 2 ff. n. ch., LXXXIV-311 pp., plus le frontispice.
Tome II : 2 ff. n. ch., 396 pp.
Contient 1 frontispice, par C. N. Cochin, gravé par Sornique, et 2 fleurons sur les titres.
On trouve parfois sur le titre : *A Berlin, Chez les libraires associés.*

— Contes mis en vers Par un petit cousin de Rabelais. *A Londres et se trouve à Paris, chez Ruault,* In-8. (De 40 à 50 fr.).

238 pp., plus un titre gravé, orné d'un joli fleuron, et une belle figure par Eisen, gravée par de Launay, représentant La Fontaine couronné par les Grâces.
Un exemplaire en maroquin bleu de Cuzin relié sur brochure, 145 fr., vente L. de Tinan (n. 119).
Le fleuron existe en tirage à part.

ARCONVILLE (Marie-Geneviève Thiroux d'). — Des Passions. Par l'Auteur du Traité de l'Amitié. *A Londres* (Paris), 1764. In-8. (De 12 à 15 fr.)

3 ff. prél., 220 pp., plus 1 f. n. ch. à la p. 117 et 2 figures.
1 fleuron et 1 cul-de-lampe par Tarsis, gravés par Tardieu, et 2 figures non signées.
En maroquin rouge ancien aux armes de Louis XV. Bibliothèque nationale.

— De l'Amitié. *A Amsterdam et se trouve à Paris, Chez Desaint et Saillant,* 1761. In-8. (De 8 à 10 fr.)

1 figure gravée par Lempereur.
Seconde édition en 1764. (VIII-194 pp. plus 1 figure.)

— Avis d'un Père à sa Fille. Par M. le marquis d'Hallifax. Traduit de l'Anglais (par la présidente d'Arconville). *A Londres,* (Paris) 1756. In-12. (De 8 à 10 fr.)

2 ff. n. ch., XXVIII-209 pp., plus le frontispice.

Contient un joli frontispice et 1 vignette en-tête par Gravelot, gravés par Tardieu ; 2 culs de lampe par Tarsis, gravés par Tardieu (ce sont ceux qu'on retrouve dans l'ouvrage *Des Passions* décrit plus haut).

ARCQ (D'). — Histoire générale des guerres divisée en trois époques..., avec Une Dissertation sur chaque Peuple, concernant son origine, la situation du pays qu'il habite, la forme de son gouvernement, sa religion, ses loix, ses mœurs, ses révolutions, &c. *A Paris, De l'Imprimerie royale*, 1756. 2 vol. in-4. (De 20 à 25 fr.)

Tome I : XII et CLXXVI, 372 pp., plus un frontispice et une planche pliée.
Tome II : VIII-614 pp.
Le beau frontispice d'Eisen, gravé par Chenu, existe en trois états.
En maroquin rouge aux armes du maréchal de Belle-Isle, bibliothèque du Palais de Compiègne, aujourd'hui à la Bibliothèque nationale.
En maroquin rouge aux armes du duc de Penthièvre avec le triple état du frontispice, collection Ferdinand de Rothschild.

— Le Palais du silence, conte philosophique. *A Amsterdam*, 1711. Petit-12. (De 8 à 10 fr.)

Frontispice signé C. F. Fritzch.

— Le Palais du silence, conte philosophique. *A Amsterdam, Chez E. von Harrevelt*, 1755. 2 parties en 1 vol. pet. in-12. (De 8 à 10 fr.)

Tome I : 1 f. n. ch., 4 et 94 pp. plus le frontispice.
Tome II : 1 f. n. ch., 108 pp.
Même frontispice de C. F. Fritzch que dans l'édition précédente, mais finement regravé.

ARDÈNE (Le Père D'). — Traité des Renoncules, Dans lequel outre ce qui concerne ces Fleurs, on trouvera des Observations Physiques, et Plusieurs Remarques utiles, soit pour l'Agriculture, soit pour le Jardinage. *A Paris, Rue Saint-Jacques, à la Vérité, Chez Ph. N. Lottin, Imprimeur-Libraire et Augustin-Martin Lottin, Fils, Libraire*, 1746. In-8. (De 10 à 12 fr.).

5 ff. n. ch., 279 pp., plus 6 planches de Renoncules, non signées, et un frontispice de N. Lesueur gravé par B. Audran.
En maroquin rouge aux armes de Louis XV, Bibliothèque nationale.

— Année champêtre. Partie qui traite de ce qui convient de faire chaque mois dans le potager. *A Florence, et se vend à Paris Chez Vincent et à Marseille Chez Jean Mossy*, 1769. 3 vol. in-12. (De 10 à 12 fr.).

Tome I : 2 ff. n. ch., XXIV-423 pp., plus 7 planches.
Tome II : 1 f. n. ch. et 575 pp.
Tome III : 1 f. n. ch. et 548 pp.
Un fleuron non signé (au Tome I) et 7 planches pliées d'Aresten gravées par Laurent.
En maroquin rouge ancien, aux armes de Choiseul, archevêque de Cambrai, 130 fr., vente Pichon (1897, n. 251) ; aux armes de Louis XV, Bibliothèque nationale.

ARÉTIN (L') d'Augustin Carrache ou Recueil de postures érotiques, d'après les gravures à l'eau-forte de cet artiste célèbre, avec un texte explicatif des sujets (par Croze-Magnan). *A la Nouvelle Cythère (Paris, P. Didot)*, 1798. Grand in-4. (De 500 à 600 fr.).

20 planches gravées par Coiny.
C'est le plus artistique des livres érotiques sous le rapport de l'exécution des dessins, mais le moins voluptueux, quant à l'expression des personnages.
Très rare, avec les figures avant la lettre et surtout avec les eaux-fortes.
L'exemplaire de la vente Pixerécourt (n. 391 : 220 fr.), relié en maroquin citron, par Bozérian, contenait plusieurs eaux-fortes. — Un autre exemplaire en maroquin rouge, par Cuzin, contenant deux eaux-fortes a été vendu 999 fr., vente Portalis (1882, n. 12).
En veau ancien, 310 fr., vente D... (1907, n. 52). En maroquin bleu doublé de maroquin citron par Chambolle, avec les 20 gouaches originales, 1,400 fr., vente Cousin (n, 647).
Ces planches ont été mal reproduites dans les Amours des dieux païens, Lampsaque s. d. (1802). — 2 volumes in-12 de 106 et 107 pp. ou de 166 et 166 pp.

— L'Arétin d'Augustin Carrache, ou Recueil de Postures érotiques, d'après les Gravures à l'eau-forte, par cet Artiste célèbre, avec le texte explicatif des Sujets. Nouvelle édition ornée de figures coloriées. *A la Nouvelle Cythère*, s. d. In-12. (De 600 à 800 fr.)

174 pp. et 1 f. blanc, plus 20 planches en couleur, très jolies réductions de celles décrites ci-dessus.

Un bel exemplaire cartonné non rogné est porté à 300 fr. au *Bull. Morgand*, n. 35,533; en demi-reliure, 230 fr., vente Cousin (n. 648).

— Arétin de la Révolution (L') (*Paris*, 1790. Pet. in-folio.

Un titre imprimé et 50 planches numérotées sans signature.

Un exemplaire provenant du Ministre de la police, Fouché, duc d'Otrante, relié en maroquin citron, mosaïque par Chambolle-Duru, est porté à 4,000 fr., dans le catalogue Morgand (n. 35535 : exemplaire de la vente Lebigre, n. 738), accompagné de la note suivante :

« Ce recueil de 50 planches érotiques des
« plus curieuses, exécuté à une époque
« où toutes les excentricités voyaient libre-
« ment le jour, dépasse encore en infamie
« les plus injurieux pamphlets contre le
« roi, la reine, le comte d'Artois, les mem-
« bres de la famille royale, le clergé, etc...
« Ce sont les mêmes personnages que l'au-
« teur de ces dessins a visés, mais il est
« difficile de supposer jusqu'où son imagi-
« nation salace a pû l'entraîner. Heureuse-
« ment ce recueil est devenu de la plus
« insigne rareté, soit que son auteur l'ait
« détruit lui-même, soit qu'il l'ait été par
« ordre. »

Ce recueil de caricatures est en effet fort rare puisqu'on n'en a signalé aucun autre exemplaire. Les figures assez fines sont gravées légèrement au trait et le coloriage est fait à la main.

— Arétin françois (L'), par un membre de l'Académie des dames. J'appelle un Chat, un Chat. Boileau. (Attribué à Nogaret). *Londres* (Paris), 1787. In-18. (De 250 à 300 fr.)

25 ff. non chiffrés, y compris 2 ff. blancs en tête, le faux-titre et le titre, plus 18 figures, y compris le frontispice. Le texte se compose des ff. liminaires, d'un f. final et de l'explication en vers de chaque figure.

Un frontispice et 17 fort jolies figures érotiques par Borel, gravés par Elluin, non signés et sans aucune lettre.

En maroquin vert ancien, 440 fr., vente Portalis (1889, n. 266).

Il existe des exemplaires tirés sur format in-8°, en grand papier vélin.

Cet ouvrage doit être suivi de :

Les Épices de Vénus, ou pièces diverses du même académicien. Les plus intolérans sont les plus vicieux. Anonyme. *Londres*, (Paris), 1787. In-18. 2 ff. (faux-titre, titre). 53 pp. et 1 f. blanc final, plus 1 figure (à la p. 8) par Borel, gravée par Elluin, non signée et sans lettre.

On connaît une copie très remarquable de ces deux ouvrages réunis. Les figures, presque aussi belles que dans l'édition originale, mais retournées, sont toutes entourées d'un encadrement uniforme, composé d'attributs des deux sexes, comme l'est le frontispice de l'édition citée plus haut. Il s'y trouve en plus un titre gravé avec un encadrement érotique différent, orné d'une tête fantastiquement construite avec les attributs des deux sexes et qui porte : « L'Arétin françois, par un membre de l'Académie des dames »; pour épigraphe, comme sur le titre original : « J'appelle un chat un chat et Rollet un fripon. Boileau. » Et au bas : « Imprimé cette année, à mes dépens. »

Cette copie est rare : un exemplaire en grand papier vélin se trouvait dans la collection Hankey.

ARETINO (Pietro). — La P..... errante, ou Dialogue de Madelaine et Julie, fidèlement traduit de l'italien en françois par Pierre Aretino. Nouvelle édition, revue, corrigée et augmentée, aux dépens de Mlle Théroigne de Méricourt, présidente du Club du Palais-Royal et spécialement chargée des plaisirs des gauches de notre auguste Sénat. S. l. (*Paris*), 1791. In-12. (De 50 à 60 fr.).

Portrait de Théroigne de Méricourt.

En maroquin bleu de Hardy, 90 fr., vente Béhague (n. 1403).

ARGENS (Jean-Baptiste de Boyer, marquis d'). — Timée de Locres en Grec et en François avec des Dissertations sur les principales Questions de la Métaphisique, de la Phisique, & de la Morale des Anciens; qui peuvent servir de suite & de conclusion à la Philosophie du Bon Sens, par M. le marquis d'Argens, Chambellan de S. M. le Roi de Prusse, de l'Académie Royale des Sciences et Belles Lettres de Berlin, Directeur de la classe de Philologie. *A Berlin, Chez Haude et Spener* [Imprimé chez Georges Louis Winter], 1763. In-12. (De 6 à 8 fr.).

4 ff. n. ch., xiv pp., 1 f. n. ch. et 405 pp., plus 1 figure pliée.
En maroquin rouge ancien, collection James de Rothschild (n. 124).

ARGENVILLE (Antoine-Joseph Dezallier d'). — Abrégé de la vie des plus fameux Peintres avec leurs portraits gravés en taille-douce, les indications de leurs principaux ouvrages, Quelques Réflexions sur leurs caractères et la manière de connoître les desseins des grands Maitres. Par M. *** de l'Académie Royale des Sciences de Montpellier. *A Paris, Chez De Bure l'Aîné,* 1745. 2 vol. In-4. — Supplément à l'abrégé, etc..., 1752. In-4. (De 80 à 100 fr.).

Tome I : 2 ff. n. ch., xlviii pp.; 2 ff. n. ch., 443 pp., plus le front.
Tome II : 1 f. n. ch., viii-483 pp.
Supplément : xviii-322 pp.
En tout un frontispice gravé par Et. Fessart d'après Latouche, 3 vignettes de Pierre et de Sève gravées par Fessard et M. Aubert, un cul-de-lampe de Choffard, 225 portraits et 19 encadrements de portraits (dans le texte), presque tous non signés, sauf ceux du volume de supplément qui sont gravés par Aubert.
En veau marbré ancien, 65 fr., vente E. Martin (n. 799).
Les épreuves sont de premier tirage et meilleures que dans l'édition suivante.

— Abrégé de la vie des plus fameux Peintres, avec leurs portraits gravés en Taille-douce, les indications de leurs principaux ouvrages, etc., par M***. Nouvelle édition.... *A Paris, Chez de Bure,* 1762, 4 vol. in-8. (De 30 à 40 fr.).

Tome I : 4 ff. n. ch., lxxx pp., 1 f. n. ch., 322 pp. plus 1 frontispice et 51 figures.
Tome II : 2 ff. n. ch., 428 pp., 2 ff. n. ch., plus 44 figures.

Tome III : 2 ff. n. ch., viii pp., 2 ff. n. ch., 471 pp., plus 97 figures.
Tome IV : 2 ff. n. ch., vi pp., 1 f. n. ch., 494 pp., 1 f. n. ch., plus 62 figures.
Beau frontispice dessiné par Boucher, gravé par Flipart; 4 vignettes et 254 portraits ou cadres pour les portraits, mais dont plusieurs n'ont jamais été faits.
La plupart des portraits sont non signés; on trouve cependant sous quelques-uns les noms d'Aubert ou de Fessard.
En veau fauve de Bradel avec le frontispice en plusieurs états avant-lettre, les vignettes tirées à part, et les portraits sur papier fort 200 fr., vente Brunet (n. 700) et 240 fr., vente Lacarelle (n. 537).
Un très bel exemplaire en grand papier de Hollande avec les portraits tirés à part et relié sur brochure en maroquin vert par Trautz-Bauzonnet, 85 fr., vente J.-J. de Bure (1853, n. 1766), revendu 1.500 fr., vente d'Essertenne (n. 8) et 800 fr., vente Delbergue (n. 27).
En maroquin rouge aux armes de la comtesse de Provence, 400 fr., vente Müller (n. 274); celui de la comtesse d'Artois, 115 fr., vente Destailleur (1895, n. 1004).

— L'Histoire naturelle éclaircie dans une de ses parties principales, l'Oryctologie, qui traite les terres, des pierres, des métaux, minéraux & autres fossiles, par Dezallier d'Argenville. *A Paris, Chez De Bure l'aîné.* 1755. In-4.

26 figures.
Se joint souvent à l'ouvrage suivant.
Une première avait paru dès 1742 sous le titre de *Lithologie.*

— L'Histoire naturelle éclaircie dans une de ses parties principales, la Conchyliologie, qui traite des coquillages de mer, de rivière et de terre... Nouvelle édition. *A Paris, Chez de Bure l'aîné,* 1757. In-4. (De 20 à 30 fr.).

xxii-394 pp. 3 ff., n. ch., 84-cvii pp., plus 1 frontispice et 40 planches.
Contient un frontispice par Boucher, gravé par Chedel et 40 planches de coquillages non signées (sauf les 3 planches qui se placent à la fin de la 1ère partie, et qui ont été gravées par J.-J. Flipart.
En maroquin rouge ancien, avec les planches coloriées, 66 fr., vente E. Martin (n. 77); est-ce celui payé 80 fr. chez Pixerécourt (n. 310) ?

En maroquin rouge à dentelles aux armes de Louis XV, Bibliothèque nationale.

L'exemplaire de M. Béraldi avec les planches coloriées est en maroquin vert ancien doublé de tabis jaune.

— La Conchyliologie ou Histoire naturelle des coquilles de mer, d'eau douce, terrestres et fossiles; Avec un Traité de la Zomoorphose... Troisième édition. *A Paris, Chez Guillaume De-Bure fils aîné,* 1780. 2 vol. in-4. (De 80 à 100 fr.).

Tome I : 2 ff. n. ch., IV pp., 2 ff. n. ch., LX-878 pp., plus 1 frontispice, 1 portrait et 7 planches (I-VII).

Tome II : 2 ff. n. ch. et 848 pp., plus 12 planches (VIII-XIX).

Il existe de plus les planches XX-LXXX et de jolis frontispices pour les tomes II et III; ces 62 pièces additionnelles sont fort rares.

En tout un très joli portrait de l'auteur par Rigaud gravé par Vin. Vangelisty (existe en tirage moderne), 3 frontispices et 8 planches de coquillages par Jacques de Favannes gravés par Chedel, J. Robert, J.-B. Bradel, L. Ant. Herisset, Pierret Vernet, F. A. Aveline, Jacques Juillet, Vin. Vangelisty, Jacques Mesnil, J. B. F. Germain, Hyp. Le Roy et Joseph Breant.

« Cette édition, dit Brunet, devait avoir 5 volumes; mais il n'en a paru que 2, lesquels sont accompagnés de 80 planches dont 19 seulement se placent dans le texte et le surplus forme un petit volume à part; il y a en outre 3 frontispices et 1 portrait. On a imprimé le commencement du T. III, jusqu'à la page 72 ; mais cette partie qui contient une table alphabétique des mots difficiles dont se sont servis les naturalistes n'a pas été mise au jour. »

Le premier frontispice est une copie par Favannes de celui de Boucher qui figurait en tête de l'édition de 1757.

En maroquin rouge ancien, aux armes du prince de Montbarrey, Bibliothèque nationale. Le même dépôt possède un bel exemplaire colorié en veau marbré ancien et un exemplaire superbe avec les figures doubles, noires et coloriées, somptueusement relié en maroquin rouge à large dentelle, aux armes de France en mosaïque sur les plats.

— La Théorie et la Pratique du jardinage, où l'on traite à fond des beaux jardins, appelés communément les jardins de plaisance et de propreté, composés de parterres, de bosquets, de boulingrins, etc., par L. S. A. J. D. A. Nouvelle édition. *A Paris, Chez Jean Mariette,* 1713. In-4.

Figures gravées par Lucas.

En maroquin rouge ancien, 49 fr., vente Béhague n. 189).

La première édition est de 1709 (VIII-208 pp.); il y en eut une troisième en 1732 (VIII-293 pp.) et une quatrième en 1747 (XII-484 pp.)., etc. Une édition de 1760, contenant 49 planches, est portée à 80 fr., *Bull. Morgand,* juin 1904, n. 652.

ARGENVILLE (Antoine-Nicolas Dezallier d'). — Voyage pittoresque de Paris, ou Indication De tout ce qu'il y a de plus beau dans cette Ville en Peinture, Sculpture & Architecture. Par M. D***. Sixième édition. *A Paris, Chez les Frères de Bure,* 1778. In-8. (De 15 à 20 fr.).

XIV-492 pp. et 2 ff. n. ch., plus 8 planches dont la première seule est signée (J. Robert d'après P***).

En maroquin rouge aux armes de Louis XV, Bibliothèque nationale.

Sixième édition d'un ouvrage déjà paru en 1749 (277 pp.), 1752 (XII-375pp.) 1765, (XII-482 pp.) et 1770; dans cette dernière édition le frontispice est en couleurs.

En veau aux armes de Marie-Antoinette, 500 fr., *Bull. Morgand,* juin 1904, n. 736.

— Description sommaire des Ouvrages de peinture, sculpture et gravure, exposés dans les salles de l'Académie royale. Par M. D***. *A Paris, Chez de Bure père,* 1781. In-12. (De 10 à 12 fr.).

1 f. n. ch., XXX-112 pp., plus un frontispice dessiné et gravé par Robert.

Réimprimé en 1893 par A. de Montaiglon.

— Vies des fameux Architectes depuis la renaissance des Arts, avec la description de leurs ouvrages. *A Paris, Chez Debure l'aîné,* 1787. 2 vol. in-8. (De 20 à 25 fr.).

Tome I : 1 f. n. ch., LXXXIV-494 pp., plus le frontispice.

Tome II : 2 ff. n. ch., XXXVI-424 pp., plus le frontispice.

Deux frontispices par Renon, gravés par J. Robert. Le tome II a pour titre : *Vie des fameux Sculpteurs*.

En maroquin rouge aux armes de Louis XV, Bibliothèque nationale.

ARIOSTE. — Orlando furioso di Ludovico Ariosto. *Birmingham, Da' Torchj di G. Baskerville : Per P. Molini Librajo dell' Academia Reale, e G. Molini,* 1773. 4 vol. in-4. (De 200 à 300 fr.).

Tome I : 3 ff. n. ch., LVIII et 362 pp., plus 1 portrait et 12 figures.
Tome II : 1 f. n. ch., et 450 pp., plus 11 figures.
Tome III : 1 f. n. ch., et 446 pp., plus 12 figures.
Tome IV : 1 f. n. ch., 446 pp. et 14 ff. n. ch., plus 11 figures.

En tout un portrait par Eisen gravé par Fiquet et 46 figures par Cipriani, Cochin, Eisen, Greuze, Monnet et Moreau gravées par Bartolozzi, Choffard, Duclos, de Ghendt, Helman, Henriquez, de Launay, de Longueil, Martini, Massard, Moreau, Ponce, Prévost et Simonet (B. 278-291).

Très belle édition. Bien que les tomes II, III et IV, portent la date de 1773, l'ouvrage ne fut pas publié avant 1775 ; M. Picot l'a reconnu à la date de 1774 qui figure sur plusieurs figures du tome IV, notamment celle du chant XXXVII.

Nous avons de plus retrouvé à la Bibliothèque nationale le rarissime prospectus des éditeurs daté de 1775.

Il existe des exemplaires avec les figures avant la lettre, mais ils ne contiennent pas en général les pièces gravées par Bartolozzi qui sont rarissimes.

Cent exemplaires furent tirés sur grand papier, de format grand in-4.

On envoya en France pour être reliés par Derôme un certain nombre d'exemplaires que les amateurs payent fort cher quand la reliure est bien conservée. Tel est le bel exemplaire en maroquin rouge avec larges dentelles appartenant à la Bibliothèque nationale.

Un autre également en maroquin rouge de Derôme (reliure signée) est dans la collection Ferdinand de Rothschild ; un autre, aux armes du marquis de Bièvre, 1,700 fr., vente Gosford (n. 193), aujourd'hui à la librairie Morgand. Un autre encore fut payé 680 fr., vente Lacarelle (n. 276).

En maroquin rouge ancien à dentelles, sur grand papier, 3,920 fr., vente R. Lion (n. 185) ; un autre, in-4, 3.450 fr., vente Maglione (n. 435), aujourd'hui chez M. de Mongermont ; en maroquin rouge de Derôme, avec son étiquette, au chiffre du marquis de Marigny, collection Schuhmann.

Signalons encore l'admirable exemplaire en maroquin rouge à dentelles de Derôme, payé 8,000 fr., vente d'Essertenne (n. 49).

Tous les exemplaires que nous venons de citer sont de format in-4. Certains des exemplaires de format in-8 n'ont pas été moins richement reliés ; tel celui de Pâris d'Illens, aujourd'hui chez M. Descamps-Scrive, tel surtout celui de M. Édouard Bocher, l'un et l'autre en maroquin ancien à larges dentelles.

L'exemplaire de la comtesse de Provence, en maroquin rouge à ses armes, se trouve à la Bibliothèque de Fontainebleau.

De format in-8, en maroquin vert de Padeloup (reliure signée), 2,700 fr., vente Turner (n. 375) ; en veau, 90 fr., vente R. Portalis (février 1878, n. 89) ; en maroquin rouge avec 26 avant-lettre et 8 eaux-fortes ajoutées, 250 fr., vente R. Portalis (1882, n. 43) ; en maroquin rouge ancien, 2,500 fr., vente Desbarreaux-Bernard (n. 516), aujourd'hui dans la collection James de Rothschild (n. 1033) ; un autre, vente du 5 avril 1880, 4,000 fr. (n. 367) ; un autre encore, 1,120 fr., vente Guyot de Villeneuve (n. 441) ; en maroquin rouge de Derôme, reliure à l'oiseau, 580 fr., vente R. Lion (n. 186).

L'exemplaire Paillet, en maroquin citron de Cuzin, contenait 37 figures avant la lettre, 8 épreuves d'artistes remarquées (de la collection Maurice Duval), 20 eaux-fortes, 1 figure inachevée et 2 croquis ; il est porté à 1,200 fr., au *Bull. Morgand* (n. 11752) ; revendu 735 fr., vente Maglione (n. 434), il a été complété depuis et se trouve aujourd'hui dans la collection Adolphe Bordes.

Dans un exemplaire sur papier de Hollande de l'édition de Molini 1788, aujourd'hui chez M. Beraldi, Renouard (1854, n. 1652 : 120 fr.) avait ajouté la suite de Baskerville en triple état (lettre, avant-lettre et eaux-fortes, sauf pour les pièces de Bartolozzi) et la suite de Brunet (1775-1783) en épreuves d'artiste et eaux-fortes ; cet exemplaire a été revendu 310 fr., vente Huillard. Renouard avait aussi un exemplaire in-4 de l'édition de 1775 avec de nombreuses épreuves ajoutées (1854, n. 1651 : 176 fr.)

Les dessins originaux ont été dispersés. Deux par Moreau figurent dans la collection Olry-Roederer. Renouard avait recueilli trois de ces derniers (chants V, XXVIII et XXX), à sa vente (1854, n. 1650) ils furent payés 61 fr., par Duprat ; il y en a deux autres chez le comte de Greffulhe (chants III et VI) ; celui du chant VIII était chez E. Martin ; celui du chant XVII est porté à 500 fr.

au *Bull. Morgand*, n. 9430; cinq autres enfin ont été payés 1.000 fr., vente Mahérault (n. 165).

Fragonard avait projeté, lui aussi, d'illustrer le *Roland furieux*. Il avait exécuté dans cette intention une suite de 136 dessins à la pierre noire, lavés de bistre (collection Rœderer : payés 4,000 fr. vente Walferdin).

On connaît de plus quelques dessins isolés : cinq dans la vente de la *succession* Walferdin (510 fr.); douze dans la vente Mahérault (n. 54 : 1.300 fr.); aujourd'hui chez M. Jean Dollfus; deux autres avec de nombreux croquis, étaient dans la collection du baron Portalis. (Cf. sa vente de 1887, nn. 93-94).

— Roland furieux, poëme héroïque de l'Arioste, traduction nouvelle par M. d'Ussieux. *A Paris, Chez Brunet*, 1775-1783. 4 parties en 2 vol. in-4. (De 500 à 600 fr,)

Tome I, 1re partie : 2 ff. n. ch., 203 pp., plus 11 figures.
Tome I, 2e partie : 2 ff. n. ch., pp. 205-488, plus 12 figures.
Tome II, 1re partie : 283 pp., plus 12 figures.
Tome II, 2e partie : 2 ff. n. ch., pp. 287-567, plus 11 figures.

En tout 46 figures avec encadrement, dessinées par Cochin, gravées par De Launay, Lingée et Ponce.

Les estampes, faites exprès pour cette édition, sont fort belles; dans certains exemplaires on a aussi placé la suite des 46 figures de l'édition italienne de Baskerville, avec un encadrement nouveau; de plus, les figures des chants V et XII ne sont plus les mêmes : les deux anciennes figures, jugées peu agréables, ont été redessinées avec grand soin par Moreau le jeune (B. 279 et 282); elles existent respectivement en 4 et 5 états.

L'exemplaire de Detienne (mai 1807, n. 644) en maroquin vert avec les figures de Cochin avant la lettre et les eaux-fortes, vendu 230 fr., en 1853 (vente J.-J. De Bure, n. 684 à Hoppe) porté à 7.000 fr. (*Bull. Morgand* n. 21) puis collection Garnier, contenait les 46 dessins originaux de Cochin au crayon rouge et se trouve maintenant à Reims, collection Obry-Rœderer.

En maroquin rouge ancien aux armes de Louis XVI avec les deux suites en avant-lettre, 805 fr., vente R. Lion (n. 187).

En maroquin rouge ancien, mêmes figures, 1,940 fr., vente Werlé (1908, n. 237).

En demi reliure de Capé, avec la 1ere suite en 3 états (sans les cadres, avant les clous, et retouchée après l'enlèvement des clous), la suite de Cochin en double épreuve, etc., plus un dessin de Moreau pour le chant VIII, 610 fr., vente E. Martin (n. 314).

— Roland furieux, poème héroïque de l'Arioste, traduction nouvelle par M. d'Ussieux. *A Paris, Chez Brunet*, 1775-1783. 4 vol. in-8. (De 100 à 150 fr.)

Tome I : 3 ff. n. ch., 321 pp., plus un portait et 22 figures.
Tome II : 391 pp., plus 24 figures.
Tome III : 407 pp., plus 24 figures.
Tome IV : 410 pp., plus 22 figures.

Contient en tout 1 portrait et 92 figures, soit le portrait de l'édition italienne, la suite de Baskerville (46 figures, dont 2 refaites par Moreau) et la suite de Cochin (46 figures).

Cette édition in-8, moins belle que celle in-4, en diffère totalement, tant par la composition typographique que par la collation; bien que publiée sous la même date, elle paraît avoir été imprimée un peu plus tard.

Les 92 gravures, vu le format, s'y trouvent *sans encadrement*, celui-ci ayant été gratté, ainsi qu'on le voit sur certaines épreuves. Les planches sont rarement belles et les avant-lettre ont généralement été tirés avec cache.

En maroquin rouge ancien, 210 fr., vente Van der Helle (n. 986) revendu 235 fr., vente R. Portalis (février 1878, n. 90); en veau ancien, 63 fr., vente R. Portalis (novembre 1878, n. 69).

En maroquin rouge ancien, figures avant la lettre, 335 fr., vente Massicot (n. 500), en veau ancien, figures tirées avec caches, 48 fr., vente Sardou (n. 207).

Cet ouvrage a été réimprimé plusieurs fois, *Paris*, Laporte 1795 ou Fantin, 1803, in-8° ou grand in-8°; avec 46 figures ou 92 figures, mais il est peu recherché.

Les avant-lettre et les eaux-fortes des figures de l'édition de 1775 se trouvent insérés dans un exemplaire de l'édition de 1788 appartenant à la Bibliothèque nationale (cartonné non rogné).

— Orlando furioso di Ludovico Ariosto. *In Parigi, Appresso Fantin*, 1803-1804. 4 vol. In-8. (De 20 à 25 fr.)

Tome I : LXXIX-360 pp., plus 1 portrait et 12 figures.
Tome II : 2 ff. 452 pp., plus 11 figures.
Tome III : 448 pp., plus 12 figures.
Tome IV : 452 pp., plus 11 figures.
Les 46 figures de cette édition sont tirées sur les mêmes planches que celles de l'édition de 1775, sans encadrement, et sans autre lettre que l'indication du tome et de la page, qui d'ailleurs se rapportent en général à l'ancienne édition ; mais la plupart des cuivres ont été fortement retravaillés au burin et sont devenus durs et secs de dessin.

ARISTOTE. — La Rhétorique d'Aristote, traduite en françois par M. Cassandre. Seconde édition. *A Amsterdam, Chez Covens et Mortier*, 1733. Gr. in-12. (De 10 à 12 fr.)

1 frontispice par B. Picart et 1 fleuron sur le titre à l'eau-forte, non signé.

— La Poétique d'Aristote, traduite en françois, avec des remarques critiques par Dacier. *A Amsterdam, Chez Covens et Mortier*, 1733. In-12. (De 8 à 10 fr.)

1 frontispice gravé par Punt.

ARMSTRONG (John). — L'Économie de l'Amour, poème en quatre chants imité de l'anglais *A Paris et à Londres*, 1776. In-12. (De 20 à 25 fr.)

4 figures de Gibelin, gravées par Marchand.

Ce poème a paru également dans un recueil intitulé *Les Jeux de Calliope*.

ARNAUD (François-Thomas-Marie de Baculard d'). — Les Amans malheureux, ou le Comte de Comminges, drame en trois actes et en vers. *A La Haye et se trouve à Paris, et Chez l'Esclapart*, 1764. (De 4 à 5 fr.)

16-215 pp., plus 1 figure par Restout, gravée par Saint-Aubin (sans lettre).

— Les Amans malheureux, ou le Comte de Comminge, Drame. Par M. d'Arnaud. Nouvelle édition. *A Amsterdam, Et se trouve à Paris, Chez L'Esclapart*, 1765. In-8. (De 4 à 5 fr.)

2 ff. n. ch., LXXII et 148 pp., plus 1 frontispice par Marillier gravé par Massard.
Publié à 3 livres.

— Le Comte de Comminge, ou les Amans malheureux, drame Par M. d'Arnaud. Troisième édition. *A Paris, Chez Le Jay*, 1768. In-8. (De 8 à 10 fr.)

2 ff. n. ch., CXLVI-141 pp., plus 2 figures (celle de la première et celle de la 2ᵉ édition).
Se trouve sous la même date avec l'indication : *Quatrième édition*.

— Euphémie, ou le Triomphe de la Religion, drame. Par M. d'Arnaud. *A Paris, Chez Le Jay*, 1768. In-8. (De 4 à 5 fr.)

2 ff. n. ch., X pp., 1 f. n. ch., 90 pp., 1 f. n. ch., plus 1 figure par Restout, gravée par Saint-Aubin.

— Fayel, tragédie, Par M. d'Arnaud. *A Paris, Chez Le Jay*, 1770. In-8. (De 4 à 5 fr.)

XLII-132 pp., 2 ff. n. ch., plus 1 figure non signée, assez médiocre.

— Mérinval, drame. Par M. d'Arnaud. *A Paris, Chez Lejay*, 1774. In-8. (De 8 à 10 fr.)

2 ff. n. ch., XVI-98 pp., plus 1 figure par Eisen, gravée par de Longueil.

— Coligny, ou la Saint-Barthélemy, tragédie par d'Arnaud. *A Paris, Chez Delalain*, 1782. In-8. (De 4 à 5 fr.)

1 figure par Charron, gravée par Le Boulanger.

— Lamentations de Jérémie. Odes par M. d'Arnaud. Nouvelle édition. *A Paris, Chez Le Jay*, 1769. In-8. (De 8 à 10 fr.)

1 f. n. ch., XXVI pp., 1 f. n. ch., 109 pp. plus 1 figure par Eisen, gravée par Massard.

— Les Épreuves du Sentiment, par M. d'Arnaud. *A Paris, Chez Delalain*, 1775. 3 volumes in-8. (De 80 à 100 fr.)

Tome I (1772) : 2 ff. n. ch., 454 pp., 1 f. n. ch., plus 6 figures.
Tome II (1775) : 2 ff. n. ch., 179, 79, 120, 136 pp., 1 f. n. ch., plus 5 figures.
Tome III (1772) : 2 ff. n. ch., 22 pp., 1 f. n. ch.VIII pp. de musique, plus 5 figures.

En tout 16 figures, 16 vignettes et 16 culs de lampe par Eisen et Marillier, gravés par Binet, de Ghendt, Halbou, de Launay, Lingée, de Longueil, Macret, Née et Ponce.

Ces volumes contiennent les nouvelles suivantes, en réimpressions pour la plupart, à moins que ce ne soient simplement de nouveaux titres ; mais comme les illustrations sont de la plus grande beauté, il est important de se procurer les premières éditions, dont je donne ici les dates, afin qu'on soit sûr d'avoir les plus belles épreuves.

Pour éviter les redites, je rappelle que chaque nouvelle est illustrée d'une figure d'une vignette et d'un cul-de-lampe.

Tome I : Fanny, 1767. — Lucie et Mélanie. 1767. — Clary, 1767. — Julie, 1767. — Nancy, 1767. — Batilde, 1768.
Tome II : Anne Bell, 1769. — Sélicourt, 1769. — Sidney et Volsan, 1770. — Adelson et Salvini, 1772. — Sargines (1772).
Tome III : Zénothémis, 1773. — Bazile, 1773. — Lorrezzo, 1775. — Liebman, 1775. — Rosalie, 1775.

— Suite des Épreuves du Sentiment, par M. d'Arnaud. *A Paris, Chez Delalain*, 1775-1778, 3 volumes in-8. (De 50 à 60 fr.)

Tome IV : 1 f. n. ch., 456 pp., 1 f. n. ch., plus 5 figures.
Tome V : 1 f. n. ch., 542 pp., 1 f. n. ch., plus 4 figures.
Tome VI : 1 f. n. ch., pp., 1 f. n. ch., plus 2 figures.

11 figures, 11 vignettes, 11 culs-de-lampe par Marillier et Le Barbier, gravés par Delaunay jeune, Fessard, de Ghendt, Godefroy, Halbou, Legrand, Maillard et Texier.

De même que pour les *Épreuves du sentiment*, je donne la première date de toutes ces nouvelles, qui ont paru séparément.

Tome IV : Ermance, 1775. — D'Almanzi, 1776. — Pauline et Suzette, 1777. — Makin, 1777. — Germeuil, 1777.
Tome V : Daminville, 1778. — Henriette et Charlot, 1779. — Valmiers, 1779. — Amélie, 1780.

Tome VI : Livermond. — Le Comte de Gleichen.

On peut trouver la remarquable série des vignettes-en-têtes et des culs-de-lampes pour les *Épreuves du sentiment* et les autres ouvrages de Baculard d'Arnaud, en tirages à part, épreuves d'artistes.

M. Béraldi en a réuni 35 dans un album cartonné par Cuzin.

La plus grande partie des dessins originaux de Marillier se trouvaient dans la collection Guyot de Villeneuve. Celui pour D'Almanzi appartient à M. Lanz de Mulhouse.

La Bibliothèque nationale possède un exemplaire d'Ermance, en maroquin rouge aux armes de Marie-Antoinette.

— Nouvelles historiques, par M. d'Arnaud. *A Paris, Chez Delalain*, 1774-1781. 3 vol. in-8. (De 30 à 40 fr.)

Tome I : 2 ff. n. ch., XXII pp., 1 f. n. ch., 486 pp., 3 ff., n. ch., plus 1 frontispice, et 2 figures (il y a 1 f. n. ch. après la p. 128).
Tome II : 2 ff. n. ch., 404 pp., 1 f. n. ch., plus 3 figures. — On trouve quelquefois les titres provisoires de chaque fascicule avec sa date.

Tome I : Salisbury. Paris, Delalain, 1774. — 1 frontispice, 1 figure, 1 vignette et un très beau cul-de-lampe par Eisen, gravés, le frontispice par Longueil, la figure par Née, la vignette et le cul-de-lampe par Helman. — Varbeck 1774. — 1 figure, 1 vignette (très belle) et 1 cul-de-lampe par Eisen, gravés par Née. — Le Sire de Créqui, 1776. — 1 figure, 1 vignette, 1 cul-de-lampe par Eisen, gravés, la figure par Delaunay le jeune, la vignette et le cul-de-lampe par Née. La figure et le cul-de-lampe sont des plus remarquables.

Tome II : Le Prince de Bretagne, 1777. — 1 figure, 1 vignette, un cul-de-lampe par Marillier, gravés par Lingée. — La Duchesse de Châtillon, 1780. — 1 figure par Le Barbier, gravée par Ponce, 1 vignette et 1 cul-de-lampe par Marillier, gravés par Fessard et Halbou. — Le Comte de Strafford, 1781. — 1 figure par Le Barbier, gravée par Halbou, 1 vignette et un cul-de-lampe non signés, mais probablement par les mêmes.

Il existe un tome III que nous n'avons jamais rencontré et qui contient : Eudoxie, 1782. — 1 figure, 1 vignette, 1 cul-de-lampe par Le Barbier, gravés par Trière. — Le Comte de Gleichen, 1783. — 1 figure, 1 vignette, 1 cul-de-lampe par Le Barbier, gravés par Halbou.

— Les Époux malheureux, ou Histoire de monsieur et madame de*** (La Bédoyère). *Paris,* 2 vol. in-8. (De 35 à 40 fr.) 1783

Tome I : 2 ff. n. ch., xii-288 pp., 1 f. n. ch., plus 10 figures.
Tome II : 2 ff. n. ch., 238 pp., 2 ff. n. ch.. plus 9 figures.
En tout 19 figures par Eisen, gravées par Guttenberg et Macret. La plupart ne portent ni le nom du dessinateur ni celui du graveur.
Cohen n'avait jamais vu que 10 figures ; les exemplaires avec les 19 figures sont en effet fort rares.
En maroquin rouge aux armes de Marie-Antoinette, Bibliothèque nationale.

— Lorimon, ou l'Homme tel qu'il est par***, et publié par B*** d'Arnaud. *Paris, Chez Patris et Gilbert*, s. d. (1802). 3 vol. in-12. (De 15 à 20 fr..)

Tome I : 2 ff. n. ch., 210 pp., plus 1 frontispice et 2 figures.
Tome : 2 ff. n. ch., 348 pp., plus 2 figures.
Tome III : 2 ff., n. ch., 251 pp., plus 2 figures.
En tout 1 frontispice et 6 figures. Celles du 1er volume non signées, celles des autres par Ruotte et Bovinet.
M. Paul Lacroix, dans une note (11e catalogue des livres rares et curieux de Techener, 1866, n° 15,672), prétend que les figures du 1er volume, non signées, ont été dessinées par Prud'hon, bien qu'elles ne soient pas mentionnées dans l'œuvre de cet artiste. « Deux des gravures, dit-il, que nous attribuons spécialement à Prud'hon, offrent le portrait de Mlle Mayer, d'après le dessin qui a été gravé plusieurs fois. »

— Œuvres de d'Arnaud. *A Paris, Chez Laporte*, 1795. 12 vol. in-8. (De 120 à 150 fr.).

34 figures tirées des ouvrages énumérés plus haut. Les tomes I à V correspondent aux tomes III à V des *Épreuves du Sentiment* avec répartition différente ; les tomes VI à IX correspondent aux *Nouvelles Historiques*; le tome X contient *Fayel*, les tomes XI et XII, *les Époux malheureux*.

ART DE DESSINER (L') à la plume sans maitre, ou les exercices de la jeunesse, dédiée au duc de Berry. S. l. n. d. (*Paris,* vers 1725). In-8, oblong. (De 20 à 25 fr.)

Titre gravé et 11 petites planches non signées.
Collection Ferdinand de Rothschild.

ART DE FAIRE L'AMOUR (L') ou la Pendule de l'amant, traduit de l'anglais de Mistress B*** *A Paris, Chez Guillot,* s. d. (De 12 à 15 fr.)

212 pp., plus 1 frontispice attribué à Binet.

ART DE PLUMER (L') la poule sans crier. *A Cologne, Chez Robert Le Turc, au Coq-Hardi,* 1710 ou 1720. Pet.-12. (De 15 à 20 fr.)

Frontispice original non signé.
Curieux recueil d'anecdotes piquantes.

ATHÉNÉE. — Le Banquet des Savants, traduit du grec d'Athénée, par Le Febvre de Villebrune. *Paris, Lamy (de l'imprimerie de Didot-jeune)* 1789-1791. 5 vol. in-4. (De 80 à 100 fr.)

Frontispices et 27 vignettes gravées d'après B. Picart, Cipriani, Le Bouteux, Le Barbier, Moreau, Saint-Quentin.
Mélange de figures qui ont servi à d'autres ouvrages.
On en a tiré deux exemplaires sur peau de vélin : l'un, à la Bibliothèque nationale (vente Galitzin 1825, n. 29 : 610 fr.), l'autre ayant appartenu à Mac Carthy (1817, n. 3460 : retiré et revendu à l'amiable 2,600 fr.).
La Bibliothèque nationale possède deux exemplaires sur grand papier dont l'un enrichi de notes manuscrites fort curieuses.

ATKINSON (John-Augustus), et WALKER (James). — A Picturesque Representation of the Manners, Customs and Amusements of the Russians, in one hundred coloured plates, with an accurate explanation of each plate in English and French, in three volumes. *London, printed by Bulmer,* 1803. Gr. in-folio. (De 150 à 200 fr.)

1 portrait d'Alexandre Ier à qui le livre est dédié, gravé par Scriven, d'après Kügelgen et 100 planches en largeur, dessinées et gravées, en couleur, par Atkinson, dans le genre de la lithographie.

Ouvrage imprimé en anglais et en français. Un bel exemplaire en maroquin vert aux armes du duc de Berry (vente de Rosny, 1837, n. 2115 : 120 fr. 50) a passé chez M. Rouquette.

ATLAS MODERNE ou Collection de Cartes sur toutes les parties du globe terrestre, par plusieurs auteurs. *A Paris, Chez Hérissant*, 1762. In-folio. (De 30 à 40 fr.)

Beau frontispice par Prévost, d'après Monnet; la légende de chaque carte est embellie d'un cartouche par Marillier, Choffard, etc.

AUBERT. — Fables et œuvres diverses de M. l'abbé Aubert Lecteur & Professeur Royal en Littérature Françoise. Nouvelle édition. *A Paris, Chez Moutard*, 1784. 2 vol. in-8. (De 30 à 40 fr.)

Tome I : XXXII, 340 pp., plus le frontispice.
Tome II : 339 pp. plus le frontispice.
En tout 2 frontispices, par Cochin, gravés, le premier par Tillard, le second à l'eau-forte par Aug. de Saint-Aubin, terminé par Leveau.
Un exemplaire en maroquin rouge sur papier vélin aux armes de Marie-Antoinette, était dans la collection Parran, et se trouve chez M. Adolphe Bordes; en maroquin rouge aux armes de Louis XVI, Bibliothèque nationale.

AUBERTEUIL (Hilliard d'). — Essais historiques et politiques sur les Anglo-Américains. *Bruxelles*, 1781-82. 2 vol. in-8. (De 20 à 25.)

8 cartes, portraits de Hancock, Franklin, Pitt et Washington, et 6 figures de Le Barbier.

AUBIN (Nicolas). — Histoire des diables de Loudun, Ou de la Possession des religieuses ursulines, Et de la condamnation & du supplice (*sic*) d'Urbain Grandier, Curé de la même ville. Cruels effets de la vengeance du Cardinal de Richelieu. *A Amsterdam, Aux dépens de la Compagnie*, 1716. In-12. (De 8 à 10 fr.)

3 ff. n. ch., 378 pp., 1 f. n. ch., plus le frontispice.
Un fleuron de titre et un frontispice non signés.

AUDINOT. — Le Tonnelier, opéra-comique mêlé d'ariettes (musique de Quétant.) *A Paris, Chez Duchesne*, 1765. In-8. (De 25 à 30 fr.)

56 pp. — Il existe pour l'illustration de cet opéra-comique une suite de 6 jolies figures dessinées par Quéverdo et gravées par Quéverdo et gravées par Martinet, Thérèse Martinet et Marie Quéverdo. (Ancienne collection Sardou).

AUDOUL (Gaspard). — Traité de l'origine de la Régale Et des causes de son établissement, par Me Gaspard Audoul. *A Paris, Chez Jacques Collombat*, 1708. In-4. (De 15 à 20.)

16 ff. n. ch., 428 pp., plus le portrait.
Portrait de Louis XIV d'après Rigaud, gravé par Thomassin, fleuron non signé sur le titre et 9 vignettes en-tête par P. Lepautre.
En maroquin rouge ancien aux armes, 150 fr., vente Behague (n. 121).
Un autre, avec dentelle et armes de Louis XIV, est à la Bibliothèque nationale.

AUGUSTIN (Saint). — Les Confessions de S. Augustin, traduction nouvelle sur l'édition latine des Pères Bénédictins de la Congrégation de S. Maur, avec des notes... par Monsieur Dubois de l'Académie Françoise. *A Paris, Chez Jean-Baptiste Coignard*, 1716. 2 vol. in-8. (De 8 à 10 fr.)

Tome I : VI ff. n. ch., XXXVII pp., 1 f. n. ch., 420 pp,
Tome II : 1 f. n. ch., pp. 421-864, 22 ff. n. ch.
14 vignettes en-tête dont la première est signée de Mariette et 13 lettres ornées non signées.
En maroquin noir ancien, doublé de maroquin citron (Padeloup), 80 fr., vente Pichon (1897, n. 87). En maroquin bleu ancien à dentelles, Bibliothèque nationale.
On trouve les mêmes vignettes dans l'édition de 1737.

AULNAYE (de l'). — De la Saltation théâtrale ou recherches sur l'origine, les progrès et les effets de la

Pantomime chez les anciens, avec neuf planches. *A Paris, Chez Barrois*, 1790. In-8. (De 20 à 25 fr.)

9 curieuses planches coloriées.

AULNOY (Marie-Catherine Le Jumel de Barneville, baronne d'). — Les Chevaliers errans et le Génie familier par Mme la comtesse D***, *Amsterdam, Pierre Mortier*, 1709. In-18. (De 30 à 40 fr.)

1 frontispice et 10 vignettes.

— Les Contes de fées, par l'auteur des Mémoires et voyages d'Espagne. *Amsterdam, chez M. M. Rey*. 8 vol. in-18. (De 100 à 125 fr.)

33 figures assez jolies signées : S. F. inv. et sc.
Tome I : 6 figures.
Tome II : 6 figures.
Tome III : 11 figures.
Tome IV : 6 figures.
Tome VIII : 4 figures.

— Les Illustres Fées, contes galans par Mme D***. *Amsterdam, Chez Marc-Michel Rey*, 1789. In-12. (De 15 à 20 fr.)

1 frontispice gravé.
En maroquin bleu de Duru, 51 fr., vente Béhague (n. 1134).

D'AUTREPE. — Traité sur les principes de l'art d'écrire et ceux de l'écriture, dédié à M. Micault d'Harvelay, conseiller d'État, garde du trésor royal, par d'Autrepe, syndic des Experts jurés-écrivains. *A Paris, Chez Durand*, 1759. In-fol. (De 25 à 30 fr.)

48 pp., plus un titre gravé et 17 planches de modèles d'écriture.
En maroquin rouge ancien, aux armes du duc de Bourgogne, frère de Louis XVI, 96 fr., vente Pichon (1897, n. 332).

AVELINE (Pierre). — Théorie de la Figure humaine, avec XLIV planches gravées par Pierre Aveline, d'après les dessins du célèbre Rubens. *A Paris, Chez Jombert*, 1773. In-4. (De 30 à 40 fr.)

Le texte de cet ouvrage et les 44 planches qui l'accompagnent sont extraits d'un manuscrit qui appartenait au XVIIIe siècle à Huquier, puis à Sir Thomas Laurence et qui, retiré à la vente Didot de 1884 (n. 35) a été revendu en 1910 et acquis par la comtesse de Béarn.

AVENTURES DIVERTISSANTES du duc de Roquelaure, suivant les mémoires que l'auteur a trouvés dans le cabinet du maréchal d'H... par le S. L. R. *A Versailles*, 1786. In-12. (De 20 à 25 fr.)

1 portrait et 11 figures.
Une autre édition, à la date de 1789, contient seulement 1 portrait et 6 figures.
Il en existe beaucoup d'éditions sous des dates diverses, la plupart sans illustrations.

AVENTURES GALANTES de Rosalie, fille de joie, suivies du portrait de quelques jolies femmes de Paris; traduit de l'anglois. *A Londres*, 1796. In-18. (De 8 à 10 fr.)

150 pp., plus 3 figures non signées.

AVILER (C.-A. d'). — Cours d'architecture qui comprend les ordres de Vignole avec des commentaires, Les Figures & Descriptions de ses plus beaux Batimens & de ceux de Michel-Ange..., Nouvelle édition (augmentée par J.-P. Mariette.) *A Paris, Chez Jean Mariette*, 1738. In-4. (De 125 à 150 fr.)

2 ff., n. ch., XXXVIII pp., 5 ff. n. ch., 408 pp., 20 ff. n. ch., plus les pp. 3*-6*, le frontispice, et 81 planches hors texte.
Cet ouvrage fut considéré longtemps comme le meilleur traité d'architecture. La première édition date de 1691.
Contient aussi de nombreuses planches comprises dans la pagination.
Réimprimé avec les mêmes planches en 1750, 1756 et 1760.
Du même auteur il existe un *Dictionnaire d'Architecture* (nouvelle édition, Paris, 1755, in-4) qui est peu recherché.

BABEL (P. E.). — Dessina et grava de nombreuses suites d'ornements dans le genre rocaille. On en trouvera le détail dans l'ouvrage de Guilmard, p. 173. Signalons seulement ici son « Premier Livre de nouveaux desseins de Serrurerie, inventé et gravé par Babel. *Paris, Chez Aveline.* »

BACHAUMONT (Louis Petit de — Essai sur la peinture, la sculpture et l'architecture. S. l. (Paris), 1751 et 1752. In-8. (De 8 à 10 fr.)

VI-93 (1751) ou VI-89 pp. (1752) plus 1 frontispice allégorique, gravé par Pasquier.

BALADINS (Les), ou Melpomène vengée. *Amsterdam*, 1774. In-8. (De 6 à 8 fr.)

1 frontispice non signé.
Violente satire.

BALLARD (Christophe). — Tendresses bachiques, où duos et trios melez de petits airs tendres et à boire, avec une capilotade ou Alphabet de chansons à deux parties, recueillies par Chr. Ballard. *A Paris*, 1712. 3 vol. in-12. (De 20 à 30 fr.)

3 frontispices gravés par Audran, d'après Séb. Leclerc.

— Brunettes ou petits airs tendres avec les doubles et la basse-continue, mêlées de chansons à danser. Recueillies, & mise en ordre par Christophe Ballard. *A Paris, Rüe S. Jean de Beauvais, au Mont Parnasse*, 1703-1711. 3 vol. in-12. (De 20 à 30 fr.).

Tome I : 9 ff. n. ch., 293 pp., plus 1 frontispice.
Tome II : 9 ff. n. ch., 296 pp., plus 1 frontispice.
Tome III : 8 ff. n. ch., 311 pp.
Deux frontispices par A. Dieu, gravés par Audran.

BAR (Jacques-Charles). — Recueil de tous les Costumes des ordres religieux et militaires avec un abrégé historique et chronologique, enrichi de notes et de planches coloriées : Par M. Bar. *A Paris, Chez l'Auteur*, 1778-1794 (?). 6 vol. in-folio. (De 400 à 500 fr.)

Tome I : Frontispice, titre gravé et 102 planches, plus le texte explicatif.
Tome II : Frontispice, titre gravé et 93 planches, plus le texte explicatif.
Tome III : Frontispice, titre gravé et 110 planches, plus le texte explicatif.
Tome IV : Frontispice, titre gravé et 96 planches, plus le texte explicatif.
Tome V : Frontispice, titre gravé et 98 planches, plus le texte explicatif.
Tome VI : Frontispice, titre gravé et 115 planches, plus le texte explicatif.

En tout 6 frontispices, 6 titres gravés et 614 planches de costumes monastiques, avec un texte explicatif non paginé, pour chacune des planches. La collation exacte des ff. n. ch. préliminaires et du texte, se trouve imprimée tout au long en tête de chaque volume.

Ces planches ont été gravées par Bar en manière de lavis et coloriées par lui à la main.

Pendant la Révolution, par mesure de prudence. Bar changea son nom en celui de *Rabelli* et appela son livre les *Mascarades monastiques*. Il publia du reste sous ce titre une édition réduite qu'on trouvera décrite plus loin.

En maroquin bleu, 796 fr., vente Schérer (1813), n. 792) revendu 656 fr., vente Jourdan.

En demi-reliure, 501 fr., vente Morel de Vindé (n. 2781).

Un exemplaire enrichi des dessins originaux et de notes autographes de l'auteur fut payé 895 fr., vers 1850, dans une vente de Techener.

— Mascarades monastiques et religieuses de toutes les nations du globe, Représentées par les figures coloriées dans la plus exacte vérité... par Giacomo Rabelli. *A Paris*, 1793. In-8. (De 80 à 100 fr.)

Tome I (seul paru) : XII-254 pp., plus 26 planches dessinées par Bar et gravées par lui en manière de lavis.

En maroquin brun de Trautz, 130 fr., vente Lebeuf de Montgermont (n. 834). L'exemplaire La Bedoyère, en maroquin bleu de Trautz, contient les planches en couleurs (Bibliothèque nationale).

C'est le début d'une réduction du grand ouvrage décrit ci-dessus. *Rabelli* n'est que l'anagramme italianisé de *Bar*.

BARBAULT (J.). — Les plus beaux Monuments de Rome ancienne, en 128 planches avec leur explication. *A Rome, Chez Bouchard*, 1761. In-fol.

— Les plus beaux Édifices de Rome moderne. *A Rome*, 1763. In-fol.

— Recueil de divers Monuments anciens répandus en plusieurs endroits de l'Italie, dessinés par feu M. Barbault et gravés en 166 planches avec leur explication historique. *A Rome, Chez Bouchard et Gravier*, 1770. Gr. in-fol.

— Monuments antiques, ou collection choisie d'anciens bas-reliefs, etc. *A Rome*, 1783. In-fol.

91 planches.

— Vues des plus beaux restes des antiquités romaines, etc. *A Rome*, 1787. Gr. in-fol.

Ouvrages assez peu recherchés maintenant. (De 40 à 50 fr. pièce.)

BARBAZAN. — Fabliaux et contes des poètes françois des XIe, XIIe, XIIIe, XIVe et XVe siècles tirés des meilleurs auteurs ; Publiés par Barbazan. Nouvelle édition... par M. Méon. *A Paris, Chez B. Warée*, 1808, *imprimerie Crapelet*. 4 vol. in-8. (De 40 à 50 fr.)

Tome I : 2 ff. n. ch., XXI-465 pp., plus 1 figure.
Tome II : 2 ff. n. ch., XIV-467 pp., plus 1 figure.
Tome III : 2 ff. n. ch., XXXII-514 pp., plus 1 figure.
Tome IV : 2 ff. n. ch., XVI-521 pp., plus 1 figure.

En tout 4 figures d'E.-Hyac. Langlois, gravées par Delvaux et de Villiers.

Le volume a été tiré sur papier ordinaire, sur papier vélin et sur grand papier de Hollande.

Dans les exemplaires en grand papier. (De 150 à 200 fr.), les figures sont parfois coloriées. On y joint le *Nouveau Recueil de Fabliaux* publié par Méon. *Paris, Chasseriaux*, 1823. 2 volumes in-8°, figures.

Un exemplaire des 6 volumes sur grand papier de Hollande, avec triple état des figures sur Chine, sur blanc et eaux-fortes, 370 fr., vente Perreau, 25 mars 1885, n. 60).

Les dessins originaux sur vélin, finement coloriés, sont joints à l'exemplaire de la Bibliothèque nationale.

BARET (Paul). — L'Homme ou le Tableau de la vie, histoire des Passions, des Vertus et des Événemens de tous les âges. Trouvée dans les papiers de feu M. l'abbé P***. *A Londres et se vend à Paris, Chez Cailleau et Robin*, 1764, 6 tomes en 2 vol. in-12. (De 15 à 20 fr.)

> *Tome I*: 2 ff. n. ch., 140 pp., plus le frontispice.
> *Tome II*: 2 ff. n. ch., 160 pp., plus le frontispice.
> *Tome III*: 2 ff. n. ch., 136 pp., plus le frontispice.
> *Tome IV*: 2 ff. n. ch., 130 pp., plus le frontispice.
> *Tome V*: 2 ff. n. ch., 116 pp., plus le frontispice.
> *Tome VI*: 2 ff. n. ch., 143 pp., plus le frontispice.
> En tout 6 frontispices non signés dont on trouve l'explication à la fin du dernier tome.

BARRE (Le Père). — Histoire générale d'Allemagne. *A Paris, Chés Charles J. B. Delespine et Jean Thomas Hérissant*, 1748, 10 tomes en 11 vol. In-4. (De 80 à 100 fr.)

> *Tome I*: 4 ff. n. ch., XXXII pp., 1 f. n. ch., 612 et 12 pp., plus le frontispice le portrait et une carte.
> *Tome II*: 3 ff. n. ch., 644 et IX pp., 11 ff. n. ch., plus une carte.
> *Tome III*: 4 ff. n. ch., 684 et VIII pp., 12 ff. ch.
> *Tome IV*: 3 ff. n. ch., 708 pp., 16 ff. ch., plus une carte.
> *Tome V*: 3 f. n. ch., 776 et XI pp., 16 ff. n. ch.
> *Tome VI*: 4 ff. n. ch., 868 pp., XIV pp. n. ch., 4 pp.
> *Tome VII*: 3 ff. n. ch., 784 pp., 18 ff. n. ch.
> *Tome VIII*: (1re partie), 3 ff. n. ch., pp. 785-1128 et 1-344; II pp., 20 ff. n. ch.
> *Tome VIII* (2e partie): 3 ff. n. ch., pp. 345-1004, XI pp., 17 ff. n. ch.
> *Tome IX*: 3 ff. n. ch., 886 pp., 15 ff. n. ch.
> *Tome X*: 3 ff. n. ch., 938 pp., 19 ff. n. ch.

Contient un beau frontispice par Le Bas d'après Caze, le portrait de Frédéric-Auguste III par Daullé, d'après Silvestre, 11 fleurons sur les titres par Lebas d'après Eisen, 51 vignettes en tête (dont plusieurs se répétant) d'après Le Bas (42), Gravelot (1). Frontier (4) et Canot (4), gravées par Le Bas, et 8 culs-de-lampes, dont un seul signé, par Le Bas.

En maroquin rouge aux armes de Frédéric-Auguste III de Pologne, 175 fr., vente Béhague (n. 1877), aujourd'hui collection James de Rothschild. Aux armes de Marie-Antoinette, Bibliothèque nationale.

BARRÈME (N.). — L'Arithmétique de Barrême où le livre facile pour apprendre l'arithmétique de soy-même et sans maître par N. Barrême. *A Paris, Chez la veuve Bessin*, 1710. In-12. (De 5 à 6 fr.)

> Frontispice de Bernard Picart.
> En maroquin rouge ancien aux armes, 15 fr., vente Béhague (n. 233).

BARTHE. — Lettre de l'abbé de Rancé à un ami. Ecrite de son Abbaye de la Trappe, par M. Barthe De l'Académie de Belle-Lettres de Marseille. *Imprimé à Genève, Et se trouve à Paris, Chez Duchesne et Panckoucke*, 1765. In-8. (De 8 à 10 fr.)

> 16 pp., plus 1 vignette et 1 cul-de-lampe par Eisen, gravés par de Longueil.

BARTOLOZZI. — Eighty-Two Prints engraved by F. Bartolozzi from the original drawings of Guercino, in the collection of his majesty. *London, published by Boydell*. — Seventy Prints engraved by F. Bartolozzi from the original pictures and drawings of Michael-Angelo, Domenichino, An. Ag. et L. Carrache, C. Marratta, etc... *London, Boydell*. 2 vol. gr. in-folio. (De 120 à 150 fr.)

> Les 152 planches sont tirées en bistre.

BASAN. — Catalogue d'une belle collection de dessins italiens, flamands, hollandais et françois... le tout rassemblé avec soins et dépenses par M. Neyman, amateur à Amsterdam..., par Fr. Basan. Le présent catalogue est orné d'un frontispice par le sieur Choffard, et de XIV (sic, lisez dix-neuf) estampes gravées à l'eau-forte par Weisbrodt, Duplessis-Bertaux, et Le Veau, d'après des dessins capitaux d'Adrien van Velde, Ruysdaël, Potter, Ostade, Dusart, Karel du Jardin, etc., faisant partie de ce célèbre cabinet. *Paris, Basan et Prault*, 1776. In-8. (De 30 à 40 fr.)

— Catalogue raisonné des différens objets de curiosités dans les sciences et arts qui composaient le Cabinet de feu Mr Mariette..., Par F. Basan. Graveur. *A Paris, Chez l'Auteur et Chez G. Desprez*, 1775. In-8. (De 25 à 30 fr.)

Titre gravé, frontispice, XVI-418 pp., plus 4 figures. Contient 1 titre de Moreau (le même que celui des *Grâces*), 1 frontispice dessiné par Cochin, gravé par P. P. Choffard, et 4 eaux-fortes gravées par Mariette, d'après les dessins de Guerchin, Perino del Vaga et L. Carrache.

C'est dans ce volume que l'on peut avoir un spécimen du talent de graveur du célèbre amateur, Basan ayant utilisé là quelques-unes des planches gravées par lui.

La vente produisit 288.658 livres.

On peut trouver avant la lettre le beau frontispice de Cochin et Choffard, renfermant, dans une composition allégorique, le buste de Mariette.

En veau fauve, avec le frontispice en avant-lettre et en eau-forte, exemplaire de Renouard, 36 fr., vente Destailleur (1895, n. 55).

— Recueil d'estampes gravées d'après les tableaux du cabinet de monseigneur le duc de Choiseul, par les soins du Sr Basan. *A Paris, chez l'Auteur, rue et Hôtel Serpente*. 1774. In-4. (De 300 à 350 fr.)

Contenant un titre par Choffard avec une dédicace gravée au verso, un portrait du duc de Choiseul, non signé, une description des tableaux en 12 pages gravées et 128 planches.

Les numéros 68, 69, 76, 78 et 101 se répètent ; ces doubles étant marqués d'une étoile, le numérotage ne va que jusqu'à 123. Les planches sont gravées par : Baquoy, Binet, Daudet, Delvaux, Dunker (eaux-fortes), Germain, Guttenberg, Halbou, Ingouf. de Launay, Lebas, Levesque, Liénard, Lingée, Maillet, Maleuvre, Martini, Masquelier, Massard, Parizeau, Patas, Ponce, Pruneau, Romanet, Rousseau, Saint-Aubin, Vény, Weisbrod, Wielh, et un grand nombre de graveurs qui n'ont pas signé, mais qui paraissent être les mêmes que les précédents.

Les exemplaires avant la lettre sont rares et recherchés. (De 800 à 1,000 fr.)

Le titre existe avant l'adresse. Dans les exemplaires de 1er tirage, il y a quelques erreurs de numérotation (56 pour 53, 69 pour 68*, 79* pour 78*, 119 pour 95, 60 pour 96, 119* pour 120, 95* pour 95 au lieu de 122). Dans le 1er tirage le n° 87 a pour lettre : *Lot et ses filles*. Dans les exemplaires avant la lettre les nos 29 et 40 sont tirés en largeur ; dans ceux avec la lettre, le n. 10 est tiré à l'envers. Du n. 48, il existe deux états de l'avant-lettre : au deuxième, il y a une tache dans la porte.

Très belle collection bien gravée, d'après les magnifiques tableaux que le duc de Choiseul vendit après sa disgrâce en 1772. En veau fauve 500 fr., vente Béhague (n. 275); un autre, 495 fr., vente R. Lion (n. 57; en veau ancien, 230 fr., vente Ch. Cousin (n. 142); en maroquin rouge ancien, collection Carnarvon (n. 14) et Ferdinand de Rothschild.

Il existe des tirages modernes, cartonnés et non rognés. (De 40 à 50 fr.)

M. Adolphe Schloss nous a communiqué un curieux exemplaire en veau ancien, annoté des prix de vente; il contient le titre en double, 7 planches seulement avec la lettre, l'eau-forte du n. 113 et 121 planches avant la lettre dont 35 avant les nos.

Bien que l'ouvrage soit daté de 1771, la planche 113 porte la date de 1772.

— Cabinet Poullain ou Collection de cent vingt estampes gravées d'après les Tableaux & Dessins qui composoient le Cabinet de M. Poullain, Receveur Général des Domaines du Roi, décédé en 1780,... Cette suite a été exécutée, sous la direction du sieur Fr. Basan, Graveur, par de jeunes Artistes des deux sexes, dont les talens se font connoître & accroissent de jour en jour. Le Sr Moitta, Peintre, en avoit fait les Dessins, d'après les Tableaux avant la mort de ce célèbre Amateur. *Se vend à Paris, Chez Basan et Poignant*, 1781. In-4. (De 200 à 300 fr.)

3 ff. n. ch., et 22 pp., plus 120 planches numérotées (y compris les deux titres gravés). Au f. n. ch. 2, une jolie vignette de Choffard.
Beau recueil très recherché lorsqu'il est avant la lettre. (De 800 à 1.000 fr.).
Le premier titre est de Choffard; le deuxième de Lebrun, gravé par Dambrun. Les noms des peintres se trouvent en tête du volume. Voici ceux des graveurs : Alix, Barns, Bertaux, Blot, Borgnet, Bretin, Brichet, Château, Chatelain, Colibert, Couché (eaux-fortes), Dambrun, Delaunay jeune, Delignon, Desmoulins, Dequevauviller, Garreau, Godefroy, Goumas, Guttenberg, Guyot, Halbou, Hemery, Hubert, Legrand, Leveau, Mme Lingée, de Longueil, Macret. Maleuvre, Martini, Mathieu, Michel, Moitte, Patas, Picquenot, Ponce, Mme Ponce, Mlle Riollet, Schulze, Stagnon, Le Tellier, Voyez, Weisbrod et Zentner.

En veau ancien, 205 fr., vente Ch. Cousin (n. 144); en maroquin brun (reliure anglaise), figures avant la lettre, collection Carnavon (n. 15), puis *Bull. Morgan.l* II, 6 (1908) n. 39 : 1,000 fr.; en veau racine, avec les figures avant la lettre, 685 fr., vente de Urria (1884, n. 70).

En demi-reliure, 300 fr., vente Lebeuf de Montgermont (n. 167); cartonné, non rogné, très bel exemplaire avec les figures avant la lettre, 5 épreuves en double et le frontispice en triple état, 3,100 fr., vente E. Martin (n. 99); revendu 2,550 fr., vente Sauvage (1880, n. 88) et offert en 1910 pour 3,000 fr. par M. Meynial; en maroquin rouge de Hardy, figures avant la lettre, 1405 fr., vente Béhague (n. 276); en maroquin rouge ancien, avec la lettre, 425 fr., vente Richard Lion (n. 58).

Il existe des tirages modernes, cartonnés non rognés. (De 40 à 50 fr.)

— Recueil de cent estampes de sujets agréables et paysages gravées d'après les meilleurs maîtres des Pays-Bas et de l'École françoise. Par François Basan, Ou sous sa Direction. *A Paris, Chez l'Auteur*, 1762-1779, 6 vol. gr. in-fol.

Tome I (*s. d.*) : 2 ff. n. ch. et 100 pièces sur 85 planches dont 2 doubles.
Tome II (1762): 2 ff. n. ch. et 150 pièces sur 97 planches dont 3 doubles.
Tome III (*s. d.*) : 2 ff. n. ch. et 100 pièces sur 77 planches dont 3 doubles.
Tome IV (*s. d.*) : 2 ff. n. ch. et 100 pièces sur 66 planches dont 7 doubles.
Tome V (*s. d.*) : 2 ff. n. ch. et 100 pièces.
Tome VI (1779) : 2 ff. n. ch. et 100 pièces sur 78 planches dont 8 doubles.

Précieux et rare recueil publié à 840 francs et où Basan a reédité une foule de gravures célèbres dont il possédait les cuivres, depuis les peintures de Rubens jusqu'au *Coucher de la Mariée*.

En demi-reliure de Petit, 1,500 fr., vente Destailleur (1895, n. 917), puis chez le comte de Béarn, aujourd'hui dans la Bibliothèque Jacques Doucet.

Il y a longtemps qu'un exemplaire complet n'est venu sur le marché, les marchands d'estampes en ayant cassé la presque totalité. Celui même de la Bibliothèque nationale ne contient pas le cinquième volume.

— Dictionnaire des Graveurs anciens et modernes, Depuis l'origine de la Gravure, par F. Basan, Graveur; seconde édition Mise par ordre Alphabétique, considérablement augmentée & ornée de cinquante Estampes par différens Artistes célèbres, ou sans aucune au gré de l'Amateur. *A Paris, chez l'auteur, Cuchet libraire, Prault imprimeur*, 1789. 2 vol. in-8. (De 150 à 200 fr.)

Tome I : 3 ff. n. ch., 348 pp., plus 1 frontispice et 21 figures.
Tome II : 2 ff. n. ch., 306 pp., plus 1 frontispice et 20 figures.

En tout 2 frontispices par Cochin et par Pierre, gravés par Langlois et par Pierre, 3 vignettes par Choffard et 48 pièces sur 41 planches gravées par Aliamet, Amand, Bega, Della Bella, Bertaux, Brebiette, Callot, Castiglione, Chereau, Cochin, Choffard, Dassonneville, Eisen, Ficquet, de Ghendt, Guttemberg, Hollar, Le Mire, Lievens, Littret, de Longueil, Mariette, Marillier, Massard, Moreau, Van Ostade, N. de Poilly, Perelle, Picart, Pierre, Prévôt, Rembrandt, Rousseau, Saint-Aubin, Savart, Schalcken, Soubeyran, Surugue fils, Van Vliet, Waterloo, Weirotter.

La plupart de ces figures sont empruntées à d'autres ouvrages et tirées sur de vieux cuivres appartenant à Basan.

La gravure du conte le *Rossignol*, tome II. page 89, par B. Picart, est originale et spirituelle, mais elle manque assez souvent.

La première édition parut en 1767. 2 volumes in-12 sans figures.

Réimprimé en 1809. *A Paris, Chez J.-J. Blaise*. 2 volumes in-8. (De 60 à 80 fr.)

Un bel exemplaire non rogné de l'édition de 1809 avec 66 pièces ajoutées, en demi-reliure de Raparlier 320 fr., au prince Bibesco, vente E. Martin (n. 101); un autre, en demi-reliure, non rogné, 40 fr., vente Janzé (n. 168).

BASSIGNY D'AUNEUIL (Louise de). — La Tirannie des fées détruite. Nouveaux Contes par Mad. la Comtesse D. L. Avec de jolies Figures. *A Amsterdam, Chez Marc-Michel Rey* 1752. Petit in-12. (De 8 à 10 fr.)

213 pp. plus 4 figures signées L. F. D. B. (Louis-Fabrice Du Bourg.) inv. I. F. sc.

BASTIDE (Jean-François de). — Le Tombeau philosophique, ou l'Histoire du Marquis de*** à Madame de*** par le chevalier de la B***. *A Amsterdam*, 1751, 2 parties. In-12. (De 5 à 6 fr.)

129 et 107 pp., plus 2 titres gravés, non signés (le même pour les deux parties.)

— Le Dépit et le Voyage, poème avec des notes, suivi des Lettres vénitiennes. *A Londres et se trouve à Paris, chez J.-P. Costard*, 1771. Grand in-8. (De 40 à 50 fr.)

2 ff. n. ch., et 179 pp. plus 6 figures par Desrais, gravées par Chatelain et Saillard.
En demi-reliure, 50 fr., vente E. Martin (n. 263).
Existe en grand papier et avec les figures en avant-lettre.
Un des dessins originaux de Desrais, à la plume, se trouvait dans la collection Léon Mercier.

— Les Têtes folles. *A Londres Et se trouve à Paris, Chez Tilliard*, 1753. In-12. (De 8 à 10 fr.)

4 ff. n. ch. et 189 pp. plus un frontispice non signé.
L'exemplaire de Choisy-le-Roi, aux armes de Louis XV, est dans la collection F. de Rothschild.

BATTEUX (Abbé Charles). — Les Beaux-Arts réduits à un même principe. *A Paris, Chez Durand*, 1746. In-8. (De 8 à 10 fr.)

XIII-291 pp., plus le frontispice.
Contient un frontispice et une vignette d'Eisen.
En maroquin vert ancien, aux armes de Mme Victoire, 42 fr., vente Pichon (1897, n. 335.)

— Les Beaux-Arts réduits à un même principe. *A Paris, Chez Durand*, 1747. Petit in-8. (De 10 à 15 fr.)

XIII-308 pp., plus le frontispice.
Un frontispice, 1 fleuron sur le titre, 1 écusson et 3 vignettes par Eisen, gravés par Delafosse, sauf l'écusson qui l'est par Sornique.
Il y a des exemplaires sur papier de Hollande.

— Cours de Belles-Lettres ou Principes de la littérature. *A Paris, Chez Desaint et Saillant*, 1753. 4 vol. in-12. (De 8 à 10 fr.)

4 fleurons, 1 frontispice et 5 vignettes par Eisen et de Sève, gravés par Delafosse et Baquoy.

— La Morale d'Épicure. *A Paris, Chez Desaint et Saillant*, 1758. In-12. (De 5 à 6 fr.)

1 frontispice par Lefèvre, gravé par Fessard — 1 fleuron non signé.

— Les Quatre Poétiques : d'Aristote, d'Horace, de Vida, de Despréaux, Avec les Traductions & des Remarmarques Par M. l'abbé Batteux. *A Paris, Chez Saillant & Nyon et Desaint*, 1771. 2 vol. in-8. (De 15 à 20 fr.)

Tome I : v-310 pp., 1 f. n. n. ch., 102 pp., 1 f. n. ch., plus le frontispice.
Tome II : 2 ff. n. ch., 256 et 116 pp., plus 1 f. n. ch.
1 superbe frontispice par Cochin, gravé par Aug. de Saint-Aubin.
Le dessin original à la sanguine était dans la collection V. Deséglise.
On peut trouver le frontispice de Cochin, comme d'ailleurs presque tous les travaux de cet artiste, avant la lettre, en tirage d'artiste.

BAUDOUIN (Simon-René, comte de). — L'Exercice de l'Infanterie française, ordonné par le Roi le 6 mai 1755, dessiné d'après nature dans toutes ses positions et gravé par S. R. Baudouin (*Paris*), 1757. In-folio. (De 150 à 180 fr.)

Titre gravé par Baudouin d'après Bouchardon, avertissement, 63 planches gravées à l'eau-forte par Baudouin, dont le frontispice allégorique gravé sur le dessin de Pierre, et à la fin 8 ff. gravés d'explications.

En reliure ancienne, 156 fr., vente Destailleur (1891, n. 821).

Le comte de Baudouin, lieutenant au régiment des gardes françaises, était graveur amateur et ne manquait pas de mérite. Il avait réuni une belle collection de tableaux dont les principaux ont été gravés.

L'*Exercice de l'Infanterie*, dédié au maréchal duc de Biron, a été copié par Augustin de Saint-Aubin. (*A Paris, Chez Fessard*, 1759. In-8) et comprend un frontispice gravé par Pierre et 60 planches. Un exemplaire en maroquin rouge ancien 250 fr., vente Béhague (n. 240); en veau ancien, 85 fr., vente Destailleur (1891, n. 822).

Un bel exemplaire cartonné (1759) est chez M. Béraldi. Celui de la collection F. de Rothschild est en maroquin rouge ancien, aux armes de Condé.

— Exercice de l'Infanterie française dédiés à Monseigneur le Maréchal duc de Biron, pair de France, Commandeur des Ordres du Roi, colonel des Gardes Françaises, Par son très humble et très obéissant serviteur Lattré, avec Priv. du Roi, 1766. *A Paris chez Lattré*. Pet. in-8. (De 50 à 60 fr)

1 frontispice dessiné par Pierre et gravé par Aug. St-Aubin 1 titre encadré, 4 ff. de table et 53 planches gravées (maniement des armes).

Cartonné non rogné, 26 fr., vente Béhague (n. 241).

— Évolutions de l'Infanterie française suivant l'ordonnance du 1er janvier 1766. *A Paris, Chez Lattré, graveur ordinaire de Mgr le Dauphin*, 1768, Pet. in-8. (De 15 à 20 fr.)

1 titre, 4 ff. d'avertissement-table, 1 planche de costumes et 25 planches gravés.

Ce recueil est le complément de l'ouvrage précédent.

BAYLE. — Dictionnaire historique et critique de M. Pierre Bayle, troisième édition, revue, corrigée et augmentée par l'auteur (et par Prosper Marchand). *A Rotterdam, Chez Michel Bohm*, 1720, avec privilège. 4 vol. in-folio. (De 80 à 100 fr., et le triple sur grand papier).

Tome I : 4 ff. n. ch., xx-942 pp.
Tome II : 2 ff. n. ch., pp. 945-1830 (plus * 963-968).
Tome III : 2 ff. n. ch., pp. 1833-2680.
Tome IV : 2 ff. n. ch., pp. 2681-3132 et 47 ff. n. ch.

Grand fleuron-vignette sur le titre imprimé en rouge et en noir, dessiné par A. Vander Werff gravé par G. V. Gouwen (le même pour les 4 vol.); très belle vignette, dessinée et gravée par B. Picart, au-dessus de l'épître dédicatoire à S. A. R. Mgr le duc d'Orléans, régent de France (imprimée en rouge et en noir), et une belle lettre gravée, non signée.

Livre recherché jadis, surtout en grand papier. On cite les adjudications successives d'un superbe exemplaire sur grand papier en maroquin violet de Derôme qui fut payé 751 fr., chez Randon de Boisset (n. 1449) et revendu 1,400 fr., vente d'Hangard (1789, n. 2451), puis 1,055 fr., vente Le Pelletier de Saint-Fargeau (n. 44), 1,173 fr., vente Méon (n. 4052), 1,400 fr. vente d'Ourches (n. 1534) et 1,001 fr., vente Labédoyère (1837, n. 1717), aujourd'hui au Musée Dutuit.

En maroquin rouge ancien, aux armes de Mme de Pompadour, 319 fr., vente Parison (n. 2434), revendu 1,090 fr. le 5 avril 1880 (n. 745).

Il faut trouver au tome Ier l'épître dédicatoire au duc d'Orléans, et dit Brunet, au tome II, les feuillets cotés 963-965 et le carton paginé *963-968, contenant l'histoire de David roi des Juifs, qui manquent quelquefois.

L'exemplaire a plus de valeur, quand 19 vers de P. de Limiers se trouvent au dos du portrait du Régent, qui est alors en premier état. (Ces vers furent supprimés parce qu'on y félicitait le Régent d'avoir émis des billets de banque et qu'au moment où parut ce livre (mai 1720) le public commençait à perdre toute confiance dans le papier monnaie.

Ce livre dont la première édition est de 1696 et la deuxième de 1702 a été réimprimé en 1730, 1734, 1740 et 1820.

BEAUCHAMPS (Godard de). — Les Amours d'Ismène et d'Isménias. Par M. De Beauchamps. *A Amsterdam, Chez l'Honoré*, 1729. In-12. (De 15 à 20 fr.)

Fleuron sur le titre par B. Picart. Frontispice et 4 figures non signés.

— Les Amours d'Ismene et d'Ismenias. *A La Haye*, 1743. In-12. (De 25 à 30 fr.)

VIII-96 pp., plus 1 titre gravé et 3 figures aux pp. 61, 66 et 96.

1 fleuron sur le titre qui est en rouge et noir, 1 titre gravé 1 vignette et 3 figures dans le genre d'Eisen, non signés.

Quelques exemplaires ont les figures tirées en bistre ou en sanguine.

En maroquin citron d'Anguerrand, 20 fr., vente J.-J. de Bure (n. 842), revendu 60 fr., vente Lacarelle (n. 314); en maroquin rouge ancien, sur peau de vélin, avec figures en bistre, 211 fr., vente de Cotte (n. 1177) pour la Bibliothèque nationale; un autre semblable est porté à 305 fr., chez Quentin-Bauchart (*Mes livres*, n. 136); en maroquin rouge ancien., 62 fr., vente Béhague (n. 900).

Réimpression en 1756 avec un nouveau fleuron et une 4ᵉ figure.

— Les Amours d'Ismène et d'Isménias, Suivis de ceux d'Abrocome & d'Anthia. *A Genève* (Paris, Cazin), 1782. In-18. (De 5 à 6 fr.)

2 ff. n. ch., 272 pp., plus 1 frontispice par Marillier, gravé par Delaunay.

— Les Amours d'Ismène et d'Isménias. *A Londres*, 1782. In-18. (De 3 à 4 fr.)

VIII-136 pp., plus 1 frontispice par Marillier gravé par Delvaux. C'est celui de l'édition de 1782, mais retourné.

En maroquin rouge aux armes de Louis XV, Bibliothèque nationale.

Un exemplaire sous la date de 1788, avec la figure tirée en bistre, en maroquin rouge aux armes de Marie-Antoinette se trouverait à la Bibliothèque nationale, selon Quentin-Bauchart; nous n'avons pu l'y retrouver.

BEAUHARNAIS (Fanny de). — Mélanges de poésies fugitives et prose sans conséquence. Par Madame la Comtesse de*** *A Amsterdam et se trouve à Paris, Chez Delalain*, 1776. 2 vol. in-8. (De 15 à 20 fr., et le double sur grand papier).

2 ravissants frontispices par Marillier, gravés par Née, et 4 figures par le même, gravées par de Ghendt, Ponce, Lebeau et Godefroy.

Non rogné, en demi-reliure de David, 28 fr., vente E. Martin (n. 269); en maroquin rouge ancien, chiffre A F sur les plats, 100 fr., vente R. Lion (n. 147).

La seconde partie, qui porte le titre de *Volsidor et Zulménie*, est souvent prise pour un ouvrage distinct.

BEAUMARCHAIS (Pierre-Augustin Caron de). — Eugénie, drame En cinq Actes en Prose, enrichi de figures en taille-douce, avec un Essai sur le Drame sérieux. Par M. de Beaumarchais. *A Paris, Chez Merlin*, 1767. In-8. (De 40 à 50 fr.)

1 f. n. ch., XLIV pp., 2 ff. n. ch., 118 pp., plus 5 figures par Gravelot, gravées par Duclos, Levasseur, Leveau, Masquelier et Née.

Édition originale.

L'exemplaire Béraldi, en maroquin tête de nègre, doublé de maroquin brun clair, relié sur brochure par Cuzin, contient trois eaux-fortes.

En maroquin rouge à dentelle aux armes de Condé, Bibliothèque nationale.

— Eugénie, drame en cinq actes, en prose..., par M. de Beaumarchais. *A Paris, chez la Veuve Duchesne*, 1768. In-8. (De 10 à 15 fr.)

62 pp., plus 5 figures.

Ce sont les mêmes figures que dans l'édition précédente.

En maroquin rouge, avec un portrait ajouté 43 fr., vente Daguin (n. 414).

— La Folle Journée, ou le Mariage de Figaro, Comédie en cinq actes, en Prose, Par M. de Beaumarchais, Représentée pour la première fois, par les Comédiens Français ordinaires du Roi, le

Mardi 27 Avril 1784. *Au Palais-Royal, Chez Ruault, libraire, près du théâtre, n° 216*, 1785. In-8. (De 40 à 60 fr.)

2 ff. n. ch., LVI-237 pp., plus 5 figures par Saint-Quentin, gravées par C. N. Malapeau, la 5ᵉ par Roi.

Édition originale, contenant la suite des figures dite de *Malapeau* et qui offre cette remarque que dans la 5ᵉ planche, la gorge de Rosine est découverte, tandis que dans la suite gravée des figures de Saint-Quentin, dite *Suite de Liénard*, elle se trouve recouverte d'un fichu. On connaît, de la suite de Malapeau quelques rarissimes eaux-fortes, un peu plus grandes que les épreuves terminées, les cuivres ayant été rognés au cours de la gravure.

Il existe des exemplaires en papier fort marqués d'un astérisque.

En maroquin bleu de David, 30 fr., vente Daguin (n. 418).

En grand papier vélin, maroquin citron de Capé, 131 fr., vente Massicot (n. 502).

En demi-reliure aux armes de Marie-Antoinette, Bibliothèque nationale.

— La Folle Journée, ou le Mariage de Figaro, comédie en cinq actes, en prose, par M. de Beaumarchais. Représentée pour la première fois par les Comédiens français ordinaires du Roi, le mardi 27 avril 1784. *De l'imprimerie de la Société littéraire typographique;* (Kehl), *Et se trouve à Paris, Chez Ruault, libraire, au Palais-Royal*, 1785. Gr. in-8. (De 300 à 400 fr.)

LI-199 pp. et 1 f. n. ch., plus 5 figures de Saint-Quentin, gravées par Halbou, Liénard et Lingée, plus finement que dans la suite de Malapeau décrite ci-dessus.

Il existe quelques rares suites des figures avant la lettre. Elles sont ornées d'un encadrement qui a été enlevé ensuite, et sont fort jolies.

Un exemplaire en maroquin bleu doublé de maroquin orange avec les figures avant la lettre remontées, 2.180 fr., vente Debergue Cormont (n. 161).

Avec les deux suites, en maroquin bleu doublé de maroquin orange, reliure sur brochure par Cuzin, 700 fr., vente Quentin-Bauchart (n. 28, *Mes livres* n. 130).

L'exemplaire Daguin (n. 415 : 2725 fr.) en maroquin bleu doublé de maroquin rouge par Cuzin père, contenait les figures avant la lettre et 3 des eaux-fortes (ces dernières rognées ou remontées), plus les figures avec la lettre et la suite de *Malapeau* et la série des portraits d'acteurs ; en maroquin rouge de Bozérian avec les deux suites différentes, 1,150 fr., même vente (n. 416).

L'exemplaire unique de l'édition de Kehl imprimé sur peau de vélin appartenait à M. Philippe de Saint-Albin, ainsi que les dessins originaux de Saint-Quentin, à la plume lavés de bistre, Il a légué le tout à la Bibliothèque de la Comédie-Française.

L'exemplaire Paillet en maroquin vert doublé de maroquin rouge, reliure sur brochure par Cuzin contenant 4 eaux-fortes, les figures avant la lettre, la suite de Malapeau et les portraits d'acteurs, 10.000 fr., *Bull. Morgand* n. 11789. Il a passé ensuite chez M. Van Loo, qui y ajouta la 5ᵉ eau-forte et se trouve aujourd'hui chez M. Adolphe Bordes.

L'exemplaire Portalis 1889, (n. 200 : 2.200 fr.) puis de Guyot de Villeneuve et de Lord Carnarvon (n. 60; puis *Bull. Morgand* II, 6, n. 45 : 7,500 fr.) en maroquin bleu de Trautz contient toutes les cinq figures de *Liénard* en triple état (lettre, avant-lettre et eaux-fortes). Nous ne connaissons pas d'autre suite complète des eaux-fortes que les deux que nous venons de signaler.

— La Folle Journée, ou le Mariage de Figaro (Figures pour.)

Suite de 5 figures au trait légèrement ombré. In-8 en largeur, gravées par Naudet.

Suite exécutée, selon Sieurin, pour une édition in-4 qui n'a été jamais imprimée et utilisée par la suite, après l'encadrement supprimé et la lettre ajoutée.

Ces figures assez rares, surtout à pleines marges, se trouvent dans une contrefaçon avec cette rubrique : à *Séville de l'imprimerie du comte Almaviva* et aussi dans une édition de Lyon, *d'après la copie envoyée par l'auteur*, 1785, in-8°.

En basane, 16 fr., vente Destailleur, (1891, n. 1263).

Les amateurs joignent également à leur exemplaire de *la Folle Journée* des portraits des acteurs de la création.

On les trouvait presque tous dans le bel exemplaire de Daguin cité plus haut :

Mˡˡᵉ Contat, in-8, par Desrais, gravé par Dupin fils; — Mˡˡᵉ Contat, gr. in-8 en couleur par Dutertre, gravé par Janinet; — Mˡˡᵉ Contat, autre portrait en couleur, plus petit ; — Mˡˡᵉ Olivier (rôle de Chérubin) dessiné et gravé en couleur, par Coutellier, in-4 ; — Molé (Almaviva), in-8 au pointillé de couleur non signé; Des Essarts (rôle de Bridoison) ; — Dazincourt, gravé par Robert de Launay.

On peut y joindre encore la suite de 12 figures de Chodowiecki, petit in-12 et une assez rare suite de figures de forme ronde, 5 pièces par Dnavelle et Garnerey gravées par Béginot, Guyot et Moucler.

On les trouve tirées en noir à la sanguine ou coloriées.

Une traduction allemande de *la Folle Journée* a été imprimée à Kehl en 1785, in-8, contenant les figures de Saint-Quentin gravées sous la direction de Chrétien de Méchel.

— Mémoires de M. Caron de Beaumarchais. *S. l. n. d.* 2 vol. in-8. (De 15 à 20 fr.)

Un portrait de Beaumarchais et 1 frontispice par Marillier, qui se place dans chaque volume.

Le portrait de Beaumarchais par Cochin, gravé par Leroy, s'y trouve fréquemment, ou bien celui signé d'Augustin de Saint-Aubin qui est plus beau. Ils sont du format du livre. Il existe encore un bon portrait de *Beaumarchais* gravé par Delâtre, in-8.

L'édition originale des *Mémoires de Beaumarchais*, in-4° est de 1774. Elle contient le portrait de Cochin, gravé par A. de Saint-Aubin.

— Œuvres complètes de Pierre-Augustin Caron de Beaumarchais, Ecuyer, ... etc. *A Paris, Chez Léopold Colin,* 1809. 7 vol. in-8. (De 20 à 25 fr., et sur papier vélin de 45 à 50 fr.)

Tome I: 2 ff. n. ch., 557 pp., 1 f. n. ch., plus 1 portrait et 14 figures.

Tome II: 2 ff. n. ch., 615 pp., plus 11 figures.

Tome III: 2 ff. n. ch., XVI-512 pp.

Tome IV: 2 ff. n. ch., 622 pp.

Tome V: 2 ff. n. ch., 447 pp.

Tome VI: 2 ff. n. ch., XVI et 399 pp.

Tome VII: 2 ff. n. ch., 312 et LX pp.

En tout un portrait au trait et 25 figures, également au trait, très bien gravés par Gautier.

Les figures du *Mariage de Figaro* sont des copies de celles de Saint-Quentin de l'édition de 1785, et celles d'*Eugénie* sont faites d'après celles de Gravelot, pour l'édition de 1767.

BEAUMONT et FLETCHER. — The Dramatick Works of Beaumont and Fletcher, etc. *London, Sherlock,* 1778. 10 vol. in-8. (De 60 à 75 fr.)

1 frontispice avec les portraits des deux auteurs, 53 belles figures dont 24 gravées par Grignion et un fleuron dans le dernier volume.

BEAURAIN (Jean, chevalier de). — Histoire de la campagne de M. le Prince de Condé en Flandre en 1674, précédé d'un tableau historique de la guerre de Hollande jusqu'à cette époque. *A Paris,* 1774. In-folio. (De 20 à 30 fr.)

Frontispice par Desrais et portrait par de Favane gravés par Patas, vignettes de Desrais, Nerbelin, gravées par Moëtte et 41 plans et cartes.

— Histoire militaire de Flandre depuis l'année 1690 jusqu'en 1694 inclusivement... par le chevalier de Beaurain (et de Boisgelin). *A Paris, Chez le Chevalier de Beaurain, Ch. Nic. Poirion et Ch.-Ant. Jombert,* 1755. In-folio. (De 40 à 50 fr.)

2 ff. n. ch., IV-410 pp. plus le frontispice et de nombreuses cartes.

Très beau frontispice par Eisen, gravé par Tardieu, vignettes et culs-de-lampe par Eisen, gravés par Lempereur, Delafosse, Baquoy, etc.

La Bibliothèque nationale possède un superbe exemplaire en maroquin bleu ancien avec armoiries sur les plats (reliure de Padeloup avec son étiquette) : il provient de la Bibliothèque du Tribunat et du palais de Compiègne.

BÉGUILLET. Voyez à MARTINET.

BEKKER (E.). — Fabelen uitgegeven door E. Bekker, A. Wolffen A. Deken. *In s'graven Hage, by Issac van Cleef,* 1784. In-8. (De 15 à 20 fr.)

Une planche des portraits des auteurs, par Neering, gravée par Cardon, 1 titre avec fleuron dessiné et gravé par Buys et 40 vignettes à mi-pages non signées.

BELLE LIBERTINE (La), ou les Aventures galantes de Mlle A***. *Paris*, 1784. In-18. (De 40 à 50 fr.)

2 frontispices et 5 figures érotiques, non signés.
L'édition de 1797 a les mêmes figures, en moins bonnes épreuves, avec un seul frontispice.
Reproduction de *La Vénus en rut* ou *La Vie d'une célèbre libertine*, publiée en 1770.

BELLE SANS CHEMISE (La). *Londres*, 1797. In-18. (De 15 à 20 fr.)

1 figure par Chaillou, gravée par Bovinet.

BELLIN (Jacques-Nicolas). — Essai géographique sur les Iles Britanniques, contenant une Description de l'Angleterre, l'Écosse et l'Irlande, Tant pour la Navigation des Costes que pour la connoissance de l'intérieur du Païs. *A Paris, De l'imprimerie de Didot*, 1757. In-4. (De 25 à 30 fr.)

3 ff. n. ch., 471 pp., plus 1 titre gravé, 1 vue de Londres par Choffard, et de nombreuses cartes.
Contient de jolies vignettes et culs-de-lampe par Choffard, Delacroix et Haussard.
En maroquin rouge ancien aux armes de France, Bibliothèque nationale.
Il en existe une édition réduite (Paris, Nyon, 1759. 2 vol. in-12).

BELLIN DE LA LIBORLIÈRE (Louis-François-Marie). — Voyage dans le boudoir de Pauline, par L. F. M. B. L. *A Paris, Chez Maradan*, an IX. (1801). In-12. (De 4 à 5 fr.)

1 figure par Latteur, gravée par Tardieu.
On trouve aussi quelques figures assez médiocres dans deux autres romans du même auteur : *Anna Grenwill* (Paris, Lemarchand, 1800. 3 vol. in-12) et *Célestine ou les Époux sans l'être* (Paris, Lemarchand, 4 vol. in-12. (De 10 à 12 fr. chacun.)

BELLOY (Pierre-Laurent Burette de). — Le Siège de Calais, tragédie. Au Roi. *A Paris, chez Duchesne*, 1765. In-8. (De 10 à 12 fr.)

2 frontispices dont un représente un joli portrait de Louis XV dans un médaillon dessiné et gravé par Saint-Aubin ; l'autre le portrait de l'auteur avec emblèmes, dessiné et gravé par Littret. Ces deux frontispices sont très beaux.

— Œuvres complètes de M. de Belloy, de l'Académie françoise, citoyen de Calais, édition avec gravures. *A Paris, Chez Cussac*, 1779, 6 vol. in-8. (De 40 à 50 fr., et plus avec les figures avant la lettre).

1 portrait non signé, et 6 figures par Borel, gravés par Giraud jeune, de Longueil, Maillet, Patas, Petit et Viguet.
Réimprimé a Paris, chez Cussac, 1787. 6 vol. in-8.
En veau ancien, 17 fr., vente E. Martin (n. 558).
Cinq dessins de Cochin à la sanguine pour les œuvres de Belloy ont passé de la collection Morel-Vindé dans celle de M. Henri Beraldi.

BÉNARD. — Éloge de l'Enfer, ouvrage critique, historique et moral. *A La Haye, Chez Pierre Gosse*, 1759. 2 vol. in-12. (De 15 à 20 fr. et le double sur grand papier.)

Tome I : 1 f. n. ch., VIII et X pp., 265 pp., plus 1 frontispice et 6 figures.
Tome II : VI-333 pp., plus 7 figures.
En tout 1 frontispice. 2 fleurons, 1 vignette et 1 cul-de-lampe (reproduits chacun trois fois), et 13 figures par Sibelius.
Paul Lacroix, dans une note du catalogue Pixérécourt (n. 1509), attribuait *l'Éloge de l'Enfer* au libraire Jean-Frédéric Bernard ; mais ce n'était là qu'une hypothèse.
Sur papier fort, en maroquin rouge de Hardy, 71 fr., vente Béhague (n. 1350); en maroquin rouge de Cuzin, 120 fr., *Bull. Morgand*, n. 2593; en maroquin rouge ancien, 38 fr., vente R. Lion (n. 265).

BEN-JONSON. — The Works of Ben-Jonson. *London*, 1756. 7 vol. in-8. (De 25 à 30 fr.)

1 portrait par Vertue et 10 figures assez jolies, dessinées et gravées par Duguernier.

BENOIST (Françoise-Albine Puzin de la Martinière, Mme). — Sophronie, ou Leçon prétendue d'une femme à sa fille, Par Madame Benoist. *A Londres,* *et se trouve à Paris, Chez la Veuve Duchesne*, 1769. In-8. (De 8 à 10 fr.)

VI-50 pp., plus 1 belle figure par Greuze, gravée par Moreau le jeune. (B. 298).

L'exemplaire de M. Henri Béraldi, relié par Cuzin, en maroquin vert doublé de maroquin orange, contient l'avant-lettre et l'eau-forte.

En demi-maroquin rouge au chiffre de Louis XV, Bibliothèque nationale.

BENOIST (A.). — *Nouveau livre représentant des promenades champêtres*, inventé et gravé par A Benoist. *A Paris, chez Chereau, s. d.* (vers 1725 ?). In-8, oblong. (De 10 à 15 fr.)

Titre gravé et 7 petites planches.
Collection Ferdinand de Rothschild.

BERCHOUX (Joseph de). — *La Gastronomie, poème* par J. Berchoux suivi des poésies fugitives de l'auteur. Quatrième édition, corrigée et augmentée. *A Paris, Chez Giguet et Michaud*, 1805, an XIII. In-18. (De 8 à 10 fr. et le double sur papier vélin.)

266 pp., plus un frontispice par Myris, gravé par Delignon et 3 figures par Myris et Monsiau gravées par Baquoy, Delvaux et Bovinet.

Les éditions antérieures sont de 1801, 1803 et 1804.

BÉRENGER (Laurent-Pierre). — Poésies de M. Bérenger. *A Londres* (Paris), Cazin), 1785. 2 vol. in-18. (De 5 à 6 fr.)

Tome I : 2 ff. n. ch., 234 pp., 1 f. n. ch., plus un frontispice.
Tome II : 2 ff. n. ch., 220 pp., 2 ff. n. ch., plus un frontispice.
2 frontispices par C. J.-B. Châtelain et L. Pignon, gravés par Châtelain.

— Les Soirées provençales ou Lettres de M. Bérenger Écrites à ses Amis pendant ses Voyages dans sa Patrie. *A Paris, Chez Nyon l'aîné*, 1786. 3 vol. in-12. (De 8 à 10 fr.)

Tome I : 359 pp., plus 1 figure pliée.
Tome II : 356 pp., plus 1 figure pliée.
Tome III : 323-XVII pp., plus 1 figure.

En tout trois jolies figures gravées par Fessard d'après Hackaert et N. Ozanne.

En maroquin rouge aux armes de Louis XVI, Bibliothèque nationale.

BERGHEM (Nicolas). — Œuvre de Nicolas Berghem, célèbre peintre hollandais. *A Paris, Chez Basan et Poignant*. 1789, 2 vol. in-folio. (De 600 à 800 fr.)

Tome I : 124 planches.
Tome II : 93 planches.
En tout 217 planches gravées par Basan, Le Bas, Hill, etc.
Recueil fort rare et dont aucun exemplaire n'a passé récemment en vente.

BERNARD (Pierre-Joseph), dit GENTIL-BERNARD. — Phrosine et Mélidore, poème en 4 chants. *A Messine, Et se trouve à Paris, Chez Lejay*, 1772. In-8. (De 20 à 25 fr., et le double en grand papier.)

2 ff. n. ch., 55 pp., plus 4 figures par Eisen, gravées par Baquoy et Ponce.

Il existe des exemplaires en grand papier.

— L'art d'aimer et poésies diverses de M. Bernard. *S. l. n. d.* (*Paris, Lejay*, 1775). In-8. (De 30 à 40 fr.)

134 pp. et 1 f. n. ch., plus un titre frontispice gravé par Baquoy et 3 figures de Martini, gravées par Patas, Baquoy et Gaucher.

En maroquin rouge ancien, relié avec Phrosine, 400 fr., vente Sardou (n. 197).

Ne pas confondre cette édition avec une autre parue deux ou trois ans plus tard sous le même titre (1 f. n. ch. et 170 pp., plus le titre-frontispice et 3 figures).

Les figures sont les mêmes, mais le titre-frontispice a été contrefait par Louis Drappe.

Cette contrefaçon contient *Phrosine et Mélidore* qui manque dans l'autre édition ; la Bibliothèque nationale en possède un exemplaire en maroquin rouge ancien aux armes de France.

— Œuvres complètes de Bernard. *Londres* (Paris, Cazin), 1777. In-18. (De 6 à 8 fr.)

Une charmante figure par Marillier, gravée par Delaunay, dans le genre voluptueux.
Dans certains exemplaires, la figure est du 1er chant ; dans d'autres, du 2e ; celle qui appartient au 1er chant n'est pas signée.

— Œuvres complètes de M. Bernard. S. l. n. d. (Édition de Cazin.) (De 4 à 5 fr.)

In-18 de 1 f. n. ch. et 236 pp., plus un charmant titre gravé non signé.

— Œuvres complètes de M. Bernard. Nouvelle édition. Avec figures. A Paris, Chez Fr. Dufart, 1793, an III, In-18. (De 4 à 5 fr.

212 pp., plus un frontispice et 3 figures médiocres, gravés par Delignon.

— L'art d'aimer et poësies diverses de Bernard. Éd^on ornée de sept figures. Paris, de l'imprimerie de Didot jeune, l'an IIIeme. Se vend chez Deterville (1795). In-8. (De 10 à 15 fr.)

207 pp., plus 4 figures par Eisen et 3 figures par Martini gravées par Baquoy, Ponce, Patas et Gaucher.
Elle sont avant la lettre parce que celle-ci a été enlevée, mais ce sont les mêmes figures que dans les éditions de 1772 (Phrosine) et de 1775 (Art d'aimer).
En grand papier vélin, maroquin rouge de Lefèvre, 78 fr., vente E. Martin (n. 228) ; en maroquin rouge ancien, de Guedon, témoins, 23 fr., vente Ch. Cousin (n. 281).

— Œuvres de P. J. Bernard, ornées de gravures d'après les desseins de Prudhon ; la dernière estampe gravée par lui-même. A Paris, De l'imprimerie de P. Didot l'aîné, 1797. In-fol. (De 80 à 100 fr. et le triple en grand papier).

2 ff. n. ch., xI-300 pp. plus 4 figures par Prudhon, gravées par Prudhon, Beisson et Copia.
Il y a des exemplaires en papier vélin (tirés à 150 exemplaires) figures avant la lettre, très recherchés maintenant pour les belles figures de Prudhon, et surtout pour la charmante pièce de Phrosine et Mélidore qu'il a gravée lui-même.

On connaît six états différents de cette pièce, peut-être la seule gravure que le maître ait incontestablement faite. C'est une véritable curiosité artistique. Le cuivre original appartient à M. Henri Beraldi. Une esquisse se trouvait chez Hyacinthe Firmin-Didot.
Avec les avant-lettre, cartonné non rogné 160 fr., vente Daguin (n. 419) ; un autre semblable, mais avec des portraits ajoutés, 190 fr., même vente (n. 420) ; en maroquin rouge doublé de maroquin vert, pièces ajoutées, 100 fr., vente Ch. Cousin (n. 282). En demi-reliure, figures avant la lettre, 460 fr., vente Portalis (1882, n. 32) ; en maroquin rouge de Bozérian, figures avant la lettre, 24 fr., vente d'Essling (1839, n. 504), revendu 61 fr., vente La Bédoyère (1862, n. 950) et 670 fr., vente Guyot de Villeneuve (n. 463).
La Bibliothèque nationale possède un superbe exemplaire en maroquin citron ancien avec les figures avant la lettre.
Eudoxe Marcille possédait un certain nombre de dessins et d'études de Prudhon pour ce livre.
Dans les exemplaires contenant les figures avant la lettre se trouve l'opéra de Castor et Pollux, qui n'a pas été joint au reste de l'édition.

BERNARD-PICART. — Cérémonies et Coutumes religieuses de tous les peuples du Monde, représentées par des figures dessinées par Bernard-Picart avec des explications historiques, etc., A Amsterdam, 1723-1743. 8 tomes en 9 vol. in-fol. — Superstitions anciennes et modernes et préjugés vulgaires qui ont induit les peuples à des usages contraires à la religion. A Amsterdam, J. F. Bernard, 1733-36. 2 vol. in-fol. (De 300 à 400 fr.) En tout 11 vol. contenant 266 planches.

Les premiers volumes ont été réimprimés en 1735 et 1739, avec quelques augmentations dans le texte ; mais la première édition est celle qu'on préfère, parce qu'elle contient les premières épreuves.
Ce livre existe en grand papier.
Voici le détail des planches contenues dans chaque volume, dans l'ordre de la publication, en faisant observer que les 2 volumes des Peuples idolâtres forment ordinairement les tomes I et II de la collection, et que le grand frontispice qu'on joint d'ordinaire au tome I n'a été publié qu'après ce volume.

Tome I, 1723, *Juifs et chrétiens catholiques*, divisé en 2 parties : la 1re contient 13 planches et la 2e, 22 (14-35).

Tome II, 1723, *Catholiques*, en 2 parties : la 1re, 22 planches et la 2e, 5.

Tome III, 1723, marqué tome I, 1re partie : *Cérémonies des peuples des Indes occidentales*. Ce volume est divisé en 2 parties, dont la 1re a 34 planches et la 2e, 11.

Tome IV, 1728, le titre porte tome II, 1re partie, *Des Peuples idolâtres*. Ce volume est partagé en 3 parties : la 1re renferme 46 planches. la 2e, 4 et la 3e, 8.

Tome V, coté tome IV, 1733, *Cérémonies des Grecs et des Protestants*, etc. : 19 planches.

Tome VI, coté tome IV, 1735, *Anglicans, Quakers, Anabaptistes*, etc., 13 planches.

Tome VII, 1737, *Mahométans, supplément et corrections* : 23 et 3 planches.

Le supplément, composé du tome VIII, 1743, qui porte *Tome VII, 2e partie*, contient 5 planches, et du tome IX, 1743, dont le titre porte tome VIII, a 14 et 10 planches.

Les *Superstitions*, 1733-36, sont en 2 volumes qui contiennent 11 et 2 planches.

Il existe une réimpression de 1741 en 7 volumes in-folio, le tout refondu et d'autres réimpressions en formats divers. La dernière de 1810 donne encore les planches d'après les cuivres originaux; mais ils étaient très fatigués.

« Cet ouvrage, dit Brunet est une compilation des écrits de R. Simon, de J. Abbadie, de Dupin, de Thiers, du P. Le Brun, de Boulainvilliers, de Reland, etc., sur le même sujet. La rédaction en est due à J.-Fréd. Bernard, libraire-éditeur, au ministre Bernard, à Bruzen de la Martinière et autres. »

Les deux volumes de *Supplément* (surtout en grand papier) et les deux de *Superstitions* (surtout en petit papier) sont fort difficiles à trouver.

Un des plus beaux exemplaires connus est celui en grand papier, en maroquin rouge de Padeloup, conservé au Musée Dutuit (n. 606) et provenant des ventes La Vallière (nn. 4780-81 : 1,429 fr.), Caillard (nn. 1971-72 : 1,506 fr.), La Bedoyère (1837, n. 1337 : 3,003 fr.) et Saint-Mauris (1840, n. 1696 : 3,191 fr. à Dutuit).

Un autre, aussi sur grand papier, en maroquin bleu à dentelles de Padeloup, avec les armes du duc d'Aumont, payé 1,460 fr., a sa vente (1783, n. 2127) a été revendu 1,920 fr., vente Lacarelle (n. 465). En maroquin rouge de Derôme, 2,000 fr. *Bull. Morgand*, 1899, n. 35582.

Le superbe exemplaire de Mme de Pompadour, sur grand papier, en veau fauve à ses armes, se trouvait en 1821 à Moscou chez M. de Wlassoff. Je ne crois pas qu'il soit passé, comme les autres livres de cette collection, dans la collection Galitzin.

— Diverses modes dessinées d'après nature par Bernard Picart. *A Amsterdam*, 1718. In-12. (De 40 à 50 fr.)

Titre et 65 figures.

— Diverses modes dessinées d'après nature par Bernard Picart. *Se vendent chez la Vve de F. Chéreau à Paris, s. d.* In 8. (De 40 à 50 fr.)

Titre et 29 planches de costumes gravés par Bernard Picart.

Relié en velin blanc, 210 fr., vente Béhague (n. 323).

En veau ancien, 68 fr., vente Pichon (1897, n. 378).

Un bel exemplaire figure dans la collection Ferdinand de Rothschild.

Les dessins originaux de Bernard Picart à la sanguine, font aujourd'hui partie de la collection de M. Charles Oulmont.

— Premier des magnifiques carosses de Monseigneur le duc d'Ossuna, ambassadeur et premier plénipotentiaire extraordinaire de Sa Majesté Catholique Philippe V, pour la paix, faits pour l'entrée publique de Son Excellence à Utrecht, en 1713. *A Amsterdam, Chez Bernard Picart*, 1714. In-fol. (De 250 à 300 fr.)

6 planches gravées par Bernard Picart, dont une double.

En maroquin rouge de Hardy, 299 fr., vente Béhague (n. 393).

— Recueil de Lions dessinés d'après nature par divers maîtres et gravés par B.-Picart, divisé en six livres. *A Amsterdam*, 1729. In-folio, oblong. (De 80 à 100 fr.)

1 frontispice et 42 planches d'après Durer, Rembrandt, Le Brun, et d'après nature par B. Picart lui-même.

— Impostures Innocentes ou Recueil d'Estampes, d'après divers peintres illustres, etc., par Bernard-Picart, dessinateur et graveur, avec son éloge historique et le catalogue de ses œuvres. *A Amsterdam, Chez la veuve de B.-Picart*, 1734. In-fol. (De 100 à 150 fr.)

1 fleuron sur le titre, 1 portrait de l'artiste gravé par J. van der Schley, d'après Des Angles et 73 planches contenant 80 sujets d'après les dessins de Raphaël, Rembrandt, Parmesan etc.

— Œuvre en 4 vol. in-fol. (Bibliothèque nationale) comprenant les pièces gravées par lui ou d'après ses dessins.

Dans le cours de cet ouvrage, beaucoup d'ouvrages illustrés par Bernard Picart sont décrits. Nous indiquerons donc quelques titres d'ouvrages que nous ne cataloguons pas ou dont les titres et les dates sont différents.

Figures de la Bible. A Amsterdam, chez B. Picart, marchand d'estampes, à l'Étoile, 1720. In-folio. — 70 planches (dont celle des commandements de Dieu, 31 grands culs-de-lampe historiés et 98 lettres ornées, d'après l'exemplaire de la Bibliothèque nationale.

Un dessin original appartenait à M. Portalis (1887, n. 35.)

Voyez aussi à SAURIN.

Bibliotheca marckiana (frontispice pour la). La Haye, 1727. In-8.

Œuvres de Jules César, 1713. In-8.

Œuvres d'Horace, 1708. In-8.

Œuvres d'Homère, 1710. Frontispice et 24 figures. In-12.

Satyre Ménippée (Frontispice pour la). In-8.

Portraits des principaux personnages qui ont assisté au Concile tenu à Constance en 1414. In-4. — 1712, 20 pièces.

Histoire de Méléagre (*Tapisseries de S. A. R. le duc d'Orléans représentant l'*) gravées d'après Charles Lebrun par Picart, 1714. — 7 planches in-folio.

Les premières épreuves sont avant l'adresse de Buldet.

Atlas historique, 1721. In-folio. — Frontispice.

Système de Law (Pièces sur le).

Dessus de tabatières, nombreuses pièces ovales et carrées.

Comédies de Térence (Les). — 46 figures au trait. In-12.

Epithalames, 1723. — 13 pièces.

Figures pour le Lutrin de Boileau-Despréaux. — 1 frontispice allégorique avec portrait en médaillon daté de 1729, un titre gravé et 6 figures dans un cadre orné, datés de 1728. In-folio,

Œuvres diverses de B. de Fontenelle. — 1 frontispice avec portrait en médaillon. 5 grandes figures in-folio, datées de 1727 et de nombreuses vignettes et culs-de-lampe.

Biblia sacra, etc..., Utrecht, C. G. Lefebvre 1732. In-folio. — Frontispice et figures.

Mémoires de Frédéric-Henri, prince d'Orange. A Amsterdam, P. Humbert, 1733. In-4. 1 frontispice gravé, 1 portrait et 9 figures ou plans, à mi-pages, etc., etc.

Un œuvre de Bernard-Picart réuni en 3 vol. in-folio, et contenant 542 planches, figure à 50 liv. st. (1,250 fr.) dans un catalogue Quaritch.

Ce prix serait triplé aujourd'hui.

BERNIS (François-Joachim de Pierre, cardinal de). — Œuvres complètes de M. de C. le B***, de l'Académie françoise. Dernière édition. *A Londres* (Paris, Cazin), 1777, 2 vol. In-18. (De 6 à 7 fr.)

1 charmant frontispice par Marillier, gravé par Delaunay.

Réimprimé en 1779, le frontispice est remplacé par le portrait du Cardinal de Bernis.

— Œuvres de François-Joachim de Pierre, cardinal de Bernis. On y a joint le poëme de la Religion vengée, ouvrage posthume de l'auteur. *A Paris, De l'Imprimerie de P. Didot l'aîné*, 1797, an V. In-8 (De 25 à 30 fr. et le double sur grand papier).

2 ff. n. ch., 522 pp., et 1 f. n. ch., plus 5 figures.

Portrait sur le titre gravé par Lemire d'après Callet et 5 figures non signées gravées à l'aquatinte.

Tiré à 250 exemplaires, tous sur papier vélin d'Annonay.

Existe sur grand papier vélin avec figures avant la lettre.

En cette condition, nombreuses pièces ajoutées, maroquin rouge, 18 fr. 50; vente Fossé-d'Arcosse (1840, n. 538) revendu 35 fr., vente Borluut de Noortdonck (1858, n. 1551) et 400 fr., vente Delbergue (n. 104.)

La Bibliothèque nationale possède un curieux exemplaire en veau vert à dentelles, aux armes de Napoléon Ier. (Bibliothèque de Fontainebleau).

BÉROALDE DE VERVILLE. — Le Moyen de parvenir, nouvelle édition. A****** 100070057. 2 vol. in-12. (De 40 à 50 fr.)

Tome I : 1 f. n. ch., LXXVI-335 pp., plus le frontispice.
Tome II : 1 f. n. ch., LII-330 pp.
Joli frontispice par Martinet.
En maroquin bleu de Courteval; collection Schuhmann.
Existe en grand papier, mais se rencontre très rarement et se paye fort cher, surtout en vieux maroquin.
En cette condition, maroquin vert ancien, 205 fr., vente Béhague (n. 1256; un autre, en maroquin citron ancien, collection Ferdinand de Rothschild.
Il existait un exemplaire précieux enrichi d'aquarelles érotiques par Marolles.

— Le Moyen de parvenir. Nouvelle édition. (Sans lieu), 100070073. 2 vol. In-12. (De 20 à 25 fr.)

Tome I : LXXVI-335 pp., plus le frontispice et le titre gravé.
Tome II : LII-328 pp., plus le titre gravé.
En tout un frontispice (copié sur celui de 1757) et 2 titres gravés, non signés.

BERQUIN (Arnaud). — Idylles, par M. Berquin, *A Paris, Ruault*, 1775, 2 vol. in-12. (De 60 à 80 fr. et le double sur papier de Hollande avec les figures avant les numéros).

Tome I : VI pp., 1 f. n. ch., 55 pp.
Tome II : 2 ff., n. ch., 67 pp.
1 frontispice dessiné et gravé par Marillier, et 24 figures d'une grâce ravissante par Marillier, gravées très finement par Gaucher, de Ghendt, Le Gouaz, Delaunay, Lebeau, Masquelier, Née et Ponce.
Sous la même date de 1775, ou trouve des tirages de format in-18 portant sur le frontispice la mention 2ᵉ et 3ᵉ édition. (De 40 à 50 fr.)
Les beaux exemplaires sont sur papier de Hollande avec les figures avant les numéros.
Un bel exemplaire contenant les *Idylles* et les *Romances* en ancien maroquin rouge, figures avant les n^{os} : 1120 fr., vente Le Barbier de Tinan (n. 121), (n. 1396 : 199 fr.) sur papier de Hollande.
L'exemplaire de Renouard en maroquin vert de Bozérian, avec les figures avant les n^{os}, contenant en plus les dessins originaux de Marillier à la sépia, avec 19 eaux-fortes, a passé chez Eugène Paillet, (*Bull. Morgand*) n. 11803 : 6,000 fr.) et se trouve aujourd'hui chez M. Henri Beraldi.
Un bon exemplaire des *Idylles* seules, maroquin rouge ancien, grand papier figures avant les n^{os}, 2,000 fr., vente Béhague (n. 720); un autre semblable, 400 fr., vente Delbergue (n. 135); un autre (?) 545 fr., vente Lignerolles (n. 1098).
A la vente Daguin, il y avait trois exemplaires des *Idylles* et *Romances* (n. 421-425) qui se sont vendus respectivement 520 fr. (en maroquin bleu doublé de maroquin citron par Cuzin, papier de Hollande, figures avant les n^{os}, plus 2 eaux-fortes); 145 fr. (exemplaire de Fourqueux, en veau ancien, figures avant les n^{os}, papier de Hollande) et 600 fr. (en maroquin rouge ancien, figures avant les n^{os}, papier de Hollande); les *Idylles* seules, in-18, en maroquin rouge ancien, 51 fr., même vente (n. 425); les *Idylles*, 2ᵉ édition, en veau ancien, 14 fr., même vente (n. 424); les *Idylles* seules, en maroquin rouge de Chambolle, 67 fr., vente Massicot (n. 504); un autre en maroquin brun de Lortic, 66 fr., vente Ch. Cousin (n. 284); en veau ancien, figures avant les n^{os}, 166 fr., vente Müller (n. 110); en maroquin vert ancien, figures avant les n^{os}, 530 fr. vente Sardou (n. 208).
En maroquin rouge, aux armes de Marie-Antoinette, collection Chatonet, à Versailles.

— Idylle, par M. Berquin. S. l. n. d. Gr. in-8. (De 25 à 30 fr.)

Contient 8 pages de texte gravé, plus un titre tiré sur papier plus court, 1 vignette et 1 cul-de-lampe par Marillier, gravés par Gaucher.
C'est l'Idylle IIIᵉ du second volume du Recueil et qui a pour titre l'*Espérance*.
On trouve cette plaquette généralement jointe au *Pygmalion* ci-dessous, illustré par Moreau.

— Idylles. *A Paris*, 1787. In-18. (De 80 à 100 fr.)

19 figures de Borel gravées par Delignon, Demouchy, Dupréel, Guttenberg, Halbou, de Longueil, Petit, Ponce et Roy.
Les premières épreuves sont avant les numéros.

— Idylles, ornées de nouvelles gravures. *A Paris, Chez J.-E. Gabriel Dufour et A Amsterdam*, an X (1801). In-18. (De 40 à 50 fr.)

XII-96 pp., les mêmes 19 figures de Borel en très bonnes épreuves que l'éditeur annonce être des premières tirées.

— Pygmalion, scène lyrique de M. J.-J. Rousseau, Mise en vers par Mr Berquin. Le texte gravé par Droüet. *A Paris*, 1775. Grand in-8. (De 250 à 300 fr.)

2 ff. n. ch. et 18 pp,; entièrement gravé. Titre gravé par Ponce d'après Marillier, et 6 vignettes charmantes de Moreau, gravées par Delaunay et Ponce. (B. 300-305).

Très joli volume élégamment illustré, auquel doit se trouver jointe l'*Idylle*, décrite plus haut.

Rarissime en maroquin ancien; en veau fauve de Deróme, 455 fr., vente Portalis (1882), n. 61) revendu 320 fr., vente R. Lion (n. 211).

En demi-reliure, non rogné, avec les tirages hors texte des vignettes et une eauforte, 530 fr., vente Martin (n. 351); broché, avec les tirages hors texte et deux eaux-fortes, 920 fr., vente Destailleur (1891, n. 1272); cartonné non rogné, avec l'*Idylle*, 180 fr., vente Müller (n. 161); semblable, mais sans l'*Idylle*, 130 fr., vente Daguin (n. 563); en maroquin bleu de Cuzin, avec la couverture originale en papier doré, 450 fr., même vente (n. 565); en maroquin vert de Cuzin, 345 fr., vente Guyot de Villeneuve (n. 444); cartonné avec l'*Idylle*, 89 fr., vente Sardou (n. 21.)

Le très bel exemplaire d'Eugène Paillet (*Bull. Morgand*, n. 11805 : 6,000 fr), aujourd'hui chez M. Henri Beraldi, est non rogné, sur grand papier, en maroquin vert doublé de maroquin rouge, par Cuzin et contient une suite superbe des tirages hors texte en épreuves d'artiste, plus le titre avant la lettre, signé de Marillier.

Eisen a fait aussi pour le *Pygmalion* de Rousseau, une suite de six jolies figures, grand in-8 gravées par de Ghendt, que les amateurs recherchent pour les joindre à l'imitation en vers de Berquin ; elle existe avec et avant la lettre. Eugène Paillet possédait une *septième* figure à l'état d'eauforte (découverte) et une vignette en-tête de Marillier pour une édition non publiée de *Pygmalion*. Ces deux pièces, jointes à la suite d'Eisen en double état (eaux-fortes et avantlettre), sont portées à 1,200 fr. au *Bull. Morgand*, n. 11806.

— Romances, par M. Berquin. *A Paris, Chez Ruault, Libraire*, 1776. In-12. (De 60 à 80 fr.)

1 ff. n. ch., XXVI-73 pp., plus un frontispice, 6 figures et 3 ou 6 ff. de musique.

1 frontispice et 6 charmantes figures par Marillier, gravées par Delaunay jeune et de Ghendt. Ponce, et 6 feuillets de musique gravée. Certains exemplaires n'en ont que 3.

Existe sur papier de Hollande avec les figures avant les numéros. Ce sont les exemplaires qu'il faut préférer pour joindre aux *Idylles*.

En cette condition, en maroquin rouge ancien, collection F. de Rothschild et collection Schuhmann.

Quelques exemplaires n'ont que quatre figures sans la musique, mais ils sont du premier tirage.

Il y a sous la même date une édition in-18 dont les figures sont moins bonnes.

Existe aussi sous la date de 1777. *A Paris, de l'imprimerie de Quillau* (En maroquin rouge de Chambolle, 66 fr., vente Massicot, n. 505.)

— Romances, par M. Berquin. *De l'imprimerie de Monsieur*, 1788. In-18. (De 50 à 60 fr.)

10 figures par Borel, gravées par Dambrun, Delignon, Guttenberg, Hubert, de Longueil et Petit, et 36 planches de musique.

Les figures de Borel existent avant les numéros.

Réimprimé à Paris avec les *Idylles*, 2 parties en 1 volume in-18, chez Dufour, 1801.

— Romances. *A Paris, De l'imprimerie de Moutardier*, 1797. In-16. (De 10 à 12 fr.)

2 ff. n. ch., VII pp., pp. III-XXXII, 1-124 plus un titre gravé, 13 figures non signées et 44 pp. de musique gravée.

— Œuvres complètes de Berquin, nouvelle édition rangée dans un meilleur ordre. *A Paris, Chez Renouard*, an XI (1803). 18 vol. in-12. (De 100 à 125 fr.

205 figures ou frontispices, répartis comme ci-dessous, par Borel, Le Barbier, Marillier, Monsiau et Moreau, gravés par Borgnet, Choffard, Dambrun, Delaunay jeune, Delignon, Duparc, Dupréel, de Ghendt, Guttenberg, Halbou, Hubert, Huot, de Longueil, Maillot, Née, Pauquet, Petit, Ponce, Sallier, Trière et Villerey.

Ce livre a été tiré sur papier vélin. (De 250 à 300 fr.) En cet état, broché, figures ajoutées, 89 fr., vente Renouard (1854), n. 2448), revendu 215 fr., vente La Bédoyère (1862, n. 1863); en veau, 70 fr., vente Destailleur (1891, n. 1487).

Sur papier vélin, figures avant la lettre, veau ancien, 470 fr., vente E. Martin (n. 572).

On signale également trois exemplaires sur papier rose. L'un d'eux, en maroquin vert, figures ajoutées, 80 fr., vente Renouard (1854, n. 2449) à Durand.

Voici le détail des ouvrages contenus dans ces 17 volumes :

1° *L'Ami des enfants*, par Berquin. Nouvelle édition rangée dans un meilleur ordre, 7 volumes; 7 frontispices et 91 figures charmantes. — 2° *Le Livre de famille*, ou Entretiens familiers sur les connaissances les plus nécessaires à la jeunesse, 1 volume; 1 frontispice et 6 figures. — 3° *La Bibliothèque des villages*, 2 volumes; 1 frontispice et 6 figures. — *Introduction à la connaissance de la nature*, imité de l'anglais, 1 volume; 20 figures dont 2 par Le Barbier, 1 par Pillement et 17 eaux-fortes non signées. — 5° *Choix de lectures* pour les enfants, 2 volumes; 2 frontispices et 11 figures. — 6° *Idylles, romances* et autres poésies; 2 frontispices et 38 figures.— 7° *Sandford et Merton*, imité de l'anglais, 2 volumes; 14 figures. — 8° *Le Petit Grandisson*, imité du hollandais, 1 volume; 6 figures.

Renouard possédait un exemplaire en papier vélin relié en 19 volumes cuir de Russie par Purgold qui contenait presque tous les dessins originaux de Borel, Marillier, Le Barbier, Monnet, etc., tant pour cette édition que pour d'autres, en tout, plus de 300 dessins et de nombreuses gravures.

Cet exemplaire qui fut vendu 310 fr., à sa vente en 1854 (n. 2447), a fait 6,999 fr., à la vente Lebeuf de Montgermont (n. 807) et 4,000 fr., vente Werlé (n. 239); il se trouve aujourd'hui chez M. le comte de Mun.

BERRUYER (Le Père Isaac-Joseph). — Histoire du Peuple de Dieu. *Paris, A. Cailleau*, 1738. 7 tomes en 8 vol. in-4. (De 20 à 30 fr.)

4 vignettes dessinées par Boucher et gravées à l'eau-forte par Cochin fils et plusieurs autres par Chedel et Antoine.

La première édition de cet ouvrage célèbre est de 1728.

BERTHOUD (Ferdinand). — L'Art de conduire et de régler les pendules et les montres. A l'usage de ceux qui n'ont aucune connoissance d'Horlogerie. *A Paris, Chez l'Auteur et chez Michel Lambert*, 1759. In-24. (De 8 à 10 fr.)

XVI-78 pp., et 1 f. n. ch., plus 4 planches dessinées et gravées par Choffard.

En maroquin rouge ancien, 15 fr., vente Le Barbier de Tinan (n. 65); en maroquin vert de Duru 22 fr., vente Janzé (n. 246).

BERTIN (Chevalier Antoine de). — Œuvres de M. le chevalier de Bert***. *A Londres et se trouve à Paris, Chez Hardouin et Gattey*. Nouvelle édition corrigée & augmentée. 1785. In-18 (format Cazin). 2 vol. (De 12 à 15 fr.)

Tome I : 2 ff., n. ch., 155 pp., plus le frontispice.
Tome II : 2 ff. n. ch., 188 pp., plus le frontispice.

Frontispice par Monnet, gravé par Anselin pour le premier volume; celui du second n'est pas signé. (De 6 à 8 fr.)

En maroquin rouge ancien aux armes de Marie-Antoinette. Bibliothèque nationale.

— Œuvres de M. le chevalier de Bertin. Nouvelle édition corrigée et augmentée, avec figure. *A Paris, Chez Gattey*, 1791. 2 vol. in-18. (De 5 à 6 fr.)

Tome I : 2 f. n. ch., 170 pp., plus 1 figure.
Tome II : 2 ff. n. ch., 200 pp., plus 1 figure.

Mêmes figures que dans l'édition précédente.

Existe sur papier vergé et sur papier vélin.

BÉTHUNE. — Cf. SULLY.

BEVY (Abbé Charles-Joseph de). — Histoire des Inaugurations des Rois, Empereurs et aux Souverains de l'univers, depuis leur origine jusqu'à présent, Suivie d'un précis de l'état des Arts & des Sciences sous chaque Règne : des principaux faits, mœurs, coutumes & usages les plus remarquables des Français, depuis Pépin jusqu'à Louis XVI, Par M***. *A Paris, Chez Moutard*, 1776. In-8. (De 60 à 80.)

XVI-559 pp. et 2 ff. n. ch., plus 14 figures comprenant 81 costumes, dessinées par Michel Rieg, gravées par Ingouf et Trière.

En maroquin rouge, aux armes de la comtesse de Provence, 300 fr., *Bull. Morgand*, 1899, n. 35614.

Sur grand papier, bel exemplaire de dédicace, en maroquin rouge aux armes de la princesse de Chimay, 425 fr., vente Lebeuf de Montgermont (n. 825); ce même exemplaire a passé dans un catalogue Rouquette, au prix de 600 fr., il est aujourd'hui dans la collection Ferdinand de Rothschild.

En maroquin rouge ancien aux armes de Marie-Antoinette, Bibliothèque nationale.

BIBIENA (De). — La Poupée. *Londres*, 1788. In-18. (format Cazin). (De 3 à 4 fr.)

Frontispice non signé.

BIBLIOTHÈQUE BLEUE (La), entièrement refondue et considérablement augmentée. *A Paris, Costard et Fournier*, 1775-1783. 7 parties en 2 vol. in-8. (De 40 à 50 fr.)

6 jolies figures par Desrais.

Cette collection comprend : *Histoire de Pierre de Provence et de la Belle Maguelonne, Histoire de Robert le Diable, Histoire de Richard sans Peur, Histoire de Fortunatus, Histoire des Enfants de Fortunatus, Histoire de Jean de Calais, Les quatre fils Aymon.*

BIBLIOTHÈQUE DE CAMPAGNE. *A Amsterdam, Chez M. M. Rey*, 1765. 12 vol. in-12. (De 30 à 35 fr.)

12 frontispices et 12 figures de Bolomey.

Les dessins originaux de Bolomey, avec les tirages à part des gravures, se sont vendus environ 1,500 fr. vers 1880, à La Haye, lors de la vente des livres de M. M. Rey. Ils sont aujourd'hui dans la collection Olry-Rœderer.

BICKHAM. — Bickham's Musical Entertainer. *London, Corbett*, 1737. 2 parties en 1 vol. in-folio. (De 300 à 400 fr.)

200 ff.. entièrement gravés, de chansons avec musique notée. Sur chaque feuillet une vignette en-tête (beaucoup d'après Gravelot et Watteau).

Recueil fort rare. (*Bull. Morgand*, n. 35615).

BIDPAÏ & LOKMAN. — Les Contes et Fables indiennes, de Bidpaï et Lokman, traduites D'Ali Tchelebi-Ben-Saleh, Auteur Turc. Œuvre posthume Par M. Galland. *A Paris, Chez Cavelier fils*, 1724. 2 volumes in-12. (De 15 à 20 fr.)

Tome I : LX pp., 2 ff. n. ch., 390 pp., 1 f. n. ch., plus 3 figures.

Tome II : 382 pp., 1 f. n. ch., plus 6 figures.

En tout 9 figures non signées, toutes assez médiocres.

BIENFAITS (Les) de l'Assemblée nationale, entretiens de la mère Saumon, doyenne des halles, suivis de vaudevilles. *Paris*, 1792. In-32. (De 6 à 8 fr.)

Jolie petite figure non signée.

BIÈVRE (François-Georges Maréchal, marquis de). — Lettre écrite à Madame la comtesse Tation par le sieur de Bois-Flotté, Étudiant en droit-fil. Ouvrage traduit de l'Anglois. Quatrième édition, Augmentée de plusieurs notes d'infamie. *A Amsterdam* (Paris), *Aux dépens de la Compagnie de Perdreaux*, 1770. In-8. (De 12 à 15 fr.)

XVI-26 pp., et 1 f. n. ch., plus 1 figure par Dienkerpergh, gravée par Clouk ; il y a aussi 1 vignette non signée.

Curieux amas de calembours dont voici un spécimen :

« Qu'est-ce qui l'a peint *mollet* ? — C'est moi *de Février*. — C'est toi *de maison* ! Eh bien ! mon cher : rase *campagne*, frise *la corde*, mais ne peints point *du jour* ! »

— Vercingentorixe, tragédie, Œuvre posthume du sieur de Bois-Flotté, étudiant en droit-fil, suivie de notes historiques de l'auteur. *S. l. (Paris)*, 1770. In-8. (De 5 à 6 fr.)

55 pp. plus une jolie figure non signée. Curieux recueil de calembours.

BIJOU DE SOCIÉTÉ (Le), ou l'Amusement des Grâces. *A Paphos, l'an des plaisirs.* 2 vol. petit-12. (De 60 à 80 fr.)

100 figures non signées.

Même livre que le *Cabinet de Lampsaque* cité plus loin.

BIJOUX DES NEUF-SŒURS (Les) Avec de jolies gravures, *A Paris, Chez Defer de Maisonneuve, 1790. Imprimerie de Clousier*, 1789. 2 vol. in-24. (De 40 à 50 fr.).

Tome I : 2 ff. n. ch., 296 pp., plus 3 figures.

Tome II : 2 ff. n. ch., 300 pp., plus 3 figures.

2 frontispices et 4 figures par Le Barbier, gravés par Gaucher. On trouve des exemplaires avec les figures avant la lettre.

Recueil de poésies de Piron, Piis, Chaulieu, Voltaire et autres auteurs.

Les agréables petites estampes de ce livre avaient déjà figuré dans les *Chansons de Piis*, dont six pièces se trouvent dans ce recueil avec leurs six figures correspondantes. On a ajouté une légende au bas.

Réimpression, *Paris, Didot*, 1796, in-18, avec 2 figures seulement.

BIJOUX (Les) du petit-neveu de l'Arétin ou Étrennes libertines, dédiées aux femmes ci-devant de qualité et sensibles, s'il s'en trouve, aux honnêtes représentants de la nation, dont le nombre est limité, aux chastes ecclésiastiques dont l'âge cède aux plaisirs, enfin aux sectateurs voluptueux des plaisirs de l'amour, et partout il s'en trouve, pour le courant de l'année 1793, avec 16 figures en taille-douce. *A Paris, de l'imprimerie de la Delaunay*, 1793. In-8. (De 100 à 120 fr.)

16 figures non signées.

BILDERBECK (Ludwig-Benedict-Franz, baron von). — Cyane, roman grec. Par le Baron de Bilderbeck. *A Neuwied, Chez la Société Typographique à à Strasbourg, chez J. P. Trenttel*, 1790. In-8. (De 6 à 8 fr.)

190 pp. plus le frontispice gravé.

Contient un titre gravé et 3 jolis culs-de lampe non signés.

Roman dialogué en 3 livres.

BILLARDON DE SAUVIGNY (Louis-Edme). — Histoire amoureuse de Pierre le Long et de sa très honorée dame Blanche Bazu, écritte (*sic*) par iceluy. *A Londres* (Paris), 1765. In-8. (De 20 à 25 fr.)

142 pp., plus le titre gravé et le frontispice.

Contient un titre gravé avec fleuron, représentant les deux bustes accolés de Pierre et de Blanche, un frontispice et trois vignettes à l'eau-forte non signés.

En maroquin vert ancien, aux armes de la duchesse de Gramont-Choiseul, 140 fr., vente Béhague (n. 1074), chez Mme la comtesse de Gramont d'Aster ; en maroquin rouge aux armes de Louis XV, Bibliothèque nationale.

Réimprimé plus tard sous le titre de :

— L'Innocence du premier âge en France. *Chés De Lalain à Paris*, 1768. Pet. in-8 carré. (De 10 à 15 fr.)

Même titre gravé, même fleuron avec l'inscription : *Pierre et Blanche ;* même frontispice avec la lettre et les 3 mêmes vignettes terminées.

Ce roman est suivi de :

— La Rose ou la Fête de Salency. *Paris*, 1768. In-8.

Beau frontispice de Greuze, gravé par Moreau le jeune en 1768.

— La Cour d'amour. In-8.

Sans figures.

— L'Isle d'Ouessant. In-8.

Vignette de Moreau et 14 planches de musique.

Ces opuscules ont été réimprimés en 1774 et 1788 chez Ruault et aussi en 1778 (vente E. Martin, n. 426 et vente Massicot, n. 892.)

Il existe une copie retournée du frontispice de Greuze, non datée.

Le bel exemplaire de M. Henri Beraldi contient des avant-lettres, des eaux-fortes et des tirages hors texte des vignettes ; il est relié sur brochure par Cuzin en maroquin vert, doublé de maroquin fauve.

— Les Amours de Pierre le Long et de Blanche Bazu. *A Paris*, 1796. In-12. (De 4 à 5 fr.)

Titre dessiné par Villemin, gravé par Blanchard.

— Le Parnasse des Dames. *A Paris, Chez Ruault*, 1773. 9 vol. in-8. (De 60 à 80 fr.)

Tome I : 1 f. n. ch., 240 pp., plus 1 titre gravé et 1 frontispice.
Tome II : 2 ff. n. ch., 245 pp., 1 f. n. ch., plus 1 titre gravé.
Tome III : 1 f. n. ch., 240 pp., plus 1 titre gravé.
Tome IV : 1 f. n. ch., 224 pp., plus 1 titre gravé.
Tome V : 1 f. n. ch., 240 pp., plus 1 titre gravé.
Tome VI : 2 ff. n. ch., 272 pp., plus 1 titre gravé.
Tome VII : 2 ff. n. ch., 280 pp., plus 1 titre gravé.
Tome VIII : 358 pp., 1 f. n. ch., plus 1 titre gravé.
Tome IX : 264 pp., plus 1 titre gravé.

6 jolis titres gravés (5 différents), 1 frontispice et 15 vignettes, dont 9 avec les portraits de Sapho, Marguerite de Navarre, Louise Labé, Mme Desroches, la comtesse de la Suze, Mlle de Scudéri, Mme et Mlle Deshoulières, Mme de Louvencourt et Mlle Chéron ; 2 avec des sujets et 4 avec de simples noms, par Marillier, gravés par Ponce.

Les tomes VI à IX portent comme titre : Théâtre des Femmes Angloises,... Danoises et Allemandes.

En veau ancien, 40 fr., vente E. Martin (n. 266) ; en maroquin rouge aux armes de Louis XV, Bibliothèque nationale.

— Les Après Soupés de la Société, petit Théâtre Lyrique et Moral. *A Sybaris Et A Paris, chez l'auteur*, 1782-1783. 23 parties en 6 vol. in-18. (De 400 à 500 fr.)

Tome I : pp. III-XIV, 28, 45 [lis 43], 40 et 42 pp., plus le frontispice, le titre gravé, 3 figures et 18 pp. de musique gravée.

Tome II : 40, 92, 40 pp., plus le titre gravé 4 figures et 15 pp. de musique gravée.
Tome III : IV-48 [lis 44], 59, 24 et 60 pp., gravé plus le titre, 4 figures et 5 ff. de musique gravée.
Tome IV : 89, 9 pp., 1 f. n. ch., 35, 64 pp., plus le titre gravé, 1 figure, 2 frontispices et 10 pp. de musique gravée.
Tome V : 31, 48, 47, 54 pp. et 1 f. n. ch., plus le titre gravé, le frontispice, 3 figures et 8 pp. de musique.
Tome VI : 38 pp., 1 f. blanc, 92 pp., plus le titre gravé et 2 figures.

En tout 28 figures, par Eisen, Binet et Martinet, gravées par Aliamet, Berthet, Giraud le jeune, de Launay, de Longueil, Martinet et Massard.

Livre recherché et dont les figures sont originales et finement gravées.

Comme cet ouvrage paraissait par livraisons, il a fallu réimprimer des cahiers épuisés. Aussi les exemplaires à tirage uniforme sont-ils difficiles à rencontrer.

On reconnaît le second tirage des deux premiers volumes à l'absence de titres imprimés de chaque pièce. Les signatures dans la bonne édition commencent par la lettre A. Dans la réimpression elles commencent par la lettre A. 2. Pour l'avertissement de l'éditeur et pour le titre gravé du tome Ier, la réimpression porte : *Nouvelle édition à Paris*, 1783 au lieu de *Sybaris*. Le papier est teinté bleu. (De 150 à 200 fr.)

Bel exemplaire de 1er tirage en maroquin vert de Cuzin, 500 fr., vente Daguin (n. 426) ; en maroquin rouge ancien, 2,200 fr., vente Béhague (n. 880) ; en maroquin bleu de Chambolle (mélangé) 385 fr., vente Destailleur (1891, n. 1273) ; en veau fauve ancien, 535 fr., vente Werlé (n. 242).

M. Louis Cartier possède un charmant exemplaire en maroquin vert ancien.

— La Mort de Socrate. Tragédie En trois Actes & en vers. *A Paris, Chez Prault le jeune*, 1763. — In-8. (De 3 à 4 fr.)

2 ff. n. ch., IV-46 pp., 1 f. n. ch., plus 1 figure médiocre par Levesque.

— Poésies de Sapho, suivies de différentes poésies Dans le même genre. *A Amsterdam* (Paris, Cazin) 1777. In-18. (De 5 à 6 fr.)

2 ff. n. ch., et 152 pp., plus le frontispice.

Joli portrait en médaillon dessiné par Marillier, gravé par Delaunay. — Autre

édition. *A Londres* (Paris, Cazin) 1781. In-18 de 2 ff. n. ch., et 140 pp., plus le même portrait en sens inverse.
Il existe des exemplaires où le portrait se trouve avant les noms des artistes.
En maroquin rouge ancien (édition de 1781), 32 fr., vente L. de Tinan (n. 88).
En maroquin rouge aux armes de Louis XV (édition de 1781), Bibliothèque nationale.

— Voyage de Madame et de Madame Victoire. *A Lunéville, Chez Messuy*, s. d. (1761). In-12. (De 25 à 30 fr.)

2 ff. n. ch. et 25 pp., plus une figure gravée à l'eau-forte par Mme de Pompadour.
Très rare et sans doute tiré à petit nombre.
Bibliothèque nationale.

BIMONT. — Principes de l'art du Tapissier : ouvrage Utile aux Gens de la Profession & à ceux qui les emploient ; dédié à Monseigneur le Dauphin. Nouvelle Édition, revue, corrigée et augmentée, & enrichie de Figures en Taille-Douce. Par M. Bimont, Maître & Marchand Tapissier. *A Paris, De l'imprimerie de Lottin l'aîné*, 1774. In-12. (De 60 à 80 fr.)

1 f. n. ch., XII-218 pp., plus 29 planches se dépliant, représentant des pièces d'ameublement. Volume rare.

BINOS (L'abbé de). — Voyage par l'Italie en Égypte, au mont Liban et en Palestine ou Terre sainte. *A Paris, Chez l'Auteur et chez Boudet*, 1787. 2 vol. in-12. (De 30 à 35 fr.)

Tome I : VIII-301 pp., 1 f. n. ch., plus 6 figures.
Tome II : 2 ff. n. ch., 367 pp., plus 6 figures.
En tout 12 figures de costumes finement gravées.
En maroquin rouge aux armes de la comtesse d'Artois, 250 fr., *Bull. Morgand*, 1899, n. 35623.
En maroquin rouge aux armes de Marie-Antoinette, Bibliothèque nationale.

BION ET MOSCHUS. — Idylles de Bion et Moschus, traduites en français par J. B. Gail, Professeur de Littérature grecque au collège de France. Ouvrage orné de figures dessinées par Le Barbier. *De l'imprimerie de Didot jeune*, l'an troisième (1795). In-18. (De 50 à 60 fr. et le triple en avant-lettre.)

106 pp. et 1 f., plus 1 portrait et 4 jolies figures par Le Barbier, gravés par Dambrun, Delignon et C. S. Gaucher. La dernière figure, pour *Daphnis et Naïs*, manque souvent.
On recherche les exemplaires en grand papier vélin avec figures avant la lettre et les eaux-fortes. Celui de la vente Desbarreaux-Bernard (n. 259 : 400 fr.), en maroquin rouge de Bozérian est dans la collection James de Rothschild (n. 401) ; celui de Daguin (n. 427) en demi-reliure, maroquin orange de Cuzin, même état, a fait 450 fr. Un autre, en maroquin rouge ancien, même état, est chez M. H. Beraldi, un autre semblable, relié pour Lord Carnarvon (n. 11) par Lortic en maroquin orange à mosaïque doublé de maroquin bleu est porté à 1,000 fr., au *Bull. Morgand* (II, 6, n. 70) ; un autre encore, toujours avec les avant-lettre et les eaux-fortes, mais en veau ancien, 400 fr., vente Guyot de Villeneuve (n. 458).
Il existe une réimpression avec les mêmes figures par les mêmes artistes an IX (1801) ; in-18, et des exemplaires avec les figures en avant-lettre et les eaux-fortes.

BION et MOSCHUS (voir ANACRÉON).

BITAUBÉ (Paul-Jérémie). — Guillaume de Nassau, ou la Fondation des Provinces-Unies. *Amsterdam, Magérus*, 1773. In-8. (De 15 à 20 fr.)

1 fleuron sur le titre et 10 figures de Chodowiecki, gravées par Van der Meer.

— Guillaume de Nassau, ou la Fondation des Provinces-Unies, Par M. Bitaubé, De l'Académie Royale des Sciences & Belles-Lettres de Berlin. Nouvelle édition, considérablement augmentée & corrigée. *A Paris, Chez Prault*, 1775. In-8. (De 8 à 10 fr.)

Contient 1 fleuron sur le titre et 1 frontispice dessinés et gravés par Moreau.
On trouve le joli frontispice et le fleuron de Moreau en épreuves d'artiste. (B. 307-308).

— Joseph, poème en 9 chants par Bitaubé. *A Berlin, chez Samuel Pitra*, 1767. 2 vol. in-12. (De 20 à 25.)

1 frontispice et 9 figures par Meil, portant la date 1767.
En maroquin rouge ancien, 16 fr., vente Massicot (n. 507).
Une édition de Paris, 1767, in-8 contient un joli fleuron de Moreau qui existe tiré hors texte, (B. 306).

— Joseph, poème en neuf chants. *Genève*, 1777. 2 vol. in-12. (De 30 à 40 fr.)

9 figures de Marillier, gravées par Née.

— Joseph. Par M. Bitaubé, De l'Académie royale des sciences, etc. Quatrième édition. *A Paris, De l'imprimerie Didot l'aîné*, 1786. 2 parties in-8. (De 25 à 30 fr.)

382 pp., 1 f. n. ch., plus 1 portrait par Cochin, gravé par Saint-Aubin, et 9 figures par Marillier, gravées par Née.
En veau bleu, papier vélin, figures avant la lettre, 152 fr., vente E. Martin (n. 286); en maroquin rouge de Derôme, 51 fr., vente R. Lion (n. 229).
L'exemplaire de Renouard en maroquin bleu, imprimé sur vélin et contenant les 9 dessins de Marillier plus les figures avant la lettre et les eaux-fortes, s'est vendu 130 fr. en 1854 (n. 2033). Il a été revendu 700 fr. à la première vente Double (1863, n. 318) et 3.000 fr. à la vente Benzon (n. 301); aujourd'hui collection Rattier.
Un autre exemplaire sur vélin avec les figures peintes en miniature sur vélin, en maroquin bleu à dentelles, riche reliure de Derôme aux armes de France, appartient à la Bibliothèque nationale.
En maroquin rouge ancien, aux armes de la duchesse de Polignac, 260 fr., vente Ganay (n. 177) revendu 585 fr., vente Franchetti (n. 215), aujourd'hui collection F. de Rothschild.
On trouve le même livre sous la même date en 2 volumes de format in-18, en papier ordinaire et en papier vélin.
Un de ces derniers, en maroquin rouge de Lefèvre (?), 36 fr., vente E. Martin (n. 285); un autre en maroquin vert de Derôme, 80 fr., vente R. Lion (n. 228), un autre avec les figures peintes sur vélin, 36 fr. à Capé, vente Renouard (1854, n. 2035); un autre encore en demi-reliure ancienne, maroquin rouge, contenant les avant lettre et les eaux-fortes est chez M. Henri Beraldi.

— Joseph, par Bitaubé, membre de l'Institut national de France, etc., sixième édition revue et corrigée. *Paris, Didot l'aîné*, an V (1797). 2 vol. in-18. (De 10 à 15 fr.)

9 figures par Marillier, gravées par Née.
Existe sur papier vélin. Réimpression de la petite édition décrite ci-dessus, avec les mêmes figures.

BLANCHARD (Pierre). — Simplice, ou les Voluptés de l'Amour. *A Paris*, 1797. In-18. (De 4 à 5 fr.)

1 figure-frontispice non signée.

— Rose, ou la Bergère des bords du Morin, suivie de la Chaumière du vieux Marin. Par Pierre Blanchard. *A Paris, Chez Le Prieur*, An VI, 1797. 2 vol. in-12. (De 8 à 10 fr.)

Tome I: xviii-234 pp., plus le frontispice.
Tome II: 255 pp., plus le frontispice.
En tout deux frontispices par Chaillou gravés par Bovinet.

BLIGNY. — Recueil des Portraits de la Famille Royale, des autres princes, des ministres et des hommes illustres, de l'Europe, sous les règnes de Louis XV et Louis XVI, gravés par les meilleurs artistes et suite d'autres gravures qui se vendent *A Paris, Chez Bligny, lancier du Roi, cour du manège aux Thuileries*, s. d. In-fol. (De 400 à 500 fr.)

Titre gravé par Mondon, *Avis aux amateurs*, 233 portraits par Morin, Le Beau, Cathelin, Gaucher, Littret, Edelinck, Duflos, Drevet, Ingouf, etc., et 9 estampes par Moreau, Gillet et Couché.
Suite peu commune des portraits et estampes éditées par Bligny. En demi-reliure, 425 fr., vente Destailleur (1891, n. 451).

BLIN DE SAINMORE (Adrien-Michel-Hyacinthe). — Joachim, ou le Triomphe de la pitié filiale, drame en trois actes et en vers, suivi d'un choix de poésies fugitives, par M. Blin de

Sainmore. *A Amsterdam et se trouve à Paris, Chez Delalain*, etc., 1775. In-8. (De 8 à 10 fr.)

1 figure par Marillier, gravée par Duflos jeune.

En demi-reliure de l'époque, 18 fr., vente Sardou (n. 209) ; en maroquin rouge aux armes du comte de Vergennes, Bibliothèque nationale.

— Lettre de Biblis à Caunus son frère, Précédée d'une Lettre de l'Auteur. Par M. Blain de Sainmore. *A Paris, de l'Imprimerie de Sébastien Jorry*, 1765. In-8. (De 15 à 20 fr.)

32 pp., plus 1 figure. Contient 1 figure par Gravelot, gravée par Aliamet ; 1 vignette et 1 cul-de-lampe par Eisen, gravée par de Longueil.

La vignette et le cul-de-lampe sont meilleurs que la planche principale.

— Lettre de Gabrielle d'Estrées à Henri IV. Précédée d'une épître à M. de Voltaire et sa réponse, Par M. Blin de Sainmore. *A Paris, De l'Imprimerie de Sébastien Jorry*, 1766. In-8. (De 10 à 12 fr.)

32 pp., plus la figure. Contient 1 figure, 1 vignette et 1 cul-de-lampe, par Eisen, gravés, la figure par Rousseau, la vignette par Massard, et le cul-de-lampe par Aliamet.

Publié à 1 livre 16 sous.

En maroquin rouge aux armes de Louis XV, Bibliothèque nationale.

— Lettre de la duchesse de La Vallière à Louis XIV, précédée d'un abrégé de sa vie, par M. de Sainmore. *A Londres et A Paris, Chez Lejay*, 1773. In-8. (De 15 à 20 fr.)

1 figure par Dupin, fils, sous la direction de Saint-Aubin, d'après le tableau de Lebrun, et un cul-de-lampe non signé.

— Lettre de Jean Calas à sa femme et à ses enfans. Précédée d'un épitre à Mme de*** sur le Sentiment. Par M. Blin de Sainmore. *A Paris, De l'Imprimerie de Sébastien Jorry*, 1767. In-8. (De 15 à 20 fr.)

40 pp., plus la figure. Contient 1 figure, 1 vignette et 1 cul-de-lampe par Eisen, gravés, la figure par de Ghendt, la vignette par Massard, et le cul-de-lampe par de Ghendt.

En maroquin rouge aux armes de Louis XV, Bibliothèque nationale.

— Lettre de Sapho, précédée d'une épître à Rosine, d'une vie de Sapho, etc., par M. Blin de Sainmore. *Paris, Sébastien Jorry*, 1766. In-8. (De 12 à 15 fr.)

32 pp., plus la figure. Contient 1 figure par Gravelot, gravée par Aliamet ; 1 vignette par Eisen, gravée par de Ghendt, et 1 cul-de-lampe de Choffard.

— Œuvres diverses de M. Blin de Sainmore. *A Paris*, 1775. 2 vol. in-8. (De 20 à 30 fr.)

Tome I : 3 ff. n. ch., plus 4 figures.
Tome II : 1 f. n. ch. 230 pp., et 1 f. n. ch. plus 1 figure.

Mêmes figures, vignettes et culs-de-lampe que dans les éditions séparées des opuscules, décrites ci-dessus.

En maroquin rouge aux armes de Gravier de Vergennes, Bibliothèque nationale.

Le tome I de ce recueil se trouve aussi sous le titre :

Héroïdes ou *Lettres en vers*. Troisième édition, revue, corrigée, augmentée et ornée de gravures par M. Blin de Sainmore. *Paris, Sébastien Jorry*, 1767. 5 pièces en 1 vol. in-8 (2 ff. n. ch., 144 pp., plus 4 figures) toujours avec les mêmes figures.

Il y a des exemplaires en grand papier de Hollande. En cet état, demi-reliure, non rogné, 30 fr., vente Massicot (n. 506).

Un autre en maroquin à dentelle, avec les armes d'Orléans et l'étiquette de Derôme, 1,600 fr., vente Didot (1881, n. 264), revendu 2,500 fr., vente P. Bellon (1896, n. 57), ensuite chez Lord Carnarvon (n. 78) ; un autre, en maroquin rouge aux armes de Mme du Barry, collection Ferdinand de Rothschild ; en maroquin citron aux armes de Marie-Antoinette, Bibliothèque nationale.

BLONDEL (Jacques-François). — De la Distribution des Maisons de plaisance, et de la Décoration des Édifices en général. Par Jacques-François Blondel. Ouvrage enrichi de cent soixante Planches en taille-douce, gravées par l'Auteur. *A Paris, Chez Charles-Antoine Jombert* [*Imprimerie de Chardon*] 1737-1738. 2 vol. in-4. (De 150 à 200 fr.)

Tome I : frontispice, titre, 3 f. n. ch., XVI et 198 pp., plus 44 planches.
Tome II : VII et 180 pp., plus 112 planches.
Frontispice de Cochin fils, gravé par Soubeyran, fleurons de Cochin et 156 planches de Blondel, vignettes et culs-de-lampe.
Un exemplaire cartonné, non rogné, est dans la collection James de Rothschild (n. 245); en demi-reliure, non rogné, 130 fr., vente Béhague (n. 365).
En veau ancien, avec tirages hors textes des fleurons, vignettes, etc., collection Eugène Wassermann.

— Architecture françoise, ou Recueil des Plans, Élévations, Coupes et Profils Des Églises, Maisons Royales, Palais, Hôtels & Édifices les plus considérables de Paris, ainsi que des Châteaux & Maisons de plaisance situés aux environs de cette Ville ou en d'autres endroits de la France..., Avec la description de ces édifices. Par Jacques-François Blondel. *A Paris, Chez Ch.-Ant. Jombert*, 1752-56. 4 vol. in-fol. (De 1,200 à 1,500 fr.)

Tome I : 7 ff. n. ch., 298 pp., et 1 f. n. ch., plus 152 planches sur 140 ff.
Tome II : 2 ff. n. ch. et 164 pp., plus les planches 153-300, sur 140 ff.
Tome III : 2 ff. n. ch. et 160 pp., plus les planches 301-441 sur 138 ff.
Tome IV : 4 ff. n. ch., et 156 pp., plus les planches 442-500.
Fleuron par Cochin, gravé par Flipart, le même sur les titres des 4 volumes; très jolie vignette par Cochin fils, gravée par Gallimard, dans laquelle se trouvent les armes du marquis de Marigny; 2 vignettes dessinées et gravées par Bellicard, et 500 planches d'architecture, la plupart non signées et dont beaucoup avaient été déjà utilisées dans l'*Architecture françoise*, publiée par Mariette.
Ouvrage recherché encore, à cause des vues et plans de monuments détruits maintenant. Il devait former 8 volumes et renfermer 1,200 planches. Les 4 premiers seuls ont paru comprenant :
Ier Le faubourg Saint-Germain avec 152 planches.

IIe Le Luxembourg, la Cité, le Faubourg Saint-Antoine et le Marais, etc., 148 planches.
IIIe Les rues Saint-Denis, Montmartre, Saint-Honoré, le Palais-Royal, 141 planches.
IVe Le Louvre, les Tuileries et le château de Versailles, 59 planches.
Un bel exemplaire en grand papier relié en maroquin rouge et provenant de Randon de Boisset (1777, n. 223 : 301 fr. 10) a été vendu 2,010 fr., vente Pichon (1869, n. 255) et 3,450 fr., vente Béhague (n. 372); il est aujourd'hui dans la collection James de Rothschild (n. 251); un autre également en grand papier, relié en veau ancien, est à la Bibliothèque nationale.

BLOWER (Élisabeth). — Maria ou Lettres d'un gentilhomme anglois à une religieuse, Traduites en anglois. *A Rome Et se trouve à Paris, Chez Le Tellier*, 1787. In-12. (De 6 à 8 fr.)

180 pp., plus 1 figure non signée à l'aquatinte.
En demi-reliure aux armes de Marie-Antoinette, Bibliothèque nationale.

BOCCACE. — Il Decamerone di M. Giovanni Boccaccio. *Londra* (Paris), 1757, 5 vol. in-8. (De 400 à 500 fr. et plus avec les figures libres).

Tome I : XI-292 pp., plus 1 frontispice, 1 portrait et 22 figures.
Tome II : 271 pp., plus 1 frontispice et 22 figures.
Tome III : 195 pp., plus 1 frontispice et 22 figures.
Tome IV : 261 pp., plus 1 frontispice et 22 figures.
Tome V : 247 pp., plus 1 frontispice et 22 figures.

5 frontispices, 1 portrait, 110 figures et 97 culs-de-lampe par Gravelot, Boucher, Cochin et Eisen, gravés par Aliamet, Baquoy, Flipart, Legrand, Lemire, Lempereur, F[e] Lempereur, Leveau, Moitte, Ouvrier, Pasquier, Pitre-Martenasie, Saint-Aubin, Sornique et Tardieu.
Un des livres illustrés des plus réussis de tout le XVIIIe siècle.
Il a été fait plusieurs tirages de cette édition. Le premier, dont les épreuves sont les plus belles, ont les planches marquées au dos d'un paraphe imprimé; c'est le plus recherché. Tous les exemplaires d'ailleurs sont en papier de Hollande. Il existe des

gravures avant le nom des artistes et à l'état d'eaux-fortes plus ou moins avancées, avant les numéros, avant les cadres ou avec les noms d'artistes à la pointe sèche. Une suite complète (moins 5 figures) de ces épreuves d'état, formée par le graveur Martenasi et insérée dans un exemplaire relié par Cuzin en maroquin vert doublé de maroquin rouge, fut payée 2,550 fr., vente Guyot de Villeneuve (n. 423), par M. Adolphe Bordes.

Une autre collection, en demi-reliure anglaise ancienne, de ces eaux-fortes et épreuves de choix, figures et culs-de-lampe provenant de la vente du duc d'Hamilton, se trouvait chez Eugène Paillet (*Bull. Morgand*, n. 11814 : 6,000 fr. ; revendue 5,500 fr., vente Maglione, n. 125) et appartient aujourd'hui à M. Henri Beraldi. Elle avait été vraisemblablement formée pour Beckford par Gravelot lui-même (vente Beckford, 1882, T. I, n. 989 : 3,250 fr.)

On joint souvent à cette édition et surtout à la traduction française, une charmante suite libre de 1 frontispice et 20 planches non signés, mais de Gravelot, portant le titre d'*Estampes galantes des Contes du Boccace. A Londres.* Dans le premier état, le frontispice ne porte pas cette mention.

Ces figures se rapportent aux contes suivants, d'après la dénomination française : Le Péché partagé. — L'Oraison de saint Julien. — Le Mariage imprévu. — La Fiancée du roi de Garbe. — Le Calendrier des vieillards. — Le Jardinier du couvent. — La Confession amoureuse. — Le Magnifique. — La Nuit tous les chats sont gris. — Le Pèlerin. — Le Mari jaloux. — Le Diable en enfer. — Le Cœur sauglant. — Le Rossignol. — Le Mari consolé. — La Femme adultère. — Le Cuvier. — Le Compère de dame Agnès. — Le Psautier. — La Jument du compère Pierre.

Il faut distinguer entre ces figures tirées sur beau papier et un retirage postérieur sur papier plus mince. Il existe également une copie très bien faite où les sujets sont retournés et ont un encadrement ornée de feuillage.

Un exemplaire en maroquin rouge ancien, au paraphe, avec les figures libres et une eau-forte (cadre du frontispice avant le portrait) 600 fr., vente E. Martin (n. 445).

En maroquin vert ancien, aux armes de L.-C. de Choiseul, évêque d'Evreux, 2,000 fr., vente Turner (n. 512).

Le bel exemplaire en maroquin rouge de L. Téchener (1889, n. 162) vendu 7,000 fr., et revendu 6,000 fr., vente Franchetti (1890, n. 240) était celui du chevalier de Fleurieu ; il est aujourd'hui, je crois, dans la collection Ferdinand de Rothschild.

En maroquin rouge ancien à dentelles, avec la suite galante et les figures paraphées, 3,705 fr., vente Destailleur (1891, n. 1429).

En veau ancien, 250 fr., vente Massicot (508) ; un autre 660 fr., vente Sardou (n. 171).

En maroquin rouge ancien avec les figures libres et les eaux-fortes des cinq frontispices, 435 fr., vente E. Martin (n. 446) ; en maroquin vert ancien à dentelles, par Derôme, 96 fr., vente Pixerécourt (n. 1454), aujourd'hui au Musée Dutuit (n. 504).

En maroquin rouge aux armes de Louis XV, figures au paraphe, Bibliothèque nationale.

45 des dessins originaux de Gravelot, plus 5 dessins de Boucher et d'Eisen ont figuré pour partie à la vente Villot (1870, n. 1278 : 4,050 fr.). Après avoir appartenu au baron James de Rothschild, ils sont entrés au prix de 27.500 francs dans la collection de Rœderer qui avait également acquis 2 dessins de Cochin à la vente Mahérault (1500 fr.), le dessin des *Oies de frère Philippe* (1,500 fr., chez E. Quentin-Bauchart) et 200 croquis préliminaires de Gravelot, provenant du marquis de Fourquevaulx et de la collection Emmanuel Bocher.

D'autres desssins ont appartenu à Audouin, à Destailleur et à Albin Fraissinet de Marseille ; celui du portrait de Boccace était dans la collection Guyot de Villeneuve.

— Le Décameron de Jean Boccace, traduit par Antoine Le Mâcon. *Londres* (Paris) 1757-1761. 5 vol. in-8. (De 500 à 600 fr., et plus avec les figures libres).

Tome I : VIII et 320 pp., plus 1 frontispice et 22 figures.

Tome II : 292 pp., plus 1 frontispice et 22 figures.

Tome III : 203 pp., plus 1 frontispice et 22 figures.

Tome IV : 280 pp., plus 1 frontispice et 22 figures.

Tome V : 269 pp., plus 1 frontispice et 22 figures.

Mêmes figures et culs-de-lampe que dans l'édition italienne ci-dessus.

Cette traduction, publiée par les mêmes éditeurs que ceux de l'édition italienne, est plus recherchée et se paie souvent plus cher, quoique les épreuves des figures, et surtout les culs-de-lampe, soient en général moins belles ; il en a été fait un tirage sur très grand papier beaucoup moins bon.

On trouve également les figures marquées du *paraphe* indiquant les premières épreuves insérées dès l'origine dans des exemplaires de cette édition.

Les culs-de-lampe, dont plusieurs sont répétés ne sont pas placés aux mêmes endroits que dans l'édition originale. Il faut observer aussi que les figures de la première Nouvelle de la huitième Journée et de la cinquième Nouvelle de la dixième journée sont différentes dans l'édition française et dans l'édition italienne.

Trautz ne relia qu'un seul exemplaire de cet ouvrage, celui d'Eugène Paillet, en maroquin orange rel. sur brochure (*Bull. Morgand*, n. 11813 : 5,000 fr.). Il renfermait la suite complète des figures, paraphée au dos, 27 eaux-fortes, dont celle de la 1re Nouvelle de la 8e Journée, et les eaux-fortes de 7 vignettes abandonnées.

En maroquin rouge ancien avec les figures libres, 185 fr., vente de la duchesse de Raguse, revendu 1,620 fr., vente Béhague (n. 1193).

Un bel exemplaire en maroquin rouge à l'oiseau par Derôme, 5,200 fr., vente Quentin-Bauchart (n. 38. *Mes Livres*, n. 167), revendu 5,000 fr., vente Richard-Lion (n. 252). Un autre 1,005 fr., vente Müller (n. 218) ; un autre 2,410 fr., vente Daguin (n. 428).

En maroquin bleu ancien, à large dentelle, provenant de la vente Stanley (en 1813), aujourd'hui chez M. Louis Cartier.

En maroquin ancien, aux armes de Mme du Barry, Bibliothèque nationale (autrefois à Fontainebleau).

Il y eu plusieurs réimpressions de cet ouvrage, qui sont très inférieures à l'édtion de 1757. Elles ont été publiées en dix volumes in-8 ou in-12, sous les dates de 1779 et 1791, avec les figures de Gravelot, Boucher et Eisen, légèrement réduites et gravées médiocrement par Vidal. Il existe des exemplaires de l'édition 1779 contenant une reproduction détestable des figures libres.

Nota. Le *Décaméron de Boccace*, avec les figures de Romain de Hooge n'entre pas dans le plan de cette biographie ; la première édition, date de 1697. 2 vol. in-8.

La seconde édition, de 1699, est encore assez recherchée ; les autres éditions, publiées avec les mêmes figures, sous les dates de Cologne, 1702, 1712 et 1732, n'ont plus que des épreuves fatiguées.

— Il Decamerone di Giovanni Boccaccio, *Londra*, 1768. *Si trova in Parigi Appresso Marcello Prault*. 3 vol. in-12. (De 25 à 30 fr.)

Tome I : XXIV, 490 pp., plus le frontispice et le portrait.
Tome II : 471 pp., plus le frontispice.
Tome III : 443 pp., plus le frontispice.

En tout 1 portrait gravé par Dumautort et 3 frontispices de Moreau, gravés par Aveline.

— Le Décaméron. Contes de Bocace, traduction nouvelle ; augmentée de divers Contes et Nouvelles en vers imités de ce Poète célèbre par La Fontaine, Passerat, Vergier, Perrault, Dorat et autres ; enrichie de Notes historiques sur les principaux personnages que Bocace a mis sur la scène, et sur les usages observés dans le siècle où il vivait par Sabatier de Castres, auteur des trois Siècles de la Littérature. *A Paris, chez Poncelin*, an X, 1801. 10 et 11 vol. in-8 et in-18. (De 60 à 80 et de 25 à 30 fr. selon le format).

Figures de Gravelot réduites et gravées en sens inverse par de nouveaux graveurs avec des frontispices inédits de Monnet et de Brunet.

Cartonné, in-8, 51 fr., vente Massicot (n. 509).

— Nouvelles de Jean Boccace, traduction libre. Ornée de la vie de Boccace, des contes que La Fontaine a empruntés de cet auteur, et de Figures gravées sous la direction de Ponce, d'après les dessins de Marillier, par Mirabeau. *A Paris, de l'imprimerie D'A. Egron, chez L. Duprat, Letellier et Cie*, 1802. 4 vol. in-8. (De 80 à 100 fr.)

Tome I : 4 ff. n. ch., XX, 304 pp., 1 f. n. ch., plus 2 figures.
Tome II : 2 ff. n. ch., 273 pp., 1 f. n. ch., plus 2 figures.
Tome III : 2 ff. n. ch., 243 pp., 1. n. ch., plus 3 figures.
Tome IV : 2 ff. n. ch., 293 pp., 1 f. n. ch., plus 1 figure.

8 figures charmantes, entourées de jolis médaillons qui représentent les sujets des contes par Marillier, gravées par Courbe, Delvaux, Devilliers (eau-forte) et Ponce.

Il y a des exemplaires sur papier vélin.

Sous la même date, autre édition en 8 vol. in-18, avec les mêmes figures, mais sans les cadres.

— Le Nouveau Boccace ou Choix d'anecdotes et d'aventures galantes, copiées d'après nature, orné de 22 gravures explicatives en taille-douce. *S. l.* (Paris), 1806. 2 vol. in-12. (De 80 à 100 fr.).

Sur ces 22 figures qui sont érotiques, il y en a 15 copiées des figures libres de Boccace de 1757, et 3 de celles des Contes de La Fontaine de l'édition de 1762, mais qui ont été découvertes.

BOFFRAND (Germain). — Livre d'Architecture contenant les Principes généraux de cet Art et les Plans, Élévations et Profils de quelques-uns des Bâtimens faits en France & dans les Pays Étrangers, Par le Sieur Boffrand, architecte du Roy. *A Paris, Chez Guillaume Cavelier père*, 1745. In-folio. (De 300 à 400 fr.)

3 ff. n. ch., 100 pp., 68 planches et 1 f. Jolie vignette dessinée par Boucher, gravée par Tardieu, et 68 planches d'architecture numérotées de 1 à 20, de 22 à 46 et de 48 à 70, gravées par Hérisset, Le Geay, Blondel, Lucas, Fonbonne, Moreau, Babel, etc.

Dans cet ouvrage se trouvent les 10 belles planches (61-70) représentant la décoration intérieure de l'*Hôtel de Soubise* gravées par Babel et Lucas.

— Description de ce qui a été pratiqué pour fondre en bronze, d'un seul jet, la figure équestre de Louis XIV élevée par la Ville de Paris dans la Place de Louis le Grand, en mil six cens quatre-vingt-dix-neuf. Ouvrage François et Latin, Enrichi de Planches en Taille-douce. Par le Sieur Boffrand... *A Paris, Chez Guillaume Cavelier* [De l'Imprimerie de Guillaume Desprez]. 1743. In-folio. (De 30 à 40 fr.)

4 ff. 63 pp., et 20 planches.
En maroquin rouge de Belz-Niedrée, 225 fr., vente de Béhague (n. 362).
En maroquin rouge ancien aux armes, collection Louis Cartier.
Il faut qu'il s'y trouve la planche représentant le four qui manque quelquefois.

BOILEAU-DESPRÉAUX (Nicolas). Œuvres diverses du Sieur Boileau-Despréaux : Avec le Traité du Sublime, ou du Merveilleux dans le Discours. Traduit du Grec de Longin. Nouvelle édition revûe & augmentée. *A Paris, Chez Denys Thierry*, 1701, 2 vol. in-12. (De 60 à 80 fr.)

Tome I : Titre imprimé en rouge et en noir; 6 ff. (Préface) 2 ff. (Liste des ouvrages), 384 pp., plus le frontispice gravé par P. Landry (c'est une réduction du frontispice qui orne les éditions in-4, comme l'a reconnu M. Picot).

Tome II : Titre, 141 et 263 pp., plus le frontispice gravé (La Satire démasquant le Vice) et une figure gravée par Vallet, d'après A.-T. Paillet qui est à la page 18 de la seconde partie du tome II.

Dans cette édition, la dernière donnée par Boileau, le privilège est encore celui du 29 octobre 1697; l'achevé d'imprimer est du 7 novembre de la même année.

Existe aussi imprimé chez Claude Barbin, dans le format in-4. (Tel était l'exemplaire en veau, avec notes manuscrites de La Monnoye, décrit au *Bull. Morgand*, n. 1646).

Relié en vélin, 20 fr., vente Ch. Cousin (n. 254); en maroquin rouge aux armes de l'abbé de Thou, 470 fr., vente Pichon (1869, n. 591), aujourd'hui chez M. Edme Sommier.

Le précieux exemplaire de Madame de Chamillart en maroquin citron ancien, doublé de maroquin rouge à ses armes, a figuré aux ventes Pichon (1869, n. 592 : 2,100 fr.) Lebeuf de Montgermont (n. 419 : 3,920 fr.) et Lacarelle (n. 239 : 4,200 fr.).

L'exemplaire de Le Normand du Coudray, avec un envoi autographe de Boileau au marquis du Bellay a repassé ensuite chez Henri Bordes, chez Benzon (1875, n. 195 : 1,100 fr.) et chez le comte de Sauvage (1880, n. 146 : 820 fr.); il est en maroquin rouge, doublé de maroquin olive, par Chambolle-Duru.

— Œuvres de Nicolas Boileau Despréaux. Nouvelle Édition, revûe & augmentée. *A Paris, Chez Esprit Billot*, 1713. 2 parties en 1 vol. in-4. (De 30 à 40 fr.)

15 ff. n. ch., pp. 1-346; 2 ff. n. ch., pp. 349-772 et 1 f. n. ch., plus le portrait.
Contient un beau portrait d'après de Troy gravé par Drevet, 1 vignette en tête

du discours du Roi, signé : Gillot inv. et Scotin sc., et 6 figures de Gillot pour le *Lutrin*, gravées par Scotin et Duflos.

Cette édition commencée du vivant de l'auteur par Valincourt et Renaudot, ne fut terminée que deux ans après sa mort.

En maroquin bleu à compartiments, aux armes de Louis XV, Bibliothèque nationale.

— Œuvres de Boileau-Despréaux, nouvelle édition, revue et augmentée. *A Amsterdam,* 1715. 2 vol. in-12. (De 8 à 10 fr.)

2 titres gravés, non signés, portrait gravé par A. de Blois, d'après F. de Troy et 6 figures par Van Gouwen pour le *Lutrin*.

— Œuvres de Mr Boileau-Despréaux, avec des éclaircissements historiques donnez par lui-même. *A Genève, Chez Fabri et Barrillot,* 1716. 2 vol. in-4. (De 25 à 30 fr.)

Tome I : 2 ff. n. ch., xxviii-506 pp., 1 f. n. ch., plus 2 portraits et 6 figures.
Tome II : 3 ff. n. ch., 427 pp., 17 ff. n. ch.

Contient un très beau portrait de Boileau, d'après Rigaud, gravé par F. Chereau, un portrait du régent Philippe d'Orléans, d'après Santerre, gravé par Fr. Chereau, et 6 figures de Chereau pour le *Lutrin*.

Première édition qui contient la satire sur *l'Équivoque*.

En maroquin bleu à dentelles, superbe exemplaire de dédicace aux armes du Régent, Bibliothèque nationale.

— Œuvres de Nicolas Boileau-Despréaux. Avec des éclaircissemens historiques donnez par lui-même. Nouvelle Édition revûe, corrigée et augmentée de diverses Remarques (par Brossette). Enrichie de figures gravées par Bernard Picart le Romain. *A Amsterdam, Chez David Mortier,* 1718. 2 vol. in-fol. (De 100 à 120 fr.)

Tome I : 2 ff. n. ch. xviii pp., 2 ff. n. ch., 450 pp., plus 1 frontispice, 1 portrait et 7 figures.
Tome II : 2 ff. n. ch., vii-370 pp., et 10 ff. n. ch.

Contient en tout un superbe frontispice, un fleuron pour le titre répété au tome IIe, un portrait magnifique de la princesse de Galles, 6 figures avec un frontispice pour le *Lutrin*, 2 vignettes, 27 culs-de-lampe, dont plusieurs sont répétés (en tout 40 morceaux de gravure), et 2 belles lettres ornées, le tout dû à Bernard Picart, sauf le portrait gravé par V. Gunst, d'après Kneller.

Les exemplaires en grand papier de cette édition de luxe sont fort rare, et au xviiie siècle ils étaient l'objet de la convoitise des amateurs, qui les payaient plus de 2,000 livres.

On n'en connaît, dit-on, que quatre :
1° Celui du roi George III d'Angleterre, qui est depuis 1829 au British Museum ; 2° celui de Crevenna (n. 4944 : retiré) passé ensuite chez Heidegger et chez Renouard (1854, n. 1322 : 800 fr.) qui est au Musée Dutuit (n. 330), en vieux vélin hollandais ; 3° celui de Le Camus de Limare (n. 1248) acheté 2,402 livres par Yzquierdo pour William Beckford et qui, à la vente de ce dernier (1882, I, n. 1201), en maroquin de Clarke, ne fut payé que 325 fr. par Ridler ; 4° celui de Mac-Carthy (n. 2917 : 2,195 fr.) qui fut revendu chez La Bedoyère (1862, n. 930 : 500 fr.) et chez Renard (1881, n. 689 : 1,300 fr. ; revendu en 1884, n. 459) en maroquin bleu ancien à dentelle, doublé de tabis ; ce dernier exemplaire a été donné à la Bibliothèque nationale, il y a une quinzaine d'années par M. Em. Hillel.

L'exemplaire de Mme de Pompadour, sur papier ordinaire en maroquin rouge à ses armes, 115 fr., vente Giraud (1855, n. 1379) aujourd'hui chez M. Olry-Rœderer ; en maroquin rouge aux armes du comte de Calenberg, 1,205 fr., vente Werlé (n. 125) à M. Schuhmann.

Un bel exemplaire en papier ordinaire, relié par Padeloup en maroquin rouge, doublé de maroquin citron, 3,500 fr., vente Gosford (n. 171) revendu 900 fr., vente R. Lion (n. 138) ; un autre en maroquin rouge ancien relié pour M. de Prangins, 100 fr., vente Daguin (n. 429).

L'édition d'Amsterdam 1729, 2 vol. in-folio, est la réimpression de celle de 1718 ; mais on a regravé le frontispice et supprimé ou modifié les culs-de-lampe. (Dans l'édition de 1729, il n'y a pas de cul-de-lampe tome I, p. 447). Elle a moins de valeur. Il a été tiré également quelques exemplaires en grand papier. Un de ces derniers, cartonné, non rogné, 10 fr., vente Daguin (n. 431).

Un exemplaire de l'édition de 1729, en maroquin rouge ancien (reliure signée d'Husson), 300 fr., vente Sardou (n. 152).

Celui de Mme de Pompadour, également en maroquin rouge et provenant de Marseille a été récemment coté à 8,000 fr. par M. Belin.

— Œuvres de Nicolas Boileau Despréaux, avec des éclaircissemens historiques, donnez par lui-même. Nouvelle édition revûe, corrigée et augmentée. Enrichie de Figures gravées Par Bernart Picart le Romain. *A La Haye, Chez Isaac Vaillant, Pierre Gosse, Pierre de Hondt*, 1722. 4 vol. in-12. (De 30 à 40 fr.)

Tome I : 2 ff. n. ch., XLVI pp., 1 f. n. ch., 436 pp., plus 1 frontispice.
Tome II : VIII-407 pp., plus 6 figures.
Tome III : 2 ff. n. ch., 407 pp.
Tome IV : 2 ff. n. ch., 308 pp.

1 beau frontispice et 6 figures pour le *Lutrin*, réduction de celles de l'édition in-folio de 1718, 1 fleuron sur le titre du 1er volume, 1 grand cul-de-lampe avec armoiries sur une feuille pliée en trois, et 29 charmants culs-de-lampe, tous différents ; le tout dessiné et gravé par Bernard Picart.

Jolie édition. Un exemplaire en maroquin rouge aux armes de Mme Adélaïde, 400 fr., vente Behague (n. 664), revendu 405 fr., vente R. Lion (n. 139) ; un autre, en maroquin rouge ancien, avec pièces ajoutées 250 fr., vente Renouard (n. 1324) revendu 500 fr., vente Léopold Double (1863, p. 144) et 1,020 fr., vente Lebeuf de Montgermont (n. 420).

En maroquin citron ancien, 70 fr., vente Nodier (1844, n. 475) revendu 255 fr., vente Lacarelle (n. 240).

En maroquin rouge doublé de maroquin vert par Derôme, 900 fr., vente Pichon (1869, n. 593) revendu 3,805 fr., vente Janzé (n. 329).

Un exemplaire non rogné en maroquin vert de Cuzin, 115 fr., vente Daguin (n. 430).

En veau ancien, aux armes de Marie-Antoinette, 1,000 fr., vente L. Double (1881, n. 30) ; en maroquin rouge aux mêmes armes, Bibliothèque nationale.

Un des dessins de Bernard Picart se trouve dans le Boileau de 1718 qui appartient à la Bibliothèque nationale.

— Les Œuvres de M. Boileau-Despréaux, avec des éclaircissements historiques. *A Paris, Chez la veuve Alix*, 1740. 2 vol. grand in-4. (De 30 à 40 fr.)

Tome I : 2 ff. n. ch., LXX-470 pp., plus le portrait.
Tome II : 5 ff. n. ch., VIII-567 pp.

En tout, 1 portrait par Rigaud, gravé par Ravenet, 1 fleuron qui sert aux deux titres, 7 vignettes par Trémollières, gravées par Ravenet, 38 culs-de-lampe, dont beaucoup de semblables, et 6 lettres ornées, dont une répétée, non signées, plus 1 fleuron à écusson en tête de la préface.

Il y a des exemplaires de format petit in-folio.

Ce qui donne de l'intérêt à cette belle édition, c'est que l'orthographe de Boileau n'a point été modernisée, comme dans toutes les autres.

On trouve assez souvent dans cette édition la suite des 6 figures de Cochin, pour *le Lutrin*, entourées d'un cadre historié. Nous pensons que ce sont là les premières épreuves utilisées ensuite, le cadre effacé, dans l'édition de 1747.

En veau marbré aux armes de la marquise de Durfort-Civrac, Bibliothèque nationale.

— Œuvres de Boileau-Despréaux. *A Dresde*, 1746. 4 vol. in-8. (De 12 à 15 fr.)

Frontispice par Bernigeroth ; jolie vignette reproduite sur le titre des 4 vol. en guise de fleuron, dessinée par Lippert, gravée par Bernigeroth, et 6 figures pour le *Lutrin*, dessinées et gravées par ce dernier.

— Œuvres de M. Boileau-Despréaux. Nouvelle édition, avec des Eclaircissemens historiques donnés par lui-même & rédigés par M. Brossette ; augmentée de plusieurs Pièces tant de l'auteur, qu'aïant rapport à ses ouvrages ; avec des remarques & des Dissertations Critiques. Par M. de Saint-Marc. *A Paris, chez David et Durand (Imprimerie de J.-B. Coignard)*, 1747, 5 vol. in-8. (De 60 à 80 fr.)

Tome I : Faux-titre ; portrait ; titre ; LXXX et 488 pp.
Tome II : 5 ff. et 492 pp.
Tome III : 4 ff. et 536 pp.
Tome IV : 3 ff. et 591 pp.
Tome V : XXII et 676 pp., plus 1 f. pour l'Approbation et le Privilège. Ce dernier daté, du 13 mai 1740 est concédé pour vingt ans à la veuve de J.-Barth. Alix à Paris.

En tout 1 portrait par Rigaud, gravé par Daullé ; 5 fleurons sur les titres par C.

Eisen, dont 3 gravés par C. Boucher; 38 vignettes dessinées par C. Eisen, gravées par Aveline, de la Fosse ou non signées, 22 culs-de-lampe non signés, à l'exception de 2 portant le nom de Mathey et 6 belles figures pour le *Lutrin*, non signées, mais de Cochin.

Édition très recherchée pour son aspect et son format agréables. Une particularité signalée par M. Ch. Mehl, c'est l'erreur dans l'impression de la vignette (représentant des animaux) placée en tête de la 8e, et *vice-versâ*. Les belles figures du *Lutrin*, quoique non signées, ont été dessinées et gravées par Cochin fils. Les plus belles épreuves se trouvent dans les exemplaires en papier fin de Hollande, marqués d'un point ou d'un astérisque à la signature des feuilles. (De 300 à 400 fr.)

Outre ceux-ci, il existe quelques très rares exemplaires en papier fort.

Jombert, dans son catalogue de l'*Œuvre de Cochin*, a expliqué que cet artiste avait composé à part une bordure en passe-partout pour agrandir ses figures du *Lutrin* et les faire entrer dans les éditions in-4 et même in-folio.

La suite de Cochin existe avant la lettre et en eaux-fortes, mais elle est fort rare (38 et 100 fr., vente Sieurin, n. 133 et 134).

En veau ancien, papier fin, 150 fr., vente Brunet (n. 331), puis chez Paillet (*Bull. Morgand*, n. 11817 : 500 fr.), revendu 305 fr., vente Müller (n. 100).

En maroquin rouge ancien, papier fin, 750 fr., vente Silvestre de Sacy (n. 400); un autre semblable, acheté 285 fr. par Naigeon à la vente d'Hangard (1789, n. 1246), a été revendu 480 fr., vente Radziwill (n. 756) et 1,400 fr., vente Lebeuf de Montgermont (n. 421); un autre encore, 370 fr., vente Béhague (n. 666); un autre encore, 1,000 fr., vente Ganay (n. 134); un autre encore, toujours relié de même, 380 fr., vente J.-J. de Bure (n. 623), revendu 1,380 fr., vente Lignerolles (n. 1069).

Cartonné, non rogné, sur papier ordinaire, 20 fr., vente Daguin (n. 432); un autre, en veau ancien, 11 fr., vente Massicot (n. 510); en maroquin rouge ancien, 395 fr., vente Sardou (n. 166).

L'exemplaire de M. Henri Beraldi, en maroquin rouge ancien, est celui du duc de La Vallière; celui de la collection James de Rothschild (n. 843), en maroquin vert de Derôme le jeune (signé), a été vendu 400 fr., vente Radziwill (n. 757); celui de F. de Rothschild, en maroquin rouge ancien, a appartenu à Le Tors de Chessimont; celui enfin du Musée Dutuit a été relié sur brochure par Trautz et contient une cinquantaine de pièces ajoutées.

L'exemplaire de Mme du Barry, en maroquin rouge appartient à la Bibliothèque Mazarine.

Les six dessins originaux de Cochin, exécutés sur vélin figurèrent à l'exposition du Louvre en 1742 et furent donnés par Cochin à son ami l'imprimeur Prault. Ils ont appartenu en dernier lieu à Guyot de Villeneuve chez qui ils se trouvaient ajoutés à un bel exemplaire en maroquin ancien de l'édition de 1747. (Sa vente, n. 491 : 6,020 fr.) Ils sont aujourd'hui partie de la collection Edme Sommier.

— Œuvres de M. Boileau-Despréaux. *A Paris, Chez David et Durand,* 1757, 3 vol. petit in-12. (De 8 à 10 fr.)

Tome I : 2 ff. n. ch., XXXII-312 pp.
Tome II : 2 ff. n. ch., IV-331 pp.
Tome III : 2 ff. n. ch., IV-287 pp.

Contient 3 fleurons sur les titres, non signés, et 3 vignettes, une en tête de chaque volume, celle du 1er volume signée Eisen inv., et Sornique sc.

— Œuvres de Boileau-Despréaux. *A Amsterdam, Chez D.-J. Changuion,* 1772. 5 vol. in-8 et in-12. (De 30 à 40 fr.)

Tome I : 2 ff. n. ch., CXVI-431 pp., plus le frontispice.
Tome II : 4 ff. n. ch., 617 pp., plus le frontispice et 6 figures.
Tome III : 6 ff. n. ch., 540 pp., plus le frontispice.
Tome IV : 4 ff. n. ch., 562 pp., 1 f. blanc, plus le frontispice.
Tome V : 4 ff. n. ch., CLVI-378 pp., plus le frontispice.

Figures de Bernard Picart, de l'édition de 1722, plus 5 frontispices d'après Picart et Van der Meer, gravées par Vinkelès et 5 fleurons sur les titres par de Bakker et Van der Meer.

On a rétabli dans cette édition le pamphlet de *Boileau aux prises avec les Jésuites*, supprimé jadis.

Il existe quelques exemplaires tirés en papier fort de Hollande.

— Œuvres choisies de Boileau-Despréaux. *A Amsterdam* (Paris, Cazin), 1777. 2 vol. in-18. (De 8 à 10 fr.)

Tome I : 2 ff. n. ch., 204 pp., plus le portrait.
Tome II : 2 ff. n. ch., 168 pp.

Portrait en médaillon, gravé par de Launay, d'après Rigaud.

— Le Lutrin, suite de 8 pièces, gr., in-4, par Lemesle, gravées par Chenu. (De 60 à 80 fr.)

— Le Lutrin, poëme héroï-comique de Boileau-Despréaux, traduit en vers latins (le texte en regard) ; avec figures); *A Paris, chez Nyon l'aîné,* 1780. In-4. (De 5 à 6 fr.)

1 f. n. ch., 125 pp., plus un portrait gravé par Daullé, d'après Rigaud, et 6 figures non signées.
Ce sont les compositions de Cochin.

— Œuvres de Boileau, avec un discours préliminaire de Palissot et 9 figures. *Paris, Crapelet,* 1798. In-4. (De 30 à 40 fr.)

Portrait par J.-J. Forty, gravé par Voysard, et 8 figures pour l'*Art poétique* et le *Lutrin* par Monsiau, gravées par Voysard, Simonet, Thomas, Patas et Trière.
Belle édition dont il existe des exemplaires sur papier vélin avec figures avant la lettre.
Les dessins originaux de Forty et de Monsiau ont passé de la collection Morel-Vindé dans celle du comte de Chabot et de là chez M. Henri Beraldi, qui les a fait relier par Cuzin, en maroquin rouge doublé de maroquin rouge, dans un exemplaire sur papier vélin, avec les 3 états des figures (lettre, avant-lettre, eaux-fortes).

— Œuvres de Boileau (Suite de 6 figures pour les). In-8. (De 15 à 20 fr.)

Dessinées par Moreau le jeune et gravées par Delvaux, de Ghendt et Simonet, un portrait de Boileau gravé par A. de Saint-Aubin.
Cette suite, commandée par Renouard, fut placée dans les éditions parues à la fin de la République et pendant l'Empire. Les dessins originaux furent payés 230 fr., par Mahérault à la vente Renouard (1854, n. 1333). Ces mêmes dessins, 8,100 fr., vente Mahérault (dessins n. 217.), aujourd'hui collection Olry-Rœderer.
On peut trouver la suite des eaux-fortes.
Il existe des exemplaires tirés de format in-4, avant la lettre.
On cite aussi des épreuves sur Chine.

BOISARD (J.-J.-François-Marin). — Fables par M. Boisard... *A Paris, Chez Lacombe,* 1773. In-8. (De 12 à 15 fr.)

VIII-205 et 4 pp., 1 f. n. ch., plus le frontispice.
Contient un beau frontispice par Monnet, gravé par Saint-Aubin, 1 fleuron et un cul-lampe par les mêmes.
Existe sur grand papier. (De 30 à 40 fr.)
En maroquin rouge aux armes de France, Bibliothèque nationale.

— Fables, par M. Boisard, De l'Académie des Belles-Lettres de Caën, Secrétaire du Conseil et des Finances de Monsieur, frère du Roi. Seconde édition. S. l. (Paris), 1777. 2 vol. in-8. (De 30 à 40 fr.)

Tome I : 220 pp. et 1 f., plus 5 figures.
Tome II : 307 pp., plus 4 figures.
En tout 2 fleurons sur les titres, 9 figures et 2 culs-de-lampe par Monnet, gravés par Saint-Aubin (1 figure et un cul-de-lampe) et E. Schmitz (8 figures et 1 fleuron) ; le premier fleuron et le deuxième cul-de-lampe ne sont pas signés.
Cet ouvrage, imprimé à Paris, pour le libraire Lacombe par Michel Lambert existe en grand papier de Hollande. Certains exemplaires ont un frontispice de Cochin gravé par Prévost.
En maroquin rouge de Derôme le jeune, sur grand papier, vente Boutourlin (1839, n. 1193); revendu 490 fr., vente Lebeuf de Montgermont (n. 457); en demi-reliure de Kleinhans, grand papier, ni rogné ni coupé, une figure en triple état, dont l'eau-forte, 36 fr., vente E. Martin (n. 270); en maroquin rouge ancien, 211 fr., vente Béhague (n. 706).
En maroquin vert de Derôme, 950 fr., vente R. Lion (n. 170).
L'exemplaire James de Rothschild (n. 917) est sur grand papier, non rogné, en demi-reliure de Trautz. Celui de la Bibliothèque nationale est en maroquin olive aux armes de Philippe d'Orléans.

BOISSY (Louis de). — Le je ne scai quoi, comédie. *A Paris, Chez Pierre Prault,* 1731. In-8. (De 12 à 15 fr.)

1 f. n. ch., 72 pp., plus une jolie figure par Lancret, gravée par Cars.

BOISTE (Pierre-Claude-Victor). — L'Univers, poëme en prose, en douze chants; suivi de notes et d'observations sur le système de Newton et la théorie physique de la terre. Orné de figures d'après Raphaël, Le Poussin, Fuesly, Le Barbier, avec vignettes d'après Monnet et Lejeune. *A Paris, Chez Boiste*, an IX, 1801. In-8. (De 12 à 15 fr.)

XII-478 pp., plus 1 frontispice et 5 figures.
Boiste était l'auteur de plusieurs dictionnaires.

— L'Univers, narration épique suivie de notes et d'observations..., deuxième édition. *A Paris, De l'imprimerie de l'auteur*, an XII, 1804. 2 vol. in-8. (De 12 à 15 fr.)

Tome I : 2 ff. n. ch., 378 pp., plus 5 figures.
Tome II : 2 ff. n. ch., 495 pp., plus 1 figure.
En tout 6 figures les mêmes que dans l'édition antérieure.
Existe sur papier vélin.

BONAPARTE (Lucien). — La Tribu indienne ou Édouard et Stellina, par le citoyen L. B. *A Paris, De l'imprimerie Honnert*, an VII. 2 vol. in-12. (De 800 à 1,000 fr.)

5 figures de Prudhon gravées par Roger et Godefroy.
C'est au grand artiste Prudhon que l'auteur de ce roman doit qu'on en parle encore. Les délicieuses figures, la *Soif de l'or* surtout qu'il a dessinées pour ce livre sont fort rares, et il est plus rare encore de les trouver réunies dans un texte. Roger prétend qu'on n'en tira que 12 épreuves. Il devait y en avoir dix dont voici les titres : L'Hospitalité, le Sacrifice, l'Oracle, la Discorde, la Grotte, le Meurtre, la Fuite, l'Ingratitude, la Vengeance, la Conquête. On n'en connaît que cinq :
L'Hospitalité ou *la Chasseresse*, gravée par Roger (2 états).
Le Sacrifice, ou Riamir délivrant les prisonniers anglais, gravé par Jean Godefroy (2 états).
L'Oracle, ou Stellina aux pieds de l'Idole, gravé par Roger (3 états).
La Grotte, un des chef-d'œuvre du graveur Roger (3 états).
L'Ingratitude ou *la Soif de l'or*, gravée par Roger (2 états).

Les épreuves que l'on rencontre sont avant la lettre, avec tablette blanche ou à l'état d'eau-forte.
En maroquin rouge à mosaïque, doublé de maroquin rouge, par Cuzin, avec les 5 avant-lettre, 4,000 fr., vente Franchetti (n. 218), puis collection Robert Hoe, à New-York.
Un exemplaire sur papier vélin, provenant de Lebarbier de Tinan, appartient à M. Louis de Montgermont.
Plusieurs de ces pièces ont été copiées, notamment la *Soif de l'or* (par Budischoirky) et l'*Hospitalité* (retournée).
On ignore ce que sont devenus les dessins terminés; mais on connaît quelques esquisses, pour le *Sacrifice* (175 fr., vente Boisfremont, 1864, puis collection Gariel) et pour la *Grotte* (collection Marmontel et, plus poussé, collection Maurice Richard); Mahérault possédait, outre une esquisse de l'*Oracle*, aujourd'hui chez M. Anatole France, deux croquis inédits intitulés le *Sacrifice* et la *Discorde*.
Cf. Goncourt, *Catalogue de l'œuvre de Prudhon*, pp. 237-247).

BONGAL (De). — L'Orphelin Anglais, drame en trois actes en prose. *A Paris, Chez Le Jay*, 1769. In-8. (De 6 à 8 fr.)

1 jolie figure par Moreau jeune, gravée par de Longueil. (B. 318). Elle se trouve à l'état d'eau-forte pure, d'eau-forte avancée et d'avant-lettre.
Le dessin original à l'encre de Chine, 1,200 fr., vente Mahérault (1880, n. 176), revendu 600 fr., vente Le Filleul (1882, n. 211).

BONNEMAIN (Antoine-Jean-Thomas). — Les Chemises rouges ou Mémoires pour servir à l'histoire du règne des anarchistes. *A Paris, Chez Deroy et Maret*, an VII, 2 vol. in-12. (De 25 à 30 fr.)

Tome I : XXXVIII-223 pp., plus 1 titre gravé et 1 frontispice.
Tome II : 249 et VI pp., plus un titre gravé.
En tout 2 titres gravés semblables, tirés en rouge et 1 curieux frontispice non signé.

BONNEVAL (P.-G. de). — Le Voyage de Mantes, ou les Vacances de 17..., orné de figures en taille-douce.

A Amsterdam (Paris), 1753. In-12. (De 10 à 15 fr.)

1 titre dessiné et gravé par Moreau (l'aîné) et 4 eaux-fortes non signées.

Le frère de Moreau le jeune était un peintre distingué de paysages à la gouache.

Les eaux-fortes semblent bien être une production de jeunesse de Moreau le jeune. (B. 319-323).

BONNEVILLE (François). — Portrait des personnages célèbres de la Révolution, par François Bonneville, avec tableau historique et notice par P. Quénard, l'un des représentants de la Commune de Paris en 1789 et 1790. *A Paris, chez l'auteur*, 1796-1802. 4 vol. in-4. (De 200 à 300 fr.)

4 frontispices, 200 portraits gravés en ovale in-18, à l'eau-forte et au pointillé, et 14 planches de costumes.

Bonneville assure que les portraits de Fouquier-Tinville et de Carrier ont été dessinés par lui au tribunal révolutionnaire, ainsi que celui de Charlotte-Corday et nombre d'autres.

Nous voyons annoncé dans un catalogue un exemplaire avec 264 portraits.

L'exemplaire Destailleur (1891, n. 567 : 150 fr.) en demi-reliure, non rogné, contenait 4 frontispices, 100 portraits, 19 planches de costumes et 1 grande planche d'assignats.

BORDELON (L'abbé Laurent). — Histoire des imaginations extravagantes de Monsieur Oufle, servant de préservatif contre la lecture des livres qui traitent de la magie, du grimoire, des démoniaques, sorciers, etc. *A Paris, Chez Duchesne*, 1754. 5 parties en 2 vol. in-12. (De 20 à 25 fr.)

Tome I : 6 ff. n. ch., 149 pp., 1 f. n. ch., plus 2 figures.
Tome II : 3 ff. n. ch., 144 pp., plus 1 figure.
Tome III : 1 f. n. ch., 164 pp., plus 1 figure.
Tome IV : 1 f. n. ch., 172 pp., 2 ff. n. ch., plus 2 figures.
Tome V : 1 f. n. ch., 204 pp., plus 2 figures, dont une pliée.

En tout 8 figures de Crespy.

En maroquin rouge ancien, 40 fr., vente Béhague (n. 246).

En veau aux armes de Marie-Antoinette, Bibliothèque nationale.

La première édition est de 1710 (*Amsterdam* ou *Paris*).

— La Langue. *A Paris, Chez Ch. Le Clerc*, 1708. 2 vol. in-12. (De 15 à 20 fr.)

Frontispice gravé.

Un très bel exemplaire en maroquin rouge doublé de maroquin rouge, par Padeloup, 500 fr., vente Lacarelle (n. 108).

Autre édition *A Paris, Chez U. Coustellier*, 1707, avec le frontispice.

— Les Tours de maître Gonin. *A Paris, Ch. Leclerc*, 1713. 2 vol. in-12. (De 25 à 30 fr.)

12 figures de Crepy.

BORDES. — Parapilla, poème en cinq chants, traduit de l'italien. *A Londres* (Paris, Cazin), 1782. In-18. (De 50 à 60 fr.)

43 pp. y compris le faux-titre et le titre. 1 frontispice et 5 figures érotiques, non signés, mais de Borel, gravés par Elluin.

En maroquin rouge ancien, 315 fr., vente L. de Tinan (n. 123); un autre, 210 fr., vente Salvert (n. 222).

En maroquin citron de Trautz, 110 fr., vente Lignerolles (n. 1328).

L'édition Cazin a reparu en 1784 et 1790. (cf. infra). La première édition parut sous la rubrique de Florence, 1776, in-8, et la seconde en 1779 sous le titre : *Parapilla, ou le V... déifié...*, etc..., aux dépens de toutes les communautés. 100,070,079. In-8.

Dans ces éditions se trouve (souvent ?) un joli frontispice (non signé) dans le goût de Marillier représentant un jardinier portant un panier de fleurs recouvert d'une gaze à travers laquelle on distingue un *Phallus*, avec cette légende :

Le pain bénit n'a pas meilleure mine.

Les 5 dessins originaux de Borel se trouvaient dans la collection de Bérard.

L'édition Cazin a été copiée à Lyon ainsi que les figures, en 1783 et 1784, in 8 et petit in-12.

Ce poème, assez bien versifié, n'est cependant qu'une imitation décolorée du conte italien de l'*Angelo Gabriele*, et dont la fin, si piquante est toute changée. La paternité du poème est contestée à Bordes. Quérard, *Supercheries littéraires*, T. I, col. 561.

— Parapilla, poëme et autres œuvres libres et galantes de feu M. B***, de l'Académie des arcades, de celle de L***, et de la Société Royale de N***, nouvelle et dernière édition. *A Florence, chez Paperini*, 1782. In-18. (De 40 à 50 fr.)

5 figures non signées.
Le frontispice est celui du jardinier.

— Parapilla et autres œuvres libres, galantes et philosophiques de M. B**. *A Florence, chez Alexandre Paperini*, 1783. In-8. (De 30 à 40 fr.)

1 frontispice et 5 figures.
Le frontispice est celui du jardinier.
En demi-reliure, 17 fr., vente Massicot (n. 511).

— Parapilla, et autres œuvres libres et galantes de M. B**. Édition considérablement augmentée & faite sur les manuscrits de l'auteur. *Musa vetat mori. A Florence*, 1784. In-18. (De 10 à 15 fr.)

2 ff. n. ch., et 164 pp., plus 1 frontispice.
Le frontispice est celui du jardinier décrit plus haut.

BOSSE. — De la manière de Graver à l'eau-forte et au burin, et de la gravure en manière noire, etc., par Abraham Bosse, graveur du Roy, nouvelle édition, revuë, corrigée et augmentée du double, et enrichie de 19 planches en taille-douce. *Paris, Jombert*, 1745. In-8. (De 25 à 30 fr.)

XXXII-186 pp., plus 1 frontispice non signé, 19 planches techniques, 3 très jolies vignettes par Cochin, gravées par Fessart et Soubeyran, et une 4e d'après une grande estampe de Bosse, gravée par Soubeyran.
Réimpression par Cochin et Jombert d'un ouvrage dont la première édition date de 1645.
Ils le firent reparaître en 1758, avec 21 planches et augmentée d'explications sur la gravure *à la manière du crayon, au lavis, et en couleur.*
Jombert avait déjà fait paraître, en 1737, un recueil in-4 de 122 planches du gra-veur, parues antérieurement sous le titre de *Recueil de figures pour apprendre à dessiner sans maître le portrait, la figure, l'histoire et le paysage.*

BOSSI (Benigno). — Suite des Vases Tirée du Cabinet de Monsieur Du-Tillot Marquis de Felino Ministre de S. A. R. &a Et Gravée à l'Eau-forte d'après les Desseins originaux de Monsieur Le Chevalier Ennemond Alexandre Petitot Premier Architecte De S. A. R. L'Infant Dom Ferdinand Duc de Parme & agrégé a L'Académie R. d'Architecture de Paris, par Benigno Bossi Stucateur de S. A. R. L'Infant Duc de Parme &a. *se vend a Parme Chez le même B. Bossi*, s. d. [1764]. In-fol. (De 60 à 80 fr.)

Titre gravé, frontispice, planche de dédicace et 30 planches.
Un exemplaire en demi-reliure se trouve dans la collection James de Rothschild (n. 256).

— Mascarade à la grecque, dédiée à M. le marquis de Félino, par Benigno Bossi, *Parme*, 1771. In-folio. (De 40 à 50 fr.)

1 titre gravé et 9 figures dessinées par Petitot et gravées par Bossi.
Satire des modes grecques en grand honneur alors. Livre rare.
Cartonné, non rogné, 36 fr., vente Béhague (n. 302).
En demi-reliure, collection F. de Rothschild.

BOSSU. — Nouveaux Voyages dans l'Amérique Septentrionale, contenant une collection de lettres écrites sur les lieux par l'auteur à son ami Douin. *A Amsterdam, Chez Changuion*, 1777. 1 vol. in-8. (De 25 à 30 fr.)

4 figures de Gabriel de Saint-Aubin.

BOSSUET (Jean-Baptiste). — Politique tirée des propres paroles de l'Écriture Sainte..., ouvrage posthume de Messire J.-B. Bossuet. *A Paris, Chez Pierre de Cot*, 1709. In-4. (De 15 à 20 fr.

Portrait d'après Rigaud, gravé par Edelinck.
Édition originale.

Un magnifique exemplaire en grand papier en maroquin rouge ancien, aux armes du duc du Maine fut vendu chez Louis-Philippe (1852, n. 239 : 69 fr.), puis chez Giraud (n. 592 : 61 fr.) chez Solar (n. 509 : 152 fr.) et chez Turner (n. 160 : 2,300 fr.)

Deux autres, également sur grand papier et en maroquin rouge ancien, sont conservés à la Bibliothèque nationale : l'un est aux armes du comte de Toulouse, l'autre à celle de Louis-Henri de Bourbon-Condé.

— Politique tirée des propres paroles de l'Écriture Sainte, ouvrage posthume de messire Jacques-Benigne Bossuet. *A Bruxelles, Chez Jean Léonard*, 1721. 2 vol. in-8. (De 10 à 12 fr.)

2 frontispices gravés par Harrewyn.
En maroquin vert de Derôme, 155 fr., vente Lebeuf de Montgermont (n. 142).

BOUCHARDON. — Études prises dans le bas peuple, ou les Cris de Paris. 1737-46. In-4. — Première suite, 1737. *Et se vendent à Paris chez Fesssard.* — Seconde suite, 1737, *chez Fessard.* — Troisième suite, 1738. — Quatrième suite, 1742. — Cinquième suite, 1746. *A Paris, chez Joullain.* In-4. (De 400 à 500 fr.)

60 planches en 5 cahiers, gravées par le comte de Caylus sur les dessins de Bouchardon.

Très beau recueil dû au comte de Caylus. On retrouve encore sa signature à la pointe sur certaines planches ; elle fut effacée, plus tard, par Fessard sans doute, qui a dû retoucher les planches.

En maroquin rouge de Hardy, la dernière suite avant les n°⁵, 670 fr., vente Ch. Cousin (n. 163), puis chez Lord Carnarvon (n. 13), puis au *Bull.* Morgand II, 6 (1908), n. 88 : 800 fr., en maroquin rouge de Petit, 720 fr., vente Destailleur (1891, n. 326).

La suite des 60 contre-épreuves des dessins de Bouchardon, vendue 1235 livres à la vente Caylus (1765) fut payée 600 livres par Fragonard, à la vente de Mariette (1775, n. 1150).

Plusieurs cahiers d'ornements de 6 et 12 pièces, par Bouchardon, sont décrits par Guilmard, *Les Maîtres ornemanistes*, p. 161.

BOUCHER (François). — Cris de Paris. (De 80 à 100 fr.)

12 pièces in-4, gravées par Le Bas et Ravenet, d'après les dessins de F. Boucher.

BOUCHER (Juste-François). — Livre de Meubles, gaines, tables, commodes, chiffonnières, secrétaires, consoles, cheminées, portes avec panneaux, lambris, armoires, bibliothèques, portes avec pilastres, croisées, niches, corniches, plafonds d'appartements, divers fragments d'architecture, consoles avec profils et avec têtes, dessus de porte, façades de maisons, portes et grilles de parcs, portes d'hôtels, feux, bras, guéridons, chandeliers, grilles pour chapelles, balcons, pommes de canne, étuis de poche, manches de couteaux, bougeoirs, cassolettes, flaçons de poche, etc. *A Paris, chés Le Père et Avaulez*, s. d. (vers 1780. In-folio. (De 1,200 à 1,500 fr.)

390 planches gravées par Dupin, Berthault, Blanchon, La Chaussée, S.-C. Pelletier, Boutrois et Bichard (ou Pichard), sur les dessins de J. F. Boucher, architecte.

Ouvrage très rare et très intéressant pour l'histoire de l'ameublement au dernier siècle dû au fils du fameux peintre François Boucher.

L'exemplaire de la vente Béhague (n. 383) en maroquin rouge de Belz-Niedrée, incomplet des planches 176 et 355, fut vendu 1,950 fr., et revendu, avec la planche 176 rajoutée, 4,050 fr., vente Destailleur (1895, n. 1407).

Un bel exemplaire complet, en demi-reliure, 4,355 fr., vente Pichon (1897, n. 497).

BOUFFLERS. — Œuvres de M. le Chevalier de Boufflers. *Londres* ou *Genève* (Paris, Cazin), 1782. In-18. (De 5 à 6 fr.)

1 frontispice par Chevaux, gravé par Duponchel, ou 1 frontispice de Marillier, gravé par de Launay.

On signale encore une édition Cazin de 1792. In-18, avec un frontispice gravé par Blanchard.

— Œuvres de M. le Chevalier de Boufflers, nouvelle édition, Augmentée de plusieurs morceaux qui n'ont pas encore paru dans les précédentes. Avec figures. *A Paris, Chez F. Dufart*, 1795, an III, Gr. in-18. (De 25 à 30 fr.)

167 pp., plus 4 figures non signées dans le genre de Lefèvre.
Sur papier vélin, figures avant la lettre, en maroquin rouge ancien, 62 fr. vente Werlé (n. 247) aujourd'hui dans la collection Schuhmann.

— Œuvres du C. Stanislas Boufflers, membre de la ci-devant Académie française. Seule Édition avouée et corrigée par l'Auteur, où se trouve un grand nombre de pièces inédites. *A Paris, Chez Huet.., A Avignon, Chez Siffren Bertrandet*, an XI (1803). 2 vol. in-18. (De 4 à 5 fr.)

Tome I : 2 ff. n. ch., 252 pp., plus un frontispice.
Tome II : 2 ff. n. ch., 297 pp., contient 1 joli frontispice de Binet, gravé par Manchard.

— Œuvres de Jean-Stanislas de Boufflers. *A Paris, Chez Didot le jeune*, 1813. 2 vol. in-8. (De 15 à 20 fr.)

Portrait gravé par Mme Benoist, d'après Ricard, et 16 figures par Marillier, Monnet, Pornot et Vallin, gravées par Delignon, Dupréel et Macret, en papier vélin et figures avant la lettre.
8 dessins originaux de Marillier à l'encre de Chine, pour Boufflers, 780 fr. vente Sieurin (n. 67).
4 dessins de Monsiau, vente du graveur Ponce, en 1831.

BOUILLART (Dom Jacques). — Histoire de l'Abbaye royale de Saint-Germain des Prez... Par Dom Jacques Bouillart. *A Paris, chez Grégoire Dupuis*, 1724. In-folio. (De 25 à 30 fr.)

10 ff. n. ch., 328 et CLXXXVIII pp., plus 15 ff. et 24 plans ou figures.
Contient un fleuron non signé sur le titre, 5 autres fleurons signés P. L. S., 1 jolie vignette par Caze, gravée par Tardieu, et 22 planches d'architecture dessinées par J. Chaufourier (sauf 1 par Bullet) gravées par Lucas (4), Baquoy (4), A. Hérisset (7), Fontbonne (2), N. Pigné (3), G. Scotin (1) et un anonyme (1).
En grand papier, maroquin rouge ancien, 25 livres, vente La Vallière (n. 4666), aujourd'hui dans la collection James de Rothschild (n. 2317).

BOULANGER DE RIVERY. — Fables et Contes. *A. Paris, Chez Duchesne*, 1754. In-12. (De 8 à 10 fr.)

1 beau fleuron sur le titre et 3 jolies vignettes dessinées par Eisen, et gravées par Aliamet, Pitre-Martenasie et Sornique.

BOURDON (L.-G.). — Le Parc au Cerf, ou l'origine de l'affreux déficit par un zélé patriote. *A Paris, sur les débris de la Bastille*, 1790. In-8. (De 50 à 60 fr.)

191 pp. plus le frontispice, les portraits de Mme de Pompadour et de la duchesse de Châteauroux, et 1 planche représentant le banquier Peixotte avec Mlle Dervieux.
Réimprimé sous le titre de *Vie privée des maîtresses, ministres et courtisans de Louis XV et des intendants et flatteurs de Louis XVI*. S. l., 1790, In-8.

BOURDON (Pierre). — Essais de gravure par Pierre Bourdon, maitre graveur à Paris. Où l'on voit de beaux contours, d'ornemens, traités dans le goût de l'art, propre aux Horlogers, Orfèvres, Ciseleurs, Graveurs et à toutes autres personnes curieuses. *A Paris, chez l'Auteur*, 1703. In-4. (De 150 à 200 fr.)

Livres I-III, chacun composé de 7 planches (titre inclus). Titre gravé par Guérard.
Collection Foulc.

BOURGUET (J.). — Livre de taille d'épargne de gout ancien et moderne propre mes Apprentifs orfeures, avec un petit relief comme on le fait des ouvrages en or d'orfeurerie et d'orlogerie, avec vne breue explication : Inuenté et graué par I Bourguet M^{tre} Orfeu. *A Paris*, 1702. *Se vend à Paris chez l'aut^r rüe d'Orleans faub^g St Marcel à la*

Provid^e et *Chez Crespy rüe St Jacques devant la boëte de la Poste*. In-4 oblong. (De 50 à 60 fr.)

12 planches (dont le frontispice).
Collection James de Rothschild (n. 274).
Il existe un *second livre de taille d'épargne et de bas relief en émail ou noir d'écaille, et ouvrages d'horlogerie par J. Bourguet*, 1723. In-4, un peu plus grand de format que l'autre. Il contient également 12 planches.
M. Foulc possède, outre ces deux cahiers, 4 planches du livre I refaites et portant la date de 1723.

BOURGEOIS, peintre. — Recueil de Vues et fabriques pittoresques d'Italie, dessinées d'après nature, et publiées par Bourgeois, peintre. *A Paris, chez l'auteur et Bosset, s. d*. Pet. in-fol. (De 30 à 40 fr.)

96 feuilles de figures, souvent 2 sur la même feuille, dessinées par Bourgeois, gravées par Lomeau.

BOUSSANELLE (De). — Le Bon Militaire. *A Paris, Chez Lacombe*, 1770. In-8. (De 12 à 15 fr.)

Un joli frontispice dessiné et gravé par Moreau le jeune. (B. 326).
On connaît l'avant-lettre et l'eau-forte.

BOUTIQUE DU PEINTRE (La) ou les Portraits. *A Paris, chez Mme Boivin*. s. d. (1740). In-8. (De 7 à 8 fr.)

Frontispice gravé par Roy.
Recueil de chansons, assez peu commun.

BOYER D'AGUILLES, Mis d'ARGENS (Jean-Baptiste). — Recueil d'estampes d'après les tableaux des peintres d'Italie, des Pays-Bas et de France, qui sont à Aix dans le cabinet de M. Boyer d'Aguilles, procureur du Roy au Parlement de Provence, gravées par Jacques Cœlemans d'Anvers. *A Paris, chez Pierre Jean Mariette*, 1774. Gr. infolio. (De 300 à 400 fr.)

Un fleuron non signé sur le titre et 103 planches contenant 126 sujets, dont plusieurs portraits de la famille Boyer d'Aiguilles et celui du possesseur de la galerie d'après H. Rigaud, gravés par Cœlemans, ainsi que les autres planches d'après les peintures ou les dessins de Bronthorst, S. Bourdon, A. Carrache, Castelli, Castiglione, Cigoli, Caravage, Corrège, Cangiagi, David Téniers, Duval, Francisque Millet, Finsonius, Guide, Guerchin, Le Josépin, Guaspre, La Fage, E. Lesueur, Loir, C. Maratta, Mario de Fiori, Mola, Miel, Netscher, N. Poussin. Pœlembourg, Puget, Parmesan, Raphaël, Rubens, Ruel, Ribera, A. del Sarto, Spierre, Stenwyck, Tintoret, Titien, Vanni, O. Vænius, Valentin, Veronèse, Van Dyck, Van der Cabel, etc., etc.

En demi-reliure, non rogné, 50 fr., vente Massicot (n. 632).

En maroquin rouge aux armes de Mme de Pompadour, 1,550 fr., vente Beckford (1, 2029) aujourd'hui dans la collection Ferdinand de Rothschild.

Ce recueil, qui se trouve avant les numéros, n'est d'ailleurs qu'une seconde édition.

Les premières épreuves fort rares, avaient déjà paru à Aix en 1709 et contenaient en outre 7 planches gravées par Boyer lui-même, et 27 planches gravées en manière noire par Séb. Barras, et qui ont été remplacées, sauf deux, par autant de planches de Cœlemans.

Un exemplaire de l'édition de 1709 est à la Bibliothèque Méjanes, à Aix-en-Provence.

BOYER. — Histoire des caricatures de la révolte des Français. Par M. Boyer de Nîmes, auteur du Journal du peuple. *A Paris, De l'Imprimerie du Journal du Peuple*. (De 600 à 800 fr.)

Tome I : 410 pp. et 3 ff n. ch,, plus 1 frontispice et 25 figures.
Tome II : 190 pp., plus 1 frontispice et 11 figures.

En tout 2 frontispices et 36 curieuses caricatures à l'aquatinte.

Le texte s'arrête, dans tous les exemplaires, à la page 190 du tome II.

Un exemplaire broché (incomplet de 2 planches), s'est vendu 600 fr., vente Bègis, (1910, n. 932); en maroquin rouge de Cuzin, 800 fr., vente Sardou (1910, n. 1204).

BOZE (Gros de). — Histoire de l'Académie des Inscriptions et Belles-lettres. *A Paris*, 1739. 3 vol. in-12. (De 8 à 10 fr.)

1 frontispice de Coypel, gravé à l'eau-forte par Cochin et terminé au burin par Daullé, et 4 vignettes ou fleurons de Coypel gravés par Cochin.

BRANTOME. — Œuvres du seigneur de Brantôme, nouvelle édition, considérablement augmentée et accompagnée de remarques historiques et critiques. *La Haye*, 1740. 15 vol. in-12. (De 50 à 60 fr.)

Tome I : 7 ff. n. ch., 532 pp., 2 ff. n. ch., plus le frontispice.
Tome II : 4 ff. n. ch., 448 pp., plus le frontispice.
Tome III : 1 f. n. ch., 453 pp., 1 f. n. ch., plus le frontispice.
Tome IV : 5 ff. n. ch., 360 pp., 2 ff., n. ch., plus le frontispice.
Tome V : 1 f. n. ch., 331 pp., 2 ff., plus le frontispice.
Tome VI : 3 ff. n. ch., 497 pp., 3 ff. n. ch. plus le frontispice.
Tome VII : 1 f. n. ch., 458 pp., 2 ff. n. ch., plus le frontispice.
Tome VIII : 1 f. n. ch., 340 pp., 1 f. n. ch., plus le frontispice.
Tome IX : 1 f. n., 474 pp., 2 ff. n. ch., plus le frontispice.
Tome X : 1 f. n. ch., 369 pp., 1 f. n. ch., plus le frontispice.
Tome XI : 1 f. n. ch., 383 pp., plus le frontispice.
Tome XII : 1 f. n. ch., 368 pp., 1 f. n. ch., plus le frontispice.
Tome XIII : 1 f. n. ch., 280 pp., 3 ff. n. ch., plus le frontispice.
Tome XIV : 1 f. n. ch., 364 pp., plus le frontispice.
Tome XV : 1 f. n. ch., 364 pp., 1 f. n. ch., plus le portrait.

En tout 1 fleuron qui sert à tous les titres, 14 frontispices dessinées et gravés par J. V. Schley, mais dont il n'y a que sept de différents, et 1 beau portrait de Brantôme dans le dernier volume.

En maroquin bleu de Niédrée, relié sur brochure aux armes du marquis de Croislin, 780 fr., vente Lebeuf de Montgermont (n. 968).

En maroquin vert ancien, 1,000 fr., vente Turner (n. 762), revendu 600 fr., vente Destailleur (1891, n. 1958); l'exemplaire Odiot, en maroquin rouge de Niédrée, 256 fr., vente Daguin (n. 433.)

Citons le bel exemplaire de Madame Adélaïde, en maroquin rouge à ses armes 3,005 fr., vente Sardou (n. 21), aujourd'hui chez M. Schuhmann; celui de Racine-Demonville, en maroquin rouge, chez M. Louis Cartier, et celui de Mme de Pompadour, en maroquin citron, 2,420 fr., vente Gosford (n. 558), revendu 2,200 fr., vente Mosbourg (n. 293).

BRÉMOND (Jean-Baptiste). — Premières Observations au peuple françois, Sur la quadruple aristocratie qui existe depuis deux siècles, sous le nom de haut Clergé, de Possédants fiefs, de Magistrats, & du haut Tiers ; & vues générales sur la constitution & sur la félicité publique. Par Jean-Baptiste Brémond, Citoyen François, de l'Ordre du Tiers-État de Provence. *S. l.*, 1789. 2 parties en 1 vol. in-4. (De 50 à 60 fr.)

Tome I : 1 f. n. ch., 96 pp., plus le frontispice.
Tome II : 184 pp.

Contient un curieux frontispice inventé par l'auteur, dessiné par Brion de La Tour et gravé par C.-F. Le Tellier.

En maroquin rouge aux armes de France, à la librairie Morgand.

BRÉMOND (De). — Transactions philosophiques de la Société royale de Londres, traduites par M. de Brémond. *A Paris, Chez Piget*, 1740. In-4. (De 25 à 30 fr.)

3 vignettes dessinées et gravées par Cochin fils.

Ces jolies vignettes représentent des expériences d'électricité.

BRÉMONT (Gabriel). — L'Heureux esclave, nouvelle ornée de figures en taille-douce. *A Paris, Chez Damonneville*, 1744, 3 parties en 1 vol. in-12. (De 8 à 10 fr.)

Un frontispice gravé par Scotin l'aîné et 5 figures non signées.

BRESLAU (Jean). — Livre de serrurerie composé et dessiné par Jean Breslau. *A Paris, chez l'auteur, s. d.* In-4. (De 60 à 80 fr.)

4 parties de 6 planches chaque, sauf la dernière qui n'en contient que 4.
Les cahiers I-III, Bibliothèque de Rouen, fonds Leber.

BRET. — Théâtre de M. Bret, des Académies de Dijon et de Nancy. *A Paris, chez Le Clerc et Esprit*, 1778. In-8. (De 10 à 15 fr.)

1 titre gravé avec une vignette fort originale pour le 1er volume, non signé.

Dans un catalogue de M. Rouquette, un exemplaire relié en maroquin rouge, aux armes du duc de Choiseul, est marqué 60 fr.

— Le *** (Bidet), histoire bavarde. *A Londres* (Paris), 1749. In-12. (De 6 à 8 fr.)

Titre gravé, représentant le sujet du livre signé Prudhomme.

BRETIN (l'abbé Claude). — Contes en vers et quelques pièces fugitives, avec figures. *A Paris, Chez Gueffier*, 1797 (an V° de la République). In-8. (De 15 à 20 fr.)

5 jolies figures dessinées et gravées par Legrand (une n'est pas signée).

Certains de ces contes sont fort lestes (*la Chemise cousue, Gaspard ramoneur, etc.*)

Le même ouvrage, avec la même date. *A Paris, Chez Gueffier et Knapen*. Petit in-8.

Une autre édition de l'an VII (1799) avec les mêmes figures est signalée *Bull. Morgand*, n. 35663.

BRÉVIAIRE (Le) des enfants de la joie, à l'usage des personnes qui aiment à rire. *Chez Ouvrier libraire*, an IX. In-18. (De 8 à 10 fr.)

Frontispice gravé par Malapeau.

BRÉVIAIRE (Le) des jolies femmes ou Nouvelles et poésies galantes trouvées manuscrites dans le portefeuille de Mme la princesse de Lamballe, massacrée à l'hôtel de la Force, etc. *A Paris, au Temple du Goût*, 1793. In-18 (De 10 à 15 fr.)

1 figure dans le genre de Quéverdo, non signée.

BRÉVIAIRE du diocèse d'Evreux. *A Paris*, 1747. 4 volumes in-12. (De 15 à 20 fr.)

4 frontispices allégoriques avec vues très fines de la cathédrale d'Evreux, dessinées par C. N. Cochin fils et gravées par C. N. Cochin le père.

BREVIARIUM AURELIANENSE, *Aurelianis, Typis Viduæ Rouzeau-Montaut*, 1771. In-8. (De 12 à 15 fr.)

Frontispice (au tome IV) dessiné et gravé par Moreau le jeune, représentant la cathédrale d'Orléans, et en-tête de page dessiné par Moreau et terminé par Voyez, donnant le portrait de Mgr. de Jarente, évêque d'Orléans. (B. 855 et 17).

M. Henri Beraldi possède la rarissime eau-forte de cette dernière pièce; on connaît du frontispice cinq états et une copie retournée gravée par Campion.

BREVIARIUM PARISIENSE, illustrissimi et reverendissimi in Christo patris D. D. Caroli-Gaspar-Guillelmi de Vintimille..., auctoritate editum. *Parisiis*, 1736. 4 volumes in-4. (De 40 à 50 fr.)

4 frontispices gravés et 8 figures de Boucher, gravées par Lebas.

Les frontispices représentent des vues de Paris.

Dans les fers des reliures qui recouvrent cet ouvrage on observe parfois des lions couronnés, pièce des armoiries de Vintimille du Luc, archevêque de Paris, éditeur de ce bréviaire.

BRICE (Germain). — Description nouvelle de ce qu'il y a de plus remarkable dans la ville de Paris, par M. B..., 5ème édition, augmentée. Avec un nouveau plan et des figures. *A Paris, Chez Nic. Legras*, 1706, 2 volumes in-12. (De 25 à 30 fr.)

18 planches par Giffard.

Première édition illustrée, réimprimée en 1713.

— Description de la Ville de Paris... 7e édition... *A Paris, Chez François Fournier*, 1717, 3 volumes in-12. (De 30 à 40 fr.)

Plan et 29 planches d'après Perelle, Marot, etc.

— Description de la Ville de Paris... 7ᵉ édition revue et augmentée. *A Amsterdam, chez Michel Charles Le Cène,* 1718, 3 volumes in-12. (De 40 à 50 fr.)

Contrefaçon de l'édition de 1717, mais remarquable par le nombre de planches qu'elle contient : nous en avons compté jusqu'à 65 dans un exemplaire que nous a communiqué M. Jean Schemit.

— Nouvelle description de la Ville de Paris. *A Paris*, 1725, 4 volumes in-12. (De 30 à 40 fr.)

Contient des plans et 40 planches.

— Description de la Ville de Paris... *A Paris*, 1752, 4 volumes in-12. (De 30 à 40 fr.)

41 planches.

Edition définitive, revue par l'auteur, mais parue seulement après sa mort.

BRICEAU, orfèvre. — Livre d'Orfèvrerie par Briceau, maistre orfévre. *A Paris*, 1709, in-4 oblong. (De 50 à 60 fr.)

8 planches, y compris le titre.
Bibliothèque nationale. Collections James de Rothschild (n. 275) et Foulc.

BRIDEL. — Poésies helvétiennes, par M. B****. *Lausanne, Chez Maurer,* 1782. In-8. (De 10 à 12 fr.)

1 frontispice par Brandoin, gravé par de Longueil, 1 fleuron sur le titre et 2 vignettes de Dunker et Brandoin, gravés par Tardy.

BRIDGATINA, ou les philosophes modernes, traduit de l'anglais de Mᵐᵉ Hamilton. *A Paris, Chez Le Normant,* 1802, 4 volumes in-12. (De 10 à 15 fr.)

4 figures par Binet, gravées par Mariage.

BRISEUX. — Traité du Beau essentiel dans les Arts, appliqué particulièrement à l'Architecture, et démontré Phisiquement et par l'Expérience..., par le sieur C. E. Briseux, Architecte, Auteur de l'Art de Bâtir les Maisons de Campagne. *A Paris, Chez l'Auteur... et Chereau,* 1752. 2 volumes in-folio. (De 150 à 200 fr.)

Tome I : portrait, titre gravé, 108 pp. de texte gravé et 40 planches.

Tome II : titre gravé, 194 pp. de texte gravé; 98 planches dont les planches 4-75 sont comprises dans la pagination; 1 f. n. ch. gravé.

En tout un portrait par S.-G. Wille, 138 planches anonymes ou gravées par Marvye sur les dessins de Briseux; le titre du Tome II est par Liebault ; les fleurons du Tome I sont de Marvye, ceux du Tome II par Marvye et Choffard.

Sur le titre du Tome I est la mention : « L'auteur débite ces deux prémier volumes »; mais il n'en a jamais paru d'autres. L'exemplaire de la collection James de Rothschild (n. 243) est cartonné, non rogné.

On doit aussi à Briseux *L'Art de bâtir les maisons de Campagne, A Paris, chez Prault père,* 1743. 2 vol. gr. in-4 (avec nombreuses planches par P.-E. Babel), réimprimé en 1761. *A Paris, chez J. B. Gilbert,* avec 260 planches.

BRIZARD (L'abbé Gabriel). — Les Imitateurs de Charles neuf. Drame en cinq actes, cinq gravures. Par le rédacteur des vêpres siciliennes... *A Paris,* 1790. In-8. (De 15 à 20 fr.)

128 pages et 5 planches. Pamphlet sur Marie-Antoinette.

BROOKE (Mᵐᵉ Fr.). — Histoire d'Emilie Montague, par l'auteur de Julie Mandeville ; traduit de l'anglais. *A Amsterdam,* 1770. 2 vol. in-12. (De 5 à 6 fr.)

Titre avec fleurons gravés, non signés le même pour les 2 volumes.

BROUSSONNET. — Essai sur l'histoire naturelle de quelques espèces de Moines, décrits à la manière de Linné, ouvrage traduit du latin et orné de figures, par M. Jean d'Antimoine, naturaliste du grand Lama, etc., etc. *A Monachopolis,* 1784. In-8. (De 15 à 20 fr.)

2 figures par Seb. Le Roy, gravées par Delignon, et 3 planches de costumes de moines, non signées.

BRUHL (Le comte de). — Recueil d'Estampes gravées d'après les tableaux de la galerie et du cabinet de S. E. M. le comte de Bruhl. Ire partie contenant 50 pièces. *A Dresde, chez G. C. Walther*, 1754. Gr. in-folio. (De 100 à 120 fr.).

Un beau portrait du comte de Bruhl par Balechou, d'après Louis de Silvestre et 50 planches gravées d'après Angeli, Béga, Boys, Caravage, A. Carrache, Corrège, Corneille l'aîné, De la Fosse, G. Dow, Jordaens, Lancret, C. Lotti, P. de Matteï, Lespagnolet, Mieris, Paris Bordone, Poelembourg, Rembrandt, Rubens, Ruysdaël, Ribera, Téniers, Trevisani, Valentin, Van der Neer, Van der Werf, Watteau, Wouvermans, gravées par Basan, Boëce, C. C. (Caylus), Chenu, Filloeul, Keyl, Kilian, Joullain, Martini, P. E. Moitte, Tardieu, Tischler, Teucher, Wust.

Cette première partie seule a paru, tirée seulement, dit-on, à 200 exemplaires. Il n'y a eu que 18 planches gravées de la 2e partie.

La Ire partie, cartonnée, 66 fr., vente Massicot (n. 633); un autre en maroquin rouge à dentelles par Vente, aux armes du comte de Bruhl, vente de Lord Ashburnham (Londres, 1897, n. 842).

— Recueil de quelques dessins de plusieurs habiles maîtres, tirés du cabinet de S. E. Mgr. le Premier Ministre Comte de Bruhl, gravés par Mathieu Oesterreich. *A Dresde, chez G. Conrad Walther*, 1752. In-fol. (De 25 à 30 fr.)

40 planches.
En veau ancien, 20 fr., vente Massicot (n. 632bis).

BRUIX (Chevalier de). — Cécile, drame en trois actes et en prose. *A Londres, et se vend à Paris, chez Costard*, 1776. In-8. (De 25 à 30 fr.)

Une jolie figure de Desrais, gravée par Mlle Ponce.

BRUMENT. — Henriette de Wolmar, ou la Mère jalouse, nouvelle édition. *A Paris, Chez Rochette et Le Prieur*, 1797. In-8. (De 5 à 6 fr.

1 frontispice, gravé par Bovinet.

BRUMOY (Le R. P.) — Le Théâtre des Grecs. *Paris*, 1730. 3 vol. grand in-4. (De 35 à 40 fr.)

1 frontispice pour le premier volume, par Cazes, gravé par Tardieu ; une jolie vignette reproduite sur chaque titre par Humblot, gravée par Bacquoy, 12 vignettes en tête de chaque pièce, de Humblot, gravées par Bacquoy, 1 carte et 1 figure de médailles.

Existe tiré sur grand papier.

— Théâtre des Grecs, traduit en français par Le P. Brumoy. *Paris*, 1749. 6 vol. in-12. (De 25 à 30 fr.)

1 frontispice représentant l'origine de la tragédie, gravé par Cochin père, d'après Cochin fils, et 12 vignettes et fleurons de C. N. Cochin fils, gravés par Aveline, E. Fessard et Sornique.

Réimprimé en 1763. Paris, chez les libraires associés. 6 vol. in-12, avec les mêmes figures. (De 8 à 10 fr.)

Un exemplaire de cette dernière édition, en maroquin rouge, aux armes de la comtesse du Barry, 720 fr. vente Richard Lion (n. 191).

— Le Théâtre des Grecs, par le père Brumoy, nouvelle édition, enrichie de très belles gravures... et de comparaisons, d'observations et de remarques nouvelles, par MM. de Rochefort et du Theil, de l'Académie des inscriptions et belles-lettres, et par M... *Paris, Cussac*, 1775-1789. 13 vol. in-8. (De 100 à 150 fr.)

23 figures par Borel, Defraine, Le Barbier, Maréchal, Marchand, Marillier et Monnet, gravées par Delignon, Guttenberg, Halbou, Langlois, Masquelier, Patas, Petit et Texier.

En maroquin rouge ancien, 545 fr., vente Sardou (n. 236).

Il existe des exemplaires en grand papier tirés in-4, et des exemplaires in-8, tirés sur papier vélin, et figures avant la lettre.

BRUNO (Giordano). — Le Ciel réformé, essai de traduction d'une partie du livre italien : Spaccio della Bestia trionfante. *S. l.*, 1750. Petit in-8. (De 8 à 10 fr.)

1 fleuron par Aveline, 1 vignette en tête de la page 57 par le même.
Allégorie contre les mœurs du XVIe siècle.

BRUTÉ DE LOIRELLE. — Les Ennemis réconciliés, pièce dramatique en trois actes, en prose. *La Haye*, 1766. In-8. (De 8 à 10 fr.)

Une figure par Eisen, gravée par Aliamet.

BRUUN NEERGAARD. — Sur la situation des Beaux-Arts en France, ou Lettres d'un Danois à son ami. *Paris*, Dupont, an IX (1801). In-8. (De 10 à 15 fr.)

1 frontispice (le Triomphe de Napoléon), gravé par Roger, d'après Prudhon.
Il existe de cette planche des épreuves où les noms de Prudhon et Roger ne figurent plus, ayant été grattés sur la planche.
Le dessin original appartenait à M. Boutron. Un grand dessin sur papier bleu pour cette composition, vendu 801 fr., vente Bruun Neergard en 1812 (n. 314) est à Chantilly; un autre a été payé 325 fr. à la vente Boisfremont (1864).

BUFFON (Leclerc, comte de), DAUBENTON, GUENEAU DE MONTBÉLIARD et DE LACÉPÈDE. — Histoire Naturelle générale et particulière. *Paris, Imprimerie Royale*, 1749-1804. 44 vol. in-4. (De 150 à 200 fr.)

Figures par De Sève.
Première édition du grand ouvrage de Buffon et de ses collaborateurs et continuateurs. Le dernier complément ne parut qu'en 1804.
En voici les divisions principales :
Histoire naturelle générale et particulière, 1749-1767, 15 vol. in-4. — *Histoire naturelle* (supplément), 1774-1789, 7 vol. in-4. — *Oiseaux*, 1770-1783, 9 vol. in-4. — *Minéraux*, 1783-1788, 5 vol. in-4. — *Ovipares et Serpents*, 1788-1789, 2 vol. in-4. — *Poissons*, 1798-1803, 5 vol. in-4. — *Cétacés*, 1804, 1 vol. in-4.
Les exemplaires les plus recherchés sont ceux reliés aux armes du Roi et donnés en présent, dans lesquels le tirage des planches est plus égal.
Les planches d'anatomie existent avec et sans lettres de renvoi.
Les vignettes se trouvent en tirages à part.
Un dessin par de Sève a figuré à la vente Portalis de 1887 (n. 73).
Les 2 dessins par de Sève des vignettes en-tête, pour les chapitres des *Singes* et des *Amphibies* ont été vendus 20 fr. vente R. Portalis (février 1878, n. 33).

Un très bel exemplaire avec presque toutes les planches en avant-lettre, plus de 1,000 planches coloriées, de nombreuses suites en double état, etc., relié en 56 vol., maroquin rouge de Bozérian, 1,295 fr., vente La Bedoyère (1862, n. 189), revendu 3,250 fr., vente Lebeuf de Montgermont (n. 147).
Autre édition sous le titre d'*Œuvres complètes*, Paris, 1774-1804. — 36 vol. in-4, disposés dans un ordre différent.
L'édition in-12 est de Paris 1752-1805, en 90 volumes avec figures.
Enfin une édition in-8, parue chez Dufart, an VII et années suivantes, est en 127 vol. avec figures.

— Histoire naturelle des Oiseaux (par Buffon, Gueneau de Montbéliard et l'abbé Bexon). *Paris, Imprimerie Royale*, 1771-86. 10 vol. gr. in-4 ou in-folio. (De 100 à 150 fr.)

Texte encadré. Figures de Martinet en 1,008 planches.
La justification et le format de cet ouvrage sont différents de la même partie des œuvres complètes.
Un exemplaire en grand papier in-fol. maroquin rouge ancien, 1,235 fr., vente Lambert (1884, n. 1016).

BULLIONDE (De). — La Pétrissée, ou le Voyage de St Pierre en Dunois, badinage en vers, où se trouve, entre autres, la conclusion de Julie ou de la Nouvelle Héloïse. *A La Haye et à Paris, Chez Cailleau*, 1763. In-8. (De 15 à 20 fr.)

Très jolie figure en tête du volume, non signée.
L'exemplaire de la Bibliothèque de l'Arsenal est relié en maroquin vert aux armes de Mme de Pompadour.

BUSSY-RABUTIN. — Amours des Dames illustres de France sous le règne de Louis XIV. *A Cologne, chez Pierre Marteau*, s. d. (vers 1730). 2 vol. in-12. (De 20 à 25 fr.)

Tome I : 5 ff. n. ch., 501 pp., plus 1 front. et 8 fig.
Tome II : 1 f. n. ch., 472 pp., plus 8 fig.
En tout 1 frontispice par L. F. D. B. (Dubourg), gravé par La Cave, et 16 figures non signées, mais probablement par les mêmes.

— Histoire amoureuse des Gaules. Par le Comte de Bussi-Rabutin. *S. l. (Paris)*, 1754, 5 vol. in-12. (De 30 à 40 fr.)

Tome I : 1 f. blanc, 4 ff. n. ch., XIV pp., 1 f. bl., 389 pp., 1 f. blanc, plus le titre gravé.
Tome II : 1 f. n. ch., 407 pp., 2 ff. blancs, plus le titre gravé.
Tome III : 1 f. n. ch., 317 pp., 1 f. blanc, plus le titre gravé.
Tome IV : 1 f. n. ch., 272 pp., plus le titre gravé.
Tome V : 354 pp., 1 f. blanc, plus le titre gravé.

Les titres de cette édition assez jolie sont gravés et ornés de fleurons variés; ils sont signés L. L. et Ch(offard).

BUTLER. — Hudibras, poème écrit dans le temps des troubles d'Angleterre et traduit en vers français (par Jean Townley) avec des remarques (par Henri Larcher). *Londres* (Paris), 1757. 3 vol. in-12. (De 15 à 20 fr.)

Portrait de Butler, portrait de Townley et 14 figures grotesques, non signées (mais de Hogarth) et la plupart pliées en deux.

Voltaire a dit que ce poème fameux rappelait à la fois *Don Quichotte* et la *Satire Ménippée*.

Les figures originales de Hogarth pour *Hudibras* datent de 1726. Elles ont été copiées pour la traduction française de 1757.

L'exemplaire de Lamoignon, en maroquin rouge ancien, 200 fr., *Bull. Morgand*, 1899, n. 35,667.

De sve inv.   Baquoy sculp.

MONNET
DESSIN POUR LES *Liaisons dangereuses* DE C. DE LACLOS (1796)
APPARTIENT A M. HENRI BERALDI

 ABINET de Lampsaque (Le) ou Choix d'épigrammes érotiques des plus célèbres poètes françois. *Paphos,* 1784. 2 vol. in-16. (De 150 à 200 fr.)

101 figures qui paraissent être de Desrais ou de Leclerc.

Ce recueil a aussi paru sous le titre : *le Bijou de la Société ou l'Amusement des grâces.* Paphos, 2 vol. in-16.)

110 fr., vente Vulliet.

CABINET de Pierres antiques gravées, ou collection choisie de 216 bagues et de 682 pierres égyptiennes étrusques, grecques et romaines, gauloises, etc... tirées de célèbres cabinets de l'Europe. *A Paris, Chez Lamy,* 1778. 2 vol. in-4. (De 80 à 100 fr.)

2 frontispices non signés, un portrait et 282 figures non signées, de bagues, pierres antiques, etc.

CABINET DES FÉES, contenant tous leurs ouvrages par Mme***. *A Amsterdam, Chez M. M. Rey.* 8 vol. in-12. (De 15 à 20 fr.)

16 figures par Fokke.

CABINET DES FÉES, ou collection choisie et autres contes merveilleux, ornés de figures. *A Genève, Chez Barde, Manget et Cie, et Paris,* 1785-1789. 41 vol. in-8. (De 100 à 150 fr.).

120 figures par Marillier, gravées par Berthet, Biosse, Borgnet, Choffard, Croutelle, Dambrun, Delignon, Delvaux, Duponchel, Fessard, Gaucher, de Ghendt, Godefroy, Goumaz, Halbou, Jonxis, Langlois, Langlois jeune, Lebeau, Legrand, Leroy, Leveau, Le Villain, de Longueil, Malapeau, Mme Demonchy, Patas, Mlle Retor, Texier, Thomas et de Valnet.

Comme il y a trois figures par volume, il devrait en avoir 123 en tout; mais il faut faut observer que dans le 37e volume il en s'en trouve point.

Les 120 figures sont numérotées de 1 à 108 et de 1 à 12. On les trouve tirées sur papier fort.

Il existe encore deux figures par Marillier, qui manquent dans presque tous les exemplaires. L'une qui appartient à *Barbe-Bleue,* a pour inscription au bas : « Dans ce moment on heurta si fort à la porte. » Elle a été gravée par de Longueil. L'autre gravée par Delaunay jeune, porte : « Le Petit Poucet s'étant approché de l'Ogre. » Ces deux figures paraissent avoir été remplacées par les deux qui sont mises dans tous les exemplaires aux mêmes contes et qui sont également de Marillier.

L'édition in-12 est d'un tirage postérieur pour les figures. Elle est moins estimée.

Les dessins originaux lavés à l'encre de Chine sont au nombre de 125; on y trouve outre les dessins refusés pour *Barbe-Bleue*, et *Le Petit-Poucet*, trois dessins pour le *Voyage de Critile et d'Andrénius* qui semblent n'avoir jamais été gravés. Cette collection, qui a figuré aux ventes de Renouard (n. 637 : 695 fr.) et du comte de La Bédoyère (1862, n. 294 : 815 fr.) fait aujourd'hui partie de la bibliothèque James de Rothschild (n. 225).

La suite des figures en épreuves à toute marge avec la figure rare pour *Barbe-Bleue*, en demi-reliure, 131 fr., vente E. Martin (n. 482); un autre exemplaire, cartonné non rogné enrichi de deux gravures rares, de 14 eaux-fortes et de 3 épreuves avant les numéros, 1,420 fr., vente Béhague (n. 303.)

CABINET ET MAGASIN des Modes ou les Modes nouvelles françaises et anglaises décrites d'une manière claire et précise et représentées par des planches en taille-douce enluminées, de novembre 1785 à décembre 1789. *A Paris, Chez Buisson*, 1785-89. 4 vol. in-8. (De 1,000 à 1,500 fr.)

La première année contient 24 livraisons, les trois autres 36 chacune, ce qui fait en tout 132 livraisons, avec 3 planches, tirées, tantôt à une, tantôt à deux, tantôt à trois sur la même feuille.

362 planches coloriées gravées par Duhamel, d'après Desrais, Defraine et Pugin.

Un exemplaire cartonné non rogné, 570 fr., vente Béhague (n. 342); le tome I (72 planches) en veau ancien, 250 fr., vente Rich. Lion (n. 63.)

Avec le *Journal de la Mode* (cf. LEBRUN), 2,600 fr., vente des estampes de Destailleur (1890, n. 422).

CAHUSAC. — Zénéide, comédie en un acte, avec divertissement. *A Paris, Chez Prault*, 1774. (De 8 à 10 fr.)

Un fleuron sur titre et 1 frontispice, tous deux par Pierre, gravés par Cochin fils.

Watelet a, dit-on, fait le plan de cette pièce.

CAILHAVA D'ESTENDOUX (J.-F.). — Le Pucelage nageur, conte. *S. l. n. d.* (vers 1772. In-8. (De 5 à 6 fr.)

Titre gravé et 16 pp., de texte en vers.

CAILLEAU. — Le Wauxhall populaire, ou les Fêtes à la guinguette, poème grivois et poissardi-lyro-comique en cinq chants, dédié à M. de Voltaire. *A la Gaîté, chez le compère la Joie, s. d.* In-8. (De 8 à 10 fr.)

Titre gravé, signé P.-L. Charpentier.

CALINI (Orazio). — La Zélinda. *Parma, dalla stamperia reale*, 1772. In-4. (De 5 à 6 fr.)

Vignettes en-tête de Masson, gravées par Aveline.

En maroquin ancien aux armes de Ferdinand I de Parme, 32 fr., vente Müller (n. 177).

CALLIMAQUE. — Les Hymnes, édition avec une version française et des notes de La Porte du Teil. *A Paris, Chez Gail,* l'an IIIe. 2 vol. in-12. (De 10 à 15 fr.)

1 figure dessinée et gravée par Gaucher.

CAMOËNS. — La Lusiade, poème héroïque sur la découverte des Indes-Orientales, traduit du portugais par M. Duperron de Castéra. *A Paris, Chez Clousier* (ou *David*), 1735. 3 vol. in-12. (De 12 à 15 fr.)

Frontispice par Bonnart, gravé par Scotin et 10 figures de Bonnart, mais non signées.

— La Lusiade de Louis Camoëns poème héroïque en dix chants, Nouvellement traduit du Portugais, Avec des Notes & la Vie de l'Auteur. Enrichi de Figures à chaque Chant. *A Paris, Chez Nyon aîné*, 1776. 2 vol. in-8. (De 15 à 20 fr.)

Tome I : 2 ff. n. ch., XXIX pp., 1 f. n., ch., 320 pp., plus 5 figures.
Tome II : 4 ff. n. ch., et 291 pp., plus 5 figures.

En tout 10 figures non signées attribuées à Eisen.

En veau ancien, 9 fr., vente E. Martin (n. 328).

CAMPE. — Le Nouveau Robinson, traduit de l'allemand par A. Simon d'Arnay. *Berne*. 1794. In-8. (De 5 à 6 fr.)

<small>1 frontispice et 3 figures non signés.</small>

CAMPISTRON. — Œuvres de Monsieur de Campistron, de l'Académie française, nouvelle édition, etc. *A Amsterdam, Chez Étienne Valet*, 1722, 2 vol. in-12. (De 8 à 10 fr.)

<small>1 frontispice répété dans le second volume et 9 figures par G. S. (Scotin).</small>

— Œuvres de M. Campistron, nouvelle édition. *A Paris*, 1750. 3 vol. in-12. (De 8 à 10 fr.)

<small>3 jolis fleurons sur les titres par Le Grand.</small>

CANEVAS DE PARIS (Les) ou Mémoires pour servir à l'histoire de l'hôtel de Roulle. *A la Porte de Chaillot*, s. d. (Paris, 1750). 2 parties en 1 vol. in-12. (De 40 à 50 fr.)

<small>138 et 168 pp., plus un titre gravé et un frontispice non signé.
Attribué par Barbier à Moufle d'Argenville et à Rochon de Chabannes qui, selon une note de l'inspecteur d'Hémery, furent mis pour cela à la Bastille, avec l'imprimeur, un certain Pecquet, prote de la veuve David.</small>

CANINI (Jean-Ange). — Images des héros et des hommes de l'antiquité dessinées sur des médailles, des pierres antiques et autres anciens monuments par Jean-Ange Canini, gravées par Picart le Romain..., Avec les observations de Jean-Ange et de Marc-Antoine Canini, données en italien sur ces images, diverses remarques du traducteur (de Chevrières) et le texte original à côté de la traduction. *A Amsterdam, chez B. Picard et J.-F. Bernard*, 1731. In-4. (De 15 à 20 fr.)

<small>Portrait et 115 planches.
En maroquin rouge ancien, 35 fr. vente Massicot (n. 554).</small>

CANOLLE. — Délices de la solitude puisée dans l'étude et la contemplation de la nature, 2ème édition. *Paris*, an VII. 2 vol. In-12. De 8 à 10 fr.)

<small>2 planches d'après Monnet par Bonnefoy.</small>

CANTATRICE (La) par infortune, ou Aventures de Madame de N*** N*** écrites par elle-même. *A Paris, chez Maradan*, an VII, 3 vol. in-12. (De 8 à 10 fr.)

<small>3 planches non signés.</small>

CANTIQUES et Pots pourris. *A Londres* (Paris, Cazin), 1789. 6 parties en 1 vol. in-18. (De 100 à 125 fr.)

<small>78 + 64 pp., plus 24 + 26 + 24 + 22 + 28 + 20 pp. de musique gravée, 1 frontispice et 6 figures.
1 frontispice curieux et 6 très jolies gravures par Borel, gravés par Elluin, non signés.
Ce recueil se compose des pièces suivantes : *la Chaste Suzanne, David et Bethsabée, la Chasteté de Joseph, Judith, Agnès Sorel, la Pucelle d'Orléans*.
En maroquin rouge ancien, 90 fr., vente Massicot (n. 513); en veau ancien, 125 fr., vente Salvert Bellenave (n. 224).
Les 7 dessins originaux de Borel se trouvaient dans la collection de Bérard.
Il existe une contrefaçon à la même date, où les figures sont retournées. Ainsi, dans *David et Bethsabée*, Bethsabée doit être à gauche, et dans la *Chasteté de Joseph*, Mme Putiphar doit être à droite, et c'est le contraire dans la contrefaçon.</small>

CANTIQUES nouveaux de saint Charles Borromée et de sainte Catherine d'Alexandrie. *A l'Isle Sonnante, chez Michel Couplet, libraire*, 1779. Pet. in-8. (De 25 à 30 fr.)

<small>1 portrait et 5 figures en charge, signées M. C. del et sc.
Facétie écrite sans doute vers la fin de 1778 à l'occasion de la grossesse de Marie-Antoinette.</small>

CAQUIRE, parodie de Zaïre, par M. de Vessaire, seconde édition, considérablement emm... *A Chio de l'imprimerie d'Avalons*, s. d. In-8. (De 10 à 15 fr.)

1 frontispice non signé.
Facétie scatologique.

CARACCIOLI. — La Vie du Pape Clément XIV (Ganganelli). *A Paris, Chez Prault*, 1776. In-12. (De 5 à 6 fr.)

Portrait-frontispice gravé par Delaunay, une vignette par Prévost, gravée par Baquoy, et un cul-de-lampe dessiné et gravé par Prévost.

Une autre édition sous la même date renferme au lieu du portrait, un frontispice gravé par Quéverdo.

CARLIER. — Histoire du Duché de Valois, ornée de cartes et de gravures, contenant ce qui est arrivé dans ce pays depuis le tems des Gaulois, et depuis l'origine de la Monarchie Françoise, jusqu'en l'an 1703. *A Paris, Chez Guillyn..., Et à Compiègne Chez Louis Bertrand*, 1764. 3 vol. in-4. (De 30 à 40 fr.)

Tome I : 4 ff. n. ch., XXVI et LV pp., 2 ff. n. ch. et 562 pp., plus 1 carte pliée (p. 1), 3 ff. n. ch. (p. 139), 1 *Vue* (p. 248), 1 planche (p. 268), et 2 ff. n. ch. (p. 343).
Tome II : 3 ff. n. ch., et 693 pp., plus 2 ff. n. ch., 1 *Vue* (p. 358), 3 ff. n. ch., (p. 363) et 4 ff. n. ch. (Livre VII).
Tome III : 3 ff. et 462 pp. [plus 1 f. n. ch., (p. 135), 1 f. n. ch., (p. 363)]; 3 ff. n. ch., et CCXIV pp., 1 *Tableau* des mesures et 52 pp. de *Table*.
Les 3 planches et la carte ne sont pas signées. Les fleurons sont de Vignon (de Compiègne), qui en a signé plusieurs.

CAROLINE et Saint-Hilaire ou les p.... du Palais-Royal. *A Paris (ou Londres) dans un b....* An VIII. 2 vol. in-18. (De 40 à 50 fr.)

Tome I : 136 pp., plus 1 front. et 3 fig.
Tome II : 116 pp., plus 1 front. et 3 fig.
En tout 2 frontispices et 6 jolies figures libres, non signés.
Selon la bibliographie de Gay, cet ouvrage, qu'on trouve aussi sous la date de 1784, ne serait pas antérieur à 1830 et n'aurait aucun droit à figurer dans ce manuel. Il nous a paru certain qu'il a été véritablement imprimé en 1800. Nous en connaissons des exemplaires en reliure de l'époque.

CARON DU CHANSET. — La Dame de Charité, drame en trois actes et en prose. *A La Haye et Paris*, 1775. In-8. (De 8 à 10 fr.)

1 jolie figure par Desrais, gravée par Patas.

CARRACCI (Annibale). — Le Arti di Bologna di A. Carracci intagliate da Simone Guilini. *Roma*, 1740. In-fol. (De 60 à 80 fr.)

80 planches.
Figures de marchands ambulants et costumes populaires.

CARRÉ (J.-B.-L.) de Clermont-la-Meuse. — Panoplie de tout ce qui a trait à la Guerre depuis l'origine de la nation... par J. B. L. Carré. *A Chalons-sur-Marne, Chez Lepinteville-Bouchard*, 1795. 2 vol. in-4. (De 15 à 20 fr.)

41 planches.

CARRIÈRE DOISIN. — Nouveau Théâtre Sentimental à L'Usage De La Jeunesse, Par Madame la Marquise de S***. *A Paris, Chez Laurens jeune, Libraire-Imprimeur rue St-Jacques, vis à vis celle des Mathurins*, 1790. In-8. (De 10 à 12 fr.)

XIV pp., 1 f. n. ch., 240 et 104 pp., 1 f. n. ch., plus un joli frontispice gravé par Mlle An^e Croisier, contenant en médaillon les portraits de Louis XV, Louis XVI et Marie-Antoinette.

CARTEROMACO. — Richardet, poëme. *A La Haye, Et se vend à Paris, chez Lacombe*, 1766. 2 vol. in-8. (De 10 à 12 fr.)

50 figures de Novelli.
En demi-reliure, 10 fr., vente E. Martin (n. 245).
Traduit en vers français par Mancini Duvernois.
Cf. FORTIGUERRA.

CASSAS. — Voyage pittoresque de la Syrie, de la Phénicie, de la Palestine et de la basse Egypte. *Paris, an* VII

(1799) et années suivantes. Gr. in-fol. (De 100 à 150 fr.)

173 planches gravées d'après les dessins de Cassas par Berthault, Dequevauviller, Racine, etc...
Cet ouvrage n'a pas été terminé. Les livraisons ont cessé de paraître après la 30ᵉ. Il n'y a de texte que pour les sept premières.
En demi-reliure, 21 fr., vente Massicot (n. 628).
Les Didot avaient acquis les dessins originaux. Ils ont été détruits à l'incendie de la papeterie Didot en 1836.
Nous avons vu jusqu'à 192 planches dans un exemplaire.
Cf. la *Bibliotheca geographica Palaestinae* de Röhricht, n. 1498.

— Voyage pittoresque et historique de l'Istrie et de la Dalmatie (par J. De La Vallée). *A Paris, Imprimerie de P. Didot l'aîné*, an X (1802). In-folio. (De 40 à 50 fr.)

Planches gravées, d'après les dessins de Cassas par Née ou sous sa direction.
En demi-reliure, 23 fr., vente Massicot (n. 629).

CASTEL. — Les Plantes, poème. 3ᵉ édition, revue avec soin. *A Paris, Chez Déterville*, (imp. Crapelet) 1802. In-12. (De 8 à 10 fr.)

1 frontispice et 4 figures par J. E. de Sève, gravés par Pierron.
Il y a des exemplaires sur papier vélin.

CASTÉRA (de). — La Pierre philosophale des Dames ou les Caprices de l'amour et du destin. S. l. 1733, 2 part. en 1 vol. in-12. (De 15 à 20 fr.)

1 frontispice et 4 figures non signés.

CATALOGUE des Chevaliers, Commandeurs et Officiers de l'Ordre du Saint-Esprit, avec leurs noms et qualités depuis l'institution jusqu'à présent (Par Poullain de Saint-Foix). *A Paris, De l'imprimerie de J.-F. Ballard*, 1760. In-folio. (De 50 à 60 fr.)

Beau frontispice de Boucher, gravé par Laurent Cars, jolis culs-de-lampe et vignettes de Gravelot.

On trouve ce volume relié en veau aux insignes de l'Ordre du Saint-Esprit. Certains exemplaires sont tirés sur papier fort.
Un exemplaire provenant de la bibliothèque du Roi Louis-Philippe : 155 fr., vente du comte Roger.
M. Henri Beraldi possède la suite des vignettes en tirages hors texte.
Cinq des dessins originaux de Gravelot appartenaient à Hippolyte Destailleur (vente de 1896, n. 795).

CATALOGUE raisonné de diverses curiosités du Cabinet de feu M. Quentin de Lorangère. Composé de tableaux, dessins, estampes, etc... par E. P. Gersaint. *A Paris, Chez Barois*, 1744, in-12. (De 15 à 20 fr.)

Frontispice d'après Cochin.

CATALOGUE raisonné d'une collection de diverses curiosités en tous genres du cabinet de feu M. Bonnier de la Mosson, par Gersaint. *A Paris, Chez Barrois*, 1754. In-12. (De 10 à 15 fr.)

Frontispice de Boucher gravé par Duflos.

CATALOGUE raisonné des tableaux, sculptures, etc., qui composent le cabinet de feu M. le duc de Tallard, par les Srs Rémy et Glomy. *A Paris, Chez Didot*, 1756. In-12. (De 15 à 20 fr.)

Frontispice de Baudouin, gravée par Huquier.
Ce frontispice a servi pour un catalogue de tableaux, de dessins et d'estampes, publié l'année suivante par les sieurs Helle et Glomy.

CATALOGUE raisonné des tableaux du cabinet de M. Peilhon par P. Remy. *A Paris, Chez Didot*, 1763. In-12. (De 10 à 15 fr.)

Frontispice dessiné et gravé par A. de Saint-Aubin.

CATALOGUE des tableaux, dessins, terres-cuites, marbres et autres objets précieux, après le décès de S. A. S. Mgr. le prince de Conty, par Remy.

A Paris, Chez Musier, 1777. In-8. (De 20 à 25 fr.)

Titre-frontispice dessiné par Moreau et gravé par Martini.

CATALOGUE des tableaux, sculptures, dessins, estampes, provenant de la succession de feu M. Le Bas. *A Paris, Chez Clousier et Joullain*, 1783, in-16. (De 10 à 15 fr.)

Très beau frontispice et charmant cul-de-lampe par Gaucher.

CATON (Denys). — Disticha de moribus ad filium, etc. *Amstelodami, Houttuyn*, 1759. In-8. (De 6 à 8 fr.)

5 figures dessinées et gravées par Fokke.

CATULLE. — Catullus, Tibullus et Propertius, etc., accedunt fragmenta Cornelio Gallo inscripta. *A Paris, Chez Barbou*, 1753. In-12. (De 8 à 10 fr.)

3 figures, 3 vignettes non signées et 4 culs-de-lampe.
La première édition porte : *Lutetiae Parisiorum, apud Ant. Urb. Coustelier*, 1743, est préférable pour les épreuves.
Un exemplaire daté de 1754, sur papier fort et en maroquin rouge ancien à large dentelle, 420 fr., vente Turner (n. 221); le même (?) 265 fr., vente Colin (n. 27).
Il existe de l'édition de 1743 une dizaine d'exemplaires sur peau de vélin : nous citerons celui de la Bibliothèque nationale et celui de Pâris de Meyzieu (1779, n. 1266 : 43 fr. 50), puis de Gouttard (1780, n. 642 : 170 fr.) aujourd'hui à l'Arsenal.

CATULLE, TIBULLE et GALLUS, — Traduction en prose de Catulle, Tibulle et Gallus, par l'auteur des Soirées helvétiennes et des Tableaux (le marquis de Pezay). *A Amsterdam et à Paris, Chez Delalain*, 1771. 2 vol. gr. in-8. (De 25 à 30 fr.)

1 frontispice par Eisen, gravé par de Longueil, placé dans chaque volume, et un cul-de-lampe par les mêmes.

CAUSANS (Joseph-Louis-Vincent de Mauléon de). — Demonstration de la quadrature du cercle par M. le chevalier de Causans cy-devant colonel du regiment d'infanterie de Conty. *S. l. n. d.* In-4. (De 20 à 25 fr.)

Titre gravé et 5 planches géométriques dans de jolis encadrements ornés.
Spirituelle facétie à allure scientifique.

CAUVET (G.-P.) — Recueil d'Ornemens à l'usage des jeunes artistes qui se destinent à la décoration des bâtimens, dédié à Monsieur par G. P. Cauvet, sculpteur de S. A. R. *A Paris, chez l'Auteur*, 1777. In-fol. (De 800 à 1,000 fr.)

Titre-frontispice et dédicace gravés avec portrait de Monsieur, comte de Provence, et 65 planches contenant 117 sujets gravés par Cauvet, Hemery, Leroy, Mlle Liotter, Martini et Miger.
Nous avons vu au Musée de Berlin l'avant-lettre du titre.
Celui de la vente Béhague (n. 380), avec 67 pl., en maroquin rouge de David, a été vendu 1,000 fr.; un autre semblable, cartonné non rogné, 500 fr., vente R. Lion (n. 88).
L'exemplaire James de Rothschild (n. 259) contient 67 ff. soit le titre, la dédicace, le portrait de Monsieur, 96 pièces en 62 planches (dont une double) et 1 f. de Privilège.

CAUVIN. — Arrest de la cour du Parnasse pour les Jésuites, poème avec notes et figures. *A Delphes, chez Pagliarini, libraire*, 1762, avec permission et privilège d'Apollon. In-12. (De 8 à 10 fr.)

Titre gravé avec vignettes par de Montalais et 1 jolie figure par le même.
Le graveur-amateur de Montalais, a gravé des suites de figures satyriques sur les Jésuites.

CAUX DE CAPEVAL. — Apologie du goût français relativement à l'Opéra, *S. l.* (Paris), 1754. In-8. (De 10 à 12 fr.)

Titre gravé contenant un très joli fleuron, non signé.

CAYLUS (Comte de). — La Chauve-souris du sentiment, comédie en un acte (du comte de Caylus?) *S. l. n. d.* (Paris, vers 1763). In-8. (De 8 à 10 fr.)

1 jolie figure qui paraît être de Boucher.
Sur un exemplaire ayant appartenu à M. Rouquette père, relié en maroquin rouge, le titre, doré sur le dos, est moins bizarre et plus réaliste. Il porte le même nom que l'indisposition sur laquelle Régnier a fait des stances et une ode très connues. Cette indisposition fait, du reste, le sujet de la comédie. Attribué par le bibliophile Jacob à Crébillon le fils.

— Contes orientaux tirés des Manuscrits de la Bibliothèque du Roy de France (par Caylus), *A La Haye*, 1743, 2 vol. in-12. (De 10 à 12 fr.)

Tome I : 4 ff. n. ch., 312 pp., plus 4 fig.
Tome II : 1 f. n. ch., 331 pp., plus 4 fig.
En tout 8 figures non signées.
En maroquin rouge de Derôme, 200 fr., *Bull. Morgand*, 1899, n. 35,681.
Réimpressions en 1747 et 1780, chez Mérigot.

— Les Ecosseuses, ou les Œufs de Pasques. *A Troyes, Chez la veuve Oudot*, 1745. In-16. (De 5 à 6 fr.)

2 ff., 172 pp., et 1 f. blanc y compris le frontispice gravé sur bois et imprimé en vert.
Contient un frontispice et une vignette de titre, gravés sur bois.

— Les Ecosseuses ou les Œufs de Pâques. *A Troyes, chez la Veuve Oudot et à Paris, Chez Duchon, s. d.* In-12. (De 6 à 8 fr.)

Une figure au bistre.
En maroquin rouge ancien, 51 fr., (avec les *Etrennes*) vente Radziwill (n. 1058) revendu 72 fr., vente Béhague (n. 1321); le même (?) 28 fr., vente R. Lion (n. 264).

— Les Étrennes de la Saint-Jean (par le comte de Caylus, Maurepas, Montesquieu, Moncrif, Crébillon fils, etc.), 2e édition. *A Troyes, chez la veuve Oudot* (Paris, 1742.). In-12. (De 15 à 20 fr.)

Frontispice et portraits sur bois en caricatures représentant M. et Mme Oudot.
En grand papier, reliure avec les Ecosseuses en maroquin bleu de Padeloup, 300 fr., vente Ganay (n. 198).
Une autre édition parue en 1757 contient deux parties.

1° Étrennes de la St-Jean, 1 figure sur bois;
2° Les Ecosseuses ou les Œufs de Pâques, 1 figure sur bois.
L'édition de 1751 en maroquin rouge de Derôme 51 fr., (avec les *Ecosseuses*) vente Radziwill (n. 1058), revendu 82 fr., vente Béhague (n. 1320); le même (?) 45 fr., vente R. Lion (n. 263).

— Histoire de Guillaume. *S. l. n. d.* (Paris, vers 1760). In-12. (De 5 à 6 fr.)

1 f. n. ch., XI-77 pp., 1 f. n. ch., 100 pp., 3 ff. n. ch., 1 f. blanc.
Frontispice, repeté en tête de la seconde partie, représentant les armes d'un cocher, c'est-à-dire, des instruments d'écurie.

— Histoire de Joseph, accompagnée de 10 figures gravées d'après Rembrandt, par le comte de Caylus. *A Amsterdam, Chez Jean Neaulme*, 1757. In-fol. (De 30 à 40 fr.)

Les 10 dessins originaux *attribués* à Rembrandt, ont figuré en Vendémaire, an VII à la vente d' « un amateur »; ils ont été achetés pour 1,500 francs par le Louvre, à la vente N[arcisse] R[évil], (1842, n. 212).

— Les Manteaux. *A La Haye*, 1746. In-8. (De 7 à 8 fr.)

1 frontispice par Cochin fils, gravé par Fessard, non signé.
En maroquin rouge ancien, 50 fr., vente Béhague (n. 1322).

— Mémoires de l'Académie des colporteurs, *De l'imprimerie ordinaire de l'Académie*, 1748. In-12. (De 15 à 20 fr.)

1 fleuron sur le titre, 1 frontispice et 8 jolies figures non signées.
Le frontispice est de C. N. Cochin et les figures sont dans la manière de Gravelot ou de Pasquier. Elles semblent avoir été gravées par Caylus lui-même.

— Nocrion, conte allobroge. *S. l.* (Paris, Robustel), 1747. In-12. (De 15 à 20 fr.)

Titre-frontispice gravé par Fessard, d'après Cochin fils.
Curieux opuscule assez libre et peu commun.

— Nouveaux Contes orientaux, ornés de figures en taille-douce. *A Amsterdam, Chez la veuve Merkus et à Paris, Chez Mérigot,* 1780. 2 vol. in-8. (De 20 à 25 fr.)

8 figures non signées.

— Œuvres badines complètes du comte de Caylus. Avec figures. *A Amsterdam et Paris, Chez Ch. Visse,* 1787. 12 vol. in-8. (De 60 à 80 fr.)

1 portrait par Cochin, gravé par Delaunay jeune, et 24 figures par Marillier, gravées par Baquoy, Borgnet, Dambrun, Fessard, de Ghendt, Giraud l'aîné, Hubert, Le Villain, Maillet, Patas et Thomas.
En veau marbré ancien, 40 fr., vente E. Martin (n. 554).

— Le Pot-pourri, ouvrage nouveau de ces dames et de ces messieurs. *A Amsterdam,* 1748. In-12. (De 8 à 10 fr.)

1 figure non signée.
En maroquin rouge ancien, 95 fr., vente Béhague (n. 1324).

— Recueil d'Antiquités égyptiennes, étrusques, grecques et romaines. *A Paris, Chez Tilliard,* 1752-1757. 7 vol. in-4. (De 60 à 80 fr.)

7 frontispices allégoriques, fleurons sur les titres et culs-de-lampe non signés, et 825 planches d'antiquités se répartissant comme suit :
Tome I : 107 planches.
Tome II : 125 planches.
Tome III : 121 planches.
Tome IV : 125 planches.
Tome V : 120 planches.
Tome VI : 130 planches.
Tome VII : 97 planches.
Peu d'exemplaires ont le premier volume daté de 1752. Le petit nombre d'exemplaires tirés nécessita sa réimpression en 1761.
Nous avons vu coté 500 fr. chez Fontaine, un bel exemplaire sur papier de choix, relié en maroquin bleu, qui avait appartenu au célèbre Mariette, l'ami de Caylus. Il contenait des notes de sa main et quelques-uns des dessins originaux.
On joint d'ordinaire à ce recueil le volume de La Sauvagère. Les monuments reproduits étant gravés d'après les originaux et non, en général, d'après d'autres ouvrages, le *Caylus* conserve sa valeur scientifique. Beaucoup de ces monuments faisaient partie du cabinet de l'auteur et se retrouvent aujourd'hui au Cabinet des Médailles.

— [Recueil des Pierres gravées du cabinet du Roi]. *S. l. n. d.* Pet. in-4. (De 200 à 250 fr.)

306 planches gravées à l'eau-forte par le comte de Caylus.
Ce recueil est rare en premières épreuves, sans titre, sans explication et avant les numéros, tel que le comte de Caylus l'avait fait tirer, vers 1750.
En maroquin rouge de Derôme avec un dessin original ajouté, 575 fr., vente Beckford I, n. 1723.
L'édition de Basan publiée sous le titre de *Recueil des Trois cents Têtes,* avec numéros et indication des sujets, etc., est moins bonne et moins recherchée. (De 20 à 30 fr.)
Caylus légua au Cabinet des Estampes outre son œuvre, une collection considérable de ses dessins originaux, surtout d'après l'antique. Quelques autres dessins ont appartenu à Renonard (vente de 1854, n. 3237).

— Recueil de testes de caractères et de charges dessinées par Léonard de Vinci, florentin et gravées par M. le C. de C. (Comte de Caylus). *A Paris, Chez Mariette,* 1730. In-4. (De 15 à 20 fr.)

Titre gravé d'après Aug. Carrache, et 40 planches.

— La Somnambule, comédie. *A Paris,* 1739. In-8. (De 5 à 6 fr.)

Belle vignette sur le titre d'après Fessard.

CAZOTTE. — Le Diable amoureux, nouvelle espagnole. *A Naples. (Paris, Legay)* 1772. In-8. (De 40 à 50 fr.)

8 ff. n. ch., et 144 pp., plus 6 figures en charge, non signées.
Ces figures, gravées selon toutes probabilités par Moreau, puisqu'elles figurent dans son œuvre réuni par lui-même, et qui se trouve au Cabinet des estampes de la Bibliothèque nationale, sont de Marillier, d'après les dessins originaux au trait que le baron Portalis avait vus dans un lot de croquis et de dessins incontestablement de cet artiste.

C'est une satire sur la manie que l'on avait alors de tout illustrer, même les ouvrages les plus sérieux.
En maroquin rouge de Capé, 100 fr., vente Béhague (n. 1077); en maroquin rouge de Trautz, 145 fr., vente L. de Tinan (n. 162); en maroquin rouge de Cuzin, 100 fr., vente Guyot de Villeneuve (n. 431).

Œuvres badines et morales de M******. *A Amsterdam et à Paris, chez Esprit*, 1776. 2 vol. in-8. (De 12 à 15 fr.)

2 figures assez médiocres par Cochin, gravées par Choffard et Provost.

— Ollivier, poëme. Par Cazotte. *A Paris, de l'imprimerie de Pierre Didot l'aîné. Se vend chez Bleuet jeune*. An VI, 1798. 2 vol. in-18. (De 50 à 60 fr.)

Tome I : 230 pp. et 1 f. blanc plus 6 figures.
Tome II : 213 pp. et 1 f. blanc, plus 6 figures ; à la fin, prospectus de Bleuet (4 pp.).
En tout 12 charmantes figures de Lefèvre, gravées par Godefroy.
Ce livre fait partie de la collection dite de Bleuet. On le trouve en petit papier vélin, figures avec ou avant la lettre (De 100 à 120 fr.) et en grand papier vélin (tiré à 100 exemplaires) de format in-12, avec les avant-lettre (De 300 à 400 fr.)
A l'origine le prix de publication était 6 fr., le papier ordinaire ; 12 fr. papier vélin et 24 fr., grand papier vélin, avec figures avant la lettre.
Les eaux-fortes sont rares.
En maroquin bleu de Bozerian (avant-lettre et eaux-fortes), 17 fr. 50, vente Pixerécourt (n. 1346), revendu 400 fr., vente E. Martin (n. 434) et 610 fr., vente Delbergue (n. 179); même état, en maroquin bleu de Chambolle, 920 fr., vente Génard, puis collection Carnarvon (n. 16) et à 500 fr. *Bull. Morgand* (II, 6, n. 117); même état, en maroquin rouge de Bozérian, collection Henri Beraldi; en maroquin olive de Cuzin, non rogné (lettre, avant-lettre, eaux-fortes) 500 fr., vente Daguin (n. 606) à M. Schuhmann.
En maroquin rouge ancien, collection Ferdinand de Rothschild.

— Œuvres badines et morales, de M. Cazotte, nouvelle édition. *Londres (Cazin)*, 1788. 7 vol. in-18. (De 15 à 20 fr.)

7 frontispices, les deux premiers non signés, les autres signés Dünker.

— Œuvres choisies et badines, nouvelle édition. *Paris, an VI*, 6 vol., in-12. (De 15 à 20 fr.)

6 planches par Courbe et Bovinet.

CÉCILE, fille d'Achmet II, empereur des Turcs, née en 1710. *A Constantinople et à Paris, Chez Buisson*, 1788, 2 parties en 1 vol. in-16. (De 8 à 10 fr.)

2 planches par Lorieux, d'après Chaillou.

CÉRÉMONIES du mariage de Louis dauphin de France, avec Marie-Thérèse infante d'Espagne, dans la chapelle du château de Versailles, le 23 février 1745. Gr. in-folio. (De 150 à 180 fr.)

4 grandes planches : *la Cérémonie du mariage*, dessinée et gravée par C.-N. Cochin, fils ; *le Bal masqué donné par le roi dans la grande galerie de Versailles ; le Bal paré* et la *Décoration de la salle de spectacle construite dans le Manège*, dessinés par Cochin fils et gravés par C.-N. Cochin père.
Les beaux dessins à l'aquarelle de Cochin, sont exposés dans les galeries du Louvre.

CERVANTES. — Histoire de l'admirable Don Quichotte de la Manche, revue corrigée et augmentée de quantité de figures. *A Bruxelles, chez Guillaume Fricx*, 1706. 2 vol. in-12. (De 50 à 60 fr.)

51 jolies figures par Harrewyn.
En maroquin rouge de Derome, 145 fr., vente Béhague (n. 1210);
En maroquin rouge ancien, 280 fr., vente Daguin (n. 438).

— Les Principales Aventures de l'admirable Don Quichotte, représentées en figures par Coypel, Picart le Romain, et autres habiles maîtres (Boucher, Cochin, Lebas et Trémollières). (1723-24). In-folio. (De 300 à 400 fr.)

31 planches gravées par L. Surugue, Cochin, M. Aubert, Ravenet, Lépicié, Joullain, Haussard, Silvestre, Beauvais, Poilly, Aveline et Tardieu.

Ce sont ces compositions de Coypel qui ont servi de type pour un grand nombre d'illustrations de don Quichotte. Les 24 premières figures furent gravées sous la direction de C. Coypel et parurent en 1724, chez Surugue.

La collection fut complétée par quelques compositions qui portent la suite à 31 pièces.

Suite rare en premières épreuves.

Elle existe avant la lettre. La suite des épreuves avant les numéros, en maroquin rouge de Chambolle, 700 fr., vente Sauvage (1880, n. 100); la même (?) 700 fr. vente Werlé (n. 252).

A la vente de Coypel (1752) on adjugea pour 3,510 livres les 25 cuivres plus un 26ᵉ par Le Bas, non terminé, et 6,700 épreuves.

Les peintures originales de Coypel existent encore au château de Compiègne.

— Aventures de don Quichotte, gravées par F. Joullain d'après les compositions de Ch. Coypel. In-folio en largeur. (De 100 à 150 fr.)

24 figures.

Mêmes compositions que dans la suite précédente. Une planche est signée. F. Joullain.

— Vida y hechos del ingenioso hidalgo Don Quixote de la Mancha, compuesta por Miguel de Cervantes Saavedra, en quatro tomos. *En Londres, por J. J. R. Tonson,* 1738. 4 vol. in-4. (De 100 à 150 fr.)

1 portrait et 68 belles figures par Vanderbank, gravées par Vertue et Van der Gucht.

En veau moderne, 115 fr., vente Sardou (n. 159).

— Vida y Hechos del Ingenioso hidalgo Don Quixote de la Mancha, compuesta por Miguel de Cervantes Saavedra con muy bellas Estampas gravadas sobre los dibujos de Coypel, primer Pintor de el Rey de França, en quatro Tomos. *En Haia por P. Gosse y A. Moetjens,* 1744. 4 vol. in-12. (De 80 à 100 fr.)

Portrait par Folkema d'après Kent et 24 jolies figures dessinées par Coypel, gravées par Folkema, Fokke et Tanjé.

Elles ont reparu dans l'édition française de 1768.

On trouve quelquefois ces mêmes figures ajoutées à une édition française, *Paris, Piget,* 1741, 6 vol. in-12; un bel exemplaire en maroquin rouge de Padeloup a successivement appartenu à de Selle (1761, n. 1407 : 50 fr.), Mac-Carthy (n. 3446 : 180 fr.). La Bédoyère (1837, n. 1047 : 358 fr.) et Ganay (n. 188 : 1,420 fr.); il est au Musée Dutuit (n. 513); un autre semblable, provenant du prince d'Arenberg, collection Schuhmann.

— Les Principales Avantures de l'admirable Don Quichotte, représentées en figures par Coypel, Picart le Romain, et autres habiles maîtres; avec les explications des XXXI planches de cette magnifique collection, tirées de l'original espagnol de Miguel de Cervantes. *A La Haye, Chez Pierre de Hondt,* 1746. Gr. in-4. (De 120 à 150 fr.)

VIII — 330 pp. et 1 f. n. ch. plus 31 figures.

Contient un fleuron sur le titre, une vignette par J.-V. Schley en tête de la dédicace au prince royal de Pologne, et 31 figures par Boucher, Cochin, Coypel, Lebas, Picart et Tremolières, gravées par Fokke, Picard, V. Schley et Tanjé.

Superbes illustrations; livre très recherché. Il existe des exemplaires sur très grand papier de format petit in-folio. Les premières épreuves des figures se reconnaissent à ce qu'il n'y a pas de numéros au-dessous de la légende des figures.

Un exemplaire dans ces conditions en maroquin bleu ancien, 450 fr., vente Müller (n. 220); un autre, en maroquin rouge à l'oiseau par Derôme, 450 fr., vente E. Martin (n. 452); un autre, en demi-reliure, avec 6 eaux-fortes ou épreuves d'artiste, 300 fr., même vente (n. 453); un autre encore, en veau ancien, 200 fr., vente Daguin (n. 439); un autre, dérelié, 50 fr., vente Massicot (n. 514).

En maroquin rouge ancien, ventes Holland et d'Auteuil, revendu 350 fr., vente Lebeuf de Montgermont (n. 723); en maroquin rouge de Duru, 295 fr., vente Béhague (n. 1212); en maroquin vert de Hardy, 255 fr., vente Sardou (n. 165).

En maroquin rouge ancien, avant les numéros, collections Schuhmann et F. de Rothschild; un autre semblable, sur grand papier, en maroquin rouge de Padeloup, à larges dentelles, 202 fr., vente La Vallière (n. 4189), revendu 545 fr., vente La Bédoyère (1862, n. 1565) aujourd'hui au Musée Dutuit (n. 514).

P. de Hondt publia en même temps une édition en néerlandais, avec les mêmes figures, et qui est moins recherchée en France :

En veau, demi-reliure, figures de 1er tirage, 42 fr., vente Daguin (n. 440); à la même vente (n. 441) figurait un exemplaire sur grand papier avec double suite des figures, mais en 2e tirage.

— The History and Adventures of the renowned Don Quixote (traduction anglaise de Smollett). *London*, 1755. 2 vol. in-8. (De 80 à 100 fr.)

28 belles figures dessinées par Hayman. S'est vendu de 40 à 60 fr. dans plusieurs ventes anglaises.

— Histoire de l'admirable Don Quichotte de la Manche. Traduite de l'espagnol de Michel de Cervantes. Enrichie des belles figures dessinées de Coypel & gravées par Folkéma & Fokke. *A Amsterdam et à Leipzig, chez Arkstée & Merkus*, 1768. 6 vol. pet. in-8 (8 avec les *Nouvelles*). (De 60 à 80 fr.)

Tome I : 6 ff. n. ch., 370 pp., 1 f. blanc, plus un faux-titre gravé, 1 portrait et 6 figures.
Tome II : 3 ff. n. ch., 369 pp., 1 f. blanc, plus 3 fig.
Tome III : 4 ff. n. ch., 371 pp., plus 10 fig.
Tome IV : 4 ff. n. ch., 453 pp., 1 f. blanc, plus 8 fig.
Tome V : 4 ff. n. ch., 420 pp., plus 3 fig.
Tome VI : 4 ff. n. ch., 422 pp., 1 f. blanc, plus 1 fig.

En tout un faux-titre gravé, le portrait de Cervantes, 6 fleurons sur les titres, dont un qui sert deux fois, et 31 figures.

Les amateurs qui tiennent à avoir un bel exemplaire de cet ouvrage, remplacent les gravures de cette édition, ordinairement assez fatiguées, par celles de l'édition en espagnol imprimée à *La Haye, chez Moetjens*, en 1744. 4 vol. petit in-18, au nombre de 24 figures seulement, où elles ont paru pour la première fois, mais de premier tirage.

Aux six volumes du Don Quichotte on joint souvent les deux volumes des *Nouvelles* publiés la même année.

Un exemplaire en 8 vol. maroquin vert, par Bozérian, 260 fr., vente Potier; en maroquin rouge de Hardy, pièces ajoutées, 260 fr., vente Béhague (n. 1211); en maroquin rouge, pièces ajoutées, 301 fr., vente E. Martin (n. 456); en demi-reliure, 92 fr., vente Daguin (n. 442); en maroquin rouge ancien, 1,640 fr., vente Werlé (n. 253).

Caillard avait découvert, pendant une ambassade à la Haye, la série complète (moins 4 pièces) des vignettes de Folkema et les vignettes des nouvelles avant la tomaison; il les inséra dans son exemplaire qui fut vendu 256 fr. 15 (1810, n. 1599) et revendu 80 fr., vente Pixerécourt (n. 1435), 320 fr., vente La Bédoyère (1862, n. 1563) et 1,500 fr., à Gonzalès, vente Lebeuf de Montgermont (n. 722).

— Les principales Aventures de l'admirable Don Quichotte, représentées en figures par Coypel, Picart le Romain et autres habiles maîtres, avec les explications des XXXI planches de cette magnifique collection tirées de l'original espagnol de Miguel de Cervantès. *A Liège, J.-F. Bassompierre*, 1776. In-4. (De 30 à 40 fr.)

1 fleuron, 1 vignette et 31 figures, second tirage des planches de l'édition de La Haye, 1746.

Les figures sont fatiguées et l'édition peu estimée. Cependant en veau fauve ancien, 120 fr., vente Sardou (213).

Il a été fait un tirage in-folio dont un exemplaire, en demi-reliure, s'est vendu 16 fr., vente Massicot (n. 515).

— Les Principales Aventures de l'admirable Don Quichotte, etc., représentées en figures par Coypel, Picart le Romain et autres habiles maîtres *La Haye et Paris, Bleuet*, 1774. 2 vol. in-8. (De 30 à 40 fr.)

30 figures non signées.
Copies réduites des figures de Coypel.

— El ingenioso hidalgo Don Quixote de la Mancha, compuesto por Miguel Cervantes Saavedra. *Madrid, Ibarra*, 1780. 4 vol. grand in-8. (De 120 à 150 fr.)

2 frontispices par Carnicero et Arquitecto, gravés par Selma et Juan de la Cruz; 1 portrait de Cervantes par Joseph del Castillo, gravé par Salvator y Carmona; 14 lettres ornées, 22 en-têtes ou vignettes et 20 culs-de-lampe par Ballester, Brieva, Carnicero, La Cuesta et Zimeno, gravés par Brandi, Fabregat, Miguet et Palomino; 31 figures par Barranco, Brunette, Del Castillo, Ferro et Gil, gravées par Ballester, Barcelon, Fabregat, Gil, Mol, Muntaner, Salvador y Carmona et Selma, et une carte géographique.

Magnifique édition comme typographie et comme ornementation. Les figures sont avant la lettre dans la plupart des exemplaires. Brunet assure que les figures avec la lettre, très rares, furent tirées en premier.

Il y a des exemplaires dont le papier a été mélangé. Ils ont moins de valeur.

Un bel exemplaire relié en maroquin rouge par Bradel-Derôme, 1,000 fr., catalogue Rouquette. Un autre, 845 fr., vente R. Lion (n. 255); un autre encore, 500 fr., vente Lacarelle (n. 387).

En maroquin rouge de Capé, 400 fr., vente E. Martin (n. 450).

Le bel exemplaire en maroquin rouge ancien, offert à Mme de Bure par Eugenio Isquierdo, et qui a appartenu à M. Henri Beraldi est aujourd'hui dans la collection F. de Rothschild.

Un autre semblable est au Musée Dutuit (n. 512).

— El ingenioso hidalgo Don Quixote de la Mancha, compuesto por Miguel de Cervantes; nueva edition corregida por D.-J.-A. Pellicer. *En Madrid*, 1797-1798. 5 vol. in-8. (De 40 à 50 fr.)

33 figures assez belles par Camaron, Meredo, Monnet, Porret, Texadas, Navarra, et R. Ximeno, gravées par P. Duflos, femme Duflos, et Morenos Texadas, 2 vignettes par Porret, gravées par Taxadas et 3 cartes, en tout 40 pièces.

Il y a une édition en espagnol sous la même date, de l'imprimerie royale de Madrid, en 6 vol. in-18 avec de jolies vignettes.

— Les Aventures de Don Quichotte 1780. (De 60 à 80 fr.)

56 figures de Chodowiecki, gravées par Berger (comprenant 1 portrait de Cervantes, 5 frontispices et 24 figures.

Cette suite en avant-lettre, épreuves à toutes marges, 250 fr., *Bull. Morgand*, 1899, n. 55,707.

— Don Quichotte de la Manche, traduit de l'espagnol de Michel Cervantes Par Florian; ouvrage posthume. *A Paris, De l'imprimerie de Didot l'ainé, Paris, Deterville*, an VII (1799), 3 vol. in-8. (De 50 à 60 fr.)

Contient un portrait de Cervantes, par Quéverdo, gravé par Gaucher, et 24 figures par Lefèvre et Le Barbier, gravées par Coiny, Dambrun, Gaucher, Godefroy et Masquelier.

Il existe des exemplaires sur papier vélin, avec les figures en trois états : avec la lettre, avant la lettre et eaux-fortes. La même édition se rencontre sous la même date, également imprimée par Didot, en 6 vol. in-18, avec les mêmes figures. (De 80 à 100 fr.)

Tome I: 2 ff. n. ch., 230 pp., plus 4 figures.
Tome II: 2 ff. n. ch., 234 pp., plus 4 figures.
Tome III: 2 ff. n. ch., 276 pp., plus 4 figures.
Tome IV: 253 pp., plus 5 figures.
Tome V: 248 pp., plus 3 figures.
Tome VI: 232 pp., plus 4 figures. (Cette édition ne contient pas le portrait.)

M. Mehl dit qu'il en possède un exemplaire imprimé sur grand papier (tiré, dit-on, à 100 exemplaires) avec des figures avant la lettre et qu'il ignore laquelle de ces éditions a précédé l'autre, mais que les épreuves de son exemplaire sont très supérieures à celles de l'édition in-8.

L'édition in-18 avec les 3 états des figures, en grand papier, non rogné, en maroquin rouge de Cuzin, 1,680 fr., vente Daguin (n. 607) à M. Robert Schuhmann.

L'exemplaire de M. Henri Beraldi, en demi-reliure de Capé, contient aussi les avant-lettre et les eaux-fortes.

Brunet signale une édition de *Don Quichotte*, de Paris, Dufart, 1798. 4 vol. in-8, figures; dont il y a des exemplaires en papier vélin. Nous croyons, jusqu'à nouvel ordre, qu'il a fait confusion avec l'édition précédente.

— Engravings illustrative of Don Quixote from pictures by Robert Smirke. (De 100 à 150 fr.)

70 figures et 14 vignettes in-8.

Suite très intéressante publiée à Londres, en 1818, chez Cadel et Davies. Il existe des exemplaires de tirage in-fol. sur papier de Chine avec la lettre. Dans ces conditions, en maroquin rouge de David, 775 fr., vente

E. Martin (n. 454) revendu 1,020 fr., vente Sauvage (1880, n. 101).

Un autre exemplaire, formé à l'époque par l'artiste John Pye, fut acheté à sa vente par Sieurin (vente de 1879, n. 185 : 1,100 fr.) et se trouve aujourd'hui au Musée Dutuit (n. 184).

Presque toutes les épreuves y sont signées des artistes.

L'exemplaire de Smirke lui-même avait été recueilli par Eugène Paillet (*Bull. Morgand*, n. 12,443 : 1,000 fr.).

— Les Aventures de Don Quichotte, traduites par Florian. — (Voy. FLORIAN.)

— *Novelas exemplares de Miguel de Cervantes Saavedra* : dirigidas a la exelentissima senora condessa de Westmorland, en esta ultima Imprecion Adornadas y illustrados de muy bellas Estampas. *En Haya à costa de J. Neaulme*, 1739. 2 vol. in-12. (De 20 à 30 fr.)

Portrait gravé par Folkema d'après Kent et 13 jolies gravures dessinées et gravées par Folkema.

— Novelas exemplares de Miguel de Cervantas Saavedra : en esta nueva imprecion adornadas y illustrados de muy bellas estampas. *A Anvers, Bousquet*, 1743. 2 vol. in-8. (De 20 à 25 fr.)

1 portrait d'après Kent, gravé par Jacquemin, et 13 figures de Folkéma, gravées par Adeline et une par Daudet.

— Nouvelles de Michel de Cervantes Saavedra, Nouvelle Édition. Augmentée de trois Nouvelles qui n'avoient point été traduites en François & de la Vie de l'Auteur. Enrichie de Figures en taille-douce. *A Amsterdam et à Leipzig, chez Arkstée & Merkus*, 1768. 2 vol. in-12. (De 20 à 25 fr.)

Tome I : XLIV-358 pp. et 1 f. blanc, plus 1 portrait et 6 fig.

Tome II : 2 ff. n. ch., 396 pp., plus 7 fig.

En tout 2 fleurons sur les titres, dont l'un appartient également au *Don Quichotte* de la même année, le portrait de Cervantes et 13 figures dessinées et gravées par Folkema, les mêmes que dans l'édition espagnole.

Se joint d'ordinaire au *Don Quichotte* publié la même année.

— Nouvelles espagnoles de Michel Cervantes, traduction nouvelle (par Lefebvre de Villebrune, avec des notes ; ornée de figures en taille-douce. *A Paris, Chez la veuve Duchesne*, 1778. 2 vol. in-8. (De 60 à 80 fr.)

12 figures de Desrais et Folkema, gravées par Berthet, Bradel, Delaunay, Lebeau, Le Roy et Maillet. Elles sont généralement belles.

Ce recueil contient les nouvelles suivantes, dont la pagination recommence à chacune (il faut préférer les recueils datés de 1775-1777 à ceux mis en vente en 1778 avec de nouveaux titres) : 1° *La Bohémienne*, figure gravée par Delaunay jeune, Paris, veuve Duchesne, 1775. — 2° *L'Amant libéral*, gravée par Le Roy, Madrid et Paris, Costard, 1776. — 3° *Théodosie et Léocadie*, gravée par Maillet. Madrid et Paris, Costard, 1776. — 4° *Le Jaloux d'Estradamure*, non signée (très jolie). Paris, veuve Duchesne, 1776. — 5° *L'Espagnole Angloise*, gravée par Le Beau. Paris, veuve Duchesne, 1777. — 6° *Le Sot curieux*, gravée par Bradel. Paris, veuve Duchesne, 1777. — 7° *Le Licentié* (sic) *de verre*, gravée par Le Beau. Paris, veuve Duchesne, 1877. — 8° *L'Illustre Frégone*, non signée. — 9° *La Force du sang*, non signé. — 10° *Cornelie*, non signée. — 11° *Le Mariage trompeur*, gravée par Berthet. — 12° *Les Filoux*, non signée.

Les cinq dernières de ces nouvelles n'ont que des faux titres.

Le libraire Defer de Maisonneuve a fait imprimer en 1788 un nouveau titre à chaque volume.

Sous cette date, en maroquin rouge de Capé, 160 fr., vente Béhague (n. 1214).

L'exemplaire Dornois, en veau ancien, figures avant la lettre, contient le dessin original de la première figure, à la mine de plomb, sur vélin.

CÉSAR (Jules). — C. Julii Cæsaris, quae extant, accesserunt annotationes Samuelis Clarkii, tabulis aeneis ornata. *Londini, Sumpt. et typis, J. Tonson*, 1712. 2 vol. gr. in-fol. (De 100 à 150 fr.)

87 figures et nombreuses vignettes.

L'exemplaire de Louis XIV en maroquin rouge aux armes de France passa chez la duchesse de Berry (vente de Rosny, 1837, n. 1559 : 150 fr.); il est dans la collection Ferdinand de Rothschild; un autre exemplaire en belle reliure est à la Méjanes d'Aix.

Il existe quelques précieux exemplaires (25 dit-on), sur grand papier; tels sont ceux de Gros de Boze, en maroquin citron (n. 1713 : 300 fr.); de Gaignat (n. 2912 : 354 fr. 05), en maroquin rouge; de Gouttard (n. 1218 : 700 fr.), en maroquin rouge; du duc de La Vallière (n. 4920 : 999 fr. 95) en veau fauve; de Mirabeau (n. 2137 : 1,500 fr.) en maroquin rouge, revendu seulement 365 fr., vente Renouard (1854, n. 2785) à Didot; de Caillard (n. 2053 : 799 fr. 95) en maroquin rouge; de Didot l'Ancien (1810, n. 900 : 800 fr.) en cuir de Russie, revendu (?) vente d'Ourches (n. 1276 : 1,021 fr.); de Lolliée (850 fr.); du duc de Grafton (n. 813 : 3,101 fr.) en maroquin; de Watson Taylor (I, n. 464 : 945 fr.) en maroquin rouge; de Sykes (I, n. 755 : 750 fr.) en maroquin rouge; de Dent (630 fr.) revendu 475 fr. en 1835; de Saint-Mauris (1840, n. 1826 : 601 fr.) en maroquin rouge; de Radziwill (n. 1359 : 125 fr. en maroquin rouge; n. 1360 : 165 fr. en maroquin vert); de W. Beckford (1882, I, n. 1485 : 150 fr.) en maroquin rouge; celui de Sunderland en maroquin rouge (I, n. 2222 : 2,525 fr.); celui en maroquin rouge ancien que possèdent depuis longtemps les ducs de Devonshire et celui enfin du Musée Dutuit (n. 648) payé 235 fr. à la vente Giraud (n. 2603 : maroquin rouge ancien).

« Il faut voir, dit Brunet, si la grande planche n. 42, qui représente un taureau sauvage (ithyphallique) dont il est fait mention dans le texte, p. 135, n'a pas été enlevée du volume, ou si elle n'a pas été déchirée; cette planche étant singulièrement estimée, les exemplaires où elle manquerait perdraient une notable partie de leur valeur. »

— C. Julii Cæsaris Commentariorum de bello gallico Libri septem. *Parisiis, typis Josephi Barbou*, 1753 ou 1755. In-12. (De 8 à 10 fr.)

1 beau frontispice, d'après B. Picart, gravé par Ch. Duflos, 2 vignettes et 4 cartes géographiques.

En maroquin citron ancien, 30 fr., vente Salvert Bellenave (n. 227).

Il y a des exemplaires en grand papier de Hollande.

CHAMPLAIN. — L'Ami de la Concorde, ou Essai sur les motifs d'éviter des procès et sur les moyens d'en tarir la source, par un avocat au Parlement. *Londres*, 1765. In-18. (De 5 à 6 fr.)

Grande figure pliée, non signée, représentant le Juge avalant l'huître.

CHANSONNIER DE LA MONTAGNE (Le), ou Recueil des chansons, vaudevilles, pots-pourris et hymnes patriotiques. *A Paris, chez Favre, maison Égalité, galerie de Bois*, 220, an III. In-12. (De 10 à 12 fr.)

Joli frontispice contenant 7 portraits en médaillons non signés, de Barra, Marat, etc...

CHANSONNIER DES GRACES (Le), avec la musique gravée des airs nouveaux. *A Paris, chez Louis*, an IX. In-18. (De 5 à 6 fr.)

1 figure par Bonnet, gravée par Dambrun.

Ce chansonnier a continué à paraître les années suivantes, avec une figure.

CHANSONS CHOISIES, avec des airs notés. *A Genève* (Cazin), 1782. 4 vol. in-18. (De 10 à 15 fr.)

1 frontispice non signé, et 115 planches de musique.

CHANSONS des bons cousins et bons compagnons fendeurs, dédiés à toutes les bonnes cousines du chantier de la Paix, gravées par le cousin Fauchau, 1773. In-8. (De 10 à 15 fr.)

Frontispice non signé, texte et musique gravés, 4 culs-de-lampe non signés.

CHAPELLE. — Voyage de Chapelle et Bachaumont, suivi De quelques autres Voyages dans le même genre. *A Genève* (Cazin), 1777. In-12. (De 4 à 5 fr.)

2 ff. n. ch., et 212 pp., plus 1 charmant frontispice par Marillier, gravé par Delaunay et daté de 1781.

A la fin se trouve le poème de Tangu et Félime.

CHABUY (Fr. Nic). — Abrégé de l'histoire chronologique des Juifs jusqu'à la prise de Jérusalem. *A Paris, chez Chaubert*, 1759. In-8. (De 8 à 10 fr.)

5 vignettes par Gravelot, gravées par Saint-Aubin, sous la direction de Fessard.

CHAPPE D'AUTEROCHE (L'abbé). — Voyage en Sibérie, fait par ordre du Roi en 1761, contenant les mœurs, les usages des Russes, et l'état actuel de cette puissance, etc. *A Paris, Chez De Bure père*, 1768. 2 tomes en 3 vol. in-folio et un atlas grand in-folio. (De 80 à 100 fr.)

1 frontispice de Le Prince, gravé par Tilliard, 1 fleuron du même sur le titre, gravé par Duclos, 1 vignette en tête dessinée et gravée par Moreau et 93 planches de Le Prince, Moreau le jeune et Caresme de Fécamp, gravées par Duclos, Le Bas, de Launay, Martinet, A. de Saint-Aubin et Tilliard, plus pour l'Atlas un frontispice de Le Prince, gravé par Tilliard.

L'édition d'Amsterdam, 1769-70, 6 vol. in-12 avec figures, n'est qu'un abrégé.

Les beaux dessins originaux de Le Prince et de Moreau à la sépia et à l'encre de Chine, 245 fr., vente J.-J. de Bure (1853, n. 1265) revendus 300 fr., vente La Bédoyère (1862, n. 2063), aujourd'hui à Reims, collection Olry-Rœderer.

En maroquin rouge, aux armes de Marie-Antoinette, Bibliothèque nationale.

CHARDIN. — Son œuvre gravé par Lépicié, Simon Duflos, Surugue, Weiss, Lebas, L. Cars, Cochin, Filleul, Dupin, Charpentier, etc., *S. l. n. d.* (De 600 à 800 fr.)

Il existe de précieux et rarissimes exemplaires de cet œuvre en reliure ancienne : c'est à ce titre que nous le signalons ici.

En veau ancien, 32 pièces dont quelques-unes remontées, 720 fr., vente Béhague (n. 277).

CHARLEVOIX (Le P. Pierre-François-Xavier de). — Histoire et Description générale de la Nouvelle France, avec le Journal historique d'un Voyage fait par ordre du Roi dans l'Amérique Septentrionale. Par le P. de Charlevoix, de la Compagnie de Jésus. *A Paris, Chez la Veuve Ganeau*, 1744. 3 vol. in-4 (De 50 à 60 fr.)

Tome I : 4 ff. n. ch., VIII-61 pp., 1 f., pp. IX-XXVI, 664 pp., plus 9 cartes.
Tome II : 2 ff. n. ch., xv, 582 et 56 pp., plus 8 cartes et 22 pl. de botanique.
Tome III : 2 ff. n. ch., XIX, XIV et 543 pp., plus 10 cartes.

En tout 22 pl. de botanique, 27 cartes par Bellin, gravées par Dheulland et Desbrulins, 7 fleurons par Humblot gravés par Aveline et 2 fleurons typographiques par S. P. Fournier et par Nioul.

Ouvrage recherché (publié aussi en 6 vol. in-12) et très important pour l'histoire de la Nouvelle France.

CHARNOIS (J.-Ch. Le Vacher de). — Nouvelles. *A Paris, Chez la veuve Duchesne*, 1782. In-12. (De 8 à 10 fr.)

1 frontispice et 1 figure gravés par Duclos.

— Costumes et Annales des grands théâtres de Paris, avec figures au lavis et coloriées, ouvrage destiné à représenter le costume exact de nos comédiens les plus éclairés, à relever les erreurs des faux costumes, à offrir des modèles de ceux qui sont inconnus ou altérés, etc., etc... *A Paris, chez Janinet*, 1786-1789, 7 parties en 4 vol. in-8. (De 1,000 à 1,200 fr.)

176 figures au lavis et en couleur, d'après Duplessi-Bertaux, Dutertre, Le Barbier, Desrais, Janinet, etc., ou non signées et gravées par Janinet.

Publication périodique dont il paraissait 48 numéros par an, dit le prospectus, avec 24 figures coloriées, 24 gravures d'après l'antique et 36 planches de musique, au prix de 30 livres. (Les trois premières années ont eu 48 numéros et le quatrième, 33 seulement.)

Cet ouvrage commencé par M. d'Auberteuil et continué par Le Vacher de Charnois, a régulièrement paru du 15 avril 1786 au 8 novembre 1789, où il fut arrêté du plein gré de Charnois. Les premiers nos, publiés tout d'abord de format in-4, furent refaits dans le format in-8 avec de nouvelles gravures.

Il y a des exemplaires tirés in-4, et sur « des papiers superfins ».

Recueil intéressant, recherché pour les renseignements que l'on y trouve sur le théâtre, mais surtout pour ses jolis portraits d'actrices, parmi lesquels on remarque Mlle Contat (rôle de Suzanne, de la *Folle Journée*), Mme Dugazon, Mlle Guimard, Mlle Colombe, Mme Vestris, Mme Favart, Sophie Arnould, Adrienne Lecouvreur, Raucourt, etc.

En maroquin vert de Chambolle, 1,270 fr., vente Franchetti (1890, n. 36).

L'exemplaire du célèbre acteur anglais Kemble, tiré in-4, et comprenant aussi les *Recherches sur les costumes*, a appartenu à Lord Carnarvon (n. 62 ; puis *Bull. Morgand* II, 6, n. 129 : 2,500 fr., en demi-reliure.)

Celui de Soleinne (1844, V, n. 483) puis du baron Taylor (1893, n. 2847 : 4,000 fr.), en maroquin rouge ancien, est dans la collection Ferdinand de Rothschild.

Celui de Destailleur (1891, n. 420) 800 fr., en demi-reliure était aussi en grand papier (avec les *Recherches*).

M. Anatole France nous a montré trois jolis dessins originaux de Le Barbier coloriés à l'aquarelle (4e année, n. 13, n. 17 et un autre).

— Recherches sur les Costumes et sur les théâtres de toutes les nations, tant anciennes que modernes... Avec des Estampes en couleur et au lavis, dessinées par M. Chéry, et gravées par P.-M. Alix. *A Paris, Chez M. Drouhin*, 1790. 2 vol. in-4. (De 80 à 100 fr.)

Tome I : 1 frontispice, titre, 150 pp., 1 f. n. ch., plus 30 figures.

Tome II : titre, 183 pp., plus 24 figures.

En tout, 1 frontispice en couleur, et 54 figures, la plupart en couleur, par Chéry, gravées par Alix, Ridé et Sergent.

En veau, 52 fr., vente Destailleur (1891, n. 418).

L'ouvrage a reparu sous le même titre en l'an XI (1802), avec les mêmes 55 figures et, en plus, un joli portrait de Charnois par Violet, gravé en couleur par Alix, et fait après son assassinat en 1792.

Les dessins originaux de Chéry à la gouache ont figuré à la 5e vente Soleine (1845, n. 667).

CHARPENTIER (R.). — Premier livre de différens Trophées inventé par R. Charpentier, sculpteur du Roy, gravé par Huquier. — Second livre... *A Paris, chez Huquier*, s. d. In-4.

2 suites de 12 planches, en tout 24 planches.

Collection Lesoufaché (École des Beaux arts) et Musée de Berlin.

Guilmard (p. 191) cite une autre suite de 6 pl. de trophées, gravée par Vivares.

CHARRIÈRE (Madame de). — Les Trois femmes, par Mme de Charrière, auteur des Lettres écrites de Lausanne, etc. *A Paris, Chez Nepveu, libraire, passage des Panoramas*, 26, 1809. Pet. in-8. (De 20 à 25 fr.)

1 frontispice et 6 figures de Legrand, gravés par Choffard, Couché et Duplessi-Bertaux.

Voy. LATOUR.

CHARRON (Pierre). — De la Sagesse, trois livres Par Pierre Charron, Parisien, Docteur es drois, Suivant la vraye copie de Bourdeaux. *A Genève*, 1777. 3 vol. in-18. (De 8 à 10 fr.)

Tome I : xii-264 pp., plus 1 portrait.
Tome II : 2 ff. n. ch., 266 pp., 1 f. n. ch.
Tome III : 2 ff. n. ch., 276 pp.

Contient 1 beau portrait, par N. de Launay.

CHARTE Constitutionnelle des Français, ornée de gravures, dédiée au Roi, par M. Ponce, graveur de S. A. R. Monsieur. *A Paris, Chez Ponce et Didot*, 1814. In-4. (De 20 à 25 fr.)

6 figures par Monnet, gravées par Ponce et Helman.

Se rencontre sur papier vélin, avec les figures avant la lettre. (De 40 à 50 fr.)

CHASSAIGNON (J.-M.). — Cataractes de l'Imagination, déluge de la scribomanie, vomissement littéraire, hémorrhagie encyclopédique, monstres des monstres, par Épiménide l'inspiré. *Dans l'antre de Trophonius, au pays des visions*, 1779. 4 vol. in-4. (De 15 à 20 fr.)

2 figures fantastiques non signées (1er et 2e vol.)

Il y a dans l'ouvrage de ce toqué lyonnais quelques renseignements littéraires et artistiques qu'on est bien étonné d'y trouver.

CHATEAUBRIAND. — Atala. — René, par Fr. Aug. de Chateaubriand. *A Paris, Chez Le Normant*, 1805. In-12. (De 30 à 40 fr.)

2 ff. n. ch., 46 pp., 1 f. blanc et 331 pp., plus 6 figures par Stép. Barth. Garnier, gravées par Saint-Aubin et Choffard.

Édition originale, approuvée par l'auteur, recherchée en grand papier vélin avec figures avant la lettre.

En maroquin rouge de Simier, collection Dornois; l'exemplaire de M. Henri Beraldi, en grand papier, relié pour lui sur brochure par Cuzin, en maroquin rouge doublé de maroquin rouge, contient les avant-lettre et les eaux-fortes.

L'exemplaire Paillet, en maroquin rouge ancien, 350 fr., *Bull. Morgand*, n. 11,861.

CHAUCER. — The poetical Works of G. Chaucer. *Edinburgh, Apollo press*, 1776-1783. 14 vol. in-18.

1 portrait par Cook et 14 frontispices, dont 5 gravés par Grignion et 2 par Delattre, tous dessinés par Stothart,

C'est par les *Œuvres de Chaucer* que débute la *Collection de Poètes de la Grande-Bretagne* en 109 vol. in-18. Le catalogue de la librairie Cazin mentionnant cette collection, éditée dans le format qu'il avait choisi, on avait pu supposer qu'il était pour quelque chose dans cette publication; mais l'édition est bien anglaise et les artistes qui l'ont illustrée, à commencer par Grignion et Delattre, n'ont guère travaillé qu'en Angleterre.

Nous nous contentons d'une énumération sommaire du nombre des volumes et des figures.

Armstrong, The poetical Works. Edinburgh, 1782. In-18. — 1 portrait et 1 frontispice gravé par Grignion.

Broome, 1781. In-18. — 1 portrait gravé par Delattre et 1 frontispice.

Butler, 1778. 3 vol. In-18. — 1 portrait et 3 frontispices.

Buckingham, 1780. — 1 vol. in-18. — 1 portrait et 1 frontispice gravé par Grignion.

Churchill, 1779. 3 vol. in-18. — 1 portrait et 3 frontispices par Delattre.

Congreve, 1778. In-18. — 1 portrait et 1 frontispice de Mortimer gravé par Grignion.

Cowley, 1777. 4 vol. in-18. — 1 portrait et 4 frontispices par Mortimer, gravés par Grignion.

Denham, 1779. In-18. — 1 portrait par Cook et 1 frontispice par Stothart, gravé par Delattre.

Donne, 1779. 3 vol. in-18. — 1 portrait par Cook et 3 frontispices par Stothart et Edwards, gravés par Delattre et Grignion.

Garth, 1779. — 1 portrait et 1 frontispice gravés par Grignion.

Gay, 1777. 3 vol. in-18. — 1 portrait gravé par Cook et 3 frontispices gravés par Grignion.

Littleton, 1781. In-18. — 1 portrait par Cook et 1 frontispice par Delattre.

Milton, 1777. 4 vol. in-18. — 1 portrait frontispice par Cook et 4 frontispices gravés par Grignion ou non signés.

Parnell, 1778. 2 vol. in-18. — 1 portrait par Cook et 2 frontispices gravés par Grignion.

Pitt, 1782. In-18. — 1 portrait et 1 frontispice gravés par Grignion.

Pomfret, 1779. In-18. — 1 frontispice gravé par Delattre.

Pope, 1779. 3 vol. in-18. — 1 portrait par Sharp et 4 frontispices gravés par Grignion.

Prior, 1777. 3 vol. in-18. — 1 portrait et 3 frontispices par Edwards, gravés par Grignion.

Roscommon, 1788. In-18. — 1 frontispice de Stothart, gravé par Delattre.

Shentone, 1778. 2 vol. in-18. — 1 portrait et 2 frontispices par Mortimer gravés par Grignion.

Smith, 1782. In-18. — 1 portrait par Grignion.

Somerville, 1770. 2 vol. in-18. — 2 frontispices, dont 1 gravé par Delattre.

Spenser, 1778. 8 vol. in-18. — 1 portrait et 8 frontispices, par Mortimer dont 4 gravés par Grignion.

Swift, 1778. 4 vol. in-18. — 1 portrait par Cook et 4 frontispices de Mortimer gravés par Cook et Grignion.

Thomson, 1777. 2 vol. in-18. — 1 portrait et 2 frontispices gravés par Grignion.

Watts, 1782. 7 vol. in-18. — 1 portrait et 7 frontispices, dont 5 gravés par Grignion.

West, 1782. In-18. — 1 frontispice gravé par Delattre.

Young, 1777. 4 vol. in-18. — 1 portrait par Cook et le frontispice gravés par Grignion.

Les poètes dont les noms suivent n'ont aucune illustration, bien que faisant partie de la même collection :

Addison, Cunningham, Dryden, Dyer, Fenton, Hughes, Hammond et Collins, King, Lansdowe, Mallet, Moore, Philipps, Rowe, Savage, Tickell, Waller.

Un exemplaire relié en maroquin rouge par Derôme, mais contenant seulement 40 volumes, 280 fr., vente Duriez de Verninac.

CHAULIEU. — Œuvres de l'abbé de Chaulieu. Nouvelle édition, augmentée d'un grand nombre de pièces qui n'étoient point dans les précédentes et corrigée dans une infinité d'endroits sur des copies authentiques par Mr de St Marc. *A Amsterdam et se vend à Paris, chez David, Prault fils, Durand*, 1750. 2 vol. in-16. (De 6 à 8 fr.)

1 frontispice et 2 vignettes de Cochin, gravés par Fessard.

En maroquin bleu de Derôme, 100 fr., vente Turner (n. 323).

— Œuvres de Chaulieu, d'après les manuscrits de l'Auteur. *A La Haye, chez Gosse junior, Libraire* (Paris, Cazin), 1777. 2 vol. in-18. (De 8 à 10 fr.)

Tome I : xii-288 pp., plus un joli portrait non signé.
Tome II : 311 pp.
En maroquin rouge ancien, 25 fr., vente Turner (n. 324).
Il existe des exemplaires sur papier fort.

— Elite des poésies de Chaulieu. *A Paris, Chez Desessarts*, an VII. In-12. (De 3 à 4 fr.)

1 frontispice par Le Barbier, gravé par Thomas.

CHAUSSARD. — Le Nouveau Diable boiteux, tableau philosophique et moral de Paris, mémoires mis en lumière et enrichis de notes par M. le Dr Didascalus, de Louvain. *A Paris, Chez Buisson*, an VII (1799). 2 vol. in-8. (De 15 à 20 fr.)

2 frontispices de Garnerey, gravés par Baquoy et Delignon, dont l'un est à intention libre.

Autre édition, Paris, Barba, an XI. 5 vol. in-12 avec 5 figures de Garnerey.

— Fêtes et Courtisanes de la Grèce, comprenant la chronique religieuse des anciens Grecs, la chronique scandaleuse, tableau de leurs mœurs privées, etc. *A Paris, Chez Buisson*, an IX (1801). 4 vol. in-8. (De 25 à 30 fr.)

4 figures de Garnerey, gravées par Michel, 2 feuillets d'airs gravés, almanach athénien et le planisphère des travaux d'Hercule, gravés par Sellier.

En veau ancien, sur grand papier vélin 35 fr., vente E. Martin (n. 665).

— Histoire de la Galanterie chez les différents peuples. *A Paris, Chez Maradan*, 1793 et 1797. 2 vol. in-18. (De 15 à 20 fr.)

2 jolis frontispices non signés.

CHÉNIER (M.-J.). — Charles IX, ou l'Ecole des Rois, tragédie par Marie-Joseph de Chénier avec figures. *De l'imprimerie de Didot jeune. A Paris, chez Bossange, et à Nantes, chez Louis*, 1790. In-8. (De 15 à 20 fr.)

3 figures par Borel, gravées par Berthet et Delignon.

Sur papier vélin, figures avant la lettre, en maroquin rouge de Bradel-Derôme, 350 fr., vente Béhague (n. 874).

Le dessin original (daté de 1789) pour le 3e acte, à la plume et à l'encre de Chine, a été payé 80 fr., à la vente N*** en 1876 par le libraire Lefilleul.

Autre édition sous la même date, in-8, avec une figure de Le Barbier.

— Poésies lyriques, de M. J. Chénier. *A Paris, Chez Didot*, an V. In-12. (De 6 à 8 fr.)

1 frontispice gravé par Tardieu, d'après Fragonard.

CHERTABLON (De). — La Manière de se bien préparer à la Mort, Par des considérations sur la Cène, la Passion et la Mort de Jésus-Christ. Avec de très belles Estampes Emblématiques, Expliquées par M. de Chertablon). *A Anvers, chez George Gallet*, 1700. In-4. (De 60 à 80 fr.)

63 pp., plus 42 planches par Romain de Hooge, non signées, y compris 3 frontispices.

En maroquin noir de Capé, non rogné, 120 fr., vente Solar (n. 264), revendu 90 fr., vente E. Martin (n. 48); le même (?) 145 fr., vente Béhague (n. 70); en maroquin brun de Cuzin, 150 fr., vente R. Portalis (février 1878, n. 10).

Les premières épreuves sont dans le texte hollandais paru l'année précédente.

Cet art n'a encore rien de commun avec celui du xviiie siècle.

CHEVALIER dit DU COUDRAY (A. J. Louis).

— L'Art de se Reproduire, poème en un chant, en vers, imité du premier de l'Art poétique. *Paris, de Lorraine, imprimeur en taille-douce*, 1761. In-4.) De 25 à 30 fr.).

15 pp., texte gravé.
1 vignette et 1 cul-de-lampe libres.

— La Confédération de la Nature, ou l'Art de se reproduire. *A Londres* (Paris, Cazin), 1790. In-18. (De 30 à 40 fr.)

1 frontispice et 3 jolies figures libres par Borel, gravés par Elluin, non signés.

— Almanach conteur, ou Mes trente-six contes et les trente-six comptes, avec un essai sur le conte. *S. l. n. d.* In-12. (De 5 à 6 fr.)

1 frontispice et 4 figures signées de Scotin.

— Le Malheureux imaginaire, proverbe dramatique en un acte et en vers libres. *A Paris, Chez Cailleau*, 1776. In-8. (De 3 à 4 fr.)

1 figure de Desrais, gravée par Bonvallet.

CHEVALIER.

— Le Bouquet parlant du fleuriste amateur, dédié aux belles, composé de cinquante fleurs ou plantes accompagnés chacune d'une devise symbolique et de l'horoscope le plus juste, dessinées et gravées par Chevalier. *A Paris, Chez Lamy, libraire*, 1780. In-12 (De 40 à 50 fr.)

vii pp. et 48 ff.

Cet ouvrage entièrement gravé contient 50 planches de fleurs, qu'on peut trouver coloriées, et un joli portrait-médaillon de Mme du Barry à qui est dédié le livre.

CHEVILLARD (le fils).

— Dictionnaire héraldique contenant les armes et blasons des princes, prélats, grands officiers de la Couronne et de la Maison du Roy, des officiers de l'Epée, de la Robe et des finances, avec celles de plusieurs maisons et familles des royaumes existans. *Paris*, 1723. In-12. (De 50 à 60 fr.).

1 frontispice et 193 pp. de blasons, texte et table gravés.

CHEVRIER.

— Mémoires pour servir à l'histoire des hommes illustres de Lorraine, Avec Une Réfutation de la Bibliothèque Lorraine de Dom Calmet, Abbé de Senones. Par M. de Chevrier. *A Bruxelles*, 1754. 2 vol. in-12 (De 8 à 10 fr.)

Tome I : frontispice, titre, xv et 362 pp.
Tome II : 300 pp. et 15 ff. n. ch.
Contient un frontispice gravé par François Letta.
En maroquin rouge ancien, collection James de Rothschild (n. 2336).

— Le Quart d'heure d'une jolie femme ou les Amusemens de la toilette, ouvrage presque moral dédié à Messieurs les habitans des coins de la Reine, par Mlle de ***. *A Genève*, 1753. In-8. (De 15 à 20 fr.)

Frontispice de Bonnard gravé par Scotin l'aîné.

CHODERLOS DE LACLOS.

— Les Liaisons dangereuses, Ou Lettres recueillies dans une société et publiées pour l'instruction de quelques autres. Par C..... de L.... — J'ai vu les mœurs de mon Temps, et j'ai publié ces lettres. J.-J. Rous. Préf. de la nouv. Hél. *A Genève*, 1792. 4 vol. in-18. (De 25 à 30 fr.)

Tome I : xxii et 245 pp., plus 2 figures.
Tome II : 233 pp., plus 2 figures.
Tome III : 225 pp., plus 2 figures.
Tome IV : 250 pp., plus 2 figures.
En tout 8 jolies figures de Le Barbier aîné, gravées par L. M. Halbou (1), N. Thomas (2), Delignon (2), Dambrun (2) et Simonet (1).
Existe sur papier vélin avec les figures avant la lettre et les eaux-fortes.
L'ouvrage a reparu avec les mêmes figures. *A Paris, Chez Maradan, an II* (1794), 4 vol. in-18, et, sous l'indication de *Genève*, en 1801.
M. Henri Beraldi possède un exemplaire de l'édition de Maradan, sur papier vélin, en maroquin rouge ancien, avec les avant-lettre et les eaux-fortes; un autre semblable, collection James de Rothschild (n. 1576); un autre encore, en maroquin rouge de Bozérian, figures avant la lettre, 825 fr., vente Doistau (n. 85) à M. Schuhmann.
Les dessins originaux de Le Barbier se trouvaient dans un exemplaire de l'édition de 1796, relié en maroquin vert et qui appartenait, dès 1819, à Renouard.
L'édition originale de ce roman si célèbre avait paru en 1782 : 4 vol. in-12, sans gravures.

— LES || LIAISONS DANGEREUSES. || LETTRES RECUEILLIES || DANS UNE SOCIÉTÉ, || Et publiées pour l'instruction de quelques || autres. || Par C***. DE L***. || *Londres*, 1796. 2 vol. in-8. (De 250 à 300 fr.)

Tome I : 415 pp., plus 1 frontispice et 7 figures.
Tome II : 2 ff. n. ch., 398 pp. et 1 f. bl., plus 1 frontispice et 6 figures.
En tout 2 frontispices et 13 figures par Monnet, Mlle Gérard et Fragonard fils, gravés par Baquoy, Duplessi-Bertaux, Dupréel, Godefroy, Langlois, Lemire, Lingée, Masquelier, Patas, Pauquet, Simonet et Trière.
Les exemplaires sur papier vélin avec figures avant la lettre sont très rares; ceux avec les eaux-fortes sont encore plus recherchés. Il faut, dans ces exemplaires, que chaque figure soit accompagnée d'un feuillet de papier de soie portant imprimé le sujet de l'estampe.
Une contrefaçon trompeuse ou réimpression, avec la date de 1796, a été exécutée vers 1812. Quoique assez belle, on la reconnait au trait ondulé placé sous la date (dans la bonne édition il y a un trait double).

Voici la description exacte de la contrefaçon : dans celle-ci la disposition typographique du titre n'est pas la même que dans l'édition véritable :
LES || LIAISONS || DANGEREUSES. || LETTRES RECUEILLIES || DANS UNE SOCIÉTÉ, || ET PUBLIÉES POUR L'INSTRUCTION DE QUELQUES AUTRES. || PAR C*** DE L***. || *Londres*, 1796. 2 vol. in-8 (même collation que la bonne édition). (De 100 à 150 fr.)
On voit que dans la contrefaçon le titre est en sept lignes et non en huit, le mot AUTRES ne formant pas à lui seul une ligne.
Pour cette réimpression les planches furent retouchées par Delvaux : de là les lettres R. p. D. qu'on observe, en caractères très fins, sur certaines des figures.
Il existe de la contrefaçon des exemplaires sur papier ordinaire et sur papier vélin : ces derniers contiennent des figures avant la lettre mais tirées après coup, avec des caches en grattant les numéros; ces figures ne sont pas, comme dans la bonne édition, accompagnées de feuillets de papier de soie portant la légende imprimée.
Les charmants dessins originaux, joints aux avant-lettre et aux eaux-fortes, se trouvent dans un bel exemplaire sur papier vélin, relié en maroquin bleu par Kœhler et qui a appartenu successivement à Pixerécourt (n. 1278 : 160 fr.), à Armand Bertin (n. 1207 : 350 fr.), à Félix Solar (n. 1975 : 650 fr.), au libraire Durand jeune, qui le vendit 1,100 fr., au célèbre Hankey, et à Eugène Paillet *(Bull. Morgand* n. 11,867 : 10,000 fr.); il est aujourd'hui dans la collection de M. Henri Beraldi.
En maroquin rouge de Simier, figures avant la lettre, plus 2 épreuves avant les numéros, et 3 eaux-fortes, 280 fr., vente E. Martin (n. 422); en maroquin bleu de Bozérian, avant-lettre et eaux-fortes, 2,800 fr., vente Müller (n. 193), puis chez Lord Carnarvon (n. 26), aujourd'hui chez M. Francis Charmes; en maroquin bleu de Cuzin, avant-lettre et 9 eaux-fortes, 675 fr., vente R. Portalis (février 1878, n. 123; en maroquin vert, doublé de maroquin rouge, par Cuzin, avant-lettre et eaux-fortes, 1,600 fr., vente Delbergue (n. 200), aujourd'hui chez M. Schuhmann; en maroquin rouge ancien, figures avec et avant la lettre, et eaux-fortes, 3,220 fr. vente Guyot de Villeneuve (n. 460).
L'exemplaire de Béhague (n. 1084 : 970 fr.) en maroquin orange de Hardy était de la contrefaçon; mais il contenait la suite de Le Barbier et celle de Monnet, à la fois en avant-lettre et en eaux-fortes; il n'y manquait que deux de ces dernières.

En maroquin bleu de Bozérian, figures avant la lettre, 1,350 fr., vente Mosbourg (n. 204).

Les exemplaires ordinaires se payent moins cher : en demi-reliure de Ruban, 152 fr., vente de Durel, 6 février 1907 (n. 205); en maroquin rouge ancien, 220 fr., vente de Durel, 18 mai 1905 (n. 132); en maroquin bleu de Simier, 220 fr., vente R. Lion (n. 244).

Onze des eaux-fortes ont été vendues 395 fr., vente Delbergue (n. 55).

Cet ouvrage est fort rare en maroquin ancien : nous en avons vu un exemplaire en maroquin vert chez M. Louis Cartier.

CHODOWIECKI (Daniel). — Almanachs de Berlin, de Gœttingue, de Gotha, de Lauenbourg, de 1769 à 1794 (environ).

Nombreux volumes in-32, composés généralement de 1 frontispice, 1 portrait, 2 ou 4 planches de coiffures et costumes, et 12 planches, sujets de fantaisie, historiques ou tirés de romans ou de pièces de théâtre.

Nous indiquons ci-dessous, d'après l'œuvre de l'artiste à la Bibliothèque nationale, un certain nombre de suites de vignettes dessinées et gravées des plus spirituellement par Chodowiecki lui-même. Elles y sont le plus souvent avant la lettre et sans indication de l'almanach pour lequel elles ont été exécutées :

Les Saisons, 12 figures avant la lettre;
Les Propositions de Mariage, 12 figures avant la lettre, très fines et très jolies (1780);
Les Aventures de Don Quichotte, 12 figures (1770);
Les Idylles de Gessner, 12 figures avant la lettre (1771);
Roland furieux, 12 figures avant la lettre, étonnantes de finesse (1771);
Fables de Gellert, 12 figures avant la lettre (1792);
La Henriade, de Voltaire; 12 figures;
Les Métiers (le Tailleur, le Maître à danser, le Maître d'armes, etc...) 12 figures;
La Nouvelle Héloïse, 12 figures (1781);
Huon de Bordeaux, 12 figures (1781);
Histoire de Gil Blas de Santillane, 12 figures;
Hamlet, 12 figures (1779);
Macbeth, 12 figures (1779);
Henri VIII, 12 figures;
Les Croisades, 12 figures (1781);
Tristram Shandy, de Sterne, 12 figures; et beaucoup d'autres suites de 12 figures.

Chodowiecki a surtout beaucoup travaillé pour l'almanach de Lauenbourg (*Kalender auf das Lauenburg*) et pour celui de Gœttingue (*Gœttinger Taschenkalender*).

Ces suites sont fort recherchées en Allemagne; on ne les paye guère en France plus de 20 fr. pièce.

Les dessins originaux semblent presque tous être demeurés dans le pays de l'artiste. (Cf. Portalis, *Les Dessinateurs d'illustrations au XVIIIe siècle*, tome I, pp. 70-76).

CHOFFARD (Pierre-Philippe). — Notice historique sur l'art de la Gravure en France, par P. P. Ch..., dessinateur et graveur, ci-devant de plusieurs Académies royales. *A Paris, Chez Richard*, an XII (1804). In-8. (De 8 à 10 fr.)

Jolie vignette à l'eau-forte, dessinée et gravée par l'auteur.

CHOISEUL-GOUFFIER (Comte de). — Voyage pittoresque de la Grèce. *A Paris*, 1782-1809. 2 vol. in-fol, reliés d'ordinaire en 3 vol. (De 100 à 120 fr.)

Le tome I doit se composer de 3 ff. n. ch., XVI-204 pp., plus un titre gravé, un portrait, 89 planches et 14 cartes. Voici le détail des illustrations :

1er volume: 1 portrait, gravé par Dien d'après Bailly, 1 grand fleuron sur le titre gravé, par Moreau le jeune, gravé par Varin, 12 grands et beaux fleurons et culs-de-lampe de Choffard, Huët, Hilair, Monnet, Moreau et A. de Saint-Aubin, 89 planches dessinées par Choiseul-Gouffier, Hilair et Moreau, gravées par Berthaut, Choffard, Delignon, Dequevauviller, Dambrun, Duclos, H. Guttenberg, Ingouf, Liénard, Moseder, Mathieu, Martini, Le Mire, De Longueil, Letellier, Salliet, Tilliard, Varin, Weisbrodt, etc., et 14 cartes. — 2e volume : 5 fleurons, 11 planches dessinées et gravées par les mêmes et 10 cartes.

Bel ouvrage dont la publication fut interrompue par les événements de la Révolution. Le deuxième volume, publié par livraison de 1809 à 1825, est très inférieur au premier.

La plupart des dessins originaux étaient joint à l'exemplaire cartonné du vicomte de Janzé (n. 608 : 550 fr.) aujourd'hui chez M. Belin.

Deux aquarelles d'Hilair ont figuré à la vente R. Portalis en 1887 (nn. 118-119).

En demi-reliure, non rogné, 60 fr., vente Massicot (n. 516).

L'exemplaire de Fossé d'Arcosse (1840, n. 770 : 76 fr. 50) contenait une lettre autographe et une aquarelle originale. Celui de M. Eugène Wassermann (le tome I seul) en maroquin rouge ancien contient les fleurons tirés hors texte.

En maroquin vert de Derôme (tome I) avec le tome II, en reliure similaire, 1,000 fr., au catalogue Belin, aujourd'hui collection Schuhmann.

CHOISEUL-MEUSE (Comtesse Félicité de). — Alberti, ou l'Erreur de la nature. *A Paris, Chez Marchand*, an VII. 2 vol. in-12. (De 8 à 10 fr.)

2 figures de Binet, gravées par Mariage.

CHOLET DE JETPHORT. — Étrennes lyriques, anacréontiques, pour l'année 1781, présentées à Madame la comtesse de Provence. *A Paris*, 1781. In-18. (De 3 à 4 fr.)

1 frontispice de Cochin, gravé par Gaucher.

Ces Étrennes ont paru jusqu'en 1794, avec des frontispices de Cochin ou de Monnet, gravés par Gaucher, Ponce et autres.

CHORIER (Nicolas). — Joannis Meursii Elegantiæ latini Sermonis, seu Aloisia Sigæa Toletana de Arcanis Amoris et Veneris, adjunctis fragmentis quibusdam eroticis, etc. *Lugduni. Batavorum, ex typis Elzevirianis* (Paris, Barbou), 1757. Deux parties en 1 vol. pet. in-8. (De 40 à 50 fr.)

Titre gravé et 1 beau frontispice, non signé, qui parait être de Gravelot.

Il y a une nouvelle édition avec la date de 1774, contenant le même frontispice. (De 15 à 20 fr.). L'édition de Cazin (2 vol. in-18), a, outre le titre imprimé qui porte *Londini*, 1781, un titre gravé portant la date de 1774 et un joli frontispice dessiné par Chevaux et gravé par Duponchel.

L'édition Cazin en maroquin rouge ancien, 69 fr., vente Salvert-Bellenave (n. 271); en veau, 35 fr., même vente (n. 272).

L'exemplaire en papier fin du comte de La Bedoyère (1862, n. 1683 : 102 fr.) a été revendu 500 fr., vente Béhague (n. 1390); il était en maroquin rouge de Padeloup, aux armes du marquis de Paulmy.

On a de tout temps attribué à Nicolas Chorier, auteur de l'*Histoire générale du Dauphiné*, ce livre érotique écrit dans un latin élégant. Il est certain que vers l'époque où Chorier faisait imprimer son Histoire à Grenoble, parut dans cette ville l'*Aloisiæ Sigeæ Toletanæ satyra sotadica de arcanis Amoris et Veneris*. Comme on connaissait sa grande habitude de la langue latine, on lui attribua cet ouvrage, qu'il se defend vivement dans ses *Mémoires*, d'avoir écrit. Cependant il parait établi qu'il en était véritablement l'auteur.

— Le Meursius françois, ou Entretiens galans d'Aloysia. Orné de Figures. *Cythère* (Paris, Cazin), 1782. 2 vol. in-18. (De 150 à 200 fr.)

Tome I : 2 ff. n. ch., 277 pp., plus 1 frontispice et 6 figures.
Tome II : 2 ff. n. ch., 210 pp., plus 6 figures.

En tout un frontispice et 12 figures libres non signés, mais par Borel, gravés par Elluin.

Il existe trois éditions publiées sous la même date, par Cazin de cette adaptation française de l'ouvrage précédent. Celle qui faut préférer est un peu plus grande que les deux autres et d'un papier bleuâtre : outre que les épreuves en sont beaucoup plus belles, l'édition est plus correcte. Deux exemples suffiront. Dans la meilleure édition, on lit au haut de la page 44 : « Sixième entretien » (ce qui est exact), et à la page 191 du même volume, ligne 9 : « Ah! ma chère sœur », au lieu que dans les deux autres on lit : « Ah! ma cher sœur », et dans l'une d'elles : « Septième entretien » à la page 44. Du reste, la justification et le nombre de pages sont identiques dans les trois éditions.

En maroquin rouge ancien, 501 fr., vente Salvert Bellenave (n. 229).

Il existe des exemplaires in-8, sur grand papier vélin, très rares.

Feu Hankey en possédait un dans cette condition, recouvert par Trautz-Bauzonnet de la reliure dite *aux fleurs du mal*.

L'exemplaire de Bérard, non rogné, en demi-reliure, contenait les 13 dessins originaux de Borel.

Il faut se garder de la contrefaçon où les figures sont retournées. Ainsi le faune qui devrait être à droite et la femme à gauche sur le frontispice, s'y trouvent le faune à gauche et la femme à droite.

— L'Académie des Dames, ou Nouvelle traduction du Meursius français connu sous le nom d'Aloisia, édition corrigée et augmentée, etc., enrichie de jolies figures en taille-douce. *A Cythère, de l'imprimerie de la Volupté*, 1793. 3 vol. in-18. (De 150 à 200 fr.)

12 figures, y compris le frontispice (très libres), non signées et très médiocres comme exécution.

Cette édition dont Nodier attribuait la révision à Camille Desmoulins, reproduit la préface de 1749 *à Cythère*, première édition de la traduction française.

Quérard dans ses *Supercheries littéraires* cite une édition de 1730 avec 36 figures libres.

CHRISTOPHE COLOMB ou l'Amérique découverte, poème en 24 chants. *A Paris, Chez Moutard*, 1773. 2 vol. in-8. (De 15 à 20 fr.)

2 figures-frontispices, l'une par Noël Challe, gravée par J.-B. Tilliard, l'autre non signée.

Ce poème est attribué à Bourgeois de La Rochelle.

CICÉRON. — M. Tullii Ciceronis Cato major ad Pomponium Atticum. *Lutetiæ, Typis Jos. Barbou*, 1758. In-64. (De 8 à 10 fr.)

Portrait de Cicéron finement gravé par Ficquet d'après Rubens.

Le portrait existe avant la lettre, en épreuves d'artiste.

Lord Carnarvon (n. 18) en avait un exemplaire dans une curieuse reliure de Monnier, en maroquin blanc à mosaïque de fleurs.

— De Officiis ad Marcum filium. *Lutetiæ Parisiorum, Barbou*, 1773. In-64. (De 8 à 10 fr.)

1 charmant frontispice par Moreau, gravé par Lemire.

— Marci Tullii Ciceronis et Porcii Latronis in Catilinam orationes. *Parisiis, apud Ant. Aug. Renouard*, 1796. In-18. (De 8 à 10 fr.)

204 pp., plus le portrait de Cicéron, dessiné et gravé par A. de Saint-Aubin.

Un exemplaire sur papier bleu, relié en vélin, est chez M. Schuhmann.

CLAUDE LORRAIN. — Liber Veritatis or a Collection of prints after the original designs of Claude Le Lorrain in the collection of his grace the Duke of Devonshire, executed by Richard Earlom, *London, Boydell*, 1777-1817, 3 vol. in-folio. (De 600 à 800 fr.)

En tout 3 vol. in-folio contenant chacun 100 planches numérotées, soit 300 planches de paysages gravés au lavis à l'imitation du dessin par Earlom, d'après Claude Lorrain et tirées sur bistre.

On trouve aussi le tome III avec l'adresse de *Hurst, Robinson & C°* et la date de 1819 ; mais le tirage est moins beau.

Recueil remarquablement exécuté par Earlom, d'après les beaux dessins de Claude qui se trouvent au château de Chatsworth, résidence des ducs de Devonshire.

Les portraits de *Claude Lorrain*, gravés par Josiah Boydell, celui d'*Earlom* par Lupton et celui de *Boydell*, doivent se trouver en tête des volumes dans l'ordre ci-dessus. On assure cependant que quand le tome III est daté de 1817 les deux derniers portraits manquent.

Il y a des exemplaires avant la lettre et *à la lettre grise*.

Un bel exemplaire a été payé 3,025 fr., vente Beckford.

L'exemplaire du Musée Dutuit (n. 156) est en maroquin rouge aux armes de la reine Charlotte d'Angleterre.

Réédité en 1830. (De 100 à 150 fr.)

CLAUDE (Isaac). — Le comte de Soissons, nouvelle galante. *A Cologne, Chez Pierre le jeune* (Hollande), 1706. pet. in-12. (De 5 à 6 fr.)

Frontispice par J. Harrewyn.

CLELAND. — Nouvelle traduction de Woman of pleasur (sic), ou Fille de joie. Par M. Cleland, contenant les Mémoires de Mademoiselle Fanny, écrits par elle-même. Avec figures. *A Londres, Chez G. Fenton* (Paris, Cazin). 1776. 2 vol. in-18 ordinairement reliés en un. (De 300 à 400 fr.)

2 ff. n. ch., 119 et 132 pp., plus 15 figures libres, dont une avec la lettre, servant de frontispice, non signées.

En veau ancien, 355 fr., vente Salvert Bellenave (n. 230).

Les figures de cette édition très rare comptent au nombre des plus belles de Borel et d'Elluin. Le nom de Fenton n'est pas imaginaire, c'est celui de l'éditeur de ce roman dans sa langue originale. Il existe une copie à la date de 1791, où les figures sont retournées.

Cette dernière, en maroquin vert de Petit, 130 fr., vente Salvert Bellenave (n. 231).

Les 15 dessins originaux de Borel se trouvaient dans la collection Bérard.

L'édition originale anglaise, *Memoirs of a Woman of pleasure*, date de Londres, 1742. 2 vol. in-12. On signale une édition anglaise de 1749, avec des gravures faites sur des dessins d'après nature d'un grand maître français. Cet ouvrage a été traduit et réimprimé sous ce titre un grand nombre de fois de 1756 à 1797, avec de légères modifications. L'édition de 1786, *Amsterdam et Paris, chez Mme Gourdan*, 2 parties in-8, contient 35 figures libres. La bibliographie de Gay signale une autre édition de Londres, 1787, avec 35 figures et 2 frontispices par Borel, gravés par Elluin.

Une édition de Londres 1766 renferme 18 figures qu'on attribue avec vraisemblance à Gravelot. Une autre édition de Londres 1780 contient les mêmes figures avec 18 nouvelles, du même maître.

COCHIN (Charles-Nicolas). — Les Misotechnites aux Enfers, ou Examen des observations sur les arts, par une Société d'amateurs. *Amsterdam* (Paris), 1763. In-12. (De 25 à 30 fr.)

10 vignettes très originales, en-têtes de pages, dessinés et gravés par Cochin, non signés.

Suivant Jombert, ces pièces ont été tirées hors texte à l'état d'eaux-fortes et d'épreuves terminées.

On retrouve les mêmes spirituelles petites vignettes dans le 3e volume des *Œuvres diverses sur les Arts*, de Cochin. Paris, Jombert, 1771. 3 vol. in-12.

— Collection de vignettes, fleurons et culs-de-lampe, ou Suite chronologique de faits relatifs à l'histoire de France, composés par M. Cochin et gravés par lui-même en 40 planches. *A Paris, Chez Prevost*. Gr. in-4. (De 80 à 100 fr.)

42 vignettes et 31 planches.

Cartonné, 60 fr., vente Destailleur (1891, n. 168).

Il existe quelques exemplaires sur papier de Hollande. (De 150 à 200 fr.)

Cette belle suite de vignettes historiques a été faite pour l'*Abrégé chronologique de l'Histoire de France*, du président Hénault, édition de 1749. Le graveur Prévost racheta ensuite les planches qu'il eut soin, dit Jombert, de remettre en bon état. C'est le tirage obtenu qui se vendait chez ce graveur avec un titre gravé.

Jombert indique l'existence des eaux-fortes et des premières épreuves en tirages à part.

— Estampes allégoriques des événemens les plus connus de l'histoire de France, gravées d'après les desseins de M. Cochin. *A Paris, Chez Couché*, 1768. In-fol. (De 150 à 200 fr.)

Titre gravé, portrait du président Hénault et 34 planches de Cochin; ce sont celles qu'on trouve d'ordinaire ajoutées au *Nouvel abrégé chronologique de l'histoire de France* (1768).

En demi-reliure de Hardy, 180 fr., vente Béhague (n. 301); revendu, enrichi de 30 croquis originaux de Cochin, 200 fr. vente Destailleur (1891, n. 167).

— Recueil de Portraits dessinés par C. N. Cochin le fils. *A Paris, Chez la Vve Cochin, aux Galleries du Louvre*, s. d. (vers 1780). In-fol. (De 1.500 à 2.000 fr.)

Titre gravé et 292 portraits gravés par Cochin (8), Saint-Aubin (49), Watelet (27), L. Cars (8), Gaucher (5), etc.. 229 de ces portraits sont dessinés par Cochin, et 12 par Saint-Aubin.

Précieux recueil dont la plupart des pièces existent avant la lettre ou sans l'adresse ou avec tablette blanche, etc.

En maroquin brun de Petit, conforme à notre description, 1.600 fr., vente Destailleur (n. 559).

La plupart des exemplaires ont été cassés par les marchands d'estampes.

Ces portraits ont été exécutés à des dates très différentes : au seul salon de 1753, Cochin en exposa quarante-six. On a conservé un grand nombre des dessins originaux et il n'est guère de grande collection de dessins qui n'en renferme quelques-uns. Cf. les listes données par Portalis, *Les dessinateurs d'illustrations au XVIIIe siècle*, tome I, p. 126.

COCHIN et BELLICARD. — Observations sur les Antiquités de la ville d'Herculanum, avec quelques réflexions sur la peinture et la sculpture des anciens, par MM. Cochin et Bellicard. *A Paris, Chez Ch. Ant. Jombert,* 1754. In-12. (De 12 à 15 fr.)

Jolie vignette par Cochin, gravée par lui-même ; *le Vésuve*, par Cochin, gravé par Gallimard, et 40 planches d'antiquités, gravées par Bellicard (plusieurs non signées).

2ᵉ édition en 1755. *Le Vésuve*, gravé en grand et plié.

La vignette de Cochin renferme les armes du marquis de Marigny à qui le livre est dédié.

En maroquin bleu ancien (édition de 1754), 60 fr., vente R. Lion (n. 335); l'édition de 1755, en maroquin rouge aux armes du marquis de Marigny, 111 fr., même vente (n. 336).

CODE DE LA NATURE (Le), poème de Confucius, traduit et commenté par le père Parentin. *Londres et Paris, Chez Le Roy,* s. d. In-8. (De 5 à 6 fr.)

Beau frontispice par Le Barbier.
Ouvrage attribué à La Vicomterie.

COELEMANS. (Voy. à BOYER D'AGUILLES.)

COLARDEAU. — Lettre Amoureuse d'Héloïse à Abailard, traduction libre de M. Pope par M. Colardeau, nouvelle édition, revue et corrigée par l'auteur. *A Paris, Chez la veuve Duchesne,* 1766. In-8. (De 15 à 20 fr.)

Un frontispice et une vignette par Eisen, gravés par Massard.

Un exemplaire en maroquin rouge de Derôme, 13 fr., vente Pixerécourt (n. 944), revendu 130 fr., chez Quentin-Bauchart (*Mes livres* n. 185), puis 560 fr., vente Delbergue (n. 106) aujourd'hui dans la collection Ferdinand de Rothschild.

— Le Temple de Gnide, mis en vers par M. Colardeau. *A Paris, Chez le Jay, au grand Corneille,* 1773. In-8. (De 30 à 40 fr.)

Un titre gravé, sur lequel on voit le portrait de Pierre Corneille finement gravé, et 7 charmantes figures par Monnet, gravées par Baquoy, Delaunay, Helman, Masquelier, Née et Ponce.

En maroquin citron de Robson, 33 fr., vente Biays (n. 71).

Il y a des exemplaires avec les figures avant la lettre (De 60 à 80 fr.) et les eaux-fortes (De 150 à 200 fr.)

Il a paru également des exemplaires sans figures avec la date de 1772 ou sans date, contenant parfois une *reconnaissance* contre laquelle seront délivrées gratis au mois de janvier suivant les estampes qui ne sont pas encore publiées.

Le petit portrait de Corneille existe en tirage avant le texte.

Le bel exemplaire sans date de Colardeau lui-même, en maroquin vert de Derôme, à l'oiseau, figure avant la lettre, plus une eau-forte, 365 fr., vente E. Martin (n. 238).

— Œuvres de Colardeau, de l'Académie françoise. *A Paris, Chez Ballard et Le Jay,* 1779. 2 vol. in-8 (De 25 à 30 fr.)

Tome I : 2 ff. n. ch. LXXII-184 pp.; VII pp.; pp. 187 à 344, et 1 f. de table chiffré 349-350, plus 1 portrait et 3 figures.

Tome II : 2 ff. n. ch., 493 pp., 1 f. n. ch., plus 8 figures.

Un portrait de Colardeau gravé par C. V. D., d'après Voiriot, et 11 figures, par Monnet, gravées par Legrand, Mathieu, Baquoy, De Launay, Masquelier, Massard, Née et Ponce.

Les figures du *Temple de Gnide* et de la *Lettre d'Héloïse à Abeilard*, sont ici en second tirage.

Il a été tiré quelques exemplaires, très rares, sur grand papier de Hollande, qu'il ne faut pas confondre avec le papier fort d'Auvergne. Sur grand papier de Hollande, en veau ancien, 49 fr., vente E. Martin (n. 563).

Cette édition existe aussi in-12, sous la même date et avec les mêmes figures; les épreuves y sont médiocres.

COLLÉ. — La Partie de chasse de Henri IV, comédie en trois actes et en prose, avec quatre estampes en taille-douce, d'après les dessins de M. Gravelot. *A Paris, Chez la veuve Duchesne,* 1766. In-8. (De 25 à 30 fr.)

Les quatre figures, très jolies, sont gravées par Duclos, Rousseau et Simonet.

Elles se retrouvent dans le *Théâtre de Société*, 1768. Les dessins originaux à la plume et à la sépia appartenaient au regretté Philippe de Saint-Albin. Il les avait légués par testament à Eugène Paillet. Ils ont figuré à sa vente (1902, n. 133 : 3,500 fr.) et appartenu ensuite à Bernard Quaritch de Londres.

En maroquin rouge ancien, collection Ferdinand de Rothschild.

Il existe une autre suite de gravures pour cette comédie. Gravelot avait fait six figures en médaillons ovales de format in-4, destinées à une édition in-4 dont on n'a publié, comme texte, que l'explication des figures; celles-ci sont gravées par Duclos, De Ghendt, de Longueil, Le Veau, Simonet plus une figure non signée. Cette suite est rare. M. Rouquette en a possédé les dessins originaux, les eaux-fortes et les gravures terminées. Ils proviennent des ventes La Bédoyère (1837, n. 274 : 9 fr.; 1862, n. 275 : 41 fr.), Capé (48 fr.) et É. Gautier (155 fr.) et sont aujourd'hui dans la collection Olry-Rœderer à Reims.

Emmanuel Bocher possédait 24 croquis pour ce livre, provenant de chez le marquis de Fourquevaulx, et aujourd'hui dans la collection Olry-Rœderer.

— Théâtre et Œuvres de Collé. *A Paris, Chez Cailleau*, 1784. In-8. (De 15 à 20 fr.)

3 figures par Monnet, gravées par Mathieu et Legrand.

— Choix de Chansons joyeuses, mises au jour par un âne onyme, onissime; nouvelle édition, considérablement augmentée et avec de grands changemens qu'il faudroit encore changer. *A Paris, à Londres et à Ispahan seulement, de l'imprimerie de l'Académie de Troyes.* VXLCCDM (1765). 2 parties en 1 vol. in-8. (De 25 à 30 fr.)

1 titre par Gravelot, gravé par Née.

Ce titre gravé appartient à la 2ᵉ partie. Ce recueil se joint à l'*Anthologie*. (Voy. MONNET).

En maroquin rouge ancien, 42 fr., vente Delbergue (n. 143).

Le dessin original du titre à la plume et au bistre, 600 fr., vente Mahérault (n. 98).

COLLECTION de Cinquante vues du Rhin les plus intéressantes, et les plus pittoresques depuis Spire jusqu'à Düsseldorf, dessinées sur les lieux d'après nature, par Janscha et gravées par Ziegler. *Wien, Artaria et Compagnie*, 1798. In-folio oblong. (De 150 à 200 fr.)

50 magnifiques vues en couleurs gouachées.

COLLECTION des drapeaux faits dans les soixante districts de Paris en juillet 1789. *S. l. n. d.* (Paris, 1789). In-4. (De 500 à 600 fr.)

60 planches, avec autant de drapeaux, dont la hampe est tenue par un garde national; les planches sont numérotées de 1 à 60; les légendes des 30 premières sont imprimées au frotton et celles des 30 dernières gravées. On en a attribué le dessin et la gravure à Moreau le jeune.

En basane, 710 fr., vente Destailleur (1891, n. 180).

COLLECTION complète des soixante drapeaux faits dans les soixante districts de Paris, lors de la révolution du mois de juillet 1789, dédiée et présentée à M. le Marquis de La Fayette. *Paris, Girard*, 1790. In-fol. (De 400 à 500 fr.)

60 planches, plus un titre.

Édition différente de la précédente; la hampe des drapeaux n'est pas tenue par un garde national; les inscriptions plus longues donnent les noms du commandant du bataillon, et de celui par qui fut offert le drapeau. Elle fut publiée en deux livraisons.

Incomplet des planches 1-10, vendu 150 fr., vente Destailleur (1891, n. 181).

COLLECTION DES OUVRAGES les plus intéressans présentés à la Cour à l'occasion du mariage de Monseigneur le Dauphin et Madame la Dauphine. Enrichie de leurs portraits en médaillon et armorié, d'un nouveau tableau ou chiffre généalogique, etc. *A Paris, chez Desnos*, 1770. In-4. (De 150 à 200.)

Deux jolis portraits du Dauphin et de la Dauphine dans un médaillon entouré de roses; une planche d'un chiffre généalogique avec armes gravées; six médaillons dessinés par Gravelot et l'Élu, gravées par Chenu; une grande vignette allégorique de Beauvais et une autre plus petite, à la fin, par Dugourc.

En demi-reliure, 140 fr., vente Destailleur (1891, n. 275).

En demi-reliure de Pagnant, non rogné, mais taché, 200 fr., *Bull. Morgand*, n. 35741.

Un exemplaire broché figure dans la collection Ferdinand de Rothschild.

COLLECTION d'un grand Nombre de Culs de Lampe et Vignettes; receüillies avec soin. Inventés, et Dessinés par les plus grands Artistes dans ce Genre. *A Paris, chez Daumont.*

Titre gravé et 7 planches pour le cahier A; 8 planches pour chacun des cahiers suivants.

Nous avons vu les cahiers A-E et H. de ce curieux recueil, dont on rencontre très rarement des exemplaires complets.

COLLECTION GÉNÉRALE des portraits de MM. les Députés à l'Assemblée Nationale tenue à Versailles, le 4 Mai 1789, dédiée à la Nation. *A Paris, Chez Levachez,* 1790. 2 vol. in-4. (De 500 à 600 fr.)

L'ouvrage a paru en livraisons et la composition des exemplaires varie beaucoup. Celui de Destailleur (1891, n. 563 : 439 fr.) contenait une Dédicace gravée, le Serment du Jeu de paume, un portrait de Louis XVI par Sergent, et 216 portraits de députés gravés par Allais, Sergent, Allix, Mme Cernel, etc.

COLLET. — L'Isle Déserte, tragi-comédie en un acte et en vers, par M. C... *A Paris, Chez Duchesne,* 1758. In-8.

1 frontispice par Cochin, gravé par Lemire, représentant Mlle Gaussin en pied.

Pièce très rare.

COLLIER. — Contes et Poésies. Voyez à JACQUEMONT.

COLLOT-D'HERBOIS. — Almanach du Père Gérard pour l'année 1792, la troisième de l'ère de la liberté, orné de douze figures, en taille-douce; ouvrage qui a emporté le prix proposé par la Société des amis de la Constitution, séante aux Jacobins. *A Paris, par J.-M. Collot d'Herbois, membre de la Société, prix 30 sols. Se vend à Paris, chez Maillet,* 1792. In-12. (De 15 à 20 fr.)

6 ff. n. ch., 108 pp., et 12 jolies figures de Charpentier gravées par Michon, Bovinet, Leroy et Duval.

Il existe une édition in-32, sans autre illustration qu'un frontispice de Borel, gravé par Delaunay. (Cf. Savigny, n. 146).

D'autres éditions sont encore indiquées par M. Tourneux.

Ce célèbre almanach renferme une série de dialogues supposés entre le père Gérard, député bas-breton et les gens de son village.

COMPTE GÉNÉRAL de la dépense des édifices et bâtimens que le roi de Pologne, duc de Lorraine et de Bar a fait construire pour l'embellissement de la ville de Nancy, depuis 1751 jusqu'en 1759. *A Lunéville, chez Claude-François Messuy,* 1759. In-fol. (De 15 à 20 fr.)

En-têtes et figures gravées par Collin, 3 grandes planches pliées représentant les célèbres grilles forgées par Lamour, et un plan.

Cartonné, non rogné, 12 fr., vente Daguin (n. 445).

CONFESSIONS D'UN SOLITAIRE (Les). *A Genève,* 1796. 2 parties in-12. (De 15 à 20.)

2 figures non signées.

CONFUCIUS. — La Morale de Confucius, philosophe de la Chine. *A Paris, de l'imprimerie de Valade et à Reims, Chez Cazin,* 1783. In-8. (De 6 à 8 fr.)

Portrait.

Sur grand papier, en maroquin rouge de Derôme, 60 fr., vente E. Martin (n. 61).

CONGRÈS POLITIQUE, ou Entretiens libres des puissances de l'Europe sur le bal général prochain. Avec figures. *A Londres* (Paris), *Chez Delorme*, 1772. In-8. (De 12 à 15 fr.)

2 grandes figures satiriques pliées, non signées.

CONGREVE. — The Works of. Mr William Congrève. *A Birmingham, John Baskerville*, 1761. 3 vol. gr. in-8. (De 8 à 10 fr.)

1 portrait par Kneller et 4 figures gravées par Grignion, d'après les dessins de Hayman.

CONJURATION DE PHILIPPE (La) ou Détails circonstanciés de l'Assemblée qu'il tint en personne au Raincy, le 7 de ce mois et jours suivans. S. l. 1790. In-8. (De 8 à 10 fr.)

32 pp. plus une jolie figure au bistre, non signée.

CONNAISSANCE PARFAITE DES CHEVAUX (La), contenant la manière de les gouverner et de les conserver en santé... avec une instruction sur les haras. — L'Art de monter à cheval et de dresser les chevaux de manège, etc... le tout enrichi de figures en taille-douce. *A Paris, par la Cie des libraires*, 1741. Pet. in-8. (De 15 à 20fr.)

1 frontispice et 7 figures non signées.

CONSEIL DE MOMUS (Le) et la Revue de son régiment, poëme calotin. S. l. n. d. (Paris, 1730). In-8. (De 10 à 12 fr.)

2 figures et un portrait : « Aimon premier. » Ce dernier seul est signé B. A. Attribué à Bosc du Bouchet.

CONSIDÉRATIONS philosophiques sur les mœurs, les plaisirs et les préjugés de la capitale. *Londres et Paris, chez Leroy*, 1787. In-8. (De 6 à 8 fr.)

Frontispice par Quéverdo, gravé par Hemery.

CONSTANT. — Laure ou Lettres de quelques personnes de Suisse. *A Londres* (Paris, Cazin) 1787. In-18. (De 8 à 10 fr.)

5 figures par Dünker, gravées par Frussotte.
Réimprimé sous ce titre : *Laure et l'Amour et les Systèmes*, 1802, avec les mêmes figures.

CONSTANTIN. — La Oille, mélange ou assemblage de divers mets pour tous les goûts, par un vieux cuisinier Gaulois. *A Constantinople* (Paris), l'an de l'ère chrétienne 1775. Pet. in-12. (De 5 à 6 fr.)

Joli frontispice non signé.

CONSTITUTION de la République française, représentée par figures, gravées par E.-A. David. *A Paris, chez Durand*, an VIII. Pet. in-12. (De 10 à 15 fr.)

7 figures de David.

CONSTITUTION FRANÇAISE, présentée au Roi par l'assemblée nationale le 3 septembre 1791... acceptée par Sa Majesté le 14 du même mois. *A Paris, De l'imprimerie de Prudhomme*, 1791, in-8. (De 6 à 8 fr.)

1 figure non signée. Texte encadré.

CONTES NOUVEAUX. (Dans un conte parfois, la vérité se trouve). *Londres, Paris*, 1781. Très petit in-8. (De 40 à 50 fr.)

Texte gravé et tiré en rouge. 1 vignette, 6 figures libres et 3 culs-de-lampe non signés, tirés en rouge.
Il y a aussi des exemplaires avec les figures tirées en noir.

CONTES pour ceux qui peuvent encore rire. *Plaisance*, 1781. Pet. in-18. (De 8 à 10 fr.)

Un joli portrait de l'auteur (inconnu), vu de dos, gravé par Le Beau.

CONTES SAUGRENUS. Ce n'est que par des contes que l'on réussit dans le monde : Le Taureau blanc, ch. VII. *A Bamra,* 1789. In-12. (De 6 à 8 fr.)

Frontispice non signé.
Curieux ouvrage attribué, peut-être avec raison à Andréa de Nerciat.

CONTES SAUGRENUS. *S. l.,* 1799. Pet. in-4.

1 f. n. ch. et 87 pp., plus 6 très jolies figures libres non signées, de forme ovale.

Curieux ouvrage, totalement différent du précédent et que nous n'avons vu décrit nulle part.

Dans le seul exemplaire complet (en basane brune) que nous ayons rencontré, trois des figures étaient en manière de lavis et trois imprimées en couleurs.

COOPER. — La Vie de Socrate, traduit de l'anglais. *A Amsterdam,* 1751. In-12. (De 4 à 5 fr.)

Titre gravé et un portrait par Duflos.
Cette traduction est par M. Combes.
Du même auteur, nous signalerons les *Principes de la philosophie morale* (*Amsterdam, Châtelain,* 1745). In-12, avec 1 frontispice et 2 vignettes par Fessard.

COQUELEY DE CHAUSSE-PIERRE. — Le Roué vertueux, poëme en prose En quatre Chants, Propre à faire, en cas de besoin, un Drame à jouer deux fois par semaine. Orné de Gravures. *A Lauzanne* (Paris) 1770. In-8. (De 30 à 35 fr.)

2 ff. n. ch. et 52 pp., plus 1 frontispice et 4 figures ainsi qu'un fleuron sur le titre sont de Le Prince et gravées par lui avec son procédé de lavis qu'il venait d'inventer.

Ouvrage peu commun et dont il est curieux de réunir les deux éditions.

Le dessin original par Le Prince de la première figure se trouvait dans l'exemplaire en veau marbré payé 42 fr., vente Villot (1870, n. 1263).

— Le Roué vertueux, poëme en prose, En quatre Chants, Propre à faire, en cas de besoin, un Drame à jouer deux fois par semaine. Orné de gravures. Seconde Édition, à laquelle on a joint la Lettre d'un jeune Métaphisicien. *A Lauzanne* (Paris), 1770. In-8. (De 20 à 25 fr.)

2 ff. n. ch., 52 et 16 pp., plus un frontispice et 4 figures, les mêmes que dans la précédente édition. Dans celle-ci, les figures ont une autre lettre et le frontispice a pour légende : *Hac itur ad ardua montis.*

Cette différence nous a été signalée par M. Besombes.

En veau ancien, 75 fr., vente Sardou (n. 187).

En maroquin noir avec emblèmes de la mort, collection F. de Rothschild.

Existe sur papier fort.

CORBIE. — Théâtre des Boulevards, ou Recueil de parades. *A Mahon* (Paris), *De l'imprimerie de Gilles Langlois, à l'enseigne de l'Étrille,* 1756. 3 vol. in-12. (De 30 à 40 fr.)

Tome I : XII-308 pp., plus un frontispice.
Tome II : 1 f. n. ch., XII-308 pp., plus 1 frontispice.
Tome III : 1 f. n. ch., II pp., 1 f. n. ch., 336 pp., plus 1 frontispice.

En tout trois frontispices dans le genre d'Eisen.

Ces parades grossières que l'on jouait dans les théâtres de foires ou de fêtes, sont aussi de Collé, Piron, Moncrif, etc...

En maroquin rouge ancien, 100 fr., vente Lignerolles (n. 1721).
En maroquin vert de Purgold, collection Dornois.

CORNEILLE (Pierre). — Théâtre de Pierre Corneille, nouvelle édition. *A Amsterdam, Chez H. Desbordes,* 1701. 5 vol. pet. 12. (De 30 à 40 fr. avec le suivant).

Portrait, frontispice gravé et 32 figures, non signés.

— Théâtre de Thomas Corneille; Amsterdam, 1701. 5 vol. pet. in-12.

1 portrait, 32 figures non signées.

Nous inscrivons cette édition pour mémoire, car elle ne fait réellement pas, comme art, partie du XVIIIe siècle. Les figures sont des copies de l'édition elzévirienne.

Il en est de même de l'édition d'Amsterdam, *L'Honoré et Chatelain,* 1723. 10 vol. (Pierre et Thomas Corneille), 2 portraits et 64 figures.

— Théâtre de Pierre Corneille, avec des commentaires (par Voltaire), etc., etc., etc., (Genève), 1764. 12 vol. in-8. (De 125 à 150 fr.)

1 frontispice par Pierre, gravé par Watelet, représentant le Génie couronnant le buste de Corneille, et 34 figures par Gravelot, gravées par Baquoy, Flipart, Lemire, Lempereur, de Longueil, Prévost et Radigues.

Belle édition que Voltaire fit imprimer par souscription chez les frères Cramer à Genève, en l'accompagnant de commentaires, afin de doter une descendante du grand Corneille, qu'il avait recueillie. Toute l'Europe y prit part.

Le principal défaut de cette édition, assez belle, mais qui pèche par l'incorrection, est que presque tous les exemplaires sont tachés de roux dans certaines feuilles. Les figures, sans être des meilleures de Gravelot, ne sont pas dépourvues de mérite, surtout celles des comédies. Les plus belles sont celles du *Menteur*, de la *Suite du Menteur* et surtout de l'*Illusion comique*.

Les 34 dessins originaux à la plume et au bistre retirés à la vente de Gravelot en 1773, passèrent chez Paignon-Dijonval, chez le vicomte de Morel-Vindé et en dernier lieu chez le comte de Chabot.

Le marquis de Fourquevaulx possédait tous les croquis préliminaires de Gravelot : 18 d'entre eux furent payés 95 fr. à sa vente; les 120 autres passèrent chez Emmanuel Bocher et se trouvent dans la collection Olry-Rœderer, à Reims.

Il existait à Genève, chez M. Burillon, la série presque complète des figures avant la lettre et des eaux-fortes, épreuves de graveur. Elles sont excessivement rares.

Un bel exemplaire, en maroquin rouge, aux armes de La Borde de Méréville, 745 fr. vente R. Portalis (février 1878, n. 96); en maroquin rouge ancien, aux armes de Mme du Barry, 2,100 fr., vente Müller (n. 153); en maroquin ancien, 1,309 fr., vente R. Lion (n. 197).

Une seconde édition a été donnée en 1765 avec les mêmes figures; elle est moins recherchée, les gravures étant d'un second tirage. (De 30 à 40 fr.)

— Théâtre de P. Corneille, avec des commentaires et autres morceaux intéressans. Nouvelle édition augmentée. *Genève* (Berlin) 1774. 8 vol. in-4. (De 100 à 120 fr.)

Les figures de l'édition in-4 sont tirées dans un encadrement dont le dessin est dû à Gravelot. Nouveau tirage des figures précédentes.

En veau ancien, 60 fr., vente R. Portalis (novembre 1878, n. 75).
En maroquin rouge de Derôme, 2,000 fr., vente Doistau (n. 68).
L'exemplaire Gramont en maroquin rouge ancien est dans la collection Ferdinand de Rothschild.

Une édition sous le titre *Chefs-d'œuvre dramatiques de P. et T. Corneille*, en 5 vol. in-18 de Cazin, 1783, contient un portrait de P. Corneille gravé par De Launay d'après Lebrun. (De 10 à 15 fr.)

— Œuvres de P. Corneille, avec les commentaires de Voltaire. — Œuvres de Thomas Corneille. *A Paris, Chez Antoine-Augustin Renouard*, 1817. 12 vol. in-8. (De 80 à 100 fr.)

2 portraits, 23 figures par Moreau (B. 368-390) et une par Prudhon, gravés par Bosq, Berthet, Petit, Ribault, Roger et Simonet.

Tome I : 2 ff. n. ch., xv-450 pp., 1 f. n. ch.
Tome II : 2 ff. n. ch., 556 pp. plus 2 figures.
Tome III : 2 ff. n. ch., 398 pp., 1 f. n. ch., plus 2 figures.
Tome IV : 2 ff. n. ch., 442 pp., 1 f. n. ch., plus 3 figures.
Tome V : 2 ff. n, ch., 412 pp., plus 2 figures.
Tome VI : 2 ff, n. ch., 480 pp., plus 2 figures.
Tome VII : 2 ff. n. ch., 506 pp., 1 f. n. ch., plus 2 figures.
Tome VIII : 2 ff. n. ch., 480 pp., 2 ff. n. ch., plus 3 figures.
Tome IX : 2 ff. n. ch., 478 pp., f. n. ch., plus 1 figure.
Tome X : 2 ff. n. ch., 438 pp.
Tome XI : 2 ff. n. ch., 639 pp., plus 5 figures.
Tome XII : 2 ff. n. ch., 459 pp., plus 2 figures.

Bien que cette édition soit en dehors de notre cadre, nous l'inscrivons comme complément de l'œuvre de Moreau le jeune.

Ces 24 figures se partagent en 17 pour le *Théâtre* de Pierre Corneille, savoir : *Médée, le Cid, Horace, Cinna, Polyeucte, le Menteur, la Suite du Menteur, Don Sanche, Pompée, Rodogune, Œdipe, Nicomède, Sertorius, Héraclius, Sophonisbe, Othon et Suréna;* 5 pour l'*Imitation de Jésus-Christ*, et 2 pour le *Théâtre* de Thomas Corneille : *Ariane* et le

Comte d'Essex. Il a été tiré 100 exemplaires de cette édition en grand papier, avec figures avant la lettre (De 250 à 300 fr.). 25 de ces exemplaires comprenaient de plus les eaux-fortes. (De 500 à 600 fr.). Un de ces derniers, en maroquin rouge de Purgold, est au Musée Dutuit (n. 406).

La figure de Prudhon pour l'*Imitation de Jésus-Christ*, « le Portement de Croix », est très recherchée des collectionneurs de l'œuvre du grand artiste ; aussi a-t-elle disparu de bien des exemplaires.

On connaît deux états de l'eau-forte de *Don Sanche* et une épreuve terminée de la figure du Tome XI, p. 529.

Les 23 dessins de Moreau exécutés à la plume et lavés à la sépia, plus la première esquisse des *Horaces* et trois portraits des Corneille à la mine de plomb, par A. de Saint-Aubin, ont été vendus 580 fr. à Durand jeune, chez Renouard (1854, n. 1517), et se trouvent dans la collection James de Rothschild (n. 231), tandis qu'à la même vente, le dessin de Prudhon fut payé 2,400 fr. par M. Marcille.

La suite des avant-lettre, tirée in-folio, en demi-reliure de Capé, 475 fr. vente E. Martin (n. 605). L'exemplaire de Renouard (1854, n. 1515 : 145 fr.), aujourd'hui chez M. Henri Beraldi, contient les avant-lettre, les avant-lettre sur Chine volant, les eaux-fortes sur Chine et la suite de Gravelot (1764) avec beaucoup de ses eaux-fortes.

— L'Imitation de Jésus-Christ, traduite et paraphrasée en vers françois, par P. Corneille, conseiller au Roy ; édition nouvelle. *A Paris, Chez David*, 1751. In-12. (De 6 à 8 fr.)

5 figures par Pocquet, copiées d'après celles de Chauveau, de l'édition de 1656.

— Rodogune, princesse des Parthes, tragédie de Pierre Corneille. *Au Nord* (Versailles). 1760. In-4. (De 200 à 300 fr.)

2 ff. n. ch. et 80 pp., plus 1 frontispice par Boucher, gravé à l'eau-forte par Mme de Pompadour, retouché et terminé au burin par Cochin fils.

Sur l'exemplaire d'Anisson Dupéron (1795, n. 772 : 3,100 fr. en assignats) revendu 130 fr., vente d'Ourches (1811, n. 875) et 70 fr., vente Duriez (1827, n. 2556) et qui avait appartenu au marquis de Marigny se trouvait cette note de la main de ce dernier : « En 1760, ma « sœur eut la curiosité de voir imprimer

« Le Roi fit venir un petit détachement « de l'Imprimerie royale et l'on imprima « dans la chambre de Madame de Pompa- « dour, à Versailles, et sous ses yeux, la « présente tragédie de Rodogune. Il a été « tiré très peu d'exemplaires. Comme « l'appartement de ma sœur était situé au « nord, on a mis pour lieu d'impression : « *au Nord*. »

Capperonnier rapporte, dans une note manuscrite de l'exemplaire de la Bibliothèque nationale, que Mme de Pompadour lui avait affirmé qu'on n'en avait tiré que 20 exemplaires. Nous ne croyons pas l'assertion exacte.

Ce livre perd beaucoup de sa valeur quand la figure qui sert de frontispice ne s'y trouve pas. Elle existerait à l'état d'eau-forte.

L'exemplaire même de Mme de Pompadour, (sa vente, n. 890 : 15 fr. 05 ; puis vente Delaleu, 1775, n. 665 : 70 fr.) dans une magnifique reliure en mosaïque, provenant de la vente Beckford-Hamilton (I, n. 2147 : 8,125 fr.) porté au *Bull. Morgand* n. 8106 et vendu 18.000 fr. au comte de Sauvage a figuré de nouveau au catalogue de sa vente en 1898 (n. 68) ; mais la librairie Morgand l'acheta à l'amiable avant la vente, pour le baron Ferdinand de Rothschild. Le comte de Sauvage avait aussi recueilli le dessin original du frontispice, par Boucher (Sa vente, 1898, n. 119 : 2,250 fr.), aujourd'hui chez M. Lebeuf de Montgermont.

En maroquin rouge ancien, doublé tabis, 750 fr., vente Daguin (n. 446) ; en maroquin vert à dentelles, 350 fr., vente R. Lion (n. 198).

CORNELIUS NEPOS. — Cornelii Nepotis excellentium Imperatorum vitæ. *Londini, ex officina Jacobi Tonson*, 1715. In-8. (De 8 à 10 fr.)

Frontispice gravé.

En maroquin rouge ancien, aux armes du prince Eugène de Savoie, 60 fr., vente Turner (n. 761).

— De Vita excellentium Imperatorum ex recognitione Steph. And. Philippe, *Paris, David*, 1745. In-12 (de la collection Barbou). (De 6 à 8 fr.)

1 frontispice par Cochin, gravé par Fessard, 1 fleuron sur le titre, 25 médaillons à portraits, 1 fleuron à la préface, 1 vignette

et 13 culs-de-lampe, dont quelques-uns se répètent, par Pierre et Mathey, gravés par Fessard.

L'édition de 1784 n'a que le frontispice de Cochin.

Le dessin original du frontispice, au crayon, se trouve au musée d'Orléans.

CORNICHON ET TOUPETTE, histoire-fée. *A La Haye, chez Pierre de Hondt*, 1752. In-12. (De 6 à 8 fr.)

1 figure non signée.

COSTARD. — Lettre de Caïn après son crime, à Méhala, son épouse. *A Paris, De l'imprimerie de Sébastien Jorry*, 1765. In-8. (De 5 à 6 fr.)

20 pp. et 1 f. n. ch., plus 1 figure par Eisen, gravée par Lemire.

COSTUMES FRANÇOIS (Les) représentans les différens États du royaume avec les habillemens propres à chaque état et accompagné de réflections critiques et morales. *A Paris, Chez Le Père et Avaulez*, 1776. Pet. in-folio. (De 300 à 350 fr.)

Titre gravé par Arrivet, et 10 planches de costumes à plusieurs personnages gravées par Dupin avec une explication gravée en bas de chaque planche.

Suite intéressante et peu commune. En veau ancien, avec l'eau-forte de la 5e planche, 860 fr., vente Destailleur (1891, n. 403).

COUCHÉ. — Galerie du Palais-Royal, gravée d'après les Tableaux des différentes Écoles qui la composent : Avec un abrégé de la vie des Peintres & une description historique de chaque tableau, par Mr l'abbé de Fontenai, dédiée à S. A. S. Monseigneur le duc d'Orléans, Premier Prince du sang, par J. Couché, Graveur de son Cabinet. *A Paris, Chez J. Couché et Bouilliard*, 1786-1808, 3 vol. gr. in-fol. (De 400 à 500 fr.)

Tome I : 5 ff. liminaires imprimés, plus 1 titre gravé, la dédicace et 130 planches.

Tome II : 2 ff. n. ch. et 143 planches.
Tome III : 2 ff. n. ch. et 82 planches.

1 titre écrit par Aubert, 1 dédicace écrite par Niquet, avec fleuron dessiné par Choffard et gravé par Guttenberg, et 355 estampes, d'après des tableaux de peintres, exécutées d'après les dessins de Wicar et autres, gravées par Aliamet, Alix, Baquoy, Beljambe, Benoit, Berseneff, Besson, Blot, Bosq, Bouilliard, Bovinet, Cathelin, Collinet, Copia, Couché, Croutelle, Danzel, Debuigne, Delaunay, Delaunay jeune, Delignon, Delvaux, Dennel, Dequevauviller, Desaulx, Duclos, Du Parc, Duplessi-Bertaux, Fosseilleux, Gareau, Gaucher, Giraud jeune, Glairon-Mondet, Godefroy, Godefroy jeune, Goumaz, Guérin, Guibert, C. Guttenberg, Halbou, Henriquez, Huber, Ingouf, Jourdan, Ketterlin, Klauber, Laffite, Lambert, Langlois jeune, Le Cerf, Le Mire, Le Rouge, Levasseur, Levillain, Leybold, Liénard, de Longueil, Lorieux, Macret, Malbeste, Maleuvre, Marais, Marchand, Massard (Urbain), Mathieu, Maviez, Methier, Michaut, Michel, Michon, Moitte, Morace, Morel, Nicolet, Patas, Pauquet, Pierron, Pillement, Ponce, Prévost, Racine, Romanet, Saint-Aubin (A. de), Schlotterbeck, Simonet, Sudaroff, Tardieu, Texier, Tilliard, Trière, Varin, Viel, Voysard et Voyez.

Il a été tiré un certain nombre d'exemplaires sur papier colombier, avec figures avant la lettre (avec la lettre à part sur papier de soie) et 12 exemplaires sur papier vélin jésus (figures avant la lettre).

En demi-reliure, non rogné, figures avant la lettre, 600 fr., vente Labedoyère (1862, n. 318) revendu 3,000 fr., vente Lebeuf de Montgermont (n. 165).

Un autre, non rogné, en maroquin rouge de David, figures avant la lettre, plus 254 eaux-fortes et 119 épreuves diverses, 4,000 fr., vente E. Martin (n. 91).

Les beaux exemplaires de cette *Galerie* sont recherchés. Il en existe une très médiocre réimpression moderne.

La galerie du Palais-Royal fut dispersée pendant la Révolution et les tableaux vendus en Angleterre.

COULANGE (De). — Poésies variées, divisées en quatre livres. *A Paris, Chez la veuve Cailleau*, 1753. In-12. (De 10 à 12 fr.)

Charmant frontispice par Eisen, gravé par Aliamet.

COUR DE LOUIS SEIZE DÉ-VOILÉE (La), ou Mémoires pour servir à l'histoire des intrigues secrètes, actions et débordemens de Marie-Antoinette, reine des Français, dispensatrice et usurpatrice du pouvoir exécutif sur le royaume de France, ornée de 26 gravures en taille-douce. *A Paris, se vend aux Tuileries et ailleurs, s. d.*, 3 parties en 2 vol. in-18. (De 250 à 300 fr.)

1 portrait de Marie-Antoinette, non signé et 24 figures non signées.

Rare. Ce livre a été publié également sous le titre de *Vie scandaleuse et libertine de Marie-Antoinette.*

COUREUR DE NUIT (Le), ou les Neuf Aventures du chevalier Don Diego. *A Paris, Chez Guillaume*, 1731. (De 15 à 20 fr.)

COUSIN DE FAUBLAS (Le), ou les Plus courtes Folies sont les meilleures. *A Paris, Chez Lemarchand*, an IX (1801). 2 vol. in-12. (De 20 à 25 fr.)

2 jolies figures non signées.

COURT DE GEBELIN. — Allégories Orientales ou le fragment de Sanchoniaton, qui contient l'histoire de Saturne, suivie de celles de Mercure et d'Hercule, et de ses douze travaux, avec leur explication ; Pour servir à l'intelligence du Génie symbolique de l'Antiquité. Par M. Court de Gibelin. *A Paris, Chez l'auteur, Boudet, Valleyre l'aîné, Veuve Duchesne, Saugrain, Ruault*, 1773. In-4. (De 15 à 20 fr.)

VIII-278 pp., plus 3 figures.

Contient 3 planches non signées et trois vignettes de Marillier gravées par Simonet, Romanet et Ligée. Deux des planches représentent, de seconde main, des antiquités, la troisième Hercule et ses travaux.

— Histoire naturelle de la parole. *A Paris, Chez Boucher*, 1776. In-8. (De 10 à 12 fr.)

Jolie figure par Marillier, gravée par Romanet.

En maroquin rouge aux armes de Marie-Antoinette, Bibliothèque nationale.

COURTIN (Antoine de). — Nouveau traité de la civilité, qui se pratique en France parmi les honnêtes gens. *A Bruxelles, Chez Guillaume Fricx*, 1707. In-12. (De 6 à 8 fr.)

Frontispice gravé par Harrewyn.

En maroquin rouge de Belz-Niedrée, 30 fr., vente Béhague.(n. 152).

COUTANS (Dom G.). — Description historique et topographique de la grande route de Paris à Reims. *A Paris, chez Vente*, 1775. In-4. (De 15 à 20 fr.)

Titre gravé.

Dédicace gravée avec vignette allégorique représentant le Roi partant pour Reims, 22 planches doubles pour le tracé topographique de la route, 1 vignette représentant l'entrée du Roi à Reims, et un plan de la ville où se voit le portrait de Louis XVI.

Cartonné, 25 fr., vente Destailleur (1891, n. 276).

COYER (L'abbé). — La Noblesse commerçante. *A Paris, Chez Duchesne*, 1756. In-12, (De 4 à 5 fr.)

1 frontispice par Eisen, gravé par D. Sornique.

COYPEL (Antoine). — L'Énéide de Virgile, peinte dans la galerie du Palais-Royal, par Antoine Coypel. *A Paris, chez Surugue*, 1753. In-folio. (De 60 à 80 fr.)

15 planches dont 9 se déploient, gravées par Beauvais, Desplaces, Duchange, Surugue, Tardieu et Thomassin.

CRAMER (Pierre). — Papillons exotiques des trois parties du Monde, l'Asie, l'Afrique et l'Amérique, rassemblés et décrits par Pierre Cramer, dessinés sur les originaux, gravés et enluminés sous sa direction. *A Amsterdam*, 1779-1782. 4 vol. — *Supplément*, par Stoll. *Amsterdam*, 1787-1791. 5 cahiers en 1 vol. — Ensemble 5 vol. gr. in-4. (De 150 à 200 fr.)

400 planches coloriées, plus 42 planches au *Supplément*.
Grand ouvrage qui se payait fort cher à la fin du XVIIIᵉ siècle, mais qui, comme tant d'ouvrages d'histoire naturelle, est peu recherché des bibliophiles modernes.

CRÉBILLON. — Œuvres de M. de Crébillon, De l'Académie Françoise. *A Paris, de l'Imprimerie royale*, 1750. 2 vol. in-4. (De 30 à 40 fr.)

Tome I : XI-337 pp., plus un frontispice.
Tome II : 2 ff. n. ch. et 398 pp.
En tout 1 très beau frontispice, 1 fleuron sur le titre, servant pour les deux volumes, 1 vignette et 1 lettre ornée par Boucher, gravés par Lebas.
On trouve quelquefois joint à cette édition le portrait de Crébillon, gravé par Balechou d'après Aved.
En maroquin rouge d'Hardy-Mennil, 33 fr., vente Massicot (n. 321).
En maroquin citron aux armes de Mᵐᵉ Sophie, 412 fr., vente Beckford (I, n. 2237).

— Les Œuvres de M. de Crébillon. Nouvelle édition. *A Paris, Chez Nyon Fils, Quai des Augustins, à l'Occasion*. 1754. 3 vol. In-12. (De 5 à 6 fr.)

Tome I : 4 ff. n. ch., 321 pp., 1 f. n. ch.
Tome II : 2 ff. n. ch., 300 pp.
Tome III : 2 ff. n. ch., 249 pp.
Sur les titres, 3 fleurons d'Eisen gravés par Legrand.

— Œuvres de M. de Crébillon, nouvelle édition. *Paris, Chez Prault*, 1754. 3 vol. in-12. (De 10 à 12 fr.)

Portrait de Crébillon, gravé par Cathelin, d'après Latour et, sur les titres, 3 fleurons de Clavareau gravés par Fessard.

— Œuvres de Crébillon. *A Londres*. 3 vol. in-18. (De 8 à 10 fr.)

Portrait par Lemoine, gravé par Delvaux.

— Œuvres complètes de Crébillon, nouvelle édition, augmentée et ornée de belles gravures. *A Paris, Chez les libraires associés*, 1785. 3 vol. in-8. (De 30 à 40 fr.)

1 portrait par Marillier, d'après celui peint par La Tour, gravé par Ingouf jeune, Macret et Trière.
Cette édition existe sur grand papier. Les gravures se trouvent avant la lettre, mais, parmi les exemplaires en grand papier, il s'en voit avec une très belle reliure du temps, et où plusieurs planches sont tirées avec caches.
Sieurin dit qu'il y a eu un 2ᵉ état d'avant la lettre, avec le titre de la pièce en haut de la gravure. Les dessins originaux(?) des 9 figures et du portrait ont figuré à la vente de La Bédoyère, en 1862 (n. 270 : 69 fr.).
Un bel exemplaire en maroquin vert par Derôme, avec le portrait et les figures en double état, avant et avec la lettre, 810 fr., vente Portalis (1882, n. 60) revendu 820 fr., vente Richard Lion (n. 206), aujourd'hui chez M. Charles Oulmont.
M. Henri Beraldi possède un exemplaire en maroquin bleu de Bozérian, figures avant la lettre, contenant en plus la suite de Peyron en avant-lettre. Cinq des eaux-fortes se trouvaient chez La Bédoyère (1862, n. 445 : 11 fr.).

— Œuvres de Crébillon, nouvelle édition, ornée de figures dessinées par Peyron et gravées sous sa direction. *A Paris, De l'Imprimerie de Didot jeune, chez Desrais*, an VII. 2 vol. in-8. (De 25 à 30 fr.)

1 frontispice-portrait, par Peyron gravé par Petit, et 9 figures de Peyron gravées sous sa direction par Baquoy, Huber, Lemire, Patas, Thomas et Trière. Les eaux-fortes ont été faites par Baquoy, Lemire, Pélicier et Petit.
Belle édition qui se trouve également sur papier vélin. (De 60 à 80 fr.)
Sur papier vélin, en maroquin rouge de Bozérian, avec les dessins originaux, les eaux-fortes, les avant-lettre et les avant-lettre coloriées, 136 fr., vente La Bédoyère (1837, n. 869), revendu 160 fr., vente Soleinne (n. 1617), aujourd'hui au Musée Dutuit (n. 423).

— Œuvres de Crébillon. *A Paris, Chez A. A. Renouard*, 1818. 2 vol. in-8. (De 20 à 25 fr.)

1 portrait par Saint-Aubin et 9 figures par Moreau, gravées par Boscq, Delvaux, Ribault et Simonet. (B. 394-402).

Se trouve en grand papier vélin, avec les figures avant la lettre. (De 80 à 100 fr.)

Les figures existent sur papier blanc, sur Chine et sur papier de couleur. Elles se ressentent de la vieillesse de Moreau.

Cette édition, qui sort du cadre du *Manuel*, n'est rapportée ici qu'afin de ne pas scinder l'œuvre de Moreau le jeune, dont ce travail est parmi les dernières productions.

Les dessins originaux de Moreau et de Saint-Aubin ont figuré aux ventes Renouard (1854, n. 1564 : 260 fr.) La Bédoyère (1862, n. 269 : 405 fr.) et Tandeau de Marsac.

La série des avant-lettre et eaux-fortes, avec deux portraits, différant par le cadre, en maroquin rouge de Capé, non rogné, 295 fr., vente E. Martin (n. 610) ; les avant-lettre et eau-fortes existent aussi chez M. Henri Beraldi dans un exemplaire non rogné sur grand papier vélin, en demi-reliure de Thouvenin ; elles se trouvaient aussi dans l'exemplaire en maroquin bleu de Capé, vendu 750 fr., vente Béhague (n. 862).

CRÉBILLON (Claude-Prosper Jolyot de, dit Crébillon fils). — Les Amours de Zeokinizul, roi des Kofirans, ouvrage traduit de l'arabe du voyageur Krinelbol. *A Amsterdam, aux dépens de Michel.* 1748. Pet. in-8. (De 15 à 20 fr.)

Titre rouge et noir, et joli fleuron sur le titre, non signé.

Zeokinizul, c'est Louis XV et les Kofirans sont les Français. Quand à Krinelbol, c'est l'anagramme de Crébillon.

— Tanzaï et Néadarné, Histoire japonoise. 1740. 2 vol. pet. in-12. (De 40 à 50 fr.)

Tome I : 24 ff. n. ch., 274 pp., plus 3 figures.
Tome II : 3 ff. n. ch., 242 pp., plus 2 figures.

En tout, 1 fleuron gravé, pareil sur le titre de chaque volume, et 5 figures non signées.

Ce livre existe sur grand papier. Tel est le bel exemplaire de M. Henri Beraldi en maroquin rouge, signé J.-A. Derôme.

En maroquin rouge ancien, 110 fr., vente R. Lion (n. 235).

En papier ordinaire, maroquin rouge ancien, 21 fr., vente Daguin (n. 447) ; en maroquin rouge ancien aux armes de Lauraguais-Brancas et de sa femme, 285 fr.,

vente Lacarelle (n. 362), revendu 282 fr., vente Lignerolles (n. 1833), puis chez Lord Carnarvon (n. 68).

Deux figures sont particulièrement curieuses, l'*Écumoire* et l'*Araignée*.

Satire écrite contre la duchesse du Maine et le cardinal de Rohan.

Elle avait d'abord paru en 1734, et les années suivantes sous le titre de l'*Écumoire*, 2 vol. petit in-12, avec un frontispice (répété au tome II), signé L. F. D. B. (Louis-Fabrice Du Bourg).

L'édition de 1743, du même format, contient les mêmes figures, mais avec le placement sur chacune d'elles, ce que les figures de l'édition de 1740 n'ont pas :

L'édition de 1743, en maroquin rouge aux armes de Mme Du Barry, Bibliothèque de Versailles.

En maroquin rouge ancien, 14 fr. 50, vente Pixerécourt (n. 1362) revendu 190 fr., vente R. Portalis (février 1878, n. 117) et 135 fr., vente Guyot de Villeneuve (n. 1066).

Autre édition, Pékin, 1749. — 2 vol. in-12, frontispice non signé.

Un exemplaire de l'édition de 1749, en maroquin rouge aux armes de Montmorency-Luxembourg est porté à 500 fr., chez Quentin-Bauchart (*Mes Livres*, n. 160) ; il est aujourd'hui dans la collection James de Rothschild (n. 1563).

En maroquin rouge aux armes de Fontenu de Montretout, 305 fr., vente Le Barbier de Tinan (n. 153).

— Le Sopha, conte moral. Nouvelle édition. *A Pékin, Chez l'Imprimeur de l'Empereur.* 1749. 2 vol. in-12. (De 40 à 50 fr.)

Tome I : xxi-253 pp., 1 f. n. ch., plus 1 frontispice et 2 figures.
Tome II : 237 pp., 1 f. n. ch., plus 2 figures.

1 frontispice, 4 figures et 2 vignettes par Clavareau, gravés par Pelletier, et 2 fleurons par Cochin, gravés par Fessard.

Réimprimé en 1770 avec les mêmes figures. (De 15 à 20 fr.)

— La Nuit et le Moment, ou les Matines de Cythère, dialogue. *Londres* (Paris), 1755. Pet. in-12. (De 60 à 80 fr.)

Édition originale ; réimprimée sous le même titre, *à Londres et se trouve à Amsterdam* 1764. In-12. — 6 figures non signées, — et encore en 1764, *à Paris, chez la Belle Veuve, rue Galante,* avec les mêmes figures,

L'exemplaire de Mme du Barry, en maroquin rouge à ses armes, 350 fr., à Boone, vente Pichon (1869, n. 738).

CRIGNON. — Les Orangers, les Vers à soie et les Abeilles, poèmes par M. Crignon. *A Paris, Chez Lagrange et Cazin*, 1786. In-8. (De 8 à 10fr.)

1 frontispice non signé.

CRILLON (l'abbé Berthon de). — Mémoires philosophiques du Baron de***, chambellan de S. M. l'Impératrice Reine. *A Vienne en Autriche et à Paris, Chez Berton.* 1777-78. 2 vol. (De 80 à 100 fr.)

1 frontispice et 7 figures à l'aquatinte, non signées mais très certainement de Binet.
Les figures sont toutes pour le premier volume. L'une des compositions représente l'intérieur du café Procope, il y a cent ans.
Un bel exemplaire en maroquin rouge ancien, avec les dessins originaux à l'encre de Chine des sept figures, plus des variantes inédites pour deux figures, 330 fr., vente E. Martin (n. 55) revendu 600 fr., vente R. Portalis (1882, n. 5), aujourd'hui collection Ferdinand de Rothschild.

CROZAT. — Recueil d'Estampes d'après les plus beaux tableaux et d'après les plus beaux dessins qui sont en France dans le cabinet du Roy, dans celui du duc d'Orléans et dans d'autres cabinets, divisé suivant les différentes écoles. *A Paris, De l'imprimerie royale*, 1729-1742. 2 vol. gr. in-folio. (De 200 à 250 fr.)

Un en-tête de J.-B. Van Loo, gravé par F. Hortemels et 178 planches d'après Baccicio, Caravage, Bagnacavallo, Conca, Gaudenzio Ferrari, Genga, Garofalo, Feti, C. Maratte, Manfredi, Mutian, Perino Del Vaga, Pinturicchio, Mola, Raphaël, Jules Romain, Romanelli, Giorgione, Bassan, A. Carrache, Dominiquin, A. Sacchi, Passari, Schiavone, Testa, Titien, Tintoret, P. Véronèse, Zuccaro, etc...; gravées par P. Aveline, M. Aubert, B. Audran, J. Audran, B. Baron, Beauvais, J. Chereau, Chateau, C. Cochin, L. Desplaces, Cl. Duflos, le comte de Caylus, G. Duchange, Dupuis, N. Edelinck, Frey, Flipart, Haussart, Frédéric Hortemels, Jacob, Joullain, Ed. Jeaurat, Toinette Larcher, N. de Larmessin, Nicolas et Vincent Lesueur, Labas, Moyreau, F. et J.-B. de Poilly, Petit, Ravenet, Raymond, Robert, B. Lépicié, Th. Simonneau, Louis Surugue, Scotin. Thomassin, Valée, Vermeulen, etc...

Beau recueil d'estampes connu sous le nom de *Cabinet de Crozat*.
Il existe des exemplaires en très grand papier.
Un bel exemplaire en maroquin rouge ancien, avec 42 planches avant les n^os et plusieurs avant la lettre en double et triple état, 510 fr., vente Massicot (n. 630); en maroquin rouge ancien, bel exemplaire de la 1re édition, 305 fr., vente Solar (n. 653), revendu 799 fr., vente Lebeuf de Mongermont (n. 166).
La seconde édition datée de 1763, est moins recherchée.
Brunet donne le chiffre de 182 planches.

CUBIÈRES (De). — Les Hochets de ma Jeunesse. *A Amsterdam et à Paris, chez Valeyre*, 1780. In-8. (De 10 à 12 fr.)

1 vignette et cul-de-lampe dessinés et gravés par David.

CULANT (De). — Les Chiens, conte en vers distribué en trois chants enrichi de figures. *A Paris, Chez Rollin*, 1729. In-8. (De 10 à 12 fr.)

1 frontispice et 3 figures non signées.

CUMBERLAND. — Les Lois de la nature expliquées, traduit du latin de Cumberland par Barbeyrac. *Leyde et Lauzanne*, 1756. — In-4. (De 6 à 8 fr.)

Frontispice signé L. F. D. B. (Louis-Fabrice Dubourg), gravé par Tanjé.

— Traité philosophique des lois naturelles où l'on recherche et l'on établit par la nature des choses, la forme de ces lois, leurs principaux chefs, leur ordre, leur publication et leur obligation. On y refute aussi les élémens de la morale et de la politique de Thomas Hobbes, par le Dr Richard Cumberland, depuis Évêque de Peterborough traduit en latin par Barbeyrac, docteur en droit, et avec des notes du traducteur qui a joint celles de la traduction angloise. *A Amsterdam, chez P. Mortier,* 1744. In-4. (De 8 à 10 fr.)

1 frontispice de Dubourg, gravé par Tanjé, et une vignette sur le titre, gravée par B. Picart.

CUVILIÈS (François de), père et fils. — Œuvres d'architecture, contenant des édifices publics, des palais, jardins, tombeaux, cariatides, plafonds, lambris, panneaux, fontaines, théâtres, etc., avec 1 livre de dessins et d'ornemens. *S. l. (Munich et Paris),* In-folio. (De 1500 à 2000 fr.)

Recueil contenant un frontispice gravé par Maag d'après Le Moine et plusieurs centaines de pièces gravées d'après Cuviliès par Blondel fils, Cuviliès fils, Dantle, Funck, Hartwagner, Kaltner, Mittermayer, Maag, Patte, Rosch, etc...

En veau brun, titre et 205 planches, 800 fr., vente R. Lion (n. 85).

H. Destailleur (*Notices sur quelques artistes français*, 1863), décrit l'Œuvre des Cuviliès d'après son exemplaire aux armes de Bavière, aujourd'hui à Berlin; un autre contenant 711 planches par les Cuviliès, 1,400 fr., vente Destailleur (1895, n. 473); un autre encore, en maroquin rouge de Petit, contenant 622 planches, 4,500 fr., vente Polovtsoff (n. 217).

Presque toutes les planches sont gravées par C. A. de Lespilliez ou Jungwierth.

Les premières de Cuviliès père, remontent à 1738; celles du fils sont datées de 1769 à 1773.

Les Bérard ont possédé un très bel œuvre des Cuviliès dont le catalogue a paru dans la *Revue Universelle des arts,* tome VIII-IX, pp. 66 et 429. Cf. Guilmard, pp. 163 et 228.

AILLANT DE LA TOUCHE. — Contes en vers, par M. D***. *Amsterdam et Paris*, 1783. Pet. in-8. (De 8 à 10 fr.)

1 figure gravée par Ransonnette.

DAMBRUN. — Suites de douze Figures pour Almanachs, Étrennes galantes, etc., dessinées et gravées par lui-même, ou d'après Quéverdo. In-32. (De 40 à 50 fr. chaque.)

Ces spirituelles et charmantes petites figures ont été faites pour les *Étrennes galantes des Promenades de Paris et de ses environs* (1780). — *L'Almanach des Marchés de Paris* (1782). — *Les Belles Marchandes de Paris* (1784). — *Les Délices du Palais-Royal* (1786). — *Le Mariage de Figaro, les Aventures parisiennes*, etc., etc... L'œuvre de Dambrun à la Bibliothèque nationale, en contient 11 suites. On les retrouvera aux ALMANACHS.

DANCHET. — Nitetis, tragédie, dédiée au Roy. *A Paris, Chez Charles Huet*, 1724. In-8. (De 8 à 10 fr.)

1 figure par Coypel, gravée par Thomassin. En maroquin rouge, aux armes de Louis de Bourbon-Condé, comte de Clermont, 40 fr., vente Sardou (n. 30.)

DANDRÉ-BARDON. — Costumes des anciens Peuples à l'usage des artistes. *A Paris, Chez Joubert*, 1772. 3 vol. in-4. (De 30 à 40 fr.)

1 frontispice et 360 figures.
L'exécution des planches est médiocre.
Nouvelle édition rédigée par M. Cochin. Paris, 1784-86. — 4 vol. in-4. (De 40 à 50 fr.)
Un bel exemplaire relié en 2 vol., maroquin rouge par Derôme, 400 fr. vente Portalis (1882, n. 14.)

DANET. — L'Art des Armes ou la Manière la plus certaine de se servir utilement de l'épée. *Paris*, 1766. 2 part. en 1 vol. in-8. (De 20 à 30 fr.)

1 frontispice gravé, 1 fleuron aux armes du prince de Conti et 45 planches pliées gravées par Taraval.

DANICAN (Auguste). — Le Fléau des Tyrans et des Septembriseurs, ou Réflexions sur la Révolution française,

BOREL
DESSIN INÉDIT POUR LES *Comédies* DE DESTOUCHES
APPARTIENT A M. ROBERT SCHUHMANN

par un vrai patriote de 1789. *A Lauzanne et à Paris*, 1797. In-8. (De 15 à 20 fr.)

1 figure non signée.

DANIEL (Le Père). — Histoire de la Milice Françoise, Et des changemens qui s'y sont faits depuis l'établissement de la Monarchie dans les Gaules jusqu'à la fin du Regne de Louis-le Grand. Par le R. P. Daniel de la Compagnie de Jésus. *A Paris, Chez Jean-Baptiste Coignard*, 1721. 2 vol. in-4. De 80 à 100 fr.)

Tome I : 3 ff. n. ch., XXXVIII et 626 pp., plus 48 planches.
Tome II : XX et 770 pp,, plus 1 f. n. ch. (Privilège) et 22 planches.
En tout 70 planches dont 2 seulement sont signées (I, 2 et II, 1) de *Cars filius*.
En maroquin rouge de Hardy-Mennil, aux armes du comte de Mornay-Soult, collection James de Rothschild (n. 2359).

DANSE DES MORTS (La) de la Ville de Basle, dessinée et gravée sur l'original de feu de M. Mérian, texte en allemand. *A Basle, Chez J. R. Imhoff*, 1744. In-4. (De 60 à 80 fr.)

43 planches gravées par Chovin.
L'exemplaire de la collection Ferdinand de Rothschild est dans une curieuse reliure, signée de Bradel le jeune, en maroquin noir, mosaïque de maroquin rouge et brun avec les emblèmes de la Mort.
Réimprimé avec les mêmes planches en 1756 et 1789. On signale des exemplaires avec les planches coloriées.

DARLES DE LINIÈRE. — Pompes sans cuirs, descriptions, propriétés & figures gravées en taille-douce, des nouvelles pompes sans cuirs, de l'invention de M. Darles de Linière, écuyer, qui les a primitivement présentées pour le service de la Marine, & successivement appropriées pour les incendies & tous aultres usages. *A Paris, à la Manufacture royale desdites pompes et chez Antoine Boudet*, 1768. In-4. (De 20 à 30 fr.)

2 ff. n. ch., et 71 pp., plus 7 planches.
En maroquin rouge ancien, aux armes du duc de Berry (plus tard Louis XVI), 53 fr., vente Pichon (1897, n. 284).

DAUPHIN. — La Dernière Héloïse ou lettres de Junie Salisbury, recueillies et publiées par M. Dauphin, citoyen de Verdun. *A Paris*, 1784. In-8. (De 30 à 40 fr.)

2 titres gravés, 1 frontispice et 2 figures par Quéverdo gravés par Dambrun, Delignon et de Longueil.
Vendu 20 fr., venteR. Portalis (novembre 1878, n. 93) et, en maroquin rouge de Derôme, 115 fr., vente Doistau (n. 75).
Il existe des épreuves d'artiste des deux titres.
Dans l'édition in-18 de 1790, Paris, de l'imprimerie de Monsieur, un seul frontispice par Quéverdo. (De 10 à 12 fr.)

DAVESNE. — Les Jardiniers, comédie en deux actes et en prose, mêlée d'ariettes, par M. Davesne, représentée pour la première fois... le lundi 11 juillet 1771. (La musique est de Prudent.) *A Paris, Chez la veuve Duchesne*, 1771. In-8. (De 30 à 40 fr.)

Six figures ont été faites pour cet opéra-comique par Quéverdo et gravées par Frussotte, Laperra et Patas. (Ancienne collection Sardou).

DAVID (Fr.-Anne). — Histoire d'Angleterre représentée par figures accompagnées d'un précis historique, gravées par F. A. David, d'après les dessins des plus célèbres artistes, dédiée et présentée à Monsieur, frère du roi. *A Paris*, 1784. 2 vol. in-4. (De 25 à 30 fr.)

2 titres gravés, outre les titres imprimés, et 96 figures (48 par volume), par Binet, Gois, Lejeune, Monnet, Mortimer, et d'après Van Dyck, gravées par David.
En maroquin vert ancien, 21 fr., vente de Leclerc, 29 oct. 1906 (n. 23).

— Histoire de France représentée par figures accompagnées d'un discours..., par Guyot. *A Paris, Chez David*, 1787-96, 5 vol. in-4. (De 50 à 60 fr.)

Tome I: 184 pp., plus 1 titre gravé et 30 pl.
Tome II: 199 pp., plus 1 titre gravé et 30 pl.
Tome III: 223 pp., plus 1 titre gravé et 30 pl.
Tome IV: 192 pp., plus 1 titre gravé et 25 pl.
Tome V: 206 pp., plus 1 titre gravé et 25 pl.
En tout 5 titres gravés (datés 1788, 1790, 1791, 1796) et 140 planches gravées par David.

— Histoire de Russie, représentée par figures accompagnées d'un précis historique par Blin de Sainmore. *A Paris, 1799-1805*. 3 vol. in-4. (De 50 à 60 fr.)

48 figures par Monnet, gravées par David.
22 des dessins originaux de Monnet se trouvaient dans l'exemplaire de Piet (n. 358).
Il existe du même auteur, avec illustrations de Monnet une *Histoire de Napoléon* (6 vol. in-4), fort rare, mais qui, par sa date (1809) sort du cadre de ce répertoire.

DEBUCOURT. — Modes et manières du jour à la fin du XVIIIe siècle et au commencement du XIXe. Collection de 52 gravures coloriées. *A Paris, au bureau du Journal des Dames*. S. d. In-8.

Titre gravé et 52 figures imprimées en couleurs.
Publiée à *dix-huit francs*, cette suite a été payée jusqu'à 3,000 fr.
En veau, 2,450 fr., vente Destailleur (1890, n. 531). En feuilles, incomplet de 5 planches, 2,805 fr., vente Sardou (5 mai 1909, n. 189).
L'exemplaire de M. Henri Beraldi est cartonné, non rogné.

DÉCRETS des Sens sanctionnés par la Volupté, ouvrage nouveau enrichi de gravures anglaises. *A Rome, De l'imprimerie du Saint-Père, 1793*. In-8. (De 200 à 300 fr.)

128 pp. (les 2 dernières, chiffrées 227-228) plus le frontispice.
Contient 1 frontispice et 6 vignettes libres à mi-page, non signées, en tête de vers dont le texte est gravé.
En maroquin rouge de Cuzin relié sur la brochure, 616 fr., vente Portalis (1889, n. 268).
L'ouvrage, d'une incroyable niaiserie, est une réimpression des *Histoires lubriques dérobées aux archives de Cythère*.
Les vignettes sont curieuses et ont dû servir à illustrer un ouvrage anglais.

DEIDIER (L'abbé). Mécanique générale. *(A Paris, Chez Jombert, 1741.* In-4. (De 15 à 20 fr.)

Fleuron de la dédicace au comte d'Eu dessiné par Cochin et gravé par Soubeyran, et vignette dessinée et gravée par Cochin.

— La Science du Géomètre. *A Paris, Chez Jombert, 1739*. In-4. (De 15 à 20 fr.)

2 vignettes dessinées et gravées par Cochin.
Toutes ces petites pièces de Cochin existent en tirage à part.

— Le Calcul différentiel et le Calcul intégral. *A Paris, Chez Jombert, 1740*. In-4. (De 15 à 20 fr.)

2 vignettes dessinées et gravées par Cochin.

— Le Parfait Ingénieur. *A Paris, Chez Jombert, 1741*. In-4. (De 15 à 20 fr.)

Frontispice aux armes de M. de Vallière dessiné par Cochin et gravé par Gallimard.

— Élémens généraux des Mathématiques. *A Paris, Chez Jombert, 1741*. 2 vol. in-4. (De 30 à 40 fr.)

2 vignettes dessinées et gravées par Chédel.

DEJABIN. Collection complette des Portraits de MM. les Députés à l'Assemblée nationale de 1789. *A Paris, chez le sieur Dejabin, marchand d'estampes et éditeur, place du Carouzel, n° 4*, s. d. 4 vol. in-8. (De 1,000 à 1,200 fr.)

Tables imprimées des tomes I à III, 3 titres gravés par Voyez, d'après J. Malbeste et au moins 677 portraits. Les tomes I à III contiennent chacun 200 portraits, titre et tables. Le tome IV demeura inachevé. Nous n'avons vu avec les numéros que les planches 1 à 57, mais il existe sans numéros une vingtaine d'autres planches.
Ces portraits sont gravés par Beljambe, Courbe, Letellier, Malteste, Massard, Masquelier jeune, d'après les dessins de Labadye, Isabey, Moreau le jeune, Perrin.
Dejabin s'était associé le graveur Beljambe pour cette publication.

La collection des dessins originaux de ces portraits, se trouve à la Bibliothèque nationale (Cabinet des Estampes); mais 29 de ces derniers se trouvaient dans un bel exemplaire non rogné en demi-reliure (contenant 602 planches et 3 frontispices par Malbeste, dont 2 différents) vendu 900 fr., vente Destailleur (1891, n. 562). On y avait ajouté 197 copies au crayon noir des dessins de la Bibliothèque nationale.

En demi-reliure ancienne (500 portraits seulement), 1,325 fr., vente Werlé (n. 261).

En demi-reliure, contenant 679 portraits (dont quelques doubles), 1,010 fr., vente Fauvel (1910, n. 248).

DELACOUR-DAMONVILLE (Michel). — Discours prononcé par Mlle Perette de la Babille, présidente de l'Académie des femmes sçavantes, en présence de sa Hautesse Mme Henroux, princesse du Marché, douairière du Moulin, marquise du Four, comtesse de la Fontaine et autres lieux, dans la grand'salle du palais de Tourne à tous Vents. *A Lyon, Chez A. J. Dussieu,* 1736. In-8. (De 20 à 25 fr.)

Portrait de Michel Delacour-Damonville, gravé par Ficquet, d'après Le Mire et une curieuse figure.

DELAFOSSE. — Nouvelle Iconologie historique ou attributs hiérogliphyques..., Par Jean Charles Delafosse, Architecte. *A Paris, Chez l'Auteur,* 1768. 2 vol. gr. in-fol. (De 1,500 à 2,000 fr.)

Tome I : 23 ff. de texte et 110 planches (en 10 cahiers), numérotées de 1 à 12 et de 14 à 110 (les planches 14, 15 et 90 sont doubles).

Tome II : Titre gravé et 150 planches (en 26 cahiers de 6 planches, sauf les 6 cahiers NN-SS. qui en ont 5), gravées par Baquoy, Berthault, Delafosse, Fessard, Lecanu, Lemeunié, Tardieu, Mlle Thouvnin et Voysard, d'après les dessins de Delafosse.

Précieux recueil de modèles de vases, urnes, cippes, candélabres, trophées, brûle-parfums, flambeaux, etc.

Décrit d'après l'exemplaire Destailleur (1895, n. 132 : 850 fr.) et celui du tome I qui figure dans la collection James de Rothschild (n. 257).

On y ajoute 36 planches de *trophées* et 24 planches d'*attributs* qui avaient déjà paru séparément. On reconnaît le premier tirage (collection James de Rothschild, n. 258) à l'absence des signatures alphabétiques. Le tome I a été réimprimé en 1771 : dans cette nouvelle édition, il y a une planche 13; mais il n'y a plus qu'une seule planche 14.

Un exemplaire contenant 393 planches, cartonné 4,500 fr., *Bull. Morgand,* II, 6 (1908) n. 174.

Il existe aussi du même Delafosse, un recueil de meubles en 134 planches (cahiers de 4 planches : A-Z, &, AA-II, sauf DD qui a 6 planches) dont un exemplaire en maroquin moderne a été vendu 2,500 fr., vente Destailleur (1895, n. 1,406).

DÉLASSEMENS DU BOUDOIR (Les), recueil de poésies galantes..., avec un frontispice en taille-douce. 1790. In-16. (De 20 à 30 fr.)

1 frontispice non signé dans le genre de Chaillou.

DÉLICES (Les) de Paris et de ses environs ou Recueil de vues perspectives des beaux monumens de Paris et des Maisons de plaisance situées aux environs de cette Ville et en d'autres endroits de la France, le tout en 210 planches, dessinées et gravées pour la plus grande partie par Perelle. *A Paris, Chez C. A. Jombert,* 1753. Gr. in-fol. (De 300 à 400 fr.)

En maroquin bleu de Padeloup, sur grand papier, 1,010 fr., vente Sauvage (1880, n. 293).

Il faut y joindre les *Délices de Versailles* parus dans le même format.

DELILLE (L'abbé). — L'Homme des Champs ou les Géorgiques françaises. *A Basle, chez J. Necker, de l'imprimerie de Levrault (à Strasbourg),* 1800. In-12. (De 10 à 12 fr.)

4 jolies figures par C. Guérin. Dans les exemplaires sur papier vélin, les figures avant la lettre sont protégées par un papier de soie sur lequel est imprimé le sujet de la gravure.

— L'Homme des champs ou les Géorgiques françaises, par Jacques Delille. *Strasbourg, Levrault,* an X (1802). Gr. in-4, papier vélin. (De 10 à 12 fr.)

4 figures dessinées et gravées par Guérin.

— L'Homme des champs ou les Géorgiques françaises, par Jacques Delille, nouvelle édition augmentée, avec figures. *Paris, Levrault, Schœll et Cie*, 1805. Petit in-8. (De 10 à 12 fr.)

4 figures et 8 vignettes par Catel, gravées par Buchorn, Guttenberg, Halderwang et Mayer.

Deux exemplaires sur peau vélin passèrent chez Tourneisen (Cat. 1816, n. 113*); l'un fut acquis pour la Bibliothèque nationale, l'autre par Renouard.

Un troisième exemplaire sur vélin, tiré in-4 et contenant les dessins originaux, est à la Bibliothèque nationale.

Avec la collection Cigongne est entré à Chantilly un exemplaire portant sur les plats deux paysages à la sépia par Moreau le jeune.

— L'Imagination, poème, par Jacques Delille. *Paris, Giguet et Michaud*, 1806. 2 vol. in-8, papier vélin. (De 15 à 20 fr.)

2 figures par Mirys et Monsiau, gravées par Baquoy et Delvaux.

On en connaît deux exemplaires imprimés sur vélin, le premier ayant appartenu à Bozerian, Chardin et Treuttel, et un second avec les dessins originaux ayant passé chez Bertin et dans une vente à Paris, le 16 décembre 1822, puis chez La Bédoyère (1862, n. 1,033 : 295 fr.), aujourd'hui chez M. Binder.

— Les Jardins ou l'Art d'embellir les paysages, Poëme par M. l'abbé De Lille de l'Académie Françoise, V^e édition. *A Paris, chez Valade et Cazin, Libraire à Rheims*, 1782. Grand in-8, papier de Hollande. (De 8 à 10 fr.)

141 pp., et 1 f. n. ch., plus un titre gravé avec vignette par Laurent, et une figure par Cochin, gravée par Laurent.

En maroquin vert ancien, 14 fr., vente Sardou (n. 230).

Existe aussi in-18 (de 143 pp.) (De 3 à 4 fr.) Dans cette dernière édition la vignette n'est pas signée.

— Les Jardins, poème, par Jacques Delille, nouvelle édition considérablement augmentée. *Paris, Levrault frères*, an IX (1801). In-12. (De 8 à 12 fr.)

4 figures par Mousiau, gravées par Choffard et Saint-Aubin.

Papier ordinaire et papier vélin, figures avant la lettre.

En maroquin bleu de Bozérian, papier vélin, figures avant la lettre, collection Henri Beraldi.

— La Pitié, poème par Jacques Delille. Avec 4 figures. *A Paris, chez Giguet et Michaud*, 1803. An XI. In-8. (De 8 à 10 fr.)

206 pp., plus 4 figures avec leurs papiers de soie.

4 figures d'après Monsiau, gravées sous la direction d'Anselin, par Courbe (1), Berthaud (1) et Duparc (2).

Les exemplaires de premier tirage se reconnaissent à la faute d'impression *redoublent* pour *redouble*, p. 44, vers 22.

Un des deux exemplaires imprimés sur vélin, avec 6 dessins originaux de Monsiau, provenant de chez Bertin, a été vendu 400 fr., vente La Bédoyère (1862, n. 1,032) et 430 fr. à Fontaine, vente Double (1863, n. 322).

Le second a figuré dans une vente à Paris, le 19 novembre 1821 (n. 257).

— Les Trois Règnes de la Nature, par Jacques Delille, avec des notes par M. Cuvier, de l'Institut, et autres savants. *Paris, Nicolle*, 1808. 2 vol. grand in-8. (De 15 à 20 fr.)

2 figures par Mirys; en grand papier avec les figures avant la lettre (de 25 à 30 fr.)

Il en existe un exemplaire imprimé sur vélin et qui a appartenu vers 1830 à Bertin.

Réimprimé en 1809 à *Strasbourg, imprimerie de Levrault*, 2 vol. in-4.

On en tira deux exemplaires sur vélin dont l'un, enrichi de deux dessins de Moreau a appartenu à Bertin, à La Bédoyère (1862, n. 1,034 : 455 fr.) et à M. Binder.

— Le Malheur et la pitié, poème en 4 chants, publié par M. de Mervé. *A Londres, chez A. Dulau et Cie*, 1803. In-4°. (De 15 à 20 fr.)

Jolie figure à la manière noire non signée et 4 portraits en médaillon : Louis XVI, Marie-Antoinette, Mme Elisabeth et le Dauphin, dessinés et gravés par Audinet.

— Dithyrambe sur l'immortalité de l'Ame, suivi du Passage du Saint-Gothard, poème traduit de l'anglais, avec figures. *Paris, chez Giguet et Michaud*, 1802. In-12. (De 8 à 10 fr.)

1 figure par Monsiau, gravée par Baquoy.

— Les Œuvres complètes de Delille *Paris, Michaud*, 1824. 16 vol. in-8.

Avec figures de Desenne, Devéria, Gérard, Girodet, Moreau, Westall, etc. On les trouve en papier vélin. Deux exemplaires ont été tirés sur vélin.
(Voyez encore à VIRGILE.)

DELISLE DE SALES. — De la Philosophie de la Nature, ou Traité de morale pour l'espèce humaine, tiré de la philosophie et fondé sur la nature; troisième édition et la seule conforme au manuscrit original. *A Londres* (Paris), 1777. 6 vol. in-8. (De 20 à 25 fr.)

6 titres gravés différents avec autant de fleurons, 1 portrait par Borel, gravé par Duflos. 1 frontispice et 12 figures par Née et autres.
Les dessins originaux existeraient encore chez un descendant de l'auteur.
Il existe une édition de *Londres*, 1789. 7 vol. in-8 avec 64 figures (28 fr. en maroquin rouge ancien, vente E. Martin, n. 52) et une autre de *Paris, Gide*, 1804, 10 vol. avec figures de Marillier (même vente, n. 53: 30 fr.).

— Eponine ou de la République, ouvrage de Platon découvert et publié par l'auteur de la Philosophie de la la Nature. *Paris*, 1793. 6 vol. in-8. (De 25 à 30 fr.).

Cet ouvrage est orné de 24 estampes d'après Eisen, Monnet et autres, tirées d'ouvrages antérieurs.

— De la Philosophie du Bonheur. Ouvrage Recueilli et Publié par l'Auteur de la Philosophie de la Nature. *A Paris*, 1796. 2 vol. in-8. (De 40 à 50 fr.)

Tome I: Titre gravé, XCVI et 181 pp., 1 f. n. ch., plus 5 figures.
Tome II: Titre gravé, 247 pp., plus 7 figures.
Titre gravé non signé, le même pour les 2 volumes, portrait par Borel, gravé par Duflos et 11 figures dont 3 portraits de philosophes, gravés pour l'édition par Macret, 1 figure non signée, 3 figures de Wille (datées de 1765), gravées de Longueil et 4 figures d'Eisen gravées par de Longueil; ces 7 dernières avaient servi en 1766 pour l'illustration des *Sens* de Du Rosoi.
Il existe des exemplaires avec les figures coloriées.

— Philosophie du Bonheur, manuscrit de Platon publié par l'auteur de la Philosophie de la Nature, nouvelle édition. *A Paris, Chez Moutardier*, an VIII (1800). 2 vol. in-8. (De 10 à 15 fr.)

2 frontispices, 4 portraits et 5 figures de Mongin gravés par Ponce.
L'auteur fut condamné au bannissement et à la confiscation sous la monarchie, à cause de ces écrits.

DEMARTEAU (Gilles) l'aîné. — Œuvre, 4 vol. in-folio.

L'œuvre de Demarteau (qui doit contenir 729 pièces numérotées) comprend des cahiers d'ornements et surtout de nombreuses reproductions gravées à la manière du crayon, principalement d'après les dessins de Boucher. On y remarque des séries d'*Académies* d'après Carle Van Loo, de *Paysages* d'après Houël, d'*Études de femmes*, de *Groupes d'enfants*, et de *Sujets champêtres*, d'après Boucher, de *Têtes de jeunes femmes* d'après Watteau, de *Bergeries* d'après Huet, de *Bachanales* d'après Caresme, et de nombreuses pièces gravées d'après Eisen, Bouchardon, Le Prince, Parrocel, Cochin, Monnet, etc...
Nous y relevons encore les titres ci-dessus :
Premier titre des Trophées, dessiné par Peyrotte, 8 pièces rondes;
Premier et deuxième livres de Différents Trophées, d'après Huet;
Premier, deuxième, troisième, quatrième et cinquième livres d'Animaux, d'après le même;
Premier, deuxième, troisième et quatrième livres de Principes de Dessin au crayon, dessinés par Pierre;
Livres de fleurs, d'après Teissier, etc.
Un exemplaire de cet œuvre contenant 623 pièces numérotées, plus une centaine de figures ajoutées 6,300 fr., vente Destailleur (1865, n. 1225) aujourd'hui dans la collection Ferdinand de Rothschild.
Une autre œuvre, en formation, se trouve chez M. Jacques Doucet.

DEMOUSTIER. — Lettres à Emilie sur la Mythologie. *Paris*, 1790. — 4 tomes en 2 vol. in-18. (De 25 à 30 fr.).

4 frontispices et 14 figures dessinés et gravés par Quéverdo.

— Lettres à Emilie sur la Mythologie, par M. Demoustier. *A Paris, de l'Imprimerie de Fr. Dufart*, 1794-1798. 6 parties en 3 vol. in-18. (De 15 à 20 fr.)

6 frontispices et 16 figures, dessinés et gravés par Quéverdo.
En maroquin rouge ancien, 45 fr., vente Massicot (n. 522).

— Lettres à Emilie sur la Mythologie. *Paris, Renouard*, an IX (1801). 6 parties en 3 vol. in-8. (De 25 à 30 fr.; papier vélin, de 80 à 100 fr.)

1 portrait par Gaucher et 36 figures de Monnet, assez médiocres, gravées par Audouin et Gaucher.
En demi-reliure de Petit, 19 fr., vente Destailleur (1891, n. 1546).
Renouard raconte que cette édition lui fut vendue avec un grand nombre d'exemplaires de format in-18.
Il existe quelques exemplaires sur papier rose.
Les dessins originaux de Monnet furent ajoutés par Renouard à l'exemplaire unique sur peau de vélin de l'édition de 1809, de format in-12. (Sa vente, 1854, n. 1805 : 162 fr., à Paléologue) revendu 1,500 fr., vente E. Gautier 1872, n. 688) et aujourd'hui dans la collection Rattier.
On peut ajouter à ces trois volumes un tome IV (Cours de morale, 1804), avec 4 portraits et un tome V (Théâtre), avec 1 portrait.
On dit qu'Émilie était la femme du chirurgien Sue.

— Lettres à Emilie sur la Mythologie, par C. A. Demoustier. *Paris, Renouard*, 1809. 6 tomes en 3 vol. in-8. (De 50 à 60 fr.)

Tome I : VIII-143 pp., plus 1 frontispice et 6 figures.
Tome II : 128 pp., plus 6 figures.
Tome III : 104 pp., plus 6 figures.
Tome IV : 107 pp., plus 6 figures.
Tome V : 116 pp., plus 6 figures.
Tome VI : 148 pp., plus 6 figures.

En tout 36 figures par Moreau, gravées par Delvaux, de Ghendt, Roger, Simonet, Thomas et Trière (B.), et 1 portrait par Pajou fils, gravé par Tardieu.
Existe sur papier vélin avec les figures avant la lettre. (De 500 à 600 fr.) et avec les eaux-fortes de 1,000 à 1,200 fr. et se trouve également en six parties en 3 volumes in-12 et in-18, d'une autre impression, avec les mêmes figures (Renouard, n. 1909.)
Il a été tiré des exemplaires in-12 sur papier vélin jonquille et un sur papier rose contenant les avant-lettre et eaux-fortes.
L'édition in-8 existe également sur papier jaune.
Il existe un portrait de Demoustier, gravé par Gaucher d'après Ducreux, et deux portraits d'Émilie, l'un gravé par Bovinet et l'autre par Delvaux, d'après Mme Benoist.
Renouard affirmait qu'il serait difficile de concevoir un livre plus élégant et dont les ornements fussent disposés avec plus de profusion et d'agrément.
L'exemplaire unique sur vélin de l'édition de 1809, in-8, maroquin bleu, contenant les 36 dessins originaux de l'édition par Moreau, 24 autres dessins plus petits par le même, 14 dessins de Le Barbier, le dessin du portrait par Gaucher. etc, plus les avant-lettre et eaux-fortes, 520 fr. à Capé, vente Renouard (1854, n. 1909), porté à 4,000 fr., au catalogue Fontaine pour 1872, fut revendu 20,500 fr. à M. Henri Beraldi, vente Guyot de Villeneuve (n. 495).
Un autre exemplaire de Renouard en maroquin rouge, papier vélin, contenant les figures avant la lettre, les eaux-fortes et beaucoup de figures ajoutées, 2,000 fr., vente Delbergue Cormont.
Le bel exemplaire de Daguin (n. 449, vendu 700 fr.) en maroquin rouge de Cuzin relié sur brochure, renfermait les figures en triple état : en eaux-fortes (moins 5 figures) avant et avec la lettre.
L'exemplaire du roi Louis-Philippe, relié ensuite en maroquin rouge par Capé et revendu 2,305 fr. à Morgand, à la vente E. Martin (n. 659) contenait outre trois états des figures (avec la lettre, sur papier jaune; avant la lettre; eaux-fortes) de nombreux dessins originaux par Desenne (gravés), Martinet et Monnet; celui de Pixerécourt (n. 1168 : 49 fr.), ensuite chez M. Henri Beraldi, en maroquin citron, in-8 papier vélin, avant-lettre et eaux-fortes, est chez M. Francis Charmes ; un autre, en même condition, relié en vélin est dans la collection Ferdinand de Rothschild ; un autre, en maroquin citron de Bozérian, 2,200 fr., vente H. Bordes (1877, n° 49) ; un autre, en demi-reliure de l'époque, pièces ajoutées, 1,405 fr. vente Sardou (n. 266)

Renouard avait aussi fait graver en relief, par un procédé nouveau, qui fut un essai malheureux, des dessins de Huber et quelques-uns de Moreau.

Il insèra ces dessins (21 par Huber et 6 par Moreau), dans un exemplaire unique sur peau de vélin de l'édition non illustrée qu'il publia en 1804 (6 parties en 2 volumes in-18). Cet exemplaire s'est vendu 100 fr., vente Renouard (1854. n. 1802) puis 178 fr., vente Hebbelinck (n. 324); a passé chez Hochart et le prince Bibesco, et se trouve aujourd'hui à la librairie Morgand.

DENIS. — Guide Royal ou Dictionnaire topographique des grandes routes de Paris aux villes, bourgs et abbayes du royaume, etc. *Paris*, 1774. 2 vol. in-12. (De 8 à 10 fr.)

Cartes coloriées et vignettes en-têtes de Fossier, gravées par Patas.

DENON (Baron Vivant). — Œuvre priapique. — *Paris*, 1793. In-folio. (De 150 à 200 fr.)

Recueil de 23 planches sans texte, dessinées et gravées à l'eau-forte par Denon.

Fantaisies un peu vives d'un graveuramateur de talent. Le recueil original est rare. Eviter la mauvaise reproduction de Scheible de Stuttgard.

L'œuvre gravée de Vivant-Denon a été rééditée en 1873 par Barraud. (Œuvre originale de Vivant-Denon, collection de 317 eaux-fortes, Paris, 2 vol. in-4; contient les *Priapées*).

— Voyage dans la Basse et la Haute Égypte, pendant les campagnes du général Bonaparte. *Paris, Imprimerie de P. Didot l'aîné* (an X), 1802. 2 vol. gr. in-folio. (De 60 à 75 fr.)

Tome I : 4 ff. n. ch., 265 et LIII pp.
Tome II : 2 ff. n. ch. et 143 planches, dont 8 doubles. (Les planches sont numérotées de 1 à 141 et il y a 2 numéros bis : le 20 et le 54; les planches 4 et 5 sont sur la même feuille.

En tout 143 planches, par Denon gravées par Baltard, Bertault, Coiny, Croutelle, Denon, Duparc, Duplessi-Bertaux, Fosseyeux, Galien, Garreau, Malbeste, Pillement fils, etc.

Il a été tiré des exemplaires sur papier vélin de cet ouvrage édité avec soin.

Un tirage du texte in-4 avec les planches en 1 volume in-folio, a été fait la même année par Didot.

Les dessins originaux sont à la Bibliothèque nationale. (Cabinet des Cartes géographiques). Ils proviennent de la vente Denon.

— Point de lendemain, conte. *Paris, Didot*, 1812. In-18. (De 80 à 100 fr.)

1 figure d'après Laffitte.

Il existait chez Eugène Paillet (*Bull. Morgand*, n° 11.927 : 600 fr.) un exemplaire tiré sur peau de vélin, avec le dessin original à l'aquarelle par Laffitte, et l'eauforte, par Normand. (Relié en vélin blanc par Bozérian).

Ce conte avait déjà paru dans les deux volumes des *Mélanges* de Dorat.

DÉNONCIATION des crimes et attentats des soi-disants jésuites dans toutes les parties du monde, adressées aux empereurs, rois, princes... ou Abrégé chronologique des stratagèmes, friponneries, meurtres de rois, etc., commis par les Ignaciens depuis 1540 jusqu'à 1750. *S. l.* 1762. In-12. (De 8 à 10 fr.)

1 figure allégorique non signée.
Pamphlet rare.

DERNIERS SOUPIRS (Les) de la Garce en pleurs, adressés à la ci-devant noblesse, et dédiés à la triste sèche et délaissée Desullan, Libraire au Palais Royal en qualité de Garce au premier chef..., etc. *A. B.* (Paris), *L'An de la bienheureuse......* 5790 (1790). In-12. (De 80 à 100 fr.)

Titre et 13 pp., plus un médiocre frontispice libre.

Pamphlet en vers contre Marie-Antoinette, Philippe-Égalité, Juigné et Maury. En veau de Trautz, 150 fr., *Bull. Morgand* (II, 6, n. 432 : exemplaire de Lord Carnarvon, n. 87 d).

DEPAIN. — Coeffures de dames. *Se trouve à Paris, chez Depain, coëffeur de dames et auteur de ces coeffures, rue de Condé, aux armes d'Artois, vis-à-vis la rue des Cordeliers.* A. P. R. D. In-8. (De 80 à 100 fr.)

14 planches gravées et dessinées par Chapuy.

DESBILLONS. — Francisci Josephi Desbillons Fabulæ Æsopiæ, etc. *Paris, Barbou.* 1778. In-12. (De 15 à 20 fr.)

1 frontispice par Blakey, gravé par Baquoy.

Ce frontispice représente Marie-Antoinette coiffée devant une glace, d'un chapeau à plume, par les Amours.

DESCAMPS. — La Vie des Peintres flamands, allemands et hollandois, avec des portraits Gravés en taille-douce, une indication de leurs principaux ouvrages & des réflexions sur leurs différentes manières. Par J. B. Descamps. *A Paris, Chez Charles-Antoine Jombert*, 1753-1764. 4 vol. in-8. (avec le vol. additionnel, de 60 à 80 fr.)

Tome I : XVI-429 pp., et 5 ff. n. ch., plus le frontispice.
Tome II : 2 ff. n. ch., 480 pp., et 4 ff. n. ch.
Tome III : XVI-402 pp., 3 ff., n. ch. et 1 f. blanc.
Tome IV : VIII-302 pp., 3 ff. n. ch. et 1 f. blanc.

1 frontispice par Descamps, gravé par Lebas, 2 vignettes de dédicace aux armes du comte de Vence, et de La Live de Jully, par Descamps, gravées par Lemire, et 168 portraits-vignettes par Descamps, Eisen et Campion gravés par Ficquet, Gaillard, Legrand, M. Aubert, Benoist, Basan, Teucher, Pinssio, Sornique, et autres qui n'ont pas signé, (40 dans le 1er vol., 53 dans le 2e; 43 dans le 3e, 32 dans le 4e).

On y ajoute généralement le *Voyage pittoresque de la Flandre en du Brabant*, Avec des Réflexions relativement aux Arts & quelques Gravures. Par Mr J.-B. Descamps. *A Paris, Chez Desaint*, etc., 1769. In-8. De XXII pp., 1 f. n. ch., 328 pp. et 6 ff. n. ch., plus 5 figures et une carte. — 1 vignette de dédicace aux armes de M. de Marigny, par Descamps gravée par Lemire, et 5 figures non signées et une carte qui se plie. Ce qui fait en tout 5 vol. in-8.

En veau, (le tome V, cart.) 60 fr., vente E. Martin (n. 800); en maroquin rouge ancien, 1,199 fr., vente Béhague (n. 272); en maroquin vert de Petit, 102 fr., vente Janzé (n. 154).

Ce sont les remarquables portraits de Ficquet qui font la valeur de cet ouvrage. Quelques-uns sont de petites merveilles de finesse. Les épreuves d'artistes des Ficquet tirées sans le texte existent, mais elles sont fort rares.

Dans l'ouvrage, pour que l'exemplaire soit bon, il faut que la signature de Ficquet à la pointe, soit bien nette et bien lisible.

DESCHAMPS DE SAUCOURT. — Zémire et Zilas, poème en trois chants par M. D. de S. *A Maestrich, Chez Dufour*, 1775. In-8. (De 4 à 5 fr.)

Frontispice dessiné par Brichet et gravé par Porta.

— Les Premières amours, ou Zémire et Zilas, poème en trois chants. *Guide* (Paris), 1784. In-8. (De 4 à 5 fr.)

Frontispice par D. L., gravé par F. A. M., un fleuron sur le titre et un cul-de-lampe non signé.

DESCRIPTION des Fêtes données par la ville de Paris à l'occasion du mariage de Mme Louise-Elisabeth de France et Don Philippe, infant et grand amiral d'Espagne, les vingt-neuvième et trentième août mil sept cent trente-neuf. *A Paris, De l'Imprimerie de P.-G. Lemercier*, 1740. Grand in-fol. (De 150 à 200 fr.)

Sur le titre, beau fleuron de Bouchardon gravé par Soubeyran, 13 planches ou plans dont 8 doubles dessinés par Blondel, Gabriel, Salley et Servandoni et gravés par Blondel, et 22 planches de texte avec une grande vignette (*la Joûte de la Seine*), dessinées et gravées par Rigaud.

Les plus belles planches représentent le *Feu d'artifice donné sur la Seine*, et les vues des *Décorations et Illuminations des Salons de l'Hôtel-de-Ville*.

Les exemplaires sont généralement reliés d'un côté, aux armes de la ville de Paris, et de l'autre côté aux armes royales.

En maroquin rouge aux armes, 130 fr., vente Béhague (n. 351); un autre, 51 fr., vente Massicot (n. 524); en maroquin rouge à dentelles aux armes, 495 fr., vente R. Lion (n. 79); en veau ancien, aux armes de la Ville de Paris, 155 fr., vente Doistau (n. 35).

En maroquin rouge aux armes de Marie-Antoinette, Bibliothèque nationale.

DESCRIPTION du feu d'artifice et de la fête donnée par S. Exc. Mgr de Lamina, ambassadeur d'Espagne, à cause du mariage de Madame L^se de France avec l'Infant Philippe, grand amiral d'Espagne. *A Paris, Chez Ph. N. Lottin*, 1739. In-4. (De 30 à 40 fr.)

1 planche gravée par J. Gaultier, d'après un dessin de Fr. Saracène.

DESCRIPTION du Catafalque exécuté à Paris dans l'église de Notre-Dame, à l'occasion du service qui se fera dans la même église le jeudi 9 juillet 1761 pour la princesse Marie-Amélie de Saxe, reine d'Espagne et des Indes. *Paris*, 1761. In-4. (De 8 à 10 fr.)

Vignette de Cochin gravée par Prévost.
On trouvera ici énumérées une dizaine de ces *Descriptions* de catafalques et de mausolées ; elles sont peu recherchées des amateurs et un volume en veau ancien, en contenant jusqu'à quatorze n'a été vendu que 16 fr., vente Destailleur (1891, n. 274).

DESCRIPTION du Catafalque de Mgr le Dauphin, fait à Paris dans l'église de Notre-Dame, le 1er mars. *Paris, Ballard,* 1766. In-4. (De 15 à 20 fr.)

1 f., 11 pp. et 4 planches. Contient une vignette et un fleuron de Cochin, gravés par Prévost et 4 grandes planches de Martinet, d'après Challe.

DESCRIPTION du Mausolée érigé à Paris dans l'église Notre-Dame, etc... le 13 mars 1766, pour Dom Philippe de Bourbon, infant d'Espagne. *Paris,* 1766. In-4. (De 12 à 15 fr.)

1 vignette de Cochin, gravée par Prévost et 2 planches gravées par Taraval d'après les dessins de Challe.

DESCRIPTION du Catafalque et Pompe funèbre pour Élisabeth Farnèse, reine d'Espagne et des Indes, faite à Paris en l'église Notre-Dame, le 27 novembre 1776. *Paris,* 1776. In-4. (De 12 à 15 fr.)

1 f., 12 pp., et 3 planches. Contient 1 vignette de Cochin et 3 planches gravées par Martinet d'après Challe.

DESCRIPTION du Catafalque érigé en l'église de Notre-Dame de Paris, pour le service de Stanislas Ier, roy de Pologne, etc. *Paris,* 1766. In-4. (De 8 à 10 fr.)

Vignette de Cochin gravée par Prévost.

DESCRIPTION du Mausolée de Madame La Dauphine, *Paris*, 1767. In-4. (De 8 à 10 fr.)

Vignette de Cochin gravée par Prévost.

DESCRIPTION du Catafalque de la Reine à Notre-Dame. *Paris*, 1768. In-4. (De 15 à 20 fr.)

2 ff., 20 pp., et 4 planches. Contient aussi une tête de page de Cochin, gravée par Miger.

DESCRIPTION du Mausolée de la Reine à Saint-Denys, *Paris,* 1768. In-4. (De 15 à 20 fr.)

2 ff. 19 pp. et 4 planches. Contient aussi une tête de page de Cochin gravée par Miger.
On trouve ces pièces en tirage hors texte, comme d'ailleurs presque toutes les vignettes de Cochin et de Moreau.

DESCRIPTION du Mausolée érigé dans l'église de l'abbaye royale de Saint-Denys, le 27 juillet 1774 pour les obsèques de Louis XV le Bien-Aimé. *Paris,* 1774. In-4. (De 15 à 20 fr.)

2 ff., 24 pp. et 4 planches. Contient 1 vignette de Moreau, représentant le portrait de Louis XV en médaillon et 4 planches pliées de Challe, gravées par Lempereur.
La vignette de Moreau se trouve en tirage hors texte.

DESCRIPTION du Catafalque et du Cénotaphe érigés dans l'église de Notre-Dame de Paris, le 7 septembre 1774 pour très grand et très haut prince Louis XV. *Paris, Ballard,* 1774. (De 25 à 30 fr.)

2 ff. n. ch., 27 pp., plus 6 grandes planches pliées et frontispice de Moreau.

DESCRIPTION du Catafalque de Marie-Thérèse. In-4. (De 15 à 20 fr.)

Tête de page et deux planches gravés par Moreau le jeune, d'après Paris.

DESCRIPTION générale et particulière de la France ou Voyage pittoresque de la France, avec la description de toutes ses provinces, ouvrage national, dédié au Roi, Et orné d'un grand nombre de Gravures, exécutées avec le plus grand soin, d'après les Dessins des Artistes par une Société de gens de lettres, (B. de La Borde, Béguillet, Guettard, etc.) *A Paris, chez Lamy, de l'imprimerie de Monsieur,* 1781-1796. 12 vol. gr. in-folio. (De 800 à 1,000 fr.)

Nous décrivons volume par volume ce bel et intéressant ouvrage d'après l'exemplaire du Cabinet des estampes (Bibliothèque nationale), relié en 8 volumes.

1er volume. — *Franche-Comté, Bourgogne, Lyonnais et pays de Gex :* 99 planches contenant plusieurs sujets, dessinées par Lallemand et gravées par Allix, Auvray, Aveline, Borgnet, Chenu, Delignon, Mlle Denis, Dequevauvilier, Duparc, Duret, Fessard jeune, Giraud, de Longueil, Liénard, Lépine, Malapeau, Masquelier, Née, Niquet, Picquenot, Mlle Riollet, Voyez.

La planche la plus intéressante de ce volume représente la *Chambre du cœur de Voltaire* à Ferney avec les portraits des amis du grand homme, gravés par Née d'après Duché.

2e volume. — *Dauphiné, Provence, Comtat, Languedoc, Corse :* 95 planches dessinées par d'Aubigny, Balin, Basire, Génillion, Le May, Meunier, Myris, Pérignon, Veyrenc, et les mêmes graveurs, sous la direction de Née, plus un beau cul-de-lampe de Le Barbier et une carte.

3e volume (1788). — *Auvergne, Guyenne, Roussillon :* 35 planches dessinées par le chevalier de Lespinasse, Beugnet, d'Aubigny, Meunier, et les mêmes graveurs.

Grande planche pliée d'un *Projet de monuments pour l'embellissement de la ville de Bordeaux,* gravée par Née sur le dessin de l'architecte Louis.

4e volume. — *Paris et ses environs :* 3 vignettes en-tête et 92 planches dessinées par Bellanger, Cochin, de Lespinasse, Génillion, Hallé, Daubigny, Lallemand, Moitte, Moreau l'aîné, Lacombe, Leveau, Roslin, Savard, et gravées par Malapeau, Née, Chenu, etc.

Ce volume contient d'intéressantes vues de Paris et des châteaux de Versailles, Saint-Cloud, Bellevue, Bagatelle, etc., et les deux belles planches de la *Revue de la Maison du Roi au trou d'Enfer,* gravée par Le Bas d'après le Paon, et de la *Revue de la Plaine des Sablons,* gravée par Malbeste, Liénard et Née d'après Moreau le jeune.

5e volume. — *Ile de France* (1789) — 42 planches dessinées par Filleul, Tavernier, Lacombe et mêmes graveurs.

Belles vues des châteaux de Chantilly, Ermenonville, Compiègne, etc.

6e volume. — *Ile de France, Champagne, Normandie, Picardie* (1792): 99 planches par Basire, Lallemand, Savard, Tavernier, Vivard, gravées par Caquet, Cl. Fessard, Pillement et autres.

Sur le titre, joli figure de Moreau le jeune pour la *Fête de la Rosière de Salency;* parue déjà dans les Chansons de Laborde; *Allégorie du Sacre de Louis XVI,* d'après Monnet, et grande *Vue du Havre-Grâce,* pliée, gravée par Martinet.

7e volume, portant pour titre: *Description générale et particulière de la France.* — Paris, de l'imprimerie de P. D. Pierres, 1781, n'est qu'un volume de texte contenant la description de la Bourgogne et du Lyonnais, ainsi que le 8e volume, daté de 1782, renfermant la description du Dauphiné. Il se trouve dans ce volume une grande vignette en-tête de Le Barbier gravée par Pauquet, et des planches d'histoire naturelle.

Ce beau livre n'a malheureusement pas été terminé.

Il existe des exemplaires avec des figures avant la lettre (1,500 à 2,000 fr.), et quelques-uns avec les figures coloriées.

M. Jacques Doucet possède un magnifique exemplaire avec les figures avant la lettre, relié en maroquin rouge par Bozérian et provenant de la collection du prince de Metternich.

Nous avons vu annoncer 372 figures dans cet ouvrage. M. le baron Portalis en comptait pour sa part 462.

Voici par contre, la collation sommaire du très bel exemplaire en veau ancien avec figures avant la lettre, appartenant à M. Robert Schuhmann et conforme à la table imprimée.

Tome I (1781): 3 ff. n. ch., xx-216 pp.

Beau fleuron de titre, dessiné et gravé par Masquelier. Grande vignette à la page 1 par Moreau le jeune, gravé par Duclos. (B. 889). — *Bourgogne,* tome I.

Tome II (1784): 2 ff. n. ch., pp. 217-535 (sans figures). — *Bourgogne,* tome II.

Tome III (1782) : 2 ff. n. ch., XXIV-102 pp., 1 f. n. ch., 255 pp., plus 10 planches. Même fleuron de titre qu'au tome I. Grande vignette à la p. 1. par Le Barbier, gravé par Pauquet. 18 planches d'histoire naturelle, contenant 20 sujets numérotés de 1 à 20. — *Dauphiné*, tome I.

Tome IV (1784) : 2 ff. n. ch., 240 pp. — *Dauphiné*, tome II.

Ces quatre premiers volumes portent le titre de *Description*, les autres étant intitulés *Voyage*.

Tome V : *Roussillon* (1787) 2 ff. n. ch., 104 pp., plus un tableau plié à la p. 22 et 30 planches. — *Comté de Foix* (1788) 1 f. n. ch., 56 pp., 1 f. n. ch., plus une carte et 5 planches.

Tome VI (1787) : 2 ff. n. ch., XXIV pp., 1 f. n. ch., 4 et 173 pp., 2 ff. n. ch., plus 1 carte et 72 planches en 3 séries (*Chantilly, Compiègne, Valois*). — *Ile de France*.

Tome VII (1784) : Estampes, tome I. — 2 ff. n, ch., et frontispice.

A) *Dauphiné* :
Livraisons 11 : 2 ff. n. ch., et 8 planches.
— 12 : 2 ff. n. ch. et 8 —
— 13 : 2 ff. n. ch. et 7 —
— 18 : 2 ff. n. ch. et 6 —
— 24 : 2 ff. n. ch. et 8 —

B) *Ile de France* :
Livraisons 4 : 2 ff. n. ch. et 8 planches.
— 9 : 2 ff. n. ch. et 6 —
— 10 : 2 ff. n. ch. et 8 —
— 17 : 2 ff. n. ch. et 6 —
— 23 : 6 pp. et 7 planches.

C) *Paris* :
Livraison 6 : 2 ff. n. ch., et 6 planches.

D) *Tableaux* :
— 2 : 2 ff. n. ch. et 8 —
— 22 : 2 ff. n. ch. et 5 —

Tome VIII (1784) : Estampes, tome II : 2 ff. n. ch.

A) *Franche-Comté* :
Livraison : 7 : 2 ff. n. ch., et 6 planches.

B) *Bourgogne* :
Livraisons 1 : 4 pp., et 8 planches.
— 3 : 2 ff. n. ch. et 8 planches.
— 5 : 2 ff. n. ch. et 8 —
— 8 : 2 ff. n. ch. et 8 —
— 14 : 2 ff. n. ch. et 8 —
— 15 : 2 ff. n. ch. et 8 —
— 16 : 2 ff. n. ch. et 8 —
— 19 : 2 ff. n. ch. et 6 —
— 20 : 2 ff. n. ch. et 6 —

C) *Languedoc* :
Livraison 21 : 2 ff. n. ch., et 8 planches.

D) *Vivarais et Bordelais* :
Livraison 25 : 4 pp. et 7 planches.

Tome IX 1786) : Estampes, tome III, 2 ff. n. ch. et 64 pp. (2 vignettes non signées sur la même page).

A) *Paris* :
Livraison 27 : 8 pp. et 6 planches.

B) *Ile de France* :
Livraison 34 : 4 pp. et 2 planches doubles. Revue de la plaine des Sablons : 1 f. n. ch. avec une belle vignette de Moreau le jeune gravée par Malbeste.

C) *Champagne* :
Livraison : 29 : 4 pp. et 9 planches.

D) *Normandie* :
Livraison 33 : 4 pp. et 1 planche double.

E) *Lyonnais* :
Livraison 28 : 6 pp. et 8 planches.

F) *Franche-Comté* :
Livraisons 30 : 4 pp. et 7 planches.
— 31 : 4 pp. et 7 planches.

G) *Bourgogne* :
Livraison 32 : 4 pp. et 2 planches.

H) *Corse* :
Livraison 26 : 4 pp. et 6 planches.

Tome X (1792) : Voyage pittoresque de la France, tome X. — Faux titre, titre, titre gravé (La Rosière de Salency, d'après Moreau).

A) *Noyonnais* :
Livraisons 58 : 2 pp. et 4 planches.
— 59 : 4 pp. et 6 planches.

B) *Laonnais* :
Livraison 57 : 3 pp. et 4 planches.

C) *Soissonnais* :
Livraisons 53 : 2 pp. et 6 planches.
— 54 : 2 pp. et 6 —
— 55 : 2 pp. et 6 —

D) *Picardie* :
Livraison 43 : 2 pp. et 7 planches.

E) *Normandie* :
Livraison 39 : 2 pp. et 6 planches.

F) *Paris et ses environs* :
Livraisons 40 : 2 pp. et 6 planches.
— 42 : 3 pp. et 6 —
— 48 : 2 pp. et 6 —
— 56 : 4 pp. et 6 —

G) *Velay* :
Livraison 60 : 3 pp. et 6 planches.

Tome XI (an V, 1797). Faux-titre, titre gravé.

A) *Aisne* :
Livraisons 61 : 3 pp. et 6 planches.
— 64 : 3 pp. et 6 —
— 65 : 3 pp. et 5 —
— 68 : 3 pp. et 6 —

B) *Oise* :
Livraisons 62 : 3 pp. et 5 planches.
— 63 : 3 pp. et 5 —
— 66 : 3 pp. et 4 —

c) *Haute-Loire* :
Livraison 67 : 3 pp. et 7 planches.
Tome XII (an 5 — 1797). Faux-titre, titre gravé.
Bouches-du-Rhône, Gard, Gironde, Isère, Seine, etc.
Livraisons 69 : 3 pp. et 6 planches.
— 70 : 3 pp. et 6 —
— 71 : 2 pp. et 6 —
— 72 : 3 pp. et 6 planches dont 1 double.
— 73 : 2 pp., titre gravé et 3 planches.
— 74 : 2 pp. et 1 planche double.
— 75 : 3 pp. et 8 planches.
— 76 : 3 pp. et 5 —
— 77 : 2 pp. et 4 —
— 78 : 1 f. n. ch. et une grande planche pliée. (Revue de la Plaine des Sablons, par Moreau le jeune, gravé par Malbeste, Liénard et Née,

A la fin : Elenchus ou table de toutes les pièces contenues dans les douze volumes du *Voyage pittoresque de la France*, avec le prix de souscription. 3 pp.

Rappelons que le superbe dessin original de Moreau pour la Revue des Sablons, provenant de la vente de Lebas a été payé 29.000 fr. par Chauchard à la vente des Goncourt (1897, n. 194) et légué par lui au Musée du Louvre.

M. Jacques Doucet, possède l'eau-forte de cette pièce et la note autographe du graveur.

DESCRIZIONE delle Feste celebrate in Parma l'anno 1769 per le auguste nozze di sua altezza reale l'infante Don Ferdinando colla reale archiduchessa Maria-Amelia, *Parma, Stamperia reale*. In-fol. (De 25 à 30 fr.)

1 frontispice, 1 fleuron sur le titre et de nombreuses vignettes, et culs-de-lampe et 36 planches de Petitot, gravées par Bossi, Ravenet, Volpato, etc...

DESFONTAINES. — Les Bains de Diane, ou le Triomphe de l'Amour, Poëme. *A Paris, Chez J.-P. Costard*, 1770. In-8. (De 40 à 50 fr.)

123 pp. et 1 f. n. ch., plus 1 titre et 3 figures. Très beau titre par Marillier, gravé par de Ghendt, et 3 figures par Massard, Ponce et Voyez l'aîné.

En maroquin rouge ancien, collection Ferdinand de Rothschild.

En demi-reliure, 14 fr., vente E. Martin (n. 257) ; en veau ancien, 16 fr., vente Massicot (n. 525) ; cartonné, 40 fr., vente Sardou (188).

Existe en grand papier : en cette condition, maroquin vert de Marius Michel, 65 fr., vente Ch. Cousin (n. 280).

DESFORGES. — Le Poëte, ou Mémoires d'un homme de lettres écrits par lui-même. *A Hambourg, chez les principaux libraires*, 1798. 4 vol. in-12. (De 80 à 100 fr.)

4 figures signées Chaillou, gravées par Dambrun ou non signées.

Ouvrage amusant, un peu libre. dans lequel Desforges raconte ses bonnes fortunes.

— Le Poète, ou Mémoires d'un homme de lettres. *A Hambourg* (Paris), 1799. 8 vol. in-12. (De 50 à 60 fr.)

8 figures, non signées, dans le genre de celles de Chaillou.

Le même, sur papier vélin, avec les figures avant la lettre, de 80 à 100 fr.

— Adolphine de Rostanges, ou la Mère qui ne fut point épouse. *A Paris*, an VIII (1799) 2 vol. in-12. (De 8 à 10 fr.)

2 figures.

— Edouard et Arabelle, ou l'Élève de l'infortune et de l'amour, ouvrage tiré des mémoires secrets de deux familles anglaises. *A Paris, Imprimerie Chaigneau aîné*, an VII. (1799), 2 parties en 1 vol. in-12. (De 10 à 12 fr.)

2 figures par Duval, d'après Monnet.

DESHOULIÈRES (Mme). — Œuvres de Mme et Mlle Deshoulières, nouvelle édition. *A Paris, Chez Prault fils*, 1747. 2 vol. petit in-12. (De 25 à 30 fr.)

1 portrait non signé, 1 titre avec fleuron par Cochin, gravé par Fessard, et 4 vignettes par Eisen et de Sève, gravées par A.-C. Boucher, Delafosse et Tardieu.

— Œuvres de Mme et Mlle Deshoulières, nouvelle édition, augmentée de leur éloge et de plusieurs pièces qui n'avaient pas encore été imprimées. *A Paris, chez David*, 1753. 2 vol. in-12. (De 10 à 12 fr.)

Portrait non signé et 3 vignettes par de Sève, gravées par Ouvrier et Tardieu.

— Œuvres choisies de Madame et de Mademoiselle Deshoulières. *A Genève* (Paris, Cazin), 1777. In-24. (De 10 à 12 fr.)

2 ff. n. ch., VIII-160 pp., plus un très beau frontispice avec portrait, d'après Sophie Chéron, gravé par Delaunay.

— Œuvres choisies de Madame et de Mademoiselle Deshoulières. *A Londres*, 1780. In-18. (De 5 à 6 fr.)

1 très beau portrait non signé.

— Œuvres choisies de Madame Deshoulières. *A Paris, De l'imprimerie de P. Didot l'aîné. L'an IIIe de la République*, 1795. In-18. (De 15 à 20 fr.)

2 ff. n. ch., X et 173 pp., plus un portrait et 3 figures.
Portrait dessiné et gravé par Rochard et 3 figures de Marillier, gravées par Ponce, Dambrun et de Ghendt.
Existe tiré à 100 exemplaires, sur grand papier vélin, avec figures avant la lettre, ou en trois états : eau-forte, avant la lettre et avec la lettre.
En grand papier, demi-reliure, maroquin bleu, figures avant la lettre, 200 fr., vente E. Martin (n. 214).
En maroquin bleu de Trautz, grand papier, figures avant la lettre, exemplaire de Quentin-Bauchart, 620 fr., vente Delbergue-Cormont (n. 103).
En maroquin vert, doublé de maroquin rouge, par Cuzin, bel exemplaire en grand papier, non rogné, avec les trois états des figures, 705 fr., vente Daguin (n. 608) à M. Robert Schuhmann.
En grand papier maroquin vert, de Capé, pièces ajoutées, 135 fr., vente La Bedoyère (n. 939) revendu 1,100 fr. à Victor Déséglise, vente Lebeuf de Montgermont (n. 426); ce dernier exemplaire, à la librairie Morgand, contient, outre les avant-lettre, les trois dessins originaux de Marillier, un dessin de Monsiau qui n'a jamais été gravé, un dessin de Chasselat avec la gravure, et 6 autres pièces. Le dessin du portrait a passé dans la vente Poor.

— Œuvres de Madame Des Houlières. Nouvelle édition dédiée au sexe amateur de la poësie agréable. *De l'imprimerie de Crapelet. A Paris, chez Desray, an VII* (1799). 2 vol. in-8. (De 8 à 10 fr.)

Portrait gravé par Tardieu.
Le tome II contient (pp. 239-368) les œuvres de Mlle Des Houlières.
L'exemplaire Dutuit (n. 336) est en papier vélin et contient l'avant-lettre du portrait, et une pièce de vers autographe de Mme Des Houlières ajoutée.

DESMARAIS. — Jérémie, poëme en quatre chants, avec sa prière et sa lettre, dédié à Madame par M. Desmarais, chanoine régulier de la Sainte-Trinité dit Mathurin, Dr de Sorbonne et prieur de Regnauvé, ouvrage orné de figures en taille douce. *A Paris, chez G. Desprez*, 1771. In-8. (De 25 à 30 fr.)

6 figures de Leclerc, gravées par Delvaux, Macret, Miger, Pepin et Saillard.
Chaque chant porte le titre de *Lamentations de Jérémie*.
En maroquin rouge à dentelles de Mme Adélaïde, 120 fr., vente Béhague (n. 672); revendu 149 fr. vente L. de Tinan (104) et 680 fr., vente Werlé (n. 266); en maroquin vert aux armes de Louis XV, 86 fr., vente R. Lion (n. 148.)

DESMARETZ. — *L'Ariane. Paris*, 1724. 3 vol. in-12. (De 15 à 20 fr.)

1 titre gravé et 16 figures de Scotin, non signées.
Réduction des figures d'Abraham Bosse faites pour l'édition de 1647, in-4.

DESMOULINS (Camille). — Discours de la Lanterne aux Parisiens, 2e édition, corrigée et augmentée. *En France, l'an Ier de la Liberté*. In-8. (De 12 à 15 fr.)

Jolie figure non signée.

DESNOYERS (Abbé). — Les Tableaux de la Nature, par M***, membre de plusieurs académies. *A Amsterdam et se vend à Paris, veuve Duchesne*, 1775. In-8. (De 15 à 20 fr.)

2 figures par Desrais, gravées par La Chaussée.

Cartonné, 13 fr., vente Salvert-Bellenave (n. 234).

DÉSORGUES (Théodore). — Rousseau, ou l'Enfance, poème suivi des Transtévérins et de poésies lyriques par le citoyen Théodore Désorgues. *A Paris, Chez Jansen*. Pet. in-8. (De 4 à 5 fr.)

1 figure-frontispice non signée.

DÉSORMEAUX. — Histoire de la Maison de Bourbon. *A Paris, De l'imbrimerie royale*, 1772-1788. 5 vol. in-4. (De 100 à 150 fr.)

Tome I : Titre dédicace, 556 pp., 7 pp., plus 1 planche pliée de généalogie.
Tome II : 1 f. n. ch., 4-662 pp., plus 1 portrait.
Tome III : 1 f. n. ch., 6-675 pp., plus 5 portraits.
Tome IV : 2 ff. n. ch., 8-586 pp., plus 4 portraits.
Tome V : 1 f. n. ch., 8-646 pp., plus 4 portraits.

En tout 1 frontispice par Boucher, gravé par A. de Saint-Aubin, 1 dédicace et 5 fleurons sur les titres par Choffard, 14 portraits par Fragonard, Le Monnier et Vincent, gravés par Gaucher et Miger, 22 vignettes par Moreau, gravées par Bradel, Moreau et Prévost, et 21 culs-de-lampe par Choffard.

Ouvrage remarquablement illustré. Les fleurons de Choffard sont superbes. On les trouve ainsi que les vignettes en-têtes de Moreau, en tirages à part, épreuves d'artistes.

Un très bel exemplaire avec la collection complète des figures tirées hors texte, relié en maroquin bleu par Cuzin, se trouvait chez Eugène Paillet (*Bull. Morgand* n. 11936 : 3,500 fr.).

La collection complète des fleurons et culs-de lampe eu tirages hors texte et des portraits en épreuves de choix, provenant de la vente Beckford, a été vendue 6,000 fr. par M. Morgand ; elle a passé dans la collection Ferdinand de Rothschild.

Une autre suite, non moins belle, contenant 79 pièces, dont les eaux-fortes des fleurons, fut payée 103 fr., en 1862, à la vente La Bédoyère (n. 623) elle appartient aujourd'hui à M. Francis Charmes.

Le bel exemplaire de M. Henri Beraldi relié par Cuzin, en maroquin rouge, doublé de maroquin bleu, contient les portraits en double épreuve et tous les tirages hors texte.

L'exemplaire James de Rothschild (n. 238 ; vente Hope, n. 466 : 287 fr.) en maroquin vert par Petit renferme, outre la suite presque complète des eaux-fortes et des tirages à part, le dessin par Boucher du frontispice et trois des dessins de Choffard.

Un autre exemplaire relié en maroquin vert, le premier volume aux armes de Mme Victoire, et les quatre autres aux armes de Marie Leckzinska, 500 fr., vente Béhague (n. 1793).

Celui de la comtesse de Provence, en maroquin rouge, est à la bibliothèque de Versailles.

La série des portraits des princes exécutée par Honoré Fragonard d'après des peintures anciennes, se trouve au château de Chantilly.

DESPERIERS (Bonaventure). — Cymbalum mundi ou Dialogues satyriques sur différens sujets par Bonaventure des Perriers... avec une lettre critique... par Prosper Marchand. *A Amsterdam, Chez Prosper Marchand*, 1711. In-12. (De 10 à 15 fr.)

Frontispice et 4 figures par Bernard Picart.

En maroquin rouge, 14 fr., vente E. Martin (n. 515).

— Cymbalum mundi, ou Dialogues satiriques sur différens sujets, avec une lettre critique... par Prosper Marchand. *A Amsterdam et Leipzig*, 1732. In-12. (De 8 à 10 fr.)

Fleuron non signé, frontispice par B. Picart, gravé par Bakker et 4 figures signées B. P. (Bernard Picart) sans nom de graveur.

Non rogné, 8 fr., vente La Bedoyère (1862, n. 1776), revendu en maroquin bleu de Chambolle, 34 fr., vente Béhague (n. 1434).

Réimprimé en 1753 avec les mêmes figures. *A Amsterdam et à Leipzig, Chez Arkstée et Merkus*.

DESPRÉAUX. — Mes Passe-temps, Chansons suivies de l'Art de la Danse, poëme en 4 chants, calqué sur l'Art poétique de Boileau Despréaux par Jean Etienne Despréaux, ornés de gravures d'après les dessins de Moreau le jeune avec les airs notés. *Paris, chez l'auteur, Defrelle, libraire et Petit, libraire*, 1806-1809. 2 vol. in-8. (De 15 à 20 fr.)

47 pp. de musique gravées.
1 frontispice (portrait-silhouette) découpé par Despréaux, gravé par Trière ; 2 figures par Moreau, gravées par Simonet et Trière ; 3 vignettes, la 1re d'après une découpure de Despréaux, la 2e par Marais, gravée à l'eau-forte par de La Cour, et la 3e par Moreau, gravée par Simonet.
Il existe quelques exemplaires sur papier vélin avec le frontispice et les deux figures de Moreau avant la lettre.
En demi-reliure de Capé, papier vélin, non rogné, figures avant la lettre, 21 fr., vente E. Martin (n. 296).
Ce Despréaux, danseur et directeur de l'Opéra, n'a de commun que le nom avec Boileau.

DESTOUCHES. — Œuvres de Monsieur Destouches, de l'Académie française, nouvelle édition, revue, corrigée, considérablement augmentée et ornée de belles figures en taille-douce. *A Amsterdam et Leipzig, Chez Arkstée et Merkus*, 1755. 5 vol. in-12. (De 30 à 40 fr.)

1 portrait gravé par Fokke, 1 fleuron servant pour les titres des quatre premiers volumes (le 5e n'en a pas), 1 frontispice non signé, et 23 figures par Aartman, gravées par Fritsch.
En maroquin rouge ancien, 225 fr. au marquis de L'Aigle, vente Destailleur (1891, n. 1256).
En maroquin vert de Cuzin, relié sur brochure, 102 fr., vente Daguin (n. 450).
Il y aurait des exemplaires de cette édition tirés sur papier fort.
Quelques autres n'ont que 18 figures.
Existerait en 4 volumes in-12 sous la même date de 1755.
Six jolis dessins inédits de Borel, pour les Comédies de Destouches ont appartenu au baron R. Portalis ; ils provenaient de La Bedoyère (1862, n. 271 : 100 fr.) et du prince Bibesco. Ils se trouvent aujourd'hui à la librairie Morgand.

DIABLE (Le), histoire satyrique traduite de l'anglais. *A Paris, Chez Le Normand*, an XI (1802). 3 vol. in-12. (De 20 à 30 fr.)

3 figures de Huot gravées par Mariage.

DIALOGUE entre le docteur Quickley et M. Amen, patriote impartial de la garde nationale parisienne, touchant M. Motier de Lafayette, etc. *Londres*, 1793. In-8. (De 6 à 8 fr.)

Jolie gravure-frontispice non signée.

DIALOGUE intéressant et vrai entre le Maire, le Procureur-syndic d'une province, le Curé, un bourgeois, un riche fermier, un grenadier et deux fédérés. *En France, de l'imprimerie des Amis de la vérité. En province, aux enseignes du Peuple abusé, des lois renversées, du Roi détrôné et de la monarchie détruite l'an II du désordre et de l'anarchie*. In-8. (De 6 à 8 fr.)

Frontispice curieux, non signé, avec cette inscription : « Retour des Confédérés dans leurs familles ».
Pamphlet royaliste.

DICTIONNAIRE de l'Académie française, troisième édition. *A Paris, Chez Coignard*, 1740. 2 vol. in-folio. (De 25 à 30 fr.)

1 superbe frontispice par Corneille, gravé par Mariette, 1 grand écusson sur le titre, reproduit dans le second volume, 1 très beau portrait de Louis XV, en médaillon, par Coypel, gravé par Daullé et Audran, 1 vignette par Corneille, gravée par Mariette, placée sur la première page de chaque volume, et 3 lettres ornées.

DICTIONNAIRE universel d'Agriculture et de jardinage, de fauconnerie, chasse, pêche, cuisine et manège, en deux parties. *A Paris, Chez David*, 1751. 2 vol. in-4 (De 15 à 20 fr.)

12 planches.
En veau fauve ancien, aux armes du maréchal de Richelieu, 30 fr., vente Pichon 1897 (n. 242).

DIDEROT (Denis). — Les Bijoux indiscrets. *Au Monomotapa, s. d.* (Paris, 1748). 2 vol. in-12. (De 100 à 125 fr.)

Tome I : 4 ff. n. ch., 370 pp., plus 1 frontispice et 4 figures.
Tome II : 2 ff. n. ch., 420 pp., plus 2 figures.
En tout 1 frontispice, 6 figures fort originales et 1 fleuron sur chaque titre.
Il existe une réimpression ou contrefaçon dont le texte est moins beau, et qu'on peut reconnaître à ce que les fleurons sur les titres sont de simples ornements, au lieu d'être des sujets, et que les figures sont retournées. Ainsi, sur le frontispice de la bonne édition, les arbres et l'Amour à genoux sont à droite, tandis qu'ils sont à gauche dans la contrefaçon. (De 15 à 20 fr.)
Les figures existent *avant et avec le trait carré*.
En maroquin brun de Cuzin, figures en double état, 255 fr., vente Delbergue (n. 195).
En maroquin rouge ancien, collection F. de Rothschild.

— Œuvres philosophiques. *A Amsterdam, chez MM. Rey*, 1772. 5 vol. in-8. (De 30 à 40 fr.)

Frontispice non signé, fleuron sur le titre, 9 figures dans le tome II, non signées, un frontispice et 6 jolies figures non signées dans le tome V.
On sépare quelquefois de cette édition le tome V contenant *les Bijoux indiscrets*.

— Les Bijoux indiscrets. *Au Monomotapa* (Paris, Cazin), *s. d.* (1771 et 1785). In-24. (De 20 à 25 fr.)

1 frontispice et 6 figures non signés.
Copie en réduction des figures de l'édition précédente.
En maroquin vert ancien, 151 fr., vente Béhague (n. 1070).

— Jacques le fataliste et son maître. Par Diderot. Nouvelle édition, ornée de cinq figures en taille-douce, gravées par Bovinet, d'après les desseins de Chaillou. *A Paris, Chez Berlin*, an V (1797). 4 vol. in-18. (De 40 à 50 fr.)

Tome I : 3 ff. n. ch. et 168 pp., plus 1 frontispice et 1 figure.
Tome II : 2 ff. n. ch. et 160 pp., plus 1 figure.
Tome III : 2 ff. n. ch. et 131 pp., plus 1 figure.
Tome IV : 2 ff. n. ch. et 131 pp., plus 1 figure.
En tout 1 frontispice et 4 figures par Chaillou, gravées par Bovinet.
Se trouve sur papier vélin, avec les figures avant la lettre. (De 100 à 125 fr.)
Dans cette condition, en maroquin bleu de Bozérian, collection Schuhmann.

— Jacques le Fataliste et son maître, par Diderot, précédé d'un hommage aux mânes de l'auteur, par M. Meister. *A Paris, Chez Gueffier*, 1797. 3 vol. in-18. (De 8 à 10 fr.)

3 figures non signées.

— Jacques le Fataliste et son maître, par Diderot. *A Paris, Chez Leprieur*, an V (1797). 4 vol. in-18. (De 15 à 20 fr.)

4 figures assez jolies, non signées.
Autres éditions de *Jacques le Fataliste* :
Paris, Buisson, an V°. 2 vol. in-18. (De 15 à 20 fr.) — 4 figures non signées.
Paris, Maradan, an VII (1799). 2 vol. in-12. (De 8 à 10 fr.) — 2 figures de Chaillou gravées par Baquoy.

— La Religieuse. *A Paris, Chez Dufart*, an V (1797). 2 vol. in-18. (De 12 à 15 fr.; en papier vélin, 30 à 40 fr).

Deux jolies figures non signées.

— La Religieuse par Denis Diderot. Paris, l'an VI (1798). 3 vol. in-18. (De 20 à 30 fr.)

Un joli frontispice avec portrait et 3 figures de Chaillou, gravées par Bovinet, qu'on peut trouver avant la lettre.
En maroquin bleu de Bozérian, figures avant la lettre, papier vélin, collection Schuhmann.

— La Religieuse, nouvelle édition avec figure. *A Paris, Chez Maradan*, an VI (1798). (De 10 à 15 fr.)

1 joli frontispice par Chaillou, gravé par Baquoy.

— La Religieuse, par Diderot, nouvelle édition ornée de figures, où l'on trouve une conclusion. *Paris, an VII* (1799). 2 vol. in-8. (De 40 à 50 fr.)

1 portrait par Aubry, gravé par Dupréel, et 4 figures par Le Barbier, gravées par Dupréel et Giraud.
Ce livre existe sur papier vélin et avec les figures avant la lettre. (De 100 à 150 fr.) Les mêmes figures ont été placées dans l'édition de l'an XIII (1804), *Paris, Rousseau*. In-8, et dans celle de 1798. *Paris, Desray et Deterville*. In-8. 15 vol.
Les 4 dessins de Le Barbier se trouvaient dans l'exemplaire de La Bédoyère (1837, n. 1187 : 300 fr., 1862, n. 1854 : 555 fr.) des *Œuvres de Diderot* (*Paris, Brière*), avec les eaux-fortes, les figures avant la lettre et en bistre; acquis par le duc d'Aumale, cet exemplaire est aujourd'hui à Chantilly, au Musée Condé.
M. Henri Beraldi possède un exemplaire de l'édition de 1798 en maroquin de Bozérian, avec les avant-lettre et les eaux-fortes.
L'édition de 1804, avec la suite de Le Barbier, en maroquin rouge de Hardy, 88 fr., vente Béhague (n. 1072).

— Le Chartreux, ou le Fils naturel. *A Paris*, 1797. 3 vol. in-18. (De 15 à 20 fr.)

3 figures non signées.

— Pensées philosophiques. (Piscis hic non est omnium). *A La Haye, Aux dépens de la Compagnie*, 1746. Petit in-12. (De 12 à 15 fr.)

1 f. n. ch., 136 pp. et 6 ff., plus un joli frontispice dans le genre d'Eisen.
Ouvrage condamné au feu par arrêt du Parlement.
En veau marbré ancien, exemplaire de Marmont, duc de Raguse, 20 fr., vente E. Martin (n. 54); sur papier de Hollande, en maroquin olive ancien, aux armes du duc de Choiseul-Stainville, 200 fr., vente Janzé (n. 90).
En maroquin rouge ancien, aux armes du prince de Dombes, collection Ferdinand de Rothschild.

— Principes de Philosophie morale, ou Essai de M. S. (Shaftesbury) sur le mérite de la vertu, avec des réflexions. *A Amsterdam, Chez Z. Chatelain*, 1745. 2 vol. in-12. (De 8 à 10 fr.)

2 frontispices, 1 fleuron et deux vignettes de Durand. gravés par Fessard.
L'Épitre est signée D. D***.

— Les Diners de M. Guillaume, suivis de l'Aventure et son enterrement par l'abbé Th. Duvernet. *S. l.* 1788. In-12. (De 8 à 10 fr.)

1 figure de Ransonnette.

DIONIS DE SÉJOUR (Mlle). — Origine des Grâces par Mademoiselle D***. *A Paris*, 1777. In-8. (De 150 à 200 fr.)

XII-III pp., plus 1 frontispice et 5 charmantes figures par Cochin, gravées par J. Aliamet, N. de Launay, L. J. Masquelier, D. Née. Aug. de Saint-Aubin et J. B. Simonet.
Une des illustrations les plus réussies de Cochin, et de plus remarquablement gravée. Il en existe des avant-lettre et des eaux-fortes. Cohen a constaté que l'eau-forte du chant IV, *Les Noces de Bacchus et d'Ariane* est découverte.
On connaît de cette pièce des épreuves d'artiste, antérieures à l'avant-lettre, avec la légende *Bacchus et Ariane* à la pointe.
Un exemplaire contenant les 6 figures avant la lettre et 4 eaux-fortes, a passé de la collection R. Portalis dans la collection Van Loo à Gand; un autre se trouve chez M. Henri Beraldi, relié sur brochure par Cuzin en maroquin rouge doublé de maroquin bleu.
En maroquin vert ancien, 325 fr., vente R. Lion (n. 163); en maroquin bleu de Cuzin, relié sur brochure, 220 fr., même vente (n. 164); en demi-reliure, non rogné, 260 fr., vente Guyot de Villeneuve (n. 447); en veau ancien, 110 fr., vente Daguin (n. 451).
En maroquin rouge ancien, collection Ferdinand de Rothschild. En maroquin vert ancien, charmante reliure avec riche dentelle, les avant-lettre et quelques eaux-fortes, collection Francis Charmes.
L'exemplaire Paillet, en maroquin doublé, figures *avant* et *avec* lettre, appartient à M. Mortimer L. Schiff.
Guyot de Villeneuve possédait quatre des dessins originaux de Cochin à la sanguine.

DIX-HUIT FRUCTIDOR (Le), ou anniversaire des fêtes directoriales. *A Hambourg*, 1798. In-8. (De 5 à 6 fr.)

Frontispice non signé.

DODSLEY. — Œconomie de la Vie humaine, ouvrage traduit en français sur la traduction anglaise du manuscrit indien d'un ancien bramine (de l'anglais de Dodsley, par Daine.) *Edimbourg*, 1752. In-12. (De 8 à 10 fr.)

1 frontispice et titre gravés non signés.

DOPPET. — Le Médecin de l'Amour, par M. Doppet, D^r en médecine, de la Faculté de Turin. *A Paphos et se trouve à Paris, chez Le Roy*, 1787. In-8. (De 10 à 12 fr.)

Joli frontispice à l'aquatinte gravé par J. B. Chapuy.

— Aphrodisiaque externe, ou Traité du fouet et de ses effets sur le physique de l'amour, par D*** (Doppet). *S. l.* (Paris), 1786. In-18. (De 15 à 20 fr.)

Jolie figure libre non signée, sans doute par Borel, portant : *Gravée par un flagellé.*

DORAT. — Œuvres complètes de Dorat, (comprenant les Baisers, les Fables, la Déclamation théâtrale, les Mélanges, et tous les ouvrages dont on trouvera la description détaillée ci-après.). *Paris*, 1764-1777. 20 vol. in 8. (De 300 à 350 fr., en petit papier.)

Figures d'Eisen, Marillier et Quéverdo, gravées par Aliamet, Baquoy, Binet, Dambrun, Duclos, Duflos, Halbou, de Gendt, de Launay, de Longueil, Le Roy, Legrand, Legouaz, Lebeau, Leveau, Lingée, Massard, Masquelier, Parizeau, Ponce, Mme Ponce, Née, Simonet, etc.

Existe tiré sur grand papier de Hollande. Les exemplaires uniformes de reliure sont fort rares.

La pagination se suit dans les volumes en petit papier composés de plusieurs opuscules.

Le grand papier de Hollande a toujours une pagination séparée pour chaque ouvrage. Ce dernier tirage a évidemment précédé l'autre et les épreuves y sont bien meilleures.

L'exemplaire de la vente Grésy, sur grand papier relié par Lortic, en 19 volumes, maroquin rouge, s'est vendu 1,900 fr. (n. 357).

En papier ordinaire, veau ancien, 67 fr., vente Massicot (n. 526); un autre 460 fr., vente Mathéus (n. 253).

En 18 volumes sur grand papier, maroquin rouge ancien, collection Ferdinand de Rothschild.

Nous suivrons l'ordre alphabétique adopté dans les éditions précédentes, pour l'énumération des divers ouvrages de Dorat.

— Amilca, ou Pierre le Grand, tragédie, précédée d'un discours, etc., *A Paris, Chez Sébastien Jorry*, 1767. In-8. (De 5 à 6 fr.)

1 figure par Eisen, gravée par de Longueil.

Voyez ci-dessous à *Pierre Legrand* une nouvelle édition de cette tragédie.

Cet ouvrage et tous les suivants se trouvent en grand papier de Hollande.

— Bagatelles anonymes, Recueillies par un Amateur. *A Genève*, 1766. In-8. (De 5 à 6 fr.)

VI et 30 pp. et 1 f. n. ch. de catalogue officinal. 1 vignette non signée et 1 cul-de-lampe par Eisen, gravés par Née.

Publié à 1 livre 4 sols.

— Les Baisers, ou Collection de petits poèmes érotiques. *A La Haye, Chez Sébastien Jorry et Delalain et se trouve à Paris*, 1770. In-8, papier de Hollande. (De 40 à 50 fr.)

71 pp., plus 1 frontispice. — 1 frontispice d'Eisen, gravé par Ponce, 1 vignette et 1 cul-de-lampe du même, gravés par de Longueil et Binet.

Première édition des *Baisers* (au nombre de 15) et premier essai de leur illustration. C'est là que sont les premières épreuves du frontispice, de la vignette de l'*Hymne au Baiser* qui devient dans l'édition suivante l'en-tête du premier baiser, et du cul-de-lampe du quinzième baiser qui devient celui du vingtième.

En grand papier, non rogné, demi-reliure de Capé, 37 fr., vente E. Martin (n. 252).

— Les Baisers, précédés du Mois de Mai, Poëme. *A La Haye, Et se trouve à Paris, Chez Lambert, Imprimeur, rue de la Harpe. Et Delalain, rue de la Co-*

médie Françoise, 1770. In-8. (De 80 à 100 fr., sur petit papier et de 600 à 800 fr. sur grand papier).

119 pp. plus 1 frontispice et 1 figure. — Contient 1 frontispice par Eisen, gravé par Ponce, 1 figure par Eisen gravée par de Longueil, 22 vignettes, 1 fleuron sur le titre et 22 culs-de-lampe par Eisen (20) et Marillier (2), gravés par Aliamet (4), Baquoy (5), Binet (1), Delaunay (8), Lingée (2), de Longueil (6), Masquelier (4), Massard (6), Née (4) et Ponce (4).

Les exemplaires de premier tirage se reconnaissent à plusieurs erreurs de pagination dans les premiers feuillets du *Mois de Mai*.

On signale plusieurs figures ou eauxfortes découvertes.

Quelques exemplaires sont suivis de l'*Imitation des auteurs latins*, imprimée postérieurement, ce qui n'est d'aucune importance pour le mérite du livre. C'est la beauté des épreuves qui seule en décide.

Chef-d'œuvre du XVIIIᵉ siècle. Il faut, pour bien apprécier ses ravissantes illustrations, se procurer les exemplaires sur grand papier de Hollande avec les titres en rouge et noir, dont le prix varie, suivant la beauté des épreuves, la grandeur des marges, la reliure et la condition.

Cet ouvrage, illustré avec un goût parfait et une grâce achevée, mérite le grand succès que lui ont fait les amateurs de notre temps. Au moment de son apparition, il coûtait 20 livres, ce que Grimm trouvait cher. Plus tard, le discrédit dans lequel étaient tombées les productions du XVIIIᵉ siècle, atteignit aussi les livres, et à la vente de Pixerécourt, un exemplaire sur papier de Hollande ne se vendait encore que 10 fr.

Depuis, son prix a suivi une marche ascensionnelle; l'apogée semble avoir été obtenue par l'exemplaire de la vente Sieurin (n. 101), relié en maroquin rouge avec dentelles à l'oiseau par Derôme : 4,500 fr. Cet exemplaire, aujourd'hui chez M. Adolphe Bordes, porte sur les plats les armoiries de la famille champenoise Le Page.

L'exemplaire Benzon, s'est vendu en 1875, 1,025 fr.; celui de M. Lebeuf de Montgermont (n. 482), en 1876, relié par Capé, en maroquin vert, 1,050 fr. En maroquin rouge de Capé, 1,500 fr., vente E. Martin (n. 253); en maroquin bleu de Duru, 1,460 fr., vente Béhague (n. 749); en maroquin rouge de Hardy, 1,460 fr. même vente (n. 750); en maroquin rouge ancien à dentelle, 4,250 fr., vente Quentin-Bauchard (n. 22 : *Mes livres*, n. 84). Le *Bulletin Morgand* en renferme un avec quelques eaux-fortes et des figures avant la lettre ajoutées, côté 2,500 fr. (n. 1721).

Les dessins originaux des *Baisers* se trouvent dans la collection formée par le baron James de Rothschild (n. 222); ils proviennent de la vente Renouard (n. 1388 : 321 fr.) et comprennent 2 grands dessins, 22 vignettes et 20 culs-de-lampe d'Eisen plus 2 culs-de-lampe de Marillier. Dans la même collection (n. 856) se trouve l'exemplaire de Renouard (n. 1387 : 40 fr.) relié aujourd'hui en maroquin bleu de Motte; il contient les 47 hors texte et 25 des eaux-fortes.

Voici encore quelques prix de vente :

En maroquin bleu, doublé de maroquin rouge, riche reliure de Cuzin, grand papier, 2,230 fr., vente Daguin (n. 452).

En maroquin rouge ancien, 2,700 fr. au comte Greffulhe, vente Gosford (n. 176).

En maroquin rouge ancien, 2,560 fr., vente Lignerolles (n. 1093); un autre semblable, 2,600 fr., vente Werlé (n. 269), aujourd'hui au Musée des Arts Décoratifs.

En maroquin rouge de Trautz, relié sur brochure, 990 fr., vente Lignerolles (n. 1094).

En maroquin violet de Derome, exemplaire de Charles Nodier, 1,950 fr., vente Lacarelle (n. 245).

En maroquin vert de Trautz, riche reliure, 2,100 fr., vente d'Essertenne (n. 43); en maroquin rouge doublé de maroquin vert par Thibaron, 1,420 fr., vente Ganay (n. 137); en maroquin vert à dentelles, aux armes de Marie-Antoinette, 5,000 fr., vente Double (1881, n. 33); en maroquin rouge ancien, 2,000 fr., vente R. Lion (n. 145); en maroquin bleu doublé de maroquin citron par Trautz, 1,500 fr., vente L. de Tinan (n. 103); en maroquin vert ancien, 1,250 fr., vente Destailleur (1891, n. 1116).

Cartonné non rogné, 1,500 fr., vente Guyot de Villeneuve (n. 434); en maroquin vert ancien, 1,510 fr., vente Sardou (n. 189); en maroquin rouge ancien, fers à l'oiseau, 1,775 fr., vente Mosbourg (n. 138) aujourd'hui chez M. Fr. Charmes.

En maroquin rouge ancien, aux armes de Mᵐᵉ du Barry, bibliothèque de Versailles.

Le très bel exemplaire d'Eugène Paillet (*Bull. Morgand*, n. 11945 : 12,000 fr.), aujourd'hui dans la collection Henri Beraldi, est en maroquin brun de Chambolle, doublé de maroquin rouge, avec une riche mosaïque de Marius-Michel père; il contient les fleurons en tirage hors texte et l'eauforte du frontispice du *Mois de Mai*.

Une deuxième suite de ces rarissimes fleurons, montée dans un album, a été récemment acquise à Paris par M. Mortimer L. Schiff de New-York.

Ces tirages hors texte se trouvent aussi insérés dans l'exemplaire en maroquin bleu de Trautz, relié sur brochure, vendu 5,500 fr., vente Colin (n. 46), aujourd'hui chez Sir David Salomons.

On observera qu'il existe de cet ouvrage fort peu d'exemplaires en jolies reliures anciennes ; les exemplaires brochés, contrairement à ce qui arrive à l'ordinaire, sont presque toujours fort beaux et d'un excellent tirage.

— Les Baisers, suivis du Mois de mai, poème. *A Genève*, 1777 (Cazin). In-18. (De 6 à 7 fr.)

Joli frontispice non signé (par Marillier, gravé par De Launay ?).
En maroquin rouge ancien, 26 fr., vente E. Martin (n. 254).

— Le Célibataire, Comédie en cinq actes et en vers, Représentée pour la première fois par les Comédiens François, le 20 Septembre 1775. *A Paris, Chez Delalain*, 1776. In-8. (De 8 à 10 fr.)

2 ff. n. ch. et 122 pp., plus 1 frontispice.
1 frontispice par Marillier, gravé par de Launay et daté de 1775.
En maroquin rouge ancien, 33 fr., vente Daguin (n. 453).

— Les Cerises et la Double Méprise, Contes en vers. *A La Haye* (Paris), 1769. In-8. (De 12 à 15 fr.)

1 belle figure par Eisen, gravée par de Longueil.
Le sujet grivois traité par Eisen, fait rechercher cette petite estampe qui est jolie d'ailleurs et dont on connait l'eau-forte.
Le dessin original, à la mine de plomb sur vélin est dans la collection James de Rothschild (n. 931).

— Les Cerises et la Méprise, Contes en vers, pour servir de suite à ceux d'Alphonse et de l'Isle merveilleuse. Seconde édition. *A La Haye*, 1769. In-8. (De 10 à 12 fr.)

42 pp. plus 1 figure. — Même figure.

— La Danse, chant quatrième du poème de la Déclamation, précédée de notions historiques, etc. *A Paris, Chez Sébastien Jorry*, 1767. In-8. (De 10 à 12 fr.)

1 figure par Eisen, gravée par de Ghendt.
Il existe de mauvaises contrefaçons de ce livre.

— La Déclamation théâtrale, poème didactique, précédé d'un discours, etc. *A Paris, Chez Sébastien Jorry*, 1766. In-8. (De 15 à 20 fr.)

1 frontispice et 4 figures par Eisen, gravés par de Ghendt.
En demi-reliure, 18 fr., vente R. Portalis (février 1878, n. 87).
En veau fauve ancien, ex-libris de Deschamps de St-Amand, 11 fr., vente Daguin, n. 1754.
Publié à 4 livres 16 sols.
Deux des dessins originaux d'Eisen se trouvaient dans la collection des Goncourt.

— Les Deux Reines, drame héroïque en cinq actes et en prose, suivie de Sylvie et Moleshoff. *A Paris, Chez Sébastien Jorry*, 1770. In-8. (De 7 à 8 fr.)

1 figure dessinée et gravée par Parizeau.
Il existe une réimpression faite vers 1770.

— Les Dévirgineurs et Combabus, contes en vers. Précédés Par des Réflexions sur le Conte et suivis de Floricourt, histoire françoise. *A Amsterdam* (Paris, S. Jorry), 1765. In-8. (De 12 à 15 fr.)

107 pp., plus 2 figures par Eisen, gravées par de Longueil, d'une grande beauté.
Ce volume a paru dans la même année sous le titre : *Les Trois frères et Combabus*.
Sur le titre de certains exemplaires de la première édition les deux premiers mots sont cachés par une bande sur laquelle on lit : LES TROIS FRÈRES.
Publié à 3 livres.
En 1766, on annonçait qu'une réimpression était sous presse.
En maroquin vert aux armes de la duchesse de Gramont-Choiseul, 20 fr. seulement, vente Giraud (1855, n. 1463).

— Épître à Catherine II, impératrice de toutes les Russies. *A Paris, De l'Imprimerie de Sébastien Jorry*, 1765. In-8. (De 6 à 7 fr.)

26 pp. et 1 f. n. ch. — 1 vignette et 1 cul-de-lampe par Eisen, gravés par de Longueil.
Publié à 1 livre 4 sols.

— Épître à l'ombre d'un ami. *A Paris, Chez Delalain*, 1777. In-8. (De 6 à 7 fr.)

1 figure par Marillier, gravée par de Ghendt.
Cet opuscule fait partie des *Mélanges*.

— Épître de Pierre Bagnolet, citoyen de Gonesse, aux grands hommes du jour. (Il n'y a que le faux-titre). (De 8 à 10 fr.)

1 figure par Marillier, gravée par Delaunay, la même que celle qui est placée à *Merlin bel esprit*.
Fait également partie des *Mélanges*.

— Fables ou Allégories philosophiques. *A La Haye, Et se trouve à Paris, Chez Delalain*, 1772. In-8 sur papier de Hollande (De 40 à 50 fr.)

1 frontispice de Marillier gravé par De Ghendt, 1 belle figure allégorique du même gravée par N. de Launay, 1 fleuron sur le titre, 1 très jolie vignette en tête et 1 cul-de-lampe du même Marillier, gravés par Ponce, Lingée et Masquelier.
Première édition des *Fables* et premier essai d'illustration pour ce livre, avec le concours des artistes habiles qui devaient créer l'année suivante l'un des plus agréables livres du XVIIIe siècle.
Les frontispices et fleurons, qui ont servi pour l'édition de 1773, sont naturellement ici en premières épreuves.
En grand papier, maroquin rouge ancien, 135 fr., vente E. Martin (n. 255); un autre, cartonné non rogné, 20 fr., vente Daguin (n. 455); un autre semblable, 37 fr., vente Sardou (n. 198).
L'exemplaire Renouard (1854, n. 1389 : 1,400 fr.) en 4 vol., maroquin rouge de Duru, aujourd'hui dans la collection James de Rothschild (n. 916) ne contient pas moins de 459 pièces ajoutées, tant dessins originaux qu'eaux-fortes et tirages hors texte, comprenant notamment toute l'illustration de l'édition de 1773.

— Fables ou Allégories philosophiques. *A La Haye, Et se trouve à Paris, Chez Delalain*, 1773, 2 vol. in-8, dont la pagination se suit. (Souvent reliés en un). (De 100 à 150 fr. et beaucoup plus sur les papiers supérieurs).

Tome I : XXII pp., 1 f. n. ch. et pp. 1-176, plus 1 frontispice et 1 figure.
Tome II : pp. 177-309 et 3 ff. n. ch., plus 1 frontispice et 1 figure, la même qu'au tome I.
2 frontispices portant : *Fables*, par M. Dorat, par Marillier, gravés par de Ghendt; 1 figure de Marillier, gravée par Delaunay, qui se place dans chacun des volumes; 1 fleuron, 99 vignettes et 99 culs-de-lampe de Marillier, gravés par Arrivet, Baquoy, Delaunay, Duflos, de Ghendt, Le Gouaz, Lebeau, Leveau, Lingée, de Longueil, Louis Legrand, Le Roy, Masquelier, Née, Ponce, Mme Ponce et Simonet.
Le second frontispice porte : *Fables* de M. Dorat, volume II. s. d. Plusieurs vignettes du 4e livre portent la date de 1775.
Cet ouvrage, qui rivalise de perfection avec les *Baisers*, est le chef-d'œuvre de Marillier, sous le rapport de la finesse de l'exécution et de l'esprit qui règne dans tous les jolis sujets qui l'ornent; mais il faut l'avoir sur grand papier, et plutôt sur papier blanc que sur papier azuré.
Les *Fables* ont été tirées sur trois papiers : le papier de Hollande, dont les exemplaires se vendaient 72 livres; le papier de France, 29 livres, et le petit papier, 24 livres.
Il faut bien faire attention que le premier volume a été réimprimé avec la même date (1773) mais les épreuves sont moins belles, et le texte est un peu plus gros et d'un aspect plus moderne dans cette réimpression. On peut reconnaître sans peine cette réimpression au triple filet typographique qui orne le haut de la page III et qui remplace la rangée d'entrelacs qu'on observe à cette date dans la première édition, où de plus la page XXII est chiffrée XII.
Il y a des exemplaires où le nom de l'éditeur *Delalain* est recouvert sur le titre par une petite bande de papier portant le nom de *Monory*.
Il y a un carton à la p. 162 du tome I; au lieu de *je sais à travers les poisons qui m'est utile*, le texte corrigé porte : *je sais même au sein des poisons puiser le suc qui m'est utile*.
Les dessins originaux, ainsi que les eaux-fortes et les tirages hors texte des fleurons, vignettes et culs-de-lampe, se trouvent dans l'exemplaire Renouard, de l'édition de 1772, aujourd'hui dans la collection James de Rothschild et que nous avons cité plus haut.

Rien n'est plus rare que la collection des tirages à part; en dehors de la suite (1) insérée dans l'exemplaire Renouard. Nous ne connaissons que les suivantes :

(2) La suite reliée en 3 volumes, léguée en 1868, par Félix Slade, au British Museum. (Elle est loin d'être complète à ce qu'on m'assure).

(3) Celle reliée en 2 volumes, en maroquin rouge ancien, de la collection Ferdinand de Rothschild.

(4) Celle qu'Eugène Paillet avait formée à force de patience, et insérée dans un magnifique exemplaire en maroquin orange, doublé de maroquin rouge, par Cuzin, contenant l'avant-lettre des deux titres et une planche double, gravée par de Longueil, pour *le Chemin perdu et retrouvé*. Porté à 15,000 fr. au Bulletin Morgand (n. 11946), cet exemplaire précieux est aujourd'hui chez M. Henri Beraldi.

(5) Une suite en feuilles, avec marges intactes, vendue 8,200 fr. à Morgand, vente Destailleur (1891, n. 1141), et qui, reliée en maroquin rouge, doublé de maroquin bleu, par Cuzin, a passé de la collection Van Loo dans celle de M. Adolphe Bordes.

(6) Une suite, différente, ce nous semble, des cinq précédentes, avait été donnée par Dorat à un de ses amis, lequel l'avait insérée dans un exemplaire qu'il fit relier par Noël, de Besançon, élève et émule de Dérôme, en maroquin rouge, doublé de tabis. Cet exemplaire a été vendu 600 fr., vente La Bédoyère (1862, n. 1068).

(7) Citons encore l'exemplaire de Lebarbier de Tinan (n. 112: 6,100 fr.), en maroquin vert, doublé de maroquin vert, par Cuzin, qui contenait outre 31 eaux-fortes, une suite presque complète des tirages à part puisqu'il n'y manquait que 15 pièces; il appartient aujourd'hui à M. Georges Christophle, et il n'y manque aujourd'hui que *deux* pièces.

(8) En maroquin rouge de Chambolle, collection L. de Montgermont.

(9) Un autre chez Sir David Salomons.

(10) Un dernier chez M. Mortimer L. Schiff qui l'a récemment acquis à Paris.

Des suites presque complètes se trouvent chez M. Olry-Rœderer et chez le baron Edmond de Rothschild.

Les *Fables* de Dorat se vendaient *quatre francs*, sur papier de Hollande, brochés, à la vente Pixerécourt; et dans le même état, 129 fr., vente La Bédoyère (1862, n. 1067).

Nous sommes aujourd'hui bien loin de ces prix.

En maroquin rouge de Dérôme, sur grand papier, 1,600 fr., vente Benzon (n. 208); en maroquin rouge ancien, sur papier crème, 3,600 fr., vente E. Martin (n. 256); revendu 2,200 fr., vente Guyot de Villeneuve (n. 439); un autre, 3,760 fr., vente Delbergue (n. 123); en même reliure, papier blanc, 3,450 fr., vente Muller (n. 129); en maroquin rouge ancien, papier de Hollande, 3,050 fr., vente Lignerolles (n. 1304), passé dans la collection Ferdinand de Rothschild; un autre semblable, 5,150 fr., vente Werlé (n. 271). En maroquin vert à dentelles, de Dérôme, fort jolie reliure à l'oiseau, 3,100 fr., vente Marquis (n. 282), revendu 2,355 fr., vente Maglione (n. 289); un autre semblable, en très belle condition, chez M. Francis Charmes.

En veau fauve de Dérôme, reliure à l'oiseau, 3,180 fr., vente Colin (n. 47), et 2,000 fr., vente R. Lion (n. 169); en veau encore, 820 fr., vente Portalis (1882, n. 37). En maroquin rouge ancien, collection Schuhmann.

En maroquin rouge de Capé, non rogné, 400 fr., vente Lebeuf de Montgermont (n. 456); en maroquin rouge de Trautz, relié sur brochure, 2,400 fr., vente d'Essertenne (n. 44); en maroquin bleu, doublé de maroquin orange, par Trautz, 3,950 fr., vente Quentin-Bauchart (1881, n. 2: *Mes livres*, n. 92), revendu 1,200 fr., vente Hoskier (Londres, 1907, n. 720); en maroquin vert de Trautz, 405 fr., vente Lignerolles (n. 1305); en maroquin rouge, doublé de maroquin bleu, par Cuzin, pièces ajoutées, 2,450 fr., vente Daguin (n. 456).

— Le Faux Ibrahim, conte arabe, etc. *A Paris, Chez Delalain, s. d.* In-8. (De 5 à 6 fr.)

1 frontispice par Marillier, gravé par Lebeau.

Cet ouvrage fait partie des *Mélanges*.

— Idylles de Saint-Cyr, ou l'Hommage du cœur, à l'occasion des mariages de M. le Dauphin avec Marie-Antoinette d'Autriche, Archiduchesse; et de Monseigneur le Comte de Provence avec Joséphine, Princesse de Savage. *A Amsterdam et se trouve à Paris, Chez Delalain*. 1771. In-8. (De 20 à 25 fr.)

22 pp. et 1 f. blanc, plus un titre gravé. Contient 1 titre gravé et 1 vignette par Marillier, gravés par de Ghendt, 1 cul-de-lampe du même, gravé par Duclos.

Les 2 dessins originaux de Marillier, au crayon noir, se trouvaient dans l'exemplaire Lignerolles (n. 1096 : 800 fr. à Rondeau) relié en maroquin vert de Derôme, après *Ma Philosophie*. Celui du titre gravé avait été payé 309 fr. par Lefilleul à la vente Mahérault (n. 142).

— Irza et Marsis, ou l'Isle merveilleuse, poème en trois chants, traduit du grec, suivi d'Alphonse ou l'Alcide espagnole, conte très moral. *Genève*. 1768. In-8. (De 8 à 10 fr.)

1 figure par Eisen gravée par Legrand.
La seconde édition d'*Irza et Marsis, ou l'Isle Merveilleuse*. Poëme en deux Chants, suivi d'*Alphonse*, conte. Seconde édition. *A La Haye, et se trouve à Paris, Chez Delalain*, 1769. In-8. (77 pp., plus 1 frontispice et 3 figures), contient outre la figure de la première édition, transformée en frontispice, 3 figures, 2 vignettes et 2 culs-de-lampe par Eisen, gravés par de Ghendt, de Longueil et Massard. Ces illustrations sont fort belles. (grand papier.)
L'exemplaire James de Rothschild (n. 931), en maroquin rouge de Duru, renferme 6 des 7 dessins d'Eisen, à la mine de plomb sur vélin, plus un dessin de Marillier pour un second frontispice.

— Lettre de Barnevelt, dans sa prison à Truman son ami. *A Paris, Chez Sébastien Jorry*, 1763. In-8. (De 6 à 8 fr.)

1 figure, 1 vignette et 1 cul-de-lampe par Eisen, gravés par de Longueil.
En maroquin rouge ancien, par Fétil, collection Ferdinand de Rothschild.
Publié à 1 livre 16 sols.

— Lettre de lord Velfort à milord Dirton, son oncle, précédée d'une lettre de l'auteur. *A Paris, Chez l'Esclapart*, 1765. In-8. (De 10 à 12 fr.)

60 pp., plus 2 figures.
Contient 2 figures, 1 vignette et 1 cul-de-lampe de Eisen, les figures gravées par de Longueil, les vignettes par Aliamet.
Imprimé par Christophe Ballard.
Publié à 3 livres.

— Lettre du comte de Comminges à sa mère, suivie d'une lettre de Philomèle à Progné. *A Paris, De l'imprimerie de Sébastien Jorry*, 1764. In-8. (De 8 à 10 fr.)

54 pp. et 1 f. n. ch., plus 2 figures.
Contient 2 figures, 2 vignettes et 2 culs-de-lampe par Eisen, gravés par Aliamet et de Longueil.
Nouvelle édition, *ibid*, 1765.
Publié à 3 livres.

— Lettre de Valcour à son père. *A Paris, Chez S. Jorry*, 1767. In-8. (De 6 à 8 fr.)

1 figure, 1 vignette et 1 cul-de-lampe par Eisen, gravés par Simonet.

— Lettre de Zéila, jeune sauvage, esclave à Constantinople, à Valcourt officier françois ; précédée d'une lettre à Madame de C***. Nouvelle édition. *A Paris, Chez Sébastien Jorry*, 1764. In-8. (De 6 à 8 fr.)

40 pp. plus 1 figure.
Contient 1 figure, 1 vignette et 1 cul-de-lampe par Eisen, gravés par de Longueil.
La Lettre de Zeïla existe aussi sous la date de 1766 avec la *Réponse de Julie à Ovide*, sous la même date, avec vignette et cul-de-lampe d'Eisen gravé par Massard.
Publié à 2 livres 8 sols.
On vendit aussi à part 1 livre 4 sols la Lettre de Julie « pour ceux qui ont déjà les premières éditions de celle de Zeïla. »

— Lettre d'Ovide à Julie, 1767. In-8. (De 6 à 8 fr.)

1 figure, 1 vignette et 1 cul-de-lampe par Eisen, gravés par Née.

— Lettre d'une chanoinesse de Lisbonne à Melcour, officier françois, précédées de quelques réflexions. *A La Haye, Jorry Et Delalain Et se trouve à Paris, chez Lambert*, 1770. In-8. (De 8 à 10 fr..)

117 pp. et 1 f. n. ch. plus 1 figure.
Contient 1 figure, 1 vignette et 1 cul-de-lampe par Eisen, gravés par Massard.
En maroquin rouge ancien, 385 fr., vente Werlé (n. 270).
Cet ouvrage fait partie des *Mélanges*.
Je croirais volontiers qu'il faut reconnaître les dessins originaux de cet opuscule dans le n. 1967 de la vente Renouard.

— Lettres en vers, ou Épitres héroïques et amoureuses. *A Paris, Chez Sébastien Jorry*, 1766. In-8. (De 8 à 10 fr.)

1 frontispice, 4 vignettes et 4 culs-de-lampe par Eisen, gravés par Aliamet, de Longueil et Massard.
Ce volume contient les *Lettres d'Octavie à Antoine, de Hérot à Léandre, d'Abeilard à Héloïse, de Julie, fille d'Auguste à Ovide*. Les deux premières de ces lettres existent aussi imprimées ensemble à la même date, sans être suivies des deux dernières. On ajoute quelquefois au volume un portrait de Dorat par Denon, gravé par Saint-Aubin.
Publié à 2 livres 8 sols.
Nous avons trouvé citée une édition de *Paris, Delalain*, 1775. In-8, avec un frontispice de Marillier dont le dessin à la sépia appartenait à Philippe de Saint-Albin. Un autre dessin a été payé 300 fr. par Rouquette, vente Mahérault (n. 145).

— Ma Philosophie. *A La Haye et se trouve à Paris, Chez Delalain*, 1771. (De 8 à 10 fr.)

47 pp., plus 1 figure.
Contient 1 figure, 1 vignette et 1 cul-de-lampe par Marillier, gravés par Ghendt.
Les six dernières pages existent de deux manières; de l'une, la page 38 a treize lignes; de l'autre, elle n'en a que sept. Comme le cul-de-lampe, qui est de la plus grande beauté, est placé trop bas sur la page qui a treize lignes, il est possible et même probable que l'imprimeur aura changé plus tard sa composition, afin de placer le cul-de-lampe d'une façon plus gracieuse. Si cela était, il faudrait préférer les exemplaires à treize lignes sur la dernière page à ceux où il n'y en a que sept. Les deux éditions existent à la Bibliothèque. Cet ouvrage fait partie des *Mélanges*.
Le dessin original de Marillier à la sépia pour le frontispice était dans l'exemplaire Lignerolles (n. 1096 : 800 fr. à Rondeau) relié en maroquin vert de Derôme devant les *Idylles de Saint-Cyr*.
En 1877 ce dessin avait été vu par le baron Portalis chez M. Féral. Il a passé ensuite chez Mahérault (n. 146 : 145 fr.).

— Les Malheurs de l'Inconstance, ou Lettre de la marquise de Syrcé et du comte de Mirbelle. *A Amsterdam et se trouve à Paris chez Delalain*, 1772. (De 12 à 15 fr.)

2 figures par Quéverdo gravées par de Longueil.
Quelques exemplaires portent CIRCÉ. Cette faute a été corrigée au moyen d'un petit carré de papier portant *Sy* rajouté sur le titre.
En maroquin vert de Derôme, 100 fr., vente Potier (1870, n. 1447), revendu 295 fr., vente Béhague (n. 1078).

— Mélanges, par M. Dorat. (De 20 à 25 fr.)

1 frontispice par Marillier, gravé par de Ghendt.
Sous ce titre, on a réuni dans les œuvres complètes de Dorat, les ouvrages suivants :
1. *Lettres d'une chanoinesse* ; 2. *Épitre à l'ombre d'un ami* ; 3. *Le Faux Ibrahim* ; 4. *Idylles de Saint-Cyr* ; 5. *Ma Philosophie* ; 6. *Épitre de Pierre Bagnolet*. (Voyez à chacun de ces titres.)

— Mes Fantaisies. *A Amsterdam et se trouve à Paris, Chez Sébastien Jorry*, 1768. In-8. (De 6 à 8 fr.)

1 frontispice, 1 vignette, 1 fleuron et 1 cul-de-lampe par Eisen, gravés par de Ghendt.
L'élégant titre gravé de ce livre, existe avant la lettre.
En maroquin rouge ancien, collection Ferdinand de Rothschild.

— Mes Fantaisies. *Ludibria ventis*. Troisième Édition Considérablement Augmentée. *A La Haye, Et se trouve à Paris, Chez Delalain*, 1770. (De 6 à 8 fr.)

Mêmes figures que dans les deux éditions précédentes.
Sur papier de Hollande, en maroquin rouge de Derôme, 115 fr., vente Lignerolles (n. 1095) au marquis de l'Aigle.

— Merlin bel esprit, comédie en cinq actes et en vers par M. Dorat. *A Londres et se trouve à Paris chez Monory*, 1780. In-8. (De 6 à 8 fr.)

1 figure par Marillier, gravée par Delaunay.

— Mes Nouveaux Torts, ou Nouveau Mélange de Poésies pour servir de suite aux Fantaisies. *A Amsterdam et se trouve à Paris, chez Delalain*, 1775. In-8. (De 15 à 20 fr.)

1 très beau frontispice de Marillier, gravé par de Ghendt et 1 figure de Marillier gravée par Gaucher.
En maroquin vert de Derôme, sur papier de Hollande, 65 fr., vente Lignerolles (n. 1097).
Dans beaucoup d'exemplaires on trouve à la suite de *Mes Nouveaux Torts*, avec pagination continuée, un opuscule intitulé : *Pierre le Grand*, tragédie avec 1 figure par Eisen gravée par de Longueil.

— Pierre le Grand, tragédie en cinq actes par M. Dorat. *A Paris, Chez Monory*, 1779. In-8. (De 6 à 8 fr.)

1 frontispice par Quéverdo, gravé par Dambrun.

— Les Prôneurs, ou le Tartuffe littéraire, comédie en trois actes et en vers, par M. Dorat. *En Hollande et à Paris, Chez Delalain*, 1777. In-8. (De 8 à 10 fr.)

1 frontispice par Marillier, gravé par Dufios, et 3 figures par Marillier, gravées par Halbou et Lebeau.
En maroquin rouge de Belz-Niedrée, 72 fr. vente Béhague (n. 872).

— Recueil de Contes et de poëmes, par M. D***. *A La Haye, et se trouve à Paris, Chez Delalain*, 1770. In-8. (De 15 à 20 fr.)

1 frontispice, 5 figures et 2 culs-de-lampe par Eisen, gravés par de Longueil, Massard et de Ghendt.
En maroquin vert ancien à dentelles, 135 fr., vente Portalis (1882, n. 36).

— Régulus, tragédie en trois actes et en vers. *A Paris, Chez Sébastien Jorry*, 1765. In-8. (De 8 à 10 fr.)

1 figure, 1 vignette et 1 cul-de-lampe par Eisen, gravés par de Longueil.
Cette tragédie a été réimprimée en 1766.
Publié à 2 livres 8 sous.

— Régulus, tragédie, et la Feinte par amour, comédie. *A Paris, Chez Delalain*, 1773. In-8. (De 6 à 8 fr.)

1 frontispice dessiné et gravé par Marillier.
En maroquin rouge ancien, 95 fr., vente Daguin (n. 457).
Le dessin original se trouve dans l'exemplaire Renouard (1854, n. 1578 : 24 fr.) aujourd'hui chez M. de Montgermont.

— Réponse de Valcour à Zéïla, précédée d'une lettre de l'auteur à une femme qu'il ne connait pas. *A Paris, Chez Sébastien Jorry*, 1766. In-8. (De 6 à 8 fr.)

1 figure, 1 vignette et 1 cul-de-lampe par Eisen, gravés par de Longueil et Aliamet.
Publié à 1 livre 16 sols.

— Mes Rêveries, contenant Erato et l'Amour, poème suivi des Riens. *A Londres*, 1771. In-8. (De 8 à 10 fr.)

2 figures par Desrais, gravées par Chatelain et Saillier.

— Roséide, ou l'Intrigant, comédie en cinq actes et en vers par M. Dorat. *A Paris, Chez Monory*, 1780. In-8. (De 6 à 8 fr.)

1 très beau frontispice par Marillier, gravé par Dambrun.

— Les Sacrifices de l'Amour, ou Lettres de la vicomtesse de Senanges et du chevalier de Versenay. *A Amsterdam et se trouve à Paris, chez Delalain*, 1771. 2 vol. in-8. (De 35 à 40 fr.)

2 figures par Marillier, gravées par Duclos et de Ghendt.

— Les Sacrifices de l'Amour, etc. *A Paris, Chez Le Prieur*, 1792. 2 vol. in-8. (De 6 à 8 fr.)

2 figures par Blanchard.
Cette édition n'a aucun rapport avec la précédente, qui seule fait partie de la collection des *Œuvres de Dorat*.

— Sélim et Sélima, poème imité de l'allemand suivi du Rêve d'un musulman, traduit d'un poète arabe. *A Paris, Chez Sébastien Jorry*, 1769. In-8. (De 6 à 8 fr.)

1 figure par Eisen, gravée par de Ghent. Le dessin original à la mine de plomb sur vélin est dans la collection James de Rothschild (n. 931.)

— *Même titre...* Seconde édition. Revue & corrigée. *A Leipzig, Et se trouve à Paris, Chez De Lalain,* 1769. In-8.

66 pp., plus 1 figures à la p. 33. — Même figure que ci-dessus.

— Suite des Bagatelles anonymes, Recueillies par un Amateur. *A Genève,* 1767. In-8. (De 6 à 8 fr.)

35 pp., 1 vignette et 1 cul-de-lampe par Eisen, gravés par Née.

— Théagène, tragédie en cinq actes. *A Paris, Chez Sébastien Jorry,* 1766. In-8. (De 5 à 6 fr.)

1 figure par Eisen, gravée par de Ghendt.

— Les Tourterelles de Zelmis, Poëme en trois Chants, par l'Auteur de Barnevelt. *S. l. n. d.* (Paris, 1766). Grand in-8. (De 45 à 50 fr.)

56 pp., plus 1 frontispice et 1 figure.
1 titre-frontispice, 1 figure, 1 vignette et 1 cul-de-lampe par Eisen, gravés par de Longueil.
En maroquin rouge ancien, milieux ornés, relié devant *Zélis au bain,* 3,020 fr., vente Werlé (n. 268).
Publié à 2 livres 8 sols.

— Les Trois Frères et Combabus, contes en vers, précédés par des réflexions, etc. *Amsterdam,* 1765. In-8. (De 5 à 6 fr.)

Ce livre est le même que les *Dévirgineurs et Combabus,* avec les mêmes planches (Voyez ci-dessus.)
Publié à 3 livres.

— Zoramis, roi de Crète, ou le ministre vertueux, tragédie nouvelle en cinq actes et en vers, par M. Dorat. *A Londres et se trouve à Paris, Chez Monory,* 1780. In-8. (De 5 à 6 fr.)

1 frontispice par Marillier, gravé par Duflos.

Nous répétons que tous les ouvrages que nous venons de décrire existent en grand papier.

— Poésies de Dorat. *A Genève,* 1777 (Cazin). 4 vol. in-18. De 15 à 20 fr.)

Tome I : 2 ff. n. ch., 263 pp., plus le portrait.
Tome II : 2 ff. n. ch., 296 pp.
Tome III : 2 ff, n. ch., 282 pp.
Tome IV : 2 ff. n. ch., 266 pp.
Contient un très joli portrait avec vignette au bas, dessiné par Denon, gravé par de Launay, avec un quatrain de la comtesse de B. (Beauharnais).

— Mélanges littéraires, ou Journal des dames, dédié à la Reine. Tome Ier. *A Paris, chez la veuve Thiboust,* 1777. In-12. (De 12 à 15 fr.)

Dorat dirigea, paraît-il, un an ce journal, qui disparut en 1778.
Ce volume contient un fleuron (le portrait de Marie-Antoinette) et une vignette de Marillier, gravés sur bois par Beugnet.

— Les Cinq Aventures, ou Contes nouveaux en prose, par Dorat, précédées d'un épître du même auteur à J. Fr. Laharpe. *A Paris, chez Delalain,* an X (1802). In-18. (De 12 à 15 fr.)

1 figure-frontispice par L. Jehotte.

DORVIGNY. — Les Battus payent l'amende, proverbe, comédie, parade ou ce que l'on voudra par Dorvigny. *A Paris, Chez Jorry,* 1779. In-8.

Une suite de 16 figures (par Huet), imprimées en couleur, publiée chez Basset, pour illustrer cette comédie. 68 fr., vente Pichon (1897, n. 382).

— Ma Tante Geneviève, ou Je l'ai échappé belle. *A Paris, Chez Barba,* an IX, 4 vol. in-18. (De 30 à 40 fr.)

4 figures non signées, dans le genre de Chaillou.

DOUCET. — Monsieur Cassandre, ou les Effets de l'amour et du vert-de-gris, drame en vers en deux actes.

Paris, 1773 ou *Londres. Société typographique*, 1775. In-8. (De 8 à 10 fr.)

2 eaux-fortes non signées.

DOUIN. — Le More de Venise, tragédie angloise du théâtre de Shakespeare, précédée d'un discours préliminaire, par M. Douin, capitaine d'infanterie. *A Paris, Chez Louis Cellot*, 1773. In-8. (De 5 à 6 fr.)

1 figure par Chevalier, gravée par Lingée.

DOUX LOISIRS de la ville et de la campagne (Les). *A Paris, Chez Janet s. d.*, (mais vers 1790). In-24. (De 40 à 50 fr.)

1 titre-frontispice, 12 figures non signées et 24 pages de texte gravées. Les autres 24 pages sont imprimées.
Cet opuscule aurait pu être classé parmi les *Almanachs*.

DREUX DU RADIER. — L'Europe illustre, contenant l'Histoire abrégée des Souverains, des Princes, des Prélats, des Ministres, des grands Capitaines, des Magistrats, des Savants, des Artistes, & des Dames celèbres en Europe, dans le XVe siècle, compris jusqu'à présent. Par M. Dreux du Radier, avocat. Ouvrage enrichi de portraits, gravés par les soins du sieur Odieuvre. *A Paris, Chez Odieuvre et Le Breton*, 1755-1765. 6 vol. gr. in-8. (De 500 à 600 fr.)

Tome I : 4 ff. n. ch., 99 ff. d'expl., 1 f. n. ch., plus 1 frontispice et 99 pl.
Tome II : 2 ff. n. ch., 102 ff., 1 f. n. ch., plus 102 pl.
Tome III : 2 ff. n. ch., 105 ff.. 1 f. n. ch., plus 105 pl.
Tome IV : 1 f. n. ch., 90 ff., 1 f. n. ch., plus 90 pl.
Tome V : 1 f. n. ch., 108 ff., 1 f. n. ch., plus 108 pl.
Tome VI : 1 f. n. ch., 96 ff., 1 f. n. ch., plus 96 pl.

En tout 1 frontispice par Eisen, gravé par Sornique, et 600 portraits dont il serait peu intéressant de désigner les auteurs et les graveurs, ce recueil étant fait en partie avec des portraits déjà connus avant sa publication, et dont un assez grand nombre remontent au XVIIe siècle pour les graveurs et au XVIe siècle pour les peintres ou dessinateurs.

Le premier volume offre très peu d'intérêt, parce qu'il est rempli de portraits imaginaires, entre autres des premiers rois de France et d'Angleterre. Mais comme sur les 600 portraits qui forment ce recueil il y en a une centaine de forts intéressants et d'une très belle exécution (voir celui de Bossuet, par exemple), cet ouvrage a du prix et se vend cher, lorsque les épreuves sont belles. Les épreuves de premier tirage auraient seules l'adresse d'Odieuvre. Il existe des exemplaires en grand papier, avec des entourages aux portraits. Brunet signale en outre un tirage de 30 exemplaires de format in-folio.

Un exemplaire en maroquin par Derôme, de l'édition sans les entourages, provenant de L. Double (1863, n. 294 : 600 fr.), a été vendu 7,000 fr. à la vente de Montbrison. Actuellement collection J. de Rothschild (n. 2506).

L'exemplaire Ferdinand de Rothschild (provenant du comte de Borch) est en maroquin vert ancien doublé de tabis rose; celui de la vente Radziwill (n. 1664 : 1,900 fr.) avec entourages, sur grand papier in-folio, en maroquin rouge ancien, a été acheté par Dutuit (n. 763). Un exemplaire de premier tirage en veau ancien est porté à 750 fr. au (*Bull. Morgand*), n. 2576. En maroquin rouge ancien, sur grand papier, 1,150 fr., vente Destailleur (1891, n. 1957).

Il y a un second tirage sous la date de 1775 et un troisième en 1777. A Paris, chez Nyon l'aîné (6 volumes in-8 qui se vendent de 250 à 300 fr.)

L'édition de 1777, en veau ancien, 130 fr., vente Janzé (n. 211).

DRUMMOND DE MELFORT (Le comte). — Traité de Cavalerie, Propre à conduire l'homme de guerre depuis l'état de simple Cavalier jusqu'à celui de Général d'Armée, Par Feu M. Le Comte Drummond de Melfort, Lieutenant-Général des Armées du Roi. Orné de XXXII estampes dessinées et gravées par les plus habiles Maîtres, représentant dans un grand détail les Marches et Evolutions de cavalerie exécutées sous le commandement des Maréchaux de Coigny, de Saxe, de Belle-Isle, de Soubise, de Contades, etc. et de XXII figures relatives à la pratique de l'équitation qui ont été ajoutées. *A Paris, chez Nyon l'aîné et fils, Libraires, rue du Jardinet, Firmin Didot, Libraire, rue Dauphine, n° 116, s. d.* (1776). In-fol. (De 80 à 100 fr.)

XXII pp., 1 f. n. ch., 505 pp. et 2 f. n. ch., plus 1 frontispice et 11 pl.

Contient 1 frontispice dessiné et gravé par Ingouf l'aîné, 1 vignette sur le titre dessiné, par Van Blaremberghe gravée par Macret, 4 en-têtes, 3 culs-de-lampe de Van Blaremberghe l'aîné, gravés par Macret, Beurlier et Pruneau et 11 planches de Dupuis, gravées par Dupuis et Meunier dont 8 repliées.

En maroquin rouge aux armes de la comtesse d'Artois, 185 fr., vente Behague (n. 418).

Les XXXII estampes et les XXII figures relatives à la pratique de l'équitation, forment 1 atlas grand in-folio avec le titre suivant : Marches et Evolutions de Cavalerie, Représentées en XXXII estampes dessinées et gravées par les plus habiles Maîtres, exécutées dans plusieurs campagnes, sous les Maréchaux de Coigny, de Saxe, de Belle-Isle, de Soubise, de Contades, etc., développées dans le *Traité de Cavalerie* de Feu M. Le Comte de Melfort, Lieutenant-Général des Armées du Roi, auxquelles on a joint XXII figures relatives à la pratique de l'équitation. *A Paris, Chez Nyon l'aîné & fils, Libraires, rue du Jardinet ; Firmin Didot, Libraire, rue Dauphine, n° 116, s. d.* (1776).

1 vignette sur le titre par Parrocel gravé par J. P. Lebas ; 32 belles estampes de Van Blaremberghe gravées par Delvaux, Le Villain, Chatelain, Duponchel, Beurlier, etc... et 22 planches de Parrocel et Coquart gravées par Audran, Borde et Tardieu, ces dernières tirées à deux sur la même feuille ; plus 1 f. n. ch., table des planches.

Une note imprimée au verso du faux-titre du volume de texte, nous dit qu'il a été fait des exemplaires enluminés de deux manières :

La première au lavis simples, à deux retouches ; prix en feuilles, 400 livres.

La seconde au lavis à quatre retouches ; prix en feuilles, 500 livres.

DRYDEN (John). — The Dramatick Works. *London*. 1762. 6 vol. in-12. (De 15 à 20 fr.)

1 portrait et 28 figures par Gravelot, gravées par Van der Gucht.

— The Fables of John Dryden ornamented with engravings from the pencil of Lady Diana Beauclerc. *London, Bentley*, 1794. In-4. (De 60 à 80 fr.)

Figures gravées par Bartolozzi.

Ce livre existe en grand papier, avec les figures avant la lettre. (De 100 à 120 fr.)

— Don Sebastian King of de Portugal : a tragedy By Mr Dryden. *London . Printed for J. Tonson*, 1735. In-12. (De 5 à 6 fr.)

141 pp. et 1 f. n. ch., y compris 1 frontispice de Gravelot gravé par Van der Gucht. Vignette sur le titre.

DUBOCAGE (Mme). — Le Paradis terrestre, poëme imité de Milton, par Mme D. B****. *A Londres* (Paris), 1748. In-8. (De 15 à 20 fr.)

1 fleuron sur le titre, 1 frontispice et 6 vignettes par de Meuse.

Une autre édition de ce poëme parut sous la même date, grand in-8, avec un frontispice et des culs-de-lampe de Pierre, un fleuron de Durand et 6 vignettes de Gravelot, le tout gravé médiocrement par Mme Louise Le Daulceur. (De 10 à 12 fr.)

Les croquis originaux de Gravelot, provenant du marquis de Fourquevaulx, sont passés de chez Emmanuel Bocher, dans la collection Olry-Roederer.

— La Colombiade, ou la Foi portée au Nouveau Monde, poëme par Mme Dubocage. *A Paris, Chez Desaint et Saillant*, 1756. In-8. (De 12 à 15 fr.)

VIII-184 pp. et 1 f. n. ch., plus 1 portrait et 10 figures.

Contient 1 portrait par Mlle Loir, gravé par Tardieu ; 1 fleuron non signé, 1 vignette en-tête ; 10 figures assez originales, dessinées et gravées par Chedel et 10 culs-de-lampe non signés.

— La Colombiade, ou la Foi portée au Nouveau-Monde, nouvelle édition. *Paris*, 1758 *et se vend à Francfort*. In-8. (De 8 à 10 fr.)

1 portrait de l'auteur non signé, 1 fleuron sur le titre, 10 figures de Chedel et 10 culs-de-lampe de Tarsis gravés par Bernigeroth.

— Recueil des Œuvres de Mme du Bocage, des académies de Padoue, etc... *A Lyon, chez les frères Périsse*, 1762. 2 vol. petit in-8. (De 10 à 12 fr.)

1 titre gravé avec fleuron par Cochin, 1 portrait par Mlle Loir, 1 frontispice et 1 vignette par Briard, tous gravés par Tardieu.

En maroquin rouge ancien, 16 fr., vente La Bédoyère (1862, n, 954), revendu 180 fr.; vente E. Martin (n. 222).

DUBOIS (Jacques). — Cartouches nouveaux dédiés à Monsieur Robert de Cote, etc. Inventée et dessinée par Jacque Dubois, arpenteur du Roy, et gravée par Michel Demarne en 1727. *Se vend chez l'auteur, à Versailles. A Paris, chez Demarne*. In-8. (De 25 à 30 fr.)

Suite peu commune de 7 planches numérotées, que nous avons vue au Musée des arts décoratifs de Berlin.

DUBOS (L'Abbé). — Réflexions critiques sur la Poésie et sur la Peinture. Sixième édition. *Paris, Chez Pissot*, 1755. 3 vol. petit in-4. (De 40 à 50 fr.)

1 frontispice, 1 fleuron répété sur chaque titre et 1 vignette sur chaque volume par Eisen, gravés par Lebas.

DUBREUIL. — La Pucelle de Paris, poème en douze chants et en vers. *Londres*, 1776. In-8. (De 20 à 30 fr.)

x-202 pp., plus 1 jolie figure par Desrais, gravée par Deny.

DUBUISSON (Pierre-Paul). — Armorial des principales maisons et familles du Royaume et particulièrement de celles de Paris et de l'Isle de France. Contenant les Armes des Princes, Seigneurs, Grands Officiers de la Couronne & de la Maison du Roi, celles des Cours souveraines, &c, avec l'explication de tous les blasons. *A Paris, Chez Guérin et Delatour*, 1757. 2 vol. in-12. (De 150 à 200 fr.)

Tome I : XVI pp., pp. 12-215, plus 189 planches.
Tome II : 212 pp., 2 ff. n. ch., et 168 planches.

En tout un frontispice dessiné et gravé par Le Mire, 6 planches d'armoiries gravées (paginées 12-23) et 357 planches contenant environ 4,000 écussons.

Livre recherché et qui n'a pas été remplacé.

Du Buisson, qui était relieur-doreur, a relié richement avec ses fers ou plaques spéciales un certain nombre d'exemplaires.

Celui de la vente de lord Gosford (n. 534) en maroquin rouge avec les armes de Marie-Leczinska peintes sur les plats, 2,000 fr. Revendu 1,600 fr., vente Richard Lion (n. 334), puis chez M. Henri Bordes (1902, n. 184).

En maroquin rouge de Capé, 195 fr., vente Lebeuf de Montgermont (n. 955); en maroquin rouge de Trautz, 205 fr., vente Daguin (n. 458); en maroquin rouge de Belz-Niédrée, 117 fr., même vente (n. 459).

En maroquin rouge ancien, collection F. de Rothschild; un autre aux armes de Turgot, collection Châteaugiron (aujourd'hui collection J. de Rothschild n. 2496).

DU BUISSON. — Tableau de la Volupté, ou les Quatre Parties du Jour. poème en Vers libres, Par M. D. B. *Cythère, Au Temple du Plaisir*, 1771. Petit in-8. (De 200 à 300 fr.)

68 pp., plus 1 frontispice et 4 figures.

Contient 1 frontispice, 4 figures, 4 vignettes et 4 culs-de-lampe par Eisen gravés par de Longueil.

Un des plus gracieux travaux dus à l'association d'Eisen et de Longueil.

En demi-reliure de Capé, non rogné, 130 fr., vente E. Martin (n. 262); en demi-reliure, non rogné, 199 fr., vente Béhague (n. 695 : daté de 1787?); broché, non rogné, 285 fr., vente Daguin (n. 460); broché non rogné, 395 fr., vente de Durel, 6 février 1907 (n. 206); en veau ancien, 305 fr., vente Sardou (n. 193).

Les jolies vignettes en-tête et les culs-de-lampe existent en tirages à part, mais ils sont extrêmement rares.

Ils se trouvent dans l'exemplaire de M. Henri Beraldi, en maroquin doublé, de Cuzin.

Il existe une réimpression de 1777 avec les mêmes figures.

DU CERCEAU (le P.). — Conjurations de Nicolas Gabrini dit Rienzi, tyran de Rome en 1347. *A Paris, de l'imprimerie Chaignieau*, 1797. 3 vol. pet. in-12. (De 25 à 30 fr.)

1 portrait et 2 figures par Monnet.

— Recueil de Poésies françoises, 3e édition. *Paris*, 1715. In-8. (De 5 à 6 fr.)

Frontispice dessiné et gravé par B. Picart. Dans les éditions de 1720 et 1726, l'épreuve de la figure est usée.

DUCLOS. — Acajou et Zirphile, conte. *A Minutie*, [*Paris, Prault*] 1744. In-4. (De 80 à 100 fr.)

4 ff. n. ch. et 83 pp., plus 1 frontispice et 9 figures; 1 frontispice et 9 figures, par Boucher, gravées par Chedel, 1 fleuron sur le titre, dessiné et gravé par Cochin fils, 1 belle vignette au commencement du conte, par le même, et 1 cul-de-lampe à la fin de la préface, gravé par Duflos.
En veau ancien, 75 fr., vente E. Martin (n. 416); en maroquin rouge, aux armes, 178 fr., vente Béhague (n. 1063), en veau ancien, 40 fr., vente Sardou (n. 162).
Il existe des exemplaires sur grand papier, tel celui en maroquin rouge ancien, de la collection F. de Rothschild et celui en maroquin rouge de Pasdeloup, adjugé 350 fr., vente Guyot de Villeneuve (n. 421).
On sait que ce conte fut composé pour utiliser les figures que Boucher avait déjà faites, sur la demande du comte de Tessin, pour *Faunillane ou l'Infante jaune*. (Voyez ce roman, à TESSIN).
Acajou et Zirphile existe de format in-12 sous la même date, avec la réduction des figures de Boucher.
En maroquin bleu de Hardy, 51 fr., vente E. Martin (n. 417);
En veau ancien, aux armes de la Duchesse de Lévis, 36 fr., vente Daguin (n. 461).
On trouve quelquefois des exemplaires de *Faunillane* et d'*Acajou* réunis, reliés en vieux maroquin et avec les mêmes figures.

— Considérations sur les Mœurs de ce Siècle. *S. l.* (Paris). In-12. (De 12 à 15 fr.)

Frontispice, par Gravelot, gravé par de La Fosse.
La 2e édition, Paris, Prault fils, 1751, contient le même frontispice, une dédicace au Roi avec une vignette aux armes royales et un fleuron sur le titre de Beaumont.
En veau marbré ancien, 25 fr., vente Béhague (n. 146).

— Considérations sur les Mœurs de ce siècle par M. Du Clos, historiographe de France. Quatrième édition. *Paris*, 1764. In-12. (De 5 à 6 fr.)

Avec le même frontispice de Gravelot.
En maroquin rouge ancien, aux armes de Louis-Paul Abeille, avec un envoi autographe de l'auteur, 69 fr., vente Pichon (1897, n. 192).

— Considérations sur les Mœurs de ce Siècle, par M. Duclos, historiographe de France. *Londres* (Paris, Cazin, 1784. In-18. (De 8 à 10 fr.)

1 très beau portrait, dessiné par Cochin, en 1763, gravé par Delvaux.

— Les Confessions du comte de***, Par M. Duclos, de l'Académie Françoise. Huitième édition, Ornée de belles Gravures par les meilleurs Maîtres, & augmentée de la Vie de l'Auteur. *A Londres, Et se trouve à Paris, Chez Costard*, 1776. 2 parties en 1 vol., grand in-8. (De 150 à 200 fr.)

1 ff. n. ch. XVI, 115 et 95 pp., plus 7 figures.
7 figures par Desrais, gravées par Delaunay, Trière, Voysard et Mlle Jeanne Deny, Lingée et Ponce.
Les figures sont originales et quelques-unes fort jolies.
En maroquin rouge de Hardy, 200 fr., vente Béhague (n. 1065); en maroquin bleu moderne, 150 fr., vente Sardou (n. 214).
Un exemplaire cartonné se trouve dans la collection Henri Beraldi.
Dans cette édition, la pagination n'est point indiquée sur les figures. Dans une *sixième édition*, publiée sept ans après la huitième (*sic*), et qui vaut de 50 à 75 fr., ces figures ont été replacées avec une pagination ajoutée, qui se rapporte à cette sixième édition, dont voici le titre: les

Confessions du comte de***, écrites par lui-même à un ami. Sixième édition. *A Amsterdam et se trouve à Paris, chez Nyon*, 1783; grand in-8.

DU COUDRAY. — Voy. CHEVALIER.

DUCRAY-DUMINIL. — Principaux Évènements de la Révolution, et notamment de la semaine mémorable, représentés par 12 figures en taille-douce, avec des pièces historiques. *A Paris*, l'an II de la liberté. In-8. (De 50 à 60 fr.)

12 jolies figures par Binet, gravées par Berthet.
En basane, 47 fr., vente Destailleur (1891, n. 176).

— Lolotte et Fanfan, ou les Aventures de deux enfants abandonnés dans une isle déserte, rédigées et publiées sur un manuscrit anglais, par M. D*** du M***. *A Paris, Chez Maradan*, 1788. 4 vol. in-12. (De 8 à 10 fr.)

2 figures, par Binet, non signées.

— Les Soirées de la chaumière. *A Paris*, an III. 4 vol. pet. in-12. (De 5 à 6 fr.)

4 figures non signées.

— Paul, ou la Ferme abandonnée. *A Paris, chez Le Prieur*, 1802. 4 vol. in-12. (De 5 à 6 fr.)

4 figures, par Binet, gravées par Bovinet.

DUFLOS (Augustin). — Recueil de desseins de joaillerie fait par Augustin Duflos, M^d Joaillier à Paris, Et gravé par Claude Duflos. Dédié à Monseigneur le comte de St. Florentin, ministre et secretaire d'état. *Se vend à Paris, chez Claude Duflos, rue Galande, chez un Chapelier, et chez l'Auteur.* S. d. (vers 1760). Pet. in-folio oblong. (De 500 à 600 fr.)

4 ff. liminaires gravés, dont 1 titre orné et 29 planches de bijouterie, chiffrées 5 à 33.
En maroquin rouge ancien, 2,500 fr., vente Destailleur (1895, n. 1470).

DUFLOS. — Recueil d'Estampes représentant les grades, les rangs et les dignités suivant le costume de toutes les nations existantes. *A Paris, chez Duflos le jeune, Graveur*, 1780. 2 vol. in-fol. (De 300 à 400 fr.)

264 figures gravées par Duflos, Mme Duflos..., etc.
Les figures sont coloriées. Une d'elles représente Marie-Antoinette en costume de cour, d'après Touzé. Cette pièce seule, 265 fr., vente Béhague.
Un bel exemplaire en maroquin rouge, de Derôme (contenant : titre, dédicace, avertissement et 240 planches), 475 fr., vente Sauvage (1880, n. 105).

DUFLOS (L'abbé). — L'Éducation de Henri IV, par M. D***, Béarnais. *A Paris, Chez Duflos le jeune*, 1790. 2 vol. pet. in-8. (De 40 à 50 fr.)

Tome I : VIII-243 pp., plus 1 titre gravé et 5 figures.
Tome II : 2 ff. n. ch., 216 pp., plus 1 titre gravé et 1 figure.
En tout, 2 titres gravés et 6 figures de Marillier, gravés par Duflos jeune.
En maroquin rouge, de Duru, avec 5 des dessins originaux de Marillier, 355 fr., vente La Bédoyère (1862, n. 2314), puis dans la collection Du Tillet.
On peut trouver les eaux-fortes des figures.

DUGAT (P. D.). — La Mort d'Azaël, ou le Rapt de Dina. *Paris*, an VII. In-8. (De 8 à 10 fr.)

6 figures gravées par Blanchard.

DUGOUR. — Histoire d'Olivier Cromwel. *Paris*, an III. 2 vol. in-8. (De 6 à 8 fr.)

Titre gravé avec fleuron, par Berthet.

DU GUAY-TROUIN. — Mémoires de M. Du Guay-Trouin. *Paris*, 1740. In-4. (De 8 à 10 fr.)

Portrait par Larmessin, 1 fleuron sur le titre, 1 vignette gravée par Fessard, et 3 planches, combats, navires, etc., gravées par Le Bas, et un plan de Rio Janeiro, gravé par Coquart.

En maroquin citron, aux armes de Mme Sophie, collection F. de Rothschild.

DULACQ. — Mécanisme de l'Artillerie. *Paris, Jombert,* 1741. In-4. (De 50 à 60 fr.)

1 frontispice dessiné par Cochin, gravé par Soubeyran et 3 charmantes vignettes dessinées et gravées par Cochin.

Jombert dit qu'il faut avoir l'eau-forte et l'épreuve terminée de ces trois vignettes, que l'on trouve, en effet, en tirages à part.

DU LAURENS (Abbé H.-J.). — Le Balai, poëme héroï-comique en XVIII chants. *A Constantinople, de l'imprimerie du Mouphti,* 1761. In-12. (De 20 à 25 fr.)

19 figures, par Caresme ou Desrais, gravées par Tassaert.

L'exemplaire de Ch. Nodier, en maroquin vert, de Derôme contenait les 19 gouaches attribuées à Caresme.

Sa vente (1844, n. 484), 149 fr. 50.

— La Chandelle d'Arras, poëme héroïque en 18 chants. *A Bernes, aux dépens de l'Académie d'Arras,* 1765. In-12. (De 8 à 10 fr.)

Frontispice (de Tassaert, d'après Desrais), signé: *R. P. Isaac Berruyer, inv., R. P. Ignace de Loyola sculp.*

En veau fauve ancien, 15 fr., vente Ch. Cousin (n. 291).

— La Chandelle d'Arras, poëme en 18 chants, nouvelle édition, précédée d'une notice sur la vie et les ouvrages de l'auteur, et ornée de 19 planches. *Paris, Égasse,* 1807. In-12 et in-8. (De 10 à 15 fr. et le double dans le format in-8.)

2 ff. n. ch., XII-187 pp., plus 1 frontispice et 18 figures par Desrais, gravés par Tassaert. (A partir du 8e chant, elles ne sont plus signées).

Existent à l'état d'avant lettre, sur papier vélin. (De 40 à 50 fr.)

Sur papier vélin, maroquin brun, de Thouvenin, 28 fr., vente Ch. Cousin (n. 292).

Sur papier vélin, figures avant et avec lettre, collection F. de Rothschild.

— Le Compère Mathieu, ou les Bigarures de l'esprit humain. *Malte,* 1786. 4 vol. in-18. (De 15 à 20 fr.)

Tome I: 2 ff. n. ch., 186 pp. et 1 f. n. ch., plus 4 figures.

Tome II: 2 ff. n. ch., 162 pp. et 1 f. n. ch., plus 2 figures.

Tome III: 2 ff. n. ch., 121 pp., plus 3 figures.

Tome IV: 3 ff. n. ch., 172 pp., et 1 f. n. ch., plus 3 figures.

En tout 12 figures dont deux signées *Canu fecit.*

On assure que plusieurs des figures existent en deux états différents.

— Le Compère Mathieu, ou les Bigarures de l'esprit humain. (Paris), *Imprimerie de Patris,* 1796. 3 vol. in-12. (De 20 à 25 fr. et le double, de format in-8.)

Tome I: 2 ff. n. ch., 308 pp., plus 3 figures.

Tome II: 1 f. n. ch., 326 pp., plus 3 figures.

Tome III: 1 f. n. ch., 360 pp., plus 3 figures.

En tout 9 figures assez médiocres, d'après Chasselat. La 1re seule est signée D. 1796.

Les exemplaires in-8, sur papier vélin avec les figures avant la lettre sont recherchés.

Tel est celui de M. de Courbonne, en maroquin rouge ancien (avec un portrait de l'auteur ajouté, dessin original à la sépia, par Cazenave), vendu 500 fr., vente E. Martin (n. 431); sur papier vélin, figure avant la lettre, relié en maroquin vert, 569 fr., vente Béhague (n. 1079).

DUMANIANT. — L'Enfant de mon père, ou les Torts du caractère et de l'éducation. *A Paris, Chez Marchand,* an VIII. 3 vol. in-12. (De 8 à 10 fr.)

2 figures de Chaillou, gravées par Bovinet.

DUMONT (et ROUSSET pour le supplément). — Histoire militaire du prince Eugène de Savoie, du prince et duc de Marlborough, et du prince de Nassau-Frise, où l'on trouve un détail des principales actions de la dernière guerre, et des batailles et sièges commandez par ces trois généraux ; enrichie des Plans nécessaires. *A La Haye, chez Isaac von der Kloot et Jean Neaulme*, 1729-1747. 3 vol. in-fol. (De 80 à 100 fr.)

Frontispice dans le tome IIIe, fleuron répété sur le titre des tomes Ier et IIe, 9 vignettes en tête, 1 portrait et 102 grandes figures ou plans.

DUMORTOUS. — Histoire des Conquêtes de Louis XV tant en Flandre que sur le Rhin, en Allemagne et en Italie, depuis 1744 jusques à la paix conclue en 1748. *Paris, de Lormel*, 1759. In-folio. (De 40 à 50 fr.)

2 ff. n. ch., VI-181 pp., plus le frontispice, 27 planches dont 1 pliée et 14 cartes pliées.

Contient un portrait de Louis XV, frontispice par Boucher, gravé par Lempereur, un fleuron sur le titre, par Bosquet, gravé par Pasquier, 5 culs-de-lampe, 6 vignettes, 27 grandes figures gravées, représentant des batailles, sièges et 14 cartes qui se déploient.

Un exemplaire en maroquin rouge, 115 fr., vente Béhague (n. 1781).

DUNKER. — Schriften von B. A. Dunker, *Bern, bei Walthard*, 1782. — Schriften B. A. D. 1785. — Ein Intermezzo mit einigen vignetten von B. A. D. 1785. — 3 parties en 1 vol. in-12. (De 15 à 20 fr.)

33 titres, fleurons, vignettes, culs-de-lampe et portraits gravés par Dunker et Hedlinger.

Recueil de poésies dont l'aqua-fortiste Dunker est l'auteur et l'illustrateur. Il y a mis son portrait en silhouette en guise de signature.

DUPATY DE CLAM. — La Science et l'Art de l'Equitation, démontrés d'après la nature, ou théorie et pratique de l'équitation fondées sur l'anatomie, la mécanique, la géométrie et la physique par M. Dupaty de Clam, ancien mousquetaire. *A Paris, de l'imprimerie de Fr.-Amb. Didot*, 1776. In-4. (De 30 à 40 fr.)

En maroquin rouge, de Hardy, 140 fr., vente Béhague (n. 417).

Brunet en signale une contrefaçon. *Yverdon*, 1777. In-8.

DU PERRON. — Discours sur la Peinture et l'Architecture, dédié à Madame de Pompadour, dame du Palais de la Reine. *A Paris, Chez Prault*, 1758. In-8. (De 15 à 20 fr.)

VIII et 75 pp. et 2 ff. n. ch.

R. S. Turner donna en 1870 au baron Pichon un merveilleux exemplaire relié par Dubuisson en maroquin rouge aux armes de Mme de Pompadour et orné de deux charmants dessins à la plume et à l'encre de Chine par Gabriel de Saint-Aubin : un portrait du marquis de Marigny et le Salon de peinture de 1757 avec un groupe de personnes admirant le portrait de Mme de Pompadour par Boucher. Saint-Aubin avait aussi enrichi d'ornements et d'amours le fleuron de l'épitre et le petit cul-de-lampe de la préface.

Ce précieux volume a été payé 22,500 fr., par la librairie Morgand à la vente Pichon (1897, n. 339).

DUPLESSI-BERTAUX. — Recueil de Cent sujets de divers genres, dessinés et gravés à l'eau-forte par J. Duplessi-Bertaux..., ouvrage dédié aux amateurs des beaux-arts et aux artistes de toutes les nations (titre anglais en regard). *A Paris, chez les éditeurs*, 1814. In-4 oblong. (De 150 à 200 fr.)

Chaque livraison de 12 sujets coûtait 9 fr. à l'origine et plus en avant-lettre.

En maroquin rouge de Hardy, 250 fr., vente Béhague (n. 306) ; cartonné, non rogné, 38 fr., vente Daguin (n. 462).

Un exemplaire avec la date *Paris, C. Thierry*. 1846, vendu 36 fr., vente Pichon (1897, n. 366); un autre, en maroquin brun de Cuzin, figure avant la lettre avait été payé 161 fr., vente R. Lion (n. 61).

Voici du reste le détail des 100 planches : Portrait, titre, *Suite d'Ouvriers de différentes classes* (12 pl.), *Suite de Militaires de diffé-*

rentes Armes (12 pl.), artisans divers (12 pl.), Suite des cris des *Marchands ambulants de Paris* (12 pl.), divers (12 pl.), scènes de théâtre (12 pl.), jeux et bateleurs (10 pl.), *Suite de Mendiants* (12 pl.), scènes militaires (4 pl.). La planche 75 représente *Le jeu du Diable dans le jardin des Tuileries*.

On peut y ajouter l'*Album de la jeunesse*... Paris, Jonbert, 1823. Petit in-folio oblong.

— Histoire de l'Enfant prodigue, en 12 tableaux, tirée du Nouveau Testament, dessinée et gravée par Jean Duplessi-Bertaux, en 1815. *Paris, Didot aîné et Aubert*, 1816. Petit in-4, le texte par Miger. (De 15 à 20 fr.)

12 jolies figures.
Un exemplaire contenant les dessins originaux, datés de 1814, et les figures dont 8 d'entre elles tirées avant le texte, vente Danyau, revendu 1,080 fr., vente Delbergue (n. 4).

DUPUY DES ISLETS. — Examen critique du Poème de la Pitié de J. Delille, précédé d'une notice sur les faits et les gestes de l'auteur et de son Antigone. *Paris*, an XI. In-8. (De 10 à 15 fr.)

Jolie figure satirique non signée; rare avec la planche.
M. Mehl affirme (3ᵉ édition du *Guide Cohen*) que la figure satirique était « dirigée contre la femme du poète ». Ceci est d'autant plus étonnant que l'*abbé* Delille ne fut jamais marié.

DU ROSOI. — Les Sens, Poème en six chants. *A Londres* (Paris), 1766. In-8. (De 80 à 100 fr.)

2 ff. n. ch., 184 pp., plus 7 figures et 2 planches de musique.
Contient, 7 figures, dont 4 d'Eisen et 3 de Wille; 6 vignettes dont 3 d'Eisen, et 3 de Wille, et 2 culs-de-lampe par Eisen, gravés par de Longueil.
C'était le début du fils du fameux graveur Wille. Le jeune âge de Jean-Georges Wille explique la gaucherie de ses compositions, qui montrent une lourdeur dont il ne put jamais se défaire.
En maroquin rouge ancien, 180 fr., vente R. Portalis (février 1878, n. 83); en maroquin bleu, 140 fr., vente Béhague (n. 693); en maroquin bleu, doublé de maroquin citron, par Cuzin, avec les tirages hors texte des vignettes et culs-de-lampe, 500 fr., vente Delbergue (n. 116); en maroquin rouge ancien, 500 fr., vente Guyot de Villeneuve.

En maroquin vert de Motte, relié sur brochure, avec les tirages hors texte, plus 5 gouaches de Le Prince, 1,250 fr., vente Daguin (n. 463); en maroquin rouge de Chambolle, relié devant l'édition de « Genève », 85 fr., vente Massicot (n. 529ᵇⁱˢ); en veau ancien, 85 fr., vente Sardou (n. 180).

L'exemplaire James de Rothschild (n. 857) est sur papier de Hollande, relié en brochure par Trautz en maroquin rouge. Celui de Lord Carnarvon (n. 21), en vieux maroquin rouge à dentelle, complété par 7 des 8 tirages hors texte est porté à 1,000 fr., au *Bull. Morgand* II, 6 (1908) n. 205.

L'esquisse de l'*Ouïe* exécutée par Eisen à la mine de plomb se trouvait chez les Goncourt.

Seconde édition, Londres (Paris), 1767, in-8, avec un titre de Marillier, gravé par de Longueil.

Les figures ont reservi en 1796 dans la *Philosophie du Bonheur* par Delisle de Sales.

— Les Sens, poème en cinq parties. *A Genève et à Paris, chez Lejay*, s. d. In-8. (De 15 à 20 fr.)

VIII-50 pp., 27 pp. et 1 f. n. ch., y compris 1 titre-frontispice de Marillier, gravé par de Ghendt.

Ce poème n'est pas celui de Du Rosoi : nous ne l'avons décrit ici que pour éviter une confusion trop facile.

— Henri IV, drame lyrique en trois actes et en prose. *A Paris, Chez Vente*, 1774. In-8. (De 15 à 20 fr.)

1 beau frontispice par Gazard, gravé par Patas, 3 jolies figures par Larrieu et Gazard, gravées par Patas, outre 20 pages gravées de la jolie musique de Martini. l'auteur de la célèbre romance : *Plaisir d'amour*.

— Henri IV, ou la Réduction de Paris, drame lyrique en trois actes, par M. du Rosoi, citoyen de Toulouse, etc., etc. *A Paris, Chez la veuve Duchesne*, 1775. In-8. (De 5 à 6 fr.)

1 beau frontispice contenant le portrait de Henri IV, par Desrais, gravé par Patas.

DU TILLOT. — Mémoires pour servir à l'Histoire de Fête des Fous qui se faisoit autrefois dans plusieurs églises, par M. du Tillot, etc. *A Lauzanne chez Bousquet, et à Genève*, 1741. In-4. (De 40 à 50 fr.)

Fleuron sur le titre et 12 figures non signées.

En maroquin rouge ancien, 105 fr., vente R. Portalis (février 1878, n. 17); en veau, 20 fr., vente Salvert Bellenave (n. 243).

Autre édition de format in-12 avec figures réduites, publiée en 1751.

DUVAL (Alex.). — A l'ombre de Prascovia, comtesse de Schéremetoff, élégie. *A Paris, de l'imprimerie de Didot l'aîné.* 1804. Grand in-8, pap. vélin. (De 6 à 8 fr.)

Jolie figure au lavis, d'après Isabey.
Édition tirée à petit nombre.

DUVAL (Valentin Jamerai). — Œuvres de Valentin Jamerai Duval, précédées des mémoires sur sa vie. *A Londres* (Paris, Cazin), 1785. 3 vol. in-18. (De 10 à 12 fr.)

Tome I : 2 ff. n. ch., 275 pp., 1 f. bl., plus le portrait.
Tome II : 2 ff. n. ch., 247 pp.
Tome III : 2 ff. n. ch., 227 pp.
Joli portrait gravé par Delvaux.

DUVERNET (l'Abbé). — Les Dévotions de Madame de Betzamooth et les pieuses facéties de M. de Saint-Ognon. *S. l.* (Paris), 1789. (De 10 à 12 fr.)

1 figure non signée, dans le genre de Desrais.

— La Retraite, les Tentations et les Confessions de Madame la marquise de Montcornillon, etc. Ouvrage posthume de feu M. de Saint-Leu, colonel au service de Pologne, *S. l.* 1790. In-8. (De 10 à 12 fr.)

1 jolie figure non signée, dans le genre de Desrais.

De Sève inv.   *Baquoy sculp.*

CKHEL. — Choix de Pierres gravées du Cabinet impérial des Antiques, représentées en XL planches décrites et expliquées par M. l'abbé Eckel. *A Vienne en Autriche, de l'imprimerie de Joseph noble de Kurzbeck*, 1787. In-folio. (De 30 à 40 fr.)

XI-77 pp. et 40 planches dessinées par Kibler et Kohl, gravées par Adam, Durmer, Kohl, Mansfeld, Mark, Ponheimer et Schütz.
Réimprimé par S. Reinach, *Biblioth. des monum. figurés, pierres gravées* (Paris, 1895, in-8), pp. 1-9 et pl. I-IV.

ECOLE DE LA NATURE (L'), ou les Amours du village, *Paris*, In-18 (vers 1780). (De 15 à 20 fr.)

1 titre et 12 figures par Desrais, gravés par Pâris (le titre seul porte les signatures des artistes), et 24 pages de musique.

ECOLE (L') du jardinier fleuriste. *A Paris, Chez Panckoucke*, 1764. In-8. (De 8 à 10 fr.)

Joli frontispice par Gravelot.
L'exemplaire Ferdinand de Rothschild est en maroquin rouge ancien, aux armes du duc de Choiseul.

EDWARD ou le Spectre du Château, traduit de l'anglais, *A Paris*, an VIII (1800). 3 vol. in-12. (De 15 à 20 fr.)

3 figures de Binet gravées par Mariage.

EISEN (Charles). — Premier,... sixième livres d'une Œuvre suivie contenant différents sujets de décorations et d'ornements, comme vases, tombeaux, niches, fontaines, groupes de figures, statues, à l'usage des architectes, sculpteurs, ciseleurs, etc., par Charles Eisen, peintre et dessinateur associé de l'école des beaux-arts de Rouen, etc., rue de Bièvre, au petit hôtel de Braque, place Maubert, 1753. — (Une autre épreuve du titre indique l'adresse de l'artiste, quay de la Tournelle.) In-4. (De 1.000 à 1.200 fr.)

36 planches, en 6 cahiers, par Eisen, gravées par cet artiste à l'exception des frontispices qui sont gravés par de Longueil.
Recueil très rare qui témoigne de la souplesse de talent et de la fécondité d'imagination du charmant artiste. Les ornemanistes de profession n'auraient pas fait mieux.

— Nouveau Recueil de Troupes qui forment la garde et maison du Roy.

Avec la date de leur création, le nombre d'hommes dont chaque corps est composé, leur uniforme et leurs armes, dessiné d'après nature par Eisen. Dédié et présenté au Roy, par sa très humble et très obéissante servante et sujette la veuve de F. Chereau. *A Paris, chez la veuve de F. Chéreau*, 1756 ou 1757. In-folio. (De 200 à 250 fr.)

1 titre gravé à l'eau-forte par Le Bas et terminé au burin par de Fehrt d'après Eisen, 1 feuillet de dédicace avec entourage gravé, non signé et 13 planches (dont 11 par C. Eisen et 2 par De La Rue), gravées par de Fehrt, Pitre, Ravenet, de La Fosse et Chevilet (1 planche terminée au burin par Littret).

En demi-reliure, 115 fr., vente Pichon (1897, n. 389). En reliure moderne, 300 fr., vente Balsan (1909, n. 46).

EISENBERG (Le baron d'). — Description du Manège moderne dans sa perfection, expliqué par des leçons nécessaires et représenté par des figures exactes, depuis l'assiette de l'homme à cheval jusqu'à l'arrest accompagné aussi de divers mords pour bien brider les chevaux, écrit et dessiné par le baron d'Eisenberg, et après par B. Picart; D. Herrliberger, sculp. direx. et excudit. *S. l.*, 1727. In-4 oblong. (De 200 à 250 fr.)

60 planches gravées par Bernard Picart ou sous sa direction.

En maroquin bleu ancien, dos orné au chiffre de Louis XV, collection F. de Rothschild.

Première édition et premières épreuves des planches. Le même livre a été réimprimé à la Haye en 1733, 1737 et 1740 sous le titre de l'*Art de monter à Cheval*.

— L'Art de monter à Cheval, ou Description du Manège moderne dans sa perfection par d'Eisenberg, suivi d'un Dictionnaire des termes du manège moderne, *Amsterdam*, 1759. In-4 oblong. (De 80 à 100 fr.)

60 planches de Bernard Picart.

On trouve quelquefois joint à cette édition l'*Antimaquignonnage pour éviter la surprise dans l'emplette des chevaux*, par le baron d'Eisenberg, Amsterdam, 1764. — In-4, oblong, 9 planches.

L'ouvrage du baron d'Eisenberg a été traduit en italien et imprimé à Florence en 1753 sous le titre de *La Perfezione e i diffetti del Cavallo*.

ÉLÉONORE, ou l'Heureuse Personne. *Paris*, an VII (1799). In-18. (De 20 à 25 fr.)

3 figures libres non signées assez jolies.

ÉLOGE DE L'ASNE, par un docteur de Montmartre. *A Londres, et se trouve à Paris chez Delaguette*, 1769. In-12. (De 10 à 15 fr.)

Curieux frontispice.

ENCICLOPÉDIE CARCASSIÈRE (L'), ou tableaux des coiffures à la mode, gravés sur les desseins des petites maîtresses de Paris. *A Paris, Chez Hochereau*, 1763. In-8. (De 50 à 60 fr.)

1 frontispice et 4 figures.

L'exemplaire en veau du duc de Sussex est dans la collection Ferdinand de Rothschild.

ENCYCLOPÉDIE DE LA NATURE (L'). *Chez Lefort*, 1797. In-18. (De 10 à 12 fr.)

3 figures libres, médiocres.
C'est le même ouvrage que le *Lutteur*.
Roman dans le genre de ceux de mistress Radcliffe.

ENFANT (L.) du B....l. *A Paris*, 1800. 2 vol. in-18. (De 40 à 50 fr.)

Tome I : 2 ff. n. ch., plus 1 frontispice et 2 figures.
Tome II : 2 ff. n. ch., 132 pp., plus 3 figures.

En tout 1 frontispice et 5 figures non signées, assez jolies.
Se trouve aussi sous le titre d'*Aventures de Chérubin*.
A été attribué à Pigault-Lebrun.

ENGEL (J. J.). — Idées sur le Geste et l'Action théâtrale, par M. Engel, de l'Académie royale de Berlin, suivies d'une Lettre sur la peinture musicale, par le même auteur, le tout traduit de l'allemand. *Paris, Barrois et La Haye, Van Cleef,* 1788-89. 2 vol. in-8. (De 30 à 40 fr.)

34 planches très finement gravées à l'eau-forte par Copia, représentant 60 petits personnages ou scènes de théâtre.
Reproduction de l'édition originale allemande publiée à Berlin en 1785, sous le titre de *Ideen von J. J. Engel zu einer Mimick*. 2 vol. in-8 avec les mêmes figures. (De 25 à 30 fr.)

ENTRETIENS DE LA GRILLE (Les), ou le Moine au parloir, historiettes familières. *Cologne, à la Sphère,* 1721. In-12. (De 25 à 30 fr.)

1 frontispice signé Schonebeck. Rare.

ÉPICES DE VÉNUS (Les). Voy. ARÉTIN FRANÇOIS.

ÉPINAY (Mme de La Live d'). — Les Conversations d'Émilie. *A Leipzig, Chez Crusius,* 1774. In-8. (De 12 à 15 fr.)

1 joli frontispice par Machau, gravé par Crusius, et un fleuron sur le titre non signé.

— Les Conversations d'Émilie. *A Paris,* 1781. 2 vol. in-12. (De 18 à 20 fr.)

2 charmants frontispices de Moreau datés de 1779 et gravés par Le Mire.
Cet ouvrage fut composé par Mme d'Épinay pour l'éducation de ses enfants. Elle en parle dans ses *Mémoires*.

ÉRASME. — Les Colloques d'Érasme. Ouvrage très intéressant par la diversité des Sujets, par l'Enjoûment & pour l'Utilité Morale : Nouvelle Traduction, Par Monsr Gueudeville, Avec des Notes & des Figures très-ingénieuses, Divisées en six tomes. *A Leyde, Chez Pierre Vander Aa,* 1720. 6 vol. in-12. (De 40 à 50 fr.)

Tome I : 32 ff. n. ch., 272 pp. y compris le frontispice.
Tome II : 2 ff. n. ch., 192 pp.

Tome III : 2 ff. n. ch., 358 pp.
Tome IV : 2 ff. n. ch., 394 pp.
Tome V : 2 ff. n. ch., 224 pp.
Tome VI : 2 ff. n. ch., 236 pp.

1 frontispice par Schynove, 1 écusson et 60 vignettes non signées, dans le genre de Romain de Hooge ou de Harrewyn.
En maroquin rouge ancien, aux armes du marquis de Coislin, 205 fr., vente Massicot (n. 797).

— Stultitiæ laudatio Desiderii Erasmi declamatio. *Londini et Parisiis, Barbou,* 1765. In-12. (De 5 à 6 fr.)

Joli frontispice par Gravelot, gravé par de Longueil.
Le dessin original du frontispice, à la sépia, par Gravelot, était chez Philippe de St-Albin.

— L'Éloge de la folie, composé En forme de Declamation, par Erasme, et traduit par M. Gueudeville. Avec les notes de Gerard Listre, & les belles Figures de Holbein. Le tout sur l'Original de l'Académie de Basle. Nouvelle édition, Revue avec soin, & mise dans un meilleur ordre. *A Amsterdam, chez François l'Honoré,* 1731. In-12. (De 15 à 20 fr.)

14 ff. n. ch. et 320 pp., plus 1 frontispice, 1 portrait et 6 figures pliées.
Titre rouge et noir, avec fleuron, par Bernard Picart.
Contient 1 frontispice gravé, 1 figure avec les portraits d'Erasme, Morus et Holbein; 6 figures pliées et 75 figures à mi-page dans le texte; aucune des figures n'est signée.
Elles sont inspirées des dessins exécutés à la plume par Holbein, sur les marges d'un exemplaire de *l'Éloge de la Folie*, que l'on peut voir encore au musée de Bâle.

— L'Éloge de la Folie, traduit du latin d'Erasme, par M. Gueudeville. Nouvelle Edition, revue & corrigée sur le Texte de l'Edition de Basle Et ornée de nouvelles figures, avec des notes (par Meunier de Querlon). *S. l.* (Paris), 1751. 1 vol. in-12. (De 20 à 25 fr.)

2 ff. n. ch., XXIV-222 pp., 1 f. n. ch., plus 1 frontispice, 1 fleuron non signé, sur le titre, 13 estampes, 1 vignette et un cul-

de-lampe non signé, par Eisen, gravés par Aliamet, De la Fosse, Flipart, Legrand, Le Mire, Martinasie, Pinssio et Tardieu.

On trouve ce livre assez souvent en grand papier de format in-4. Le frontispice est alors dans un bel encadrement d'Eisen, gravé par Martinasie, sous la direction de Le Bas.

Un certain nombre d'exemplaires ont les figures tirées en rouge, d'autres en bleu, d'autres ont l'encadrement seul en couleur. On a relié à l'époque en maroquin, avec ornements de marottes sur le dos et les plats, des exemplaires contenant des triples suites de figures (noires, rouges et bleues).

En maroquin rouge ancien, aux armes de Mme du Barry, collection de M. Adolphe Bordes. En maroquin rouge ancien, aux armes de Mme de Pompadour, avec les figures en bleu et un dessin d'Eisen, à Nantes, Musée Dobrée.

En maroquin olive ancien, 299 fr., vente E. Martin (n. 501); sur grand papier, en maroquin rouge à dentelle, avec marottes, par Derôme le père, 159 fr., vente La Bédoyère (1862, n. 1662), revendu 1,700 fr., vente Béhague (n. 1337); un exemplaire semblable appartient à M. Francis Charmes.

L'exemplaire contenant les dessins originaux d'Eisen à l'encre de Chine, relié en maroquin rouge avec dentelles, aux armes de Blondel d'Azincourt, fut payé 200 fr., à sa vente en 1808, (n. XXV); il a été porté à 2,000 fr. au catalogue Fontaine de 1872, et a passé ensuite chez Guyot de Villeneuve (n. 494: 8,000 fr.); il est aujourd'hui chez M. L. de Montgermont.

L'*Éloge de la Folie* existe aussi in-12, 1752 et 1757, avec les mêmes figures.

En veau ancien, 4 fr., vente Massicot n. 532 et 533: l'édition de 1752, en maroquin vert de Hardy, 4 fr., vente Béhague (n. 1338); édition de 1754 (?), maroquin rouge d'Allô, 125 fr., vente Sardou (n. 167).

Il a été encore réimprimé en 1761 (4. ff. n. ch., XXIV-222 pp.) et en 1766, in-12, avec les mêmes figures réduites: les graveurs Aliamet, Flipart et Martinasie n'y figurent pas, et sont remplacés par Beauvais et Pasquier.

— Éloge de la Folie, nouvellement traduit du latin d'Erasme par M. de la Veaux, avec les figures de Jean Holbein gravées d'après les dessins originaux. *Basle, imprimé avec les caractères de G. Haas, chez J.-J. Thurneysen*, 1780. In-8. (De 8 à 10 fr.)

Se trouve sur papier fort de Hollande. En demi-reliure, sur papier de Hollande, non rogné, 22 fr., vente E. Martin (n. 502).

— L'Éloge de la Folie, traduction nouvelle du latin par M. Barret, orné de douze figures. *A Paris, chez Defer de Maisonneuve*, 1789. In-12. (De 7 à 8 fr.)

1 frontispice et 11 figures, non signés.

ERLACH (Rodolphe d'). — Code du bonheur... *Paris et Genève*, 1788, 6 vol. in-8. (De 15 à 20 fr.)

Un beau frontispice gravé par Choffard. Ouvrage dédié à Catherine II de Russie.

EROTOPÆGNION, sive Priapeia veterum et recentiorum, etc. *Luteliae Parisiorum, apud C.-F. Patris*, anno Reipubl. VI (1798). In-12. (De 20 à 25 fr.)

6 ff. n. ch., VI pp., 1 f. n. ch., 188 pp., plus 2 figures libres qui manquent souvent. 40 et 39 fr., vente Salvert Bellenave (n. 245-246).

Recueil publié par Noël, inspecteur de l'Université.

Il y a des exemplaires en papier vélin.

ESMÉNARD. — La Navigation, poème, par M. Esménard. *Paris, Giguel et Michaud*, 1805. 2 vol. in-8. (De 10 à 12 fr.)

2 frontispices par Mirys et Monsiau, gravés par Couché et Thomas.

ÉSOPE. — Les Fables d'Esope et de plusieurs autres excellents mythologistes accompagnés du sens moral et des réflexions de M. le chevalier de Lestrange, traduction de l'anglais avec les figures dessinées et gravées par F. Barlouw, d'une manière savante et pittoresque. *Amsterdam, Chez Et. Roger*, 1714. In-4. (De 50 à 60 fr.)

Figures à l'eau-forte très originales, tirées dans le texte. Livre assez rare.

— Fables choisies d'Ésope, mises en chansons, avec figures dessinées et gravées par M. Chevalier. *A Samos, et se trouve à Paris, chez Méquignon jeune,* 1780. In-24. (De 20 à 25 fr.)

1 frontispice et 60 vignettes à mi-page.

ÉSOPE EN BELLE HUMEUR, ou Fables d'Esope mises en vaudevilles sur des airs nouveaux et très connus (par Blanchart), avec gravures par J.-B. Huet. *A Paris, Chez Batilliot.* s. d. In-16. (De 10 à 15 fr.)

2 ff. repliés (calendrier pour l'an 9) 1 f. n. ch. (titre) 31 ff. n. ch. (Fables) 8 pp. (Notice) plus 1 frontispice à double page et 61 figures, dont 60 num.
On trouve quelquefois les figures tirées à la sanguine.
Tel est l'exemplaire en maroquin rouge de David, payé 42 fr., vente E. Martin (n. 287).

— Esope en belle humeur, ou dernière traduction et augmentation de ses fables en prose et en vers. Nouvelle édition divisée en deux Tomes, augmentée de quelques Fables, & enrichie de nouvelles figures. *A Brusselle, Chez François Foppens,* 1700. 2 vol. in-8. (De 40 à 50 fr.)

Tome I : 224 pp. dont le frontispice.
Tome II : 208 pp., plus 8 ff. n. ch.
1 frontispice non signé et nombreuses eaux-fortes à mi-page. Dans les exemplaires de bon tirage, les figures du tome I, à partir de la p. 55, ont été comme celles du tome II, gravées par Harrewyn.
En maroquin rouge ancien, collection Ferdinand de Rothschild; en maroquin rouge de Derôme, 130 fr., vente Lebeuf de Montgermont (n. 454). En maroquin rouge de Duru, 75 fr., vente Béhague (n. 705).
Attribué par Barbier à l'abbé J.-Chr. Bruslé de Montpleinchamp qui, selon le *Journal des savans* de 1695 aurait eu pour collaborateurs Furetière et La Fontaine. L'édition originale est de 1690.

ESSAI sur l'amour. *A Paris, Chez Tavernier,* an VII. (De 8 à 10 fr.)

1 figure non signée.

ESSAIS HISTORIQUES sur la vie de Marie-Antoinette d'Autriche, reine de France; Pour servir à l'histoire de cette princesse. *A Londres* (Paris) 1789. 2 parties en 1 vol. in-8. (De 125 à 150 fr.)

vi-68 et 84 pp. (ou vi-80-[2] et 96 pp., plus le portrait).
Le titre de la seconde partie porte : rédige sur plusieurs manuscrits de sa main. De l'an de la liberté françoise 1789. *A Versailles, chez la Montansier, hôtel des Courtisanes.*
Il existe aussi de ce livre plusieurs éditions in-18; celle qu'il faut préférer contient 1 portrait de la reine placé en tête de chaque partie, et 6 figures attribuées à Ransonnette.
En voici la collation :
Tome I : xii-140 pp., plus 1 portrait et 4 planches.
Tome II : 151 pp. et 2 planches.
En maroquin rouge, 170 fr., vente R. Lion (n. 318).
Il a été tiré un exemplaire unique sur grand in-4, avec 1 frontispice érotique portant le titre de : *Vie privée de Marie-Antoinette,* surmonté d'un écusson allégorique des plus libres. (Ancienne collection Hankey.)
Libelle calomnieux souvent réimprimé. Barbier l'attribue à Goupil, mais Paul Lacroix prétendait tenir d'un ancien bouquiniste que Brissot l'avait écrit sur l'ordre du duc d'Orléans.
Il existe des exemplaires avec les eaux-fortes.
Tel celui de Lord Carnarvon (n. 22) en maroquin orange doublé de maroquin bleu par Ruban, porté depuis 250 fr. au *Bull. Morgand* II, 6 (1908) n. 453.
En maroquin rouge ancien, collection F. de Rothschild.

ESSAIS sur les Passions et sur leurs caractères. *A La Haye, chez Neaulme,* 1748. 2 vol. in-12. (De 8 à 10 fr.)

1 frontispice et 1 vignette par Eisen, gravés par Le Mire (la même dans les deux volumes).
Ouvrage attribué par Barbier à Montenault.

ESTAMPES (suite d') pour servir a l'histoire des mœurs et du costume des françois dans le xviiie siècle. année 1775. (fleuron). *A Paris, de l'imprimerie de Prault, imprimeur du Roy.* 1775.

C'est le titre qu'on trouve toujours; mais il en existe un autre très rare, qui a été supprimé par suite de cession commerciale. Le voici :

Estampes (Suite d') pour servir à l'histoire des mœurs et du costume des Français dans le dix-huitième siècle, année 1774. A Paris, de l'imprimerie de J. Barbou, 1774.

Il porte la grande marque de J. Barbou.

— SECONDE SUITE D'ESTAMPES, pour servir à l'histoire des Modes et du Costume en France dans le dix-huitième siècle. Année 1776. (fleuron). *A Paris, de l'Imprimerie de Prault, Imprimeur du Roi, 1777.* Avec Approbation et Privilège du Roy.

— TROISIÈME SUITE D'ESTAMPES, pour servir à l'histoire des Modes et du Costume en France dans le dix-huitième siècle Année 1783. (fleuron). *A Paris, de l'Imprimerie de Prault, Imprimeur du Roy, Quai des Augustins, 1783.* Avec Approbation et Privilège du Roi. (Le privilège valable pour six années, se trouve dans la suite précédente parue en 1777). Ensemble trois parties en 1 volume grand in-folio, figures.

La première suite contient douze compositions d'après Freudeberg; plus quinze feuillets de texte, dont un pour le titre, deux pour le Discours préliminaire, et douze pour l'explication des sujets qui sont :

Le Lever, A. Romanet sculp. 1774.
Le Bain, A. Romanet sculp. 1774.
La Toilette, Voyez l'Aîné sculpt. 1774.
L'Occupation, Lingée sculp.
La Visite inattendue, Voyez l'Aîné sculp. 1774.
La Promenade du matin, Lingée sculp. 1774.
La Promenade du soir, Ingouf junior, sculp. 1774.
Le Boudoir, P. Maleuvre sculp. 1774.
Les Confidences, Lingée sculp. 1774.
La Soirée d'Hyver, Ingouf junior sculp. 1774.

L'Évènement du bal, gravé à l'eau-forte par Duclos, terminé au burin par Ingouf junior.
Le Coucher, gravé à l'eau-forte par Duclos et terminée au burin par Bosse.

La dernière feuille de texte porte *in fine* ; « Lu et approuvé ce 15 décembre 1774. « *Crébillon*. Vu l'approbation, permis d'im- « primer ce 17 décembre 1774. *Lenoir.* »

La seconde suite contient douze compositions d'après Moreau le jeune, quinze feuillets de texte, dont un pour le titre, deux pour le discours préliminaire, l'approbation signée Cochin, le privilège daté du 23 avril 1777 et douze pour l'explication des sujets qui sont :

Déclaration de la grossesse, P. A. Martini sculp. 1776.
Les Précautions, P. A. Martini sculp. 1777.
J'en accepte l'heureux présage, Ph. Trière sculp.
N'ayez pas peur, ma bonne amie, Helman sculp. 1776.
C'est un fils, Monsieur ! C. Baquoy sculp. 1776.
Les Petits Parrains, C. Baquoy inc. aqua f. Patas terminavit. 1777.
Les Délices de la maternité, Helman sculp. 1777.
L'Accord parfait, Helman sculp. 1777.
Les Rendez-vous de Marly, Carl. Guttenberg sc.
Les Adieux, gravé par Delaunay le jeune, en 1777.
La Rencontre au bois de Boulogne, Henri Guttenberg sc.
La Dame du Palais de la Reine, P. A. Martini sculp. 1777.

La troisième suite comporte douze compositions d'après Moreau le jeune, treize feuillets de texte (rarissimes; on en a même longtemps nié l'existence), dont un pour le titre et douze pour l'explication des sujets, qui sont :

Le Lever, L. Halbou sculp.
La Petite Toilette, P. A. Martini sculp.
La Grande Toilette, A. Romanet sculp.
La Course de Chevaux, H. Guttenberg sc.
Le Paris gagné, Camligue fec.
La Partie de Wisch, J. Dambrun sculp.
Oui ou Non, N. Thomas sculp. 1781.

La Petite loge, Patas sculp.
La Sortie de l'Opéra, Malebeste sculp.
Le Souper fin, gravé par Helman, 1781.
Le Seigneur chez son fermier, J. L. Delignon sculp.
Le Vrai Bonheur, J. B. Simonet sculp. 1782.

Le texte indique brièvement la nature de l'estampe, il met au courant de la scène qu'on a sous les yeux, il décrit les personnages en action, les intérieurs ou les sites représentés.

Les gravures de *la première suite* ont été dessinées par Freudeberg; toutefois, le Discours préliminaire fait savoir qu'un « amateur des arts » a présidé au choix des styles et des compositions. En effet, les planches de cette suite portent sur le côté gauche *I. H. E. inv. Freudeberg delineavit* et ces initiales de l'inventeur ne cachent que d'une façon transparente Jean Henri Eberts, banquier suisse, ami et protecteur de Freudeberg et qui est du reste nommé à la page 3 du discours préliminaire de la 1re suite comme recueillant les souscriptions à la suite de l'ouvrage. Freudeberg devait continuer la série des dessins et cependant les *seconde* et *troisième suites* furent confiées à Moreau le jeune. Quel motif amena cette modification ? C'est ce que l'on ignore absolument aujourd'hui; mais, à coup sûr, Freudeberg ne fut pas écarté pour insuffisance; car *le Lever — la Visite — le Boudoir — la Promenade du matin — le Coucher* doivent être comptés dans ses productions les plus charmantes et jamais il ne fut mieux inspiré.

De son côté, Moreau le jeune, avec son talent de premier ordre, ne resta pas en arrière de son devancier. Il faudrait citer, comme des petits chefs-d'œuvre, presque toutes ces compositions si gracieusement, si élégamment, si savamment exécutées: c'est son triomphe... et, après « *le Vrai Bonheur* » se reposant il eût pu dire : *Artem, costumique repono*.

Il ne reste plus maintenant qu'à décrire les différents états des planches de cet ouvrage important par son caractère artistique, sa rareté et son prix.

Les gravures d'après Freudeberg composant *la première suite* se rencontrent peu souvent et toujours isolées quand elles sont 1° en eaux-fortes, 2° en épreuves, avant toutes lettres, plus ou moins avancées avec ou avant les cadres. Il est absolument inutile de courir après ces phénix qui ne sauraient s'appareiller; on peut, bien difficilement déjà, se procurer des épreuves avec la lettre gravée dans une tablette dont le fond est resté blanc, qui constituent en réalité le premier état terminé; dans le second la tablette est ombrée; enfin, dans le troisième et dernier, se voit un numéro d'ordre; mais les épreuves commencent à s'effacer. Nous ferons observer que toutes les gravures portent cette mention : à Paris, chez Buldet, rue de Gesvres.

Les vingt-quatre planches de Moreau — *seconde* et *troisième suites* — n'ont point de cadres. Assurément elles ont passé par les états d'eaux-fortes pures et par d'autres états intermédiaires; mais que sont devenues ces épreuves introuvables ? Puisse l'amateur le plus heureux mettre la main sur les gravures avant la lettre ! L'iconophile très délicat se contente parfaitement des épreuves portant le titre et les lettres A.P.D.R. (avec privilège du roi). Plus tard, cette dernière indication a été supprimée et les gravures usées ont servi au *Monument du Costume physique et moral*, dû à la plume infatigable de Rétif de la Bretonne.

Voici l'indication de quelques prix de vente de pièces de la première suite en état d'eaux-fortes ou d'épreuves non terminées, avec la liste des dessins originaux. La lettre (R) indique les états représentés dans la collection du baron Edmond de Rothschild.

1 *Le Lever*.

Le dessin original, provenant de chez le roi de Bavière, vendu à Berlin en mai 1891, se trouve chez le baron Edmond de Rothschild.

2 *Le Bain*.

Avant toutes lettres (R), les noms des artistes à la pointe, 655 fr., vente Béhague (1877, n. 1967) et 480 fr., vente Mühlbacher (1881, n. 397).

Le dessin original, provenant de chez le prince de Ligne, 5,400 fr., vente Josse (1894, n. 13).

3 *La Toilette*.

Épreuve presque terminée, avant le cadre (R), 500 fr., vente Mühlbacher (1881, n. 410); même état (?), 605 fr., vente Béhague (1877, n. 1983).

Le dessin original, vendu à Berlin en mai 1891, appartient au baron Edmond de Rothschild.

4 *L'Occupation*.

L'eau-forte (R), 599 fr., vente Mühlbacher (1881, n. 408); épreuve terminée avec cadre (R).

Le dessin original, provenant de la vente Gigoux (n. 168); 5,100 fr., vente Mahérault (n. 65), revendu 7,000 fr., vente Josse (1894, n. 14).

5 *La Visite inattendue.*
Avant le cadre (R), 460 fr., vente Béhague (1877, n. 1984); 400 fr., vente Mühlbacher (1881, n. 407).
Le dessin original, provenant de la vente Gigoux (6 mai 1861, n. 172) 4,550 fr., vente Mailand (1881, n. 64), revendu 2,100 fr., vente Josse (1894, n. 15).

6 *La Promenade du matin.*
Eau-forte (R); épreuve non terminée, avant le cadre, 400 fr., vente Mühlbacher (1881, n. 405).
Le dessin original n'a pas encore été retrouvé. Il a figuré en 1861 à la vente Gigoux (n. 170).

7 *La Promenade du soir.*
L'eau-forte (R), 605 fr., vente Béhague (1877, n. 198); épreuve terminée avec cadre (R).
Le dessin original, vendu à Berlin en mai 1891, appartient à la baronne Guillaume de Rothschild.

8 *Le Boudoir.*
Le dessin original, provenant de la vente Gigoux (6 mai 1861, n. 166), revendu 6,000 fr., vente Goncourt (1897, n. 104).

9 *Les Confidences.*
L'eau-forte (R), 600 fr., vente Mühlbacher (1881, n. 402).
Le dessin original, vendu à Berlin en mai 1891, appartient à la baronne Guillaume de Rothschild.

10 *La Soirée d'hyver.*
Eau-forte (R); épreuve non terminée, 400 fr., vente Mühlbacher (1881, n. 413).
Le dessin original, provenant de la vente Gigoux (n. 171), 2,200 fr., vente Mailand (n. 65), revendu 2,150 fr., vente Josse (1894, n. 16).

11 *L'Evénement au bal.*
L'eau-forte (R), 950 fr., vente Béhague (1880, n. 332); 300 fr. vente Mühlbacher (1881, n. 400); 240 fr., vente Mailand (1881, n. 2312); 150 fr., vente Gerbeau (1908).
Le dessin original, provenant de la vente Gigoux (1861, n. 169); 1,550 fr., vente Béhague (1880, n. 331); revendu 1,250 fr., vente Josse (1894, n. 17).

12 *Le Coucher.*
L'eau-forte (R), 290 fr., vente Mühlbacher (1881, n. 399).
Le dessin original, provenant de la vente Gigoux (n. 167) revendu 7,100 fr., à Mühlbacher, vente Goncourt (1897, n. 103); puis 8,200 fr., vente Mühlbacher (1899, n. 133), aujourd'hui chez le baron Edmond de Rothschild.

On trouvera dans le Catalogue de J.-M. Moreau le jeune, par M. Bocher (n. 1348-1371), tous les détails nécessaires sur les différents états de la deuxième et la troisième suite.

Ces 24 pièces sont connues: avant la lettre, mais *avec date*; avec la légende et les lettres A. P. D. R., en deux états (avant et avec les numéros), et sans les lettres A. P. D. R., ni la date, ni les numéros; ce dernier état est celui du *Monument du Costume.*

On connaît de plus en eaux-fortes ou en épreuves non terminées, les pièces suivantes; nous profiterons de cette occasion pour citer en même temps ceux des dessins originaux que nous avons pu retrouver. Sur 21 eaux-fortes connues, 19 figurent dans la collection du baron Edmond de Rothschild (marquées R.) Cette même collection renferme 18 épreuves en avant-lettre et 4 épreuves non terminées.

13 *La Déclaration de la grossesse.* Eau-forte pure (R), vendue 400 fr., vente Béhague (1877, n. 2281) et 400 fr., vente Mühlbacher (1881, n. 631).
Le dessin original, vendu à Berlin, en mai 1891 (vente du Roi de Bavière) se trouve chez lord Carnarvon.

14 *Les Précautions.* Eau-forte pure (R). vendue 950 fr., vente Mahérault (1880, n. 1227); 40 fr., vente Malinet (1887, n. 1693) et 87 fr., vente Bayard (1891, n. 820).
Le dessin original, vendu à Berlin, en mai 1891, est chez le baron Edmond de Rothschild.

15 *J'en accepte l'heureux présage.* On n'a pas retrouvé l'eau-forte.
Le dessin original, collection de Mlle Angelo, aujourd'hui chez la baronne Alice de Rothschild.

16 *N'ayez pas peur ma bonne amie.* Eau-forte pure (R).
Le dessin original, vendu à Berlin en mai 1891, se trouve chez Lord Carnarvon.

17 *C'est un fils, Monsieur!* Eau-forte très avancée (R), 400 fr., vente Mühlbacher (1881, n. 638).
Le dessin original qui se trouvait à Nantes, chez la princesse Radziwill, a passé chez M. Ferdinand Jacob, a été vendu à Paris le 22 avril 1899, et acheté 21,500 fr. par le baron Edmond de Rothschild.

18 *Les Petits parrains.* Eau-forte pure (R), et eau-forte avancée, vendues 710 fr., vente Béhague (1877, n. 2298) et 485 fr., vente Mühlbacher (1881, n. 640).

Le dessin original, autrefois dans la collection Guillotin ; vendu à Berlin en mai 1891, appartient au baron Edmond de Rothschild.

19 *Les Délices de la maternité.* Eau-forte pure (R) et eau-forte avancée (R, avec contretailles sur le carquois), vendues 380 fr., vente Mahérault (1880, n. 1232), 506 fr., vente Mühlbacher (1881, n. 642), 88 fr., vente Bayard (1891, n. 824) et 500 fr., vente Defer-Dumesnil.

Le dessin original, provenant de la collection du prince de Ligne, a été vendu 31,000 fr., vente Muhlbacher (1899, n. 202), au baron Edmond de Rothschild. Une première pensée, aux trois crayons, payée 4,050 fr., par Thibaudeau, à la vente Mailand (1881, n. 112), a été revendue 15,100 fr., à la vente Mühlbacher (1899, n. 203).

20 *L'Accord parfait.* Eau-forte pure (R), vendue 43 fr., (remmargée), vente Aubin (1887, n. 1129).

Le dessin original, vendu à Berlin en mai 1891, appartient à la baronne Guillaume de Rothschild.

21 *Le Rendez-vous pour Marly.* Eau-forte pure (R), vendue 651 fr., vente Béhague (1877, n. 2,304) et 680 fr., vente Mühlbacher (1881, n. 645).

Épreuve non terminée.

Le dessin original a été acheté à Berlin, en 1896, par le baron Edmond de Rothschild. Une charmante étude, vendue 5,200 fr., vente Guyot de Villeneuve (1900, n. 52) et 15,000 fr., vente Mühlbacher (1907, n. 101) se trouve à New-York chez M. Mortimer Schiff.

22 *Les Adieux.* L'eau-forte n'est pas connue.

Le dessin original, acheté 251 fr., par Le Blond à la vente Gigoux (1861, n. 179), se trouve chez la baronne Alice de Rothschild.

23 *La Rencontre au bois de Boulogne.* L'eau-forte n'est pas connue.

Le dessin original, vendu à Berlin en mai 1891, est chez la baronne Guillaume de Rothschild.

24 *La Dame du palais de la Reine.* Eau-forte pure (R).

Le dessin original, vendu à Berlin en mai 1891, appartient au baron Edmond de Rothschild.

25 *Le Lever.* Eau-forte pure (R), vendue 160 fr., vente Michelot (1881) ; épreuve non terminée 405 fr., vente Mahérault (1880, n. 1,238).

Le dessin original, payé 215 fr., par Mahérault à la vente Gigoux (1861. n. 183),
a atteint 12,000 fr., à la vente Mahérault (1880, n. 150) ; il se trouve aujourd'hui chez le baron Edmond de Rothschild.

26 *La Petite toilette.* Eau-forte avancée (R). Épreuve non terminée avant toute lettre (R) vendue 500 fr., vente Mühlbacher (1881, n. 653).

Le dessin original qui se trouvait à Nantes, chez la princesse Radziwill, a passé chez M. Ferdinand Jacob, a été vendu à Paris le 22 avril 1899 et acheté 22,500 fr. par le baron Edmond de Rothschild.

27 *La Grande toilette.* Eau-forte pure (R), vendue 980 fr., vente Mühlbacher (1881, n. 655), 555 fr., vente de Launay (1882) et 265 fr., vente Bayard (1891, n. 825). Eau-forte avancée (R).

Le dessin original appartenait en 1895 à M. E. Ehlers à Gœttingue.

28 *La Course des chevaux.* Eau-forte pure (R), vendue 800 fr., vente Mühlbacher (1881, n. 658).

29 *Le Pari gagné.* Eau-forte pure (R), vendue 530 fr., vente Mühlbacher (1881, n. 660).

Le dessin original, vendu à Berlin en mai 1891, appartient à la baronne Guillaume de Rothschild.

30 *La Partie de wisch.* Eau-forte pure (R), vendue 521 fr., vente Béhague (1877, n. 2,292), 200 fr., vente Roth (1878) ; 920 fr., vente Mühlbacher (1881, n. 663) et 341 fr., vente Clément de Ris (1884). Épreuve non terminée (R).

Le dessin original, vendu à Berlin en mai 1891, est dans la collection Edmond de Rothschild.

31 *Oui ou non.* Eau-forte pure, vendue 700 fr., vente Mühlbacher (1881, n. 666) et 85 fr., vente Clément de Ris (1884).

Le dessin original payé 256 fr., par Mahérault à la vente Gigoux (n. 182) a atteint 12,000 fr., à la vente Mahérault (1880, n. 149) ; il appartient aujourd'hui au baron Edmond de Rothschild.

Une étude très poussée (provenant de la vente Michelot en février 1881 ?), se trouve dans la collection Olry-Rœderer.

32 *Le Seigneur chez son fermier.* Eau-forte pure (R), vendue 500 fr., vente Mühlbacher (1881, n. 668).

Un prétendu dessin original, 2,950 fr., vente La Beraudière (1883, n. 201), revendu 1.900 fr., vente Mühlbacher (1899, n. 204) ne doit inspirer aucune confiance.

33 *La petite loge.* Eau-forte pure, vendue 66 fr., (remmargée), vente Aubin (1887, n. 1131).

Le dessin original, 480 fr., vente Gigoux (1861, n. 180) à Dreux; sa vente (1870, n. 74), 1,800 fr., à Sichel; puis chez Mlle Angelo; aujourd'hui chez la baronne Alice de Rothschild. Une étude se trouve dans la collection Olry-Rœderer; elle provient des ventes Soleirol (1861, n. 542 : 320 fr., à Dreux) et Niel (1873, n. 26 : 1,200 fr.).

34 *La Sortie de l'Opéra*. Eau-forte pure (R), vendue 725 fr., vente Béhague (1877, n. 2307), 899 fr., vente Roth (1878) et 700 fr., vente Mühlbacher (1881, n. 672).

35 *Le Souper fin*. Eau-forte pure (R), vendue 199 fr., vente Michelot (1881). Epreuve non terminée (R), vendue 1,000 fr., vente Mühlbacher (1881, n. 674).

Le dessin original 570 fr., vente Gigoux (1861, n. 181), à Dreux; sa vente (1870, n. 75), 1,950 fr., a Sichel; puis chez Mlle Angelo; aujourd'hui chez la baronne Alice de Rothschild.

36 *Le Vrai bonheur*. Eau-forte pure (R), vendue 600 fr., vente Mühlbacher (1881, n. 676).

Le dessin original, vendu à Berlin en mai 1891, est dans la collection Edmond de Rothschild.

Le nombre des exemplaires complets du texte et des planches est fort restreint; il ne s'en trouve pas à la Bibliothèque nationale et, au moment où paraissait la 5e édition de ce *Guide*, l'ouvrage n'avait jamais passé en vente publique. Voici la liste des exemplaires que nous connaissons :

1. En maroquin rouge avec toutes les planches en double état (celles de Freudeberg à la tablette blanche et à la tablette ombrée, celles de Moreau avant la lettre et avec A. P. D. R.) collection Eugène Paillet, puis *Bull. Morgand*, n. 12277: 40,000 fr.; puis collection Van Loo, à Gand. Aujourd'hui chez M. Adolphe Bordes.

2. En maroquin rouge de Chambolle, porté à 35,000 fr. *Bull. Morgand* II (1910) n. 412. A New-York, chez M. Mortimer L. Schiff.

3. En demi-reliure, maroquin vert, avec coins, les planches de Freudeberg avant les nos, celles de Moreau avec A. P. D. R, très bel exemplaire non rogné, 10,200 fr., vente Émile Muller (n. 64) revendu 9,000 fr., vente Mosbourg (n. 59) et acheté par la baronne James de Rothschild (n. 2569).

4. En maroquin rouge de Cuzin, exemplaire provenant d'un cercle de Bordeaux, 8,000 fr., vente Henri Bordes (1897, n. 23) revendu 8,620 fr., vente Hémour (1899, n. 33). Porté à 25,000 fr., *Bull. Morgand* II, 5 (1907) n. 368. Aujourd'hui chez M. Descamps-Scrive.

5. Acheté en 1882 à Berlin par le baron von Lipperheide. Aujourd'hui à Berlin, Kunstgewerbemuseum.

6. Vendu en Allemagne vers 1900 par M. Decour père et se trouve dans une collection particulière allemande.

7. A la vente du comte de Béhague (n. 329) la première suite à la tablette blanche fut payée 6,520 fr., par L. Rœderer, en maroquin rouge de Petit; les deux autres suites, avant la lettre, incomplètes d'un titre et d'un feuillet de texte et courtes de marges, en même reliure, furent poussées jusqu'à 17,100 fr.

On retrouve ces deux suites complétées et jointes à celle de Freudeberg avant les numéros dans l'exemplaire de la vente Marquis (n. 165 : 14,800 fr.). Aujourd'hui aux États-Unis. (*Bull. Morgand*, n. 15896 : 25,000 fr.)

8. Cartonné, collection du baron Edmond de Rothschild, qui possède aussi, comme nous l'avons vu, une réunion incomparable de pièces d'état.

9. En demi-reliure ancienne, 12.000 fr. vente Destailleur (1891, n. 400). Porté à 15,000 fr. dans Morgand, *Livres et mss.*, 1900, p. 61, n. 259, il se trouve aujourd'hui chez M. J. Pierpont Morgan. Cf. *Bull. Morgand* nn. 30372 et 35860).

10. Un bel exemplaires à toutes marges, retrouvé en Hollande, et relié par Cuzin en maroquin rouge à dentelles, 21,000 fr., vente Guyot de Villeneuve (n. 474), acquis par feu le prince d'Essling, se trouve aujourd'hui chez son fils.

11. En maroquin rouge de Chambolle, collection de M. Lebeuf de Montgermont.

12. Un autre semblable, collection de Sir David Salomons.

13. En maroquin rouge ancien, en 3 volumes, exemplaire de Stanislas de Pologne, collection de feu le baron Ferdinand de Rothschild. (*Bull. Morgand*, n. 28270 : 12.000 fr.)

14. En maroquin rouge ancien, aux armes de Choiseul-Stainville. Cet exemplaire aurait changé de mains, depuis peu, à un prix très élevé.

15. Un exemplaire en veau ancien a été récemment légué, croyons-nous, par M. Van Zuylen à une bibliothèque belge.

— Seconde Suite d'Estampes pour servir à l'Histoire des Modes, et du Costume en France, dans le XVIIIe siècle, année 1776. *A Paris, Chez M. Moreau, Graveur du Cabinet du Roi, Cour du Mai au Palais, Hôtel de la Trésorerie.* A. P. D. R. (1776). In-8. (De 1,000 à 1,200 fr.)

Titre imprimé et 12 figures de Moreau gravées par Camligue, Guttenberg, Lorieux, etc. (Bocher n. 1372-1383). Elles sont numérotées de 13 à 24.

Charmante réduction en contre-partie des douze estampes de la seconde suite de l'édition in-folio. Sous chaque figure est un texte en vers.

Le titre est fort rare et l'on n'en a connu longtemps que deux ou trois exemplaires. Lord Carnarvon acheta jadis pour une livre turque deux beaux exemplaires trouvés par lui dans un bazar de Constantinople. Il en possédait un autre (n. 37) en maroquin rouge doublé de maroquin bleu par Lortic, relié sur brochure qui figure à 1,500 fr. au *Bull. Morgand* II, 6 (1908) n. 495.

En maroquin rouge de Thibaron (avec le titre), 1,205 fr. vente Le Barbier de Tinan (n. 78). En maroquin rouge ancien, 1,300 fr., vente Marquis (n. 166).

En maroquin rouge de Cuzin, 455 fr., vente Ch. Cousin (n. 181), le même (?) 725 fr., vente Mosbourg (n. 60); un autre semblable, 905 fr., vente Guyot de Villeneuve (n. 475).

Les figures, les vers effacés, ont servi pour les éditions in-18 des *Tableaux de la bonne compagnie*. Elles ont été copiées, en contre-partie, par Gleich (Voir Restif de la Bretonne).

ESTÈVE. — L'Esprit des Beaux-arts. *A Paris, chez Bauche,* 1753. 2 vol. in-12. (De 6 à 8 fr.)

Titre-frontispice à chaque volume.

ÉTAT ACTUEL de la Musique du Roi et des trois Spectacles de Paris. *A Paris, Chez Vente,* 1769, et années suivantes. Pet. in-12. (De 10 à 15 fr. le vol.)

1 titre gravé par Moreau, 1 frontispice et 3 figures par Marillier, gravés par Baron et 1 en-tête non signé.

Ce livre que l'on devrait ranger parmi les almanachs, a paru bien des années de suite. Le premier que nous connaissons est de 1759 et le dernier de 1777. Tous n'ont pas de figures. Nous décrivons celui de 1769, parce qu'il donne les premières épreuves des figures de Marillier qui se retrouvent jusqu'en 1777. L'année 1760 n'a qu'un titre gravé par Martinet; 1768 a un titre par Moreau, tiré en rouge et portant la date de 1766; 1770 a un frontispice par Eisen. gravé par Baron; deux figures de Marillier et la troisième par Eisen gravées par Baron; en 1773, on trouve de plus, à la page 153, un portrait de Mme Favart. Enfin en 1775 (de format in-18) le titre est imprimé, et il n'y a en tout qu'un frontispice, par Gravelot, gravé par Baron.

Un bel exemplaire de l'année 1773, 50 fr., vente E. Martin (n. 121).

L'année 1769 aux armes de M. de Sartines, en maroquin rouge ancien, 50 fr., vente Béhague (n. 875).

ESTIENNE (Henri). — Apologie pour Hérodote, ou Traité de la conformité des merveilles anciennes avec les modernes, par Henri Estienne. Nouvelle édition : faite sur la première : et augmentée de tout ce que les postérieures ont de curieux et de remarques : par M^r Le Duchat Avec une Table Alphabétique des matières..., *A La Haye, Chez Henri Scheurleer,* 1735. 2 tomes en 3 vol. in-8. (De 20 à 30 fr.)

Tome I : 25 ff. n. ch., XXXVI, XLVIII et 200 pp., 1 f. n. ch., plus le frontispice.

Tome II : 1 f. n. ch., pp. 201-624, plus le frontispice.

Tome III : 3 ff. n. ch., 434 pp., 1 f. n. ch., plus le frontispice.

3 frontispices gravés non signés et 3 fleurons sur les titres, le même pour chaque volume.

En maroquin rouge de Duru et Chambolle, relié sur brochure, 170 fr., vente Lebeuf de Montgermont (n. 749); en maroquin citron, aux armes de Mme de Pompadour, 565 fr., vente Morel de Lyon (1873), n. 391), puis chez Paillet, puis chez Quentin-Bauchart (*Mes Livres*, n. 178 : 1,200 fr., revendu 450 fr., vente Lacarelle (n. 420).

En maroquin citron de Bozérian, 25 fr. 50, vente Pixérécourt (n. 1505) revendu vente de Courbonne (19 mars 1855, n. 47, puis collection Jules Bobin, aujourd'hui chez M. Schuhmann.

ÉTATS DES TROUPES et des États-Majors des Places. 1763. In-12.

6 ff. et 203 pp.

La collection James de Rothschild (n. 2363) contient un exemplaire en maroquin vert aux armes de Mme de Pompadour dans lequel « le titre imprimé a été remplacé par un joli frontispice dessiné par Eisen et lavé à l'aquarelle. On y voit l'écusson de la marquise soutenu par les Grâces et les Amours ». (Provient de la vente Double, 1863, n. 324 : 180 fr. à Miard.)

« Dans cette forme galante, dit M. Picot, l'annuaire militaire était présenté à Mme de Pompadour, comme au véritable chef de l'armée. Pareille présentation avait lieu chaque année. L'annuaire de 1758, orné d'un dessin analogue mais relié en maroquin bleu, aux armes du marquis de Paulmy est porté dans le *Bulletin Morgand* n. 12969 (250 fr.); il appartient aujourd'hui à M. Savigny de Moncorps. L'annuaire de 1759, est également décoré d'un frontispice d'Eisen et relié en maroquin vert comme celui de 1763. a figuré en 1889 à vente L. Téchener (n. 206 : 510 fr. où il a été acquis par M. de Villeneuve. »

A la 2e vente Guyot de Villeneuve ont été vendus l'*Annuaire* de 1762 (sic selon le catalogue) en maroquin vert (n. 1211) 920 fr.) et l'*Annuaire* de 1760 aux armes du Dauphin (n. 1210 : 800 fr.) également avec un titre peint à l'aquarelle par Eisen.

A la vente Féral, on a vendu les dessins des frontispices pour les années 1759, 1760, 1761, 1764, 1765, 1766, 1768, 1769; celui de 1762 se trouvait en 1877 dans la collection Audouin.

ÉTIENNE. — Causes amusantes et connues. *A Berlin* (Paris), 1769-1770. 2 vol. in-12. (De 15 à 20 fr.)

9 figures non signées.

M. Ch. Mehl signale une édition en un volume (1749), où il ne se trouve que 5 jolies figures non signées qui manquent souvent.

ÉTRENNES AUX GRISETTES pour l'année 1790, ou Requête présentée à M. Sylvain Bailly, maire de Paris, par Florentine de Launay, contre les marchandes de modes, couturières, lingères, etc... *S. L.* 1790. In-8. (De 8 à 10 fr.)

1 figure non signée.

En demi-reliure, 12 fr., vente Destailleur (1891, n. 1415).

ÉTRENNES NATIONALES dédiées à la Liberté Française, Ornées de huit portraits de MM. les Députés à l'Assemblée Nationale et de 7 gravures représentant les principaux événements arrivés depuis l'ouverture des États généraux jusqu'au mois de décembre, avec leur explication, contenant les noms, qualités et demeures de MM. les Députés, par ordre alphabétique de Baillage et Sénéchaussées. *A Paris, chez le Mercier*, 1790. In-12. (De 30 à 40 fr.)

60 pp., plus 1 frontispice, 7 figures dessinées et gravées par Duplessi-Bertaux, et 8 portraits à la manière noire, non signés.

En maroquin rouge ancien, collection Ferdinand de Rothschild.

ÉTRENNES SANS PAREILLES, ou les Amusements du cœur et de l'esprit. *A Paris, chez Marcilly*. In-64. (De 15 à 20 fr.)

12 figures.

Chansonnier microscopique du temps du Directoire.

ETRURIA PITTRICE, ovvero Storia della Pittura toscana, dedotta dai suoi monumenti, etc... (par Lastri). *Firenze*, 1791-95. 2 tomes en 1 vol. In-folio. (De 50 à 60 fr.)

120 planches. Texte italien et français.

EUTROPIUS. — Eutropii Breviarium historiæ Romanæ, accedunt selectæ lectiones dilucidando auctori appositæ. *Parisiis, typis Josephi Barbou*, 1754. In-12. (De 15 à 20 fr.)

Frontispice d'Eisen et 16 vignettes ou culs-de-lampe, gravés par De La Fosse.

Sur papier de Hollande, maroquin rouge ancien à dentelles, 125 fr., vente R. Lion (n. 297).

La même illustration se retrouve dans l'édition de *Paris, Mérigot*, 1746. In-12.

ÉVÉNEMENTS MÉMORABLES, Déclarations du Roi, Arrêts du Parlement contre le schisme, les sacrements administrés au Législateur Pacifique. S. l., 1755. In-4. (De 60 à 70 fr.)

Titre gravé, 22 figures allégoriques et la table, non signés.

EXPLICATION des Cérémonies de la Fête-Dieu d'Aix-en-Provence. (Par Grégoire). *A Aix, Chez Esprit David*, 1777. In-12. (De 15 à 20 fr.)

1 f. n. ch., 220 pp., plus 1 portrait du Roi René et 13 planches pliées, dont 1 de musique, dessinés et gravés par les frères Grégoire. Existe in-4. (De 30 à 40 fr.)

EXTRAITS des différens ouvrages publiés sur la vie des Peintres, par M. P. D. L. F. (Papillon de La Ferté.) *A Paris, Chez Ruault*, 1776. 2 vol. in-8. (De 15 à 20 fr.)

Deux jolis frontispices de Moreau, gravés par L. Lempereur.

Ces figures (B. 1282-1283) existent en épreuves d'artiste, sans autre lettre que les noms du dessinateur et du graveur.

ABLIAUX ou Contes, Fables et Romans du XIIe et XIIIe siècle, traduits ou extraits par Legrand d'Aussy. Troisième édition considérablement augmentée. *Paris, Jules Renouard, libraire (Imprimé chez Paul Renouard) 1829. 5 vol. in-8.* (De 40 à 50 fr.)

Tome I : 2 ff. n. ch., ix pp., 1 f. n. ch., 368 et 32 pp., plus 4 figures et 1 planche de musique à la page 121.

Tome II : 4 ff. n. ch., 432 et 22 pp., 1 f. blanc, plus 3 figures.

Tome III : 4 ff. n. ch., 384 et 30 pp., 1 f. blanc, plus 4 figures.

Tome IV : 4 ff. n. ch., 400 et 30 pp., 1 f. blanc, plus 4 figures.

Tome V : 2 ff. n. ch., 411 et 31 pp., plus 3 figures.

Des 18 figures, les 15 premières sont par Moreau le jeune (B. 948-962), les 3 dernières par Desenne, gravées par Bosq et Devilliers jeune (7), Bosq (4), Croutelle (1), B. Royer (4) et J.-F. Ribault (2). La planche de musique est par Moreau.

Cet ouvrage a été tiré sur papier cavalier vélin, sur grand raisin d'Annonay (avec les avant-lettre), sur grand jésus-vélin (avec les avant-lettre et les eaux-fortes), sur papier de Chine (un seul exemplaire) et sur peau de vélin (quatre exemplaires). Un de ces derniers, contenant les dessins originaux, les avant-lettre et les eaux-fortes, 365 fr., vente Renouard (n. 1252), aujourd'hui chez la baronne Salomon de Rothschild.

Les figures, ont été tirées à quelques exemplaires sur papier de Chine et à un seul exemplaire sur satin.

Par sa date, ce livre ne devrait pas figurer ici, si nous n'avions tenu à suivre Moreau le jeune jusqu'au bout de son œuvre.

L'exemplaire unique sur papier de Chine avec le triple état des figures, également sur Chine, dans un cartonnage de Bauzonnet a été vendu 84 fr., vente Renouard (1854, n. 1249), puis 500 fr., vente E. Gautier. Renouard avait un autre exemplaire de même reliure (n. 1248 : 173 fr.) avec le triple état des figures, plus l'avant-lettre sur satin. En maroquin brun de Lortic, il a été revendu 1,400 fr., vente Maas (1882, n. 116).

Sur grand papier vélin, demi-reliure, non rogné, figure en double état (avant la lettre sur Chine et avec la lettre grise sur papier blanc) 390 fr., vente E. Martin (n. 177).

Sur grand papier vélin, avec les avant-lettre et les eaux-fortes, autres pièces ajoutées, maroquin bleu de Trautz, collection James de Rothschild (n. 433).

FABRE D'OLIVET. — Azalaïs et le gentil petit Aimar, histoire provençale. *A Paris, Chez Maradan,* an VII. 3 vol. in-8. (De 10 à 15 fr.)

5 figures non signées.

FAERNE (Gabriel). — Cent Fables choisies des anciens auteurs, mises en vers latins par Gabr. Faerne, et traduites en vers par M. Perrault, avec de nouvelles figures en taille-douce. *A Londres, Chez Guill. Darres et Claude du Bosc,* 1743. In-4. (De 18 à 20 fr.)

100 vignettes non signées.

FAGAN. — Théâtre de M. Fagan et autres œuvres du même auteur. *A Paris, Chez Duchesne,* 1760. 4 vol. in-12. (De 12 à 15 fr.)

1 très joli frontispice par Durand, gravé par Baquoy, et 4 fleurons par Eisen et Hallé, gravés par Fessard.

— La Servante justifiée, opéra-comique, par MM. Favart et Fagan, etc., nouvelle édition. *A Paris, Chez Duchesne,* 1760. In-8. (De 8 à 10 fr.)

Un beau portrait de Mme Favart par Garand, gravé par Chenu.

FALLET. — Le Phaëton, poème héroï-comique en 6 chants, imité de l'allemand de M. Zacharie. *A Utrecht et Paris, Chez Costard,* 1775. In-8. (De 18 à 20 fr.)

1 figure par Desrais, gravée par Chatelain.

— Aventures de Chéréas et de Callirhoë, traduites du grec de Chariton. *A Paris,* 1775. 2 parties gravées in-8. (De 30 à 40 fr.)

8 belles figures par Desrais, gravées par Chatelain et Marchand.
Les huit dessins originaux de Desrais ont fait partie de la collection Rodrigues.

— Mes Bagatelles, ou les Torts de ma jeunesse, recueil sans conséquence, etc., par M. Fallet, auteur de la traduction des Aventures de Chéréas et Callirhoë. *A Londres et à Paris, Chez Costard,* 1776. Gr. in-8. (De 10 à 15 fr.)

2 figures par Desrais, gravées par Chatelain et Marchand.
Ces poésies stupides, dit Cohen, sont parfaitement dénommées *Torts de ma jeunesse.*

FARDEAU. — Le Mariage à la mode, Comédie en un acte et en vers. *A Paris, chez la veuve Duchesne,* 1782. In-8. (De 5 à 6 fr.)

1 figure par Desrais, gravée par Bonvallet.

FAUJAS DE SAINT-FOND. — Description des expériences de la machine aérostatique de MM. de Montgolfier... *Paris,* 1783. In-8. (De 40 à 50 fr.)

XL-299 pp., 3 ff. n. ch., plus 9 figures dont 1 frontispice.
9 figures dont 1 frontispice dessiné par Lorimer, gravé par de Launay, 7 sont gravées par Sellier, 1 est non signée.

— Première suite de la description. *Paris,* 1784.

5 figures, les 3 premières de Lorimier, gravées par De Launay, les autres non signées.
On rencontre assez rarement la seconde partie, mais la première est fort commune. Aussi trouvons-nous peu justifiées des enchères récentes de 40 et 50 francs pour la première partie seule en méchante demi-basane moderne.

FAUX-RAVISSEUR (Le), ou les Caravanes galantes du chevalier d'Abbeville, par M. H. Le M. *A Paris, Chez Le Prieur,* an II. 2 vol. in-18. (De 6 à 8 fr.)

2 figures non signées.

FARIN (Fr.). — Histoire de la Ville de Rouen. Divisée en six Parties. Troisième édition..., Par un Solitaire & revûë par plusieurs personnes de mérite. *A Rouen, Chez Louis du Souillet*, 1731. 2 vol. in-4. (De 30 à 40 fr.)

Tome I : 7 ff. n. ch., 1 plan, 192 pp., 2 ff. n. ch., 176 pp., 1 f. n. ch., 186 pp.
Tome II : 3 ff. n. ch., 174 pp., 1 f. n. ch., 160 pp., 1 f. n. ch., 152 pp.

En tout, un plan de Rouen gravé par Gaspard de Baillieul et 2 fleurons signés P. LS., l'un en tête de l'épitre, l'autre à la p. 1 de la 1re partie.

Les deux premières éditions avaient paru en 1668 et 1710. La deuxième fut revue par le chapelain Jean Le Lorrain, la troisième par le chartreux Dom Ignace. Voy. le *Catal. J. de Rothschild*, n. 2337.

FAVART. — L'Amitié à l'épreuve, comédie en deux actes, mêlée d'ariettes, tirée des Contes moraux de M. Marmontel, etc., etc. *A Paris, Chez la veuve Duchesne*, 1771. In-8. (De 8 à 10 fr.)

1 figure par Gravelot, gravée par Simonet.
La musique est de Grétry.

— La Bohémienne, comédie en deux actes, traduite de la Zingara. *A Paris, Chez Prault*, 1755. In-8. (De 15 à 20 fr.)

Jolie figure par Boucher, gravée par Le Bas.

— Le Caprice amoureux, ou Ninette à la Cour, comédie en deux actes. *A Paris*, 1755. In-8. (De 10 à 12 fr.)

1 jolie figure gravée par Lebas d'après Boucher.
Autre édition, Paris, 1769, avec la même figure.

— Cythère assiégée, opéra-comique en un acte, représenté à Bruxelles, pour la première fois, le 7 juillet 1748, par les comédiens de S. A. S. M. le comte de Saxe. S. l. (Paris), 1748. In-8. (De 40 à 50.)

1 fleuron par Boucher, gravé par Chedel, 1 frontispice par Boucher, gravé par Cochin et Ingram, et 1 vignette non signée.
Le frontispice représente *Renaud et Armide*, figures, dit Jombert, allégoriques des amours de Mme Favart et du maréchal de Saxe.

— Isabelle et Gertrude, ou les Sylphes supposés, comédie en un acte mêlée d'ariettes, musique de Blaise. *A Paris, Chez la veuve Duchesne*, 1765. In-8. (De 20 à 25 fr.)

6 figures de Quéverdo, Marie Quéverdo et Thérèse Martinet, gravées par les mêmes.

— Les Nymphes de Diane, opéra comique du Sr Favart, représenté pour la première fois le premier juin 1747 sur le grand théâtre de Bruxelles, par les comédiens de S. A. S. M. le comte de Saxe. S. l. (Paris), 1748. In-8. (De 25 à 30.)

Fleuron par Boucher, gravé par Chedel; 2 vignettes, l'une par Boucher, gravée par Cochin fils, l'autre par Cochin, gravée par Chedel, et 1 frontispice par Cochin, gravé par Chedel.
Jombert nous apprend que le frontispice fut refait par Cochin sur un dessin de Boucher qui fut considéré comme trop indécis pour pouvoir être gravé.
La vignette de la dédicace au maréchal de Saxe représente des amours jouant avec des armes et cette devise : *Ludunt in armis*.

— Les Moissonneurs, comédie en trois actes et en vers, meslée d'ariettes; dédiée à Monseigneur le duc de Choiseul. Représentée pour la première fois par les Comédiens Italiens Ordinaires du Roi, le 27 Janvier 1768. Par M. Favart. La musique est de M. Duni. *A Paris, Chez la Veuve Duchesne*, 1768. In-8. (De 20 à 25 fr.)

1 f. n. ch., 88 pp., 2 ff. n. ch., plus 3 figures, une de Borel et deux d'Eisen, gravées par Legrand et de Ghendt.
En maroquin rouge ancien aux armes, collection Schuhmann.
Il existe encore pour *Les Moissonneurs* une suite de 6 figures dessinées et gravées par Martinet.
La même suite se retrouve dans une traduction de la pièce en hollandais. Amsterdam, 1785. In-8.

— Soliman second ou les Sultanes, comédie en trois actes et en vers. *A Paris, Chez Duchesne*, 1762. In-8. (De 10 à 12 fr.)

1 figure par Gravelot, gravée par Le Mire.

Quelques exemplaires de cette comédie ont la dédicace au maréchal de Saxe ornée d'une vignette de Cochin, terminée par Ingram. Jombert dit qu'on y a substitué plus tard les armes du maréchal de Richelieu.

— Théâtre de M. Favart, ou Recueil Des Comédies, Parodies & Opéra-Comiques, qu'il a donnés jusqu'à ce jour, Avec les Airs, Rondes & Vaudevilles notés dans chaque Pièce. *A Paris, Chez Duchesne*, 1763-1772. 10 vol. in-8. (De 100 à 150 fr.)

Contient le portrait de Favart gravé par Littret, d'après le pastel de Liotard, au tome I; celui de Mme Favart par Cochin, gravé par Flipart, au tome V; 8 fleurons sur les titres par Eisen et Cochin, gravés par Aliamet, Chedel, Fessard, Lemire, de Longueil et Sornique, et 11 très belles figures par Borel, Boucher, Cochin, Eisen et Gravelot, gravées par Aliamet, Chedel, Cochin, de Ghendt, Lebas, Legrand, Lemire et Simonet.

Les deux portraits de Favart et de Mme Favart, *la fée gentillesse* du maréchal de Saxe, sont intéressants et bien gravés. Les deux derniers volumes sont imprimés sur papier moins beau et le tome IXe n'a pas de figures.

Les pièces formant ce recueil sont toutes en éditions séparées, avec pagination distincte, Duchesne s'étant borné à faire graver des figures et imprimer les feuillets liminaires.

En maroquin rouge (tome I-VIII) aux armes de Louis XV, collection James de Rothschild (n. 1335); voy. au *Catalogue* par M. Picot, la collation détaillée de cet exemplaire.

FAVART, comtesse de TURPIN, BOUFFLERS, GUILLARD et VOISENON. — La Journée de l'Amour, ou Heures de Cythère. *A Gnide*, 1776. In-8. (De 50 à 60 fr.)

XIV pp., 1 f. n. ch., 165 pp., plus 4 figures.

Contient 4 figures et 8 culs-de-lampe par Taunay, gravés par Macret, Michel et Pruneau.

Le seul volume illustré par le peintre Taunay. Les figures sont gracieuses. Cet ouvrage est le produit d'une société littéraire dite *de la Table ronde*.

Il a paru aussi sous le titre : Triomphe de l'amour ou Heures de Cythère. *A Gnide*, 1783. In-8. (De 20 à 30 fr.)

FAVART (Madame). — Annette et Lubin, comédie en un acte, en vers, mêlée d'Ariettes et de Vaudevilles par Mme Favart et M***. *A Paris, Chez Duchesne*, 1762. In-8. (De 50 à 60 fr.)

6 figures dont 3 par Quéverdo, gravées par Duhamel, Thérèse Martinet et Patas, 1 par Martinet, gravée par Thérèse Martinet, et 2 non signées. La première possède au bas la dédicace de Martinet à M. de la Ferté et ses armes.

Rare avec les figures.

Toutes ces suites de figures de Martinet et Quéverdo pour les opéras-comiques de Favart, Sedaine, etc... semblent avoir été faites pour y être placées facultativement. On les retrouve aussi parfois dans les traductions hollandaises de ces pièces, ou non employées par cahiers de 6 figures.

FAVEROLLES (De). — Le Chevalier de Blamont, ou Quelques Folies de ma jeunesse. *A Paris, Chez Durosier*, an XI. 3 vol. in-12. (De 8 à 10 fr.)

Un portrait et 2 frontispices gravés, non signés.

Ouvrage de la baronne de Meré publié sous un pseudonyme.

— Les Forces mystérieuses ou l'Amour alchimiste. *A Paris, Chez l'auteur*, an IX. 4 parties en 1 vol. in-12. (De 15 à 20 fr.)

4 jolies figures de Binet.

FAVEURS (Les) et les Disgrâces de l'Amour, ou les Amans trompés et malheureux. *A Bruxelles, Chez Dujardin et à Paris, Chez Defer de Maisonneuve*, 1788. 3 vol. in-12. (De 12 à 15 fr.)

6 figures non signées.

FAVRE (De). — Les Quatre Heures de la Toilette des Dames, poëme érotique en quatre chants, Dédié à Son Altesse Sérénissime Madame la Princesse de Lamballe, Chef du Conseil &

Surintendante de la Maison de la Reine. Par M. de Favre, de la Société Littéraire de Metz. *A Paris, Chez Jean François Bastien, Libraire,* 1779. Grand in-8. (De 200 à 250 fr.)

6 ff. n. ch., et 84 pp., plus 1 frontispice et 4 figures.

Contient un titre-frontispice, 1 vignette, 4 figures et 4 culs-de-lampe par Leclerc, gravés par Arrivet, Halbou, Legrand, Leroy et Patas.

Belles illustrations, bien qu'un peu lourdes; les culs-de-lampe sont superbes. Celui du 3e chant, qui passe pour représenter la tête coiffée de plumes de la princesse de Lamballe, est particulièrement curieux, à cause de la fin tragique de cette dame.

On signale, pour la dernière figure, une eau-forte découverte.

Le dessin original du frontispice et celui de la vignette d'armoiries, ont fait partie de la collection du baron Portalis.

Un exemplaire en papier de Hollande, aux armes de la duchesse d'Orléans, 120 fr. en maroquin rouge, vente du roi Louis-Philippe (I, n. 1162), acheté par le marquis d'Hertford.

En demi-reliure de Lortic, non rogné, 195 fr., vente E. Martin (n. 271); en maroquin bleu de Hardy, papier de Hollande, 23 fr., vente La Bédoyère (1862, n. 1052) revendu 239 fr., vente Béhague (n. 691); en demi-reliure, non rogné, 100 fr., vente Müller (n. 111); cartonné non rogné, avec le rarissime tirage hors texte de la vignette, 120 fr., vente Guyot de Villeneuve (n. 450).

Le même livre avec les mêmes figures. *A Paris, et se vend à Genève, chez J.-E. Didier,* 1780. Grand in-8.

FÉLIBIEN (D. Michel). Description de l'Eglise Royale des Invalides à Paris, 1706. In-fol. (De 25 à 30 fr.)

Frontispice, fleuron sur le titre, 29 vignettes et culs-de-lampe.

En maroquin rouge ancien aux armes royales, ex-libris du prince de Turenne, 70 fr., vente Ch. Cousin (n. 170).

— Description de la Grotte et des Fontaines de Versailles. *A Paris, De l'Imprimerie Royale,* 1779. In-fol. (De 80 à 100 fr.)

48 planches, gravées par Le Pautre et autres.

En maroquin rouge ancien, aux armes de Louis XVI, collection Ferdinand de Rothschild.

— Statues et bustes antiques des Maisons Royales. *A Paris, De l'Imprimerie Royale,* 1779. In-fol. (De 100 à 150 fr.)

96 planches gravées par Le Pautre, Audran, Baudet et autres.

En maroquin rouge ancien, aux armes royales, collection Ferdinand de Rothschild.

— Histoire de l'Abbaye Royale de Saint-Denys en France, Contenant la Vie des Abbez qui l'ont gouvernée depuis onze cens ans : les Hommes Illustres qu'elle a donnez à l'Eglise & à l'Etat : les Privilèges accordez par les Souverains Pontifes & par les Evêques : les Dons des Rois, des Princes & des autres Bienfacteurs. Avec la Description de l'Eglise & de tout ce qu'elle contient de remarquable. Le tout justifié par des Titres authentiques & enrichi de Plans, de Figures & d'une Carte Topographique. Par Don Michel Felibien, Religieux Bénédictin de la Congrégation de Saint-Maur. *A Paris, Chez Frederic Leonard,* 1706. In-fol. (De 100 à 150 fr.)

16 ff. n. ch., 592 et CCXXIII pp., plus 12 ff., un frontispice gravé, une carte et 12 planches.

Contient un frontispice gravé par J.-B. de Poilly d'après une peinture de Boulogne le jeune, un joli fleuron non signé sur le titre, 13 vignettes dessinées par Hallé (7), Boulogne le jeune (3), Rubens (1), Oppenord (1) et un anonyme (1), gravées par Ph. Simonneau (5), Simonneau fils (5), C. Simonneau ainé (2) et B. Audran (1).

Dans le texte, p. 555, une gravure par Ph. Simonneau d'après Alexandre Le Blond. Carte gravée par Anselin, d'après Dumesnil-Voyer.

Les 12 planches ont été exécutées par Lucas, d'après Alexandre Le Blond (1), par Giffart d'après le même (3), par J.-B. de Poilly d'après le même (1), par Ph. Simonneau seul (1), par N. Guérard seul (4), par C. Simonneau d'après C. Le Brun (1) et par un anonyme (p. 545).

Un exemplaire sur grand papier, en maroquin rouge ancien, aux armes de Louis XIV, 191 fr., vente Solar, revendu 216 fr., vente Franchetti (1890, n. 306), aujourd'hui collection James de Rothschild (n. 2328).

— Description sommaire de Versailles ancienne et nouvelle, avec des figures. *A Paris, A. Chrétien*, 1703. In-8. (De 15 à 20 fr.)

En maroquin rouge ancien, aux armes du duc de Berry, 90 fr., vente Lignerolles (n. 3013), aujourd'hui dans la collection Ferdinand de Rothschild.

— Histoire de la Ville de Paris, composée par D. Michel Félibien, revue, augmentée et mise au jour par D. Guy-Alexis Lobineau. *A Paris, chez Guillaume Desprez et Jean Desessartz*, 1725. 5 vol. in-folio. (De 80 à 100 fr. et le double en grand papier)

Tome I : 11 ff. n. ch. et pp. 1-675, plus 1 grand plan et 6 planches.
Tome II : titre et pp. [697]-1544, plus LVI pp. (table) et 26 planches.
Tome III : CII et 819 pp.
Tome IV : 1 f. n. ch. et 839 pp.
Tome V : 1 f. n. ch. et 944 pp.

En tout, frontispice par Hallé, gravé par Simoneau, 3 vignettes par le même, gravées par N. Cochin et Simoneau, 5 grandes vues d'après nature, dessinées par Chaufourier, et gravées par Sanry, Duperons et Chaufourier, 32 planches de monuments et un plan de Paris, par Coquart.
Il existe des exemplaires en grand papier.
Voy. au *Catal. J. de Rothschild*, n. 2315, la description minutieuse d'un bel exemplaire en ancien maroquin rouge, avec la liste détaillée des dessinateurs et graveurs. Les 5 grandes vues n'y sont pas signalées.

FEMMES MILITAIRES (Les), relation historique par le C. D… (Rostaing de Saint-Jory). *A Paris, Chez Didot*, 1750. In-12. (De 8 à 10 fr.)

6 figures de Riquard gravées par Fessard.

FÉNELON.— Les Aventures de Télémaque, Fils d'Ulysse, par feu Messire François de Salignac de la Motte Fénelon, Précepteur de Messeigneurs les Enfants de France & depuis Archevêque-Duc de Cambrai, Prince du Saint-Empire, etc. Première Edition conforme au Manuscrit original. *A Paris, Chez Jacques Estienne* [ou *Ferdinand Delaulne*], 1717. 2 vol. in-12. (De 250 à 300 fr.)

Tome I : LVIII pp., 7 ff. n. ch., plus 1 portrait et 12 figures.
Tome II : 7 ff. n. ch., 478 pp., 1 f. n. ch., plus 1 frontispice 12 figures et une carte.

En tout 1 frontispice-portrait par Bailleul, gravé par Duflos ; 1 frontispice (pour le tome II), vignette et 24 figures par Bonnart, gravés par Giffart ou non signés, et carte géographique.
Édition donnée par le marquis de Fénelon et recherchée. C'est la première conforme au manuscrit original. Les beaux exemplaires en ancienne reliure sont très rares. L'exemplaire Grésy vendu 400 fr., en 1869 ; celui de Lebeuf de Montgermont (n. 664) 475 fr. en 1776 ; le très bel exemplaire de Longepierre en maroquin bleu de Pasdeloup, est chez M. de Montgermont ; il a figuré aux ventes Parison (n. 1233 : 1700 fr.), J.-Ch. Brunet (n. 433 : 2,200 fr.), La Roche Lacarelle (n, 338 : 5,050 fr.). Marquis (n. 342 : 5,100 fr.) et Sauvage (1898, n. 73 : 9,000 fr.)
Il existe une autre édition sous la même date et avec les mêmes figures, mais imprimée en plus petits caractères. Il y a deux parties, mais un seul faux-titre. Elle est moins recherchée.

En maroquin rouge de Capé, 300 fr., vente Béhague (n. 1027) ; en maroquin rouge de Trautz, 310 fr., vente Delbergue (n. 169).
En maroquin rouge ancien, doublé de maroquin rouge, collection James de Rothschild (n. 1674).

— Les Aventures de Télémaque, fils d'Ulysse, par feu messire François de Salignac de la Motte-Fénelon, etc., nouvelle édition, enrichi de figures en taille-douce. *A Paris, Chez Jacques Estienne*, 1730. 2 vol. in-4. (De 50 à 60 fr.)

Tome I : XXXIV-289 pp., plus 1 frontispice et 12 figures.
Tome II : 2 ff. n. ch., 288 pp., 1 f. n. ch., plus 12 figures et 1 carte pliée.

En tout 1 frontispice par Coypel, gravé par Tardieu, 1 vignette par le même, gravée

par Scotin, 24 figures par Cazes, Coypel, de Favanne, Humblot et Souville, gravées par Bacquoy, Beauvais, Cochin. Dupuis et Mathey, et une carte géographique.
Sur grand papier, en veau fauve ancien, 56 fr., vente E. Martin (n, 400).

— Aventures de Télémaque, fils d'Ulysse, *Impr. suiv. la copie de Paris, D. Barthélemy*, 1730. In-12. (De 8 à 10 fr.)

1 frontispice, 1 portrait et 24 figures dessinés et gravés par J.-A. Fridrich.

— Les Aventures de Télémaque, fils d'Ulysse, Par feu Messire François de Salignac, de la Mothe Fénelon, Précepteur de Messeigneurs les Enfants de France, & depuis Archevêque-Duc de Cambray, Prince du Saint-Empire. Nouvelle édition, Conforme au Manuscrit original, Et enrichie de Figures en taille-douce. *A Amsterdam, Chez J. Wetstein et G. Smith et Zacharie Chatelain. A Rotterdam, Chez Jean Hofhout.* 1734. In-folio, et in-4. (De 300 à 400 fr.)

Il importe de faire observer qu'il existe sous le même titre et la même date, avec les mêmes gravures deux éditions bien distinctes.

La première, de beaucoup, la plus rare, puisqu'elle ne fut tirée qu'à 150 exemplaires est de format in-folio, avec le texte encadré. La plupart des exemplaires s'arrêtent à la page 395; certains contiennent de plus, comme l'explique Brunet, les pièces suivantes qu'on a généralement supprimées, la première ayant parue séditieuse :

1° *Examen de conscience pour un Roi*, 40 pp.
2° *Récit de la vie de Fénelon*, 43 pp.
3° *Chapitre de la généalogie de Fénelon*, 8 pp.
4° *Liste des ouvrages de Fénelon*, 10 pp.
5° *Mémoire concernant madame Guyon*, 3 pp. à 2 colonnes.

L'édition in-4 beaucoup moins rare, n'a pas le texte encadré : en voici la collation : 2 ff. n. ch., XXVII-424 pp., plus 1 frontispice, 1 portrait et 24 figures.

On attachait autrefois une grande importance à la présence d'une *Ode* qui occupe les pp. 419-424 de l'édition in-4. En réalité cette pièce se rencontre dans tous les exemplaires.

Les deux éditions contiennent 1 frontispice par Picart, gravé par Folkéma; 1 fleuron sur le titre par L. F. D. B. (Dubourg), gravé par Tanjé; 1 portrait de Fénelon, gravé par Drevet, d'après Vivien; 24 figures par Debrie, Dubourg et Picart, gravées par Bernaerts, Folkéma, V. Gunst et Surugue; 24 vignettes par Dubourg, gravées par Duflos, Folkéma et Tanjé, et 21 culs-de-lampe par Debrie et Dubourg, gravés par Duflos et Schenk.

Dès 1810, un très bel exemplaire de l'édition encadrée, avec les feuillets additionnels, en maroquin bleu avec pièces ajoutées, dont 5 avant-lettre des figures de Folkéma a été payé 506 fr., vente Caillard (n. 1564) revendu 305 fr., vente La Bédoyère (1837, n. 959); il est passé en Angleterre.

De format in-fol., exemplaire rouge de Cuzin, 225 fr., vente Daguin (n. 464); en maroquin rouge ancien, texte encadré, 1,680 fr., vente Werlé (n. 278); en maroquin rouge ancien, in-4, 950 fr., vente Werlé (n. 279); un autre, 615 fr., vente Salvert Bellenave (n. 247).

Un magnifique exemplaire en maroquin vert avec riches dentelles, aux armes de Bernard de Rieux, 1,000 fr., vente du comte de la Béraudière (1885, n. 1025).

Un autre, non moins beau, texte encadré, relié par Derôme le Père en maroquin bleu à dentelles, se trouve au Musée Dutuit (n. 479); il provient des ventes La Vallière (1784, n. 4156 : 559 fr.), Anisson-Duperron (1795, n. 129 : 10,000 fr. en assignats), d'Ourches (n. 1014 : 360 fr.) et Pixerécourt (n. 1336 : 301 fr.).

L'édition de Leyde, 1761, a les mêmes gravures que celle-ci, mais en épreuves usées. Les pièces supprimées y ont été réimprimées. Cette édition existe aussi in-folio et in-4.

— Les Aventures de Télémaque, fils d'Ulysse. Par feu Messire François de Salignac de la Motte Fénelon. *A Londres, chez R. Dodsley*, 1738. 2 vol. in-8. (De 100 à 120 fr.)

Joli portrait de Vivien gravé par Scotin, et 24 figures de Scotin, Picart, Debrie et Dubourg, gravées par Scotin et Fourdrignier.

Réduction des figures de l'édition de 1734.

En maroquin rouge de Bradel Derôme, 111 fr., vente Nodier (1844, n. 784) revendu 760 fr., vente Turner (n. 462).

En maroquin rouge de Padeloup, 750 fr.; vente Lignerolles (n. 1759).

— Les Aventures de Télémaque, nouvelle édition conforme au manuscrit original. *A Paris, Chez Théodore Legras*, 1755. 1 vol. in-12. (De 10 à 15 fr.)

1 frontispice, 24 figures et une carte gravés par J.-B. Le Bas.

— Aventures de Télémaque, etc... *A Lauzanne, Chez Grasset*, 1762. 2 vol. (De 15 à 20 fr.)

1 frontispice et 24 vignettes en-têtes de pages gravés par Fessard, d'après Monnet.

— Aventures de Télémaque. *Genève*, 1777 (Cazin). 2 vol. in-18. (De 5 à 6 fr.)

Portrait de l'auteur en médaillon, gravé par de Launay d'après Vivien, et une vignette en tête signée B. sc.

— Les Aventures de Télémaque, fils d'Ulysse, par M. de Fénelon, archevêque-duc de Cambrai, etc., gravées par Drouët. *A Bruxelles*, 1776. In-4. (De 25 à 30 fr.)

Les trois premiers livres seuls.
En maroquin gris de Cuzin, 260 fr., vente Daguin (n. 465).
Pour les figures, voyez l'article suivant.

— Les Aventures de Télémaque, fils d'Ulysse, par M. de Fénelon, archevêque de Cambrai, gravées par Drouët. *A Paris, Chez Drouët*, 1781. In-4. (De 60 à 80 fr.)

Texte gravé, 1 titre gravé, 1 frontispice par Cochin, gravé par Le Mire, 1 fleuron sur le titre par Eisen, gravé par Ponce, 6 figures par Cochin, gravées par de Launay, Prévost, Saint-Aubin et Simonet, 6 vignettes et 5 culs-de-lampe par Eisen, Moreau et Le Barbier, gravés par Gaucher et Ponce.

C'est le premier volume seul, contenant les livres I-VI. L'ouvrage qui aurait été fort beau et dont ce spécimen est remarquablement soigné comme gravure, devait avoir 4 volumes et contenir 25 grands sujets de Cochin, et une vignette et un cul-de-lampe à chaque chapitre par Le Barbier.

Il existe quelques épreuves d'essai des vignettes en tirages à part.

Les figures de Cochin avant la lettre et presque toutes leurs eaux-fortes se trouvaient dans l'exemplaire de Renouard.
M. Henri Beraldi possède un bon exemplaire en maroquin rouge ancien.
On signale un des dessins de Cochin à la sanguine dans la collection Arthur Duparc et un autre dans la collection Olry-Roederer à Reims.

— Les Aventures de Télémaque, fils d'Ulysse, par M. de Fénelon. Imprimé par ordre du roi pour l'éducation de Monseigneur le Dauphin. *Paris, de l'imprimerie de P. A. Didot l'aîné*, 1783, 2 vol. in-4, papier vélin. (De 100 à 150 fr.)

Tome I : 4 ff. n. ch., pp. 1-312.
Tome II : 2 ff. n. ch., pp. 313-613.

On y trouve ajouté quelquefois, un frontispice portant : *les Aventures de Télémaque, fils d'Ulysse*, gravées d'après les desseins (sic) de Charles Monnet, peintre du Roy, par Jean-Baptiste Tilliard. Paris, chez l'auteur, 1773, et 72 figures et 24 planches avec le texte des sommaires des chants, gravés et ornés de culs-de lampe.

Les gravures sont assez belles, mais les culs-de-lampe qui ornent les sommaires leur sont bien supérieurs.
L'édition fut tirée à 200 exemplaires.

En maroquin rouge de Derome, avec la suite de Tilliard, 1,410 fr., vente Lebeuf de Montgermont (n. 665).

La suite de Tilliard, gravée dix ans auparavant, se vendait à part et on l'ajoutait facultativement à cette édition. Elle est fort rare avant la lettre. Il existe un second titre pour le tome II, avec portrait en médaillon de Fénelon.

M. Henri Beraldi possède les eaux-fortes reliées à part par Cuzin, en maroquin rouge, doublé de maroquin bleu.

Les 72 grands dessins originaux de Monnet à la sépia et les 24 dessins de culs-de-lampe orné, vente Renouard (n. 1994). 241 fr., figurent actuellement dans la collection James de Rothschild (n. 227).

— Les Aventures de Télémaque, par Fénelon (Paris), *De l'Imprimerie de Monsieur*, 1785. 2 vol. grand in-4, papier vélin. (De 100 à 120 fr.)

Tome I : 3 ff. n. ch., 309 pp., plus 1 titre, 36 figures et 12 planches.
Tome II : 2 ff. n. ch., 297 pp., 1 f. n. ch. plus 36 figures et 12 planches.

En tout 1 titre-frontispice gravé par Montulay, 72 gravures d'après Monnet gravées par Tilliard et 24 planches ornées de culs-de-lampe contenant les sommaires.

Sur les titres sont les armes de Monsieur, gravées sur bois d'après Choffard.

Belle édition faite pour contenir la suite des figures de Monnet et Tilliard. Il existe des exemplaires avec les figures avant la lettre, sauf celles pour les deux premiers livres, qui n'ont pas été tirées ainsi. tel le superbe exemplaire de la collection du duc de Chartres, relié par Derôme en maroquin rouge à larges dentelles, payé 15,000 fr., le 5 avril 1880 (n. 452).

L'exemplaire en maroquin rouge contenant les dessins originaux de Monnet, 395 fr., vente Détienne (1807, n. 671).

Un autre bel exemplaire, relié en maroquin vert par Bradel et contenant 24 dessins inédits de Le Barbier à la sépia (exécutés pour sa fille Mme Bruyère et provenant de la vente de celle-ci), la suite des figures avant la lettre et diverses pièces, 8,100 fr., vente E. Martin (n. 403) et revendu 4,900 fr., vente Delbergue-Cormont (n. 170). Nous le retrouvons à vendre pour 6,500 fr. dans un catalogue à prix marqués de Porquet, puis à la vente du 2 mai 1887 (n. 141).

On trouve aussi des exemplaires avec la suite des 24 figures de Moitte, gravées au lavis par Parisot, qui avait été commandée par les éditeurs, le papier de la suite de Tilliard s'harmonisant mal avec celui de l'édition. On trouve cette suite habilement coloriée à la gouache. En cette condition, tiré sur grand papier fort, en maroquin rouge signé de Derôme, exemplaire de Tilliard, 610 fr., vente E. Martin, (n. 402); un autre, en maroquin rouge de Kalthoeber, aussi avec les figures gouachées, 400 fr., vente R. Portalis (février 1878, n. 110), puis vente Piet (n. 299), en maroquin rouge ancien, 310 fr., même vente (n. 111); en maroquin rouge à dentelles, 680 fr., vente Béhague (n. 1029).

En veau ancien, 300 fr., vente Daguin (n. 466); en maroquin rouge de Derôme, papier vélin, 400 fr., vente Massicot (n. 537); en maroquin rouge ancien à large dentelle, 1,400 fr., vente Sardou (n. 210) aujourd'hui chez M. Louis Cartier.

M. Henri Beraldi possède un exemplaire en maroquin bleu de Bozérian, contenant les figures avant la lettre.

On en tira quatre exemplaires sur peau de vélin.

Un de ceux-ci, en maroquin rouge de Bozérian, figures de Moitte gouachées, 800 fr., vente Delbergue (n. 171); un deuxième, vendu 2,000 fr., chez Didot jeune (1796, n. 692) et 1,021 fr., chez Lamy (1807, n. 3892) est à la Bibliothèque nationale; le troisième provenant de la vente Mac Carthy (1817, n. 3365 : 2,000 fr.) fut donné en 1836 au Fitzwilliam Museum à Cambridge; le quatrième en maroquin rouge à dentelle a passé à la vente Werlé (n. 281 : 1,510 fr.).

— Aventures de Télémaque. Très jolie suite de 18 pièces in-4 en largeur, dessinées par Monnet, Cochin et Boucher et gravées par de Mouchy et Patas. (De 200 à 250 fr.)

La plupart de ces jolies pièces *en travers* sont dédiées à la marquise de Villette, dame de Ferney-Voltaire, sauf les deux pièces de Cochin, dédiées à Wille et les pièces un peu plus grandes de Boucher, qu'on y ajoute. Les bonnes épreuves doivent avoir les armes et la dédicace.

On peut joindre encore à ces estampes, quelques compositions de Borel sur les mêmes sujets.

— Les Aventures de Télémaque, fils d'Ulysse, par M. de Fénelon; avec figures en taille-douce dessinées par MM. Cochin et Moreau le jeune. *A Paris, De l'Imprimerie de Monsieur,* 1790, 2 vol. grand in-8, sur grand papier vélin. (De 60 à 70 fr.)

Tome I : 2 ff. n. ch., VIII pp., 2 ff n. ch., 426 pp., plus 1 frontispice et 3 figures.

Tome II : 3 ff. n. ch., 408 pp., plus 3 figures.

En tout 1 frontispice et 6 figures.

Les figures de Cochin ont déjà servi dans l'édition inachevée de 1781.

On a joint souvent à cette édition soit la suite des 24 figures de Marillier, soit celle des 25 figures par Moreau, avec 1 portrait par Delvaux que Renouard fit exécuter quelque temps après.

Les figures de ces deux suites existent en avant-lettre et à l'état d'eaux-fortes.

Un bel exemplaire relié par Thouvenin en maroquin rouge et contenant les deux suites, figures avant la lettre et eaux-fortes, plus les 24 dessins de Marillier à l'encre de Chine, 4,100 fr., vente Delbergue-Cormont (n. 172). Il est ensuite coté 5,500 fr. dans un catalogue Porquet, puis à la vente du 2 mai 1887 (n. 142).

En demi-reliure d'Alló, avec les 2 suites, 91 fr., vente Daguin (n. 467); avec la suite de

Moreau en deux états (en avant-lettre à pleines marges et en eaux-fortes sur papier rose), maroquin rouge de Capé, 330 fr., vente E. Martin (n. 405); en maroquin rouge de Cuzin avec les 2 suites en avant lettre et la suite de Moreau aussi avec la lettre, 310 fr., vente R. Lion (n. 223).

Dans l'exemplaire du comte de Sauvage (1880, n. 236 : 5,100 fr.) en maroquin rouge d'Alló, étaient ajoutées de nombreuses pièces, notamment 85 dessins inédits de Richard van Orley.

— The Adventures of Telemachus son of Uleises, from the French of messire François Salignac de la Motte-Fénelon, archbishop of Cambray, in twenty-four books, a new translation revised by F. Fitzgerald esq. *London printed for C. Taylor*, 1792. In-4. (De 25 à 30 fr.)

2 portraits sur le titre et 24 figures.

— Les Aventures de Télémaque, fils d'Ulysse. *A Maestricht, Chez Roux*, 1793. (De 25 à 30 fr.)

1 portrait de Fénelon gravé par Tardieu, 1 vignette, 24 figures non signées et 1 carte géographique.

— Les Aventures de Télémaque, fils d'Ulysse par M. de Fénelon. Avec vingt-cinq Figures dessinées par Marillier, et gravées sous sa direction par les meilleurs artistes. *A Paris, De l'imprimerie de Crapelet (Chez Deterville)*, an IV, 1796. 2 vol. in-8, papier vélin. (De 30 à 40 fr.)

Tome I : 2 ff. n. ch. LXXIX-320 pp., plus 12 figures.
Tome II : 2 ff. n. ch., 441 pp., 1 f. blanc, plus 12 figures.

En tout 24 figures par Marillier, gravées par Baquoy, Dambrun, Dupréel, Delvaux, de Ghendt, Langlois jeune, Masquelier, Patas, Pauquet et Ponce, plus un portrait par Vivien, gravé par Hubert.

Il a été tiré de cet ouvrage, 200 exemplaires sur grand papier vélin, renfermant les avant-lettre et quelquefois les eaux-fortes.

En veau ancien, grand papier, figures avant la lettre, 120 fr., vente Daguin (n. 468).

Sur papier vélin, en maroquin rouge de Chambolle, les 2 suites (Marillier et Moreau) en avant-lettre et eaux-fortes, collection Henri Beraldi. Sur papier vélin, figures avant la lettre, maroquin rouge ancien, collection Schuhmann.

— Les Aventures de Télémaque, fils d'Ulysse, par François Salignac de la Motte Fénelon. *A Paris, de l'Imprimerie Didot l'aîné*, 1796. 4 vol. in-18. (De 40 à 50 fr.)

Le portrait de Fénelon d'après Vivien, gravé par Gaucher, et 24 ravissantes figures de Quéverdo, gravées par Dambrun, Delignon, de Launay, Gaucher et Villerey.

La suite de Quéverdo existe dans les exemplaires sur papier vélin in-18 ou grand raisin, format in-12, en trois états : avec la lettre, avant la lettre et eaux-fortes.

En grand papier vélin, avec les 3 états des figures, maroquin rouge par Cuzin, non rogné, 850 fr., à M. Eugène Wassermann, vente Daguin (n. 609) ; même papier, figure avant la lettre, pièces ajoutées, en maroquin rouge de Capé, 405 fr., vente E. Martin (n. 406) ; même papier, figures avant la lettre, en veau, 145 fr., vente R. Portalis (novembre 1878, n. 121) ; en maroquin citron de Bozérian, grand papier vélin, avant-lettre et eaux-fortes, 1,405 fr., vente Marquis (n. 345), aujourd'hui chez M. Henri Beraldi, qui possède aussi un magnifique exemplaire sur le même papier, en maroquin doublé de Cuzin, avec les 3 états des figures et les dessins originaux de Quéverdo. Sont-ce ces dessins ou ceux de Marillier que possédait, en 1890, le duc de Leuchtenberg, de Saint-Pétersbourg ?

Le prix primitif de cette publication était de 10 fr. en papier ordinaire, de 24 fr. en papier vélin et de 48 fr. sur grand raisin. (Ce dernier papier n'a été tiré qu'à 100 exemplaires).

— Les Aventures de Télémaque, fils d'Ulysse. Par François de Salignac de la Motte Fénelon. *A Paris, De l'Imprimerie de P. Didot l'aîné*, l'an IV..., 1796. 4 vol. in-18. (De 60 à 80 fr.)

Tome I : 2 ff. n. ch., 240 pp., plus 1 portrait et 6 figures.
Tome II : 2 ff. n. ch., 292 pp., plus 6 figures.
Tome III : 2 ff. n. ch., 248 pp., plus 6 figures.
Tome IV : 2 ff. n. ch., 260 pp., 2 ff. n. ch., plus 6 figures.

En tout, 1 portrait par Delvaux et 24 charmantes figures par Lefebvre, gravées par Delvaux, Godefroy, Simonet, Thomas et Trière.

Ces figures existent sur papier vélin avec la lettre et avant la lettre, et sur grand papier vélin, in-12 (tiré à 200 exemplaires), avec les figures avant la lettre, et les eaux-fortes.

Le prix de publication était de 24 fr. en papier ordinaire et de 48 fr. sur grand raisin.

L'exemplaire de la vente E. Martin en grand papier vélin, 405 fr. (n. 406).

Les dessins originaux de Lefebvre fort jolis, placés dans un exemplaire sur vélin du Télémaque de 1802, sont chez M. Adolphe Bordes (Cf. *infra*).

L'exemplaire de Lord Carnarvon (n. 73; Bull. *Morgand* II, 6, n. 239 : 1,200 fr.) aujourd'hui chez M. Schuhmann, en maroquin bleu de Masson-Debonnelle, renferme les deux suites (Lefebvre et Queverdo) en double état (avant-lettre et eaux-fortes), plus un dessin de Monnet et trois épreuves d'état retouchées à la mine de plomb par Lefebvre lui-même. Cet exemplaire paraît avoir eu comme base un de ceux du comte de Mosbourg.

Avec les deux suites en avant-lettre et eau-forte, en maroquin rouge de Lortic, 250 fr., vente Grésy (n. 237) revendu 2.500 fr., vente Paradis (n. 490) aujourd'hui dans la collection James de Rothschild (n. 1676).

— Les Aventures de Télémaque. *Paris*, 1797. 4 vol. in-18. (De 12 à 15 fr.)

4 figures par Binet, gravées par Blanchard.

— Les Aventures de Télémaque, fils d'Ulysse, par Fénelon, avec des notes et 25 figures en taille-douce. *A Paris, Chez Ancelle*, 1798. 2 vol. in-4. (De 15 à 20 fr.)

Les figures de médiocre exécution, ne sont point signées ; elles sont gravées d'après Monnet.

— Les Aventures de Télémaque, suivies d'Aristonoüs. *A Paris, Chez A.-A. Renouard*, 1802. 2 vol. in-12. (De 5 à 6 fr.)

C'est dans cette édition que Renouard intercalait souvent la suite de figures qu'il commanda à Moreau en 1809. Les dessins originaux, accompagnés des figures avant la lettre, des eaux-fortes et d'une dizaine d'autres pièces, dont des contre-épreuves, 6,900 fr. vente Delbergue-Cormont (n. 36); ils provenaient des ventes Renouard (1854, n. 1995 : 500 fr.) et Hochart (1869, n. 731).

Il y a des exemplaires en papier fin, et 2 exemplaires imprimés sur vélin.

L'un d'eux orné des dessins originaux de Lefebvre avec les avant-lettre et les eaux-fortes, en maroquin violet, 161 fr., vente Renouard (1854, n. 1992) passé ensuite chez Hochart (1869, n. 727), Tandeau de Marsac et Fontaine, puis revendu 4,000 fr., vente Delberge (n. 174) et passé chez Van Loo à Gand, se trouve aujourd'hui chez M. Adolphe Bordes.

24 esquisses de Lefèvre ont passé de chez Morel-Vindé (1823, 800 fr.) dans la collection du vicomte de Janzé.

— Nouveaux Dialogues des morts, avec des contes et fables composés pour l'éducation d'un prince, édition nouvelle. *A Amsterdam, Chez Wetstein*, 1719. 2 vol. in-12. (De 8 à 10 fr.)

12 frontispices dessinés et gravés par G. de Broen.

FENOUILLOT DE FALBAIRE. — L'Honnête Criminel, drame En cinq Actes & en vers. *A Amsterdam, Et se trouve à Paris, Chez Merlin*, 1767. In-8. (De 20 à 25 fr.)

4 ff. n. ch., VII-109 pp., plus 5 figures.

Contient 5 charmantes figures par Gravelot, gravées par Binet, Delaunay, Levasseur et Simonet.

Les dessins originaux de Gravelot, à la plume et à la sépia, en partie inédits, se trouvent à la Bibliothèque publique de Besançon (vente Morel-Vindé, n. 2359 : 70 fr.).

Des esquisses sont passé de la collection Piet dans celle de Sir David Salomons.

En maroquin rouge ancien, aux armes du maréchal de Beauvau, 155 fr., vente Daguin (n. 469) ; en maroquin rouge ancien aux armes de Mme de Sartine, avec corrections manuscrites de l'auteur, 296 fr., vente Sardou (n. 93) à M. Schuhmann.

L'exemplaire de M. Henri Beraldi, en maroquin doublé de Cuzin, contient la suite des eaux-fortes.

— L'Honnête Criminel ou l'Amour filial, Drame En cinq actes & en vers par M. Fenouillot de Falbaire. Seconde édition, Revue, corrigée & augmentée de l'Histoire du Héros de la Pièce. *A Amsterdam, et se trouve à Paris, Chez Merlin*, 1768. In-8. (De 8 à 10 fr.)

2 ff. n. ch., xviii-90 pp., plus 5 figures, les mêmes que dans l'édition précédente.

— Les Deux Avares, comédie en deux actes, en prose, mêlée d'ariettes ; Par M. de Falbaire. La musique est de M. Grétri. *A Paris, Chez Delalain*, 1770. In-8. (De 6 à 8 fr.)

viii-83 pp. et 1 f. n. ch., plus 1 charmante figure par Gravelot, gravée par de Longueil.

Il existe pour cette comédie une suite de six figures de Duclos et Quéverdo, gravées par Thérèse Martinet, Frussotte, etc...

— Le Fabricant de Londres, drame en cinq Actes et en prose. *A Paris, Chez Delalain*, 1771. In-8. (De 10 à 12 fr.)

xiv-116 pp., plus 5 très belles figures par Gravelot, gravées par Levasseur, de Longueil et Simonet.

Les dessins originaux de Gravelot, à la plume et à la sépia, se trouvent à la Bibliothèque publique de Besançon (Cf. *supra*). Des croquis pour cette pièce et pour l'*Honnête criminel*, provenant du marquis de Fourquevaulx, ont été cédés à L. Roederer par Emmanuel Bocher.

Relié en 1 volume, en maroquin rouge ancien, avec les deux pièces précédentes, beaux exemplaires sur papier de Hollande, 300 fr., vente R. Lion (n. 212); le même, ou un autre semblable, 425 fr., vente Sardou (n. 183), aujourd'hui collection Schuhmann. (Cet exemplaire est précédé d'un faux-titre *Œuvres de M. de Falbaire* et d'un autre f. n. ch. *A Sophie*, pièce de vers.

— Œuvres de M. Falbaire de Quingey. *A Paris, Chez la veuve Duchesne*, 1787. 2 vol. in-8. (De 8 à 10 fr.)

1 portrait par Cochin, gravé par Saint-Aubin et les 12 figures de Gravelot.

En maroquin rouge ancien, 350 fr., vente Béhague (n. 1504).

Existe aussi sur papier vélin.

FERRIOL (De). — Recueil de cent estampes représentant différentes nations du Levant, tirées sur les tableaux peints d'après nature en 1707 et 1709, par les ordres de M. de Ferriol, ambassadeur du roi auprès de la Porte, et gravés en 1712 et 1713, par les soins de M. Le Hay. *Paris, Cars*, 1714 ou *Jacques Collombat*, 1715. In-folio. (De 80 à 100 fr.)

100 planches gravées par Scotin, Haussard, Simoneau, etc...

FESTE D'APOLLO (Le), celebrate sul teatro di Corte nell'agosto del 1769, per le auguste seguite nozze tra il reale infante Don Ferdinando e la Reale archiduchessa infante Maria-Amelia. *Parma*, 1769. In-4. (De 15 à 20 fr.)

Frontispice dessiné et gravé par Martini ; 4 belles figures du même, gravées l'une par lui, les autres par Baquoy et Helman, 4 vignettes et 4 culs-de-lampe non signés.

Martini, l'un des meilleurs élèves de Le Bas, était de Parme.

FÊTE DE LA ROSE (La), poème. *Paris, Merlin*, 1768. In-8. (De 5 à 6 fr.)

1 figure par Touzé, gravée par L. Masquelier.

FÊTE DES BONNES GENS (La) ou les Mœurs champêtres. *A Paris, Chez Boulanger*, 1788. In-8. (De 8 à 10 fr.)

Frontispice gravé par Quéverdo.
Recueil de chansons.

FÊTES PUBLIQUES données par la ville de Paris à l'occasion du mariage de Mgr le Dauphin), les 23 et 26 février 1745. Gr. in-folio. (De 300 à 400 fr.)

18 pp. de texte gravé dans un encadrement historié ; beau frontispice d'Eisen gravé par De La Fosse, 1 grande composition de Ch. Hutin gravée par Le Bas et 15 grandes planches dont 8 doubles de Cochin fils, gravées par Cochin père et Cochin fils, (l'une est signée de Oubvrier) et 4 planches d'architecture (dont 2 doubles) avec cartouches ornés et 1 grand cul-de-lampe.

Très beau livre de fêtes auquel les grandes compositions de Ch. Nic. Cochin si habilement composées, donnent de l'intérêt, et où le travail de gravure de Cochin père et Cochin fils se trouve mêlé, le fils ayant généralement exécuté les eaux-fortes que terminait son père.

Les plus belles compositions sont :
Vue perspective de l'intérieur de la salle de la place Dauphine;
Vue perspective de la place de Louis-le-Grand;
Vue perspective de l'intérieur d'une des salles de la place Louis-le-Grand;
Vue perspective de la salle du Carrouzel;
Vue perspective de la salle du Bal, construite dans la cour de l'Hôtel-de-Ville.

En maroquin rouge de Padeloup aux armes de la Reine Marie Leczinska, 660 fr. vente Béhague (n. 353); en maroquin bleu à dentelles, aux armes de la Ville de Paris, 450 fr., vente R. Lion (n. 81).

Un très bel exemplaire richement enluminé et relié en maroquin rouge avec dentelles, par Padeloup aux armes de Mme Adélaïde de France, provenant de la vente Hamilton, *Bull. Morgand*, 3,500 fr., puis collection Parran; un autre, en maroquin vert, aux armes de Mme Victoire, 3,500 fr., *Bull. Morgand*, n. 9219; en maroquin rouge à dentelle, aux armes de la ville de Paris, 1,700 fr., vente Doistau (n. 36).

L'exemplaire de Marie-Antoinette, en maroquin rouge aux armes, est à la Bibliothèque nationale.

Trois beaux dessins de Cochin pour cette fête, provenant de la vente Tersan (1819, n. 694) et donnés par Martin au Roi Louis-Philippe, se trouvent au Musée du Louvre.

FÊTE PUBLIQUE donnée par la ville de Paris à l'occasion de mariage de Mgr le Dauphin avec la princesse Marie-Josèphe de Saxe le 15 février 1747. Gr. in-folio. (De 150 à 300 fr.)

Titre exécuté sur le dessin de François Blondel; grande composition allégorique inventée et dessinée par Michel-Ange Slodtz et gravée par J.-J. Flipart, 12 pages de texte gravé avec encadrements par L. Lorrain et autres et 1 cul-de-lampe par Babel, 5 planches de chars par Marvye, Le Mire et Tardieu, 1 grande vue perspective de la place Louis le Grand, signée A. Benoist inv., del. et sculp. et 1 planche de Danum, en tout 7 planches doubles.

La vue de la place Louis-le Grand (actuellement place Vendôme) avec ses nombreux personnages, pendant le défilé des chars, est des plus curieuses.

En maroquin rouge aux armes de la ville de Paris, 300 fr., vente Béhague (n. 354); même reliure 380 fr., vente Destailleur (1891, n. 270), et 1,700 fr., vente Doistau (n. 38).

FEUILLE SANS TITRE (La). In-4.

Journal publié à Amsterdam chez les Libraires associés à partir du 1er février 1779 et contenant des coiffures féminines. Nous avons vu les numéros 1 à 150 (1er février-30 juin 1779).

FICQUET. — Plusieurs amateurs ont réuni en volume la collection des charmants portraits exécutés par cet habile graveur, dont l'œuvre a été de nos jours cataloguée avec soin, par M. Faucheux.

Un des plus beaux œuvres ainsi formés était celui de Guyot de Villeneuve (n. 527 : 14,000 fr. à Rahir) relié en deux volumes, maroquin rouge et contenant 87 pièces dont huit non décrites par Faucheux.

FIELDING. — Histoire de Tom Jones, ou l'Enfant trouvé, traduction de l'anglois de Fielding (par La Place). *A Amsterdam aux dépens de la Compagnie*, 1750, 4 vol. in-12. (De 40 à 50 fr.)

Tome I : 2 ff. n. ch., xi-336 pp., plus 1 frontispice et 3 figures.
Tome II : 2 ff. n. ch., 344 pp., plus 4 figures.
Tome III : 2 ff. n. ch., 282 pp., plus 4 figures.
Tome IV : 2 ff. n. ch., 341 pp., plus 4 figures.

En tout 1 frontispice et 15 figures par Gravelot, gravées par Aveline, Chedel, Fessard et Pasquier.

Charmante illustration du meilleur temps de Gravelot. Ses figures ont été copiées par Punt, pour une édition d'Amsterdam parue sous la même date.

Les dessins de Gravelot, pour partie, collection Collette de Baudicour, puis chez le marquis de Chennevières, aujourd'hui chez Mme Édouard André; 4 dessins, 1,905 fr., vente Mahérault (n. 95) aujourd'hui collection Olry-Roederer; 5 croquis à la vente Andréossy en 1864.

Existe aussi sous la date de 1751 : *Londres, et se trouve à Paris chez Rollin fils*, 4 vol. in-12; sous cette date, en maroquin ancien, 100 fr., vente Béhague (n. 1224).

— Tom Jones, ou l'Enfant trouvé. Imitation de l'anglois De M. H. Fielding. Par M. de la Place. Quatrième édition, Revuë, corrigée et augmentée de la Vie de l'Auteur Anglois. *A Londres; Et se vend, à Paris, Chez Nyon*, 1767. 4 vol. in-12. (De 30 à 40 fr.)

Tome I : LVI-348 pp. plus 1 frontispice et 1 figure.
Tome II : 2 ff. n. ch. et 346 pp., plus 1 f. blanc et 3 figures.
Tome III : 2 ff. n. ch. et 296 pp., plus 2 figures.
Tome IV : 2 ff. n. ch., 372 pp. et 2 ff. n. ch. à la fin, plus 4 figures.

Un frontispice et 10 figures par Gravelot gravées par Pasquier (4), Fessard (4), Aveline (2) une des figures n'étant pas signée.
En maroquin rouge ancien, aux armes de Mme du Barry, bibliothèque de Bourges.
En maroquin vert de Derôme à large dentelle, aux armes de Fontette, collection Léon Michel-Lévy : est-ce l'exemplaire vendu 140 fr., vente Béhague (n. 1225) ?

— Tom Jones, ou l'Enfant trouvé, imitation de l'anglais par M. de La Place. *A Paris, Chez Imbert*, 1801. 4 tomes en 2 vol. in-18. (De 10 à 15 fr.)

9 figures de Borel, gravées par Delignon.
Il existe une autre suite de figures par Borel, in-8, dont celles-ci ne sont que les copies.

— Tom Jones, ou Histoire d'un enfant trouvé, par Fielding, traduction nouvelle et complète (par le comte de la Bédoyère), ornée de 12 gravures en taille-douce. *A Paris, Chez Firmin Didot*, 1833. 4 vol. in-8. (De 15 à 20 fr.)

Tome I : XV-376 pp., plus 4 figures.
Tome II : 2 ff. n. ch., 411 pp., plus 2 figures.
Tome III : 2 ff. n. ch., 356 pp., plus 3 figures.
Tome IV : 2 ff. n. ch., 444 pp., plus 3 figures.

En tout 12 figures par Moreau, gravées par de Villiers frères, Mariage et Simonet.
Existe en grand papier, figures avant la lettre. On connaît aussi les eaux-fortes. Cette traduction est du comte de La Bédoyère, l'amateur de livres bien connu. Son exemplaire avec les figures de Gravelot, relié en veau fauve par Trautz, vendu 121 fr. en 1862, (n. 1591). A la même vente, l'exemplaire renfermant les 12 dessins originaux de Moreau, les figures avant la lettre sur Chine, et plusieurs autres suites de gravures, a été adjugé à 560 fr. (n. 1592). Il est aujourd'hui dans la collection Rattier.

— Aventures de Joseph Andrews et de son ami Abraham Adam et traduites par une dame anglaise, (Desfontaines). *Amsterdam*, 1764. 2 vol. (De 10 à 15 fr.)

12 figures médiocres, non signées.

— Aventures de Joseph Andrews et de son ami Abraham Adams, écrites dans le goût des Aventures Don-Quichotte, publiées en anglois, par M. Fielding, et traduites en françois, à Londres, par une dame anglaise (par Desfontaine). *A Amsterdam, chez Barthélémi Vlam*, 1775. 2 vol. in-12. (De 8 à 10 fr.)

Les mêmes 12 figures que dans l'édition précédente.

En veau ancien, aux armes de Marie-Antoinette, 850 fr., vente Daguin (n. 470).

FIGURES DE LA PASSION de Notre Seigneur Jésus-Christ, accompagnées de réflexions propres à donner l'intelligence de ce mistère. *Se vend à Paris, chez Chereau*, s. d. (vers 1725). In-8. (De 25 à 30 fr.)

3 ff. lim. (titre et dédicace) et 35 ff. avec en-tête et l'explication au dessous. — Volume entièrement gravé. 35 vignettes en-têtes par Pacot (d'après S. Le Clerc ?)

En maroquin olive ancien, doublé tabis, 62 fr., vente Daguin (n. 471) : en maroquin rouge ancien, 145 fr., vente Destailleur (1891, n. 69).

L'exemplaire Dutuit (n. 21) est en maroquin rouge ancien.

FIÉVÉE. — La Dot de Suzette, ou Histoire de Mme de Senneterre, racontée par elle-même. *A Paris, Chez Maradan*, an VI. In-18. (De 10 à 15 fr.)

Jolie figure, non signée. Rare.
Contrefaçon sous la même date. Les caractères sont plus petits et la figure est en contre-partie, Mme de Senneterre étant à gauche et Suzette à droite.

FLAVIGNY (Vicomte de). — Correspondance de Fernand Cortez avec l'empereur Charles-Quint, sur la conquête du Mexique, traduite... *En Suisse, Chez les libraires associés*, 1779. In-8. (De 8 à 10 fr.)

Frontispice non signé.

FLEURETTES (Les) — *A Paris, chez Boismortier, Boivin et Leclerc. S. d.* (vers 1760). 3 parties grand in-8. (De 30 à 40 fr.)

Texte gravé, avec trois titres gravés et trois vignettes, non signés.

FLEURIMONT. — Médailles du règne de Louis XV. *Paris, s. d.* In-fol. Texte gravé. (De 20 à 25 fr.)

Frontispice dessiné par Le Moine, gravé par Cars, titre-dédicace gravé non signé et 78 planches de médailles.

FLORIAN (Jean-Pierre Claris de). — Collection complète des Romances d'Estelle, par M. de Florian. *A Paris, Chez Desnos, s. d.* In-18. (De 50 à 60 fr.)

12 très jolies figures non signées.
Ancienne collection du baron Jérôme Pichon.

— Don Quichotte de la Manche, traduit de l'espagnol de Michel de Cervantes. Par Florian; ouvrage posthume, orné de 24 figures. *A Paris, de l'imprimerie de P. Didot l'aîné*, an VII (1799). 6 vol. in-18. (De 80 à 100 fr.)

Pour cette édition voy. plus haut, col. 220.

— Eliezer et Nephtaly, poëme traduit de l'hébreu; suivi d'un dialogue entre deux chiens, nouvelle imitée de Cervantes. *A Paris, De l'imprimerie de Guilleminet*, an XI. In-18. (De 6 à 8 fr.)

2 ff. n. ch., 179 pp., plus 6 figures par Vignaud, gravées par de Launay.
Existe sur papier vélin.

— Estelle, roman pastoral, par M. de Florian, lieutenant-colonel de dragons, et gentilhomme de S. A. S. Monseigneur le duc de Penthièvre; de l'académie Françoise, de celles de Madrid, de Florence, etc. *Seconde édition. Paris, De l'imprimerie de Monsieur*, 1788. (De 12 à 15 fr.)

6 figures par Quéverdo, gravées par Dambrun, Delignon et de Longueil.
Existe sur papier vélin. Troisième édition, avec les mêmes figures : *A Paris, De l'imprimerie de P. Didot l'aîné*, 1793. In-18.
Sieurin avait deux dessins in-18, de Monsiau pour *Estelle*, l'un à la sépia, l'autre à l'aquarelle. (Sa vente, 1879, n. 59).

— Estelle et Nemorin, pastorale. *A Paris, Chez Boulanger*, 1790. In-18. (De 15 à 20 fr.)

Frontispice et 13 figures dessinées et gravées par Quéverdo.
En maroquin rouge ancien, 27 fr., vente Béhague (n. 1082).

— Estelle, Pastorale par M. de Florian. *A Paris, De l'imprimerie de Guilleminet*, an IX (1801). In-18. (De 8 à 10 fr.)

2 ff. n. ch., 218 pp., plus 1 frontispice par Monsiau gravé par Patas et 6 figures de Quéverdo, gravées par Dambrun (2) de Longueil (1), Delignon (2) et Hubert (1). Mêmes figures que dans l'édition de 1788.
Réimprimé en 1806 (216 pp., plus 1 frontispice et 6 figures),

— Fables de M. de Florian, de l'Académie françoise, de celles de Madrid, Florence, etc. *A Paris, de l'imprimerie de P. Didot l'aîné*, 1792. In-18. (De 15 à 20 fr.

224 pp., plus 1 portrait par Villiers et 5 figures d'une finesse remarquable, par Flouest, gravés par Delignon, Gaucher et de Longueil.

Un exemplaire sur peau de vélin, cartonné, non rogné, avec les dessins originaux à l'encre de Chine a passé de la collection Destailleur (1891, n. 1143 : 360 fr.) dans celle de Lord Carnarvon (n. 75).

On connait deux autres exemplaires sur peau de vélin, l'un qui fut acquis par la Bibliothèque nationale à la vente Galitzin en 1825, et qui provenait de la collection Golowkine, l'autre vendu chez Silvestre en 1826.

— Fables de Florian, De l'Académie française, de celles de Madrid, Florence, etc. *A Paris, Chez Guillaume,* an VII. In-18. (De 12 à 15 fr.)

2 ff. n. ch., et 224 pp., plus 5 figures.
Mêmes figures que l'édition précédente.
En maroquin rouge ancien, collection Schuhmann.

Moreau le jeune avait exécuté douze dessins à la sépia pour illustrer les Fables de Florian. On ne les grava pas à l'époque. Ces dessins furent vendus 62 fr., vente Renouard (1854, n. 361) et 1,700 fr., vente Mahérault (dessins, n. 163). Ils appartinrent ensuite à Lord Carnarvon (n. 74) et sont reliés en maroquin doublé par Chambolle. M. Rouquette qui les possédait en 1882 en a fait graver dix. Deux sont encore inédits.

Réimprimé chez Guilleminet, an IX et en 1805, avec les mêmes figures.

— Galatée, roman pastoral, imité de Cervantes par M. de Florian, capitaine de Dragons, et Gentilhomme de S. A. S. Mgr le Duc de Penthièvre. *A Paris, De l'imprimerie de Didot l'aîné*, 1783. In-18. (De 8 à 10 fr.)

198 pp., plus 1 frontispice, 1 feuillet de dédicace gravé, 1 portrait et 4 figures très fines de Flouest, gravées par Guyard.
On connait les avant-lettre et les eaux-fortes (vente R. Lion, n. 255).
Cinq petits dessins à la sépia par Le Barbier, pour *Galatée* se trouvaient chez Sieurin (vente de 1879, n. 58 : 750 fr.)
On les ajouta ensuite dans un exemplaire en maroquin vert ancien de l'édition de Didot, 1784, vendu 1,200 fr., vente R. Lion (n. 254).

— Galatée, roman pastoral. *Genève* (Cazin) 1784. In-18. (De 4 à 5 fr.)

Portrait de Cervantes en médaillon dessiné par Flouest, gravé par Boily.
Existe sur papier vélin.

— Galatée, pastorale imitée de Cervantes. *A Paris, de l'imprimerie de Monsieur*, 1788. In-18. (De 12 à 15 fr.)

10 charmantes figures par Flouest, gravées par Guyard.
Sur papier vélin,
Nous avons vu une édition de Paris, an VII (1799), de 2 ff. n. ch., et 179 pp., plus un frontispice par Le Barbier, gravé par Halbou et 8 figures par Le Barbier (4) ou Flouest (4) gravées par de Launay (1) ou Guyard (4) ou non signées (3).

— Galatée, roman pastoral imité de Cervantes, par M. de Florian, de l'Académie françoise, etc. Édition ornée de figures en couleur, d'après les dessins de Monsiau. *Paris, Defer de Maisonneuve*, 1793. Grand in-4. (De 150 à 200 fr.)

4 figures gravées par Cazenave et Colibert d'après Monsiau.
Ces figures sont imprimées en couleur et existent avant la lettre dans les exemplaires sur grand papier.
En veau ancien, grand papier, figures avant la lettre et les numéros des pages, 45 fr., vente E. Martin (n. 436); cartonné, non rogné, 64 fr., vente R. Portalis (février 1878, n. 122); en veau ancien, 365 fr., vente Daguin (n. 472).

— Galatée, pastorale imitée de Cervantes. *A Paris, De l'imprimerie de Guilleminet*, an IX (1801). In-18. (De 6 à 8 fr.)

1 f. n. ch., 179 pp., plus 1 frontispice et 4 figures non signées et 1 portrait par Flouest, gravé par Guyart, copie frauduleuse de celui figurant dans l'édition de 1783.

— Gonzalve de Cordoue, ou Grenade reconquise. Par M. de Florian, de l'académie françoise..., *A Paris, De l'imprimerie de Didot l'aîné*, 1792. 3 vol. in-18. (De 15 à 20 fr.)

Tome I : 282 pp., plus 4 figures.
Tome II : 2 ff. n. ch., et 254 pp., plus 5 figures.
Tome III : 2 ff. n. ch., et 252 pp., plus 5 figures.

En tout 14 figures de Quéverdo, gravées par Delignon, Gaucher, Hubert, Dambrun et Ingouf.

Il y a deux éditions sous la même date, toutes deux de Didot. La deuxième porte sur le titre : *seconde édition*.

Les 4 dessins originaux du tome I se trouvent dans la collection Olry-Rœderer.

Réimprimé avec les mêmes figures, *A Paris, De l'imprimerie de Guilleminet*, an IX (1801). 3 vol. in-18.

— La Jeunesse de Florian, ou Mémoires d'un jeune Espagnol, ouvrage posthume. *A Paris, H. Chez Nicolle*, 1807. In-18. (De 6 à 8 fr.)

2 ff. n. ch., XIV-214 pp., plus 1 portrait et 1 figure non signés.

Dans certains exemplaires au lieu de la figure non signée on trouve trois méchantes figures de Choquet et Monnet, gravées par Macret.

— Mélanges de poésie et de littérature. Par M. de Florian, Capitaine de dragons..., *A Paris, De l'imprimerie de Didot l'aîné*, 1787. In-18. (De 10 à 12 fr.)

224 pp., 2 ff. n. ch., plus 1 frontispice gravé par Dupréel et 6 charmantes figures par Quéverdo, gravées par Dambrun, Delignon et de Longueil.

Existe sur papier vélin.

Réimprimé avec les mêmes figures, *A Paris, De l'imprimerie de Guilleminet*, an IX (1801). In-18.

— Nouveaux Mélanges de Poésies et de Littérature par Florian. Œuvres posthumes. *A Paris, De l'imprimerie de Gratiot*, 1806. In-18. (De 6 à 8 fr.)

2 ff. n. ch., VII-237 pp., plus 3 figures de David.

— Les Six Nouvelles, par M. de Florian, capitaine de dragons, etc. *A Paris, De l'imprimerie de Didot l'aîné*, 1784. In-18. (De 10 à 12 fr.)

227 pp., 2 ff. n. ch., plus 1 frontispice par Pernotin, gravé par Guyard et 6 jolies figures de Quéverdo, gravées par de Longueil (3), Delignon (2) et Dambrun (2).

Existe sur papier vélin.

Réimprimé chez le même éditeur en 1786 : 228 pp., plus les mêmes 6 figures. Autre édition publiée en 1796, de 260 pp., avec les mêmes figures.

— Nouvelles nouvelles, par M. de Florian, de l'Académie françoise, de celles de Madrid, Florence, etc. *A Paris, De l'imprimerie de Didot l'aîné*, 1792. In-18. (De 10 à 12 fr.)

6 figures par Quéverdo, gravées par Dambrun, Gaucher et de Longueil.

Existe sur papier vélin.

Réimprimé à Paris, an VIII, (1800), 2 ff. n. ch., 196 pp., plus 1 frontispice et 5 figures par Quéverdo, gravés par Delignon, de Longueil, plus 1 figure par Roehn gravée par Fosseyeux.

Les *Six nouvelles* et les *Nouvelles Nouvelles* ont été réunies en deux volumes et réimprimées sous le titre de *Nouvelles de Florian*. *A Paris, De l'imprimerie de Guilleminet*, an IX (1801). 2 vol. in-18. (De 12 à 15 fr.)

1 frontispice et 12 figures de Quéverdo, les mêmes que dans les éditions antérieures.

— Numa Pompilius, second roi de Rome. Par M. de Florian, capitaine de dragons..., *A Paris, De l'imprimerie de Didot l'aîné*, 1786. 2 vol. in-18. (De 12 à 15 fr.)

Tome I : 240 pp., plus 1 frontispice et 6 figures.
Tome II : 269 pp., et 1 f. n. ch., plus 6 figures.

En tout 1 frontispice et 12 figures ravissantes par Quéverdo, gravées par Dambrun.

Existe sur papier vélin.

Les 12 dessins originaux de Quéverdo, coloriés, ont figuré à la vente Renouard (1854), n. 2061 adjugés à 56 fr. ; ils ont été revendus 99 fr., vente Hebbelinck (n. 1508) et 750 fr. vente R. Lion (n. 230).

Une seconde édition a paru la même année que la première.

Nouvelle édition (Paris, 1796) avec les mêmes figures et la même collation.

Autre édition, toujours avec les mêmes figures. *A Paris, De l'imprimerie de Guilleminet*, an IX (1801). 2 vol. in-18.

— Œuvres posthumes, contenant Rosalba..., Fables inédites..., Guillaume Tell, etc. *A Paris, De l'imprimerie de J. Gratiot et Compagnie*, s. d. (vers 1800). In-18. (De 8 à 10 fr.)

2 ff. n. ch., 208 pp., plus 1 portrait de Florian, par Laplace, gravé par Clément, et 5 figures par Monnet, gravées par Gaucher.
Existe sur papier vélin.
On trouve les figures avant la lettre.
Réimprimé sous le titre *Guillaume Tell ou la Suisse libre*, par M. de Florian. A Paris, De l'imprimerie de Guilleminet, an IX (1801). In-18. Avec les mêmes figures.

— Théâtre italien de M. de Florian. *A Paris, De l'imprimerie de Didot l'aîné*, 1784. 3 vol. in-18. (De 20 à 25 fr.)

Tome I : 2 ff. n. ch., 252 pp., plus 1 frontispice et 4 figures.
Tome II : 211 pp., plus 1 frontispice et 5 figures.
Tome III : 2 ff. n. ch., XII-234 pp., plus 1 frontispice et 3 figures.
En tout 1 frontispice et 12 figures par Quéverdo, gravés par Dambrun, Patas et de Longueil.
Réimprimé en 1786 et 1791 avec les mêmes figures.

On trouve tous ces petits volumes que nous venons de décrire, réunis à l'époque en suites de 24 volumes dont voici la composition habituelle :
Tome I-II : Numa Pompilius.
Tome III-IV : Nouvelles.
Tome V : Fables.
Tome VI-VIII : Théâtre.
Tome IX : Galatée.
Tome X : Estelle.
Tome XI-XIII : Gonzalve de Cordoue.
Tome XIV : Mélanges.
Tome XV-XX : Don Quichotte.
Tome XXI : Guillaume Tell.
Tome XXII : Eliézer et Nephtaly.
Tome XXIII : Nouveaux mélanges.
Tome XXIV : Jeunesse de Florian.
Les exemplaires de cette collection tirés sur grand papier sont rares et recherchés. Plusieurs des suites existent en avant-lettre et même en eaux-fortes.

— Œuvres de Florian. *A Paris, Chez Dufart*, 1805. 8 vol. in-8. (De 30 à 40 fr.)

Figures de Le Barbier, Marillier, Monnet, Quéverdo, etc.
En demi-reliure, 35 fr., vente R. Portalis (novembre 1878, n. 102).
Existe sur papier vélin.

FLOTTE (De). — L'Hôpital des Fous, traduit de l'anglois (de Walsh). *A Paris, de l'Imprimerie de Sébastien Jorry*, 1765. In-8. (De 5 à 6 fr.)

40 pp., plus 1 figure.
Contient 1 figure, 1 vignette, 1 cul-de-lampe par Eisen, gravés par Lafosse.
Cartonné, 6 fr., vente Salvert Bellenave (n. 248.)

— Sophie, ou le Triomphe des grâces sur la beauté, imitation de l'anglais. *A Paris, chez la veuve Duchesne*, 1770. 3 vol. in-12. (De 12 à 15 fr.)

2 figures par Marillier, gravées par Benoît.

FLUTTE (La) et le Tambour, ou le bon temps revenu. Dédié à la Fédération Générale du 14 juillet 1790. *A Paris, Chez Champigny*, s. d. (1790). In-12. (De 12 à 15 fr.)

15 pp., plus 1 curieuse figure non signée. Contient aussi une vignette en-tête non signée.

FOE (Daniel De). — La Vie et les Aventures surprenantes de Robinson Crusoé, contenant entre autres évènements, le séjour qu'il a fait pendant vingt & huit ans dans une isle déserte, située sur la Côte de l'Amérique, près de l'embouchure de la grande rivière Oroonoque. Le tout écrit par lui-même. Traduit de l'anglais (par Saint-Hyacinthe et Van Effen). *A Amsterdam, Chez l'Honoré et Châtelain*, 1720-1721. 3 vol. in-12. (De 100 à 120 fr.)

Tome I : 1 f. n. ch., XII-629 pp., 1 f. blanc, plus 1 portrait, 1 carte pliée et 6 figures.
Tome II : 1 f. n. ch., VIII-588 pp., plus 1 carte et 7 figures.
Tome III : XXXIV pp., 1 f. n. ch., 632 pp. plus 7 figures.
En tout 1 fleuron (le même) sur le titre de chaque volume, 1 carte répétée à chacun

des volumes I et II, et 21 figures par Bernard Picart, dont une seule signée.

Le titre du 3ᵉ volume diffère des 2 premiers volume et porte :

Réflexions sérieuses et importantes de *Robinson Crusoé* faites pendant les aventures surprenantes de sa vie avec sa vision du monde angélique, traduit de l'anglois.

Cette édition a été contrefaite. On reconnaît la contrefaçon aux fleurons qui sont sur bois au lieu d'être sur cuivre.

Les 2ᵉ et 3ᵉ édition, *Amsterdam, Zacharie Châtelain*, 1721 et 1727, contiennent les mêmes figures.

L'édition de Prault, 1760, 6 vol. in-8, renferme 12 figures copiées sur celles d'Amsterdam, et 2 frontispices non signées pour les deux derniers volumes.

En maroquin vert de Capé, 340 fr., vente Lebeuf de Montgermont (n. 724); en maroquin vert de Trautz, 350 fr., vente Béhague (n. 1220); en maroquin brun de Trautz, 250 fr., vente Daguin (n. 473.)

On retrouve les figures de Bernard Picart dans l'édition de *Leyde, E. Luzac*, 1754, 3 vol. in-12. En maroquin vert de Derôme, 1,020 fr., vente Ganay (n. 191), revendu 1,130 fr., vente R. Lion (n. 256).

Et aussi dans l'édition d'*Amsterdam, E. van Harrevelt*, 1770, 3 vol. in-12.

En maroquin rouge aux armes de la comtesse d'Artois, 152 fr., vente Solar (n. 2099), puis chez Quentin-Bauchart (*Mes livres*, n. 169 : 1,000 fr.), aujourd'hui collection James de Rothschild (n. 1759).

Gravelot avait entrepris d'illustrer Robinson. Un croquis a figuré à la vente E. Martin, un autre à la vente Mahérault.

— La Vie et les Aventures surprenantes de Robinson Crusoé. *Lyon*, 1784. 2 vol. in-12. (De 10 à 15 fr.)

12 figures non signées.

— La Vie et les Aventures surprenantes de Robinson Crusoé, etc.. *A Londres* (Paris, Cazin), 1784, 4 vol. in-18. (De 15 à 20 fr.)

Tome I : 2 ff. n. ch., VIII-313 pp., 1 f. blanc, 1 frontispice, 1 carte et 3 figures.
Tome II : 2 ff. n. ch., 320 pp., plus 3 figures.
Tome III : 2 ff. n. ch., 298 pp., plus 2 figures.
Tome IV : 2 ff. n. ch., 316 pp., plus 4 figures.

1 frontispice, 1 carte et 12 figures d'après B. Picart, très finement gravés par Châtelain.
Le frontispice porte: Edition de Cazin.

— La Vie et les Aventures de Robinson Crusoé, traduction revue sur la belle édition donnée à A. Stockdale en 1790, augmentée de la vie de l'auteur, édition ornée de 19 gravures par Delignon, d'après les dessins originaux de Stothard, d'une carte géographique, et accompagnée d'un vocabulaire de marine. *A Paris, Chez Verdière, de l'imprimerie de la veuve Panckoucke*, an VIII (1800) 3 vol. in-8. (De 40 à 50 fr.)

3 titres gravés avec fleurons variés, 1 portrait de Daniel de Foë, gravé par Delvaux, et 18 figures gravées par Delvaux, Delignon et Dupréel. L'édition est fort belle.

Existe aussi sur grand papier vélin, figures avant la lettre. Dans cet état, avec double suite des figures, demi-reliure, 151 fr., vente Daguin (n. 474).

En maroquin noir de Thouvenin, figures avant la lettre, collection Henri Beraldi.

— Aventures surprenantes de Robinson Crusoé, traduites de l'anglais; nouvelle édition contenant son retour dans son isle, ses autres nouveaux voyages et ses réflexions avec gravures. *A Paris, Chez Jusserand*, 1806, 4 vol. in-18, papier vélin. (De 15 à 20 fr.)

12 figures gravées par Godin.
Edition rare.

— Aventures de Robinson Crusoé (Suite d'estampes en couleurs pour les), Six pièces in-4, dessinées et gravées par Chapuy. (De 60 à 80 fr.)

— Robinson Crusoé. Collection de 150 gravures dessinées et gravées (à l'eau-forte) par F.-A.-L. Dumoulin à Vevey. *Vevey, imprimerie Lœtscher*, s. d. (vers 1782). In-8.

Série fort rare.

FOLIES SENTIMENTALES (Les), ou l'égarement de l'esprit Par le Cœur, Recueil d'Anecdotes nouvelles. Contenant Lucile et Lindamore; par M. le Ch. de C. — La Folle de St-Joseph;

par M. le Ch. de G. — Bedlam, tiré de l'Homme sensible. — La Démence d'Ellinor. — Le Fou par Amour, par M. Silvain M. — La Folle du Pont-Neuf, par M. P. — Et une anecdote flamande. *A Paris, Chez Royez,* 1786. In-8. (De 5 à 6 fr.)

2 ff. n. ch., 231 pp., plus 1 joli frontispice non signé.

FONTAINE. — Argillan, ou la Fanatisme des croisades, tragédie en cinq actes, par M. Fontaine. *A Amsterdam et à Paris, Chez Lejay,* 1789. In-8. (De 5 à 6 fr.)

1 figure par Binet.

FONTANIEU (De). — Collection de Vases inventés et dessinés par M. de F..., intendant et contrôleur général des Meubles de la Couronne. Cette collection a été faite pour servir aux fourneurs et à ceux qui ornent les vases, comme fondeurs et ciseleurs, en 1770. S. l. In-folio. (De 100 à 150 fr.)

Titre, dédicace et 47 planches gravées par Nodiot.
En maroquin rouge ancien, collection Ferdinand de Rothschild.

FONTENELLE. — Œuvres diverses de M. de Fontenelle, de l'Académie françoise. Nouvelle édition, augmentée et enrichie de figures gravées par Bernard Picart, le Romain. *La Haye, chez Gosse et Neaulme,* 1728-1729. 3 vol. in-4. (De 50 à 60 fr.)

Tome I : 5 ff. n. ch., 376 pp., plus 4 figures.
Tome II : 4 ff. n. ch., 440 pp., plus 1 figure.
Tome III : 3 ff. n. ch., 434 pp., plus 1 figure.
En tout 6 frontispices ou figures par B. Picart, dont 1 avec le portrait de Fontenelle gravé par Picart, d'après Rigaud, 2 fleurons sur les titres, dont l'un sert aux deux premiers volumes et 174 vignettes et culs-de-lampe par B. Picart.
Superbes illustrations.

Il existe des exemplaires en grand papier, de format in-folio, avec texte encadré. Un exemplaire dans cette condition et en maroquin rouge ancien, avec riches dentelles, 1,985 fr., vente Béhague (n. 1499). Un autre, reliure avec dentelles par Padeloup, 1,700 fr. vente Silvestre de Sacy. En papier ordinaire, cartonné, non rogné. 45 fr., vente Daguin (n. 475); en maroquin citron d'Anguerrand, estimé 120 fr., chez de Boze (1753, n. 1434) et acheté alors par le président de Cotte; revendu 420 fr. à sa vente (1804, n. 1240); le même exemplaire a été payé depuis 155 fr., vente Pichon (1869, n. 852) et 92 fr. seulement, vente Lacarelle (n. 431).
En maroquin rouge, aux armes de Mme de Pompadour, 1,030 fr., vente R. Lion (n. 274)

— Poésies choisies de Fontenelle et La Motte. *A Genève* (Cazin) 1777. 2 vol. in-18. (De 6 à 8 fr.)

Tome I : 2 ff. n. ch., 216 pp., plus 1 portrait.
Tome II : 2 ff. n. ch., 196 pp.
Joli portrait par Voiriot, gravé par De Launay en 1781.
En maroquin rouge de Derôme, collection Schuhmann.
Autre édition de Cazin en 4 vol. in-18 avec l'adresse de *Londres,* 1785 (De 10 à 12 fr.).
Dans cette dernière le portrait est gravé par Delvaux.

— Entretiens sur la pluralité des mondes, par Fontenelle. *A Dijon, De l'imprimerie de P. Causse,* an II (1794). In-8. (De 6 à 8 fr.)

3 ff. n. ch., 291 pp., plus 1 portrait par Saint-Aubin.
L'exemplaire unique sur peau de velin, avec le portrait sur Chine volant, 71 fr., vente E. Martin (n. 82).

FORDRIN (Louis). — Nouveau Livre de Serrurerie, contenant toutes sortes de grilles d'un goût nouveau, etc., inventé et composé par Louis Fordrin, serrurier ordinaire des bâtiments du Roy et de ses monnayes. *A Paris, Chez l'auteur et chez C. Duchange, graveur,* s. d. (1723). — Livre de serrurerie de composition angloise..., *Se vend à Paris, Chez le sieur Fordrin*. (De 400 à 500 fr.)

30 planches pour la 1re suite, 1 f. imprimé de privilège et 20 planches pour la 2e suite (y compris les titres).
Les planches anglaises portent Tijou inv. ou Fordrin excud. et P. Bouche, Van der Bank et Van der Gucht sculp.
Recueil rare. En veau, 520 fr., vente Destailleur (1895, n. 458).

FORMEY (M.). — Emile Chretien consacré à l'utilité publique rédigé par M. Formey, auteur du Philosophe Chrétien. *A Berlin, Chez Jean Neaulme*, 1764, 4 vol. in-8. (De 15 à 20 fr.)

1 fleuron sur le titre du tome Ier et dix figures d'Eisen.

FORTIGUERRA. — Richardet, poème (traduit de l'italien par Dumouriez, le frère du général). *Londres* (Paris, Cazin), 1781. 2 vol. in-18. (De 8 à 10 fr.)

Tome I : 215 pp., plus le titre gravé.
Tome II : 1 f. n. ch., 213 pp., plus le le titre gravé.
En tout 2 titres gravés par Duponchel d'après Chevaux.
En maroquin rouge ancien, 38 fr., vente E. Martin (n. 246).

FORTY (Jean-François). — Œuvres de Sculptures en bronze, contenant girandoles, feux, pendules, bras, cartels, baromètres et lustres, inventées et dessinées par J.-F. Forty, gravées par Colinet et Foin. *A Paris, Chez Chéreau*, s. d. in-4. (De 600 à 800 fr.)

Titre gravé et 8 cahiers de 6 planches (signés A-H), soit 49 planches.
Recueil rare que possèdent le Cabinet des Estampes et l'École des Beaux-Arts.
En maroquin rouge de David, 700 fr., vente Béhague (n. 382); en maroquin brun de Gruel, 1,500 fr., vente Destailleur (1895, n. 1408), en demi-reliure, 1,080 fr., vente Guyot de Villeneuve (n. 259).

— Projet de deux toilettes représentant toutes les pièces qui en dépendent. Ornées de figures de sujets allégoriques… Inventé dessiné et gravé par J.-F. Forty. *Se vend à Paris, chez l'auteur, et chez Chéreau*, s. d. In-fol.

12 planches en trois cahiers.
Précieuse suite qui figurait dans un recueil de 36 planches par Forty, vendu 2,580 fr., vente Polovtsoff (n. 313).

FOSSATI. — Recueil de diverses Fables dessinées et gravées par George Fossati architecte. *Venise, Ch. Pecora*, 1744. 6 vol. très grand in-8 ou petit in-folio. (De 200 à 300 fr.)

Chaque volume contient 36 fables et 36 gravures imprimées et de couleurs différentes, et titres gravés, en tout 216 planches, 16 vignettes en tête et 2 frontispices.
Texte italien et français.
Les figures sont tirées en rouge, en bleu, en vert, en bistre, en noir, etc.

FOURNIER. — Manuel typographique, utile aux gens de lettres, & à ceux qui exercent les différentes parties de l'Art de l'Imprimerie, par Fournier le jeune. *A Paris, Chez Barbou*, 1763. 2 vol. in-8. (De 15 à 20 fr.)

Tome I : XXXII-323 pp. et 2 ff., n. ch. plus 1 frontispice et 15 planches pliées.
Tome II : 1 f. n. ch., XXIV pp., 1 f. n. ch., et 306 pp. plus 1 frontispice.
En tout 2 frontispices par Gravelot, et de Sève, gravés par Fessard, et de nombreuses planches techniques.
On peut y ajouter le portrait de l'auteur gravé par Gaucher.
En maroquin rouge ancien, 35 fr., vente Labédoyère (1862, n. 694), revendu 180 fr., vente Werlé (n. 51); un autre, 54 fr., vente Janzé (n. 247).

— Épreuves de deux petits caractères nouvellement gravés et exécutés dans toutes les parties typographiques, par Fournier le jeune, graveur et fondeur de caractères. *A Paris*, 1767. 1 vol. in-32. (De 8 à 10 fr.)

Frontispice de De Sève, gravé par Fessard.

FRACASTOR. — Syphilis, ou le Mal vénérien, poème latin en 3 chants, avec la traduction en prose et les notes. (Édition revue par Mercier de

Compiègne.) *A Paris, Chez Lucet, libraire*, 1796, in-12. (De 8 à 10 fr.)

Portrait-médaillon de Fracastor et titre gravé.

FREDAINES LUBRIQUES de J.-F. Maury, prêtre indigne, aumônier des Gourgandines des rues Saint-Honoré et des Petits-Champs. *A Paris, aux dépens des éminentes capucines de la place Vendôme*, 1798. In-8. (De 15 à 20 fr.)

1 figure non signée.

FRÉDÉRIC II. — Mémoires pour servir à l'Histoire de la Maison de Brandebourg, etc. *A Berlin et à La Haye, chez J. Neaulme*, 1751. 2 part. en 1 vol. in-4. (De 80 à 100 fr.)

1 frontispice, 2 fleuron répété sur les titres et 33 vignettes et culs-de-lampes par Schmidt, sauf 6 gravés par Fokke.
Un exemplaire en maroquin rouge ancien, 640 fr., vente du comte de Béhague. n. 1880); un autre (?) collection Ferdinand de Rothschild.
Autre édition, *Berlin*, 1767. — 3 vol. in-4 avec frontispice, fleurons et vignettes.
Cette dernière, en maroquin rouge ancien, 15 fr., vente Massicot (n. 585.)

— Poésies diverses. *A Berlin, chez Chrétien Frédéric Voss*, 1760. Gr. in-4. (De 15 à 20 fr.)

6 ff. n. ch., et 444 pp,
Frontispice dessiné et gravé par Meil, fleuron sur le titre, 8 vignettes, 25 culs-de-lampe par Schmidt, et 39 lettres ornées dont plusieurs répétées.
Ce volume est assez rare en France, mais peu recherché. (Collection James de Rothschild n. 853.)

— Œuvres du Philosophe Sans-Souci, *Du Donjon du Château* (Berlin), 1750. 3 vol. gr. in-4. (De 50 à 60 fr.)

Figures et vignettes de Schmidt.
Edition de luxe tirée à une dizaine d'exemplaires et distribuée aux amis du Roi. Elle fut imprimée dans son palais à Berlin.
Le premier volume, dont on avait supprimé les exemplaires, fut réimprimé, dit Brunet, en 1752.

FRÈRE BONAVENTURE et la Belle Angélique, marchande de poissons, poème tragi-comique en 8 chants, S. l. (Paris), 1793. In-8. (De 10 à 12 fr.)

1 jolie figure gravée par Blanchard.

FRÉRON et COLBERT, DUC D'ESTOUTEVILLE. — Adonis, poème en prose. *A Londres et à Paris, Chez Musier*, 1775. In-8. (De 20 à 25 fr.)

1 frontispice, 1 figure, 1 vignette, 1 cul-de-lampe par Eisen, gravés par Ponce.
Opuscule élégamment illustré. Le titre existe avant la lettre, et le joli en-tête d'*Adonis au bain* existe avant le texte, en tirage de graveur.
L'exemplaire de M. Henri Beraldi en maroquin doublé de Cuzin, contient le titre avant la lettre et les eaux-fortes.

FREUDEBERG. Suite d'Estampes... — Voy. ESTAMPES.

FREYDIER. — Plaidoyer de Monsieur Freydier, avocat à Nismes, contre l'introduction des cadenas, ou ceinture de chasteté. *A Montpellier, Chez François Rochard*, 1750. In-8. (De 8 à 10 fr.)

Figure du cadenas sur une planche non signée.
Edition originale.
En maroquin vert de Hardy, 57 fr., vente Béhague (n. 114).
L'exemplaire Leber contenait 2 figures curieuses ayant rapport au sujet.

FRÉZIER. — Traité des Feux d'artifice pour le spectacle (par Perrinet d'Orval), nouvelle édition augmentée par Frézier. *A Paris, Chez Nyon*, 1747. In-4. (De 15 à 20 fr.)

1 frontispice, 3 jolies vignettes en-tête de Cochin, gravées par Chedel et Soubeyran, 4 figures de Cochin gravées par Marvye et 13 planches techniques.
Un exemplaire en grand papier, relié en maroquin rouge, vente Ruggieri, 95 fr.

FROMAGEOT (L'abbé). — Annales du règne de Marie-Thérèse, impératrice douairière, reine de Hongrie et de Bohême, archiduchesse d'Autriche, etc., etc., par M. Fromageot, prieur commandataire, etc. *A Paris, Chez Prault*, 1775. In-8. (De 80 à 100 fr.)

3 ff. n. ch., 337 pp., 1 f. n. ch., plus 1 portrait et 4 figures.

Contient 1 portrait de Marie-Thérèse gravé par Cathelin, d'après Ducreux, 2 portraits en médaillon gravés d'après Moreau par Gaucher en tête de la dédicace, et 4 figures par Moreau, gravées par Duclos, de Launay, Prévost et Simonet.

Un des ouvrages les plus réussis de Moreau le jeune.

Les deux portraits de *Joseph II* et de *Marie-Antoinette* peuvent se trouver en tirages hors texte épreuves d'artistes. Ce dernier, qui est ravissant, s'est vendu jusqu'à 500 fr.

Les figures existent avant les numéros en haut des gravures. Il y a des exemplaires en grand papier avec la dédicace gravée, comme dans le petit papier.

L'exemplaire de la comtesse de Provence, en maroquin rouge, est à la bibliothèque de Versailles.

Un exemplaire de format in-4, en maroquin rouge, aux armes de la comtesse d'Artois, 1,600 fr., vente L. de Tinan (n. 228) revendu 3,200 fr., vente Destailleur (1891, n. 1925), aujourd'hui collection Ferdinand de Rothschild ; on y avait ajouté les deux hors-lettre des portraits et l'eau-forte de celui de Marie-Antoinette ; un autre, sur grand papier en maroquin rouge ancien, aux armes, 850 fr., vente Müller (n. 270). En maroquin rouge ancien, aux armes du duc de Duras, collection Francis Charmes.

L'exemplaire de M. Henri Beraldi, relié sur brochure, par Cuzin, en maroquin vert doublé, contient les figures avant les numéros, les eaux-fortes et les deux portraits hors texte, également avec leurs eaux-fortes.

L'exemplaire Paillet, relié par Cuzin en maroquin bleu doublé contient aussi les figures avant les numéros et plusieurs eaux-fortes. Porté à 4,000 fr. au *Bull. Morgand* il a passé chez Van Loo et se trouve chez M. Adolphe Bordes.

Celui de M. Eugène Wassermann est en maroquin rouge ancien, aux armes des Esterhazy ; on y a joint le hors texte du portrait de Marie-Antoinette et le dessin original de celui de Joseph II, provenant de la vente E. Martin (Estampes, 1877, n. 461 : 380 fr.) et en dernier lieu de la vente Hubert. Le dessin du portrait de Marie-Antoinette est chez un collectionneur parisien. (Vente E. Martin n. 459 : 800 fr.)

La suite non rognée des portraits tirés hors texte et des figures avant les numéros reliée en maroquin rouge de Cuzin, 925 fr., vente Guyot de Villeneuve (n. 476).

Ce livre a été réimprimé en 1777 et en 1782. Les figures y sont fatiguées.

FROMAGET. — Le Cousin de Mahomet. *Constantinople* (Paris), s. d. (1750). 2 vol. petit in-12. (De 25 à 30 fr.)

6 figures par Clavareau, gravées par Fessard, un titre gravé, le même pour les 2 volumes, et 2 petites vignettes en-tête.

— Le Cousin de Mahomet. *A Constantinople*, 1770. 2 vol. in-18. (De 12 à 15 fr.)

Mêmes figures que dans l'édition antérieure.

— Le Cousin de Mahomet, orné de Figures. *A Constantinople* (Paris, Cazin), 1781. 2 vol. in-18. (De 15 à 20 fr.)

Tome I : 2 ff. n. ch., 198 pp., plus 3 figures.
Tome II : 2 ff. n. ch., 240 pp., plus 3 figures.
En tout 6 figures non signées.
En maroquin rouge ancien, 50 fr., vente E. Martin (n. 427).

FROSSARD. — La Cause des Esclaves nègres et des habitants de la Guinée, portée au tribunal de la Justice, de la Politique, de la Religion, ou Histoire de la traite et de l'esclavage des Nègres, etc. *Lyon*, 1789. 2 vol. in-8. (De 10 à 15 fr.)

1 frontispice par Rouvier, gravé par Boily.

FUMELH ou le Triomphe des mœurs et des vertus. *Bruxelles, H. Dujardin et Paris, Defer de Maisonneuve*. 1788. In-12. (De 10 à 15 fr.

1 figure de Marillier.

M. Rouquette père, a possédé l'exemplaire contenant le dessin original à l'encre de Chine.

FUREURS UTÉRINES de Marie-Antoinette, femme de Louis XVI. La mère en prescrira la lecture à sa fille. *Au Manège et dans tous les b... de Paris*, 1791. In-18. (De 50 à 60 fr.)

58 pp., plus 2 figures coloriées, non signées (peut-être par Desrais) dont l'une est libre.
Libelle infâme.
En demi-reliure de Trautz, ancienne collection Carnarvon (n. 87).

— Les dernières Fureurs utérines de Marie-Antoinette, femme de Louis le dernier. *Au Temple, Chez Dom B. le jeune, L'an 5593 de la Foutromanie, et le premier de la République françoise*. In-18. (De 50 à 60 fr.).

1 f. n. ch. et 18 pp., plus 1 très curieux frontispice libre non signé.
Les 6 dernières pages contiennent le poème de Charlot et Toinette.

FUZELIER. — Momus fabuliste, ou les Noces de Vulcain, comédie en un acte, en prose et en vers libres (avec collaboration de Legrand). *A Paris, chez P. Simon*, 1719 et *La Haye*, 1720. In-8. (De 6 à 8 fr.)

Joli frontispice, signé : J. B. Bonnard sc.
Seconde édition corrigée et augmentée. *A Paris, Chez la veuve Ribou*, 1720, avec le même frontispice.
L'exemplaire de la collection Ferdinand de Rothschild, en maroquin rouge ancien, a été offert par l'auteur à Mlle Law, dont il porte les armes.

ACON. — Anti-Rousseau, par le Poète sans fard. *A Rotterdam*, 1712. In-12. (De 6 à 8 fr.)

Beau frontispice et fleuron sur le titre, par B. Picart, gravés par Van Gouwen, et grande planche pliée.

— Homère vengé, ou Réponse à M. de la Motte sur l'Iliade. *A Paris*, 1715. In-12. (De 6 à 8 fr.)

Frontispice allégorique gravé par Desrochers.

— Le Poète sans fard, ou Discours Satiriques en vers. *A Cologne, Chez Corneille Egmont*, 1717. In-12. (De 8 à 10 fr.)

Joli frontispice non signé.

GAGE TOUCHÉ (Le), histoires galantes et comiques, ornées de figures en taille-douce. *A Paris*, 1718, 2 parties, in-12. (De 8 à 10 fr.)

6 figures non signées, médiocres.
Autre édition, *La Haye*, 1712, avec 8 figures.
Ouvrage attribué à Eustache Le Noble.

GAGNEREAUX (Bénigne). — Suite de 18 compositions allégoriques gravées au trait à Rome en 1792; publié à Paris par la Veuve Jean.

Curieux recueil dans le goût de Prud'hon dont Gagnereaux était un camarade d'atelier. (Bibliothèque Jacques Doucet).

GALANTERIE FRANÇAISE (La), (vers, chansons, etc.). *A Paris, Royer*, s. d. In-8. (De 5 à 6 fr.)

Jolie figure-frontispice, dessinée et gravée par Mme Cro...
Attribué à E. T. Simon.

GALANTERIES DE LA COUR DE FRANCE (Les), depuis le commencement de la monarchie. *A Paris, Moette*, 1738. 2 vol. in-12. (De 10 à 15 fr.)

2 frontispices et 5 figures de Bernard Picart.
Livre attribué à Vanel.

— Les Galanteries de la Cour de France, depuis le commencement de la monarchie. *A Cologne, chez Pierre Marteau*, s. d. (vers 1750). In-12. (De 20 à 25 fr.)

3 jolis titres, un frontispice et 5 figures, non signés.

GALERIE DES TABLEAUX (La) ou Contes nouveaux par un descendant de Jean Boccace, pour servir à l'éducation du beau sexe. *A Tempé* (Paris), 1780. In-8. (De 50 à 60 fr.)

1 titre gravé et 3 jolies figures par Martinet. Le titre et deux des figures ne sont point signés.
En veau ancien, exemplaire Paillet, 80 fr., *Bull. Morgand* n. 12003.

— Nouveaux Contes, par l'auteur d'Une Bataille, et de La Réunion des cinq facultés de sentir en une. *A Liège*, 1774. In-8. (De 20 à 25 fr.)

Frontispice gravé, non signé, avec la date de Tempé, 1780 et 3 figures par Martinet.
En maroquin bleu de Cuzin, collection James de Rothschild (n. 932).
Même ouvrage que le précédent.

GALERIE ÉLECTORALE DE DUSSELDORFF ou Catalogue raisonné et figuré de ses tableaux, etc., par une suite de 30 planches, contenant 365 petites estampes, gravées d'après ces mêmes tableaux par Chrétien de Méchel (texte par M. de Pigage). *A Basle, Ch. de Méchel*, 1778. 2 vol. in-4 oblong. (De 60 à 80 fr.)

Ouvrage d'autant plus intéressant que la Galerie de Dusseldorff a été détruite dans un incendie. Le tome I contient les 30 planches.
En demi-reliure, non rogné, 32 fr., vente Massicot (n. 637); en maroquin orange de Koehler, 31 fr. vente Janzé (n. 160.)

GALERIE DE FLORENCE, Tableaux, Statues, Bas-Reliefs et Camées de la galerie de Florence et du Palais Pitti, dessinés par Wicar, peintre, et gravés sous la direction de C. L. Masquelier, avec les explications par Mongez. *A Paris, chez Lacombe*, 1789-1821 (ou *chez J.-P. Aillaud, de l'Imprimerie de Crapelet*, 1814). 4 vol. grand in-folio. (De 100 à 120 fr.)

Ouvrage publié en 50 livraisons de 4 planches chacune, soit 200 planches.

En demi-reliure, non rogné, 67 fr., vente Massicot (n. 645).
Il y a des exemplaires en papier superfin d'Annonay, figures avant la lettre. — L'un d'eux en demi-reliure avec 573 eaux-fortes et épreuves ajoutées, 1,400 fr., vente E. Martin (n. 943).
Les dessins originaux ont péri en 1871 dans l'incendie de la bibliothèque du Louvre.

GALLERIE DES MODES ET COSTUMES FRANÇAIS, dessinés d'après nature, gravés par les plus Célèbres Artistes en ce genre et colorés avec le plus grand soin par Madame Le Beau. Ouvrage commencé en l'année 1778. *A Paris, Chez les Srs Esnaults et Rapilly*, s. d. In-folio.

430 (?) très belles planches dessinées par Desrais, Leclerc, Martin, Simonet, Saint-Aubin et Watteau de Lille, gravées par Bacquoy, Duhamel, Dupin, Gaillard, Leroy, Le Beau, Patas, Pelicier et Voysard.
Ces planches existent en noir et coloriées à la main par l'éditeur.
Voici l'indication des cahiers que nous avons vus ou trouvés décrits :
Cahiers 1-12 (Sign. A-M) : planches 1-72.
12e *Cahier de Coeffures des plus à la mode en 1785* : 6 planches n. ch.
Cahier 13 (Sign. N) : planches 73-78.
13e *Suite de Coeffures à la mode en 1785* : 4 planches n. ch.
Cahiers 14-29 (Sign. O-ee) : planches 79-174.
29e *Cahier. 7e Suite des Coeffures à la mode en 1780* : 6 planches, ch. 169-174.
Cahiers 30-33 (Sign. ff-jj) : pl. 175-198.
34e *Cahier. 8e Suite de Coeffures à la mode en 1780* : 6 planches, ch. 199-204.
Cahiers 35-40 (Sign. ll-qq) : planches 199-234.
34e Cahier (*bis*) de Costumes français (Sign. rr) : planches 235-240.
38e Cahier (*bis*) des Costumes français (Sign. ss) : 241-246.
41e Cahier des Costumes français (Sign. tt) : planches 247-252.
39e Cahier (*bis*) des Costumes français (Sign. vv) : planches 253-258.
41e Cahier (*bis*) des Costumes français (Sign. xx) : planches 259-264.
Cahiers 42-56 (Sign. yy, zz, &&, aaa-nnn) : planches 265-354.
[57e Cahier] 1er Cahier de grandes robes d'étiquette (Sign. ooo) : planches 355-360.
58e et 59e Cahiers (Sign. ppp-qqq) : planches 361-372.

2ᵉ et 3ᵉ Cahiers de grandes robes d'étiquette (Sign. rrr-sss) : planches 373-384.

Cahiers 60-63 (Sign. ttt-yyy) : planches 385-408.

Soit en tout 408 planches chiffrées et 22 (?) planches de coiffures qu'on ajoute à l'ouvrage. Il existe encore quelques autres planches de coiffures, mais il est douteux qu'elles appartiennent à l'ouvrage.

L'ouvrage complet se reliait en quatre volumes.

Le tome I, contenait les planches 1 à 96 (plus 10 planches de coiffures), précédées d'un frontispice, de iv pp. d'introduction, et de 40 pp. de texte explicatif et suivies, à la fin d'un feuillet non chiffré pour le privilège.

Le tome II contenait les planches 97 à 192 (plus 12 planches de coiffures) et 48 pp. de texte.

Les tomes III-IV contenaient les planches 193-318 et 319-408. Il n'existe peut-être pas d'exemplaire absolument complet de ce charmant recueil ; même les planches isolées se payent fort cher ; un seul cahier de six planches s'est vendu récemment 1,800 fr. en vente publique !

L'exemplaire de la vente Béhague en maroquin vert de Chambolle (n. 326 : 6900 fr.) non colorié se composait d'un frontispice, de iv-40 pp. de texte, des planches 1 à 408, plus des dessins, eaux-fortes, portraits et autres pièces ajoutées ; mais il y manquait les planches 201, 204, 248, 250, 252, 328 et 336. Il se trouve aujourd'hui chez M. Liez qui a constitué aussi un exemplaire colorié presque complet.

L'exemplaire Delbergue-Cormont (n. 49 : 5,800 fr.) ne contenait que la première moitié (frontispice ; iv pp. ; avertissement : 2 pp. ; texte : 40 et 48 pp. ; planches 1-192) relié en 2 vol. en veau marbré.

Le premier volume, seul, s'est vendu 3,610 fr., vente Janzé (n. 218) en demi-reliure moderne et 5,105 fr., vente Sardou (n. 336) en demi-veau ancien.

L'exemplaire de la collection James de Rothschild (n. 242) renferme, en 2 volumes, reliés en veau écaille ancien, les planches 1-318 coloriées, avec les planches de coiffures, mais sans le titre et les textes imprimés ; on y a joint les planches 319, 326-330, 355-356, 358-360, 373-385, 397, 399, 401-405. Il n'y manque que 56 planches.

L'exemplaire du baron de Lipperheide, aujourd'hui au Kunstgewerbe-Museum de Berlin, comprend 150 planches en feuilles.

Des exemplaires incomplets se trouvent aux bibliothèques de Lyon et de Dijon, à la Bibliothèque nationale, à l'Arsenal, à l'Opéra, chez M. Pierpont-Morgan, chez le baron Edmond de Rothschild, chez M. Decloux et chez M. Beurdeley.

GALERIE DES PEINTRES FLAMANDS, hollandais et allemands... Avec Un Texte explicatif... Par M. Lebrun, Peintre. *A Paris, Chez l'Auteur et chez Poignant, à Amsterdam, chez Pierre Fouquet junior*, 1792-1796. 3 vol. in-fol. (De 400 à 500 fr.)

Tome I : 3 ff. n. ch., XIII-96 pp., plus 1 frontispice et 85 planches.
Tome II : 5 ff. n. ch., 107 pp., plus 1 frontispice et 97 planches.
Tome III : 4 ff. n. ch., 65 pp., plus 1 frontispice et 16 planches.

Le titre annonce 201 planches et la 5ᵉ édition du Cohen 194 seulement ; la table imprimée et les exemplaires que nous avons collationnés en renferment 198, plus 3 frontispices, d'après les peintures de Asselyn, Van Asch, Béga, Both, Berghem, Breughel, Brackenburg, Van Bergen, Brekelenkamp, Bloemart, Bril, S. de Bray, Berkheyden, Breughel de Velours, Breemberg, Cuyp, Backuysen, Crayer, Buys, Decker, Dietrich, G. Dow, Dusart, P. de Champagne, Elzheimer, Van den Eckout, Eglon Van der Neer, Gérard de Lairesse, Flinck, Hakkert, Huysmans, Hoogstraten, De La Haye, Jordaens, Kalff, Karel du Jardin, Koning, Hals, Franck, Holbein, Van Goyen, Le Duc, Limborch, Van Laer, G. Van Loo, Lingelbach, Metzu, Van der Meulen, Mieris, Hobbéma, Loutherbourg, K. de Nior, F. Milet, P. Neefs, Maes, Van Mol, Netscher, Pœlemburg, Porbus, Van der Meer, Potter, Van der Poël, Moucheron, Morelse, Rubens, Rottenhamer, Roos, Rembrandt, Steen, Ruysdael, Pynacker, Ostade, Saftleven, Slingelandt, Snyders, Schalken, Sorgh, Storck, Steinwyck, Teniers, Van Tol, Terburg, Steen, Van der Werf, Wouwermans, Wynants, Verner, Van Dyck, Weenix, Van der Ulft, E. de Witt, Verschuring, Seghers, etc., etc., gravées par Blot, Bretin, Bruneseau, Couché, Châtelain, Collinet, David, Duncker, Duflos, Dambrun, Dequevauvillier, Degendt, Garreau, Godefroy, Guérin, Gaucher, H. Guttenberg, Hemery, Hubert, Levillain, Lebas, Legrand, Letellier, De Longueil, Lingée, Macret, Masquelier, Martini, Maillet, Pierron, Moitte, Queverdo, Romanet, Retor, Spline, Simonet, Stagnon, Sallieth, Schultze, Thomas, Trière, Texier, Viel, Vinkelès, Zentner, etc., etc.

Recueil dans le genre de la Galerie du duc de Choiseul. Les beaux exemplaires sont avec les armes, mais avant les titres des tableaux.

Le Brun, le mari de Mlle Vigée, était un grand marchand de tableaux, plus encore qu'un peintre, et ce sont les toiles qui lui passaient par les mains et qui ornaient sa galerie qu'il fit graver.

Un magnifique exemplaire avec les 201 planches avant la lettre, formé par l'artiste lui-même et enrichi par lui de 70 planches supplémentaires est au musée Dutuit (n. 157, demi-reliure.) Il provient des ventes R. Brisart (Gand, 1849); La Bédoyère 1862, (n. 319: 760 fr.) et Lebeuf de Montgermont (n. 161: 4,650 fr. à Potier).

En demi-reliure, non rogné, 249 fr., vente Massicot (n. 640): en demi-reliure, figures avant la lettre, 755, vente de Urria (1884, n. 69).

Un bel exemplaire en maroquin bleu ancien provenant de la vente Hamilton, 200 Liv. st. (5,000 fr.) catalogue Quaritch, aujourd'hui chez M. Schuhmann.

GALERIE DU LUXEMBOURG. (Voyez RUBENS.)

GALLERIE (La) du Sieur Girardon, Sculpteur Ordinaire du Roy. *S. l. n. d.* In-fol. (De 120 à 150 fr.)

Contient une suite de 6 planches in-folio, dont plusieurs pliées, par Chevalier d'après Charpentier. — Suite du Cabinet du Sr. Girardon, 7 planches. — Monuments funèbres, 8 planches. — Détails du tombeau du Card. Richelieu, 6 planches.

Le bel exemplaire de la collection Ferdinand de Rothschild, composé comme ci-dessus, est en veau ancien aux armes de Charlotte-Elizabeth de Bavière.

GALERIE ROYALE DE DRESDE (Recueil d'Estampes d'après les plus célèbres tableaux de la). — 100 planches avec une description de chaque tableau en français et en italien. Imprimé à Dresde, 1753-1757, 2 vol. in-fol. (De 500 à 600 fr.)

2 vignettes d'Eisen sur les titres, gravées par Le Mire, les portraits d'Auguste III, roi de Pologne, gravé par Balechou, d'après H. Rigaud et de Marie-Josèphe de Pologne, gravé par Daullé, d'après Louis de Sylvestre, et cent estampes d'après Andrea del Sarto, Albane, Jean Bellin, Biscaïno, Berghem, Basan, Caravage, Castiglione, Cantarini, Canale, Calabrese, Cignani, Corrège, A. Carrache, C. Dolci, Dosso, Dom. Feti, Francia, L. Giordano, Guerchin, Guido Reni, Holbein, Langetti, Lanfranc, Léonard de Vinci, C. Maratte, Nicolo dell'Abbate, Parmesan, Pagani, Proccacini, Rembrandt, Ribera, Ricci, J. Romain, Rubeus, Salviati, Scarcellino, Solimène, Tiarini, Tintoret, Titien, Turco, Vaccaro, Van Dyck, Vanni, Veronèse, — gravées par Aubert, Aliamet, Aveline, Basan, Beauvais, Beauvarlet, Boëce, Camerata, Campana, Canale, Chenu, Daullé, C. Duflos, Dupuis, Fessard, Flipart, Folkema, Fokke, Houbraken, Jacob, Jardinier, Keil, Kilian, Le Mire, L. Lempereur, P. E. Moitte, Pitteri, Punt, Preisler, Pol, Radigues, Ridinger, Surugues, Surugues fils, Tangé, J. Tardieu, Teucher, Wagner, Wust, Zucchi.

Les peintures de cette magnifique collection de tableaux ont été gravées le plus souvent d'après des dessins faits par P. Hutin.

Le beau portrait du roi de Pologne et électeur de Saxe, œuvre de Balechou, aussi célèbre par sa beauté que par les difficultés qu'il attira à son auteur, manque souvent. Sa présence ajoute à la valeur de l'exemplaire. Il en existe de rarissimes épreuves avant toute lettre et d'autres avant la date 1750 placée au-dessus du nom du graveur.

C'est à Charles-Henri de Heinecken, aidé par son souverain et par le comte de Bruhl, son ministre, que l'on doit ce beau recueil.

On a publié dans le cours de ce siècle, à Dresde, un 3e volume de cette galerie.

GALIMARD Fils (P.-J.). — Architecture des Jardins, dédiée à M. Joly de Fleury, par G... fils. *A Paris, Chez Mondhare*, s. d. (vers 1750). In-folio. (De 300 à 350 fr.)

Titre gravé d'après Marillier par Binet, et 68 planches d'après Galimard par Berthault, Thénard et Moreau le jeune.

GALLAND. — Les Mille et une Nuits, contes arabes traduits en français par M. Galland. 6e édition revue et corrigée. *La Haye, P. Hurson*, 1729. 12 vol. in-18. (De 50 à 60 fr.)

6 frontispices répétés 2 fois.

— Les Mille et une Nuits, contes arabes, traduits en français par M. Galland. *A Leide, chez J. de Wetstein et fils*, 1768. 12 vol. in-12. (De 15 à 20 fr.)

Figures.
En maroquin bleu de Hardy, 135 fr., vente Béhague (n. 1229).

A la vente du graveur Ponce (1831) figurèrent plusieurs dessins de Desrais (1775-1779) pour les *Mille et une Nuits*. Ils n'ont pas été gravés.

GAMACHE (De). — Système du Philosophe chrétien par M. de G..., chanoine régulier. *A Paris, Chez Jombert*, 1746. In-8. (De 8 à 10 fr.)

1 jolie vignette par Cochin.

GARCILASSO DE LA VÉGA. — Histoire des Yncas, rois du Pérou, traduite de l'espagnol (par Baudoin). — Histoire de la conquête de la Floride, par le même (traduite par P. Richelet). *Amsterdam, Chez J.-F. Bernard*, 1737. 2 vol. in-4. (De 25 à 30 fr.)

Frontispice et figures de Bernard Picart.

GARÇON ET FILLE HERMAPHRODITES, vus et dessinés d'après nature par un des plus célèbres artistes et gravés avec tout le soin possible pour l'utilité des studieux. *A Paris* (vers 1772). In-8. (De 100 à 150 fr.)

Plaquette de 13 pages, titre, texte gravés et 2 belles figures non signées. Titre signé : *Beaublé scrip*.
Plaquette curieuse dont les deux figures passent pour avoir été dessinées par Moreau le jeune, dont elles rappellent la manière, et gravées par Le Mire ou de Ghendt.
Elles existent avant toutes lettres et avant les indications anatomiques.

GARNIER (Charles-Georges-Thomas). — Zéphirine, ou l'Epoux libertin, anecdote volée par l'auteur d'Adélaïde. *Amsterdam* ou *Paris*, 1771. Pet. in-8. (De 15 à 20 fr.)

3 figures de Huet, gravées par Fessard.
Un bel exemplaire en maroquin rouge avec dentelles, 100 fr., vente du comte de Béhague.
Cet ouvrage a été aussi attribué à Savin.

GARNIER (L'Abbé). — Figures de l'Histoire de France, 1778. Grand in-4.

1 frontispice et 143 figures par Lépicié, Monnet et Moreau le jeune, gravées sous la direction de Le Bas.
Premier essai des Figures de l'Histoire de France. Moreau à la mort de Le Bas racheta les planches et refit des figures à la place de celles de Lépicié et Monnet.
Les 50 dessins de ces deux artistes, 61 fr., vente Renouard (1854, n. 2854), revendus 350 fr., vente Benzon (n. 86), et 1,050 fr., vente Sauvage (n. 268), se trouvent dans la collection Olry-Roederer.
Un exemplaire en maroquin rouge ancien, 125 fr., vente E. Martin (n. 681).

Voy. à MOREAU LE JEUNE.

GARSAULT (De). — Le Guide du Cavalier, augmenté du Nouveau parfait Maréchal. *A Paris*, 1770. In-12. (De 15 à 20 fr.)

7 jolies figures dessinées et gravées par Ransonnette.

GAUTIER-DAGOTY. — Galerie Universelle contenant les portraits des personnes célèbres de tout Pays, actuellement vivantes; gravés en couleur par MM. Gautier Dagoty Père & Fils aîné. Avec des notices historiques relatives à chaque Portrait par une Société de Gens de Lettres. *A Paris, De l'Imprimerie de Philippe-Denis Pierres*, 1772-1773. Petit in-fol.

Il n'a paru de cet ouvrage que deux cahiers dont voici la composition : 3 ff. n. ch. (faux-titre, titre, préface), huit notices de 2, 8, 2, 7, 12, 8, 3, 9 pp. chiffrées, 1 f. n. ch. de prospectus et 8 planches de portraits, imprimées en couleurs. Couvertures imprimées en papier gris.
Chaque cahier se vendait 12 livres.
Ouvrage fort rare que Cohen cotait de 30 à 40 francs. Un très bel exemplaire bien complet s'est vendu 2,220 fr., vente Badin (1908, n. 5) et se trouve dans la bibliothèque de M. Jacques Doucet.
Les planches de cet ouvrage constituent un des plus singuliers exemples de la gravure en couleurs.
Les personnages représentés sont les suivants : Frédéric II, Louis XV, Voltaire, Charles-Emmanuel de Savoie, Marie-Thérèse d'Autriche, le duc de la Vrillière, d'Alembert, de Maupeou.

— Anatomie des parties de la génération de l'homme et de la femme, représentées avec leur couleur naturelle, selon le nouvel art. *Paris, Brunet*, 1773. In-fol. (De 100 à 120 fr.)

8 planches curieuses, imprimées en couleurs.

En maroquin rouge ancien, aux armes du duc de Duras, 55 fr., vente Ch. Cousin (n. 113).

On trouve souvent relié à la suite le traité intitulé : Exposition anatomique des maux vénériens sur les parties sexuelles de l'homme et de la femme. *Paris*, 1773. In-fol. 26 pp. et 4 planches en couleurs.

Il existe toute une série d'ouvrages anatomiques avec planches imprimées en couleurs par Gautier Dagoty; longtemps méprisés, on les recherche fort depuis deux ou trois ans. En voici une liste sommaire : *Essai d'Anatomie*, Paris, 1745. In-fol. 8 planches. — *Suite de l'Essai d'Anatomie* (ou *Myologie du tronc et des extrémités*), 1745. 12 planches. (Ces 20 planches reparaissent en 1746 dans la *Myologie complète en 20 planches* avec les explications de Duverney). — *Anatomie de la tête*, 1748. 8 planches. — *Anatomie générale des viscères; angiologie et nevrologie en 18 planches; figure d'hermaphrodite*, 1752. — *Exposition anatomique de la structure du corps humain*, Marseille, 1759 ou 1770. 20 planches. — *Observations sur l'histoire naturelle, sur la physique et sur la peinture*, Paris, 1752-1755. 18 parties en 6 vol. in-4. — *Observations périodiques sur la physique...* 1756-1757, 3 vol. in-4. — On trouve aussi les planches de ces 9 vol. d'*Observations* réunies sans texte sous le titre : *Collection de planches d'histoire naturelle en couleurs, par Gautier* (Paris, 1757. In-4), 45 planches.

GAUTIER DE SIBERT. — Histoire des Ordres royaux, hospitaliers et militaires de Notre-Dame de Mont-Carmel et de Saint-Lazare de Jérusalem. *Paris, Imprimerie royale*, 1772. In-4. (De 25 à 30 fr.)

1 beau frontispice par Eisen, gravé par de Ghendt; 1 fleuron sur le titre par de Sève, gravé par Patas; 1 portrait du comte de Provence, gravé par Voysard, d'après Michel Vanloo ; 4 jolies vignettes par Eisen, gravées par Delaunay, Massard et de Longueil, 2 figures par Eisen, gravées par Baquoy et 3 culs-de-lampe par les mêmes.

On remarque dans l'une des vignettes le portrait du dauphin.

En maroquin rouge, avec les dessins originaux et les figures en double état, dont l'eau-forte, 3,650 fr., vente Hamilton-Beckford (II, n. 86) aujourd'hui à Florence, bibliothèque de feu Horace de Landau.

GAY. — Fables by J. Gay. *Londres, Tonson*, 1727-1738. 2 vol. in-4. (De 300 à 400 fr.)

Tome I : Un fleuron sur le titre et 51 vignettes imprimées dans le texte, en tête de chaque fable, par Kent et Wootton, gravées par Van Gucht.

Tome II : Un frontispice par Gravelot, un fleuron sur le titre et 16 grandes figures par le même, gravées par Scotin.

Livre bien illustré, l'un des premiers travaux de Gravelot pendant son séjour en Angleterre. Il est fort recherché en Angleterre et aux Etats-Unis ; à la vente Lefferts à New-York, en avril 1902, un bel exemplaire a été vendu 600 fr. (n. 610). Il a été réimprimé à Londres, en 1746-51, 2 volumes in-8, avec les mêmes figures.

Les dessins originaux de Gravelot, à la plume, rehaussés de sanguine et de bistre, ont passé de la collection Emmanuel Bocher dans celle de Louis Roederer.

GENLIS (Stéphanie-Félicité, comtesse de), marquise de Sillery. — Théâtre de Société. *Paris, Lambert*, 1785. 2 vol. in-12. (De 8 à 10 fr.)

8 figures non signées, assez médiocres.

Il existe un joli portrait in-8 de Mme de Genlis écrivant à son bureau, gravé par Copia, d'après Myris, que l'on peut joindre à ses ouvrages.

GÉRARD (L'abbé Louis-Philippe). — Le Comte de Valmont, ou les Egaremens de la Raison. Lettres recueillies et publiées par M... *A Paris, Chez Moutard*, 1774. 3 vol. in-12. (De 15 à 20 fr.)

Tome I : 8 ff. n. ch., 551 pp., plus 4 fig.
Tome II : 4 ff. n. ch., 480 pp., plus 3 fig.
Tome III : 4 ff. n. ch., 530 pp., 1 f. n. ch., plus 3 fig.

En tout, 10 figures par Liot, gravées par Le Villain, y compris les frontispices, plus 1 écusson par les mêmes, en tête de la dédicace, représentant les armes de Marie-Antoinette.

En maroquin rouge aux armes de Philippe de Noailles, maréchal de Mouchy, collection James de Rothschild (n. 1575).

— Le Comte de Valmont, ou les Égaremens de la Raison. Lettres recueillies et publiées par M... *A Paris, Chez Moutard*, 1777-17,8. 5 vol. in-12. (De 20 à 25 fr.)

14 figures par Monnet, gravées par Dambrun et Louis le Grand.

En maroquin rouge ancien, aux armes de France, 221 fr., vente Daguin (n. 476); en maroquin citron, aux armes de Marie-Antoinette, 2.500 fr., *Rép. Morgand*, 1893. n. 5207..

— Le Comte de Valmont, ou les Égaremens de la raison, par l'abbé Gérard, 12e édition. *A Paris, Chez Bossange et Masson*, 1807, 6 vol. in-8. (De 20 à 25 fr.)

6 figures par Moreau, gravées par Delvaux, de Ghendt, Hulk et Trière.

Existe aussi in-12 (De 8 à 10 fr.) et en grand papier avec les figures avant la lettre.

En veau de Trautz, avec les dessins originaux de Moreau, à la sépia et 10 des dessins de Monnet pour l'édition antérieure, 170 fr., vente du comte de La Bédoyère (1862, n. 60), aujourd'hui collection Olry-Roederer.

En veau fauve de Capé, grand papier vélin, non rogné, figures avant la lettre, 41 fr., vente E. Martin (n. 41).

GÉRARD (L.-G.). — Essai sur l'Art du vol aérien, avec figures. *A Paris, Chez la veuve Duchesne*, 1784. In-12.

En maroquin rouge ancien, aux armes de Laurent de Villedeuil, 140 fr., vente Lignerolles (n. 570).

GÉRARD DE LAIRESSE. — Le Grand Livre des Peintres ou l'Art de la Peinture, considéré dans toutes ses parties et démontré par principes, traduit du hollandais par Jansen. *Paris, à l'hôtel de Thou*, 1787. 2 vol. in-4. (De 60 à 80 fr.)

35 planches, signées : Bénard direxit.
Il y a des exemplaires en grand papier.

GERMAIN (Pierre). — Eléments d'Orfèvrerie divisés En deux Parties de Cinquante Feuillets Chacune, Composez par Pierre Germain, Marchand Orfèvre Joaillier à Paris. Prix, 24 livres. *Se vendent à Paris, chez l'Auteur* ou *chés la Ve de F. Chereau*, 1748, 2 parties en 1 vol. in-4. (De 700 à 800 fr.)

Tome I : Titre gravé, 3 ff. (dédicace, avis, table) et 50 pl.
Tome II : Titre gravé et 50 pl.
100 planches de Germain, sauf 7 signées J. Roettiers, gravées par J.-J. Pasquier, sauf douze signées de Baquoy.
Précieux recueil qui contient les plus beaux modèles de l'argenterie parisienne du temps de Louis XV, si recherchée maintenant.
On recherche les exemplaires portant sur le titre la signature de Germain. Ceux qui portent l'adresse de la veuve Chéreau sont d'un deuxième tirage, moins estimé.
En maroquin vert de Belz-Niedrée, 400 fr., vente Béhague (n. 388); en maroquin rouge doublé de maroquin vert par Cuzin, 1,190 fr., vente R. Lion (n. 90); en veau, 675 fr., vente du comte de la Béraudière.
Un autre, aussi en veau, avec la signature de Germain sur les deux titres, 585 fr., vente Daguin (n. 477) (est-ce celui payé 545 fr., vente Guyot de Villeneuve, n. 258 ?)
L'exemplaire James de Rothschild (n. 276) est en maroquin rouge de Trautz.

— Livre d'ornemens composés par Pierre Germain, marchand orfèvre joaillier. *A Paris, chés l'Auteur*, 1751. In-4 oblong. (De 80 à 100 fr.)

Suite de 10 pièces (y compris le titre gravé) dessinées par Germain et gravées par J.-J. Pasquier.
Collection Foulc.

GERVAISE DE LA TOUCHE. — Histoire de dom B....., portier des Chartreux, écrite par lui-même. *A Francfort, chez J.-J. Trotener, imprimeur-libraire, aux Cigognes*, 1748. 2 parties en 1 vol. in-8. (De 200 à 250 fr.)

21 figures libres chiffrées, y compris le frontispice, assez médiocres.
Nous ne savons trop sur quelles présomptions on a attribué les figures de ce roman libertin au comte de Caylus, dont elles ne rappellent nullement la manière.
M. de Paulmy possédait un exemplaire de l'édition parue en 1745, sous la rubrique à *Rome, chez Philotanus*, in-12, contenant 28 miniatures gouachées sur vélin. Mais il

n'est pas à la Bibliothèque de l'Arsenal avec les autres livres de cet amateur ?

Il y avait un bel exemplaire de l'édition de 1748 en maroquin rouge avec les 20 figures gouachées chez un amateur distingué, M. A. P...

— Histoire de Gouberdom, portier des Chartreux, édition revue, corrigée et augmentée sous les yeux du Saint-Père. *S. l. n. d.* 2 parties en 1 volume in-8, dont la pagination se suit. (De 120 à 150 fr.)

1 titre avec figure, 1 frontispice et 19 figures libres (les mêmes que dans l'édition précédente).

Le texte de l'*Histoire de Gouberdom* est très correct et l'édition est belle.

— Mémoires de Saturnin, écrits par lui-même, Nouvelle édition, corrigée & augmentée, avec Figures. *A Londres* (Paris, Cazin), 1787. 2 vol. in-18; tirés aussi sur grand papier, in-8. (De 200 à 250 fr.)

Tome I : 2 ff. n. ch., 235 pp., plus 1 frontispice et 12 figures.

Tome II : 2 ff. n. ch, 151 pp., plus 11 figures.

En tout 24 jolies figures de Borel gravées par Elluin, non signées.

C'est la plus belle édition de ce roman, connu aussi sous le nom de *Portier des Chartreux* et parmi les publications libres de Cazin l'une des plus réussies. Les figures sont de Borel gravées par Elluin. — Les exemplaires en grand papier sont fort rares et généralement sur papier bleuté.

Un de ces derniers, en maroquin bleu de Bradel-Derome, 2,450 fr., vente Salvert Bellenave (n. 249).

Une suite de 29 dessins de Borel pour ce roman dont cinq étaient, assure-t-on, inédits, se trouvait dans la collection Bérard.

GESSNER. — Idylles et Poëmes champêtres, traduits de l'allemand par M. Huber. *A Lyon, Chez J. Marie Bruyset*, 1762. Petit in-8. (De 30 à 40 fr.)

1 frontispice gravé par Watelet d'après Lavallée-Poussin, et 12 fleurons ou culs-de-lampe gravés par Watelet (un seul par Marguerite Lecomte), d'après Lavallée-Poussin et Pierre.

Un bel exemplaire sur grand papier en maroquin rouge de Padeloup, 640 fr., vente Lebeuf de Montgermont (n. 507.)

— Gessner, Schriften. *Zurich, Orell, Gessner, Fussli*, 1770-1772. 5 vol. grand in-12. (De 25 à 30 fr.)

5 titres gravés, 16 vignettes et 19 culs-de-lampe dessinés et gravés par Gessner.

Une des nombreuses éditions des *Œuvres de Gessner*, publiées à Zurich.

Vingt dessins originaux ont figuré à la vente Piet (1902, n. 330).

— Contes moraux et Nouvelles Idylles de D. (Diderot) et Salomon Gessner. *A Zuric, chez l'auteur*, 1773. Œuvres de Salomon Gessner, traduites de l'allemand, tome II. *A Zuric, chez l'auteur*, 1777. 2 vol. in-4. (De 50 à 60 fr.)

2 titres gravés, 20 figures, 6 vignettes et 33 culs-de-lampe, dessinés et gravés à l'eau-forte par Gessner.

Les eaux-fortes sont lourdes et les figures médiocrement dessinées, mais le livre est curieux parce que c'est le poète qui a illustré lui-même ses contes et idylles.

L'ouvrage parut en allemand en 1777 et 1778. — On dut faire un nouveau tirage du premier volume lors de l'apparition du second. Cette réimpression porte la date de 1777.

En veau ancien, les figures du tome I, tirées sur fond bleu et retouchées à la main, 31 fr., vente E. Martin (n. 521); en maroquin rouge ancien, 530 fr., vente Béhague, (n. 816); en veau ancien, 60 fr., vente Sardou (n. 203).

L'exemplaire La Bédoyère (1862, n. 1231 : 69 fr), en maroquin vert de Bozérian, est chez M. Henri Beraldi. Celui de Mme du Barry, en maroquin rouge à ses armes a passé chez le baron Pichon (1869, n. 779) et chez Guyot de Villeneuve (n. 440 : 3,005 fr.); il s'en trouve un deuxième semblable à la bibliothèque de Versailles.

— Œuvres complettes de Mr Gessner. *S. l.* (Paris, Cazin), 3 vol. in-18. (De 20 à 25 fr.)

Tome I : 1 f. n. ch., xx-219 pp., plus 1 portrait, 1 titre et 7 figures.

Tome II : 1 f. n. ch., 1 f. blanc, IV-232 pp., plus 1 titre et 6 figures.

Tome III : 1 f. n. ch., 290 pp., 1 f. blanc, plus 1 titre et 1 figure.

En tout 3 titres, 1 portrait et 14 figures par Marillier, gravés par de Ghendt, Delignon, Duflos jeune, De Launay et De Launay jeune.

Publié avec un nouveau titre en 1786, sous la mention : *Genève*, 1786, avec les mêmes figures.

Il en existe d'autres éditions (dates diverses) avec les mêmes figures gravées par Delvaux.

On connaît quelques eaux-fortes.

— Œuvres de Gessner, traduites de l'allemand par M. Huber : nouvelle édition, ornée de figures. *A Lyon, Amable Leroy*, 1783. 3 vol. in-18. (De 5 à 6 fr.)

11 figures non signées.
Autre tirage en 1792.

— Œuvres de Salomon Gessner (traduit en français par Huber, Meister et Bruté de Loirelle). 3 vol. gr. in-4. Le titre gravé du 1er vol. porte : *A Paris, chés l'auteur des estampes, veuve Hérissant et Barrois l'aîné* (1786-1793). (De 300 à 400 fr.)

Tome I : XII pp., 1 f. n. ch., 215 pp., plus 1 frontispice. 1 titre gravé et 31 pl.

Tome II : 182 pp., plus 1 frontispice, 1 titre gravé et 31 planches.

Tome III : 236 pp., plus 1 titre gravé et 10 pl. dont 1 en tête du volume.

En tout 3 titres gravés différents, non signés, 2 frontispices (dont 1 avec portrait) par Le Barbier, gravés par Ponce et par Ingouf, et 72 figures, 4 vignettes et 66 culs-de-lampe par Le Barbier, gravés par Alix, Baquoy, Dambrun, Delignon, Gaucher, Giraud le jeune, Godefroy, Halbou, Langlois jeune, Le Beau, Lépine, Le Villain, de Longueil, Pauquet, Petit, Ponce, Texier, Thomas, Trière et Viguet.

Belle édition bien illustrée; il en existe des exemplaires tirés sur grand papier (généralement bleuté) de format in-folio avec figures avant les numéros.

En veau ancien, 290 fr., vente Massicot (n. 540); en maroquin rouge ancien, 430 fr., vente R. Lion (n. 258); le même ou un autre, 550 fr., vente Müller (n. 143).

En grand papier, avant les numéros, cart., non rogné, 275 fr., vente Destailleur (1891, n. 1192).

M. Henri Beraldi et M. Louis Cartier possèdent de beaux exemplaires en maroquin vert ancien.

Un bel exemplaire en grand papier vélin. in-folio, demi-reliure de Capé, contenant les épreuves avant les numéros, plusieurs eaux-fortes et pièces ajoutées dont 1 dessin de Le Barbier (n. 322) 700 fr., vente E. Martin.

Les dessins originaux de Le Barbier se trouvaient jadis dans l'exemplaire de Detienne (1807, n. 709 : 871 fr.); 12 ont appartenu à Rattier; d'autres étaient chez A. Piet.

— Œuvres complètes de M. Gessner. *Imprimerie de Patris*, 1796. (*A Paris, Chez Patris et Gilbert*). 6 vol. in-18. (De 60 à 80 fr.)

Tome I : 2 ff. n. ch., XIV, XXVI et 112 pp., 1 f. n. ch., plus 1 portrait et 3 fig.

Tome II : 2 ff. n. ch., 200 pp., 1 f. n. ch., plus 3 fig.

Tome III : 2 ff. n. ch., 239 pp., plus 2 fig.

Tome IV : 2 ff. n. ch., 228 pp., 1 f. n. ch.

Tome V : 2 ff. n. ch., 259 pp., 1 f. n. ch., plus 5 fig.

Tome VI : 2 ff. n. ch., IX-209 pp., 1 f. n. ch., plus 3 fig.

En tout 1 portrait et 14 figures par Binet gravés par Blanchard ou non signés.

A été tiré de format in-8, pour recevoir les avant-lettre.

Réimprimé en 1801 pour les mêmes libraires, 3 vol. in-8, avec les mêmes figures.

— Œuvres de Gessner, nouvelle édition ornée de figures. *A Paris, Dufart*, an V (1797). 4 vol. in-12. (De 25 à 30 fr.)

1 portrait et 24 figures non signés, mais dans le genre de Monnet.

Dans les exemplaires en grand papier, les figures sont avant la lettre.

— Œuvres de Gessner. *A Paris, Dufart*, s. d. 2 vol. grand in-8. (De 30 à 35 fr.)

2 titres-frontispices par Marillier, gravés par Ponce, 1 portrait gravé par Delvaux, et 25 figures assez jolies par Monnet, gravées par Dupréel, Giraud jeune, Letellier et Macret.

Il faut choisir les exemplaires où les figures sont avant la lettre.

— Œuvres de Salomon Gessner. *A Paris, Chez Antoine-Augustin Renouard,* an VII (1799) 4 vol. in-8. (De 60 à 80 fr.)

Tome I : XII-319 pp., plus 1 portrait et 15 figures.
Tome II : 2 ff. n. ch., 282 pp., 1 f. blanc, plus 13 figures.
Tome III : 2 ff. n. ch., 264 pp., 1 f. n. ch., 1 f. blanc, plus 1 portrait et 15 figures.
Tome IV : 2 ff. n. ch., 295 pp., plus 5 figures et 1 portrait.

En tout 3 portrait et 48 figures par Moreau, gravés par Baquoy, Dambrun, Delvaux, Dupréel, de Ghendt, Girardet, Lemire, Petit, Simonet et Trière.

L'un des portraits de Gessner est dessiné par Denon et gravé par Saint-Aubin.

Il y a des exemplaires sur grand papier vélin avec les figures avant la lettre et 20 ont été tirés sur papier de Hollande très mince.

Il existe *deux* suites des avant-lettre avec cadres et on a tiré *un* exemplaire du texte sur papier vélin de format grand in-4.

Un exemplaire en grand papier vélin, demi-reliure de Capé, avec la suite de figures avant la lettre et les cadres, 545 fr., vente E. Martin (n. 323). Un autre, 410 fr., vente Delbergue-Cormont. Un autre, non rogné, en demi-reliure de Raparlier, 55 fr. seulement, vente Daguin (n. 478).

Deux exemplaires ont été tirés sur peau de vélin. L'un d'eux contenant les dessins originaux de Moreau, 495 fr., vente Renouard (1854, n. 1723), actuellement au Musée Condé, au château de Chantilly.

En maroquin rouge de Bozérian (un des 20 exemplaires sur papier de Hollande mince) avec la suite des figures de Moreau en avant-lettre avec 13 eaux-fortes, en 1 vol. in-4, demi-reliure, 285 fr., vente E. Martin (n. 324 *bis*).

L'exemplaire de Brunet (n. 466 : 410 fr.) et de Grésy (n. 568 : 420 fr.) en maroquin rouge de Bozérian, avec les avant-lettre et les eaux-fortes, a été payé près de 4,000 fr., par M. Henri Beraldi.

— Œuvre gravé de Salomon Gessner, *A Zuric*, s. d. 2 vol. in-folio. (De 80 à 100 fr.)

166 planches contenant 336 sujets dessinés et gravés par Gessner.

Cet ouvrage tiré seulement, dit Brunet, à 25 exemplaires complets, ce qui nous parait bien peu, eu égard au nombre qu'on en rencontre, a été fait à Zurich par les soins de la famille de l'artiste-éditeur sur les planches originales qui avaient paru précédemment dans les ouvrages ou par cahier.

Un exemplaire broché, 100 fr., vente Vulliet.

— La Mort d'Abel, traduite par Hubert. *A Londres,* 1785. In-18. (De 7 à 8 fr.)

Frontispice gravé par Benoit, d'après Van der Werff et 4 figures par Marillier, gravées par Delvaux.

— La Mort d'Abel, poême de Gessner, traduit par Huber. Edition ornée d'Estampes imprimées en couleur d'après les dessins de M. Monsiau, peintre de l'Académie. *Paris, Defer de Maisonneuve,* 1793. Grand in-4. (De 100 à 150 fr.)

161 pp., plus 1 frontispice et 5 planches par Monsiau, gravé par Colibert, Casenave et Clément.

Les planches, assez belles, sont toujours imprimées en couleur. Elles existent avant les numéros des pages.

Un exemplaire en veau fauve, grand papier vélin, figures avant la lettre, 66 fr., vente E. Martin (n. 324); en maroquin rouge ancien ,79 fr., vente R. Portalis (novembre 1878, n. 70); le même (?) 125 fr., vente R. Lion (n. 259); cartonné non rogné, 46 fr., vente Massicot (n. 542); même condition, 250 fr., *Bull.* Morgand II, 7 (1908) n. 303.

Les dessins originaux de Monsiau sont entrés dans la collection de M. Henri Beraldi (*Rép.* Morgand n. 1152 : 1,000 fr.)

— Daphnis et le premier Navigateur, poêmes de M. Gessner, traduit de l'allemand, par M. Huber. *A Paris, chez Vincent,* 1764. In-12. (De 8 à 10 fr.)

Frontispice par Watelet, gravé par Pierre, 5 vignettes par Watelet (1) et Marguerite Lecomte (4), 1 cul-de-lampe non signé.

En maroquin rouge ancien, 26 fr. vente Massicot (n. 541).

GHERARDI (Evariste). — Le Théâtre italien de Gherardi, ou Recueil général de toutes les comédies et scènes françaises joués par les comédiens italiens du Roi pendant tout le temps qu'ils ont été au service ; enrichi d'estampes en taille-douce. *A Paris, Chez Briasson*, 1741. 6 vol. in-12. (De 25 à 30 fr.)

1 portrait et 57 figures, non signés; airs gravés.
On y joint *Le Nouveau Théâtre italien*... Paris, 1753, 10 vol. in-12, et *Les Parodies du Nouveau Théâtre italien*, Paris, 1738, 4 vol. in-12.

GIRARD. — L'Académie de l'Homme d'Épée, ou la Science parfaite des exercices défensifs et offensifs, en 116 planches en taille-douce, accompagnées d'explications détaillées avec soin. *A La Haye*, 1740 ou 1755. In-4 oblong. (De 30 à 40 fr.)

116 planches.
Cet ouvrage avait paru antérieurement sous le titre : *Nouveau traité de la perfection sur le fait des armes*. Paris, 1736. In-4 oblong.

GILLET DE MOYVRE. — La Vie et les Amours de Tibulle, chevalier romain, et de Sulpice, dame romaine. *A Paris*, 1743. In-12. (De 7 à 8 fr.)

12 figures de Dubercelle.

GILLIERS. — Le Cannameliste français ou Nouvelle Instruction pour ceux qui désirent d'apprendre l'office, etc. *Nancy, veuve Leclerc et Paris, Gogué et Née de la Rochelle*, 1760. In-4. (De 30 à 40 fr.)

1 frontispice et 13 planches pliées gravées par Lotha d'après Dupuis.
En maroquin rouge ancien, aux armes du marquis de Marigny, vente Hulot (n. 574), aujourd'hui dans la collection Ferdinand de Rothschild.

GILLOT. — La Vie de N.-S. Jésus-Christ, inventée et dessinée par Gillot, peintre de l'Académie Royale. *A Paris, chez Huquier et chez la veuve de F. Chereau*. In-4. (De 60 à 80 fr.)

Titre-frontispice et 99 planches gravées à l'eau-forte par G. Huquier d'après Gillot.

Les dessins originaux ont figuré en 1744 à la vente Quentin de Lorangère (n. 83, 65 fr.)

— Nouveaux Desseins d'habillements à l'usage des Balets, Opéras et Comédies, inventez par M. Gillot de l'Académie Royale de peinture et gravez par par Joullain. *Se vend à Paris, chez Joullain et M. Dolibeau, cordonnier, rue Froidmanteau et chez le S*^r *Duchange, etc...* (vers 1726). In-8. (De 250 à 300 fr.)

1 frontispice et 72 planches de costumes. Les planches existent avant les numéros.
En vélin ancien, en 72 planches, dont les 12 premières sans les numéros, 265 fr., vente Destailleur (1891, n. 419).
Plusieurs des dessins originaux de Gillot provenant de la vente de Mariette, se trouvent au Musée du Louvre.

— Théâtre Italien, Livre de Scènes comiques inventées par Gillot. *A Paris, chez Huquier et chez la veuve Chereau*. In-4. (De 150 à 200 fr.)

1 frontispice contenant le titre ci-dessus, 26 figures d'arlequins, scapins, capitans, scaramouches et 15 compositions in-4 en largeur, gravées par Huquier et Joullain (la dernière planche gravée par Tardieu, d'après Watteau).
Un exemplaire relié en vélin, contenant un titre et 11 planches, 305 fr., vente Destailleur (1891, n. 1213), revendu 130 fr., vente Guyot de Villeneuve (n. 467).
Plusieurs des dessins originaux se trouvaient chez Quentin de Lorangère (1744, n. 88 : 30 fr.) Ce sont peut-être ceux qu'on retrouve décrits au catalogue Paignon-Dijonval.
Il faut signaler aussi parmi les suites dues à Gillot un *Livre de Portières pour Tapisseries*, 6 pièces inventées et gravées à l'eauforte par Gillot. — *Nouveaux dessins d'Arquebuserie*, 6 pièces inventées et gravées par le sieur Gillot. — *Livres d'Ornemens, Trophées, Culs-de-lampe et Devises*, 12 pièces inventées par Gillot et gravées par Huquier, 1732. — *Nouveau Livre de Principes d'Ornemens*, etc., gravé par Huquier, s. d., 12 pièces. — Deux pièces, *Dessins de Clavecin*, gravées par Crépy et Caylus, et d'autres pièces gravées par ce dernier.

GILLOT. (Voy. Fables de La Motte.)

GIRARDET (Samuel). Histoire du Vieux et du Nouveau Testament, représentée en 466 figures en taille-douce avec deux cartes. *Chez Samuel Girardet, libraire au Locle,* 1781. Gr. in-8. (De 40 à 50.)

Ouvrage curieux de gravure du vieil éditeur suisse, l'ancêtre de toute la dynastie d'artistes des Girardet.

— Nouvelle Méthode d'enseigner les Enfants. *A Locle, chez Samuel Girardet,* 1789. Pet. in-8. (De 25 à 30 fr.)

1 frontispice et 84 figures allégoriques.
Ouvrage mal imprimé, mais rare à trouver en bon état parce qu'il a été mis dans les mains des enfants.

— La Danse des Morts, pour servir de miroir à la nature humaine avec le costume dessiné à la moderne et des vers à chaque figure. *Au Locle, chez S. Girardet, libraire,* s. d. 1788. In-8. (De 100 à 150 fr.)

1 frontispice, 1 titre gravé, 1 vignette en tête, 40 sujets en 20 planches et 2 figures.
En maroquin bleu moderne, 405 fr., vente Janzé (n. 187).
On connaît encore de Girardet un *Art de bien vivre et de bien mourir*, publié au Locle, en 1788. In-8, avec figures.

GIRARDIN (R. de). — Promenade ou Itinéraire des jardins d'Ermenonville, auquel on a joint vingt-cinq de leurs principales vues, dessinées et gravées par Mérigot fils. *A Paris,* 1788. In-8. (De 40 à 50 fr.)

25 figures à la manière noire, dessinées et gravées par Mérigot fils, plus 2 ff. de musique gravée.

— Promenade ou Itinéraire des jardins de Chantilly, orné d'un plan et de vingt Estampes qui représentent les principales vues, et gravées par Mérigot. *A Paris, Mérigot et autres.* 1791. In-8. (De 40 à 50 fr.)

20 figures à la manière noire, dessinées et gravées par Mérigot (sauf 4 par Hédonin) et un plan.

GIROUARD. — La Rose sans épines, ou Vénus affranchie de repentir par la découverte d'un moyen infaillible de neutraliser les effets du virus vénérien. *A Paris,* an VIII. In-18. (De 8 à 10 fr.)

1 jolie figure non signée.

GOBET et L'ABBÉ PICHON, Sacre et couronnement de Louis XVI. Voy. PATAS.

GODARD D'AUCOURT. — La Pariséide, ou Paris dans les Gaules. *A Paris, Pissot,* 1773. 2 vol. in-8. (De 5 à 6 fr.)

2 figures par Pierre, gravées par Lempereur.

— Mémoires Turcs, Par un Auteur Turc de toutes les Académies Mahométanes, Licencié en droit Turc et Maître-Es-arts de l'Université de Constantinople. Nouvelle édition Revûe et Corrigée avec figures. *A Amsterdam* (Paris), *par la Société,* 1776. 2 vol. in-12. (De 30 à 40 fr.)

Tome I: xxiv pp., 1 f. n. ch., 176 pp., plus 1 titre gravé et 2 figures.
Tome II: 2 ff. n. ch., 238 pp., plus 2 figures.
En tout 1 beau titre gravé et 4 figures par Jollain, gravés par Henriquez.
Existe sur papier de Hollande.

— Mémoires turcs, avec l'histoire galante de leur séjour en France Par un Auteur Turc, de toutes les Académies Mahométanes, licencié en Droit Turc, et Maître-ès-Arts de l'Université de Constantinople. *A Paris,* 1796. 2 vol. in-18. (De 10 à 12 fr.)

Tome I: 2 ff. n. ch., xvii-167 pp., plus le frontispice.
Tome II: 2 ff., n. ch., 245 pp., plus le frontispice.
En tout 2 jolis frontispices de Quéverdo.

— Thémidore, ou Mes Fredaines. *A Paris, Dentu,* 1797. In-18. (De 25 à 30 fr.)

2 figures non signées.
Roman charmant dont il existe de nombreuses éditions non illustrées.

— L'Académie Militaire, ou les Héros subalternes, par P..., auteur suivant l'armée. *A Amsterdam, par la Société*, 1777. 4 parties en 2 vol. in-12. (De 25 à 30 fr.)

1 titre gravé, différent pour chaque volume dessiné par F. Pon... et gravé par F. N... et 4 figures par les mêmes.
On trouve des exemplaires sur papier fort de Hollande.
Un de ces dernie:s en maroquin bleu ancien, 72 fr., vente Destailleur (1891, n. 1342).

GODONNESCHE. — Médailles du règne de Louis XV. *S. l. n. d.* (Paris, 1736) Petit in-folio. (De 25 à 30 fr.)

1 frontispice gravé par Cars d'après F. Le Moyne, un cartouche pour le titre, non signé, 1 feuillet de dédicace, portant tantôt le nom de Godonnesche et tantôt celui de Fleuremont et un nombre variable de planches (jusqu'à moins 64), entourées d'un encadrement historié, contenant les reproductions de médailles finement gravées, non signées.
Les dessins originaux de Godonnesche pour les planches 1 à 40 à la plume lavés à la sépia, se trouvent dans la collection James de Rothschild (n. 219); le frontispice est tout différent de celui qui a été gravé.

GOETHE. — Die Leiden des jungen Werther. *Berne*, 1775. In-12. (De 5 à 6 fr.)

1 titre gravé, 1 vignette et 1 cul-de-lampe, par Dunker.

— Werther, traduit de l'allemand (par Seckendorf). *Maestricht*, 1776. 2 parties en 1 vol. in-12. (De 20 à 25 fr.)

2 figures par Chodowiecki sur les titres.
L'édition est recherchée pour les deux jolies vignettes.
Réimpression, Maëstricht, Dufour, 1784, avec les mêmes figures.

— Passions du jeune Werther. *Rheims* (ou *Paris*) *Cazin*, 1784, 1786 ou 1792. In-18. (De 5 à 6 fr.)

2 ff. n. ch., XXIX-225 pp. et 1 f. blanc, plus 1 frontispice gravé par Chapuy.

— Passions du jeune Werther, enrichies de gravures avec tablettes économiques, etc., *A Paris, Chez le Sr Desnos* (vers 1790). In-18. (De 25 à 30 fr.)

XXIX-225 pp. plus 1 frontispice gravé par Chapuy et 12 figures non signées, probablement par le même.
Petit volume du genre des almanachs, avec un crayon en guise de fermoir.

— Werther, traduction de l'allemand de Goete (*sic*), Par C. Aubry. Nouvelle Edition, revue et corrigée par le traducteur. Avec figures en taille-douce. *A Paris, De l'imprimerie de Didot jeune*, 1797. 2 vol. in-18. (De 25 à 30 fr.)

Tome I: X-178 pp., plus 2 figures.
Tome II: 209 pp. (et 6 pp. pour le cat. de Didot) plus 2 figures.
4 figures par Berthon (Berthoud ?), gravées par Duplessi-Bertaux.
Il y a des exemplaires sur papier vélin. Les premières épreuves des figures portent les noms des artistes à la pointe.
En veau ancien, papier vélin, collection Schuhmann ; en maroquin jaune de Simier, collection Louis Cartier.
Les mêmes figures se trouvent dans l'édition de Paris, an XII (1804), dont il existe également des exemplaires sur papier vélin.

— Les Souffrances du jeune Werther, par Goethe, traduction nouvelle (par La Bédoyère). *Paris, Didot,* 1809. In-8. (De 25 à 30 fr.)

3 figures par Moreau, gravées par de Ghendt et Simonet.
Existe sur papier vélin, avec les figures avant la lettre. Les eaux-fortes sont fort rares.
En demi-reliure, non rogné, avec les avant-lettre et les eaux-fortes, 645 fr., vente Béhague (n. 1227); en maroquin rouge de Cuzin, figures avant et avec lettre, non rogné. 150 fr., vente R. Lion (n. 260).
En maroquin bleu de Courteval, avec les avant-lettre et les 3 dessins originaux de Moreau, au lavis, 500 fr., vente La Bédoyère (1862, n. 1611) puis collection Rattier.
L'exemplaire de M. Henri Beraldi contient des pièces ajoutées, notamment les avant-lettre, les eaux-fortes et deux épreuves d'essai inachevées.

— Alfred, ou les Années d'apprentissage de Wilhelm Meister, traduit de l'allemand par de Sevelinges, avec figures et romances gravées. *Paris*, 1802. 3 vol. in-12. (De 6 à 8 fr.)

3 figures par Bonnet, gravées par Bovinet.

— Herman et Dorothée, poème en IX chants, traduit par Bitaubé. *Paris et Strasbourg, Didot le jeune*, 1800. In-12. (De 8 à 10 fr.)

1 jolie figure par Catel, gravée par Huot. Existe en papier vélin avec la figure avant la lettre.

— Lettres de Charlotte pendant sa liaison avec Werther, traduites de l'anglais (*sic*) par M. D. D. S. G. (David de Saint-Georges), avec un extrait d'Éléonore. *Paris, Royez*, 1787. 2 parties en 1 vol. in-18. (De 15 à 20 fr.)

2 portraits et 2 vignettes en-tête par Chodowiecki.
Existe en grand papier vélin in-8. En cet état, en veau ancien, 23 fr., vente E. Martin (n. 476).

GOEZ (J.-F. de). — Exercices d'imagination de différents caractères et formes humaines, inventés, peints et dessinés par J.-F. de Goez. *Se vend à Augsbourg* (1783). In-4. (De 100 à 150 fr.)

100 figures curieuses gravées par Brichet, sauf les 16 dernières gravées par Goez lui-même.
Il y a des exemplaires dont les figures sont tirées en rouge.
Les figures représentent des types de la bourgeoisie d'Augsbourg.

GOLDONI. — Mémoires de M. Goldoni, pour servir à l'histoire de sa vie et à celle de son théâtre. *Paris, veuve Duchesne*, 1787. 3 vol. in-8. (De 6 à 8 fr.)

1 beau portrait par Cochin, gravé par Le Beau.

GOLDSMITH (Olivier). — Le Retour du Philosophe, ou le Village abandonné, poème imité de l'anglois du docteur Goldsmith par le chevalier R*** (Rutlige). *Bruxelles, Boubers*, 1772. In-8. (De 8 à 10 fr.)

1 figure, 1 fleuron sur le titre, 2 vignettes et 2 culs-de-lampe dessinés et gravés par Antoine Cardon.

— The Vicar of Wakefield. *London, Ritchie*, 1792. In-8. (De 50 à 60 fr.)

6 figures de Stothard, gravées par Parker.

— The Vicar of Wakefield; by Oliver Goldsmith. *Paris, Renouard*, an VIII (1800). In-12, papier vélin. (De 15 à 20 fr.)

6 figures fort jolies, non signées.
Les figures existent à l'état d'eaux-fortes.
L'exemplaire de Renouard, l'un des deux imprimés sur vélin, avec les six dessins originaux, 36 fr. à sa vente (1854, n. 2145), revendu 70 fr., vente Hebbelinck (n. 1593). L'autre exemplaire sur vélin est à la Bibliothèque nationale.

— Le Ministre de Wakefield, par Goldsmith, traduit de l'Anglais (par Etienne Aignan). Nouvelle édition. *A Paris, chez Laran, au Palais Egalité*, an IV. 2 vol. pet. in-12. (De 6 à 8 fr.)

2 vignettes à l'eau-forte, dessinées et gravées par G. Texier.

— Le Ministre de Wakefield, traduit de l'anglais, avec les poésies rendues en vers et quelques notes par Imbert fils. *Paris*, an XI (1802). 2 vol. in-12. (De 8 à 10 fr.)

2 figures par Huot, gravées par Adam.

GOMEZ (Angélique Poisson, dame de). — Crementine, reine de Sanga, histoire indienne. *Paris, Charles Le Clerc*, 1727. 2 vol. in-12. (De 8 à 10 fr.)

8 figures par Bonnart, gravées par Scotin.

— Les Journées amusantes. *Amsterdam*, 1731. 8 vol. pet. in-12. (De 15 à 20 fr.)

1 frontispice et 19 figures, non signés.
Autre édition, Paris, Nyon, 1737.

— Histoire d'Eustache de Saint-Pierre, au siège de la ville de Calais, sous le règne de Philippe de Valois, roi de France, en 1346 et 1347. *A Calais et à Paris, chez Vente*, In-18. (De 6 à 8 fr.)

Titre gravé et frontispice non signés.

GORGY (Jean-Claude). — Nouveau Voyage sentimental. 6e édition. *A Paris, Chez Louis*, an III de la République. 2 vol. in-18. (De 8 à 10 fr.)

2 figures non signées.

— Blançay, par l'auteur du Nouveau Voyage sentimental, seconde édition. *A Paris, Chez Guillot, libraire de Monsieur*, 1789. 2 vol. in-18. (De 15 à 20 fr.)

4 figures, dont 3 dans le premier volume et 1 dans le second, non signées.
Autre édition à Paris chez Louis, 1793, avec deux des figures de l'édition précédente.

— Ann'quin bredouille, ou le Petit cousin de Tristram Shandy, œuvre posthume de Jacqueline-Lycurgues, actuellement fifre-major au greffe des menus derviches. *Paris*, 1791-1792. 6 vol. in-18. (De 25 à 30 fr.)

9 figures non signées.
Pamphlet contre-révolutionnaire.

GORSAS. — L'Ane promeneur, ou Crités promené par son âne, chef-d'œuvre pour servir d'apologie au goût, etc... 3e édition. *A Pampelune*, (Paris), *chez Demoine*, 1786. In-8. (De 6 à 8 fr.)

1 figure curieuse non signée.

GOSMOND DE VERNON. — Histoire des Campagnes du Roy. *A Paris*, 1751. Petit in-folio. (De 25 à 30 fr.)

Titre gravé, frontispice, dédicace gravée et 44 planches de médailles avec explication gravée.
En veau fauve aux armes du maréchal de Noailles, 67 fr., vente Destailleur (1891, n. 1824).

— Les glorieuses Campagnes de Louis XV le bien-aimé, représentées par les figures allégoriques, avec l'explication historique. *Paris, chez l'Auteur*, s. d. (1767). In-4. (De 15 à 20 fr.)

31 planches, y compris le titre.
L'exemplaire de la collection Ferdinand de Rothschild est en maroquin rouge ancien, aux armes de Marie-Antoinette.

GOURY DE CHAMPGRAND. — Traité de la Vénerie et de Chasse, scavoir : du Cerf, du Daim, du Chevreuil, du Lièvre, du Sanglier, du Loup, etc. *A Paris, chez J.-B. Hérissant*, 1769. 2 parties en 1 vol. in-8. (De 6 à 8 fr.)

30 figures gravées par L. Halbou.
En maroquin vert de Capé, 150 fr. vente Béhague (n. 446).
Réimprimé, avec les mêmes figures, en 1776. Cf. *l'Almanach du chasseur*.

GOYA. — Caprichos inventados y grabados al'agua forte por Francesco Goya y Lucientes pintor (*A Madrid*, vers 1799). Grand in-4. (De 1,000 à 1,200 fr.)

80 planches satiriques, dessinées et gravées à l'eau-forte par Goya.
Recueil plein d'humour et d'originalité où se cache, sous des scènes grotesques, une satire politique des plus violentes. Il en a été fait plusieurs tirages modernes. Les cuivres existent à la Chalcographie de Madrid qui vend la suite pour 40 fr.
Plusieurs figures passent pour être les portraits caricaturés du roi Charles IV d'Espagne, de la reine et des grands personnages de la cour. Le portrait de l'auteur, coiffé d'un chapeau, doit occuper la première planche.
L'exemplaire de la vente Solar avec la signature de Goya, 400 fr.
L'exemplaire Paillet en maroquin brun doublé de maroquin citron par Thibaron, non rogné (*Bull. Morgand*, n. 12036 : 1,000 fr.) est chez M. Henri Beraldi.
Les suites de figures de Goya pour les *Courses de Taureaux* (33 pl.), les *Misères de la Guerre* (80 pl.) et les *Proverbes* (18 pl.) sont presque toutes de tirages modernes. (Cf. P. Lefort, *Francisco Goya*, Paris, 1877, p. 69).

GRAFFIGNY (Mme de). — Cenie, pièce en cinq actes, représentée pour la première fois par les comédiens françois ordinaires du Roi, le 25 juin 1750. *A Paris, Cailleau,* 1751. In-12. (De 15 20 fr.)

1 titre gravé avec fleuron et 1 figure par Le Lorrain, gravés par Fessard.

— Lettres d'une Péruvienne, nouvelle édition, augmentée de plusieurs lettres et d'une introduction à l'histoire. *A Paris, Duchesne,* 1752. 2 vol. in-12. (De 25 à 30 fr.)

2 titres gravés, non signés, 2 figures et 2 vignettes par Eisen, gravées par Delafosse.
Réimprimées avec les mêmes illustrations en 1756, 1760 et 1761.
En maroquin rouge de Duru, 50 fr., vente Béhague (n. 1067).

— Lettres d'une Péruvienne, par Mme de Graffigny, traduites du français, en italien, par M. Deodati (avec le texte en regard.) Édition ornée du Portrait de l'auteur gravé par M. Gaucher, et de six gravures exécutées par les meilleurs Artistes, d'après les Dessins de M. Le Barbier l'aîné. *A Paris, impr. de Migneret,* 1797. Gr. in-8. (De 60 à 80 fr.)

487 pp., plus 1 portrait de l'auteur d'après La Tour, gravé par Gaucher, et 6 belles figures par Le Barbier, gravées par Choffard, Halbou, Ingouf, Patas. Gaucher et Lingée.
En veau fauve ancien, figures avant la lettre, 180 fr., vente R. Portalis (février 1878, n. 121).
En maroquin rouge de Chambolle, reliure sur brochure, papier vélin, figures avant la lettre, 70 fr., vente Massicot (n. 543).
L'exemplaire Henri Beraldi, en maroquin rouge ancien, contient les avant-lettre et eaux-fortes tant du portrait que des figures.
Les dessins originaux de Le Barbier à la sépia (un inédit) et ceux du portrait par Gaucher figurent, avec le triple état des figures dans un exemplaire relié par Courteval en vélin, blanc vendu 210 fr., vente Closs, puis 221 francs La Bédoyère (1862, n. 1452) et 2,300 fr., vente Lebeuf de Montgermont (n. 679), aujourd'hui dans la collection Olry-Rœderer.

— Lettres d'une Péruvienne, par Mme de Graffigny. Nouvelle édition, augmentée d'une suite qui n'a point encore été imprimée. *A Paris, De l'Imprimerie de P. Didot l'aîné,* an V, 1797. 2 vol. in-18. (De 30 à 40 fr.)

Tome I : 255 pp., plus 1 portrait et 4 figures.
Tome II : 239 pp., plus 4 figures.
En tout un portrait gravé par de Launay, et 8 charmantes figures par Lefèvre, gravées par Coiny.
Cette jolie édition, qui fait partie de la collection dite de *Bleuet,* se trouve en papier vélin in 18, figures avec ou avant la lettre ; aussi en grand papier vélin in-12 (tiré à 100 exemplaires), figures avant la lettre ; on y ajoute les eaux-fortes et contre-épreuves.
Le prix de publication était à l'origine de 6 fr. papier ordinaire, 12 fr., papier vélin, et grand raisin vélin, figures avant la lettre, 24 fr.
Un bel exemplaire en grand papier vélin, en maroquin bleu de Cuzin, avec les 4 états des figures, 700 fr., vente Delbergue-Cormont (n. 192).
Un autre (le portrait en 2 états seulement) en maroquin bleu doublé par Cuzin, 900 fr., vente Daguin (n. 610), pour M. Eugène Wassermann.
En grand papier vélin, figures avant la lettre, maroquin rouge de Bozérian, 455 fr., vente Turner (n. 475). En maroquin rouge de Simier, avant lettre, 245 fr., vente R. Lion (n. 238) ; en maroquin rouge de Lefebvre, figures avant la lettre, 49 fr., vente de la maréchale de Raguse (n. 343) revendu 765 fr., vente Guyot de Villeneuve (n. 462).
Les eaux-fortes seules, 105 fr., vente R. Portalis (novembre 1878, n. 41) ; les avant-lettre, 72 fr. à Piet, même vente (n. 42).
En maroquin noir de Simier, avant-lettre et eaux-fortes, collection Henri Beraldi. En maroquin jaune ancien, avant-lettre et eaux-fortes, collection de Lord Carnarvon (n. 76 ; *Bull. Morgand* II, 6, n. 281 : 1,200 fr.), aujourd'hui chez M. Schubmann. Cartonné non rogné, avant-lettre et eaux-fortes, collection James de Rothschild (n. 1566).
Les dessins originaux, provenant de chez Paignon-Dijonval et Morel-Vindé se trouvent à la librairie Morgand.

— Œuvres choisies de Mme de Grafigny, Augmentées des Lettres d'Aza. *A Londres* (Paris, Cazin) 1783. 2 vol. in-18. (De 5 à 6 fr.)

Tome I : xii-269 pp., plus le portrait.

Tome II : 2 ff. n. ch. et 250 pp.
En tout un joli portrait de l'auteur, gravé par Delvaux.

GRAND CASTRIOTTO D'ALBANIE (Le), histoire (par Zannowich). *A Francfort, chez J.-J. Kessler,* 1779. In-8. (De 8 à 10 fr.)

Frontispice avec portrait non signé.
Voyez *Histoire de la duchesse de Kingston.*

GRANDE FÊTE donnée par les M... de Paris à toutes leurs P... le jour de l'arrivée du Roi, de la Reine et de leur Famille en réjouissance du retour de leur père et mère. *S. l. n. d.* In-12.

Frontispice.
Ancienne collection Carnarvon (n. 871).

GRANDEUR DE DIEU (La) dans ses moindres ouvrages, ode. *A Paris, chez Desprez.* Petit in-4. (De 4 à 5 fr.)

Plaquette de 12 pages. — Jolie figure par B.-L. Prévost, gravée par Y. Le Gouaz.

GRANDIDIER (L'Abbé). — Vues pittoresques de l'Alsace. *A Strasbourg,* 1785. In-4. (De 30 à 40 fr.)

17 jolies planches dessinées, gravées et terminées au bistre par Walter.

GRANDVAL (Nicolas Ragot de). — Le Vice puni, ou Cartouche, Poëme. Nouvelle Edition, Revûë, corrigée & augmentée par l'Auteur ; Et enrichie de Figures en Taille ; -douces à chaque Chant. *Imprimée à Anvers, et se vend, A Paris, Chez Pierre Prault,* 1726. In-8. (De 12 à 15 fr.)

3 ff. n. ch. et 167 pp., plus un frontispice et 16 figures par Bonnart, gravés par Scotin.
L'exemplaire contenant les dessins originaux, 100 fr., vente Van der Helle (n. 1038).
En maroquin vert ancien, collection James de Rothschild (n. 851).
Ce volume contient aux pp. 153-167, un petit dictionnaire d'argot.

— Agate, ou la Chaste princesse, tragédie en trois actes, par M. G***. *A Paris,* 1756. In-8. (De 12 à 15 fr.)

1 titre gravé et 3 vignettes, non signés.

GRANDVAL (fils). — L'Eunuque, ou la Fidelle Infidélité, parade en vaudeville, mêlée de prose et de vers, par M... *A Montmartre,* 1750 ou 1755. In-8. (De 7 à 8 fr.)

1 joli titre-frontispice, contenant 5 scènes de la pièce, 1 vignette non signés, et 20 pages de musique notée.

— Les Deux Biscuits, tragédie traduite de la langue que l'on parloit jadis au royaume d'Astracan et mise depuis peu en vers françois. *Se vend à Astracan, chez un libraire,* 1752. In-8. (De 8 à 10 fr.)

1 figure non signée.

— Sirop-au-cul, ou l'Heureuse Délivrance, tragédie heroïque-merdifique, par Grandval fils, comédien italien. *Au Temple du Goût, s. d.* In-8. (De 12 à 15 fr.)

Titre-frontispice non signé.

GRANET (J.-J.). — Histoire de l'Hotel Royal des Invalides, où l'on verra les secours que nos Rois ont procuré dans tous les tems aux officiers et soldats hors d'état de servir..., par J.-J. Granet, enrichie d'estampes représentant les plans, coupes et élévations, géométrales de ce grand édifice. Avec les excellentes peintures et sculptures de l'Église, dessinées et gravées avec tous les soins et l'exactitude possible par le sieur Cochin, graveur du Roy. *A Paris, G. Desprez,* 1736. In-fol. (De 80 à 100 fr.)

4 ff. n. ch., 112 pp., plus un frontispice et 103 planches.
Contient 1 frontispice et 103 planches, gravés par Cochin, dont 27 pliées ; 1 fleuron, 6 vignettes en tête, 6 lettres ornées et 3 culs-de-lampe dessinés et gravés par Cochin et Chauveau.
En veau ancien, 35 fr., vente Massicot, (n. 549).

Cinquante-deux des dessins originaux de Cochin, exécutés en camaïeu ou au crayon rouge, ont été vendus, reliés en maroquin rouge par Cuzin, 1,320 fr., vente Guyot de Villeneuve (n. 499).

GRASSET DE SAINT-SAUVEUR (Jacques). — La Belle Captive, ou Histoire du naufrage et de la captivité de Mademoiselle Adeline, comtesse de Saint-Fargel, âgée de 16 ans, dans une des parties du royaume d'Alger, en 1782, par M. J. Grasset de Saint-Sauveur. *A Paris, Chez Rémy et Musier*, 1785. In-12. (De 6 à 8 fr.)

1 frontispice par Desrais, gravé par Defraisne.

— Les Amours du fameux comte de Bonneval, pacha à deux queues, connu sous le nom d'Osman, rédigées d'après des Mémoires particuliers. Édition ornée de 4 gravures à l'acqua-tinte. *A Paris, chez Deroy*, an IV (1796). In-18. (De 35 à 40 fr.)

4 figures non signées.

— Le Sérail, ou Histoire des intrigues secrètes et amoureuses des Femmes du Grand Seigneur. *A Paris, chez Deroy*, an IV (1796). 2 vol. in-18. (De 60 à 80 fr.)

Tome I : xiv-148 pp., plus 4 figures.
Tome II : x-132 pp., plus 4 figures.
En tout 8 figures à l'aquatinte fort jolies et non signées.

— L'Antique Rome ou Description historique et pittoresque de tout ce qui concerne le peuple romain dans ses costumes civils, militaires et religieux, etc... Ouvrage orné de cinquante tableaux. *A Paris*, 1796. L'an IVe. In-4. (De 25 à 30 fr.)

2 ff. n. ch., 221 pp., 1 f. n. ch.; plus 50 planches y compris 2 frontispices.
2 frontispices et 48 figures par Labrousse gravés à l'aquatinte par Grasset de Saint-Sauveur.
Il y a des exemplaires en grand papier vélin avec les figures en double, en noir et coloriées.

— Encyclopédie des Voyages. *A Paris*, 1795-96. 5 vol. in-4. (De 40 à 50 fr.)

432 planches coloriées, imprimées en couleur, médiocrement exécutées.

— Costumes des Représentants du Peuple, Membres des deux Conseils, du Directoire exécutif, des Ministres, des Tribunaux, des Messagers d'Etat, Huissiers, et autres Fonctionnaires publics, etc., dont les dessins originaux ont été confiés par le Ministre de l'Intérieur au citoyen Grasset Saint-Sauveur; gravées (*sic*) par le Cit. Labrousse, artiste de Bordeaux, connu par ses talens, et coloriés d'après nature et avec le plus grand soin. Chaque figure est accompagné d'une Notice historique. *A Paris, chez Deroy*, an 4me, 1796. In-8. (De 40 à 50 fr.)

32 pp., plus 1 titre gravé et 15 figures par Grasset de Saint-Sauveur, gravées par Labrousse.
Ces figures sont à l'ordinaire coloriées; certains exemplaires les renferment en deux états, en noir (manière du lavis) et en couleurs.

— Les Fastes du peuple français ou tableaux raisonnés de toutes les actions héroïques et civiques du soldat et du citoyen français. Édition ornée de gravures d'après les dessins du citoyen Labrousse. *A Paris, chez Deroy* (1796) an IV de la République française, in-4. (De 200 à 250 fr.)

Frontispice et nombreuses planches en aquatinte chacune accompagnée de 2 pp. de texte.
L'exemplaire le plus complet que nous ayons vu contient 157 planches (Vente Glaser, I, n. 252 : 330 fr.), Avec 112 planches seulement, en veau ancien, 410 fr., vente Sardou (n. 773).
A la fin de certains exemplaires on trouve, sous le même titre, une série de 16 planches chiffrées, relatives aux événements des ans VII à IX, et accompagnées de leurs feuillets de texte. Aux ventes Sardou (II, n. 774) et Glaser, cette dernière suite s'est trouvée toute seule (moins la

planche 16), avec un frontispice spécial. Les planches de l'exemplaire Sardou sont imprimées en couleur.

GRATELOUP (J.-B. de). — Œuvre gravé. (De 800 à 1,000 fr.)

Neuf portraits très rares — le graveur-amateur Grateloup n'en ayant fait tirer qu'un petit nombre d'épreuves, et très curieux et précieux par leur finesse exceptionnelle se rencontrent parfois en recueil, ce qui nous a permis de les insérer ici. Ce sont : *Bossuet* en pied, d'après Rigaud, in-8. — *Bossuet*, en buste, d'après le même, in-12. — *Descartes*, d'après Hals, in-12. — *Dryden*, d'après Kneller, in-8. — *Fénelon*, d'après Vivien, in-12. — *Adrienne Lecouvreur*, d'après Coypel, in-8. — *Montesquieu*, d'après Dassier, in-12. — *Le cardinal de Polignac*, d'après Rigaud, in-12. — *J.-B. Rousseau*, d'après Aved.

Ces portraits se rencontrent avant et avec la lettre. Un bel exemplaire 5,200 fr. en 1869.

On y ajoute quelques pièces d'essai et quelques portraits gravés par le docteur J.-P.-S. de Grateloup qui avait hérité du secret du procédé de son oncle.

Nous ne saurions donner ici le détail des états, et nous renverrons au catalogue de Faucheux. Rappelons cependant qu'il n'existe pas d'avant-lettre des deux derniers portraits. Une belle suite se trouve chez M. Beraldi. Une autre en maroquin rouge de Chambolle, avec les 7 avant-lettre connues, venant de Lord Carnarvon (n. 77) est portée à 2,000 fr. en 1908 au *Bull. Morgand* (II, 6 n. 283). M. Guyot de Villeneuve avait reçu en héritage du comte de Montalivet un exemplaire très complet contenant en tout 23 pièces. A sa vente, il fut payé 2,920 fr. (n. 528).

GRAVELLE (Levesque de). — Recueil de Pierres gravées antiques. *A Paris, Mariette*, 1732-37. 2 vol. in-4. (De 50 à 60 fr.)

Tome I : x-40 pp., 1 f. n. ch., plus 1 frontispice et 101 planches.

Tome II : 80 pp., plus 1 frontispice et 104 planches.

En demi-reliure, 30 fr., vente Portalis (1882, n. 10).

Ce recueil fort rare a été réédité avec un excellent commentaire par M. Salomon Reinach dans sa *Bibliothèque des Monuments figurés*. Un exemplaire en maroquin rouge ancien, se trouve dans la bibliothèque de M. Jacques Doucet. On y a ajouté un troisième volume composé d'épreuves d'état.

GRAVELOT. Suite de petit sujets... dessinés par Gravelot, gravés par J. Bacheley. *A Paris, chez F. Chereau*, s. d., in-8.

80 sujets publiés en cahiers de 4 et 6 planches chaque.

— Almanach Iconologique ou des Arts pour l'année 1764, orné de figures avec leurs explications par M. Gravelot. Avec privilège du Roy. *A Paris, chez Lattré, graveur, rue Saint-Jacques, à la ville de Bordeaux*. Petit in-18 entièrement gravé. (De 50 à 60 fr.)

Titre gravé par Legrand, frontispice par Lemire et 12 planches gravées.

Premier essai par Gravelot de son Almanach artistique.

Les 12 planches sont distribuées ainsi :

1° Agriculture,	gravé par	Choffard.
2° Poésie,	—	Bacquoy.
3° Musique,	—	Bacquoy.
4° Danse,	—	Prévost.
5° Eloquence,	—	de Longueil.
6° Ecriture,	—	de Longueil.
7° Architecture,	—	Choffard.
8° Sculpture,	—	Bacquoy.
9° Peinture,	—	Prévost.
10° Navigation,	—	Bacquoy.
11° Art militaire,	—	Lemire.
12° Chirurgie.	—	Lemire.

L'approbation du volume est daté de novembre 1763 et la plupart des figures sont également datées de 1763 par les graveurs.

GRAVELOT ET COCHIN. — Almanach Iconologique pour l'année 1765 et les années suivantes jusqu'à 1781, par H. Gravelot et Cochin. *Paris, chez Lattré, graveur, rue Saint-Jacques*. (De 100 à 125 fr. le volume en maroquin ancien).

17 petits volumes ou plaquettes in-18, texte gravé, avec calendrier pour chaque année, contenant un frontispice général et 1 portrait de Gravelot par Gaucher (à l'année 1769); 17 titres gravés et 196 (ou 198) figures, soit 12 par volume, sauf pour les années

1766 (7 figures) 1767 (10 figures et parfois 12) et 1769 (11 figures). — Les figures sont gravées, d'après les dessins de Gravelot et de Cochin, par Aliamet, Bacquoy, Choffard, Dequevauviller, Duclos, Duflos, Gaucher, de Ghendt, Godefroy, Halbou, Ingouf, de Launay, Legrand, Lemire, Le Roy, Laveau, Lingée, de Longueil, Masquelier, Massard, Née, Nicollet, Ponce, Mme Ponce, Prévost, Rousseau, A. de Saint-Aubin, Simonet,

Très précieux recueil et très rare bien complet, surtout en vieux maroquin. — Les dix premières années ont des titres gravés différents, et les sept dernières ont le même.

Voici les titres de 17 parties : *les Arts*, 1 p.; *les Sciences*, 2 p.; *les Vertus*, 1 p.; *les Êtres métaphysiques*, 1 p.; *les Muses*, 1 p.; *les Saisons*, 1 p.; *les XII mois*, 1 p.; *l'Homme*, 1 p.; *les Êtres moraux*, 1 p.; *les Vertus et les Vices*, 7 p. Neuf volumes ont été gravés d'après les dessins de Gravelot et huit d'après ceux de Cochin. Ces derniers sont supérieurs.

Les exemplaires bien complets se vendent cher. Celui de la vente Béhague (n. 306 : maroquin rouge ancien) 4.600 fr.; l'exemplaire Le Barbier de Tinan, incomplet de deux années en maroquin rouge ancien, 1.000 fr. (n. 75). C'est probablement l'exemplaire que possède Mme Dornois.

Les dessins originaux ont été dispersés. Un exemplaire de l'édition de Lattré, en maroquin bleu de Lortic, contenant 20 dessins à la sanguine et au crayon noir, fut racheté 1.300 fr., vente R. Portalis (février 1878, n. 38) et revendu 875 fr., à Tunin, à une vente ultérieure du même (1882, n. 13). Vingt-quatre des dessins de Gravelot ont figuré à la vente Mahérault (n. 96 : 4.600 fr.).

Quatre de ces derniers sont entrés en 1909, au Musée des arts décoratifs avec la collection Perrin; un cinquième est chez M. Anatole France.

On signale de plus dans diverses ventes ou collections :

1 dessin de Cochin à la sanguine, chez le baron Portalis.

6 dessins de Cochin à la sanguine, vente Féral.

1 dessin de Cochin à la sanguine, vente Mahérault.

2 dessins de Cochin à la sanguine, vente de Clement (1876 : 375 fr.), puis collection Beurdeley fils.

4 dessins de Cochin à la sanguine, vente faite par Féral (1876).

4 dessins de Gravelot à la plume, vente faite par Féral (1877).

Les croquis primitifs de Gravelot, ont passé de chez le marquis de Fourquevaulx dans la collection Emmanuel Bocher, et de là chez Louis Roederer.

— Iconologie par figures ou Traité complet des Allégories, Emblèmes, etc. Ouvrage utile aux Artistes, aux Amateurs et peuvent servir à l'éducation des jeunes personnes, par MM. Gravelot et Cochin. *A Paris, Lattré, graveur,* s. d. 4 vol. in-12 ou 4 vol. in-8. (De 250 à 300 fr.)

Tome I : 1 f. n. ch., xvi-99 pp., plus le portrait de Gravelot, titre gravé; le portrait de Cochin et 46 figures dont la première est un titre.

Tome II : 1 f. n. ch., 112 pp., plus 1 titre gravé et 48 figures.

Tome III : 1 f. n. ch., 106 pp., plus 1 titre gravé et 48 figures.

Tome IV : 1 f. n. ch., 167 pp., plus 1 titre gravé et 60 figures.

1 frontispice contenant le portrait de Cochin, par Monnet, gravé par Gaucher, le portrait de Gravelot de l'édition précédente, 4 titres gravés par Choffard, De Ghendt et Legrand et 202 planches, soit en tout 208 morceaux de gravure.

Ce sont les mêmes figures que dans l'édition précédente, rangées dans un autre ordre. Comme le fait remarquer M. Rahir (*Bull. Morgand* II, 7, n. 328) ces 202 planches comprennent les 198 planches des *Almanachs*, le frontispice des *Almanachs*, le titre de l'*Almanach* de 1772 transformé en *Prométhée* et 2 planches nouvelles. Quant au texte il en a été fait deux éditions, l'une imprimée par Migneret, vers 1789, l'autre vers 1791, imprimée par Clousier, de format un peu plus grand.

Le tirage sur grand papier est de format in-8. Il est le moins recherché.

Cette réédition, beaucoup moins rare que l'édition primitive, offre encore d'asse bonnes épreuves. Il y a, en outre, des exemplaires in-12, formés d'épreuves avant la lettre, et dans beaucoup de figures, les noms des artistes sont à la pointe, au lieu d'être au burin. Après un examen attentif nous sommes resté convaincu que ces exemplaires sont composés en grande partie d'épreuves d'artistes, tirées avant celles des *Almanachs iconologiques*.

Font exception, ainsi que l'a reconnu M. Henri Beraldi, 10 pièces dont on refit de nouveaux tirages en effaçant la lettre sur les cuivres. Ce sont : le portrait de Gravelot

(*Fécond et varié*), un titre (*Iconologie ou traité des allégories*) et 8 figures (*Espérance, Mythologie, Prudence chrétienne, Raison chrétienne, Religion chrétienne, Sagesse divine, Terpsichore, Thalie*). M. Beraldi possède un bon exemplaire en veau ancien, figure avant la lettre auquel il a ajouté ces dix pièces en épreuves d'artiste.

Le chiffre de 350 figures inscrit sur le titre du 1ᵉʳ volume s'explique par ce fait que l'on a compté tous les personnages allégoriques qui y sont représentés.

Un exemplaire tiré sur grand papier et relié en maroquin rouge, 140 fr., vente Radziwill. Un autre broché, 280 fr., vente Gosford (n. 103); un autre, cartonné non rogné, 192 fr., vente R. Portalis (novembre 1878, n. 120); un autre cartonné, non rogné, 175 fr., vente Lacarelle (n. 96). Un bel exemplaire en maroquin vert de Lefebvre, toutes les figures (sauf 4) avant la la lettre, dont beaucoup avec nom à la pointe, 2.410 fr., vente Daguin (n. 479); en maroquin bleu par Hardy, 185 fr. vente Massicot (n. 556): en vélin blanc de Courteval, toutes les figures (sauf 2) avant la lettre, 1,510 fr., vente Colin (n. 20), revendu 695 fr., vente R. Lion (n. 83); en maroquin bleu de Chambolle, figures avant la lettre (sauf 2), collection Schuhmann.

— Planches gravées d'après plusieurs Positions dans lesquelles doivent se trouver les Soldats, conformes à l'ordonnance du Roi de l'Exercice de l'Infanterie du 1ᵉʳ janvier 1766. *S. l. n. d.* In-4. (De 60 à 80 fr.)

Un beau titre-frontispice de Gravelot, gravé par G. de La Haye et 10 planches se dépliant, contenant 31 sujets ou figures militaires, gravés par de La Haye, d'après les dessins de Gravelot, plus un cul-de-lampe aux armes de France et 37 planches techniques.

Se trouve à l'ordinaire relié après l'*Ordonnance du Roi pour régler l'Exercice de l'Infanterie. 1ᵉʳ janvier 1766. A Paris, De l'Imprimerie Royale*, 1766. In-4. XVI-138 pp. Intéressant recueil. Gravelot était professeur de dessin à l'École militaire.

En basane, avec l'*Ordonnance* elle-même (*Paris, Impr. Royale*, 1766), 100 fr., vente Destailleur (1891, n. 823).

— Songs in the Opera Flora, with the Humorous Scenes in Hob design'd by yᵉ celebrated Mʳ Gravelot, & engraved by G. Bickham junʳ. *London, Cooper et Bickham*, 1737. In-8. (De 80 à 100 fr.)

26 ff. — Ouvrage entièrement gravé composé d'un titre, d'une dédicace et de 24 ff. portant chacun une vignette en largeur par Gravelot et une chanson avec sa musique. Le texte serait de J. Hippisley.

Recueil peu connu en France, mais recherché en Angleterre; en demi-reliure, maroquin vert, 120 fr., vente Beckford (II, n. 351), revendu 420 fr., vente Destailleur (1891, n. 1195) et 110 fr., vente Guyot de Villeneuve (n. 483).

GRAVURES HISTORIQUES des principaux Événemens depuis l'ouverture des Etats généraux de 1789. Code national ou lois décrétées par l'Assemblée nationale. *A Paris, Janinet et Cussac*, 1789-1791. 2 parties en 1 vol. in-8. (De 500 à 600 fr.)

52 jolies figures de Janinet à la manière noire.

La dernière figure représente le 5 mars 1791, et non le 14 juillet 1790, comme le croyait Cohen qui n'avait vu qu'un exemplaire avec 35 figures.

L'exemplaire de M. Henri Beraldi sur grand papier vélin, en maroquin doublé, par Marius Michel, contient 52 figures, avec leurs 52 dessins originaux à l'encre de Chine.

En veau moderne, contenant 54 pièces, 500 fr., vente Sardou (n. 245); en veau ancien, avec le portrait de Lafayette, 1,000 fr., *Bull. Morgand* II, 6 (1908) n. 285.

Ce curieux recueil a été tiré sur trois papiers : in-8, in-4 et sur papier vélin; ce dernier est le plus recherché. Nous en avons vu 57 livraisons avec couverture imprimée en papier bleu; en voici le détail :

Livraison 1 : 1 f. n. ch., pp. 1-4 d'explication, 1 pl. et 1 f. n. ch., plus pp. 1-4 de Code.

Livraison 2 : pp. 1-4 d'explication, 1 pl. et pp. 5-8 de Code.

Livraison 3 : pp. 1-4 d'explication, 1 pl. et pp. 9-12 de Code... et ainsi de suite jusqu'à la 36ᵉ livraison inclusivement.

Les livraisons 37, 39, 41, 43-44 ne contiennent que le Code.

La livraison 40 contient 1 pl. double, 10 pp. d'explications et 4 pp. de Code; les livraisons 38, 42, 45-57 sont composées comme les livraisons 2-36.

En résumé, l'on doit trouver en tout :

51 pl. avec 4 pp. de texte par planche.

1 pl. double avec 10 pp. de texte.
1 f. n. ch. de titre.
Et pour le Code 1 f. n. ch., 288 et 4 pp.
On y joint souvent un portrait en silhouette de Lafayette, paru, assure-t-on, avec la 12e livraison.

GRÉCOURT (Abbé de). — Philotanus, poëme par M. l'abbé*** *A Paris, Chez Louis-Antoine Le Gond, rue de Bissy vis-à-vis de l'hôtel de Mailly, au cardinal de Rohan*, 1720. In-12. (De 20 à 25 fr.)

1 fleuron original, gravé sur le titre, non signé.

— Contes nouveaux par M. de G***. Première partie. *Amsterdam, Pierre Mortier, libraire sur la Bourse, à l'Envie*, 1745. In-12. (De 8 à 10 fr.)

1 joli frontispice et 1 fleuron sur le titre.

— Suite des Œuvres de M. de G***. *Amsterdam*, 1745. in-12. (De 8 à 10 fr.)

1 fleuron non signé.

— Œuvres de Poésies de l'abbé de ***. *Paris*, 1747. 2 vol. petit in-8. (De 8 à 10 fr.)

Frontispice et 2 fleurons dessinés par Cochin fils, gravés par Fessard.

— Œuvres diverses de Grécourt, nouvelle édition, soigneusement corrigée et augmentée d'un grand nombre de pièces qui n'avoient jamais été imprimées. *A Luxembourg* (Paris). 1761. 4 vol. in-12. (De 25 à 30 fr.)

1 portrait par Garand, 3 frontispices et 4 fleurons par Eisen, gravés par Baquoy.

En maroquin rouge de Duru, 130 fr., vente Béhague (n. 762); en maroquin rouge ancien, 33 fr., vente Destailleur (1891, n. 1081).

En veau ancien, aux armes de Jean du Barry, 25 fr., vente Goncourt; en maroquin vert, aux armes de la duchesse de Grammont-Choiseul, 210 fr., vente Franchetti (n. 169).

— Œuvres complètes de Grécourt, nouvelle édition soigneusement corrigée et augmentée d'un grand nombre de pièces qui n'avoient jamais été imprimées. *A Luxembourg*, 1764. 4 vol. in-12. (De 50 à 60 fr.)

4 fleurons sur les titres et 3 jolies figures d'Eisen, gravées par Baquoy; 1 figure de Fossin gravée par Daniel.

Une des plus jolies éditions de Grécourt.

En maroquin rouge, de Derôme, 680 fr., vente Turner (n. 326); le même (?), 520 fr., vente R. Lion (n. 143).

— Œuvres choisies de Grécourt. *A Genève* (Cazin), 1777. 3 vol. in-18. (De 15 à 20 fr.)

Tome I : 2 ff. n. ch., 212 pp., plus le frontispice.
Tome II : 2 ff. n. ch, 188 pp., plus le frontispice.
Tome III : 2 ff. n. ch., 200 pp., plus le frontispice.

3 frontispices, dont 2 par Eisen et 1 par Marillier, l'un signé N. D. L. (Nicolas de Launay).

Le dessin original de Marillier à la mine de plomb appartenait à Mahérault.

— Œuvres diverses de M. de Grécourt, nouvelle édition, Augmentée du Philotanus, de la Bibliothèque Des damnés, &c., avec figures. *Londres* (Paris, Cazin), 1780. 4 vol. in-18. (De 15 à 20 fr.)

Tome I : XVI-439 pp., plus le frontispice.
Tome II : 2 ff. n. ch., 380 pp., plus le frontispice.
Tome III : 2 ff. n. ch., 332 pp., plus le frontispice.
Tome IV : 2 ff. n. ch., 332 pp., plus le frontispice.

En tout 4 jolis frontispices non signés.
En maroquin rouge ancien, 23 fr., vente Daguin (n. 480).

— Œuvres complètes de Grécourt, enrichies de gravures; Nouvelle édition soigneusement corrigée et augmentée d'un grand nombre de Pièces qui n'avaient jamais été imprimées. *A Paris, Imprimerie de Chaignieau aîné*, l'an Ve, 1796. 4 vol. in-8. (De 60 à 80 fr.)

Tome I : 2 ff. n. ch. et 383 pp., plus 1 portrait et 4 figures.

Tome II : 2 ff. n. ch. et 363 pp., plus 2 figures.
Tome III : 2 ff. n. ch. et 351 pp., plus 1 figure.
Tome IV : 2 ff. n. ch., et 347 pp., plus 1 figure.
En tout 1 portrait par Dupréel et 8 figures par Fragonard fils, gravées par Dambrun, Duparc, Giraud le jeune, Pauquet, Lingée et Dupréel.
Sur grand papier vélin, en demi-reliure d'Hering et Muller, avec les avant-lettre et les eaux-fortes et des figures ajoutées, 500 fr., vente E. Martin (n. 539); sur grand papier, avant-lettre, maroquin rouge de Capé, 376 fr., vente Béhague (n. 763).
En maroquin rouge ancien, avant-lettre et eaux-fortes, collection Henri Beraldi.

— Grécourts Auserlesene Werke. *Paris, bei Delaunay,* 1796. 2 vol. in-12. (De 25 à 30 fr.)

6 figures libres de l'école de Chodowiecki.

GRESSET. — Œuvres poétiques. *A Genève,* 1742. 2 parties in-12. (De 5 à 6 fr.)

Frontispice gravé par Scotin.

— Les Poësies de M. G. *A Blois, Chez Philibert Masson,* 1734. (De 7 à 8 fr.)

In-8 de XII-190 pp. et 1 f. n. ch., plus 1 frontispice gravé par Scotin.
En veau ancien aux armes de Mme de Pompadour, collection Schuhmann (relié avec d'autres ouvrages de Gresset).

— Œuvres de Gresset. *A Londres, Edouard Kelmaneck* (Cazin), 1779. 2 vol. in-18. (De 8 à 10 fr.)

1 figure par Marillier, gravée par De Launay.

— Œuvres de M. Gresset, de l'Académie française, nouvelle édition revue, corrigée et considérablement augmentée, avec figures. *A Londres,* (Paris, Cazin), 1780. 2 vol. in-12. (De 10 à 12 fr.)

1 portrait gravé par Delvaux, et 7 figures non signées, dans le genre de Monnet.

— Œuvres de Gresset. *A Paris, Chez Volland,* 1793 et 1794. 2 vol. in-8. (De 15 à 20 fr.)

1 portrait de Gresset dans un médaillon et 6 figures, non signées attribués à Monnet.
Les figures existent avant la lettre et en eaux-fortes.

— Œuvres choisies de Gresset. Edition Ornée de Figures en taille douce dessinées par Moreau le jeune. *De l'Imprimerie de Didot jeune, A Paris, Chez Saugrain,* an II (1794). In-18. (De 20 à 25 fr.)

174 pp. et 1 f. blanc, plus 5 jolies figures de Moreau, gravées par Duhamel, Dupréel et Simonet, dont 4 pour *Vert-Vert* et 1 pour le *Lutrin vivant.*
Se trouve sur papier vélin et, sur grand papier vélin, avec figures avant la lettre ; dans ce dernier état il est extrêmement rare ; avec les eaux-fortes il est introuvable.
La figure pour le *Méchant,* gravée par N. Thomas d'après Moreau, que l'on ajoute quelquefois, ne fait pas partie de l'édition : elle est tirée du *Répertoire du Théâtre français.* Pour les états connus de ces figures, cf Bocher nn. 781-786.
En maroquin rouge ancien, 55 fr., vente Destailleur (1891, n. 1082); même condition, 46 fr., vente Daguin (482).
En maroquin bleu ancien, figures avant la lettre, 450 fr., vente Turner (n. 327); en maroquin bleu de Bozérian, figures avant la lettre, 245 fr., vente R. Portalis (février 1878, n. 88), revendu 800 fr., vente Guyot de Villeneuve (n. 456); en maroquin rouge ancien, figures avant la lettre, 140 fr., vente Daguin (n. 481); en maroquin citron ancien, figures avant la lettre, 320 fr., vente Biays (n. 140).
La suite des figures avant la lettre, 49 fr. à Piet, vente R. Portalis (novembre 1878, n. 35).
M. Henri Beraldi a acheté à Morgand un joli exemplaire en maroquin rouge de Bozérian contenant les avant-lettre et les dessins originaux de Moreau ; il possède un autre exemplaire en maroquin vert ancien, renfermant les avant-lettre et les eaux-fortes.
M. Schuhmann possède également les avant-lettre et les eaux-fortes dans un charmant exemplaire des Œuvres de Gresset, édition Bleuet (an XI, 1802, 3 vol.) en maroquin vert de Bozérian. (Cf. vente Renouard, 1854, n. 1373).

— Œuvres de Gresset. *A Paris, Chez Ant. Aug. Renouard*, 1811. 2 vol. in-8. (De 50 à 60 fr.)

Tome I : LXXII-383 pp., plus 1 portrait et et 5 figures.

Tome II : 2 ff. n. ch., 444 pp. et VIII pp., 2 ff. n. ch., 120 pp., plus 3 figures.

1 portrait non signé (attribué à Saint-Aubin) et 8 figures par Moreau, dont 7 gravées par Simonet et 1 par de Ghendt.

Le Parrain magnifique, à la fin du 2ᵉ volume, porte, sur le titre, la date de 1810.

Existe sur papier vélin et avec les figures avant la lettre. (B. 787-794).

Renouard fit également tirer, suivant son habitude, des épreuves d'eaux-fortes; toutefois on prétend qu'il n'en existe pas pour le portrait. On trouve dans le catalogue de sa vente, l'unique exemplaire imprimé sur peau de vélin en maroquin rouge, avec les 9 dessins originaux (1854, n. 1370 : 905 fr.) aujourd'hui au Musée Dutuit (n. 338) et l'un des deux exemplaires tirés sur grand papier vélin (1854, n. 1369, cartonné avec avant-lettre et eau-fortes : 300 fr. à Durand).

Le deuxième exemplaire sur grand papier vélin a passé de la Bibliothèque de Lord Spencer dans la John Rylands library de Manchester; il contient aussi les avant-lettre et eaux-fortes.

Il existe du *Parrain* seulement, un deuxième exemplaire sur peau de vélin; et un tirage rarissime sur papier jaune (vendu broché 5 fr. 75 : avec avant-lettre et eaux-fortes, vente Renouard, 1854, n. 1371).

En maroquin rouge de Trautz, contenant outre le triple état des figures de nombreuses gravures d'époque diverses, 275 fr., vente La Bédoyère (1862, n. 949), revendu 700 fr., vente Lebeuf de Montgermont (n. 433).

En maroquin olive de Purgold, papier vélin, figures avant la lettre, pièces ajoutées, 410 fr., vente E. Martin.

En maroquin bleu-vert de Bozérian, avec le triple état des figures, ventes Oldekof et R. Portalis, puis chez Léon Mercier, puis 1,580 fr., vente Delbergue (n. 105), aujourd'hui chez M. Henri Beraldi.

Un autre semblable, avec une eau-forte en plus, en demi-reliure de Cuzin, 350 fr., vente Daguin (n. 483).

GREUZE (J.-B.). — Divers habillements suivant le costume d'Italie, dessinés d'après nature par J.-B. Greuze, peintre du Roi, ornés de fonds par J.-B. Lallemand et gravés d'après les dessins tirés du cabinet de l'abbé Gougenot... par F. A. Moitte. *A Paris, Chez l'auteur*, 1768. In-folio. (De 100 à 125 fr.)

Frontispice de Lallemand et 24 planches de Greuze, gravés par Moitte.

Ne pas confondre avec un recueil de têtes contenant 1 titre gravé et 12 têtes d'hommes et de femmes peintes par Greuze, et gravées par Ingouf.

Existent à l'état d'eaux-fortes pures.

GROHMANN (J.-G.). — Recueil d'Idées nouvelles pour la décoration des Jardins et des Parcs dans le goût anglais, gothique chinois. *A Paris et Leipzig*, 1796-1799. 3 vol. grand in-4. (De 100 à 150 fr.)

350 planches gravées, noires et coloriées.

GROSE. — Principes de Caricatures, suivis d'un Essai sur la peinture comique, par François Grose, traduits en français avec des augmentations. *A Paris, chez Antoine-Augustin Renouard*, an X (1802). Gr. in-8. (De 20 à 25 fr.)

48 pp., plus 1 portrait et 28 figures, dont 6 se plient, par Berggold, Grose, Newton et Woodward, gravées par Grohmann.

Edition tirée à 200 exemplaires. — Un seul exemplaire imprimé sur peau de vélin.

Ces planches avaient paru antérieurement à Leipzig.

GUARINI (Battista). — Il Pastor fido, tragi-com. pastor. del. cav. Guarini. *In Parigi, appresso Prault*, 1750. In-16. (De 6 à 8 fr.)

1 titre gravé par Moreau.

— Il Pastor fido. *In Parigi, Appresso Prault*, 1766. In-12. (De 15 à 20 fr.)

1 titre signé de Moreau le jeune (B. 795) et 6 jolies vignettes en-tête de Cochin, gravées par Prévost.

Le titre existe en eau-forte et avant la lettre.

— Opere di Guarini. *Verona, Timermani*, 1737-1738. 4 vol. in-4. (De 40 à 50 fr.)

4 frontispices de B. Picart, 4 fleurons sur les titres de Balestra gravés par Zucchi et 70 figures, vignettes et culs-de-lampe de Picart et autres gravés par Zucchi.

GUASCO (L'Abbé de). — De l'Usage des Statues chez les Anciens, essai historique *A Bruxelles, de Boubers*, 1768. In-4. (De 15 à 20 fr.)

1 fleuron, 1 vignette héraldique, gravés par Percheron, et 14 planches de statues antiques, gravées par de Boubers.

GUÉNARD DE FAVEROLLES. — Les Forces mystérieuses, ou l'Amour alchimiste. *A Paris, Chez l'auteur*, an IX. 4 parties, in-12. (De 25 à 30 fr.)

4 figures de Binet.

GUER (Jean-Antoine). — Mœurs et Usages des Turcs, leur religion, leur gouvernement civil, militaire et politique, avec un abrégé de l'Histoire ottomane. *A Paris, Coustelier*, 1746. 2 vol. in-4. (De 40 à 50 fr.)

28 figures par Boucher et Hallé, gravées par Duflos, et 20 fleurons et vignettes par les mêmes.

En maroquin citron ancien, 105 fr., vente La Vallière (1784, n. 5386), aujourd'hui chez M. Henri Beraldi. En maroquin citron aux armes de Mme Sophie, 500 fr., *Bull. Morgand* (1899) n. 36011.

Seconde édition, *Paris, Mérigot*, 1747. 2 volumes in-4°. Mêmes figures.

— L'Infortuné reconnaissant. *A Paris, Chez Ballard*, 1751. In-8. (De 15 à 20 fr.)

Jolie vignette sur le titre et vignette de Hubert, gravée par Aveline.

Un bel exemplaire en grand papier, relié par Padeloup en maroquin bleu, aux armes de Phelypeaux de la Vrillière, a été vendu 800 fr., par M. Rouquette père.

GUÉROULT DU PAS (P.-J.). — Recueil de Veües de tous les différens Bastimens de la Mer Méditerranée et de l'Ocean avec leurs noms et usages. *A Paris, Chez Giffart*, 1710. In-4.

74 planches.

— Les différens bâtimens de la Mer Méditerranée dessinez d'après le naturel et les différens bâtimens de la Mer Oceanne, par le même, *s. l. n. d.* In-4 oblong.

60 planches, y compris les 2 titres gravés.
Ce recueil, ainsi que le précédent, se trouve dans la collection Ferdinand de Rothschild.

GUEULLETTE. — Les Aventures merveilleuses du Mandarin Fum-Hoam. Contes Chinois. Ornées de figures en taille douce. *A Paris, Chez D. Monghet*, 1723. 2 vol. in-12.

Figures.
En maroquin rouge ancien, aux armes de Louise-Françoise, duchesse douairière de Bourbon, 250 fr., vente de Lignerolles (n. 1824.)

— Les Mille et une Heures, contes péruviens. *A Amsterdam, Wetstein*, 1734. 2 vol. petit in-12. (De 5 à 6 fr.)

2 figures par V. Gunst, et 2 fleurons sur les titres imprimés en rouge et en noir.

GUIARD DE SERVIGNÉ. — Les Sonnettes ou Mémoires du marquis D***. Nouvelle édition, avec de jolies figures en taille-douce. A *Berg-op-Zoom, chez F. de Richebourg*, 1751. 2 parties en 1 vol. in-12. (De 10 à 12 fr.)

1 joli frontispice et 3 figures non signées.

— Le Rhinocéros, poéme en prose, divisé en 6 chants par Mlle de*** *S. l.* 1750. In-8. (De 10 à 12 fr.)

Frontispice par Aveline, gravé par Flipart.

GUIBERT (De). — Observations sur la Constitution militaire et politique des armées de S. M. Prussienne, avec quelques anecdotes de la vie privée de ce monarque. *A Berlin*, 1777. In-8. (De 5 à 6 fr.)

Portrait-frontispice dessiné par Dunker, gravé par Larcy.

GUICHARD. — Le Bûcheron ou les Trois Souhaits. comédie en un acte mêlée d'ariettes. (La musique est de Philidor.) *A Paris, Chr. Ballard ou Hérissant*, 1763. In-8. (De 25 à 30 fr.)

Il existe pour cette pièce une suite de 6 figures par Desrais, Leclerc et Poisson, gravées par Duhamel, Dupin fils, Martinet et Prévost.

GUILBERT (L'abbé). — Description historique du Château, Bourg et Forest de Fontainebleau..., par M. l'Abbé Guilbert, P. d. P. du Roy. *A Paris, Chez André Cailleau*, 1731. 2 vol. in-12. (De 12 à 15 fr.)

Tome I : 6 ff. n. ch., LXIX pp., 1. n. ch., 1 plan plié, 242 pp., et 3 ff. n. ch., plus 5 figures aux pp. 15, 46, 46, 66 et 131.
Tome II : 7 ff. n. ch. et 309 pp. plus 1 figure à la p. 94.

Un plan signé de J.-B Scotin et 6 figures dont 2 signées du même.

L'exemplaire Ferdinand de Rothschild est en maroquin rouge ancien, aux armes du duc du Maine.

L'exemplaire James de Rothschild (n. 2333), également en maroquin rouge ancien, est un exemplaire de dédicace aux armes du marquis de Beringhen. Il provient de la vente Coislin (1857, n. 338).

GUILLARD DE BEAURIEU. — L'Elève de La Nature, nouvelle édition augmentée d'un volume et ornée de figures en tailles-douce. *A Amsterdam, et se trouve à Lille, Chez J. B. Henry, Imprimeur Libraire*, 1774. 3 vol. in-12. (De 15 à 20 fr.)

Tome I : 2 ff. n. ch., XII-262 pp., plus 1 figure.
Tome II : 2 ff. n. ch., 262 pp., plus 1 figure.
Tome III : 2 ff. n. ch., 226 pp., plus 1 figure et 2 plans.

En tout 3 figures, dont 1 de Marillier gravée par Le Roy, 1 de Wateau et 1 non signée, et 2 plans dont 1 replié.

GUILLON. — Entretiens sur le Suicide, ou le courage philosophique opposé au courage religieux, et réfutation des principes de J.-J. Rousseau, de Montesquieu, de Mme de Staël, etc., en faveur du suicide. *A Paris, veuve Nyon*, an X (1802). Petit in-12. (De 5 à 6 fr.)

Frontispice par Monnet, gravé par Gaucher.

On trouve des exemplaires sur papier vélin avec la figure avant la lettre.

GUILLON DE MONTLÉON. — Etrennes aux amis ou Almanach pour l'an de grâce de 1798. *A Paris, imprimerie des théophilantropes, à l'enseigne de Polichinelle*, an VII (1798). In-12. (De 6 à 8 fr.)

Frontispice satirique non signé.

GULLIVER RESSUSCITÉ, ou les Voyages, Campagnes et aventures extraordinaires du baron de Munchausen. *A Londres et se trouve à Paris, chez Royer, Libraire, Quai des Augustins*, 1787. 2 parties en 1 vol. in-12. (De 8 à 10 fr.)

Fleuron sur les titres (semblables) et 3 figures non signées.

GUSTAVE III. — Collection des Œuvres politiques, littéraires et dramatiques de Gustave III, roi de Suède, suivies de sa correspondance, *A Stockholm, Charles Delen*, 1804. 5 vol. in-8, papier vélin. (De 20 à 25 fr.)

1 portrait par Lavreince, gravé par Gaucher, et 7 figures par Hjelm et Limnell, gravées par Dambrun, Delaunay, Gaucher, Halbou et Héland.

GUYS. — Voyage littéraire de la Grèce, ou Lettres sur les Grecs anciens et modernes, avec un parallèle de leurs mœurs. 3e édition. *A Paris, Chez la Veuve Duchesne,* 1783. In-8. (De 12 à 15 fr.)

10 figures par David, Favray, Houël, gravées par Halbou et Laurent, ou non signées.

GUZMANADE (La), ou l'Établissement de l'Inquisition, poème en XII chants. *A Amsterdam, chez MM. Rey,* 1778. In-8. (De 10 à 12 fr.)

1 figure non signée.
Attribué au comte de Mirabeau.

 ALLER (Albert de.) — Les Alpes. *Berne, Société typographique*, 1795. In-4. (De 4 à 6 fr.)

2 jolies vignettes-frontispices, 4 vignettes et 4 culs-de-lampe, dessinés et gravés par Dünker.
Traduction de Tscharner.

— Ode sur les Alpes, ornée d'une vignette pour chaque strophe par M. Herrliberguer. *A Berne, chez Brounner, et Haller*, 1773. Petit in-4. (De 25 à 30 fr.)

2 frontispices et 49 vignettes; ces dernières sont tirées à part, à 2 par page.

— Poésies de M. Haller, traduites de l'allemand. *A Berne, Société typographique*, 1775. In-8. (De 4 à 6 fr.)

Frontispice dessiné et gravé à l'eau-forte par Dünker, terminé au burin par Lacroix; 2 fleurons par Dünker; 6 vignettes et 7 culs-de-lampe du même.
Traduction de Tscharner.

HAMILTON (Antoine). — Mémoires du comte de Grammont, nouvelle édition par Horace Walpole. *Strawberry-Hill*, 1772. In-4. (De 50 à 60 fr.)

Le portrait de Hamilton, gravé par Hall, et ceux du comte et de la comtesse de Grammont, gravés par Chambars et Pourle.

Cette édition revue par le célèbre homme d'État et bibliophile Walpole, fut imprimée dans sa résidence de Strawberry-Hill, à la porte de Londres. Elle n'a dit-on, été tirée qu'à 100 exemplaires.

En maroquin rouge de Derôme, 190 fr., vente Gaisford (Londres, 1890, n. 863); même condition, collection Ferdinand de Rothschild.

L'édition de Londres, Dodsley, 1783, in-4 avec les 3 portraits est mal imprimée.

— Mémoires du comte de Grammont, par C. Antoine Hamilton, édition ornée de LXXII portraits, gravés d'après les tableaux originaux. *A Londres, Chez Edwards*, s. d. (1793). In-4, papier vélin. (De 200 à 250 fr.)

3 ff. n. ch., 313 et 77 pp., 2 ff. n. ch., plus 78 planches dessinées par Harding et Voet et gravées par Bartolozzi (2) Birrell (6) Barker (1), Claessens (4), Clamp (5), Gardiner (17), Harding jeune (7), Knight (2), Legoux (3), Nugent (3), Osborne (1), Parker (2), Sheneker (8), Schiavonetti (2), Silvester (1), Tomkins (2). et Vandenburg (12).

Il y a des exemplaires en grand papier de cette belle édition, et quelques autres tirés grand in-folio.

Bien que le titre indique 72, il doit s'y trouver 77 portraits et une vue de Somerhill.

On reconnaît les exemplaires de premier tirage à ce que ces portraits n'y portent pas encore d'indication d'origine. Tel est le bel exemplaire de Lapeyrière (1814 : 120 fr.) et de Pixerécourt (n. 1202 : 120 fr.), en maroquin rouge ancien, aujourd'hui au Musée Dutuit (n. 495).

Les *Notes et éclaircissements* en 77 pp. manquent souvent. Ils se trouvaient dans le bel exemplaire en grand papier, maroquin rouge, reliure anglaise, vendu 535 fr., vente Labédoyère (1862, n. 1428) et 850 fr., vente Lebeuf de Montgermont (n. 667); un autre semblable, en maroquin bleu de Duru, 300 fr., vente Béhague (n. 1035).

On signale 1 exemplaire sur vélin avec les portraits coloriés qui offert pour 1,250 fr. au catalogue d'Edwards pour 1796, se vendit 900 fr. à Paris, en 1825 et, en dernier lieu, 1,150 fr., vente Probasco (New-York, 1899, n. 730).

Louis-Philippe donna jadis au comte de Montalivet un exemplaire qu'avait relié en maroquin rouge le comte de Caumont, pendant l'émigration ; ce curieux exemplaire appartient aujourd'hui aux héritiers de feu Guyot de Villeneuve (Cf. son catalogue, n. 457).

— Les Mémoires du comte de Grammont, nouvelle édition, précédée d'une notice biographique sur le comte Hamilton, et enrichie de 64 portraits gravés par Edward Scriven. *A Londres, J. Charpentier*, 1811. 2 vol. Gr. in-8 (De 50 à 60 fr.)

En demi-reliure de Purgold, 65 fr. vente Destailleur (1891, n. 1422).

— Œuvres du comte Antoine Hamilton. *A Paris, Chez A.-A. Renouard*, 1812. 3 vol. in-8. (De 30 à 40 fr.)

Tome I : XI-400 pp., plus 8 portraits.
Tome II : 2 ff. n. ch., 503 pp., plus 4 figures.
Tome III : 2 ff. n. ch., 112 pp.

En tout 4 jolies figures par Moreau le Jeune (B. 796-799), gravées par de Ghendt (3) et Trière (1), et 8 portraits par A. de Saint-Aubin.

Ce livre existe sur papier vélin avec les figures avant la lettre et les eaux-fortes qui sont rares. Il en a été tiré 4 exemplaires sur très grand papier vélin dont 1 est au British Museum.

En papier vélin, eaux-fortes et avant-lettre, broché, 52 fr., vente La Bédoyère (1862, n. 1836), revendu en maroquin rouge de Trautz, 1,000 fr., vente Lebeuf de Montgermont (n. 668) et 480 fr., vente Mosbourg (n. 196).

En papier vélin, avec les eaux-fortes (moins une) et les avant-lettre, plus deux suites ajoutées, demi-reliure de Thouvenin, 520 fr., vente E. Martin (n. 532); avec les eaux-fortes complètes, collection Henri Beraldi.

Nous avons vu au Musée Dutuit (nn. 576-577) outre l'exemplaire unique sur peau de vélin, de Renouard (1854, n. 2378 : 735 fr.) en maroquin vert de Thouvenin avec les 4 dessins originaux de Moreau, 4 dessins de Saint-Aubin et presque toutes les eaux-fortes, un bel exemplaire en maroquin bleu de Simier contenant le triple état des figures de Moreau et, pour les portraits, les 8 eaux-fortes, les *lettres grises*, les *lettres ombrées* et 2 épreuves inachevées.

HANCARVILLE (Hugues, dit d'). — Antiquités Étrusques, Grecques et Romaines, tirées du cabinet de M. Hamilton, envoyé extraordinaire de Sa Majesté britannique en cour de Naples. *A Naples, Morelli*, 1766-1767. 4 vol. grand in-folio. (De 200 à 250 fr.)

520 figures, 16 grandes vignettes, 8 culs-de-lampe et 35 magnifiques lettres par Beaulieu, Bracci, Cardon, Nolli et Tierce, gravés par Lamberti et Pignatari ; les figures sont les unes noires, les autres coloriées. Edition splendide et de grand luxe exécutée au frais de l'ambassadeur d'Angleterre à Naples, le chevalier Hamilton. Texte anglais et français.

En maroquin rouge ancien à dentelle, 400 fr., vente Radziwill (n. 1638).

Nouvelle édition, Florence, 1801-1808.— 4 vol. grand in-fol.

— Antiquités étrusques, grecques et romaines, ou les Beaux vases grecs et romains, et les peintures rendues avec les couleurs qui leur sont propres, gravées par F. A. David, avec leurs explications par d'Hancarville. *A Paris, David*, 1787. 5 vol. in-4. (De 150 à 200 fr.)

1 frontispice à la date de 1785, répété dans chaque volume, et 361 planches dont 183 coloriées.

— Monumens de la Vie privée des Douze Césars, d'après une suite de pierres gravées sous leur règne. *A Caprées, chez Sabellus* (Nancy, Leclerc), 1780. In-4. (De 100 à 150 fr.)

XII-196 pp., plus 1 frontispice et 50 gravures du genre spintrien.

Il y a deux éditions sous la même date. Sur celle qui est à préférer, le titre occupe 11 lignes et les S sont longues, tandis que, dans la réimpression, le titre n'a que 10 lignes et les S sont courtes.

On réunit à cet ouvrage le suivant :

— Monumens du Culte secret des Dames Romaines pour servir de suite aux Monumens de la Vie privée des XII Césars. *A Caprée, chez Sabellus* (Nancy, Leclerc), 1784. In-4. (De 100 à 150 fr.)

XXVII-98 pp., plus 1 frontispice et 50 gravures du genre spintrien.

Un bon exemplaire en veau ancien des deux ouvrages, 380 fr., vente Béhague (n. 1592); cartonnés, non rognés, 152 fr., vente Portalis (n. 11). En maroquin rouge de Derôme, jolies reliures signées, 551 fr., vente Tollon (n. 259).

Dans la réimpression, on a mis la date 1780, et les S du texte sont courtes au lieu d'être longues.

Il existe plusieurs autres éditions de ces deux ouvrages, dont une in-8, assez belle, avec les figures réduites, une in-4 avec la traduction des vers latins, une en 2 volumes in-8, de l'imprimerie du *Vaticant* (sic), 1786 (vers latins traduits et gravures copiées).

Ces ouvrages dénotent beaucoup d'érudition chez d'Hancarville; mais toutes ces pierres gravées, médailles, etc., sont imaginaires.

Il en existe toute une série d'imitations que nous énumérons ci-après :

— Monumens de la vie Privée des Douze Césars, d'après une Suite de Pierres et Médailles Gravées sous leur règne. *A Rome*, 1785. In-8. (Avec le suivant 120 à 150 fr.)

Frontispice, titre gravé, 1 f. de préface et 24 planches, chaque planche étant accompagnée d'un feuillet de texte gravé.

— Monumens du Culte Secret des Dames romaines, pour servir de suite aux Monumens de la Vie Privée des XII Césars. *A Rome*, 1787. In-8.

Frontispice, titre gravé, 8 pp.; de préface et 24 planches, chaque planche étant accompagnée d'un feuillet de texte gravé.

— Le Cabinet de Lampsaque, d'après une suite de pierres gravées. *A Milet, chez Elephantis.* S. d. Gr. in-8.

1 frontispice et 50 gravures au bistre.
Se joint au suivant :

— Les Délices des Césars, d'après une suite de pierres gravées sous leur règne. Gr. in-8. (De 80 à 100 fr. avec le précédent).

1 frontispice et 50 gravures au bistre.
Mêmes ouvrages que les précédents, sous d'autres titres.

— Priapi uti observantur in gemmis antiquis. *Lugduni Batavorum*, S. d. Texte gravé et imprimé en rouge (vers 1771).

1 frontispice, 4 ff. prél., 35 ff. de texte et 35 planches de pierres gravées non signées.
Se joint au suivant :

— Veneres uti observantur in gemmis antiquis. Texte gravé. (De 100 à 150 fr. avec le précédent).

1 frontispice, 33 ff. de texte et 35 planches non signées. — 2 parties en 1 vol. in-8 et in-12 en papier fort de Hollande.

Brunet indique 25 à 30 planches, ce qui est inexact.

Nous croyons d'ailleurs que le nombre diffère suivant les exemplaires; ainsi celui en vieux maroquin que possédait le baron Portalis, contient les deux titres et 66 planches.

Les beaux exemplaires possèdent souvent un double état des planches, dont un colorié, et un double titre. Le titre colorié doit porter *Priapi uti*, etc. Le titre en noir *Veneres uti*, etc. Le texte se compose de 10 pages de préface tirées en rouge avec encadrement en noir, et chaque sujet doit avoir une page de texte rouge encadrée de 3 filets rouges.

Un bel exemplaire en maroquin rouge ancien, aux armes de Louis XV, 651 fr., vente Tollon (n. 260), aujourd'hui chez un amateur parisien.

— Recherches sur l'Origine, l'esprit et les progrès des arts dans la Grèce.

A *Londres, Appleyard*, 1785. 3 vol. in-4. (De 100 à 125 fr.)

Figures gravées.
L'ouvrage n'a pas été terminé.

HAY. — Recueil des chartes, créations et confirmations des colonels, capitaines, majors, etc. de la Ville de Paris. *Paris, G. Desprez*, 1770. In-4 (De 100 à 150 fr.)

Portrait de Bignon, portrait de Hay et 43 planches chiffrées de 1 à 44, le n. 3 n'existant pas.
L'exemplaire Ferdinand de Rothschild sur grand papier, avec les planches coloriées, est en maroquin rouge ancien, aux armes de Joly de Fleury.

HARLEY, ou l'Homme sensible (traduit de l'anglais par Plane). *A Paris, Charpentier et Bailly*, 1797. In-8. (De 3 à 4 fr.)

1 figure par Clavareau.

HECTOR MARTIN, roman par De K***. *A Paris, chez Maradan*. An IX. 2 vol. in-12. (De 5 à 6 fr.)

2 figures non signées.

HEDLINGER. — Œuvre du chevalier Hedlinger ou Recueil des Médailles de ce célèbre artiste avec l'explication (par Ch. de Méchel). *Bâle*, 1776-1778. 2 parties en 1 vol. petit in-folio. (De 80 à 100 fr.)

40 planches de médailles finement gravées par Christian de Méchel.
En maroquin rouge de Kalthœber, 31 fr. vente Gosford (n. 104).

HEINECKEN (Le baron de). — Idée générale d'une collection complette d'estampes, Avec une Dissertation sur l'origine de la Gravure & sur les premiers Livres d'Images. *A Leipzic et Vienne, Chez Jean-Paul Kraus*, 1771. In-8. (De 20 à 25 fr.)

8 ff. n. ch., 520 pp. et 16 ff. n. ch. plus 32 planches.

32 planches de fac-similes d'après des gravures du xve siècle.
Le premier travail dans lequel les livres xylographiques soient décrits avec exactitude.
En demi-reliure, 39 fr., vente Lebeuf de Montgermont (n. 175); nous avons vu plusieurs fois vendre 50 fr. des exemplaires en maroquin ancien.

HÉLIODORE. — Amours de Théagènes et Chariclée, histoire éthiopique. *A Londres*, 1743. 2 vol. in-12 (De 50 à 60 fr.)

Tome I : x-213 pp., plus 1 titre gravé et 5 figures.
Tome II : 1 f. n. ch., 190 pp., plus 1 frontispice libre et 5 figures.
En tout 2 fleurons sur les titres (les mêmes) 10 vignettes (dont 9 différentes), 1 titre gravé, 1 frontispice et 10 figures non signées, la huitième découverte.
En maroquin rouge ancien, 40 fr., vente R. Portalis (février 1878, n. 102); en maroquin rouge d'Arnaud, 28 fr., vente Béhague (n. 897); en maroquin rouge, 35 fr., vente Massicot (n. 496).

— MÊME TITRE, *A Paris, Chez Coustelier*, 1743. 2 vol. in-12. (De 25 à 30 fr.)

Tome I : x-213 pp., plus un titre gravé et 5 figures.
Tome II : 1 f. n. ch., 190 pp., plus 5 figures.
Réimpression page pour page de l'édition décrite ci-dessus. Elle fut motivée par le désir d'atténuer certaines illustrations un peu libres de la première édition : on couvrit la 8e figure, on supprima le frontispice du tome II et on répéta les vignettes de façon à éliminer six d'entre elles; on grava de plus une vignette nouvelle (trois Amours tirant de l'arc) que l'on plaça aux livres 5, 6 et 9.
En veau ancien, remonté de format in-4, 35 fr., vente E. Martin (n. 380); un autre en veau marbré, 20 fr., même vente (n. 381).

— Amours de Théagène et de Chariclée, histoire éthiopienne. *A Genève (Paris, Cazin)*, 1782. 2 vol. in-18. (De 5 à 6 fr.)

1 frontispice par Marillier, gravé par Delignon.

— Amours de Théagène et de Chariclée, histoire éthiopienne. *A Genève*, 1782. 2 vol. in-8. (De 10 à 12 fr.)

1 joli frontispice par Marillier, gravé par Delaunay.

HELMAN. — Faits Mémorables des Empereurs de la Chine, tirés des Annales chinoises, dédiés à Madame, ornés de 24 estampes, gravées par Helman, d'après les dessins originaux tirés du Cabinet de M. Bertin à Paris. *A Paris, chez l'auteur*, s. d. (1788). In-4. (De 30 à 40 fr.)

Titre gravé, jolie vignette par Monnet, en tête de la dédicace, 24 ff. de texte gravé et 24 planches.
En veau ancien, 18 fr., vente E. Martin (n. 770).
Réduction des grandes planches gravées d'après les dessins du P. Jésuite Attiret, sur l'ordre de l'Empereur de la Chine et par l'entremise de la Compagnie des Indes. C'est Cochin qui fut chargé par M. de Marigny, de diriger la gravure de ces planches qui fut confiée à Aliamet, Choffard, Le Bas, Née, Prévost et A. de Saint-Aubin.
Le tirage ayant été strictement réservé à la Chine, il n'est resté que quelques rares épreuves en Europe, et c'est d'après elles qu'Helman a fait ses planches.

— Abrégé historique des principaux Traits de la Vie de Confucius, célèbre philosophe chinois, orné de 24 estampes in-4 gravées par Helman, d'après les dessins originaux de la Chine envoyés à Paris par M. Amiot, ministre à Pékin, et tirés du Cabinet de M. Bertin. *A Paris, chez l'Auteur et chez M. Ponce, graveur*, s. d. (1788). In-4. (De 40 à 50 fr.)

Titre et 24 planches gravées, chacune avec 1 f. de texte.
En veau fauve, 36 fr., vente E. Martin (n. 784); en demi-reliure, 16 fr., vente Massicot (n. 494).
Les deux ouvrages ci-dessus se trouvent réunis.

HELMAN, voyez MONNET, *Principales Journées de la Révolution.*

HELYOT (Le R. P.). — Histoire des Ordres monastiques religieux et militaires et des congrégations séculières de l'un et l'autre sexe qui ont esté établis jusqu'à présent, avec des figures qui représentent tous les différens habillemens de ces ordres et congrégations. *A Paris, J.-B. Coignard, ou Gosselin*, 1714-1719. 8 vol. in-4. (De 150 à 200 fr.)

806 planches de costumes religieux gravés par Cl. Duflos, Giffart, de Poilly, Thomassin, ou non signées.
En maroquin rouge ancien, figures coloriées, 880 fr., vente Lebeuf de Montgermont (n. 833).

— Histoire des Ordres religieux et militaires ainsi que des congrégations séculières de l'un et de l'autre sexe qui ont été établies jusqu'à présent par le R. P. Helyot. Nouvelle édition ornée de 812 figures. *A Paris, Chez Louis*, 1792. 8 vol. in-4. (De 30 à 40 fr.)

En demi-reliure, non rogné, 39 fr., vente E. Martin (n. 655).

— Histoire du Clergé séculier et régulier, des congrégations de chanoines et de clercs, et des ordres religieux de l'un et l'autre sexes qui ont été établis jusques à présent, avec des figures qui représentent les différens habillemens des ordres et congrégations. Nouvelle édition, tirée du R. P. Bonnani, de Herman, de Schoonbeck et du R. P. Helyot. *A Amsterdam, Pierre Brunel*, 1716. 4 vol. in-8 et in-12. (De 60 à 80 fr.)

180 figures de Bernard Picart, Schoonebeck.
Un exemplaire en grand papier, veau marbré ancien, 130 fr., vente Radziwill (n. 1289).
Un très bel exemplaire en grand papier, relié en 1763, pour Bonnemet, en maroquin rouge par Derôme le jeune, vendu 80 livres 1 sou, vente La Vallière (1784, n. 4664), revendu 300 fr., vente Renouard (1854, n. 2687) 310 fr., vente De Lassize (1863;

n. 847) et 3,000 fr., vente Lebeuf de Montgermont (n. 832), a passé ensuite chez M. Bocher.

Un autre semblable, non moins beau, 6,020 fr., vente Gosford (n. 359), revendu 5.200 fr., vente Mosbourg (n. 265).

— Histoire des Ordres militaires, ou des chevaliers, des Milices Séculières et Régulières de l'un et l'autre sexe qui ont été établies jusques à présent. Avec des Figures qui représentent les différens habillemens de ces Ordres. Nouvelle Édition, tirée de l'abbé Giustiniani, du R. P. Bonanni, de Mr Herman, de Schoonebeck, etc... Et avec un Traité Historique de M. Basnage sur les Duels. *A Amsterdam, Chez Pierre Brunel*, 1721. 4 vol. in-8. (De 40 à 50 fr.)

Tome I : xxxii pp., 8 ff. n. ch., 163 pp., 5 ff. n. ch., 254 pp., plus 22 figures (Dans ce volume il y a de plus 2 figures tirées dans le texte).
Tome II : 2 ff. n. ch., 441 pp., plus 27 figures.
Tome III : 2 ff. n. ch., 471 pp., plus 59 figures.
Tome IV : 2 ff. n. ch., 439 pp., 10 ff. n. ch., plus 75 figures.
En tout 185 figures de Schoonebeck, y compris les 2 figures tirées dans le texte.
Un bel exemplaire sur grand papier, en maroquin rouge de Chambolle, relié sur brochure, 305 fr., vente Lebeuf de Montgermont (n. 840).

HEMSTERHUIS. — Aristée, ou De la Divinité. *A Paris (Harlem)*, 1779. In-12. (De 3 à 4 fr.)

4 vignettes non signées.

— Œuvres philosophiques. *A Paris*, 1792. 2 vol. in-8. (De 6 à 8 fr.)

2 fleurons sur les titres, 11 fleurons-vignettes et 13 culs-de-lampe par Hulk.

HÉNAULT (Le Président). — Nouvel Abrégé chronologique de l'Histoire de France. *A Paris*, 1744. In-12. (De 10 à 12 fr.)

1 fleuron sur le titre et 3 vignettes en tête de pages dessinées et gravées par Cochin.

Première édition et premier essai d'illustration de Cochin pour cet ouvrage.
Un album contenant le tirage hors texte des vignettes des trois éditions de 1744, 1746 et 1749, plus 36 dessins originaux de Cochin, a passé chez Morel-Vindé et se trouve aujourd'hui chez M. Henri Beraldi.
En maroquin rouge doublé de maroquin, reliure ancienne, collection Schuhmann.

— Nouvel Abrégé chronologique de l'Histoire de France, 2e édition. *A Paris*, 1746. In-12. (De 5 à 6 fr.)

16 vignettes ou culs-de-lampe de Cochin, gravés par Chedel, Cochin, Sornique et Soubeyran.

— Nouvel Abrégé chronologique de l'Histoire de France, contenant les événemens de notre histoire depuis Clovis jusqu'à la mort de Louis XIV, 3e édition. *A Paris, Prault père et fils*, 1749. Grand in-4. (De 150 à 200 fr.)

1 fleuron sur le titre par Cochin, 1 frontispice par Boizot, gravé par Lépicié; 3 vignettes et 36 beaux culs-de-lampe par Cochin.
Magnifique édition.
Les culs-de-lampe de Cochin se trouvent en albums, en tirages à part.
On ajoute souvent à cette édition une suite comprenant 1 frontispice par Boizot, gravé par Lépicié et 36 portraits par Boizot, de Leu, Robert, Thomassin et Van Loo, gravés par Aveline, Dupuis, Duchange, Edelinck, Fessard, Ficquet, Filloeul, Gaillard, Pinssio, Ravenet, Roy, Schmidt et Thomassin.
En maroquin rouge ancien, sans les portraits, 45 fr., vente E. Martin (n. 678).
En maroquin bleu de Derôme, 550 fr., vente Delbergue (n. 238).
Sur grand papier, en maroquin bleu de Padeloup, à larges dentelles, 2,100 fr., vente Lacarelle (n. 481); le même (?) 2,010 fr., vente Sauvage (1898, n. 95).
En maroquin rouge ancien, sans les portraits, aux armes du roi Stanislas Leckzinski, collection Houssaye.

— Nouvel Abrégé chronologique de l'Histoire de France, etc. Quatrième édition faite sur la troisième et ornée de vignettes et fleurons en taille-douce. *A Paris, chez Prault*, 1752. In-4. (De 100 à 120 fr.)

Tome I   16

1 fleuron sur le titre par Cochin, 3 lettres ornées par Chedel, 3 vignettes et 36 culs-de-lampe par Cochin.

Les portraits de Boizot s'ajoutent aussi à cette édition.

En maroquin rouge à larges dentelles aux armes de Louis XV, pièces ajoutées, 4,350 fr., vente Gosford (n. 396).

En maroquin rouge ancien, 179 fr., vente Portalis (février 1878, n. 135); aussi en maroquin rouge ancien, 46 fr. vente Daguin (n. 486); en maroquin rouge ancien, avec la suite des portraits ajoutée, 48 fr., vente du duc de La Vallière (1784, n. 5040), revendu 62 fr., vente Destailleur (1891, n. 1687). En maroquin rouge à larges dentelles, 213 portraits ajoutés, 1,410 fr., vente Rembielinski (1910, n. 36).

— Nouvel Abrégé chronologique de l'Histoire de France, contenant les événemens de notre histoire depuis Clovis jusqu'à la mort de Louis XIV..., Nouvelle édition Augmentée.... *A Paris, de l'imprimerie de Prault*, 1768. 2 parties en 1 vol. grand in-4. (De 200 à 250 fr.)

Frontispice, 4 ff. n. ch., 798 pp., 36 ff. n. ch.

Contient 1 fleuron sur le titre (répété deux fois), 1 charmant portrait de la reine Marie Leckzinska, gravé par Gaucher d'après Nattier dans la vignette de la dédicace gravée; 3 vignettes par Cochin, gravées par Moreau; 3 lettres ornées par Chedel, 30 culs-de-lampe par Moreau, 1 grand cul-de-lampe à la fin du règne de Louis XIV, occupant toute la page.

Ce beau livre est très rare sur papier de Hollande. Renouard en possédait un exemplaire en maroquin bleu par Derôme, adjugé 190 fr. à sa vente; un autre, sur le même papier, en maroquin bleu de Hardy, 445 fr., vente Lebeuf de Montgermont (n. 861).

On y ajoute à l'ordinaire 1 frontispice et 35 estampes allégoriques par Cochin, gravées par Aliamet, Delaunay, Martini et Rousseau

Ces estampes de Cochin se vendaient séparément et ne font pas partie intégrante du livre, mais elles ont été insérées dans un grand nombre d'exemplaires. Elles existent en eaux-fortes, avant la lettre, et avec la lettre avant les numéros. On les trouve séparément avec un titre spécial (*Bull. Morgand* II, 7, n. 348).

Un exemplaire dans une riche reliure de Derôme et sans les figures de Cochin, 2,500 fr., catalogue Morgand; un autre semblable, en maroquin rouge à dentelles de Derôme, 430 fr., vente R. Lion (n. 300).

Les vignettes et culs-de-lampe de l'édition existent en tirages à part, mais sont fort rares. M. Henri Béraldi en possède une fort belle suite qu'il a fait relier sur brochure par Cuzin, en maroquin rouge doublé.

Un exemplaire contenant 11 dessins originaux de Cochin fut payé 50,320 fr. en assignats à la vente Anisson-Duperron (n. 1054).

On en signale 3 à la vente du libraire Prault, en 1780, et 1 (Michel de l'Hôpital) chez Mme Theurier de Pommyer. Les dessins à la mine de plomb des estampes 1 à 14 et 16 à 25, en 1 volume, maroquin rouge, rachetés à 2,250 fr. vente Portalis (1882, n. 9), ont été revendus à la vente Portalis de 1887 (n. 54).

En maroquin rouge de David avec tous les tirages à part, la suite de Cochin avant et avec les numéros, et beaucoup de pièces ajoutées, 355 fr., vente E. Martin (n. 679).

En maroquin rouge à dentelles, de Derôme, aux armes du marquis de Coislin (500 fr.), vente Müller (n. 255) (sans les figures de Cochin).

L'exemplaire de la collection Ferdinand de Rothschild est en maroquin rouge ancien, aux armes de Mathieu Molé de Champlâtreux; celui de la bibliothèque de Bourges en maroquin rouge ancien porte les armes de Mme du Barry.

En maroquin rouge ancien, 150 fr., vente De Bure (1853, n. 1432), revendu 400 fr., vente Chartener (1885, n. 453), 105 fr., vente Mosbourg (n. 279) et 300 fr., vente Sardou (n. 184).

— François II, tragédie en prose. *A Paris*, 1747. In-8. (De 4 à 6 fr.)

Vignette allégorique dessinée par Cochin fils et gravée par Soubeyran.

Le précieux exemplaire de Mme du Deffand, en maroquin rouge au chat, avec une note autographe d'Horace Walpole, 435 fr., vente Lignerolles (n. 1719), aujourd'hui dans la collection Ferdinand de Rothschild.

— Pièces de Théâtre, en vers et en prose (par le président Hénault), 1770. In-8. (De 40 à 50 fr.)

1 fleuron sur le titre par Eisen, gravé par de Longueil, et 6 vignettes, par Cochin, Eisen, de Sève, gravées par de Longueil, Legrand et Duflos.

Ces pièces de théâtre, au nombre de 6, dont la pagination recommence à chacune;

portent les dates de 1768, 1769 et 1770; elles sont intitulées :
Cornélie, vestale (1769). Vignette d'Eisen, gravée par de Longueil.
François II, roi de France (1768). Vignette de Cochin, gravée par Duflos.
La Petite Maison (1769). Vignette d'Eisen, gravée par L. Legrand.
Le Jaloux de lui-même (1769). Vignette de de Sève, gravée par L. Legrand.
Le Réveil d'Epiménide (1769). Vignette de de Sève, gravée par Duflos.
Le Temple des Chimères (1770). Vignette d'Eisen, gravée par de Longueil.
Les illustrations sont ravissantes.
En maroquin olive ancien, 155 fr., vente Béhague (n. 869); le même (?) 90 fr., vente R. Lion (n. 210); en maroquin citron ancien, collection F. de Rothschild.

HENRI ET SOPHIE, ou l'Actrice comme il y en a peu. *A Paris, Cottin*, 1801. 2 tomes en 1 vol. in-18. (De 6 à 8 fr.)

2 figures non signées.

HENTZY. — Vues remarquables des Montagnes de la Suisse, dessinées et coloriées d'après nature, avec leur description. *A Amsterdam, J. Yntema*, 1785. In-folio. (De 800 à 1,000 fr.)

12 ff. (avec 1 vignette en-tête par Dunker), 1 frontispice et 42 fort jolies planches imprimées en couleurs, gravées par Janinet et Descourtis, d'après les dessins de Wolf, Clément, Rosenberg et autres.
Recueil fort rare dont le texte est de Albert de Haller et de Wyttenbach.
Ces planches, dont on ne trouve que 40 dans la plupart des exemplaires, existent en plusieurs états, avant les armoiries, etc. Beaucoup de ces épreuves exceptionnelles se trouvent dans l'exemplaire de sir David Salomons.

HÉRÉ (M.). — Recueil des Plans, élévations et coupes, tant géométrales qu'en perspective, des châteaux, jardins et dépendances que le Roy de Pologne occupe en Lorraine. *A Paris, chez François, s. d.* (vers 1750) 2 vol. in-folio. (De 500 à 600 fr.)

2 titres, 1 dédicace, 1 frontispice avec portrait du roi de Pologne, 2 ff. de texte et 62 planches, la plupart pliées, gravées par J. Ch. François.

En maroquin rouge ancien, riches dentelles, aux armes de la duchesse de Lorraine, collection Ferdinand de Rothschild.

— Plans et élévations de la Place Royale de Nancy et des autres édifices qui l'environne. Par Héré. *A Paris, Chez François*, 1753. In-folio. (De 120 à 150 fr.)

Titre dessiné et gravé par Choffard, frontispice, dédicace, et 13 planches doubles gravées par J. Ch. François.
Se joint à l'ouvrage précédent; les deux ensemble en veau à dentelle aux armes de Stanislas Leckzinski, 1,500 fr.. *Bull. Morgand II*, 1 (1904) n. 1013.

HERMILLY (D') et HURTAUT. — Iconologie historique des Souverains de France, etc., par M.... *A Paris, chez le sieur Desnos, s. d.* In-32. (De 20 à 30 fr.).

30 feuillets gravés au recto seulement, contenant 1 titre gravé, 1 frontispice et 27 sujets historiques de la 1re race, dessinés par Fossier et gravés par Patas, plus 1 feuillet de l'avis de l'éditeur.
N'a pas été continué.

HET GROOTE TAFEREEL DER DWAASHEID, etc. (Grand Tableau de la folie incroyable de la XXe année du XVIIIe siècle), etc., etc., représenté par les gravures, les comédies et les vers publiés par plusieurs amateurs, etc. *S. l.* (*A Amsterdam*, 1720). In-folio, texte hollandais. (De 100 à 120 fr.)

1 f. n. ch., 25, 52, 31, 8 et 10 pp., plus 75 planches.
Caricatures et pièces historiques sur le système de Law.
Les exemplaires n'ont pas toujours le même nombre de planches, mais il faut que le jeu de cartes satyriques en 52 pièces, imprimées sur une seule feuille, s'y trouve.
E. Tross décrit dans son catalogue un exemplaire avec 8 planches non mentionnées dans la table gravée.

HEURES DE PAPHOS (Les), contes moraux par un sacrificateur de Vénus, 1787. In-8. (De 200 à 300 fr.)

24 ff. n. ch., plus 1 frontispice et 12 figures.

Contient 1 frontispice gravé, 4 culs-de-lampe et 12 jolies figures érotiques, non signées, dans la manière de Desrais.
En maroquin rouge de Guétant, 300 fr., vente Salvert Bellenave (n. 256).

HEURES présentées à Madame la Dauphine. Par *Théodore de Hansy, Libraire à Paris sur le Pont au Change à S. Nicolas, s. d.* In-8. (De 25 à 30 fr.)

260 pp., plus 1 frontispice, un titre gravé, et 5 figures. Ouvrage entièrement gravé contenant de nombreuses vignettes et lettres ornées.

HIPPARCHIA, histoire galante, traduite du grec, avec une préface très intéressante. *A Lampsaque*, l'an de ce monde (1748). Pet. in-8. (De 25 à 30 fr.)

4 figures, dont 3 libres.
Publié aussi sous le titre de *Aihcrappih*.
— Attribué à Godard de Beauchamps.

HISTOIRE DE BERTHOLDE, contenant ses aventures, sentences, bons mots, etc., traduite de l'italien de Giulio Cesare Croci et de MM. les académiciens de la Crusca. *A La Haye, chez P. Gosse*, 1750. Gr. in-8. (De 15 à 20 fr.)

1 portrait grotesque de Bertholde, non signé.
Autre édition en 1752.

HISTOIRE DE CAMOUFLET, souverain potentat de l'empire d'Equitopolis. *A Equitopolis*, 1751. Pet. in-8. (De 15 à 16 fr.)

1 fleuron gravé par Moitte, et 1 vignette non signée.

HISTOIRE DE DON RANUCIO D'ALETES, par lui-même. *A Venise, chez Francisco Pasquinetti, aux dépens de la Compagnie*, 1736, ou 1738, ou 1752, ou 1758. 2 vol. in-12. (De 8 à 10 fr.)

2 jolies figures non signées. Fleuron gravé sur le titre de cette dernière.

HISTOIRE de la dernière Guerre, commencée l'an 1756 et finie par la paix d'Hubertsbourg, le 15 février 1763. *A Cologne*, 1769. In-12. (De 3 à 5 fr.)

Jolie figure d'Eisen, gravée par Bosse.

HISTOIRE de l'Ancien Testament, avec un discours abrégé (par Rondet). *A Paris, Chez Hérissant*, 1771. In-8. (De 40 à 50 fr.)

585 figures dans le texte, gravées sur bois par Nicolas Le Sueur.

HISTOIRE de la princesse de Montferrat. *A Londres*, 1749. In-12. (De 5 à 6 fr.)

1 figure gravée à l'eau-forte, non signée.
Roman publié, selon Barbier, par A.-F. Bourreau-Deslandes.

HISTOIRE DE LOUIS XV par Médailles. *S. l. n. d.* Pet. in-fol. (De 80 à 100 fr.)

Cet ouvrage qui aurait été fort beau et auquel C.-N. Cochin le fils donnait tous ses soins, n'a pas été terminé. Un certain nombre de figures seules ont été tirées.
Cochin avait dessiné et gravés neuf des fleurons et cinq des grandes figures allégoriques aux événements du règne de Louis XV, datées de 1753 à 1757. 8 autres pièces ont été gravées sur ses dessins par Aliamet, L. Cars, Dupuis, Flipart, Gallimard et Prévost.
L'exemplaire de Guyot de Villeneuve (n. 480) contenant 20 pièces en eau-forte ou en épreuves terminées a été vendu 2,365 fr.
Une suite de ces épreuves appartient à Sir David Salomons.
Voici le détail des pièces que l'on connaît :

1. Naissance de Louis XV. Dessiné et gravé par Cochin (1753). Eau-forte et épreuve terminée.
2. Mort de Louis XIV. Dessiné et gravé par Cochin (1754). Eau-forte et épreuve terminée.
3. Avènement de Louis XV au trône. Dessiné et gravé par Cochin (1754) Eau-forte terminée.
4. La Régence du royaume déférée au duc d'Orléans. (Dessiné et gravé par Cochin (1754). Eau-forte et épreuve terminée.

5. Entrée de Louis XV dans Paris par la porte Saint-Antoine. Dessiné par Cochin, gravé par Gallimard (1754). Eau-forte et épreuve terminée.
6. Application du Régent aux affaires. Espérance que donne le Roy. Dessiné par Cochin, gravé par Flippart (s. d.). Eau-forte et épreuve terminée.
7. Rétablissement du commerce. Dessiné et gravé par Cochin (1757). Eau-forte et épreuve terminée.
8. Etablissement de la Chambre de Justice. Dessiné par Cochin, gravé par Gallimard (1757). Eau-forte et épreuve terminée.
9. Institution de l'Ecole Militaire. Dessiné par Cochin, gravé par Gallimard (1757). Eau-forte.
10. La Chambre de Justice fait rendre gorge aux Maltotiers. Dessiné par Vien, gravé par Aliamet (s. d.) Epreuve terminée.
11. Les progrès des études du Roy. Dessiné par Lagrenée, gravée peut-être par Cochin (s. d.). Eau-forte.
12. L'instruction gratuite rétablie dans l'Université de Paris. Dessiné par Hallé, gravé par Phelps (s. d.). Eau-forte.
13. Louis XV retiré des mains des femmes. Epreuve terminée.
14. Louis XV à l'âge de 9 ans étudie les sciences. Eau-forte et épreuve terminée.

Une quinzième pièce, *Schola Martis* qui semble faire partie de cette suite, n'est connue qu'à l'état d'eau-forte.

HISTOIRE DES NAUFRAGES ou Recueil des relations les plus intéressantes des naufrages. *A Paris, chez Maradan*, 1790. 3 vol. in-8. (De 20 à 25 fr.)

Six figures par Marillier.

Les dessins originaux de Marillier, lavés à l'encre de Chine ont figuré aux ventes Renouard (1854, n. 636) et La Bedoyère (1862, n. 295) et se trouvent dans la collection James de Rothschild (n. 226).

L'ouvrage, selon Barbier, serait par J. L. H. S. Deperthes.

HISTOIRE du Vieux et du Nouveau Testament (par David Martin), Enrichie de plus de quatre cens Figures en Taille-Douce, &c. Avec Privilège de Nos Seigneurs les Etats de Hollande et de West-Frise. *A Anvers et Amsterdam, Chez Pierre Mortier, Libraire*, 1700. 2 vol. in-fol. (De 100 à 120 fr.)

Tome I : 10 ff. n. ch. dont le frontispice), 282 pp. et 4 ff. n. ch., plus 141 figures.

Tome II : 12 ff. n. ch. (dont le frontispice), 154 pp., 6 ff. et 20 pp., plus 75 figures et 5 grandes cartes.

Le premier frontispice est par Gauven d'après O. Elliger, le deuxième est dessiné par David Vander Plaes, sans nom de graveur. Les figures, dessinées par O Elliger ou Elgers (94), J. Goeree (49), Gerhard Hoet (2), Bernard Picard (25), Ph. Tiedeman (1), Jan Luychen (2), J. Tiedeman(1), D. Vander Plaes (8) et divers anonymes (27) ont été gravées par Gouwen (11), J. Baptist (36), Milder (21), J. de Laeter ou Later (14), A de Blois (12), Petting (1), Sylved (1), Hendrik Elant (7), J. Luycken (8). Andreas Reinhard (13), Sluyter (3), Vianne (1). C. Huyberts (10), Kaelewgh (4), Laurens Scherm (10), M. Pool (4), J. Goerre (4), G. Walck (1), Ph. Tiedeman (2) et divers anonymes (50).

Contient de plus 1 joli fleuron sur chaque titre, 2 vignettes, 1 lettre ornée et 28 culs-de-lampe, ces derniers tous dans le second volume. Ces pièces existent en tirage hors texte.

Grand livre fort recherché autrefois, surtout en grand papier. Les exemplaires imprimés en français sont aussi beau d'épreuves que ceux qui ont le texte hollandais.

On recherche tout particulièrement, comme étant de premier tirage, les exemplaires *avant les clous*, c'est-à-dire ne portant pas sur la dernière figure de l'Apocalypse (tome II, p. 145) la marques des clous avec lesquels la planche fut raccommodée.

En maroquin vert de Padeloup, très bel exemplaire en grand papier, *avant les clous*, 420 fr., vente d'Ourches (n. 27), revendu 645 fr., vente La Bédoyère (1862, n. 9) et 1,980 fr., vente Lebeuf de Montgermont (n. 11).

Un autre, aussi en grand papier, *avant les clous*, en maroquin vert ancien, doublé de maroquin rouge aux armes de Mirabeau a été vendu 370 livres, vente Mirabeau (1792, n. 818). 380 fr. vente d'Essling (1847, n. 1) et 330 fr., vente Giraud (n. 38); il se trouve aujourd'hui au Musée Dutuit (n. 17). Une autre encore, de même condition, en maroquin bleu de Derôme l'ancien, 415 fr., vente Destailleur (1891, n. 34). Celui de Longepierre, en maroquin rouge ancien, grand papier, *avant les clous*, a été vendu 1.500 fr., vente Brunet (n. 22); il se trouve dans la bibliothèque James de Rothschild (n. 12).

En maroquin bleu ancien grand papier *avant les clous* 600 fr., vente Radziwill (n. 19), revendu 1,150 fr., vente Béhague (n. 13).

En maroquin rouge ancien, *après les clous*, 180 fr., au comte de Fontaine, vente R. Portalis (février 1878, n. 5).

En veau ancien, *avant les clous*, 30 fr., vente Daguin (n. 488); en maroquin rouge ancien, 60 fr., vente Massicot (n. 550).

En maroquin vert, doublé de maroquin rouge, riche reliure de Capé, *avant les clous*, 420 fr., vente E. Martin (n. 6).

HISTOIRE du Vieux et du Nouveau Testament; Représentée en Tailles Douces; Désignées & faites par Mr Romein de Hoogue; Avec une explication... par Mr Basnage. *A Amsterdam, Aux dépens de Jacques Lindenberg*, 1704. In-fol. (De 30 à 40 fr.)

Tome I : 22 ff. n. ch. et 116 pp. plus 1 portrait, 3 cartes, 1 figure à la p. 104 et aux pp. 64-65 une vue du temple avec 2 ff. n. ch. de texte explicatif.

Tome II : (?) ff. n. ch., 1 carte, 45 pp. et 1 f. n. ch.

Portrait de Basnage par Gole d'après Holzhalb, gravé par Lindenberg, 2 frontispice et 139 figures la plupart à mi-page, tirées avec le texte par Romain de Hooge, gravées par Lindenberg.

En maroquin bleu de Padeloup 154 livres, vente d'Hangard (1789, n. 38) revendu 150 fr., vente Radziwill (n. 21) 800 fr., vente Lebeuf de Montgermont (n. 23) et vente Béhague (n. 14).

En maroquin rouge de Petit, 92 fr., vente Janzé (n. 5).

HISTOIRE PRODIGIEUSE et lamentable de Jean Fauste, grand magicien avec son testament et sa vie épouvantable. *A Cologne, Chez les héritiers de Pierre Marteau*, 1712. In-12. (De 30 à 40 fr.)

Frontispice gravé par Harrewyn.

En maroquin brun de Trautz, 200 fr., vente Béhague (n. 258).

HISTOIRE SACRÉE du Nouveau Testament contenant la Vie de Jésus-Christ, ornée de 72 figures par J. D. B. *A Paris*. 1802. (De 40 à 50 fr.)

72 planches d'après Duplessi-Bertaux.

HISTOIRES les plus remarquables de l'Ancien Testament, gravées en cuivre par le célèbre Jean Luyken. *A Amsterdam, Mortier*, 1732. Gr. in-fol. (De 60 à 80 fr.)

67 planches et 29 vignettes.

En maroquin vert de Padeloup, 105 fr., vente Radziwill, (n. 22), revendu 300 fr., vente Lebeuf de Montgermont (n. 24) et 55 fr., vente Béhague (n. 17).

HISTOIRES LUBRIQUES dérobées aux Archives de Cythère, ornées de 6 gravures. *A Gnide, aux dépens de Vénus. S. l. n. d.* (Paris, 1789). In-18. (De 50 à 60 fr.)

104 pp., plus 6 figures libres, non signées. Réimprimé en 1793 sous le titre : *Décrets des sens*.

HODGES (W.). — Choix de Vues de l'Inde, dessinées sur les lieux pendant les années 1780, 1781, 1782 et 1783, et exécutées en aqua-tinta par W. Hodge, en français et en anglais. *London, Edwards*, 1786. In-folio oblong. De 80 à 100 fr.

48 planches en couleur.

HOET (Gérard). — Les Principaux fondements du Dessin, pour l'usage des curieux, mis en lumière par C. Hoet, etc... *Leide, Langerak*, 1723. In-folio. (De 20 à 30 fr.)

Environ 90 planches gravées par Bodart.

HOGARTH (William). — Original Works. *London, Boydell*, 1790. Grand in-fol. (De 300 à 400 fr.)

Portrait de Hogarth par J. R. Smith et 110 planches.

En cuir de Russie, 390 fr., vente Béhague (n. 507).

Deux planches supprimées ne se rencontrent pas dans tous les exemplaires.

Il existe plusieurs éditions moins estimées, intitulées *Hogarth restored* et publiées à Londres en 1801, 1802, 1812 et 1822.

HOLBEIN. — Œuvre de Jean Holbein, ou Recueil de gravures d'après ses plus beaux ouvrages, accompagné d'explications historiques et critiques... par Chrétien de Méchel. *A Basle, chez l'auteur*, 1780. Pet. in-fol. (De 80 à à 100 fr.)

La première partie qui contient le *Triomphe de la Mort*, renferme un texte de 2 ff. n. ch., 12 pp. et 1 f. n. ch., 12 planches formant 47 sujets, 2 grandes planches (2 culs-de-lampe). — La seconde partie contient *La Passion de Notre-Seigneur*. Elle a un titre imprimé, un titre gravé et 12 planches. — La troisième partie est composée de 12 Costumes suisses, en bistre, publiés en 1790 (titre imprimé, titre gravé et 6 + 6 planches). La quatrième partie se compose de Portraits d'hommes illustres du XVI° siècle, etc., qui sont Holbein, — sa femme et ses enfants ; Meier, — sa femme ; — Froben — la courtisane Laïs ; tous les six gravés par B. Hubner. — Amerbach ; Erasme — Morus — Vénus et l'Amour ; — la famille de Thomas Morus (en bistre), 1794.

Les figures du *Triomphe de la Mort* ont paru séparément en volume. Toutes ces planches sont gravées d'après les dessins originaux d'Holbein qui se trouvent à Bâle.

L'exemplaire Dutuit (n. 177) en maroquin rouge, signé Derôme, a les figures avant la lettre. En maroquin de Lortic, 33 fr., vente Ch. Cousin (n. 176) ; relié en vélin blanc, 135 fr., vente Lebeuf de Montgermont (n. 160) ; en veau de Trioullier, exemplaire très complet, 143 fr., vente Janzé (n. 158), puis chez Adolphe Schloss.

Le *Triomphe de la Mort* seul, en maroquin noir de Capé, 62 fr., vente E. Martin (n. 108).

— Le Triomphe de la Mort, gravé d'après Holbein par Hollar. (*Londres*, 1790). Petit in-8. (De 40 à 50 fr.)

30 figures.

HOMÈRE. — *L'Iliade d'Homère*, traduite en françois, avec des remarques par Madame Dacier. Nouvelle édition revue et corrigée, où l'on a mis des remarques sous le texte. — *L'Odyssée d'Homère*, traduite en françois avec des remarques par Madame Dacier. Nouvelle édition revue et corrigée, où l'on a mis des remarques sous le texte. *A Amsterdam, aux dépens de la Compagnie*, 1712-1717. 6 vol. in 12. (De 80 à 100 fr.)

3 frontispices, 1 fleuron qui se répète sur le titre de chaque volume, 24 figures pour l'*Iliade*, gravées par Broen et 24 figures de Farret pour l'*Odyssée*, gravées par Jonghe et V. Buysen.

En maroquin ancien, 139 fr., vente Daguin (n. 489), aujourd'hui chez M. Louis Cartier.

L'exemplaire Odiot, en maroquin rouge ancien, contenant de plus un 7° volume. (*Vie d'Homère* par Mme Dacier, de l'édition de 1731) a été vendu 700 fr., vente Müller (n. 71).

— L'Iliade, poème avec un discours sur Homère, par M. de La Motte. *A Paris, G. Dupuis*, 1714. In-8. (De 8 à 10 fr.)

1 frontispice. 1 vignette pour la dédicace au Roi, et 12 figures par Delamonce, A. Dien, Nattier, Fr. Rœttiers, gravées par Chaufournier et Nic. Edelinck.

— Les Œuvres d'Homère, traduites du grec par Mme Dacier, avec l'introduction, en 7 volumes. *A Amsterdam, J. Weistein*, 1731. 7 vol. in-12, (De 50 à 60 fr.)

3 frontispices, 1 fleuron qui se répète sur le titre de chaque volume, 24 figures pour l'*Iliade*, par B. Picart, 24 pour l'*Odyssée*, très inférieures, par Farret, gravée par Jonghe et V. Buysen, et 5 planches de monuments.

Un bel exemplaire, en maroquin bleu par Padeloup, 750 fr., vente De Bure (1853, n. 465). Un autre exemplaire relié en maroquin rouge par Derôme et provenant de M. Double, 1,000 fr. *Catalogue Morgand*. Un autre en maroquin rouge, 260 fr., veuve Potier.

On trouve quelquefois les figures de Bernard Picart, pour l'*Iliade*, dans l'édition de Paris, Rigaud, 1711-1716. — 6 volumes. In-12. Dans ces conditions et en maroquin rouge ancien, 245 fr., vente Gosford. Même état, 510 fr., vente de Ruble (n. 114). Un autre en papier fin, maroquin rouge ancien, 141 fr., vente Radziwill (n. 610), revendu 500 fr., vente Lebeuf de Montgermont (n. 239).

Dans une belle reliure, de Boyet, maroquin rouge doublé de maroquin rouge a été vendu 400 fr., vente Nodier (1844, n. 229), 1,010 fr., vente Pichon (1869, n. 416) et 1,000 fr., vente Lacarelle (n. 119) ; en maroquin vert de Derôme, 59 fr., vente Léop. Double (1863, n. 59) revendu 865 fr., vente Béhague (n. 486).

— L'Iliade d'Homère, nouvelle traduite. *A Paris*, 1773. 3 vol. grand in-8. (De 20 à 25 fr.)

3 figures par Cochin, gravées par Gaucher, Romanet et de Launay.
La même traduction a été publiée par Barbou en 1776, avec les mêmes figures. — Il y a des exemplaires en grand papier que l'on trouve souvent reliés par Derôme en maroquin.
Un exemplaire contenant les 3 dessins originaux de Cochin, a été vendu 600 fr. par M. Rouquette, père.
Le dessin du tome II a été signalé dans la collection Audouin.
Un exemplaire de l'édition de 1775, relié en veau aux armes de Marie-Antoinette (bibliothèque de Trianon) a figuré à la vente Henri Lambert (1884, n. 1072) 53 fr.

— L'Iliade et l'Odyssée, traduction nouvelle, précédée de Réflexions sur Homère et suivie de Remarques, par M. Bitaubé, de l'Académie des sciences et belles-lettres de Berlin. *A Paris, chez Prault et Lamy*, 1780-1785. 3 vol. pour l'Iliade, et 3 pour l'Odyssée ; en tout 6 vol. in-8. (De 80 à 100 fr.)

1 portrait d'Homère et 1 fleuron de Moreau sur le titre. On y ajoute souvent une suite de 24 figures de Marillier pour l'*Iliade*, gravées par Dambrun, Delignon, De Ghendt, De Launay, Lingée, Patas, Ponce et Trière, une deuxième suite de 25 figures en travers pour l'*Iliade* dont une pliée, non signées ;
— pour l'*Odyssée*, 1 portrait de Bitaubé, gravé par A. de Saint-Aubin, par Cochin, et 24 figures en travers non signées.
Pour ces figures de Marillier, cf. l'édition de 1786. Pour les 49 autres, cf. celle de 1786-1788.
Les exemplaires en papier de Hollande sont assez recherchés.

— L'Iliade d'Homère, traduite en vers françois par M. de Rochefort, de l'Académie royale des Inscriptions et Belles-lettres, nouvelle édition. *A Paris, de l'Imprimerie royale*, 1781. In-4. (De 8 à 10 fr.)

1 fleuron sur le titre et 24 vignettes en largeur par Biosse, qu'on retrouve dans l'édition de 1787.

— Œuvres complètes d'Homère, traduction nouvelle, dédiée au Roi, avec des notes littéraires, historiques et géographiques, par M. Gin. *A Paris, imprimerie de Didot l'aîné*, 1786. 4 vol. Grand in-4 ou in-8. (De 25 à 30 fr., pour l'in-8, et de 50 à 60 fr. pour l'in-4.)

1 frontispice avec portrait d'Homère, et 24 figures par Marillier, gravés par Dambrun, Delignon, de Ghendt, de Launay, Lingée, Patas, Ponce et Trière, et une carte géographique.
Cette édition ne contient que l'*Iliade*.
Dans l'édition in-4, les figures ont un cadre et sont avant la lettre.
Dans l'édition in-8, le cadre est enlevé et la lettre ajoutée.
Un exemplaire en 4 volumes in-4 non rognés, contenant, outre les figures avant la lettre, les eaux-fortes et les 25 dessins originaux de Marillier à l'encre de Chine, 132 fr., vente Detienne (1807, n. 594), revendu 112 fr., vente La Bédoyère (1862, n. 746) et 900 fr., vente E. Gautier (n. 170).
En maroquin citron de Bisiaux, aux armes de Mme du Barry, bibliothèque de Versailles.
Quatre dessins inédits de Marillier pour l'Odyssée ont été vendus 45 fr., chez La Bédoyère (1862, n. 253) ; d'autres ont figuré en 1831, à la vente du graveur Ponce.

— L'Iliade d'Homère, avec des remarques ; précédée de réflexions sur Homère et sur la traduction des poëtes. Par M. Bitaubé. Troisième édition. *A Paris, De l'imprimerie de Didot l'aîné*, 1787. 6 vol. in-18. (De 30 à 40 fr., avec l'Odyssée).

Tome I : 279 pp., plus 1 portrait et 2 figures.
Tome II : 260 pp., plus 4 figures.
Tome III : 256 pp., plus 4 figures.
Tome IV : 259 pp., plus 4 figures.
Tome V : 2 ff. n. ch., 367 pp., plus 6 figures et 2 ff. n. ch. après la p. 156.
Tome VI : 2 ff. n. ch., 414 pp., 1 f., plus 5 figures et 2 ff. n. ch. après la p. 180.

— L'Odyssée d'Homère..., seconde édition, *ibid*. 1788. 6 vol. in-18.

Tome I : 2 ff. n. ch., pp. 9-280, plus 1 portrait et 3 figures.

Tome II : 223 pp., plus 3 figures.
Tome III : 2 ff. n. ch., 269 pp. et 1 f. bl., plus 4 figures.
Tome IV : 2 ff. n. ch., 258 pp., plus 4 figures.
Tome V : 2 ff. n. ch., 294 pp et 1 f. bl., plus 5 figures.
Tome VI : 2 ff. n. ch., 244 pp. et 1 f. n. ch., plus 5 figures.

1 portrait d'Homère par S. Aubin (B. 106), 1 joli portrait de Bitaubé par Cochin, gravé par A. de S. Aubin (B. 20) et 49 figures en travers, 1 pour chaque chant plus 1 figure pliée pour le bouclier d'Achille; ces figures ont été gravées en 1781 par Biosse.

En maroquin rouge ancien, 45 fr., vente Ch. Cousin (n. 210); même condition, collection Schuhmann.

HONORINE, ou Mes 22 ans, histoire véritable de Mlle de***, publiée sur ses Mémoires par un homme de lettres. *A Paris, Chez Marchant*, 1803. 3 vol. in-12. (De 8 à 10 fr.)

3 figures non signées, dans le goût de Chaillou.

HORACE. — Quinti Horatii Flacci Opera. *Londini, ex officina J. Tonson et J. Watts*, 1715. In-8. (De 15 à 20 fr.)

Frontispice gravé par L. Duguernier.

Un exemplaire en grand papier, relié en maroquin bleu, aux armes du comte d'Hoym, 370 fr. vente du baron Pichon.

— Quinti Horatii Flacci Opera. *Londini, aeneis tabulis incidit Johannes Pine*, 1733-1737. 2 vol. in-8, texte gravé. (De 250 à 300 fr., en premier tirage).

Tome I : 16 ff. n. ch. et 265 pp.
Tome II : 12 ff. n. ch., 191 pp. et 7 ff. n. ch.

En tout 2 fleurons, 2 frontispices et 324 illustrations, grandes figures, vignettes et culs-de-lampe à sujets, sans compter 27 en-têtes plus ou moins ornés et 164 belles initiales.

Ouvrage très recherché, auquel il ne manque que plus de connaissance de l'antique pour le dessin des médailles, dont beaucoup sont prises dans des auteurs connus pour le nombre de pièces fausses qu'ils ont publiées.

Les exemplaires du premier tirage se reconnaissent à ce qu'à la page 108 du 2ᵉ volume on lit sur la médaille : CÆSAR TRIBVN. POST. EST. au lieu de POTEST, qu'on a mis plus tard, et qui est la faute corrigée.

Ces volumes existent sur-grand papier. Un bel exemplaire en maroquin rouge ancien, Musée Dutuit (n. 264).

Il en existe quelques exemplaires en belles reliures anciennes à mosaïque : ils se vendent fort cher.

Tel est celui en mosaïque de Padeloup (plutôt que de Derôme) vendu chez Paris de Meyzieu (1779, n. 1284), revendu 150 fr., vente Méon (n. 1371), 250 fr., vente Morel-Vindé (n. 1255), 298 fr., vente La Bédoyère (1837, n. 424) et 2,180 fr., vente Brunet (n. 215), aujourd'hui au Musée Dutuit (n. 263).

Un autre, en maroquin bleu à mosaïque de maroquin rouge, par Derôme, 80 livres, vente Lauraguais (n. 271), revendu 123 fr., vente Clos (n. 165), puis chez Du Parc à Gand, puis 385 fr., vente Pieters (n. 1086), puis 5,000 fr., vente Turner (n. 222), aujourd'hui collection Olry-Roederer.

Un autre encore, mais de deuxième tirage, en maroquin rouge de Derôme, à mosaïque de maroquin bleu, vert et citron, 7,520 fr., vente Lacarelle (n. 128), revendu 9,000 fr., vente Franchetti (n. 143).

Un autre encore, en maroquin à mosaïque aux armes du président de Rieux, collection Ferdinand de Rothschild.

D'autres bons exemplaires du 1ᵉʳ tirage ont été vendus : en maroquin bleu d'Anguerrand, 370 fr., vente Lebeuf de Montgermont (n. 249); en maroquin rouge ancien, 580 fr., vente E. Martin (n. 154); cartonné non rogné 312 fr., vente Müller (n. 76), en maroquin rouge de Mouillié, 355 fr., vente Richard Lion (n. 130).

L'exemplaire de M. Adolphe Bordes est dans une superbe reliure de Padeloup en maroquin bleu à larges dentelles; celui de M. Francis Charmes est dans une reliure semblable, peut-être exécutée en Angleterre.

M. Pierpont Morgan possède le bel exemplaire acheté 1,575 fr. par Toovey en 1884 à la vente Thorold (n. 1005) et qui est recouvert d'une charmante reliure anglaise du XVIIIᵉ siècle, en maroquin bleu, avec riches dorures à petits fers.

— Quinti Horatii Flacci Carmina, nitori suo restitua, acurante Steph. And. Philippe. *A Paris, Coustelier*, 1746. In-12. (De 8 à 10 fr.)

1 frontispice d'après B. Picart, gravé par Duflos, 10 vignettes, dont 6 différentes, et 4 culs-de-lampe, non signés.
Ce frontispice et ces culs-de-lampe se retrouvent dans l'édition de Paris, Barbou, 1754. In-12.

— Quintus Horatius Flaccus. *A Birmingham, J. Baskerville*, 1762. In-12. (De 8 à 10 fr.).

1 frontispice et 1 fleuron sur le titre par Wale, gravé par Grignion, et 1 écusson.
L'exemplaire de Hugon de Basseville, en maroquin vert ancien, vente Utterson revendu 30 fr., vente Turner (n. 223); celui du duc de La Vallière (1784, n. 2476 : 16 fr. 05) en maroquin rouge, figures ajoutées, 30 fr., vente Lignerolles (n. 790).

— Autre édition de plus grand format, *A Birmingham, Baskerville*, 1770, In-4. (De 15 à 20 fr.)

1 frontispice et 4 figures de Gravelot.
Les dessins originaux, 60 florins, vente Crevenna.

— Q. Horatii Opera. *A Parisiis, excudebat Petrus Didot natu major*, 1799. Grand in-folio. (De 40 à 50 fr.)

VIII-404 pp., plus 12 figures de Percier.
On a tiré 100 exemplaires en papier vélin avec figures avant la lettre, et 2 sur peau de vélin dans l'un desquels furent insérés les dessins originaux.
Ce dernier a appartenu au duc d'Abrantès, puis à George Hibbert (n. 4171 : 2,180 fr.)

HOUBRAKEN (Jacques). — Vie des Peintres flamands, (en hollandais). *A Amsterdam*, 1718. 3 vol. in-8. (De 25 à 30 fr.)

103 portraits par Houbraken, tirés sur 40 planches.
Huit des dessins originaux pour les encadrements des portraits sont conservés au British Museum.
Autre édition, La Haye, 1753. — 103 portraits.
On trouve les mêmes figures dans la *Biographie des peintres flamands* de Weyerman. La Haye, 1729-69. — 4 volumes, in-8.

— Collection de 95 Portraits de personnes illustres dans les Provinces-Unies des Pays-Bas. *A Amsterdam*, 1761. Gr. in-4. (De 40 à 50 fr.)

HOUBRAKEN and VERTUE. — The Heads of illustrious persons of Great Britain, with their lives and characters by Thomas Birch. *A London*, 1743-1752. 2 vol. in-folio. (De 150 à 200 fr.)

107 portraits.
Existe en grand papier.
Autres éditions de format in-4 sous les dates de 1747-1752, 1756 et 1813. Cette dernière est la moins estimée.

HOUEL (Jean). — Voyage pittoresque des îles de Sicile, de Malte et de Lipari. *A Paris*, 1782-1789. — 4 vol. gr. in-folio. (De 80 à 100 fr.)

264 planches dessinées et gravées à la manière du lavis par Houël.
Assez beau livre rempli d'estampes tirées en bistre de manière à imiter le dessin et curieux en ce que l'auteur a gravé ses propres compositions exécutées d'après nature.
En maroquin rouge ancien, 70 fr., vente Radziwill, (n. 1209).

HOURCASTRÉMÉ. — Aventures de Messire Anselme. 2e édition. *A Paris, chez Lemierre*, 1796. 4 vol. in-8. (De 12 à 15 fr.)

1 portrait de l'auteur gravé par Miger et 14 figures dessinées et gravées par Hourcastrémé.

HUBER. — Choix de Poésies allemandes, par M. Huber. *A Paris, chez Humblot*, 1766. 4 vol. in-12 et in-8. (De 8 à 10 fr.)

1 figure par Eisen, gravée par de Longueil, et 2 vignettes par Watelet.

HUET (Jean-Baptiste). — Œuvre de différens genres, dessinée par J.-B. Huet, peintre du Roi et gravée par Demarteau. *A Paris, chez l'Auteur*, s. d. (vers 1780). (De 500 à 600 fr.)

48 planches tirées en sanguine, en 12 cahiers de 4 planches. Le 7e cahier porte la date de 1783.
En veau marbré, 760 fr., vente Destailleur (1895, n. 490).
Nous avons de plus rencontré sous le nom de Huet les recueils suivants :

— Premier cahier des Arabesques dessinées par J. B. Huet, peintre du Roi, gravés à la manière de crayon par Bonnet. (De 250 à 300 fr.)

56 planches en 14 cahiers de 4 planches. En veau marbré, incomplet de 8 planches, 137 fr., vente Destailleur (1895, n. 491).

— Premier cahier de Fragmens et de principes de Desseins de tous les genres, dessinés d'une manière nouvelle et facile pour les élèves, par J.-B. Huet, peintre de l'Académie royale de peinture et de sculpture, par leur très humble et très-obéissant serviteur L. Bonnet. *A Paris, chez Bonnet,* 1778. (De 300 à 350 fr.)

72 planches tirées en sanguine en 18 cahiers de 4 planches. En veau, 205 fr. vente Destailleur (n. 114).

— Premier livre de différents Trophées. *A Paris, Demarteau,* 1772. (De 50 à 60 fr.)

8 planches, en 2 livres, gravées par Demarteau. (A l'École des Beaux-arts et dans l'œuvre de Demarteau au Cabinet des Estampes).

— Fragments d'Antiques et de modernes dessinés et gravés par J.-B. Huet, peintre de l'Ecole française. *Paris, chez l'Auteur,* s. d. (De 50 à 60 fr.)

8 planches en 2 cahiers de 4 pièces.

— Œuvres de J.-B. Huet. *A Paris, chez Huet Fils,* s. d. (vers 1800) 2 vol. in-fol. (De 150 à 200 fr.)

Tome I : Titre gravé et 36 planches en 6 cahiers de 6 planches chaque.
Tome II : 82 planches d'ornements.
Le tout par J.-B. Huet, Huet fils, Legrand et Demarteau.
Recueil fort rare dans lequel se retrouvent en partie les planches énumérées ci-dessus. En demi-reliure, 61 fr., seulement, vente Destailleur (1895, n. 1239).

HUET (J.-B.) et MIXELLE. — Vues diverses des Environs de Paris, dessinées par Huet, gravées par Mixelle. *A Paris, Chez Bonnet,* s. d. In-4.

Suite rarissime de planches de paysages.

HUQUIER (Jacques-Gabriel). — Iconologies où sont représentées les Vertus, les Vices, les Sciences, les Arts et les Divinités de la Fable, en deux cent seize estampes inv. et grav. par Huquier. *A Paris, chez le dit Huquier, rue des Mathurins.* S. d. In-folio. (De 300 à 400 fr.)

Recueil rare et recherché d'ornements dans le goût du temps de Louis XV.
Les 216 dessins originaux se trouvaient dans la collection Bérard.
Il existe d'autres recueils d'Huquier :
Recueil de plus de 600 vases composés et nouvellement mis au jour, gravés en partie par Huquier.
Nouveau livre de Serrurerie, en 60 planches.
Livre de différentes espèces d'oiseaux, plantes et fleurs de la Chine, 60 pièces divisées en 4 parties, et des recueils de *Vases,* de *Caprices,* de *Trophées,* de *Frises,* de *Bordures,* d'*Ecrans,* de *Dessus de Portes* et d'*Arabesques,* etc., inventés par cet artiste-éditeur. (Cf. Guilmard, pp. 159-160).

HURTADO DE MENDOZA. — La Vie et les Aventures de Lazarille de Tormes, écrites par lui-même ; traduction nouvelle sur le véritable original espagnol, embellie de plusieurs figures. *A Brusselles, George de Backer,* 1701. 2 vol. in-12. (De 30 à 40 fr.)

1 portrait et 19 figures par Harrewyn.
Réimprimé en 1711. Les meilleures épreuves des figures sont dans l'édition de 1698.

— Aventures et Espiègleries de Lazarille de Tormes, écrites par lui-même, nouvelle édition ornée de quarante figures dessinées et gravées par Ransonnette. *A Paris, Didot le jeune,* an IX (1801). 2 vol. in-8. (De 30 à 40 fr.)

Tome I : VIII, 154 pp., plus 1 portrait et 21 figures.

Tome II : 2 ff. n. ch., 182 pp.. plus 18 figures.

En tout 40 figures de Ransonnette dont un portrait.

Ces figures se trouvent avant et avec la lettre. Vérifier si la figure de la castration (17ᵉ chapitre du tome II) n'a pas été maculée.

En demi-reliure, figures avant la lettre, deux suites de dessins ajoutées, 100 fr., vente E. Martin (n. 449), puis rachetée à 111 fr., vente R. Portalis (février 1878, n. 125); en veau ancien, figures avant la lettre, 35 fr., vente Destailleur (1891, n. 1437).

HURTAUT. — L'art de Péter, essai théori-physique et méthodique à l'usage des personnes constipées, des personnages graves et austères, des dames mélancoliques et de tous ceux qui sont esclaves du préjugé, suivi de l'histoire du prince Pet-en-l'air et de la reine des Amazones, etc. *En Westphalie, chez Florent Q, rue Pet-en-Gueule, au Soufflet,* 1751. In-12. (De 10 à 12 fr.)

1 frontispice curieux représentant le Dieu Crepitus, et 1 figure relative à l'histoire de Pet-en-l'air, les deux non signés.

Edition originale.

Autre édition, 1776, avec un frontispice gravé, se rapportant au même sujet.

DÉE GÉNÉRALE des Vices principaux de l'Institut des Jésuites, tirée de leurs constitutions et des autres titres de leur Société. *S. l.* 1762. In-12, (De 8 à 10 fr.)

Frontispice non signé.

IDYLLES et Pièces fugitives, trouvées dans un hermitage au pied du Mont Saint-Odille. *A Paris et Strasbourg*, 1781. Petit in-8. (De 5 à 6 fr.)

Frontispice gravé à l'eau-forte, non signé.

IDYLLES polonaises. *Varsovie*, 1778. In-8. (De 25 à 30 fr.)

1 frontispice avec médaillons gravé par de Gendt et 7 figures gravées par de Longueil, d'après Eisen.

IMBERT. — Le Jugement de Pâris, poëme en IV chants par M. Imbert. *A Amsterdam* (Paris), 1772. In-8. (De 50 à 60 fr.)

VIII-200 pp., plus 1 titre et 4 figures.

Titre gravé par Moreau, 4 figures par Moreau, gravées par Née. Duclos, Masquelier et Delaunay, et 4 vignettes en-tête, par Choffard.

En veau ancien, 70 fr., vente Massicot (n. 554).

Très jolies illustrations. On peut trouver les vignettes en-têtes de Choffard, en tirage hors texte, épreuves d'artiste, et les eaux-fortes des figures.

Un bel exemplaire de cet ouvrage, avec les tirages à part et les eaux-fortes tant des figures que des vignettes, se trouvait chez Eugène Paillet (*Bull. Morgand*, n. 12104 : 4,000 fr.) et a passé chez M. A. Bordes ; un autre semblable, relié sur brochure par Cuzin en maroquin fauve doublé de maroquin bleu est chez M. Henri Beraldi ; il contient les figures en épreuves d'artistes sur papier fort avec leurs eaux-fortes, les vignettes hors texte et les eaux-fortes des vignettes.

— Nouvelle édition corrigée et augmentée. *A Amsterdam* (Paris), 1774. In-8.

Réimpression avec les mêmes figures mais avec quelques changements dans le texte.

Sur grand papier de Hollande, 45 fr., vente E. Martin (n. 273); en maroquin rouge de Hardy, 145 fr., vente Béhague (n. 688); en veau ancien, grand papier de Hollande, suivi des *Historiettes*, 22 fr., vente Daguin (n. 490).

— Le Jugement de Pâris, poème en IV chants, par Imbert, *A Paris, chez Chaigneau aîné*, 1797. In-18. (De 6 à 8 fr.)

1 titre et 4 figures par Moreau, réduction du titre et des figures de l'édition de 1772, moins les vignettes de Choffard.

Ce poème est imprimé à la suite de *Narcisse dans l'île de Vénus*. (Voy. à MALFILATRE.)

— Fables nouvelles, dédiées à Madame la Dauphine. *A Amsterdam et Paris, Delalain*, 1773. In-8. (De 25 à 30 fr.)

VI, 232 pp., 2 ff. n. ch., plus 1 frontispice par Moreau, gravé par Née. (B. 843) et qui existe en épreuve d'artiste, avant la légende.

Existe sur papier de Hollande.

Le dessin original, provenant de la collection Guyot de Villeneuve, se trouve chez Mme Dornois.

— Historiettes ou Nouvelles en vers, par Mr Imbert. *A Amsterdam*, 1774 (Paris, Delalain). In-8. (De 25 à 30 fr.)

VIII-182, II pp., plus 1 titre gravé et 1 figure.

1 titre dessiné et gravé par Moreau, 1 figure et 4 charmantes vignettes par Moreau, gravées par Masquelier et Née.

En veau ancien, 26 fr., vente E. Martin (n. 267); en maroquin bleu de Thibaron avec les hors texte des vignettes et l'eau-forte d'une d'entre elles, 370 fr. vente Portalis (1882, n. 39); broché, avec les hors texte et deux eaux-fortes, 365 fr., vente L. de Tinan (n. 118).

Se trouve sur papier de Hollande.

Les vignettes existent en tirage hors texte.

Le bel exemplaire de M. Béraldi, relié par Cuzin, en maroquin doublé à mosaïque, contient deux états de l'eau-forte du titre, les tirages hors texte des vignettes et leurs eaux-fortes.

En maroquin rouge ancien, grand papier, collection Ferdinand de Rothschild.

Il y a une seconde édition, sous la même date, avec les mêmes figures.

— Les Egaremens de l'Amour ou Lettres de Fanéli et de Milfort. Par M. Imbert. *A Amsterdam. Et se trouve à Paris, chez Delalain*, 1776. 2 vol. in-8. (De 30 à 40.)

Tome I : VIII-277 pp., plus 1 figure.
Tome II : 1 f. n. ch., 310 pp., 1 f. n. ch., plus 1 figure.

2 figures, par Moreau (B. 841-842) gravées par Martini.

Autre édition, *Londres*, 1793. — 3 volumes in-18, avec figures non signées.

— Choix de Fabliaux mis en vers. *A Genève et Paris, chez Prault*, 1788. 2 vol. in-12. (De 10 à 12 fr.)

2 frontispices.

L'exemplaire de Guillotin en maroquin rouge ancien, figures avant la lettre est dans la collection Ferdinand de Rothschild.

— Choix de Fabliaux mis en vers. *A Paris*, 1795. 2 vol. petit in-12. (De 8 à 10 fr.)

2 figures non signées.

— Les Bienfaits du Sommeil, ou les Quatre rêves accomplis (attribué à Imbert). *A Paris, Chez Brunet*, s. d. (1776.) Pet. in-8. (De 250 à 300 fr.)

16 pp., plus 1 titre et 4 jolies figures par Moreau, gravés par Delaunay.

Apologie de la rentrée de M. de Maurepas aux affaires.

En demi-reliure de David, non rogné, 150 fr., vente E. Martin (n. 274); en maroquin vert de Cuzin, relié sur brochure, 355 fr., vente L. de Tinan (n. 106); en maroquin bleu de Hardy avec l'eau-forte rarissime de la deuxième figure, 180 fr., vente Guyot de Villeneuve (n. 445); broché, non rogné, 100 fr., vente Sardou (n. 215).

Imprimé aussi de format in-18. en forme d'almanach. *A Paris, chés Desnos*, 1776, avec les mêmes figures. En cette édition en vieux maroquin rouge, aux armes de Chrétien VII de Danemark et de Suède, 235 fr., vente Destailleur (1891. n. 1108), puis, collection Carnarvon (n. 2).

Comme on peut le voir dans l'ouvrage de M. Bocher (nn. 836-840) ces cinq estampes existent en épreuves d'artiste, eauforte et avant-lettre et dans un état postérieur sans lettre, mais avec un encadrement. De plus on connaît pour le titre un état plus récent encore, servant de frontispice au *Petit Chansonnier français* de Sautereau de Marsy, Genève, 1778; au cours de l'impression on a modifié la légende des deux premières figures : dans celle de la p. 5 on a remplacé le nom de *Miroménil* par celui de *Maurepas* ; dans celle de la p. 9 on a ajouté le nom de *Turgot* après celui de *Miroménil*.

En maroquin vert ancien, avec le premier état des légendes, collection de M. Henri Beraldi.

IMITATEURS DE CHARLES IX (Les), ou les Conspirateurs foudroyés, drame en cinq actes et en prose, orné de 5 figures, par le rédacteur des Vêpres siciliennes et du Massacre de la Saint-Barthélemy. S. l. *A Paris, de l'imprimerie du Clergé et de la Noblesse*. In-8. (De 10 à 12 fr.)

5 figures non signées.
Attribué à Gabriel Brizard.

IMITATION DE JÉSUS-CHRIST (De l'), traduction nouvelle (par l'abbé Nic. Le Duc). *A Paris, chez Etienne-François Savoye*, 1741. In-8. (De 15 à 20 fr.)

Frontispice et figures de Humblot gravées par Duflos et Guétard.

Un exemplaire en riche reliure ancienne, maroquin vert, dos de maroquin rouge, 245 fr., vente Béhague (n. 59).

En maroquin rouge doublé de maroquin vert, par Derôme, curieuse reliure exécutée pour Madeleine Renard avec ses armes parlantes, 256, vente Lignerolles (n. 286).

IMITATION DE JÉSUS-CHRIST, traduction nouvelle, par Nic Bauzée.

A Paris, Barbou, 1788. In-12. (De 4 à 6 fr.)

1 frontispice et 4 figures par Cipriani, Cochin et Lesueur, gravés par Prévost.

On trouve ce livre sur papier de Hollande.

IMITATIONE CHRISTI (De) libri quatuor, recensuit J. Valart. *A Paris, Barbou*, 1764. In-12. (De 8 à 10 fr.)

Frontispice et 4 figures par Marillier, gravés par de Longueil.

En maroquin rouge ancien, 51 fr., vente Salvert Bellenave (n. 259).

L'Imitation de Jésus-Christ a été réimprimée par Barbou, mais en français en 1773, avec les mêmes figures.

IMITATIONE CHRISTI (De) libri quatuor. *A Parisiis*, 1782. Petit in-12. (De 4 à 6 fr.)

1 frontispice par Marillier, gravé par Delaunay.

INCHBALD (Mistress). — Simple Histoire, troisième édition. *A Paris, Louis*, 1793. 4 vol. in-16. (De 4 à 6 fr.)

4 figures non signées.

INDICATEUR (L') contenant toutes les productions d'esprit, les pièces de poésies fugitives, les bons mots, les anecdotes décentes, les découvertes les plus intéressantes dans la Médecine, la Chirurgie, la Botanique, l'Agriculture et dans les Arts ; les fêtes brillantes et surtout les Modes. *A Bruxelles*, 1778. 6 vol. in-12. (De 100 à 150 fr.)

40 jolies figures de coiffures gravées à Paris par Delvaux et 2 planches de garnitures de modes.

Recueil fort rare.

En basane, 145 fr., vente Destailleur (1891, n. 390).

INTRIGUES (Les) du Cabinet des Rats, apologue national destiné à l'instruction de la jeunesse et à l'amusement des vieillards; ouvrage traduit de l'allemand en français et enrichi de 22 planches gravées en taille douce. *Paris, Le Roi*, 1788. In-8. (De 10 à 12 fr.)

Ce livre se trouvait relié dans la bibliochèque de Béhague avec *les Chats*, de Moncrif et *les Rats* de Sigrais.

ISLE DE FRANCE (L'), ou la Nouvelle Colonie de Vénus, précédée d'une épitre à M*** servant de préface. *Amsterdam, chez Arkstée et Merkus*, 1753. Petit in-8. (De 6 à 8 fr.)

Frontispice non signé et une figure allégorique pliée, signée : Cochin fils inv. et sc. Poëme en prose attribué à Thomas.

ACOBI. — Traduction de diverses œuvres composées en allemand, en vers et en prose, par Jacobi, chanoine d'Halberstadt. *A Paris*, 1771. In-8. (De 5 à 6 fr.)

Fleuron sur le titre et 4 jolis culs-de-lampe gravés par A. V. S. et Fritsch.

JACQUEMART. — Contes et poésies du C. Collier, Commandant-Général des Croisades du Bas-Rhin. *A Saverne*, 1792. 2 vol. in-16. (De 30 à 40 fr.)

Tome I : VI-171 pp., plus 1 figure.
Tome II : 2 ff. n. ch., 159 pp., plus 1 figure.
En tout 2 figures assez fines, servant de frontispices, non signées.
Collier, c'est le cardinal de Rohan, par allusion à l'affaire du collier, et c'est à Saverne, ici lieu d'impression supposé, que le cardinal avait son château.
L'exemplaire de Pixerécourt (n. 832 : 30 fr. 50) était sur papier vélin, broché, avec l'avant-lettre des figures.
En maroquin vert de Marius-Michel, 70 fr., vente Werlé (n. 255).
Un certain nombre de ces poëmes se retrouvant dans les *Étrennes des émigrés* (1793) recueil que Barbier attribue à Jacquemart (1725-1799, libraire à Paris), nous avons cru pouvoir inscrire ce nom au lieu de celui de Jacquemont (5ᵉ édition du Cohen) comme auteur de nos *Contes et poësies* :

JAMAIN DE BEAUPRÉ (Jean). — Méthode très facile pour former la noblesse dans l'Art de l'Épée, etc... (en français et en allemand). *Ingolstadt*, 1721. In-4. (De 50 à 60 fr.)

25 figures non signées.

JANEL. — Recueil de Diligences, Berlines et Carosses, inventés et dessinés par Janel. *A Paris, chez Chéreau*, s. d. In-fol. oblong.

6 cahiers de 6 planches, soit 36 planches gravées sous la direction de Choffard.

JANINET. — Vues pittoresques des principaux Édifices de Paris. *A Paris, chez Lamy, libraire, quai des Augustins, chez l'auteur, place Maubert, et chez Esnault et Rapilly*, 1792. Pet. in-4. (De 1,000 à 1,200 fr.)

Titre gravé et 73 planches, imprimés en couleurs, donnant des vues, de forme ronde, des édifices publics et des hôtels particuliers de Paris, gravées par Janinet, d'après les dessins de Durand.

Les planches séparées valent de 15 à 20 fr., avec bonne marge. Les exemplaires complets sont extrêmement rares : en maroquin bleu, 410 fr., vente Franchetti (n. 50) ; cartonné, 800 fr., *Bull. Morgand* (1899 n. 36,070) ; en maroquin brun de Petit, 1,650 fr., *Bull. Morgand*, II, 6 (1908) n. 329.

Plusieurs des planches existent avec des différences dans la gravure ou la légende.

Il ne faut pas confondre ce recueil avec celui publié à la même époque et dans le même format par les Campions ; ce dernier est aussi intitulé :

Vues pittoresques des principaux édifices de Paris. *A Paris, chez les Campions*, s. d. (vers 1789). In-8. (De 1,200 à 1,500 fr.)

Titre (semblable à celui du recueil précédent) et 112 planches (la dernière non chiffrée), plus 2 planches *bis* (5 et 6) par Demachy, Sergent, Testard et Pernet, gravées par Descourtis, Le Campion, Guyot, et Roger et tirées en couleurs.

Il faut y ajouter une planche chiffrée 1 et représentant le Théâtre de Bordeaux, tandis que la première planche du recueil donne une vue du Wauxhall d'été.

Bien complet de ses 116 pièces, ce volume est plus rare encore que le précédent ; la dernière planche représentant le *Tour du Temple* est introuvable et vaut à elle seule, de 100 à 150 fr. Elle est toujours sans légende ni numéro.

Avec 109 planches, 370 fr., vente du comte de la Béraudière (n. 1157).

En maroquin vert ancien, complet, 1,005 fr., vente Destailleur (1894, n. 191).

En maroquin rouge doublé de maroquin bleu par Cuzin, bel exemplaire complet, collection Henri Beraldi.

Il existe encore trois autres suites de vues de Paris, publiées par les mêmes éditeurs ; la première et la seconde sont fort rares. La première a pour titre :

— Paris et la Province ou choix des plus beaux monuments d'architecture anciens et modernes en France, dessiné par Testard et gravé en couleur par Campion. *Paris*, 1786. Gr. in-8.

Destailleur n'en avait jamais pu trouver que la première livraison (1894, n. 190 : 135 fr.) contenant 16 pp. de texte et 15 planches ovales imprimées en couleurs.

Le deuxième recueil est intitulé :

— Vues des plus beaux édifices publics et particuliers de la ville de Paris, par Durand, gravées en couleur par Janinet. *Paris, Esnauts et Rapilly*, s. d. (vers 1787). In-fol. oblong.

Cet ouvrage ne semble pas avoir été achevé. Destailleur en avait recueilli le titre et 42 planches imprimées en couleurs, les unes ovales, les autres rectangulaires. Plus tard on agrandit tous les cuivres de forme ovale, on les retoucha, on les rendit rectangulaires et on en tira la matière d'un troisième recueil dont voici la description :

— Vues des plus beaux Édifices publics et particuliers de la Ville de Paris et des Châteaux royaux. S. l. n. d. (Paris, 1810). In-4, en largeur. (De 200 à 300 fr.)

Titre et 88 planches gravées à l'aquatinte par Janinet et Chapuy, d'après les dessins de Durand, Garbizza, Toussaint et Mopillé, et représentant des vues du Louvre, de la Sorbonne, du Palais-Royal, du Val-de-Grâce, de l'Hôtel des Invalides, les Boulevards, les Ponts, Versailles, Compiègne, Fontainebleau, etc...

On trouve ces planches coloriées à la main.

— Cahiers de Trophées, gravés par J.-F. Janinet. *A Paris, Chez Le Père et Avaulez*, s. d. In-folio.

12 planches en trois cahiers de 4 planches, gravées d'après Lafosse, à la manière de crayon.

On signale encore d'autres suites d'ornements gravées par Janinet :

Vases, d'après A. Pannier, 12 planches en 3 cahiers de 4 planches, gravées à la manière de crayon.

Cahiers de Rosaces, 8 planches en 2 cahiers de 4 planches.

JARDIN DE MONCEAU près de Paris, appartenant à S. A. S. Mgr le duc de Chartres. *A Paris, Chez Delafosse, Née et Masquelier*, 1779. Gr. in-folio. (De 200 à 300 fr.)

1 plan dessiné par L. C. de Carmontelle et gravé par Bertaud et 17 vues de jardins avec personnages, dessinées par L. C. de Carmontelle, et gravées par Colibert, Couché, Deni, Croutelle, Legrand, Lesueur, Lépine, Michel, Michaud, Leroi.

JAUFFRET. — Les Charmes de l'Enfance et les Plaisirs de l'amour maternel, ornés d'une gravure en taille-douce. *A Paris, chez Moutard*, 1791, in-16. (De 5 à 6 fr.)

Frontispice par Queverdo, gravé par Delignon.

— Les Charmes de l'Enfance et les Plaisirs de l'Amour maternel, par L. F. Jauffret; ornés de plusieurs gravures en taille-douce, etc... Troisième édition. *A Paris, Chez Perret*, 1793. In-18. (De 8 à 10 fr.)

1 frontispice par Quéverdo, gravé par Dambrun, 1 portrait par Notté, gravé par Gaucher, et 3 jolies figures par Quéverdo, gravées par Delignon et Gaucher.

— Les Charmes de l'Enfance, 5e édition. *A Paris, De l'Imprimerie de Didot jeune*, 1796, 2 vol. in-12. (De 15 à 20 fr.)

1 frontispice et 5 figures de Monnet gravés par Delaunay, Gaucher, Ingouf.

Il y a des exemplaires en papier vélin avec les figures avant la lettre, et même à l'état d'eau-forte.

On peut joindre à cette édition le joli portrait de Jauffret, gravé par Gaucher.

— Javotte, ou la jolie vielleuse parvenue, manuscrit trouvé au Bois de Boulogne. *A Paris, chez Lagrange*, an VIII. In-12. (De 10 à 12 fr.)

1 figure de Chaillou, gravée par Bovinet.

JEAURAT. — Traité de Perspective à l'usage des artistes, où l'on démontre géométriquement toutes les pratiques de cette science, etc., par M. Edme-Sébastien Jeaurat, ingénieur-géographe du Roi. *A Paris, Chez Jombert*, 1750. In-4. (De 25 à 30 fr.)

110 planches techniques, 1 vignette par Soubeyran et 55 culs-de-lampe, dont plusieurs se répètent, par Babel, Cochin et Marvye.

Les culs-de-lampe très fatigués, appartiennent à des ouvrages plus anciens : l'un d'eux porte la date de 1730.

JÉSUITIQUES (Les), enrichies de notes curieuses pour servir à l'intelligence de cet ouvrage. *A Rome, aux dépens du général*, 1761. In-12. (De 12 à 15 fr.)

2 figures pliées, la première non signée, la seconde par Bonnard.

JEUX DE CALLIOPE (Les), ou Collection de poèmes Anglois, Italiens, Allemands et Espagnols, en deux, trois et quatre chants. *A Londres et se trouve à Paris, Chez Ruault*, 1776. In-16. (De 10 à 15 fr.)

175 pp., plus 4 figures par Gibelin, gravées par Marchand.

On trouve des exemplaires tirés sur grand papier de format pet. in-4. (De 25 à 30 fr.)

JEUX DE LA PETITE THALIE (Les). Théâtre de la Vie humaine représentée par les jeux de l'enfance ou les amusements de la jeunesse, etc., en cinq parties, avec tablettes économiques, pertes et gain et stylet. *A Paris, chez Desnos*, S. d. Pet. in-12. (De 150 à 200 fr.)

1 frontispice et 90 figures non signés.

Même livre que l'*Almanach de la Loterie de l'École militaire*. Les figures et les quatrains sont de Gravelot. (Voy. col. 28-29).

JEU DE MAIL (Le), nouvelles règles tant sur la manière d'y bien jouer que pour décider les divers événemens qui peuvent arriver à ce jeu. *A Paris, Chez Huquier et Cailleau*, 1717. In-12. (De 8 à 10 fr.)

4 figures par Demortain.

JOINVILLE. — Histoire de saint Louis, par Jehan, sire de Joinville; les annales de son règne, par Guillaume de Nangis; sa vie et ses miracles, par le confesseur de la reine Marguerite, etc. *A Paris, De l'Imprimerie royale*, 1761. In-folio. (De 40 à 50 fr.)

1 fleuron sur le titre, gravé par Lemire, 3 vignettes par Eisen et Gravelot, 3 culs-

de-lampe de Gravelot, gravés par Lemire et Sornique, et 3 lettres gravées.

JOLIE FEMME (La), ou la Femme du Jour. *A Amsterdam, Chez Chanbguion*, 1769. 2 parties in-12. (De 8 à 10 fr.)

Titre gravé, non signé, le même pour la seconde partie.
Attribué par Ersch à L.-S. Mercier et par Barbier à Nic. — Th. Barthe.

JOMBERT (Charles - Antoine). — L'Architecture moderne ou l'Art de bien Bâtir, pour toutes sortes de personnes, divisés en 10 livres. *A Paris*, 1764. in-4. ((De 60 à 80 fr.)

Frontispice, vignettes en-tête par Marvye, Cochin et Choffard et nombreuses planches d'architecture, dont quelques-unes par Alex. Le Blond.
En veau ancien, avec 131 planches, 65 fr., vente Destailleur (1895, n. 334); un autre avec 152 planches, 50 fr., *Bull. Morgand*, II, 8) n. 291.
En maroquin rouge ancien, aux armes de Bignon, 200 fr., vente Léopold Double (1863, n. 43), puis chez Anatole Delorme, aujourd'hui collection Louis Cartier.

— Répertoire des Artistes ou Recueil de compositions d'Architecture et d'Ornemens antiques et modernes de toute espèce par divers auteurs dont les principaux sont Marot, Loir, Ducerceau, Le Pautre, Cottart, Pierretz, Cotelle, Leroux, Bérain, etc. Avec un abrégé historique de la vie et des ouvrage pour faire suite aux œuvres de J. Le Pautre. *A Paris, Chez l'auteur*, 1765. 2 vol. in-fol. (De 2,000 à 2,500 fr.)

Selon Guilmard (*Maîtres ornemanistes*, p. 180) qui donne le détail des planches, il faut au tome I, un titre gravé et 250 planches, au tome II, un titre gravé et 436 planches, soit en tout 688 planches.
En veau ancien, exemplaire annoncé comme complet en 695 planches, 3,000 fr., *Rép. Morgand*, 1893. n. 1844.
De beaux exemplaires se trouvent dans les collections Foulc et Cruchet.
La plupart des planches réunies dans ce recueil sont du XVIIe siècle.

JOMBERT (Ch.-A.) et **PERELLE** Père et Fils. — Les Délices de Versailles et des Maisons royales, ou Recueil de Vues... de Versailles, la Ménagerie, etc. En deux cents planches dessinées et gravées pour la plupart par les Perelle père et fils. Le tout enrichi de... description par Ch.-Ant. Jombert. *A Paris, Chez Ch.-A. Jombert*, 1766. In-folio. (De 300 à 400 fr.)

218 planches.
Se joint aux *Délices de Paris*, ouvrage décrit plus haut, col. 278.

— Catalogue de l'Œuvre de Ch. Nic. Cochin fils, etc. *A Paris, Chez Prault*, 1770. In-8. (De 12 à 15 fr.)

1 fleuron sur le titre et 1 vignette sur laquelle se voit le portrait de Cochin, dessinés et gravés par Prévost.
Ouvrage très curieux pour les renseignements qu'il donne sur Cochin et son œuvre; Jombert était l'ami intime de l'artiste.

— Essai d'un Catalogue de l'œuvre d'Étienne de la Belle, peintre et graveur florentin. Disposé par ordre historique suivant l'année où chaque pièce a été gravée avec la vie de cet artiste. *A Paris, Chez l'Auteur*, 1772, in-8. (De 10 à 12 fr.)

2 vignettes d'après Cochin, gravés par Prévost.
Intéressant catalogue de l'œuvre de Stefano Della Bella, graveur florentin qui travailla à Paris pendant la minorité de Louis XIV.
Un des dessins originaux vendu 65 fr., vente Norblin et 120 fr., vente Galichon, a passé ensuite chez le comte Foy.

JOSÈPHE (Flavius). — Histoire des Juifs, écrite par Flavius Joseph, traduite sur l'original grec, revu de divers manuscrits par M. Armand d'Andilly. Nouvelle édition, enrichie d'un grand nombre de figures en tailledouce, etc... *A Bruxelles, Fricx*, 1701-1702. 3 vol, petit in-8.

1 frontispice par Van Orley, gravé par Berterham; 1 en-tête dans le premier vo-

lume et 204 vignettes non signés. On y joint toujours l'ouvrage suivant :

— Histoire de la Guerre des Juifs, contre les Romains, écrite par Flavius Joseph, et sa vie écrite par lui-même, traduite par M. Arnaud d'Andilly. Nouvelle édition, enrichie d'un grand nombre de très belles figures en taille-douce. *A Bruxelles, Fricx*, 1703, 2 vol. pet. in-8. (De 100 à 120 fr., avec le précédent).

1 en-tête dans le premier volume et 26 vignettes.
En tout 5 volumes et 232 vignettes.
Existe tiré sur papier fort.
Il y a eu sous la même date des réimpressions format in-12, sur papier ordinaire.
En maroquin rouge de Trautz, bel exemplaire de Lacarelle, H. Bordes et Quentin-Beauchart (*Mes livres*, n. 189: 250 fr.) 475 fr., vente Portalis (février 1878, n. 131) puis 450 fr., vente Delbergue (n. 235); en maroquin citron aux armes de la duchesse de Gramont-Choiseul, 299 fr., vente Potier (n. 1893); en maroquin rouge ancien, aux armes de la comtesse d'Artois, 300 fr., vente R. Lion (n. 293); revendu 260 fr., vente Mülier (n. 240); sur grand papier en maroquin rouge d'Anguerrand, vente Crozat (1813), revendu 85 fr., vente Chateaugiron (n. 1789), 190 fr. 50, vente La Bédoyère (1837, n. 1370), 225 fr., vente Saint-Mauris (1849. n. 2036), 300 fr., vente La Bédoyère (n. 1862, 2209) et 480 fr., vente Ganay (n. 218).

JOUFFREAU DE LAZERIE (Abbé). — Don Quichotte, poëme héro-comique. *A Montauban*, 1782. In-8. (De 10 à 15 fr.)

Une figure par Marillier, gravée par M᠆ᵉ Ponce.

JOUJOU (Le) des Demoiselles, S. l. n. d. Pet. in-4. (De 100 à 150 fr.)

2 ff. n. ch. et 55 planches dont les 16 premières seules sont numérotées. Texte entièrement gravé avec 1 frontispice, 1 titre gravé et 55 vignettes à mi-page. Le frontispice et le titre sont par Eisen, gravés par Le Mire.
Les figures sont pour la plupart d'une exécution assez médiocre; quelques-unes sont grivoises, aucune n'est libre; mais il n'en est pas de même du texte qui est un recueil de poésies licencieuses.

On trouve plus souvent une deuxième édition portant sur le titre: *Le Joujou des Demoiselles, nouvelle édition avec de nouvelles gravures*, 1752. Elle contient semble-t-il 57 (et non 55) vignettes et un certain nombre de ces dernières ont été modifiées, des personnages ayant été remplacés par des paysages.
Un exemplaire sur grand papier de cette deuxième édition en maroquin rouge de Capé, a été porté au prix de 640 fr., à la vente Béhague (n. 713).
En maroquin bleu à mosaïque de Chambolle, 271 fr., vente Massicot (n. 557).
L'exemplaire Christophle, aujourd'hui chez M᠆ᵉ Dornois est tiré sur grand papier (petit in-folio), cartonné non rogné et contient de très nombreux états de presque toutes les planches.

JOURNAL de ce qui s'est fait pour la réception du Roy, dans sa ville de Metz avec un recueil de plusieurs pièces sur le même sujet. *A Metz*, 1744. In-folio. (De 60 à 80 fr.)

8 grandes planches pliées gravées par Mangin.

JOURNAL DES MUSES, par une Société de gens de lettres, n° 1. *A Paris*, 1797. (De 6 à 8 fr.)

1 frontispice dessiné par Quéverdo, gravé par Villerey.
Petit fascicule fort rare non signalé dans la bibliographie des journaux de Hatin. Un autre recueil avait paru sous le même titre dès 1791.

JOURNÉE AMOUREUSE (La), ou les derniers plaisirs de M... Ant..., comédie en trois actes en prose, représentée, pour la première fois au Temple, le 22 août 1792. *Au Temple..., chez Louis Capet, l'an premier de la République.* In-12. (De 60 à 80 fr.)

1 frontispice et 3 figures libres, non signés (par Bonnet ?) et finement gravés.
Libelle rare. Sur le frontispice, on voit Marie-Antoinette lisant un livre. En dessous, les mots : « Elle a beau méditer la perte des Français, ses souhaits ne s'accompliront plus. »
Il y en a, assure-t-on, deux éditions, la première ayant 67 pp. de texte, la deuxième avec 70 pp. Le texte a été réimprimé en 1872 dans la *Bibliothèque libre*.

En veau ancien, ancienne collection Carnarvon (87 g., puis *Bull. Morgand*, II, 6. n. 440) relié après la *Vie privée* de Marie-Antoinette.

JULLIOT (P.-F.). — Catalogue des vases, colonnes, tables de marbres rares, figures de bronzes, porcelaines de choix, laques, meubles précieux, pendules, lustres, bras et lanternes, de bronze doré, d'or mat, bijoux et autres objets importants qui composent le cabinet de feu M. le duc d'Aumont, par P.-F. Julliot fils. *A Paris, Chez P.-F. Julliot*, 1782. In-8. (De 100 à 120 fr.)

30 planches de meubles et de vases.

C'est le premier catalogue de vente publié avec une illustration aussi abondante; il existe tiré sur papier fort.

En maroquin jaus. de Thibaron, 111 fr., vente R. Lion (n. 111).

M. Jacques Doucet possède un exemplaire de ce curieux catalogue enrichi dans les marges de nombreux et intéressants croquis à la mine de plomb, par Charles Germain de Saint-Aubin; il a été payé 500 fr. à la vente Pichon (n. 526); à la même vente (n. 525) on a vendu 2,055 fr., un autre exemplaire illustré par le même artiste de 89 dessins coloriés; un troisième, analogue aux deux autres, a été signalé par les Goncourt dans la collection Groult.

Cf. sur la vente du duc d'Aumont, l'attachant travail du baron Davillier, *Le cabinet du duc d'Aumont* (Paris, 1870. In-8).

JUNGER (J.-F.). — Marianne et Charlotte, ou l'apparence est trompeuse. Traduit de l'allemand de J.-F. Junger. Orné de figures. *A Paris, chez Lepetit*, an III de la République (1795). 3 vol. in-16. (De 15 à 20 fr.)

Tome I : 147 pp., plus 1 figure.
Tome II : 146 pp. et 1 f. n. ch., plus 1 figure.
Tome III : 135 pp. et 1 f. n. ch., plus 1 figure.

En tout 3 figures de Queverdo, gravées par Le Roy.

JUNQUIÈRES (Jean-Baptiste de). — Caquet Bon-Bec, la Poule à ma Tante, poëme badin, seconde édition, revue, corrigée et augmentée d'un chant. S. l. (*Paris, Panckoucke*) 1763. Petit in-8. (De 6 à 8 fr.)

1 figure par Gravelot, gravée par Baquoy.

L'exemplaire de Pâris, en maroquin rouge de Derôme, 210 fr., vente Lignerolles (n. 1090).

— Caquet Bon Bec, la Poule à ma Tante, poëme badin, nouvelle édition. S. l. (*A Paris, Imprimerie royale*) 1785. In-18. (De 20 à 25 fr.)

1 fleuron sur le titre, 1 frontispice non signé, 8 vignettes et 6 culs-de-lampe par Marillier, gravés par de Ghendt, Legouaz, Legrand, de Longueil, Masquelier, Née, Ponce et Mme Ponce.

Sauf le frontispice, les autres illustrations avaient déjà servi aux *Fables* de Dorat.

JUSTIN. — Justini Historiarum ex-Trogo Pompeio libri XLIV. *Parisiis, ex typographia Josephi Barbou*, 1770. In-12.

1 beau frontispice par Gravelot, gravé par de Longueil; contient aussi 1 vignette non signée.

En veau marbré, exemplaire donné en prix à Alfred de Musset, 45 fr., vente R. Lion (n. 295); sur papier de Hollande, en maroquin ancien à dentelles, 320 fr., vente R. Lion (n. 296).

JUVÉNAL. — Junii Juvenalis Satyrarum libri quinque. *Lutetiæ Parisiorum, typis, Jos. Barbou*, 1754. In-12. (De 8 à 10 fr.)

2 frontispices gravés par Duflos et 5 culs-de-lampe.

Un bel exemplaire sur papier de Hollande, en maroquin rouge ancien à dentelles, 190 fr., vente du comte Roger (n. 229).

— Satires de Juvénal. Traduites par J. Dusaulx. (Le texte latin est en re-regard) Troisième Edition, ornée de Figures dessinées par Moreau le jeune. *A Paris, De l'Imprimerie de Didot jeune*, 1796. 2 vol. grand in-4, papier vélin. (De 30 à 40 fr.)

Tome I : CLXX-266 pp., plus 1 frontispice.
Tome II : 2 ff. n. ch., 390 pp., plus 1 frontispice.

2 frontispices par Moreau (B. 859-860), gravés à l'eau-forte par Giraud, et terminés l'un par Dupréel, l'autre par Dambrun.

Existe aussi in-folio, et, dans ce format, se payait fort cher au début du XIXe siècle (150 fr., vente Caillard, n. 1167; 201 fr., vente Didot, 1810, n. 542).

On connait quatre états de ces frontispices, savoir: eau-forte pure, sans la lettre latine, avec la lettre latine, enfin avec l'adresse du marchand d'estampes Naudet; de plus l'avant-lettre du tome II existe *avec* et *sans* le nom du graveur Giraud sous le cadre.

Deux exemplaires du livre ont été tirés sur peau de vélin, l'un d'entre eux « enrichi de deux tableaux peints par Marsais » figure sous le n° 182 dans une vente de livres faite le 11 prairial an VI (1798).

JUVÉNEL DE CARLENCAS. — Essais sur l'Histoire des Belles-lettres, des Sciences et des Arts, nouvelle édition. *A Lyon*, 1749. 4 vol petit in-8. (De 10 à 12 fr.)

4 fontispices, 4 fleurons sur les titres. 4 vignettes, dessinés par Delamonce, gravés par Joubert.

AILAZ, ou les Jeunes sauvages, drame. Londres, *A Paris, Bleuet*, 1770. In-8. (De 4 à 5 fr.)

1 fleuron sur le titre, 1 vignette par Quéverdo, gravée par de Longueil, 1 cul-de-lampe par le même.

KERALIO (Louise-Félicité Guinement de). — Les Crimes des Reines de France, depuis le commencement de la monarchie jusqu'à Marie-Antoinette, publiés par L. Prudhomme, avec cinq gravures. *A Paris, au bureau des Révolutions de Paris et Lyon*, 1791. In-8. (De 8 à 10 fr.)

5 figures médiocres, non signées.
Barbier hésite à attribuer cet ouvrage à Mme Robert (née Kéralio), car Oettinger en fait l'œuvre d'un certain Berenger.

— Dictionnaire des Individus envoyés à la mort judiciairement et contre-révolutionnairement pendant la Révolution, particulièrement sous le règne de la Convention nationale, avec les gravures et les tableaux. *A Paris*, an Ve de la République (1799). 2 vol. in-8. (De 20 à 25 fr.)

2 vignettes sur les titres et 2 planches pliées.

KÉRATRY (Aug.-H. de). Contes et Idylles. *A Paris, de l'Imprimerie P. Fr. Didot le jeune*, 1791. In-16. (De 5 à 6 fr.)

Titre et 1 planche gravés.

KEYL (Michel). — Belvédère que le premier ministre, Comte de Bruhl fit bâtir l'an 1751, gravé par Michel Keyl. *A Dresde*, 1761. In-fol.

Titre et 5 planches.
Ancienne collection Guyot de Villeneuve.
Le Belvédère fut détruit par le Roi de Prusse quand il s'empara de Dresde, au cours de la campagne de 1759.

KIP (Jean). Nouveau Théâtre de la Grande-Bretagne, ou description exacte des palais du Roy et des maisons les plus considérables des seigneurs et des gentilshommes dudit royaume, avec figures. *A Londres, Joseph Smith*, 1724, 4 vol. gr. in-fol. (De 1.000 à 1.200 fr. avec le supplément).

Tome I : 6 ff. n. ch., 80 planches.
Tome II : 4 ff. n. ch., 76 planches.
Tome III : 18 ff. n. ch., 66 planches.

Tome IV : 8 ff. n. ch., 85 planches.
En tout 307 planches de vues.

> Le premier volume, dit Brunet, avait d'abord paru à *Londres, chez David Mortier* avec un titre anglais (précédé des mots *Britannia illustrata*) et un titre français (*Nouveau Théâtre*) daté de 1708 ; les autres se sont publiés successivement : on en trouve à la date de 1709, 1715 et 1716 et, dans l'édition de 1724 elle-même, le 3ᵉ volume a un titre (*Ecclesiarum Angliæ et Valliæ prospectus*) daté de 1719. Les premières éditions contenant de meilleures épreuves des planches que la dernière sont celles qu'on préfère, surtout lorsqu'il s'y trouve les 25 figures de plans et élévations d'Audlevende, gravées en 1676 qui ont été détruites avant qu'il ait pu en être tiré de nombreuses épreuves.
>
> Un 5ᵉ volume parut en 1728. Il est plus rare que les autres. De beaux exemplaires complets se sont vendus jusqu'à 1.500 fr. en Angleterre (65 liv. st., vente Peel, 1900, n. 624).

KLINGER (Fr.-Max de). — Les Aventures du docteur Faust et sa Descente aux Enfers, traduction de l'allemand, avec figures. *A Amsterdam, chez les libraires associés*, 1798. Petit in-8. (De 8 à 10 fr.)

Titre gravé, avec portrait de Faust en médaillon, et 5 figures dessinées par Sch. et gravées par G. B.
Autre édition sous la même date. *Paris, Langlois*, an VI.

KLOPSTOCK. — La Mort d'Adam, tragédie traduite de l'allemand, etc... (par l'abbé Roman, d'Avignon). *A Paris, Prault*, 1762. In-12. (De 8 à 10 fr.)

Frontispice de Marillier, gravé par Bertault, titre dessiné par le même, gravé par Laurent, et 3 jolies eaux-fortes non signées.

KNORR (G.-W.). — Les Délices des yeux et de l'esprit, ou collection générale des différentes espèces de coquillages que la mer renferme, communiquée au public par George Wolffgang Knorr. *A Nuremberg*, 1760. 6 parties en 3 vol. in-4. (De 50 à 60 fr.)

190 planches.
Il existe des exemplaires soigneusement coloriés à la main.
L'exemplaire de Huzard (enluminé) en maroquin rouge de Derôme, 75 fr. vente Daguin (n. 492).

KRAFFT (J.-Ch.). — Plans, Coupes, Élévations des plus belles Maisons et Hôtels construits à Paris et dans les environs. *A Paris, S. l.* (vers 1800). (De 600 à 800 fr.)

1 frontispice et 120 planches gravées par Ransonnette.

On doit y ajouter le *Recueil d'architecture civile, contenant les plans, coupes et élévations des châteaux, maisons de campagnes situés aux environs de Paris et dans les départements voisins, par J.-Ch. Krafft*. Paris, 1812. In-folio. 1 frontispice et 120 planches.

Les deux volumes, en demi-reliure, non rognés, 1.000 fr. Bull. Morgand, II, 9, (1909) n. 303.

De Sève inv. — C. Baquoy sculp.

 A BARRE DE BEAU-MARCHAIS (Ant.) — Aventures de Don Antonio de Buffalis, histoire italienne enrichie de figures en taille-douce. *La Haye, chez J. Néaulme*, 1722 ou 1724. In-12. (De 5 à 6 fr.)

6 figures non signées, très médiocres.

— Le Temple des Muses, orné de LX Tableaux où sont représentés les Evénements les plus remarquables de l'Antiquité fabuleuse, dessinés et gravés par B. Picart le Romain et autres habiles maîtres, et accompagnés d'explications et de remarques (par de La Barre de Beaumarchais), etc. *A Amsterdam, Zacharie Châtelain*, 1733. In-folio. (De 100 à 125 fr.)

60 figures, 1 fleuron sur le titre et une vignette à écusson (les armes de l'électeur de Mayence) par B. Picart.

Les gravures de Bernard Picart sont des copies légèrement modifiées de celles de Diepenbecke, exécutées pour le *Temple des Muses*, de 1655, avec texte de Michel de Marolles.

Il existe un texte hollandais daté de 1731, où les figures sont en premières épreuves. Les éditions de 1742 et 1749 sont très inférieures.

Il est curieux de joindre comme dans l'exemplaire en maroquin vert à dentelles de Morel de Vindé (n. 1792 : formé sans doute par Paignon-Dijonval), les figures du texte hollandais de 1731, les 25 planches rejetées de Diepenbecke avant les numéros, dont la rare figure de *Salmacis et Hermaphrodite*, par Bloemaert et les portraits de Diepenbecke et de Picart. Cet exemplaire fut vendu 810 fr. — Un bel exemplaire en maroquin rouge ancien, à dentelles, 610 fr., vente Béhague (n. 1546); un autre, en maroquin rouge de Derôme, 130 fr., vente La Bédoyère (n. 2111), revendu 695 fr., vente Lebeuf de Montgermont (n. 206) : en demi-reliure de Capé, 60 fr., vente E. Martin (n. 104); en maroquin citron de Derôme le père, 220 fr., vente R. Lion (n. 288); en maroquin vert aux armes de Montmorency-Luxembourg (exemplaire *piqué* de l'édition de 1742) 455 fr., même vente (n. 289); en maroquin rouge ancien, aux armes de Rouillé, 200 fr., vente Destailleur, en maroquin rouge, 72 fr., vente Massicot (n. 558).

MONSIAU
DESSIN POUR LE *Faublas* DE LOUVET DE COUVRAY (1798)
APPARTIENT A M. HENRI BERALDI

LABAT (Le Père). — Voyage du chevalier Des Marchais en Guinée, îles voisines et Cayenne, fait en 1725, 1726 et 1727, par le P. Labat. *A Paris, Osmont,* 1730. 4 vol. in-12. (De 15 à 20 fr.)

Figures en taille-douce.

Le père Labat n'est que l'éditeur de ce livre, mais il a publié également ses propres voyages. *Relation de l'Afrique occidentale,* 1728, 1732 et 1758. — 5 volumes in-12, figures, et *Voyages aux Iles d'Amérique*, Paris, 1722 ou La Haye, 1724. — 6 volumes in-12 ou 1738. — 2 volumes in-4. Cartes et figures.

LA BAUME DESDOSSAT (L'Abbé de). — La Christiade, ou le Paradis reconnaissant, pour servir de suite au Paradis perdu de Milton. *A Bruxelles* (Paris), 1753. 6 vol. in-12. (De 20 à 25 fr.)

1 frontispice, 12 figures et 12 vignettes par Eisen, gravés par Chenu, Delafosse, Lemire et Sornique.

Ces illustrations, de la première manière d'Eisen, sont très fines et très jolies.

LABÉ (Louise). — Œuvres de Louise Charly, dite Lyonnaise, dite Labé, surnommée la belle cordière. *A Lyon, chez les frères Duplain*, 1762. In-12. (De 10 à 12 fr.)

1 frontispice, 1 fleuron sur le titre, 4 vignettes et 4 culs-de-lampe par Nonnotte, gravés par Daullé.

En maroquin rouge de Cuzin, 16 fr., vente Daguin (n. 493).

Publié avec des notes biographiques par A. Claret de Tourrette de Fleurieu.

LA BEAUMELLE. — Commentaire sur la Henriade par M. de La Beaumelle, revu et corrigé par M. F. *A Berlin, et se trouve à Paris, chez le Jay*, 1775. 2 vol. in-8. (De 25 à 30 fr.)

Élégant frontispice de Marillier, contenant en médaillon le portrait de Voltaire entre ceux de La Beaumelle et de Fréron, gravés par Augustin de Saint-Aubin.

La jolie pièce de Saint-Aubin, existe à l'eau-forte et avant la lettre.

C'est à propos de ce frontispice que Voltaire, composa, dit-on, le célèbre quatrain :

Entre La Beaumelle et Fréron,
Un graveur a placé Voltaire
Ce serait vraiment un Calvaire,
S'il n'y manquait le bon larron.

LA BÉDOYÈRE (Comte Henri de). — Journal d'un Voyage en Savoie et dans le Midi de la France en 1804 et 1805. *A Paris, de l'imprimerie de Crapelet*, 1849. In-8. (De 10 à 15 fr.)

VIII-415 pp. plus 1 figure par Moreau (B. 861) gravée par Devilliers et *toujours* avant la lettre.

Quelques exemplaires en grand papier de Hollande.

Nous inscrivons ce livre ici pour mémoire ; la figure dessinée par Moreau est de l'année de sa mort (1813) comme le prouve la date inscrite sur le dessin original (collection Olry-Rœderer).

Cette figure existe à l'état d'eau-forte ; on en trouve aussi des tirages sur Chine appliqué.

LABORDE (Benjamin de). — Choix de Chansons mises en musique par M. de la Borde, Premier valet de Chambre ordinaire du Roi, Gouverneur du Louvre. Ornées d'estampes par J.-M. Moreau. Dédiées à Madame la Dauphine (Marie-Antoinette). *A Paris, Chez de Lormel, Imprimeur de l'Académie Royale de Musique, rue du Foin Saint Jacques*, 1773. 4 vol. grand in-8. (De 2,500 à 3,000 fr.)

Tome I : 154 pp. et 2 ff. n. ch.
Tome II : frontispice et 153 pp.
Tome III : Frontispice, 150 pp. et 2 ff. n. ch.
Tome IV : Frontispice, 150 pp. et 2 ff. n. ch.

Texte et musique gravés par Moria et Mlle Vendôme.

1 titre gravé avec fleuron par Moreau, 4 frontispices par Moreau, Le Bouteux et Le Barbier, gravés par Masquelier et Née et 100 figures par Moreau, Le Barbier, Le Bouteux et Saint-Quentin, gravées par Moreau, Masquelier et Née.

Dans un certain nombre d'exemplaires se trouve le portrait de Laborde dans une lyre, gravé par Masquelier d'après Denon. Ce portrait, gravé seulement en 1774, n'appartient pas nécessairement au livre, mais il est préférable qu'il y soit joint et on le trouve dans tous les bons exemplaires. Il existe à l'état d'eau-forte et *avant* la date de 1774.

Les figures du tome premier dessinées et gravées par Moreau le jeune, se trouvent avant la lettre ainsi qu'à l'état d'eau-forte, mais elles sont fort rares. La deuxième figure a été gravée deux fois, la première fois, sans tablette à titre d'essai et pour servir de prospectus à l'édition. Elle a été utilisée ensuite dans le *Dictionnaire des Graveurs* de Basan.

On ne trouve des 2ᵉ, 3ᵉ et 4ᵉ volumes que quelques figures avant la lettre ou avant les numéros, ce tirage n'ayant pas été fait régulièrement, mais Renouard (1854, n. 1390 : 235 fr. à Gobert) avait pu réunir presque toutes les eaux-fortes que Paillet a complétées, quand cet exemplaire non rogné et qu'il a fait recouvrir d'une belle reliure-mosaïque de Cuzin, en maroquin doublé de maroquin bleu est venu entre ses mains après avoir passé chez Aguillon, Grésy et Gonzalès. Porté à 25,000 fr. au *Bull. Morgand* (n. 1212), il est aujourd'hui chez M. Henri Beraldi qui y a ajouté une estampe unique décrit ci-dessous et l'eau-forte du portrait à la lyre. Il contient toutes les eaux-fortes moins deux, et le célèbre portrait de Mᵐᵉ de Laborde enceinte.

Ce livre, un des plus beaux du XVIIIᵉ siècle, en est peut-être, avec les *Contes de La Fontaine*, le plus agréable par la grâce des sujets et la variété des costumes qui y sont représentés. Benjamin de La Borde, familier de Louis XV et de la Du Barry, l'avait commencé avec Moreau. Il est bien regrettable qu'un désaccord l'ait fait abandonner par l'artiste après l'achèvement du premier volume. L'illustration en fut alors confiée à Le Bouteux, à Le Barbier et à Saint-Quentin, peintres de mérite, mais dessinateurs médiocres, et la gravure à Née et Masquelier, aussi les trois derniers volumes sont-ils inférieurs au premier, qui est un petit chef-d'œuvre de composition, d'esprit et d'exécution.

Le feuillet de dédicace du tome I, dessiné par Moreau et gravé par Masquelier, porte, dans tous les exemplaires connus, les armes de Marie-Antoinette Dauphine. On avait projeté d'abord d'y mettre son portrait de face, mais on dut, peut-être par ordre supérieur renoncer à ce projet. Il ne subsiste de ce premier état qu'une épreuve dans l'exemplaire Schiff, et une autre, légèrement différente dans les tailles, découverte par Decloux qui la paya, dit-on, 6 fr. et qui coûta 2,000 fr. à M. Beraldi à la vente De-

cloux. Elle se trouve maintenant dans le précieux exemplaire décrit ci-dessus. Le deuxième (?) état du frontispice montre le médaillon en blanc; un troisième état du même frontispice, non signalé par M. Bocher, et dans lequel les armes sont sur fond blanc, se trouve également dans les exemplaires Schiff et Beraldi.

Chassée du tome I, Marie-Antoinette se trouve pourtant dans le tome II, sur le frontispice bien connu. Le dessin original de Moreau, aujourd'hui à Chantilly et un croquis à la plume par Le Bouteux (vente R. Portalis, 1880, n. 187 : 58 fr., à Clément; même vente 1887, n. 137) premier projet de ce dernier frontispice, nous apprennent qu'il devait contenir à l'origine non le portrait de la Dauphine, mais celui de Laborde. Quand on modifia le feuillet de dédicace du tome I, on en profita pour modifier également le frontispice du tome II et pour y insérer un profil de Marie-Antoinette.

Notons encore que les dessins originaux des frontispices des tomes III et IV présentent une ornementation bien plus riche que ceux qui ont été gravés.

Quelques amateurs ajoutent aussi le portrait de Mᵐᵉ de Laborde enceinte, dessiné par Denon et gravé par Née et Masquelier; il est extrêmement rare et n'a figuré jusqu'à présent que dans cinq ou six exemplaires. (Collections Pierpont-Morgan, Schiff, H. Beraldi, Sir David Salomons, etc.)

Il existe de ce portrait, ainsi que de celui à la lyre, des reproductions modernes assez trompeuses contre lesquelles il est bon d'être mis en garde.

Un seul exemplaire a été tiré sur vélin, et contient les dessins originaux de Moreau, de Le Bouteux, Le Barbier et Saint-Quentin. Il a figuré en 1865, à la vente Radziwill n. 824) et a été acquis pour la somme de 7,050 fr. par le duc d'Aumale; il est aujourd'hui à Chantilly.

L'amateur délicat rejettera impitoyablement les exemplaires sur papier bleuté, dont le tirage est beaucoup moins bon et qui, comme nous avons pu le voir sur des exemplaires non rognés, sont tirés sur un papier de plus petit format.

Les Chansons de Laborde ne se vendaient pas plus d'une cinquantaine de francs, il y a un demi-siècle. L'exemplaire de Pixerécourt en maroquin, avec beaucoup d'eaux-fortes, fut adjugé même pour 30 fr., en 1838.

Ces prix ont bien changé, et un bon exemplaire en maroquin ancien vaut aujourd'hui de six à huit mille francs, sinon plus.

Parmi les exemplaires remarquables, il faut citer, outre l'exemplaire Renouard-

Paillet-Beraldi, mentionné plus haut, et auquel il ne manque que 2 eaux-fortes, le bel exemplaire de Lord Carnarvon, aujourd'hui à New-York chez M. Mortimer L. Schiff : il contient le portrait de Mme Laborde enceinte, l'eau-forte du portrait à *la lyre*, la deuxième épreuve connue de page de dédicace avec portrait de Marie-Antoinette, la suite de Moreau en triple état (lettre, avant-lettre et eaux-fortes), presque toutes les eaux-fortes des tomes II à IV (provenant des collections Beckford et Magniac) et de nombreuses épreuves d'état.

La plupart des eaux-fortes se trouvent dans l'exemplaire Roederer. Un certain nombre se trouvent aussi dans celui de Sir David Salomons, enrichi de nombreuses pièces d'état et relié en maroquin doublé de Lortic, pour son ancien possesseur, M. Van Loo, de Gand (*Bull. Morgand II*, 5, n. 444 : 20.000 fr.) En dehors de ces quatre suites d'eaux-fortes, on n'en signale qu'une seule, complète, assure-t-on, qui fut vendue 120 fr. en 1862 à la vente La Bédoyère (n. 382). On en ignore le possesseur actuel.

La suite des 25 figures de Moreau en épreuves d'artiste à grandes marges est très rare et fort recherchée. Elle a été payée 5,600 fr., à la vente Feuillet des Conches (12 mai 1887) puis reliée par Cuzin en maroquin rouge et complétée par l'addition des deux titres et du portrait, 7,500 fr., vente Guyot de Villeneuve, n. 473; en feuilles dans un carton, 4,800 fr., vente Maglione, aujourd'hui collection G. Christophle; dans la collection de Mme Dornois est l'exemplaire Portalis (1882, n. 38, racheté à 3,100 fr.) en maroquin rouge de Trautz, contenant 4 eaux-fortes et 24 avant-lettre sur 25 ; les 25 avant-lettre non rognées dans un album de maroquin rouge, 3,200 fr., vente E. Martin (n. 265). Au printemps de 1909 à la vente Poor (New-York) on paya 5,500 fr. un exemplaire en maroquin de Chambolle avec les planches du tome I, avant et avec la lettre. Signalons aussi les 25 avant-lettre dans le superbe exemplaire en maroquin violet de Derome, provenant de la collection de Quentin-Bauchart, passé successivement dans les ventes Lacarelle (n. 265 : 8,800 fr.), H. Bordes (1897, n. 40 : 8,000 fr.) et Hémour (n. 14 : 9,550 fr.).

On signale quelques exemplaires reliés aux armes : celui de la comtesse de Provence, en maroquin rouge (2 vol.) est à la bibliothèque de Versailles; celui de Marie-Antoinette, aussi en maroquin rouge, appartient à la Bibliothèque nationale ; en maroquin rouge, aux armes de la princesse de Chimay, avec le portrait de Mme de Laborde enceinte, collection Pierpont-Morgan, exemplaire payé 19,200 fr., vente Daguin (n. 494).

En maroquin vert de Derome (portrait de Mme de Laborde), 805 fr., vente Yemeniz (n. 2002) revendu 4,250 fr., vente Lebeuf de Montgermont (n. 501); en maroquin rouge ancien, 6.400 fr., vente E. Martin (n. 264); en maroquin rouge de Derome, jolie reliure signée 5.600 fr., vente Béhague (n. 800), aujourd'hui chez M. Francis Charmes ; en maroquin rouge à l'oiseau, par Derome, 5,600 fr., vente Colin (n. 180) revendu le même prix, vente R. Lion (n. 180); même exemplaire (?) 5,100 fr., vente Müller (n. 136).

En maroquin rouge de Derome, reliure signée, avec l'ex-libris de Mme de Laborde, collection Cartier, exemplaire adjugé 5,050 fr., vente Destailleur (1891, n. 1165); il est relié en 2 volumes; de même celui de M. Adolphe Bordes (4.620 fr., vente Lignerolles, n. 1357). Citons enfin le deuxième exemplaire Daguin, cartonné, non rogné (n. 495 : 3,700 fr.)

— Essai sur la Musique ancienne et moderne (par de La Borde et l'abbé Roussier). *A Paris, De l'Imprimerie de Ph.-D. Pierres, Et se vend Chez Eugène Onfroy*, 1780. 4 vol. in-4. (De 100 à 150 fr.)

Tome I : 4 ff. n. ch., xx et 445 pp., plus xx pp. entre les pp. 200 et 201, 54 planches gravées, 3 planches de musique et 2 tableaux pliés.

Tome II : 2 ff. n. ch., 444 pp., plus 1 planche de musique et 1 figure; à la fin 4 cahiers de musique gravée de 178, 59, 59 et 59 pp.

Tome III : 2 ff. n. ch. et 702 pp., plus 2 tableaux pliés et 3 planches de musique.

Tome IV : 2 ff. n. ch. et 476 pp., plus 27, 8 et LVI pp.

6 vignettes par Malapeau et Masquelier, 59 figures par Bouland, Myris et Paris, gravées par Bouland, Chenu, Piquenot et Mme Ponce, et 132 planches de musique, la plupart comprises dans la pagination.

Les jolies vignettes ornées de portraits de musiciens ou de poëtes, existent en tirage hors texte. Un exemplaire en maroquin rouge de Derome, vendu 230 fr., vente Radziwill, est entré dans la collection du feu baron James de Rothschild (n. 272) au prix de 4,000 fr.

En maroquin rouge aux armes de Marie-Antoinette, Bibliothèque nationale.

— Mémoires historiques sur Raoul de Coucy. On a joint le recueil de ses chansons en vieux langage, avec la traduction et l'ancienne musique. *A Paris, De l'Imprimerie D. Pierres*, 1781. 2 vol. in-18. (De 20 à 25 fr.)

Tome I : 4 ff. n. ch. et 108 pp., plus 3 portraits et 1 figure.
Tome II : 2 ff. n. ch. et 106 pp., plus 12 pp. de musique.

3 portraits et 1 figure, non signés, plus 12 pp. de musique gravée.

Il a été tiré un certain nombre d'exemplaires sur grand papier, format in-8. On connaît des exemplaires sur peau de vélin. L'un d'eux en maroquin rouge à dentelle aux armes de Joly de Fleury, vendu 97 l. st. vente Wodhull (n. 829) est entré chez le baron Ferdinand de Rothschild. Un autre est à la Bibliothèque nationale.

En maroquin rouge ancien, aux armes de Mme Adelaïde, 275 fr. vente Delbergue (n, 90), revendu 205 fr., vente R. Lion (n. 341); en maroquin rouge ancien, 40 fr., vente Destailleur (1891, n. 1162).

— Lettre de Marion De Lorme aux auteurs du Journal de Paris. *A Londres* (Paris) 1780. In-12.

6 beaux portraits (Marion Delorme, Buckingham, Cinq-Mars, Marie de Gonzague, Comte de Grammont et Ninon de Lenclos), par Lebert et Masquelier d'après Dugourc. Cartonné, non rogné, 10 fr., vente Destailleur (1891, n. 1469).

LA BRUNE (J. de). — La Morale de Confucius, Philosophe de la Chine. *A Paris, Chez Valade*, 1783. In-8. (De 8 à 10 fr.)

1 portrait gravé par Delvaux.
En maroquin vert de Derôme, 600 fr., vente Béhague (n. 147).

LA BRUYÈRE. — Les Caractères de M. de La Bruyère, édition Coste *A Amsterdam*, 1740. 2 vol. in-12. (De 15 à 20 fr.)

1 frontispice et 2 fleurons par Scotin.
L'exemplaire de la vente Potier (1870, n. 324 : 410 fr.) en maroquin vert signé de Derôme, est au Musée Dutuit (n. 127).

— Les Caractères de Théophraste, avec les Caractères et les Mœurs de ce siècle, par M. de La Bruyère. Nouvelle Édition, augmentée de quelques Notes sur ces deux Ouvrages, et la Defense de La Bruyère & de ses Caractères, par M. Coste. *A Amsterdam, chez François Changuion*, 1743. 2 vol. in-12. (De 25 à 30 fr.)

Tome I : 3 (?) ff. n. ch., XLIV-II et 479 pp., plus 1 portrait.
Tome II : 2 ff. et 559 pp., plus 1 frontispice.

Portrait du baron d'Imhoff par Quinkhard, gravé par Houbraken, et joli frontispice de Bernard Picart, gravé par Folkema.

En maroquin vert de Pasdeloup, 142 fr., vente Lignerolles (n. 481); en maroquin rouge ancien, 81 fr., vente La Bédoyère (1837, n. 149), revendu 550 fr., vente Brunet (n. 107) et 4,550 fr., vente Béhague (n. 123), aujourd'hui au Musée Dutuit (n. 128).

En maroquin vert de Derôme (reliure signée) 580 fr. vente Janzé (n. 86).

Peut se trouver aussi sous les dates de 1731 et 1759.

— Les Caractères de Théophraste, avec les Caractères ou les mœurs de ce siècle, par M. de La Bruyère. Nouvelle édition augmentée de quelques notes par M. Coste. *A Paris, Chez M. E. David père*, 1750. 2 vol. in-12. (De 15 à 20 fr.)

2 titres gravés et 2 frontispices par de Sève, gravés par Fessard.
L'exemplaire Dutuit (n. 129) est en maroquin rouge par Derôme; en maroquin vert de Bradel-Derôme, 285 fr., vente Double (1881, n. 12) revendu 82 fr., vente Lion (n. 39).
Illustrations jolies et fines.
Les dessins originaux de Sève, à la mine de plomb sur vélin étaient chez Eugène Paillet. Réimprimé en 1756 et en 1772.
Un exemplaire à la date de 1756, en maroquin rouge, aux armes de la comtesse d'Artois, 300 fr., vente Gosford.

— Les Caractères de Théophraste et de La Bruyère, avec des notes par M. Coste. *A Paris, Chez Hochereau et Panckoucke*, 1765. Grand in-4. (De 15 à 20 fr.)

1 beau portrait de La Bruyère par Cathelin, gravé par Cochin ; 1 fleuron sur le

titre, 3 vignettes et 1 cul-de-lampe par Gravelot, gravés par Duclos et Le Bas.

Cet ouvrage existe imprimé sur grand papier

Le dessin original de la jolie vignette des *Joueurs de dés*, par Gravelot, s'est vendu seul 1,000 fr. Cette gravure a été tirée hors texte.

Un joli exemplaire en maroquin vert de Derôme, 200 fr., vente Le Barbier de Tinan (n. 47).

— Les Caractères de Théophraste et de La Bruyère avec des notes par Coste. *A Paris*, 1769. 2 vol. in-12. (De 15 à 20 fr.)

Beau portrait de La Bruyère, gravé par Savart, d'après Saint-Jean ; 2 fleurons et 2 charmantes vignettes dessinées par Gravelot et gravés par Fessard.

— Maximes et Réflexions morales extraites de La Bruyère. *A Genève*, 1782. In-64. (De 4 à 5 fr.)

1 portrait gravé par Delvaux, d'après Saint-Jean.

— Les Caractères de Théophraste, avec les Caractères ou les Mœurs de ce siècle, par M. de La Bruyère. *A Londres* (Paris, Cazin) 1784. 3 vol. in-18. (De 5 à 6 fr.)

Portrait gravé par Delvaux.

En maroquin rouge ancien, 37 fr., vente Lignerolles (n. 482).

LABRUYERRE (L.). — Les Ruses de Braconage, Mises à Decouvert ; ou Mémoires et instructions sur la Chasse et le Braconage ; Avec quelques figures en taille de bois : Par L. Labruyerre, Garde de S. A. S. Mgr le Comte de Clermont, Prince du Sang. *A Paris, chez Lottin, l'aîné*, 1771. In-12. (De 8 à 10 fr.)

VII-301 pp., 1 f. n. ch.
Petits bois dans le texte.

En maroquin rouge ancien, aux armes du comte de Clermont, 400 fr., vente Lignerolles (n. 653).

LACHAU (L'abbé de). — Dissertation sur les Attributs de Vénus. *A Paris, Prault*, 1776, ou *Lamy*, 1780. In-4. (De 30 à 40 fr.)

Une belle gravure de Vénus Anadyomène d'après Titien, gravé par Saint-Aubin. 1 fleuron sur le titre, par Saint-Aubin, 1 en-tête, 13 vignettes dans le texte, 8 médailles sur une planche, et 1 cul-de-lampe, en tout 25 illustrations diverses, la plupart par Saint-Aubin.

On recherche les exemplaires qui possèdent la *Vénus Anadyomène* avant la bordure ou avant la *coquille* ; en cette condition, veau fauve de Bedford, 102 fr., vente Turner (n. 757).

Renouard avait 4 états de cette planche dont l'eau-forte, dans son exemplaire, qui a passé en suite dans les collections Van der Helle et Rattier (1909, n. 25 : 455 fr.) et qui appartient aujourd'hui à M. Motet.

LACHAU (L'abbé de) et LE BLOND (l'abbé). — Description des principales Pierres gravées du cabinet de S. A. S. Mgr le duc d'Orléans, premier prince du sang. *A Paris, chez l'abbé de La Chau, chez l'abbé Le Blond et chez Pissot, libraire*, 1780-1784. 2 vol. in-folio. (De 125 à 150 fr.)

Tome I : 16 ff. n. ch., 303 pp., plus 1 frontispice et 102 planches.

Tome II : 2 ff. n. ch., v pp., 1 f. n. ch., 215 pp., 2 ff. n. ch., plus 77 planches.

En tout un superbe frontispice par Cochin, gravé par Saint-Aubin, renfermant le portrait du duc d'Orléans ; 1 fleuron, le même pour les deux titres, par Saint-Aubin ; 2 très jolies vignettes, en tête du 1er volume et du 2e dessinées par Cochin et A. de Saint-Aubin, gravées par Saint-Aubin ; 179 pierres gravées par Saint-Aubin, quoique non signées, et 55 culs-de-lampe, la plupart d'une grande beauté (46 dans le 1er volume et 9 dans le 2e) tous dessinés et gravés par Saint-Aubin, à l'exception du dernier du 1er volume, gravé par Mme E. de Sabran. Les exemplaires pour être bien complets doivent contenir en plus 7 planches de médailles spintriennes contenant 37 sujets, dessinés et gravés par Saint-Aubin.

Il a été fait un nouveau tirage des *médailles spintriennes*, mais les épreuves en sont bien moins belles.

Les pierres gravées ont des numéros de 1 à 97 dans le premier volume ; les nos 35 et 39 ont trois planches et le n° 78 en a deux), et de 1 à 76 pour le second, le n° 2 ayant deux planches.

Les vignettes et les magnifiques culs-de-lampe de Choffard existent en tirages à part.

Une collection (sans le texte) des gravures avant les numéros avec les vignettes et culs-de-lampe tirés à part et les planches spintriennes, en maroquin rouge, 835 fr., vente Janzé (n. 181).

Un superbe exemplaire relié en maroquin rouge par Derôme, formé par Le Blond, l'un des auteurs, tiré sur papier de choix, composé d'épreuves de tout premier tirage et contenant 3 planches découvertes et plusieurs culs-de-lampe spintriens, vendu 3,100 fr., vente Beckford (I, n. 2464), est aujourd'hui chez M. Henri Beraldi. Un autre en maroquin bleu de Bozérian, pièces ajoutées et venant de Lord Carnarvon (n. 25) est offert pour 1,200 fr., au *Bull. Morgand* II. 6 (1908) n. 348.

En maroquin rouge de Derôme, 220 fr., vente R. Portalis (novembre 1878, n. 119).

Il est à observer que fort peu des exemplaires en reliure ancienne contenaient à l'origine les planches spintriennes.

LACOLLOMBE (de). — Nouveaux Dessins d'Arabesque, par M. de L***. *A Paris, Chez De Marteau, élève de feu M. de Lacollombe,* 1730. In-4 oblong. (De 60 à 80 fr.)

Un titre et 11 planches.

LACOMBE DE PRÉZEL. — Dictionnaire Iconologique, ou Introduction à la connoissance des peintures, médailles, estampes. *A Paris,* 1755. (De 12 à 15 fr.)

Frontispice par de Sève, gravé par Baquoy.

Seconde édition. *A Paris, chez Hardouin,* 1779, 2 vol. in-12, avec le même frontispice.

— Dictionnaire portatif des Beaux-Arts, etc., par L***, avocat. *A Paris, chez la veuve Estienne et fils.* 1752. In-8. (De 5 à 6 fr.)

1 vignette par de Sève, gravée par Le Bas.

LACRETELLE. — Voyez RABAUT.

LACROIX-NIRÉ. — L'Hymen, ou le Choix d'une Épouse, poème en 6 chants suivi du Bois de Thamyris. *A Paris, Nicolle,* 1820. In-18. Papier vélin. (De 12 à 15 fr.)

1 figure de Monsiau, gravée par Baquoy.

LACURNE DE SAINTE-PALAYE. — Les Amours du Bon vieux Temps, etc. *A Vaucluse et à Paris, Chez Duchesne,* 1766. In-12. (De 12 à 15 fr.)

Fleuron sur le titre, signé P. inv. Du R. sc.

LA DIXMERIE. — La Sybille Gauloise, ou la France telle qu'elle fut, telle qu'elle est et telle peut-être qu'elle pourra être. *A Londres et à Paris,* 1775. In-8. (De 5 à 6 fr.)

1 frontispice par Desrais, gravé par Patas.

— Le Géant Isoire, histoire gauloise, traduite du celte par la Dixmerie. *A Genève et Paris,* 1788. 2 vol. in-12. (De 5 à 6 fr.)

1 figure gravée par Marie-Anne Croisier.

LA FARE (De). — Poésies de M. le marquis de La Farre (sic). *A Genève* (Paris, Cazin), 1777 (ou Londres, 1781). In-18. (De 8 à 10 fr.)

2 ff. n. ch. 192 pp., plus 1 joli frontispice par Marillier, gravé par de Launay, et daté de 1780.

LA FARGUE (De). — Œuvres mêlées de M. de La Fargue, des Académies royales des sciences, belles-lettres et arts de Caen et de Lyon. *A Paris, Chez Duchesne,* 1765. 2 vol. in-12. (De 10 à 15 fr.)

1 fleuron sur les titres. 3 très jolies figures et 2 vignettes par Gravelot gravées par Lemire.

Nouvelle édition, revue et corrigée par l'auteur : *A Senlis, Desroques et à Paris, Guillot,* 1786. — 2 vol. in-8. — 6 figures de Gravelot et 6 vignettes.

Il existe de Nouvelles Œuvres de M. Lafargue, *A Londres et Paris*, 1774. In-8. — Figures de Bidault.

— Poëme sur L'Éducation, par M. De Lafargue, des Académies Royales des Sciences, Belles-Lettres et Arts de Bordeaux, de Caen et de Lyon. Dédié à M. le Comte Charles, Fils de M. le Duc de Luynes. *A Paris, Chez Guillot*, 1788. In-8. (De 6 à 8 fr.)

3 ff. n. ch., XVIII-80 pp., plus 1 figure de Choquet ; contient aussi des vignettes en-tête non signées.

LA FAYETTE (Comtesse de). — Mémoires de la Cour de France pour les années 1688 à 1689. *A Amsterdam, Chez J.-Fréd. Bernard*, 1712. In-12. (De 80 à 100 fr.)

Titre rouge et noir, joli frontispice par B. Picart, gravé par Buisen.
Edition originale.
L'exemplaire relié sur brochure pour Odiot en maroquin citron de Trautz, a été vendu 325 fr., vente Lebeuf de Montgermont (1876, n. 927) puis 185 fr., vente Lacarelle (n. 513) et 100 fr., vente Mosbourg (n. 313).

LA FERTÉ. — Divers paysages gravés par M. de la Ferté, intendant des Menus-Plaisirs du Roy. *S. l.* 1758. In-4 oblong. (De 20 à 30 fr.)

Titre et 46 planches de paysages gravés à l'eau-forte par La Ferté d'après ses propres dessins ou ceux de Boucher.
En maroquin citron ancien, 21 fr., vente Pichon (1897, n. 360).

LA FEUILLE (Daniel de). — Livre nouveau et utile pour toutes sortes d'artistes, et particuliérement pour les orfèvres, les orlogeurs, les peintres, les graveurs, les brodeurs, etc. contenant quatre alphabets de chiffres fleuronnez au premier trait, avec quantité de devises, d'emblèmes et de nœuds d'Amour. Le tout exactement recherché, dessiné et gravé par Daniel de la Feuille. *A Amsterdam*, 1707. In-8. (De 20 à 30 fr.)

100 planches gravées, dont le titre.
En maroquin rouge, 57 fr., vente Destailleur (1891, n. 57).
Contrefaçon du recueil de Verrien.

LAFFICHARD. — L'Amour chez les Philosophes, ou Mémoires du marquis de***. *A La Haye*, 1748. 2 vol. petit in-12. (De 10 à 15 fr.)

1 frontispice et 11 figures non signés.
Ce roman parut d'abord en 1746, sous le titre : *Le Philosophe amoureux*.

LAFITE (Mme). — Entretiens, Drames et Contes moraux destinés à l'éducation de la jeunesse de l'un et de l'autre sexe, etc. *A Paris, Chez Poncelin*, 1801, 2 vol. in-8. (De 8 à 10 fr.)

2 figures par Bornet, gravées par Delvaux.

LA FOLIE (De). — Le Philosophe sans prétention, ou l'Homme rare, dédié aux savants par M. D. L. F. *A Paris*, 1775. In-8. (De 8 à 10 fr.)

Fleuron sur le titre, figure et vignette en tête signés L. S., et gravés par Boisset.

LAFONT DE SAINT-YENNE. — L'Ombre du Grand Colbert, Le Louvre et la Ville de Paris, dialogue et réflexions sur quelques causes de l'état présent de la Peinture en France, etc. Nouvelle édition, corrigée et augmentée. *S. l.* (Paris), 1752. In-12. (De 10 à 12 fr.)

Très joli frontispice par Eisen, gravé par Lebas. Les initiales du nom de l'auteur figurent avec ceux des deux artistes, au bas de la planche.

LA FONTAINE. — Fables choisies. Mises en vers Par M. De La Fontaine. *A Amsterdam, Chez P. Mortier*, 1705. Pet. in-8. (De 5 à 6 fr.)

486 pp. plus un frontispice de Van Vianen.

— Fables choisies, mises en vers par M. De la Fontaine. *A Amsterdam*,

Zacharie Chatelain, 1727-1728. 2 vol. in-8. (De 30 à 40 fr.)

Tome I : 20 ff. n. ch., 268 pp., 1 f. n. ch., plus 2 figures.
Tome II : 233 pp. et 2 ff. n. ch.
En tout 1 frontispice par B. Picart, 1 portrait de l'auteur gravé par B. Picart, d'après H. Rigaud, 1 fleuron de Picart plus des vignettes à l'eau-forte de Cause.
En maroquin rouge aux armes de Mme Adélaïde, bibliothèque de Versailles.
Copie des figures de Cause, de l'édition de 1668.
Les mêmes figures se retrouvent dans une édition de Paris, 1729. 3 vol. in-12.

— Fables choisies, Mises En Vers Par M. De La Fontaine, Avec un commentaire par M. Coste. *A Paris*, 1743, 2 vol. in-12. (De 30 à 40 fr.)

Tome I : 2 ff. n. ch., XLIV-159 pp., plus 1 frontispice.
Tome II : 2 ff. n. ch., pp. 163-241 et 8 ff. n. ch.
Frontispice par B. Picart, gravé par Fessard, et en tête de chaque livre une vignette sur bois (quelques-unes signées *Caron*).
Bonne édition, la première avec les notes de Coste.
Un bel exemplaire, en maroquin rouge de Padeloup a figuré aux ventes de Nodier (1844, n. 495 : 52 fr.), Pichon (1869, n. 614 : 235 fr.), Lacarelle (n. 249 : 805 fr.) et Mosbourg (n. 120 : 495 fr.)
Ces mêmes figures se rencontrent dans des éditions de Paris, 1752, 2 vol. in-12 et 1757, 2 vol. in-12.

— Fables choisies, mises en vers par M. de la Fontaine. S. l. (Paris, 1746). 2 vol. in-12. (De 25 à 30 fr.)

Frontispice par Cochin, gravé par Fessard, 2 fleurons sur les titres, et 2 jolies vignettes par de Sève et Cochin, gravés par Fessard.

— Fables choisies, mises en vers par M. de La Fontaine, avec un nouveau commentaire par M. Coste, Membre de la Société Royale de Londres, nouvelle édition ornée de figures en taille-douce. *A Paris*, 1746. 2 vol. in-12. (De 80 à 100 fr.)

Tome I : 2 ff. n. ch., LII-284 pp., plus 1 frontispice.

Tome II : 2 ff. n. ch., 399 pp., 3 ff. n. ch.
En tout 1 frontispice par Cochin, gravé par Fessard, 2 fleurons sur les titres par de Sève, 1 écusson et 245 vignettes à mi-page, par F. Chauveau et de Sève, gravés par Fessard.
En maroquin rouge ancien, 610 fr., vente Montgermont (1911, n. 114).

— Fables choisies mises en vers par J. de La Fontaine. *A Paris, Chez Desaint et Saillant, rue Saint Jean de Beauvais, Durand, rue du Foin, en entrant par la rue S. Jacques.* (De l'imprimerie de *Charles-Antoine Jombert*), 1755-1759. 4 vol. in-folio. (De 600 à 800 fr.)

Tome I : 2 ff. n. ch. XXX et XVIII pp. et 124 pp., plus 1 frontispice et 70 figures.
Tome II : 2 ff. n. ch., II et 135 pp., plus 68 figures.
Tome III : 2 ff. n. ch., IV et 146 pp., plus 68 figures.
Tome IV : 2 ff. n. ch., II et 188 pp., plus 69 figures.

En tout 1 frontispice par Oudry, terminé par Dupuis et gravé par Cochin et 275 figures dessinées par Oudry et gravées par Aubert, Aveline, Baquoy, Beauvais, Beauvarlet, Cars, Chedel, Chenu, Chevillet, Cochin, Cousinet (Elisabeth), Dupuis, Duret, de Fehrt, Fessart, Flipart, Flöding, Gaillard, Galimard, Lebas, Legrand, Lemire, Lempereur, Marvie, Menil, Moitte, Ouvrier, Pasquier, Pelletier, Pitre-Martenasie, Poletnich, Prévost, Radigues, Riland, Rode, Salvador, Sornique, Surugue, Tardieu et Teucher.

On a prétendu à tort que cet ouvrage contient 276 gravures plus le frontispice. Le portrait d'Oudry d'après Largillière, gravé par Tardieu que l'on y ajoute souvent n'en fait nullement partie.

Les dessins originaux d'Oudry, au nombre de 276, au crayon noir, rehaussé de blanc, furent exécutés de 1729 à 1734 et réunis en deux volumes reliés en maroquin vert. Ils ont figuré en 1853 à la vente J.-J. De Bure, où ils furent vendus (n. 344) 1,800 fr. au comte Thibaudeau, puis à la vente Solar (n. 627 : 6,100 fr. à Cléder pour le baron Taylor). Achétés par M. E. Pereire, ils ont été depuis revendus 30,000 fr. à Louis Rœderer de Reims (*Bull. Morgand* n. 2904).

Les dessins des figures retouchées par Cochin ont été dispersés. Un certain nombre se trouvent dans la collection Rodrigues.

« Ce magnifique ouvrage a été tiré sur papier ordinaire, sur papier moyen de Hollande, sur grand papier, dit *impérial* et sur très grand papier de Hollande. Ce dernier est fort rare et très recherché.

On rencontre des exemplaires tirés sur papier ordinaire mais bleuté ; les épreuves y sont médiocres.

Les exemplaires les plus recherchés comme épreuves sont ceux où (tome III, p. 113), dans la figure de la fable, *Le Singe et le Léopard*, la banderole se trouve avant les mots *Le Léopard*.

Cette édition fut entreprise par de Montenault qui chargea Cochin de revoir tous les dessins d'Oudry. Si les personnages de ces belles compositions y ont gagné, les animaux dessinés par Oudry y ont perdu.

Les beaux exemplaires en grand papier et reliés en maroquin ancien, atteignent depuis longtemps de grands prix. Dès 1854, celui de Renouard (n. 1390 : très grand papier, maroquin rouge ancien) s'est vendu 420 fr.

En maroquin vert ancien, à dentelles, aux armes du maréchal de Montmorency-Luxembourg, 6,100 fr., vente Benzon (n. 207) ; dès 1815, cet exemplaire avait été payé 565 fr. (vente Edwards, n. 147). Il est aujourd'hui dans la collection Olry-Rœderer.

Sur grand papier de Hollande, maroquin rouge ancien, 2,000 fr., vente Lebeuf de Montgermont (1876, n. 449).

Sur grand papier de Hollande, maroquin rouge à dentelle, par Derôme le père, 2,400 fr., chez Quentin-Bauchart (*Mes Livres*) revendu 9,500 fr., vente Werlé (n. 309) d'autres semblables, 2,550 fr., vente Delbergue (120) ; 4,100 fr., vente Gosford (n. 179) ; 3,000 fr., vente R. Lion (n. 167) ; 4,300 fr., vente Doistau (n. 55).

Sur grand papier de Hollande, maroquin rouge ancien, aux armes du duc d'Aumont, 6,000 fr., vente Lignerolles (n. 1303).

Sur grand papier, maroquin rouge ancien, aux armes de Molé, 4,600 fr., vente Béhague (n. 703).

En maroquin rouge ancien à dentelles, grand papier de Hollande, avant les mots *Le Léopard*, 17,550 fr., vente Montgermont (1911, n. 115).

En maroquin rouge de Cuzin, 670 fr., vente Biays (n. 188) ; en maroquin rouge d'Hardy-Mennil, 700 fr., vente Massicot (n. 564) ; cartonné, non rogné, 635 fr., vente Daguin (n. 506).

L'exemplaire Dutuit (n. 342) est en maroquin rouge ancien, avant les mots *Le Léopard* ; celui de la bibliothèque de Bourges, est en maroquin vert aux armes de Mme Victoire ; celui de M. Robert Schuhmann est en maroquin citron aux armes de Mme Sophie ; celui de M. Henri Beraldi, sur papier moyen de Hollande, est dans une riche reliure à large dentelle en maroquin rouge ancien.

Signalons encore :

L'exemplaire de la comtesse de Montessuy, dame d'atours de Marie-Antoinette, en maroquin rouge à dentelles, aujourd'hui chez M. Adolphe Bordes, qui a appartenu successivement à Eugène Paillet (*Bull. Morgand*, n. 12, 147 : 10,000 fr.) à Emile Müller (n. 127 : 6,600 fr.) au comte de Mosbourg (n. 121 : 7,500 fr.) et à Hémour (n. 16 : 8,100 fr.); celui de Madame de Conti, relié à ses armes en maroquin rouge par Padeloup (vente de cette princesse 1775, n. 430) a passé de chez Fontaine (1882, n. 300) dans la collection de feu le duc de Chartres.

Louis Douceur, relieur de Louis XV, avait dessiné pour cet ouvrage des fers spéciaux inspirés par le sujet du livre : le Renard, la Cigogne, le Loup, le Corbeau. On connait deux ou trois exemplaires reliés par lui : en maroquin rouge aux armes du marquis de Massiac, riches dentelles aux fers spéciaux, étiquette de Douceur, 10,000 fr., *Bull.* Morgand n. 36137 ; en maroquin rouge aux armes du duc de Hautefort, fers spéciaux *au dos* des volumes, 4,200 fr., vente Destailleur (1891, n. 1132) ; c'est ce dernier exemplaire, croyons-nous, qui se trouve aujourd'hui dans la collection Ferdinand de Rothschild.

— Fables choisies mises en vers, nouvelle édition imprimée et ornée de figures en taille-douce, d'après l'édition de Paris. *A Dresde, Walther*, 1757-66. 4 vol. in-8. (De 40 à 50 fr.)

247 figures dessinées et gravées par J. H. Meil, d'après celles d'Oudry.

— Fables choisies, mises en vers par J. de La Fontaine. *A Leide*, 1764. 6 vol. in-8. (De 100 à 120 fr.)

Tome I : XXIV pp., 2 ff. n. ch., 79 pp., plus le frontispice.
Tome II : 2 ff. n. ch., 78 pp.
Tome III : 2 ff. n. ch., 69 pp.
Tome IV : 4 ff. n. ch., 108 pp.
Tome V : XLIV et II pp., 89 pp.
Tome VI : IV-152 pp.

En tout 1 frontispice signé : B. Picart fecit 1724, et 275 figures d'après Oudry, dessinées et gravées par J. Punt, A. Delfos et Vinkelès.

Les figures des 1ᵉʳ et 2ᵉ volumes sont presque toutes de Punt, et celles des autres volumes de Vinkelès.

Toutes les gravures sont très belles, et il existe des exemplaires de cet ouvrage sur papier de Hollande. Les volumes se trouvent avec des dates différentes de 1764 à 1786.

Les exemplaires portant le nom de Van Gulik et la date de 1802 sont de première édition. Les titres seuls sont changés et le frontispice est de Vinkelès au lieu d'être de B. Picart.

Ce même frontispice de Bernard Picart se retrouve encore dans les *Fables choisies*. A Paris, chez les libraires associés, 1778. 2 vol. in-12.

— Fables choisies, mises en vers par T. La Fontaine, nouvelle édition, gravée en taille-douce, les figures par le sieur Fessard, le texte par le sieur Montulay, dédiée aux enfants de France, *A Paris, chez l'auteur,* 1765-1775. 6 vol. in-8. (De 250 à 300 fr.)

Tome I : LXXI-100 pp., plus 1 titre, 1 frontispice et 44 figures.
Tome II : VI-102 pp. plus 40 figures.
Tome III : IV-95 pp., plus 43 figures.
Tome IV : 2 ff. n. ch., 134 pp., plus 45 figures.
Tome V : 2 ff. n. ch., 103 pp. plus 35 figures.
Tome VI : 2 ff. n. ch., 115 pp., plus 36 figures.

En tout 6 titres gravés, 1 frontispice, un fleuron au tome 1ᵉʳ, 243 figures, 243 vignettes et 226 culs-de-lampe, en tout 723 pièces par Bardin, Bidault, Caresme, Desrais, Houël, Kobell, Leclère, Leprince, Loutherbourg, Meyer et Monnet (texte gravé par Montulay et Drouët).

Edition entreprise par le graveur Fessard et fort critiquée de son temps.

Il en existe une réimpression fort médiocre ; il faut avoir soin de rejeter les exemplaires où le nom de *Deslauriers, papetier*, remplace celui de l'auteur (sauf pour le tome IV).

Un exemplaire en maroquin vert par Derôme, 720 fr., vente Lebeuf de Montgermont (1876, n. 451) ; en maroquin vert de Bradel, 600 fr., vente Béhague n. 704).

Un autre, en maroquin bleu par Derôme, reliure à l'oiseau, 530 fr., vente E. Quentin Bauchart (*Mes livres*, n. 91) revendu 2,200 fr., vente Delbergue (n. 121), aujourd'hui chez M. Henri Beraldi.

En maroquin rouge ancien, 1,550 fr. vente Montgermont (1911, n. 116).

En veau ancien, 145 fr., vente Daguin (n. 507) ; un autre 51 fr., vente Massicot (565) ; en maroquin rouge, de Simier (?) 200 fr., vente E. Martin (n. 206) ; en maroquin rouge ancien, 2,015 fr., vente Sardou (n. 176) ; un autre semblable, collection Schuhmann.

En maroquin citron, aux armes de Mᵐᵉ Sophie, collection du vicomte de Rougé. En 3 volumes, maroquin rouge ancien, chez Mᵐᵉ de L'Aigle, superbe exemplaire payé 2,200 fr., vente Gosford (n. 180) ; en maroquin rouge aux armes de Martin de Ratabon, évêque de Viviers, collection de M. Francis Charmes.

— Fables choisies, mises en vers par J. de La Fontaine. *A Bouillon, Aux dépens de la Société typographique,* 1776. 4 vol. in-8. (De 60 à 80 fr.)

Tome I : CVI-118 pp.
Tome II : 129 pp.
Tome III : 169 pp.
Tome IV : 212 pp.

1 frontispice d'après celui d'Oudry et 248 figures copiées ou imitées d'Oudry, gravées par Alard, Bertin, Crescent et Savart ou non signées.

En maroquin rouge ancien, 97 fr., vente Radziwill (n. 801).

En veau ancien, 70 fr., vente Daguin (n. 508).

Dans cette édition il y a 247 figures, une pour chaque fable plus une 2ᵉ figure pour *le Meunier, son fils et l'âne*.

— Fables choisies, mises en vers par M. de La Fontaine. *A Genève* (Paris, Cazin), 1777. 2 vol. in-18. (De 4 à 6 fr.)

Tome I : 2 ff. n. ch., 248 pp., plus 1 frontispice.
Tome II : 2 ff. n. ch., 236 pp.

En tout 1 frontispice par Marillier, gravé par Delaunay, daté de 1779.

— Fables choisies, mises en vers, par M. de La Fontaine. *A Londres* (Paris, Cazin), 1780. (De 4 à 6 fr.)

Tome I : 2 ff. n. ch. et 264 pp., plus le frontispice.
Tome II : 2 ff. n. ch. et 285 pp.

En tout 1 frontispice par Marillier, gravé par Delvaux.

— Fables choisies, mises en vers, par J. de La Fontaine. *A Paris, De l'imprimerie de Valade et chez Belin*, 1783. 2 vol. in-fol. (De 60 à 80 fr.)

Tome I : 1 f. n. ch., XLVIII-164 pp.
Tome II : 1 f. n. ch., IV-252 pp.
En tout un frontispice et 275 figures par Oudry, les mêmes que dans l'édition de 1755-1759.
En basane, 30 fr., vente E. Martin (n. 207); en veau fauve ancien, 155 fr., vente Salvert-Bellenave (n. 266).

— Fables de La Fontaine, avec Figures gravées par MM. Simon et Coiny. *A Paris, De l'Imprimerie de Didot l'aîné*, 1787. 6 vol. in-18, papier vélin. (De 200 à 300 fr.)

Tome I : 2 ff. n. ch. et 76 pp., plus 1 frontispice et 45 figures.
Tome II : 2 ff. n. ch. et 75 pp., plus 50 figures.
Tome III : 69 pp. et 1 f. blanc, plus 42 figures.
Tome IV : 110 pp. et 1 f. blanc, plus 45 figures.
Tome V : 115 pp., plus 24 figures.
Tome VI : 140 pp., plus 68 figures.
1 frontispice gravé et 274 figures dessinées par Vivier, gravées par Simon et Coiny. Elles sont toutes tirées de format in-8 et parurent par livraisons, à part du texte, dont l'impression fut confiée à la maison Didot, et qui été tiré à 500 exemplaires. Primitivement, le texte devait être entièrement gravé, mais on s'est arrêté après les premières fables (pp. 1-76; ce fragment de texte a été vendu 52 fr., vente Destailleur, 1891, n. 1134).
Les exemplaires contenant les figures avant les numéros sont recherchés.
L'exemplaire de Renouard, contenant les rarissimes eaux-fortes, sauf une qui ne fut pas tirée, relié en maroquin bleu par Bradel, vendu 100 fr. à Potier (1854, n. 1302) se trouve aujourd'hui dans la bibliothèque Delessert.
C'est la seule suite des eaux-fortes que l'on connaisse bien qu'il en existe, dit-on, une seconde « fort incomplète » et qu'on en ait ajouté 50 au bel exemplaire cartonné, non rogné de la collection James de Rothschild (n. 914). Ce dernier exemplaire contient de plus tout ce que l'on avait tiré du texte gravé in-8.
83 des dessins originaux à la mine de plomb, quelques-uns légèrement lavés, furent payés 100 fr. à la vente Renouard (1854, n. 1311) par le libraire anglais Boone; le surplus des dessins, nous dit Renouard, a été seulement esquissé sur des feuillets in-folio et n'a pas été conservé.
Voici les prix de quelques exemplaires avant les numéros : en maroquin rouge ancien, 1,150 fr., vente d'Essertennes (n. 36); en maroquin rouge de Trautz, 1,328 fr., vente Ganay (n. 130); en maroquin citron ancien, 470 fr., vente R. Lion (n. 168); en maroquin bleu de Cuzin, 499 fr., vente Daguin (n. 510); en maroquin rouge ancien doublé de maroquin rouge, 580 fr., vente Müller (n. 138) aujourd'hui chez M. Francis Charmes; en maroquin rouge de Bradel-Derôme, avec son étiquette, 910 fr., vente Doistau (n. 78); en maroquin rouge ancien, 1,060 fr., vente Montgermont (1911, n. 117), exemplaire de L. de Tinan.
Des exemplaires cartonnés non rognés se trouvent chez Mme Dornois et chez M. Henri Beraldi.
La suite des gravures avant les n^{os} en 2 vol., demi-reliure, non rognés, 215 fr., vente Destailleur (1891, n. 1135).
Les mêmes figures, toujours avec les numéros, ont été placées dans une réimpression faite par Bossange en 1796, en 6 vol. in-18 ou 4 vol. in-8.
En 6 vol., veau rouge, 46 fr., vente Massicot (n. 567).

— Fables de La Fontaine. *A Paris, de l'imprimerie de P. Didot l'aîné*, an X (1802). 2 vol. gr. in-folio, papier vélin. (De 100 à 120 fr.)

Tome I : LIX-201 pp.
Tome II : 2 ff. n. ch., 315 pp., 1 f. n. ch.
Contient 12 jolies vignettes de Percier, gravées par Duplessi-Bertaux.
Édition tirée seulement à 250 exemplaires numérotés. Les 100 premiers ont les figures avant la lettre.
Un de ces derniers, en maroquin rouge, doublé de maroquin vert, par Capé, 820 fr., vente Lebeuf de Montgermont (1876, n. 452).
On en tira deux exemplaires sur peau de vélin dont l'un renfermait les dessins originaux. Ce dernier fut vendu 4,250 fr., vente d'Abrantès (n. 206) et 1760 fr., vente Watson-Taylor, où il fut acheté par M. Holford; il se trouve à Londres, chez le colonel Holford.

— Fables causides de La Fontaine en Bers gascouns. *A Bayone, de l'imprimerie de Paul Fauvet-Duhard*, 1776. In-8. (De 40 à 50 fr.)

x-284 pp., plus le frontispice.

Contient 1 titre gravé et 1 frontispice par Moreau, gravé par Le Mire.

Ce frontispice qui est fort beau, donne le portrait de La Fontaine ; il existe en plusieurs états.

En maroquin rouge de Capé 35 fr., vente Potier (n. 1011) ; en veau de Derôme, 43 fr., vente Turner (n. 340).

L'exemplaire de M. Henri Beraldi, relié par Cuzin, en maroquin doublé, contient l'eau-forte du titre et 4 états du portrait : avec les noms et la date de 1771 ; avec les noms sans la date ; sans nom ni date ; eau-forte pure.

— Fables de La Fontaine avec de nouvelles gravures exécutées en relief. *A Paris, Chez Ant. Auguste Renouard*, 1811. 2 vol. in-12.

Tome I : CVI-245 pp.
Tome II : 2 ff. n. ch., 332 pp.

Il existe pour cette édition 12 figures dessinées par Moreau le jeune. (B. 1949-1960).

Quand Renouard dut renoncer à son nouveau procédé de gravure en relief, Moreau avait déjà, pour cette édition, exécuté 45 dessins dont 12 avaient été gravés.

Les 45 dessins originaux ont été vendus 196 fr., vente Renouard (n. 1310) et ont passé ensuite chez Lord Carnarvon (n. 36).

Il y eut trois exemplaires sur vélin :

Le premier, conservé par Renouard, fut payé 100 fr., à sa vente (1854, n. 1308 : demi-reliure, maroquin rouge) par le libraire Jullien.

Le deuxième et le troisième passèrent en Angleterre.

On tira un quatrième exemplaire sur vélin du tome II seul.

Existe aussi sur papier jaune (vente Renouard, 1854, n. 1307).

— Contes et Nouvelles en vers par M. de la Fontaine, Nouvelle Edition, corrigée, augmentée et enrichie de Tailles-Douces dessinées Par Mr Romain de Hooge. *A Amsterdam, Chez N. Etienne Lucas*, 1732. 2 vol. pet. in-8. (De 40 à 50 fr.)

Tome I : 7 ff. n. ch., 240 pp. et 1 f. n. ch. plus le frontispice.

Tome II : 4 ff. n. ch., 286 pp.

En tout un frontispice et 70 vignettes copiées sur les eaux-fortes de Romain de Hooge.

Ces illustrations bien connues avaient paru pour la première fois dans la jolie édition d'Amsterdam, 1685, fort recherchée des bibliophiles et que beaucoup d'amateurs, malgré sa date, ajoutent avec raison aux éditions du XVIIIe siècle.

— Suite d'Estampes nouvelles pour les Contes de La Fontaine, gravées d'après les compositions de Lancret, Pater, Eisen, Boucher, Le Clerc, Le Mesle, Lorrain et Wleughels, par de Larmessin, aidé de Schmidt, Fillœul, Tardieu, Legrand, Aveline et Sornique. In-fol. en largeur. (De 1,200 à 1,500 fr.)

Belle collection connue sous le nom de *Suite de Larmessin*. Elle contient un nombre variable de pièces, mais en général les 38 estampes suivantes publiées successivement dans l'ordre ci-après indiqué :

D'après Lorrain, *L'Anneau d'Hans Carvel*, gravé par Aveline, *La Chose impossible*, gravée par D. Sornique.

D'après Lemesle, *La Clochette*, *Le Cuvier*, gravés par Fillœul.

D'après Pater, *Les Aveux indiscrets*, *Le Baiser donné*, *Le Baiser rendu*, *Le Cocu battu et content*, *La Courtisane amoureuse*, *Le Glouton*, *La Matrone d'Éphèse*, *Le Savetier*, gravés par Fillœul.

D'après Lancret, *A Femme avare galant escroc*, *Les Deux amis*, *Le Faucon*, *Le Gascon puni*, *Nicaise*, *On ne s'avise jamais de tout*, *Les Oies de frère Philippe*, *Le Pâté d'anguille*, *Le Petit chien qui secoue des pierreries*, *La Servante justifiée*, *Les Troqueurs*, *Les Rémois*, gravés par de Larmessin.

D'après Boucher, *Le Calendrier des vieillards*, *La Courtisane amoureuse*, *Le Fleuve Scamandre*, *Le Magnifique*, gravés par de Larmessin.

D'après Le Clerc, *Le Faiseur d'oreilles*, *Le Rossignol*, gravés par de Larmessin.

D'après Wleughels, *Le Bast*, *Frère Luce*, *La Jument du compère Pierre*, *Le Villageois qui cherche son veau*, gravés par de Larmessin.

Après Larmessin les cuivres passèrent chez Buldet qui en fit de nouveaux tirages avec son adresse. De plus il fit graver les quatre planches suivantes qui, avec son adresse, sont de premier tirage :

D'après Eisen, *Le Cas de conscience*, *La Gageure des trois commères*, *Le Gascon puni*, gravés par Tardieu ; *Promettre est un, et tenir est un autre*, gravé par L. Legrand.

Schmidt qui a gravé *Nicaise*, a collaboré à plusieurs planches qui portent le nom de de Larmessin, entre autres à la pièce : *A Femme avare*.

Un exemplaire de cette suite en 38 estampes, demi-reliure de Raparlier, 2,800 fr., *Bull. Morgand* n. 567.

En maroquin brun de Petit, avec plusieurs états différents, 2,235 fr., vente Destailleur (1891, n. 1152).

— Contes et Nouvelles en vers, Par M. de La Fontaine. *A Londres*, 1743. 2 vol. in-12. (De 6 à 8 fr.)

Tome I : 4 ff. n. ch., XII-212 pp., 1 f. n. ch., plus 1 portrait.
Tome II : 4 ff. n. ch., 248 pp.

En tout un très joli portrait non signé, 2 fleurons sur les titres et 2 vignettes-arabesques.

— Contes et Nouvelles en vers par M. de La Fontaine. *A Amsterdam* (Paris, David jeune), 1743. 2 vol. pet. in-8. (De 150 à 200 fr.)

Tome I : 4 ff. n. ch., XIV-224 pp., 1 f. n. ch., plus le frontispice.
Tome II : 5 ff. n. ch., 268 pp., 1 f. n. ch.

En tout 1 frontispice signé Lebas, 1 vignette à mi-page, *La Fontaine écrivant*, gravée par Fessard, d'après Cochin, 2 fleurons sur les titres et 69 vignettes par Cochin gravés par Chedel, Fessard et Ravenet, quoique non signés.

On rencontre parfois quelques épreuves en tirage à part. Trois de ces vignettes ont été gravées deux fois, l'éditeur ayant fait réduire trois des grandes estampes de Larmessin d'après Lancret. *A Femme avare galant escroc*, *On ne s'avise jamais de tout* et *Les Rémois*, pour remplacer trois compositions de Cochin. Quelques amateurs réunissent les doubles épreuves.

Un bon exemplaire en maroquin rouge ancien avec pièces ajoutées, vente E. Quentin-Bauchart, 1,350 fr. (*Mes livres*, n. 96); un autre, 530 fr., vente Guyot de Villeneuve (n. 424); un autre, 720 fr., vente Delbergue (n. 126); en maroquin citron de Trautz, 980 fr., vente Béhague (n. 709).

Les dessins originaux de Cochin ont été dispersés; 12 de ceux-ci à la mine de plomb vendus, en 1873, environ 500 fr., passèrent ensuite chez le comte de Welles de la Valette; ce lot a été depuis lors divisé et M. Schuhmann en a recueilli quatre morceaux; un autre dessin de cette suite, 299 fr., vente Mahérault (n. 26).

On rencontre d'ordinaire ces deux volumes avec un nouveau titre portant la date de 1745; le titre seul ayant été modifié, les épreuves sont aussi bonnes de tirage. Il y eu un retirage en 1776.

En maroquin rouge ancien, sous la date de 1745, 720 fr. vente Montgermont (1911, n. 111).

— Contes et Nouvelles en vers, Par M. de la Fontaine. *A Amsterdam* (Paris), 1762. 2 vol. pet. in-8. (De 600 à 800 fr. en veau et beaucoup plus en maroquin).

Tome I: XIV pp., 1 f. n. ch., 268 pp., 1 f. et 8 pp. d'*Avis au Relieur*, plus 1 portrait et 39 figures.
Tome II : 1 f. n. ch., VIII pp., 1 n. ch., 306 pp., 2 f. n. ch., 4 ff. paginés 9-16 (*Avis au Relieur*) plus 1 portrait et 41 figures.

En tout 2 portraits : celui de La Fontaine d'après Rigaud, gravé par Ficquet et celui d'Eisen, d'après Vispré, gravé par Ficquet; 80 figures par Eisen, gravées par Aliamet, Baquoy, Choffard, Delafosse, Flipart, Lemire, Leveau, de Longueil et Ouvrier; 4 vignettes et 53 culs-de-lampe par Choffard dont le dernier contient son portrait.

Cette édition, comme l'a fait observer M. Picot, se termine par cinq contes qui ne sont pas de La Fontaine, savoir : *La Couturière*, *Le Gascon* et *La Cruche*, par Autereau; *Promettre est un et tenir est un autre*, par Vergier; *Le Rossignol*, attribué à Lamblin ou à Du Trousset de Valincourt; plus la *Dissertation sur la Joconde* (de Boileau).

Parmi les livres illustrés du XVIIIe siècle, cette édition des *Contes de La Fontaine*, dite *des Fermiers généraux*, parce qu'ils en firent les frais, est celle dont l'ensemble est le plus beau et le plus agréable; c'est, en outre, le chef-d'œuvre d'Eisen. Aussi, quoique assez commune, est-elle très recherchée et d'un prix élevé, surtout lorsque les épreuves sont de premier choix, et que la reliure est élégante et bien exécutée.

Il y a des exemplaires dits *de présent*, reliés le plus souvent en maroquin bleu, vert ou rouge avec un dos orné de lyres ou de colombes, spécialement dessiné par Gravelot.

Au cours de la publication de ce livre, l'illustration subit certaines modifications bien connues des bibliophiles. Nous en donnons le détail plus loin, mais il n'est pas inutile de les récapituler ici.

Tout d'abord vingt figures dites *refusées* furent nettement rejetées par les éditeurs et remplacées par d'autres; les personnages y sont généralement à une plus petite échelle.

Par la suite, deux autres figures pour le *Cocu battu et content* et les *Cordeliers de Catalogne* furent regravées d'après les mêmes dessins; on trouve indifféremment dans les meilleurs exemplaires l'une ou l'autre gravure.

Parmi les figures conservées, un scrupule des éditeurs a fait modifier l'aspect de deux planches dont les nudités ont été atténuées par des travaux supplémentaires : ce sont les figures pour le *Cas de Conscience* et le *Diable de Papefiguière* que l'on trouve par conséquent *couvertes* et *découvertes*.

Trois autres planches présentent dans quelques rares épreuves des différences analogues; le graveur Le Mire, coutumier du fait, a dans le premier état des *Lunettes*, du *Bât*, et du *Rossignol* précisé des détails qu'il a ensuite fait disparaître.

Enfin quelques autres planches existent avec de légères variantes, notamment : *Féronde* avec ou sans le bonnet ; *L'autre Imitation d'Anacréon*, avec ou sans la flèche; *Alix malade* et le *Remède* avec ou sans ornements sur les rideaux.

Le cul-de-lampe renfermant le portrait de Choffard existe avant les tailles autour du médaillon et, avec les tailles, sous le nom du graveur.

M. Georges Bengesco a signalé en 1894 dans l'*Intermédiaire* l'existence dans sa collection d'un exemplaire curieux contenant le *Remède* et l'*Autre imitation d'Anacréon* avec les remarques et *ne contenant pas* six des culs-de-lampe (I, pp. 34, 39 et 46; II, pp. 290, 292 et 294). Cet état inachevé n'est connu semble-t-il que par deux ou trois exemplaires.

Les Goncourt avaient recueilli douze esquisses préliminaires d'Eisen à la mine de plomb.

Les 80 dessins originaux d'Eisen, exécutés sur vélin à la mine de plomb, furent mis à part par l'artiste Seroux d'Agincourt, qui les vendit à Dincourt d'Hangard; celui-ci les fit relier en un volume in-8, en maroquin vert, doublé de tabis et fermant à secret. A sa vente (23 avril 1789, suppl. n. 99) ils furent payés 1530 livres par Anisson-Duperron et à la vente de ce dernier (1795, n. 739), 77,000 livres en assignats. Ils passèrent ensuite chez le comte d'Ussy, qui les céda à Baroud. Ce dernier les inséra dans un très bel exemplaire de l'édition de Didot, 1795, 4 vol. in-8, qu'il avait formé en combinant quatre exemplaires en grand papier et qu'il fit relier par Thouvenin en maroquin violet.

A la vente Baroud-Renouard (1821) ces volumes furent vendus 719 fr. 95 au prince d'Essling et à sa vente (1839, n. 494) 380 fr. Un peu plus tard, le comte de Gervilliers en fit cadeau à Mme Doche qui les revendit à Fontaine, auquel Léopold Double les paya 4,000 fr. Revendus 3,520 fr. à sa vente (1863, n. 319, à Porquet) puis 4,500 fr., à Londres, en mars 1864, ils furent finalement achetés par le duc d'Aumale et reposent aujourd'hui à Chantilly.

Sur les 20 dessins refusés, qui ont certainement existé, Renouard était parvenu à en réunir 16, tous exécutés à la mine de plomb sur vélin; il les intercala dans son très bel exemplaire non rogné de l'édition de 1762, auquel il ajouta encore les eaux-fortes de presque toutes les figures, les tirages à part et les eaux-fortes des fleurons, le prospectus de 1767, en tout 231 pièces, plus 52 n'appartenant pas à l'édition. Cette inestimable collection, divisée en 4 volumes et reliée en maroquin bleu fut payée à sa vente, 1,100 fr. par Durand jeune (n. 1314); elle figure aujourd'hui (en maroquin bleu de Duru) dans la collection James de Rothschild (n. 925).

Un exemplaire non moins précieux est celui de Pixérécourt (n. 822 : 400 fr.) formé et relié en 4 volumes par Bozérian (maroquin rouge), qui a appartenu en dernier lieu à Lord Carnarvon et qui est décrit en détail par M. Rahir au tome II du Catalogue Carnarvon (n. 84). Il contient 194 pièces ajoutées, notamment 55 eaux-fortes, les 57 tirages hors texte, une vingtaine d'épreuves d'état, *Les Lunettes*, *Le Bât* et *Le Rossignol* découverts, 21 figures refusées dont 8 avec leurs eaux-fortes, etc. Il est aujourd'hui dans la collection de Sir David Salomons.

Un troisième exemplaire, moins important, mais non moins curieux, est celui de Delbergue-Cormont, qui a appartenu ensuite à Albert Christophle, et qui est aujourd'hui chez Mme Dornois : à un très bel exemplaire broché (*Diable* et *Cas de Conscience* couvertes, vente Delbergue n. 127: 2,900 fr.) est joint un portefeuille contenant la suite des tirages hors texte et de nombreuses eaux-fortes et pièces d'état. Cette suite a été payée 7,250 fr. à la vente Delbergue (n. 128); elle comprenait alors 172 pièces; mais Christophle y a beaucoup ajouté de son côté.

Un quatrième exemplaire avec nombreuses épreuves ajoutées est décrit au *Supplément* de Brunet (I, col. 754), il a appartenu successivement au directeur de la Monnaie, Collot et à son gendre M. de St.-Aignan; formé par Seroux d'Agincourt et relié en quatre volumes « il réunit non seulement les différents états, y compris les eaux-fortes, des gravures d'Eisen et de Choffard, mais toutes les planches rejetées par la censure comme trop libres, ou retouchées et remaniées par les artistes ». Selon une note de Guyot de Villeneuve (son cat., tome I, p. 138) cet exemplaire périt sous la Commune dans un incendie allumé rue de Lille.

Les exemplaires en bel état sont si nombreux, que nous ne pouvons songer ici qu'à en énumérer quelques-uns ; par les listes suivantes, on constatera que le prix d'un exemplaire normal, en maroquin rouge ancien, oscille entre 1,000 et 2,000 fr. ; les exemplaires en veau et ceux en reliure moderne sont peu recherchés des amateurs. Autant certaines figures découvertes sont rares autant celles pour *Le Diable de Papefiguière* et *Le Cas de conscience* sont communes ; l'état couvert de ces deux pièces se rencontre certainement beaucoup moins souvent.

Le plus bel exemplaire connu, au point de vue de la reliure, est celui relié par Derôme le père pour Bonnemet, en maroquin citron, avec une très riche mosaïque de fleurs et de fruits en rouge et vert, et qui passa successivement chez le duc de La Vallière (1784, n. 3263 : 337 fr., à Naigeon), Firmin-Didot (1810, n. 642 : 266 fr.), La Bédoyère (1837, n. 675 : 625 fr.,) Jacques-Charles Brunet (n. 339 : 7,200 fr.), le libraire Fontaine (à 10,000 fr.), puis chez Henri Bordes, et enfin chez É. Benzon (n. 210 : 13,000 fr.) ; il est aujourd'hui dans la collection Olry-Rœderer.

Un autre exemplaire en maroquin ancien, à compartiments de mosaïque est porté à 2,500 fr. au *Bull. Morgand* (n. 36120).

Les exemplaires *en reliure* dite *de présent* sont rares et fort recherchés ; il y en a un au Musée Dutuit (n. 343) en maroquin vert et un autre en maroquin rouge doublé de tabis vert chez M. de Mun, payé par lui 7,215 fr., vente Werlé (n. 307) ; cet exemplaire qui contenait plusieurs pièces en double et l'*Autre imitation d'Anacréon* avant la flèche, provenait des ventes Léopold Double (1863, n. 154 : 295 fr.) et Huillard (1870, n. 485 : 440 fr.) ; un autre encore, en maroquin vert 2,000 fr. *Bull. Morgand* n. 36121 ; un quatrième, en maroquin rouge, 4,550 fr., vente Destailleur (1891, n. 1148) ; un cinquième, en magnifique état, maroquin rouge (ce serait l'exemplaire de M. de Beaujon, fermier général) contenant 22 figures découvertes ou refusées, 3,830 fr., vente Tollon (n. 111), aujourd'hui chez M. Adolphe Bordes ; d'autres encore, en maroquin vert 1,825 fr., vente Mosbourg (n. 126) et 2,280 fr., vente Rembielinski (1910).

On ne recherche guère moins les exemplaires aux armes ; celui de Madame de Pompadour en maroquin rouge, à larges dentelles, avec l'écusson incrusté en maroquin vert provenant de la vente Bérard (1829, n. 996 : 121 fr.), a été vendu 244 fr. à Chartener, vente Nodier (1844, n. 502) puis cédé pour 6,000 fr. par Fontaine au baron de Lacarelle et acheté 15,500 fr. par M. Henri Beraldi à la vente Lacarelle (n. 253) ; celui de Mme Du Barry, en maroquin rouge, mais beaucoup plus simple, découvert jadis par Meaume a été vendu 2,000 fr. par Quentin-Bauchart (*Mes livres* n. 98), puis 3,000 fr. par Fontaine ; M. Rahir a dû le pousser jusqu'à 14,505 fr. à la vente Werlé (n. 306).

L'exemplaire aux armes de la comtesse d'Artois, en maroquin rouge ancien, est chez Mme la baronne James de Rothschild (n. 926) ; celui de Millin du Perreux, en maroquin rouge de Derôme, également à ses armes, a été vendu 1,400 fr. vente Lignerolles (n. 1317).

Les exemplaires en reliure ancienne doublée sont rarissimes ; nous en avons vu un en maroquin rouge, doublé de maroquin rouge chez Mme Dornois ; le même ou un autre semblable fut payé 680 fr., en 1869, à la vente du marquis de M...

On connaît de beaux exemplaires en maroquin ancien à larges dentelles ; ils sont fort estimés des amateurs et atteignent depuis longtemps des prix élevés : en maroquin rouge, dentelle de Derôme à l'oiseau 4,700 fr., vente Ganay (n. 133), revendu 4,645 fr., vente R. Lion (n. 173), 3,000 fr. vente Mosbourg (n. 125) et 6,300 fr., vente Montgermont (1911, n. 112) ; en maroquin vert à dentelles, 7 épreuves ou eaux-fortes ajoutées, 4,600 fr., vente Béhague (n. 710) ; en maroquin vert de Derôme, dentelle à l'oiseau, très bel exemplaire avec l'*Autre imitation d'Anacréon* avant la flèche, 6,050 fr., vente Quentin-Bauchart (1881 ; n. 20, *Mes livres* n. 99) aujourd'hui chez M. Georges Christophle.

Enfin, bien que les reliures anciennes qui recouvrent ces volumes soient rarement de qualité inférieure, on préférera celles qui sont signées Derôme et on notera que les reliures en maroquin vert, bleu ou citron sont infiniment moins communes que celles en maroquin rouge.

En maroquin rouge de Derôme, avec 26 pièces ajoutées et le très rare *Rossignol* découvert, 2,195 fr., à Morgand, vente E. Martin (n. 211).

En maroquin citron de Derôme, l'entourage du portrait avant les traits de burin,

1,000 fr., vente Portalis (février 1878, n. 76).

En maroquin rouge de Derôme (reliure signée) 1,980 fr., vente Colin (n. 39).

En maroquin rouge de Derôme, avec le *Remède* en épreuve de remarque, 1,660 fr., vente Guyot de Villeneuve (n. 425).

En maroquin vert de Derôme, 6 figures doubles dont le *Tableau*, 1,530 fr., vente Lignerolles (n. 1316).

Un exemplaire en maroquin rouge de Derôme (armes du marquis de Coislin ajoutées) fut vendu 790 fr., vente La Bédoyère (1862, n. 1080), puis 1,370 fr., vente Capé (n. 434) et au *Bull. Morgand*, n. 3268.

Il contenait *sept états* du portrait de La Fontaine et *quatre* figures découvertes, plus un état prétendu découvert de Richard Minutolo.

Voici l'indication de quelques beaux exemplaires en reliures, de diverses parties du XIXe siècle:

En maroquin de Courteval, avec les figures refusées et 4 des 5 figures découvertes, ancienne collection Carnarvon (n. 27); un autre semblable, mais en maroquin rouge de Chambolle, 3,000 fr., *Bull. Morgand* II, 5 (1907) n. 463; en maroquin rouge de Chambolle avec 16 figures refusées, 665 fr., vente chez Leclerc, 29 octobre 1906 (n. 37).

En maroquin rouge, doublé de maroquin bleu par Cuzin avec tous les hors texte et la plupart des figures refusées, 1,500 fr., vente Portalis (1882, n. 27); un autre semblable, mais en maroquin rouge de Bradel, 820 fr., à l'autre, vente Portalis (1889, n. 172); en maroquin rouge doublé de maroquin bleu par Lortic, avec les figures refusées, 1,460 fr., vente Destailleur (1891, n. 1149).

La suite des tirages hors texte des fleurons de Choffard vaut un millier de francs et plus : en maroquin rouge, reliure anglaise, 920 fr., vente Daguin (n. 500).

Étant donnée l'importance exceptionnelle de cette édition, nous croyons devoir donner ici la liste détaillée des illustrations avec les différents états qu'on en connaît. Nous signalons par les initiales R. P., les pièces contenues dans les exemplaires R(enouard) ou P(izerécourt).

Tome I : Frontispice : Portrait de La Fontaine d'après Rigault, gravé par Ficquet. On en connaît sept états différents qui figuraient tous dans l'exemplaire La Bédoyère. Une épreuve avant l'encadrement s'est vendue 300 fr., vente Sieurin (n. 1085).

Page 1 : *Joconde*, gravé par Le Mire (1761). Eau-forte (PR.).

Page 6 : *Joconde* (deuxième figure), gravé par Le Mire (1762). Eau-forte (PR.).

Page 11 : *Joconde* (troisième figure). gravé par de Longueil (1762). L'eau-forte contient deux personnages supprimés sur les autres états.

Page 20 : *Joconde* (quatrième figure), gravé par Le Mire (1761). Eau-forte (PR.).

Page 23 : *Le Cocu battu et content*, gravé par Leveau.

Page 31 : *Le Mari confesseur*, gravé par de Longueil.

Page 33 : *Le Savetier*. Eau-forte (PR.).

Page 35 : *Le Paysan qui avoit offensé son Seigneur*, gravé par Choffard (1761). Eau-forte (PR.).

Page 41 : *Le Muletier*, gravé par Delafosse. Eau-forte (PR.).

Page 47 : *La Servante justifiée*, gravé par Le Mire (1761). Eau-forte (P.).

Page 53 : *La Gageure des trois commères*, gravé par de Longueil. Eau-forte. (PR.).

Page 55 : *La Gageure des trois commères* (deuxième figure). Eau-forte (PR.).

Page 58 : *La Gageure des trois commères*, (troisième figure), gravé par Le Mire (1762). Eau-forte (PR.).

Page 63 : *La Gageure des trois commères* (quatrième figure), gravé par de Longueil. Eau-forte (P.).

Page 69 : *Le Calendrier des vieillards*. Eau-forte (PR.).

Page 81 : *A Femme avare galant escroc*, gravé par Le Mire (1761). Eau-forte (PR.).

Page 85 : *On ne s'avise jamais de tout*.

Page 87 : *Le Gascon puni*. Eau-forte (PR.).

Page 93 : *La Fiancée du roi de Garbe* gravé par Aliamet. Eau-forte (P.).

Page 103 : *La Fiancée du roi de Garbe* (deuxième figure). Eau-forte (PR.).

Page 117 : *La Fiancée du roi de Garbe* troisième (figure). Eau-forte (PR.). Existe signée au-dessous du cadre (P).

Page 127 : *La Coupe enchantée*, gravé par Delafosse. Eau-forte (PR.).

Page 147 : *Le Faucon*. Eau-forte (PR.).

Page 157 : *Le Faucon* (deuxième figure) gravée par Baquoy. Eau-forte (P.). Existe signée au-dessous du cadre (PR.).

L'épreuve terminée existe avant le *Bracelet*.

Page 159 : *Le Petit chien*, gravé par de Longueil. Eau-forte (PR.).

Page 175 : *Le Petit chien* (deuxième figure), gravé par de Longueil (1760). Eau-forte (P.).

Page 181 : *Le Pâté d'anguille*, gravé par Le Mire (1759). Eau-forte (PR.) Existe signé au-dessous du cadre (P).

Page 187 : *Le Magnifique*, gravé par Le Mire (1761). Eau-forte (P.).
Page 197 : *La Matrone d'Ephèse*. Eau-forte (P.).
Page 205 : *Belphégor*. Eau-forte (PR.).
Page 219 : *La Clochette*. Eau-forte (PR.).
Page 223 : *Le Glouton*. Eau-forte (P.).
Page 225 : *Les Deux amis*. Eau-forte (PR.). Existe signé au-dessus du cadre (PR.).
Page 227 : *Le Juge de Mesle*, gravé par Flipart. Eau-forte (P.).
Page 229 : *Alix malade*, gravé par Leveau.
Page 231 : *Le Baiser rendu*, gravé par Ouvrier. Eau-forte (PR.).
Page 233 : *Sœur Jeanne*. Eau-forte (PR.). Existe avant certains travaux sur l'escalier, le livre et la coiffe (P.).
Page 235 : *Imitation d'Anacréon*, gravé par Lempereur. Eau-forte (PR.). Existe signé sous le cadre (P.).
Page 237 : *Autre Imitation d'Anacréon*, gravé par Le Mire (1759). Eau-forte (PR.). Existe avant la flèche, avec la signature sous le cadre (PR.).
Tome II : Frontispice : Portrait d'Eisen par Vispré, gravé par Ficquet (1761). Il existe en plusieurs états.
Page 1 : *Les Oies de Frère Philippe*. Eau-forte (PR.).
Page 9 : *Richard Minutolo*, gravé par Le Mire (1759). Eau-forte (PR.). L'épreuve terminée, découverte, signalée par Cohen d'après l'exemplaire La Bédoyère, revendu chez Capé ne doit pas exister, car l'eau-forte est semblable à la figure usuelle et ne montre pas, comme on l'assurait, la robe plus relevée.
Page 19 : *Les Cordeliers de Catalogne*, gravé par Baquoy. Eau-forte (P.).
Page 29 : *Le Berceau*, gravé par de Longueil. Eau-forte (P.).
Page 37 : *L'Oraison de Saint-Julien*, gravé par Le Mire (1762). Eau-forte (PR.).
Page 53 : *Le Villageois qui cherche son veau*. Eau-forte (PR.).
Page 55 : *L'Anneau d'Hans Carvel*. Eau-forte (PR.). Existe signé au-dessous du cadre (P.) et non terminé (R.).
Page 57 : *L'Hermite*, gravé par Aliamet. Eau-forte (P.). Existe signé au-dessous du cadre (PR.).
Page 67 : *Mazet de Lamporechio*, gravé par Le Mire (1759). Eau-forte (R.). Existe signé au-dessous du cadre (PR.).
Page 75 : *La Mandragore*, gravé par de Longueil. Eau-forte (PR.).
Page 89 : *Les Rémois*, gravé par de Longueil. Eau-forte (PR.).
Page 99 : *La Courtisane amoureuse*, gravé par de Longueil. (1761). Eau-forte (RP.).

Dans l'exemplaire Béhague se trouvait une épreuve non terminée.
Page 113 : *Nicaise*, gravé par Le Mire Eau-forte (PR.).
Page 125 : *Comment l'esprit vient aux filles*, gravé par Le Mire (1760). Eau-forte (PR.).
Page 131 : *L'Abbesse malade*, gravé par de La Fosse. Eau-forte (PR.)
Page 135 : *Les Troqueurs*, gravé par Flipart (?). Eau-forte (PR.).
Page 143 : *Le Cas de conscience*, gravé par Lempereur. Eau-forte découverte (P.) et signée sous le cadre (R.). Epreuve terminée découverte (P).
Page 149 : *Le Diable de Papefiguière*. Epreuve terminée découverte (P).
Page 157 : *Féronde ou le Purgatoire*, gravé par de Longueil. Eau-forte (R.). Epreuve terminée avec la tête de l'homme couverte d'un bonnet (P, Janzé).
Page 167 : *Le Psautier*, gravé par de Longueil.
Page 173 : *Le Roi Candaule*, gravé par de Longueil (1761). Eau-forte (PR.). Existe avec un plateau sous la jambe de la reine (P.).
Page 178 : *Le Roi Candaule* (deuxième figure), gravé par de Longueil. Eau-forte (R.).
Page 189 : *Le Diable en Enfer*, gravé par de Longueil. Eau-forte (PR).
Page 199 : *La Jument du compère Pierre*. Eau-forte (PR.).
Page 207 : *Les Lunettes*. Eau-forte découverte (PR.). Epreuve terminée découverte (P).
Page 215 : *Le Cuvier*. Eau-forte (PR.).
Page 219 : *La Chose impossible*, gravé par de Longueil (1761). Eau-forte (PR.).
Page 223 : *Le Tableau*, gravé par de Longueil. Eau-forte (PR.).
Page 233 : *Le Bât*, Eau-forte découverte (PR.). Epreuve terminée découverte (P.).
Page 235 : *Le Faiseur d'oreilles*, gravé par de Longueil. Eau-forte (R.).
Page 245 : *Le Fleuve Scamandre*, gravé par Aliamet. Eau-forte (R.). Existe signé au-dessous du cadre (PR.).
Page 251 : *La Confidente sans le sçavoir*, gravé par Le Veau.
Page 259 : *Le Remède*. Eau-forte (R.). Existe avec le plancher, le lit et les rideaux ornés (PR, Janzé).
Page 265 : *Les Aveux indiscrets*. Eau-forte (R.).
Page 271 : *Le Contrat*, gravé par de Longueil. Eau-forte (PR.).
Page 277 : *Les Quiproquo*, gravé par Le Mire (1761). Eau-forte (PR.).
Page 287 : *La Couturière*, gravé par Le Mire (1761). Eau-forte (R.).
Page 289 : *Le Gascon*. Eau-forte (PR.).
Page 291 : *La Cruche*. Eau-forte (P.).

Page 293 : *Promettre est un...* Eau-forte (PR).

Page 295 : *Le Rossignol*, gravé par Le Mire (1761). Eau-forte découverte (PR). Epreuve terminée découverte (P, Bordes) excessivement rare.

En dehors des quatre-vingt figures normales que nous venons de décrire, on signale :

A. Deux pièces regravées, mais sans différences notables :

1 (I, p. 23). *Le Cocu battu et content*, gravé par de Longueil. Eau-forte (R).

2 (II, p. 19). *Les Cordeliers de Catalogne*, gravé par de Longueil.

Ces deux pièces sont bien supérieures comme exécution à celles signées Leveau et Baquoy ; c'est sans doute parce qu'on était mécontent de ces dernières qu'on les fit regraver par de Longueil.

B. Figures refusées, au nombre, semble-t-il, de *vingt*. Voici le détail de celles dont l'existence est bien attestée avec quelques-unes des particularités qui, en dehors de leur dimension plus petite, les distinguent des figures ordinaires.

1 (I, p. 33). *Le Savetier*. Cage à oiseaux au milieu. Eau-forte (R).

2 (I, p. 47). *La Servante justifiée*. On ne voit pas la main gauche de l'homme. Dessin dans R.

3 (I, p. 55). *La Gageure des trois commères*, deuxième figure, gravée par Lempereur. Semblable à la figure normale, mais retournée. La chambrière a les pieds chaussés. Eau-forte (PR). Dessin dans R.

4 (I, p. 69). *Le Calendrier des vieillards*, gravé par Baquoy. Retourné. Cinq personnages. Eau-forte (P). Dessin dans R.

5 (I, p. 81). *A Femme avare galant escroc*, gravé par Gaillard. Retourné. Gasparin est assis de profil. Dessin dans R.

6 (I, p. 85). *On ne s'avise jamais de tout*, gravé par Lempereur. On voit un jeune homme dans l'embrasure de la porte. Existe avec et *sans* les noms d'Eisen et Lempereur (R). Eau-forte (P) Dessin dans R.

7 (I, p. 127). *La Coupe enchantée*. Sujet différent à deux personnages seulement. Eau-forte (P). Dessin dans les R.

8 (I, p. 159). *Le Petit chien*, gravé par Prévost. Analogue, mais un peu plus petite. Eau-forte (R). Dessin dans R.

9 (I, p. 219). *La Clochette*, La femme porte un chapeau. Dessin dans R.

10 (I, p. 227). *Le Juge de Mesle*. Les personnages sont debout. Eau-forte (R).

11 (I, p. 233). *Sœur Jeanne*. L'Abbesse est en haut d'un perron de trois marches.

12. (II, p. 1). *Les Oies de Frère Philippe*, gravé par Aliamet. Eau-forte (R).

13 (II, p. 37). *L'Oraison de Saint-Julien*. Eau-forte (PR).

14 (II, p. 89). *Les Rémois*. Dessin dans R.

15 (II, p. 125). *Comment l'esprit vient aux filles*. Pas de panier par terre. Eau-forte (PR). Dessin dans R.

16 (II, p. 189). *Le Diable en Enfer*. Eau-forte (PR). Dessin dans R.

17 (II, p. 223). *Le Tableau*. Retourné, et plus petit ; sujet un peu différent. Existe en deux états (P) : avec ou sans ornement sur le mur du fond.

18 (II, p. 233). *Le Bât*. Les têtes des deux personnages ne sont pas rapprochées. N'existe que dans l'exemplaire Pixerécourt, où cette figure est retouchée au crayon noir, de la main de l'artiste, sur l'épreuve terminée. Eau-forte (P.)

19 (II, p. 271). *Le Contrat*, gravé par Gaillard. Eau-forte (R). Dessin dans R.

20 (II, p. 295). *Le Rossignol*. Dessin dans R.

On a signalé de plus des figures refusées pour :

I, p. 87. *La Gascon puni*.
I, p. 181. *Le Pâté d'Anguille*.
I, p. 231. *Le Baiser rendu*.
II, p. 29. *Le Berceau*.
II, p. 67. *Mazet de Lamporechio*.
II, p. 75. *La Mandragore*.
II, p. 173. *Le Roi Candaule*.
II, p. 291. *La Cruche*.

Mais d'aucune de ces pièces, nous n'avons vu des épreuves qui appartinssent sans contestation à notre édition. A vrai dire, tant dans l'exemplaire Rothschild que dans celui de M. Schuhmann, provenant de la vente Janzé, figurent de soi-disantes pièces refusées pour le *Roi Candaule* et pour la *Cruche*. La première n'appartient sûrement pas à l'édition (la femme est debout, toute petite) ; la deuxième, par Eisen, gravée par Legrand, a les noms à la pointe sous le cadre ; le sujet est le même que dans la figure ordinaire, mais la femme et l'homme sont tout les deux debout. Ces figures sont extraites d'une suite de Basan intitulée *Recueil de petits sujets utiles aux artistes*.

Il existe au moins trois dessins d'Eisen à la mine de plomb sur vélin, se rattachant plus ou moins aux *Fermiers généraux*, et qui sont peut-être des dessins refusés, n'ayant jamais été gravés ; ce sont ceux de la *Couturière* et du *Berceau* dans l'exemplaire Rothschild et celui de *Promettre est un...* dans l'exemplaire Schuhmann.

Il existe une autre édition des *Contes* sous la date de 1762, d'un format un peu plus petit avec culs-de-lampe gravés sur bois ; on y a parfois inséré les 80 figures d'Eisen, sans les culs-de-lampe de Choffard, qu'on trouve dans cette édition en tirages à part.

Il semblerait que ce soit un premier essai de l'édition ci-dessus. (De 150 à 200 fr.)

Cette édition est fort rare : un exemplaire, payé 270 fr., vente du château de T... a été revendu 245 fr., en mars 1905, à la vente Porel ; un autre, collection Hédé-Hauy.

L'édition dite des *Fermiers généraux*, a eu une réimpression en 1792 et deux contrefaçons en 1764 et 1777, faciles à reconnaitre, car les figures y sont retournées. Toutefois les culs-de-lampe de Choffard sont encore tirés dans ces dernières sur les cuivres originaux. En outre, dans une édition sans date avec l'indication de Londres (2 volumes grand in-12), ces figures ont été copiées par Martinet. Faisons observer également qu'il y a des exemplaires de la réimpression de 1792 qui portent la date de 1762, mais auxquels il est facile de ne pas se laisser tromper tant à cause de l'aspect général de l'impression, que parce que les culs-de-lampe y sont contrefaits et que celui représentant son tombeau ne se voit pas dans la bonne édition de 1762.

Voici le curieux prospectus rédigé par le libraire Plassan, pour son édition de 1792. Nous le reproduisons d'après les éditions précédentes de ce *Guide* :

CONTES DE LA FONTAINE.

Édition dite des Fermiers-Généraux, donnée au public par une Société d'amateurs en 1762 ; deux volumes in-8 ; enrichie de 144 morceaux de gravures des plus grands maîtres.

Cette édition, généralement regardée comme la précieuse (sic) de la littérature, est plus connue à Paris que dans le reste du royaume, parce qu'ayant été annoncée comme faite à Amsterdam, sans nom de libraire, la province n'a pas su à qui s'adresser pour en avoir.

Quoiqu'elle soit parfaitement connue des amateurs, on en donne en substance l'annonce, car, manquant absolument à la librairie depuis 1767, beaucoup de personnes ont été trompées par une contrefaçon qui a eu lieu en 1764 et qui se vend encore aujourd'hui, et d'autres ont été rebutées par les prix exhorbitants qu'on les payoit, même dans les ventes.

Il y a 144 morceaux de gravures, qui consistent en deux portraits, quatre-vingt-trois estampes, six médaillons et cinquante trois culs-de-lampe.

Le portrait de La Fontaine regarde le frontispice du premier volume.

Celui de Eissen, dessinateur, regarde le frontispice du tome deuxième.

Ces portraits ont été gravés par M. Ficquet, homme unique de ce genre.

Les estampes dessinées par M. Eissen expriment sans obscénité les instants les plus piquants des contes : on reconnoît dans plusieurs la touche de Rubens, dans d'autres celle de Teniere (sic), dans la plupart celle des Graces.

MM. Aliamet, Flipart, Lemire, Longueil et autres, ont répandu dans la gravure de ces estampes toute la force et le charme de leur art ; le goût, l'élégance, le précieux fini de la miniature, s'y trouvent réunis.

M. Choffart, dont le talent dans le genre arabesque est supérieur, a composé et gravé les culs-de-lampes ; ils sont allégoriques aux sujets et généralement goûtés ; le portrait de cet artiste célèbre est placé en médaillon dans les ornement du cul-de-lampe du *Rossignol*.

Il y a quatre gravures d'augmentation, dont une dans le Faucon, une dans la Coupe enchantée, une autre dans l'Amandragore (sic), et un cul-de-lampe représentant le tombeau de La Fontaine, placé à la fin de sa vie. Nous ignorons les motifs qui les avaient fait manquer aux exemplaires qui ont été vendus, ayant trouvé les cuivres et les figures de reste.

La typographie est parfaite, ayant fait les dépenses de la faire réimprimer d'un plus beau caractère et dessus plus beau papier.

Cet ouvrage, le plus précieux de son genre, séquestré depuis 1767 par des circonstances particulières, a été tiré, pour les figures, au nombre de deux mille ; ayant trouvé douze cents de chaque figure de tirés, on a reconnu par la recherche et vérification des registres et papiers de comptabilité, trouvés dans le marché lors de l'acquisition, qu'il n'en avoit été vendu que huit cents exemplaires, et que les deux mille de figures ont été tirés de suite, et employés indistinctement, sans choix, ayant trouvé sur les chemises de chaque cent de figures beaucoup plus du premier mille que du deuxième, ce qui satisfera les amateurs, qui pourront se procurer des premières et belles épreuves. Ces 1,200 exemplaires de vendus, on ne sera pas certain d'en avoir d'aussi belles.

Le prix des deux volumes est de 60 livres, brochés.

On en trouve de reliés en veau et maroquin de plusieurs façons.

Le prix des reliures se paye à part aux prix déboursés.

Ils se vendent chez Chevalier, libraire au Vieux Louvre, Porte du Cadran, ci-devant Royale.

A PARIS

Pour éviter toute contrefaçon, chaque exemplaire sera signé de sa main.

De l'imprimerie de Ramet, rue basse des Ursins, en la Cité, n° 2.

— Contes et Nouvelles en vers, par M. de La Fontaine, *A Amsterdam*, 1764. 2 vol. Pet. in-8. (De 150 à 200 fr.)

Tome I : x pp., 1 f. n. ch., 216 et 16 pp., plus 1 portrait et 39 figures.
Tome II : 1 f. n. ch., VIII pp., 1 f. n. ch., 256 pp., plus 41 figures.

En tout 1 portrait de La Fontaine, 2 fleurons sur les titres, l'un est signé C. Boily, 2 grandes vignettes tirées à part et 2 vignettes en tête de chaque volume, 60 culs-de-lampe non signés dont plusieurs copiés sur ceux de Choffard et 80 figures d'après celles d'Eisen, dont plusieurs portent la signature de Boily, dans la gravure même.

Cette imitation de l'édition des *Fermiers-Généraux* est assez jolie. Le portrait de La Fontaine est tantôt gravé par Savart, et tantôt par Macret, suivant les exemplaires.

— Contes et Nouvelles en vers par M. de La Fontaine. *A Amsterdam*, 1767. 2 vol. in-8. (De 60 à 80 fr.)

Tome I : 2 ff. n. ch., VI pp., 1 f. n. ch., 220 pp., 1 f. n. ch., plus 1 portrait et 39 figures.
Tome II : 2 ff. n. ch., VI pp., 1 f. n. ch., 272 pp. plus 1 frontispice et 41 figures.

Texte encadré; en tout 6 fleurons ou vignettes, et 80 figures non signées.

Contrefaçon de l'édition de 1762.

— Contes et Nouvelles en vers Par M. de La Fontaine. *A Londres*, s. d. (vers 1770). 2 vol. in-12. (De 60 à 80 fr.).

Tome I : 2 ff. n. ch., XII pp., 2 ff. n. ch., 212 pp., 1 f. n. ch., plus 1 portrait et 38 figures.
Tome II : 4 ff. n. ch., 247 pp., plus 45 figures.

En tout 1 portrait, 2 fleurons sur les titres et 83 figures, plusieurs signées Martinet; 75 sont copiées sur l'édition de 1762 et 8 sont des compositions nouvelles.

Autre contrefaçon, médiocre.

— Contes et nouvelles en vers par Jean de La Fontaine. *S. l.*, 1777. 2 vol. pet. in-8. (De 80 à 100 fr.)

Tome I : Frontispice gravé, XIV et 200 pp., plus 1 portrait et 39 figures, 1 f. n. ch. et 13 pp. d'*avis du relieur*.
Tome II : Frontispice gravé, VII et 286 pp., plus 41 figures.

Deux frontispices gravés par Vidal, 2 fleurons non signés sur les titres, 1 portrait d'après Rigaud et Ficquet, gravé par Macret, 80 figures dont une signée Borgnet, et 43 culs-de-lampe.

Autre contrefaçon, assez jolie, avec texte encadré. Il en existe un tirage sur grand papier de format in-4.

En maroquin vert, avec pièces ajoutées, 52 fr., vente Daguin (n. 501); en demi-reliure, 40 fr., vente chez Leclerc, 29 octobre 1906 (n. 38); sur grand papier, tiré in-4, en veau ancien, 102 fr., vente D*** (1907, n. 84).

— Contes et Nouvelles en vers Par M. de La Fontaine. *A La Haye, chez Gosse junior* (Cazin), 1778. 2 vol. in-16. (De 8 à 10 fr.)

Tome I : 230 pp., plus un joli portrait de La Fontaine, non signé.
Tome II : 224 pp.

— Contes et Nouvelles de La Fontaine. *A Londres* (Paris, Cazin), 1778. 2 vol. in-18. Voyez « RECUEIL des meilleurs Contes en vers. »

— Contes et nouvelles, en vers, *A Londres* (Paris, Cazin), 1780. 2 vol. in-18. (De 100 à 150 fr.)

Tome I : 2 ff. (faux-titre et titre) 251 pp. plus 1 portrait et 12 figures.
Tome II : 2 ff. (faux-titre, titre) 116 pp. plus 12 figures.

En tout 1 portrait de La Fontaine, non signé, et 24 charmantes figures de Desrais (une par Goujet, et trois non signées), gravées par Aveline, Delvaux, Deny, Groux, Mme Lingée, Maillet, H...y et R. D***.

Jolie édition peu commune.

Les figures sont toujours avant la lettre.

En maroquin citron, doublé de maroquin rouge, par Cuzin, 320 fr., vente Daguin (n. 502); en maroquin rouge ancien, 300 fr., même vente (n. 503); en veau ancien, 275 fr., vente Portalis (1882, n. 28). Celui de la collection James de Rothschild (n. 928) est en maroquin bleu, doublé de maroquin orange par Cuzin.

— Contes et nouvelles, en vers, par J. de La Fontaine. *A Londres*, 1781. 2 vol. in-18.

Tome I : 2 ff. n. ch., 238 pp., plus un joli portrait par Marillier, gravé en 1780 par Delvaux.
Tome II : 2 ff. n. ch., 200 pp.

— Contes et Nouvelles en vers, Par M. de La Fontaine. *A Paris, Chez Plassan et Chevalier*, 1792. 2 vol. in-8. (De 100 à 150 fr.)

Tome I : 1 f. n. ch., XVI, 270 pp., plus 1 portrait et 39 figures.
Tome II : 1 f. n. ch. VIII 310 pp. plus 1 portrait et 41 figures.
En tout 2 portraits, 80 figures d'Eisen, 53 culs-de-lampe, et 6 fleurons.
C'est à cette édition que se rapporte le prospectus imprimé plus haut. Il constate qu'elle est la reproduction intégrale de l'édition des *Fermiers-généraux*, et que si les culs-de-lampe de Choffard y sont plus fatigués, les figures tirées à l'époque, dont il restait 1,200 exemplaires en magasin, peuvent être aussi bonnes que dans les exemplaires de 1762.

— Contes et nouvelles en vers par Jean de La Fontaine. *A Paris, de l'imprimerie de P. Didot, l'an III de la République*, 1795. 2 vol. in-12.

Jolie édition non illustrée de gravures.
C'est dans un exemplaire de choix de cette édition, que Baroud et Thouvenin intercalèrent les 80 dessins originaux d'Eisen. On trouve aussi des exemplaires enrichis à l'époque de la suite des gravures des *Fermiers Généraux*. Tel était celui en 4 volumes (cartonné, non rogné) que nous trouvons décrit au *Bull. Morgand*, n. 2727, et qui contenait en outre, la collection complète des fleurons en tirage à part, y compris les deux fleurons des titres. Le fleuron qui porte *Fin du tome premier*, s'y trouve avant la lettre. Celui de Renouard, composé à peu près de même, s'est trouvé en dernier lieu chez Lord Carnarvon (n. 28).

— Contes et Nouvelles en vers, par Jean de La Fontaine. *A Paris, de l'imprimerie de P. Didot, l'an III de la République*, 1795. 2 vol. Gr. in-4, papier vélin.

Tome I : VII-282 pp., plus 20 figures.
Tome II : 334 pp.
Les exemplaires normaux contiennent 20 planches tous dans le tome I.
Cette belle édition devait être ornée de 80 gravures, d'après les dessins de Fragonard, exécutées par les premiers artistes de l'époque ; malheureusement, l'ouvrage parut en 1795, au lendemain de la Terreur. Les amateurs de publications splendides et chères, dispersés, diminués, ruinés, s'occupaient beaucoup plus de politique que de livres et songeaient plus à sauver leurs têtes qu'à orner les rayons de leurs bibliothèques. Il en résulta que les deux premières livraisons de gravures n'eurent point de succès et restèrent chez l'éditeur sans trouver de souscripteurs en nombre suffisant. Fragonard, d'ailleurs, semblait avoir abandonné l'exécution des dessins. En vain fit-on appel à Le Barbier, Monnet, Touzé et Mallet pour augmenter les sujets d'estampes dans les contes d'une certaine longueur. Le public ne répondant pas aux prospectus des bailleurs de fonds, la publication des gravures se trouva arrêtée (1).
Voici le prospectus figurant sur la couverture imprimée d'une livraison :

FIGURES DES CONTES DE LA FONTAINE

In-4°, tirées sur papier vélin, destinées à orner l'édition des Contes en deux volumes in-4°, imprimées par P. Didot l'aîné.

TITRES DES CONTES AUXQUELS SE RAPPORTENT LES FIGURES DES DEUX PREMIÈRES LIVRAISONS.

Première livraison.

N°s 2. Le Cocu battu et content.
3. Le Mari confesseur.
4. Le Savetier.
5. Le Paysan qui avait offensé son Seigneur.
8. La 1re pl. de la Gageure des trois Commères.
10. A Femme avare galant Escroc.
11. On ne s'avise jamais de tout.
12. Le Gascon puni.
17. Le Pâté d'Anguilles.
20. Belphégor.

(1) Nous avons laissé la parole au baron Portalis auteur de la cinquième édition de ce *Guide*; mais M. Rahir nous a fait remarquer, non sans raison, que la véritable cause du peu de succès de cette édition peut-être cherchée, non dans les crises financières de l'époque, mais dans le goût du jour qui, aux productions charmantes d'un Fragonard, préférait des compositions plus nobles, exécutées dans un genre plus académique.

Seconde livraison.

Nos 1. La 2e pl. des figures de Joconde.
La 3e pl. des figures de Joconde.
9. Le Calendrier des Vieillards.
13. La 1re pl. de la Fiancée du roi de Garbe.
14. La Coupe enchantée.
15. Le Faucon.
18. Le Magnifique.
19. La Matrone d'Ephèse.
22. Le Glouton.
26. Le Baiser rendu.

Le frontispice du second volume sera donné avec une des livraisons suivantes. Ces figures, gravées d'après les dessins de Fragonard, seront au nombre de 80, y compris le portrait de La Fontaine ; elles seront divisées en huit livraisons de dix estampes chacune, dont les deux premières sont jointes au texte.

Les gravures de la troisième livraison se terminent en ce moment, et paraîtront sous peu de temps.

Nota. — On n'a pas eu d'égard à l'ordre des Contes dans la gravures des estampes ; au fur et à mesure qu'elles seront exécutées elles seront publiées, leur numéro les replacera naturellement.

Il y a 150 exemplaires de ces figures tirées avant la lettre et 400 exemplaires tirées immédiatement après et sur papier vélin, en tout 550 exemplaires pour être joints à pareil nombre d'exemplaires du texte in-4° également tirés sur papier vélin grand raisin.

Il a été tiré aussi des exemplaires du texte sur grand papier raisin non vélin, ainsi que les figures sur même papier.

Ces deux éditions et les figures se trouvent à Paris : chez P. Didot aîné, imprimeur, galerie du Louvre; Augustin de Saint-Aubin, graveur, rue des Prouvaires, n° 519; Tilliard, graveur, Cloître Notre-Dame, en la Cité, n° 2 ; De la Fosse, graveur, maison de l'ancienne abbaye Saint-Germain-des-Prés ; Tilliard, libraire, rue Pavée-Saint-André-des-Arcs ; Debure, libraire, rue Serpente ; Renouard, libraire, rue Saint-André-des-Arcs, n° 42; et chez tous les libraires et marchands d'estampes de France et des pays étrangers.

Il existe donc deux papiers pour les volumes et pour les gravures, savoir : papier vélin et grand papier de Hollande. Les estampes tirées sur celui-ci sont incontestablement supérieures et peuvent être considérées comme les premières épreuves : deux exemplaires en sont connus. Mais nous n'avons jamais vu le texte imprimé sur papier de Hollande. Quoi qu'il en soit, l'éditeur avait fait commencer la gravure de *trente-sept compositions*, non compris les frontispices ou plutôt les fleurons des titres qui sont de Choffard. Le fleuron seul du premier volume paraît avoir été terminé ; on le trouve en eau-forte, en tirage à part sur fort papier, enfin à sa place sur le premier titre et souvent sur le second. Le dessin de l'autre fleuron a figuré à la vente Capé.

On trouvera ci-dessous, dans l'ordre des Contes, les sujets des planches exécutées pour l'édition, avec l'indication de leurs différents états ; quelques-unes ne se rencontrent qu'en eaux-fortes, n'ayant pas été poussées plus loin, d'autres sont toujours avant les numéros. Le surplus possède les trois états ; ce sont les vingt estampes qu'on doit trouver dans un exemplaire ordinaire. A proprement parler, ces estampes n'ont point la lettre, mais au dernier état elles portent les numéros des pages où elles doivent être placées et les noms d'artistes gravés ; tandis que les épreuves dites avant la lettre n'ont point de numéros et les noms d'artistes n'y figurent pas ou ne s'y voient que tracés à la pointe sèche.

JOCONDE

1re planche. — *Le Départ (non publiée)*.
1. LEBARBIER. Eau-forte.
   Terminée avant la lettre.

2e planche. — *Le Lit.*
2. FRAGONARD. Eau-forte.
   Terminée avant la lettre.
   Terminée avec la lettre.

3e planche. — *Le Pardon.*
3. MALLET. Eau-forte.
   Terminée avant la lettre.
   Terminée avec la lettre.
(*Le dessin à l'aquarelle a été vendu 400 fr. il y a une trentaine d'années*).

LE COCU BATTU ET CONTENT

4. FRAGONARD. Eau-forte.
   Terminée avant la lettre.
(*Existe avec et sans les noms d'artistes*).
   Terminée avec la lettre.

4bis. FRAGONARD. Autre planche avec les mêmes personnages plus grands. Eau-forte.
   Terminée avant la lettre.
(*Ne se trouve que dans l'exemplaire Bordes*).

LE MARI CONFESSEUR

5. FRAGONARD. Eau-forte.
   Terminée avant la lettre.
   Terminée avec la lettre.

LA FONTAINE (CONTES)

LE SAVETIER
6. FRAGONARD. Eau-forte.
 Terminée avant la lettre.
 Terminée avec la lettre.

LE PAYSAN
7. FRAGONARD. Eau-forte.
 Terminée avant la lettre.
 Terminée avec la lettre.

LE MULETIER *(non publiée)*
8. FRAGONARD. Eau-forte.

LA GAGEURE DES TROIS COMMÈRES
1re planche. — *La Servante.*
9. FRAGONARD. Eau-forte.
 Terminée avant la lettre.
 Terminée avec la lettre.
2e planche. — *Le Poirier (non publiée).*
10. ? . . . . Eau-forte.
 Terminée avec la lettre.
 Terminée tirage moderne
(Le dessin à l'aquarelle était dans l'exemplaire Delbergue).
3e planche. — *Le Fil (non publiée),*
11. ? . . . . Eau-forte.
 Terminée tirage moderne

LE CALENDRIER DES VIEILLARDS
12. FRAGONARD. Eau-forte.
 Terminée avant la lettre.
 Terminée avec la lettre.

A FEMME AVARE GALANT ESCROC
13. FRAGONARD. Eau-forte.
 Terminée avant la lettre.
 Terminée avec la lettre.
(Il existe aussi la gravure au trait).

ON NE S'AVISE JAMAIS DE TOUT
14. FRAGONARD. Eau-forte.
 (Existe en contre-épreuve).
 Terminée avant la lettre.
 Terminée avec la lettre.

LE GASCON PUNI
15. FRAGONARD. Eau-forte.
 Terminée avant la lettre.
 Terminée avec la lettre.

LA FIANCÉE DU ROI DE GARBE
1re planche. — *La Cassette.*
16. MONNET. Eau-forte.
 Terminé avant la lettre.
 Terminée avec la lettre.
2e planche. — *Le Chevalier (non publiée).*
17. ? . . . . Eau-forte.
(Existe en eau-forte pure et en eau-forte avancée).
 Terminée avant la lettre.
 Terminée tirage moderne.

3e planche. — *L'Arbre (non publiée).*
18. ? . . . . Eau-forte.
(Existe en eau-forte pure, en eau-forte avancée et en état intermédiaire).
 Terminée avant la lettre.

LA COUPE ENCHANTÉE
19. FRAGONARD. Eau-forte.
 Terminée avant la lettre.
 (Deux états).
 Terminée avec la lettre.

LE FAUCON
20. FRAGONARD. Eau-forte.
 Terminée avant la lettre.
 Terminée avec la lettre.

LE PETIT CHIEN *(non publiée)*
21. ? . . . . Eau-forte.
(N'existe que dans l'exemplaire Sieurin).

LE PATÉ D'ANGUILLES
22. FRAGONARD. Eau-forte.
 Terminée avant la lettre.
 Terminée avec la lettre.

LE MAGNIFIQUE
23. FRAGONARD. Eau-forte
 (Existe en deux états)
 Terminée avant la lettre.
 Terminée avec la lettre.

LA MATRONE D'ÉPHÈSE.
24. FRAGONARD. Eau-forte.
 Terminée avant la lettre.
(Existe avec et sans les noms d'artistes).
 Terminée avec la lettre.

BELPHÉGOR
25. FRAGONARD. Eau-forte.
 Terminée avant la lettre.
 Terminée avec la lettre.

LA CLOCHETTE *(non publiée)*
26. FRAGONARD. Eau-forte.
 (Existe en deux états).
 Terminée tirage moderne.

LE GLOUTON
27. TOUZÉ. Eau-forte.
 Terminée avant la lettre.
 Terminée avec la lettre.

LES DEUX AMIS *(non publiée)*
28. ? . . . . Eau-forte.
 Terminée avant la lettre.

LE JUGE DE MESLE *(non publiée)*
29. ? . . . . Eau-forte.
 (Existe en deux états.)
 Terminée tirage moderne.

Tome 1

ALIX MALADE *(non publiée)*
30. ? . . . . Eau-forte.
   Terminée avant la lettre.

LE BAISER RENDU
1re planche. — *Le Baiser prêté (non publiée)*.
31. TOUZÉ. Eau-forte.
2e planche. — *Le Baiser rendu*.
32. TOUZÉ. Eau-forte.
   Terminée avant la lettre.
   (Existe avec et sans les noms d'artistes).
   Terminée avec la lettre.

SŒUR JEANNE *(non publiée)*
33. MONNET. Eau-forte.
   Terminée avant la lettre.
   (Existe en deux états).

IMITATION D'ANACRÉON *(non publiée)*
34. ? . . . . *Le Portrait d'Iris*.
   Eau-forte.

AUTRE IMITATION *(non publiée)*
35. ? . . . . *L'Amour mouillé*.
   Eau-forte.
   (Planche extrêmement rare).

L'HERMITE *(non publiée)*
36. FRAGONARD. Eau-forte.

FÉRONDE *(non publiée)*
37. FRAGONARD. Eau-forte.
(N'existe que dans l'exemplaire de M. Beraldi).

Ainsi 37 compositions ont été traitées, et l'une d'elles (*le Cocu battu et content*) deux fois. Voilà pourquoi l'on trouve 38 eaux-fortes. Il y a 28 planches terminées anciennement, 3 planches dont la gravure avancée est moderne (*le Fil de la Gageure, le Juge de Mesle* et *la Clochette*), 2 planches retouchées nouvellement (*le Poirier de la Gageure* et *le Chevalier de la Fiancée du roi de Garbe*).

Il va sans dire qu'une collection des 38 eaux fortes et des 28 avant-lettre serait d'un très grand prix. On ne connait d'ailleurs pas de collection complète. L'exemplaire Sieurin (n. 421) dont le catalogue de la vente donne une description détaillée, contenait 85 pièces ; il n'y manquait que 2 eaux-fortes, dont celle de *Féronde*, et il s'y trouvait la seule épreuve connue du *Petit Chien*. Il a été adjugé en vente publique à Louis Roederer, au prix de 20,000 fr.

L'exemplaire Paillet (*Bull. Morgand* n. 12143 : 18,000 fr.), passé ensuite chez M. Van Loo et aujourd'hui chez M. Adolphe Bordes, ne contient pas moins de 68 pièces. Il n'y manque que l'eau-forte de *Féronde* et celle du *Petit Chien*.

L'exemplaire Daguin (n. 504) contenait 98 pièces et comprenait presque tous les états intermédiaires connus ; il n'y manquait que deux eaux-fortes et deux avant-lettres. Vendu 10,000 fr., en maroquin vert, non rogné.

Celui de Delbergue-Cormont, en maroquin rouge doublé de maroquin bleu, par Cuzin et Maillard, vendu 9,700 fr., contenait 86 pièces, dont plusieurs étrangères à cette suite. Il y manquait 5 eaux-fortes, 2 avant-lettres et les 22 épreuves avec la lettre.

M. Henri Beraldi possède un merveilleux exemplaire payé 400 fr. par lui en 1873 au libraire Caen ; ces beaux volumes, non rognés, en demi-reliure de Cuzin contiennent 36 eaux-fortes dont celle de Féronde (unique). 28 figures terminées avant les numéros ; le fleuron de titre sur papier de soie avec son eau-forte. Il n'y manque que le *Petit Chien*.

En janvier 1892, M. Foulard a cédé pour 7,000 fr. à feu Albert Christophle, une remarquable suite de 34 eaux-fortes, plus 19 avant-lettre. Cette suite, en feuilles, est aujourd'hui chez Mme Dornois.

L'exemplaire Destailleur en demi-reliure, maroquin rouge, non rogné (1891, n. 1150 : 7,600 fr.) contenait 33 eaux-fortes et 29 avant-lettre.

Un exemplaire superbe avec 34 eaux-fortes se trouve chez M. Mortimer L. Schiff, à New-York. Un autre semblable, en maroquin rouge de Mercier, a été payé 10,000 fr., vente Montgermont (1911, n. 113).

Citons enfin l'exemplaire d'Emmanuel Martin (n. 212) en maroquin rouge de Capé, contenant 56 pièces, dont 33 eaux-fortes et celui du comte de Châteaugiron qui, vendu en 1827 (n. 852 : 70 fr. 50) renfermait, assure-t-on, 37 eaux-fortes sur 38.

Les bons exemplaires, ne contenant que vingt figures se vendent encore assez cher : cartonné non rogné, figures avant les numéros, 940 fr., à Piet, vente R. Portalis (novembre 1878, n. 59) ; en maroquin vert de Cuzin (sans le texte) figures avant les numéros, 1,120 fr., vente Guyot de Villeneuve (n. 484).

On tira du texte deux exemplaires sur peau de vélin ; l'un, en maroquin rouge de Bozérian, fut payé 400 fr., vente Galitzin (1825, n. 85) par la Bibliothèque nationale ; l'autre figura en 1821 à la vente Baroud.

Les dessins de Fragonard pour les *Contes* furent exécutés vers 1780, nous dit M. Beraldi, pour Bergeret, pendant le voyage que l'artiste fit en Italie avec ce fermier général. Fragonard jeta d'abord ses idées sur le papier en des dessins très poussés à la mine de plomb ; une série de 44 de ces dessins, obtenus par Walferdin de la famille de Fragonard, a été payée 10,500 fr. par Haro à la vente Walferdin ; elle passa ensuite chez Feuillet de Conches (vente de 1888 : 7,000 fr.), puis chez M. le baron R. Portalis et chez Lord Carnarvon (n. 29) ; elle est aujourd'hui à la librairie Morgand. Puis, il en fit un décalque par frottis sur d'autres feuilles où ces croquis vinrent en contre-partie ; c'est sur ces contre-parties qu'il exécuta 57 remarquables dessins à la plume, largement lavés de bistre qu'un amateur inconnu, peut-être Bergeret, inséra dans un beau manuscrit des *Contes* avec culs-de-lampe dessinés d'après Choffard. Ce manuscrit, relié en 2 volumes, en maroquin rouge de Derôme, acheté 800 fr. vers 1840, par le libraire Leblanc, vendu 1,200 fr. en 1844 par Charon à Feuillet de Conches ; payé depuis 17,500 fr. par le baron R. Portalis, qui le revendit pour 25,000 fr. à Eugène Paillet, se trouve aujourd'hui chez M. Henri Beraldi qui ne regrette pas les 50,000 fr. qu'il lui coûte (*Bull. Morgand* n. 12.138). E. Paillet, de concert avec M. Rouquette père, les fit graver à l'eau-forte par Martial. Ils ont été gravés à nouveau de format in-12, par Milius, Lerat, Mongin et de Los-Rios.

On a confondu à tort le manuscrit de Bergeret avec un autre manuscrit des *Contes*, calligraphié en 1746 pour Gaignat par Monchaussé avec culs-de-lampe par de Marolles, relié en maroquin vert à dentelles par Derôme le père, payé 7.200 livres à la vente Gaignat (n. 1875) par le duc de Choiseul, revendu 7,875 fr. chez Paris d'Illens (Londres), puis 14,000 fr. en 1801, à Saint-Petersbourg, puis à la vente Galitzin (1825, n. 84 : 7,000 fr. à De Bure) ; puis chez le comte de La Bédoyère (1837, n. 674), et que nous trouvons en dernier lieu dans la petite armoire du collectionneur Hankey. Il serait aujourd'hui en Amérique.

C'est de ce dernier manuscrit qu'il est question dans la Correspondance de Grimm (juillet 1768).

Trois eaux-fortes, retouchées à l'encre de Chine (par Fragonard ?) ont passé de la collection Wasset dans celle de Louis Roederer.

Signalons encore la série de 12 dessins à la sépia, exécutés par Fragonard, pour l'édition et d'après lesquels les gravures ont été faites ; 10 de ces dessins (achetés 6,000 fr. par Reboul ?) furent payés près de 7,000 fr., par A. Piat à la vente du baron des Jamonières (Cf. sa première vente, 1898, n. 408).

Les deux dessins des fleurons de titre ont été légués par Le Soufaché, à la Bibliothèque de l'École des Beaux-Arts.

Enfin, il existe quelques dessins isolés de Fragonard pour divers contes, notamment :

La Chose impossible (325 fr. à Lefilleul, vente Walferdin. n. 218).

Les Cordeliers de Catalogne, au Musée de Besançon (collection Paris).

La Coupe enchantée et *Le Petit chien*, collection E. Perrin, aujourd'hui au Musée des Arts décoratifs.

Les Oies de Frère Philippe (160 fr., succession Walferdin).

Le Paysan qui avait offensé son seigneur, au Musée de Besançon.

La Matrone d'Éphèse, collection Olry-Roederer.

Le Remède, collection Léon Mercier (aujourd'hui chez M. Olry-Roederer ?)

Le dessin de Le Barbier pour la 1re figure de *Joconde*, collection Olry-Rœderer.

Une suite de 24 dessins à l'aquarelle par Roumy, exécutés, dit-on, pour illustrer cette édition, se trouvent dans l'exemplaire formé par M. Bayard de Lyon ; elle provient des ventes de Pixerécourt (n. 373 : 43 fr. 50) et de Sieurin (n. 84 : 820 fr.)

— Les Amours de Psyché et de Cupidon, par M. de La Fontaine. *A Londres* (Paris, Cazin), 1782. In-18. (De 5 à 6 fr.)

2 ff. n. ch. et 232 pp., plus 1 frontispice par Marillier, gravé par Duponchel.

— Les Amours de Psyché et de Cupidon, par J. de La Fontaine. Édition ornée de Figures imprimées en couleurs d'après les Tableaux de M. Schall. *A Paris, Chez Defer de Maisonneuve, impr. de P.-Fr. Didot jeune*, 1791. Gr. in-4. (De 150 à 200 fr.)

163 pp. et 2 ff. n. ch., plus 4 figures, gravées au pointillé en couleurs par Bonnefoy, Demonchy, Mme Demonchy et Colibert d'après Schall.

En maroquin rouge de Capé, nombreuses pièces ajoutées, 750 fr., vente E. Martin (n. 394) ; en veau ancien, 141 fr., vente Daguin (n. 497) ; en maroquin rouge ancien, 760 fr., vente Montgermont (1911, n. 107).

On ajoute parfois aux exemplaires un feuillet de prospectus.

— Les Amours de Psyché et de Cupidon, Par J. de La Fontaine. *A*

Paris, Chez Fr. Dufart, 1793, an 3e. In-12. (De 20 à 25 fr.)

216 pp. plus 1 frontispice et 3 figures non signées assez jolies.

— Les Amours de Psyché et de Cupidon, avec le poëme d'Adonis, par La Fontaine. *Paris, impr. de Didot le jeune (chez Saugrain), l'an troisième* (1795). In-4. Papier vélin. (De 150 à 200 fr.)

1 portrait d'après Rigault, gravé par Audouin, et 8 figures par Moreau, gravées par Dambrun, Duhamel, Dupréel, de Ghendt, Halbou, Petit et Simonet. (B. 924-931).

En maroquin rouge ancien, 296 fr., vente Biays (n. 193).

Les figures existent en eaux-fortes et avant la lettre ou avec les noms des artistes à la pointe sèche. Le portrait est connu avant la lettre et avec son eau-forte par Pauquet. On peut aussi trouver trois des eaux-fortes avec la signature de Pauquet, qui est changée dans les autres états de ces pièces.

L'exemplaire de H. Bordes (1897, n. 106 : 700 fr.) avait les figures en eaux-fortes, avant la lettre et aussi (sauf une) en contre-épreuves coloriées et gouachées.

En maroquin rouge de Bradel, sur grand papier vélin, avec les avant-lettre, 1,100 fr., vente E. Martin (n. 395), revendu 2,800 fr., vente Quentin-Bauchart) n. 31, *Mes livres*, n. 145) et 1,530 fr., vente R. Lion (n. 221); en veau vert, figures avec et avant la lettre et eaux-fortes, 1,220 fr., vente Delbergue (n. 168); en maroquin rouge de Bozérian, figures avant la lettre, 1,100 fr., vente Guyot de Villeneuve (n. 479); en maroquin rouge ancien, triple état des figures, 3,100 fr., vente Montgermont (1911, n. 108).

L'exemplaire de M. Henri Beraldi, payé 45 fr. par lui en 1873 chez M. Rapilly, est sur grand papier vélin (demi-reliure de Cuzin) et contient le portrait avec son eau-forte (rarissime) et les figures en avant-lettre et eaux-fortes.

Les dessins originaux de Moreau, avec les trois états des figures se trouvaient dans l'exemplaire imprimé sur vélin de la vente Detienne (1807, n. 660).

— Les Amours de Psyché et de Cupidon. *A Paris, Imprimerie de Patris*, 1796. Pet. in-12. (De 10 à 15 fr.)

2 ff. n. ch., 230 pp., plus 6 figures dessinées par Binet, gravées par Blanchard.

Existe sur grand papier vélin avec les figures avant la lettre.

— Les Amours de Psyché et de Cupidon, suivies d'Adonis, poëme par Jean de La Fontaine. Édition ornée de gravures d'après les dessins de Gérard, peintre. *A Paris, imprimé au Louvre Par P. Didot l'aîné*, 1797. In-4. (De 40 à 50 fr.)

1 f. n. ch., xx-335 pp. et 1 f. n. ch., plus 5 figures de Gérard, gravées par Blot, Marais, Mathieu, Nicollet et Alex. Tardieu.

Tous les exemplaires sont sur papier vélin.

On trouve les figures avant la lettre. En cet état, 150 fr., vente de Béhague.

Sur peau de vélin, en maroquin rouge à dentelles, avec les dessins originaux, 725 fr., vente Galitzin (1825, n. 117).

Deux dessins se trouvaient chez Mahérault et un troisième a passé en 1837 à la vente du baron Gérard.

— Les Amours de Psyché et de Cupidon, avec le poëme d'Adonis, par La Fontaine. Edition ornée de figures dessinées par Moreau le Jeune, et gravées sous sa direction. *A Paris, chez Saugrain et Didot (ou Chez Saugrain). L'an V — 1797. (De l'imprimerie de Plassan).* 2 vol. in-12. (De 60 à 80 fr.)

Tome I : 221 pp. et 1 f. bl., plus 1 portrait et 3 figures.

Tome II : 284 pp. et 2 ff. bl., plus 5 figures.

En tout 1 portrait d'après Rigaud et 8 figures de Moreau, gravées par Delvaux (avec papiers de soie).

Jolies réductions des grandes figures de l'an III.

Tiré à 100 exemplaires sur grand papier vélin avec figures avant la lettre.

En maroquin bleu doublé de maroquin orange par Cuzin, grand papier vélin, figures avant et avec lettre, 630 fr., vente Quentin-Bauchart (n. 32 = *Mes livres*, n. 146).

Sur grand papier vélin, maroquin rouge ancien, figures avant et avec lettre, 300 fr., vente R. Lion (n. 222); le même (?), 300 fr., vente Ch. Cousin (278).

On ne connait que quatre exemplaires renfermant les eaux-fortes :

1° En maroquin citron de Cuzin, grand papier vélin, non rogné, figure avec lettre, avant-lettre, 7 eaux-fortes, 1,105 fr., vente Daguin (n. 611), aujourd'hui chez Sir David Salomons.

2° En maroquin rouge de Koehler, non rogné, grand papier vélin, figures en 3 états, 20 fr., vente St. Mauris (1849, n. 1124), revendu 2,380 fr. vente Lignerolles (n. 1754). puis chez Lord Carnarvon (n. 83 = (*Bull. Morgand* 6, 1908, n. 352 : 3,500 fr.), aujourd'hui chez M. Schuhmann.

3° L'exemplaire Paillet (*Bull. Morgand* n. 12137 : 4,000 fr.) relié sur brochure par Cuzin, en maroquin bleu doublé de maroquin citron. avant-lettre et eaux-fortes était chez M. Henri Beraldi ; aujourd'hui chez M. Adolphe Bordes.

4° En maroquin citron de Cuzin, 1,830 fr., vente Montgermont (1911, n. 109).

— Œuvres diverses de Monsieur de La Fontaine. *A Anvers, chez les frères Jacob et Henry Sauvage* (Paris), 1726. 3 vol. in-4. Texte encadré. (De 25 à 30 fr.)

Tome I : VI-XLVIII et 576 pp. plus le portrait.
Tome II : 1 f. n. ch., XII-636 pp.
Tome III : 1 f. n. ch., XIV-470 pp.

En tout 1 portrait gravé par Duflos, 3 fleurons par le même, 3 jolies vignettes et 3 belles-lettres ornées par Tardieu.

— Œuvres diverses de M. de La Fontaine. *A Paris, Chez Michel-Antoine David* (ou autres), 1744. 4 vol. petit in-12. (De 20 à 25 fr.)

Tome I : 2 ff. n. ch., XXVIII-314 pp., 3 ff. n. ch., plus le portrait.
Tome II : 2 ff. n. ch., 358 pp. 1 f. n. ch.
Tome III : 2 ff. n. ch., 260 pp.
Tome IV : 4 ff. n. ch., VIII-232 pp.

1 portrait d'après Rigaud, gravé par Pinssio, 4 fleurons sur les titres et 4 jolies vignettes non signés.

Le bel exemplaire de M. Henri Beraldi est dans une reliure signée de Padeloup, en maroquin citron.

Réimprimé en 1758.

— Œuvres complettes de J. La Fontaine, précédées d'une nouvelle notice sur sa vie (par Auger). *De l'Imprimerie de Crapelet. A Paris, Chez Lefèvre*, 1814. 6 vol. in-8. (De 50 à 60 fr.)

Tome I : 4 ff. n. ch., LXXV-242 pp. plus 1 portrait et 6 figures.
Tome II : 2 ff. n. ch., 319 pp., plus 6 figures.
Tome III : 2 ff. n. ch., 488 pp., plus 9 figures.
Tome IV : 2 ff. n. ch., 548 pp., plus 2 figures.
Tome V : 2 ff. n. ch., 335 pp., plus 2 figures.
Tome VI : 2 ff. n. ch., 494 pp.

1 portrait d'après Rigaud, gravé par Ribault, et 25 figures par Moreau (12 pour les *Fables*, 9 pour les *Contes*, 2 pour le *Théâtre* et 2 pour *Psyché*), gravées par Bosq, Delignon, Delvaux, de Ghendt, Mariage, Pigeot, Trière, de Villiers frères et Villerey. (B. 899-923).

Ce livre existe sur grand papier vélin, avec les figures avant la lettre ; 20 exemplaires ont été publiés avec les eaux-fortes.

Les figures de Moreau ont été gravées une seconde fois pour l'édition publiée en 1822.

Renouard avait fait tirer quelques collections des deux suites sur papier de Chine et sur papier rose.

Il existe de ces figures un certain nombre de variantes dans le détail desquels nous n'entrerons pas. Signalons cependant, avec Sieurin, comme préférables, le *Portrait* avec la tablette entièrement blanche, *Daphnis et Alcimadure* avec deux filets d'encadrement très légers et le *Savetier et le Financier*, avant l'encadrement.

M. Henri Beraldi possède un bel exemplaire sur grand papier vélin en maroquin rouge de Simier, contenant les avant-lettre et les eaux-fortes.

Même condition, en maroquin bleu de Simier, 3,000 fr., vente Montgermont (1911, n. 118).

Les 25 dessins originaux de Moreau, collection Rattier, provenant des ventes Chardin (1824, n. 2080 : 2,000 fr.) et La Bédoyère (1862, n. 254 : 1,620 fr.)

LAFOREST. — L'Art de soigner les Pieds, contenant un traité sur les Cors, Verrues, Durillons, Oignons, Engelures, les accidens des Ongles & leur difformité. Nouvelle édition augmentée d'un chapitre sur la manière de soigner les pieds des soldats en garnison & et dans les mouvemens & de deux planches pour l'intelligence de cet ouvrage, présenté au Roy par Laforest, Chirurgien-Pédicure de Sa Majesté & de la Famille Royale. *A Paris*, 1782. In-12. (De 10 à 15 fr.)

2 planches.

En maroquin rouge ancien, aux armes de Marie-Antoinette, 800 fr., vente Pichon (1897, n. 274).

La première édition, parue en 1781 ne contenait pas de planches : l'exemplaire de Marie-Antoinette s'est vendu 605 fr., vente Delessert (1895).

LA FOSSE (De). — Théâtre de M. de La Fosse, nouvelle édition, corrigée et augmentée de la vie de l'auteur, etc. *A Amsterdam, l'Honoré*, 1745. In-12. (De 10 à 12 fr.)

1 frontispice par L. F. D. B. (Du Bourg) gravé par Tanjé, un fleuron sur le titre par B. Picart et 5 médiocres figures non signées.

Le *Distrait*, de Regnard, se trouve parmi les pièces de ce volume.

LA FOSSE. — Cours d'Hippiatrique, ou Traité complet de la médecine des chevaux, par M. La Fosse, hippiatre. *A Paris, Chez Edme*, 1772. In-fol. (De 100 à 150 fr.)

Portrait de l'auteur et 65 planches gravées et coloriées.

On trouve aussi les planches en noir. Un exemplaire en maroquin rouge ancien, avec les figures coloriées, 100 fr., vente Radziwill (n. 541); le même (?), 205 fr., vente Béhague (n. 429).

LA GRANGE (De). — Théâtre de M. de La Grange, seconde édition. *Amsterdam, Jacques Desbordes*, 1709. In-12. (De 15 à 20 fr.)

5 figures non signées, une pour chaque pièce.

La Grange-Chancel est l'auteur des *Philippiques*.

— Œuvres meslées de M. de La Grange. *A La Haye, chez Le Vier*, 1721. Petit in-8. (De 6 à 8 fr.)

7 vignettes d'une grande finesse, dessinées et gravées par F. Bleyswyk.
Réimprimé sous la date de 1724.
Cette dernière édition, en maroquin rouge ancien, 15 fr. à M. Bocher, vente R. Portalis (novembre 1878, n. 60).

LA GUÉRINIÈRE (De). — L'École de Cavalerie, contenant la connoissance, l'instruction et la conservation du cheval, par M. de La Guérinière, écuyer du Roy. *A Paris, De l'imprimerie de Jacques Colombat*, 1733. In-fol. (De 300 à 400 fr.)

4 ff. n. ch., 276 pp., 4 ff. ch., plus 1 frontispice et 23 planches.

Contient 1 frontispice, 23 planches, dont 6 portraits équestres, 3 vignettes en-tête, 1 cul-de-lampe, dit aux singes, par Parrocel, gravés par Audran, Aveline, Beauvais, Cars, Coquart, Dupuis, Lebas, etc.

Première édition de ce beau livre. En maroquin bleu de Chambolle, portrait ajouté, 196 fr., vente Pichon (1869, n. 290); cartonné, 195 fr., vente Béhague (n. 413).

Dans la réimpression in-folio, de 1751, les épreuves des figures de Parrocel sont moins bonnes. Pourtant un exemplaire, en ancien maroquin rouge à dentelles, s'est vendu 150 fr., vente Radziwill (n. 539).

En maroquin rouge ancien, aux armes du cardinal de Fleury, collection James de Rothschild.

— L'École de Cavalerie, contenant la connaissance, l'entretien et la conservation du cheval. *A Paris, Guérin*, 1734 ou 1754, ou 1756, ou 1769. 2 vol. in-8. (De 20 à 30 fr.)

1 frontispice et 33 planches, dont quelques-unes pliées, gravés par Tardieu, Audran, Desplaces, d'après Parrocel.

LAGUILLE (Le père Louis). — Histoire de la province d'Alsace depuis César jusqu'au mariage de Louis XV. *A Strasbourg, chez Doulsecker*, 1727. 3 parties en 1 vol. in-fol. (De 30 à 40 fr.)

1 frontispice, dessiné et gravé par J.-A. Friedrich, 1 fleuron sur le titre et une vignette du même, 2 planches par Seupel et Friedrich, une carte d'Alsace et 2 plans de Strasbourg et du Mont Sainte-Odile.

LAGUERRIE (De). — Les Amours de Lucile et de Doligny, ou Lettres de deux amants. *A Paris, Chez Le Jay*, 1769. 2 tomes en 1 vol. In-12. (De 6 à 8 fr.)

1 titre-frontispice par Quéverdo, gravé par Thérèse Martinet, répété au second volume.

LA HARPE. — Éloge de Henri IV. *A Amsterdam et à Paris, chez Lacombe*, 1769. In-8. (De 3 à 4 fr.)

1 frontispice allégorique, dessiné et gravé par Prévost.

— Tangu et Félime, Poëme en 4 chant, Par M. de la Harpe, de l'Académie Françoise. *A Paris, Chez Pissot*, s. d. [1780]. Petit in-8.

64 pp., plus 1 titre gravé par Marillier et 4 jolies figures de Marillier, gravées par Dambrun, de Ghendt, Halbou et Ponce.

En demi-reliure, non rogné (sans date), 61 fr., vente Béhague (n. 687). — En maroquin vert doublé de maroquin citron, par Cuzin avec les quatre esquisses au crayon des dessins de Marillier, 620 fr., vente R. Lion (n. 166). En maroquin vert de Trautz, relié sur brochure, 200 fr., vente Lebarbier de Tinan (n. 107).

En demi-reliure, maroquin ancien, 36 fr., vente Daguin (n. 496); en maroquin bleu de Reymann, 28 fr., vente Massicot (n. 568); en maroquin rouge de Mercier, 125 fr., vente Montgermont (1911, n. 119).

L'exemplaire James de Rothschild (n. 858) sur grand papier de Hollande, en maroquin vert ancien est celui de Châteaugiron, à qu'il avait été donné vers 1805 par Caillard. Celui de la collection Ferdinand de Rothschild, en maroquin rouge ancien, a les figures dans un encadrement doré.

LAIS PHILOSOPHE (La), ou Mémoires de Mme D*** et Discours à M. de Voltaire sur son impiété, sa mauvaise conduite et sa folie. Nouvelle édition consid. augmentée selon l'original imprimé à Bouillon, chez Pierre Limier. S. l. 1761. 2 parties en 1 vol. pet. in-8. (De 12 à 15 fr.)

1 figure, non signée.

Pamphlet écrit, assure-t-on, à l'instigation de Mlle Dunoyer. La première édition porte la date de 1760.

LAJOUE (De). — Livre nouveau de Douze morceaux de Fantaisie. *Paris, chez l'auteur et chez Huquier*, gravés par Aveline, Cochin fils, Desplaces, Duflos, Guélard, Lucas et Ravenet. — Premier livre de divers morceaux d'Architecture, inventés par J. de La Toue et gravés par Huquier. 12 pièces. — Livre d'Architecture, paysages et perspectives, deux suites de 12 pièces chaque. *Paris, Huquier.* — Recueil nouveau de différentes Cartouches. *Paris, Huquier,* 12 pièces. — Second livre de Cartouches, 12 pièces. — Troisième livre de Cartouches, 12 pièces. — Livres de Cartouches de guerre, 7 pièces. — Livre de Buffets, 7 pièces. — Livre de Vases, 6 pièces. — Tableaux d'ornemens et de rocailles, 24 pièces en deux suites. — Écrans à main, 6 pièces. — Livre de divers Esquisses et griffonnements, 10 pièces. — Dessus de portes, 12 pièces. — Grands Trophées, 4 pièces.

Toutes ces suites sont éditées par Huquier, sauf la dernière qui l'est par Basan.

La Bibliothèque nationale possède un recueil de dessins d'ornements de la main de La Joue.

LA LIVE DE JULLY (Ange-Laurent de). — Catalogue historique du Cabinet de Peinture et Sculpture françoise de M. A. de La Live, Introducteur des Ambassadeurs. *A Paris, de l'Imprimerie de P. Al. Le Prieur*, 1764. Petit in-4. (De 7 à 8 fr.)

VIII-124 pp., plus un portrait de Cochin et une figure par Lefèvre, gravés par de La Live.

En maroquin rouge ancien, 147 fr., vente Lignerolles (n. 620); un autre 123 fr., vente Portalis (1889, n. 75) au marquis de La Borde; un autre encore, collection James de Rothschild (n. 269).

La magnifique collection de M. de La Live de Jully, composée surtout d'œuvres de l'école française, fut vendue en 1770. Le catalogue, dont les notices sont de Mariette, contient également son portrait gravé par lui-même.

— Collection de Portraits pour faire suite aux Hommes illustres. 50 portraits in-folio. (De 300 à 400 fr.)

Ce travail du fermier général graveur-amateur est extrêmement rare. Il n'en aura été tiré que peu d'exemplaires destinés à être offerts.

De La Live avait eu la prétention de donner un complément aux *Hommes illustres* de Perrault et il a numéroté ses portraits de 65 à 114, dessinés d'après les meilleurs portraits connus et gravés, dit-il, dans la manière de Van Dyck. Augustin de Saint-Aubin, dont La Live était l'élève, passe pour les avoir retouchés. M. E. Bocher les a même compris dans son beau catalogue de l'œuvre de Saint-Aubin.

Voici la liste des personnages représentés : Le cardinal de Retz, le cardinal de Polignac, Bossuet, Fénélon, Fléchier, Mascaron, Nicole, Quesnel, Malebranche, Bayle, l'abbé de Rancé, le maréchal de Créquy, le comte Bussy-Rabutin, Vauban, Catinat, Bourdaloue, Massillon, Moréri, B. de Montfaucon, le P. Porée, le duc de Villars, Duguay-Trouin, Mathieu Molé, Omer Talon, le comte d'Avaux, Boucherat, Lamoignon, D'Argenson, René Pucelle, Mézeray, Saint-Evremont, Félibien, Cassini, La Bruyère, Dacier, Rollin, Rapin de Toyras, Segrais, Thomas, Corneille, Boileau - Despréaux, Chaulieu, J.-B. Rousseau, Dufresnoy, Jouvenet, H. Rigaud, François Lemoyne, Puget, Girardon, André Le Nostre et La Lande.

Nous avons vu chez M. Belin un curieux recueil d'eaux-fortes de La Live de Jully, relié en maroquin rouge aux armes de Mme de Pompadour.

LALMANT. — Le Pot-pourri de Loth. — Voyez SEDAINE, Tentation de saint Antoine.

LALONDE. — Œuvres diverses de Lalonde, contenant un grand nombre de dessins pour la décoration intérieure des appartements, des meubles du plus nouveau goût, des pièces d'orfèvrerie et de serrurerie, etc..., recueil utile aux artistes et aux personnes qui veulent décorer avec goût. *A Paris, chez Chéreau*, s. d. 2 vol. in-fol. (De 4,000 à 5,000 fr.)

La première partie se compose de 26 cahiers de 6 planches chacun, la seconde partie (ameublement) de 4 et 9 cahiers de 6 planches (signatures A-D et A-I), gravées par Foin, de Saint-Morien et de La Gardette. Soit en tout 234 planches.

L'un des recueils les plus rares de l'intéressante série des livres d'ornements. Il contient des modèles de bordures, pieds de meubles, corniches, girandoles, candélabres, lustres, trophées, chambranles, dessus de portes, feux, cartels, baromètres, orfèvrerie, bijouterie, serrures, heurtoirs, verroux, clefs, meubles, tables, etc...

L'exemplaire de la vente Béhague (n. 379), en maroquin rouge de Belz-Niedrée, auquel était jointe *la Serrurerie de Caillouet* en 18 planches et 12 planches de *Frises et arabesques composées et gravées par Salembier*, soit 252 planches en tout, 4,550 fr., bien qu'il y manquât 2 cahiers dans la première partie et que les titres gravés y fussent de tirage moderne; avec les mêmes suites ajoutées, en demi-reliure, exemplaire bien complet, 2,425 fr., vente R. Lion (n. 89).

L'exemplaire de Bérard en 4 volumes, demi-reliure, qui a passé ensuite chez Lord Carnarvon (n. 85) contenait, dit-on, plus de 400 planches et deux ou trois dessins originaux de Lalonde.

Aux 39 cahiers décrits ci-dessus, on avait ajouté dans l'exemplaire Destailleur (1895, n. 485 : 2,500 fr.) relié en maroquin rouge par Niedrée, les cahiers additionnels suivants :

Grilles. 12 planches en 3 cahiers.
Rampes. 6 planches en 1 cahier.
Serrurerie, cahiers 1 à 3, 18 planches.
Chaires à prêcher; Menuiserie, 1er cahier; Nouveaux lits, 1er cahier; Trophées et vases, 1er cahier; Lits en fer, 1er cahier; Orfèvrerie, 2e et 3e cahiers; Différents ornements de cheminées et chambres. Ces 8 cahiers contenant 34 planches.

Destailleur possédait aussi une portion importante des planches de meubles (cahiers A-I) en épreuves d'artiste tirées avant la lettre (1895, n. 1409 : 120 fr.).

Il existe aussi une suite très rare de planches d'après Lalonde assez médiocrement exécutées par Fay, publiée à Paris, chez Jean, vers 1790 en cahiers in folio de 4 planches chacun.

On en connait les cahiers 1 à 34.

LA METTRIE. — La Faculté vengée, comédie en trois actes par M***, de la Faculté de Paris. *A Paris, Chez Quillau*, 1747. In-8. (De 10 à 15 fr.)

Joli fleuron et vignette en-tête, non signés.

Réimprimé en 1762.

LA MONNOYE (Bernard de). — Poësies de M. de la Monnoye, de l'Académie Françoise. Avec son Eloge. Publiées par M. de S*** [Sallengre]. *A La Haye, Chez Charles le Vier*, 1716. In-8. (De 12 à 15 fr.)

1 fleuron sur le titre par B. Picart, et 5 vignettes dessinées et gravées par Bleyswick. En maroquin rouge de Padeloup, 20 fr., vente Lignerolles (n. 1077).

— Œuvres choisies de feu M. de la Monnoye. *A La Haye, Chez Ch. Le Vier et à Paris, Chez Saugrain*, 1770. 3 vol. in-8. (De 8 à 10 fr.)

Portrait.

Avec une introduction par Rigoley de Juvigny.

En maroquin rouge de Derôme, 260 fr., vente Lacarelle (n. 242).

LA MORLIÈRE (Le Chevalier Charles-Jacques-Louis-Auguste Rochette de). — Angola, histoire Indienne ; Ouvrage sans vraisemblance. Nouvelle Édition Revue et Corrigée. *A Agra, Avec privilège du Grand-Mogol* (Paris), 1751. 2 vol. in-16. (De 100 à 150 fr.)

Tome I : 25 pp. et 169 pp., plus 3 figures. Tome II : 206 pp. et 1 f. n. ch., plus 2 figures.

1 fleuron sur le titre, répété dans la seconde partie, 2 vignettes en-tête par Eisen, gravées par Maisonneuve, et 5 figures par Eisen, gravées par Tardieu, Aveline et Maisonneuve.

Il faut distinguer deux éditions sous la même date. Dans la meilleure, la seconde vignette en-tête doit représenter un carosse dans lequel on voit les deux amants. Dans l'autre édition, le carrosse est remplacé par une Vénus couchée qui sert aux deux volumes ; de plus, le fleuron n'est pas répété sur le titre du second.

Un exemplaire relié par Padeloup, en maroquin rouge ancien, 40 fr. 50, vente Pixerécourt (n. 1364), revendu 500 fr., vente du baron J. Pichon (n. 741) et 1,500 fr., vente Lacarelle (n. 364) à Morgand pour Eugène Paillet (1902, n. 129) ; il est aujourd'hui chez M. Henri Beraldi. En maroquin bleu doublé en maroquin citron par Cuzin, 420 fr., vente Rich. Lion (n. 237).

En veau ancien, 295 fr., vente Béhague (1066) ; en maroquin rouge de Lortic, 265 fr., vente Delbergue (n. 196) ; en maroquin rouge ancien, 105 fr., vente Maas (1882, n. 443) revendu 85 fr., vente L. de Tinan (n. 156).

En maroquin citron à mosaïque, par Thibaron-Joly, 1,020 fr., vente Daguin (n. 512), puis chez Robert Hoe ; en maroquin bleu de Motte, 350 fr., vente Montgermont (1911, n. 120).

Les réimpressions de 1763 et 1770 n'ont pas de valeur.

— Les Lauriers ecclésiastiques, ou Campagnes de l'abbé de T***, (par La Morlière), troisième édition, corrigée et enrichie de VI planches du fameux F. B. (faussement attribuées à Boucher, mais en réalité de Desrais). *A Luxuropolis, De l'imprimerie ordinaire du clergé*, 1779. In-12. (De 30 à 40 fr.)

164 pp. plus 6 figures libres non signées. Texte encadré.

La première édition de ce pamphlet contre l'abbé Terray date de 1748 ; les figures n'apparaissent qu'à partir de l'édition de 1779. Parmi les nombreuses réimpressions, il faut signaler celle de 1797 (in-18) également ornée de figures.

LA MOTHE (De). — La Récréation des Honnêtes gens, ou Opuscules en vers par M. et M***. *A Amsterdam et à Paris, chez Petit*, 1770. (De 8 à 10 fr.)

1 frontispice gravé par Fessard.

De La Mothe est l'auteur d'un petit volume de poésies intitulé l'*Ami d'Erato*.

LA MOTTE (Houdard de). — Fables nouvelles, dédiées au Roy, Par M. de La Motte, de l'Académie Françoise, avec un discours sur la Fable. *A Paris, chez Grégoire Dupuis. (De l'Imprimerie de Jean-Baptiste Coignard)*, 1719. In-4. (De 30 à 40 fr.)

XLII-358 pp. et 1 f. n. ch., plus 1 frontispice.

Contient 1 fleuron sur le titre par Vleughels, gravé par Simoneau, 1 frontispice par Coypel, gravé par Tardieu, et 100 vignettes par Coypel, Gillot, Edelinck, B. Picart et Ranc, gravées par Cochin, Gillot, Edelinck, B. Picart, Simoneau et Tardieu.

Très belle édition rare et recherchée. Elle existe en grand papier.

Les vignettes sont jolies et spirituelles, surtout celles gravées par Gillot.

Ces figures ont été tirées en épreuves hors texte, et sont fort belles en cet état.

Le portrait de La Motte, par Edelinck d'après Ranc, que l'on trouve souvent ajouté, n'appartient pas à l'édition.

Un bon exemplaire sur grand papier, en maroquin vert ancien, 300 fr., vente Lebeuf de Montgermont (1876, n. 455). Il provenait de la vente Radziwill (n. 805), où il avait été payé 200 fr.

En maroquin rouge de Petit, 120 fr., vente E. Martin (n. 218); en maroquin rouge de Cuzin, 140 fr., vente R. Portalis (février 1878, n. 79); en maroquin rouge ancien à dentelles, 1,260 fr., vente Werlé (n. 313); en maroquin rouge ancien, 1,700 fr., vente Montgermont (1911, n. 121).

En veau ancien, grand papier, 21 fr., vente Daguin (n. 513); en papier ordinaire, maroquin rouge de Smeers, 23 fr., même vente (n. 514); en maroquin rouge de Chambolle, grand papier, 185 fr., vente Sardou (n. 149).

Une suite de vignettes tirées hors texte, en veau fauve ancien, 200 fr., vente Destailleur (1891, n. 1137); une autre en maroquin rouge ancien a passé chez Guyot de Villeneuve (n. 466 : 230 fr.), puis chez M. de Montgermont (1911, n. 122 : 620 fr.).

Nous avons vu, dans les réserves du Musée du Louvre, quelques-uns des dessins de Gillot, provenant des ventes Quentin de Lorangère et Mariette.

— Fables nouvelles, dédiés au Roy, par M. de La Motte, de l'Académie françoise, avec un discours sur la fable, quatrième édition. *A Amsterdam, Chez Wetstein et Smith*, 1727. 2 vol. In-12. (De 15 à 20 fr.)

210 et 153 pp., plus 3 pp. n. ch., table et approbation par Fontenelle.

Contient 1 frontispice par Coypel, gravé par Edelinck, et 99 figures non signées.

Le premier encadrement est signé Jongman.

En maroquin vert moderne, 57 fr., vente Sardou (n. 150).

Ces figures ont été tirées dans un encadrement gravé. On les trouve aussi séparément sous le titre de : *Nouveau Recueil d'Estampes faites pour l'édition in-12 des Fables de M. de La Motte..., inventées et gravées par C. Gillot. A Paris, Chez Huquier*, s. d, (100 figures, frontispice compris).

Un exemplaire de ce dernier tirage, en maroquin rouge de Closs, contenant 112 planches à deux compositions et chaque planche étant tirée en double état, à l'eau-forte pure et avancée, 345 fr., vente E. Martin (n. 219).

Les dessins originaux de cette série réduite se trouvaient dans un exemplaire ayant figuré aux ventes Nodier (1844, n. 496 : 73 fr.) et Taylor (1848, n. 959 : 43 fr. 50) et aujourd'hui conservé à Chantilly.

— L'Iliade, poème, avec un discours sur Homère. *A Paris, Chez Dupuy*, 1714. In-8. (De 5 à 6 fr.)

12 figures dessinées par Roettiers et Nattier, gravées par Edelinck et Chauffournier.

— Œuvres de M. de La Motte-Houdard. *A Paris, Chez Prault*, 1754. 10 vol. in-12. (De 25 à 30 fr.)

4 frontispices par Harrewyn et Coypel, et 21 figures de Broën pour la traduction d'Homère.

LA MOTTE. — Mémoires justificatifs de La Comtesse de Valois de La Motte, écrits par elle-même. *Imprimés à Londres*, 1798. In-8. (De 15 à 20 fr.)

2 ff. n. ch., 260 pp., plus 1 figure non signée.

On peut y joindre :

Second Mémoire justificatif de la Comtesse de Valois De La Motte, écrit par elle-même. *A Londres*, 1789. in-8.

1 f. n. ch., 78 pp.

Il y a eu de nombreuses réimpressions de ces *Mémoires*.

LAMOUR (Jean). — Recueil des Ouvrages en Serrurerie, que Stanislas roy de Pologne, duc de Lorraine et de Bar, a fait poser sur la place Royale de Nancy, à la gloire de Louis le Bien-Aimé, composé et exécuté par Jean Lamour, son serrurier ordinaire, etc... *Se vend à Nancy chez l'auteur, et à Paris chez François*. S. d. (1768). (De 250 à 300 fr.)

1 titre gravé dans un bel encadrement, une dédicace ornée à Stanislas avec vignettes par Bénard, 5 ff. d'explication avec une vignette allégorique gravée par Collin. d'après Girardet, et 21 planches gravées d'après les dessins de Lamour par Collin et Nicole.

Le privilège du roi porte la date du 16 décembre 1767.

En demi-reliure de Hardy, 120 fr., vente Béhague (n. 386); en demi-veau, 310 fr., vente Doistau (n. 43).

LANDON. — Annales du Musée et de l'Ecole moderne des Beaux-Arts, recueil de gravures au trait, d'après les principaux ouvrages de peinture, sculpture, ou projets d'architecture qui, chaque année, ont remporté le prix, etc., par C. P. Landon. *A Paris,* 1800-1809. 17 vol. in-8. (De 80 à 100 fr.)

Nombreuses figures au trait.
C'est la seule partie de cet ouvrage qui touche le xviii° siècle. Le livre se continue par les *Annales du Musée,* partie ancienne, 1805-1808. — 4 vol in-8, etc..., en tout 41 vol. (De 150 à 160 fr.)

LANGEAC (De). — Colomb dans les fers à Ferdinand et Isabelle, après la découverte de l'Amérique, épître qui a remporté le prix de l'Académie de Marseille, précédée d'un précis historique sur Colomb, par M. le chevalier de Langeac. *A Londres et à Paris, Chez Jombert,* 1782. In-8. (De 7 à 8 fr.)

Frontispice par Marillier, gravé par de Launay jeune, 1 vignette et 1 cul-de-lampe, par les mêmes.
M. Henri Beraldi a joint à un exemplaire broché l'avant-lettre du frontispice, les 2 tirages hors texte, les eaux-fortes des 3 pièces et l'a fait relier par Cuzin en maroquin doublé.

— Éloge de Corneille, pièce qui a concouru au prix de l'Académie de Rouen en 1768. *A Paris, Chez Le Jay,* 1768. In-8. (De 8 à 10 fr.)

Portrait de Corneille, gravé par Gaucher, d'après Lebrun.

LANGLÈS (L.). — Collection de voyages traduits de différentes langues orientales et européennes... par L. Langlès. *A Paris, De l'imprimerie de Crapelet,* l'an V, 1797, à l'an XIII, 1805. 5 vol. in-8 et atlas in-8 oblong. (De 20 à 25 fr.)

Figures de Hilair et Duplessi-Bertaux.
Un bel exemplaire non rogné, sur papier vélin, en maroquin rouge de Bozérian, avec toutes les avant-lettre et eaux-fortes moins deux, 55 fr., vente E. Martin (n. 628).

— Voyage de l'Inde à la Mekke, par Abdoul-Kérym, traduit avec notes par Langlès. *A Paris, Chez Crapelet,* 1797. 3 vol. In-12. (De 12 à 15 fr.)

Figures par Hilair, gravées par Copia et Duplessi-Bertaux.

LA PLACE (De). — L'Orpheline Angloise, ou Histoire de Charlotte Summers, imitée de l'anglois de M. N*** par M. de la Place. *A Londres et à Paris, Chez Rollin fils,* 1752. 4 vol. In-12. (De 15 à 20 fr.)

4 titres gravés et 4 jolies figures dessinées et gravées par Aveline.
Nouvelle édition, *Paris, Bleuet,* an VIII, 4 vol. in-18. (De 8 à 10 fr.) — 4 figures par Borel, gravées par de Launay.

— Adèle, comtesse de Ponthieu, tragédie. *A Paris,* 1758. In-12. (De 4 à 5 fr.)

1 vignette par Gravelot, gravée par W. Ryland.
En maroquin rouge ancien, aux armes de Rosset, 41 fr., vente Sardou (n. 89).

— Oronoko, ou le Prince Nègre, imitation de l'anglois, nouvelle édition, revue et corrigée par M. de La Place. *A Londres et à Paris, Chez Vente,* 1769. In-12. (De 8 à 10 fr.)

1 vignette par Eisen et 5 figures par Marillier, gravées par Baron.
Un exemplaire aux armes du duc de Choiseul-Stainville, 60 fr., vente Duriez de Verninac.

— Lydia, ou Mémoires de Mylord D***, Imités de l'Anglois par M. de La Place. *A Londres, et se trouve à Bruxelles, chez de Boubers,* 1772. 4 parties en 2 vol. in-12. (De 12 à 15 fr.)

1re partie : 3 ff. n. ch., vi-158 pp., 1 f. n. ch., plus 1 figure.
2e partie. 2 ff. n. ch., 131 pp., 1 f. n. ch. plus 1 figure.
3e partie : 2 ff. n. ch., 134 pp., 1 f. n. ch. plus 1 figure.
4e partie : 2 ff. n. ch., 202 pp., 1 f. n. ch. plus 1 figure.

En tout 4 jolies figures de Cardon, 4 fleurons sur les titres et 5 vignettes en-tête, gravés par de La Rue.

— Collection de Romans et Contes imités de l'anglois, corrigés et revus de nouveau par M. de La Place. *A Paris, Cussac*, 1780 ou 1788. 8 vol. in-8. (De 80 à 100 fr.)

16 jolies figures de Borel, gravées par Biosse, Borgnet, Dambrun, Delignon, Giraud l'aîné, Giraud le jeune, Hubert, Le Roy, Marchand, Petit et Viguet.

Sur papier fort, en veau fauve de Bozérian, 146 fr., vente E. Martin (n. 432).

L'édition de 1788 contient 8 figures additionnelles gravées par Baquoy, Berthet, Fosseyeux, Huot et Maillet.

— Tom Jones ou l'Enfant Trouvé, imité de Fielding. *A Londres*, 1801. 4 vol. in-16.

— Voy. col. 395.

LA POPELINIÈRE (Le Riche de). — Tableaux des mœurs du temps dans les différents âges de la vie. *A Amsterdam*, s. d. (vers 1750). In-4.

Le seul exemplaire qui ait été imprimé de cet ouvrage licencieux était orné de 18 miniatures libres attribuées à Caresme et dans lesquelles on reconnaissait fort bien le portrait du financier auteur du texte.

A la mort de la Popelinière (5 décembre 1762), le volume fut confisqué par Louis XV qui le donna au duc de La Vallière ; il passa en suite (vers 1783) chez Pâris d'Illens, puis (vers 1790) chez le prince Michel Petrovitch Galitzin. En 1825, il fut vendu à l'amiable à M. de Soyecourt et après avoir appartenu à Jules Le Gallois (1844, n. 529 : 5,000 fr.) il fut acheté par le baron Pichon. A la suite de quelques lignes malveillantes de Lacour, celui-ci s'en débarrassa et le volume trouva sa place tout indiquée dans l'*Enfer* du célèbre Hankey. A la vente de Cousin (1890, n. 673), il fut adjugé pour 20,200 francs à un amateur bordelais récemment décédé et se trouve aujourd'hui dans une collection normande bien connue.

Il est relié en maroquin rouge ancien à larges dentelles, aux armes de La Popelinière. Vers le milieu du XIXe siècle, deux des miniatures ont été retirées.

LA PORTE (Abbé). — Voyage en l'autre Monde, ou Nouvelles littéraires de celui-cy. *A Londres et Paris*, 1752. In-12. (De 4 à 5 fr.)

1 titre gravé et 1 frontispice dessiné par Eisen, gravé par Sornique.

— Histoire littéraire des Femmes françoises, ou Lettres historiques et critiques, contenant un précis de la vie et une analyse raisonnée des ouvrages des femmes qui se sont distinguées dans la littérature françoise, par une société de gens de lettres. *A Paris, chez Lacombe*, 1769. 5 vol. in-8. (De 15 à 20 fr.)

Frontispice dessiné par de Sève, gravé par B.-L. Prévost.

LARCHER. — Mémoire sur la déesse Vénus, auquel l'Académie Royale des Inscriptions & Belles-Lettres a adjugé le Prix de la Saint Martin 1775. *A Paris, Chez Valade*, 1776. In-12. (De 6 à 8 fr.)

355 pages plus un *Huitième index de Drôleries éparses de côté et d'autre dans ce volume* (18 pages).

On ajoute souvent à ce volume une charmante figure gravée par Augustin de Saint-Aubin d'après Dé... décrite par M. Bocher sous le n° 669. On ne la connaît que sans lettre.

LARMES DE SAINT-IGNACE (Les), ou Dialogue entre saint Thomas et saint Ignace, etc. *Sur la copie à Arevalo en Castille, chez Don Juan Velasco*. (Paris, 1762). Pet. in-8. (De 8 à 10 fr.)

Jolie planche pliée, dessinée et gravée par de Montalais.

Attribué au duc d'Ayen.

LA ROCHEFOUCAULD (Le duc de). — Maximes et Réflexions morales. *A Paris, de l'Imprimerie royale*, 1778. In-8. (De 25 à 30 fr.)

Portrait de l'auteur gravé par Choffard, d'après l'émail de Petitot.

Existe en grand papier vélin in-8 ; le portrait se trouve en avant-lettre et en eau-forte.

L'exemplaire Anisson-Duperron (vendu 20,500 fr. en assignats) relié en maroquin bleu à dentelles par Derôme aux armes de France, et contenant le dessin original de Choffard et trois états du portrait, 160 fr., vente d'Ourches (1811, n. 223), revendu 2,005 fr., vente Gosford (n. 73) et 2.010 fr., vente Rich. Lion (n. 37) a été cédé, vers 1899, par Toovey à M. Pierpont-Morgan ; sur papier de Hollande, en maroquin rouge ancien, 1,050 fr., vente Lignerolles (n. 465).

L'exemplaire du Musée Dutuit (n. 125) est en maroquin rouge ancien, reliure signée de Derôme le jeune ; celui de la collection Ferdinand de Rothschild est également en maroquin rouge ancien.

— Maximes et réflexions morales du duc de la Rochefoucauld. *A Londres* (Paris, Cazin) 1784. In-18. (De 10 à 15 fr.)

2 ff. n. ch., xx-152 pp., plus un joli portrait gravé par Duponchel.

— Reflexions, ou Sentences et Maximes morales de M. le duc de la Rochefoucauld, avec des observations de M. l'abbé Brotier. *A Paris, Chez J.-G. Mérigot*, 1789. In-8. (De 5 à 6 fr.)

Portrait gravé par Choffard d'après Petitot.

En maroquin citron ancien, vente Just de Noailles, revendu 45 fr., vente Turner (n. 150).

— Maximes et reflexions morales du duc de la Rochefoucauld. *A Paris, de l'Imprimerie de Pierre Didot l'aîné*, 1796. In-18. (De 25 à 30 fr.)

xxxii-146 pp., plus 1 portrait de l'auteur par Petitot, gravé par Gaucher.

Existe tiré sur grand papier vélin à cent exemplaires avec le portrait avant la lettre ou même en 3 états : eau-forte, avant-lettre, lettre. En maroquin bleu, doublé de maroquin rouge par Cuzin, relié sur brochure, grand papier, portrait en 3 états, 500 fr., vente Daguin (n. 612), aujourd'hui chez M. Schuhmann. Sur papier ordinaire, en maroquin rouge ancien, 25 fr., vente Rich. Lion (n. 38).

Ce joli volume se joint à la collection Bleuet.

LARREY (De). — Histoire d'Éléonore de Guyenne, duchesse d'Aquitaine, contenant ce qui s'est passé de plus mémorable sous les règnes de Louis VII dit le Jeune, roi de France ; d'Henri II et de Richard son fils, surnommé Cœur de Lion, roi d'Angleterre, etc., par M***. *A Londres et Paris, Cussac*, 1768. In-8. (De 8 à 10 fr.)

3 belles figures par Borel, gravées par Borgnet, Delignon et Halbou.

On les connait en avant-lettre et en eaux-fortes.

LA RUE (P.-B. de). — Nouveau Recueil des Troupes légères de France, Levées depuis la présente guerre avec la date de leur création, le nombre dont chaque corps est composé, leur uniforme et leurs armes... *A Paris, chez F. Chereau*, 1747. In-fol. (De 80 à 100 fr.)

Titre gravé par Babel avec lettre de Desboulins, dédicace avec encadrement gravé et lettre du même, et 12 planches de costumes par La Rue, gravées par De La Fosse, A.-C. Boucher, Aveline et Major.

Le titre existe avec et sans la date.

LA RUE (De). — Traité de la Coupe de pierres, ou Méthode facile et abrégée pour se perfectionner en cette science, par de La Rue. *A Paris, Chez Jombert*, 1764. (De 10 à 12 fr.)

Frontispice par Belin, gravé par Thomassin ; grand fleuron, sur le titre, par Cochin, gravé par Aveline, 2 lettres ornées et 6 vignettes non signées.

LA RUE. — Suite de Gravures à l'eau-forte, Bacchanales, Jeux d'Enfants, Tombeaux, Vases, etc. (1770-71), gravée par Parizeau, d'après La Rue, sculpteur du Roi. (De 200 à 250 fr.)

110 feuilles en 10 cahiers.

LA SALLE (Mis de). — Histoire de Sophie de Francourt, par M***. *A Paris, Merlin*, 1768. 2 vol. in-12. (De 20 à 25 fr.)

4 jolies figures par Gravelot, gravées par Masquelier, Leveau, de Lorraine et Duclos. En maroquin bleu de Cuzin, 210 fr., vente Montgermont (1911, n. 123).

LA SERRIE (Joseph de). — Épanchements de l'Ame, ou Essai de philosophie morale. *A Paris, De l'Imprimerie de Didot le jeune,* (1797). In-8. Papier vélin. (De 8 à 10 fr.)

Frontispice avec portrait en médaillon de l'auteur et 4 figures dessinés et gravés par l'auteur d'après Quéverdo et Moreau.
Joseph de La Serrie était un graveur amateur.

— Essai de Littérature, avec des planches dessinées et gravées de la main de l'auteur. *A Paris,* s. d. In-8. (De 8 à 10 fr.)

Un portrait, le même que ci-dessus, et 3 figures.

LASSALLE. — Le Mieux, conte moral, par le général Lassalle. *A Paris, de l'imprimerie de la citoyenne Ralleu,* an VI. In-12. (De 5 à 6 fr.)

1 figure non signée.

LA TOUR (Abbé de). — Trois femmes, nouvelle. Seconde édition ornée de sept estampes dessinées par Legrand, et gravées à Paris par les meilleurs artistes. *A Leipsic, Chez Pierre Philippe Wolff,* 1798. In-12. (De 30 à 35 fr.)

1 f. n. ch., 325 pp., 1 f. n. ch., plus 1 frontispice et 6 très jolies gravures de Legrand, gravées par Duplessi-Bertaux, Choffard et Couché.
Ces figures reparaissent dans l'Abbé de La Tour, Recueil de nouvelles et autres écrits divers. *A Leipsig, Chez Pierre Philippe Wolf,* 1798-1799. 3 vol. in-12 et dans le roman de Mme de CHARRIÈRE. Trois femmes. (Ci dessus, col. 228).

LAUGIER (le P.). — Essai sur l'Architecture, nouvelle édition avec un dictionnaire des termes et des planches qui en facilitent l'explication. *A Paris, Chez Duchesne,* 1755. In-8. (De 8 à 10 fr.)

1 joli frontispice par Eisen, gravé par Aliamet et 8 figures techniques.

LAUJON (De). — Les A propos de Société, ou Chansons de M. L... (Paris), 1776. 2 vol. in-8, avec musique notée.

Tome I : pp. III-X et 1-302, plus 1 frontispice 1 figure.
Tome II : 316 pp., plus 1 frontispice et 1 figure.
En tout 1 frontispice par Moreau, servant à chaque volume ; 2 figures par Moreau, gravées par de Launay et Simonet; 2 vignettes et 2 culs-de-lampe par Moreau, les vignettes gravées par Duclos et Martini, et les culs-de-lampe par de Launay.
Ces deux volumes se joignent toujours au suivant :

— Les A propos de la Folie, ou Chansons Grotesques, Grivoises et Annonces de parade. (Paris), 1776. In-8, avec musique notée. (Avec les précédents, les 3 vol., de 100 à 150 fr.)

pp. III-VI et 1-319, plus 1 frontispice et 1 figure.
1 frontispice, 1 figure et 1 vignette par Moreau, gravés par Martini, et 1 cul-de-lampe par Moreau seul.
Les illustrations sont d'une grâce ravissante et comptent parmi les meilleures de Moreau. Les figures existent avant les numéros et en épreuves d'artiste, et les vignettes en tirages à part.
En maroquin citron ancien, 30 fr., vente Pichon (1869, n. 654); broché, 145 fr., vente R. Portalis (février 1878, n. 82); en maroquin vert de Capé 140 fr., vente Béhague (n. 801); broché, 90 fr., vente L. de Tinan (n. 126); en veau fauve, très jolie reliure de Derôme, 885 fr., vente Guyot de Villeneuve (n. 446), revendu 1.600 fr., vente Montgermont (1911, n. 124); en maroquin citron de Cuzin, relié sur brochure, 400 fr., vente Daguin (n. 516).
L'exemplaire de M. Henri Beraldi, relié sur brochure par Cuzin en maroquin doublé, contient les 3 figures en double état, avant et avec les numéros (2 sont en épreuves d'artiste avant la lettre) plus la suite des tirages hors texte.
En maroquin rouge, aux armes de Marie-Antoinette, Bibliothèque nationale; en maroquin rouge ancien, collection Louis Cartier; en maroquin vert ancien, collection Ferdinand de Rothschild.

— L'Amoureux de quinze ans, ou la Double-Fête, comédie en trois actes et en prose, mêlées d'ariettes, dédié à S. A. S. Mons^{gr} le duc de Bourbon, par M. Laujon, musique de M. Martini, représentée pour la première fois par les Comédiens italiens, le 17 avril 1771. *A Paris, Chez la Veuve Duchesne*, 1771. In-8. (De 15 à 20 fr.)

1 figure par Gravelot, gravée par Duclos.
Il existe pour cette comédie une suite de 6 figures in-4°, de Desrais et Martinet, gravées par Thérèse Martinet et Jeanne Prévost (1772). (De 40 à 50 fr.)

LAUNAY (De). — La Vérité fabuliste, comédie, avec un recueil de fables, par M. de Launay. *A Paris, Chez Le Breton*, 1733. Pet. in-8. (De 8 à 10 fr.)

1 joli frontispice par Coypel, gravé par Cars.

LAUNAYE (De). — De la Saltation théâtrale, ou Recherches sur l'origine, les progrès et les effets de la pantomime chez les anciens. *A Paris, Chez Barrois*, 1790. In-8. (De 80 à 100 fr.)

9 planches imprimées en couleurs.

· LA VALLIÈRE (Mlle de). — Réflexions sur la Miséricorde de Dieu. *A Paris, Savoye*, 1744. In-12. (De 8 à 10 fr.)

Portrait et 2 figures par C. N. Cochin, gravés par Duflos.

LA VALLIÈRE (Duc de). — Bibliothèque du Théâtre-François depuis son origine, contenant un extrait de tous les ouvrages composés pour ce théâtre depuis les mystères jusqu'aux pièces de Corneille, etc... *A Dresde, Chez Michel Groell* (Paris, Bauche), 1768. 3 vol. pet. in-8. (De 50 à 60 fr.)

3 frontispices par Cochin, gravés par Massard et de Launay; 5 vignettes par Eisen et Carpentier, gravées par Massard et Bosse, et 3 culs-de-lampe, dont deux par de Sève, gravés par Fessard, et 1 dessiné et gravé par Martini.
Ouvrage dû à la collaboration de l'abbé Mercier Saint-Léger, Marin, Capperonnier et l'abbé Boudot.
Les eaux-fortes des jolies frontispices de Cochin existent en épreuves de graveur.

LA VALLÉE, voy. CASSAS.

LA VALLÉE (J. de) et BRION. — Voyages dans les 102 Départements de la France. *A Paris*, an IV-X. 13 vol. in-8. (De 60 à 80 fr.)

Figures à l'aquatinte.

LAVATER (Jean-Gaspard). — Essai sur la Physiognomonie, destiné à faire connaître l'homme et à le faire aimer (trad. en français par Madame de La Fite, MM. Caillard et Henri Renfer. *A La Haye*, 1781-1786. 4 vol. gr. in-4. (De 150 à 200 fr.)

4 fleurons sur les titres gravés par Holzhalb d'après Chodowiecki, environ 200 grandes planches de types ou portraits, gravées par Lips, Eckardt, Fiesinger, Haid, Rieter, Schwarz et Schellenberg ou non signées, d'après Chodowiecki, Rubens, Duplessis, West, etc., et nombreuses vignettes dans le texte de Chodowiecki, Berger, Lips, Schellemberg, Stumpf, etc., 1 portrait et 191 figures (De 150 à 200 fr.)
Livre curieux. En maroquin bleu de Bozérian, 280 fr., vente E. Martin (n. 86).
L'édition originale en allemand, sous le titre de *Physiognomische Fragmente*, a été imprimée à Leipzig, 1775-1778. 4 vol. in-4. (De 100 à 150 fr.)
Une autre traduction française, *A Paris, Prudhomme*, 1805-9. 10 vol. grand in-8. (De 50 à 60 fr.)
Autre édition, *A Paris, Depelafol*, 1820-21, 10 vol. grand in-8. (De 30 à 40 fr.)

LAVEAUX. — Histoire de Pierre III, Empereur de Russie, Imprimée sur un manuscrit trouvé dans les papiers de Montmorin, ancien Ministre des affaires étrangères, et composé par un agent secret de Louis XV, à la cour de Pétersbourg; avec des éclaircissements et des additions importantes; suivie de l'histoire secrète des amours et des principaux amans de Catherine II. Par l'Auteur de la Vie de Frédéric II, roi de Prusse. Avec Figures. *A Paris, Maison La Briffe*, an VII (1799). 3 vol. in-8. (De 25 à 30 fr.)

Tome I : 2 ff. n. ch., IV-360 pp., plus 1 frontispice.

Tome II : 2 ff. n. ch., 360 pp., plus 1 frontispice.
Tome III : 2 ff. n. ch., 312 pp., plus 1 frontispice.
3 frontispices dessinés par F. Huot, gravés par Dupréel, F. Huot et Tassaert.
En maroquin vert ancien, vente Werlé (V, n. 1682).

LA VICOMTERIE. — Les Crimes des Rois de France, depuis Clovis jusqu'à Louis XVI. *A Paris*, 1791. In-8. (De 8 à 10 fr.)

1 frontispice non signé.
Réimprimé la même année avec le même frontispice et 4 figures non signées.

— Les Crimes des Empereurs d'Allemagne, depuis Lothaire Ier jusqu'à Léopold II. *A Paris*, 1793. In-8. (De 8 à 10 fr.)

1 frontispice et 4 figures, dessinés et gravés par Ransonnette.

— Les Crimes des Empereurs turcs, depuis Osman Ier jusqu'à Sélim IV. *A Paris*, an III. In-8. (De 8 à 10 fr.)

1 frontispice et 3 figures médiocres.

LAYA et LEGOUVÉ. — Essai de Deux Amis, *S. l.* 1786. In-8. (De 8 à 10 fr.)

Joli frontispice gravé par de Longueil d'après Moreau.

LE BAS (J.-Ph.). — Recueil de divers morceaux gravés d'après plusieurs tableaux de David Teniers, de Salvator Rosa et de M. Parocel, dont on a fait choix dans les fameux cabinets de Mgr le duc de Valentinois, de Mme la Comtesse de Verrue, de M. Hickmann, de M. de Vaux, etc... auxquels morceaux le graveur en a ajouté quelques-uns de sa composition. Le tout exécuté et mis au jour par J.-P. Le Bas, graveur du Roy, etc... *S. l.* In-folio.

74 planches d'après Wouwermans, Ruysdaël, Boucher, Chantereau, etc.

— Recueil d'animaux de chasse, tirés du Cabinet de M^r le comte de Thim.

12 planches gravées à l'eau-forte par J.-E. Ren et Vennines, et achevées par Le Bas d'après Oudry.

— Livre de Dessins qui représentent les parties du corps humain et des figures entières gravées d'après les grands peintres.

20 planches.

— Études de différentes figures militaires.

8 planches dessinées et gravées par J. Ph. Le Bas; se joint aux trois précédents, ensemble 114 planches et titre gravé.

— Catalogue de Tableaux, sculptures, dessins, estampes encadrées en feuilles et en recueils; d'un précieux fonds de planches gravées avec leurs épreuves; de divers ustensiles de graveurs et autres objets de curiosités, le tout provenant de la succession de feu M. Le Bas. *A Paris, Chez Cloutier et Joullain*, 1783. In-8.

Frontispice et cul-de-lampe de Ch.-Et. Gaucher d'après C.-N. Cochin.

LE BLANC (Abbé). — Aben-Saïd, empereur des Mongols, tragédie. 2e édition. *A Paris, Chez Prault fils*, 1743. In-8. (De 6 à 8 fr.)

Frontispice par Le Bas et fleuron par Scotin.

— Lettres de M. l'abbé Le Blanc, historiographe des Bâtiments du Roi. *A Lyon*, 1758. 2 vol. in-12. (De 6 à 8 fr.)

Frontispice par Le Lorrain, gravé par Gallimard, et 1 fleuron des mêmes, sur les deux titres.

LE BRET. — La Nouvelle Lune, ou M. le B***. (A. J. Le Bret). *A Paris, chez André*, an VII. 2 vol. in-12. (De 10 à 12 fr.)

2 figures par Bovinet.

LEBRUN (J. B. P.). — Catalogue raisonné de tableaux, dessins, estampes, figures de bronze et de marbre... qui composaient le cabinet de Poullain, etc. *A Paris*, 1789. In-8. (De 6 à 8 fr.)

1 frontispice allégorique par Le Brun, gravé par Dambrun.

LE BRUN (Charles). — La Grande Galerie de Versailles et les deux salons qui l'accompagnent, peint par Charles Le Brun, premier ministre de Louis XIV, dessiné par Jean-Baptiste Massé, peintre, et gravés sous ses yeux par les meilleurs maitres du temps. *A Paris, De l'Imprimerie royale*, 1752. Gr. in-fol. (De 400 à 500 fr.)

Un superbe portrait de Massé, gravé par Wille, d'après la peinture de Tocqué et 52 planches, dont le plus grand nombre in-plano, gravées par Aubert, Audran, Aveline, Beauvais, Cars, Desplaces, Duflos, Dupuis ainé, Dupuis jeune, Cochin fils, Laurent, Michel Liotard, Lépicié, Preisler, Soubeiran, Sornique, Ravenet, Surugue père, Simonneau, Tardieu père, Tardieu fils, Thomassin et Wille, d'après Le Brun.

En veau brun, 150 fr., vente Béhague (n. 275); en maroquin rouge ancien, 312 fr., vente Pichon (1897, n. 348).

Magnifique publication qui coûta beaucoup de temps et de soins à Massé.

L'exemplaire de Mᵐᵉ de Pompadour, vendu 300 fr., en 1765, en maroquin rouge à ses armes, a figuré au catalogue Fontaine pour 1874, au prix de 1,500 fr.; celui de Mᵐᵉ Victoire en maroquin bleu, 3,500 fr., *Bull. Morgand*, n. 8401 et 1,850 fr., vente Destailleur (1895, n. 972).

Il existe quelques rares exemplaires avant la lettre, moins une planche, *La Franche-Comté réunie à la France*, qui n'a pas été tirée ainsi.

On trouve parfois la *Galerie de Versailles*, reliée en maroquin aux armes de France par Padeloup.

Un exemplaire exceptionnel, avec les figures avant la lettre et conservé en feuilles dans un magnifique portefeuille de maroquin à mosaïque et doré, 8,000 fr., au bulletin Morgand.

LE BRUN (Charles) et Eustache LE SUEUR. — Les Peintures de Charles Le Brun et d'Eustache Le Sueur qui sont dans l'Hôtel du Chastelet cy devant la maison du Président Lambert, dessinées par Bernard Picart et gravées tant par lui que par différens graveurs. *A Paris, Chez Duchange*, 1780, in-fol. (De 150 à 200 fr.)

6 ff. dont 1 blanc, plus 23 planches.

Dédicace gravée, texte et 22 planches gravées par B. Picart, Dupuis, Desplaces; et 6 planches de plans et élévation de l'hôtel.

En maroquin rouge ancien, 495 fr., vente Destailleur (1894, n. 291), aujourd'hui dans la collection Ferdinand de Rothschild.

L'on doit trouver à la suite un autre ouvrage des mêmes : La Galerie de M. le Président Lambert. *A Paris, chez Duchange*, s. d. Frontispice, titre, 1 f. de dédicace et 14 planches.

Le recueil complet contient donc 41 feuillets gravés.

— Le Grand Escalier du Château de Versailles dit escalier des Ambassadeurs. Ordonné et peint par Charles Le Brun. Consacré à la mémoire de Louis le Grand. *A Paris, Louis Surugue*, s. d. (1725) Atlas in-folio.

Titre gravé, 5 feuillets de texte gravé, avec en-têtes d'après Parrocel, et 24 planches d'après Chevotet, par Surugue et Simonneau.

— Tapisseries de S. A. S. Mᵍʳ le duc d'Orléans représentant l'histoire de Méléagre, exécutée sur les tableaux de C. Lebrun. *A Amsterdam, B. Picart*, 1714. In-folio oblong.

Titre gravé et 7 planches.

LE BRUN (Corneille). — Voyage au Levant, enrichi de plus de deux cents tailles douces. *A Paris, Cavelier*, 1714. 1 vol. in-folio.

— Voyage par la Moscovie en Perse et aux Indes orientales, enrichi de plus de trois cent vingt tailles douces. *A Amsterdam, Wetstein*, 1718. — 2 vol. in-folio.

Un exemplaire en grand papier de ces deux ouvrages, 130 fr., vente Radziwill (n. 1195). On l'avait payé 221 fr. en 1789 à la vente Rohan-Soubise.

LE BRUN (Le R. P. Pierre). — Histoire critique des Pratiques superstitieuses qui ont séduit les peuples et embarrassé les sçavans, par le R. P. Pierre Le Brun. *A Paris, Chez la Veuve Delaulne*, 1732. 3 vol. in-12. (De 20 à 30 fr.)

Frontispice par Coypel, gravé par Cochin, et figures.
En maroquin rouge ancien, 15 fr., vente Pichon (1897, n. 307).

LE CAMUS. — Abdeker, ou l'Art de conserver la Beauté. L'an de l'Hégyre, 1168-1170. *A Paris*, 1748. 4 vol. in-12. (De 12 à 15 fr.)

Titres dessinés et gravés par Pasquier, avec des fleurons différents et frontispices d'Humblot et de Pasquier, gravés par Pasquier.

LE CAT. — Traité de la Couleur de la Peau humaine en général et de celle des nègres en particulier, et de la métamorphose d'une de ces couleurs en l'autre, soit de naissance, soit accidentellement. *A Amsterdam*, 1765. In-8. (De 8 à 10 fr.)

1 beau frontispice, 1 vignette et 1 cul-de-lampe par Gravelot, gravés par Bacheley.

LECLERC (Sébastien). — Pratique de la Géométrie sur le papier et sur le terrain : ou par une méthode nouvelle & singulière l'on peut avec facilité & en peu de temps se perfectionner en cette science. Par Sebastien Le Clerc, Graveur du Roy. *A Paris, Chez Claude Jombert, rue Saint-Jacques*, 1716. In-12. (De 15 à 20 fr.)

3 ff. n. ch., 96 pp., 3 ff. n. ch. plus 1 frontispice et 45 planches.
Contient 1 frontispice signé Le Clerc, 1 vignette en-tête de la dédicace, et 45 planches du même, présentant 82 sujets de géométrie, 37 planches étant gravées des 2 côtés. La première édition a paru en 1669.

— Traité de Géométrie théorique et pratique à l'usage des artistes. *A Paris, Chez Ch.-Ant. Jombert*, 1744. In-8. (De 10 à 12 fr.)

1 fleuron sur le titre, 1 vignette, 1 cul-de-lampe par Cochin fils, non signés, et 45 planches de géométrie, au bas de chacune desquelles se trouve une vignette de Cochin fils et de Chedel, gravée par l'un ou l'autre.
Réimprimé en 1764 avec les mêmes illustrations, plus, en tête de la vie de l'auteur, une vignette nouvelle de Cochin.
Cette dernière édition, en maroquin bleu ancien, 120 fr., vente Marquis (n. 84) aujourd'hui dans la collection Ferdinand de Rothschild.

— Quelques Figures, Chevaux, Paysages, etc. Présenté à Monseigneur le duc de Bourgogne par son très-humble et très-obéissant serviteur Le Clerc. *A Paris, Chez G. Audran, s. d.* In-4, oblong.

Titre gravé et 71 planches.
En maroquin rouge ancien, 121 fr., vente R. Lion (n. 60).

— Caractères des Passions dessinés par Lebrun et représentés en 57 planches gravées par S. Le Clerc. *A Paris, Chez Lamy*, 1790. In-12.

57 planches au trait.
En maroquin vert ancien, 25 fr., vente R. Portalis (février 1878, n. 37).

— Les Vrais Principes du Dessein suivis des Caractères des Passions, de l'illustre M. Le Brun, par S. Le Clerc. *A Paris, Chez Lami, s. d.* In-8, oblong. (De 25 à 30 fr.)

92 planches.

— Œuvres choisies de Sébastien Leclerc, Chevalier Romain, Dessinateur et Graveur du Cabinet du Roi, etc. *A Paris, Chez Lamy*, 1784. In-4. (De 60 à 80 fr.)

2 ff. n. ch., 49 pp., plus 1 pl. de dédicace et 74 planches contenant 239 figures au trait ou ombrées, toutes numérotées.

— Calendrier des Saints. *A Amsterdam*, 1730. 2 parties in-4.

365 planches, y compris un frontispice hors texte.

LE CLERC (J.-B.). — Portrait de Henri IV. *A Paris, imprimerie de Ph. D. Pierres*, 1783. In-8. (De 12 à 15 fr.)

Portrait de Henri IV gravé par Née, d'après Chevalier.
Tiré à cent exemplaires sur papier vélin. En veau brun, 16 fr., vente R. Portalis (février 1878, n. 139).
En maroquin rouge aux armes de Marie-Antoinette, 1,500 fr., vente du comte de Sauvage (1898, n. 101).

— Idylles et Contes champêtres. *A Paris, Jansen,* an VI. 2 vol. in-8. (De 12 à 15 fr.)

5 figures de Monnet, gravées par Copia.

— Mes Promenades champêtres, ou Poésies pastorales de J. B. Leclerc. *A Paris,* 1786. In-8. (De 5 à 6 fr.)

1 figure par Marchand, gravée par de Longueil.

LE CLERC (N. G.). — Histoire physique, morale, civile et politique de la Russie ancienne. *A Paris,* 1783. — Histoire de la Russie moderne. *A Paris, Froullé,* 1794. 6 vol. in-4. (De 40 à 50 fr.)

Dans la 1re partie, 59 figures de Chevalier et Desmaisons gravées par Auvray, Chenu, Le Bas et Pauquet et 6 planches de médailles. — Dans la 2e partie, 7 portraits, 5 planches de costumes, 15 vues et 11 cartes et plans, gravés par Pauquet et autres, d'après Desmaisons, Marillier, etc...

LÉCLUSE. — Nouveaux élémens d'Odontologie, contenant l'anatomie de la bouche; ou la description de toutes les parties qui la composent, & de leur usage; & la pratique abrégée du dentiste, avec plusieurs observations, par Lécluse, chirurgien dentiste de Sa Majesté le Roi de Pologne. *A Paris, Chez Delaguette,* 1754. In-12. (De 15 à 20 fr.)

6 planches.
En maroquin vert ancien, aux armes de la duchesse de Brancas, 46 fr., vente Pichon (1897, n. 272).

LEE (Miss Sophie). — Mathilde ou le Souterrain, traduction de l'anglais. *A Paris,* an II. 4 vol. in-18. (De 12 à 15 fr.)

3 figures gravées en couleur.
Sur papier vélin, 17 fr., vente E. Martin (n. 464).
Il existe, dit Renouard, dix exemplaires seulement tirés sur grand papier vélin.
La traduction est par de La Mare.

LEFRANC DE POMPIGNAN. — Œuvres diverses de M. L* F***, troisième édition, ornée de figures en taille-douce. *A Paris, Chaubert,* 1753. 3 vol. in-16, dont le troisième est intitulé : Poésies sacrées de M. L* F***, 1754. (De 12 à 15 fr.)

1 vignette par Gravelot, gravée par Fessard, 1 frontispice daté de 1747, par Humblot, gravé par Lebas, et 3 figures de Lebas et Clavareau, gravées par Fessard.

— Poésies sacrées de M. L. F. divisées en quatre livres et ornées de figures en taille-douce. *A Paris, Chaubert,* 1751. In-8. (De 6 à 8 fr.)

1 fleuron sur le titre, 1 fleuron à la dédicace, 4 en-têtes par Gravelot et 4 fleurons signés L. S.

— Poésies sacrées et philosophiques, tirées des Livres saints par M. Le Franc de Pompignan, nouvelle édition, considérablement augmentée et enrichie de gravures. *A Paris, Chez Prault,* 1763. Gr. in-4. (De 20 à 30 fr.)

Un fleuron sur le titre par Eisen, gravé par Lemire, et 6 vignettes par Cochin, gravées par Prévost.
En maroquin rouge ancien, aux armes du Pape Clément XIV, vente Boutourlin, revendu 525 fr. à M. Parran, vente Lignerolles (n. 1089).

— Éloge historique de Monseigneur le Duc de Bourgogne. *A Paris, De l'Imprimerie royale,* 1761. In-8. (De 8 à 10 fr.)

xx-88 pp., plus un joli portrait du duc de Bourgogne, par Frédou, gravé par Beauvarlet; contient aussi 2 jolis fleurons dessinés par Cochin, gravés par C. Baquoy et 2 vignettes par le même, gravées par J.-J. Flipart et Prévost.
En maroquin rouge ancien, dos aux armes de France, collection Schuhmann.

LE GAY. — Mes Souvenirs, et autres opuscules poétiques de M. Le Gay. Nouvelle édition, ornée de figures. *Au pays de Vaud, à Caen et à Paris*, 1788. 2 vol. pet.in-12. (De 8 à 10 fr.)

Titre gravé et 4 figures non signées (3 dans le 2ᵉ vol.) sauf la première qui porte le nom de Coulet.

LÉGENDE JOYEUSE (La) ou les Cent une leçons de Lampsaque. *A Londres, Chez Pynns*. 1750..... (De 30 à 40 fr.)

1 eau-forte allégorique et 1 jolie vignette, non signées; texte gravé de 101 pages.
Ce volume, publié en 1750, est le second de la *Légende joyeuse*. Le premier, paru en 1749, a 101 figures et le texte gravé.
Il existe une 3ᵉ partie en 105 pp., intitulée *Seconde* suite de la *Légende joyeuse*.
Ces trois parties ont été plusieurs fois réimprimées sous des dates différentes.

LEGENDRE. — Description de la Place Louis XV que l'on construit à Reims, des ouvrages à continuer aux environs de cette place, & de ceux à faire dans la suite pour l'utilité & l'embellissement de cette ville. Par le sieur Le Gendre, Ingénieur du Roy, Inspecteur Général des Ponts & Chaussées de France, chargé par le Conseil de la direction desdits ouvrages. *A Paris, De l'Imprimerie de Prault*, 1765. In-folio (De 150 à 200 fr.)

17 pp. de texte et 8 pl.
Contient une très belle vignette en-tête de Choffard (qui existe en tirage hors texte) et 8 grandes planches dont 6 doubles gravées par Moitte d'après Cochin (3) et par Choffard (5).
En maroquin rouge de Derôme, aux armes de la ville de Reims, 400 fr., *Bull. Morgand II*, 11 (1910) n. 289. Un autre semblable, collection Ferdinand de Rothschild.

LE GENDRE (G.-Ch.). — Des antiquités de la maison de France et des maisons mérovingienne et carlienne. *A Paris, Chez Briasson*, 1739. In-4.

Frontispice par Scotin.

L'exemplaire Ferdinand de Rothschild est en maroquin rouge ancien aux armes de Louis XV et de Marie-Leczinska.

LEGOUVÉ. — La Mort d'Abel, tragédie en trois actes, en vers. *A Paris, Chez Mérigot jeune*, s. d. (1792). In-8. (De 6 à 8 fr.)

3 figures par Boizot, gravées par Baquoy, Le Roy et Patas.
Les figures existent avant la lettre.

— Le Mérite des Femmes, poème par Gabriel Legouvé, membre de l'Institut national. *A Paris, De l'Imprimerie de P. Didot l'aîné*, an IX. In-12, papier vélin. (De 15 à 20 fr.)

92 pp. plus 1 frontispice par Isabey, gravé par Duplessi-Bertaux.
En maroquin vert de Cuzin, relié sur brochure, 96 fr., vente L. de Tinan (n. 108); en maroquin bleu de Duru, 21 fr., vente Lignerolles (n. 1167); un autre daté de 1800, non rogné, en maroquin rouge de Trautz, 22 fr., même vente (n. 1166).
Il en existe plusieurs réimpressions sous la même date.

— Le Mérite des Femmes et autres poësies par Gabriel Legouvé. Dixième édition. *A Paris, Renouard*, 1809. In-12. (De 8 à 10 fr.)

252 pp., plus 3 figures, dont 2 dessinées par Moreau et gravées par de Ghendt et Simonet, et une dessinée par Guérin, gravée par de Ghendt.
Les figures existent avant la lettre et on trouve des exemplaires sur papier vélin.
Le seul exemplaire imprimé sur peau de vélin, en maroquin vert, 80 fr., vente Renouard (1854, n. 1458) revendu 305 fr., vente Garde.
En maroquin rouge de Bozérian, collection Dornois; même condition, 75 fr., vente Montgermont (1911, n. 125).

— Le Mérite des Femmes et autres poésies, par Gabriel Legouvé. *A Paris, Renouard*, 1813. In-12. (De 8 à 10 fr.)

xx-234 pp., 1 f. n. ch., plus 3 figures par Desenne, Guérin et Moreau, gravées par de Ghendt, Simonet et de Villiers.
Existe sur papier vélin avec les figures avant la lettre et même les eaux-fortes. Il y a eu à la vente Renouard (n. 1461-1462)

des exemplaires sur papier rose et jaune. Un des trois exemplaires imprimés sur vélin et relié en maroquin bleu par Bozérian, 100 fr., vente Renouard (1854, n. 1463); le deuxième (?), en maroquin vert de Bauzonnet, 110 fr., vente Sauvage (1880, n. 155); le troisième (?) en demi-reliure de Bauzonnet, maroquin bleu, 131 fr., vente Solar. (n. 1390 : Clinchamp n. 295); un exemplaire sur papier vélin, avant-lettre, eaux-fortes, etc., 21 fr., même vente (n. 1459) aujourd'hui chez M. H. Beraldi.

— Le Mérite des Femmes, poëme par Legouvé. *A Paris, Chez Renouard*, 1818. In-18.

36 pp., plus 1 figure de Moreau; que l'on trouve avant la lettre et à l'eau forte pure.

« Cette petite édition, dit Renouard, faite pour être placée dans des souvenirs et des portefeuilles n'a pu manquer de périr presque complètement dans cet emploi. Elle a été livrée en entier au fabricant de portefeuilles hormis huit à dix sur papier blanc... »

Renouard avait aussi gardé les exemplaires sur papier bleu, rose et jaune (tirés, chacun à 2 exemplaires). Des 4 exemplaires tirés sur peau de vélin, un fut donné par lui en présent, un autre vendu en Angleterre (à Lord Spencer ?), les deux autres reparurent à sa vente de 1854 (Cf. le *Catal.* n. 1464-1466).

— La Mort de Henri Quatre, Roi de France, tragédie en cinq actes et en vers par Gabriel Legouvé. Seconde édition. *A Paris, Chez Ant. Aug. Renouard*, 1806. In-8. (De 6 à 8 fr.)

1 portrait dessiné et gravé par Augustin de Saint-Aubin.

L'exemplaire unique sur peau de vélin en maroquin bleu, avec le dessin original du portrait, une épreuve à la lettre grise sur satin, une autre, sur papier et l'eau-forte a été payé 59 fr. à la vente Renouard (1854, n. 1593) par Techener (porté à 100 fr., *Bull. du bibliophile*, 1855, p. 87, n. 42).

Il a passé ensuite chez Lord Carnarvon (n. 30) puis au *Bull. Morgand II,* 6 (1908), n. 398 : 500 fr.

LE GRAND. — Les Nouveaux Débarqués, comédie. *A Paris*, 1726. In-12. (De 6 à 8 fr.)

Vignette à l'eau-forte par Coypel.

LEGRAND D'AUSSY. — Voyez FABLIAUX.

LE GROS. — L'Art de la Coeffure des Dames dans le nouveau goût d'à-présent. Avec un traité en abrégé d'entretenir et conserver les cheveux. Dédiés aux Dames de bon goût par le Sr le Gros, coeffeur expert en se genre. *A Paris, s. d.* (1765). Petit in-4. (De 200 à 300 fr.)

8 pp., de texte gravé et 28 en-têtes gravés, non signés.

Broché, 120 fr. vente Destailleur (1891, n. 421), puis à 200 fr., *Bull. Morgand,* n. 22,457 et 36,204.

Il existe de cet ouvrage une deuxième édition parue avec la date de 1765 sous un titre différent : « Livre d'estampes de l'art de la coeffure des Dames françoises, gravé sur les dessins originaux, d'après mes accommodages, avec le traité en abrégé d'entretenir et conserver les cheveux naturels, par le Sr Legros. coeffeur des Dames. *A Paris, aux Quinze-Vingts,* 1765. In-4. " : 54 pp., plus 6 planches techniques et 28 figures qui existent coloriées, gravées à nouveau. En veau ancien, 800 fr., *Bull. Morgand,* n. 42,312.

Une troisième édition sous le même titre, mais avec 38 planches parut en 1767; elle a figuré à la vente La Béraudière (n. 1056), en feuilles, avec le texte incomplet. Un bel exemplaire en veau marbré, provenant de la collection Brisart, 46 fr., vente Hebbelinck (n. 783); le même (?) 47 fr. 50, vente Salmon (n. 303).

A cette édition de 1767 font suite les suppléments suivants:

I. Supplément de l'Art de la coëffure des dames françoises, Par le sieur Legros, Enclos des Quinze-Vingts. *A Paris, Fini le premier Avril mil sept cent soixante-huit.* Pet. in-4.

13 ff. de texte, 2 planches non chiffrées, et 6 planches chiffrées de 39 à 44.

II. Supplément... etc. *A Paris, Chez Antoine Boudet*, 1769. Pet. in-4.

48 pp., 1 planche non chiffrée et 18 planches chiffrées de 45 à 62.

III. Supplément... etc. *A Paris, Chez Antoine Boudet*, 1769. Pet. in-4.

12 pp., 1 planche non chiffrée et 16 planches chiffrées de 63 à 78.

IV. Supplément... etc. *A Paris, Chez Antoine Boudet*, 1770. Pet. in-4.

64 pp., 4 planches techniques non chiffrées et 22 planches chiffrées de 79 à 100.

Un bel exemplaire avec les quatre suppléments a figuré à la vente Roques (1911, n. 461).

— L'Art de la Coëffure des Dames françoises, avec des estampes où sont représentées les têtes coëffées, gravées sur les desseins originaux de mes accomodages, avec le traité en abrégé d'entretenir et conserver les cheveux naturels par le sieur Legros, coëffeur des Dames. Nouvelle édition. *A Paris, Chez Antoine Boudet*, 1768. In-4. (De 150 à 200 fr.)

123 pp., 9 figures d'instruments et 38 planches.

En veau ancien, planches coloriées, 850 fr., vente Destailleur (1891, n. 422) aujourd'hui dans la collection Ferdinand de Rothschild ; le même (?) exemplaire avait été payé 190 fr., vente Pichon (1869, n. 269).

En veau ancien, 39 fr., vente de Louis-Philippe (I, n. 984), revendu 47 fr., vente Hope (n. 275).

Cette édition est la quatrième : c'est dans celle-ci que Legros déclare « qu'il ne tient pas son art de la science des hommes, mais de la grâce du grand Être suprême ».

Il y a un supplément sous la date de 1770, à ce qu'assure Brunet ; mais il parait encore plus rare que l'ouvrage lui-même.

LE HAY. — Explication de cent Estampes qui représentent les costumes de différentes nations du Levant, avec de nouvelles estampes de cérémonies turques qui ont aussi leurs explications (gravées par Le Hay). *A Paris, Jacques Collombat*, 1715. In-fol. (De 80 à 100 fr.)

Titre et 100 planches gravées par P. Simonneau fils, G. et J. B. Scotin, J. Haussard, P. Rochefort, C. Du Bosc, B. Baron, J. de Franssières et C. N. Cochin.

En maroquin rouge à dentelles, aux armes de Montmorency-Luxembourg, 200 fr., vente Béhague (n. 349).

Existe aussi avec l'adresse *Paris, Le Hay et Duchange* et la date de 1714.

LE MAIRE. — La pauvre Rentière, roman. *A Paris*, 1800. In-18. (De 5 à 6 fr.)

Jolie figure dessinée par Monsiau, gravée par Baquoy.

LEMAU DE LA JAISSE. — Carte générale de la Monarchie françoise contenant l'histoire militaire jusqu'à la quinzième année du règne de Louis XV. *A Paris, Chez l'Auteur*, 1733. Gr. in-fol. (De 30 à 40 fr.)

19 planches.

En maroquin rouge de Padeloup le Jeune (signé), aux armes de l'Empereur Charles VI, collection Ferdinand de Rothschild.

LEMIERRE. — La Peinture, poëme en trois chants. *A Paris, Chez Le Jay*, s. d. (1769). In-4. (De 15 à 20 fr.)

x-102 pp., plus 1 titre gravé, avec médaillon offrant le portrait du grand Corneille gravé par A. de Saint-Aubin, et 3 belles figures par Cochin, gravées par Prévost, Ponce et Saint-Aubin, avec encadrements.

Existe sur papier de Hollande.

Il a été fait deux tirages in-8 avec les mêmes figures, qui sont belles, mais trop grandes pour ce format. Dans le second tirage, qui porte le titre gravé suivant : *La Peinture*, poëme en trois chants, par M. Le Mierre de l'Académie française. *Paris, Mérigot*, le médaillon de Corneille est remplacé par un simple fleuron et les figures semblent usées. On ajoute parfois un frontispice de Cochin gravé par P. Baudoin.

Le petit portrait de Corneille existe en tirage hors-texte.

En maroquin vert de Chambolle, relié sur brochure, papier de Hollande, 40 fr., vente Daguin (n. 517).

En veau brun, figures avant la lettre et eaux-fortes, moins celle du chant III, 56 fr., vente E. Martin (n. 240) ; cartonné, non rogné, 21 fr., vente R. Portalis (février 1878, n. 85) ; en veau fauve ancien, croquis original pour le livre I, avant-lettre signées à la pointe, pour les livres I et II, 50 fr., vente R. Portalis (1882, n. 33).

En maroquin rouge ancien aux armes de Louis XV, 285 fr., vente Pichon (1897, n.

860) revendu 750 fr., vente Montgermont (1911, n. 127).

L'exemplaire de Mme Du Barry, en maroquin rouge à ses armes, est à la bibliothèque de Versailles.

L'exemplaire de M. H. Beraldi, relié sur brochure, par Cuzin, en maroquin doublé, contient les trois eaux-fortes.

Les trois dessins originaux de Cochin, à la sanguine se trouvaient dans la collection Féral (aujourd'hui chez M. Olry-Rœderer); deux croquis étaient dans la collection Portalis (1887, n. 55).

LE MONNIER (l'abbé Guillaume-Antoine). — Fables, Contes et Épitres, par M. l'abbé Le Monnier. *A Paris, Chez Jombert et Cellot*, 1773. In-8. (De 15 à 20 fr.)

Une belle figure par Cochin, gravée par Prévost.

— Fêtes des Bonnes-gens de Canon et des Rosières de Briquebec et de S. Sauveur le Vicomte. *A Avignon et à Paris, Chez Prault*, 1777. In-8. (De 25 à 30 fr.)

VIII-208 et 7 pp., plus 1 frontispice dessiné et gravé par Moreau (B. 971).

L'exemplaire de M. Henri Beraldi contient l'avant-lettre et l'eau-forte du frontispice.

Réimprimé en 1778 avec un supplément et le même frontispice. Se vendait 3 livres « au profit de la Rosière de St-Sauveur le Vicomte ». *A Paris, Chez Prault*, (et autres). In-8, de VIII-216 pp. et 73 pp. et 1 f. n. ch.

LENCLOS (Ninon de). — Lettres de Ninon de l'Enclos au Marquis de Sévigné. *A Amsterdam, Chez François* [sic] *Joly*, 1750. 2 vol. in-16. (De 8 à 10 fr.)

Tome I : XII-186 pp., plus 1 titre et 1 portrait.

Tome II : 200 pp., 1 f. n. ch., plus 1 titre.

En tout 1 titre gravé répété au second volume, par S. Fessard d'après Clavareau et 1 portrait de Ninon, gravé par Pinssio, d'après Ferdinand.

Édition originale de ces jolies lettres qu'on attribuait jadis à l'avocat Louis Damours, mais qui semblent plutôt être de Crébillon le Fils.

En maroquin rouge ancien, aux armes de Chalondray, collection James de Rothschild (n. 1892).

— Lettres de Ninon de Lenclos au Marquis de Sévigné, avec sa vie. Nouvelle Édition. *A Paris, Chez Bleuet jeune*, 1798. 2 vol. in-18. (De 10 à 12 fr.)

Tome I : 230 pp., plus le portrait.
Tome II : 233 pp.

En tout, 1 joli portrait gravé par Dambrun d'après Ferdinand.

En maroquin bleu de Bozérian, collection Schuhmann.

LENGLET (L'Abbé). — Description de la Feste et du Feu d'Artifice qui doit être tiré à Paris, sur la Rivière au sujet de la naissance de Monseigneur le Dauphin par ordre de S. M. C. Philippe V et par les soins de leurs excellences M. le Marquis de Santa Cruz et M. de Barrenechea Ambassadeurs, le XXI janvier 1730. *A Paris, Chez P. Gandouin*, 1730. In-fol. (De 60 à 80 fr.)

3 grandes planches dessinées par Servandoni, Baussire, Pitouit, gravées à l'eau-forte par Dumont et Demarne.

En basane, 82 fr., vente Destailleur (n. 266).

LÉONARD. — Œuvres diverses. *A Liège, Chez Desoër*, 1777. In-8. (De 8 à 10 fr.)

1 titre gravé non signé, 1 grande figure, une autre pliée signée d'Olivart et 1 figure gravée par le comte C. D. de W^gr.

— Œuvres de M. Léonard. *A Paris, Chez Prault*, 1787. 2 vol. in-12. (De 12 à 15 fr. et le double sur papier vélin).

Tome I : 303 pp., 1 f. n. ch., plus 5 figures.

Tome II : 2 ff. n. ch., 278 pp. 3 ff. n. ch., plus 3 figures.

En tout 8 figures dont 7 par Coiny et Vivier, et une 8e dessinée par Moreau et gravée par Simon.

— Le Temple de Gnide, poème imité de Montesquieu, par M. Léonard.

Nouvelle édition, Ornée de figures en taille-douce et augmentée de l'Amour Vengé. *A Paris, Chez Dufour,* 1773. In-8. (De 20 à 25 fr.)

VIII-51 pp., plus 1 frontispice et 11 figures par Desrais, gravés par Demonchy, Levillain et Patas.

En veau ancien, avec un dessin de Desrais, non gravé dans le volume, 140 fr., vente E. Martin (n. 272).

L'édition de 1776, a un titre différent, et est éditée chez Mérigot.

— Poésies pastorales suivies De la Voix de la nature, Poëme, des Lettres de Sainville & de Sophie, & d'autres Pièces en vers & en prose. *A Genève et Paris, Chez Lejay,* 1771. In-8. (De 8 à 10 fr.)

X-222 pp. et 1 f. n. ch.

Contient 1 frontispice par Marillier, gravé par de Ghendt; 2 vignettes et 2 culs-de-lampe par Eisen, gravés par Aliamet et de Ghendt.

En veau, 58 fr., vente Destailleur (1891, n. 1089) relié devant *Pygmalion* de Berquin.

— Idylles et Poëmes champêtres, *A Gnyde,* s. d. (Paris, Cazin). In-18. (De 5 à 6 fr.)

216 pp., plus 1 joli titre-frontispice non signé.

— Idylles et Poëmes champêtres, *A La Haye, et se trouve à Paris, Chez Desenne,* 1782. In-8. (De 8 à 10 fr.)

1 frontispice dessiné et gravé par Masquelier.

LÉONARD DE VINCI. — Recueil de Têtes de caractères et de charges, gravées par le comte de Caylus, d'après Léonard de Vinci (avec notice par Mariette). *A Paris, Chez Mariette,* 1730. In-4. (De 80 à 100 fr.)

36 planches.

L'édition de Paris, 1767, petit in-folio, contient 67 figures imprimées sur 20 planches.

— Traité de la Peinture par Léonard de Vinci. *A Paris, Chez Giffart,* 1716. In-12.

Figures dans le texte.

Traduit par Roland Fréard, sieur de Chambray.

En maroquin rouge de Derôme, 22 fr., vente Radziwill (n. 493), revendu 245 fr., vente Lebeuf de Montgermont (1876, n. 149).

LÉPICIÉ. — Catalogue raisonné des Tableaux du Roy. *A Paris, de l'Imprimerie Royale,* 1752-54. 2 vol. in-4. (De 30 à 40 fr.)

2 fleurons et 42 vignettes de Cochin gravés par Gallimard et Cochin.

L'exemplaire Morel-Vindé, aujourd'hui chez M. Henri Beraldi, contient les deux dessins originaux de Cochin à la mine de plomb, pour les vignettes.

LE PIPPRE DE NEUFVILLE (Simon Lamoral). — Abrégé chronologique et historique de l'origine, du progrès et de l'état actuel de la Maison du Roi, et de toutes les troupes de France, tant d'Infanterie que de Cavalerie et Dragons. *A Liège, Chez Everard Kintz,* 1734-1735. 3 vol. in-4. (De 180 à 200 fr.)

Tome I: 10 ff. n. ch., 546 pp. et 13 ff. n. ch. (*Table*).

Tome II: 2 ff. n. ch., 643 pp., 17 ff. n. ch. de *Table*, 8 pp. d'*Additions* et 1 f. n. ch. d'*Errata*.

Tome III: 3 ff. n. ch., XI pp., 1 f. n. ch., 622 pp., 20 ff. n. ch. de *Table* et *Errata*, plus un tableau plié après la p. 280.

Très nombreux blasons en taille-douce tirés dans le texte. 41 vignettes (tome I : 17, tome II : 15, tome III : 9) gravées par Chedel et dessinées soit par lui, soit par un artiste qui signe T.-L. Un en-tête gravé sur bois et signé Gr. P. se trouve 4 fois au tome I et une fois au tome II.

Un exemplaire en grand papier, en maroquin rouge aux armes du Dauphin, fils de Louis XV, 360 fr., vente du comte de La Béraudière (n. 1064).

Cf. le *Catalogue J. de Rothschild,* n. 2361.

LE PRIEUR. — Description d'une partie de la vallée de Montmorenci, Et de ses plus agréables Jardins, Ornée de Gravures. Par M*** ancien Professeur de Grammaire à l'École Militaire. *A Tempé, Et se trouve à Paris, Chez Moutard,* 1784. In-8. (De 40 à 50 fr.)

IV-43 pp. et 19 figures par Benoit (1), Lepagelet (2), la comtesse d'Albon (4) et F. Marie de Lussy (12) gravées par Benoit (1) et Le Pagelet (18).

Ces curieuses planches avaient d'abord paru dans un petit recueil intitulé : Vue des monumens construits dans les jardins de Franconville-la-Garenne, appartenans à Madame la Comtesse d'Albon, Gravés d'après ses Dessins et ceux de M. de Lussi. *A Paris, Chez Moutard*, 1784. In-8. Titre impr. et 19 planches numérotées.

La planche représentant l'enlèvement d'un ballon existe en deux états *avec* et *sans* les voiles entourant le globe ; on la trouve parfois tirée en sanguine.

— Description d'une partie de la vallée de Montmorenci, Et de ses plus agréables Jardins, Ornée de dix-neuf Gravures. Par M. le Prieur, ancien Professeur de Grammaire à l'École Militaire. Nouvelle édition. *A Tempé, Et se trouve à Paris, Chez Le Jay, Libraire*, 1788. In-8. (De 40 à 50 fr.)

IV-43 pp. et 25 figures (dont 5 pliées) par Benoit (1), Lepagellet (7), la comtesse d'Albon (4), F. Marie de Lussy (12) et Mlle Becquet (1), gravées par Benoit (1) et Lepagelet (24).

Mêmes figures que dans l'édition précédente, plus six figures nouvelles (par Mlle Becquet et Lepagelet).

LE PRINCE (Jean-Baptiste). — Divers Habillements des Prêtres de Russie, etc..., dédiés à M. le comte de Caylus, dessinés en Russie d'après nature et gravés à l'eau-forte par J.-B. Le Prince. (De 50 à 60 fr.)

1 frontispice et 9 pièces grand in-8, datées de 1764.

— Les Strélits, ancienne et seule milice de Russie, jusqu'au temps de Pierre Le Grand, dessinés et gravés à l'eau-forte par J.-B. Le Prince. (De 50 à 60 fr.)

1 frontispice et 7 planches datées de 1764.

— Divers Ajustements et Usages de Russie, dédiés à M. Boucher, dessinés d'après nature et gravés à l'eau-forte par J.-B. Le Prince et Suite des divers habillements des peuples du Nord, par le même. (De 80 à 100 fr.)

2 frontispices et 14 planches in-4, datées de 1764-1765.

— Première suite de Cris et divers Marchands de Pétersbourg et de Moscou, dessinée d'après nature, dédiée à M. Chardin et gravée à l'eau-forte par J. B. Le Prince. (De 40 à 50 fr.)

6 pièces in-4, datées de 1765, dont le frontispice.

— Deuxième suite de Cris et divers Marchands de Russie, dédiée à M. Bouché, dessinée et gravée à l'eau-forte par J.-B. Le Prince. (De 50 à 60 fr.)

6 pièces in-4 en largeur, datées de 1764-1765, y compris le frontispice.

— Habillements de divers (sic) Nations (1re et 2e suites). (De 25 à 30 fr.)

12 pièces in-12, dessinées et gravées à la manière du lavis par J.-B. Le Prince, 1765-1768.

— Divers habillements des femmes de Moscovie (1re et 2e suites), dédiés à M. de Lagrenée. (De 25 à 30 fr.)

12 pièces in-12, datées de 1764-1768.

— IIIe suite de divers Cris de Marchands de Russie. (De 12 à 20 fr.)

6 pièces in-12, 1767-1768, y compris le frontispice.

— 1re suite de Coeffures dessinée d'après nature et gravée à l'aqua-tinte. (De 15 à 20 fr.)

6 pièces in-12. 1768.

— Diverses Vues de Livonie, dédiées à M. Vernet, dessinées et gravées à l'eau-forte. (De 15 à 20 fr.)

6 pièces in-12.

On a formé avec ces cahiers des recueils sous le titre d'*Œuvre de Le Prince*, in-folio. La composition en est variable. On trouve parfois 157 pièces sur 62 planches. Un exemplaire avec titre et 124 planches en 52 feuilles, en demi-reliure 195 fr., vente

Béhague (n. 336); un autre, superbe volume en maroquin rouge ancien, à larges dentelles aux armes de Poissonnier, 2,000 fr., vente Destailleur (1891, n. 389) revendu 6,050 fr., vente Werlé (n. 316) à M. Robert Schuhmann.

Un certain nombre des dessins originaux de Le Prince se trouvent au Musée du Louvre. Nous en avons trouvé 30 décrits au catalogue Paignon-Dijonval.

LE ROUX (Philibert-Joseph). — Dictionnaire comique, satyrique, critique, burlesque, libre et proverbial..., Par Philibert-Joseph Le Roux. *A Amsterdam, Chez Zacharie Chastelain*, 1750. In-8. (De 10 à 12 fr.)

2 ff. n. ch., 15 et 285 pp., 1 f. n. ch., 336 pp. (deux parties en 1 vol.)

Jolie vignette sur le titre, souvent tirée à la sanguine.

LEROY. — Le Momus français, ou les Aventures divertissantes du duc de Roquelaure, etc., par S. C R. *A. Cologne, chez Pierre Marteau*, 1781. In-12. (De 12 à 15 fr.)

1 portrait et 11 figures non signés.

LE ROY (Julien). — Les Ruines des plus beaux monuments de la Grèce par M. Le Roy, architecte. *A Paris, Chez Guérin et de La Tour*, 1758. Gr. in-folio, papier de Hollande. (De 100 à 150 fr.)

24 grandes planches de mimes animées de personnages, dessinées par Le Roy et gravées par Le Bas et 36 planches de cartes et plans.

Les grandes estampes sont fort belles.

La seconde édition : Paris, Musier fils, ou de La Tour, 1770. — 2 tomes en 1 vol. in-folio contient une planche de plus. (De 50 à 60 fr.)

Cette dernière édition, en maroquin rouge ancien, 130 fr., vente Béhague (n. 366).

La bibliothèque du Musée du Louvre renferme un magnifique exemplaire de la première édition en maroquin vert aux armes de Mme de Pompadour.

LE ROY (Pierre). — Étrennes chronométriques ou Calendrier pour l'année bissextile 1760, contenant ce qu'on sçait de plus intéressant sur la division et la mesure du temps, par M. Le Roy, l'aîné, horloger du Roi. *A Paris, Chez l'auteur et Chez Prault*, 1760. In-18. (De 8 à 10 fr.)

Frontispice par Gravelot, gravé par Lemire et daté de 1758.

Ouvrage fort rare en forme d'almanach du célèbre horloger.

Le frontispice manque presque toujours (Grand-Carteret, *Almanachs*, n. 262).

En maroquin rouge ancien, 60 fr., vente Destailleur (1891, n. 815).

LE SAGE (Alain-René). — Nouvelles Avantures de l'admirable don Quichotte de la Manche, composées par le licencié Alonzo Fernandez de Avellaneda, et traduites de l'Espagnol en françois. *A Paris, Veuve Barbin*, 1704. 2 vol. in-12. (De 100 à 120 fr.)

1 frontispice et 16 mauvaises figures, gravés par Clouzier.

Édition originale de la traduction de Le Sage.

Pour les Œuvres de Le Sage nous avons continuellement utilisé la bibliographie publiée en 1908 et 1909 dans le *Bulletin du Bibliophile* par M. Henri Cordier.

— Le Diable boiteux. *A Paris, Chez la Veuve Barbin*, 1707. In-12. (De 150 à 200 fr.)

4 ff. n. ch., 314 pp., 4 ff. n. ch., plus le frontispice gravé par Magdeleine Horthemels.

Un exemplaire de l'édition de 1707, avec le rarissime avant-lettre du frontispice, en maroquin rouge de Trautz, provenant des collections Bertin, Solar (n. 1958 : 202 fr.) et Paillet (*Bull. Morgand*, n. 12,182 : 1,000 fr.), figure aujourd'hui dans la collection de M. Francis Charmes.

En maroquin bleu de Chambolle, 545 fr., vente Lebeuf de Montgermont (n. 669); en maroquin rouge de Lortic, 350 fr., vente Delbergue (n. 350); en maroquin citron de Trautz, 199 fr., vente Lacarelle (n. 358); en maroquin vert de Trautz, 351 et 191 fr., vente Lignerolies (nn. 1817 et 1818).

Il existe un carton pour les pp. 17-18 et un autre pour les pp. 141-144.

On a payé jusqu'à 500 fr. l'avant-lettre du frontispice, avant l'inscription : *El Dia-*

blo coiuelo. On n'en connaît, assure-t-on, que deux épreuves, celui cité plus haut et celui de la collection George Masson.

— Le Diable boiteux par M. Le Sage, enrichi de figures, nouvelle édition, corrigée, refondue, ornée de figures et augmentée d'un volume. *A Paris, Veuve Pierre Ribou*, 1726. 2 vol. in-12. (De 80 à 100 fr.)

Tome I : 4 ff. n. ch., 324 pp., 1 f. n. ch.
Tome II : 304 pp. et 2 ff. n. ch.
1 frontispice et 12 figures dessinées et gravées par Dubercelle.
Le frontispice est copié sur celui de l'édition originale.

— Le Diable boiteux, nouvelle édition, augmentée d'Une Journée des Parques, etc. *A Amsterdam, Chez Pierre Mortier*, 1752. In-8. (De 8 à 10 fr.)

10 figures non signées.
On retrouve les mêmes figures dans une édition de 1776 et dans une autre de 1785.

— Le Diable boiteux, Par Monsieur Le Sage. Nouvelle édition, corrigée & augmentée d'Une Journée des Parques, du même auteur, avec les entretiens sérieux & comiques des cheminées de Madrid et les Béquilles du Diable boiteux par M*** (Bordelon). Enrichie de figures en taille-douce. *A Paris, Chez Damonneville*, 1756. 3 vol. in-12. (De 60 à 80 fr.)

Tome I : xii-264 pp., plus 1 frontispice et 3 figures.
Tome II : 2 ff. n. ch., pp. 1-224 et 265-360, plus 6 figures.
Tome III : 2 ff. n. ch., pp. 225-472, plus 2 figures.
En tout 1 frontispice et 11 figures, non signés.
Les exemplaires en grand papier sont fort recherchés. — L'exemplaire du baron Pichon, aux armes de la comtesse d'Artois, 260 fr. (n. 728), revendu 400 fr. au comte de Foy, vente Lebeuf de Montgermont (1876, n. 670); il provenait de la vente Rivière (1838) et avait été acheté par Pichon à Edimbourg, en avril 1855 à la vente de Lord Rutherford. Celui de la marquise de Pompadour (n. 1954) en maroquin bleu, 4,900 fr., vente Béhague (n. 1036); il avait été payé 1,800 fr. à la vente Radzivill (n. 985); il est aujourd'hui dans la collection J. de Rothschild (n. 1549).
Celui de la comtesse de Provence, en maroquin rouge ancien, collection Léon Hennique.

— Le Diable boiteux, nouvelle édition corrigée et augmentée..., etc. *A Paris, Chez Musier fils*, 1765. 3 vol. pet. in-12. (De 10 à 12 fr.)

Frontispice et 12 figures non signées.
L'exemplaire de la vente Léop. Double (1863, n. 208 : 205 fr.), en maroquin rouge, aux armes de la comtesse Du Barry, a été revendu 905 fr., vente Potier (n. 1426) et 700 fr., vente Lebeuf de Montgermont (1876, n. 671); il est aujourd'hui au Musée Dutuit (n. 483).
Il y a encore d'autres éditions du *Diable boiteux* avec figures. En 1759 : 5 vol. avec 30 figures. En 1785 : 2 vol. avec 12 figures. — L'édition d'Amsterdam, Mortier, 1789. 2 vol. in-12, contient 2 frontispices et 10 figures copiées de celles de Dubercelle.
11 dessins à l'encre de Chine par Huot, pour *le Diable boiteux*, 720 fr., vente Sieurin (n. 55).

— Histoire de Gil Blas de Santillane, Par Monsieur Le Sage. *A Paris, Chez Pierre Ribou*, 1715-1735. 4 vol. in-12. (De 300 à 400 fr.)

Tome I : 394 pp., 1 f. n. ch., plus 1 figure.
Tome II : 4 ff. n. ch., 335 pp., plus 10 figures.
Tome III : 4 ff. n. ch., 362 pp., 1 f. n. ch., plus 8 figures.
Tome IV : 4 ff. n. ch., 347 pp., 1 f. n. ch., plus 8 figures.
27 figures, dont 8 signées Dubercelle.
Les deux premiers volumes du chef-d'œuvre de Le Sage parurent en 1715 avec 16 figures. Le 3e volume parut en 1724 et le 4e en 1735 avec la réimpression des volumes précédents. Les amateurs ont formé des exemplaires en réunissant les diverses parties originales. Les figures y sont naturellement meilleures.
On connaît 2 exemplaires du titre à la date de 1714 pour le 1er volume :
En maroquin rouge de Thibaron (titre de 1714), 1,000 fr., vente Lignerolles (n. 1820).
L'exemplaire de M. Francis Charmes, en maroquin violet de David a le titre de 1714 au premier volume.
De plus, sur le titre du T. III, se rencontre parfois la mention *Edition nouvelle*.

— Histoire de Gil Blas de Santillane, Par M. Le Sage. Dernière Édition revue, & corrigée. *A Paris, Par les Libraires Associés*, 1747. 4 vol. in-12. (De 250 à 300 fr.)

Tome I : 4 ff. n. ch., 402 pp., 3 ff. n. ch., plus 8 figures.
Tome II : 2 ff. n. ch., 342 pp., 2 ff. n. ch., plus 9 figures.
Tome III : 2 ff. n. ch., 381 pp., 3 ff. n. ch., plus 8 figures.
Tome IV : 4 ff. n. ch., 369 pp., 5 ff. n. ch., plus 7 figures.
En tout 32 figures non signées, gravées à l'eau-forte.
Il existe deux éditions sous la même date. L'original se reconnaît de la copie ou contrefaçon, à ce que les figures sont retournées sur la dernière. Ainsi, sur la première figure du premier volume, le chanoine doit être à gauche, tandis qu'il est à droite sur la copie. De plus ces figures de la réimpression sont entourées d'un double filet alors que le filet est simple dans la bonne édition. En outre, le fleuron imprimé en haut de la première page représente un temple sur l'édition originale et un ornement sur la contrefaçon. On reconnaît encore la bonne édition à ce que, jusqu'à la page 180 du 4ᵉ volume, les *i* dépassent le texte.
En veau marbré 139 fr., vente Lacarelle (n. 357); en maroquin vert de Trautz, 450 fr., vente Lignerolles (n. 1821).
Un exemplaire non rogné se trouvait chez E. Paillet (*Bull. Morgand*, n. 12,187 : 2,000 fr.).
Réimprimé en 5 volumes in-12 en 1757, avec les figures retouchées.
En maroquin rouge ancien, aux armes de la comtesse de Provence, collection Léon Hennique.

— Les Aventures de Gil Blas de Santillane, par Monsieur Le Sage, nouvelle édition avec de belles figures. *A Amsterdam et à Leipzig, Chez Arkstée et Merkus*, 1767. 4 vol. in-12. (De 60 à 80 fr.)

1 fleuron sur le titre du tome Iᵉʳ et 32 figures gravées par Frankendaal.
En maroquin vert ancien, 150 fr., vente Lignerolles (n. 1822).

— Histoire de Gil Blas de Santillane, par M. Le Sage. *A Londres* (Paris, Cazin), 1783. 4 vol. in-18. (De 12 à à 15 fr.)

Tome I : 285 pp., plus 4 figures.
Tome II : 322 pp., plus 12 figures.
Tome III : 271 pp., plus 5 figures.
Tome IV : 311 pp., plus 8 figures.
29 figures non signées.
Mauvaise copie des figures de Dubercelle.

— Histoire de Gil Blas de Santillane, *A Lille, Lehoucq*, 1794. 6 vol. in-18. (De 12 à 15 fr.)

6 figures non signées.

— Histoire de Gil Blas de Santillane, par Le Sage. Édition ornée de Figures en taille-douce, gravées par les meilleurs Artistes de Paris. *A Paris, de l'Imprimerie de Didot jeune*, an III (1795). 4 vol. in-8. (De 80 à 100 fr.)

Tome I : 398 pp., plus 25 figures.
Tome II : 333 pp., plus 25 figures.
Tome III : 382 pp., plus 25 figures.
Tome IV : 368 pp., plus 25 figures.
En tout 100 figures charmantes par Bornet, Charpentier et Duplessi-Bertaux, gravées sous la direction de Hubert.
Cet ouvrage existe en grand papier vélin avec les figures avant la lettre. On le trouve également de format in-12 avec les mêmes figures.
La suite des eaux-fortes, cartonnée, non rognée, 600 fr., vente E. Martin (n. 609ᵇⁱˢ).
L'exemplaire Paillet (*Bull. Morgand*, n. 12,188 : 2,000 fr.) aujourd'hui chez M. Henri Beraldi, sur grand papier vélin, maroquin rouge de Bozérian contient les figures avant la lettre; M. Beraldi y a joint les eaux-fortes, dans un album en maroquin rouge de Lefebvre, exactement semblable à l'autre comme reliure.
En maroquin vert de Simier avec le triple état des figures (lettre, avant-lettre, eaux-fortes) 1,580 fr., vente Destailleur (1891, n. 1322); en maroquin vert de Chambolle, avant-lettre et eaux-fortes, 3.000 fr., vente Montgermont (1911, n. 128).

— Histoire de Gil Blas de Santillane, par M. Le Sage. Nouvelle édition, avec 12 gravures. *A Paris, Chez P. R. Bert.*, an V (1797). 4 vol. in-8. (De 15 à 20 fr.)

Tome I : vii-374 pp.
Tome II : 2 ff. n. ch., 310 pp.
Tome III : 2 ff. n. ch., 356 pp.
Tome IV : 2 ff. n. ch., 351 pp.

En tout 12 figures de Marillier, gravées par Villerey.

Les dessins originaux de Marillier, à l'encre de Chine ont figuré en 1879 à la vente Sieurin (n. 65 : 4,900 fr. à Louis Rœderer), où l'on a payé 1,400 fr. 24 dessins de Huot pour *Gil-Blas* (jamais gravés) et où se trouvaient encore trois dessins de Desrais pour le même ouvrage.

— Histoire de Gil Blas de Santillane. *A Paris, Chez T.-P. Bertin*, an VI, 1798. 6 vol. in-18. (De 20 à 30 fr.)

7 figures par Chaillou et A. Kauffmann, gravées par Bovinet et Copia.

Existe sur papier vélin de format in-12.

On en tira deux exemplaires sur peau de vélin. Celui de Chardin passa chez la duchesse de Berry et fut payé 1,000 fr. par Le Petit à la vente E. Martin (n. 413) : il était relié en maroquin rouge par Capé, avec des suites ajoutées, entre autres celle de Smirke en avant-lettre sur Chine et la série des dessins originaux de Chaillou.

— Histoire de Gil Blas de Santillane, par Le Sage. Édition ornée de figures en taille douce, gravées par les meilleurs artistes. *A Paris, Imprimerie de Chaigneau aîné, l'an IX* (1801). 4 vol. in-8. (De 80 à 100 fr.)

Tome I : x-446 pp., plus 1 portrait et 11 figures.
Tome II : 2 ff. n. ch., 360 pp., plus 5 figures.
Tome III : 420 pp., plus 6 figures.
Tome IV : 407 pp., 2 ff. n. ch., plus 6 figures.

En tout 1 portrait gravé par Lingée et 28 figures de Monnet, gravées par Bovinet, Dambrun, Duparc, Godefroy, Lingée, Malapeau et Masquelier.

Les tomes I et II portent presque toujours la date de l'an IV (1796).

Cette jolie édition existe sur papier vélin. On peut trouver les figures avant la lettre, les numéros et les noms des artistes ou avec les signatures tracées à la pointe.

On connaît quelques rares suites des eaux-fortes.

En papier vélin, figures avant la lettre et avant les numéros, demi-reliure, 76 fr., vente Daguin (n. 518).

En maroquin citron de Cuzin, avant-lettre et eaux-fortes, 500 fr., *Bull. Morgand* II, 5, n. 515.

Sous la même date a paru une édition en 8 vol. in-18, avec les mêmes gravures, dont on peut également trouver des exemplaires sur papier vélin avec les figures avant la lettre.

— Histoire de Gil Blas de Santillane, par Le Sage, *A Londres, Longman*, 1809. 4 vol. in-8. (De 125 à 150 fr.)

24 figures par Smirke.

Suite très agréable qu'il faut trouver à la lettre grise et sur papier de Chine avec le mot *proof*. Les figures sont gravées par Armstrong, Fitler, Golding, Neagle, Parker et Raimbach.

En demi-reliure, maroquin rouge, par Simier, 100 fr., vente Daguin (n. 519).

— Histoire de Guzman d'Alfarache, Nouvellement traduite & purgée des moralitez superfluës. Par Monsieur Le Sage. *A Paris, Chez Étienne Ganeau*, 1732. 2 vol. in-12. (De 80 à 100 fr.)

Tome I : xvi pp., 4 ff. n. ch., 406 pp., plus 1 frontispice et 8 figures.
Tome II : 3 ff. n. ch., 412 pp., plus 8 figures.

En tout 1 frontispice et 16 figures gravées par Scotin.

Édition originale.

En maroquin vert de Trautz, collection J. de Rothschild (n. 1551).

— Histoire de l'admirable don Guzman d'Alfarache, traduit de l'espagnol par Le Sage. *A Paris et se vend à Bruxelles, Chez Jean van Vlaenderen*. 1734. 3 vol. in-12. (De 18 à 20 fr.)

1 frontispice et 12 figures d'Harrewyn.

En demi-reliure de Niedrée, non rogné, exemplaire d'Armand Bertin, 30 fr., vente Béhague (n. 1208).

Existe aussi sous la date de 1740, en 2 volumes in-12.

— Histoire de Guzman d'Alfarache. Nouvelle édition, traduite et purgée des moralitez superfluës. *A Maestricht, Chez E. Dufour*, 1787. 2 vol. in-12. (De 6 à 8 fr.)

2 frontispices et 16 figures non signées. Médiocre reproduction des figures de Scotin.

Sieurin avait deux dessins à la plume par Marillier pour cet ouvrage (sa vente n. 69).

— Les Aventures de Monsieur Robert Chevalier, dit de Beauchêne, Capitaine de flibustiers dans la nouvelle France. Rédigées par M. Le Sage. *A Paris, Chez Etienne Ganeau*, 1732. 2 vol. in-12. (De 50 à 60 fr.)

Tome I : 8 ff. n. ch., 390 pp., plus 2 figures.
Tome II : 4 ff. n. ch., 363 pp., plus 2 figures.
En tout 4 figures, par Bonnard, gravées par Scotin.
Édition originale.
En veau fauve aux armes de Rohan-Soubise, 51 fr., vente Guy-Pellion (n. 570).
Autres éditions illustrées de 6 figures à Maestricht, *chez Dufour et Roux*, 1780 à 1783. 2 vol. in-12.

— Une Journée des Parques, divisées en deux Séances. Par M. Le Sage. *A Paris, Chez Pierre-Jacques Ribou*, 1735. In-8. (De 30 à 40 fr.)

4 ff. n. ch., 74 pp., 3 ff. n. ch., plus 2 figures par Crepy.
Édition originale.
En maroquin citron de Trautz, collection James de Rothschild (n. 1553).

— Le Bachelier de Salamanque, ou les Mémoires de D. Chérubin de la Ronda, Tirés d'un manuscrit espagnol. Par M. Le Sage. *A Paris, Chez Valleyre fils et Gissey*. 1736-38. 2 vol. in-12. (De 80 à 100 fr.)

Tome I : 4 ff. n. ch., 378 pp., 3 ff. n. ch., 1 f. blanc, plus 3 figures.
Tome II : 2 ff. n. ch., 380 pp., 2 ff. n. ch., plus 3 figures.
En tout 6 figures non signées.
Le tome II porte l'adresse de *Pierre Gosse à La Haye*; le tome I a été réimprimé sous la date de 1738 avec cette adresse.
En maroquin rouge de Trautz, 500 fr., vente Lebeuf de Montgermont (1876, n. 674).
En maroquin vert de Trautz, collection James de Rothschild (n. 1554).

— Le Bachelier de Salamanque, ou les Mémoires de D. Cherubin de la Randa, tirés d'un Manuscrit espagnol. Par M. Le Sage. *A Paris, Chez de Poilly* (ou *La Haye, Chez Pierre Gosse*), 1741 2 vol. in-12. (De 10 à 15 fr.)

Mêmes figures.
C'est l'édition de 1738 avec de nouveaux titres.
En maroquin rouge ancien, 26 fr., vente Lignerolles (n. 1823).

— La Valise trouvée, par M. Le Sage. Nouvelle édition, avec la Journée des Parques, par le même, et le Bijoutier philosophe, comédie traduite de l'anglois, avec figures. *A Maestricht, Chez Jean-Edme Dufour et Phil. Roux*, 1779. In-12. (De 30 à 40 fr.)

4 figures, gravées par Tardieu.

— Œuvres choisies de Lesage. *A Amsterdam, et se trouve à Paris, rue du Hôtel Serpente* (Paris), 1783. 15 vol. in-8. (De 30 à 40 fr.)

Tome I : 2 ff. n. ch., LXII-507 pp., plus 1 portrait et 4 figures.
Tome II : XVI-624 pp., plus 2 figures.
Tome III : 2 ff. n. ch., 638 pp., plus 2 figures.
Tome IV : 2 ff. n. ch., 476 pp., plus 2 figures.
Tome V : 2 ff. n. ch., 444 pp., plus 3 figures.
Tome VI : 2 ff. n. ch., 424 pp., plus 1 figure.
Tome VII : 2 ff. n. ch., 554 pp., plus 2 figures.
Tome VIII : 2 ff. n. ch., 430 pp., plus 2 figures.
Tome IX : VIII-397 pp., plus 2 figures.
Tome X : 2 ff. n. ch., 542 pp., plus 2 figures.
Tome XI : 2 ff. n. ch., 420 pp. plus 2 figures.
Tome XII : 2 ff. n. ch., 526 pp., plus 2 figures.
Tome XIII : 2 ff. n. ch., 582 pp., plus 2 figures.
Tome XIV : 2 ff. n. ch., 590 pp., plus 2 figures.
Tome XV : 2 ff. n. ch., 500 pp., plus 2 figures.
En tout 1 portrait par Guélard et 32 figures par Marillier, gravées par Borgnet, Dambrun, De Launay, Delignon, Delvaux, Halbou, Langlois, Lebeau, de Longueil, Patas, Pauquet et Mme Ponce.
Un bel exemplaire sur papier de Hollande, en veau rose de Bozérian, 260 fr., vente E. Martin (n. 534).

Les 32 dessins originaux de Marillier, lavés à l'encre de Chine vendus 403 fr., vente Renouard (n. 634) et 500 fr. chez La Bédoyère en 1862 (n. 296) font partie de collection James de Rothschild (n. 223). On trouve les figures en suites, réliées avec celles pour l'abbé Prévost.

— Le Théâtre de la foire, ou l'Opéra comique, concernant les meilleures pièces qui ont été représentées aux foires de S. Germain et de S. Laurent, enrichi d'estampes en taille douce, avec tous les vaudevilles et autres airs gravez, notes à la fin de chaque volume, recueillies, revuës et corrigées par Mrs Le Sage et d'Orneval. *A Paris, Etienne Ganeau,* 1721-1737. 19 vol. in-12. (De 80 à 100 fr.)

1 frontispice, 83 figures et 637 pages de musique gravée.

Presque toutes les pièces qui composent ce recueil sont de Le Sage, de d'Orneval et de Fuzelier. (Voy. *la France littéraire* de Quérard et les *Recherches sur les théâtres,* de Beauchamp.) Comme il en existe plusieurs éditions, voici la description exacte de la bonne d'après les indications de M. Daguin.

Tome I : Faux-titre et titre avec approbation et privilège du Roi (approbation pour les 3 volumes du 15 juin 1720, privilège à Le Sage du 7 novembre 1720) 6 ff. n. ch., 388 pp., 2 ff. n. ch. et 64 pp. de musique, plus 1 frontispice et 10 figures. Frontispice de Bonnart, gravé par F. Poilly, médaillon à la partie supérieure dans lequel on lit : *le Théâtre de la Foire.* Le centre représente un tombeau avec deux personnages de chaque côté, et au bas : « *A Paris, Chez Étienne Ganeau* » ; 10 figures de Bonnart fils, gravées par Poilly.

Tome II : Faux-titre, titre conforme au 1er, pas d'approbation, 448 pp., plus 10 figures par Bonnart, gravées par Poilly, et 64 pp. de musique.

Tome III : Faux-titre conforme au 1er, pas d'approbation, 455 pp. plus 9 figures de Bonnart, gravées par Poilly, et 88 pp. de musique.

Tome IV : Pas de faux-titre. Titre, Etienne Ganneau, 1724, avec approbation et privilège, 1 f. n. ch., 502 pp. (bien que le dernier feuillet indique au bas *approbation*, elle ne se trouve pas dans ce volume, mais dans le tome V, où elle est donnée pour le 4e et 5e volume) plus 9 figures de Bonnart, gravées par Poilly et 40 pp. de musique.

Tome V : Pas de faux-titre. Titre comme le précédent, *Étienne Ganeau*, 1724, avec approbation et privilège pour les volumes III et IV. 1 f. n. ch., 431 pp., 1 f. n. ch. plus 8 figures de Bonnart, gravées par Poilly, 56 pp. de musique.

Tome VI : Faux-titre, titre, comme les précédents. *A Paris chez la Vve Pissot,* 1728. Approbation du 20 mai 1728, privilège à la Vve Pissot du 6 août 1728. 12 ff. n. ch., 493 pp., 1 f. n. ch., plus 8 figures, dont une par Bonnart, gravées par Scotin, les autres non signées et 65 pp. de musique.

Tome VII : Pas de faux-titre. Titre rédigé comme les précédents. *A Paris, Chez Pierre Gandouin,* 1731. Approbation, 28 juin 1730 ; privilège à Gandouin pour les volumes VII et VIII, daté du 15 décembre 1730. 2 ff. n. ch., 436 pp., plus 9 figures de Bonnart et de Demarne et 88 pp. de musique.

Tome VIII : Pas de faux-titre. Titre comme les précédents. 2 ff. n. ch., 367 pp., plus 8 figures de Bonnart et de Demarne, et 60 pp. de musique.

Tome IX : Le Sage et d'Orneval s'étant arrêté au tome VIII, un sieur Carolet, publiait, en 1734, un volume intitulé *le Théâtre de la foire,* tome IX ; il obtint l'approbation le 9 avril 1733, et le privilège lui fut donné pour ce 9e volume le 17 juin 1733, mais Carolet le céda à Prault, libraire à Paris, le 14 avril 1734, et c'est sous le nom de ce libraire que parut le 9e volume.

Faux-titre, titre : *le Théâtre de la foire, ou l'Opéra comique,* contenant une partie des pièces qui ont été représentées aux foires de Saint-Germain et Saint-Laurent pendant les années 1732, 1733 et 1734. Enrichi d'estampes en taille-douce, avec une table de vaudeville et autres airs gravées et notés à la fin du volume, composées, revues et corrigées par M. Carolet. Tome IX. *A Paris, Chez Prault et fils, 1734,* avec approbation et privilège. 4 ff. (Préface) 534 pp., 3 ff. n. ch., plus 12 figures au trait. fort médiocres, et 46 pp. de musique.

Le 24 octobre 1736, Le Sage et d'Orneval obtenaient l'autorisation de publier le tome IX de leur *Théâtre,* faisant suite aux 8 premiers volumes publiés par eux, et le privilège leur était donné le 22 novembre 1736. Alors parut le 2e tome IX, dont voici la description :

Pas de faux-titre, titre rédigé comme celui des 8 premiers volumes. *A Paris, Chez Pierre Gandouin, 1737,* avec approbation et privilège du Roi, pas de gravures, 1 f. n. ch., 568 pp., 2 ff. n. ch., et 66 pp. de musique.

L'éditeur, pour éviter d'avoir deux tomes IX à cet ouvrage, fit modifier l'approbation primitive donnée à Carolet. On y indiqua qu'il s'agissait du tome X du *Théâtre de la foire*; le privilège fut rédigé dans le même sens sans modifier les dates et la veuve Gandouin, se substituant à Carolet, publiait le tome X du *Théâtre de la foire*. Le même volume a paru aussi avec la désignation du tome IX, 2ᵉ partie. Mais la bonne édition du 9ᵉ volume est celle de Prault.

LESCONVEL (Pierre de). — Idée d'un règne doux et heureux, ou Relation du voyage du prince de Montbéraud dans l'île de Naudely. Première partie et unique. *A Caseres, Capitale de l'Ile de Naudely, chez Pierre Fortané*, 1703. In-12.

20 ff. n. ch., 164 pp., 3 ff. n. ch., plus 9 figures d'Harrewyn.

LESSING. — Du Laocoon, ou des Limites respectives de la Poésie et de la Peinture, traduit de l'allemand de G. L. Lessing, par Charles Vanderbourg. *A Paris, Chez A.-A. Renouard*, an X (1802). In-8. (De 5 à 6 fr.)

1 frontispice dessiné par Salvage et gravé par Saint Aubin.

L'exemplaire de Renouard, relié par Bozérian, l'un des 4 exemplaires imprimés sur grand papier vélin, avec le dessin original et l'eau-forte de la figure, 36 fr. à sa vente de 1854 (n. 607).

Un exemplaire (unique) sur papier rose, 14 fr. 50, même vente (n. 608).

L'ESTOILE (Pierre de). — Mémoire pour servir à l'histoire de France contenant ce qui s'est passé de plus remarquable dans ce royaume depuis 1515 jusq'en 1611, avec les portraits des Rois, des Reines, Princes et Princesses et autres personnes illustres dont il est fait mention. *A Cologne [Bruxelles] chez les héritiers de Herman-Demen*, 1719, 2 vol. in-8. (De 30 à 40 fr.)

Frontispice d'après Richard van Orley, 52 portraits d'Harrewyn.

En maroquin ancien, reliure de Derôme, à l'oiseau, 275 fr., vente Lacarelle (n. 494) à Porquet pour le prince de Leyde.

— Journal de Henri III, Roy de France, & de Pologne : ou Mémoires pour servir à l'histoire de France, par M. Pierre de L'Estoile. Nouvelle Edition : Accompagnée de Remarques Historiques, & des Pièces manuscrites les plus curieuses de ce Règne. *A La Haye, Chez Pierre, Gosse*, 1744. 5 vol. in-8. (De 60 à 80 fr.)

Tome I : Portrait, titre, XL et 624 pp.
Tome II : Titre, XVI et 591 pp., plus 3 figures aux pp. 36, 160 et 209.
Tome III : 1 f. n. ch., XII et 642 pp., plus 1 fig. à la p. 369. Quelques exemplaires renferment en outre à la fin 1 f. n. ch. final., pour l'*Avis* et les *Errata*.
Tome IV : 1 f. n. ch., XXXVI et 600 pp.
Tome V : 1 f. n. IV et 636 pp.

Un portrait de Henri III, gravé par Mariette et 4 figures dont la troisième seule est signée (P. Tardieu).

Édition donnée par Lenglet-Dufresnoy et beaucoup plus complète que les précédentes. L'audace de certaines notes piquantes obligea le libraire de La Haye à faire cartonner un certains nombre de pages dans les tomes I et II. On trouvera une liste des passages modifiés, plus complète que celle de Brunet, dans le catalogue James de Rothschild (n. 2188 et 2188 *bis*) auquel nous renvoyons nos lecteurs.

En maroquin rouge de Derôme, à l'oiseau, 4.700 fr., vente Lacarelle (n. 495) et 5,500 fr., vente Lignerolles (n. 2579), aujourd'hui chez Ferdinand de Rothschild.

Certains exemplaires portent comme nom de libraire : *A La Haye et se trouve chez la veuve de Pierre Gandouin*.

Il faut joindre au *Journal de Henri III*, le Journal du règne de Henri IV par le même auteur. (*A La Haye, Chez les Frères Vaillant*, 1741. 4 vol. in-8 avec portraits et planches).

LE TOURNEUR. — Le Sylphe, traduit de l'anglois. *A Genève et Paris, Mérigot*, 1784, 2 vol. in-12, (De 5 à 6 fr.)

1 figure dessinée et gravée par Ransonnette.

— Voyage au Cap de Bonne-Espérance et autour du monde avec le capitaine Cook, et principalement dans le pays des Hottentots et des Cafres par André-Sparrmann, traduit par Le

Tourneur. *A Paris, Buisson,* 1787. 2 vol. in-4. (De 30 à 40 fr.)

Cartes et figures.
Un exemplaire en maroquin rouge par Derôme, 200 fr., vente Béhague (n. 1531).

LETTRES AMOUREUSES de la dame Lescombat et du sieur Mongeot ou l'histoire de leurs criminels amours. *A La Haye et se trouve à Paris chez Cailleau,* 1755. In-12. (De 25 à 30 fr.)

Une grande figure gravée, non signée, se dépliant.

LETTRES CRITIQUES sur divers écrits de nos jours contraires à la religion et aux mœurs, par M. C. (Charpentier). *Londres* (Paris), 1751. 2 vol. pet. in-8. (De 6 à 8 fr.)

2 fleurons sur les titres par C. Eisen.

LETTRES & ÉPITRES amoureuses d'Héloïse et d'Abeilard. Nouvelle édition. *A Genève* (Paris, Cazin), 1777. 2 vol. in-18. (De 6 à 8 fr.)

Tome I : xxiv-178 pp., plus 1 portrait.
Tome II : viii-194 pp. plus 1 portrait.
En tout 2 portraits par Boily.

LETTRES D'HÉLOISE & D'ABEILARD, en latin en français (de la traduction de Gervaise, précédée de la Vie d'Abeilard par M. de l'Aulnaye). Édition ornée de huit figures gravées par les meilleurs artistes de Paris, d'après les dessins et sous la direction de Moreau le jeune. *A Paris, Chez J.-B. Fournier, de l'imprimerie de Didot le jeune,* l'an quatrième (1796), 3 vol. gr. in-4. Papier vélin. (De 50 à 60 fr.)

8 figures par Moreau, gravées par Dambrun, Delvaux, Halbou, Langlois jeune, Lemire, Pauquet, Romanet et Simonet, toutes dans le 1er volume.
Ces figures existent avant la lettre, avec les noms des artistes tracés à la pointe, ainsi qu'à l'état d'eaux-fortes.
L'exemplaire de la vente Renouard (1854, n. 638 : 360 fr.) contenant les dessins originaux de Moreau à la sépia, les figures avant la lettre et les eaux-fortes, plus 4 estampes de Watson d'après Catel, à la lettre grise, revendu 1,405 fr., vente Van der Helle et marqué 4,000 fr. dans le catalogue Fontaine, figure aujourd'hui dans la collection Rœderer, à Reims.
L'exemplaire de la vente Delbergue-Cormont (n. 107) en veau fauve, dos de maroquin rouge avec la triple suite des figures, eaux-fortes, avant-lettre et contre-épreuves gouachées, 1,000 fr.; même condition, collection de M. Henri Beraldi.
La suite des avant-lettre en feuilles, 85 fr., vente R. Portalis (février 1878, p. 7, n. 36).

LETTRES ET ÉPITRES amoureuses d'Héloïse et d'Abeilard, précédées de la vie, des amours et infortunes de ces célèbres et malheureux époux. Nouvelle édition. *A Paris, Didot,* 1796. 3 vol. in-18. (De 25 à 30 fr.)

2 portraits et 4 figures de Quéverdo, gravées par Villerey.
Existe en papier vélin, avec figures avant la lettre.
M. Rouquette père a possédé un exemplaire en papier vélin, relié par Bozérian, avec 3 dessins de Quéverdo et l'a vendu 400 fr.

LETTRES ET ÉPITRES amoureuses d'Héloïse et d'Abeilard, nouvelle édition. *A Vienne, chez Sammer, libraire,* 1797. (De 10 à 12 fr.)

2 frontispices d'Angelica Kauffmann, gravés par Weinrauck.

LETTRES GALANTES et philosophiques de deux nonnes, publiées par un apôtre du libertinage, avec des notes. *A Paris,* l'an IIe de la République française. In-18. (De 50 à 60 fr.)

4 figures libres assez jolies qui existent avant la lettre.
Il en existe des exemplaires sur papier vélin anglais.

LETTRES PORTUGAISES. — *A Paris, Delance,* 1796. 2 petits vol. in-18, tirés à 250 exemplaires sur grand papier vélin. (De 15 à 20 fr.)

1 figure par Monnet, gravée par Delaunay.

Petit chef-d'œuvre de sentiment attribué à la religieuse Marianne Alcaforada. Deux exemplaires ont été tirés sur peau de vélin.

LEVASSEUR. — La philosophie occulte de Henri-Corneille-Agrippa, traduite en latin. *A La Haye, Chez Chr. Alberts*, 1727. 2 vol. in-8. (De 10 à 15 fr.)

Portrait.

En maroquin rouge de Derôme, sur grand papier, 136 fr., vente Renouard (1854, n. 579) revendu 140 fr., vente Béhague (n. 244).

LEVAYER DE BOUTIGNY (Roland). — Tarsis et Zélie, nouvelle édition. *A Paris, Chez Musier fils*, 1774. 3 vol. grand in-8. (De 50 à 60 fr.)

Tome I : 2 ff. n. ch., IV-XXIII-563 pp., 2 ff. n. ch., plus 1 frontispice.
Tome II : 2 ff. n. ch., 563 pp., plus 1 frontispice.
Tome III : 2 ff. n. ch., 597 pp., plus 1 frontispice.

3 frontispices par Cochin, Moreau et Eisen, gravés par Gaucher, Ponce et Née ; 3 fleurons sur le titre, gravés par Née, et 20 vignettes par Eisen, gravées par Helman, de Longueil, Masquelier, Massard, Née et Ponce.

Les figures de ce livre élégamment illustré existent avant la lettre et les vignettes et culs-de-lampe peuvent se trouver tirés à part, en épreuves d'artiste. Il existe de ces dernières un tirage postérieur.

L'exemplaire de Méon en grand papier maroquin rouge ancien, a été revendu 250 fr., vente E. Martin (n. 423) ; en maroquin vert de Bradel, 460 fr., vente Béhague (983) ; en maroquin vert ancien, armes, 325 fr., vente Sardou (n. 206), aujourd'hui collection Schuhmann ; en maroquin rouge ancien, papier de Hollande, 850 fr., vente Montgermont (1911, n. 129).

L'exemplaire Ferdinand de Rothschild est en maroquin rouge ancien, aux armes de la comtesse de Provence. C'est sans doute celui que possédait en 1892, M. Henri Beraldi. (*Estampes et livres* n. 67).

LÉVÊQUE (Louise Cavelier, Dame). — Le Prince des Aigues Marines et le Prince invisible, contes. *A Paris, Coustelier*, 1744. In-12. (De 8 à 10 fr.)

1 f. n. ch., 190 pp., plus 5 figures.

Contient 1 fleuron sur le titre, 2 vignettes par Cochin et 5 figures par le même, gravées par Duflos.

En veau marbré, 40 fr., vente Béhague (n. 1138) ; en maroquin vert de Trautz, 69 fr., vente Lignerolles (n. 1226) revendu 125 fr. vente Montgermont (1911, n. 130).

Un des dessins originaux de Cochin figura en 1780 à la vente Prault (n. 64).

LE VERRIER DE LA CONTERIE. — L'École de la Chasse aux chiens courants, précédée d'une biographie historique et critique de Théreutigraphie. *A Rouen de notre imprimerie, N. R. Lallemand*, 1763. 2 vol. in-8. (De 30 à 40 fr.)

14 pp. de musique. — 22 figures d'emblèmes de chasse.

LÉVY (De). — Journal historique, ou Fastes du règne de Louis XV, surnommé le Bien-Aimé. *A Paris, Prault*, 1766. 2 vol. petit in-8. (De 25 à 30 fr.)

Beau portrait du Roi, gravé par Prévost, d'après Cochin.

LEWIS. — Le Moine, traduit de l'anglais par Deschamps, Déprès, Benoist et Delamare. *A Paris, Maradan*, an IV, 4 vol. in-18. (De 10 à 12 fr.)

4 figures non signées.
Denon avait exécuté pour l'illustration, 18 dessins à la plume et au lavis, qui n'ont pas été gravés et se sont retrouvés à sa vente.

LIBRO DEL PERCHÉ (Il), la Pastorella del Marino, la Novella dell Angelo Gabriele, et la Puttana errante di Pietro Aretino. *A Peking, Regnante Kien-Long nel XVIII secolo*. (Londres, 1784, pour le compte de Molini, libraire à Paris.) Pet. in-8, tiré à 200 exemplaires sur papier vélin.(De 25 à 30 fr.)

Titre gravé avec encadrement de priapes, non signé.

On en tira dix exemplaires sur peau de vélin (Van Praet IV, pp. 150-151, n. 202) dont l'un est à la Bibliothèque nationale et dont un autre, en maroquin vert ancien, appartient au baron Maurice de Rothschild.

LIGNE (Prince de). — Préjugés Militaires, par un Officier Autrichien. Tome Premier. *A Kralovelhota*, 1780. in-8.

2 ff. n. ch., 224 pp., plus 2 tableaux repliés, 16 en-têtes et 1 cul-de-lampe.

Se joint toujours au suivant :

— Fantaisies Militaires par un Officier Autrichien. Tome Second. *A Kralovelhota*, 1780. In-8.

1 f. n. ch., 148 pp., plus 20 tableaux ou planches, dont 18 repliés.

En tout une page de dédicace gravée. *A mon maître*, avec un en tête et un cul-de-lampe, 15 charmantes petites vignettes, vues de batailles, datées de 1778 à 1780, le tout dessins et gravures de la main de Choffard, et 22 planches techniques dont 20 repliées.

Les dessins originaux à l'encre de Chine et les eaux-fortes sont au Cabinet des Estampes, dans l'œuvre de Choffard. Il existe des tirages hors texte : une suite cartonnée a été vendue 435 fr., vente Destailleur (1891), n. 191).

En maroquin rouge de Chambolle, avec les tirages hors texte, 800 fr., vente Montgermont (1911, n. 131).

En maroquin rouge ancien, aux armes du duc d'Orléans, père de Philippe-Égalité, 1,050 fr., vente Lignerolles (n. 673), aujourd'hui dans la collection Ferdinand de Rothschild. M. Henri Beraldi possède un exemplaire cartonné avec les fleurons hors texte.

LIGNY (le Père de). — Histoire de la Vie de N. Seigneur Jésus-Christ, par le P. de Ligny, de la Compagnie de Jésus. Édition ornée de gravures d'après les tableaux des plus grands maîtres, sous la direction de L. Petit. *A Paris, chez l'éditeur* (ou *de l'imprimerie de Crapelet*), S. d., 2 vol. in-8. (De 20 à 30 fr.)

Tome I : 2 ff. n. ch., 514 pp. et 1 f. blanc.
Tome II : 2 ff. n. ch., et 534 pp., plus 75 figures pour les 2 volumes d'après divers peintres, et une carte de la Palestine.

En maroquin rouge ancien, 116 fr., (vente Daguin, n. 520).

Les figures ont été tirées avant la lettre sur papier de Chine (tirées à 10 exemplaires); on fit aussi des suites d'eaux-fortes.

Avec ces trois états des figures, en demi-reliure maroquin rouge de Thouvenin, 150 fr., vente Pixerécourt (n. 17), revendu 325 fr., vente La Bédoyère (1862, n. 14), 535 fr., vente Huillard (n. 16). Une suite des eaux-fortes et des avant-lettre sur papier blanc, se vendit seulement 36 fr. chez La Bédoyère (1862, n. 351) qui possédait encore le dessin à la sépia du frontispice, par Le Barbier (1862, n. 250 : 7 fr.).

En demi-rel., maroquin violet de Thouvenin, non rogné, avec les eaux-fortes les avant-lettre et plusieurs épreuves d'artiste, 250 fr., vente E. Martin (n. 13).

Existe aussi de format in-4, sous la date de 1804.

LIMAIRAC (De). — Le Royalisme, ou Mémoires de Du Barri Saint-Aunez et de Constance de Cezelli, sa femme, anecdotes héroïques sous Henri IV par M. de L***. *A Paris, Chez Valade*, 1770. In-12. (De 5 à 6 fr.)

VIII-155 pp., plus 1 frontispice contenant le portrait de l'auteur. Contient aussi 1 vignette et 1 cul-de-lampe gravés par Le Grand.

L'exemplaire Ferdinand de Rothschild est en maroquin citron ancien, doublé de tabis rose.

LION (J.-N. de Brazey, comte de). — Mémoires politiques, amusants et satiriques de Messire J. N. D. B. C. de L., colonel du régiment de dragons de Corsanski, etc. *A Véritopolis, chez Jean disant vrai. (Amsterdam, Roger)*, 1735. 3 vol. pet. in-8. (De 15 à 20 fr.)

1 frontispice, 1 portrait du duc de Villars, 18 figures et 2 planches pliées (plans de batailles) non signés.

LIPPI (Lorenzo). — Il Malmantile racquistado di Lorenzo Lippi. *Parigi, Prault*, 1768. Petit in-12. (De 8 à 10 fr.)

1 portrait gravé par Demautort et 1 titre dessiné et gravé par Moreau.

LISTES GÉNÉRALES des noms, âges, qualités et demeures de tous les Conspirateurs qui ont été condamnés à mort par le Tribunal révolutionnaire, établi à Paris, par la loi du 17 août 1792, pour juger tous les ennemis de la Patrie. *A Paris*, 1794. In-8. (De 15 à 20 fr.)

1 figure non signée, représentant la guillotine.
Recueil composé de 11 numéros.

LIT DE NOCE (Le), ou les Nuits du docteur Pyrico-Proto-Patouphlet, livre comique et cependant médico-philosophique, traduit tout nouvellement de langue gasconne, par un berger d'Arcadie. *S. l.* (Paris), 1791. In-8. (De 15 à 20 fr.)

1 figure par Le Barbier, gravée par Masquelier.

LITS babillards (Les). *A Paris, imprimerie Dautel*, 1797. In-8. (De 8 à 10 fr.)

2 figures médiocres, non signées.

LIVRE des Rêves, ou l'Oneiroscopée, application des songes aux numéros de la loterie royale de France, etc..., ornée de plusieurs figures analogues aux sujets. *A Lugano, chez Jouve*, 1787. In-12. (De 8 à 10 fr.)

1 frontispice non signé et 6 planches représentant 91 sujets, non signées.

LOAISEL DE TRÉOGATE. — Valmon, anecdote française. *A Paris, chez Moutard*, 1776. In-8. (De 4 à 5 fr.)

1 figure de Quéverdo, gravée par Legrand.

— Dolbreuse, ou l'Homme du siècle. *A Paris, Berlin*, 1777. In-8. (De 4 à 5 fr.)

1 frontispice non signé.

— Dolbreuse, ou l'Homme du siècle, ramené à la vérité par le sentiment et par la raison, histoire philosophique. *A Amsterdam et Paris, chez Belin*, 1783. 2 parties in-8. (De 8 à 10 fr.)

2 frontispices par Lorge, gravés par Berthet.
Ce livre existe avec les mêmes figures en 2 vol. in-18.

— Valrose, ou les Orages de l'amour. *A Paris, Leprieur*, 1799. 2 vol. In-12. (De 5 à 6 fr.)

2 figures non signées.

— Héloïse et Abeilard, ou les victimes de l'Amour galant et moral. *A Paris, Chez Barba*, an XI (1803). 3 vol. in-12. (De 6 à 8 fr.)

1 planche d'après Huot de Noël.

LOBINEAU. — Histoire de la ville de Paris. Voyez FÉLIBIEN.

LOCKE. — De l'éducation des enfants; Traduit de l'Anglois de M. Locke, Par M. Coste. Sur l'Edition Angloise publiée après la mort de l'Auteur, qui l'avoit revûe, corrigée & augmentée de plus d'un tiers. *A Amsterdam, Chez Steenhouwer et Uytwerf*, 1731. Petit in-8. (De 8 à 10 fr.)

XXXI pp., 1 f. n. ch., 505 pp. et 3 ff. n. ch., plus le portrait de Locke gravé par Bernard Picart d'après Kneller. Vignette sur le titre.
En maroquin rouge ancien, exemplaire réglé aux armes d'Hoym, 739 fr., vente Janzé (n. 103).

LOFRASSO (Antonio de). — Los dies libros de fortuna de Amor... *A Londres*, 1780. 2 vol. in-8. (De 8 à 10 fr.)

Portrait de l'auteur, dessiné et gravé par Mosley et 10 figures, par Gravelot et Mosley, gravées par ce dernier.

LO-LOOZ (De). — Les Militaires au-delà du Gange. *A Paris, chez Bailly*, 1770. 2 vol. in-8. (De 6 à 8 fr.)

2 figures dessinées par Eisen, gravées par de Longueil, et 4 plans de bataille.
Existe tiré sur papier de Hollande.

LONGUS. — Les Amours Pastorales de Daphnis et de Chloé (traduites du grec par Amyot), avec figures. *S. l.* (Paris, Quillau) 1718. Petit in-8. (De 300 à 400 fr.)

6 ff. n. ch., 164 pp., plus 1 frontispice par Coypel, 28 figures par Philippe d'Orléans (le Régent), gravées par B. Audran ; 1 gravure par le comte de Caylus connue sous le nom des *Petits pieds*, 1 vignette en-tête par Scotin, et 6 lettres capitales ornées.

Jolie édition très recherchée (tirée à 250 exemplaires), dite du *Régent*, parce que c'est le régent Philippe duc d'Orléans qui l'a fait exécuter et a fait graver les estampes par Benoît Audran, d'après les peintures que le roman de Longus lui avait inspirées. La figure des *petits pieds*, attribuée à Caylus, ne fait pas partie du livre, n'ayant été gravée qu'en 1728, mais on l'y a ajoutée dans beaucoup d'exemplaires.

Il y aurait des exemplaires en papier fin. — Ceux qui sont revêtus d'une belle reliure ancienne sont de très grand prix et les amateurs recherchent tout particulièrement les quelques exemplaires qu'on a reliés à l'époque en maroquin à mosaïque; voici les principaux :

1° L'exemplaire même du Régent, avec ses armes au centre d'une riche mosaïque de Padeloup, envoyé à Conquet, par Arrigoni de Milan, refusé dit-on, pour deux mille francs par Eugène Paillet et acheté par Morgand (*Bull.* n. 5707) qui le revendit 13,000 fr. à M. Quentin-Bauchart (*Mes livres* n. 133) malgré les « mille francs de graisse de trop » qu'y découvrait un bibliophile jaloux, fut successivement payé 17,500 fr., vente Quentin-Bauchart (n. 30), 10,750 fr., vente Delbergue (n. 163) et enfin 12,500 fr., vente Mosbourg (n. 177). Il fait aujourd'hui partie de la collection Ferdinand de Rothschild. (Cf. le fac-simile de la reliure dans la *Gazette des Beaux-arts* de 1879).

2° Celui du comte d'Ourches (n. 986 : 235 fr.) et de Châteaugiron (n. 1137 : 194 fr.), en maroquin citron à mosaïque, riche reliure de Padeloup, fut revendu 6,000 fr. à Fontaine pour Lacarelle, à la vente Brunet (n. 412) et 6,750 fr., à Morgand, à la vente Lacarelle (311); il passa ensuite chez M. A. de Naurois et se trouve aujourd'hui chez M. Adolphe Bordes.

3° Un charmant exemplaire en mosaïque d'une grande fraicheur, avec sujets pastoraux sur maroquin blanc, chef-d'œuvre du relieur Monnier, envoyé de Russie à M. Rouquette, et cédé par lui à E. Daguin fut adjugé à M. Quaritch, à la vente Daguin (n. 521) au beau prix de 45,500 fr.

Il est entré dans la collection Pierpont-Morgan.

4° En maroquin citron, riche mosaïque de Padeloup, 460 fr., vente La Vallière (1784, n. 3963) revendu 340 fr., vente M. J. de Bure (1849, n. 179) aujourd'hui au Musée Dutuit (n. 441).

5° En maroquin citron à mosaïque de maroquin bleu et citron, riche reliure de Padeloup, 1,210 fr., vente Labédoyère (1862, n. 1355) au baron Salomon de Rothschild.

6° Le bel exemplaire en maroquin citron à mosaïque, doublé de maroquin citron par Padeloup figurant dans la collection James de Rothschild (n. 1484) et provenant des ventes Utterson (1857), Daniel (1863, n. 1040 : 2,300 fr.) et Tite (1874, n. 1877 : 3,425 fr.).

7° En maroquin citron, mosaïque à répétition, *Bull. Morgand*, n. 2789.

8° En maroquin à mosaïque avec sujet de fleurs, à la librairie Morgand (*Cat. de reliures*, n. 171 a).

Parmi les exemplaires en maroquin ancien à compartiments décrits ci-dessus figurent sans doute ceux de Renouard (1804, n. 1082 : 105 fr., en maroquin à compartiments avec fleurs, arbres et animaux) et celui de Didot (1810, n. 741 : 144 fr., en maroquin à compartiment doublé de maroquin citron).

Un autre précieux exemplaire, formé par Chastre de Cangé, valet de chambre du Régent, a passé par les collections Cangé de Billy (301 fr.), Anisson-Duperron (n. 825 : 32,000 fr. en assignats), d'Ourches (n. 985 : 305 fr.), Vallette, Pixerécourt (n. 1171 : 262 fr.) et Lehon (655 fr.). Il est aujourd'hui au Musée Condé. (*Bull. Morgand*. n. 2788).

Il contient, outre les gravures de l'édition en belles épreuves, un dessin à la plume des *petits pieds*, attribué au régent, un autre dessin de Massé sur le même sujet, l'eau-forte qu'en fit le comte de Caylus, un projet de la main du prince, des gravures qui ne furent pas toutes exécutées. De plus, les marges sont couvertes de notes critiques par le savant Lancelot.

Un très bel exemplaire en maroquin rouge par Derôme, 1,080 fr., vente Delbergue (n. 165).

Un exemplaire en maroquin rouge à larges dentelles, par Padeloup, 2,900 fr., vente Ganay (n. 163); revendu 1,455 fr., vente Rich. Lion (n. 218); [est-ce celui qu'on paya 1,650 fr. vente Guyot de Villeneuve n. 417]. — En maroquin vert à dentelles, aux armes du duc de Montmorency-Luxembourg, 2,150 fr., vente Turner (n. 422);

revendu 1,315 fr., vente L. de Tinan (n. 140).
En maroquin rouge ancien, 1,660 fr., vente H. Bordes (1897, n. 50).
En maroquin rouge de Padeloup, 2,500 fr., chez Quentin-Bauchart (*Mes livres* n. 134); un autre semblable, provenant de Girardot de Préfond et de Durfort-Duras, 1,000 fr., vente Colin (n. 81).
En maroquin vert à dentelle avec oiseaux et cœurs, jolie reliure de Derôme, 1,380 fr., vente R. Portalis (novembre 1878, n. 80).
Dans une reliure analogue, mais en maroquin rouge, 820 fr., vente Brunet (n. 413) revendu 320 fr., vente Grésy (n. 210), 1,900 fr., vente Mosbourg (n. 178) et 6,050 fr., vente Montgermont (1911, n° 132); même condition, collection Ferdinand de Rothschild.
En maroquin rouge ancien à dentelles, 690 fr., vente Destailleur (1891, n. 1288); un autre, collection Louis Cartier.
En maroquin bleu de Bradel, relié sur brochure, 73 fr., vente Caillard (1810, n. 1552), revendu 1,200 fr., vente Lignerolles (n. 1745).
En maroquin bleu de Bozérian, relié sur brochure, 260 fr., vente La Bédoyère, (1862, n. 1356), revendu, en maroquin vert, doublé de maroquin orange par Trautz, 2,600 fr., vente Lebeuf de Montgermont (1876, n. 640).
En maroquin rouge à mosaïque, de Bozérian, 740 fr., vente E. Martin (n. 470).
En maroquin rouge doublé de maroquin, riche reliure de Thouvenin, 201 fr., vente Ch. Nodier (1844, n. 772), aujourd'hui chez M. Adolphe Bordes; ce bel exemplaire est non rogné et sur papier fin.
En maroquin rouge de Thibaron, 450 fr., vente R. Portalis (février 1878, n. 100).
En maroquin citron à mosaïque, riche reliure de Cuzin, 4,020 fr., vente Daguin (n. 522).

— Les Amours pastorales de Daphnis et Chloé. *S. l.* (Paris, Coustelier), 1731. In-12, titre rouge et noir. (De 40 à 50 fr.)

5 ff. n. ch., 159 et xx pp., plus 1 frontispice et 8 figures.

Contient 1 frontispice non signé, 8 figures de Scotin, 1 fleuron et 4 vignettes non signés.

En maroquin citron à mosaïque, combat d'oiseaux fantastiques, remarquable reliure de Monnier, 400 fr., vente Turner (n. 423), aujourd'hui à la librairie Morgand; en maroquin rouge ancien, 100 fr., vente E. Martin (n. 371); en maroquin rouge ancien (figures du Régent), 154 fr., vente R. Portalis (février 1878, n. 101).

On signale un exemplaire de cette édition tiré in-4. Un bel exemplaire imprimé sur vélin, dans une reliure de Padeloup (maroquin rouge doublé de maroquin vert), où les figures de Scotin sont remplacées par celles du Régent, provenant des ventes Crozet, Baudelocque et Delassize, racheté à 330 fr., vente Portalis 1882 (n.64) et revendu 600 fr. à Greppe, vente Portalis, 1889 (n. 205).

Réimprimé en 1745, in-12 avec les mêmes figures.

Cette dernière édition en maroquin bleu ancien avec fleurs peintes et dorées, 3,310 fr., vente Sardou (n. 164).

— Les Amours pastorales de Daphnis et Chloé. *S. l.* (Paris), 1745. In-12. (De 40 à 50 fr.)

6 ff. n. ch., (le 2ᵉ blanc), 159-xx pp., plus 1 frontispice et 29 figures.

1 frontispice de Coypel, 29 figures de Ph. d'Orléans, gravées par Audran, et 4 culs-de-lampe de Cochin.

Mêmes figures que celles de l'édition de 1718, et sur le frontispice gravé, on a laissé subsister cette date. Aussi a-t-on cherché à faire passer cette réimpression pour l'édition originale en supprimant le titre daté de 1745. Mais on reconnaît facilement cette dernière aux culs-de-lampe de Cochin, gravés pour cette édition.

On a tiré de cette édition des exemplaires petit in-4. M. Eug. Paillet possédait l'exemplaire relié en maroquin vert de Chastre de Cangé dans lequel cet amateur avait inséré des épreuves de choix. (*Bull. Morgand*), n. 12,196 : 3,000 fr.); cet exemplaire en 1853 avait été payé 76 fr. à la vente de Bure (n. 835) et la même somme en 1855, vente Hope (n. 106).

En maroquin vert ancien, avec les tirages à part des 4 culs-de-lampe, 300 fr., vente Daguin (n. 523); en maroquin rouge de Derôme, riche reliure à l'oiseau avec larges dentelles, 3.700 fr., à M. de Mun, vente Werlé (n. 321).

Les dessins originaux de Cochin pour les culs-de-lampe étaient chez Morel-Vindé: nous les trouvons en dernier lieu chez Lord Carnarvon (n. 31).

— Pastoralium de Daphnide et Chloë libri quator, gr. et lat. editio nova cum emendationibus (cura J. S. Bernard). *Lutetiæ Parisiorum* (Amstelodami) *in gratiam curiosorum*, 1754. Pet. in-4. (De 50 à 60 fr.)

Figures gravées par Audran, vignettes et culs-de-lampe d'Eisen et Cochin, gravées par Fokke.

Edition tirée seulement à 125 exemplaires, suivant Brunet. Les 29 gravures d'Audran sont ici retouchées pour la troisième fois, mais on les placées dans de beaux encadreements gravés par Fokke.

En veau ancien, 44 fr., vente Daguin (n. 524).

— Les Amours pastorales de Daphnis et Chloé, par Longus; double traduction du grec en françois de M. Amiot et d'un anonyme, mis en parallèle, et ornées des estampes originales du fameux B. Audran, gravées aux dépens du feu duc d'Orléans, Régent de France, sur les tableaux inventés et peints de la main de ce grand Prince, avec un frontispice de Coypel, et autres vignettes et culs-de-lampe gravés par Fokke sur les dessins de Cochin et d'Eisen. *A Paris, imprimé pour les curieux*, 1757. In-4, texte encadré. (De 150 à 200 fr.)

Autre édition contenant, outre les figures de l'édition de 1718 retouchées, et entourées de beaux cadres ornés par Fokke, dont deux seulement sont différents, 1 fleuron sur le titre, 8 vignettes par Eissen et 8 culs-de-lampe par Cochin (3 sont répétés), tous gravés par S. Fokke, les mêmes que dans l'édition grecque et latine en 1754. La figure des *petits pieds*, différente de celle que l'on joint à l'édition originale, est placée à la page 162. Les culs-de-lampe sont ceux de l'édition de 1745, mais agrandis et retournés.

Un exemplaire en maroquin rouge, relié par Dubuisson aux armes de Mme de Pompadour, et provenant de la collection Quentin-Bauchart (*Mes livres*, n. 135) fut vendu 3,500 fr., à Lacarelle et revendu à sa vente (n. 312) 7,000 fr., à M. Parran. Ce volume avait été, dit-on, acheté 10 fr., dans un village hongrois et apporté à Paris par un étranger, qui fut heureux d'en trouver acquéreur au prix de 200 fr. Il est aujourd'hui chez M. Adolphe Bordes.

La collection Ferdinand de Rothschild renferme un autre exemplaire relié également en maroquin rouge par Dubuisson, et portant également sa jolie étiquette gravée par Lemire d'après Eisen.

Il existe des exemplaires sur grand papier de Hollande avec double encadrement. Dans cette condition, en maroquin vert ancien, exemplaire de Mme de La Borde, 180 fr., vente Delbergue, revendu, 220 fr. vente Janzé (n. 450).

En veau ancien, sur grand papier, 235 fr., vente E. Martin (n. 373); en veau ancien, papier ordinaire, 66 fr., vente Sardou (n. 170).

— Les Amours pastorales de Daphnis et Chloé, avec figures. *A La Haye, chez Jean Neaulme*, 1764 ou 1773. In-12. texte encadré. (De 12 à 15 fr.)

1 titre gravé, 1 frontispice, 4 vignettes et 8 figures non signés. La dernière figure est celle des *petits pieds*.

— Les Amours pastorales de Daphnis et Chloé. Bouillon, 1776. In-12. (De 15 à 20 fr.)

Copie des figures du Régent.

— Les Amours pastorales de Daphnis et Chloé, 1777 (Cazin). In-22. (De 5 à 6 fr.)

1 frontispice non signé représentant une très jolie imitation de la gravure des *petits pieds*.

— Les Amours pastorales de Daphnis et Chloé. *A Londres* (Paris, Cazin) 1780. In-18. (De 5 à 6 fr.)

1 f. n. ch. (ou 2 ff. n. ch. (?) et 196 pp., plus 1 joli frontispice non signé, copié sur celui de Coypel.

— Les Amours pastorales de Daphnis et Chloé, translatées du grec en français, par Jacques Amyot. *A Londres*, 1779. Pet. in-4. Texte dans un encadrement gravé. (De 50 à 60 fr.)

1 frontispice et 28 figures y compris celle des *Petits pieds*.

Reproduction des figures du Régent. Existe aussi in-12 sans encadrement.

— Les Amours de Daphnis et Chloé, traduction de 1782. *A Mitylène*, 1783,

(Reims, Cazin, et Paris, Moutard). In-8 et in-16. (De 12 à 15 fr.)

1 portrait-médaillon du traducteur Mullot, 1 figure gravés par David, et 14 jolies vignettes non signées.

En grand papier, maroquin vert ancien aux armes, 41 fr., vente E. Martin (n. 375); en maroquin rouge ancien, 92 fr., vente L. de Tinan (n. 142).

— Les Amours pastorales de Daphnis et Chloé, escrites en grec par Longus et translatées en françois par J. Amyot. *A Versailles, chez Sevère Dacier*, 1784. In-18. (De 8 à 10 fr.)

1 frontispice et 5 figures non signées.

— Les Amours pastorales de Daphnis et Chloé, traduction nouvelle (par de Bure Saint-Fauxbin), avec figures nouvellement dessinées sur les peintures de M. le duc d'Orléans, Régent. *A Paris, chez Lamy, de l'imprimerie de Monsieur*, 1777. 2 parties en 1 vol. grand in-4. (De 90 à 100 fr.)

29 copies au trait et tirées en bistre des figures du Régent, gravées par Martini.

L'éditeur Lamy fit gouacher des suites de ces gravures au trait tirées sur vélin et les insera dans des exemplaires du luxe.

L'exemplaire de Renouard imprimé sur vélin contenait les 29 dessins à la plume de Martini et 29 miniatures gouachées d'après les tableaux originaux du Régent. Adjugé 230 fr. à la vente Renouard, cet exemplaire a reparu le 27 avril 1868 à la première vente Gancia (n. 712), et a longtemps été à vendre pour 7,000 fr. à la librairie Fontaine. Il a été relié par Lortic en maroquin doublé de mosaïque.

Un autre exemplaire imprimé sur vélin figurait dans la collection du prince Galitzin vendue en 1825.

L'exemplaire E. Martin (n. 375 : 900 fr.); revendu 3,100 fr. vente Massicot (579), en maroquin rouge de Capé, contenait les figures gouachées sur vélin et de nombreuses autres pièces ajoutées.

— Daphnis et Chloé. *A Lille*, 1792. In-12. (De 5 à 6 fr.)

Figures médiocres, gravées par Vidal d'après celles du Régent.

— Daphnis et Chloé, traduction d'Amyot. *Imprimerie de Patris* (à Paris) 1795. In-18. (De 15 à 20 fr. et le triple avec les figures avant la lettre).

1 frontispice et 4 figures, dessinés par Binet et gravés par Blanchard.

En veau ancien, 5 fr., vente E. Martin (n. 376).

Réimprimé en 1803, par Renouard avec les 5 figures in-18. (De 4 à 5 fr.)

— Les Amours pastorales de Daphnis et Chloé, traduction nouvelle par Pierre B***. *A Paris, chez Maradan*, an VI (1798). In-16. (De 6 à 8 fr.)

1 frontispice signé par Dupréel et 4 figures par Monsiau, gravées par Pauquet et Dupréel.

Ce livre existe sur papier vélin, de format petit in-8 carré, avec les figures avant la lettre et les eaux-fortes.

Cf. le suivant.

— Les Amours pastorales de Daphnis et de Chloé, traduites en grec de Longus, par Amyot. *A Paris, de l'Imprimerie de P. Didot l'aîné, l'an VIII* (1800). In-18. (De 8 à 10 fr.)

1 frontispice signé par Dupréel et 4 figures par Monsiau, gravées par Pauquet et Dupréel.

Existe en grand papier vélin, tiré à 100 exemplaires, avec les figures en avant-lettre.

En maroquin rouge, relié sur brochure par Cuzin, figures avant et avec la lettre, 185 fr., vente Daguin (n. 613).

— Les Amours pastorales de Daphnis et Chloé, traduites du grec de Longus par Amyot. *A Paris, Didot l'aîné*, 1800. In-4, papier vélin. (De 40 à 50 fr. et le double avec les figures avant la lettre).

9 figures par Prudhon et Gérard, gravées par Godefroy, Marais, Massard et Roger.

Les figures de Prudhon sont dignes du grand artiste; elles sont fort recherchées avec la tablette blanche et les légendes sur papier de soie. Un exemplaire en condition ordinaire relié par Capé en maroquin bleu, 260 fr., vente Béhague (n. 895).

En papier vélin, figures avant la lettre, demi-reliure de Cuzin, 70 fr., vente Daguin (n. 525); un autre en maroquin rouge de Chambolle, 110 fr., vente Massicot (n.

580); un autre en maroquin rouge de Capé, 220 fr., vente Lebeuf de Montgermont (641); un autre encore en maroquin rouge de Bauzonnet, 205 fr., vente Guyot de Villeneuve (n. 419).

En maroquin rouge de Chambolle, figures avec la tablette blanche et sans la tablette, 490 fr., vente Montgermont (1911, n. 133).

Un exemplaire de l'édition de 1802 avec le texte grec imprimé sur vélin, provenant de Junot (vente d'Abrantès, Londres 26 mars 1817, n. 186 : 945 fr.) revendu 1155 fr., vente Watson-Taylor (1823, II; n. 605), contient les beaux dessins originaux de Prudhon ainsi que ceux plus froids de Gérard. Il a figuré au cours de ces dernières années à la vente Beckford-Hamilton (II, n. 1874 : 22,500 fr.) au *Bull. Morgand*) n. 8422 : 35,000 fr.) à la vente Marquis (n. 326 : 15,000 fr.) et à celle d'Eugène Paillet (n. 148 : 38,000 fr.) Il est aujourd'hui dans la collection Adolphe Bordes.

Un deuxième exemplaire sur vélin en maroquin bleu de Simier avec les figures sur Chine volant, 600 fr., vente E. Martin (n. 377).

— Gli Amori pastorali di Daphni e Cloé. *A Parigi, Renouard*, 1800. In-12. (De 6 à 8 fr.)

1 figure par Prudhon, gravée par Roger.

Deux exemplaires ont été tirés sur vélin; l'un est à la Bibliothèque nationale; l'autre en maroquin vert a été payé 24 fr. 50 par Potier, vente Renouard (1854, n. 1901).

M. H. Beraldi possède un exemplaire en maroquin vert avec l'avant-lettre et l'eau-forte.

— Les Amours pastorales de Daphnis et Chloé, traduites du grec de Longus par J. Amyot. *A Paris, chez Ant.-Aug. Renouard*, an XII 1803. In-12. (De 8 à 10 fr.)

2 ff. n. ch. et XVI-171 pp., plus 1 frontispice.

Portrait d'Amyot, sur le titre gravé par Saint-Aubin et frontispice, le même que dans l'édition de 1800, avec la lettre en italien.

Existe sur grand papier vélin.

L'exemplaire de Renouard, en maroquin bleu (1854, n. 1896), le seul imprimé sur vélin, contenant le dessin original du portrait d'Amyot par A. de Saint-Aubin, et la figure de Prudhon en divers états, 110 fr., revendu 600 fr., vente Destailleur (1891, n. 1291).

Il y a 3 exemplaires sur papier rose.

En maroquin vert de Cuzin, grand papier vélin, avec le frontispice en 3 états (eau-forte, épreuve sans les noms, et avant-lettre), 401 fr., vente L. de Tinan (n. 143).

— Daphnis et Chloé. Suite dite de Lebarbier.

Peu de suites sont aussi rares que cette suite in-4, dessinée par Le Barbier pour une édition de Daphnis et Chloé, projetée, mais jamais mise au jour.

Huit dessins à la sepia, plus les dessins de deux fleurons, furent payés 399 fr. par Capé, à la vente La Bédoyère (1862, n. 277), deux dessins figurèrent à la vente Sieurin; quatre autres furent payés 3,500 fr. par L. Rœderer.

Le vieux Sieurin croyait pouvoir affirmer que la suite comptait en tout 20 pièces; il en avait vu 13 et en avait possédé 9 en états différents (à sa vente, n. 218 : 3,000 fr.)

A la vente du 5 avril 1880 (n. 206), Morgand paya 1,605 fr. une collection de 17 pièces de cette suite, donnant 11 sujets (dont le titre) en avant-lettre, avec 6 de leurs eaux-fortes.

Ceux qui ont tenu entre les mains cette suite rarissime s'accordent à y vanter la beauté de la gravure et la pureté du dessin.

LOUIS XI. — Les Cent Nouvelles Nouvelles. Suivent les Cent Nouvelles contenant Les Cent Histoires Nouveaux Qui sont moult plaisans à raconter, En toutes bonnes Compagnies; par manière de joyeuseté. *A Cologne, Chez Pierre Gaillard*, 1701. 2 vol. pet. in-8. (De 100 à 120 fr.)

Tome I : 15 ff. n. ch., 397 pp., plus 1 frontispice et 45 figures.

Tome II : 12 ff. n. ch., 325 pp. plus 55 figures.

Un frontispice par R. de Hooghe, gravé par G. Van der Gouwen, 100 figures à mi-page (ou hors texte), 1 vignette et 1 cul-de-lampe par Romain de Hooge, mais non signés.

Il existe deux éditions de ce livre sous la même date : l'une avec les figures à mi-page, l'autre avec les figures tirées à part. Malgré l'incertitude de Brunet sur la priorité de ces deux éditions, dans tous les exemplaires où les figures sont tirées à part les épreuves sont moins bonnes que dans ceux où elles sont à mi-page.

Un bon exemplaire du premier tirage, en maroquin citron de Trautz, 480 fr., vente Lebeuf de Montgermont (1876, n. 698); un autre, non rogné, en maroquin rouge de Capé, 561 fr., vente E. Martin (n. 385), revendu 120 fr., vente Müller (n. 212); en maroquin citron de Derôme, 490 fr., vente Didot (1878, n. 623), revendu 500 fr., vente R. Portalis (novembre 1878, n. 81); un autre encore, en maroquin bleu ancien de Boyet, vente Beckford puis chez Lord Carnarvon (n. 17), puis à 1,000 fr., *Bull. Morgand* II, 6 (1908) n. 119; en maroquin vert de Derôme, 78 fr., vente Caillard (n. 1529), revendu 59 fr., vente Pixerécourt (n. 1369), 225 fr., vente Solar (n. 1989) et 1,500 fr., vente Béhague (n. 1143); cet exemplaire a aussi appartenu au comte de Clinchamp (n. 492). En maroquin rouge ancien, 555 fr., vente Montgermont (1911, n. 157).

Les mêmes gravures ont servi à deux éditions publiées en 1732 et 1736. Amsterdam, 2 vol. in-12.

LOUIS XV. — Cours des principaux Fleuves et Rivières de l'Europe, composé et imprimé par Sa Majesté Louis XV. *A Paris, de l'imprimerie du cabinet de Sa Majesté, dirigée par J. Collombat*, 1718. Pet.in-4. (De 25 à 30 fr.)

Très joli portrait du roi enfant, gravé par J. Audran.

Curieux volume auquel le portrait donne du prix.

En maroquin rouge par Capé, 55 fr., vente Béhague (n. 1516), et en ancien maroquin rouge aux armes de France, 165 fr., vente Brunet (n. 559).

En maroquin vert à dentelle, aux armes de Louis XV, 4.000 fr., vente Pichon (1897, n. 1128) aujourd'hui dans la collection Ferdinand de Rothschild.

LOUVET DE COUVRAY. — Vie du Chevalier de Faublas, divisée en : Une Année de la vie du chevalier de Faublas, par le citoyen J.-B. Louvet, nouvelle édition, corrigée et augmentée. *A Paris*, 1796, an IV de la Répub. fr. 5 vol. in-18. — Six semaines de la vie du chevalier de Faublas. 2 vol. in-18. — Vie et fin des Amours du chevalier de Faublas. 6 vol. in-18, en tout 13 vol. in-18. (De 25 à 30 fr. et le double sur grand papier vélin).

13 figures de Chaillou, gravés par Lorieux.

La première édition de ce roman a été publiée sans figures en 1786.

Autre édition en 8 vol. in-18, avec les mêmes figures.

— Les Amours du chevalier de Faublas, par J.-B. Louvet. Troisième édition, revue par l'auteur. *Se vend à Paris, chez l'auteur, rue de Grenelle-Saint-Germain, vis-à-vis la rue de Bourgogne, ci-devant hôtel de Sens, no 1495, et chez les marchands de nouveautés.* An VI de la République (1798). 4 vol. in-8. (De 80 à 100 fr.)

Tome I : XVI-244 pp., plus 6 figures.
Tome II : 2 ff. n. ch., 274 pp., plus 7 figures.
Tome III : 2 ff. n. ch., 307 pp., plus 6 figures.
Tome IV : 2 ff. n. ch., 330 pp., plus 8 figures.

27 figures par Demarne, Dutertre, Mlle Gérard, Marillier, Monsiau et Monnet, gravées par Baquoy, Choffard, Courbe, Dambrun, de Launay, Delvaux, Dupréel, de Ghendt, Giraud, Halbou, Lemire, Patas, Saint-Aubin, Tilliard, Trière et Viguet.

Les exemplaires sur papier vélin sont rares et recherchés. Les figures doivent s'y trouver avant la lettre avec les noms des artistes à la pointe.

Les eaux-fortes, très rares, existent aussi. Elles se trouvaient dans l'exemplaire de Pixerécourt.

On connaît 2 figures qui ont été gravées et n'ont pas été utilisées, ce sont celles du T. I, p. 23 (par Mlle Gérard au lieu de Quéverdo) et du T. III, p. 203) par Marillier au lieu de Dutertre). De même quelques dessins sont restés inédits.

Les exemplaires Turner et Béhague cités plus bas contenaient quatre planches doubles avant la lettre présentant des remarques assez notables : c'étaient les figures aux pages 23 du tome I, 154 du tome I (2 épreuves *différentes*) et 203 du tome III. Il en existe d'autres.

L'exemplaire Ferdinand de Rothschild en veau ancien, a les figures avant la lettre.

Un bel exemplaire en papier vélin avec les figures avant la lettre dont les 4 figures doubles, et relié en maroquin citron par Trautz, 3,750 fr., vente Turner (n. 496), revendu 205 fr., vente Mosbourg (n. 205); en maroquin rouge de Lefebvre, papier vélin, figure avant la lettre et plusieurs eaux-fortes, 1,705 fr., vente E. Martin (n. 435); en maroquin violet de Simier, figures avant la lettre, 650 fr., vente R. Lion (n. 243). En maroquin rouge de Simier, figures avant la lettre, 3,000 fr., vente Montgermont (1911, n. 135). En maroquin rouge de Hardy, pièces ajoutées, 1,405 fr., vente Béhague (n. 1083). En demi-reliure de Kœhler avec les avant-lettre et 25 eaux-fortes sur 27, 3,360 fr., vente Desbarreaux-Bernard (1879, n. 655).

La jolie collection des dessins originaux de Marillier, Monsiau et Monnet, fut vendue vers 1872 par Fontaine à Quentin-Bauchart (*Mes livres*, n. 39 : 2,500 fr.) qui les revendit à Paillet. Celui-ci se procura un exemplaire broché en papier vélin, figures avant la lettre et 14 figures doubles avec remarques; il fit relier le tout en maroquin doublé, de Trautz et céda les volumes à Morgand. Ils sont entrés depuis dans la collection Henri Beraldi.

La maison Didot a imprimé en 1821 une assez jolie édition en 4 volumes in-8 des *Amours de Faublas*, avec figures de Collin. On la trouve en papier vélin, avec figures avant la lettre et eaux-fortes, ces mêmes figures se retrouvent dans l'édition publiée en 1825 chez Ambroise Tardieu.

— Émilie de Varmont, ou le Divorce nécessaire et les Amours du curé de Sevin, par l'auteur de Faublas. *A Paris*, 1794. 3 vol. in-18. (De 6 à 8 fr.)

3 figures de Chaillou gravées par Lorieux.

LUBERSAC (Abbé de). — Discours sur les Monuments publics de tous les âges et de tous les Peuples connus, suivis d'une description du monument projeté à la gloire de Louis XVI et de la France, les principaux monuments modernes de la ville de Paris. *A Paris, Imprimerie Royale*, 1775. In-folio. (De 15 à 20 fr.)

Beau frontispice par Monnet, représentant le Roi en grand costume, gravé par Masquelier, 2 planches pliées (projet du monument) par Touzé, gravées à l'eau-forte par Masquelier.

LUCAIN. — Marci Annaei Lucani Pharsalia, cum supplemento Thomæ *A Paris, Barbou*, 1767. In-12. (De 6 à 8 fr.)

1 joli frontispice par Gravelot, gravé par de Longueil, et un en-tête non signé.

— La Pharsale de Lucain, traduite en françois par M. Marmontel, de l'Académie françoise. *A Paris, Merlin*, 1766. 2 vol. in-8. (De 25 à 30 fr.)

1 frontispice et 10 figures par Gravelot, gravés par Duclos, de Ghendt, Le Mire, Née, Rousseau et Simonet.

En maroquin rouge ancien, collection Ferdinand de Rothschild; en maroquin rouge, aux armes de la duchesse de Gramont-Choiseul, collection du comte de Gramont d'Aster; en maroquin rouge aux armes de Mme Du Barry, bibliothèque de Versailles.

24 croquis originaux de Gravelot, provenant du marquis de Fourquevaulx ont passé de chez M. Emmanuel Bocher dans la collection Olry-Rœderer.

— La Pharsale de Lucain, traduite en vers français par Brébeuf; avec la Vie des deux poètes et des Réflexions critiques sur leurs Ouvrages, par L.-J. Billecocq, citoyen français. *Paris, Imprimerie de Crapelet*, an IV (1796). 2 vol. gr. in-8. (De 15 à 20 fr.)

10 figures par Perrin, gravées par Dupréel, de Ghendt, Halbou, Pauquet, Romanet et Trière.

Existe en grand papier avec les figures avant la lettre, et tiré sur papier vert.

L'exemplaire de Renouard, avec les eaux-fortes et les dessins originaux de Perrin, a été vendu 110 fr. (1854, n. 1153), puis vente Hebbelinck.

LUCAS (Pierre), dit le Père Simplicien. — Extrait de la maison de Mailly suivi de l'histoire de la branche de comtes de Mailly marquis d'Haucourt et de celle des Marquis du Quesnoy. Dressé sur les titres originaux sous les yeux de M. de Clairambaut, Généalogiste des Ordres du Roy Et pour l'Histoire par M***. Imprimé d'après le Manuscrit présenté au Roy et déposé par son Ordre à la Bibliothèque de Sa Majesté. *A Paris, De l'imprimerie de Ballard*, 1757. Pet. in-fol. (De 100 à 120 fr.)

Titre gravé et beaux encadrements par Martinet, nombreuses planches d'armoiries par Fombonne.

En maroquin rouge à dentelles avec armoiries, 300 fr., *Bull. Morgand* II, 11 (1910), n. 313.

LUCHET (Mis de). — Le Vicomte de Barjac, ou Mémoires pour servir à l'Histoire de ce Siècle, par M. C. de L... *A Dublin de l'Imprimerie de Wilson et se trouve à Paris* (Versailles), 1784. 2 vol. in-18. (De 20 à 25 fr.)

Tome I : 2 ff. n. ch., 124 pp., plus 2 figures.
Tome II : 1 f. n. ch., 122 pp., plus 2 figures.

En tout 4 figures à intention libre gravées à l'eau-forte et légèrement coloriées à la main, non signées.

Rare avec la clef (2 ff. n. ch.) et les figures.

LUCIEN. — Lucien, de la Traduction de N. Perrot, Sr d'Ablancourt, avec des remarques sur la traduction, nouvelle édition, revue de corrigée. *A Amsterdam, Pierre Mortier*, 1707. 2 vol. pet. in-18. (De 25 à 30 fr.)

1 frontispice placé dans chacun des volumes, 1 portrait et 12 figures non signées dans le genre de Romain de Hooge ou Harrewyn, et dont la plupart sont pliées en trois.

En maroquin rouge ancien, 125 fr., vente Béhague (n. 1489).

En maroquin bleu d'Anguerrand, 370 fr., vente Montgermont (1876, n. 788); en maroquin rouge de Boyet, doublé de maroquin rouge à dentelles, belle reliure, 199 fr., vente J.-J. de Bure, revendu 800 fr., vente Pichon (1869, n. 844) et 721 fr., vente Lacarelle (n. 427).

Le titre seul a été changé à l'édition d'Amsterdam, Wetstein, 1712.

— Mythologie Dramatique, Traduite du Grec de Lucien par J.-B. Gail. *De l'imprimerie de Delange, à Paris, chez Gail*, l'an IIIe 3 vol. in-12. (De 15 à 20 fr.)

Tome I : 2 ff. n. ch., VIII-105 pp., plus 1 portrait et 1 figure.
Tome II : 2 ff. n. ch., 111 pp.
Tome III : 2 ff. n. ch., 178 pp., plus 1 figure.

En tout 2 figures de Lebarbier et 1 portrait par Prévost gravé par Delignon, toujours avant la lettre.

On y ajoute à l'ordinaire les deux figures de Le Barbier pour Bion et Moschus.

Existe en grand papier.

LUCRÈCE. — Titi Lucretti Cari de rerum natura libri sex : accedunt selectæ lectiones dilucidando poemati appositæ. *Lutetiæ Parisiorum sumptibus Ant. Coustelier*, 1744, ou *Barbou*, 1754. In-12. (De 10 à 15 fr. et le double sur grand papier).

1 frontispice, 6 très jolies figures et 6 vignettes-fleurons par Van-Mieils, gravées par Duflos.

En maroquin vert ancien, 78 fr., vente Béhague (n. 488).

Il en existe plusieurs exemplaires sur vélin. Celui de Le Camus de Limare, (1786, n. 1192), relié en maroquin violet en 2 volumes, fut adjugé 144 livres.

Un autre également sur vélin et en maroquin vert par Derôme l'ancien 111 fr., vente Gouttard (1780, n. 636) revendu vente Hurez (février 1856) et 300 fr., vente Pichon (1869, n. 422). Un troisième, à la bibliothèque de l'Arsenal ; un quatrième, en maroquin bleu, vente Mac Carthy (1817, n. 2523 : 140 fr.) revendu vente Hibbert (n. 4889); un cinquième, vente Girardot de Préfond (n. 627 : 24 fr.) revendu 70 fr. 20, vente Gaignat (n. 1594) et 100 fr., vente La Vallière (n. 2414); un autre encore, vente Lair (1819, n. 132).

— Lucrèce, traduction nouvelle (et texte en regard) avec des notes par M. L* G* (Lagrange). *A Paris, Chez Bleuet*, 1768. 2 vol. grand in-8. Papier de Hollande. (De 25 à 30 fr.)

Tome I : 365 pp., et 1 f. n. ch., plus 1 frontispice et 3 figures.
Tome II : 457 pp. et 2 ff. n. ch., plus 3 figures.

En tout 1 frontispice et 6 figures par Gravelot, gravées par Binet.

Belle édition.

Cartonné non rogné, 20 fr., vente R. Portalis (février 1878, n. 56); en maroquin rouge ancien, gravures ajoutées, 280 fr., vente Sardou (n. 185).

Renouard avait un exemplaire sur grand papier relié par Derôme en maroquin rouge à dentelles et auquel étaient ajoutées toutes les figures de l'édition de 1754. Acheté

COCHIN
DESSIN POUR LES *Œuvres* DE LUCRÈCE (1754)
APPARTIENT A M. ROBERT SCHUHMANN

60 fr. à sa vente (1854, n. 1062) par Guyot de Villeneuve et revendu en 1900, 5.000 fr. (n. 450), puis 4.560 fr., vente Montgermont (1911, n. 136).

Des croquis de Gravelot, provenant du marquis de Fourquevaux, ont été cédés par Emmanuel Bocher à Louis Roederer.

Il existe un tirage in-18 et in-12, papier ordinaire, sous la même date, avec les mêmes figures.

— Lucrèce, De la Nature des choses, traduit par Lagrange. *A Paris, Chez Bleuet père*, an III (1795). 2 vol. in-8. (De 15 à 20 fr.)

Tome I : 342 pp., plus 1 frontispice et 3 figures.

Tome II : 407 pp., plus 1 frontispice et 3 figures.

2 frontispices et 6 figures non signés.

Il existe des exemplaires sur grand papier vélin avec les figures avant la lettre.

— Lucrèce, De la Nature des choses, traduction de La Grange, *De l'imprimerie de Didot le jeune à Paris, chez Bleuet, l'an deuxième de la République*. 2 vol. in-4. Papier vélin. (De 25 à 30 fr.)

1 beau frontispice, placé dans chaque volume et 6 figures par Monnet, gravés par Choffard, Dambrun, Delignon, de Ghendt, Lingée.

Cartonné, non rogné, 11 fr., vente Daguin (n. 526); l'exemplaire Ch. Cousin (222 : 45 fr.) avait la suite en 3 états : en noir avec et sans lettre et cadre, et en bistre, sans la lettre, plus la suite de Gravelot ajoutée (demi-reliure, non rogné).

En veau ancien, sur grand vélin, 38 fr., vente E. Martin (140).

Un des dessins originaux de Monnet se trouve chez M. Georges Christophle.

Ce livre existe aussi en 3 volumes petit in-folio, papier vélin, avec les mêmes figures; mais le frontispice non signé n'est placé que dans le premier volume de ce tirage à 30 exemplaires.

— Di Tito Lucrezio Caro, della Natura delle cose, libri sei, tradotti del latino in italiano da Alessandro Marchetti. Dati nuovamente in luce da Francesco Gerbault Interprete (sic) di S. M. Cma per le lingue italiana e Spagnola. *In Amsterdam* (Paris), 1754. 2 vol. grand in-8. Papier de Hollande. (De 50 à 60 fr.)

Tome I : 2 ff. n. ch. et pp. 1-243, plus 1 frontispice, 1 titre gravé et 3 figures.

Tome II : pp. 245-543, plus 1 frontispice, 1 titre gravé et 3 figures.

2 frontispices et 2 titres par Eisen, gravés par Lemire, 6 figures par Cochin et Le Lorrain, gravées par Aliamet, Lemire, Sornique et Tardieu; 7 vignettes par Cochin et Eisen, gravées par Bacquoy et Chenu, Flipart, Gaillimard, Lemire et Sornique, et 3 culs-de-lampe par Cochin, Eisen et Vassé, gravés par Aliamet, Bacquoy, Gaillimard et Louise L. D. (Le Danicour).

Les illustrations de ce livre sont fort belles. Il y aurait une planche double que l'on peut ajouter.

En maroquin vert par Padeloup 680 fr., vente Turner (n. 218); sur grand papier de Hollande, exemplaire Pastoret, en maroquin rouge de Derôme, 370 fr., vente E. Martin (n. 142); en maroquin rouge de Derôme, reliure à l'oiseau, 1.130 fr., vente du 5 avril 1880 (n. 374); en maroquin de Derôme, figures peintes, racheté 292 fr., vente R. Portalis (février 1878, n. 57); en maroquin de Derôme, larges dentelles, 175 fr., vente R. Lion (n. 144); en maroquin rouge de Padeloup (signé), larges dentelles, 245 fr., vente Destailleur (1891), n. 243.

Les exemplaires Beraldi et J. de Rothschild (n. 402) sont en maroquin rouge ancien; en maroquin vert ancien, aux armes du fermier général Savalette de Buchelay, vente Gérard, aujourd'hui chez M. Schuhmann; en maroquin rouge ancien à larges dentelles, collection Francis Charmes. Un autre semblable vient d'être payé 1.300 fr., vente Montgermont (1911, n. 137).

LUSSE (De). — Recueil de Romances historiques, tendres et burlesques, tant anciennes que modernes, avec les airs notés, par M. de L. S. I. (Paris), 1767. 2 vol. in-8. (De 20 à 25 fr.)

1 frontispice par Eisen, gravé par de Longueil et 1 fleuron sur le titre par Eisen, gravé par Aliamet.

Il existe des exemplaires sur papier de Hollande.

En maroquin rouge 62 fr., vente E. Martin (242).

LUTTEUR (Le), ou le Petit-fils d'Hercule. *S. l.* 1787. In-18. (De 30 à 35 fr.)

1 frontispice et 8 figures libres.

LUXE (Le), poëme en six chants, orné de gravures, avec des notes historiques et critiques. *A Paris, Monory*, 1774. In-8. (De 5 à 6 fr.)

6 figures non signées.
Poëme attribué au chevalier du Coudray.

LUY... (Abbé de). — Épître à Filon, petit chien du Roi Louis, par de L***, s'il se vend ce n'est pas chez lui. *S. l. n. d. (Paris, Jorry,* 1767). In-8. (De 8 à 10 fr.)

2 jolies vignettes.

FIN
DU
TOME PREMIER

GUIDE DE L'AMATEUR
DE
LIVRES A GRAVURES
DU XVIIIᵉ SIÈCLE

HENRI COHEN

GUIDE DE L'AMATEUR
DE
LIVRES A GRAVURES
DU XVIIIe SIÈCLE

SIXIÈME ÉDITION
REVUE, CORRIGÉE ET CONSIDÉRABLEMENT AUGMENTÉE
PAR
SEYMOUR DE RICCI

SECONDE PARTIE

PARIS
LIBRAIRIE A. ROUQUETTE
18, Rue La Fayette, 18

1912

AUGUSTIN DE SAINT-AUBIN
PORTRAIT DE BUFFON POUR LE *Vollaire* DE RENOUARD (1802)
APPARTIENT A LA BARONNE JAMES DE ROTHSCHILD

MABLY (L'abbé de). — Entretiens de Phocion sur le rapport de la morale avec la politique; traduites du grec de Nicoclès par Mably. *A Paris, De l'imprimerie de Didot le jeune,* l'an troisième. Gr. in-4. Papier vélin. (De 40 à 50 fr.)

2 figures par Moreau, gravées à l'eau-forte par Giraud et terminées par Dambrun et Dupréel.

On peut trouver ce livre avec les figures avant la lettre et les eaux-fortes.

Un exemplaire contenant les deux dessins originaux à la sépia, 165 fr., vente Gautier, (n. 126), revendu 1,310 fr., vente Werlé (n. 323) et 1,750 fr., vente Montgermont (1911, n. 167) à M. Baudrier.

En maroquin rouge de Bozérian, triple état des figures, vente Génard, aujourd'hui chez M. Henri Beraldi.

MACKENSIE (Anne-Maria). — Le Fratricide, ou les Mystères de Dusseldorf, traduit de l'anglais par Delbare; orné de jolies gravures. *A Paris, Chez Ancelle,* an VII. 3 vol. in-12. (De 10 à 12 fr.)

3 figures par Binet, gravées par Bovinet et Mariage.

MACLAURIN. — Exposition des Doctrines philosophiques de M. le chevalier Newton. Traduit de l'anglais par M. Laviotte. *A Paris,* 1749. In-4. (De 8 à 10 fr.)

Une charmante vignette sur le titre contenant le portrait de Newton, gravé d'après De Sève par Sornique, et une vignette en tête du livre Ier, gravée d'après De Sève par Moitte.

MAC-SVINY. — Tombeaux des princes, des grands capitaines et autres hommes illustres qui ont fleuri dans la Grande-Bretagne vers la fin du XVIIe siècle. *Paris, Basan, s. d.* In-folio. (De 100 à 120 fr.)

Atlas de 20 planches par Bailleul, Dorigny, Tardieu, Cars, Beauvais, Boucher, Duflos, etc., avec jolis ornements.

Recueil très rare.

MAILHOL. — L'Avare, comédie de Molière, en cinq actes, mise en vers, avec des changements, par M. Mailhol. *A Bouillon, de l'imprimerie de la Société typographique*, 1775. In-8. (De 10 à 12 fr.)

1 vignette sur le titre, dessinée et gravée par Bertin.

— Lettre en vers de Gabrielle de Vergy à la comtesse de Raoul, sœur de Raoul de Coucy, par M. Mailhol, suivie de la romance, etc. *A Paris, Chez la veuve Duchesne*, 1766. In-8. (De 8 à 10 fr.)

1 figure et 1 vignette par Eisen, gravées par de Longueil.

MAIMIEUX (J. de). — Le Comte de Saint-Méran, ou les Nouveaux Egarements du cœur et de l'esprit. *A Paris, Chez Le Roy*, 1788. 4 vol. in-12.

— Suite du Comte de Saint-Méran. *A Paris*, 1789. 5 vol. in-12. (De 15 à 20 fr.).

4 figures non signées, attribuées à Binet.

MAIROBERT (Mathieu-François-Pidansat de). — Les Œufs rouges. 1re partie. S. l. (Paris), 1772. In-12. (De 12 à 15 fr.)

1 frontispice et 2 grandes figures pliées.

MAISTRE (Comte Xavier de). — Voyage autour de ma chambre, par M. le C. X***, O. A. S. D. S. M. S. (officier au service de Sa Majesté sarde). *A Paris, Chez Dufart*, an IV (1796). Petit in-12. (De 15 à 20 fr.)

1 joli frontispice non signé.
Autre édition petit in-18, *Paris, Dufart*, an V (1797), 1 figure non signée. La 1re édition sans figure de cet ouvrage parut à Turin en 1794. In-8.

MAITTAIRE (Michel). — Annales typographici ab artis inventæ origine ad annum M. D. *Hagæ Comitum, apud Is. Vaillant*, 1719. In-4. (De 10 à 15 fr.)

1 frontispice contenant 5 portraits, gravé par Houbraken, et fleuron sur titre, gravé par B. Picart.

MALENÇON (F. P. A.). — Zoé, ou les Mœurs de Paris. *A Paris, chez Leroux*, an VI. 2 tomes en 1 vol. in-12.

2 figures non signées.
Ce livre serait un plagiat de Restif, dit Monselet, à moins que ce ne fut une spéculation du même.

MALFILATRE. — Narcisse dans l'isle de Vénus, Poëme. En quatre chants. *A Paris, Chez Lejay* (1769). In-8. (De 25 à 30 fr.)

x-112 pp., plus 1 titre par Eisen, gravé par de Ghendt, et 4 figures de Gabriel de Saint-Aubin, gravées par Massard (la 3e n'est pas signée).
Édition publiée au profit des héritiers de Malfilâtre, et imprimée par la veuve Ballard.
Les eaux-fortes existent.
Sur papier de Hollande, en maroquin rouge de Derôme, 845 fr., vente Lignerolles (n. 1091), revendu 1,000 fr., vente Hemour (1899, n. 22) et 1,020 fr., vente Montgermont (1911, n. 138).
En maroquin vert de Chambolle, 100 fr., vente Ch. Cousin (n. 297).
L'exemplaire de Mme Du Barry, en maroquin rouge à ses armes, bibliothèque de Versailles.
Les dessins originaux, collection James de Rothschild.

— Narcisse dans l'île de Vénus, poème en quatre chants. *A Paris, chez Chaigneau aîné, imprimeur-libraire*, 1797. In-16. (De 10 à 15 fr.)

1 titre par Eisen et 4 figures par Saint-Aubin (réductions retournées du titre et des figures de l'édition de 1769) gravés par Duval.

MALHERBE. — Poésies de Malherbe, rangées par ordre chronologique, avec un discours sur les obligations que la langue et la poésie françaises ont à Malherbe, et quelques remarques (par Le Fèvre de Saint-Marc). *A Paris, Chez Barbou*, 1757. In-8. (De 10 à 12 fr.)

1 beau portrait gravé par Fessard d'après Dumonstier et un fleuron gravé par Duflos.

Cette édition existe aussi sur papier fort et sur papier de Hollande; en ancien maroquin rouge 100 fr., vente Béhague; en maroquin rouge de Capé, 75 fr., vente Lebeuf de Montgermont (1876, n. 587).

— Poésies de Malherbe, avec la vie de l'auteur et des notes par A. G. M. Q. (Meusnier de Querlon). *A Paris, Chez Barbou*, 1764. In-8. (De 8 à 10 fr.)

Portrait non signé, ou signé de Fessard. Se trouve en papier fort.

Cette édition a été réimprimée en 1776. Un exemplaire avec notes autographes d'André Chénier, 1,500 fr., vente Benzon (n. 190) aujourd'hui chez M. Adolphe Bordes.

— Poésies de Malherbe, rangées par ordre chronologique. *A Genève*, 1777. (Paris, Cazin). In-18. (De 5 à 6 fr.)

2 ff. n. ch., 281 pp., plus un joli portrait de Lannay d'après Dumonstier.

MANCINI-NIVERNOIS. — Mélanges de littérature en vers et en prose… *A Paris, De l'imprimerie de Didot Jeune*, 1796. In-8. (De 5 à 6 fr.)

Portrait dessiné et gravé par A. de Saint-Aubin (B. 163).

Ce portrait existe avant la lettre.

Le dessin original de Saint-Aubin était joint au bel exemplaire des Œuvres de Mancini, formé par Renouard et relié en 7 vol., maroquin rouge de Bozérian : vendu 32 fr., vente Renouard (1854, n. 2462), puis 125 fr., vente E. Martin (n. 578).

— Fables de Mancini-Nivernois publiées par l'auteur. *A Paris, De l'imprimerie de Didot jeune*, 1796. 2 vol. in-12. (De 5 à 6 fr.)

Portrait dessiné et gravé par A. de Saint-Aubin (B. 164). C'est une réduction du portrait décrit ci-dessus; il existe aussi avant la lettre.

MANESSON-MALLET (Alain). — La Géométrie pratique, divisée en quatre livres. Ouvrage enrichi de cinq cens planches gravées en taille douce, par Allain. Manesson-Mallet. *A Paris, Chez Anisson*, 1702. 4 vol. in-8. (De 100 à 150 fr.)

Cinq cents planches gravées en taille-douce.

Ouvrage rendu très intéressant par les nombreuses vues de châteaux historiques, principalement des environs de Paris, tels que Versailles, Saint-Cloud, Fontainebleau, Chantilly, Marly, Noisy, Richelieu, Meudon, Liancourt.

En veau ancien, 58 fr., vente Portalis (novembre 1878, n. 24).

En maroquin rouge ancien, aux armes de Louis XIV, 360 fr., vente Marquis (n. 83), aujourd'hui dans la collection Ferdinand de Rothschild. En maroquin rouge ancien, aux armes du Grand Dauphin, fils de Louis XIV 20 livres, vente Gaignat (n. 1243) revendu 800 fr., vente Jérôme Pichon (1897, n. 282).

MANTE (DE). — Traité des prairies artificielles, des enclos et de l'éducation des moutons de race anglaise. *A Paris, Chez Hochereau*, 1778. In-4. (De 15 à 20 fr.)

5 planches par Voysard.

En maroquin rouge ancien, aux armes de Necker, 225 fr., vente Jérôme Pichon (1897, n. 252).

MANUEL CHRÉTIEN pour une personne qui vit dans le monde, contenant les prières du matin et du soir, etc. *A Paris, Chez Coignard*, 1743. In-12.

Frontispice de Cochin.

En maroquin rouge ancien, aux armes, 120 fr., vente Destailleur (1891, n. 726).

MANUEL DE LA FRIANDISE (Le), ou les talents de ma cuisinière Isabeau mis en lumière, contenant l'Art de faire soi-même une excellente cuisine, et de manger de bons morceaux sans faire trop de dépense. On y a joint la manière de faire des pâtés excellents… par l'auteur du Petit Cuisinier Econome. *A Paris, Chez Janet*, l'an V, 1796 et 1797. In-18. (De 10 à 15 fr.)

Frontispice gravé.

En maroquin citron de Trautz, non rogné, 70 fr., vente Lignerolles (n. 661) revendu 140 fr., vente Montgermont (1911, n. 139).

Cf. Vicaire, *Bibliogr. gastron.*, col. 562.

MANUEL DES AUTORITÉS constituées de la République française, orné d'une carte de la France, de figures, de costumes coloriés des législateurs, etc. *A Paris*, an V. In-12. (De 20 à 25 fr.)

1 frontispice et 18 figures par Quéverdo, gravés par Blanchard (chaque planche contient 2 sujets).
Se trouve sur papier vélin.

MANUEL DES DAMES (Le) de charité; ou formules de médicamens faciles à préparer, dressées en faveur des dames charitables qui distribuent des remèdes aux pauvres dans les villes et dans les campagnes (par Arnault de Nobreville, Loyré du Perron, Villac de Laval, Hardouineau, Guyon et Le Monnier). *A Paris, Chez Debure l'aîné*, 1758. In-12. (De 8 à 10 fr.)

Joli frontispice.
En maroquin rouge ancien, aux armes du Dauphin, père de Louis XVI, 62 fr., vente Jérôme Pichon (1897, n. 278).

MANUEL DES TOILETTES, dédié aux dames. *A Paris, chez Valade*, (Cazin), 1777-1778, 4 cahiers (en 1 ou 2 vol.) in-12. (De 200 à 300 fr.)

Chaque cahier contient un titre gravé (se répétant) par Lud. Drepe et 13 figures de coiffures. Le texte et les figures sont encadrés. Le texte comprend un texte explicatif imprimé pour chaque figure et un calendrier à la fin de chaque partie.
En maroquin vert de Hardy-Mennil, vente Bancel (n. 175), revendu 500 fr., vente Destailleur (1891, n. 423); en maroquin de Trautz, non rogné, 278 fr., vente Lignerolles (n. 615).
On peut trouver ces figures coloriées.

MANUEL RÉPUBLICAIN. *S. l. n. d.* In-8. (De 50 à 60 fr.)

22 estampes en couleurs gravées par Chapuy, personnifiant les articles de la *Déclaration des Droits de l'Homme*.

MARCENAY DE GHUY (Antoine). — Idée de la gravure. *Paris, De l'Imprimerie de D'Houry*, 1744. In-folio.

Le texte contient un catalogue raisonné de 50 pièces par le graveur amateur Marcenay, suivi de 18 planches contenant 49 pièces d'artistes divers, beaucoup sans lettre.

— Œuvre du graveur Antoine M... de G... *S. l. n. d.* (1745-1778). In-folio.

Ce curieux recueil comprend 65 pièces différentes dont l'énumération se trouve au catalogue de la vente Destailleur (1895, n. 1223 : 1,200 fr. Le bel exemplaire de cet amateur provenait de Guichardot et contenait de nombreux états différents de chaque estampe, en tout 293 pièces.

MARCHAND (Jean-Henri). — L'Encyclopédie perruquière, ouvrage curieux à l'usage de toutes les têtes, enrichi de figures en taille-douce par M. Beaumont, coëffeur dans les Quinze-Vingts. *A Amsterdam et à Paris, chez l'auteur et Hochereau*, 1757. In-12. (De 50 à 60 fr.)

10 figures pliées, non signées, représentant 45 portraits en charge des personnages du temps, avec des coiffures différentes.
Facétie satirique assez rare, par l'auteur de la fameuse tragédie le *Tremblement de terre de Lisbonne*.

— L'Encyclopédie carcassière, ou tableaux des coiffures à la mode, gravés sur les dessins (sic) des petites-maîtresses de Paris. *A Paris, Chez Hochereau*, 1763. Pet. in-8. (De 12 à 15 fr.)

1 vignette sur le titre et 4 planches pliées.
Planches donnant des modèles de coiffures, mais avec une intention satyrique. Ce livre est attribué, comme le précédent, à l'avocat Marchand.

MARCHAND (Prosper). — Histoire de l'Origine et des premiers progrès de l'Imprimerie. *A La Haye, chez la veuve Le Vier et Pierre Paupie*, 1750. In-4. (De 12 à 15 fr.)

Frontispice, fleuron sur le titre et vignettes signés : J. V. Schley del. et sc.
Le *Supplément à l'Histoire de l'Imprimerie*, de l'abbé Mercier de Saint-Léger, est supérieur à cet ouvrage dont il forme la suite.

MARCHANT (François). — La Constitution en Vaudevilles, suivie des Droits de l'Homme, de la femme, et de plusieurs autres vaudevilles constitutionnels. *A Paris, chez les libraires royalistes*, 1792. In-32. (De 12 à 15 fr.)

Frontispice, non signé, attribué par Mehl à Debucourt.

Ce frontispice existe en couleurs (avant la lettre), en bistre et à la sanguine (Grand-Carteret, n. 1053).

L'exemplaire de la Bibliothèque nationale renferme deux épreuves en couleurs du frontispice, dont une tirée sur satin.

— La Constitution en Vaudevilles, œuvre posthume d'un homme qui n'est pas mort, publiée par lui-même et dédié à Mme Buonaparte, née Beauharnais. *A Paris, de l'imprimerie de la Constitution*, an VIII. In-32. (De 10 à 12 fr.)

1 figure non signée.

— La Jacobinéïde, poëme héroï-comi-civique, Par l'Auteur de la Chronique du Manège, des Sabats Jacobites, de la Constitution en Vaudevilles, etc. *A Paris; Au Bureau des Sabats Jacobites*, 1792. In-8. (De 25 à 30 fr.)

IV-187 pp., plus 12 figures en travers non signées.

— La Jacobinéïde, poëme héroï-comi-civique, Par l'Auteur de la Chronique du Manège, des Sabats Jacobites, de la Constitution en Vaudevilles, etc. *A Paris; Au Bureau des Sabats Jacobites*, 1792. 2 vol. in-18. (De 25 à 30 fr.)

Tome I : IV-159 pp. plus 6 figures.
Tome II : 2 ff. n. ch., et 176 pp.. plus 6 figures.
En tout 12 figures non signées.
En maroquin rouge ancien, aux armes de France, collection Dornois, un autre, semblable est dans la collection Ferdinand de Rothschild. L'un des deux a été payé 145 fr., vente R. Lion (n. 160).

MARÉCHAL (Sylvain). — Costumes civils actuels de tous les peuples connus, par Grasset de Saint-Sauveur, avec des notices historiques (par Sylvain Maréchal). *A Paris, Knapen et Lesclapard*, 1784-87. 4 vol. pet. in-4. (De 80 à 100 fr.)

305 planches (77 dans le 1er vol. — 76 dans le 2e. — 71 dans le 3e — 81 dans le 4e, y compris les frontispices gravés).

Plusieurs des planches portent la signature du graveur Mixelle.

Il existe une seconde édition de cet ouvrage de format in-8 qui est inférieure.

On peut y joindre les "Tableaux des principaux peuples de l'Europe, de l'Asie..., etc". *Paris et Bordeaux*, an VI (1798), in-4, volume fort rare contenant 5 grandes planches coloriées de costumes, gravées par Malbeste et Mixelle d'après les dessins de Grasset de Saint-Sauveur.

Un exemplaire cartonné est porté à 500 fr. au *Bulletin Morgand* II, 12 (1911), n. 211.

— Le Panthéon, ou les Figures de la Fable, dessinées par M. Gois, sculpteur du roi, professeur de son académie, et gravées par Simon; avec leurs historiques par M. Sylvain Maréchal. *A Paris*, 1787. In 8. (De 15 à 20 fr.)

24 figures de Le Barbier, gravées par Copia, de Ghendt et Simon.

Ce livre est difficile à rencontrer, surtout en papier vélin de format in-4. Il a paru en six livraisons.

— Tableaux de la Fable, ou Nouvelle Histoire poétique des Dieux, Demi-Dieux, etc., dessinés et gravés par les meilleurs artistes, avec le texte explicatif de M. Sylvain M... l. S. l., 1787-1788. 9 vol. pet. in-12. (De 60 à 80 fr.)

1 frontispice et 72 jolies petites figures, imprimées en couleurs, gravées par Carré et Mixelle jeune.

— Histoire de la Grèce, représentée par figures. *A Paris*, 1787-1789.

Figures de Mixelle.
Ouvrage signalé dans Quérard.

— Bibliothèque des Amans. *A Gnide et à Paris, chez la Ve Duchesne*. S. d. In-18. (De 6 à 8 fr.)

1 figure non signée, attribuée à Marillier.
En veau ancien, 6 fr., vente E. Martin (n. 261).

— Catéchisme du curé Meslier, mis au jour par l'éditeur de l'Almanach des honnêtes gens, l'an 1er du règne de la Raison et de la Liberté, de l'ère vulgaire 1789. *Imprimée en 1790.* In-8. (De 10 à 12 fr.)

1 figure-frontispice non signée.
Assez rare.

— Le Devoir des enfans. *A Paris, chez Esnauts et Rapilly*, 1793. In-24. (De 20 à 25 fr.)

Titre-frontispice et 12 figures de scènes enfantines.
Curieux almanach dont M. de Savigny (n. 125) possède un joli exemplaire relié en satin crème.

— Voyages de Pythagore en Égypte, dans la Chaldée, dans l'Inde, en Crète, à Sparte, en Sicile, à Rome, à Carthage, à Marseille et dans les Gaules, suivis de ses lois politiques et morales. *A Paris, Chez Diterville*, an VII. (De 30 à 40 fr. et plus sur papier vélin).

Figures de Monnet et Maréchal, gravées par Dambrun, Halbou et Lebeau.

— Les Actions célèbres des Grands Hommes de toutes les nations, dessinées par les meilleurs maîtres et gravées en couleurs, accompagnées d'une notice biographique. *A Paris, chez Mixelle et chez Cailleau.* S. d. In-4. (De 150 à 200 fr.)

88 figures de Mongin, Sergent, Moithey, etc., gravées en couleurs par Mixelle ou non signées.
Ce livre parut par livraisons de 1785 à 1788.
Il en a été fait plusieurs éditions plus ou moins remaniées, sous des titres différents. Nous avons vu quelques-uns des dessins originaux chez M. Anatole France.

— Almanach des honnêtes femmes pour l'année 1790. *De l'Imprimerie de la Société Joyeuse*. In-8. (De 25 à 30 fr.)

Frontispice libre représentant la duchesse de Polignac. Attribué à tort à Sylvain Maréchal (Grand-Carteret n. 961).

MARGOT la Ravaudeuse, Par Mr de M***. *A Hambourg*, 1772. In-12.

2 ff. n. ch. et 138 pp., plus un joli frontispice non signé.

MARGUERITE DE NAVARRE. — Contes et Nouvelles de Marguerite de Valois, reine de Navarre, mis en beau langage, accommodés au goût de ce temps, et enrichis de figures de taille-douce. *A Amsterdam, Chez George Gallet*, 1708. 2 vol. in-12. (De 100 à 120 fr.)

Frontispice par Harrewyn, le même pour les deux volumes, et 72 figures à mi-page gravées par Harrewyn, qui en a signé plusieurs.
Les figures sont copiées sur celles de l'édition de 1698, attribuées à Romain de Hooghe.
En maroquin rouge de Chambolle, 100 fr., vente Béhague (n. 1148); en veau ancien, 21 fr., vente Massicot (n. 520); en maroquin citron, aux armes de la comtesse de Verrue, 675 fr., vente Ashburnham, revendu 910 fr., vente Montgermont (1911, n. 141).
Un exemplaire en maroquin rouge ancien, sous la date de 1709, 64 fr., vente Massicot (n. 519).

— (Heptaméron français). Les Nouvelles de Marguerite, reine de Navarre. *A Berne, Chez la Nouvelle Société typographique*, 1780-1781. 3 vol. in-8. (De 500 à 600 fr.)

Tome I : XLVII et 275 pp., plus 1 frontispice et 21 figures.
Tome II : 2 ff. n. ch., et 308 pp., plus 1 frontispice et 25 figures.
Tome III : 2 ff. n. ch., 250 pp., 1 f. n. ch., plus 1 frontispice et 27 figures.
En tout, 1 frontispice par Dunker, gravé par Eichler, répété à chaque volume; 73 figures par Freudeberg, gravées par Guttenberg, Halbou, Henriquez, de Launay jeune, de Longueil. Leroy, Mme Duflos et Thiébault; 72 vignettes et 72 culs-de-lampe par Dunker, gravés par lui-même, Eichler, Pillet et Richter.

Nota. — Dans le tome Ier, après la page 166, la pagination reprend à 161 et continue ainsi jusqu'à la fin. On rencontre parfois ce tome avec l'adresse : *Berne, Chez Beat Louis Walthard*, 1780.

Édition incorrecte, qui a surtout le grand défaut de ne pas donner le texte original de la Reine de Navarre ; mais les figures, quoique un peu raides, sont très jolies et gravées avec une finesse remarquable.

Le premier volume n'a pas de numéros d'ordre au bas des gravures, et le second n'en a que très peu. Le troisième en a toujours : mais il faut se procurer des exemplaires très grands de marges, parce que les nnméros sont placés si bas que, quelquefois par inadvertance, souvent par supercherie, on les a coupés en rognant les volumes pour les relier. Le papier du troisième volume est toujours inférieur à celui des deux premiers ; mais dans les mauvais exemplaires, il est beaucoup plus mince.

En maroquin violet ancien, 450 fr. vente Radziwill (n. 1013) ; en maroquin rouge de Bozérian, 275 fr., vente Solar (n. 2003), revendu 520 fr., vente Brunet (n. 449) ; est-ce le même exemplaire qui, en maroquin rouge de Bozérian, et n'ayant pas de numéros gravés au bas des planches du tome III, fut adjugé 3,020 fr., à la vente Béhague (n. 1149).

L'exemplaire de G. Freudeberg, frère de l'artiste, en maroquin rouge ancien, à son nom, vendu 1.000 fr., le 5 avril 1880 (n. 435), appartenait à Léon Techener ; il est dans la collection Ferdinand de Rothschild En maroquin rouge ancien, aux armes du roi de Suède, collection de M. Louis Cartier.

En maroquin orange de Capé, 720 fr., vente Lebeuf de Montgermont (1876, n. 705) ; en maroquin rouge de Trautz, relié sur brochure, 2,310 fr., vente d'Essertennes (n. 60) ; en maroquin rouge de Capé, 900 fr., vente Colin (n. 85) ; en maroquin vert de Thibaron, relié sur brochure 750 fr., vente Muller (n. 213) ; en maroquin bleu de Cuzin, relié sur brochure, frontispice avant et avec lettre, 1,555 fr., vente Daguin (n. 487) ; en maroquin vert, doublé de maroquin citron, par Cuzin, 1,350 fr., vente Montgermont (1,911, n. 142).

L'édition de Berne, 1792, est à peu de chose près du même prix ; les titres seuls, gravés en caractères calligraphiques sont changés :

En maroquin rouge de Capé, relié sur brochure, papier fort, 900 fr., vente E. Martin (n. 366) ; en maroquin rouge à dentelles, de Courteval, 410 fr., vente R. Lion (n. 250).

En maroquin vert de Chambolle, relié sur brochure, 590 fr., vente Biays (n. 220) ; en maroquin bleu de Meunier, aux armes de l'auteur, relié sur brochure, collection Schuhmann.

Il y a des collections des gravures tirées in-4 dont les épreuves n'ont aucun numéro d'ordre et sont fort belles. (En demi-reliure de David, 250 fr., vente E. Martin. (n. 387).

On a payé 2,650 fr. à la vente Destailleur (1891, n. 1424), une précieuse collection, en 3 vol. in-8 cartonné, des figures en épreuves d'artistes savoir : la suite complète des figures avant les numéros, plus 37 doubles et 26 épreuves de remarques ; la presque totalité des vignettes et culs-de-lampe en tirages hors texte.

En 1877, le baron Portalis signalait six dessins originaux de Freudeberg chez M. Truelle-Saint-Evron. et quatre chez M.Berger.

— Heptaméron (traduction allemande des Contes de la Reine de Navarre). *A Berne*, 1791-1796. 2 vol. in-8. (De 80 à 100 fr.)

Figures de Freudeberg, et fleurons et vignettes de Dunker.

Cette édition offre ceci de particulier qu'un certain nombre des figures de Freudeberg sont tirées en bistre, en rouge, en bleu, etc.

A partir de la 26ᵉ nouvelle, le texte allemand n'est plus qu'une analyse sommaire des contes, en sorte qu'on a pu réduire l'ouvrage en 2 volumes.

— Contes et Nouvelles de Marguerite de Valois. *A Londres* (Cazin), 1787. 8 vol. in-12 et in-18. (De 15 à 20 fr.)

72 figures numérotées, gravées par Jourdan d'après les dessins de Freudeberg.

Mauvaises copies des figures de Freudeberg.

MARIA. — Premier livre de desseins de Jouaillerie et de Bijouterie inventés par Maria et dessinés par Babel. *Se vend à Paris, chez l'Autheur, rue et vis-à-vis le Temple, et chez Buldet, rue de Gesvres, s. d.* [avant 1770]. In-folio oblong. (De 300 à 400 fr.)

1 frontispice et 34 planches très soignées de style Louis XVI.

Ecole des Beaux-arts et collection Foulc. Cartonné, 595 fr., vente Guyot de Villeneuve (n. 260).

MARIAGE DE SOPHIE (Le), avec les galanteries du jour de ses noces, précédé des portraits de la belle société. *A Paris, Chez Tiger,* an XI. In-18. (De 6 à 8 fr.)

1 figure-frontispice non signée.

MARIE-ANTOINETTE, archiduchesse d'Autriche, reine de France, ou Causes et Tableau de la Révolution, par M. C. Chev. de M***. *S. l..* 1794. In-8. (De 50 à 60 fr.)

1 frontispice et 6 jolies figures non signés.
Collection Ferdinand de Rothschild.

MARIETTE (Jean). L'Architecture françoise, ou Recueil des Plans, Élévations, Coupes et Profils des Églises, Palais, Hôtels & Maisons particulières de Paris, & des Chasteaux et Maisons de Campagnes ou de Plaisance des Environs, et de plusieurs Endroits de France, Bâtis nouvellement par les plus habils Architectes, et levés & mesurés exactement sur les lieux. *A Paris, Chez Jean Mariette, rue Saint-Jacques, aux Colonnes d'Hercules,* 1727-1738. 3 vol. in-fol. (De 800 à 1,000 fr.)

D'après Guilmard, le 1er vol. contient 170 planches; le 2e vol. 190 planches; le 3e vol. 190 planches gravées par Lepautre, Leroux, Loire, Cotelle, Boule, Gille, Légaré, Hérisset, Blondel, Lucas, Prévotet, Le Blond, etc.
Recueil rare, recherché et curieux pour les vues des monuments de Paris et des plus beaux hôtels et châteaux particuliers.
Un exemplaire en veau marbré contenant 585 planches, 700 fr., vente Béhague (n. 371).
Un autre, en 2 vol., veau marbré, conte-2 titres gravés et 535 planches, 5,005 fr., vente Polovtsoff (n. 258).
On retrouve ces planches dans le recueil de Blondel décrit plus haut.

— Traité des Pierres gravées. *A Paris,* 1750. 2 vol. petit in-folio. (De 80 à 100 fr.)

3 titres gravés, 5 vignettes et 197 planches contenant 259 sujets gravés par le comte de Caylus, d'après les dessins de Bouchardon.

En veau ancien, 15 fr., vente Massicot (n. 582).
Il existe des exemplaires sur papier de Hollande.
Les 194 dessins originaux de Bouchardon à la sanguine, dans 2 étuis en maroquin jaune, payés 2,812 livres par l'expert Paillet à la vente Mariette (1775, n. 1147) furent revendus 300 livres à l'architecte Clérisseau qui dut les transporter en Russie; Mariette avait encore le dessin à la sanguine du frontispice (n. 1114 de sa vente).

— Description des Travaux qui ont accompagné, précédé et suivi la fonte en bronze d'un seul jet de la statue équestre de Louis XV, dressée sur les mémoires de M. Lempereur. *A Paris, Lemercier,* 1768. In-folio atlas. (De 15 à 20 fr.)

57 planches et 1 vignette de Gravelot.
Un exemplaire en maroquin rouge aux armes du prince de Condé, 6 l. st. (catalogue Quaritch).
La Biographie générale s'est trompée en affirmant (article Mariette) que ce livre n'avait été tiré qu'à 30 exemplaires aux frais de la ville de Paris.

MARILLIER (Pierre-Clément). — Nouveaux Trophées, ou Cartouches représentants les arts et les sciences, etc., inventés et dédiés à M. Morlot, peintre, par son élève et son ami Marillier. *A Paris, chez Mondhare. S. d.* In-fol. (De 80 à 100 fr.)

1 frontispice dessiné et gravé par Marillier, et 12 compositions allégoriques de Marillier, gravées par Berthault, Arrivet, Bosc, Chalmandier, Coupeau, Jacob et Le Roy.

— Figures de l'Histoire sacrée. *S. l. n. d.* In-fol. (De 150 à 200 fr.)

114 planches dessinées par Marillier et gravées par Duflos.

— Premier, second et troisième Livres de Chiffres et de Fleurs. *S. l. n. d.* In-fol. (De 150 à 200 fr.)

Suite de 1 titre et 18 planches gravés par Marillier d'après Ch.-Germain de Saint-Aubin.

Le troisième livre est beaucoup plus rare que les deux premiers, qui contiennent respectivement 7 et 6 pièces numérotées consécutivement de 1 à 13. La planche 1 est le titre gravé : *Premier recueil de chiffres inventés par de Saint-Aubin, Dessinateur du Roi. A Paris, Chez la Vve de F. Chéreau.*

Les deux premières suites, 190 fr., vente Guyot de Villeneuve (n. 551).

— Ier Livre. Bouquets champêtres dédiés à Madame de Biron par son très-humble serviteur de Saint-Aubin. — IIe Livre. Bouquets champêtres, dédiés à Madame la Marquise de Pompadour, dames du palais de la Reine... etc.

Deux suites de 12 pièces chacune, gravées au trait par Marillier, d'après les dessins de Charles Germain de Saint-Aubin.

— Figures pour Le Sage et l'abbé Prévost.

On trouve quelquefois réunies en un volume en reliure ancienne, les figures du *Le Sage* de 1783 et du *Prévost* de 1783-1784. Ce recueil fort rare contient alors deux portraits et 169 planches, tirés sur grand papier fort et numérotés à la pointe dans l'angle supérieur.

En veau ancien, avec 2 eaux-fortes (1 planche sur petit papier) collection Schuhmann ; en demi-reliure de Champs, 520 fr., vente Montgermont 1911, n. 143).

On peut également rencontrer la série si remarquable des figures du *Cabinet des Fées* (120+2 figures) des *Voyages imaginaires* (76 figures) et des *Œuvres* du comte de Tressan. Ce deuxième recueil, contenant en tout 218 planches, en demi-reliure de Champs, 1,100 fr., vente Montgermont (1911, n. 144).

— Les Illustres Français, voyez PONCE.

MARIVAUX. — La Vie de Marianne, ou les Aventures de Mme la Comtesse de***, par M. de Marivaux. *A La Haye, chez Neaulme*, 1735-1747. 12 parties en 3 vol. in-12. (De 30 à 40 fr.)

12 figures par Schley et Fokke et 1 fleuron, répété sur les titres, par Schley.

L'édition originale a paru sans figures en 1728.

— La Vie de Marianne, ou les Aventures de Mme la Comtesse de***. *A Francfort et à Mayence chez François Warrentrapp*, 1750. 12 parties en 2 vol. in-8. (De 12 à 15 fr.)

12 figures gravées.

En maroquin rouge de Duru, 70 fr., vente Béhague (n. 1050).

— La Vie de Marianne, ou les Aventures de Mme la Comtesse.***, par M. de Marivaux. *A Amsterdam, Van Harrevelt* ou *D.-J. Changuion*, 1778, 2 vol. in-12. (De 15 à 20 fr.)

Les mêmes figures de V. Schley et Fokke que ci-dessus, et 2 fleurons sur les titres par Schley et Sibelius.

Relié de Capé en maroquin bleu, 150 fr., vente E. Martin (n. 424) revendu 100 fr., vente Guyot de Villeneuve (n. 1068) et 48 fr., vente Massicot (n. 583).

— La Vie de Marianne, ou les Aventures de Mme la Comtesse***, par M. de Marivaux. *A Londres* (Paris, Cazin), 1782. 4 vol. in-18. (De 20 à 25 fr.)

4 jolis frontispices par Chevaux, gravés par Duponchel.

— Marianne, ou la Nouvelle Paméla, histoire véritable, traduite de l'anglois, enrichie de figures en taille-douce. *A Rotterdam*, 1765. 2 vol. in-12. (De 8 à 10 fr.)

4 jolies figures par V. Schley.

— Le Paysan parvenu, ou les Mémoires de M***, par de Marivaux. *A Francfort-sur-le-Meyn, F. Warrentrapp*, 1758. 2 vol. in-12. (De 12 à 15 fr.)

6 figures (sans doute par V. Schley).

En maroquin rouge par Hardy, 40 fr., vente Béhague.

MARMONTEL. — Contes moraux, Par M. Marmontel, de l'Académie françoise. *A Paris, Chez J. Merlin (De l'Imprimerie de P. Al. Le Prieur)*, 1765. 3 vol. in-8. (De 200 à 250 fr.)

Tome I : 1 f. n. ch., XVI pp,, 1 f. n. ch., et 345 pp., plus 1 portrait. 1 titre gravé et 9 figures.
Tome II : 2 ff. n. ch., 376 pp., plus 1 titre gravé et 9 figures.
Tome III : 4 f. n. ch., 312 pp., plus 1 titre gravé et 5 figures.

En tout un portrait par Cochin, gravé par Saint-Aubin, un titre par Gravelot, gravé par Duclos, répété dans chaque volume, et 23 figures par Gravelot, gravées par Baquoy, Legrand, Le Mire, Le Veau, de Longueil, Pasquier, Rousseau et Voyez.

Les *Contes Moraux* parurent en même temps de format in-12. Il y aurait deux tirages pour ces deux éditions et le premier se distingue par l'*errata* qui ne se retrouve pas dans le second.

Un exemplaire daté de 1775 en ancien maroquin rouge, 107 fr., vente Radziwill (n. 1024) revendu 900 fr., vente Béhague (n. 1183). Un autre, 335 fr., vente Gosford (n. 259).

Sur papier de Hollande, 1er tirage, maroquin vert de Chambolle, vente Génard (1882, n. 593), aujourd'hui chez M. Fairfax-Murray.

En veau ancien, 89 fr., vente Portalis (novembre 1878, n. 86); en veau ancien, 1er tirage, 235 fr., vente Sardou (n. 17-); en maroquin rouge ancien, 3,750 fr., vente Montgermont (1911, n. 147).

En maroquin rouge ancien, collection Francis Charmes. En maroquin vert aux armes de la duchesse de Gramont-Choiseul, figures avec la lettre grise, collection du vicomte Dufresne S. Léon. En maroquin rouge (petit papier) aux armes de Mme du Barry, bibliothèque de Versailles,

En maroquin rouge aux armes de la comtesse d'Artois, 2,500 fr., vente Guyot de Villeneuve (n. 428).

Les figures de Gravelot sont parmi les plus jolies que ce maître ait produites. M. Germain Bapst a eu l'heureuse chance de retrouver les dessins originaux à la plume et au bistre. Ils ont passé ensuite chez M. de Montgermont.

On connaît des croquis préparatoires, collection du marquis de Fourquevaulx, puis chez Emmanuel Bocher, aujourd'hui dans la bibliothèque Olry-Rœderer.

On a publié de nouvelles éditions en 1773 et 1776.

Contrefaçons à Leipzig, 1766, 3 volumes in-12 (copies des figures de Gravelot), et de Liège, Bassompierre, 2 vol. in-8 (figures de Gravelot usées).

La première édition des *Contes moraux* est de 1761, 2 volumes in-12, sans figures.

— Contes moraux. *S. l. n. d.* (Bruxelles). 3 vol. in-12. (De 8 à 10 fr.)

Titres gravés (le même pour les 3 vol.), et les figures de Gravelot, médiocrement gravées par Boubers, plus 2 vignettes et 6 culs-de-lampe non signés.

— Contes moraux, par M. Marmontel, de l'Académie Françoise. *A Liège.* (Paris, Cazin), 1780. 3 vol. in-18. (De 25 à 30 fr.)

Tome I : XX-321 pp. et 1 f. blanc., plus 1 frontispice, 1 portrait et 9 figures.
Tome II : 2 ff. n. ch., 351 pp., plus 1 frontispice et 9 figures.
Tome III : 2 ff. n. ch., 293 pp., plus 1 frontispice et 5 figures.

En tout 1 frontispice non signé qui porte : *A Londres*, MDCCLXXX, le même pour les trois volumes, 1 portrait par Cochin, gravé par Dupin fils, et 23 figures non signées, très jolies réductions des figures de Gravelot, de l'édition de 1765.

— La Bergère des Alpes, pastorale en trois actes et en vers, mêlée de chant, par M. Marmontel, de l'Académie françoise, musique de Koheult. *A Paris, Merlin,* 1766. In-8. (De 5 à 6 fr.)

1 figure par Gravelot, gravée par Le Veau.

— Bélisaire, Par M. Marmontel, De l'Académie Françoise. *A Paris, Chez Merlin,* 1767. In-8. (De 8 à 10 fr.)

2 ff. n. ch., x-340 pp. et 2 ff. n. ch., plus 1 frontispice et 3 figures de Gravelot, gravées par Massard. Le Veau, Levasseur et Masquelier.

En ancien maroquin rouge de Derôme le père, 700 fr., vente Turner (n. 479: papier de Hollande, opuscules ajoutés).

En maroquin rouge ancien, collection Schuhmann ; même condition, 550 fr., vente Montgermont (1911, n. 145).

En maroquin vert de Chambolle, avec les 3 dessins originaux de Gravelot, ancienne collection de Lord Carnarvon (n. 32).

Réimprimé en 1777, in-8, avec les mêmes figures, mais usées.

— Bélisaire. Par M. Marmontel, De l'Académie Françoise. *A Londres* (Cazin), 1780. In-18. (De 3 à 4 fr.)

1 frontispice et 3 figures non signées.

Il y a deux éditions sous cette date avec les mêmes figures : la première de 2 ff. n. ch. et 314 pp., plus 1 frontispice et 3 figures ; la deuxième de 2 ff. n. ch. et 368 pp., plus 1 frontispice et 3 figures.

— L'Amitié à l'Épreuve, comédie en deux actes, mêlée d'ariettes, dédiée à Mme la Dauphine. *A Paris, Chez Duchesne*, 1771. In-8. (De 6 à 8 fr.)

1 figure par Gravelot, gravée par Simonet.

— Le Huron, comédie en deux actes et en vers libres, mêlées d'ariettes. *A Paris, Chez Merlin* ou *Ballard*. 1769. In-8. (De 25 à 30 fr. avec la suite).

On peut joindre à cette comédie une suite de 6 figures par Duclos, gravées par Auvray, Duclos, Duhamel, Lingée, Patas et J. Prévost (1772).

— Lucile, comédie en 1 acte et en vers libres, mêlée d'ariettes. *A Paris, Chez Merlin* ou *Ballard*, 1769. In-8. (De 25 à 30 fr. avec la suite).

Il existe une suite de 6 figures pour *Lucile*, par Duclos, gravées par Auvray, Duclos, Duhamel, Thérèse Martinet et Patas.

— Zémire et Azor, comédie-ballet en vers et en quatre actes, mêlée de chants et de danses. *A Paris, Chez Ballard* ou *Vente*, 1771. In-8. (De 25 à 30 fr. avec la suite).

Une suite de 6 figures existe pour cet opéra, par Desrais, gravées par Auvray, Dupin fils et Patas.

La musique de ces trois opéras est de Grétry. Il est probable qu'il existe également des figures pour *Sylvain* et la *Fausse Magie*, tous deux aussi par Marmontel et Grétry.

— Chefs-d'œuvre dramatiques, ou Recueil des meilleures pièces du théâtre françois tragique, comique et lyrique, avec les discours préliminaires sur les trois genres et les remarques sur la langue et le goût, par Marmontel, dédié à Mme la Dauphine. *A Paris, Chez Grangé*, 1773. In-4. (De 30 à 40 fr.)

3 figures, 15 vignettes et 10 culs-de-lampe de la plus grande beauté par Eisen, gravés par N. de Launay, de Launay jeune, Helman, Masquelier, Née et Ponce.

Ce volume, dont la continuation n'a pas paru, contient : *Sophonisbe*, de Du Ryer, 1 figure, 5 vignettes, 3 culs-de-lampe ; *Scévole*, de Mairet, 1 figure, 5 vignettes, 3 culs-de-lampe ; *Venceslas*, de Rotrou, 1 figure, 5 vignettes et 4 culs-de-lampe.

En maroquin vert ancien, 90 fr., vente E. Martin (n. 334).

En maroquin rouge aux armes du comte de Maurepas, large dentelle, 2.900 fr., vente Werlé (n. 327), revendu 4.600 fr., vente Montgermont (1911, n. 146).

M. Rouquette père a possédé un exemplaire en maroquin rouge de Derôme, aux armes de Georges III.

La plupart des dessins originaux d'Eisen, à la sanguine et au crayon, sur vélin sont chez M. Rodrigues ; huit de ceux-ci étaient joints à l'exemplaire en veau ancien vendu 340 fr., vente R. Portalis (novembre 1878 ; n. 74) ; plusieurs se trouvent aujourd'hui à Bruxelles, chez M. H. de Backer. Un dessin d'Eisen à la mine de plomb pour un fleuron, signé et daté 1772, appartient à M. Henri Beraldi.

Il existe une deuxième édition de ce recueil sur papier fort, plus petit et bleuâtre. In-4. Paris, Brunet, 1775. Il renferme les mêmes vignettes et cul-de-lampe, moins bons d'épreuves, mais les trois grandes figures d'Eisen, gravées par de Launay ne s'y trouvent pas.

— Les Incas, ou la destruction de l'Empire du Pérou ; Par M. Marmontel, Historiographe de France, l'un des Quarante de l'Académie Françoise. *A Paris, Chez Lacombe*, 1777. 2 vol. In-8. (De 25 à 30 fr.)

Tome I : XII-338 pp., 1 f. n. ch., plus 1 frontispice et 5 figures.

Tome II : 2 ff. n. ch., 380 pp., 2 ff. n. ch., plus 5 figures.

En tout 1 frontispice et 10 figures par Moreau, gravés par de Launay, Duclos, de Ghendt, Helman, Leveau, Née et Simonet.

On peut trouver les figures avant la lettre ; on connaît aussi la plupart des eaux-fortes.

En veau fauve ancien, 20 fr., vente R. Portalis (février 1878, n. 120) ; en demi-reliure non rogné, 15 fr., vente R. Portalis (novembre 1878, n. 87) ; en maroquin citron, 195 fr., vente L. de Tinan (n. 163).

Un exemplaire en maroquin rouge aux armes de la comtessse d'Artois, 450 fr., vente Gosford, et 200 fr., vente R. Lion (n. 242); un autre (?) aux armes de la comtesse de Provence, collection Ferdinand de Rothschild.

En maroquin rouge de Cuzin avec la série presque complète des avant-lettre et eaux-fortes, 400 fr., vente Montgermont (1911, n. 148).

L'exemplaire de M. Henri Beraldi contient les figures avant et avec lettre; il est relié par Cuzin, en maroquin rouge doublé maroquin citron. En maroquin rouge ancien, collection Louis Cartier.

Il existe une contrefaçon trompeuse et assez bien exécutée. On la reconnaît à ce que les figures, toutes avant la lettre, n'ont pas les noms des artistes à la pointe.

Neuf des dessins originaux de Moreau, à l'encre de Chine et au bistre, 6.000 fr., vente Mahérault (n. 164), aujourd'hui à la librairie Morgand.

Les *Œuvres complètes de Marmontel* ont été publiées à *Paris, Verdière*, 1820. 19 vol. in-8 avec figures de Bergeret, Choquet, Desenne, etc.

MARMOTTE (La), vaudeville nouveau de M.... In-8. (De 25 à 30 fr.)

Texte et musique gravés. Le titre représente une charmante figure de jeune femme avec marmotte.

MAROT. — Œuvres de Clément Marot, valet de chambre de François Ier, roy de France, revues sur plusieurs manuscrits et sur plus de quarante éditions; etc.., avec les ouvrages de Jean Marot son père, ceux de Michel Marot son fils, et les pièces du différent de Clément avec François Sagon, accompagnées d'une préface historique et d'observations critiques. *A La Haye, Chez P. Gosse et J. Neaulme*, 1731. 4 vol. in-4. (De 80 à 100 fr.)

Portrait gravé par de Brie, 1 fleuron sur le titre, le même pour chaqne volume, de A. Van der Laan, 1 vignette en tête de la dédicace et 1 pour chaque volume, par Fillœul.

En maroquin rouge de Hardy, 250 fr., vente Lebeuf de Montgermont (1876, n. 301).

— Œuvres de Marot. *A Genève* (Cazin). 1781. 2 vol. in-18. (De 8 à 10 fr.)

Portrait en médaillon, gravé par de Launay, d'après Holbein.

MARTIAL. — M. Valeri Martialis Epigrammatum libri, ad optimos codices recensiti et castigati. *Paris, Barbou*, 1754. 2 vol. in-12. (De 8 à 10 fr.)

1 frontispice par Eisen, gravé par Lemire, et 2 vignettes par Eisen, gravées par Legrand.

En maroquin rouge ancien, large dentelle sur papier fin, 250 fr., vente Turner (n. 228); même condition, 185 fr., vente Colin (n. 29).

V. Déséglise possédait les trois dessins originaux d'Eisen à la mine de plomb.

MARTINET. — Description historique de Paris et de ses beaux Monumens, gravés en taille douce par F. N. Martinet, Ingr et graveur du cabinet du Roy, pour servir d'introduction à l'Histoire de Paris et de la France, par M. Béguillet. *A Paris*, 1779-1781. 3 vol. in-8. (De 80 à 100 fr.)

56 planches et 1 vignette dessinées et gravées par Martinet.

Ce livre intéressant, mais qui n'a pas été achevé, existe aussi in-8.

Un exemplaire non rogné, 112 fr., vente Vulliet. Un autre en maroquin de Capé, 205 fr., vente Béhague.

En veau ancien (édition in-8) sur papier fin, plusieurs figures avec lettre grise, 41 fr., vente E. Martin (n. 746).

On trouve parfois en recueil les figures exécutées sous la direction de Martinet, pour illustrer les pièces de théâtre de Favart, Marmontel, Sédaine, etc.

Un exemplaire de ce recueil en demi-reliure du temps, contenant 21 suites de chacune 6 figures, a été vendu 1,705 fr., vente Sardou (n. 191): un autre, en maroquin rouge de Chambolle, contenant également 126 pièces, 4,000 fr., vente Montgermont (1911, n. 158).

MARTINIÈRE (Bruzen La). — Fables Héroïques, renfermant les plus Saines Maximes de la politique et de la morale, avec des Discours historiques. Publiées par Bruzen La Martinière. A l'usage du Prince des Asturies. Ornées de soixante belles Estampes en taille douce gravées exprès. *A Amsterdam et à Berlin, Chez Jean Neaulme*, 1754; 2 vol. in-12. (De 20 à 30 fr.)

<small>Tome I : 7 ff. n. ch., 232 pp., plus 1 frontispice et 30 vignettes à mi-page.
Tome II : 9 ff. n. ch., 228 pp., plus 1 frontispice et 30 vignettes à mi-page.
En tout 2 frontispices et 60 vignettes non signés.</small>

MASQUE DE FER (Le), ou les Aventures admirables du père et du fils, nouvelle édition ornée de figures. *A Paris, Chez Louis*, an II. 3 parties en 2 vol. in-12. (De 15 à 20 fr.)

<small>3 figures finement gravées.</small>

MASSILLON (le Père). — Oraison funèbre du très haut, très puissant et très excellent prince François-Louis de Bourbon, prince de Conty. *A Paris, Chez Raymond Mazières*, 1709. Pet. in-8. (De 25 à 30 fr.)

<small>Frontispice représentant les armes de Conty, et une figure se déployant représentant le portrait du prince.</small>

MASSON DE MORVILLIERS. — Adélaïde, ou l'Amour et le Repentir, anecdote volée par M. D. M. *A Amsterdam et Paris*, 1769, In-8. (De 8 à 10 fr.)

<small>1 titre, 1 figure, et 2 jolies vignettes par Meyer, gravés par Fessard.</small>

MASSON. — Nouveaux Desseins pour graver sur l'Orfévrerie, inventés et gravés par le sieur Masson. *A Paris, chez J. Mariette.* S. l. [vers 1710]. In-fol. (De 150 à 200 fr.)

<small>6 grandes planches contenant une soixantaine de modèles.
École des Beaux-Arts, fonds Lesoufaché.
En maroquin vert de Cuzin, 430 fr., vente Guyot de Villeneuve (n. 257).
Les cuivres passèrent chez Jombert, qui les coupa en deux pour en faire douze planches de son *Répertoire des artistes*.
On préférera le premier tirage en six planches.</small>

MASSON. — Le Jardin anglois, Poëme en quatre chants, traduit de l'anglais ; orné de 5 planches représentant le Jardin Anglois du château de Prunay, près de Marly. *A Paris, Chez Leroy*, 1788. In-8. (De 15 à 20 fr.)

<small>XIV-159 pp., plus 5 figures de paysage en manière noire.</small>

MATON (Alexis). — Les Innocents, poëme héroï-comique en 4 chants. *A Lisbonne* (Paris), 1762. In-8. (De 8 à 10 fr.)

<small>1 figure non signée.
Satire contre les Jésuites.</small>

— Valdeuil, ou les Malheurs d'un habitant de Saint-Domingue. *A Paris*, an III (1795). 2 vol. in-18. (De 6 à 8 fr.)

<small>2 figures par Maton.</small>

MAUCOMBLE. — Les Amans désespérés, ou la Comtesse d'Olinval, tragédie bourgeoise en cinq actes, nouvelle édition, enrichie d'une figure en taille-douce. *A Amsterdam et Paris, Delalain*, 1769. In-8. (De 5 à 6 fr.)

<small>1 figure par Beugnet, gravée par Duhamel.</small>

MAUPERTUIS. — Essai de philosophie morale. *A Berlin*, 1746. In-12. (De 4 à 5 fr.)

<small>Fleuron sur le titre, par Eisen, gravé par Fessard.</small>

MAUVILLON (De). — Le Soldat parvenu, ou Mémoires et Aventures de M. de Verval, dit Bellerose, par M. de M***, enrichi de figures en taille-douce. *A Dresde, Chez George Conrad Walther*, 1753, 2 vol. pet. in-8. (De 15 à 20 fr.)

<small>Frontispice et 7 belles figures par Ostereich, gravés par Bernigeroth.</small>

— Ma vie de garçon, ou Aventures galantes d'officiers de dragons. *A Paris*,

Cretté, an VII (1799). In-12. (De 10 à 15 fr.)

Jolie planche non signée.

MAYER (De). — Aventures et plaisante Éducation du courtois chevalier Charles le Bon, sire d'Armagnac; contenant profitables leçons à jeunes Chevaliers et à Dames de haut parage, par M. de Mayer. *A Amsterdam, et se trouve à Paris*, 1785. 3 vol. in-12. (De 8 à 10 fr.)

3 figures par Marillier, gravées par Delvaux et Lebeau.

— Geneviève de Cornouailles et la Damoiselle sans nom, roman de chevalerie. *A Londres* (Cazin), 1784. In-18. (De 4 à 5 fr.)

Un frontispice non signé.

MAYEUR. — L'Odalisque, ouvrage traduit du turc par Voltaire. *A Constantinople* (Paris), *Chez Ibrahim Bectas, imprimeur du grand-vizir, etc.*, 1796. In-32. Papier fort. (De 25 à 30 fr.)

4 figures libres, non signées.

MÉDAILLES sur les principaux Événements du règne de Louis le Grand, avec des explications historiques (par Charpentier, Tallemand, Racine, Boileau, etc.). *A Paris, Imprimerie royale*, 1702. Gr.in-folio. (De 30 à 40 fr.)

Beau frontispice par Coypel, contenant un superbe portrait de Louis XIV, gravé par Simonneau, et 289 planches gravées. (Les vignettes sont de Leclerc, les encadrements de Simonneau et les médailles de Cochin père.
Réimprimé en 1723 avec 318 planches.
La préface, supprimée peu de jours après la publication, manque quelquefois.

MEERMANN (Gérard). — Origines typographicæ. *Hagæ Comitum*, 1765. 2 vol. in-4. (De 15 à 20 fr.)

Beau portrait de Meermann, gravé par Daullé, et portrait de Coster, gravé par Houbraken.

MEIBOMIUS. — De l'Utilité de la Flagellation en médecine et dans les plaisirs du mariage et les fonctions des lombes et des reins, ouvrage curieux, traduit du latin de Meibomius, orné de gravures en taille-douce et enrichi de notes historiques et critiques auxquelles on a joint le texte latin. *A Paris*, 1792. 2 parties en 1 vol. pet. in-12. (De 25 à 30 fr.)

1 très joli frontispice signé : G. Tex. (Texier) inv. et sc. et une figure du même.
La seconde partie contient le texte latin.
Il y a des exemplaires sur papier vélin.
En maroquin rouge de Cuzin, 58 fr., vente Portalis (novembre 1878, n. 15).
Les éditions de Paris 1795 et an VIII n'auraient qu'un frontispice.

MEISSNER. — Alcibiade enfant, jeune homme, homme fait et vieillard, orné de planches en taille-douce. (Traduction libre par Rauquil-Lieutaud). *A Athènes, et se trouve à Paris, chez Buisson*, 1789. 4 vol. in-8. (De 15 à 20 fr.)

4 figures non signées.
Ce livre est attribué par Quérard à Louis-Sébastien Mercier et ne serait qu'une traduction supposée de l'allemand.
Nouvelle édition *à Paris, chez Bossange et Masson*, an III. 4 vol. pet. in-12, avec les 4 figures réduites.

— Histoire de la Vie et de la Mort de Bianca Capello, noble vénitienne et grande-duchesse de Toscane. *A Paris, Chez Maradan*; 1791. 3 vol. in-12. (De 5 à 7 fr.)

3 figures non signées.
Traduit de l'allemand par le marquis de Luchet.

MEISSONNIER. — Œuvre de Juste-Aurèle Meissonnier, Peintre-Sculpteur, Architecte & Dessinateur de la chambre et Cabinet du Roy. Première partie Exécuté sous la conduitte de l'auteur. *A Paris, chés Huquier*. In-fol. (De 1,500 à 2,000 fr.)

Titre gravé et 72 feuilles contenant 118 pièces, gravées par Aveline, Balechou, Baquoy, Chedel, Chenu, Desplaces, Paul Audran, Herisset, Riolet, etc., plus 1 beau portrait de l'auteur, gravé par Beauvais.

Magnifique ouvrage, l'un des plus beaux livres d'ornementation du style Louis XV qui existent. Très rare.

Un exemplaire conforme à la description ci-dessus en maroquin rouge de Chambolle, 1,700 fr., vente Behague (n. 377); un autre semblable, en vélin vert, 2,000 fr., vente R. Lion (n. 86).

Un autre semblable (taché) en demi-reliure, 1,100 fr., vente Franchetti (1890, n. 63); en reliure moderne, 3,810 fr., vente Werlé (n. 369); en demi-reliure de Claessens, 3,560 fr., vente Doistau (n. 39.)

Un autre encore en veau ancien, contenant 129 planches est dans la collection Ferdinand de Rothschild.

MÉMOIRE pour le comte de Cagliostro contre le procureur général, accusateur, en présence de M. le cardinal de Rohan, de la comtesse de La Mothe et autres co-accusés. *A Paris, Imprimerie de Lottin*, 1786. In-4. (De 20 à 25 fr.)

Très beau portrait de Cagliostro, dessiné et gravé par J. Guérin 1781, et 5 jolies figures non signées.

En maroquin rouge ancien, 101 fr., vente Vulliet.

MÉMOIRES de Gaudence de Lucques, prisonnier de l'Inquisition, augmentés de plusieurs cahiers qui avaient été perdus à la douane de Marseille, etc. *A Amsterdam*, 1754. 2 vol. petit in-8. (De 12 à 15 fr.)

4 charmantes figures et 4 vignettes par Le Lorrain, gravées par Fessard.

Roman attribué à l'anglais Berkeley.

MÉMOIRES de l'Académie des Sciences, Inscriptions, Belles-lettres, Beaux-arts, etc., nouvellement établie à Troyes en Champagne. *A Troyes, chez le libraire de l'Académie, et à Paris, chez Duchesne*, 1756. 2 vol. pet. in-8. (De 15 à 20 fr.)

1 frontispice et 1 figure non signés.

Cette figure, qui manque souvent, représente un homme assis dans une position prosaïque, quoique journalière, avec l'inscription : *En voilà pour moi et mes amis*.

En maroquin rouge ancien, collection Ferdinand de Rothschild.

MÉMOIRES de Suzon, Sœur de D** B*****. Suivis De La Perle des plans économiques. Avec figures en taille-douce. *A Cythère*, 1783, in-18. (De 20 à 30 fr.)

264 pp., 1 f. n. ch., plus 1 frontispice et 11 figures non signés.

MÉMOIRES du comte de Maurepas. *A Paris, Chez Buisson*, 1792. 4 vol. in-8. (De 20 à 25 fr.)

11 figures non signées.

Mémoires rédigés par Salié, secrétaire du comte, et publiés par Soulavie.

MÉMORIAL PITTORESQUE de la France, ou Recueil de toutes les belles actions, traits de courage, de bienfaisance, de patriotisme et d'humanité, arrivés depuis le règne de Henri IV jusqu'à nos jours, par M. L. B...(Lebas), avec des planches gravées par M. de Machy, d'après les dessins de plusieurs célèbres artistes ; dédié à M. le vicomte de Vaudreuil, grand fauconnier de France. *A Paris, De l'imprimerie de Monsieur* (*Didot jeune*), 1786. In-4. (De 200 à 250 fr.)

11 figures imprimées en couleur par Sergent, Duvivier, Janinet, et gravées par de Machy, Janinet, etc.

Onze livraisons seulement parurent ; l'ouvrage ne fut pas continué.

MÉNARD (Mme). — Les Malheurs de la Jalousie, ou Lettre de Murville et d'Élénore Melcour. *A Paris, Chez Lepetit*, 1796. 4 vol. in-12. (De 10 à 12 fr.)

4 figures non signées.

MENCKEN (J.-B.). — De la Charlatanerie des savants, traduit du latin de Mencken avec des remarques critiques (par Durand). *A La Haye*, 1721. Pet. in-8. (De 6 à 8 fr.)

1 frontispice et 1 fleuron sur le titre par Bernard Picart.

MENDELSSOHN (Moses). — Phédon, ou Entretiens sur la spiritualité et l'immortalité de l'Ame, traduit par Juncker. *A Paris, Le Boucher*, 1773. In-8. (De 6 à 8 fr.)

1 figure par Monnet, gravée par Ménil.

MÉNESTRIER (le Père). — Nouvelle méthode raisonnée du Blason ou de l'art héraldique, mise dans un meilleur ordre et augmentée de toutes les connaissances relatives à cette science par M. L*** (Lemoyne). *Lyon, Chez P. Bruyset-Pontus*, 1770. In-8. (De 8 à 10 fr.)

8 ff. n. ch., 619 pp., 17 ff. n. ch., plus 1 frontispice et 50 planches de blason, dont 2 repliées.
Nous avons vu chez M. Louis Cartier l'édition de Lyon, 1734, en maroquin rouge aux armes de France.

MÉRARD DE SAINT-JUST (Simon-Pierre). — L'Occasion et le moment, par un amateur sans prétention. *A Bonhomi Apoli, chez l'Ingénue*, 1782. In-18. (De 6 à 8 fr.)

1 joli portrait de Mérard, dessiné par Mlle Vigée, gravé par Superchy.

MERCIER (Louis-Sébastien). — Lettre de Dulis à son ami; Par M. Mercier. *A Londres, et se trouve à Paris, chez la Veuve Duchesne*, 1767. In-8. (De 5 à 6 fr.)

34 pp., plus 1 jolie figure par G. de Saint-Aubin, (A. Mer sculp.), vignette et cul-de-lampe du même.
Se trouve en grand papier.
Les figure de ce livre existent aussi tirées à la sanguine.

— Lettre de Dulis à son ami, par M. Mercier. Nouvelle édition. *A Amsterdam et Paris, Lejay*, 1768. In-8. (De 6 à 8 fr.)

1 figure et 1 vignette par Moreau, gravées par de Longueil, et 1 cul-de-lampe, par Thérèse Martinet.

— Jenneval, ou le Barnevelt françois, drame en cinq actes, en prose, par M. Mercier. *A Paris, Chez Lejay*, 1769. In-8. (De 6 à 8 fr.)

1 figure par Marillier, gravée par de Ghendt.
Se trouve sur grand papier.

— Le Déserteur, drame en cinq actes et en prose, par M. Mercier. *A Paris, Chez Lejay*, 1770. In-8. (De 6 à 8 fr.)

1 figure par Marillier, gravée par de Ghendt.
Se trouve sur grand. papier,

— Olinde et Sophronie, drame héroïque en cinq actes et en prose, par M. Mercier. *A Paris, Chez Lejay Libraire*, 1771. In-8. (De 6 à 8 fr.)

VIII-111 pp., plus 1 figure par Marillier, gravée par Duclos.

— Le Faux Ami, drame en trois actes, en prose, par M. Mercier. *A Paris, Chez Lejay*, 1772. (De 6 à 8 fr.)

1 jolie figure par Marillier, gravée par de Ghendt.
Existe sur grand papier.

— Jean Hennuyer, évêque de Lizieux, drame en cinq actes, par M. Mercier. *A Londres* (Paris, Lejay), 1772. In-8. (De 6 à 8 fr.)

1 figure.
Se trouve sur grand papier.

— L'Indigent, drame en quatre actes, en prose, par M. Mercier. *A Paris, Chez Lejay*, 1772. In-8. (De 6 à 8 fr.)

1 figure par Marillier, gravée par Voyez l'aîné.
Se trouve sur grand papier.

— Épitre d'Héloïse à Abeilard, imitée de Pope, par M. Mercier. *A Amsterdam et Paris, veuve Duchesne*, 1774. In-8. (De 10 à 12 fr.)

1 frontispice. 1 vignette et 1 cul-de-lampe par Marillier, gravés par Lebeau et Née. Le frontispice et le cul-de-lampe sont d'une grande beauté.
Se trouve sur grand papier.

— L'an deux mille quatre cent quarante, rêve s'il en fut jamais ; suivi de l'Homme de fer, songe. *S. l.* 1786. 3 vol. in-8. (De 10 à 12 fr.)

3 figures de Marillier, gravées par de Ghendt.
Se trouve sur grand papier.

— Théâtre complet, nouvelle édition. *A Amsterdam et Leide*, 1778-84. 4 vol. in-8. (De 25 à 30 fr.)

14 figures par Fritzius, Hulk et Godin ou non signées, la plupart copiées sur Marillier.)
Il y a des exemplaires sur grand papier.

— Contes moraux. Par M. Mercier. *A Amsterdam et se vend à Paris, chez Merlin*, 1769. 2 parties en 1 vol. in-12. (De 15 à 20 fr.)

1re partie. 2 ff. n. ch., VIII-215 pp., plus 2 figures.
2e partie. 2 ff. n. ch., 214 pp., plus 2 figures.
En tout 4 figures par Marillier, gravées par de Launay et de Ghendt.
Existe sur grand papier.

— Tableau de Paris, ou Explication de diffrentes figures gravées à l'eau-forte pour servir aux différentes éditions du « Tableau de Paris » de M. Mercier. *Yverdon*, 1785, ou *Berne*, 1787, ou *Yverdon*, 1787. In-8. (De 100 à 150 fr.)

63 pp., (explication des figures) plus 1 frontispice et 95 figures à l'eau-forte, très spirituelles, dessinées et gravées par Dunker.
Deux figures seulement sont signées en toutes lettres, onze portent l'initiale D.
Mercier passe à tort, à notre avis, pour en avoir gravé quelques-unes.
Cette suite humoristique, dans laquelle Dunker n'a pas été tendre pour les Parisiens de son temps, a été faite pour joindre au *Tableau de Paris* de Mercier, édition de *Neuchatel*, 1781, 2 vol. in-8, ou d'*Amsterdam*, 1782-89, 12 vol. in-8.
Il existe des figures quelques exemplaires tirés in-4, mais ils sont fort rares. Un d'eux cartonné, non rogné, 440 fr.; vente Béhague (n. 1819); un autre en maroquin citron de Trautz, collection James de Rothschild (n. 2323).

Le catalogue Morgand signale un exemplaire des figures publié Lyon, à la date de 1791, avec le titre suivant : *Costumes des mœurs et de l'esprit français avant la grande Révolution à la fin du XVIIIe siècle, en XCVI planches gravées en caricatures par un habile maître*, etc., petit in-4.
Les dessins originaux à l'encre de Chine font partie de la riche collection de feu le prince d'Essling.

MERCIER (Claude-François-Xavier, dit Mercier de Compiègne). — Histoire de Marie Stuart, reine de France et d'Ecosse, décapitée à Londres le 18 février. 1587. Nouvelle édition rédigée sur les pièces originales par C. M. D. C. *A Paris, de l'imprimerie de Mercier, rue Coq-Honoré, n° 20*, 1795. 2 vol. in-16. (De 15 à 20.)

2 frontispices par Desrais, sans nom de graveur.

— Manuel des Boudoirs, ou Essais érotiques sur les demoiselles d'Athènes, ouvrage plus moral qu'on ne pense, etc., recueillis par Mercier (de Compiègne). *A Cythère, avec licence des Amours, l'an du Plaisir et de la Liberté 1240*. (Paris, 1787). 4 vol. in-18. (De 60 à 80 fr.)

4 figures par Bornet, gravées par Croutelle, ou non signées.

— Les Trois Nouvelles. 4e édition. *A Paris, de l'imprimerie de l'auteur*, 1795. In-18. (De 5 à 6 fr.)

1 frontispice dessiné par Desrais, sans nom de graveur.

— Nouvelles galantes et tragiques, fragments pour servir à l'histoire du siècle qui a précédé la Révolution. *A Paris*, 1793. In-18. (De 4 à 5 fr.)

1 figure non signée.

— Les Veillées du Couvent, ou le Noviciat d'amour, poème éroti-satyrique en prose et en cinq chants, par C. F. X. M. D. C. *A Lutipolis*, 1793. In-18. (De 4 à 5 fr.)

2 figures non signées.
Autre édition in-8, avec 2 figures de Moreau.

— Éloge du Pet, dissertation historique anatomique et philosophique sur son origine, son antiquité, ses vertus, sa figure, les honneurs qu'on lui a rendus chez les peuples anciens et les facéties auxquelles il a donné lieu, par C.-F. Mercier (de Compiègne). *A Paris, Chez Mercier*, an VII de la Liberté. In-18. (De 10 à 15 fr.)

 1 frontispice non signé.
 La figure est appropriée au sujet du livre.

— Éloge du Sein des Femmes, etc. *A Paris*, 1800. In-18. (De 8 à 10 fr.)

 Frontispice gravé non signé.
 Ouvrage inspiré de celui qui a pour titre : *Les Yeux, le Nez et les Tétons*, Amsterdam, 1716 ou 1735, avec frontispice.

— Bréviaire des jolies Femmes, choix de Contes, de Nouvelles et de Poésies galantes, recueillis par Mercier (de Compiègne), dans le portefeuille de la princesse de Lamballe. 2e édition. *A Paris*, an VII. In-18. (De 8 à 10 fr.)

 1 figure libre, non signée.

— Les Concerts républicains, ou Choix lyrique et sentimental. *A Paris, Chez Louis*, an III (1795). Pet. in-12. (De 6 à 8 fr.)

 1 frontispice, 1 titre gravé et 2 figures gravés par Quéverdo.

— Le Vendangeur, ou le Jardin d'Amour, poème traduit littéralement de l'italien de Louis Tansillo, avec texte en regard, par C.-F. Mercier (de Compiègne). *A Paris, Chez l'auteur*, 1798. In-12. (De 15 à 20 fr.)

 1 figure non signée.
 Seconde édition an VIII (1800) avec la même figure.

— Éloge du Pou, de la Boue et de la Paille, dédié à bien des gens, et autres pièces traduites du latin par C. Mercier (de Compiègne). *A Paris, Chez Faure*, an VII. In-12. (De 8 à 10 fr.)

 1 figure non signée.

MERIAN (Marie-Sybille de). — Histoire générale des Insectes de Surinam et de toute l'Europe, contenant leurs descriptions, leurs figures, leurs différentes métamorphoses, de même que les descriptions des plantes, fleurs et fruits, dont ils se nourrissent, etc., par Mlle Marie Sybille de Mérian. *A Paris, Chez L.-C. Desnos*, 1771. 3 vol. in-fol. (De 150 à 200 fr.)

 184 planches souvent tirées à 2 ou à 4 par feuille.
 Un bel exemplaire en veau, avec les planches coloriées et retouchées au pinceau, 61 fr., vente E. Martin (n. 78).
 2 ff. n. ch., 60 pp., plus plan-replié et 20 figures.
 En tout 20 planches de vues dessinées et gravées à la manière noire par Mérigot fils.

MÉRIGOT. — Promenade ou itinéraire des jardins d'Ermenonville, auquel on a joint 25 de leurs principales vues, dessinées et gravées par Mérigot fils. *A Paris, chez Mérigot. père, Gattey et Guyot, Et à Ermenonville, chez Murray*, 1788. In-8. (De 30 à 40 fr.)

 68 pp., 2 ff. n. ch. (musique gravée) et 25 figures chiffrées de 0 à 24.
 En tout 25 planches de vues dessinées et gravées à la manière noire par Mérigot fils.
 Vendu, avec le suivant, en maroquin vert ancien, deuxième vente Béhague (nn. 1889 et 1892) revendus 175 fr., vente Franchetti (1890, n. 308) aujourd'hui collection Ferdinand de Rothschild.
 Existe sur grand papier.

— Promenade ou itinéraire des jardins de Chantilly, orné d'un plan et de 20 Estampes qui en représentent les principales Vues. *A Paris, Chez Desenne*, 1791. In-8. (De 30 à 40 fr.)

 2 ff. n. ch., 60 pp., plus 1 plan replié et 20 figures.
 En tout 20 planches de vues dessinées et gravées à la manière noire par Mérigot fils.
 Existe en grand papier.

MERO (Honoré-Joseph). — Odes anacréontiques, contes en vers, Et autres Pièces de Poésies, suivies de Côme de Médicis, par M. Méro. *A Londres* (Paris, Cazin) 1781. In-18. (De 5 à 6 fr.)

3 ff. n. ch., 251 pp. plus 1 joli portrait de l'auteur, dessiné et gravé par Duponchel.

MERTHGEN. — Œuvres pastorales de M. Merthgen, Traduites de l'Allemand par M. le baron de Nausell; suivies des Aulnayes de Voux, Idylles Françoises, par M. Le Boux de la Bapaumerie, Lieutenant-Général au Baillage de Montereau. *A Paris, Chez Belin*, 1783. 2 vol. in-18. (De 18 à 10 fr.)

Tome I : 2 ff. n. ch., 165 pp. et 3 ff. n. ch., plus 1 frontispice et 1 figure.
Tome II : 2 ff. n. ch., 190 pp. et 1 f. n. ch. (sur lequel on lit : *De l'imprimerie de Clousier, rue de Sorbonne, attenant celle des Mathurins,* 1782) plus 2 figures aux pp. 5 et 162.
En tout 1 frontispice et 3 figures très fines par Le Barbier, gravés par Godefroy (2) et Ponce (2).

— Œuvres pastorales de Merthgen, traduites de l'allemand, suivies des Aulnayes de Vaux, idylles françaises. Nouvelle édition retouchée. *A Paris, Devaux et Paris* (vers 1795) 2 vol. in-18. (De 6 à 8 fr.)

2 figures assez jolies, gravées par Blanchard.

MES LOISIRS, à mes amis, petit recueil pour exciter la faveur des fidèles aux matinées de Cythère, par un amateur de l'office. S. l. n. d. Petit in-4. (De 100 à 120 fr.)

Petit recueil de planches érotiques non signées, gravées au trait d'après les pierres gravées imaginaires. Il a été attribué à Mme de Pompadour.
Un bel exemplaire en maroquin ancien se trouve dans la collection Olry-Rœderer. On trouve jusqu'à 65 planches.

MESSALINE FRANÇOISE (La), ou les Nuits de la D... de P... et les Aventures mystérieuses de la P... d'H... et de la R... ouvrage fort utile à tous les jeunes gens, etc. *A Tribaldis, de l'imprimerie de Priape,* 1789. In-18. (De 40 à 50 fr.)

1 figure non signée.
La figure représente le bosquet de Versailles.
Les personnages mis en cause dans ce libelle ordurier sont la duchesse de Polignac, la princesse d'Hénin et la Reine.

MÉTASTASE. — Opere del Signor Abate Pietro Metastasio. *In Parigi, Presso la Vedova Hérissant,* 1780-1782. 12 vol. in-8. (De 50 à 60 fr.)

Tome I : 4 ff. n. ch., 392 pp. plus 1 portrait et 3 figures.
Tome II : 434 pp., et 1 f. n. ch., plus 3 figures.
Tome III : 406 pp. et 1 f. n. ch., plus 3 figures.
Tome IV : 430 pp. et 1 f. n. ch., plus 3 figures.
Tome V : 450 pp. et 1 f. n. ch., plus 3 figures.
Tome VI : 396 pp. et 1 f. n. ch., plus 3 figures.
Tome VII : 418 pp. et 1 f. n. ch., plus 3 figures.
Tome VIII : 410 pp. et 1 f. n. ch., plus 3 figures.
Tome IX : 400 pp. et 1 f. n. ch., plus 3 figures.
Tome X : 400 pp. et 1 f. n. ch., plus 3 figures.
Tome XI : 360 pp., plus 3 figures.
Tome XII : 432 pp., plus 4 figures.

En tout 1 portrait par Steiner, gravé par Gaucher, 37 figures dont 35 par Cipriani, Cochin, Martini et Moreau, gravées par Bartolozzi, Carmona, Delvaux, Duclos, Leveau, Martini, Massard, Porporati, Prévost, Saint-Aubin, Simonet et Trière, d'après Bernard Picart, représentant les personnages de Térence.

Édition de luxe avec des illustrations d'une grande beauté. Les beaux exemplaires sont tirés sur grand papier de Hollande in-4. Un exemplaire de ce format en demi-maroquin, contenant les 38 dessins originaux, vendu 395 fr., vente Renouard (1854, n. 1707), 280 fr., vente La Bédoyère (1862, n. 1338), 2.000 fr., vente Capé (n. 532), et 1.000 fr., vente Gautier (n. 571) fait maintenant partie de la collection Olry-Rœderer.

En maroquin rouge ancien, format in-4, collection Ferdinand de Rothschild; un autre semblable, figures avant et avec la lettre, est chez M. Beraldi ; en maroquin rouge ancien à dentelles avec les figures *avec et avant* la lettre, collection James de Rothschild (n. 1474): c'est l'exemplaire payé le prix excessif de 13,100 fr., vente du 5 avril 1880 (n. 424).

L'exemplaire de dédicace, sur grand papier, en maroquin rouge aux armes de Marie-Antoinette, a figuré en 1905 au *Bulletin Morgand* (II, 4, n. 398 : 15.000 fr.) et appartient aujourd'hui à Lord Rosebery.

MICHEL. — La Peinture, poème couronné aux Jeux floraux le 3 mai 1767, par Michel d'Avignon, écolier de rhétorique et de l'académie du collège de l'Oratoire de Lyon. *A Lyon, Laroche*, 1767. In-8. (De 5 à 6 fr.)

Frontispice, fleuron sur le titre, vignette et cul-de-lampe dessinés et gravés par Delamonce et Joubert.

MILLIN. — Annuaire du Républicain, ou Légende physico-économique avec l'explication des 372 noms imposés aux mois et aux jours... *A Paris*, an II de la République Française. In-12. (De 5 à 6 fr.)

Frontispice par Monnet, gravé par Levasseur.

— La Mythologie mise à la portée de tout le monde. *A Paris, Déterville*. 1793, 12 vol. in-12. (De 25 à 30 fr.)

108 figures imprimées en couleur et non signées.
Figures qui ont servi, en 1811, à illustrer l'ouvrage suivant : *Galerie mythologique, Recueil de monuments pour servir à l'étude de la mythologie, de l'histoire, de l'art, de l'antiquité figurée et du langage allégorique des anciens*, par Millin. Paris, Didot l'aîné, 3 vol. in-8.

MILLOT (Abbé). — Histoire philosophique de l'Homme. *A Londres, Nourse*, 1766. (De 6 à 8 fr.)

Fleuron sur le titre, signé Duflos et un frontispice par Boucher, gravé par Moreau le jeune.
Le même abbé Millot était l'auteur d'une *Histoire romaine*. Des croquis de Gravelot pour cet ouvrage, provenant du marquis de Fourquevaulx, ont passé chez M. Emmanuel Bocher, et de là dans la bibliothèque Oiry-Rœderer, à Reims.

MILTON. — Le Paradis perdu, poème héroïque, avec les remarques de M. Addison. *A Paris*, 1729. 3 vol. in-12. (De 10 à 12 fr.)

Frontispice, signé D. T. inv., gravé par Chedel.

— Le Paradis perdu, poème héroïque traduit de l'anglais, avec les remarques de M. Addison. *A Genève*, 1777. 3 vol. in-18. (De 10 à 12 fr.)

1 frontispice avec portrait, gravé par Blanchard.

— Le Paradis perdu, poème, édition en anglais et en français (Traduction de Dupré de Saint-Maur), ornée de douze estampes imprimées en couleur, d'après les tableaux de M. Schall. *A Paris, Defer et Maisonneuve*. 1792. 2 vol. gr. in-4. (De 200 à 250 fr.)

12 figures gravées en couleurs par Clément, Colibert, Demonchy et Gautier d'après Schall.
Il existe des exemplaires en papier vélin avec les figures avant la lettre.
Dans cet état, en veau ancien, 145 fr., vente Massicot (n. 586.)

— Paradise lost. A poem in twelve books. The Author John Milton. A new edition. With Notes of various Authors, By Thomas Newton, DD. *London, Printed for J. and R. Tonson and S. Draper in the Strand*, 1749. 2 vol. in-4. (De 25 à 30 fr.)

Tome I : 9 ff. n. ch., LXI pp., 2 ff. n. ch., 459 pp. plus 1 portrait et 6 figures.
Tome II : 444 pp., et 66 ff., plus 1 portrait et 6 figures.
En tout 2 portraits de Milton par Vertue, l'un jeune et l'autre d'un âge mûr, et 12 superbes figures par Hayman, gravées par Grignion et Ravenet.
En maroquin rouge aux armes de Mancini-Nivernois, collection Schuhmann.

— The poetical Works of John Milton with notes of various authors by Thomas Newton. *London, Tonson*, 1761. 3 vol. in-4. (De 25 à 30 fr.)

2 portaits de Milton par Vertue à des âges différents ; les 12 mêmes figures de l'édition de 1749, en moins bonnes épreuves, plus 4 nouvelles figures par Hayman et Grignion, gravées par Ravenet et Muller.

MIRABEAU. — Doutes sur la liberté de l'Escaut réclamée par l'Empereur. *A Londres* (1785). In-8. (De 8 à 10 fr.)

Vignette sur le titre, non signée.

— Bulletin de couches de Mme Target, Père et Mère de la Constitution des ci-devant Français, conçus aux Menus, présentée au Jeu de Paume et née au Manège. *S. l. n. d.* (Paris, 1790). 7 p. in-8. (De 8 à 10 fr.)

Figure satirique dessinée et gravée par Duplessi-Bertaux.

— La Morale des sens ou l'Homme du siècle. Extrait des Mémoires de M^r le Chevalier de Bar*** (Barville); rédigés par Mr M... D. M. *A Londres*, 1792. In-12. (De 120 à 150 fr.)

8 figures libres à l'eau-forte, non signées. En maroquin rouge de Guétant, 155 fr., vente Salverti-Bellenave (n. 276).

— Le Degré des âges du plaisir, etc..., aux différentes époques de la vie. *A Paphos, de l'imprimerie de la Mère des Amours*, 1793. In-8. (De 60 à 80 fr.)

1 frontispice, 6 figures composées de groupes érotiques très originaux de dessin.

— Le Rideau levé, ou l'Éducation de Laure. *A Cythère* (Alençon), 1786, 1788 et 1790. 2 parties in-12. (De 80 à 100 fr.)

6 figures libres non signées, médiocres dans les deux premières éditions, mais plus jolies en copies dans l'édition de 1790.
Attribué à tort à Mirabeau.

— Le Libertin de qualité, ou Confidences d'un prisonnier de Vincennes, écrites par lui-même. *A Stamboul, de l'imprimerie des odalisques*, 1784. Pet. in-8, pages encadrées, avec un avis du relieur pour l'indication des figures. (De 80 à 100 fr.)

1 frontispice et 7 figures libres non signés.
Autre édition, 2 part. in-18. *Paris*, an IV, 6 figures.

On ne prête qu'aux riches; aussi a-t-on attribué à Mirabeau, sans grand fondement, plusieurs ouvrages légers. Celui-ci est du nombre. Il a paru également sous le titre de : *Ma Conversion*.

— Œuvres posthumes et facéties de Mirabeau le jeune, deuxième édition. *A Paris, Vincent*, an VIII (1800). In-18. (De 15 à 20 fr.)

1 f. n. ch., 120 pp., 1 f. n. ch., plus 1 joli frontispice non signé.
C'est un recueil de *Nouvelles en vers*, auquel un libraire, sous le Directoire, donna le nom de Mirabeau, pour en assurer la vente.

MIRYS (S. de). — Figures de l'Histoire de la République Romaine, accompagnées d'un précis historique. Ouvrage exécuté par ordre du Gouvernement, pour servir à l'instruction publique d'après le dessin de S. de Myris, an VIII. Première partie, imprimée sur papier vélin *A Paris, chez le citoyen Myris*, an VIII. In-4. (De 80 à 100 fr.)

1 frontispice et 180 figures gravés par Auvray, Baquoy, Dambrun, Giraud, Lingée, de Launay, Leveau, de Longueil, Patas, Petit, Pierron, Simonet, Trière, etc.
En demi-reliure, non rogné, décrit comme contenant 180 planches, plus 24 planches complémentaires, 61 fr., vente E. Martin (n. 674.)

— Histoire des Empereurs, gravée par les mêmes. (Il paraît n'y avoir que 45 figures.)

MOISSY (De). — Les Jeux de la petite Thalie, ou nouveaux petits drames dialogués sur des proverbes propres à former les mœurs des enfans et des jeunes personnes, depuis l'âge de cinq ans jusqu'à vingt, par M. de Moissy. *A Paris*, 1769. In-8. (De 8 à 10 fr.)

1 frontispice par Eisen, gravé par de Ghendt.

— Les Jeux de la petite Thalie, théâtre de la vie humaine... représenté par les Jeux de l'Enfance. *A Paris, Desnos*, s. d. in-18. (De 150 à 200 fr.

1 frontispice et 90 figures non signées. C'est le même livre que l'*Almanach de la Loterie royale militaire*, avec un frontispice différent. Les figures sont de Gravelot.

— Vérités philosophiques, tirées des Nuits d'Young et mises en vers libres, etc., par M. de M***. *A Paris*, 1770. In-8. (De 6 à 8 fr.)

1 frontispice et 1 fleuron sur le titre par Surugue, gravés par Massard.

MOLIÈRE. — Œuvres de M. de Molière. *A Amsterdam, D. Mortier*, 1713. 4 vol. in-12. (De 60 à 80 fr.)

1 portrait, 1 frontispice et 32 figures, de Harrewyn et autres.

Ce sont les figures de l'édition de Bruxelles, 1694.

— Œuvre de M. de Molière, nouvelle édition, revue et corrigée et augmentée d'une nouvelle vie de l'auteur..., *A Amsterdam, chez Pierre Brunel.* 1725. 4 vol. petit in-12. (De 20 à 25 fr.)

Frontispice et vignettes de Schouten.

— Suite d'Estampes des principaux sujets des Comédies de Molière, gravées sur les esquisses de Charles Coypel (par T. Joullain), dédiée au public en 1726. *Se vend à Paris, chez Surugue*. 6 pièces in-folio. en largeur dont 1 frontispice. (De 400 à 500 fr.)

Série intéressante et malheureusement interrompue après la 5e scène de comédie.

Elle se compose d'un frontispice représentant le rideau du théâtre sur lequel se trouve un boniment de Coypel et de 5 estampes pour *George Dandin, M. de Pourceaugnac, l'Ecole des Femmes, Les Femmes savantes* et *Psyché*.

Ces figures, où la tradition exacte des types, costumes et jeux de scène a été conservée, sont rares.

La suite est coté 1,200 fr., au catalogue Morgand.

Elle figurait, avec plusieurs autres, dans un Molière de 1791-1794, vendu 880 fr. à la venteDaguin (602); un exemplaire cartonné des 6 planches a été payé 610 fr., vente Guyot de Villeneuve (n. 468).

Mme Lefilleul les a fait regraver en petit par de Mare.

Le dessin de Coypel, aux trois crayons, pour les *Femmes savantes*, vente du marquis de Valori (1907, n. 38) aujourd'hui à la librairie Morgand.

— Œuvres de Molière. Nouvelle édition. *A Paris*, 1734. 6 volumes grand in-4. (De 800 à 1,000 fr.)

Tome I : 3 ff. n. ch., LXX-330 pp., plus le portrait et 4 figures.

Tome II : 3 ff. n. ch., 446 pp., plus 6 figures.

Tome III : 3 ff. n. ch., 442 pp., plus 5 figures. (Les pp. 81-88 sont chiffrées 71-78).

Tome IV : 3 ff. n. ch., 420 pp., plus 6 figures.

Tome V : 3 ff. n. ch., 618 pp., plus 6 figures.

Tome VI : 3 ff. n. ch., 554 pp., plus 6 figures.

En tout, 1 portrait par Coypel, gravé par Lépicié ; 1 fleuron sur le titre, qui sert pour chaque volume ; 33 figures par Boucher, gravées par Laurent Cars, 198 vignettes et culs-de-lampe, dont plusieurs se répètent, par Boucher, Blondel et Oppenord, gravés par Joullain et Laurent Cars.

Le chef-d'œuvre de Boucher, comme *illustration*; c'est l'un des plus beaux livres de la première partie du XVIIIe siècle.

On a tiré, dit-on, quelques exemplaires sur grand papier de Hollande, format petit in-folio, qui sont de la plus grande rareté. Celui de Mme de Pompadour (ancienne collection Portalis) annoncé en grand papier dans son catalogue, ne diffère pas sensiblement des autres, comme taille.

Le texte a été entièrement réimprimé à l'époque même. Sur les exemplaires du premier tirage on lit à la 12e ligne de la page 360 du 6e volume : *comtesse* au lieu de *contesse*. Au tome IV, il existerait un carton pour le *Sicilien*.

Les 33 dessins originaux au crayon noir de cette édition (avec 2 dessins de fleurons) ont atteint en 1869, à la vente de la bibliothèque du baron Jérôme Pichon (n. 244) la somme, élevée pour l'époque, de 26,900 fr., sans les frais. Ces dessins provenaient des cabinets de Paignon-Dijonval, de Morel de Vindé et de Soleinne. Le baron Pichon y avait réuni les gravures en premières épreuves et la suite complète des eaux-fortes, le tout formant un volume in-4, avec un titre imprimé exprès pour l'exemplaire. Ce beau recueil se trouve actuellement dans la collection de la baronne James de Rothschild (n. 220).

BOUCHER
DESSIN POUR LES *Œuvres* DE MOLIÈRE (1734)
APPARTIENT A LA BARONNE JAMES DE ROTHSCHILD

On signale de plus quatre croquis à la sanguine (vente Mahérault n. 10 : 600 fr.) revendus avec un 5ᵉ, 800 fr., vente Destailleur, 1891, n. 1233 et un dessin pour le *Sicilien* (collection Cusco).

L'œuvre de Boucher à la Bibliothèque nationale et les collections Rothschild et Rœderer contiennent les figures gravées par Laurent Cars à l'état d'épreuves d'eauforte non terminées.

En veau ancien, aux armes de Sauvion, 880 fr., vente Béhague (n. 841). — En maroquin bleu ancien, 2,050 fr., vente Gosford, exemplaire de Lamoignon, revendu 10,000 fr., vente Montgermont (1911, n. 149).

L'exemplaire de M. Beraldi est dans une riche reliure à dentelle en maroquin vert aux armes de la duchesse de Montmorency-Luxembourg.

En maroquin rouge aux armes de Caraman-Chimay, collection Paillet (*Bull. Morgand* n. 12252 : 5,000 fr.), aujourd'hui chez M. Adolphe Bordes.

M. Francis Charmes vient d'acquérir un bel exemplaire relié en maroquin rouge ancien aux armes de Perrinet, seigneur du Pezeau.

En maroquin rouge ancien, collection Ferdinand de Rothschild.

En veau ancien, aux armes du duc d'Aumont, 1ᵉʳ tirage, 1,180 fr., vente Muller (n. 155); en veau écaille, 1,365 fr., vente Doistau (n. 54).

En demi-reliure, veau fauve, non rogné, 3,000 fr., vente E. Martin (n. 338); puis à 2,500 fr., *Bull. Morgand* II, 6 (1908), n. 472, aujourd'hui chez M. Schuhmann.

En maroquin rouge ancien, très bel exemplaire aux armes de Mᵐᵉ Adélaïde, bibliothèque de Versailles; en maroquin rouge aux armes de Mᵐᵉ du Barry, bibliothèque de Bourges.

On trouve parfois la suite sans texte et avec ce titre : Recueil d'estampes gravées par Cars, graveur du roi, d'après les dessins de Boucher, représentant une scène de chacune des pièces mises au théâtre par Molière. *Se trouve tout fait chez Dominique de Rubeis, à Versailles*, 1734. Vendue 460 fr., vente Delbergue (n. 53).

M. Eugène Wassermann possède reliée en veau ancien, la suite des gravures avec toutes les vignettes, fleurons, etc., tirées au xvIIIᵉ siècle sur grand papier de Hollande, à plusieurs par feuille.

Une suite des figures avec toutes les eaux-fortes, moins une, en demi-reliure de Capé, 1,650 fr., vente E. Martin (n. 339).

Une suite sans les eaux-fortes, mais avec le portrait avant la lettre, 1,385 fr., vente Daguin (n. 529); une autre, en maroquin rouge de Trautz, 1,400 fr., vente Guyot de Villeneuve (n. 469).

— The Works of Molière, French and English. *A Londres, John Watts*, 1739. 10 vol. in-12. (De 25 à 30 fr.)

Figures d'après Coypel et Boucher, gravées par Hogarth, V. der Gucht, Foudrinier et autres.

— Œuvres de Molière, nouvelle édition, revue, corrigée et augmentée d'une nouvelle vie de l'auteur et de la Princesse d'Élide, toute en vers, telle qu'elle se joue à présent, imprimée pour la première fois; ornée de très belles figures gravées d'après celles de l'édition de Paris. *A Amsterdam, Wetstein et Smith* ou *Arkstée*, 1741. 4 vol. petit in-12. (De 200 à 250 fr.)

1 portrait d'après Mignard, 1 frontispice, 1 fleuron répété sur les titres et 32 figures dessinées et gravées par Punt, d'après Boucher.

Très jolie édition réimprimée plusieurs fois en 4 volumes avec les mêmes figures en 1744, 1749 et 1750. Les épreuves en sont moins bonnes.

Le premier tirage des figures de Punt se reconnaît à ce que les fonds sont avant les *contre-tailles*. Les monuments ou les lambris sont gravés d'un seul trait dans les bonnes épreuves, et dans celles qui ont été retouchées, les tailles sont croisées.

La suite des figures seules de premier tirage, sur papier fort, reliée en vélin, 385 fr., vente Destailleur (1891, n. 1234) revendue 350 fr., vente Guyot de Villeneuve (n. 470).

On a souvent inséré les figures de Punt dans des exemplaires des Œuvres de Molière imprimés à Paris, David ou Bauche, 1738 ou 1739, 8 vol. in-12.

Un exemplaire sur papier fort, en maroquin bleu de Derôme, de l'édition de Paris, 1739, 8 vol. in-12, dans lequel on avait inséré les figures de Punt en premières épreuves, 3,600 fr., vente Gosford, revendu 3,000 fr., vente Richard Lion (n. 201); un semblable en maroquin rouge de Derôme, 2,000 fr., vente Lignerolles (n. 1566), aujourd'hui chez M. Descamps-Scrive.

Un exemplaire de l'édition de 1744, en maroquin de Trautz, 250 fr., vente Solar.

Un autre en maroquin rouge de Cuzin, 265 fr., vente Daguin (n. 536).

Un exemplaire de l'édition de 1741, relié par Anguerrand en maroquin rouge a été porté à 140 fr., vente Double (1863, n. 175) puis à 1,000 fr., vente Béhague (n. 843), et à 510 fr., vente Mosbourg (n. 164).

Un autre de l'édition de Bauche, 1739, en maroquin vert ancien, 184 fr., vente d'Ourches (n. 867), revendu 181 fr., vente Duriez (n. 2565) 169 fr., vente Pixerécourt (n. 1014), 5,000 fr., vente Turner (n. 407) et 2,300 fr., vente Collin (n. 69); un autre, en maroquin bleu de Thibaron, 1,010 fr., vente Quentin-Bauchart (n. 25 — *Mes livres* n. 121).

Un exemplaire de l'édition de 1739, en maroquin bleu d'Anguerrand a passé successivement chez Randon de Boisset (n. 476 : 146 fr.), Gouttard (n. 803 : 168 fr.), Anisson Duperron (n. 773 : 30,000 fr. en assignats), Coulon et Ganay (n. 159 : 1,600 fr.)

En maroquin rouge doublé de maroquin bleu par Cuzin, édition de 1741, ancienne collection Paillet (*Bull. Morgand* n 12253 : 800 fr.) aujourd'hui chez M. Adolphe Bordes.

Un exemplaire de l'édition d'Arkstée et Merkus (1751) en maroquin rouge ancien, 510 fr., vente Lebeuf de Montgermont (1876, n. 575.)

— Œuvres de Molière. *A Paris, Compagnie des libraires*, 1749. 8 vol. petit in-12. (De 70 à 80 fr.)

1 portrait d'après Mignard, et 31 figures gravées par Fessard, d'après Boucher.
Édition peu recherchée.
En maroquin citron, aux armes d'Amelot, 302 fr., vente Mosbourg (n. 165.)

— Œuvres de Molière. Nouvelle édition. *A Paris, Chez Damonneville, De l'imprimerie de Le Breton*, 1753. 8 vol. in-16.

Tome I : 2 ff. n. ch., LIII pp., 1 f. n. ch., 303 pp., plus 1 portrait et 3 figures.
Tome II : 2 ff. n. ch. et 320 pp., plus 5 figures.
Tome III : 2 ff. n. ch., et 316 pp., plus 6 figures.
Tome IV : 2 ff. n. ch. et 368 pp., plus 6 figures.
Tome V : 2 ff. n. ch., et 303 pp., plus 4 figures.
Tome VI : 2 ff. n. ch. et 276 pp., plus 3 figures.
Tome VII : 2 ff. n. ch. et 263 pp., plus 4 figures.
Tome VIII : 2 ff. n. ch. et 284 pp., plus 2 figures.

1 portrait et 33 figures assez médiocres d'après Boucher, gravées par Fessard.
Le texte de cette édition établi avec grand soin est estimé, mais les figures sont usées; il y en a deux de plus que dans l'édition de 1749.
Autre réimpression *A Paris, Chez Musier fils*, 1770. 8 vol. in-12.

— Œuvres de Molière. *A Paris (imprimerie de Lebreton), Chez Prault*, 1760. 8 vol. petit in-12. (De 20 à 25 fr.)

32 figures gravées par Legrand, d'après Boucher, et 1 portrait gravé par le même, d'après Coypel.

— Œuvres de Molière. Nouvelle édition, Augmentée de la Vie de l'Auteur & des Remarques Historiques & Critiques, Par M. de Voltaire. Avec de très-belles figures en Tailles-douces (de J. Punt.) *A Amsterdam et A Leipzig, Chez Arkstée et Merkus*, 1765. 6 vol. pet. in-12. (De 50 à 60 fr.)

Tome I : 3 ff. n. ch., XCIV-254 pp., plus 1 frontispice, 1 portrait et 4 figures.
Tome II : 2 ff. n. ch., 336 pp., plus 6 figures.
Tome III : 2 ff. n. ch., 392 pp., plus 6 figures.
Tome IV : 2 ff. n. ch., 356 pp., plus 5 figures.
Tome V : 2 ff. n. ch., 364 pp., plus 4 figures.
Tome VI : 2 ff. n. ch., 402 pp., plus 6 figures.
Portrait, frontispice et 31 figures par Punt d'après Boucher.
En maroquin bleu ancien, collection Schuhmann.

— Œuvres de Molière, avec des remarques grammaticales; Des Avertissemens Et des Observations sur chaque pièce, par M. Bret. *A Paris, Par la Compagnie des Libraires associés (De l'Imprimerie de Michel Lambert)*, 1773. 6 vol. in-8. (De 500 à 600 fr.)

Tome I : 2 ff. n. ch. VIII-520 pp. (cartons aux pp. 66-67 et 80-81) plus 1 portrait et 4 figures.
Tome II : 2 ff. n. ch., 576 pp., plus 6 figures.
Tome III : 2 ff. n. ch., 551 pp. plus 6 figures.

Tome IV : 2 ff. n. ch., 560 pp., plus 6 figures.
Tome V : 2 ff. n. ch., 774 pp., 1 f. n. ch., plus 5 figures.
Tome VI : 2 ff. n. ch., 704 pp., plus 6 figures.

En tout 1 portrait d'après Mignard gravé par Cathelin ; 6 fleurons de titre et 33 figures par Moreau (B. 1015-1053), ces dernières gravées par Baquoy (3), de Launay (2), Duclos (4), de Ghendt (2), Helman (1), Lebas (1), Legrand (1), Leveau (4), Masquelier (1), Née (6) et Simonet (7) et par Moreau lui-même (1)

Edition plus remarquable par sa beauté que par sa bonté. La suite des figures de Moreau est une des plus estimées et d'une rareté extrême avant la lettre ; le portrait notamment est introuvable. Il en existe une contrefaçon trompeuse que l'on reconnaît à la forme de la lettre R sous le nom de Molière.

Deux estampes, celle de l'*Avare* et du *Misanthrope* ne sont pas toujours bien venues à l'impression ; il en existe très peu de belles épreuves, même avant la lettre. La planche du *Sicilien*, dessinée et gravée par Moreau qui s'y est représenté sous les traits du peintre à son chevalet, doit avoir la signature très nette.

Les bons exemplaires contiennent en double les pages 66-67 et 80-81 du tome Ier.

On a longtemps cru qu'il n'existait aucun exemplaire en reliure ancienne avec les figures avant la lettre ; en tout cas c'est Bozérian, le premier, qui rechercha cette rareté et c'est depuis lui qu'on a formé presque tous ces exemplaires, aujourd'hui si ardemment convoités.

Les fleurons des titres existent en eaux-fortes (?) et en tirages à part avant la lettre ; mais ils sont fort rares.

On connaît les états suivants des 33 figures : pour toutes les pièces l'eau-forte pure, l'avant-lettre avec signatures et l'état avec la lettre ; on connaît de plus des épreuves avec remarques pour l'*Ecole des Maris* (avant les hachures sur les pavés), pour le *Festin de Pierre* (eau-forte avancée), pour *Georges Dandin* (deux eaux-fortes avancées avec différences) ; l'avant-lettre existe *sans signatures* pour l'*Ecole des Maris*, le *Prologue de la Princesse d'Elide*, le *Misanthrope*, le *Tartuffe*, l'*Avare*, le *Bourgeois Gentilhomme*, les *Fourberies de Scapin*, la *Comtesse d'Escarbagnas* et le *Malade imaginaire* ; il est à remarquer que l'avant-lettre du *Festin de Pierre* n'a pas encore été retrouvée *avec* les signatures et que le *Sicilien* se trouve à l'ordinaire en un quatrième état, savoir *avec* la lettre, mais *sans* la signature de Moreau qui s'est effacée au tirage. Enfin, la figure de *Sganarelle* a été gravée deux fois.

Les 33 dessins originaux de Moreau, lavés à l'encre de Chine, se trouvent joints à un très bel exemplaire, relié vers 1800 par Bradel l'aîné en maroquin rouge à riches dorures, contenant les tirages à part et les figures en deux états avant et avec la lettre ; payés 1,200 fr. par Soleinne à la vente d'Ourches (1812, n. 868) et 900 fr. par le vicomte Frédéric de Janzé à la vente Soleinne (1844, n. 1311), ces beaux volumes ont été adjugés 177,500 fr. en 1909 à la vente de Mme de Janzé (n. 406) à M. Rahir, pour M. J. Pierpont-Morgan.

Les eaux-fortes sont rarissimes ; il s'en trouvait 21, plus toutes les avant-lettre, dans un Molière de 1824-26, vendu chez E. Martin (604). On a même longtemps cru qu'il n'en existait pas de suite complète, et on citait avec envie les exemplaires plus ou moins complets de Lignerolles, de Rœderer, du duc d'Aumale. On ne connaissait pas le merveilleux exemplaire formé par Bozérian pour lui-même, et passé ensuite chez Pixerécourt (n. 1015 : 201 fr.), puis chez Dutuit (n. 413). Il est en maroquin rouge de Bauzonnet et contient le portrait en avant-lettre, les 6 fleurons du titre en 2 épreuves dont une hors texte, les 33 figures en eaux-fortes et en avant-lettre (*Sganarelle* ayant été gravé deux fois, il y a l'eau-forte en sens inverse de la 1re planche et il y a deux états de l'eau-forte du *Festin de Pierre*). On y trouve de plus la seconde suite de Moreau en avant-lettre et eaux-fortes et à la fin de chaque volume les feuillets additionnels, imprimés vers 1820 pour Pixerécourt et tirés seulement, assure-t-on, à 10 exemplaires.

L'exemplaire Lignerolles (n. 1587 : 22,100 fr. à Porquet) en demi-reliure, non rogné, contenait les avant-lettre, les fleurons en tirages hors texte, 2 figures inachevées et 22 eaux-fortes, plus la suite de Renouard en avant-lettre et eaux-fortes. Il a repassé à 20,000 fr. en 1907 au *Bull. Morgand* (II, 5, n. 602) et se trouve dans la collection de M. Henri Beraldi, chez qui il a remplacé un bel exemplaire en maroquin rouge ancien de Chaumont avec les avant-lettre, 1 eau-forte et les tirages hors texte, aujourd'hui chez M. Robert Schuhmann.

Celui de Paillet (*Bull. Morgand* n. 12254 : 15,000 fr.) en maroquin rouge ancien de Mouillié, contient également les avant-lettre et les tirage hors texte des fleurons ; il se trouve aujourd'hui chez M. Adolphe Bordes.

Un bel exemplaire en maroquin vert de

Capé, les avant-lettre, provenant du comte de La Bédoyère, 4,700 fr., vente Béhague (n. 844). En maroquin vert de Derôme avec les avant-lettre ajoutées après coup, 7,800 fr., vente Gosford (n. 221).

M. Rahir a payé 7,800 fr., à la vente Daguin un exemplaire non rogné, dans un cartonnage de Lamardeley, auquel on avait joint la suite des avant-lettre et 7 eaux-fortes.

Un bel exemplaire relié sur brochure en maroquin rouge de Chambolle avec toutes les avant-lettre, collection Mortimer L. Schiff, à New-York.

Dès l'époque de la vente Sieurin, on avait payé 4,005 fr. une suite de 31 des avant-lettre (sur 34) et en 1880, à la vente La Béraudière, Guyot de Villeneuve avait poussé jusqu'à 1,850 fr., l'avant-lettre du portrait; à cette même vente La Béraudière, les 33 avant-lettre furent adjugées à 3,600 fr.; une suite semblable, *incomplète d'une pièce*, atteignit 3,150 fr. à la vente Maglione (n. 137); Guyot de Villeneuve avait acheté les fleurons hors texte pour 5 fr., chez Jacquinot en 1858 et les avant-lettre pour 600 fr. à la vente Maurice Duval; ces deux suites, en maroquin rouge de Trautz, atteignirent, 4,750 fr., à la vente Guyot de Villeneuve (n. 472) et 7,900 fr., vente Montgermont (1911, n. 151).

Enfin une collection semblable, plus la suite de Punt d'après Boucher, en un volume in-fol., que relia plus tard Trautz en maroquin bleu, appartint successivement à M. de Soleinne, au baron Pichou, à Destailleur (1891, n. 1235 : 8,300 fr.) et à Lord Carnarvon (n. 33); elle est portée à 12,000 fr. *au Bull. Morgand* (II, 1908, 476) et se trouve aujourd'hui chez sir David Salomons.

Un exemplaire cartonné non rogné est dans la collection James de Rothschild (n. 1179).

En maroquin rouge ancien, belle reliure ornée de dauphins, 3,800 fr., vente Couderc de St-Chamant (n. 15), aujourd'hui chez la baronne M. de Goldschmidt-Rothschild.

L'exemplaire de Marie-Antoinette en maroquin rouge à ses armes, se trouve à la Bibliothèque nationale.

Il existe une bonne réimpression dans la date de 1788 (en veau ancien, 700 fr., vente Doistau, n. 67) et d'autres moins bonnes sous les dates de 1805 et 1808.

— Œuvres de Molière. *A Londres* (Cazin), ou *A Paris, Valade*, 1784. 7 vol. in-18. (De 15 à 20 fr.)

Portrait gravé par Delvaux, d'après Mignard.

— Œuvres de Molière. *A Paris, Didot aîné*, 1792. 7 vol. in-18. (De 100 à 150 fr.)

Beau portrait, gravé par Saint-Aubin. On en a tiré un exemplaire sur peau de vélin.

— Suite d'Estampes pour les Comédies de Molière. *S. l. n. d.* In-8.

1 portrait gravé par A. de Saint-Aubin, et 30 figures de Moreau le jeune (B. 1054-1083) gravées (en 1812-1813) par Bosq, Croutelle, de Ghendt, Girardet, Delvaux, Ribault, Roger, Simonet, de Villiers et Villerey.

Cette seconde suite de Moreau le jeune, pour illustrer Molière avait été commandée à l'artiste par le libraire Renouard. Elle n'avait pas de destination spéciale, mais elle a été souvent jointe à l'édition de Lefèvre (1824-1826).

Le portrait existe en eau-forte et en plusieurs états. On connaît les eaux-fortes et les avant-lettre de toutes les figures et des épreuves d'artiste terminées pour 14 d'entre-elles seulement.

Il y a plusieurs épreuves tirées sur Chine.

La figure pour *Amphitryon* a été gravée deux fois, d'abord par Roger, et ensuite, en contre-partie, par Pigeot.

La suite des avant-lettre et eaux-fortes avec 3 états du portrait et les 2 figures d'*Amphitryon*, en demi-reliure de Capé, 600 fr., vente E. Martin (n. 607), aujourd'hui chez M. Henri Beraldi.

Les jolis dessins originaux de Moreau, avec 4 crayons du portrait de Molière par A. de Saint-Aubin, ont été vendus 1,105 fr. à Potier, à la vente Renouard (1854, n. 1532 : en demi-reliure). Ils se trouvent aujourd'hui chez la baronne Salomon de Rothschild.

— Le Tartuffe. 20 feuillets in-8.

2 vignettes en-tête, pour les deux premières scènes, dessinées et gravées par Cochin.

Pages d'essai d'une édition des *Comédies de Molière* qui était en projet entre Jombert et Didot, libraires. « M. Cochin fils, de « société avec eux, écrit Jombert, avait « entrepris une très belle édition des Comé- « dies de Molière, dont le discours devait « être entièrement gravé en romaine, avec « vignette à la tête et un fleuron à la fin « de chaque scène. La mort de Didot (1757) « et celle d'Aubin, très habile graveur en « lettres, jointes aux continuelles occupa-

« tions de M. Cochin, ont interrompu cette
« magnifique entreprise. »

C'est Sieurin qui le premier (*Manuel* p. 152) signala l'existence de cette édition : il ne la connaissait que par le premier feuillet du *Tartufe* dont il possédait un exemplaire (sa vente n. 758); mais il en attribuait la vignette à Gravelot; c'est sans doute le feuillet de Sieurin, que nous retrouvons le 18 juin 1883 dans la vente M. B*** [Barbier] n. 489 : 60 fr.). La vignette est bien de Cochin, car elle se retrouve dans son œuvre sous la date de 1746 (n. 142).

MOLINE. — Le Duo interrompu, contes suivi d'ariettes nouvelles. *A Amsterdam et Paris, Dufour*, 1766. In-8. (De 5 à 6 fr.)

72 pp., plus 1 frontispice non signé.

MONCRIF (F.-A. Paradis de). — Les Chats. *A Paris, Quillau*, 1727. (De 10 à 12 fr.)

9 figures originales dont deux pliées par Charles Coypel, gravées à l'eau-forte par le comte de Caylus; 1 vignette représentant le *dieu Pet*.

L'une des figures représente une dame dictant à un tabellion ses dernières volontés au sujet de son chat assis sur son lit.

Relié par Hardy avec l'*Histoire des Rats*, 70 fr., vente de Béhague. En veau fauve, 39 fr., vente Radziwill. En maroquin rouge, 50 fr., vente Van de Helle.

En veau ancien, 30 fr., vente E. Martin (n. 496). En maroquin rouge ancien, aux armes de Mlle du Maine, 600 fr., vente Lignerolles (n. 2004).

— Essais sur la Nécessité et les Moyens de Plaire. *A Paris, Chez Prault fils*, 1738. In-12. (De 10 à 12 fr.)

1 frontispice et 1 fleuron sur le titre.

En veau ancien, aux armes de Riquetti-Caraman, 4 fr., vente Béhague (n. 144).

Ce livre se trouve aussi sur grand papier in-8.

L'exemplaire imprimé sur vélin du duc de La Vallière, du comte de Mac-Carthy, du comte de Chateaugiron et d'A. Cigongne, se trouve maintenant au château de Chantilly. Celui de Nodier et Bignon, aussi sur vélin a été payé 40 fr., vente Lignerolles (n. 505), en maroquin rouge ancien.

Autre édition, même date. *A Amsterdam, Chez Fr. Changuion*, in-12. 1 figure.

En maroquin rouge de Derôme, 115 fr., vente Béhague (n. 145).

— Œuvres de M. de Moncrif, lecteur de la reine, l'un des quarante de l'Académie françoise, etc. *A Paris, Brunet*, 1761. 3 vol. in-16. (De 15 à 20 fr.)

1 titre gravé, le même pour les trois volumes, par de Sève, gravé par Bacquoy; 1 portrait gravé par Duflos et 4 figures par de Sève, fort jolies, gravées par Baquoy, Chenu, Sornique et Tardieu ; plus 23 planches de musique.

La Bibliothèque de l'Arsenal possède un magnifique exemplaire de cet ouvrage, relié en maroquin rouge, doublé de tabis bleu, avec de riches dentelles, aux armes du marquis de Paulmy. Dans cet exemplaire, les figures sont tirées en noir, en bleu, en vert, et en brun, ainsi que les titres et le portrait. Le portrait est placé en tête des *Fables*. Londres, 1751, qui se trouvent avec la musique à la fin du 3e volume.

En maroquin rouge aux armes du Dauphin, père de Louis XVI, et de sa deuxième femme, collection Ferdinand de Rothschild.

— Œuvres de M. de Moncrif, lecteur de la reine, l'un des quarante de l'Académie françoise, nouvelle édition. *A Paris, veuve Regnard*, 1768. 4 vol. in-12. (De 12 à 15 fr.)

1 titre par de Sève, gravé par de Baquoy, le même pour les quatre volumes, le portrait de Moncrif par Duflos, celui de Stanislas, roi de Pologne, par Massé, gravé par Cathelin ; 4 jolies figures par de Sève, gravées par Bacquoy, Chenu, Sornique et Tardieu et 40 planches de musique. Les figures sont celles de l'édition de 1761.

— Œuvres de M. de Moncrif... Nouvelle édition augmentée de l'Histoire des Chats. *A Paris, Chez Maradan*, 1791. 2 vol. in-8. (De 8 à 10 fr.)

1 portrait et 4 figures, les mêmes que dans l'édition précédente.

En demi-reliure, une des figures étant avant la lettre, 13 fr., vente E. Martin (n. 542).

MONDE PLEIN DE FOLS (Le), ou le Théâtre des nains, etc. (en français et en hollandais). *A Amsterdam, W. Koning*, 1716. Gr. in-8. (De 150 à 200 fr.)

58 figures, dessinées par G. Koning, gravées par Folkema et autres.

Recueil de figures grotesques et satiriques, avec des quatrains en hollandais et en français.

L'édition de 1720 se compose de 78 planches petit in-4. y compris 2 titres gravés. C'est le même livre que celui qui a pour titre *Il Callotto ressuscitato*.

L'exemplaire in-4 de la vente Massicot n. 512 : 128 fr.) portait ce dernier titre, était daté de 1761 et contenait pour les deux premières parties 58 figures, dont 2 titres gravés, plus 2 planches de tables gravées et pour la troisième partie 12 figures, par Folkema. A. et P. van Buysen, J. van Basse et W. Koning.

L'exemplaire Béhague (n. 209 : 165 fr.) en maroquin rouge de Hardy, daté de 1716, était de format in-fol. et contenait 58 figures.

Il y a des exemplaires sans date, avec les figures tirées de format in-folio.

MONDON l'Aîné. — Premier Livre de Pierreries Pour la Parure des Dames, Dédié à Madame T. D. J. Par son très humble et très obéissant Serviteur Mondon. Inventé et gravé par lui-même. *Se vend à Paris, chez Claude Duflos*, s. d., petit in-4 oblong.

Bibliothèque de Rouen.

— Second Livre de Pierreries dédié à Mrs les Gardes et Mds Orfévres Jouailliers de Paris par leur très humble et obéissant serviteur Mondon. *S. l. n. d.*

12 planches y compris le titre.
Collection Foulc.

MONET. — Anthologie Françoise. Chansons choisies depuis le 13e Siècle jusqu'à présent. *S. l.* (Paris), 1765. 3 vol. in-8. (Avec le tome 4, de 50 à 60 fr.)

Tome I : 8 pp., 64 pp., 318 pp., plus 1 portrait et 2 figures.
Tome II : 2 ff. n. ch., 327 pp., plus 1 figure.
Tome III : 2 ff. n. ch., 320 pp., plus 1 figure.

En tout 1 portrait de Monet par Cochin, gravé par A. de Saint-Aubin, et 3 frontispices par Gravelot, gravés par Lemire.

On doit y joindre un 4e volume par Collé : *Chansons joyeuses, Mises au jour par anonyme, onissime. Nouvelle édition. A Paris et à Londres, Et à Ispahan seulement, De l'Imprimerie de l'Académie de Troyes.* VXLCCDM. (pour 1765), 2 parties en 1 vol. in-8.

1re partie : 2 ff. n. ch., 80 pp., et 16 pp. de musique gravée.

2e partie : 1 f. n. ch., 110 pp., plus 1 titre frontispice par Gravelot, gravé par Née.

Un exemplaire des 4 volumes relié en maroquin rouge ancien 170 fr., vente Em. Martin (n. 241). L'exemplaire Ferdinand de Rothschild (*sans les Chansons joyeuses*) est en maroquin à dentelles de Fétil (signé) aux armes de Mérard de St-Just); il a été vendu 700 fr., vente Delbergue (n. 146) et 415 fr., vente R. Lion (n. 179).

MONGEZ. — Vie privée du cardinal Dubois, archevêque de Cambray, prémier ministre du régent, seconde édition, revue et augmentée. *A Londres*, (Paris, vers 1790). 3 vol. in-18. (De 20 à 25 fr.)

1 portrait et 2 figures par Binet, gravées par Bovinet.

MONICART (J.-B. de). — Versailles immortalisé par les Merveilles parlantes des bâtimens, jardins, bosquets, parcs, statues, groupes, termes et vases de marbres, de pierres et de métaux, pièces d'eaux, tableaux et peintures qui sont dans les châteaux de Versailles, de Trianon, de la Ménagerie et de Marly, composé en vers libres françois, ornés de 500 estampes gravées, etc. *A Paris, Ganeau*, 1720-21. 2 vol. in-4. (De 50 à 60 fr.)

1 frontispice de Wleugels et Quillau, gravé par Thomassin et 1 portrait en-tête du jeune roi Louis XV, gravé par Duflos et 100 planches de vues, de statues et de tableaux, gravées par Aveline, Duflos, Dupuis, Fonbonne, Flipart, Hérisset, Marie et Magdeleine Hortemels, Renard, Simonneau, Surugue, Thomassin, etc.

Cet ouvrage devait avoir 9 volumes, mais n'a pas été continué.

MONNET. — Description abrégée des quinze Journées de la Révolution, gravées par Helman d'après les dessins de Monnet. *A Paris, chez Helman, rue Honoré, n° 1,497, vis à vis de la maison de Noailles.* In-folio. (De 150 à 200 fr.)

1 titre imprimé contenant l'explication de chaque estampe et 15 planches in-folio en largeur.

Beau recueil sur la période révolutionnaire. C'est le chef-d'œuvre du dessinateur Monnet. Un premier tirage ne contient que 13 planches.

Avec 12 planches seulement, 46 fr., vente Pichon (1897, n. 364) et 161 fr., vente Doistau (n. 90).

On trouve une jolie réduction de ces planches dans les *Fastes de la République française*. (Paris, 1793. 7 vol. in-18).

MONSTRES (Les), ou les Écarts de la Nature, planches coloriées et gravées par M^r et Mme Regnault. *A Paris,* 1775. In-fol. (De 45 à 50 fr.)

MONTAMPUIS et GOUJET (Les abbés). — Supplément aux Mémoires de Sully. Nouvelle édition considérablement augmentée. *A Amsterdam, Benj. Paff,* 1762. In-12. (De 5 à 6 fr.)

Joli frontispice par Ph. Caresme, gravé Schwab, et 1 fleuron par Norblin.

MONTCRESSON (Charles Boutroux de). — Le Cultivateur à son fils, sur les inconvéniens du luxe et les avantages de l'agriculture. *A Paris, Chez la Veuve Regnard et Demonville,* 1770. In-8. (De 6 à 8 fr.)

47 pp. — Jolie vignette par Eisen gravée par Massard.

MONTESQUIEU (Ch. Secondat de). — Le Temple de Gnide, revu, corrigé et augmenté. *A Londres* (Paris, Huart), 1742. Petit in-8. (De 10 à 12 fr.)

Un titre gravé avec fleuron, 1 frontispice et 7 vignettes attribués à de Sève, mais non signés.

Ce livre existe en grand papier. Dans ces conditions et en veau fauve d'Anguerrand, l'exemplaire de Bure (1853, n. 897 : 3 fr.), a été vendu 85 fr., vente de Béhague (n. 1041.)

En maroquin rouge ancien, 27 fr., vente R. Lion (n. 225).

Dans la collection Ferdinand de Rothschild se trouve l'exemplaire de Madame de Pompadour, relié en maroquin rouge ancien, devant *Sylvie;* l'exemplaire Beraldi est également en maroquin rouge ancien.

— Il Tempio di Gnido, tradotto dal francese. *In Londra* (Paris). Pet. in-8. (De 8 à 10 fr.)

Même illustrations que dans l'ouvrage précédent.

— Le Temple de Gnide, nouvelle édition. *A Londres,* (Dresde, Walther), 1758. In-8. (De 6 à 6 fr.)

Frontispice gravé, signé Bark.

— Il Tempio di Gnido nuovamente trasportato, *Parigi, Prault,* 1767. In-12. (De 8 à 10 fr.)

Titre-frontispice dessiné et gravé par Moreau le jeune, et 1 figure dessinée par Eisen, et gravée par Legrand.

— Le Temple de Gnide. Nouvelle Édition Avec Figures Gravées par N. Le Mire des Acad. de Vienne en Autriche et de Rouen, D'après les Dessins de Ch. Eisen. Le Texte Gravé par Drouët. *A Paris, Chez Le Mire, graveur,* 1772. In-8 et in-4. (De 300 à 400 fr.)

2 ff. n. ch., VII et 104 pp., plus 1 frontispice et 9 figures.

Contient un titre gravé, 1 frontispice avec le portrait de l'auteur en médaillon, 1 vignette en tête de la dédicace et 9 figures d'Eisen, gravées par Le Mire, dont 2 pour *Céphise* et *l'Amour*.

Estampes d'une exécution ravissante, comme composition et comme gravure.

Les figures existent avant la lettre (de 3,000 à 4,000 fr.) et l'on connaît quelques rassissimes collections. Pour les dessins, cf. à l'édition de 1794.

Quelques-unes de ces jolies pièces sont avec remarques. On peut trouver le frontispice *avant la rose,* et la figure du 1er

chant *avant l'abaissement de la draperie;* celle du 3ᵉ chant, avec une remarque au groupe des Trois Grâces et celle du 4ᵉ chant, *avant le nuage.*

Il existe des exemplaires avec les figures avant les numéros.

La 2ᵉ planche de *Céphise* offre cette particularité que l'épreuve porte tantôt : *Embrassez-vous, elles croissent,* et tantôt : *La chaleur va les faire renaître...* C'est celle-ci, selon Cohen, qu'il faut préférer. Cependant les épreuves avant les nᵒˢ que nous avons pu voir portaient toutes la première des deux légendes.

L'exemplaire de dédicace en maroquin rouge à large dentelle, aux armes de Sophie-Charlotte d'Angleterre, a figuré dans un récent catalogue de la librairie Morgand ; il fait partie aujourd'hui de la collection de M. Louis Cartier.

L'exemplaire Ferdinand de Rothschild en maroquin rouge ancien a les figures en double état avant et avec lettres : quatre des premières sont en épreuves de remarque.

L'exemplaire de la princesse Marie-Béatrice d'Este, en maroquin rouge de Derôme le jeune (signé) est chez aussi Ferdinand de Rothschild. Lord Carnarvon (n. 35) avait un exemplaire en maroquin ancien, figures avant la lettre, dont les quatre découvertes : il appartient aujourd'hui à M. Francis Charmes.

Celui de la comtesse d'Artois, en maroquin rouge à ses armes, figures avant les nᵒˢ, 2,700 fr., vente Lignerolles (n. 1761), revendu, 9,000 fr., vente Montgermont (1911, n. 152); un autre exemplaire aux armes de la comtesse de Provence, mais en veau est à la bibliothèque de Versailles.

Celui de Janson d'Arcussia, en veau ancien (in-8) à ses armes, figures avant la lettre et avec les numéros, 4,000 fr., à Rahir, vente Daguin (n. 534); celui enfin du duc de Choiseul-Praslin, en maroquin rouge aux armes, figures avant les numéros, 1,510 fr., vente Mosbourg (n. 186).

Derôme a exécuté sur ce livre de magnifiques reliures avec mosaïques. Le plus bel exemplaire connu, provenant de la vente J.-J. de Bure (n. 896 : 211 fr.) avec les figures avant la lettre, dans une riche reliure figurant des fleurs, fait partie de la collection formée à Reims, par feu Louis Rœderer.

L'exemplaire de M. Henri Beraldi a été relié par Cuzin, en maroquin doublé ; il contient les figures avant et avec la lettre et le tirage hors texte du fleuron de titre. M. Beraldi possède aussi dans un exemplaire des Œuvres de Montesquieu (1788) venant de Léon Mercier, la série des figures avant les numéros et toutes les eaux-fortes, dont trois découvertes.

A la vente E. Martin (n. 409) on paya 7,900 fr., un bel exemplaire en maroquin rouge de Derôme, qui avait les figures avant la lettre et les épreuves de remarque; il est aujourd'hui chez M. Descamps-Scrive.

L'exemplaire Eugène Paillet (*Bull. Morgand* n. 12274 : 7,000 fr.) en maroquin orange de Trautz contenait les figures en double état : avec la lettre et avant la lettre, 4 de ces dernières étant avec les remarques ; une autre, en maroquin de Chambolle, avec les avant-lettre et 4 épreuves d'état, collection Mortimer L. Schiff.

En maroquin vert à dentelles, par Derôme, figures avant les numéros, 1,850 fr., vente Guyot de Villeneuve (n. 437): en maroquin rouge ancien, 2,205 fr., vente Salvert-Bellenave (n. 274).

En maroquin à mosaïque, riche reliure de Lortic, collection Adolphe Bordes.

En ancien maroquin vert, figures coloriées, 550 fr., vente Béhague (1042). Un autre, en maroquin rouge ancien, 650 fr., vente Le Barbier de Tinan (n. 149); un autre 750 fr., vente Rich. Lion (n. 226). De format in-4, relié par Cuzin en maroquin vert doublé de rouges, avec les avant-lettres, les eaux-fortes et les épreuves de remarques 6,100 fr., vente Delbergue (n. 175).

En maroquin bleu de Lortic, avant et avec la lettre, 1,200 fr., vente Delbergue (n. 176).

En maroquin rouge, doublé de maroquin citron, par Trautz, très bel exemplaire, 3,906 fr., vente Quentin-Bauchart (n. 33 = *Mes Livres* n. 155).

— Le Temple de Gnide, par Montesquieu. *A Paris, Didot jeune* (ou *Egron*), an III. (1794). Grand in-8, papier vélin. (De 10 à 15 fr.)

Le portrait et les 9 figures de l'édition de 1772 en épreuves fatiguées, plus 2 figures de Le Barbier, gravées par Lemire et Thomas, pour *Arsace et Isménie.*

Edition médiocre. Les figures d'Eisen sont tirées avec les cuivres retouchés. On les trouve parfois coloriées. — Un exemplaire avec figures gouachées, 500 fr., vente Delbergue (n. 177); un autre semblable, en maroquin rouge, 245 fr., à Parran, vente E. Martin (n. 410). En maroquin rouge ancien, 49 fr., vente Daguin (n. 536).

L'exemplaire unique tiré sur vélin contient les 9 dessins d'Eisen à la mine de plomb, les 2 dessins de Le Barbier à la sépia les figures (sauf une) avant la lettre (les figures pour les chapitres 1, 3, 4 en 1er état) et la même suite gouachée, 150 fr., vente d'Essling (1839, n. 600), puis chez Duriez de Verninhac, revendu 14,000 fr., vente Lignerolles (n. 1762), se trouve à Paris, chez M. R. Claude Lafontaine.

— Le Temple de Gnide [suivi d'Arsace et Isménie. *A Paris, De l'imprimerie de Didot jeune*, an III (1795). In-18. (De 20 à 25 fr.)

1 titre avec le portrait de Montesquieu par Saint-Aubin, et 12 figures, dont 10 de Regnault, gravées à l'eau-forte par Bertaux et terminées par Baquoy, de Ghendt, Halbou, Lingée, Patas et Ponce, et 2 de Le-Barbier, gravées par Courbe et Patas.
Jolie édition très recherchée.
On la trouve en papier vélin, in-18 avec les figures avant la lettre.
En grand papier vélin in-12, tiré à 100 exemplaires, les figures sont avant la lettre et parfois en eau-forte.
L'édition de 1796 vaut le même prix, les états des figures étant les mêmes. L'arrangement du texte seul est changé.
En maroquin bleu doublé, par Cuzin, 980 fr., vente Montgermont (1911, n. 153).
En maroquin rouge de Cuzin, avec les 3 états, 800 fr., vente Delbergue (n. 178); en maroquin rouge ancien, avant-lettre et eaux-fortes, 705 fr., vente Rich. Lion (n. 227).
En maroquin vert par Cuzin, grand papier, non rogné, figures en 3 états, avec le rarissime tirage à part du médaillon du titre, 730 fr., vente Daguin (n. 615); un autre semblable en maroquin bleu doublé de maroquin jaune de Mercier 1,500 fr., *Bull. Morgand* II, 6, n. 592 (= Catalogue Carnavron, n. 88); un autre en maroquin bleu de Bozérian, avant-lettre, eaux-fortes, tirage à part du médaillon, collection Beraldi; un autre semblable 6 fr., vente Pixerécourt (n. 1341), aujourd'hui collection Schuhmann; en maroquin rouge de Bozérian, figures avant la lettre, 435 fr., vente Guyot de Villeneuve (n. 459).
Un exemplaire de l'édition de 1796, in-4, contenant les dix dessins originaux de Regnault, au bistre de format in-4, plus deux jolis dessins de Moreau sur le vélin de la reliure a été payé 260 fr., par Techener pour le comte Thibaudeau (sa vente n. 480) à la vente Renouard (1854, n. 2013) et revendu 265 fr., à Potier, vente Léop. Double (1863, n. 320), puis sans les dessins de Moreau, 1,051 fr. à Cocoz, vente Lebeuf de Montgermont (1876, n. 676).

On en tira deux exemplaires sur peau de vélin. Le premier, en maroquin bleu de Bozérian, fut vendu 59 fr., vente Renouard (1854, n. 2011) à Hebbelinck, puis 172 fr., vente Hebbelinck (n. 1509) et 300 fr., vente Léopold Double (1863), n. 311); il contenait les eaux-fortes, les avant-lettre, et 3 portraits au crayon par Saint-Aubin.

— Le Temple de Gnide, suivi d'Arsace et Isménie, par Montesquieu. *A Paris, P. Didot l'aîné, l'an IV de la République*, 1795. Grand in-4, papier vélin. (De 30 à 40 fr.)

2 ff. n. ch. et 165 pp., plus 7 figures de Peyron, gravées en couleurs par Chapuy et Levallée. Il ne faut pas de frontispice à ce volume.
Les dessins originaux à l'aquarelle, chez M. le Dr Cusco.
En maroquin rouge de Capé, grand papier vélin, figures avant la lettre, 275 fr., vente E. Martin (n. 411).

— Le Temple de Gnide, suivi des romans de l'auteur. *A Paris, Bailly (imprimerie Charpentier)*, 1797. In-8. (De 8 à 10 fr.)

3 figures de Clavareau, dont une pour *Céphise et l'Amour*.

— Le Temple de Gnide, voyez COLARDEAU et LÉONARD.

Mentionnons ici deux dessins de Cochin pour le *Temple de Gnide*, vendus 9 fr. en 1817 à la vente Constantin.

— Considérations sur les causes de Grandeur des Romains et de leur Décadence, nouvelle édition, revue, corrigée et augmentée par l'auteur, etc... *A Paris, Huart*, 1748. In-12. (De 8 à 10 fr.)

1 frontispice, 1 fleuron sur le titre et 1 vignette par Eisen, gravés par de La Fosse.
Autres éditions : *Amsterdam, Wetstein*, 1746; frontispice gravé. — *Lausanne, Bousquet*, 1749; frontispice et vignette.

— Lettres persanes, suivies du Temple de Gnide. *A Genève*, 1777. 2 vol. in-18. (De 8 à 10 fr.)

Frontispice par Marillier, gravé par de Launay.

Cette édition Cazin se trouve habituellement avec les *Œuvres de Montesquieu*, Genève, 1777. 4 vol. in-8 ; ornée d'un portrait de l'auteur.

— Lettres persanes, Par M. de Montesquieu. Nouvelle édition, Augmentée de douze Lettres qui ne se trouvent point dans les précédentes ; et suivie du Temple de Gnide. *A Londres*, 1784. 2 vol. in-18. (De 6 à 8 fr.)

Tome I : 2 ff. n. ch., 316 pp., plus 1 portrait.
Tome II : 2 ff. n. ch., 287 pp.
En tout 1 joli portrait de l'auteur, gravé par Duponchel.

— Œuvres. *A Londres, chez Nourse*, 1767. 3 vol. in-4. (De 15 à 20 fr.)

Beau frontispice dessiné par de Sève, gravé par Littret.

— Œuvres complètes de Montesquieu, avec les nouveaux manuscrits. *A Paris, Plassan*, an IV (1796). 5 vol. in-4. (De 40 à 50 fr.).

1 portrait par Chaudet, gravé par Tardieu et 13 figures par Chaudet, Moreau, Perrin, Peyron et Vernet, gravées par de Ghendt, Girardet. Langlois jeune, Lemire, Malapeau, Née, Patas et Pauquet.

Ce livre existe sur grand papier vélin, tiré grand in-4, avec les figures avant la lettre. Sept exemplaires ont été tirés in-folio avec les eaux-fortes.

Vendu 310 fr en 1824, avec les dessins originaux.

Relié en maroquin citron par Bradel, grand papier, 130 fr., vente Radziwill (n. 1158).

MONTFAUCON (Dom. Bernard de). — L'Antiquité expliquée en françois et en latin, et représentée en figures, etc... *A Paris, Delaulne*, 1719. 5 tomes en 10 vol. in-fol. — Supplément au Livre de l'Antiquité expliquée. *A Paris, chez la veuve Delaulne*, 1724. 5 vol. in-fol. (De 100 à 150 fr.)

Il existe quelques exemplaires en grand papier. (De 250 à 300 fr.) Voici, d'après Brunet, le détail des planches.

Tome I : 1 frontispice, 1 portrait et 224 planches, plus 4 planches doubles, et 1 grande planche d'*Antiope*.
Tome II : 194 planches, plus une planche sans n°.
Tome III : 197 planches, plus 2 planches doubles.
Tome IV : 144 planches, plus 6 planches sans n°³.
Tome V : 204 planches.

Supplément.

Tome I : 88 planches, plus 13 planches doubles.
Tome II : 61 planches, plus 12 planches doubles.
Tome III : 84 planches, plus 10 planches doubles et triples.
Tome IV : 60 planches, plus 7 planches doubles.
Tome V : 73 planches, plus 4 planches doubles.

Une réimpression a été faite en 1722 et celle du supplément en 1754, mais elle a moins de valeur.

— Les Monuments de la Monarchie françoise avec les figures de chaque règne que l'injure du temps a épargnées (en français et en latin). *A Paris, Gandouin*, 1729-1733. 5 vol. in-fol. (De 250 à 300 fr.)

Ouvrage intéressant et toujours consulté dont les exemplaires en grand papier sont rares.

Voici le détail des planches :

Tome I : Frontispice avec portrait de Louis XV et 55 planches.
Tome II : 63 planches, plus 1 planche sans n°.
Tome III : 69 planches.
Tome IV : 54 planches, plus 6 planches doubles.
Tome V : 58 planches.

Brunet cite plusieurs adjudications des deux ouvrages de Montfaucon en grand papier, de 1,000 à 2,000 fr. dans la première moitié du XIX° siècle.

Un exemplaire des *Monuments de la Monarchie* seuls, en maroquin vert aux armes de Mme Victoire, 75 liv. st. au catalogue Quaritch. Celui de Mme Sophie, en maroquin citron, appartient au vicomte Jacques de Rougé.

Un superbe exemplaire des deux ouvrages, en 20 vol. in-folio, en maroquin rouge par Derôme, aux armes du roi, 2,250 fr., vente Radziwill (n. 1623), aujourd'hui dans la collection James de Rothschild (n. 2499).

On voyait autrefois à la Bibliothèque de Bourges les *Monuments de la monarchie* en maroquin rouge aux armes de Mme Du Barry; mais ces beaux volumes ont disparu.

MONTFLEURY. — Les Œuvres de Monsieur Montfleury, Contenant ses Pièces de théâtre. Représentées par la Troupe des Comediens du Roy à Paris. *A Paris, Chez Christophe David*, 1705. 2 vol. in-12. (De 25 à 30 fr.)

Tome I : Frontispice gravé, titre, 538 pp. et 1 f. n. ch., plus 2 ff. n. ch., après la p. 507.
Tome II : Frontispice gravé, titre, 558 pp. et 1 f. n. ch.
En tout 2 frontispices gravés représentant des scènes de *La Femme juge et partie* et de la *Fille capitaine*.
Première édition collective du théâtre de Montfleury, ce rival oublié de Molière; elle contient 14 pièces et se rencontre assez rarement.
En veau ancien, collection James de Rothschild (n. 1276).

MONTGERON. — La vérité des miracles opérés par l'intercession de M. de Paris, Démontrée contre M. l'Archevêque de Sens. Ouvrage dédié au Roy par M. de Montgeron conseiller au Parlement. *A Utrecht, Chez les Libraires de la Compagnie*, 1737. In-4. (De 30 à 40 fr.)

2 ff. n. ch., XXVIII pp., 2 ff. n. ch., 32+4 +63+79+52 + 74 + 56+44+52+32+28, XXIII+XXXVIII+XXX + LVI+XXVII+XVIII+ XXVIII+XX ff., plus 1 frontispice et 10 planches doubles.
Contient un frontispice gravé non signé. 20 figures non signées assez jolies et trois jolies vignettes gravées par P. Yver.
Bibliothèque Lipperheide à Berlin.

MONTIGNY (De). — Thérèse philosophe, ou Mémoires pour servir à l'histoire de D. Dirrag et Mlle Eradice (le père Girard et Mlle Cadière), avec l'histoire de Mme Bois-Laurier. *A La Haye* (à la Sphère), s. d. (1748). 2 parties in-8, texte encadré. (De 80 à 100 fr.)

1 frontispice et 16 figures libres non signées, dont la plupart sont pliées.
Edition très rare et dont les figures sont très curieuses.

— Thérèse philosophe, s. l. n. d. 2 vol. in-8. (De 80 à 100 fr.)

Tome I : 1 f. n. ch., 182 pp., 1 f. blanc, plus 1 frontispice, 1 titre gravé et 9 figures.
Tome II : 1 f. n. ch., 87 pp., plus 1 frontispice, 1 titre gravé et 15 figures.
En tout 2 frontispices, 2 titres gravés et 24 figures libres non signées, attribuées au dessinateur hollandais Delcroche. Ces figures se trouvent tirées en bistre.
Ce livre érotique a aussi été attribué au marquis d'Argens.
Dans la collection Hankey se trouvait une édition extrêmement rare, parue sans doute à peu d'intervalle de celle-ci avec l'indication : « Edition correcte et corrigée », dans une riche reliure de Padeloup en maroquin doublé. Il s'en trouvait encore deux autres du temps, moins rares et surtout moins belles. Dans celles-ci, les figures, qui sont attribuées au comte de Caylus, sont gravées au burin, tandis qu'elles le sont à l'eauforte dans les autres. Chaque titre y porte une couronne pour fleuron. Enfin, le premier volume a 141 pages et une introduction qui est chiffrée jusqu'à VIII. Le second volume en a 70.
Il existe plusieurs réimpressions datées de Londres, 1771 et 1776, de Glasgow, 1773 et 1776.

— Thérèse philosophe. *A Londres* (La Haye), 1783. 2 vol. in-12. (De 150 à 200 fr.)

2 frontispice, 2 titres et 36 figures libres (en tout 40 figures).
Les illustrations de cette édition, extrêmement rare, paraissent à Cohen devoir être attribuées à Binet. Leur nombre prouve que Cazin a eu tort de dire sur le titre de l'édition de 1785, qui n'en contient que vingt : « augmentée d'un plus grand nombre de figures que toutes les précédentes. »

— Thérèse philosophe, ou Mémoires Pour servir à l'Histoire de D. Dirrag et de Mademoiselle Eradice. Nouvelle édition, Exactement revue & corrigée, Avec de nouvelles Figures. *A Bruxelles*, 1784. 2 vol. in-18. (De 60 à 80 fr.)

Tome I : 2 ff. n. ch., 154 pp., plus 1 frontispice et 8 figures.

Tome II : 2 ff. n. ch., 74 pp., 1 f. n. ch., plus 7 figures

En tout 1 frontispice et 15 figures libres assez médiocres.

— Thérèse philosophe, ou Mémoires Pour servir à l'Histoire de D. Dirrag, & de Mademoiselle Eradice. Nouvelle édition, augmentée d'un plus grand nombre de figures que toutes les précédentes. *A Londres* (Paris, Cazin), 1785, 2 vol. in-18. (De 200 à 250 fr.)

Tome I : 161 pp., plus 1 frontispice et 8 figures.
Tome II : 2 ff. n. ch., 80 pp. plus 11 figures.

La plus jolie édition.

En maroquin vert à dentelles, de Bradel, 551 fr., vente Portalis (1889, n. 265).

Ces figures sont très soignées et très fines, comme toutes celles qui sont dues à l'association de ces deux artistes hors ligne dans le genre érotique.

En tout 20 figures libres par Borel, gravées par Elluin, non signées.

Les 20 dessins originaux de Borel se trouvaient dans la collection Bérard.

Une imitation de l'édition Cazin de 1785 existe en 2 vol. in-12. La plupart des figures sont, sinon les mêmes que celles de la précédente, du moins parfaitement copiées. L'une pourtant est entièrement différente ; c'est celle de la seconde partie, qui représente la scène entre Thérèse, sa compagne, le courtisan et le valet de chambre ; elle est d'une moins bonne exécution.

On connaît encore une contrefaçon de l'édition de Cazin, avec l'indication : « *Au bazar* », 1797 ». Il s'y trouve 20 figures gravées à la manière noire.

Un second tirage de jolies figures de Borel et d'Elluin a été placé dans une édition petit in-16 qui a pour titre : *Thérèse philosophe. A Constantinople, de l'imprimerie du serrail* (sic), 17000000.

MONTIGNY, Uniformes militaires, où se trouvent gravés, en taille-douce, les uniformes de la Maison du Roy, de tous les régiments de France, etc..., dessinés et gravés par le sieur de Montigny. *Se vend à Paris, chez l'auteur*, 1772. In-12. (De 200 à 300 fr.)

1 titre gravé et 170 planches.

Il y a des exemplaires en noir et d'autres coloriés.

Un bel exemplaire avec figures coloriées aux armes de Louis XV, vendu 400 fr., vente du comte de Béhague, se trouve dans la collection de M. le vicomte de Savigny de Moncorps.

Un autre en maroquin rouge ancien, figures coloriées provenant de chez le marquis de Biencourt est aujourd'hui dans la collection Ferdinand de Rothschild. Celui de Marie-Antoinette, en veau à ses armes, appartient au comte de Toustain.

MONTMORT. — Essai d'analyse sur les Jeux du hasard. *A Paris, chez J. Quillau*, 1708. In-4. (De 12 à 15 fr.)

1 fleuron sur le titre et 4 charmantes vignettes par Sébastien Leclerc.

2e édition en 1714, avec les mêmes figures.

MONTOLIEU (Mme de). — Caroline de Lichfield. *A Londres et Paris* (Cazin), 1787. 2 vol. in-18. (De 8 à 10 fr.)

2 jolies figures, par Binet, gravées par Frussotte.

MONTPENSIER (Mlle de). — Relation de l'Isle imaginaire. Histoire de la Princesse de Paphlagonie. *A Paris, Chez A.-A. Renouard*, 1805. In-12. (De 6 à 8 fr.)

Portrait gravé par Saint-Aubin. Tiré à petit nombre, dont quelques exemplaires sur papier rose.

Un exemplaire sur vélin, avec le dessin original du portrait et plusieurs épreuves de la gravure, 47 fr., vente Renouard (1854, n. 1964).

MONVEL. — Frédégonde et Brunehaut, roman historique par M. Monvel. *A Londres et à Paris, veuve Duchesne*, 1775. In-8. (De 5 à 6 fr.)

1 figure et 1 vignette par J. Bertaux, gravées par Thérèse Martinet.

MONVILLE (Abbé de). — La Vie de Pierre Mignard, premier peintre du Roy avec le poëme de Molière sur les peintures du Val-de-Grâce, et deux dialogues de Fénelon, archevêque de Cambray, sur la peinture. *A Paris, Boudot*, 1730. In-12. (De 5 à 6 fr.)

Beau portrait de Mignard, gravé par R. Hecquet.

MOORE. — Zelucco, ou le Vice trouve en lui-même son châtiment, traduit de l'anglais du Dr Moore par Cantwel. *A Paris, Lepetit*, 1796. 4 tomes en 2 vol. in-18. (De 10 à 12 fr.)

4 figures non signées.

MOREAU LE JEUNE (Jean-Michel). — Figures de l'Histoire de France, dessinées par Moreau le jeune et gravées par Le Bas, avec des explications par l'abbé Garnier. *A Paris, Chez Moreau le Jeune*. 1785-1790. Gr. in-4. (De 150 à 200 fr.)

1 frontispice et 166 figures à mi-pages de Moreau (B. 561-722), gravées par Couché, Dambrun, Delignon, Delvaux, Duclos, Duflos, Fosseyeux, Garreau, Gaucher, Gayot, Guttenberg, Halbou, Helman, Hémery, Hulk, Julien, Langlois, Leveau, Maillet, Malapeau, Malbeste, Martini, Masquelier, Patas, Pauquet, Pélicier, Racine, Romanet, Simonet, Texier et Thomas.

Ce beau recueil de figures, qui parut en 16 livraisons existe avant la lettre et le texte. Il n'a pas été terminé par Moreau, et ne va pas au-delà de l'année 1356. On y trouve réunies quelques fois les 29 planches de Lépicié et Monnet, de la suite commencée en 1778 par Le Bas qui ont été supprimées par Moreau et remplacées par de nouvelles planches de lui. La suite des 166 figures de Moreau est numérotée de 2 à 154, parce que le frontispice, par Monnet, de la première suite, est numéroté 1, que la figure 143 vient deux fois, et qu'il y en a une douzaine sans numéros, qui doivent se placer, suivant l'ordre des faits, entre le premier 143 et le second 143, ce qui fait un total de 167 planches, y compris le frontispice.

Les planches 39 et 95 sont des cartes de France et deux autres planches contiennent des médailles.

Pour le détail de toutes ces planches et de leurs états, nous renvoyons au précieux répertoire de M. Bocher.

Le véritable auteur du texte qui doit les accompagner serait Dingé, et non l'abbé Garnier.

L'exemplaire de J.-J de Bure en maroquin rouge par Bradel, 695 fr., vente R. Portalis (février 1878, n. 40), revendu 1,180 fr., vente Delbergue; un autre exemplaire en ancienne reliure, 125 fr., vente E. Martin (n. 681; à Audoin); en demi-reliure non rogné, 96 fr., même vente (n. 682); cartonné, 201 fr., vente Destailleur (n. 169).

119 dessins originaux ont figuré à la vente Lamy, où ils ont été vendus 471 fr. à Renouard. Ils provenaient de Le Bas, à la vente duquel (1783, n. 45) ils furent vendus 993 livres à Lamy.

A la vente Renouard (1854, n. 2853) ces mêmes dessins furent adjugés 995 fr., ils ont été depuis légués par Félix Slade au British Museum.

En 1790, il a paru une nouvelle et mauvaise édition sous le titre de *Discours sur l'histoire de France*, par L.-A. Dingé. *Paris, de l'imprimerie de Monsieur*, 1790. In-8. Les épreuves y sont moins bonnes. Vers 1813, Renouard, qui s'était rendu acquéreur des dessins et des cuivres, fit faire un tirage rapide et considérable de ces figures sur un petit papier très mince; elles sont faciles à distinguer des premières épreuves qui sont tirées sur beau papier.

— Éléments de Dessin par Moreau le jeune depuis les premiers principes jusqu'à l'académie, avec les proportions du corps. S. l. n. d. In-folio. (De 100 à 150 fr.)

30 feuilles gravées à la manière de crayon par Mme Lingée.

— Seconde et troisième Suite d'Estampes, etc., voyez Estampes pour servir à l'Histoire des Modes, etc.

MOREAU (historiographe de France). — Bibliothèque de Madame la Dauphine. N° 1 Histoire. *A Paris, Saillant et Nyon*, 1770. In-8. (De 15 à 20 fr.)

Très beau frontispice, dessiné et gravé par Eisen.

La gracieuse petite estampe d'Eisen représentant la Dauphine Marie-Antoinette couronnée par les Grâces, forme le frontispice de ce catalogue inachevé.

MOREL DE VINDÉ. — Primerose, par M..el de V..dé. *A Paris, de l'Imprimerie de P. Didot l'aîné*, 1797. In-18. (De 15 à 20 fr.)

2 ff. n. ch. et 207 pp. plus 6 figures.

Ce livre très recherché existe : en papier vélin in-18, figures avant la lettre; en grand papier vélin in-12 (tiré à 100 exemplaires) figures avant la lettre ou avec les eaux-fortes et les contre-épreuves.

En grand papier vélin, figures avant la lettre et eaux-fortes, relié par Cuzin en maroquin doublé, 500 fr., vente Delbergue (n. 204); sur le même papier, figures en 3 états (eau-forte, avant-lettre, lettre), maroquin brun de Cuzin, non rogné, 420 fr., à M. Schuhmann, vente Daguin (n. 616); sur le même papier, en demi-reliure non rogné, avec les avant-lettre et les eaux-fortes, 285 fr., vente E. Martin (n. 439); un autre en maroquin citron de Simier, avant-lettre et eaux-fortes, collection H. Beraldi; un autre (avant-lettre et eaux-fortes) en maroquin rouge de Cuzin, ancienne collection de Lord Carnarvon (n. 38).

— Zélomir, Par M..el de V..dé. *A Paris, de l'imprimerie de Pierre Didot l'aîné, 1801. In-18.* (De 15 à 20 fr.)

309 pp., plus 6 jolies figures de Lefèvre, gravées par Godefroy.

On trouve à la fin de certains exemplaires un catalogue de Bleuet en XII pp. Il y a une variante du titre avec cette légende : *Zélomir. Par Morel (l'indé). De l'imprimerie de P. Didot l'aîné. A Paris, chez Bleuet, libraire. 1801.*

Mêmes papiers, mêmes états et mêmes prix que pour le *Primerose*.

En grand papier vélin, figures avant la lettre et eaux-fortes, relié par Cuzin en maroquin doublé, 500 fr., vente Delbergue (n. 203); sur le même papier, non rogné, figures en 3 états (eau-forte, avant-lettre, lettre) maroquin brun-noir de Cuzin, 250 fr., à M. Schuhmann, vente Daguin (n. 617); sur le même papier, en demi-reliure, non rogné, avec les avant-lettre et les eaux-fortes, 220 fr., vente E. Martin (n. 440); un autre en maroquin citron de Simier, avant-lettre et eaux-fortes, collection Beraldi; un autre semblable, en demi-reliure, collection Carnarvon (n. 496); un autre encore, avec les trois états et les contre-épreuves, en maroquin rouge, provenant de La Bédoyère, collection de M. Georges Christophle.

MORELLET (L'Abbé). — Les Quand, notes utiles sur un discours prononcé devant l'Académie françoise (par le Franc de Pompignan) le 10 mars 1760. 6e édition, augmentée des Si. et des Pourquoi (par Voltaire). *A Genève.* S. d. (1760). In-12, imprimé en rouge. (De 10 à 15 fr.)

Joli frontispice dessiné et gravé par Moreau le jeune.

Le frontispice représente Voltaire se promenant dans les jardins des Délices.

MORUS. — Utopie de Thomas Morus, chancelier d'Angleterre, idée ingénieuse pour remédier au malheur des hommes et pour leur procurer une félicité complète, traduite nouvellement en françois par M. de Gueudeville, et ornée de très belles figures. *A Leide, chez Pierre Van der Aa, 1715.* Pet. in-8. (De 25 à 30 fr.)

1 portrait gravé par Desrochers, 1 titre gravé, 1 écusson et 16 jolies figures.

En veau ancien, 10 fr., vente Ch. Cousin (n. 103); un autre aux armes de Colbert de Linières, 25 fr., vente Pichon (1897, n. 211); en maroquin rouge de Padeloup, 1,200 fr., vente Ganay (n. 64).

La figure de l'*Etalage viril*, qui manque parfois, porte seule la signature de Bleyswick, mais on peut lui attribuer les autres.

Autre édition. *A Amsterdam, Chez Franç. l'Honoré, 1730.* Petit in-8. Mêmes figures moins bonnes.

Un exemplaire de cette dernière édition, en maroquin rouge de Duru, 39 fr., vente Béhague (n. 161).

MORVEAU (L'Abbé de). — Le Triomphe de la Religion, ou le Sacrifice de Madame Louise de France, poëme dédié à Madame Adélaïde. *Londres et Paris, Musier.* 1774. In-8. (De 10 à 15 fr.)

1 beau portrait.

MOTTIN DE LA BALME. — Essais sur l'Equitation, ou Principes raisonnés sur l'Art de monter et de dresser les Chevaux, par M. Mottin de La Balme, capitaine de Cavalerie et officier-major de la gendarmerie de France. *A Amsterdam et se trouve à Paris, chez Jombert et Ruault, 1773.* In-12. (De 8 à 10 fr.)

Portrait-frontispice dessiné d'après nature par Moreau le jeune (B. 40) et gravé par Ingouf junior.

En maroquin vert de Capé, 58 fr., vente Béhague (n. 416).

MOUFFLE D'ANGERVILLE. — Vie privée de Louis XV, ou Principaux Évènements, particularités et anecdotes de son règne. *A Londres, chez John Peter Lyton,* 1781. 3 vol. in-12. (De 12 à 15 fr.)

Joli portrait-médaillon du roi soutenu par des Amours, non signé.
Une partie de l'édition renferme les portraits de Mme de Pompadour et de Mme Du Barry.
Autre édition sous la même date, avec 9 portraits.

MOUHY (De). — La Paysanne parvenue, ou les Mémoires de Mme la Marquise de L. V., par M. le chevalier de M... *A Paris, Chez Prault,* 1736. 3 vol. in-12. (De 15 à 20 fr.)

12 figures gravées par Fessard.
Un exemplaire aux armes du duc d'Aumont, 50 fr., catalogue Conquet.

— Apollon Mentor, ou le Télémaque. *A Londres,* 1758. 2 vol. in-8. (De 8 à 10 fr.)

1 fleuron sur le titre, non signé, servant pour les 2 volumes, 2 frontispices et 2 figures par Humblot, gravés par Tardieu, 3 vignettes par Humblot, gravées par Maisonneuve, et 3 lettres ornées.
Ouvrage attribué aussi à Palissot.

— La Mouche, ou les Espiègleries et Aventures galantes de Bigand, nouvelle édition, revue et corrigée avec figures. *A Venise et Paris, Cailleau,* 1777. 4 vol. in-12. (De 8 à 10 fr.)

4 figures non signées.

— La Mouche, ou les Aventures et Espiègleries de Bigand, nouvelle édition. *A Paris, Balilliot fils,* s. d. 4 vol. in-12. (De 6 à 8 fr.)

4 figures gravées par Blanchard.

MOYRIA (Gabriel de). — Contes et Nouvelles en vers, par G. de M***. *A Paris, De l'Imprimerie de P. Didot l'aîné,* 1808. In-12. (De 10 à 12 fr.)

1 frontispice par Moreau le jeune, gravé par Devilliers frères (B. 1109).
Volume tiré à petit nombre.

MUNTER (Balthazar). — Conversion du comte Jean-Frédéric Struensée, ci-devant ministre privé de S. M. le roi de Dannemarc, publiée par Balthazar Munter, docteur en théologie. Nouvelle édition, corrigée, avec les remarques d'un ami de la vérité. *S. l. (Copenhague),* 1773. Pet. in-8. (De 12 à 15 fr.)

1 portrait de Struensée, et 5 jolies vignettes non signées, dont une sur le titre.

MURVILLE (De). — Le Paysage du Poussin, ou Mes Illusions, épître à Bounieu, peintre du roi et de son académie. Seconde édition. *A Paris, chez l'auteur,* 1790. In-8. (De 5 à 6 fr.)

1 figure par A. Moitte, gravée par J.-B. Tilliard.

MUSÉE. — Héro et Léandre, poème de Musée (avec la traduction de plusieurs Idylles de Théocrite), par M. M*** C***. (Moutonnet de Clairfons). *A Sestos et à Paris, chez Le Boucher,* 1774. Gr. in-8. (De 15 à 20 fr.)

XVI pp., plus 1 superbe frontispice par Eisen, gravé par Duclos.
Cet opuscule est ordinairement joint à l'*Anacréon* de 1773.
Le dessin original d'Eisen (?) figurait dans l'exemplaire de Piet (n. 213).

— Les Amours de Léandre et de Héro, poëme de Musée le grammairien; traduit du grec en françois avec le texte (par La Porte du Theil). *A Paris, Chez Nyon le jeune* (1776). In-12. (De 5 à 6 fr.)

1 f. n. ch., IX-45 pp., 1 f. blanc, plus 1 joli frontispice par Cochin, gravé par de Launay jeune.
Existe sur papier de Hollande.
Sur ce papier, en maroquin rouge de Capé, 11 figures ajoutées, 45 fr., vente E. Martin (n. 136).

Le prince Galitzin de Moscou (Catalogue 1866, p. 160, n. 649) en posséderait, dit-on, un exemplaire avec des dessins originaux d'Eisen, relié en maroquin vert.

— Les Amours de Héro et Léandre. *A Londres*, 1790. In-8. (De 6 à 8 fr.)

- 1 figure par Desrais, gravée par de Mouchy.

— Héro et Léandre, figures de De Bucourt, voyez à QUÉRELLES.

MUSÉE FRANÇAIS, recueil complet des tableaux, statues et bas reliefs qui composent la collection nationale avec l'explication des sujets, etc..., par Croze-Magnan, Visconti et E. David, publié par Robillard-Péronville et P. Laurent, *A Paris, Herhan, Mame, etc...* An XI. 1803-1809. 4 vol. gr. in-fol. (Quelquefois le texte en 4 vol. est à part et les figures en 4 vol. également).

344 planches. Dédicace à Bonaparte, 1er Consul.

Le premier volume contient 1 fleuron sur le titre de Moreau, gravé par U. Massard et 1 en-tête de Moreau par Simonet, et 93 planches d'après Albane, S. Bourdon, An. Carrache, Aug. Carrache, Caravage, Cignani, Corrège, P. de Cortone, Conninck, P. de Champagne, G. de Crayer, Dominiquin, Dorwen, Drouais, Fra Bartolomeo, G. Flinck, Guerchin, Guido, Jouvenet, Lauri, Léonard de Vinci, Le Brun, Le Sueur, Lanfranc, C. Maratte, Mignard, Murillo, Parmesan, Pesarèse, Poussin, Procaccini, Rembrandt, Ribera, Rubens, Sacchi, Salvator Rosa, Schidone, Spada, Raphaël, J. Romain, Solimène, Stella, Titien, Valentin, Veronèse, Van der Werf, Zeustris; gravées par Audouin, Avril, Baquoy, Bartolozzi, Bettelini, Beisson, Blot, Cantini, Calendi, Claessens, Croutelle, Delignon, Eichler, Fischer, Gandolfi, Henriquez, Godefroy, Guttenberg, Ingouf jeune, Girardet, Guérin, Fossoyeux, Kruger, Laurent, Levasseur, Longhi, Malbeste, Massard père, U. Massard, Masquelier jeune, Morace, Metzger, Morel, A. Merghen, Muller, Nicolet, Outkine, Férée, Pierron, Ribault, Romanet, Rosaspina, Schmutzer, Stoezel, Tardieu, Trière et Vendramini.

Le Tome IIe contient 1 en-tête de Moreau gravé par Simonet et 84 planches d'après Albane, Béga, Bol, S. Bourdon, Cesari, Ph. de Champagne, Craesbeck, Crespi, Cuyp, David Teniers, Devon, Dujardin, G. Dow, Guide, Giorgione, Jordaens, Leduc, Lenain, Léonard de Vinci, Leprince, Metzu, Mola, Murillo, Netscher père, Ostade, Panini, Peters, Neefs, Poussin, Raphaël, Rembrandt, Romanelli, Rubens, Steinwyck, Terburg, Teniers le vieux, Van der Werf, Van Dyck, Vouet, Titien, De Witte, Wouwermans; gravées par Abram, Audoin, Avril père, Baquoy, Bonnet, Boutrais, Caquet, Courbe, Chataigner, Claessens, Daudet, Defrey, Delignon, Dequevauviller, Dupréel, Esquivel, Fontana, Gandolphi, Guttenberg, Halbou, Henriquez, Helman, Garreau, Kessler, Klauber, Kruger, De Launay, Laurent, Lavallée, Le Villain, Longhi, Levasseur, Masquelier, Massard père, U. Massard, Miger, Morel, Mougeot, Perée, Petit, Ponce, Rosaspina, Schmutzer, Stoelzel, Schultzer, Ulmer.

Le tome III contient un en-tête de Moreau, gravé par Baquoy et 88 planches d'après Backuysen, Bamboche, Bolognese, Breenberg, Brill, Berghem, A. Carrache, K. Dujardin, Dominiquin, Elzheimer, Féti, La Hire, Cl. Lorrain, Locatelli, Michaud, Miel, Moucheron, Mola, Orizzonte, Ostade, Patel, P. Potter, Poussin, Pinacker, Rubens, Ruysdaël, Swaneveldt, Téniers, Van Goyen, Van der Heyden, Van der Ulft, Van Huysum, Van Hayen, Van der Leuw, Wouwermans, Wynants, Van der Meulen; gravées par Baltar, Bovinet, Darnstedt, Daudet, Dequevauviller, Desaulx, Duparc, Dupréel, Duttenofer, Eichler, Fortier, Garreau, Godefroy, Geissler, Guttenberg, Haldenwang, Hulk, P. Laurent, Liénard, Lorieux, Mathieu, A. Morghen, Niquet, Pillement fils, Massard, Schroeder, Varin.

Le Tome IV contient un en-tête de Moreau, gravé par Simonet et 80 planches de sculptures antiques gravées par Aubert, Audouin, Avril fils, Baquoy, Bellefonds, Bervic, Bourgeois, Chatillon, Desnoyers, Delignon, Dequevauviller, Guérin, Guttenberg, Kessler, Fontana, H. Laurent, U. Massard, F. Massard, Morace, Morel, de Meulemeester, Muller fils, Pérée, Pierron, Reindel, Richehomme, Romanet, Schultze, Tixier.

Bien qu'il n'ait commencé à paraître qu'à la date de 1803, en 80 livraisons de 4 planches, ce magnifique ouvrage appartient tout entier au XVIIIe siècle par ses graveurs et leur tradition artistique. C'est au dévouement et à l'activité de graveur Pierre Laurent qu'on le doit. On en trouvera une collation détaillée dans le *Manuel* de M. Vicaire.

Ce livre se payait, dans la première partie de ce siècle, de 2,500 à 5,000 fr. avec les épreuves avant la lettre.

Un exemplaire contenant 505 planches en 6 vol. in-fol., avec la continuation sous le nom de *Musée Royal*, 1,650 fr., vente Lebeuf de Montgermont (1876, n. 162).

On a refait un nouveau tirage, Paris, 1829-30, en 4 vol. in-folio, et les planches y sont classées par écoles.

Henri Laurent a donné la continuation de l'ouvrage de son père sous le nom de *Musée Royal* (1816-22), en 2 vol. in-folio contenant 161 planches.

MUSIQUE DU DIABLE (La), ou le Mercure galant dévalisé. *A Paris, chez Robert Le Turc, rue d'Enfer*, 1711. In-12. (De 5 à 6 fr.)

Joli frontispice par B. Picart.

MYSTÈRES DU CHRISTIANISME (Les) approfondis radicalement et reconnus physiquement vrais (par Bebescourt). *A Londres*, 1771. 2 vol. in-8. (De 6 à 8 fr.)

2 frontispices, 2 vignettes et 2 culs-de-lampe par Gravelot, gravés par Picot et Delattre.

MYTHOLOGIE (La) mise à la portée de tout le monde. *A Paris, chez Déterville*, 1793. 12 vol. in-18. (De 25 à 30 fr.)

108 figures par Mixelle.
On trouve des exemplaires avec les figures coloriées à la main.

NAISSANCE de très-haute, très-puissante, et très-désirée Madame Constitution. Comédie héroï-comico-lyrique en trois actes, Représentée aux Thuilleries, par les célèbres Comédiens de la Patrie. *De l'Imprimerie Constitutionnelle*, 1790. In-8. (De 8 à 10 fr.)

52 pp., plus 1 figure représentant la naissance de *Constitution*.
Ancienne collection Carnarvon (n. 87 e).

NANINE, sœur de lait de la reine de Golconde, parodiée par imitation sur les plus jolis airs connus, en trois actes et quelques vaudevilles. *A Genève et à Paris, chez la veuve Duchesne*, 1768. In-8. (De 12 à 15 fr.)

1 figure par Martinet, gravée par Patas, 1 fleuron sur le titre gravé par Chédel, et 8 pages de musique gravée.
Parodie attribuée par Barbier à Desfontaines.

NATOIRE (Charles). — Tableaux de la chapelle des Enfants-Trouvés à Paris, peints par Charles Natoire et gravés par Étienne Fessard. *A Paris*, 1752-1757. Gr. in-folio. (De 20 à 25 fr.)

15 planches, dont une grande vue perspective de la chapelle.

— Livre d'académies gravé à l'eau-forte par J.-J. Pasquier d'après les dessins de Natoire. *A Paris, Huquier*, 1745. In-folio. (De 40 à 50 fr.)

Titre gravé et 11 planches.

NATTER (Laurent). — Traité de la méthode antique de graver en pierres fines comparée avec la moderne et expliquée en diverses planches; traduite de l'anglois. *A Londres, Haberkorn*, 1754. In-folio. (De 25 à 30 fr.)

Frontispice et 37 planches gravés par Hemmerich.
L'édition anglaise porte la même date et contient les mêmes planches.

NÉEL. — Voyage de Paris à Saint-Cloud par mer et retour de Saint-Cloud à Paris par terre. *A Paris, an VI.* 2 part. en 1 vol. in-18. (De 8 à 10 fr.)

2 jolies figures non signées.
L'édition de cette curieuse facétie publiée à *Paris, veuve Duchesne*, 1787, in-12, ne contient pas de figures, mais seulement un plan.

NERCIAT (Andréa de). — *Félicia, ou mes Fredaines. A Londres*, s. d. (Paris, Cazin, 1782.) 4 vol. in-18. (De 150 à 200 fr.)

Tome I : 2 ff. n. ch., 159 pp. plus 1 frontispice et 6 figures.
Tome II : 2 ff. n. ch., pp. 161-352, plus 7 figures.
Tome III : 2 ff. n. ch., 204 pp., plus 6 figures.
Tome IV : 2 ff. n. ch., pp. 205-396, plus 4 figures.
En tout, 1 frontispice et 23 figures de Borel, gravés par Elluin, non signés.
En maroquin rouge de Bradel, 450 fr., vente Portalis (1889, n. 267); en veau ancien, 400 fr., vente Salvert-Bellenave (n. 277).
Il y a des exemplaires de ce joli roman où les gravures libres, qui sont au nombre de onze, sont supprimées. Il existe une contrefaçon portant la date de 1784 où les figures sont retournées, sauf le frontispice, et où la huitième (avec le clair de lune) est couverte.
On trouve quelquefois les figures de *Félicia* tirées in-8 et jointes à d'autres suites de Borel et d'Elluin, pour *Saturnin, Le Meursius français, L'Arétin français*, etc., en recueils contenant environ 110 planches.
Bérard avait réuni en 1 volume in-8 (en veau à dentelles, par Thouvenin) les 119 dessins originaux de Borel pour ces ouvrages, dont les 24 pour *Félicia*.

— *Monrose, ou le Libertin par fatalité*, suite de Félicia, par le même auteur. *A Paris*, 1797. 2 vol. in-18. (De 100 à 150 fr.)

20 figures érotiques, non signées, attribuées à Quéverdo.
Edition rare et la plus recherchée à cause des gravures, mais détestable comme impression.

— *Le Doctorat In-promptu. S. l.* (Paris, Cazin.) 1788. In-18. (De 50 à 60 fr.)

2 figures libres, non signées assez jolies. Rare.

— *Mon Noviciat, ou les Joies de Lolotte. S. l.* (Berlin). 1792. 2 vol. in-18. (De 60 à 80 fr.)

2 figures libres, non signées.

— *La Matinée libertine, ou les Momens bien employés. A Cythère*, 1787. In-18. (De 25 à 30 fr.)

1 frontispice et 4 figures érotiques médiocres.
On trouve des exemplaires avec les figures coloriées.

— *Les Aphrodites, ou fragments thalipriapiques pour servir à l'histoire du Plaisir. A Lampsaque*, 1793. 8 numéros in-8, réliés en un ou deux volumes. (De 300 à 400 fr.)

8 figures érotiques très finement exécutées comme dessin et comme gravure.
Ce livre est d'une rareté telle que Cohen n'en connaissait qu'un seul exemplaire complet sous le rapport des gravures. Il faisait partie de la collection de feu Hankey.
Les figures sont attribuées par Cohen à Freudeberg.

— *Le Diable au Corps*, œuvre posthume du très recommandable docteur Cazzoné, membre extraordinaire de la joyeuse faculté phallo-coïro-pygoglottonomique. *S. l.* (Paris), 1803. 3 vol. in-8 ou 6 vol. in-12. (De 100 à 150 fr. et plus dans le format in-8).

20 figures libres, non signées, dans la manière de Bornet.
Dans les exemplaires in-8 se trouvent les figures avant la lettre, avec un cadre orné. Le cadre a été enlevé lorsque la lettre a été mise.
Feu Hankey possédait un exemplaire in-8 sur papier vélin de ce roman très spirituel, avec les dessins originaux qui sont meilleurs que les gravures, dans une jolie reliure de Thouvenin, et qui avait appartenu au bibliophile Bérard.
On trouve des exemplaires contenant 6 figures seulement. (De 40 à 50 fr.)
Ce livre a été illustré de notre temps par Félicien Rops qui s'était, à ce que l'on a assuré, inspiré d'une suite de dessins de Monnet, conservée à Chantilly.

NEUFFORGE (De). — Recueil Élémentaire d'Architecture Contenant Plusieurs Études des Ordres d'Architecture d'après l'Opinion des Anciens et le Sentiment des Modernes, Differents

Entrecolonnements Propres à l'Ordonnance des Façades, Divers Exemples de Décorations Extérieures et Intérieures, à l'usage des Monuments Sacrés, Publics et Particuliers. Composé par le sieur de Neufforge, Architecte. *A Paris, Chez l'Auteur.* [1757-1768]. 8 vol. in-fol.

> *Tome I :* Titre, table et 72 planches.
> *Tome II :* Titre et planches 73-144.
> *Tome III :* Titre et planches 145-216.
> *Tome IV :* Titre et planches 217-288.
> *Tome V :* Titre et planches 289-360.
> *Tome VI :* Titre et planches 361-432.
> *Tome VII :* Titre et planches 433-504.
> *Tome VIII :* Titre et planches 505-600.

— Supplément au Recueil Elémentaire d'Architecture... composé par le Sieur de Neufforge, Architecte. *A Paris, Chez l'Auteur* [1772-1780]. 2 vol. in-fol. (De 600 à 800 fr.)

> *Tome I :* Titre et 189 planches (chiffrées I-VI, VI*-VI********, VII-CLXXX).
> *Tome II :* Titre et 126 planches (chiffrées CLXXXI-CCCVI).
> En tout les deux recueils contiennent 914 planches.
> En demi-reliure, 1,300 fr, vente Werlé (n. 360); reliure ancienne en vélin, 800 fr., vente Doistau (n. 41).

NEUVILLE (Le Père de La). — Oraison funèbre de M. le cardinal de Fleury, prononcée en janvier 1743 par le Père de La Neuville, jésuite. *A Paris*, 1743. In-4. (De 8 à 10 fr.)

> 1 fleuron sur le titre, 1 vignette en-tête de l'oraison, dessinés et gravés par Cochin fils.
> Jombert rapporte que Cochin n'eut que quatre jours pour composer et graver ces vignettes.

NEVERS (Le duc de). — Le Parfait Cocher, ou l'Art d'entretenir et de conduire un équipage à Paris et en campagne (par le duc de Nevers et publié par La Chesnaye des Bois). *A Paris, F.-G. Mérigot,* 1744. In-12. (De 20 à 30 fr.)

> Frontispice gravé.
> En maroquin rouge de Capé, 46 fr., vente Béhague (n. 421).

NEWCASTLE (William Cavendish Duke of). — A general System of Horsemanship, in all its branches. *London, Brindley,* 1743. 2 vol. gr. in-folio. (De 150 à 200 fr.)

> 60 planches.
> L'exemplaire de dédicace en maroquin aux armes du duc de Richmond, 52 liv st. catalogue Quaritch.
> Cet ouvrage existe sur grand papier.

NOEL. — Dictionnaire de la Fable, ou Mythologie grecque, latine, égyptienne, celtique, persane, etc. Nouvelle édition. *A Paris, chez Lenormant,* an XII (1803). 2 vol. in-8. (De 15 à 20 fr.)

> Frontispice par Girodet, gravé par B. Roger.

NOGARET (Félix). — Le Fond du Sac, ou Restant des Babioles de M. X*** Membre éveillé de l'Académie des Dormians. *A Venise* (Paris, Cazin), *Chez Pantalon-Phébus,* 1780. 2 vol. in-18. (De 40 à 50 fr.)

> *Tome I :* VI-204 pp., plus le frontispice.
> *Tome II :* XVI-199 pp.
> En tout 1 frontispice et 9 jolies vignettes signées D... (5 dans le 1er et 4 dans le 2e volume.)
> Recueil de petites pièces en vers et en prose. Les figures sont du dessinateur-miniaturiste Durand.
> En maroquin citron par Thibaron-Joly, 110 fr., vente Delbergue (n. 133).
> En veau ancien, 17 fr., vente Daguin (n. 337) et 55 fr., vente Salvert-Bellenave (n. 278); cartonné, non rogné, 55 fr., vente L. de Tinan (n. 120.)
> En maroquin rouge ancien, 131 fr., vente E. Martin (n. 506); un autre 85 fr., vente Montgermont (1911, n. 156)
> Les dessins originaux de Durand appartenaient à Tandeau de Marsac.

— Conversation d'une courtisane philosophe ou la Terre est un animal. Opuscule philosophique. *A Versailles,* an III. In-18. (De 15 à 20 fr.)

Très jolie vignette non signée.
Autre édition, *Paris, veuve Lepetit*, an XIII (1805), in-18 ; figures de Brion.

— L'Aristénète français, recueil des jolies amoureuses. *A Versailles*, 1797. 2 vol. in-18. (De 8 à 10 fr.)

2 figures non signées.

Eugène Paillet possédait pour ce livre 50 petits dessins de vignettes à l'encre de Chine, par Durand, qui après avoir passé chez Tandeau de Marsac, appartiennent aujourd'hui à Sir David Salomons ; ils ont été gravés à Paris, en 1897 par Champollion pour la jolie édition de Conquet.

— Contes dérobés. *A Venise, chez Pantalon-Phébus*, an V. In-12. (De 5 à 6 fr.)

1 frontispice non signé.

— Le Danger des Extrêmes, essai critique à l'ordre du jour sur quelques écrivains. *A Paris, chez la Marchande de nouveautés*, an VIII. In-12. (De 8 à 10 fr.)

2 figures au bistre non signées.

— La Gorge de Mirza, sujet proposé au concours et dont un baiser a été le prix, avec notes et commentaires. *A Paris*, an IX. In-12. (De 6 à 8 fr.)

Jolie figure-frontispice non signée.

— Podalire et Dirphé, ou la Couronne tient à la Jarretière. *A Paris, Louis*, 1801. 2 vol. in-12. (De 8 à 10 fr.)

2 figures non signées.

NOLLET. — Leçons de physique expérimentale. Par M. l'Abbé Nollet, de l'Académie Royale des Sciences, & de la Société Royale de Londres. *A Paris, chez les Frères Guénin*, 1743-1764. 6 vol. in-12. (De 60 à 80 fr.)

Tome I : 2 ff. n. ch., LVIII pp., 1 f. n. ch., 379 pp., plus 1 frontispice et 19 planches.

Tome II : 2 ff. n. ch., 485 pp., 1 f. n. ch., plus 20 planches.

Tome III : 2 ff. n. ch., 512 pp., plus 19 planches.

Tome IV : 2 ff. n. ch., 535 pp., plus 14 planches.

Tome V : VIII-592 pp., plus 24 planches.

Tome VI : IV-527 pp., plus 20 planches.

En tout 1 frontispice par Moreau et 116 planches pliées par Moreau et Brunet, dont certaines fort curieuses pour les costumes.

— Essai sur l'Électricité des corps. *A Paris*, 1746. In-12. (De 5 à 6 fr.)

1 frontispice gravé par Brunet, d'après Lesueur, et 4 planches pliées.

NONES FUGITIVES (Les), ou le Pucelage à l'Encan, opéra-comique. S. l. n. d. (1790). In-18. (De 40 à 50 fr.)

9 figures libres et médiocres, à la manière noire, non signées.

Cet opéra est suivi, avec la même pagination de *Contes moraux, Anecdotes voluptueuses à l'usage des Citoyennes*, 1790, 1 figure érotique à la manière noire, non signée.

NOUGARET (P.-Jean-Baptiste). — La Folle de Paris, ou les Extravagances de l'amour et de la crédulité, ouvrage rédigé et mis au jour par M. Nougaret. *A Londres et Paris, Bastien*, 1787. 2 vol. in-12. (De 12 à 15 fr.)

2 figures-frontispices sans doute par Binet, non signées.

— L'Ancien et le Nouveau Paris, anecdotes galantes et secrètes. *A Paris, chez l'auteur*, an VII. 2 tomes en 1 vol. in-12. (De 12 à 15 fr.)

2 frontispices signés L. C.

— Paris métamorphosé, ou Histoire de Gilles-Claude Ragot pendant son séjour dans cette ville centrale de la République française, etc., par P. J. B. Nougaret. *A Paris, chez l'auteur*, an VII. 3 vol. in-18. (De 8 à 10 fr.)

3 figures non signées.

— Les Astuces ou les tromperies de Paris, ou Histoire d'un nouveau débarqué, écrite par lui-même, etc., ouvrage rédigé et mis au jour par P. J. B. Nougaret. *A Paris, chez l'auteur,* an VII. 3 vol. in-18. (De 15 à 20 fr.)

3 figures par Brion.

— Les Jolis Péchés d'une Marchande de modes. Par P.-J.-B. Nougaret. *A Paris, Chez l'Auteur, Desennes, Deroy,* s. d. In-18. (De 8 à 10 fr.)

123 pp., plus 1 frontispice non signé, mais probablement par Quéverdo, gravé par Bovinet.
Une autre édition, avec la même figure, porte la date de Paris, 1801.

— Histoire des Prisons de Paris et des départemens, pour servir à l'Histoire de la Révolution française, notamment de la tyrannie de Robespierre et de ses agents et complices avec 8 figures. *A Paris,* 1797. 4 vol. in-8. (De 15 à 20 fr.)

8 figures par Blanchard.

— Le Plaisir et l'Illusion, ou Mémoires et Aventures de M. de Volsange, par Nougaret, *A Paris, Duchesne,* an X. 2 vol. (De 6 à 8 fr.)

2 figures non signées, de Brion ou de Chaillou.

NOUVEAU RECUEIL des Troupes qui forment la Garde et Maison Militaire du Roy, de Monsieur et Mgr le comte d'Artois, ses frères, avec la datte de leurs créations, le nombre d'hommes dont chaque corps est composé, leurs uniformes et leurs armes. *A Paris, chez Juillete, rue de Bièvre,* s. d. (vers 1780). In-4. (De 80 à 100 fr.)

Titre gravé dans un cartouche et 14 planches de costumes militaires.
En veau marbré, planches coloriées, 200 fr., vente Destailleur (1891, n. 430).

NOUVEAU ROMAN COMIQUE (Le), ou Voyage ou aventures d'un coiffeur, d'un perruquier et d'un costumier. *A Paris,* an VIII. 2 vol. in-12. (De 8 à 10 fr.)

2 figures de Charpentier, gravées par Mariage.

NOUVEAU TESTAMENT (Le), en latin et en français, traduit par Sacy. Édition ornée de Figures gravées sur les Dessins de Moreau le jeune. *A Paris, de l'imprimerie de Didot jeune,* 1793-1798. 5 vol. in-8. (De 100 à 125 fr.)

Tome I : 2 ff. n. ch., 327 pp. et 1 f. blanc, plus 1 frontispice et 28 figures.
Tome II : 2 ff. n. ch., 207 pp., plus 1 frontispice et 11 figures.
Tome III : 2 ff. n. ch., 345 pp., plus 1 frontispice et 25 figures.
Tome IV : 2 ff. n. ch., 363 pp., plus 1 frontispice et 17 figures.
Tome V : 2 ff. n. ch., 349 pp., plus 1 frontispice et 27 figures.
5 frontispices et 108 jolies figures par Moreau, gravées par Baquoy, Dambrun, Delaunay, Delignon, Delvaux, Duhamel, Dupréel, Giraud, Godefroy, Halbou, Hubert, Langlois, de Longueil, Petit, Simonet, Thomas, Tilliard et Trière.
Ce livre existe in-4 (tiré à 12 exemplaires) avec les figures avant la lettre et avec les eaux-fortes, sauf 9 qui n'ont pas été tirées.
Le 5e volume, qui a paru tout seul en 1798 est moins commun que les autres.
En maroquin rouge ancien, 69 fr., vente Massicot (n. 589); en veau fauve (le 5e volume cartonné a les figures avant la lettre) 100 fr., vente Portalis (février 1878, n. 2).
Le curieux exemplaire de M. Robert Schuhmann en demi-reliure moderne, contient les figures en plusieurs états : lettre, avant-lettre (avec ou sans indication des versets dans la tablette blanche), eaux-fortes. Il y a dans cet exemplaire d'autres épreuves remarquables comprenant divers états intermédiaires entre l'avant-lettre et l'estampe terminée. Pour le détail des états connus, cf. Bocher, nn. 1114 à 1226.
Les dessins originaux de Moreau se trouvent, joints aux trois états des figures, dans un bel exemplaire en maroquin vert de Bozérian ayant appartenu successivement à Detienne (1807, n. 67: 486 fr.) à Renouard (1854, n. 14: 1,640 fr.) au comte de La Bédoyère (1862, n. 5: 1,900 fr.) et à Léon Rattier; il a été payé 9,800 fr. par M. Henri Beraldi, à la vente de ce dernier amateur (1909, n. 36).

— Nouveau Testament de N. S. Jésus-Christ, traduit en français par Le Maistre de Saci. Nouvelle édition ornée de 96 figures, gravées par les plus habiles artistes sous la direction de M. Ponce, d'après les dessins de MM. Marillier et Monsiau. *A Paris, chez Gay, Ponce, Belin*, an XIII (1805). 3 vol. in-4.

Cette édition contient les 96 figures de Marillier et Monsiau, publiées dans le Nouveau Testament de la *Bible* de Saci. — Voyez SAINTE BIBLE.

NOUVEAUX AMUSEMENS des Eaux de Spa, ouvrage instructif et utile à ceux, qui vont boire ces Eaux Minérales sur les lieux, orné de Figure en Taille Douce, par J. P. De Limbourg, D. en M. et Corr. de la Soc. Royale des Sciences de Montpellier. *A Paris, et se vend à Liège, chez F. J. Desoer, Imprimeur et Libraire à la Croix d'Or sur le pont d'Isle*, 1763. In-12. (De 10 à 15 fr.)

7 ff. n. ch. 398 pp., 5 ff. n. ch. (Table).
1 carte repliée et 12 planches repliées dessinées par A. Le Loup.

NOUVEAUX CONTES A RIRE, Aventures plaisantes ou Recreations françoises, vingtième édition, enrichie de figures en taille-douce. *A Cologne, Chez Roger Bontemps*, 1722. 2 vol. in-12. (De 80 à 100 fr.)

Tome I : 374 pp., et 6 ff. n. ch.
Tome II : 354 pp., et 6 ff. n. ch.
1 frontispice dessiné et gravé par G. Schoute, le même pour le 2ᵉ volume et 63 vignettes à mi-page, non signées, dans le genre de Romain de Hooge ou de Harrewyn.
Celle de la page 273 du 1ᵉʳ volume est fort originale.
En maroquin citron de Trautz, 460 fr., vente Lebeuf de Montgermont (1876, n. 717); en maroquin rouge de Hardy, 98 fr., vente Behague (n. 1179); en maroquin vert de Thouvenin, 145 fr., vente Salvert-Bellenave (n. 279); en maroquin citron ancien, exemplaire de Pixérécourt, Musée Dutuit (n. 501).
Il faut se garder de confondre l'édition ci-dessus décrite avec une autre sous la même date, beaucoup moins copieusement illustrée et qui contient au tome I : 341 pp. et 5 ff. n. ch., et au tome II : 343 pp. et 6 ff.
La première édition est d'*Amsterdam, Chez Gallet*, 1699. In-12.

NOUVEL ENFANT TROUVÉ (Le), ou le Fortuné Hollandais, Mémoires écrits par lui-même. *A Londres, Scheurleer*, 1766. In-12. (De 25 à 30 fr.)

4 jolies figures.

NOUVELLE ACADÉMIE DES DAMES (La), ou Histoire de Mˡˡᵉ B*** D. C. D. L. *A Cythère* (Paris), 1774. Pet. in-8. (De 50 à 60 fr.)

4 figures libres, non signées.
M. Ch. Mehl cite une édition du format Cazin, sous la date 1776, avec 4 figures, probablement les mêmes. On trouve aussi ce livre sous le titre de : *Histoire de Mˡˡᵉ Brion, dite comtesse de Launay*, imprimée aux dépens de la Société des filles du Bon ton. S. l. n. d. (vers 1770), avec le texte entièrement gravé, et qui doit renfermer quelques jolies figures.

NOUVELLE ASSEMBLÉE des notables Cocus du royaume en présence des favoris de leurs épouses. *A Paris, s. d.* (l'an Iᵉʳ de la Liberté), *de l'impr. de Sylphe, imprimeur de la Démocratie*. In-8. (De 15 à 20 fr.)

Frontispice non signé. Rare.

NOUVELLE SAPHO (La), ou Histoire de la Secte anandryne publiée par la C. R. (citoyenne Raucourt), ornée de 6 figures. *A Paris, De l'imprimerie de P. F. Didot*, 1793. In-8. (De 40 à 50 fr.)

162 pp., plus 1 frontispice et 5 jolies figures non signées.

— Histoire de la Secte anandryne. *A Paris*, l'an 2ᵉ de la République française (1794). In-18.

1 f. n. ch., 162 pp., plus 1 frontispice et 5 jolies figures non signées.
Il en existe deux exemplaires tirés sur peau de vélin : l'un est à la Bibliothèque nationale (vente Renouard, 1804, n. 1149); il contient les eaux-fortes des figures. L'autre était en 1807 chez Chardin.

NOUVELLES ECCLÉSIASTIQUES ou Mémoires pour servir à l'histoire de la Constitution Unigenitus. *A Paris, s. d.* In-4. (De 25 à 30 fr.)

Figures satyriques curieuses, dessinées par de Montalais et Caresme.

Ces estampes satyriques ont paru aussi sous le titre de *Recueil de Figures historiques, symboliques et tragiques pour servir à l'histoire du XVIIIe siècle.* Amsterdam, 1762, gr. in-8. (De 12 à 15 fr.)

NOUVELLES FOLIES SENTIMENTALES, ou Folies par amour. *A Paris, Chez Royer,* 1786. In-12. (De 6 à 8 fr.)

1 frontispice signé Royer inv.

NOVUM Jesu-Christi Testamentum. *Parisiis, Barbou,* 1767. In-12. (De 5 à 6 fr.)

1 figure de Gravelot, gravée par de Longueil et 1 plan de Jérusalem.

NUGÆ VENALES, Le petit Thrésor Latin des Ris et de la Joye. Dédiés aux Révérends Pères de la mélancolie. Dernière Edition augmentée, corrigée et enrichie de figures. *A Londres, Aux Dépens de la Compagnie,* 1741. Pet. in-12. (De 10 à 12 fr.)

3 ff. n. ch., 328 pp., plus 1 frontispice et 3 figures non signés.

 EXMELIN (Al.-Ol.) — Histoire des Aventuriers Flibustiers qui se sont signalés dans les Indes, etc..., le tout enrichi de cartes géographiques et de figures en taille-douce. *A Trévoux*, 1775. 3 vol. in-12.

— Histoire des Pirates anglois, par le Cap. Johnson, 1775. 1 vol. in-12, ensemble 4 vol. in-12. (De 6 à 8 fr.)

Frontispice gravé par La Rue et 7 figures ou cartes non signées.

OFFICE DE LA SEMAINE SAINTE, Latin et François, à l'usage de Rome et de Paris..., etc. *A Paris, Chez Nicolas Pepie*, 1716. In-8.

5 ff. n. ch., dont le frontispice gravé par Bazin, 662 pp., et 1 f. n. ch.

Un exemplaire en maroquin citron à mosaïque, aux armes de Mlle de Blois, femme du Régent et provenant de la Bibliothèque d'Odiot est dans la collection James de Rothschild (n. 23).

On trouve aussi des figures dans l'édition de 1724 (par Vleugels d'après Cochin), dans celle de 1728 (par Scotin) et dans celle de 1732.

Un précieux exemplaire de cette dernière offert par Louis XVI à Mme de Lamballe a été payé 30,000 fr., à la vente Lignerolles (n. 105) par le baron Ferdinand de Rothschild.

OFFICE DE LA SEMAINE SAINTE (L'), à l'usage de la Maison du Roy. Conformément aux Breviaires & Missels Romain et Parisien, en Latin et en François. Avec l'explication des Cérémonies de l'Église,..., Par M. l'Abbé de Bellegarde. Nouvelle édition. *A Paris, De l'Imprimerie de Jacques Collombat*, 1741. In-8. (De 15 à 20 fr.)

XVI-632 pp. et 2 ff. n. ch., plus les 2 frontispices.

Frontispice, titre général gravé et cinq titres gravés (par Humblot) pour les différentes parties du volume.

En maroquin rouge ancien aux armes du Roi, 42 fr., vente Massicot (n. 660); un autre, 71 fr., vente Jauzé (n. 30); en maroquin rouge aux armes de Mme de Pompadour, 1,000 fr., à Parran, vente Destailleur (1891, n. 671).

OHSSON (Mouradja d'). — Tableau général de l'Empire Ottoman, etc..., dédié au roi de Suède. *A Paris, de l'Imprimerie de Monsieur*, 1787-1790-1820. 3 vol. in-fol. (De 100 à 120 fr.)

Armoiries de la dédicace gravées par Quéverdo et 232 figures dont plusieurs pliées par Cochin, Hilair, Le Barbier, de Lespinasse, Moreau le jeune, Quéverdo. Touzé, gravées par Baquoy, Benoist, Berthault, Croutelle, Delatre, Delvaux, Dupréel, Guiguet, Henriquez, Ingouf, Mlle Hulot, De Launay, Lépine, Lerouge, Louvet, de Longueil, Lingée, Mansfeld, Mathieu, Née, Paradis, Patas, Simonet, Tilliard, Thiébaut, Varin, Véran, etc., etc.

Les figures des deux premiers volumes peuvent se trouver avant la lettre. Les planches du tome III n'existent pas en cet état, mais seulement avec la lettre grise. En cette condition, un bel exemplaire non rogné, 192 fr., vente La Bédoyère (1862, n. 2601).

Le tome III fut publié par le fils de l'auteur.

Les planches XLI, XIX et XXXVI manquent dans beaucoup d'exemplaires.

OISEAU PERDU ET RETROUVÉ (L'), ou la Coupe des foins, opéra-comique en 1 acte. *A Paris* (1796). In-64. (De 6 à 8 fr.)

1 petite figure non signée.

OISIN (Carrière d'). — Les Fables mises en action, suivies de pièces fugitives et de quelques comédies de M. Croisier. *A Paris, De Senne*, 1787. (De 10 à 15 fr.)

2 frontispices, l'un d'après Cochin, gravés par Marie-Anne Croisier.

Le frontispice du tome IIe représente les portraits en médaillons, finement gravés, de Louis XVI, de Marie-Antoinette et du duc d'Orléans.

OLIVIER. — L'Art des Armes simplifié, ou Nouveau Traité sur la manière de se servir de l'Épée (texte français et anglais). *A Londres, Bell*, 1771. In-8. (De 25 à 30 fr.)

1 frontispice et 8 planches pliées par Ovenden.

La grande planche de la Salle d'armes manque quelquefois.

OLLIVIER (L'Abbé). — L'Infortuné Napolitain ou les Aventures du seigneur Rozelli ; nouvelle édition, revue, corrigée et augmentée d'un grand nombre de figures en taille-douce. *A Amsterdam, Desbordes*, 1784. 4 vol. in-12. (De 10 à 15 fr.)

12 figures non signées.

OPPENORD (Gilles-Marie). — Œuvres de Gilles-Marie Oppenord, Ecuier, Directeur General des Batiments et Jardins de son Altesse Royale Monseigneur le Duc d'Orléans Régent du Royaume, contenant Différents Fragments d'Architecture et d'Ornements à l'usage des Bâtiments sacrés, publics et particuliers, gravés, mis au jour et dédié à Messire Charles-François-Paul Le Normand de Tournehem..., Par son très humble et très Obéissant Serviteur Gabriel Huquier. *A Paris, chés Huquier, rue des Mathurins au coin de celle de Sorbonne*. S. d. (vers 1725). Gr. in-fol. (De 1,800 à 2,000 fr.)

Ce beau recueil d'ornements se compose de trois parties connues, d'après leur format, sous la désignation de *Grand*, *Moyen* et *Petit Oppenord*. C'est le *Moyen Oppenord* qui est le plus rare des trois.

Le *Grand Oppenord* comprend un titre, un *Avis* gravé "aux amateurs du dessein", un portrait d'Oppenord, 116 planches (consoles, trophées, portes, chandeliers, cheminées, lambris) en 19 cahiers marqués AA-TT (le cahier N en 8 ff.) et une planche double pour l'*Autel de Meaux*, soit 120 planches.

Le *Moyen Oppenord* comprend 72 pièces (Pendules, Frises, Panneaux, Cartouches, Gaines), en 12 cahiers marqués A-L (le dernier de *Fontaines* non marqué).

Le *Petit Oppenord* intitulé *Livres de Fragmens d'Architecture* comprend 168 pièces en 12 cahiers chiffrés I-XII.

Ensemble 360 pièces.

Toutes ces pièces sont signées de G. Huquier, sauf 20 pièces des *Dix Livres à l'usage de ceux qui s'appliquent aux Beaux-Arts*, gravées par C.-N. Cochin.

On trouve parfois l'œuvre complet d'Oppenord dans le format in-folio, les planches du *Moyen Oppenord* étant tirées deux à deux et celles du *Petit Oppenord* quatre à quatre.

Dans ces conditions un bel exemplaire, aujourd'hui chez M. Jacques Doucet a été payé 9,505 fr., vente Polovtsoff (n. 266).

Le *Grand Oppenord* seul, vente Béhague (n. 378), en maroquin rouge de Chambolle avec titre, dédicace, portrait et 117 planches en 79 feuilles, 1,800 fr.; un autre semblable, en maroquin vert de Chambolle-Duru, 2,020 fr., vente Doistau (n. 40). Celui de la vente Rich. Lion (n. 87), demi-reliure, contenant 120 planches en 80 feuilles, 1,660 fr.

L'exemplaire Ferdinand de Rothschild (120 planches) est en veau ancien ; celui de la collection James de Rothschild (n. 254) est en vélin blanc.

OPUSCULES sacrés et lyriques, ou Cantiques sur différents sujets de piété, avec les airs notés, à l'usage de la jeunesse de la paroisse de Saint-Sulpice. *A Paris, Nicolas Crapart*, 1772. 4 vol. in-8. (De 15 à 20 fr.)

4 beaux frontispices non signés et un en-tête dans le 1er volume par Beugnet.

ORAISON FUNÈBRE de Madame, duchesse de Parme. *A Paris*, 1760. In-4. (De 10 à 12 fr.)

Vignette en-tête dessinée et gravée par Cochin.

ORAISON FUNÈBRE de Monseigneur le Cardinal de Fleury, par le P. de La Neuville. *A Paris*, 1743. In-4. (De 10 à 12 fr.)

Fleuron sur le titre dessiné et gravé par Cochin.

ORAISON FUNÈBRE de Monseigneur Louis, Dauphin, prononcée dans l'église Notre-Dame de Paris, par C. de Loménie de Brienne, archevêque de Toulouse, le 1er mars 1766. *A Paris*, 1766. In-4. (De 15 à 20 fr.)

2 vignettes de Cochin, gravées par Prévost et Baquoy.

Celle de l'abbé Clément, prononcée le 15 mars en l'église Saint-Sulpice, contient 1 vignette et 1 fleuron de Baquoy.

ORAISON FUNÈBRE de Philippe V, Roi d'Espagne. *A Paris*, 1759. In-4. (De 10 à 12 fr.)

Vignette en-tête dessinée et gravée par Cochin.

ORAISON FUNÈBRE de Stanislas Ier, Roy de Pologne, duc de Lorraine, prononcée dans l'église Notre-Dame de Paris. *A Paris*, 1766. In-4. (De 15 à 20 fr.)

1 vignette dessinée par Cochin et gravée par Prévost.

ORAISON FUNÈBRE de très-haute, très puissante et très-excellente princesse Madame Élisabeth-Charlotte Palatine de Bavière, duchesse douairière d'Orléans. Prononcée dans l'Église de Laôn, le 18. Mars 1723. Par le Père Cathalan, de la Compagnie de Jésus. *A Paris, Chez la Veuve Mazières*, 1723. In-4. (De 15 à 20 fr.)

64 pp. et 2 ff. n. ch.

Contient un grand fleuron armorié sur le titre, 1 cul-de-lampe par Lemoine, gravé par Thomassin et une très belle vignette en-tête par Drevet d'après Rigaud, donnant le portrait en buste de la princesse.

Sur grand papier, en maroquin noir, aux armes de la princesse, 275 fr., vente Lignerolles (n. 746).

ORAISON FUNÈBRE du duc de Bourgogne, par Moreau, évêque de Vence. *A Paris*, 1761. In-4. (De 15 à 20 fr.)

En-tête de page de C. N. Cochin, gravé par Prévost.

ORAISON FUNÈBRE prononcée pour l'Infant Don Philippe, duc de Parme et de Plaisance, dans l'église Notre-Dame de Paris. *A Paris*, 1765. In-4. (De 15 à 20 fr.)

1 vignette de Cochin, gravée par Prévost.

ORIGINE des Puces (L'). *A Londres* (Paris), 1749. In-16. (De 40 à 50 fr.)

Tome II   25

Joli fleuron et vignette en-tête non signés, titre et 36 pages de texte gravé.

Petit opuscule assez rare, attribué à Piron ou à Moncrif. — Un exemplaire en maroquin rouge relié aux armes de M== la marquise de Pompadour (1765, n. 739 : 4 livres, 19 sous) s'est vendu 190 fr., vente du prince Radziwill (n. 814), 1,150 fr., vente Lebeuf de Montgermont (1876, n. 498) 1,410 fr., vente Quentin-Bauchart (n. 21) et 2,384 fr., vente du comte de Mosbourg (n. 231); il est aujourd'hui dans la collection de Ferdinand de Rothschild.

En maroquin brun, 45 fr., vente Daguin (n. 538); un autre semblable relié par Hardy, avait été payé 99 fr., vente Béhague (n. 717).

OSSIAN. — Poèmes d'Ossian et de quelques autres bardes. *A Paris, Gueffier*, an III. 3 vol. in-18. (De 15 à 20 fr.)

3 figures non signées.

— Poésies galliques, par Ossian, fils de Fingal, barde du IIIe siècle, traduites sur l'Anglais de Macpherson par Le Tourneur; nouvelle édition, revue, etc., ornée de belles gravures. *A Paris, Dentu*, an VII. 2 vol. in-8. (De 10 à 15 fr.)

5 figures gravées par Tardieu l'ainé.

OUDRY (Jean-Baptiste). — Livre d'Animaux terminé au burin par Le Bas. S. l. n. d., in-4, oblong. (De 40 à 50 fr.)

Cette suite de 12 planches a été, suivant d'Argenville, gravée à l'eau-forte par Oudry.

— Rebus ou logogriphes dédiés à Son Altesse Royale Madame la Duchesse de Berry. *A Paris, chez l'Auteur*, s. d. (1750). In-4, oblong.

40 planches.

L'exemplaire de dédicace, avec planches coloriées, en maroquin vert ancien aux armes de la duchesse de Berry, provenant de la vente Destailleur, est dans la collection Ferdinand de Rothschild.

— Roman comique (Suite pour le) (voyez SCARRON).

OVIDE. — Les Métamorphoses d'Ovide en latin, traduites en françois, avec des remarques et des explications historiques, par M. l'abbé Banier, de l'Académie des inscriptions et belles-lettres ; ouvrage enrichi de figures en taille-douce, gravées par B. Picart et autres habiles maîtres. *A Amsterdam, Chez R. et J. Wetstein et C. Smith*, 1732. 2 vol. gr. in-folio. (De 100 à 125 fr.)

1 frontispice par Picart; 2 fleurons sur les titres par V. Overbeke (le même sujet), gravés par Malder et l'autre légèrement réduit par V. D. Gouwen ; 1 vignette en-tête de la dédicace au Roi par L. F. D. B. (Louis-Fabrice Du Bourg), gravée par Bernaert; 1 lettre ornée; 124 figures dans le texte, par Lebrun, Leclerc, Maas, Picart, Punt, J. Romain, Tosca, de Wit et Vandelaar, gravées par Martin Bouche, Pierre-Paul Bouche, Bouttats, Folkema, V. Gunst, Jungmann, Schenk et Wandelaar, et 3 grandes planches tirées à part dans le 2e vol. (page 264), contenant chacune deux belles figures par Lebrun, gravées par Folkema, en tout 130 figures.

Magnifique ouvrage. La Bibliothèque nationale en possède un exemplaire admirable, relié en maroquin vert par Pasdeloup.

Brunet cite quelques adjudications d'exemplaires en très grand papier contenant des figures de premier tirage. — L'édition avec texte hollandais contient, dit-on, les premières épreuves ; cependant, en France, ce sont les exemplaires en français qui ont le plus de prix. Ce livre a été également imprimé en anglais.

Un exemplaire sur grand papier en ancien maroquin rouge, 500 fr., vente Radziwill (n. 682) revendu 899 fr., vente Béhague (n. 497); un autre en ancien maroquin rouge, 205 fr., vente E. Martin (n. 157); un autre encore, en maroquin rouge aux armes de Montmorency-Luxembourg et du comte de Mniszeck, 110 fr., vente Destailleur (1891, n. 1020). En veau ancien, 121 fr., vente Massicot (n. 591); en maroquin rouge ancien, 110 fr., vente Sardou (n. 154).

L'exemplaire de la collection Rœderer est sur grand papier, en maroquin rouge aux armes de M== de Pompadour (adjugé 151 fr. à sa vente en 1765, n. 583).

— Les Métamorphoses d'Ovide, traduction de l'abbé Banier. *A Amsterdam*, chez *Wetstein et Smith*, 1732. 3 vol. in-8. (De 20 à 25 fr.)

16 figures par B. Picart.
En veau fauve ancien, 21 fr., vente E. Martin (n. 158).
En maroquin rouge ancien, 151 fr., vente Lignerolles (798).

— Les Métamorphoses d'Ovide, traduites en français par M. du Ryer, avec des notes et explications à la fin de chaque phrase *A La Haye, chez Jean Neaulme*, 1744. 4 vol. in-12. (De 15 à 20 fr.)

224 figures, la plupart signées Brunet et Scotin.

— Les Métamorphoses d'Ovide, en latin et en françois, De la Traduction de M. l'Abbé Banier, de l'Académie Royale des Inscriptions & Belles-Lettres ; avec des explications historiques. *A Paris, de l'imprimerie de Prault (chez Hochereau, ou Despilly, ou Barrois, ou Delalain, ou Guillyn.)* 1767-1771. 4 vol. in-4. (De 1,000 à 1,500 fr.)

Tome I : Faux-titre, frontispice gravé, titre, 2 ff. n. ch. gravés, xc pp., 1 f. n. ch., 264 pp., plus 47 figures.
Tome II : viii-355 pp., plus 33 figures.
Tome III : viii-360 pp., plus 37 figures.
Tome IV : viii-367 pp. et 8 pp, plus 22 figures.

En tout 1 frontispice, 3 pages de dédicace, 4 fleurons sur les titres des volumes, 30 vignettes, 1 superbe cul-de-lampe à la fin du dernier volume, et 139 figures dessinées par Boucher, Eisen, Gravelot, Leprince, Monnet, Moreau, Parizeau et Saint-Gois, gravées par Baquoy, Basan, Binet, Duclos, de Ghendt, Helman, de Launay, Legrand, Lemire, Leroy, Leveau, de Longueil, Masquelier, Massard, Miger, Née, Ponce, Rousseau et Saint-Aubin. Le frontispice, les planches de dédicace, le cul-de-lampe, les fleurons des trois premiers volumes et les vignettes sont dessinées et gravées par Choffard, sauf le fleuron du 4ᵉ volume et 4 vignettes de Monnet, gravées par Choffard.

Superbe ouvrage dû aux soins de l'éditeur Basan et du graveur Le Mire. C'est un des plus galamment illustrés de tout le siècle. On connaît quelques exemplaires sur grand papier que Renouard dit avoir été tirés après les autres et, affirme-t-on, au nombre de 12 seulement. L'un d'eux en maroquin rouge ancien, payé 200 fr., à la vente J.-J. de Bure (1853, n. 521) fut vendu 5,000 fr., au baron J.-E. de Rothschild (n. 409); un autre semblable, fort beau, et avec l'étiquette de Derôme le jeune, a été payé récemment 11,000 fr., par M. Robert Schuhmann ; il provient des collections Beringhen, Léopold Double (1863, n. 64 : 415 fr.) d'Essertennes (n. 21 : 8.400 fr.), Muller (n. 78 : 8,500 fr.) et Lord Carnarvon (n. 40).

On trouve des collections des figures en avant-lettre, mais on ne signale que deux exemplaires reliés au xviiiᵉ siècle avec la suite complète des avant-lettre et des eaux-fortes, plus les 6 figures doubles découvertes ; le premier est en maroquin bleu vert de Derôme, aux insignes de Blondel d'Azincourt ; après avoir passé chez Renouard, chez le baron Thibon et chez Eugène Paillet (*Bull. Morgand* n. 12306 : 30,000 fr.), il est aujourd'hui chez M. Henri Beraldi qui possède aussi la suite des tirages hors texte des vignettes, fleurons, etc. ; il a fait relier cette dernière par Cuzin, en maroquin orange, doublé de maroquin vert ; le deuxième exemplaire est en maroquin rouge de Derôme, en cinq volumes dont le dernier contient les eaux-fortes ; il a été vendu 1,150 fr., vente La Bédoyère (1862, n. 776).

On trouve aussi les eaux-fortes dans l'exemplaire du prince Demidoff, relié en maroquin bleu par Bozérian, ajoutées par Pixerécourt (n. 557 : 65 fr.), dans un exemplaire de la traduction de Saintange (Paris, 1800, 2 vol. in-8).

Il faut observer que ces eaux-fortes étant de format plus restreint que le livre sont toujours remmargées.

Il existe de beaux exemplaires reliés en maroquin rouge à l'oiseau par Derôme le jeune ; en cette condition, 2,975 fr., vente Lebeuf de Montgermont (1876, n. 254), 2,150 fr., vente Colin (n. 28) et 2,030 fr., vente Rich. Lion (n. 131); en maroquin rouge ancien, 3,300 fr., vente Quentin-Bauchart (n. 12 = *Mes livres*, n. 47); en maroquin rouge de Derôme, 2,855 fr., vente Béhague (n. 498).

En maroquin vert ancien, 2,780 fr., vente Gosford (n. 136), revendu avec 3 figures en avant-lettre et 3 eaux-fortes, 4,550 fr., vente Daguin (n.539); un autre 3,480 fr., vente Salvert-Bellenave (n. 280).

En maroquin rouge ancien, figures avant la lettre, 6,100 fr., à Rouquette, vente Dugoujon ; un autre semblable est dans la collection Fr. Charmes.

En demi-reliure, non rogné, avec quelques dessins ajoutés, 1,170 fr., vente E. Martin (n. 158bis).

En maroquin bleu de Cuzin, avec 125 avant-lettre et 88 eaux-fortes, 3,620 fr., vente R. Portalis (1882, n. 20); c'est sans doute cet exemplaire que nous retrouvons en 1900 à la vente Guyot de Villeneuve (n. 435 : 1,500 fr. seulement) mais bien plus complet puisqu'il renfermait alors les 140 avant-lettre, 119 eaux-fortes, les hors-texte et d'autres pièces recherchées. Il se trouve dans la bibliothèque de feu le Prince d'Essling.

En veau fauve ancien, 400 fr., vente Lacarelle (n. 130); un autre, en veau marbré avec les figures et le frontispice en avant-lettre, 6,200 fr., à Rouquette, vente Destailleur (1891, n. 1021; provenait de la collection Raye de Beukeler).

En maroquin rouge de Vogel, 1,150 fr., vente Sardou (n. 181); en maroquin rouge de Mercier, figures avec et avant la lettre, vignettes hors texte, 7,800 fr., vente Montgermont (1911, n. 159); un exemplaire analogue, provenant de chez Eugène Paillet, appartient à M. Mortimer L. Schiff; un troisième renfermant beaucoup de pièces d'état, se trouve chez Sir David Salomons.

En maroquin rouge ancien, aux armes de La Mothe de Dreuzy, très bel exemplaire avec les figures avant la lettre, 13,000 fr., vente Marquis (n. 221), aujourd'hui chez M. Michel Ephrussi.

En maroquin rouge ancien, exemplaire de Mme de Laborde, collection Ferdinand de Rothschild; un autre, aux armes de la duchesse de Gramont-Choiseul, collection de la comtesse de Gramont d'Aster; un autre encore, aux armes de la comtesse de Provence, est à la bibliothèque de Versailles.

On connaît quelques pièces découvertes, fort rares et fort recherchées, *Jupiter et Io, Diane surprise par Actéon, Calisto, Persée délivrant Andromède, Céphale et l'Aurore, Pan et Syrinx*, dont M. Cohen constata jadis l'*état brillant*. Cette dernière est la moins rare.

Les vignettes en-tête de chapitres, gravées à l'eau-forte par Choffard, existent en tirage hors texte de format in-4. Les fleurons des titres et la planche de dédicace également.

Il existe une seconde édition, inférieure à la première comme papier et souvent comme beauté d'épreuves. Le quatrième volume y est daté de 1770 au lieu de 1771, et la page 215 du troisième volume y est cotée par erreur 209.

Les dessins originaux de Boucher, Moreau, Eisen, Gravelot, Monnet, etc., (sauf le dessin de *Pygmalion* de Boucher et celui de Gois), 1,730 fr., vente Renouard (n. 1128). Revendus, sans les dessins de Boucher, qui étaient d'un format plus grand, 800 fr., à la vente Thibaudeau, ils furent acquis par le baron Pichon, furent cédés depuis pour 28,000 fr., à Louis Rœderer, et sont à Reims, dans la collection qu'il avait formée.

D'autres dessins de Boucher pour illustrer *Ovide* ont été signalés chez M. Féral et, à Marseille, chez M. Magne. (Cf. aussi les ventes Lebrun fils et Thibaudeau). Ceux de Choffard, à la sépia, se trouvaient, du moins en partie, dans une collection genevoise.

Neuf croquis d'Eisen, à la mine de plomb, étaient chez les Goncourt.

Le beau dessin rehaussé de Boucher au crayon noir pour l'*Enlèvement d'Europe*, provenant de la série Renouard, a passé chez R. Lion et chez le baron Portalis (1887, n. 42).

On trouve parfois la suite des figures en ancienne reliure; dans cette condition, en maroquin rouge ancien, 620 fr., Ch. Cousin (n. 223).

Le volume ainsi formé doit contenir le frontispice gravé, (chiffré 1), les 2 ff. n. ch. gravés de dédicace, les figures (chiffrées 2-140), le cul-de-lampe (1 f. n. ch.) et 20 pp. (gravées) d'explication des figures ; ces dernières 20 pp. ne se trouvent pas dans l'édition.

Un bel exemplaire en maroquin ancien, conforme à cette description et contenant les figures avant la lettre, appartient à M. Descamps-Scrive.

On y ajoute parfois la série des tirages hors texte : on aura alors de plus 1 frontispice, 4 fleurons de titre, 30 vignettes en tête et 1 grand cul-de-lampe, plus 3 ff. de texte imprimé : (*Explication des vignettes et fleurons des Métamorphoses d'Ovide*).

En cette condition, en veau ancien, 2,820 fr., vente Destailleur (1891, n. 1022) aujourd'hui chez M. Adolphe Bordes.

— **Les Métamorphoses d'Ovide, nouvelle traduction par Fontanelle.** *A Paris, chez Panckoucke*, 1767. 2 vol. in-8. (De 10 à 12 fr.)

2 titres gravés et 15 figures de Zocchi, gravées par Grégori.

Mêmes figures dans l'édition de Lille 1776.

Les deux dessins originaux de Zocchi pour les titres, plus les figures avant la lettre, vente Morel-Vindé, revendus 235 fr., vente H. Bordes (1897, n. 105).

Les dessins des 15 figures, d'un portrait d'Ovide et d'un projet de titre refusé, se trouvent à Liverpool, dans la bibliothèque Hornby.

— Les Métamorphoses d'Ovide, traduites en françois par l'abbé Banier, avec figures gravées par Coiny, d'après les dessins de M. Renaud, de l'Académie royale de peinture. *A Paris, de l'imprimerie de Didot l'aîné*, 1787. 2 vol. in-18, divisés chacun en deux parties. (De 10 à 15 fr.)

52 figures s'arrêtant à « Persée épousant Andromède ».

— Ovids Verwandlungen in Kupfern und mit den nœthigen Erlæuterungen, *Wien*, 1791. 3 vol. in-4. (De 35 à 40 fr.)

140 figures et 3 fleurons. Copie des figures de l'édition de 1767, médiocrement exécutées par Bleschke, Benedicty, Mansfeld, Mark, Stenger et Strœber.

— Traduction en vers des Métamorphoses d'Ovide, poème en quinze livres, avec des commentaires, par F. de Saint-Ange, professeur de belles-lettres aux Écoles centrales de Paris, avec 16 figures. *A Paris, Déterville*, an IX (1800). 2 vol. in-8. (De 15 à 20 fr.)

1 frontispice et 15 figures d'après B. Picart, médiocrement copiées et gravées par T. Jourdan.
Ce livre se trouve aussi sur papier vélin avec les figures avant la lettre.

— Les Métamorphoses d'Ovide, traduction nouvelle avec le texte latin, suivie d'une analyse de l'explication des fables, de notes géographiques historiques, mythologiques et critiques, par M. G.-T. Villenave, ornée de gravures d'après les dessins de MM. Le Barbier, Monsiau et Moreau. *A Paris, Gay et Guestard (imprimerie de Didot l'aîné)* 1806-1807. 4 vol. gr. in-4, ou in-8, pap. vélin. (De 80 à 100 fr.)

Tome I : CIII-464 pp., plus 1 frontispice et 37 figures.
Tome II : 2 ff. n. ch., 582 pp., plus 37 figures.
Tome III : 626 pp., plus 33 figures.
Tome IV : 2 ff. n. ch., 785 pp., plus 36 figures.
En tout 1 frontispice et 143 figures par Le Barbier, Monsiau et Moreau, gravées par Baquoy, Courbe, Dambrun, Delvaux, de Ghendt, Halbou, Hulk, Langlois, R. de Launay, Malbeste, Mariage, Queverdo, Thomas et Trière.
Dans l'édition in-4, les figures sont encadrées.
Elles existent avant la lettre et à l'état d'eaux-fortes.
Un exemplaire en demi-reliure de Hardy, grand papier vélin, 450 fr., vente Béhague (n. 500).
L'un des deux exemplaires imprimés sur peau de vélin, avec les figures sur Chine volant collée sur vélin, et relié en maroquin rouge par Bozérian, 1,500 fr., vente Delbergue-Cormont (n. 86).
Un autre exemplaire en papier vélin, avec les figures en triple état, avec lettre, avant-lettre et eaux-fortes (les eaux-fortes des planches 103 et 104 manquent toujours), et plusieurs pièces avec remarques, relié en maroquin rouge par Cuzin, 1,700 fr., même vente (n. 87).
En maroquin rouge aux armes du comte d'Artois, figures avant la lettre, 6,600 fr., vente Montgermont (1911, n. 160).
116 dessins originaux à la sépia provenant de la collection Pourtalès et d'une vente en mai 1880, ont figuré à 20,000 fr. au *Bull. Morgand* (n. 7073) et furent vendus à feu Louis Rœderer, de Reims.

— Epistole eroiche di P. Ovidio Nasone Tradotte da Remigio Fiorentino. *In Parigi, Appresso Durand,* 1762. In-8. (De 25 à 20 fr.)

XII-223 pages, plus 1 titre gravé et 1 frontispice.
Contient 1 frontispice avec le portrait d'Ovide, 1 titre gravé, 22 vignettes et 8 culs-de-lampe gravés par Gregori d'après les dessins de Zocchi.
Un exemplaire avec les épreuves tirées en rouge était chez Abel Giraudeau.

— P. Ovidii Nasonis Opera quæ supersunt. *Parisiis, Barbou,* 1762. In-8. (De 12 à 15 fr.)

3 frontispices et 3 vignettes par Eisen.

— Nouvelle traduction des Héroïdes d'Ovide. *A Paris, chez Durand*, 1763. In-8. et in-4. (De 15 à 20 fr. et de 25 à 30 fr.)

iv et 189 pp., plus le titre.
Contient 1 titre gravé et 21 vignettes par Zocchi, gravés par Grégori seul, dont plusieurs ne sont pas signés et dont trois se repètent.
Les vignettes de Zocchi ont été copiées par Jourdan, *Paris*, 1797, in-8. (De 8 à 10 fr.)

— Traduction des Fastes d'Ovide, avec des notes et des recherches de critique, d'histoire, etc., avec figures, par M. Bayeux, avocat au parlement de Normandie. *A Rouen, Boucher, et à Paris, Ve Ballard et Barrois*, 1783-1788. 4 vol. in-8. (De 25 à 30 fr.)

Très beau frontispice par Cochin, gravé par Gaucher; 6 figures par Le Barbier, gravées par Henriquez, Leveau, Maleuvre et Née; 36 vignettes et culs-de-lampe, par Lebarbier et Gaucher ou non signés.
Il existe un tirage sur grand papier in-4. (De 40 à 50 fr.)
Les vignettes en forme de culs-de-lampe, d'une exécution fort médiocre, représentent en général des médailles, dont plusieurs n'ont jamais existé que dans l'imagination de l'antiquaire-faussaire Goltzius.
Un bel exemplaire en grand papier, relié en maroquin rouge et contenant les dessins originaux de Cochin et Le Barbier à l'encre de Chine, 180 fr., vente La Bédoyère (1862, n. 779) puis 1,500 fr., vente Gautier (n. 349), actuellement, collection Olry-Rœderer, à Reims.

— L'Art d'Aimer et le Remède d'Amour, traduction (en vers) d'Ovide, ornée de figures. *A Amsterdam*, 1751. In-12. (De 8 à 10 fr.)

Frontispice par Vanloo, fleuron non signé 2 figures pour l'*Art d'Aimer*, dessinées par Eisen, le tout gravé par Le Mire et Tardieu, et une pour le *Remède d'Amour*, non signée.

— L'Art d'Aimer, nouveau poème en six chants, par M*** (Gouge de Cessières), édition fidèle et complète, enrichie de figures. *A Londres*, 1750. Petit in-8. (De 6 à 8 fr.)

1 frontispice-fleuron sur le titre et 7 figures non signés.
Autre édition, *Londres* (Paris), 1760.
1 frontispice d'Eisen, gravé par Martinet et 6 figures de Martinet.

— Les Amours d'Ovide, traduction libre en vers français; suivi du Remède d'Amour, poëme en deux chants, imité d'Ovide: ornés de 4 gravures par J. Bouillard. *A Paris, Chez Égron*, an VII. In-8. (De 6 à 8 fr.)

200 pp. et 2 ff. n. ch., plus 4 figures de Bouillard avec leurs papiers de soie.
Existent avant la lettre.

— Traduction nouvelle de l'Art d'Aimer d'Ovide. *A Paris, de l'imprimerie de Valade, et se trouve à Reims, Chez Cazin, libraire*, 1783. In-18. (De 5 à 6 fr.)

175 pp., plus 1 frontispice par Pitz, gravé par Duponchel.
Traduction mutilée, dit Cohen, et qui semble avoir été faite pour un pensionnat de demoiselles.

— Œuvres galantes et amoureuses d'Ovide. *A Londres*, 1786 (Cazin). 2 vol. In-18. (De 6 à 8 fr.)

Portrait-médaillon par Marillier, gravé par Delvaux.

— Œuvres complètes d'Ovide, traduites en français, auxquelles on a ajouté la vie de ce poëte, les Hymnes de Callimaque, le Pervigilium Veneris, etc..., édition imprimée sous les yeux et par les soins de J. Ch. Poncelin. *A Paris, Debarle*, an VII. 7 vol in-8 ou in-4. (De 15 à 20 fr.)

7 frontispices par Quéverdo, gravés par Simonet, Thomas et Trière, dont les trois derniers, composés de médaillons sont ravissants.
Il existe 25 exemplaires in-4 et 25 in-8, avec les figures avant la lettre.

OZANNE. — Vues de Paris, gravées par J. Fr. et M. J. Ozanne. *A Paris, chez la veuve Chéreau*. S. d. (1765). In-4 oblong. (De 200 à 250 fr.)

Titre et 5 planches d'après Ozanne, gravés par Jeanne-Françoise Ozanne et Marie-Jeanne Ozanne.

OZANNE (Jeanne-F.). — **Différents Sujets de marine**, gravés par Jeanne-F. Ozanne. *A Paris, rue Saint-Jean-de-Beauvais*. S. l. In-8. (De 80 à 100 fr.)

Frontispice et 115 figures des principaux types de bateaux du milieu du XVIIIᵉ siècle.

OZANNE (Yves-Marie). — **Nouvelles Vues perspectives des Ports de France**, dessinées pour le Roi par M. Ozanne. S. l. n. d. (1791). In-fol. (De 125 à 150 fr.)

1 titre, une carte et 60 planches en largeur.

C'est le principal ouvrage du dessinateur de marine Ozanne. — 47 vues des ports de France par Ozanne, dessinées à l'encre de Chine, se sont vendues 1,200 fr., en décembre 1813. On connaît encore de lui, les recueils suivants :

Différents Ports et Rades de France et des Antilles, 18 planches gravées par Le Guaz et J.-F. Ozanne.

Vues des Lieux célèbres de diverses parties du Monde, gravées par Coiny, Garreau, Filhol, Masquelier, Le Gouaz, Pillement et Racine.

Marine militaire, ou Recueil des différents vaisseaux qui servent à la guerre, etc., par Ozanne l'aîné. 1 frontispice et 50 planches.

En maroquin rouge ancien, vente Hulot aujourd'hui dans la collection Ferdinand de Rothschild; un autre contenant le titre, la dédicace au duc de Choiseul, les armoiries, l'avertissement et la table et 47 planches, en maroquin rouge ancien, 135 fr., vente Destailleur (1891, n .818).

Ornements de Proues de divers bâtiments, 24 planches gravées par Le Gouaz et Coiny.

Recueil des combats de Jean-Bart, 19 planches.

Recueil des combats de Dugay-Trouin, 29 planches, gravées par J.-R. Ozanne et Le Gouaz.

— **Recueil de Combats et d'Expéditions maritimes**, contenant des vues, perspectives et pittoresques de ces combats..., le texte explicatif de chaque sujet, gravures par Dequevauviller, d'après les dessins de M. Ozanne. *A Paris, Chez Dequevauviller*, an VI, 1797. In-fol. (De 10 à 15 fr.)

Planches et cartes.

En demi-reliure, 15 fr., vente E. Martin (n. 105).

ACOME (Le Frère). — Description du plan en relief de l'abbaye de la Trappe, présenté au Roy. *A Paris, Chez J. Collombat*, 1708. In-4. (De 10 à 15 fr.)

Un frontispice, un grand plan et 12 planches pliées par De Rochefort. Sur les 12 planches 4 présentent des vues, les 8 autres des tableaux relatifs à la vie de l'abbé de Rancé et aux occupations des religieux.

En maroquin rouge ancien, aux armes de Jacques II d'Angleterre, vente Destailleur, aujourd'hui dans la collection Ferdinand de Rothschild. Aux armes du duc de Berry, petit-fils de Louis XIV, ancienne collection Jérôme Pichon.

PAGÈS (François). — Les Erreurs de la Vie, ou Mémoires de Félicie. *A Paris, Dentu*, an VII. In-12. (De 10 à 12 fr.)

2 figures de Binet, gravées par Mariage.

PAHIN DE LA BLANCHERIE. — Extrait du journal de mes voyages, ou Histoire d'un jeune homme, pour servir d'école aux pères et mères. *A Paris,* *chez les frères de Bure*, 1775. 2 vol. in-8. (De 15 à 20 fr.)

Une charmante figure par Marillier, gravée par Romanet.

En maroquin rouge ancien, papier de Hollande, chiffre sur les plats, 96 fr., vente Le Barbier de Tinan (n. 51).

PAJON. — Histoire du roi Splendide et de la princesse Hétéroclite. S. l., 1748. 2 part. en 1 vol. in-12. (De 15 à 20 fr.)

2 titres-frontispices.

PALISSOT. — Les Philosophes, comédie en trois actes et en vers, par Palissot de Montenoy. *A Paris, Chez Duchesne*, 1760. In-12. (De 25 à 30 fr.)

Fleuron-vignette sur le titre et 3 figures dessinées et gravés par Eisen.

— Lettre de l'auteur de la comédie des Philosophes au public, pour servir de préface à la pièce. S. l. (Paris). 1760. In-12. (De 8 à 10 fr.)

3 jolies figures non signées.

La comédie des *Philosophes*, dirigée contre les encyclopédistes, donna naissance à plusieurs parodies avec figures satyriques, *Philosophes de bois*, 1760. In-12. 1 figure non

MARILLIER

DESSIN POUR LES *Œuvres* DE L'ABBÉ PRÉVOST (1783)
APPARTIENT A LA BARONNE JAMES DE ROTHSCHILD

signée. — *Le petit Philosophe* de Poinsinet, 1760. 1 figure. — *Les Originaux*, Nancy, 1760. in-12. 1 frontispice signé *Bon sens inv. Juste sc.* — *Les Philosophes manqués* (par Caillaux), 1760. In-12. 1 frontispice non signé et 2 planches de médailles.

On y joint quelquefois une grande figure, *le Repas des philosophes*.

— Théâtre et Œuvres diverses. *A Londres et Paris*, 1763. 3 vol. in-12. (De 10 à 15 fr.)

Très joli portrait par Saint-Aubin, gravé par Poletnich, au tome I et au tome II, une figure signée à la pointe J. S. A. S.

L'exemplaire de la reine Marie-Antoinette en maroquin rouge se trouve à la réserve de la Bibliothèque nationale.

— La Dunciade, poème, en dix chants, Nouvelle édition... *A Londres*, 1781. In-18. (De 4 à 5 fr.)

229 pp., plus un portrait-médaillon par Monnet, gravé par Voysard.

— Œuvres complètes de M. Palissot. *A Liège et Paris, Bastien*, 1778-1779. 7 vol. in-8, (De 25 à 30 fr.)

1 portrait par Monnet, gravé par Choffard, et 18 figures, dont 8 par Méon, gravées par Thérèse Martinet, et 10 par Monnet, sans nom de graveur.

Il existe une autre édition avec les mêmes figures. *A Paris, de l'Imprimerie de Monsieur*, 1788. 4 vol. in-8. L'exemplaire de la reine Marie-Antoinette en maroquin rouge à ses armes était chez Eugène Paillet (*Bull. Morgand*, n. 12309 : 3,000 fr.)

PALLAS. — Voyages de Pallas en différentes provinces de l'Empire de Russie et dans l'Asie septentrionale, trad. de l'allemand par Gauthier de la Peyronie. *A Paris*, 1788-93. 5 vol. in-4 de texte plus un atlas in-fol. (De 40 à 50 fr.)

Il y a des exemplaires en grand papier. On y joint les *Voyages entrepris dans les gouvernements méridionaux de l'Empire de Russie dans les années 1793 et 1794*, par Pallas, traduction de l'allemand par de La Boulaye et Tonnelier, 1805. 2 vol. in-4 et un atlas oblong. (De 15 à 20 fr.)

PANARD. — Le Nouvelliste dupé, opéra-comique en un acte, par M. Panard. *A Paris, Duchesne*, 1757. In-8. (De 8 à 10.)

Portrait de Panard, gravé par Chenu.

PANCKOUKE (Henri). — Lettre de don Carlos à Élisabeth, suivie d'un passage de l'Aminte du Tasse, traduit en vers, et du poème de la Nuit, imité de Gessner. *A Paris, Panckouke et Ve Duchesne; Lille, Carré de la Rue*, 1768. In-8. (De 8 à 10 fr.)

1 figure de Gravelot, gravée par Levasseur.

PANTIN ET PANTINE, conte. *A A Paris, chez tout le monde, à la Folie*, l'an du Bilboquet 55 (1745). In-12. (De 8 à 10 fr.)

Titre gravé et frontispice non signés.

PANTINS DES BOULEVARDS (Les), ou les B... de Thalie, etc... recueillis par le compère Mathieu. *A Paris, de l'Imprimerie de Nicodème dans la lune*, 1791. 2 parties en 1 vol. pet. in-12. (De 100 à 125 fr.)

Comprenant les Amusements libertins du spectacle lirique, Orgies paillardes de l'Ambigu-Comique, Travaux priapiques des Délassemens comiques, Obscénités triviales des danseurs de corde, Trétaux gaillards et crapuleux des associés, Passetems orduriers des comédiens de Baujollois. — Chaque pièce a un frontispice et une figure non signés. En tout 108 et 107 pp.

PAPILLON (Jean-Michel). — Cf. *Petit Almanach de Paris*, aux *Almanachs*.

Cet habile graveur sur bois forma deux collections de ses œuvres; la plus belle est à la Bibliothèque nationale. L'autre qu'il donna en 1760 à Simier, imprimeur du Parlement, comprenant 3,595 pièces, a figuré en dernier lieu à la vente Destailleur (1895, 1209 : 500 fr.)

PAPILLON DE LA FERTÉ. — Extraits de différents ouvrages publiés sur la Vie des peintres, par P. D. L. F. *A Paris, Ruault*, 1776. 2 vol. in-8. (De 15 à 20 fr.)

2 frontispices allégoriques par J.-M. Moreau, gravés par L. Lempereur.
L'exemplaire de Marie-Antoinette, en maroquin rouge à dentelles, est à la Bibliothèque nationale.

— Elemens d'Architecture, de fortifications et de navigation, avec un Vocabulaire des termes de Fortifications et des principaux termes de la Navigation, en françois et en anglois. Par M. P. D. L. F. *A Paris, chez la veuve Ballard et fils*, 1787. In-8. (De 20 à 25 fr.)

2 ff. n. ch., 68 pp., 51 pp., 92 pp., 2 ff. n. ch., plus 23 planches repliées, gravées par Michelinot, se décomposant comme suit : 16 planches pour l'Architecture, 6 planches pour les Fortifications et 1 pour la Navigation.

PARC AU CERF (Le). — Voyez BOURDON.

PARFAIT COCHER (Le) ou l'Art d'entretenir et conduire un équipage en ville et en campagne. *A Liège*, 1777. In-8. (De 10 à 15 fr.)

1 figure-frontispice signée Vernansal, gravée par H. Godin.
Attribué à la Chesnaie des Bois et au duc de Nevers.

PARMENTIER (Abbé). — Lettres de Caton d'Utique à César. *A Paris, de l'imprimerie de Lambert*, 1766. In-8. (De 8 à 10 fr.)

1 jolie figure de Gravelot, gravée par Fessard,

PARNY. — Opuscules poétiques. *A Amsterdam*, 1779. In-8. (De 15 à 20 fr.)

5 figures par Monnet, gravées par Anselin.

— Opuscules de M. le Cher de Parny. Troisième édition, Corrigée et augmentée. *A Londres* (Paris, Cazin), 1781. In-18. (De 20 à 25 fr.)

1. f. n. ch., 284 pp., 1 f. n. ch., plus 1 frontispice gravé et 4 charmantes figures non signées.
En maroquin rouge de Cuzin, 29 fr., vente Massicot (n. 592).

En maroquin vert ancien, aux armes de la duchesse de Gramont-Choiseul, collection d'Adda, aujourd'hui collection James de Rothschild (n. 859). L'exemplaire de Marie-Antoinette, en maroquin rouge a appartenu à Henri Bordes.

— Opuscules de M. le Cher de Parny. Quatrième édition corrigé et augmentée pour la dernière fois. *S. l.*, 1784. 2 vol. in-18. (De 15 à 20 fr.)

Tome I : 1 f. n. ch., 168 pp., plus 1 titre gravé et 2 figures.
Tome II : 1 f. n. ch., 164 pp., plus 1 titre gravé et 3 figures.
En tout 2 titres gravés, le même pour les 2 vol., et les 5 figures de Monnet ci-dessus, gravées par Anselin.
Réimpression de Didot en 1796. 2 vol. petit in-8; mêmes figures.
La cinquième édition est de 1787 : en maroquin vert ancien, 29 fr., vente Sardou (n. 157).

— Opuscules de M. le chevalier de Parny. Quatrième édition. *A Londres et Caen, chez Manoury*, 1787. 2 vol. in-16. (De 8 à 10 fr.)

1 frontispice gravé et 4 figures très médiocres, gravées par Coulet.
Contrefaçon de Cazin signalée comme telle par le cazinophile Brissart-Binet.

— Œuvres complètes du Chevalier de Parny. *A Paris, Chez Hardouin*, 1788. 2 vol. in-18. (De 10 à 15 fr.)

Tome I : 1 f. n. ch., 180 pp., plus 1 titre gravé et 2 figures.
Tome II : 1 f. n. ch., 190 pp., plus 1 titre gravé et 4 figures.
Mêmes figures de Monnet que ci-dessus.
En veau ancien, 16 fr., vente R. Portalis (novembre 1878, n. 66).

PARODIES (Les) du nouveau Théâtre italien. *A Paris, Briasson*, 1738. 4 vol. in-12. (De 15 à 20 fr.)

4 frontispices variés, dessinés et gravés par Mathey et Scotin.

PARTISANS DÉMASQUEZ (Les), nouvelle plus que galante, divisée en quatre parties. *A Cologne, chez Adr.*

L'Enclume, gendre de P. Marteau, 1710. Petit in-12. (De 20 à 25 fr.)

Frontispice dans le genre de Harrewyn.

PASQUIER. — Plan topographique et raisonné de Paris, dédié à Mgr le duc de Chevreuse, par les Srs Pasquier et Denis, graveurs. *A Paris,* 1758. Pet. in-8. (De 30 à 40 fr.)

Ouvrage entièrement gravé et contenant 12 petits en-tête ou culs-de-lampe représentant les vues de Paris, dessinées et gravées par Pasquier.

PASSE-TEMS DU BOUDOIR (Les) ou recueil nouveau de Contes en Vers. *A Galipoly, chez la veuve Turban, Libraire, rue du Ramasan.* 1785. In-12. (De 10 à 12 fr.)

149 pp., 1 p. et 2 ff. n. ch., plus 3 figures non signées.

PASSION (La) et mort de Louis XVI roi des juifs et des chrétiens. *A Jérusalem* (Paris), 1790. In-8. (De 10 à 15 fr.)

1 figure satirique, non signée.
La figure représente le roi crucifié entre un membre de la noblesse et un membre du clergé.

PATAS — Sacre et Couronnement de Louis XVI, Roi de France et de Navarre. A Reims, le 11 juin 1775 (par l'abbé Pichon), Précédé de Recherches sur le Sacre des Rois de France (par Gobet) depuis Clovis jusqu'à Louis XV; Et suivi d'un Journal Historique de ce qui s'est passé à cette auguste Cérémonie. Enrichi d'un très-grand nombre de Figures en taille-douce, gravées par le Sieur Patas, avec leurs Explications. *A Paris, Chez Vente (et chez Patas)* 1775. In-8. (De 60 80 fr.)

Pp. III-XII et 1-147, 19 ff. n. ch. et 92 pp., plus 1 titre gravé, 1 frontispice, 1 grand plan de Reims, 1 planche d'armoiries, 9 planches pliées et 39 figures de costumes.
Contient en outre 14 vignettes en-tête.
Existe in-4 sur grand papier de Hollande. (De 200 à 300 fr.) Dans ces exemplaires, les épreuves sont très supérieures à celles de l'in-8 et les figures ont des encadrements. On y trouve souvent le portrait de Louis XVI par Duplessis, gravé par Lemire, et parfois un autre par Saint-Aubin.

En maroquin citron, aux armes du roi, 135 fr, vente Radziwill (n. 1477).
En maroquin rouge ancien, aux armes du Roi, 200 fr., vente E. Martin (n. 723); même condition, 260 fr., vente Destailleur (1891, n. 277).
Le plus bel exemplaire connu est celui de Marie-Antoinette, dans une riche reliure à ses armes en maroquin rouge à larges dentelles, vendu 1,600 fr., vente Ruggieri (n. 606) puis 7,000 fr., vente Léopold Double (1881, n. 56), aujourd'hui au Musée Dutuit (n. 721).

PATOUART fils. — La Muse lyrique dédiée à la Reine, recueil d'airs avec accompagnement de guitare. *A Paris, Chez Baillon, s. d.* (1771-1780). In-8. (De 15 à 20 fr.)

Titre gravé, frontispice aux armes de Marie-Antoinette, dessiné par A. Huet, gravé par L. Legrand et 124 ff. de musique gravée.

PATTE. — Monuments érigés en France à la Gloire de Louis XV, précédés d'un tableau du progrès des arts et des sciences sous ce règne, etc... *A Paris, chez l'auteur et chez Desaint et Saillant,* 1765. In-fol. (De 100 à 150 fr.)

1 fleuron sur le titre, 2 vignettes dessinées par Patte et 57 planches dont plusieurs pliées) par Patte, Marvie, Constant, Guelin, Le Carpentier, Boffrand, Slodtz et Rousset, gravées par Aubri, Baquoy, Gabriel, Loyer, Noël Lemire et Marvie.
Un exemplaire en maroquin rouge aux armes du Roi, 140 fr. vente Béhague; (n. 1780bis) même condition, collection Ferdinand de Rothschild.

— Mémoires sur les Objets les plus importans de l'Architecture. Par M. Patte, Architecte de S. A. M^r le Prince Palatin, Duc régnant de Deux-Ponts. Ouvrage enrichi de nombre de Planches gravées en taille-douce. *A Paris, Chez Rozet,* 1769. In-4. (De 40 à 50 fr.)

4 ff. n. ch. et 375 pp., plus 27 planches.

L'exemplaire de dédicace, en maroquin vert ancien aux armes du marquis de Marigny, est dans la collection James de Rothschild (n. 247).

PAULET. — L'Antimagnétisme ou origine, progrès, décadence, renouvellement et réputation du magnétisme animal. *A Londres*, 1784. In-8. (De 10 à 12 fr.)

2 ff. n. ch., 252 pp., plus 1 curieuse figure gravée à la manière de lavis.

PAULIN, ou les Aventures du Comte Walter. *A Philadelphie*, 1792. 2 vol. in-18. (De 8 à 10 fr.)

2 jolies figures non signées.
Ce roman est attibué à Grandin.

PAULMY (Marquis de). — Choix de petits romans de différens genres par M. L. M. D. P. *A Londres et Paris*, 1789. 2 vol. in-18. (De 8 à 10 fr.)

2 figures non signées.

PAUSANIAS, ou Voyage historique de la Grèce, traduit en français avec des remarques par l'abbé Gédoyn. *A Paris*, 1731. 2 vol. in-4. (De 30 à 40 fr.)

1 frontispice par Humblot, gravé par Scotin, 4 planches de Rigaud, qui se déploient, et 3 cartes.

PEIGNOT (Gabriel). — Opuscules philosophiques et poétiques de Frère Jérôme, mises au jour par son cousin Gabriel P... *A Paris, de l'imprimerie de Mercier*, an IV. In-18. (De 8 à 10 fr.)

VI-143 pp., plus 1 figure-frontispice non signée.
C'est le premier ouvrage de ce fécond auteur.

PELLEPORT (G. Laffitte, marquis de). — Le Diable dans un bénitier et la Métamorphose du Gazetier cuirassé en mouche, etc.... par Pierre Le Roux, ingénieur des grands chemins. *A Paris, de l'imprimerie Royale*, s. d. In-8. (De 15 à 20 fr.)

1 figure non signée.
Pamphlet contre Thévenot de Morande.

PENSÉES sur les Femmes et le Mariage, dédiées aux hommes par un vieux militaire. *A Kehl*, 1782. 3 vol. in-12. (De 20 à 25 fr.)

Frontispice assez curieux, non signé.

PÉRAU (Abbé). — Description historique de l'hôtel royal des Invalides, avec les plans, coupes, etc. *A Paris, Desprez*, 1756. In-folio. (De 50 à 60 fr.)

1 frontispice par Cazes, gravé par Cochin, 1 fleuron par Cochin, 2 vignettes par d'Ulin, gravées par Cochin ; deux lettres ornées, gravées l'une par Cochin, l'autre par Pasquier, 187 grandes planches gravées par Cochin.
L'exemplaire Ferdinand de Rothschild est en maroquin rouge ancien, aux armes du marquis de Paulmy.

PÈRE AVARE (Le). *A Paris*, 1770. 3 vol. in-12. (De 6 à 8 fr.)

1 figure-frontispice par Eisen, gravée par Lemire.

PERNETTI (Abbé Jacques). — Lettres philosophiques sur les Physionomies. *A La Haye, Chez Jean Neaulme*, 1747. In-8. (De 8 à 10 fr.)

Frontispice gravé.
En maroquin rouge de Derôme, 65 fr., vente R. Portalis (novembre 1878, n. 13).

— Lettres philosophiques sur les Physionomies, « ex vultibus hominum mores colligo ». *A La Haye, Petronius*, 1762 et 1768. 2 parties in-12. (De 10 à 12 fr.)

Frontispice non signé (le même pour les deux parties), titres gravés.

PERRAULT. — Histoires ou Contes du Temps passé, avec des moralités, par Charles Perrault. Nouvelle édition, augmentée d'une nouvelle à la fin.

(L'Adroite Princesse, par Mlle L'Héritier.) *A La Haye et à Paris, Coustelier*, 1742. Pet. in-12. (De 250 à 300 fr.)

4 ff. n. ch. et 137 pp., plus le frontispice.
Contient 1 frontispice et 8 jolies vignettes en-tête par De Sève, gravées par Fokke.
C'est dans cette édition que paraissent pour la première fois les jolies vignettes en-tête, utilisées à nouveau en 1781 par le libraire Lamy.
En veau marbré, 100 fr., vente Radziwill (n. 1009); en maroquin rouge de Capé, 80 fr., vente Lebeuf de Montgermont (1876, n. 715); en maroquin vert, de Trautz, 240 fr., vente de Béhague (n. 1130); le même (?), 300 fr., vente Destailleur (1891, n 1426); en maroquin citron, de Trautz, 381 fr., vente Lignerolles (n. 1918), revendu 605 fr., vente Montgermont (1911, n. 161).

— Contes de ma Mère l'Oye. — Mother Goose's Tales. *A La Haye, Jean Neaulme*, 1745. Pet. in-8. (De 60 à 80 fr.)

1 frontispice et 8 figures.
Edition avec le texte français en regard de la traduction anglaise.
En maroquin orange de Lortic, 85 fr., vente Daguin (n. 541).
Autre édition, Londres, Melvil, 1764. In-8 de 227 pp. avec 8 figures signées H. Immink.

— Histoires ou Contes du Temps passé, Avec Les Moralités. Nouvelle Édition, augmentée d'une Nouvelle et d'une Fable. *A La Haye et se trouve à Liège, chez Bassompierre*, 1777. In-8. (De 100 à 120 fr.)

VI-120 pp., plus le frontispice.
Contient un titre-frontispice encadré et 9 vignettes à mi-page.
Reproduction des vignettes de Fokke. La dernière seule est nouvelle.
En maroquin citron de Trautz, relié sur brochure, 110 fr., vente L. de Tinan (n. 170); le même (?) 298 fr., vente H. Bordes (1897, n. 87).

— Contes des Fées, par Charles Perrault. *A Paris, Lamy*, 1781. — Griselidis, Peau d'Ane et les Souhaits ridicules (en vers, et Peau d'Ane en prose). *A Paris, chez Lamy*, 1781. 2 parties en 1 vol. in-12. (De 300 à 400 fr.)

XXXII-279 pp. et 149 pp. plus le frontispice.
Contient un frontispice et 12 vignettes en-tête.
Edition assez rare et fort recherchée. Il y a des exemplaires en grand papier, mais le petit papier est tout aussi rare.
L'éditeur Lamy s'est servi pour son édition des cuivres gravés par Fokke d'après de Sève pour l'édition de 1742 et qu'il a fait retoucher. Comme il n'y en avait pas pour les contes de *Griselidis* et de *Peau d'âne*, il fit exécuter deux vignettes par Martinet, qui sont répétées aux contes des *Souhaits ridicules* et de *Peau d'âne* en vers.
Quelques exemplaires de choix ont le frontispice tiré en trois tons, bleu, rouge et noir et les vignettes tirées hors texte en rouge.
On connait deux exemplaires sur peau de vélin; l'un qui a appartenu à Chardin (vente de 1823, n. 1841) et l'autre, imprimé spécialement pour Madame Royale, relié en maroquin bleu ancien, enrichi de 19 dessins originaux, vendu 682 fr., vente Paris d'Illens (*Londres*, 1791, n. 405); ce dernier exemplaire est aujourd'hui à Chatsworth dans la collection du duc de Devonshire.
Ce volume est annoncé dans le Journal de Paris du 2 septembre 1781 (n. 245); le prix sur papier ordinaire était de trois livres. « L'on a, dit l'annonce de Fournier et Lamy, fait tirer quelques exemplaires de cet ouvrage en grand format, sur papier fin d'Angoulême et sur papier de Hollande ». Ces papiers se reconnaissent à leur épaisseur très différente.
On trouve cet ouvrage sur petit papier avec l'adresse de Fournier; ces exemplaires ont une pagination continue, se terminant à la p. 424.
Brunet trouvait exagéré le prix de 661 fr., payé à la vente Solar pour un très bel exemplaire sur papier fort, frontispice en trois couleurs, en maroquin rouge de Derôme, charmante reliure à l'oiseau. (Payé 400 fr., par Lacarelle, vente J.-J. de Bure, 1853, n. 932); qu'aurait-il dit s'il avait vu ce même exemplaire revendu 4,950 fr., vente Lignerolles (n. 1920; ensuite chez Lord Carnarvon, n. 91)? D'ailleurs le bel exemplaire que possédait Brunet lui-même ne fut-il pas adjugé à sa vente (n. 454) 2,600 fr., à Fontaine? Il était en maroquin rouge à dentelle, par Derôme, avait les vignettes en rouge et noir et le frontispice en trois couleurs.
Un autre exemplaire en maroquin rouge de Derôme fut vendu 72 fr., vente La Bédoyère (1837, n. 1029), puis 1,120 fr., vente Pichon (1869, n. 767) et 2,400 fr. à Mercier, vente Lebeuf de Montgermont (n. 716). Il

est, croyons-nous, dans la collection Olry-Roederer.

Un autre encore, sur grand papier de Hollande, vignettes en rouge et noir, frontispice en trois couleurs, en maroquin rouge de Derôme (reliure signée) 80 fr., vente Pixerécourt (n. 1359) revendu 195 fr., vente Aimé-Martin (1847, n. 750) et 4,120 fr., vente du baron de Ruble (n. 474).

En maroquin rouge de Derôme, papier fort, 980 fr., vente R. Portalis (1882, n. 87) revendu 1,120 fr., vente Müller (n. 215). En maroquin citron de Trautz, 405 fr., vente Destailleur (1891, n. 1427); en veau ancien, 710 fr., vente Doistau (n. 72); en maroquin orange, superbe reliure mosaïquée par Mercier, 4,100 fr., vente Montgermont (1911, n. 162). L'exemplaire Ferdinand de Rothschild, aussi sur papier fort, en maroquin rouge janséniste, a le frontispice avant la lettre.

Il existe une réimpression, sous la date de 1782, avec l'adresse de Fournier et Onfroy (VIII-328 pp.)

— Histoires du Temps passé, ou les Contes de ma mère L'Oye avec des moralités, par M. Perrault, orné de figures en taille-douce *A Londres et se trouve à Bruxelles chez Le Francq*, 1785. 2 vol. in-18. (De 40 à 50 fr.)

1 frontispice et 9 figures non signés.
Texte français et anglais en regard.

— Contes des Fées, contenant le Chaperon rouge, les Fées, Barbe-Bleue, la Belle au bois-dormant, le Chat botté, Cendrillon, Riquet à la Houppe, le Petit Poucet, l'Adroite Princesse, Griselidis, Peau d'Ane, les Souhaits ridicules. *De l'imprimerie de Didot jeune, à Paris, chez A. Tardieu*, an IX. In-12. (De 15 à 20 fr.)

12 figures par Canu.

PERREAU. — Scènes champêtres et autres ouvrages du même genre, par M. P***. *A Londres et à Paris chez Desanges*, 1875. In-18. (De 5 à 6 fr.)

Titre gravé, non signé.

PERRET (J.-J.) — La Pogonotomie, ou l'Art d'apprendre à se raser soi-même, avec la manière de connaître toutes sortes de pierres propres à affiler tous les outils, et les moyens de préparer les cuirs pour repasser les rasoirs, etc., par J.-J. Perret. *A Paris*, 1769. In-12. (De 5 à 6 fr.)

1 frontispice non signé.

PERRIN. — Werthérie, par Perrin, troisième édition, etc., ornée de gravures. *A Paris, Louis*, an II. 2 vol. in-18. (De 5 à 6 fr.)

4 figures médiocres, gravées par Frussotte.

PERSE. — Satires de Perse, traduction nouvelle avec le texte latin à côté, et des notes, par M. l'abbé Lemonnier. *A Paris, chez Jombert et Cellot*, 1771. In-8. (De 10 à 15 fr.)

1 frontispice par Cochin, gravé par Rousseau.

En maroquin rouge ancien, sur papier de Hollande 14 fr. 50, vente J.-J de Bure (n. 542) revendu 73 fr., vente Lignerolles (n. 812).

PERSE et JUVÉNAL. — Auli Flacci Persii, D. Juvenalis et Sulpiciæ Satyrarum nova editio diligenter recognita. *Parisiis, Barbou*, 1776. In-12. (De 6 à 8 fr.)

2 beaux frontispices gravés par Cl. Duflos.

— Auli Persii Flacci Satyræ. *Bernæ* 1765. In-8. (De 6 à 8 fr.)

1 frontispice de Grimm gravé par Holzhalb, et vignettes dont une signée de Holzhalb.

PERTUISIER (Ch.) — Mes Premières Étourderies, ou Quelques Chapitres de ma vie en attendant mieux. *A Paris, Marchand*, an VIII, 3 vol. in-16. (De 20 à 25 fr.)

3 figures par Binet, gravées par Bovinet.

PESSELIER. — Fables nouvelles, par M. P***. *A Paris, Prault*, 1748. Pet. in-8. (De 8 à 10 fr.)

1 frontispice, 1 fleuron sur le titre et 1 vignette par Eisen, gravés par Lebas.
Autre édition : Œuvres de Pesselier de l'Académie de Nancy. *Paris, Duchesne*, 1758. In-12.

PESTALOZZI. — Léonard et Gertrude, ou les Mœurs villageoises telles qu'on les retrouve à la Cour, traduit de l'allemand (par Pajon de Moncets.) *A Berlin, Decker*, 1783. In-8. (De 25 à 30 fr.)

12 jolies figures par Chodowiecki.

PETITOT (Ennemond-Alexandre.) — Suite de vases. — Voyez Bossi.

PETITS RIENS LYRIQUES (Les). *A Paris, chez Mlle Mounet, à la Lyre-d'Or, grande place de l'hôtel de Soissons.* s. d. In-18. (De 8 à 10 fr.)

Frontispice gravé par Monnet.
Recueil de chansons.

PETIT-RADEL. — Les Amours de Zoroas et de Pancharis, poëme critique et didactique ou veillées d'un homme de loisir sur le culte de Cythérée, ouvrage traduit du latin, etc... par un amateur de l'antiquité. *A Paris, Patris*, an X (1802). 3 vol. in-8. (De 8 à 10 fr.)

Figures gravées par Mariage.
Le texte latin parut chez Didot l'an IX in-8 avec 1 portrait, 1 frontispice de Bouillard et 2 figures gravées par Michel.

PETIT TRÉSOR (Le) des Artistes ou des Amateurs des Arts ou le Guide sûr et infaillible des peintres, sculpteurs, dessinateurs et architectes... *A Paris, Huet*, an VIII. 3 vol. in-8.

400 figures environ.

PETITY (Jean-Raymond, Abbé de). — Bibliothèque des Artistes et des Amateurs, ou Tablettes analytiques et méthodiques sur les sciences et les beaux-arts; dédiée au Roi, etc., par l'abbé de Petity, prédicateur de la Reine. *A Paris, Simon*, 1766. 3 vol. in-4. (De 40 à 50 fr.)

1 frontispice et 11 figures par Gravelot, gravés par Duclos et Rousseau ; plus 7 planches techniques pour l'écriture, par Laurent; 8 pour l'architecture, par Poulleau ; 18 pour l'imprimerie par Deshautesrayes, gravées par Laurent; 13 planches de texte, dont 9 pliées en trois (ensemble 58 planches), et 1 vignette avec écusson au 1er volume.
L'orthographe de cet ouvrage est ridicule, sans avoir au moins le mérite de l'étrangeté comme celle de Rétif de la Bretonne.
Réimprimé avec les mêmes figures, en 1767, sous le titre : *Encyclopédie élémentaire*.
Les figures de Gravelot existent en tirages hors texte.
Un des dessins originaux de Gravelot, 132 fr., vente du baron de G***. Six croquis dont celui du frontispice, du même, collection Olry-Roederer, provenant des collections Fourquevaulx et Emmanuel Bocher.

— Étrennes françoises, dédiées à la Ville de Paris pour l'année jubilaire du règne de Louis le Bien-Aimé, par l'abbé de Petity, prédicateur de la Reine. *A Paris, Pierre-Guillaume Simon*, 1766. Pet. in-4. (De 30 à 40 fr.)

2 planches d'armoiries, 5 jolies figures en médaillon par Saint-Aubin et 1 estampe allégorique par Gravelot, gravées par Chenu, Duclos et Littret.
Un second tirage porte, Paris, Desnos. et contient l'almanach de 1768. — Un troisième tirage contient les figures dessinées par Lélu et gravées par Chenu d'après l'invention de Pétity.
L'exemplaire Ferdinand de Rothschild est en maroquin rouge ancien aux armes de France et de la Ville de Paris. Dans la même reliure, 400 fr., vente Béhague (n. 1823), 160 fr., vente Richard Lion (n. 320) et 405 fr.. même vente (n. 319); ce dernier est indiqué comme ayant le dos à l'oiseau. Un superbe exemplaire en maroquin vert à large dentelle, aux armes de Louis XV, 5,000 fr., vente Montgermont (1911, n. 163.)
Les croquis préliminaires de Gravelot, provenant du marquis de Fourquevaulx, ont passé de la collection de M. Emmanuel Bocher dans la bibliothèque Olry-Roederer.

— La Sagesse de Louis XVI manifestée de jour en jour, enseignée à ses peuples, etc... *A Paris, chez Gueffier*, 1775. 2 vol. in-8 (De 8 à 10 fr.)

Tome I : LXXX-502 pp., plus 1 front. et 2 figures.
Tome II : 2 ff. n. ch., XCVI et 400 pp., plus 2 figures.
En tout 1 frontispice et 4 figures par Gravelot.

— Les Vœux de la France et de l'Empire, médaillon allégoriques pour le mariage de Monseigneur le Dauphin, 1770, par Messire Jean-Raymond de Petity, prédicateur de la Reine, prieur commandataire de Vieux Vicq et Dangeau. *A Paris, Chez Pierre Chenu, graveur, rue de la Harpe. Paillasson scripsit. Laurent sculpsit.* In-4. (De 60 à 80 fr.)

Ce recueil peu commun se compose de neuf médaillons dont les deux derniers sont dessinés par Gravelot.
Dans un cartonnage de l'époque, 90 fr., vente Guyot de Villeneuve (n. 433).
Ce n'est du reste qu'un fragment d'un recueil fort rare intitulé : Collection des ouvrages les plus intéressants présentés à la Cour à l'occasion du mariage de Monseigneur le Dauphin et Madame la Dauphine. *A Paris, chez Desnos*, 1770. In-4. (De 300 à 350 fr.)
Un exemplaire complet doit contenir selon M. Tourneux (*Marie-Antoinette devant l'histoire*, p. 50, n. 88) :
1° Les portraits du Dauphin et de la Dauphine gravés par Desnos.
2° Chiffre généalogique..., avec un grand tableau gravé.
3° *Les Vœux de la France et de l'Empire*, avec 1 titre et 6 pl.
4° *Les Bouquets de noce, dialogue sur le mariage*, avec un frontispice de Dugourc, gravé par Ingouf.

PÉTRONE. — Satire de Pétrone, trad. par Boispréaux. *A La Haye, chez Jean Neaulme*, 1742. 2 vol. in-12. (De 6 à 8 fr.)

Beau frontispice non signé et 1 joli fleuron sur le titre, répété dans le second volume.

— Pétrone, latin et français; traduction entière suivant le manuscrit trouvé à Belgrade en 1688; nouvelle édition. *A Paris, chez Gide*, au VII (1799). 2 vol. in-8. (De 8 à 10 fr.)

4 figures de Bovalet gravées par Goulet.
Le texte est celui inventé par Nodot en 1690.

PEYROTTE. — Divers ornements dédiés à M. Tavenot, architecte du Roi, par son T. H. S. P... *A Paris, Chez Huquier, s. d.* (vers 1750), in-fol. (De 100 à 120 fr.)

2 séries de 6 pièces chacune, gravées par Huquier.

PEZAY (Le Marquis de). — Zélis au bain. Poëme En quatre Chants. *A Genève.* s. d. (1773.) In-8. (De 150 à 200 fr.)

43 pp., plus 4 figures.
Contient 1 titre par Eisen, gravé par Lemire, avec la date de 1763 ; 4 figures, 4 vignettes et 4 culs-de-lampe par Eisen, gravés par Aliamet, Lafosse, Lemire et de Longueil.
Très belles illustrations. Ce livre existe en grand papier. Les vignettes et les culs-de-lampe peuvent se trouver en tirages à part.
On croit que le premier tirage des figures est indiqué par le paraphe ms. de l'auteur (D. P.) que l'on rencontre au verso des plus belles épreuves.
En maroquin vert par Hardy, relié sur brochure, 199 fr., vente Béhague (n. 690).
Un bel exemplaire sur grand papier, paraphe au verso des figures, celle du chapitre III avant toute lettre, en maroquin rouge de Derôme l'ancien, 560 fr., vente Ch. Cousin (n. 314), aujourd'hui dans la collection Ferdinand de Rothschild ; un autre semblable, 550 fr., vente Destailleur (1891, n. 117); en maroquin bleu ancien à large dentelle, aussi sur grand papier, 1,600 fr., vente Guyot de Villeneuve (n. 426), revendu 2,950 fr., vente Montgermont (1911, n. 165).
En maroquin vert ancien, avec les dessins originaux d'Eisen, 161 fr., vente Renouard (1854, n. 1386), aujourd'hui chez la baronne Salomon de Rothschild.
Seconde édition de 36 pages au lieu des 43 de la première ; figures un peu moins bonnes d'épreuves.

— Le Pot-Pourri, épître à qui on voudra, suivie d'une autre épître par l'auteur de Zélis au bain. *A Genève et Paris, Sébastien Jorry*, 1764. In-8. (De 15 à 20 fr.)

2 figures, 2 vignettes et 2 culs-de-lampe par Eisen, gravés par Lemire, Aliamet et de Longueil.
Charmant volume très élégamment illustré. Les vignettes et culs-de-lampe existent en tirages à part.
Il y a des exemplaires sur grand papier.

— Lettre d'Alcibiade à Glicère, bouquetière d'Athènes, suivie d'une Lettre de Vénus à Paris et d'une Épitre à la Maîtresse que j'aurai. *A Genève et à Paris, chez Sébastien Jorry,* 1764. In-8. (De 15 à 20 fr.)

1 figure, 3 vignettes et 2 culs-de-lampe par Eisen, gravés par Aliamet, de Longueil et Lemire.
Se trouve en grand papier.
Les vignettes et les culs-de-lampe sont très beaux. Cette lettre a été souvent attribuée à Dorat.

— L'Heureux Jour, épitre à mon ami. *A Paris, Chez la Ve Duchesne,* 1768. In-8. (De 25 à 30 fr.)

29 pp. (y compris le titre gravé), plus 1 figure.
Contient 1 titre gravé, 1 vignette et 1 cul-de-lampe par Eisen, gravés par de Ghendt, et 1 figure gravée par Massard.
Se trouve en grand papier.
En maroquin rouge de Chambolle avec les dessins originaux d'Eisen, à la mine de plomb sur vélin, 3,150 fr., vente Montgermont (1911, n. 164).

— La Nouvelle Zélis au bain, poème en six chants. *A Genève et Paris, Merlin,* 1768. In-8. (De 15 à 20 fr.)

1 titre gravé, 6 figures, 6 vignettes et 6 culs-de-lampe.
Les figures seules des 1er et 6e chants sont nouvelles, et signées d'Eisen. Les autres avaient déjà servi dans la première *Zélis.*

— Les Tableaux, suivie de l'Histoire de Mlle de Syane et du comte de Marcy. *A Amsterdam et à Paris, chez Delalain,* 1771. In-8. (De 15 à 20 fr.)

1 titre-frontispice et 1 cul-de-lampe par Eisen, gravés par de Ghendt.

PHÈDRE. — Phædri Aug. Liberti Fabularum libri V, notis illustravit in usum serenissimi principis Nassavii, David Hoogstratanus. *Amstelædami, Franc. Halma,* 1701. In-4. (De 50 à 60 fr.)

Frontispice par Gœrée, gravé par Boutats; 1 fleuron sur le titre, non signé; 1 portrait de Jean Guillaume, prince de Nassau, par Vaillant, gravé par Van Gunst; 6 vignettes, 31 culs-de-lampe, 9 lettres ornées et 18 figures composées, chacune de 6 médaillons à sujets, dessinés et gravés par Van Vianen.
Très belle édition, bien illustrée.
En grand papier, maroquin bleu ancien, 115 fr., vente Radziwill (n. 686).
En maroquin rouge de Derôme, 95 fr., vente Chaponay (n. 197), revendu 355 fr., vente Lebeuf de Montgermont (1876, n. 256); en vélin ancien, 51 fr., vente E. Martin (n. 160); en maroquin rouge de Derôme, à l'oiseau, 210 fr., vente L. de Tinan (n. 94); en maroquin bleu ancien, exemplaire de Lamoignon, 650 fr., vente Montgermont (1911, n. 166).

— Phædri Fabulæ et Publii Syri Sententiæ. *Parisiis, Ex Typ. Regia,* 1729. In-64. (De 12 à 15 fr.)

Joli petit frontispice gravé à l'eau-forte par Ph. Simonneau.
Non rogné, en maroquin violet de Thouvenin, 10 fr., vente E. Martin (n. 161): en maroquin rouge ancien, 14 fr., même vente (n. 162).
Un charmant exemplaire sur grand papier, en maroquin vert de Derôme, a passé chez Méon (1375 : 96 fr.) Soleinne, de Givenchy, et Ch. Cousin (n. 226 : 77 fr.)

— Phædri Aug. Liberti Fabulæ Æsopicæ. *A Paris, Coustelier.* 1742. (De 5 à 6 fr.)

Joli frontispice par Coypel, gravé par Fessard et vignette en tête de chaque livre.

— Phædri Augusti Liberti Fabulæ, etc., *Parisiis, Barbou,* 1754. In-12. (De 6 à 8 fr.).

1 frontispice, 7 vignettes et 5 culs-de-lampe par Durand, gravés par Fessard et Sornique.
Jolies illustrations.

— Fables de Phèdre. *A Paris,* 1758. In-12. (De 5 à 6 fr.)

Frontispice par Descamps, gravé par Le Mire.

— Fables de Phèdre en vers français. *A Berne,* 1792. In-12. (De 5 à 6 fr.)

1 frontispice et 1 vignette dessinés et gravés par Dünker.

— Fables de Phèdre, affranchi d'Auguste, traduites en français, avec le texte à côté, et ornées de gravures. *A Paris, Didot l'aîné, 1806.* 2 vol. in-18, papier vélin. (De 20 à 25 fr.)

1 portrait de Mme Fanny de Beauharnais (à qui l'édition est dédiée), par Lefèvre, gravé par Moithey, 1 titre gravé, 1 frontispice et 106 figures, dans le genre de celle des Fables de La Fontaine, par Simon et Coiny, mal gravées par Moithey.
En grand papier vélin, non rogné, demi-reliure de Capé, avec la suite complète des avant-lettre et eaux-fortes, 160 fr., vente E. Martin (n. 163).
En maroquin rouge de Lefebvre, 28 fr., vente Ch. Cousin (n. 227).
C'est une édition expurgée.
Il a été tiré quelques exemplaires sur vélin du texte seul.

PHILIDOR (A.-D.). — Analyse du jeu d'échecs, nouvelle édition considérablement augmentée, par A.-D. Philidor. *A Londres, Chez P. Elmsley*, 1777. In-8. (De 5 à 6 fr.)

Très beau portrait de l'auteur par Bartolozzi.
En veau ancien, 10 fr., vente E. Martin (n. 122).

PHILIPPE. — Le Spectacle de l'Histoire romaine depuis la fondation de Rome jusqu'à la prise de Constantinople. *A Paris, chez la Vve Tilliard*, 1776. In-4. (De 15 à 20 fr.)

Carte et 40 planches desquelles 9 sont d'après Gravelot, 3 d'après Eisen, 3 d'après Blomey et 25 d'après G. de Saint-Aubin, gravés par Aveline, Chenu, Courtois, Legrand, Lorraine, Pelletier, A. de Saint-Aubin et Tardieu.
Ces planches se retrouvent dans l'ABRÉGÉ de l'histoire romaine de l'abbé Millot.

PHILOSOPHIE d'une femme. S. l. 1787. Pet. in-8. (De 5 à 6 fr.)

Tête de femme sur le titre, dessinée et gravée par Dünker.

PHYSIOCRATIE, ou Constitution naturelle du gouvernement le plus avantageux au genre humain, recueil publié par Dupont. *A Leyde et Paris, Merlin*, 1768. In-8. (De 5 à 6 fr.)

1 figure de Jeaurat, gravée par Ozanne, et 1 vignette sur le titre.

PICTURAE Etruscorum in vasculis nunc primum in unum collectae, cum explicationibus, et dissertationibus illustratae à Joseph. Baptista Passerio Nob. Pisaur. *Romae, Typographia Johannis Zempel*, 1767. 3 vol. in-folio. (De 100 à 150 fr.)

1 frontispice à chaque volume par Carlone, H. Burus, 1 fleuron à chaque titre, et 300 gravures par les mêmes; la plupart des exemplaires sont coloriés à la main.

PIGANIOL DE LA FORCE (Jean-Aymar). — Description historique de la Ville de Paris et de ses Environs. Par feu M. Piganiol de la Force. Nouvelle édition, Revue, corrigée & considérablement augmentée. *A Paris, chez G. Desprez*, 1765. 10 vol. in-12. (De 60 à 80 fr.)

Tome I : XLIV et 466 pp., plus 1 plan plié et 7 figures.
Tome II : 2 ff. ch. et 496 pp., plus 17 figures.
Tome III : 2 ff. n. ch., 501 pp. et 1 f. blanc, plus 12 figures.
Tome IV : 2 ff. n. ch., 482 pp. et 1 f. blanc, plus 19 figures.
Tome V : 2 ff. n. ch. et 487 pp., plus 9 figures.
Tome VI : 2 ff. n. ch., 445 pp. et 1 f. blanc, plus 10 figures.
Tome VII : 2 ff. n ch., 422 pp. et 1 f. blanc, plus 7 figures.
Tome VIII : 2 ff. n. ch., 466 pp. et 1 blanc, plus 11 pp. chiffrés (335-345) après la p. 334 et 8 figures.
Tome IX : VIII et 536 pp., plus 4 figures.
Tome X : 1 f. blanc, 1 f. n. ch. (titre) et 564 pp.
En tout 97 figures ou plans dont 50 seulement sont signés par les dessinateurs Delamonce (3), Bretez (1), T. Evrier (1), par les graveurs F. Bailleul l'aîné (1), J.-B. Scotin (25) C. Lucas (8), Herisset (11), Aveline (3) et par l'écrivain N. Bailleul le jeune (4). Des plans, 22 sont signés de Scotin dont le nom ne paraît que dans une seule vue (la *Samaritaine*, tome II, p. 51).

Il ne faut pas, observe M. Picot (Catal. J. de Rothschild, n. 2310) se fier pour le placement des gravures à la *Table générale des plans et figures* qu'on trouve aux pp. 559-563 du tome X. Ainsi la vue du Château d'eau doit être à la p. 347 et non 247 du tome II ; la vue de la Sorbonne doit-être à la page 350 du tome VI et non du tome V; la vue de l'autel de Saint-Germain-des-Prés, à la p. 12 du tome VIII et non du tome VII.

La première édition est de 1742. La nouvelle édition a été faite, dit l'*Avertissement*, par M. D. L. F. de S. Y. (M. de La Font de Saint-Yenne). Nous avons vu chez M. Schuhmann la huitième édition (1751) en maroquin vert aux armes de Mme Victoire.

On peut joindre à cet ouvrage deux autres du même auteur : Nouvelle Description de la France... *A Paris, Chez Théod. Legras*, 1752-1754. 15 volumes in-12. Nombreuses figures.

Nouvelle description des chateaux de Versailles et de Marly... *A Paris, Chez Et. Fr. Savoye*, 1764. 2 volume in-12. Figures.

Le comte de Sauvage (1898, nn. 84, 109-110) possédait les trois ouvrages en maroquin rouge ancien, aux armes de la comtesse d'Artois.

PIGAULT-LEBRUN. — L'Enfant du Carnaval, histoire remarquable et surtout véritable... 3e édition conforme à la première in-8. *A Paris, André*, an VII (1799). 4 vol. in-12. (De 8 à 10 fr.)

4 figures non signées.
Roman fort leste, dont la première édition date de 1792.

PIIS (De). — Contes nouveaux en vers et Poésies fugitives, par M... *A Londres*, s. d. ou *Rome* (Paris) 1779. 2 vol. in-12. (De 15 à 20 fr.)

2 ravissants frontispices non signés.
Le vrai titre de cet ouvrage est : les *Augustins*, dont le nom se trouve sur la première page.

— Contes nouveaux en vers et Poésies fugitives de M. de Piis, nouvelle édition, revue, corrigée et considérablement augmentée. *A Genève* (Paris, Cazin), 1781. In-18, avec imposition in-8, papier de Hollande. (De 50 à 60 fr.)

1 frontispice et 1 figure, non signés.
Petit ouvrage fort rare en cette condition.
Le tirage ordinaire est in-18, sans figures.

En maroquin rouge ancien, in-8, aux armes du duc de Richelieu, avec 1 figure en avant-lettre, collection Carnarvon, n. 44, puis *Bull. Morgand* II, 6, n. 546 : 750 fr.

— Chansons nouvelles de M. de Piis, Ecuyer, Secrétaire-Interprète de Mgr Comte d'Artois ; Dédiées à Monseigneur Comte d'Artois. *A Paris, De l'Imprimerie de Ph.-D. Pierres*, 1785. In-12. (De 400 à 500 fr.)

2 ff. n. ch., 48 pp., 2 ff. n. ch., de musique, plus 1 frontispice avec dédicace par Choffard, 12 jolies figures par Le Barbier, gravées par Gaucher, et 21 pages de musique gravée.

Charmant volume très recherché. Les figures n'existent avant les numéros que lorsque le couteau du relieur les a fait disparaître. En maroquin rouge ancien, 985 fr., vente Béhague (n. 805); en maroquin rouge ancien, 735 fr., Guyot de Villeneuve (n. 452); vente E. Martin. Un exemplaire broché non rogné, 675 fr., vente Perreau. Un autre, relié sur brochure par Cuzin, en maroquin bleu doublé de maroquin citron, 650 fr., vente Daguin (n. 542).

En maroquin rouge ancien, collection James de Rothschild (n. 1003) et collection Francis Charmes.

Se trouve aussi avec l'adresse, *Chez Defer de Maisonneuve*.

Deux dessins par Le Barbier à la plume et à la sépia, sont dans la collection Olry-Rœderer.

Plusieurs des figures ont ensuite servi à orner *les Bijoux des Neuf-Sœurs*.

— L'Harmonie imitative. *A Paris, Ph. Pierres*, 1785 ou 1788. In-12. (De 15 à 20 fr.)

Très joli portrait de l'auteur, gravé par Gaucher, d'après François.

PILES (De). — Œuvres diverses de M. de Piles, de l'Académie de peinture. *A Amsterdam et Paris, Jombert*, 1767. 5 vol. in-12. (De 12 à 15 fr.)

1 frontispice gravé par Simoneau, d'après Coypel.

PILLEMENT (Jean). — Œuvres de Fleurs, Ornements, Cartouches, Figures et sujets chinois, très utile pour manufactures d'étoffes de soyes, d'indiennes, de perses, de péquins et de papiers de tantures (*sic*), inventée et dessinée par Jean Pillement premier peintre du Roy de Pologne. *Paris, chez Le Père et Avaulez, s. d.* (1771-73). In-folio. (De 1,000 à 1,200 fr.)

Recueil de sujets de goût chinois adaptés au style Louis XVI et gravés partie par Pillement, partie par J.-J. Avril l'aîné, Canot, Vivarès, Dagoty, Jeanne Deny, etc.

Elle se compose de nombreux cahiers avec le titre général, que nous avons reproduit ci-dessus.

L'œuvre contenu dans la collection Poterlet renfermait 307 pièces dont le détail est donné par Guilmard.

Le baron Edmond de Rothschild possède un certain nombre des dessins originaux des *Chinoiseries* de Pillement.

PINDARE. — Les Grâces, ode traduite par l'abbé Massieu. *A Paris,* 1774. In-8. (De 12 à 15 fr.)

2 figures d'Eisen, gravées par Essob (Bosse).

PINE (John). — La Procession et les Cérémonies de l'Installation des Chevalliers de l'illustre Ordre Militaire du Bain. *A Londres,* 1730. In-fol. (De 20 à 25 fr.)

21 planches.

Texte en anglais et en français.

En maroquin rouge ancien, collection Ferdinand de Rothschild.

PIRANESI (Œuvre de Jean-Baptiste et de François). *Rome,* 1748-1791. 22 ouvrages très grand in-folio, ordinairement réunis en 17 volumes dont suit l'énumération :

Alcune Vedute di Archi Triomphali ed altri monumenti dei Ramani. Roma 1748. — 52 planches.

Opere varie di Architettura, Prospettiva, Groteschi, Antichita, inventate ed incise da G. B. Piranesi. Roma, 1750. — 29 planches.

Trophei di Ottaviano Augusto con varii altri ornamenti antichi. Roma, 1753. — 10 planches.

Antichita Romane. Roma, 1756. — 4 volumes, avec 220 planches et le portrait de G.-B. Piranèse.

Rovine del castello dell'acqua Giulia. Roma, 1761. — 19 planches.

Antichita di Cora. Roma, 1762. — 11 planches.

Lapides capitolini sive Fasti consulares triumphalesque Romanorum. Roma, 1762. — 3 planches.

Romanorum Magnificentia et Architettura. Roma, 1761-1765. — 50 planches dont le portrait du pape Clément XIII.

Il Campo Marzio dell' antica Roma. Roma, 1762. — 48 ou 51 planches suivant les exemplaires.

Antichita d'Albano e di Castel Gandolfo e dell' emissario del lago Albano. Roma, 1754. — 51 planches.

Diverse maniere d'adornare i camini ed ogni altra parte degli Edifizi, desunte dall' architettura egizia, etrusca, greca e romana. Roma, 1769. — 70 planches.

Vasi, Candelabri, Cippi, Sarcofagi, Tripodi, Lucerne ed ornamenti antichi. Roma, 1778-1791. — 2 vol., avec 106 planches y compris des planches supplémentaires.

Vedute di Roma. Roma, circa 1779. — 2 vol., avec 136 planches.

Raccolta de Tempi antichi di Vesta, della Sibilla, dell'Onore e della Virtu. Roma, 1785. — 23 planches.

Colonna di Traiano. — 21 planches.

Colonna dell' Apoteosi di Antonino Pio. — 5 planches.

Colonna Antonina. — 5 planches.

Carceri. — 16 planches.

Différentes Vues de trois grands Édifices de Pestum. — 21 planches architecturales, y compris le frontispice.

Un bel exemplaire en veau ancien, 1.150 fr., vente Destailleur (895, n. 656).

Il convient d'ajouter à cette énumération un certain nombre d'autres ouvrages gravés par Piroli et autres pour les Piranèse, qui font suite à leur œuvre : *Statues antiques des Musées de France et d'Italie,* 41 planches, *Théâtre d'Herculanum,* 9 planches. — *Recueil de dessins gravés d'après Guerchin, Choix de tableaux de l'Ecole italienne,* 64 planches. — *Salle Borgia* au Vatican d'après Raphaël, et *Villa Lante* d'après J. Romain, 28 planches. — *Cabinet de Jules II, la Farnésine,* etc., 21 planches. — *Peintures de Michel-Ange et* de Pæsari, 13 planches. — *Antiquités de Pompeia, Herculanum, Stabia*, 13 planches. — *Vues diverses de Balbeck, d'Égypte, de la Grande Grèce, de Palmyre, de Constantinople,* etc., 200 planches.

Il existe de l'œuvre des Piranèse un tirage plus moderne fait par Didot sur les planches originales conservées à la Chalcographie à Rome et dont on tire encore aujourd'hui de fort agréables épreuves.

PIRON (Alexis) — Les deux Tonneaux, poème allégorique. *A Paris, Coustelier*, 1744. In-12. (De 8 à 10 fr.)

1 frontispice par Boucher, gravé par Duflos.

— Le Bâtiment de Saint-Sulpice, ode. *A Paris, Coustelier*, 1744. In-12. (De 8 à 10 fr.)

1 frontispice par Boucher gravé par Duflos.
Le dessin original de Boucher se trouve dans la collection de M. Rodrigues.

— Le Temple de Mémoire, ode. *A Paris*, 1744. In-8. (De 8 à 10 fr.)

Frontispice dessiné par Cochin fils, gravé par Cochin père.

— La Louisiade, poème héroïque sur la campagne du Roi en Flandres. *A Paris, Prault*, 1745 In-4. (De 20 à 25 fr.)

1 vignette dessinée et gravée par Cochin fils. Très rare.

— Œuvres d'Alexis Piron (Théâtre), avec figures en taille-douce d'après les desseins de M. Cochin. *A Paris, N.-B. Duchesne*, 1758. 3 vol. in-12. (De 15 à 20 fr.)

1 frontispice et 6 figures par Cochin, gravés par Flipart et Sornique.
Avec envoi autographe à Rousseau en maroquin vert ancien., aux armes de la duchesse de Gramont-Choiseul, 540 fr., vente E. Martin (n. 536), revendu 245 fr., vente Daguin (n. 343). En maroquin vert ancien, aux armes de Laborde de Méréville, 60 fr., vente Lignerolles (n. 1083).
En maroquin rouge aux armes de Marie-Antoinette, chez M. Rahir.

En maroquin rouge aux armes de Mme du Barry, bibliothèque de Versailles.
Les figures existent avant la lettre.
La réimpression de 1765, en 2 vol. in-12, contient les mêmes figures.

— Œuvres complètes d'Alexis Piron, publiées par M. Rigoley de Juvigny. *A Paris, de l'Imprimerie de M. Lambert*, 1776. 8 vol. in-8. (De 25 à 30 fr.)

Portrait de l'auteur, gravé et dessiné par A. de Saint-Aubin, d'après Caffieri.
Sur papier de Hollande en maroquin rouge ancien, 145 fr. vente Béhague (n. 1501); sur papier de Hollande, en maroquin rouge aux armes de Hue de Miroménil, 220 fr., R. Lion (n. 276).
Le huitième volume qui renferme les *Œuvres badines* manque souvent.

— Œuvres choisies. *A Genève* (Paris, Cazin), 1777. 2 vol. in-12. (De 5 à 6 fr.)

Portrait par Caffieri, gravé par de Launay.

— Œuvres choisies d'Alexis Piron. *A Londres* (Paris, Cazin) 1782. 3 vol. in-18. (De 5 à 6 fr.)

Tome I : XII-180 pp., plus 1 portrait.
Tome II : 2 ff. n. ch., 196 pp.
Tome III : 2 ff. n. ch., 168 pp.
Portrait très finement gravé par Delvaux.

— Œuvres badines d'Alexis Piron. *A Paris, chez les marchands de nouveautés*, 1797. In-18 (De 50 à 60 fr.)

8 figures libres, assez jolies, non signées.

PITHOUD — Idée de l'Education du Cœur, ou Manuel de la Jeunesse par un père de famille. *A La Haye et à Paris, chez Cailleau*. 1777, 2 vol. in-12. (De 8 à 10 fr.)

Beau frontispice non signé, dans le genre de Gravelot.

PLAISIRS DE L'AMOUR (Les), ou Recueil de Contes, Histoires et Poèmes galans. *Chez Apollon, au Mont Parnasse* (Paris, Cazin), 1782. 3 vol. in-18. (De 50 à 60 fr.)

Tome I : 143 pp., plus 1 frontispice et 6 figures

Tome II : 2 ff. n. ch., 140 pp., plus 6 figures.
Tome III : 142 pp. pp., plus 6 figures.
En tout 1 frontispice et 17 jolies figures non signées.

Il existe des exemplaires de format in-12.

Recueil assez recherché, bien que les figures soient presque toutes des copies de vignettes publiées antérieurement.

En maroquin par Derôme, 60 fr., vente Vander Helle ; un autre semblable, 225 fr., vente R. Lion (n. 196.) En maroquin vert par Trautz, 370 fr., veuve Delbergue.

En maroquin vert de Trautz, 260 fr., vente Mosbourg (n. 234), revendu 255 fr., vente Montgermont (1911, n. 169).

En maroquin rouge ancien, collection Ferdinand de Rothschild.

PLAISIRS DE L'ANCIEN RÉGIME (Les). *Londres*, 1785. In-12. (De 60 à 80 fr.)

20 figures libres et originales.

PLAN DE PARIS, commencé l'année 1734, dessiné et gravé sous les ordres de Messire Michel Etienne Turgot, Marquis de Sousmons, Seigneur de St-Germain sur Eaulne, Vatierville et autres Lieux, Conseiller d'Etat, Prévôt des March^{és}, Henri Millon, Ecuier, Con^{er} du Roi, Quartinier, Philippes le Fort, Ec^{er}, Jean Claude Fauconnet de Vildé, etc., etc., achevé de graver en 1739. Levé et dessiné par Louis Bretez, gravé par Claude Lucas et écrit par Aubin. *S. l.* In-fol. (De 150 à 200 fr.)

20 planches et une carte d'assemblage.

Se rencontre assez souvent en maroquin rouge de Padeloup aux armes de Louis XV et de la Ville de Paris. Dans cette condition, collection James de Rothschild (n. 2312).

PLANCHER DE VALCOURT. — Le Petit-Neveu de Boccace ou Contes nouveaux en vers. *A Amsterdam, Arkstée et Merkus*, 1777, In-8. (De 20 à 30 fr.)

1 frontispice, 1 figure et 4 vignettes par Desrais, gravés par Patas.

Très jolies illustrations. Il y a des exemplaires sur papier rose. (Voyez le catalogue Morel de Vindé, n° 1573.)

Réimprimé à Avignon en 1781, avec les vignettes autrement placées.

PLANS (Les), profils et élévations des Ville et Château de Versailles, avec les bosquets et fontaines tels qu'ils sont à présent, levés sur les lieux, dessinés et gravés en 1714 et 1715. *A Paris, Demortain*, 1716. — Plans, coupes, etc... de la Chapelle du Chasteau royal de Versailles levés et gravés par Pierre Lepautre. 2 parties en 1 vol. in-fol. (De 150 à 200 fr.)

2 titres et 42 plus 12 planches dessinés et gravés par Maurice Baquoy, Blondel, de la Monce, Menant et Scotin.

On peut y ajouter une suite de 5 planches doubles de vues gravées par Aveline.

PLATRIÈRE (Comte de la). — Galerie universelle des Hommes qui se sont illustrés dans l'Empire des lettres, depuis le siècle de Léon X jusqu'à nos jours. *A Paris*, 1787-89. 5 vol. in-4. (De 40 à 50 fr.)

Frontispice à la manière noire par Desrais, gravé par Le Cœur, et portraits dont quelques-uns signés Durand, Allais, Desrais.

PLAUTE. — Théâtre, traduction de Gueudeville. *Leyde*, 1719, 10 vol. in-12. (De 25 à 30 fr.)

1 frontispice plié en trois, 16 titres gravés avec fleurons variés, et 19 figures non signées.

— Marci Accii Plauti Comœdiæ quæ supersunt. *Paris, Barbou*. 1759. 3 vol. in-12. (De 20 à 25 fr.)

3 frontispices et 3 vignettes par Eisen gravés par Lempereur et Aliamet.

En maroquin rouge à dentelle, jolie reliure de Derôme, 1,025 fr., vente Montgermont (1911, n. 170).

PLINE. — Historiæ naturalis libri XXXVII, quos recensuit et notis illustravit Gabr. Brotier. *Parisiis, Barbou*, 1778-1779. 6 vol. in-12. (De 25 à 30 fr.)

1 frontispice par Marillier, gravé par Dufios.

Il existe des exemplaires sur papier fin.

— Histoire de la Peinture ancienne, extraite de l'Histoire naturelle de Pline, livre XXXV, traduite par Durand, etc. *A Londres, Bowyer*, 1725. In-folio. (De 20 à 25 fr.)

1 frontispice dessiné et gravé par Saint-Aubin; 1 vignette en tête de la dédicace par L. Chéron, gravée par G. Vander Gucht.

PLUCHE (Noël). — Histoire du Ciel, considéré selon les idées des poètes, des philosophes et de Moyse. *A Paris, Étienne*, 1757, 2 vol. in-12. (De 8 à 10 fr.)

1 frontispice dessiné et gravé par Lebas, et 24 figures par le même.

Les mêmes figures avaient paru dans une édition de La Haye, 1740, avec frontispice de Folkéma.

— Le Spectacle de la Nature ou Entretiens sur les particularités de l'Histoire Naturelle, Qui ont paru les plus propres à rendre les Jeunes-Gens Curieux et à leur former l'esprit. *A Paris, Chez la Veuve Estienne*, 1737-1755. 8 tomes en 9 vol. in-12. (De 30 à 40 fr.)

Tome I : xxiv-561 pp., 1 f. n. ch., plus 1 frontispice et 25 planches.
Tome II : xxiv-468 pp., plus 1 frontispice et 36 planches.
Tome III : 2 ff. n. ch., 576 pp., plus 1 frontispice et 32 planches.
Tome IV : 599 pp., plus 1 frontispice et 28 planches.
Tome V : 2 ff. n. ch., 596 pp., 2 ff. n. ch; plus 1 frontispice et 19 planches.
Tome VI : 2 ff. n. ch., 601 pp., 1 f. n. ch., plus 1 frontispice et 30 planches.
Tome VII : 2 ff. n. ch., 555 pp., 2 ff. n. ch., plus 1 frontispice et 33 planches.
Tome VIII, 1re partie : 2 ff. n. ch., 436 pp., 1 f. n. ch., plus 1 frontispice.
Tome VIII, 2e partie : 2 ff. n. ch., 388 pp., 1 f. n. ch., plus 1 frontispice.

En tout 9 frontispices par P. P. Robert, Boucher, Le Bas, Canot, Cazes, Ch. Eisen, gravés par J. P. Le Bas, et 203 planches, la plupart repliées, gravées par J. P. Le Bas, d'après les dessins de Vankessel, Madel. Basseporte, etc.

PLUS JOLI DES RECUEILS (Le) ou Amusements des Dames, suivi du Joujou des Demoiselles. *A Londres*, 1778. In-8. (De 30 à 40 fr.)

1 frontispice et 7 figures non signés.

PLUTARQUE. — Œuvres complètes de Plutarque, traduites du grec par Jacques Amyot, avec des notes et des observations de M. l'abbé Brotier (et Vauvilliers). *A Paris, Cussac*, 1783-1805. 25 vol. in-8. (De 150 à 200 fr.)

Tome I : 2 ff. n. ch., xlviii-461 pp., 1 f. n. ch., plus 2 figures.
Tome II : vi-541 pp., plus 2 figures.
Tome III : 3 ff. n. ch., 542 pp., plus 1 figure.
Tome IV : vi-556 pp., plus 2 figures.
Tome V : 3 ff. n. ch., 527 pp. plus 2 figures.
Tome VI : 3 ff. n, ch., 552 pp., plus 1 figure.
Tome VII : vi-572 pp., plus 2 figures.
Tome VIII : vi-551 pp., plus 2 figures.
Tome IX : vi-591 pp., plus 2 figures.
Tome X : xvi-558 pp., plus 2 figures.
Tome XI : 3 ff. n. ch., 558 pp., plus 2 figures.
Tome XII : 3 ff. n. ch., 600 pp., plus 2 figures.
Tome XIII : xxiv-522 pp.
(Ce volume ne contient pas de figure; bien qu'il se trouve après le titre une explication de la figure que doit contenir ce tome; la figure décrite se trouve dans le tome XII.)
Tome XIV : vi-496 pp., pas de figure.
Tome XV : 3 ff. n. ch., 470 pp., pas de figure.
Tome XVI : 3 ff. n. ch., 544 pp., pas de figure.
Tome XVII : 3 ff. n. ch., 520 pp., pas de figure.
Tome XVIII : viii-534 pp., pas de figure.
Tome XIX : viii-460 pp., pas de figure.
Tome XX : vi-508 pp., 1 f. n. ch. (Errata), pas de figure.
Tome XXI : viii-463 pp., pas de figure.
Tome XXII : viii-566 pp., pas de figure.

Les tomes 1 à XII, contiennent les Vies des hommes illustres avec le supplément, les tomes XIV à XVII les Œuvres morales, les tomes XVIII à XXII les Œuvres mêlées.

En tout, 22 figures par Borel, de Fraine, Le Barbier, Marchand, Maréchal, Marillier, Monnet, Moreau et Myris, gravées par Baquoy, Chateau, Halbou, Levillain, de Longueil, Née, Patas et Ponce.

Existe sur grand papier de Hollande.

Les figures se trouvent avant la lettre.

Les 3 derniers volumes, ayant paru 22 ans après, ne sont pas toujours joints aux premiers.

Un exemplaire des 22 premiers volumes, tirés en grand papier (in-4) et reliés en maroquin rouge, 340 fr., vente Radziwill (n. 1133); un autre de format in-8, 245 fr., vente Sardou (n. 233).

En maroquin violet de Thouvenin, complet, 205 fr., vente Daguin (n. 544).

En maroquin rouge ancien, in-4. figures avant la lettre, 510 fr., vente Sardou (n. 234).

POÉSIES satiriques du Dix-Huitième Siècle. *A Londres*, 1782. 2 vol. in-12. (De 12 à 15 fr.)

2 frontispices dessinés et gravés par Marillier.

Se rattache à la Collection Cazin.

On recherche les exemplaires ayant, au T. II, pp. 225-228, la pièce adressée à Mlle Raucourt.

En maroquin rouge de Hardy, non rogné, premier tirage, 50 fr., vente Béhague (n. 745.)

POGGE. — Les Contes de Pogge florentin, avec des réflexions. *A Amsterdam, chez Jean-Frédéric Bernard*, 1712. Pet. in-12. (De 40 à 50 fr.)

Frontispice signé : Lanswelt invenit.

Un bel exemplaire non rogné en maroquin rouge de Trautz, 78 fr., vente de Chaponay (n. 602), revendu 130 fr., vente Montgermont (1876, n. 726); en maroquin rouge de Derôme, 30 fr. vente Pixerécourt (n. 1480), revendu 24 fr., vente Taylor (1848, n. 1327) et 170 fr., vente Béhague (n. 1232); en maroquin rouge ancien aux armes de la duchesse de Berry, 82 fr., vente Sardou (n. 27.)

On attribue les *réflexions* à D. Durand ou à J.-Fréd. Bernard.

POINSINET. — Tom Jones, comédie lyrique en 3 actes, imitée du roman anglais de M. Fielding, par M. Poinsinet, musique de Philidor, représentée à Versailles le 30 mars 1766. *A Paris, Duchesne*, 1766. In-8. (De 30 à 40 fr.)

6 jolies figures par Desrais, gravées par Martinet et Thérèse Martinet.

— Gabrielle d'Estrées à Henri IV, par M. Poinsinet. *A Amsterdam, Changuion*, 1767. In-8. (De 8 à 10 fr.)

1 figure par Gravelot, gravée par Levasseur.

— Le Petit Philosophe. — Voyez PALISSOT.

POISSON. — Cris de Paris, dessinés d'après nature par M. Poisson, dédiés à M. Bignon, bibliothécaire du Roi. *A Paris, chez l'auteur, Cloître Saint-Honoré. S. d.* (1775). In-4. (De 400 à 500 fr.)

Un titre gravé et 72 figures de Poisson et autres, gravées par Godin.

Recueil assez rare vendu 660 fr. vente V. de Urria (1885).

En maroquin rouge ancien, planches coloriées, 810 fr., vente Destailleur (1894, n. 491), aujourd'hui dans la collection Ferdinand de Rothschild. Un autre, cartonné, non daté, est dans la collection de M. Henri Beraldi.

POLIGNAC (Cardinal de). — Anti-Lucretius, sive de Deo et Natura, libri novem. *Parisiis, Apud Hippolytum Ludovicum, Guérin et Jacobum Guérin* (ou *Paris, Coignard et Boudet*). 1747. 2 vol. in-8. (De 15 à 20 fr.)

Tome I : 2 ff. n. ch., xxx pp., 1 f. n. ch., pp. 1-180, plus 1 portrait.
Tome II : 2 ff. n. ch., pp. 181-450.

Un beau portrait par Rigaud, gravés par Daullé, 10 vignettes en-tête et 5 culs-de-lampe par Eisen, gravés par Delafosse et Tardieu.

En maroquin vert aux armes de Lorraine et de Béthisy, 20 fr., vente Béhague (n. 515); en maroquin vert aux armes de Maurepas, collection H. de Bassville, aujourd'hui chez M. Schuhmann.

— L'Anti-Lucrèce. Poème sur la religion naturelle composé par M. le Cardinal de Polignac. Traduit par M. de Bougainville. *A Paris, J.-B. Coignard et A. Boudet*, 1749. 2 vol. in-8. (De 15 à 20 fr.)

Mêmes figures que dans l'édition de 1747.

Sur grand papier de Hollande, en maroquin rouge ancien, 122 fr., vente Lignerolles (n. 837).

— L'Anti-Lucrèce, poème sur la Religion naturelle, composé par M. le Cardinal de Polignac, traduit par M. de

Bougainville. *A Paris, chez Guérin.* 1767. 2 vol. in-8. (De 10 à 15 fr.)

Reproduction des figures de l'édition de 1747.

Un bel exemplaire aux armes de Mme de Pompadour, 1,200 fr. Catalogue Morgand.

POMPADOUR (La Marquise de). — Suite d'Estampes, gravées par Mme de Pompadour d'après les pierres gravées de Guay graveur du Roy. *S. l. n. d.* (Paris, vers 1775). Petit-in-fol. (De 250 à 300 fr.)

1 frontispice et 62 figures.

Recueil très recherché de sujets allégoriques gravés à l'eau-forte par la marquise de Pompadour pour amuser Louis XV. Ces petites planches sont exécutées d'après les pierres gravées par l'habile Guay, qui travaillait sous les yeux de la favorite à Versailles; les modèles étaient fournis par Vien et Boucher.

Mme de Pompadour distribua quelques exemplaires des épreuves originales à ses amis. Ces premiers exemplaires, fort rares, ne doivent se composer que du frontispice de Boucher, de 52 planches et d'une table caligraphiée. Il s'en trouve décrit un dans le catalogue Morgand, 2e vol. p. 581.

Plus tard Basan, ayant acquis les planches au décès du marquis de Marigny, fit tirer la présente édition.

En maroquin rouge ancien, bel exemplaire avec les 6 planches additionnelles, 2820 fr., vente du marquis de Mauduit (octobre 1911).

Un bon exemplaire en veau, 400 fr., vente Rich. Lion (n. 338). Un curieux exemplaire où toutes les planches étaient remontées en encadrées de filets, dans une belle reliure de maroquin olive à mosaïque de fleurs, 490 fr., vente Colin (n. 17), revendu 560 fr., vente Rich. Lion (n. 337).

En maroquin à mosaïque de Padeloup, avec toutes les planches, 2,100 fr., vente Ch. Cousin (n. 187); en maroquin rouge de Hardy, 350 fr., vente Guyot de Villeneuve (n. 481).

En vieux maroquin vert, ancienne collection de Lord Carnarvon, n. 93; peut-être est-ce celui vendu 8 fr. 25, vente Châteaugiron (1827, n. 342) et 599 fr., vente Mosbourg (n. 58).

Ce livre a été réimprimé avec 14 pages de texte en 1782. *A Paris, De l'Imprimerie de Prault.* On doit y trouver 4 planches d'après Boucher, datées de 1751-52, et 2 planches d'après des ivoires. (En tout 69 planches.)

On y trouve quelquefois jointe la jolie planche de *Rodogune.* Voyez CORNEILLE, *Rodogune.*

Un bel exemplaire de l'édition de 1782, en maroquin rouge ancien, collection James de Rothschild, n. 239.

PONCE. — Description des Bains de Titus ou Collection de peintures trouvées dans les ruines des thermes de cet empereur et gravés sous la direction de M. Ponce (avec les explications par le docteur Felice.) *A Paris,* 1786. Grand in-fol. (De 100 à 125 fr.)

60 planches gravées par Baquoy, Choffard, Croutelle, Godefroy, Hemery, Lingée, Leroy, Lorieux, Marchand, Petit et Ponce. Seconde édition en 1805.

A cet ouvrage est presque toujours joint le suivant: *Les Arabesques antiques des Bains de Livie et de villa Adrienne,* etc. Paris, 1789. Gr. in-fol. 15 planches.

— Les Illustres Français, ou Tableaux historiques des Grands Hommes de la France, pris dans tous les genres de célébrités jusqu'à l'époque de 1792, dédié à Son Altesse Royale le Comte d'Artois, par M. Ponce, graveur ordinaire du cabinet de ce prince, d'après les dessins de M. Marillier. *A Paris, chez l'auteur* (1790-1816). *S. d.* In-folio. (De 80 à 100 fr.)

Titre gravé avec les armes de France, 56 planches numérotées, dessinées par Marillier, gravées par Ponce, représentant 129 portraits, des bas-reliefs ornés d'allégories, le tout suivi de notices historiques gravées au bas des planches.

Ouvrage publié en 9 livraisons.

Un nouveau titre fut refait en 1816, quant parurent les dernières planches.

L'exemplaire de Renouard en demi-reliure, non rogné, contenant les 56 figures, leurs 56 eaux-fortes et les 56 dessins originaux de Marillier à l'encre de Chine plus 11 dessins inédits du même, 230 fr., vente Renouard (1854, n. 3562), puis 2,265 fr. en juin 1861, puis 12,100 fr., vente Béhague (n. 309), aujourd'hui dans la collection Olry-Rœderer.

M. Henri Beraldi possède un exemplaire, en demi-reliure de Cuzin, avec les eaux-fortes et les premières épreuves sur papier de Hollande.

— Recueil des Vues des lieux principaux de la colonie française de Saint-Domingue, gravées par les soins de M. Ponce, accompagnées de cartes et plans de la même colonie gravés par les soins de M. Philippeau. *A Paris*, 1791, Gr. in-fol. (De 60 à 80 fr.)

31 planches.
Recueil destiné à être joint aux ouvrages de Moreau de Saint-Méry sur Saint-Domingue.

PONCET DE LA GRAVE. — Projet des embellissemens de la Ville et Faux Bourgs de Paris, par M. Poncet de La Grave, Avocat au Parlement. *A Paris, chez Duchesne, libraire, rue S. Jacques, au dessous de la Fontaine S. Benoit, au Temple du Gout*, 1756. 3 vol. in-12. (De 15 à 20 fr.)

Tome I : 2 ff. n. ch., pp. I-XIV et 15-239, plus 1 frontispice.
Tome II : 216 pp., plus 1 figure.
Tome III : 224 pp.
En tout 1 frontispice gravé par Lucas et 1 figure d'Eisen gravée par Le Grand.
Le texte du projet est imprimé sur le recto de chaque feuillet, le verso resté en blanc étant réservé aux observations que chacun voulait y inscrire.

PONT DE VEYLE (Marquis de). — Le Fat puni, comédie avec un divertissement. Représentée pour la première fois, par les Comédiens François, le 7 avril 1738. *A Paris, chez Prault fils*, 1738. In-8. (De 10 à 15 fr.)

1 fleuron sur le titre et une jolie figure par Trémolières, gravés par Fessard.
En maroquin rouge ancien, aux armes de Marie Leckzinska, 255 fr., vente Daguin (n. 545).

POPE (Alexandre). — Essai sur l'Homme par Monsieur Alexandre Pope. Traduction françoise en Prose, par Mr S**** (de Silhouette). Nouvelle Edition. Avec l'Original Anglois; ornée de Figures en Taille-douce. *A Lausanne et à Genève, Chez Marc-Michel Bousquet et Compagnie*, 1745. In-4. (De 15 à 20 fr.)

pp. III-XXIV et 1-116, plus 1 frontispice, 1 portrait et 4 figures.
Contient 1 frontispice, 4 figures, 8 vignettes et 7 culs-de-lampe par Delamonce, gravés par Soubeyran et Galimard, une vignette de titre par Kneller, gravé par Will et un beau portrait de Guillibaud, gravé par Will.
En maroquin rouge ancien, collections Schubmann et Ferdinand de Rothschild. En grand papier, maroquin rouge ancien, 57 fr., vente Lignerolles (n. 1466).
On ignore si la réimpression donné en 1752 par le même libraire, contient les mêmes ornements. Cette réimpression, en maroquin rouge de Padeloup, s'est vendue 200 fr., vente Lebeuf de Montgermont (1876, n. 506).

— Essai sur l'Homme, traduction nouvelle par M. S... (de Silhouette). *A Lausanne, Chapuis*, 1762. In-4. (De 15 à 20 fr.)

1 portrait du margrave de Bade, et figures, vignettes et culs-de-lampe par Delamonce gravés par Gallimard et Soubeyran.
Contient le texte anglais en regard de la traduction.

— Œuvres diverses de Pope. Traduites de l'anglois. Nouvelle édition, Considérablement augmentée, avec de très belles Figures en taille-douce. *A Amsterdam et à Leipzig, Chez Arkstée et Merkus*, 1754. 6 vol. in-12, avec un supplément en 1 volume, daté de 1758. (De 25 à 30 fr.)

Tome I : 1 f. n. ch., XX pp., 1 f. n. ch., 414 pp., 1 f. blanc, plus 1 portrait et 5 figures,
Tome II : 2 ff. n. ch., 446 pp., 1 f. n. ch., plus 1 frontispice et 12 figures.
Tome III : 4 ff. n. ch., 428 pp.
Tome IV : 1 f. n. ch., XII-420 pp., plus 1 frontispice.
Tome V : 2 ff. n. ch., XII-396 pp.
Tome VI : 2 ff. n. ch., XII-369 pp., 11 ff. n. ch.
En tout 1 portrait par Syfang, 1 frontispice par Delamonce, gravé par Fritsch, (répété au tome IV), 1 portrait-frontispice, appartenant au supplément, 7 fleurons sur les titres, dont 2 différents, l'un par Punt, et 18 figures par Blakey, Hayman, Wale et Walker, gravées par Fritsch et Punt.

En maroquin rouge ancien, aux armes de la duchesse de Lauraguais-Brancas, collection Schuhmann.

— Œuvres diverses de Pope, traduites de l'anglois, nouvelle édition, revue et augmentée d'un grand nombre de pièces qui n'avoient point encore été traduites, avec de très belles figures en taille-douce. *A Amsterdam et à Paris, Saillant et Vincent*, 1767. 8 vol. in-12. (De 25 à 30 fr.)

1 même fleuron sur les titres des six premiers volumes, et un autre pour les deux derniers, 1 frontispice par Delamonce, et Kornlein, un portrait de Pope par Kornlein et 23 figures, probablement du même artiste.

Existe aussi avec l'indication : *A Amsterdam et à Leipzig, chez Arkstée et Merkus*, 1767, 8 vol. in-12.

En maroquin vert ancien, de Derôme, 229 fr., vente Daguin (n. 546).

— Œuvres complettes d'Alexandre Pope, Traduites en François. Nouvelle Édition, Revue, corrigée, augmentée du Texte Anglois mis à côté des meilleures Pièces & ornée de belles Gravures. *A Paris, Chez la veuve Duchesne*, 1779. 8 vol. in-8. (De 30 à 40 fr.)

Tome I : CIV-290 pp. et 1 f. n. ch., plus 1 portrait et 3 figures.
Tome II : 1. f. n. ch., VI-471 pp., plus 6 figures.
Tome III : 2 ff. n. ch., 466 pp., plus 4 figures.
Tome IV : 2 ff. n. ch., 468 pp.
Tome V : 2 ff. n. ch., 456 pp., plus 4 figures.
Tome VI : 2 ff. n. ch., 479 pp.
Tome VII : 2 ff. n. ch., 472 pp.
Tome VIII : 2 ff. n. ch., 523 pp.

1 portrait par Kneller, ornementé par Marillier et gravé par Lebeau, et 17 figures par Marillier, gravées par Dambrun, Duflos, Gaucher, Godefroy, Halbou, Ingouf jeune, de Launay, Lebeau, Macret, Poncet, Romanet et Trière.

Très belles illustrations. Cette traduction par divers auteurs, a été publiée par les soins de l'abbé de la Porte ; elle parut avec un nouveau titre en 1796.

Il existe des exemplaires sur papier de Hollande.

En cette condition, avec plusieurs figures avant la lettre, une eau-forte et quelques autres pièces, en demi-reliure de Lefèbvre, 38 fr. 50, vente Pixerécourt (n. 1712), revendu 122 fr., vente E. Martin (n. 590).

En maroquin rouge ancien, 400 fr., vente Sardou (n. 223); un autre semblable, collection James de Rothschild (n. 1056).

Les dessins originaux de Marillier à l'encre de Chine sont à la Bibliothèque nationale.

PORTEFEUILLE RÉCRÉATIF (Le) — *S. l. n. d*. In-4.

Cette publication peu commune, et dont nous ignorons la date exacte, paraissait périodiquement par livraison de 8 ff., et était ornée de nombreuses figures d'après Eisen, Boucher, Moreau, etc.

A la vente Destailleur, on a payé 20 fr., un lot de 7 livraisons formant 56 ff. avec 60 figures, en un volume cartonné (1891, n. 1496).

PORTRAIT de feu Mgr le Dauphin. *A Paris, Lottin l'aîné*, 1764. In-8. (De 15 à 20 fr.)

Titre dessiné par Cochin et gravé par Miger, 2 portraits-vignettes gravés par Lempereur, et 1 cul-de-lampe dessiné et gravé par Miger.

PORTRAIT (Le) et la Vie secrète de la Reine Christine de Suède, avec un véritable récit du séjour de la Reine à Rome et la défense du Mis de Monaldeschi, capitaine de la Reine, par G***. *S. l. n. d*. In-8. (De 20 à 30 fr.)

2 portraits, celui de Christine et celui de Monaldeschi, non signés.

Volume attribué à Grégorio Leti.

PORTRAITS. — Collection de Portraits, représentant les Personnages les plus célèbres dans la poësie, la littérature, les sciences, les arts, la politique, la médecine, l'église et la magistrature. Gravés au lavis et en couleur d'après différens maîtres. Précédé d'une dissertation sur le genre du portrait dans la peinture. *A Paris, Chez Drouhin*, 1801. In-4. (De 1,000 à 1,200 fr.)

4 ff. imprimés, y compris le titre et 40 portraits imprimés en couleurs, la plupart gravés par Alix.

On peut citer parmi ces portraits, ceux de Bonaparte Premier Consul, Pie VII, Marie-Louise, Bailly, Mirabeau, Franklin, etc. Ces portraits existent avant la lettre.

Recueil fort rare dont un bel exemplaire, en maroquin rouge ancien, a été vendu 2,800 fr., vente Montgermont (1911, n. 172).

POUGET fils. — Traité des pierres précieuses et de la manière de les employer en parure. *A Paris, chez l'auteur M^d Joyallier, quai des orfèvres, au bouquet de diamants et chez Tilliard*, 1762 ou 1767. In-4. (De 150 à 200 fr.)

Frontispice dessiné par Piauger et gravé par Courrois et 79 planches de parures gravées par Mlle Raimbau.

En maroquin rouge ancien, 132 fr., vente Radziwill. En maroquin citron aux armes du comte de Cobentzl, 400 fr., vente Béhague (n. 391), revendu 190 fr., vente R. Lion (n. 43).

Existe avec les planches coloriées à la main.

— Nouveau recueil de parures de joyaillerie. Second livre. *Paris, chez l'Auteur*, 1762. In-4. (De 600 à 800 fr.)

80 planches.

Recueil extrêmement rare.

Se trouve, ainsi que le précédent, en veau ancien, dans la collection Ferdinand de Rothschild.

— Dictionnaire de Chiffres et de lettres ornées, à l'usage de tous les Artistes, contenant les vingt-quatre lettres de l'alphabet, combinées de manière à y rencontrer tous les noms et surnoms entrelassés Pour faire suite au Traité des Pierres précieuses et parures de Joyalerie. Par M. Pouget fils. *A Paris, Chez N.-M. Tilliard*. 1767. In-4. (De 500 à 600 fr.)

Frontispice dédicace, dessiné et gravé par Pouget, 2e frontispice gravé par Littret, 9 planches d'alphabets dans le texte explicatif, 207 planches de chiffres par Pouget et 32 planches de *Lettres ornées, couronnes et casques* dessinées par Piauger (coloriées)

plus une planche des chiffres de Louis XVI, Voltaire, etc.

En maroquin rouge ancien, 132 fr., vente Radziwill (n. 487), revendu 1,120 fr., vente Destailleur (1891, n. 912), aujourd'hui dans la collection Ferdinand de Rothschild ; en maroquin vert de Lortic, 491 fr., vente Franchetti (1890, n. 41).

POULAIN. — La Science de l'Arpenteur. *A Paris, Jaillot*, 1766. In-8. (De 8 à 10 fr.)

1 frontispice et 15 vignettes dans le texte, gravés par Chevrier.

POULLAIN DE SAINT-FOIX. — Catalogue des Chevaliers. Commandeurs et Officiers de l'ordre du Saint-Esprit avec leurs noms et qualités depuis l'institution jusqu'à présent. *A Paris, de l'imprimerie de Ballard*, 1760. In-fol. (De 80 à 100 fr.)

Beau frontispice de Boucher, et blasons gravés.

PRADON. — Le Théâtre de M. Pradon. *A La Haye, chez Antoine Van Dole*, 1741. In-12. (De 8 à 10 fr.)

Frontispice gravé.

En demi-rel., non rogné, 39 fr. à M. Willems, vente Lebeuf de Montgermont (n. 622).

PRAULT (Laurent.) — L'Esprit de Henri IV. *A Paris, Prault*, 1770. In-8 (De 5 à 6 fr.)

Portrait par C.-N. Cochin, gravé par Cathelin, et fleuron par La Rue, gravé par Massard.

PRAUN. — Desseins des meilleurs peintres d'Italie, d'Allemagne et des Pays-Bas, du cabinet de Paul de Praun, à Nuremberg, gravés d'après les originaux de même grandeur par J.-T. Prestel. *A Nuremberg*, 1780. In-fol. (De 80 à 100 fr.)

48 planches.

En demi-reliure, non rogné, 60 fr., vente Massicot (n. 638).

PRÉCHAC (De). — Histoire de Melle Christine comtesse de Meyrac ou l'Héroïne mousquetaire, enrichie de figures en taille-douce. *A Amsterdam, François l'Honoré*, 1744. In-12. (De 20 à 25 fr.)

<small>1 fleuron sur le titre par Yves et 9 figures non signées.</small>

PRÉCIS de la vie, ou Confession générale du Comte de Mirabeau. *Au Maroc, de l'imprimerie impériale*. Prix : rien. (Paris, 1789.) In-8. (De 15 à 20 fr.)

<small>Portrait à la manière noire, non signé, gravé par Le Vachez.</small>

PRÉFONTAINE (De). — Maison Rustique à l'usage des habitans de la France Equinoxiale, connue sous le nom de Cayenne. *A Paris, Cl. J. B. Bauche*, 1763. In-8. (De 15 à 20 fr.)

<small>Cartes et planches pliées.
L'exemplaire de dédicace, en maroquin rouge ancien, aux armes du duc de Choiseul est dans la collection Ferdinand de Rothschild. Celui de Marie Leckzinska, en maroquin rouge ancien, 42 fr., vente du baron Pichon (1897, n. 250).</small>

PREMIÈRES AMOURS (Les), ou Zémire et Zilas, poème en trois chants. *A Gnide*, (Paris, Brunet), 1784. In-8. (De 12 à 15 fr.)

<small>1 frontispice dessiné par D. L. (de Launay), gravé par F. A. M. (Masquelier) et 2 fleurons.</small>

PRÉVOST (Abbé). — Aventures du chevalier des Grieux et de Manon Lescaut. Par M. de ***. Auteur des Mémoires d'un homme de qualité. *A Londres, Chez les Frères Constant, à l'Enseigne de l'Inconstance*, 1734. In-12. (De 20 à 30 fr.)

<small>6 ff. n. ch. 309 pp., et 1 f. blanc, plus 1 frontispice non signé, d'ailleurs assez médiocre.
En maroquin bleu de Trautz, 55 fr., vente Guyot de Villeneuve (n. 1075).
Le chef-d'œuvre de l'abbé Prévost avait paru d'abord à la suite des *Mémoires et Aventures d'un homme de qualité*, 1730-31. (7ᵉ volume.) Cette édition originale n'a d'autre ornement qu'un fleuron sur le titre, par M. Pool.</small>

— Histoire du Chevalier des Grieux, et de Manon Lescaut. *A Amsterdam, Aux dépens de la Compagnie* (Paris, Fr. Didot), 1753. 2 vol, in-12. (De 800 à 1000 fr.)

<small>Tome I : 2 ff. n. ch., 12-302 pp., 1 f. n. ch., plus 4 figures.
Tome II : 2 ff. n. ch., 252 pp., plus 4 figures.
8 très jolies figures par Gravelot (2) et Pasquier (6), gravées par Lebas et 1 vignette qui est la même pour la première et la seconde partie.
On connaît quelques eaux-fortes; celle de la figure à la page 96 du T. I, avait été insérée dans l'exemplaire de Lignerolles.
Edition recherchée, surtout quand les pp. 149-150 (X III) du T. I. sont en double : le carton se reconnaît à un astérisque; il a été fait pour remplacer (p. 150, ligne 7) le mot *promptement* par *légèrement*.
On rencontre souvent une contrefaçon publiée en 1772 avec la date de 1753; elle ne se distingue de la bonne édition que par la suppression de la vignette sur cuivre répétée en tête des 2 volumes, l'absence de l'errata et par un fleuron typographique placé à la fin du 2ᵉ volume signé Zapouraph, 1772.
Tous les exemplaires de la bonne édition sont imprimés sur papier de Hollande de même qualité et de même dimension. Ceux qui, dans certains catalogues, sont désignés comme papier ordinaire ou petit papier, ont été rognés ou bien sont de la contrefaçon.
Ce livre est rarissime non rogné; on n'a longtemps cité en cette condition que l'exemplaire d'Armand Cigongne (n. 1944) aujourd'hui à Chantilly. Un jour le libraire Potier découvrit un lot de cinq exemplaires brochés qu'il céda aux amateurs suivants :</small>

<small>1. Au baron James de Rothschild (n. 1557). En maroquin citron doublé de maroquin bleu, riche reliure à mosaïque, un des chefs-d'œuvre de Trautz.
2. Au marquis de Ganay (Sa vente, n. 176 : 3.450 fr. au marquis de Laigle). En maroquin brun de Trautz.
3. Au comte de Lignerolles (Sa vente, n. 1827 : 1,300 fr.). En maroquin bleu doublé de maroquin orange, par Trautz.
4. A Eugène Dutuit (n. 486). En maroquin rouge de Trautz.
5. A Charles Schefer qui le céda à Guyot de Villeneuve (Sa vente, n. 1074 : 1,720 fr. à M. Adolphe Bordes). En maroquin citron, doublé de maroquin bleu, par Cuzin.</small>

On paie plus cher encore les rares exemplaires en maroquin ancien : dès 1868, celui de Brunet, provenant de Bonnemet et du duc de La Vallière a atteint 2,150 fr.; en maroquin rouge de Derôme, 2,000 fr., chez Quentin-Bauchart (*Mes livres*, n. 151).

En maroquin rouge de Padeloup, 29 livres, vente Randon de Boisset (n. 969), puis chez Cigongne (n. 1,943), revendu 2,120 fr., vente Lacarelle (n. 361).

En maroquin bleu de Trautz, 1,260 fr., vente Lebeuf de Montgermont (n. 677); en maroquin rouge de Lortic, pièces ajoutées, 1,500 fr., vente E. Martin (n. 414); en maroquin bleu de Lortic, 689 fr., vente R. Portalis (novembre 1878, n. 83); en maroquin vert de Duru, 550 fr., vente Béhague (n. 1,047). En maroquin vert de Trautz, 1,000 fr., vente d'Essertennes (n. 77).

En maroquin bleu doublé de maroquin orange par Trautz, 1,335 fr., vente Benzon; (n. 326), revendu 2450 fr., vente Quentin-Bauchart (n. 34, *Mes livres*, n. 151bis); le même (?), 1,020 fr., vente L. de Tinan (n. 152); même condition, 920 fr., vente Delbergue (n. 193) et 1.130 fr. à M. Eugène Wassermann, vente Daguin (547).

Un des dessins originaux de Gravelot appartient à la baronne James de Rothschild.

— Histoire de Manon Lescaut et du chevalier des Grieux, par l'abbé Prévost. *A Paris, De l'imprimerie de P. Didot l'aîné, an V. (1797)* 2 vol. in-18. (De 100 à 150 fr.)

Tome I : 2 ff. n. ch., 225 pp.; plus 4 figures.

Tome II : 2 ff. n. ch., 212 pp., plus 4 figures.

8 figures charmantes par Lefèvre gravées par Coiny. L'ouvrage le plus agréable de la collection Bleuet.

Ce joli livre se trouve : En papier ordinaire. — En papier vélin in-18, figures avec la lettre. — Même papier figures avant la lettre. — En grand papier vélin, de format in-12, tiré à 100 exemplaires avec les figures avant la lettre, avec les eaux-fortes et parfois la suite des contre-épreuves.

M. Rouquette père a vendu jusqu'à 7,000 fr. un bel exemplaire dans ces conditions et dans une jolie reliure de Trautz.

En grand papier vélin, figures avant la lettre et eaux-fortes, relié en maroquin par Simier, 355 fr., vente Brunet; un autre semblable, en maroquin citron de Trautz, relié sur brochure, 2,005 fr., vente Lignerolles (n. 1828), revendu 2,000 fr., vente Montgermont (1911, n. 174).

En maroquin rouge doublé de bleu par Lortic avec les 3 états et les contre-épreuves, 1,020 fr., vente Delbergue (n, 194), puis chez Lord Carnarvon (n. 46) puis à 2,500 fr., au *Bull. Morgand* II, 6 (1908) n. 560.

Sur grand papier vélin, non rogné, figures en 4 états (lettre, avant-lettre, eaux-fortes et contre-épreuves, tirées sur peau de vélin), maroquin orange doublé de maroquin vert par Cuzin, 2,330 fr., vente Daguin (n. 618), à M. Robert Schuhmann; en maroquin bleu de Bozérian, avec les trois états des figures, collection Francis Charmes; en grand papier vélin, non rogné, figures avant la lettre, maroquin de Trautz, 250 fr., vente Lebeuf de Montgermont (n. 673); en maroquin bleu de Trautz, figure en 3 états, relié sur brochure, 1,900 fr., vente Müller (n. 189).

En maroquin bleu de Trautz, avant-lettre et eaux-fortes, 4,450 fr., vente Quentin-Bauchart (n. 35, = *Mes livres*, n. 152), revendu 1,200 fr., vente Mosbourg (n. 202.)

L'exemplaire Ferdinand de Rothschild est en maroquin rouge de Purgold, grand papier vélin, figures avant la lettre; celui de M. Béraldi, même papier, en maroquin rouge de Bozérian, contient les avant-lettre et les eaux-fortes : sur papier vélin, figures avant la lettre, 395 fr., vente Destailleur (1891, n. 1333). En maroquin rouge ancien, 140 fr., vente R. Lion (n. 234.)

En maroquin rouge de Trautz avec les trois états et la suite coloriée des contre-épreuves, collection James de Rothschild (n. 1559.)

Un exemplaire sur peau de vélin a été payé 220 fr., vente Chardin (1823, n. 1884) et 1,000 fr., vente Double (1863, n. 323).

Le précieux exemplaire contenant les dessins originaux de Lefebvre avec le triple état des figures se trouvait dans la collection Morel-Vindé et appartient aujourd'hui à M. Robert Schuhmann.

A l'origine, les prix de la publication étaient de 6 fr., 12 fr. et 24 fr.

— Histoire générale des Voyages ou Nouvelle Collection de toutes les relations de Voyages par mer et par terre qui ont été publiées jusqu'à présent dans les différentes langues de toutes les nations connues (par l'abbé Prévost). *A Paris, Didot,* 1746-1779. 20 vol. in-4. (De 40 à 50 fr.)

Figures et cartes.

Le T. XX qui contient les tables, manque dans beaucoup d'exemplaires.

Un exemplaire sur grand papier, relié en maroquin rouge, 220 fr., vente Béhague.

— Le Philosophe anglais, ou Histoire de M. Cleveland, fils naturel de Cromwell, traduit de l'anglais. *A Londres* (Paris, Cazin), 1777, 6 vol. in-18. (De 30 à 40 fr.)

15 figures non signées.

— Contes, Aventures et Faits singuliers recueillis pour les Œuvres de M. l'abbé Prévost. *Paris, Dufart.* 1796. 4 parties en 2 vol. in-12. (De 15 à 20 fr.)

1 frontispice et 7 figures non signées.

— Œuvres choisies de l'abbé Prévost, avec figures. *A Amsterdam et Paris*, 1783-1784. 39 vol. in-8. (De 60 à 80 fr.)

1 portrait par Schmidt gravé par Ficquet, et 78 figures par Marillier (deux par volume), gravées par Biosse, Borgnet, Châtelain, Dambrun, Delaunay jeune, Delignon, Delvaux, Gaucher, Halbou, Huber, Lebeau, de Longueil, Patas, Pauquet, Mme Ponce, Jonxis et Texier.
Les 78 dessins originaux de Marillier lavés à l'encre de Chine provenant de la collection Renouard (vente de 1854, n. 635 : 570 fr.) et de la vente La Bedoyère (1862, n. 297 : 1,105 fr.), font partie de la collection James de Rothschild (n. 224.)
Un bel exemplaire sur papier de Hollande, en veau rose de Bozérian, 200 fr., vente E. Martin (n. 535).
On connaît quelques eaux-fortes (collection Schuhmann).
Cf. supra au nom de MARILLIER.

PRIÈRES du Matin et du Soir pour tous les jours de la semaine. *A Paris, par les soins de Cl. Rigaud*, 1714. In-8. (De 30 à 40 fr.)

Frontispice, 1 figure et 25 en-têtes et culs-de-lampe d'après A. Coypel gravés par N. Tardieu.
Le dernier fleuron reproduit les armes de Philippe V roi d'Espagne, pour lequel ce livre fut fait.
Un bel exemplaire en maroquin doublé par Chambolle, 250 fr., catalogue Morgand.

PRINGY (Mme de). — L'Amour à la mode. Satyre historique. *A Paris,* *Chez la Veuve Coignard*, 1706. Petit in-12. (De 10 à 12 fr.)

108 pp., y compris un spirituel frontispice à l'eau-forte par Harrewyn.
Édition exécutée dans les Pays-Bas.
En maroquin orange de Trautz, collection James de Rothschild (n. 1545.)

PRIVILÈGES du Cocuage, ouvrage Nécessaire tant aux Cornards actuels qu'aux Cocus en herbe. *A Vicon, chez Jean Cornichon, à l'Enseigne du Coucou*, 1722. In-12. (De 50 à 60 fr.)

VI-159 pp., plus un frontispice original non signé.
En veau de Purgold, 15 fr., vente Pixerécourt (n. 1424), aujourd'hui collection Schuhmann.

PRIX DE LA BEAUTÉ (Le), ou les Couronnes, pastorale en trois actes et un prologue, avec des divertissements sur des airs choisis et nouveaux. *A Paris, de Lormel*, 1760. In-4. (De 400 à 500 fr.)

4 ff. n. ch., 63 pp. 25 ff. gravés et 1 f. n. ch., plus 1 frontispice (répété 2 fois) et 4 figures.
En tout 1 frontispice par Martinet, gravé par Thérèse Martinet; 1 fleuron sur le titre dessiné et gravé par Thérèse Martinet; 1 vignette, 1 lettre ornée, 4 figures ravissantes par Martinet, et 1 cul-de-lampe par Thérèse Martinet. Le frontispice est répété au-devant des planches gravées de musique et de texte qui se trouvent à la fin.
Fort joli volume, très rare avec toutes les planches.
En demi-reliure, 110 fr., vente Daguin (n. 548).
En maroquin rouge de Petit, ancienne collection de Lord Carnarvon (n. 69); en maroquin rouge de Thibaron, 500 fr., *Bull. Morgand*, 1908 (II, 6, n. 564).
En veau ancien, 820 fr., vente Sardou (n. 172); en maroquin rouge ancien aux armes de la duchesse de Gramont-Choiseul, 3,100 fr., vente Montgermont (1911, n. 77).
En maroquin rouge, aux armes de Mme du Barry, bibliothèque de Versailles.
M. Rahir nous fait observer que les gravures ont été exécutées d'après des compositions de Gravelot et qu'un des dessins originaux de cet artiste, portant la signature, se trouvait dans la collection Goncourt et fut acheté 100 fr. à la vente Goncourt (n. 116) par la comtesse Pétion.

Il existe une autre édition sous la même date avec des vignettes et planches de musique supprimées.

PROCÈS criminel de Marie-Antoinette de Lorraine, archiduchesse d'Autriche, etc. *A Paris, chez Deuné, libraire; la citoyenne Toubon, libraire, et Cornier, imprimeur,* l'an II de la République française. In-8. (De 25 à 30 fr.)

1 figure gravée par J.-B. Louvion.
Libelle très rare.

PROPERCE. — Élégies de Properce, traduites dans toute leur intégrité avec des notes interprétatives du texte et de la mythologie de l'auteur, et des figures gravées sous la direction de Ponce, d'après les dessins de Marillier. Nouvelle édition, revue, corrigée et considérablement augmentée par M. de Longchamps. *De l'imprimerie d'A. Égron, Paris, Duprat, Letellier et Cie,* 1802, 2 vol. in-8. (De 20 à 25 fr.)

5 figures par Marillier, gravées par Dambrun, Delvaux, Dupréel, Duval et Ponce.
Existe sur papier vélin avec les figures avant la lettre.
Les dessins originaux de Marillier sont signalés par le baron Portalis dans l'exemplaire de la vente Coulon (1858).

PRUNAY (De). — Grammaire des Dames, dédiée à la princesse de Lamballe par M. de P... *Paris, Lottin,* 1777. In-12. (De 8 à 10 fr.)

1 joli frontispice dessiné et gravé par Duclos.
En maroquin rouge, aux armes de la comtesse d'Artois, 610 fr., vente Janzé (n. 277).

PRUSSE GALANTE (La), ou Voyage d'un jeune homme à Berlin, traduit de l'allemand. *A Paris, Desenne, Dupray et Mareschal,* s. d. (1880). In-8. (De 10 à 15 fr.)

1 figure non signée tenant lieu de frontispice, mais cotée : page 88.
Traduit de l'allemand, selon Barbier, par le baron Dupin.
Il existe un autre livre portant à peu près le même titre : *La Prusse galante, ou Voyage d'un jeune Français à Berlin,* par le Dr Akerlin. Topolis (Paris), 1801. — 1 frontispice libre, non signé. C'est une imitation de la traduction du baron Dupin faite par un sieur Rousseau Jacquin, imprimeur à Paris.

PSEAUMES (Les) de David, traduits en françois selon l'hébreu, dédiés à Son Altesse Royale Madame de Guise (par L.-I. Le Maistre de Sacy). *A Paris, Chez Elie Josset,* 1707. In-12. (De 8 à 10 fr.)

Frontispice gravé par Noblin d'après Philippe de Champagne.
En maroquin olive ancien, à compartiments de mosaïque, doublé de maroquin rouge, 295 fr., vente Béhague (n. 2).

PUFFENDORFF. — Introduction à l'Histoire moderne, générale et politique de l'Univers..., commencée par le baron de Puffendorff, augmentée par M. Bruzen de la Martinière; nouvelle édition, revue... par M. de Grace. *A Paris, Mérigot,* etc., 1753-1759. 8 vol. in-4. (De 60 à 80 fr.)

1 frontispice par Eisen, gravé par Aliamet; 8 fleurons, 1 écusson non signé, 1 médaillon avec portrait par Ehrenstrahl, gravé par Ficquet, 32 vignettes, 23 culs-de-lampe, dont beaucoup se répètent, 32 lettres ornées, dont beaucoup se répètent également, et 23 cartes géographiques. Les fleurons, vignettes et culs-de-lampe sont d'Eisen et gravés par Aliamet, Aveline, Baquoy, Chedel, Chenu, Legrand, Lemire, Lempereur, Ouvrier et Pitre-Martinasie.
On connaît des exemplaires en grand papier de Hollande. Un de ces derniers renfermant les dessins originaux d'Eisen sur vélin, pour les vignettes et les culs-de-lampe a été payé, en 1808, en maroquin rouge, 400 fr., vente Blondel d'Azincourt (n. XXIV).
Un autre exemplaire de grand papier, en maroquin rouge, 62 fr., vente Béhague.

— Histoire de Suède, avant et depuis la fondation de la monarchie, par M. le Baron de Pufendorff. Nouvelle édition, plus correcte que les précédentes, et continuée jusqu'à l'année 1730. *A Amsterdam, chez Zacharie*

Chatelain, 1732. 3 vol. in-12. (De 10 à 15 fr.)

Portrait de l'auteur gravé par Folkéma, d'après Locker.
En maroquin olive, aux armes de Madame Victoire, 190 fr., vente Massicot (n. 720).

PUJOL. — Galerie historique universelle, par M. de Pujol. *S. l.* (*A Paris, Mérigot*) 1787-1789. 2 vol. in-4. (De 80 à 100 fr.)

144 portraits au trait accompagné d'une notice explicative; l'ouvrage ne fut pas achevé et il n'a été publié que ces 144 portraits én 18 livraisons. En maroquin vert de Petit, 37 fr., vente Destailleur (1891, n. 453).
Cf. PLATRIÈRE.

PUJOULX. — Figaro au Sallon de Peinture, pièce épisodi-critique en prose et en vaudeville, par l'auteur de Momus au sallon. *A Rome* (Paris), 1785. In-8. (De 5 à 6 fr.)

1 frontispice à l'eau-forte.

— Les Grandes Prophéties du grand Nostradamus, sur le grand Sallon de peinture de l'an de grâce 1787, contenant des prédications en vers et en prose, sur les tableaux qui sont exposés au Sallon, et sur les critiques qui paraîtront cette année, le tout dicté par le prophète à Jean-Lait-Painmil, etc... *A Salon en Provence* (Paris), 1787. In-8. (De 5 à 6 fr.)

1 frontispice à l'eau-forte.

PUNT. — Funérailles de Guillaume-Charles-Henri Prince d'Orange-Nassau, en hollandois, en anglois et en françois. *A La Haye*, 1775. Gr. in-folio. (De 80 à 100 fr.)

41 planches oblong en largeur, gravées par Punt, d'après les dessins de Cuyk.

On trouve souvent relié avec ce livre la *Description du catafalque et la décoration de la chambre mortuaire de Guillaume, prince d'Orange*. La Haye, 1752. — Texte et 3 planches grand in-8 oblong gravés par Punt, d'après de Swart.

P...... cloitrées (Les), Parodie des Visitandines, en deux actes, ornée de jolies gravures. *A Bicêtre, et se trouve à Paris, chez tous les libraires marchands de nouveautés*, 1793. In-12. (De 40 à 50 fr.)

1 frontispice et 3 figures libres très médiocres, non signées.
Il existe de cette parodie une édition de 1796, semblable en tout à celle-ci, sauf le fleuron sur bois du titre, qui est différent, et la 4ᵉ figure qui est retournée. Dans l'édition originale, le moine est à gauche et l'homme déguisé en femme est à droite.

PUYSÉGUR (Chastenet de). — L'Art de la Guerre par principes et par règles, ouvrage de M. le maréchal de Puységur, etc. *A Paris, Chez Jombert*, 1748. 2 vol. in-fol. (De 30 à 40 fr.)

1 superbe portrait par Tournière, gravé par Daullé; 1 très beau fleuron sur le titre du 1ᵉʳ volume, 3 vignettes et 2 culs-de-lampe par Cochin, gravés par Aveline, Chedel, Cochin et Soubeyran; 1 beau titre pour le second volume, par Babel, gravé par Marvye; une lettre ornée par Chedel et 41 planches techniques par Brunet.
En peau de chamois, non rogné, 16 fr., vente Daguin (n. 549).
Réimprimé à la Haye, en 1749.

PUYSIEUX (De). — Les Hommes volans ou les Aventures de Pierre Wilkins, traduites de l'anglais et ornées de figures en taille-douce. *A Londres et Paris*, 1763. 3 vol. in-12. (De 15 à 20 fr.)

6 figures dont une pliée, non signées.

 UÉNARD. — Portraits des Personnages célèbres de la Révolution par François Bonneville avec Tableau Historiques et Notices De P. Quénard, l'un des Représentans de la Commune de Paris, en 1789 et 1790. *A Paris, chez l'auteur, rue du Théâtre-Français, N° 10, au 4eme et chez les principaux libraires de l'Europe, De l'imprimerie du Cercle social, 1796-1802. 4 vol. pet. in-4.* (De 200 à à 300 fr.)

Tome I : 2 ff. n. ch. (Faux-titre et titre). 72 pp. de texte. (Tableau historique). 2 ff. n. ch. (Post-scriptum et Indication du premier volume.) Plus 1 vignette en médaillon servant de frontispice et 50 portraits en médaillon, dessinés et gravés par J. Bonneville; chaque portrait est accompagné d'un feuillet de texte non chiffré.

Tome II : 2 ff. n. ch. (Faux-titre et titre.) 8 pp. (Introduction du second volume), 5 ff. n. ch. (Costumes des autorités constituées, et conclusion). 98 pp. et 2 ff. n. ch. (Indication du second volume et liste des gravures de la collection de F. Bonneville), plus 1 vignette en médaillon servant de frontispice, 50 portraits en médaillon dessinés et gravés par F. Bonneville, et 14 planches de costumes des autorités constituées, dessinées et gravées par L. Duplessi-Bertaux, chaque portrait est accompagné d'un feuillet de texte non chiffré.

Tome III : 2 ff. n. ch. (Faux-titre et titre) 224 pp. et 2 ff. n. ch. (Indication du troisième volume et sur les assignats), plus 1 vignette en médaillon servant de frontispice, 50 portraits en médaillon dessinés et gravés par Bonneville, et 15 planches de costumes non signées, autorités militaires et une planche repliée (Tableau des Papiers Monnoies).

Chaque portrait est accompagné d'un feuillet de texte non chiffré, mais qui compte dans la pagination générale.

Tome IV : 7 ff. n. ch. (Faux-titre, constitution de l'an VIII de la République Française, et indication du quatrième volume), plus 1 vignette en médaillon servant de frontispice et 50 portraits dessinés et gravés par Bonneville; chaque portrait est accompagné d'un feuillet de texte, non chiffré.

Tous les portraits sont gravés a l'eau-forte et au pointillé, et les planches de costumes, à la manière noire.

Cet ouvrage publié en livraisons se vendait : Les 2 premiers volumes, 66 livres et franc de port, 72 livres ; le troisième et le quatrième, 25 livres chaque volume.

Nous avons vu deux exemplaires de cet ouvrage ; l'un tiré sur papier de Hollande très beau d'épreuve et l'autre sur papier mince d'un tirage très médiocre.

La collation des deux exemplaires nous a permis de compléter et de rectifier la description donnée plus haut (col. 175) au nom de BONNEVILLE, dessinateur et graveur des planches.

Le recueil doit donc contenir 4 frontispices (médaillons), 200 portraits et 29 planches de costumes. Les exemplaires bien complets sont fort rares.

QUERELLES (Le Chevalier de). — Héro et Léandre, poëme nouveau en trois chants, traduit du grec sur un manuscrit trouvé à Castro, auquel on a joint des notes historiques, etc., *A Paris, P. Didot l'aîné*, an IX (1801). In-4. (De 250 à 300 fr.)

1 frontispice en noir et 8 estampes en couleur, dessinés et gravés par Debucourt.

Les belles estampes du célèbre graveur en couleurs Debucourt existent avant la lettre avec la lettre grise et avec la lettre ombrée. Le texte a été tiré sur papier vélin et sur papier de Hollande. Pour le détail des états, cf. Fenaille, *L'Œuvre gravé de Debucourt*, p. 87.

En demi-reliure, maroquin citron 4 fr., vente Pixerécourt (n. 1350) revendu 99 fr., vente E. Martin (n. 137) ; broché, 150 fr., vente R. Portalis (février 1878, n. 50).

En grand papier vélin, cartonné non rogné, figures avant la lettre, 315 fr., vente Ch. Cousin (n. 296).

En maroquin olive de Simier, avant la lettre, vente de la duchesse de Berry, aujourd'hui chez M. Henri Beraldi.

En maroquin vert de Bozérian, figures avant la lettre, vente Beaufoy (*Londres* 1909), aujourd'hui chez M. Eugène Wassermann (exemplaire de Louis Napoléon).

En maroquin rouge de Chambolle, figures à la lettre grise, 1,600 fr., vente Montgermont (1911, n. 155).

Les dessins originaux, légués par Querelles au duc de Feltre, appartiennent aujourd'hui au duc de Fezensac.

QUERLON (Meunier de). — Règlement pour l'Opéra de Paris, avec notes historiques. *A Utopie, chez Thomas Morus* (Paris), 1743. In-12. (De 15 à 20 fr.)

1 frontispice par Boucher, gravé par Cochin, mais non signé.

Bien des articles de ce spirituel règlement, dit Cohen, seraient encore applicables à l'Opéra actuel.

En maroquin citron, par Belz-Niedrée, 25 fr., vente Béhague (n. 876).

— Les Grâces, *A Paris, Chez Laurent Prault et Bailly*, 1769. In-8. (De 200 à 250 fr.)

VIII-330 pp. et 3 ff. n. ch., plus 1 titre, 1 frontispice et 5 figures.

Contient un titre gravé par Moreau, un frontispice par Boucher, gravé par Simonet, et 5 figures par Moreau, gravées par de Launay, de Longueil, Massard et Simonet. Existe en grand papier d'Auvergne, et en papier de Hollande, avec figures avant la lettre.

Charmant ouvrage galamment illustré et très recherché avec les figures avant la lettre. Toutefois les figures y sont un peu rares, eu égard à l'épaisseur du volume, et quelques culs-de-lampe sur bois n'arrivent pas à masquer cette indigence.

On peut trouver les très jolies eaux-fortes, en épreuves de graveur, mais elles ne sont pas communes.

Le titre des *Grâces*, gravé par Moreau le jeune, est très rare avant toutes lettres. Il a été vendu seul jusqu'à mille francs ; il doit porter à la pointe le nom de l'artiste.

Se méfier du même titre, fort bien copié d'ailleurs par Gaucher, mais en contre partie. La figure *Les Grâces chantées par Pindare* existe découverte.

En maroquin citron, reliure signée de Derôme, sur grand papier de Hollande, 1,080 fr., vente Colin (n. 45), revendu 690 fr., vente Rich. Lion (n. 290) ; le même ou un autre semblable, est décrit comme sur grand papier d'Auvergne, au catalogue Ferdinand de Rothschild ; en maroquin rouge ancien, 545 fr., vente Guyot de Villeneuve (n. 432) ; en maroquin bleu de Cuzin, avec des figures avant la lettre et eaux-fortes ajoutées, 700 fr., vente du baron Portalis.

Sur papier de Hollande, frontispice et figures avant et avec la lettre, maroquin rouge ancien, 1,120 fr., vente Daguin (n. 550) ; même condition en maroquin rouge de Cuzin, 1,500 fr., vente Montgermont (1911, n. 165).

En maroquin vert ancien, collection Schuhmann.

Le bel exemplaire sur papier de Hollande, de la collection Eugène Paillet (*Bull. Morgand* n. 12358 : 5,000 fr.) en maroquin orange à mosaïque, doublé de maroquin orange, par Cuzin, avec les figures avant la lettre et le titre avant la lettre, et même avant les derniers travaux, est chez M. Henri Beraldi.

La bibliothèque de Versailles possède l'exemplaire de Mme du Barry, en maroquin rouge à ses armes.

Le dessin des *Trois Grâces* de Boucher, daté de 1768, vente Norblin, puis vente Féral, 1,800 fr.

Le dessin : *Les Grâces chantées par Pindare*, 2,500 fr., vente Mahérault, puis collection R. Lion.

— Le Triomphe des Grâces ou Élite en prose et en vers des meilleurs écrits faits à la louange des Grâces, etc... publié par de Querlon. *A Paris, Costard*, 1775. In-8. (De 50 à 60 fr.)

Frontispice par Boucher, gravé par Simonet et 5 figures de Moreau.

Même livre sous un nouveau titre, avec les mêmes figures, un peu moins bonnes que dans l'édition de 1769.

— Les Grâces. Recueil en prose et en vers. *A Paris, Chez Nyon l'aîné, s. d.* (vers 1776.) In-8. (De 60 à 80 fr.)

VIII-330 pp., 2 ff. n. ch. plus un titre-frontispice par Marillier, gravé par De Ghendt et 2 jolies figures, l'une dessinée et gravée par Eisen, et l'autre de Desrais, gravée par Marchand.

QUESNAY. — Traités des Fièvres continues dans lequel on a rassemblé et examiné les principales connaissances que les anciens ont acquises sur les fièvres par l'observation et par la pratique..., par M. Quesnay..., médecin consultant du Roi. *A Paris, Chez d'Houry*, 1753. 2 vol. in-12. (De 10 à 12 fr.)

Jolie vignette au milieu de laquelle figurent les armes de Madame de Pompadour, à qui l'ouvrage est dédié.

En maroquin rouge aux armes de Machault d'Arnouville, 43 fr., vente Jerôme Pichon (1897, n. 266).

QUÉVÉDO. — Voyages aux Enfers, en purgatoire et en différents pays inconnus, traduits de l'espagnol du chevalier Quévédo. *A Paris*, an VII. 2 vol. in-18. (De 6 à 8 fr.)

2 figures non signées.
Catalogue Vulliet.

QUINTE-CURCE. — Q. Curtii Rufi de rebus gesti Alexandri Magni Alexandri Magni libri decem. *Parisiis, Barbou*, 1757. In-12. (De 6 à 12 fr.)

1 frontispice, 2 vignettes et 1 cul-de-lampe par Eisen, gravés par Lempereur.

DESSIN POUR LES *Contemporaines* DE RESTIF DE LA BRETONNE (1780)
APPARTIENT A M. EDOUARD RAHIR

 *** (De). — Poésies diverses de M. le chevalier de R..., ancien capitaine de cavalerie. *A La Haye et à Abbeville*, 1758.

1 figure, 1 fleuron sur le titre et 1 cul-de-lampe par Choquet, gravés par Voyez.

RABAUT DE SAINT-ÉTIENNE (M.-J.-P). — Almanach historique de la Révolution française pour l'année 1792, etc... ouvrage orné de gravure d'après les dessins de Moreau. *A Paris, Chez Onfroy; A Strasbourg chez J.-C. Treuttel. De l'imprimerie de Didot l'aîné.* In-18. (De 20 à 25 fr.)

2 ff. n. ch., LXXVI-257 pp., 1 f. blanc et 108 pp., plus 6 jolies figures de Moreau gravées par Coiny, Halbou, Hubert, Langlois, de Longueil et Simonet.

Il y a des exemplaires en papier vélin, avec les figures avant la lettre. (De 50 à 60 fr.)

Tel est celui, en maroquin rouge ancien, de la collection de Ferdinand de Rothschild.

On y joint souvent les ouvrages de Lacreteile jeune : *Assemblée Législative*, Paris, Didot, an IX (1801). In-8. 2 figures de Duplessi-Bertaux gravées par Dupréel. — *La Convention nationale*, Paris, Didot, 1803, 2 vol. in-12. 4 figures non signées, mais de Duplessi-Bertaux. — *Le Directoire exécutif*, Paris, Didot, 1806. 2 vol. in-18. 4 figures du Duplessi-Bertaux, une seule signée, gravées par Bovinet. En tout, 6 vol. in-18. — Les exemplaires en papier vélin, sont avec les figures de Duplessi-Bertaux et Moreau avant la lettre.

Les 6 volumes en maroquin bleu ancien, figures avant la lettre, 400 fr., vente Destailleur (1891, n. 1834). On connaît des suites de ces 16 gravures dans leur couverture de publication; quelques épreuves sont sur chine volant.

Un bel exemplaire sur peau de vélin avec les dessins originaux de Moreau, les eaux-fortes, et d'autres dessins, 150 fr., vente Renouard, (1854, n. 3050), revendu 240 fr., vente Hebbelinck (n. 2118) et 3,520 fr., vente du baron Pichon (1897, n. 1299). Il appartient aujourd'hui à M. Adolphe Bordes.

Les 6 figures de Moreau ont été gravées à nouveau par Couché fils, avec et sans cadres. Elles existent à l'état d'eau-forte.

— *Précis historique de la Révolution française*, par J. P. Rabaut; suivi de l'Acte constitutionnel des François : Ouvrage orné de gravures d'après les dessins de Moreau. Seconde édition, augmentée de Réflexions politiques sur les circonstances présentes, par le même auteur. *A Paris, Chez Onfroy..., A Strasbourg, Chez J.-G. Treuttel, Libraire. De l'Imprimerie de P. Didot l'aîné,* 1792, in-18, LXXVI (pour LXXII), et 257 pp.; plus 6 figures aux pp. 1, 85, 106, 111, 185 et 254. (La pagination de la Table des principaux décrets commence à XI au lieu de VII.)

On a nié à tort l'existence d'exemplaires sur papier vélin ; il y en a un dans la collection James de Rothschild, avec les figures avant la lettre (n. 2298), et un autre chez M. Beraldi, non rogné, avec les avant-lettre et les eaux-fortes.

RABELAIS. — Œuvres de Maître François Rabelais publiées sous le titre de Faits et Dits du Géant Gargantua et de son fils Pantagruel (avec des remarques et critiques de Le Duchat et La Monnoye.) *A Amsterdam, Chez Henri Bordesius*, 1711. 6 tomes en 5 volumes. in-12. (De 25 à 30 fr.)

Tome *I* : L [ou XLVIII] pp., 336 pp., et 2 ff. n. ch., plus 1 frontispice., 1 portrait, 3 figures et une carte.
Tome *II* : 1 f. blanc, 1 f. n. ch., 287 pp., 2 ff. n. ch.
Tome *III* : 1 f. blanc, 1 f. n. ch., 272 pp., 2 ff. n. ch.
Tome *IV* : 1 f. blanc, 1 f. n. ch., 288 pp., 2 ff. n. ch.
Tome *V* : XVI-223 pp., 2 ff. n. ch.
Tome *VI* : 1 f. blanc, 1 f. n. ch , 109 pp., 16 ff. n. ch., 1 f. blanc.

En tout, 1 frontispice par W. de Broen, portrait par le même, 1 vignette de dédicace, 3 figures pliées et une carte pliée, le tout dans le tome I.
Sur papier de Hollande, en maroquin rouge de Trautz, 305 fr., vente Lignerolles (n. 1797.)
Sur grand papier de Hollande, en maroquin citron, reliure anglaise, 345 fr., vente Turner (n. 447).
Le superbe exemplaire du comte d'Hoym (n. 2576 : 50 fr.) et qui provenait de Cisternay du Fay (n. 2160 : 80 fr. 1 sou) a reparu chez Bonnemet (n. 456), La Vallière (n. 3861 : 103 fr.) Naigeon, F. Didot (1810, n. 724 : 156 fr.), Coulon et Ganay (n. 168 : 1,400 fr.). Il est en maroquin rouge de Boyet, et se trouve aujourd'hui dans la collection James de Rothschild (n. 518).
Sur cette importante édition, la première où le texte ait été établi d'une façon critique, cf. la *Bibliographie Rabelaisienne* de M. P.-P. Plan (Paris, 1904, in-8) pp. 226-228, n. 133. On y trouve l'indication d'une contrefaçon contemporaine reconnaissable à l'absence de signature sur le frontispice et le portrait, et d'une réimpression datée de 1732.

— Œuvres de Maître François Rabelais, Avec des remarques historiques et critiques de Mr. le Duchat. Nouvelle Édition, Ornée de figures de B. Picart & C. *A Amsterdam, Chez Jean-Frédéric Bernard*, 1741. 3 vol. in-4. (De 250 à 300 fr.)

Tom I : 4 ff. n. ch., XXXVI-526 pp., plus 1 frontispice, 1 portrait, 13 figures et 1 carte.
Tome II : 2 ff. n. ch. XXXIV-383 pp., plus 1 frontispice et 3 figures.
Tome III : 7 ff, n. ch.; 218 et 150 pp., 18 ff. n. ch., plus 1 frontispice.

En tout 1 superbe frontispice dessiné et gravé par Folkema ; 1 titre gravé par B. Picart, pour les premier et troisième volumes 1 fleuron sur le titre de ces deux volumes et un autre fleuron différent sur le titre du second, 3 gravures topographiques, la figure de la *Bouteille*, 1 portrait de Rabelais, gravé par Tanjé ; 12 vignettes et 12 culs-de-lampe par Picart, et 12 figures par Du Bourg, gravées par Bernaerts, Folkema et Tanjé.

Au tome III, 1re partie, la pagination saute de 144 à 147.

3 des dessins originaux de Du Bourg, 360 fr., vente E. Martin (n. 391) ; un autre. vente Cousin ; six de ces dessins, presque tout ceux retrouvés jusqu'à ce jour, sont à la librairie Morgand.

En maroquin vert ancien, 800 fr., vente Béhague (n. 944) ; en maroquin rouge ancien aux armes de Mme de Pompadour, 4,200 fr., vente de Ruble (n. 441), aujourd'hui chez M. Adolphe Bordes ; en maroquin rouge (fatigué) aux armes de Mme du Barry, bibliothèque de Versailles.

On ne connaît qu'une vingtaine d'exemplaires en grand papier : en voici une liste, plus complète que celle donnée au *Bull. Morgand* en 1880 (p. 584).

1. En maroquin rouge de Padeloup, collection James de Rothschild (n. 1519) : provient des ventes de Girardot de Préfond (n. 835), Mac-Carthy (1817, n. 3288 : 565 fr.), anonyme en 1838 (575 fr.), Brunet (n. 425 : 3,960 fr.) et Grésy (n. 340 : 4,110 fr.).

2 En maroquin rouge de Padeloup, collection de M. Descamps-Scrive, à Lille ; provient des ventes Radziwill (n. 957 : 1525 fr.), Lebeuf de Montgermont (1876, n. 644 : 6,000 fr.), Colin (n. 84 : 7,000 fr.) ; c'est sans doute cet exemplaire plutôt que le n° 4, qui a été vendu 6,450 fr. ; chez R. Lion (n. 231). (Cf. *Bull. Morgand*, n. 7753).

3 En maroquin rouge, signé Derôme le Père, au Musée Dutuit (n. 468) ; provient des collections La Vallière (n. 3862 : 102 livres, 19 sous), Naigeon, Firmin-Didot (1810, n. 725 : 661 fr.), Noailles (1835), La

Bédoyère (1837, n. 1073 : 711 fr.) et Saint-Mauris (1840, n. 1383 : 900 fr.).

4 En maroquin rouge de Padeloup, collection de feu le baron Ferdinand de Rothschild ; provient des ventes Gosford (n. 242 : 6,100 fr.) et Muller. (n. 184 : 8,000 fr.)

5 En maroquin bleu-violet ancien, à Manchester, John Rylands library ; provient de la vente Courtanvaux (n. 1629) et de la collection Spencer. Peut-être est-ce l'exemplaire en maroquin bleu vendu en 1792 chez le cardinal de Brienne (III, n. 345).

6 En maroquin citron de Padeloup, chez M. Robert Schuhmann ; provient des collections Courtanvaux, Pàris, Radziwill (n. 958 : 1,610 fr.), Odiot, Benzon (n. 319 : 5,500 fr.), Portalis (1878, n. 105 : 5,940 fr., à Fontaine), Edouard Bocher et Robert Hoe de New-York.

7 En maroquin citron d'Anguerrand, dans une collection anglaise ; provient des ventes Lamoignon, Dent (n. 989 : 23.126) et de Claye (1904, n. 140) ; cf. *Bull. Morgand*, n. 18,294.

8 En maroquin bleu à dentelle, de Padeloup, chez M. Louis Cartier ; ce très bel exemplaire provient de la collection Pàris, et des ventes Franchetti (1890, n. 210 : 10,100 fr.) H. Bordes (1897, n. 75 : 11,000 fr.) et Montgermont (1911, n. 176 : 13,100 fr.)

9 En maroquin rouge de Chambolle (autrefois en maroquin violet de Thouvenin, puis en maroquin rouge de Duru), chez M. Rahir ; provient des ventes Caillard (?) (n. 1499 : 525 fr.), Essling (n. 341 : 350 fr.) et Delzollies 515 fr.) ; cf. *Bull. Morgand* n. 36,503, 46,442 et (1907) n. 756.

10 En maroquin bleu de Bozérian, au Musée Condé ; provient de la vente Lefèvre-Dallerange (1851, n. 959). Est-ce l'exemplaire d'Ourches (n. 1079 : 321 fr.) qui était aussi en maroquin bleu.

11 En maroquin bleu, reliure anglaise, de Kalthoeber, au British Museum ; provient de la collection Grenville.

12 En maroquin rouge de Thompson, à la bibliothèque de Liverpool, fonds Hornby ; provient d'une vente chez Sotheby, le 27 novembre 1896 (n. 378 : 1. st. 47.10.0 à Quaritch).

13 En maroquin citron doublé de maroquin rouge par Trautz, à la librairie Morgand (*Bull.* 13, 1911, n. 1414 : 3,500 fr.) ; provient des ventes Perkins (1873, n. 735 : 75 fr.) et Delbergue (n. 181 : 5,450 fr.) et de la collection Paul Arbaud.

14 En maroquin rouge de Trautz, chez Sir David Salomons. Provient de la librairie Morgand. (*Bull. Morgand*, n. 42,545 : 3,000 fr. C'est celui que possédait jadis Morris de New-York et qui fut vendu le 17 juin 1876, dans sa vente chez Labitte (n. 97).

15 En maroquin rouge chez feu A. H. Huth à Fosbury, Angleterre.

16 En maroquin brun doublé de maroquin grenat, chez M. Gougy ; provient de la vente [Bibesco] (Paris, Gougy, 20 février 1905, p. 26, n. 37).

17 En veau marbré ancien, chez Mme Dornois, acheté en 1778 par Beckford (sa vente III, n. 1136 : 56 l. st. à Quaritch).

Nous ignorons où se trouvent les exemplaires suivants qui font sans doute, en partie, double emploi avec ceux décrits ci-dessus.

18 En maroquin rouge ancien, 120 fr. vente Davoust (1772, n. 484).

18bis En maroquin rouge ancien, 223 fr., vente Randon de Boisset (n. 879). Cf. les n. 1-4.

19 En maroquin rouge ancien, 1. st. 32.11.0 à James, vente Paris d'Illens (Londres 1791, n. 469). Cf. les n. 1-4.

20 En veau fauve (ancien ?), était chez Renouard (*Catal. d'un amateur* III, p. 165). Portrait ajouté. Cf. les n. 21-24.

21 En veau fauve (ancien ?) vendu 273 fr. à Paris en 1825. Cf. les n. 20, 22, 23, 24.

22 En veau ancien (de Padeloup) 70 fr., vente Gaignat (n. 2153) ; puis 420 fr. à Lapeyrière, vente d'Ourches (n. 1078) 449 fr., vente Lapeyrière (n. 453) ; vente Pixerécourt (n. 1407) et 574 fr. à Potier, vente Giraud (n. 2080.) Cf. les n. 20, 23, 24.

23 En veau fauve ancien, 303 fr., vente d'Hangard (1789, n. 1700.) Cf. les n. 20, 21, 22, 24.

24 En veau fauve ancien. 1305 fr., vente Delessert (1895, n. 88). Cf. les n. 20-23.

25 En veau racine ancien, dos de moroquin bleu ; collection de l'éditeur, MM. Rey ; puis *Bull. Morgand*, n. 7126. Relié ensuite, dit-on, par Thibaron et Joly.

26 Cartonné non rogné, 1,005 fr., vente de Cotte (n. 1155).

27 En maroquin rouge de Walther, 479 fr., vente Méon (n. 2452.)

28 En cuir de Russie, 1595 fr., vente Gosford (n. 243), puis *Bull. Morgand*, n. 8602. Est-ce l'exemplaire relié de même et vendu chez Coulon (1829, n. 1883 : 150 fr.) ?

29 En veau marbré ancien, vente chez Porquet (2 mai 1887, n. 145) Cf. n. 17.

30 En maroquin citron, doublé de maroquin grenat, par Masson Debonnelle chez Morgand, puis vente James Hartmann (n. 432.)

— Œuvres de Rabelais. *Genève* (Paris, Cazin), 1777. 4 vol. in-18. (De 10 à 15 fr.)

Portrait en médaillon, non signé.

Autre édition Cazin, Genève, 1783, avec un portrait par Sarabat, gravé par de Launay.

— Œuvres de Maître Français Rabelais, suivies des remarques publiées en anglois par M. Lemotteux et traduites en françois par C. D. M. (César de Missy), nouvelle édition, ornée de 76 gravures. *A Paris, Bastien*, an VI. 3 vol. in-8. Très mauvais papier. (De 40 à 50 fr.)

Dans les 76 figures qui ne sont pas signées, est compris le portrait de Rabelais. Cet ouvrage a été tiré sur meilleur papier, in-4 et in-folio, avec les figures avant la lettre. Il existe jusqu'à huit différents papiers, et de chacun il n'a été tiré que 250 exemplaires.

En grand papier vélin, maroquin grenat doublé de maroquin vert, 142 fr., vente Massicot (n. 599.)

Ces mêmes figures se retrouvent dans une brochure de Francisque Michel : *Rabelais analysé, ou explication de 76 figures gravées pour ses œuvres par les meilleurs artistes du siècle dernier, augmentée de l'ancienne clef et de celle de Le Motteux* (Paris, Barba, 1830, in-8).

— Œuvres de Maître François Rabelais. *A La Haye et Paris*, 1789. 3 vol. in-12. (De 12 à 15 fr.)

3 frontispices, 1 figure et une vignette non signés.

— Songes Drôlatiques de Pantagruel. *S. d. (De l'imprimerie de Gueffier jeune).* In-4. (De 150 à 200 fr.)

60 planches gravées par C. N. Malapeau. Figures inspirées de l'ancienne édition des *Songes drôlatiques*, de 1565.

Ces 60 planches ont été exécutées d'après un recueil de 122 dessins soi-disant originaux que possédait l'éditeur Lamy et que le libraire Sallior publia en 1797.

Un bel exemplaire, finement colorié à la main, dans une jolie reliure de Hardy-Mennil, en maroquin rouge doublé de maroquin bleu, 385 fr., vente Grésy (n. 8), puis chez Henri Bordes, aujourd'hui chez M. Robert Schuhmann.

Les 122 planches avaient été gravées, mais il n'en a été publié que 60. Feu Henri Bordes (vente de 1902, n. 137 : 500 fr.) possédait la seule suite connue des 122 planches dans une curieuse reliure ciselée par Wiener de Nancy.

RABELLL — Voyez BAR.

RABENER. — Satyres de M. Rabener, traduction libre de l'allemand, par M. de Boispréaux. *Paris, chez P. G. Simon, imprimeur du Parlement*, 1764. 4 vol. petit in-8, titre rouge et noir. (De 12 à 15 fr.)

2 jolis fleurons-vignettes de Flipart répétés sur les titres des tomes III et IV.

Rabener est l'auteur d'une critique des *Fleurons, vignettes, culs-de-lampe et autres ornements des Livres.*

RACCOLTA di Poesie e prose di diversi autori antichi e moderni, etc. *Peking* (Paris) *regnante Kienlong*, de 1780 à 1790. In-12. (De 40 à 50 fr.)

4 figures libres par un artiste français, non signées.

Ce recueil contient, entre autres ouvrages : *Il libro del Perchè, la Novella dell' Angelo Gabriello*, et la *Puttana errente* de l'Arétin.

RACINE (Jean). Œuvres de Racine. *A Paris, par la Compagnie des libraires*, 1702. 2 vol. in-12. (De 20 à 30 fr.)

Tome I : 6 ff. n. ch., et 468 pp. (dont les figures).

Tome II : 6 ff. n. ch. et 516 pp. (dont les figures).

Deux frontispices et 12 figures.

En maroquin citron, doublé de maroquin rouge, aux armes de Mme de Chamillart, 1,800 fr., vente Lignerolles (n. 1652), aujourd'hui chez M. Adolphe Bordes. En maroquin rouge de Trautz, collection James de Rothschild (n. 1244).

Cette édition qui reproduit avec quelques modifications celle de 1697, appartient par son aspect bien plutôt au XVIIe siècle qu'au XVIIIe siècle.

— Œuvres de Racine. *A Londres, J. Tonson et J. Watts*, 1723. 2 vol. in-4. (De 25 à 30 fr.)

1 portrait par Vertue, 1 frontispice et 12 figures par Chéron, gravés par Dubosc, Fourdrinier et Van der Gucht.

Un exemplaire en maroquin rouge, aux armes de Mirabeau, a été vendu 300 fr.; il est aujourd'hui dans la collection Ferdinand de Rothschild.

— Œuvres de Racine, nouvelle édition. *A Paris, Despilly,* 1736. 2 vol. in-12. (De 40 à 50 fr.)

1 frontispice, 1 portrait et 12 figures gravées par J.-B. Scotin.

Dans l'édition de Paris, 1741, les mêmes figures sont retournées et non signées.

— Œuvres de Racine. Nouvelle édition. *A Paris, (les libraires associés),* 1741. 2 vol. in-12. (De 40 à 50 fr.)

Tome I: 2 ff. n. ch., XL pp., 6 ff. n. ch., 568 pp., plus 1 frontispice et 6 figures.
Tome II: 2 ff. n. ch., 542 pp., 3 ff. n. ch., plus 1 frontispice et 6 figures.
En tout 2 frontispices et 12 figures non signées.

Édition donnée par Jolly, éditeur de Molière de 1734. — Un exemplaire en grand papier et en maroquin rouge, 100 fr., vente Potier.

— Œuvres de Racine. Nouvelle Edition. Augmentée de Diverses Pièces & de Remarques, &c. (par d'Olivet, Desfontaines, Racine fils et autres) Avec de très belles Figures en Taillesdouces. *A Amsterdam, Chez J.-F. Bernard,* 1743. 3 vol. in-12. (De 60 à 80 fr.)

1 portrait par Yver, 1 frontispice et 12 figures par L. F. D. B. (Louis Fabrice Du Bourg), gravés par Tanjé; 3 fleurons sur les titres, dont 1 signé par Punt, et 1 cul-delampe à la fin du 2e volume.

En maroquin vert ancien, 310 fr., vente Potier (n. 1271); en maroquin rouge de Derôme, 625 fr., vente Ganay (n. 160).

— Œuvres de Racine. Nouvelle édition. Augmentée de diverses Pièces & de Remarques, &c. Avec de très belles Figures en Tailles douces. *A Amsterdam et à Leipzig, Chez Arkstée et Merkus,* 1750. 3 vol. in-12. (De 40 à 50 fr.)

Tome I: XL-428 pp., plus 1 portrait et 6 figures.

Tome II: 2 ff. n. ch., 482 pp., plus 1 frontispice et 6 figures.
Tome III: 2 ff. n. ch., 428 pp.

Mêmes figures que dans l'édition d'Amsterdam, 1743.

Cette édition est la même que la précédente; le titre seul est changé.

En maroquin rouge ancien, 385 fr., vente Béhague (n.854); en veau fauve de Derôme, 105 fr., vente Daguin (n. 553); en maroquin bleu de Trautz, non rogné, 290 fr., vente Benzon (n. 291), puis collection James de Rothschild (n. 1245).

Cette édition peut se trouver imprimée à *Amsterdam,* 1750, *Chez Jean Fréd. Bernard,* mais c'est toujours la même avec un titre différent.

En maroquin bleu, non rogné, pièces ajoutées, 69 fr., vente Renouard (1854, n. 1536).

— Œuvres de Racine. *A Paris, Chez David* (ou *Moreau*), 1750. 3 vol. in-12. (De 30 à 40 fr.)

3 fleurons et 3 vignettes à mi-page dessinés par de Sève, gravés par Sornique.

En maroquin vert de Derôme, 1,230 fr., vente Béhague (n. 853).

— Œuvres de Racine. *A Paris,* 1760. 3 vol. in-4. (De 200 à 300 fr.)

Tome I: 2 ff. n. ch., XVIII pp., 3 ff. n. ch., 414 pp., plus 1 portrait et 5 figures.
Tome II: 2 ff. n. ch., IV et 447 pp., plus 6 figures.
Tome III: 2 ff. n. ch. IV et 412 pp., plus 5 figures.

En tout 1 portrait par Daullé, 3 fleurons sur les titres, 12 figures, 13 vignettes et 60 culs-de-lampe, tous par de Sève, gravés par Aliamet, Baquoy, Chevillet, Flipart, Legrand, Lemire, Lempereur, Sornique et Tardieu.

Très belle édition, dont il existe, d'après Brunet, 2 exemplaires sur papier de Hollande. L'un d'eux, en maroquin rouge par Padeloup, 250 fr., vente Renouard (1854, n. 1537), revendu 3,200 fr., vente Silvestre de Sacy (1879, n. 476), aujourd'hui dans la collection James de Rothschild (n. 1246).

De beaux exemplaires: en maroquin vert ancien 500 fr., vente Béhague (n. 855).
— En maroquin rouge ancien, 405 fr., vente Rich. Lion (n. 203). — Enfin en maroquin rouge aux armes de Mirabeau, 585 fr., vente Quentin-Bauchart; ne pas confondre avec l'exemplaire de Caraman-Chimay, relié aux mêmes armes, mais portant au dos deux C entrelacés.

En demi-reliure, non rogné, 235 fr., vente E. Martin (n. 341); en veau ancien, 105 fr., vente R. Portalis (février 1878, n. 97); en maroquin rouge ancien, aux armes du marquis Durazzo, 290 fr., au comte de Fontaine, vente Portalis (novembre 1877, n. 77); en maroquin vert ancien. 115 fr., vente Müller (n. 159); le même ou un autre semblable 570 fr., vente Sardou (n. 173); en maroquin rouge avec petite dentelle, 5,300 fr., vente Montgermont (1911, n. 177).

L'exemplaire Ferdinand de Rothschild est en maroquin rouge ancien, ainsi que celui de M. Adolphe Bordes.

Les dessins originaux de De Sève (sauf celui d'*Iphigénie*), soit 11 grands dessins et 76 fleurons, en tout 97 pièces, avec les gravures correspondantes, 196 fr., vente Renouard (n. 1538), maintenant collection James de Rothschild (n. 221).

— Œuvres de Jean Racine, de l'Académie françoise, nouvelle édition, plus correcte et plus ample que toutes les précédentes. *A Paris, par la Compagnie des libraries*, 1767. 3 vol. in-12. (De 40 à 50 fr.)

1 portrait par Santerre, gravé par Cathelin, 12 figures par de Sève, gravées par Bréant, Fessard, Legrand et Massard et 3 en-têtes par de Sève, gravés par Legrand.

Ces figures sont des réductions de celles de l'édition in-4.

Réimprimé avec les mêmes figures en 1779, 3 vol. in-12. Sous cette date, en maroquin rouge ancien, 213 fr., vente L. de Tinan (n. 131).

— Œuvres de Jean Racine, avec des commentaires Par M. Luneau de Boisjermain. *A Paris, de l'imprimerie de Louis Cellot (chez Panckoucke)*, 1768. 7 vol. in-8. (De 100 à 125 fr.)

Tome I: 4 ff. n. ch., CXLIV et 277 pp., 1 f. blanc, plus 1 portrait et 2 figures.

Tome II: 2 ff. n. ch., 443 pp., plus 3 figures.

Tome III: 2 ff. n. ch., 409 pp., plus 3 figures.

Tome IV: 2 ff. n. ch., 432 pp., plus 2 figures.

Tome V: 2 ff. n. ch., 440 pp., plus 2 figures.

Tome VI: VIII pp., 1 f. n. ch., 436 pp., 1 f. n. ch.

Tome VII: 2 ff. n. ch., 399 pp. et liste des souscripteurs: 17 pp.

En tout 1 portrait par Santerre, gravé par Gaucher, et 12 figures de Gravelot, gravées par Duclos, Flipart, Lemire, Lempereur, Levasseur, Née, Provost, Rousseau et Simonet.

Assez belle édition, dont il existe des exemplaires sur papier de Hollande, avec les figures avant la lettre.

Les figures d'ailleurs, sont presque toujours sans légende, beaucoup d'exemplaires renfermant des épreuves tirées avec caches.

On recherche particulièrement les exemplaires dont la reliure en veau ou en maroquin porte au dos une décoration spéciale dessinée par Gravelot.

En maroquin rouge ancien, 150 fr., vente Radziwill (n. 157); en maroquin citron ancien, 490 fr., vente Delbergue (n. 157).

En maroquin rouge de Derôme, 1,220 fr., vente Lion (n. 204); sur grand papier de Hollande, avant-lettre, maroquin rouge, de Derôme, 1,550 fr., vente Gosford (n. 224), revendu 1,520 fr., vente Müller (n. 159); même condition 2,350 fr., vente Montgermont (1911, n. 178); sur grand papier, avant-lettre, maroquin rouge ancien, avec fers de Gravelot, 300 fr., vente Hartmann (n. 390), aujourd'hui collection Louis Cartier.

L'exemplaire annoncé comme étant celui de Mme du Barry (vente Grésy, 1869, n. 194: 315 fr.) et qui a été reconnu pour être celui de son beau-frère avec les armes *collées* seulement sur le dos, a donné lieu à un curieux procès. Le véritable exemplaire de Mme du Barry en maroquin rouge à ses armes est à Lyon chez M. Julien Baudrier.

En veau ancien, 28 fr., vente Daguin (n. 554); en maroquin vert ancien, aux armes du marquis de Villette, 990 fr., vente Sardou (n. 102).

Les exemplaires Ferdinand de Rothschild et R. Schuhmann sont en maroquin rouge ancien; celui de la collection James de Rothschild (n. 1247) est dans une reliure ancienne en maroquin rouge signée de *Gaudreau, relieur de la Reine*. Celui de M. Adolphe Bordes, en maroquin rouge ancien, vient de la vente Léon Techener.

En maroquin rouge aux armes de Marie-Antoinette. Bibliothèque nationale; en veau, aux armes de la duchesse d'Orléans, femme de Philippe-Égalité, collection Francis Charmes.

En maroquin vert, avec fers de Gravelot, avec les 13 dessins originaux de Gravelot, à la plume et à la sépia, 65,000 fr., en assignats, vente Anisson-Duperron (1795, n. 776), revendu 502 fr., vente d'Ourches (1811, n. 877), 497 fr., vente La Bédoyère (1837, n. 847) et 572 fr., vente Soleinne, aujourd'hui au Musée Dutuit (n. 416).

Le marquis de Fourquevaulx possédait 50 croquis et esquisses de Gravelot pour ce livre; de la collection Emmanuel Bocher, ils sont passés dans la bibliothèque Olry-Rœderer à Reims.

Réimprimé. *A Paris, de l'imprimerie de Pougin,* an IV (1796). 7 vol. in-12 avec les mêmes figures en médiocres épreuves.

— Œuvres complètes de Jean Racine, nouvelle édition, ornée de figures dessinées par Lebarbier et gravées sous sa direction. *A Paris, chez Diterville, de l'imprimerie de Didot jeune,* an IV (1796). 4 vol. in-8. (De 40 à 50 fr.)

Portrait par Santerre, gravé par Gaucher et 12 figures de Lebarbier, gravées par Baquoy, Dambrun, Dupréel, Gaucher, Halbou, Langlois jeune, Patas, Romanet et Thomas.

En grand papier vélin, figures avant la lettre et eaux-fortes, relié en maroquin rouge par Bozérian, 128 fr., vente Radziwill (n. 885). — En maroquin vert, 510 fr., vente Béhague (n. 856).

En veau ancien, figures avant la lettre et légendes sur papier de soie, 130 fr., vente Daguin (n. 455); en maroquin rouge ancien à dentelles, figures avec la lettre, 710 fr., vente Doistau (n. 86).

En maroquin rouge ancien, avant-lettre et eaux-fortes, 2,950 fr., vente Montgermont (1911, n. 179).

L'exemplaire sur peau de vélin, contenant les dessins originaux de Le Barbier, s'est vendu 1,600 fr. à la vente Duriez (1827, n. 2.583 bis), 400 fr. vente Hanrott (Londres, 1834, III, n. 1733) et 3.550 fr., vente Morris, de New-York (1876, n. 84). Après avoir appartenu au baron Portalis, il se trouve actuellement à Reims dans la collection Olry-Rœderer.

Un précieux exemplaire tiré sur papier vélin bleu, avec suites ajoutées, en maroquin rouge de Bozérian, 50 fr., vente Duriez (n. 2583), puis collection Cigogne (n. 1627), aujourd'hui à Chantilly.

— Œuvres de Racine. *A Paris, Pierre Didot l'aîné,* an IX (1801-1805). 3 vol. gr. in-folio, papier vélin. (De 150 à 200 fr.)

1 magnifique frontispice par Proudhon, gravé par Marais, et 56 figures (une estampe par acte) par Chaudet, Gérard, Girodet, Moitte, Peyron, Serangeli et Taunay, gravées par Baquoy, Beisson, Blot, Chatillon, Coiny, Dupréel, Duval, Fischer, Glairou-Mondet, Langlois, Langlois jeune, Lavallée, Le Villain, Marais, J. Mansuy, Urb. Massard, Mathieu, Ponce, Prévost, Romanet et Viel.

Edition magnifique et de grand luxe, chef-d'œuvre de typographie, tirée à 251 exemplaires, dont 100 avec les figures avant la lettre, et 1 sur peau de vélin. On en trouvera la collation dans le *Manuel* de M. Vicaire, tome VI, col. 936-937.

Ce livre a coûté 1,200 fr., au moment de sa publication et 1,800 fr., pour les exemplaires avec les figures avant la lettre. Ce prix ne s'est pas maintenu. — Dans une belle reliure de Capé, maroquin rouge doublé de maroquin vert, figures avant la lettre, 1,050 fr. seulement, vente Solar (n. 1756), revendu 2,150 fr., vente Lebeuf de Montgermont (1876, n. 608).

Les dessins originaux sont dispersés. Ils avaient été primitivement joints à l'exemplaire unique sur vélin et retirés à 32,000 fr. à la vente Didot en 1810 (n. 679).

Il y avait à la vente Mahérault le beau dessin de Prud'hon pour le frontispice (n. 245 : 2.000 fr.); il passa ensuite chez le comte de Naurois.

— Œuvres de Jean Racine, avec des commentaires par J.-L. Geoffroy. *A Paris, Le Normand,* 1808. 7 vol. in-8. (De 50 à 60 fr.)

7 titres gravés avec fleurons différents par Garnier, gravés par Choffard; 1 portrait de J. Racine d'après Santerre; 1 portrait de Louis Racine par Aved; 1 portrait d'Arnaud, d'après Ph. de Champagne, gravé par Aug. de Saint-Aubin, et 12 figures par Garnier, gravées par Choffard, Halbou, Masquelier et Masquelier jeune.

Ce livre existe avec les figures avant la lettre.

Un exemplaire sur papier vélin, figures avant la lettre, en veau fauve de Simier, 87 fr., vente Brunet (n. 403).

— Œuvres complètes de Jean Racine, nouvelle édition, ornée de figures dessinées par Moreau le jeune et gravées sous sa direction. *A Paris, Raymond et Ménard,* 1811. 4 vol. in-8. (De 25 à 30 fr.)

Tome I : xx-427 pp., et 1 f. n. ch., plus 1 portrait et 5 figures.

Tome II : 2 ff. n. ch., 436 pp. et 1 f. n. ch., plus 5 figures.

Tome III : 2 ff. n. ch., 410 pp., plus 2 figures.

Tome IV : 2 ff. n. ch., 498 pp., 1 n. ch.
En tout 1 portrait d'après Santerre, gravé par Dupréel, et 12 figures par Moreau (B. 1313-1324) gravées par Courbe, Hulk, Macret, Mariage et Trière.

Ces figures, derniers efforts de la vieillesse de Moreau, existent avec la lettre, en eaux-fortes pures et en épreuves terminées, avant la lettre.

Les dessins originaux, 700 fr., vente Chardin (1823, n. 1700), en dernier lieu chez le comte de Naurois.

Moreau avait dessiné quelques années plus tôt pour Renouard, une suite de 12 figures qui ont été gravées par de Ghendt, Roger, Simonet et Trière (B. 1301-1312) et qui était accompagnée d'un portrait de Racine, dessiné et gravé par Saint-Aubin.

Les 12 dessins originaux à la sépia de cette suite ont été vendus 634 fr., à Mahérault à la vente Renouard (1854, n. 1547), et revendu 10.000 fr., vente Mahérault (1880, n. 216), ils sont aujourd'hui dans la collection Olry-Rœderer.

La suite de Renouard existe avant la lettre et à l'eau-forte; il a été de plus tiré quelques collections avant la lettre sur papier de Chine.

Cette suite a été ajoutée par les amateurs à plusieurs éditions, notamment à celle de 1743-1750, à celle de Didot (1784, à l'usage du Dauphin) à l'édition stéréotype de l'an VII (1800), à celle d'Aimé-Martin (Lefèvre, 1820. 6 vol. in-8), etc.

RACINE (Louis). — La Religion, poème. *A Paris, Coignard*, 1782. In-8. (De 8 à 10 fr.)

1 frontispice et un fleuron sur le titre, dessinés par Cochin fils et gravés par Cochin père.

Ce livre existe in-4 et avec le fleuron réduit, in-12.

En maroquin rouge de Padeloup (in-8), 235 fr., vente Lacarelle, (n. 244).

— La Religion, poème. *A Londres*, (Paris, Cazin) 1785. 2 vol. in-18. (De 3 à 4 fr.)

Portrait gravé par R. Delvaux, d'après Aved.

RADCLIFFE (Anne). — Éléonore de Rosalba, ou le Confessionnal des Pénitents noirs, traduit de l'anglais d'Anne Radcliffe, par Mary Gay, avec figures de Quéverdo. *A Paris, Lepetit* 1797, 7 vol. in-18. (De 10 à 12 fr.)

8 figures par Quéverdo, gravées par Villerey.

Se trouve en grand papier vélin avec les figures avant la lettre.

— L'Italien ou le Confessionnal des Pénitents noirs, traduit de l'Anglais par André Morellet. *A Paris, chez Denné jeune et Maradan*, 1797. 3 vol. in-12. (De 12 à 15 fr.)

3 jolis frontispices dont 1 signé Gaitte.

— La Forêt ou l'Abbaye de Saint-Clair, traduit de l'anglais sur la seconde édition, avec figures. *A Paris, chez Maradan, s. d.* 4 vol. in-18. (De 5 à 6 fr.)

4 jolies figures par Chaillou, gravées par Bovinet.

RAMEAU. — Le Maitre à danser. Qui enseigne la manière de faire tous les différens pas de danse dans toute la régularité de l'art et de conduire les bras à chaque pas. Enrichi de figures en taille-douce, servant de démonstration pour tous les différens mouvemens qu'il convient faire dans cet exercice. Ouvrage très-utile non seulement à la jeunesse qui veut apprendre à bien danser, mais encore aux personnes honnêtes et polies et qui leur donne des règles pour bien marcher, saluer et faire des révérences convenables dans toutes sortes de compagnies. Par le sieur Rameau, maitre à danser des pages de Sa Majesté catholique, la Reine d'Espagne. *A Paris, chez J. Villette*, 1725. In-8. (De 80 à 100 fr.)

48 jolies planches par Rameau, dont une se dépliant, représentent un bal.
L'ouvrage a été réimprimé en 1734.

RANSON. — Œuvres contenant un Recueil de Trophées. Attributs, Cartouches, Vases, Fleurs, Ornemens, Et plusieurs Desseins agréables pour broder des Fauteuils; Composés et desinés par Ranson et gravés par Berthaut et

Voysard. *Se vend à Paris, chez Esnauts et Rapilly*, 1778, in-folio. (De 1,500 à 2,000 fr.)

L'œuvre de ce fécond ornemaniste se compose de cinq séries de cahiers.

1re série : 20 cahiers de 6 planches, plus un 21e cahier rarissime.

2e série : 12 cahiers de 6 planches.

3e série : 6 cahiers de 6 planches (Trophées.)

4e série : 10 cahiers (A-L) de 6 planches chiffrées de 1 à 60 (Meubles).

5e série : Cahiers I, II, III et V de *Décoration d'appartements*.

Soit 53 cahiers de 6 pièces (318 planches) et une dizaine de cahiers isolés.

La superbe collection de M. Foulc, récemment acquise par M. Pierpont-Morgan, ne contenait pas moins de 470 pièces de Ranson.

RAPIN DE TOYRAS. — Histoire d'Angleterre par M. Rapin de Toyras (avec la continuation de Durand et Dupard); nouvelle édition augmentée de mots de M. Tindral et de quelques autres remarques mises au bas des pages, etc... par les soins de M. de S. M. (de Saint-Marc). *A La Haye*, (Paris), 1749, 16 vol. in-4. (De 200 à 250 fr.)

1 portrait, figures et en-têtes de Boucher.

RAPIN — Les Jardins, poème en quatre chants ; traduction libre, précédée d'un discours et d'une gravure, nouvelle édition. *A Liège, Dufour ou Cailleau*, 1773. In-12. (De 5 à 6 fr.)

Frontispice par Marillier, gravé par de Longueil.

RAULIN. — De la Conservation des Enfants, ou les Moyens de les fortifier, de les préserver et guérir des maladies, depuis l'instant de leur existance jusqu'à l'âge de puberté, par M. Raulin, conseiller, médecin ordinaire du Roi, etc. *A Paris, Merlin*, 1768, 2 vol. in-12. (De 6 à 8 fr.)

1 joli frontispice par Gravelot, gravé par N. de Launay et une vignette en tête de l'Epître au Roi, par le même artiste.

RAY. — Histoire Naturelle éclaircie dans une de ses parties principales, l'Ornithologie, qui traite des oiseaux de terre, de mer et de rivière tant de nos climats que des pays étrangers, ouvrage traduit du latin de Ray, augmenté par M. Salerne et enrichi de 31 figures dessinées d'après nature. *A Paris, chez de Bure*, 1767. In-4. (De 40 à 50 fr.)

Frontispice de Martinet gravé par de Longueil et 30 figures dessinées et gravées par Martinet.

RAYNAL (Thomas). — Histoire philosophique et politique des Établissements et du Commerce des Européens dans les Deux-Indes. *A La Haye, chez Gosse fils*, 1774, 7 vol. in-8. (De 20 à 25 fr.)

7 figures dessinées par Eisen, gravées par Baquoy, de Launay, Masquelier et Née.

Se trouve en papier de Hollande.

Réimprimé, *Maestricht, Dufour*, 8 vol. in-8, 1774-75, avec une copie des figures d'Eisen ; et *Genève*, 1775. 3 vol. in-4. Portrait de Raynal gravé par Legrand d'après Cochin, 3 vignettes de Marillier et 7 figures non signées.

Cet ouvrage est dû, comme on le sait, à la collaboration de Diderot et de d'Holbach pour la partie philosophique, de Dutesta pour les renseignements sur le commerce et les mœurs dans les Indes, de Pechmèja, de l'abbé Martin, de Deleyre, d'Aranda, etc.

— Histoire philosophique et politique des Établissements et du Commerce des Européens dans les Deux-Indes. *A Genève, Jean-Léonard Pellet*, 1780-81. 5 vol. in-4 dont un forme l'atlas composé de 49 cartes. (De 15 à 20 fr., et en papier fin, de 50 à 60 fr.)

Un portrait par Cochin et 4 figures par Moreau (B. 1325-1328) gravés par Launay, Delignon, Duflos et Simonet.

Il faut prendre les exemplaires en papier fin.

Belle édition que les figures de Moreau ont fait préférer. Une 5e figure pour l'*Ouragan* n'a pas été terminée. M. Henri Beraldi possède la suite des figures avec leurs eaux-fortes.

Non rogné, figures en triple état, 29 fr., vente du comte de La Bédoyère. — En maroquin rouge ancien, 40 fr., vente Radziwill.
En maroquin bleu de Bisiaux, lettre-grise et eaux-fortes, 69 fr. 50, vente Chateaugiron (1827, n. 2417), revendu 200 fr., vente Mosbourg (n. 49).
Un bel exemplaire en maroquin vert ancien, contenant les dessins originaux de Cochin et de Moreau, se trouve dans la collection Olry-Rœderer, à Reims; il provient de la collection L. Mercier et se trouve porté au catalogue Fontaine pour 1872 (n. 5932).

— Histoire philosophique et politique... des Deux-Indes. *A Genève, Chez Jean-Léonard Pellet*, 1780. 10 vol. in-8 et atlas in-4. (De 15 à 20 fr.)

Portrait et 9 figures de Moreau (B. 1330-1338), gravées par Berthet, Bovinet, Jourdan et Villery.
Les figures de l'édition in-4 y sont réduites et les autres sont nouvelles. Toutes ces pièces sont connues en avant-lettre et en eaux-fortes.
En maroquin rouge ancien, 81 fr., vente Sardou (n. 227).

RÉAUMUR (Ferchault de). — Mémoire pour servir à l'Histoire des Insectes. *A Paris, Imprimerie Royale*, 1734-1742. 6 vol in-4. (De 100 à 150 fr.)

Frontispice gravé par Macé d'après Coypel et nombreuses planches gravées par Haussard et Simoneau.
Il y a deux éditions sous la même date. La meilleure est tirée sur un papier plus fort.
Un bel exemplaire en papier fin, maroquin rouge ancien, aux armes du duc d'Orléans, fils du Régent, 410 fr., vente Pichon (1869, n. 177), revendu 730 fr., vente Béhague (n. 180); en maroquin rouge ancien aux armes de la duchesse du Maine, 80 fr., vente Pichon (1897, n. 241); en maroquin bleu ancien, aux armes du Roi, 300 fr., vente Rich. Lion (n. 49).
L'édition d'Amsterdam, 1737-48. 6 vol. in-12 avec figures, est médiocre et peu recherchée.

— Art de faire éclorre et d'élever en toute saison des Oiseaux domestiques de touttes espèces, Soit par le moyen de la chaleur du fumier, soit par le moyen de celle du feu ordinaire. Par M. de Réaumur, de l'Académie Royale des Sciences, &c. Commandeur & Intendant de l'Ordre royal et militaire de Saint-Louis. *A Paris, De l'Imprimerie Royale*, 1749. 2 vol. (De 15 à 20 fr.)

Tome I : XII et 342 pp. plus 9 pl. pliées.
Tome II : 2 ff. n. ch., et 399 pp., plus 6 pl. pliées.
6 charmantes vignettes et 15 planches pour l'élevage des oiseaux de basses-cours.
En maroquin rouge ancien, 50 fr., vente Janzé (n. 130).
En maroquin rouge anc., collection Ferdinand de Rothschild; un autre, aux armes du duc d'Orléans, fils du Régent, collection James de Rothschild (n. 189).

RECUEIL COMPLET de pièces curieuses concernant l'opération et l'accouchement de Dordrecht, représenté en taille-douce, avec les pièces authentiques et essentielles à un événement si extraordinaire arrivé en l'année 1739. S. l. (Paris, Hérissant), 1739. In-12. (De 15 à 20 fr.)

Jolie figure frontispice non signée, tirée en bistre.

RECUEIL COMPLET représentant la vue-perspective de l'intérieur de la Chapelle des Enfans trouvés, gravée, en quinze planches gravées, chacun des sujets qui en font la décoration; peint par Charles Natoire, peintre ordinaire du Roi. L'architecture peinte par MM. Brunetti père et fils et gravée par Mr Etienne Fessart, graveur de la Bibliothèque du Roi. *A Paris, Chez Isabey*, 1783. In-fol. (De 10 à 12 fr.)

En demi-rel., 13 fr., vente du baron Pichon (1897, n. 350).

RECUEIL DE CHIFFRES à deux lettres. *A Paris, Chez Journeaux* M^d *d'Estampes, Hôtel de la Monnoie*. In-8. (De 25 à 30 fr.)

Titre gravé et 21 pl. numérotées de 2 à 21.

RECUEIL de divers petits sujets agréables. *Paris, Basan, s. d.* (vers 1770). In-8. (De 150 à 200 fr.)

Titre orné et 42 planches contenant 44 sujets.
Recueil fort rare renfermant plusieurs estampes d'après Eisen, pour les *Contes* de La Fontaine et qu'on a parfois ajoutées à des exemplaires de l'édition des Fermiers-généraux.

RECUEIL DE FIGURES historiques, symboliques et tragiques, pour servir à l'Histoire du XVIIIe siècle. *A Amsterdam, chez Ray, libraire; Ivès, graveur sur le Dam,* 1762. Gr. in-8. (De 40 à 50 fr.)

Titre gravé, non signé et 19 figures par de Montalais.

RECUEILS DE PETITS SUJETS et Culs-de-lampe utiles aux artistes. *A Paris, Chereau, rue Saint-Jacques, aux deux Piliers-d'or* (vers 1770) s. d. (De 150 à 200 fr.)

Collection de 78 figures par Eisen.
Retirage de vignettes qui avaient déjà servi dans divers ouvrages.

RECUEIL DE PIÈCES choisies Sur les Conquêtes & la Convalescence du Roy. Présenté à Sa Majesté Par David l'aîné, Libraire, 1745. In-8. (De 8 à 10 fr.)

3 ff. n. ch., 174 pp. et 1 f.
1 frontispice dessiné et gravé par Cochin, 1 fleuron sur le titre et une vignette, non signés, mais également de Cochin.
C'est un recueil de poésies de divers auteurs, entre autres Voltaire, Louis Racine, Destouches, Piron, etc.
En maroquin rouge ancien, au chiffre du chancelier d'Aguesseau, collection James de Rothschild (n. 907).

RECUEIL DE POÉSIES françoises, revues, corrigées, augmentées et ornées de figures. *A La Haye,* 1762. Pet. in-8. (De 12 à 15 fr.)

Titre gravé par Montalais et 5 figures par le même.

RECEUIL (sic) DE POÉSIES françoises, revues, corrigées, augmentées et ornées de figures. *A la Haye, chez la veuve Joly et Ray.* 1761; contenant : Les Jésuitiques à Rome, 1761. — Arrest de la Cour du Parnasse pour les Jésuites, poëme, à Delphes, 1762. — La Religion à l'assemblée du clergé de France, poëme, en France, 1762. — Le Décri, conte, 1762. — Lamentations de la société ci-devant dites des Jésuites. — Le Citoyen aux soi-disants Jésuites, poëme. En Vauceron, 1762 et autres pièces en 1 vol. in-12. (De 20 à 25 fr.)

8 frontispices ou figures par de Montalais.
Pamphlets contre les jésuites.

RECUEIL DE PORTRAITS des Rois de France depuis Pharamond jusqu'à Louis XV, dessinés d'après les médailles, par A. Boizot, peintre ordinaire du Roi, et gravés par les soins de M. Odieuvre, *A. P. D. R.* 1738. In-4. (De 60 à 80 fr.)

Titre-frontispice par Boizot, gravé par Lépicié et 60 portraits gravés par Aveline, Duchange, C. Dupuis, N. Dupuis, Edelinck, Et. Fessard, Ficquet, Fillœul, Pinssio, Ravenet, Thomassin, C. Reys et G. Wille.
Le portrait de Louis XIV est en double.

RECUEIL des différentes modes du temps. *A Paris, Chez Hérisset, graveur,* 1729. In-4. (De 100 à 150 fr.)

Titre gravé, orné d'objets de toilettes et 11 planches de costumes.
Avec le dessin original de la dernière planche et des pièces ajoutées, 415 fr., vente du baron Pichon (1897, n. 377).

RECUEIL DES FESTES, Feux d'artifice et Pompes funèbres, ordonnées pour le Roi par MM. les premiers gentilshommes de sa chambre. *A Paris, Ballard,* 1756. In-fol. (De 200 à 250 fr.)

13 figures dessinées et gravées par Cochin père et fils.
On rencontre ce livre en maroquin rouge aux armes de France, relié par Vente avec son étiquette. Tel est l'exemplaire Ferdinand

de Rothschild qui provient de la vente Destailleur (1891, n. 272 : 1,480 fr.) et auquel on a ajouté une avant-lettre et deux eaux-fortes.

En mar. rouge à dentelles aux armes de France, 300 fr., vente Béhague (n. 356).

RECUEIL DES HABILLEMENTS des différentes nations et en particulier des vieux ajustements anglois, d'après les dessins anciens et modernes de Holbein, de Vandyke. de Hollar et de quelques autres. Avec un détail des sources et des autorités où ces figures ont été prises, auquel sont ajoutés les habits des principaux caractères du théâtre anglois. *A. Londres, publié par Jean Boydell*. 1757-1772. 4 vol. grand in-4. (De 200 à 250 fr.)

480 figures.
On a tiré de cet ouvrage des exemplaires en grand papier. Il coûtait, avec les figures coloriées, 250 fr.

Seconde édition : Londres, Boydell, 1773. — 4 vol. in-4.

En demi-rel., non rogné, 510 fr., vente Destailleur (1891, n. 388).

RECUEIL des meilleurs Contes en vers. *A Londres* (Paris, Cazin), 1778. 4 vol. in-18. (De 300 à 400 fr.)

Tome I : 2 ff. n. ch., XXIV et 272 pp., 1 f. n. ch., plus 1 portrait.
Tome II : 1 f. n. ch., VIII et 296 pp., 1 f. n. ch.
Tome III : 2 ff. n. ch., 246 pp., 1 f. n. ch.
Tome IV : 2 ff. n. ch , 248 pp., 1 f. n. ch.
Contient 1 portrait de La Fontaine et 116 vignettes ravissantes non signées.

Ce joli recueil, connu sous le nom de *Petits Conteurs*, se compose de *Contes et Nouvelles en vers de M. de La Fontaine*. pour les deux premiers volumes avec 65 vignettes; et de *Contes et Nouvelles en vers* (par Voltaire, Vergier, Senecé, Perrault, Moncrif et Ducerceau), pour le 3ᵉ volume, avec 23 vignettes; et de *Contes en vers* par Grécourt, Autreau, Saint-Lambert, Chamfort, Dorat, La Monnoye et Fr. de Neufchateau, pour le 4ᵉ volume, avec 28 vignettes.

Les figures ont été longtemps attribuées à Duplessi-Bertaux seul; mais on a découvert depuis, sur la figure de la page 15 du 4ᵉ volume, la signature *Dreppe*; et il semble en outre qu'un certain nombre a dû être exécuté par Durand, peintre en miniature du duc d'Orléans, le dessinateur des vignettes du *Fond du Sac*, et gravé par Delvaux.

Ce joli ouvrage n'a qu'un seul défaut, c'est d'avoir été tiré sur un papier tellement court qu'en le reliant il n'a presque plus du tout de marges. Les deux premiers volumes, formant un tout complet, ont été mis en vente avant que les tomes III et IV fussent publiés. On reconnaît, dit-on, les 60 premiers exemplaires tirés, et dont par conséquent les épreuves sont meilleures, à ce qu'au tome II, la vignette de la *Courtisane amoureuse* se trouve sur la page 119, et celle de *Nicaise* à la page 105.

D'autres figures, (celle des *Petits bateaux*, celle de la *Consultation épineuse*, etc.) présentent des différences. Lord Carnarvon en signalait jusqu'à 14 dans un exemplaire qu'il possédait (n. 47) en vieux maroquin rouge.

Un recueil de 40 dessins originaux à la mine de plomb, par Duplessi-Bertaux a appartenu successivement à Mahérault (n. 37 : 3,600 fr.) et à Destailleur.

Les figures ont été tirées hors texte, mais les collections complètes sont extrêmement rares. Eugène Paillet possédait (*Bull. Morgand* n. 12372: 15,000 fr.) un bel exemplaire relié sur brochure en maroquin à mosaïque par Lortic (vieil or doublé vieil or) et contenant toutes les vignettes tirées à part en épreuves de choix sur papier de Hollande, plus un en-tête inédit pour le *Roi Candaule*; il est aujourd'hui chez M. Henri Beraldi. Une autre suite des tirages hors texte est chez Mᵐᵉ Dornois, qui possède également un superbe exemplaire broché.

Une troisième est dans l'exemplaire de Sir David Salomons. Un quatrième, en maroquin rouge de Chambolle, 3,100 fr., vente Montgermont (1911, n. 181), aujourd'hui chez M. Mortimer L. Schiff.

Un exemplaire relié sur brochure, en maroquin bleu doublé de maroquin citron, par Trautz, 1,500 fr., vente Lacarelle (n. 250); un autre semblable, mais relié sur brochure par Trautz, en maroquin rouge, 1,100 fr., vente Lignerolles (n. 1319) ; c'est sans doute celui qu'on avait vendu 1,020 fr., chez Lebeuf de Montgermont (1876, n. 459).

En maroquin rouge ancien, 900 fr., vente E. Martin (n. 236); un autre 680 fr., vente Béhague (n. 707); un autre, 645 fr., vente R. Lion (n. 171); un autre, 870 fr. vente Guyot de Villeneuve (n. 449); provenant de la vente Viollet-le-Duc.

En maroquin bleu de Trautz, 1,480 fr., vente Colin (n. 44); en maroquin citron de Thibaron, 400 fr., vente Delbergue.

En veau ancien, 1ᵉʳ tirage, 570 fr., vente Daguin (n. 557); cartonné non rogné, 420 fr., vente Lebarbier de Tinan (n. 116).

En maroquin citron ancien, vente L. Pasquier, puis chez Mercier, revendu 1,550 fr., vente Müller (132).

En maroquin rouge ancien, 1ᵉʳ tirage, 1,900 fr., vente Montgermont (1911, n. 180).

L'exemplaire James de Rothschild (n. 927) est en maroquin vert de Derôme (reliure signée).

RECUEIL des meilleurs contes en vers. *A Genève et Paris, chez Delalain,* 1784. In-8. (De 15 à 20 fr.)

Très joli fleuron sur le titre, 2 vignettes et 2 culs-de-lampe par Marillier, gravées par E. de Ghendt.

Avec un discours sur les *Contes en vers* par Sautereau de Marsy.

En veau ancien, aux armes de Marie-Antoinette, Bibliothèque nationale.

RECUEIL DES OPÉRA, des Balets et des plus belles Pièces en musique qui ont été représentés depuis dix ou douze ans jusqu'à présent devant Sa Majesté très Chrétienne. *Suivant la Copie de Paris, à Amsterdam, Chez Abraham Wolfgany et Schelte,* 1690-1706. 9 vol. in-12.

Chacune des 65 pièces contenues dans ce recueil a un titre et une pagination séparée, et est ornée d'un frontispice gravé, (par Bonnard, Erlinger, Scotin, et autres.)

L'exemplaire de Madame de Chamillart, en maroquin vert ancien, doublé de maroquin rouge, provenant de la vente Soleinne, est aujourd'hui au Musée Dutuit (n. 427).

RECUEIL GENERAL des Opera representez par l'Academie royale de Musique depuis son établissement. *A Paris, chez Christophe Ballard, seul imprimeur du Roy pour la musique,* 1703-1745. 16 tomes en 17 vol. in-12.

Frontispices gravés.

Cet ouvrage contient, outre les opéras imprimés dans le recueil précédent, la plupart des opéras joués en France de 1710 à 1745.

Un bel exemplaire en maroquin rouge de Padeloup (signé) provenant des ventes La Bédoyère (1837) et Soleinne est aujourd'hui au Musée Dutuit (n. 428).

RECUEIL DES PIÈCES, chansons et fêtes données à l'occasion de la prise de Port-Mahon en France. S. l. (Paris), 1757. In-8. (De 15 à 20 fr.)

1 frontispice par Martinet.

RECUEIL D'ESTAMPES représentant les différents événements de la Guerre pour la liberté de l'Amérique septentrionale. *A Paris, Chez F. Godefroy et N. Ponce,* s. d. (vers 1780). In-4 oblong. (De 150 à 200 fr.)

Titre gravé et 16 planches, y compris un second titre frontispice, dessinés par Godefroy, Fauvel, Le Barbier, Le Paon, Marillier, Lauson, gravés par Godefroy et Ponce.

En demi-reliure de Capé, 99 fr., vente E. Martin (n. 772); en demi-reliure, 335 fr., vente Destailleur (1891, n. 192). Ces planches existent avant les numéros, sans l'adresse au bas des planches. En cette condition (la planche 10 avec le numéro), et en veau ancien, 200 fr., vente Pichon (1897, n. 363).

Les dessins originaux ont figuré en 1807 à la vente Detienne (n. 854).

RECUEIL DE TOUTES LES TROUPES qui forment les Armées françoises. Dessiné et illuminé d'après Nature. *A Nuremberg, chez Gabriel Nicolas Raspe,* 1761. Petit in-4. (De 200 à 300 fr.)

Titre gravé et 214 planches consacrées chacune à un régiment, donnant le costume d'un officier et d'un soldat. Ces planches sont coloriées à la main et rehaussées en or et en argent. Une courte notice au-dessous de chaque planche donnant le nom du colonel, le nombre d'escadrons et de soldats, la date de la création, etc.

En veau ancien, avec la planche 14 en fac-simile, 300 fr., vente Destailleur (1891, n. 429).

**RECUEIL DES VUES de l'Amérique septentrionale et des Indes occidentales gravées d'après les dessins pris sur les lieux, par MM. Sandby, Grignion, Rooker, Canot, Elliot, avec l'explication en anglais et en français. *A Londres*, 1768. Gr. in-folio oblong. (De 100 à 125 fr.)

27 planches.

RECUEIL GÉNÉRAL de Coëffures de différens goûts, où l'on voit la manière dont se coëffoient les femmes sous différents règnes, à commencer en 1589 jusqu'en 1778, avec des vers analogues à chaque costume ; suivi d'une collection de Modes Françoises, contenant les Habillements et Coëffures des Hommes et des Femmes, la plus complette qui ait paru dans ce genre ; ouvrage fort désiré de l'un et l'autre sexe. *A Paris, Chez Desnos*, s. d. (1778). Gr. in-8. (De 600 à 800 fr.)

La partie qui a rapport aux coiffures contient 48 médaillons offrant des modèles de coiffures et 48 petites pages de texte gravé. Celle qui a trait aux modes et aux habillements est divisée en deux fois 24 gravures de modes avec l'explication au bas, mais sans les vers. La manière dont la pagination se suit indique que ce recueil pouvait être plié in-12. Ces figures ne sont point signées.

Cartonné non rogné, 295 fr., vente Béhague (n. 395) ; en demi-reliure, maroquin rouge, 900 fr., vente Guyot de Villeneuve (n. 541).

Un exemplaire broché figure dans la collection Ferdinand de Rothschild.

Ces petites planches ont reparu, par séries de 12, dans un certain nombre des almanachs édités par Desnos et décrits au début de ce *Manuel*.

RECUEIL GÉNÉRAL des pièces concernant le procès entre la D^{lle} Cadière de la ville de Toulon et le père Girard, jésuite, recteur du séminaire royal de la marine de la ville. *A Aix, imprimerie de J. David*, 17... — 2 vol. in-folio (De 150 à 200 fr.)

On a gravé pour ce livre, et du même format in-4, une suite très curieuse et 32 planches à l'eau-forte, dont quelques-unes libres, avec ce titre spécial : *Histoire du P. J.-B. Girard et de Mlle Marie-Catherine Cadière*, divisée en 32 planches, contenant les faits principaux mentionnés au procès suivant les factums, etc.

Ce livre ainsi illustré est fort rare.

REGNARD. — Les Œuvres de M. Regnard. *A Paris, Chez Pierre Ribou* 1707-1708. 2 vol. in-12. (De 300 à 350 fr.)

Tome I : 1 f. n. ch. 357 pp., 1 f. n. ch., plus le frontispice et 6 figures.
Tome II : 1 f. n. ch. et 278 pp., plus le frontispice et 3 figures.
En tout 2 frontispices et 9 figures non signées.

Le Légataire universel (2 ff. n. ch., 103 pp. et 1 f. n. ch.) et *la Critique du Légataire* (1 ff. n. ch., et 21 pp.) parurent la même année 1708 chez Ribou, et doivent se trouver réunis dans l'ouvrage.

Tel était le bel exemplaire en maroquin rouge de Trautz, vendu 850 fr., vente Lebeuf de Montgermont (1876, n. 625) et celui, relié de même, qui fut payé 1,480 fr., vente d'Essertenne (n. 53) ; l'un des deux est dans la collection James de Rothschild (n. 1186).

Ce livre appartient au XVIIe siècle, pour le caractère des figures. Réimprimé en 1714 avec les mêmes figures.

Une édition a été publiée à Bruxelles, en 1711, chez les frères T'Serstevens, en 2 volumes petit in-12 avec de jolis caractères elzéviriens, contenant, outre les copies des figures de l'édition de 1708, 2 frontispices par Bernard Picart, gravés par Berterham. Elle est beaucoup moins recherchée que l'édition de 1708.

— Œuvres de Regnard, nouvelle édition. *A Paris, Huart et Moreau* 1750. 4 vol. petit in-12. (De 15 à 20 fr.)

4 fleurons sur les titres par Clavareau gravés par Fessard.

— Œuvres de Regnard. *A Amsterdam*, 1760. 3 vol. in-8. (De 15 à 20 fr.)

Vignettes gravées.

— Œuvres complètes de Regnard, avec des avertissements et des remarques sur chaque pièce, Par M. G*** (Garnier). Nouvelle édition, Ornée de belles gravures. *De l'imprimerie de Monsieur. A Paris, chez la Ve Duchesne* (1789-1790), 6 vol. in-8. (De 100 à 150 fr.)

Tome I : 2 ff. n. ch., xxxvi-406 pp. et 1 f. n. ch., plus 1 portrait.
Tome II : 2 ff. n. ch., 556 pp. et 1 f. n. ch., plus 2 figures.
Tome III : 2 ff. n. ch., 514 pp., et 1 f. n. ch., plus 4 figures.
Tome IV : 2 ff. n. ch., 456 pp. et 2 ff. n. ch., plus 1 figure.
Tome V : 2 ff. n. ch., et 474 pp. plus 2 figures.
Tome VI : 2 ff. n. ch., 348 pp. et 1 f. n. ch., plus 2 figures.

1 portrait d'après Rigaud gravé par Tardieu, et 11 figures par Moreau (7) et Marillier (4), gravées par Delignon (1), Duponchel (2), Giraud (1), Halbou (2), Langlois (1), de Longueil (1), Patas (1), Simonet (1) et Trière (1).

Il n'a été tiré que deux exemplaires sur papier vélin, et avec les volumes V et VI en papier fin. Tel était l'exemplaire de Renouard. Les figures du 1er tirage ont la lettre grise, sauf celle de *Démocrite*. Il n'en existe pas de suite complète avant la lettre.

On trouve souvent les quatre premiers volumes seuls, les deux derniers, qui contiennent les pièces de Regnard pour le Théâtre italien et les figures de Marillier, ayant été tirés à plus petit nombre.

En maroquin rouge ancien, 670 fr., vente Richard Lion. (n. 205).

Le même, ou un autre semblable, collection Ferdinand de Rothschild ; en mar. rouge (lettre grise), larges dentelles, 3,020 fr., vente Franchetti (1890, n. 198); même condition, 8,500 fr., vente Montgermont (1911, n. 182); en maroquin bleu de Trautz, non rogné, porté à 1,300 fr.; chez Quentin-Bauchart (*Mes livres*, n. 126), aujourd'hui, collection James de Rothschild (n. 1287); en maroquin bleu de Bradel-Derôme (lettre grise), 1,905 fr., vente Doistau (n. 83).

Les dessins de Marillier seuls étaient, vers 1880, chez M. Obelin, avoué à Versailles.

— Œuvres de Regnard, nouvelle édition, Revue, exactement corrigée, et conforme à la représentation. *A Paris, Chez Maradan*, 1790. 4 vol. grand in-8, papier de Hollande. (De 80 à 100 fr.)

Tome I : 4 ff. n. ch., (le 1er blanc) xxiv-460 pp. plus 1 portrait.
Tome II : 4 ff. n. ch., (le 1er blanc) 495 pp., plus 5 figures.
Tome III : 4 ff. n. ch., (le 1er blanc) 481 pp., plus 5 figures.
Tome IV : 4 ff. n. ch., (le 1er blanc), 486 pp., plus 2 figures.

En tout, 1 portrait non signé et 12 figures dont 9 par Borel, gravées par T. F. Vignet, L. Croutelle, Halbou, Duhamel et J. Le Roy.

En veau ancien. 43 fr., vente R. Portalis (novembre 1878, n. 76); en mar. rouge ancien, 305 fr., vente Quentin-Bauchart (n. 26 = *Mes livres*, n. 127); en maroquin olive de Bradel-Derôme, 1,200 fr., vente Doistau (n. 84).

En dem.-rel. d'Alló, fig. à la lettre grise, 58 fr., vente Daguin (n. 559).

Les figures existent avant la lettre mais elles sont fort rares.

Il existe, selon Brunet, un exemplaire sur peau de vélin avec les figures peintes et les dessins originaux.

L'exemplaire Schuhmann est en maroquin rouge ancien, sur papier vélin.

REGNAULT (L.-F.) — Catalogue raisonné d'un choix précieux de dessins et d'une nombreuse et riche collection d'estampes anciennes et modernes, en feuilles, en recueils et en œuvres, livres et figures, sciences et arts, tableaux et autres objets curieux, Qui composaient le cabinet de feu Pierre-François Basan père, graveur & ancien marchand d'Estampes. Par F. Regnault. *A Paris, Chez l'Auteur*, an VI (1798). In-8. (De 20 à 25 fr.)

2 ff. n. ch., xv-288 pp., plus 1 frontispice et l'*Ordre de la vente* en 16 pp.

Frontispice gravé et jolie vignette avec portrait en médaillon (daté 1790), par Choffard.

La vignette existe en tirage hors texte.

REGNAULT-WARIN. — Le Cimetière de la Madeleine. *A Paris*, 1801. 4 vol. in-12 ou in-18. (De 8 à 10 fr.)

4 figures dans la manière de Chaillou.
Existe sur papier vélin avec figures avant la lettre.

RÉGNIER (Mathurin). — Les Satyres et autres Œuvres de Régnier, avec des remarques (par Brossette). *A Londres, chez Lyon et Woodman*, 1729. In-4. (De 60 à 80 fr.)

3 ff. n. ch. (le 1er blanc), xxii pp., 1 f. n. ch., 403 pp., 3 ff. n. ch., plus 1 frontispice.

Contient 1 frontispice par Humblot, gravé par Tardieu; fleuron sur le titre du même, gravé par Baquoy; 6 vignettes par Humblot, gravées par Mathey, Baquoy et Crépy le fils, et 5 lettres ornées, gravées par Mathey.

Un exemplaire sur grand papier se trouve dans la Bibliothèque de la ville de Paris.

Sur papier ordinaire, en maroquin rouge ancien, 141 fr., vente Sardou (n. 153).

— Satyres et autres Œuvres de Régnier, accompagnées de remarques historiques (par Brossette). Nouvelle Edition considérablement augmentée (par Lenglet du Fresnoy). *A Londres, Chez Jacob Tonson*, 1733. In-4. (De 40 à 50 fr.)

Contient xx-420 pp., plus le frontispice. 1 frontispice par Natoire, gravé par L. Cars, 1 fleuron sur le titre par Cochin, 7 vignettes et 15 culs-de-lampe qui se répètent, par Boucher et Natoire, gravés par Cochin et 5 lettres ornées.

Belle édition dont tous les exemplaires ont les pages ornées d'un encadrement rouge.

En maroquin rouge ancien, 70 fr., vente Béhague (n. 724.)

Le grand papier est de format petit in-folio : un exemplaire en maroquin citron ancien, 205 fr., vente Sardou (n. 156).

Sur grand papier, exemplaire de Lamoignon, en maroquin bleu ancien, collection Schuhmann.

— Œuvres de Régnier; nouvelle édition, considérablement augmentée. *A Genève* (Paris, Cazin), 1777. 2 vol. in-18. (De 8 à 10 fr.)

Frontispice par Marillier, gravé par de Launay.

— Œuvres de Regnier. Nouvelle Edition, considérablement augmentée. *A Londres*, 1780. 2 vol. in-18. (De 4 à 5 fr.)

Tome I : 2 ff. n. ch., 179 pp., plus le portrait.
Tome II : 2 ff. n. ch., 154 pp.
Portrait de l'auteur gravé par Duponchel.

REGNIER-DESMARETS. — Poësies françoises de M. l'abbé Régnier-Desmarets, secrétaire perpétuel de l'Académie françoise. *A La Haye, chez Henri du Sauzet*, 1715. 2. vol. in-12 (De 15 à 20 fr.)

Deux frontispices gravés.

En maroquin bleu de Capé, relié sur brochure, 58 fr., vente Lebeuf de Montgermont (1876, n. 430).

RELATION de la dédicace de la statue pédestre Sa Majesté [Louis XV], érigée par Sa Majesté le Roy de Pologne, Duc de Lorraine et de Bar, dans sa Ville de Nancy, le 26 novembre 1755, avec le compliment et discours prononcés par le comte de Tressan. *A Nancy, P. Antoine*, 1755. In-4. (De 30 à 40 fr.)

2 planches.

En maroquin rouge ancien, aux armes du roi Stanislas, collection Ferdinand de Rothschild.

RELATION de l'arrivée du Roi au Havre de Grâce, le 9 septembre 1749, et des fêtes qui se sont données à cette occasion. *A Paris, de l'Imprimerie de Louis Guérin et de Louis Delatour*, 1753. In-fol. (De 300 à 400 fr.)

6 planches doubles par Descamps, gravées par Le Bas, 1 fleuron, (répété 2 fois), 2 vignettes et 2 lettres ornées par Stoltz (ou Slotz ?) gravées par Le Bas.

En maroquin rouge, aux armes de France, 365 fr., vente Béhague (n. 555); le même (?) 315 fr., vente Destailleur (1891, n. 273).

En veau ancien, aux armes de la ville du Havre, 300 fr., vente Massicot (n. 601).

L'exemplaire Ferdinand de Rothschild est en maroquin rouge ancien, aux armes royales.

RELATION de l'Inauguration solennelle de Sa Sacrée Majesté Marie Thérèse, Reine de Hongrie et de Bohême, Archiduchesse d'Autriche... comme Comtesse de Flandres, à Gand, XXVII Avril 1744. *A Gand, l'veuve P. de Goesin*, 1744. In-fol. (De 40 à 50 fr.)

Frontispice et grande planche pliée.

L'exemplaire Ferdinand de Rothschild est en maroquin rouge ancien, aux armes de Marie-Thérèse.

RELIGION (La), à l'Assemblée du clergé de France, poème. *En France, chez les Libraires*, 1762. In-12. (De 8 à 10 fr.)

Joli titre gravé par de Montalais. Satire assez rare.

RÉMOND DE SAINT-MARD. — Œuvres de M. Rémond de Saint-Mard, (Dialogue des Dieux, Lettres galantes et philosophiques, Poétique prise dans ses sources.) *A Amsterdam, Pierre Mortier*, 1749. 5 vol. in-12. (De 25 à 30 fr.)

1 titre dessiné par Clavareau et gravé par Fessard, avec 1 encadrement et 1 vignette variés pour chaque tome, 5 frontispices non signés, et 6 vignettes à mi-page, dessinées par Hallé et gravées par Fessard.

RÉMOND DE SAINT-ALBINE. — Le Comédien. *A Paris, Chez Desaint et Saillant*, 1747. In-8. (De 10 à 15 fr.)

Fleuron sur le titre et 2 vignettes, dessinés par Gravelot et gravés à l'eau-forte par Major.

REMONTRANCES au Parlement, avec des notes et ornées de figures. *Au Paraguay, de l'imprimerie royale de Nicolas Ier. S. l.* (Paris), 1761. In-8. (De 10 à 15 fr.)

Titre gravé avec vignette, 2 figures non signées.

RENNEVILLE (Constantin de). — L'Inquisition française, ou l'Histoire de la Bastille, par M. Constantin de Renneville. *A Amsterdam, chez Balthazar Lareman; à Leyde, chez Jean et Herm. Verboek*, 1724. 5 vol. in-12. (De 60 à 75 fr.)

1 fleuron sur le titre, 1 portrait (de Georges Ier, à qui l'ouvrage est dédié) gravé par Surugue, 3 vignettes héraldiques et 55 figures non signées, dont quelques-unes pliées.

RENOULT. — Les Aventures de la Madone et de Françoise d'Assise, recueillies de plusieurs ouvrages des docteurs romains, écrites d'un style récréatif, etc., par M. Renoult. *A Amsterdam, chez les héritiers Daniel La Feuille*, 1745. In-12. (De 10 à 15 fr.)

Frontispice et 10 figures gravés par La Feuille.

Se joint à *l'Alcoran des Cordeliers*.

RENVERSEMENT de la morale chrétienne par les désordres du monachisme. Enrichi de figures. *On les vend en Hollande chez les Marchands Libraires et Imagers. Avec privilège d'Innocent XI. S. l.* (vers 1700). 2 parties en 1 vol. in-4. (De 15 à 20 fr.)

1 frontispice et 50 figures.

Cartonné non rogné, 40 fr., vente Delbergue (n. 41). Reliure ancienne en vélin, 31 fr., vente Ch. Cousin (n. 53).

REPRÉSENTATION des Fêtes données par la Ville de Strasbourg Pour la convalescence du Roi, à l'arrivée et pendant le séjour de Sa Majesté en cette Ville, Inventé, Dessiné et dirigé par J. Weiss, Graveur de la Ville de Strasbourg, imprimé par Laurent Aubert. *A Paris*, (1745). In-folio. (De 150 à 200 fr.)

Titre gravé par Marvye, beau portrait de Louis XV à cheval, peint par Parrocel (la tête par Chevalier, d'après le buste de Lemoine), gravé par J.-G. Wille; 11 grandes planches doubles dessinées par Weiss, gravées par Le Bas, (la 10e gravée par Weiss); 2 jolies vignettes en tête et à la fin du texte par Weiss; 20 pages de texte gravé avec encadrements et fleurons variés.

Les exemplaires ont été reliés par Padeloup aux armes de France, avec celles de la ville de Strasbourg placées aux angles des plats.

En maroquin rouge ancien (Padeloup), 420 fr. vente Béhague (n. 352); le même (?) 520 fr., vente Lion (n. 80); en veau avec l'étiquette de Padeloup, 192 fr., vente Daguin (n. 560); en maroquin rouge ancien (Padeloup), 400 fr., vente Massicot (n. 602); en maroquin rouge de Padeloup aux armes royales avec les armes de Bouillon dans les entrelacs de la dentelle, 860 fr., vente Destailleur (1891, n. 260); un autre, en maroquin rouge à dentelles avec les armes du Roi et celles d'Espagne, 3,000 fr., vente Doistau (n. 37).

Feu le baron Gustave de Rothschild possédait un exemplaire relié en maroquin citron, avec une riche mosaïque de maroquin rouge et vert, aux armes de la reine Marie Leczinska. Celui de Mme Victoire, en maroquin vert, est à la bibliothèque de Versailles.

REPRÉSENTATION des Modes et Habillements qui sont en usage à Strasbourg, *A Strasbourg, chez J.-D. Doulsecker*, 1731. Pet. in-4. (De 80 à 100 fr.)

Joli titre frontispice non signé, 20 figures de costumes, 16 gravées par Fonbonne, 2 par Weiss, 1 par Folkéma.

RESSÉGUIER (Le chevalier de). — Voyage d'Amathonte. *A Londres* (Paris), 1750. In-8. (De 10 à 15 fr.)

3 vignettes en-tête, non signées. Pamphlet dirigé contre Mme de Pompadour, et dont la plupart des exemplaires furent détruits.

RESTIF DE LA BRETONNE. — Le Paysan perverti, ou les Dangers de la ville ; Histoire récente, mise au jour d'après les véritables Lettres des Personnages, Par N.-E. Retif de la Bretone. *Imprimé à La Haie, Et se trouve à Paris, Chés Esprit*, 1776. 8 parties en 4 vol. in-12. (De 250 à 300 fr.)

Tome I : vii et 304 pp., plus 2 frontispices et 22 figures.
Tome II : 312 pp., 2 frontispices et 14 figures.
Tome III : 304 pp., plus 2 frontispices et 23 figures.
Tome IV : 293 pp. et 1 f. n. ch., plus 2 frontispices et 15 figures.
En tout 82 figures, y compris 8 frontispices par Binet, gravées par Berthet et Le Roy, plus 2 figures doubles.

C'est la troisième édition, sans compter les contrefaçons, du livre célèbre de Restif et la première avec des figures. Mais on remarque avec raison que les figures n'ont été faites que pour l'édition de 1784, et qu'elles sont seulement ajoutées dans des exemplaires de celle-ci. L'édition originale parut en 1775 (4 vol in-12), sans indication de lieu d'impression.

P. Lacroix, dans sa bibliographie (n. XIV), indique seulement 82 figures, mais il y a dans la série deux numéros *bis*; de plus on connait deux états de la figure 24 à cause d'une modification exigée par la censure : dans le premier état, Gaudet, d'Arras, est représenté portant le costume religieux.

Plusieurs des planches sont plus grandes que le texte et doivent être pliées.

Les 120 dessins originaux de Binet, à l'encre de Chine (*le Paysan* et *la Paysanne*) ont figuré dans la collection du comte de la Bédoyère (1862, n. 287 : 550 fr.), et se trouvent maintenant dans celle de feu le prince d'Essling.

Un exemplaire en ancien maroquin rouge, du *Paysan* et de la *Paysanne* réunis avec les *Figures* en 9 volumes, 830 fr., vente Turner (n. 485). En maroquin rouge par Hardy, 655 fr., vente Béhague (n. 1080-81).

L'exemplaire de Pixerécourt, en 9 volumes avec les figures, non rogné, demi-reliure, 905 fr., vente Daguin (n. 561). Un autre semblable, 296 fr., vente Biays (n. 288); un exemplaire cartonné est chez M. H. Béraldi.

En maroquin rouge de David, avec la *Paysanne*, 430 fr., vente R. Lion (n. 245). En veau aux armes de Marie-Antoinette, bibliothèque de Périgueux.

Les frais de l'illustration furent supportés par un homme riche, ami de Restif, sans doute Grimod de la Reynière.

— La Paysane pervertie, ou les dangers de la ville. Histoire d'Ursule R***, sœur d'Edmond, le Paysan, mise au jour d'après les véritables lettres des Personnages. *Imprimé à la Haie, Et se trouve à Paris, Chés la dame veuve Duchesne*, 1784. 8 parties en 4 vol. in-12. (De 160 à 200 fr.)

Tome I : 344 pp., plus 12 figures.
Tome II : 220 pp., plus 6 figures.
Tome III : 320 pp- plus 9 figures.
Tome IV : 344 pp, plus 11 figures.
En tout 38 figures, dont 8 frontispices par Binet, gravées par Berthet, Giraud le jeune et Leroy, ou non signées.

Première édition de ce roman qui fait suite au *Paysan perverti*. — Deux figures, assure-t-on, n'ont été terminées que plus tard, ce qui explique qu'elles manquent dans les exemplaires normaux où les bibliographes n'en ont généralement compté que 36.

La généralité des exemplaires ne porte pas les mots *La Paysane Pervertie*, sur le titre, la censure en ayant exigé la suppression, et seulement *Les Dangers de la ville*, etc.

Il existerait, dit P. Lacroix (n. XXVIII), des exemplaires en grand papier.

La *Paysane* seule, en veau ancien, 126 fr., vente R. Portalis (novembre 1878, n. 88).

En demi-reliure, aux armes de Marie-Antoinette, Bibliothèque nationale.

— Le Paysan et la Paysane pervertis, ou les Dangers de la ville, histoire récente mise au jour d'après les véritables lettres des personnages. *Imprimé à La Haye*, 1784. 16 parties en 4 vol. in-12. (De 400 à 500 fr.)

120 figures, y compris 8 frontispices. C'est la réunion des deux romans de Restif, remaniés et refondus de manière à former 462 lettres. P. Lacroix pense que, bien que datée de 1784, cette édition ne parut qu'en 1787.

On a coté jusqu'à 1,800 fr., dans un catalogue de librairie, un exemplaire, relié en maroquin citron par Trautz.

En maroquin rouge ancien, avec petite dentelle, 4,000 fr., vente Montgermont (1911, n. 183).

— Les Figures du Paysan perverti; les Figures de la Paysanne pervertie, la Naïveté, l'Innocence, la Candeur, l'Enchantement séducteur de la Ville, les Femmes, les Désirs, les Plaisirs, la Volupté, les Ecarts, l'Égarement, la Licence, la Débauche, le Vice, le Crime, l'Échaffaud, l'Infamie, le Désespoir, la Mort. *Rétif-de-la-Bretone... invenit, Binet... delineavit, Berthet et Leroi... incuderunt. S. l. n. d.* (1784-85). In-12. (De 15 à 20 fr.)

344 pp. pour le *Paysan* et LXXII pp. pour la *Paysane*.

Explication des 120 planches si curieuses de Binet que l'on y trouve parfois jointes en collection. Ce texte explicatif est parfois joint au *Paysan* pour en faire comme un cinquième volume de cet ouvrage. Le texte des figures de la *Paysane* peut être divisé en quatre et relié à la fin des quatre volumes du roman.

— Le Quadragénaire, ou l'Age de renoncer aux passions; Histoire utile à plus d'un lecteur. *Turpe senilis amor.* (Sur le faux-titre : le Quadragénaire, ou l'Homme de XL ans.) *A Genève. Et se trouve à Paris Chés la Veuve Duchêne*, 1777. 2 vol. in-12. (De 40 à 50 fr.)

Tome I : 244 pp. plus 8 figures.
Tomme II : 244 pp. plus 7 figures; à la fin 6 ff. n. ch., pour la *Revue des ouvrages de l'auteur.* — Des 15 figures les deux premières seules sont signées : la première C. Baquoy sculpsit, la deuxième *Dutertre inv., Berthet fecit.*

En ancien maroquin rouge, 54 fr., vente Turner (n. 486). — En demi-reliure, non rogné, 23 fr., vente Massicot (n. 612).

L'exemplaire James de Rothschild est cartonné non rogné. (Lacroix n. XVIII).

— Le Nouvel Abeilard, ou Lettres de deux amans qui ne se sont jamais vus. *A Neufchâtel et à Paris, veuve Duchesne*, 1778. 4 vol in-12. (De 60 à 80 fr.)

1 frontispice et 9 figures, dont une porte : « Gravé par Mme Ponce ».

Coté 200 fr. en maroquin rouge, catalogue Fontaine. En maroquin rouge ancien, 82 fr., vente Turner (n. 487).

Les gravures sont assez jolies. P. Lacroix les attribue à un artiste de l'école de Gravelot.

2e édition : *En Suisse, chez les libraires associés*, 1779. 4 vol. in-12.

— La Vie de mon Père, Par l'auteur du Paysan perverti. *A Neufchatel, Et se trouve à Paris, Chés la Veuve Duchesne*, ou *Le Jay*, ou *Bastien*, 1779. 2 vol. in-12. (De 50 à 60 fr.)

2 fleurons-portraits sur les titres, 2 frontispices et 12 figures non signées.

Les portraits-médaillons des titres représentent le père et la mère de Restif.

En maroquin rouge ancien, 128 fr., vente Turner (n. 488). En veau ancien, 11 fr., vente Daguin (n. 562). En maroquin rouge de Marius Michel, 51 fr., vente Biays (n. 289).

Une traduction allemande de Mylius publiée chez Wos, à Berlin, en 1780, contient la copie des figures par Erdner.

— Deuxième édition avec les mêmes figures.

— Troisième édition. *A Neufchatel, Et se trouve à Paris, Chés la Veuve Duchesne*, 1788. 2 vol. in-12.

Tome I : 1 f. n. ch., et 232 pp., plus un frontispice et 6 figures.

Tome II : 222 pp. et 2 ff. n. ch., plus un frontispice et 6 figures.

Ce sont les mêmes figures que ci-dessus. L'exemplaire James de Rothschild est cartonné, non rogné.

— La Malédiction Paternelle. Lettres sincères & véritables de N****, à ses Parens, ses Amis & ses Maîtresses; avec les Réponses: Recueillies et publiées par Timothée Joly, son exécuteur testamentaire. *Imprimé à Leipzick, Par Buschel, marchand-libraire; et se trouve à Paris, chés la D*^{me} *V*^{e} *Duchesne,* 1780, 3 vol. in-12. (De 40 à 50 fr.)

Tome I : pp. 1-280 et frontispice.
Tome II : pp. [281]-560 et frontispice.
Tome III : pp. [561]-830 et 5 ff. n. ch., plus le frontispice.

En tout, 3 figures-frontispices par Binet, gravées par Berthet.
La première seule est signée.
Paul Lacroix (n. XXII) range ces figures parmi les meilleures qu'ait faites Binet.
En maroquin rouge ancien, 48 fr., vente Turner (n. 469); en demi-reliure, non rogné, 24 fr., vente Massicot (n. 606).
L'exemplaire James de Rothschild est cartonné, non rogné.
Deux des dessins originaux se trouvaient chez Vulliet, à Lauzanne.

— Les Contemporaines, ou Avantures des plus jolies femmes de l'âge présent, recueillies par N. E. R. de la B., et publiées par Timothée Joly, de Lyon. *A Paris, chez la veuve Duchesne,* 1780-1785. 3 séries formant 21 parties en 42 vol. in-12, contenant :

1re SÉRIE. Les Contemporaines, ou Avantures des plus jolies femmes de l'âge présent, recueillies par N*****, et publiées par Timothée Joly, de Lyon, dépositaire de ses manuscrits. *Imprimé à Leipzig, par Büschel, marchand-libraire, et se trouve à Paris, chez Blin,* ou *veuve Duchesne,* 1780-1782. 17 volumes. — 113 figures.

2e SÉRIE. Les Contemporaines du commun, ou Avantures des belles marchandes, ouvrières, etc., de l'âge présent, recueillies par N.E. R.-D.-L. B***. *Imprimé à Leipzig par Büschel, et se trouve à Paris,* 1782-1783. 13 vol. — 87 figures.

Il existe des exemplaires de cette seconde série sous le titre : *Les jolies Femmes du commun.*
Suivant Cohen, on ne doit trouver que 84 figures.

3e SÉRIE. Les Contemporaines par gradation, ou Aventures des jolies femmes de l'âge actuel, suivant la gradation des principaux états de la Société, recueillies par N.-E. R.-D.-L. B***. *Imprimé à Leipzig par Büschel, libraire, et se trouve à Paris chez la veuve Duchesne, rue Saint-Jacques,* 1783-1785. 12 volumes. — 83 figures. (De 400 à 500 fr.)

En tout 42 volumes contenant 283 figures.

Quelques exemplaires de cette 3e série portent pour titre : *Les Contemporaines graduées, ou Aventures des jolies Femmes de la Noblesse, de la Robe, de la Médecine et du Théâtre.*

Ouvrage très curieux à cause de ses nombreuses et originales figures. Monselet en comptait 300, P. Lacroix 283 seulement et Cohen 291.

Il est très difficile de trouver un exemplaire uniformément beau de tirage et bien conservé.

Presque toutes ces figures sont de Binet ou de ses imitateurs, mais ne sont pas signées, sauf par quelques-uns des graveurs, Giraud aîné, Giraud jeune, Pauquet, Baquoy. C'est surtout dans ce livre que, sous l'inspiration de l'auteur, les artistes se sont livrés à ces exagérations ridicules dans la finesse de la taille et des pieds de ses personnages, pour n'arriver qu'à une fausse élégance.

On suppose que les frais considérables que nécessita cette entreprise furent faits par Grimod de la Reynière, et que le livre fut imprimé dans une ville de Suisse.

Restif à fait connaître que cette édition fut tirée à 2,000 exemplaires. Les premiers volumes furent réimprimés avant la terminaison de l'ouvrage.

Un exemplaire en maroquin rouge de Chambolle, 2,400 fr., catalogue Fontaine, revendu 755 fr., vente R. Lion (n. 246).

Un autre en ancien maroquin rouge, 695 fr., vente Turner (n. 490).

Une deuxième édition des *Contemporaines* porte la date de 1781 et années suivantes, mais M. P. Lacroix pense que les 12 derniers volumes ne furent pas réimprimés.

Les figures n'y sont fatiguées que dans les 12 premiers volumes.
En demi-reliure, maroquin vert, non rognés, 280 fr., vente Destailleur (1891, n. 1351).
En demi-reliure moderne, 421 fr., vente Sardou (n. 294).
L'exemplaire de Marie-Antoinette, en demi-reliure à ses armes, est à la Bibliothèque nationale.
Monselet avait vu des esquisses et des dessins originaux pour les figures : M. Rahir nous en a communiqué plusieurs ; dix de ces dessins ont été payés 1,500 fr., en 1898, à la vente Decloux ; trois autres 600 fr., même vente.

— La Découverte australe, par un Homme-volant, ou le Dédale français, Nouvelle très philosophique, suivie de la Lettre d'un Singe, etc. *Imprimé à Lepzick et se trouve à Paris, s. d.* 4 vol. in-12. (De 80 à 100 fr.)

Tome I : pp. 1-240, plus 4 figures.
Tome II : pp. [241]-436, plus 16 figures.
Tome III : pp. [437]-624, plus 1 figure et pp. 1-92, plus 1 figure.
Tome IV : pp. [95]-422 et 5 ff. n. ch., plus 1 figure double pliée.
Sur le faux-titre du 1ᵉʳ volume : Œuvres posthumes de N****** [c'est-à-dire *Nougaret?*] Œuvre Sᵈᵉ. La Découverte australe ou les Antipodes. Avec une estampe à chaque Fait principal, 1781.
4 frontispices dont un (le dernier) double plié, et 19 figures non signées.
Les figures ne paraissent pas être de Binet.
Les exemplaires où se trouvent les feuillets 337 à 422, contenant cinq diatribes dont la suppression fut ordonnée par la police, sont fort rares, suivant P. Lacroix (n. XXIV).
Cet ouvrage est l'un des plus bizarres de Restif et l'un des moins communs. Les récents progrès de l'aviation ont attiré l'attention des curieux sur ce livre que nous croyons devoir augmenter rapidement de prix.
En maroquin rouge, 200 fr., catalogue Fontaine. En ancien maroquin rouge, 115 fr., vente Turner (n. 494). En demi-reliure, non rogné, 36 fr., vente Massicot (603) ; en demi-reliure, 60 fr., vente Sardou (n. 309).
L'exemplaire James de Rothschild est cartonné non rogné. Celui de M. Schuhmann est en veau ancien aux armes de Montmorency-Luxembourg.

— La Dernière Avanture D'Un Homme de Quarante-cinq ans : nouvelle utile à plus d'un lecteur. *A Genève et se trouve à Paris, Chés Regnault*, 1783. 2 vol. in-12. (De 40 à 50 fr.)

Tome I : pp. 1-264, plus 1 frontispice.
Tome II : pp. [265]-528, plus 1 frontispice.
En tout, 2 frontispices et 2 figures par Binet, gravés par Giraud et Pauquet.
P. Lacroix dans sa *Bibliographie* de Restif de la Bretonne, (n. XXVI) qualifie ce roman de chef-d'œuvre.
En maroquin rouge, 49 fr., vente Turner (n. 491). En demi-reliure, non rogné, 42 fr., vente Massicot (n. 604).
L'exemplaire James de Rothschild est cartonné, non rogné.

— La Prévention Nationale, Action adaptée à la Scène ; Avec deux Variantes et les Faits qui lui servent de base. *A La-Haie, et se trouve à Paris, Chés Regnault*, 1784. 3 vol. in-12. (De 50 à 60 fr.)

Tome I : 302 pp., plus 5 figures.
Tome II : pp. 1-216, plus 2 figures.
Tome III : pp. [217]-455, et 4 ff. n. ch., plus 3 figures.
Titres ornés et 10 figures non signées.
Un exemplaire non rogné contenant les dix dessins originaux, 196 fr., vente du comte de La Bédoyère, revendu 720 fr., vente Bancel.
En ancien maroquin rouge, 35 fr., vente Turner (n. 492). En demi-reliure, non rogné, 18 fr., vente Massicot (n. 611).
L'exemplaire James de Rothschild est cartonné non rogné.
A la fin du 3ᵉ volume se trouve la correspondance de Restif avec Mˡˡᵉ de Saint-Léger, plus tard Mᵐᵉ de Colleville, qui a composé des comédies et des romans. Lacroix n. XXVII).

— Les Françaises, ou XXXIV Exemples choisis Dans les Mœurs actuelles, Propres à diriger les Filles, les Femmes, les Épouses & les Mères. *A Neufchâtel, Et se trouve à Paris chés Guillot*, 1786. 4 vol. in-12. (De 80 à 100 fr.)

Tome I : 272 pp., plus 2 figures.
Tome II : 312 pp., plus 9 figures.
Tome III : 312 pp., plus 9 figures.
Tome IV : 324 pp., plus 8 figures, et

8 ff. pour un prospectus des *Contemporaines*.

En tout 34 figures numérotées, par Binet, gravées par Giraud l'aîné.

Dans aucun des autres ouvrages de Restif, Binet n'a autant exagéré la petitesse des têtes et la finesse des tailles des femmes.

L'auteur a mis comme sous-titres à chacun des volumes : *les Filles, les Femmes, les Epouses, les Mères*.

P. Lacroix croit voir, dans l'un des personnages de *la Femme d'Ivrogne*, le portrait de Grimod de la Reynière fils.

Un exemplaire en ancien maroquin rouge, 63 fr., vente Turner (n. 493). En demi-reliure, 65 fr., vente Massicot.

L'exemplaire James de Rothschild est cartonné non rogné.

— Les Parisiennes, ou XL Caractères généraux Pris dans les Mœurs actuelles, Propres à servir à l'instruction des Personnes-du-Sexe : Tiré des Mémoires du nouveau Lycée-des-mœurs. *A Neufchâtel, Et se trouve à Paris, Chés Guillot*, 1787. 4 vol. in-12. (De 80 à 100 fr.)

Tome I : 300 pp., plus 6 figures.
Tome II : 388 pp., plus 4 figures.
Tome III : 392 pp., plus 5 figures.
Tome IV : 380 pp. et 2 ff., plus 5 figures.

En tout 20 figures numérotées, non signées, mais probablement de Binet.

Figures très singulières.

Un exemplaire en maroquin rouge, 250 fr., catalogue Fontaine.

En demi-reliure, non rogné, 47 fr., vente Massicot, n. 608).

L'exemplaire James de Rothschild est cartonné non rogné (Lacroix n. XXXII).

— Tableaux de la Bonne Compagnie, ou Traits caractéristiques, Anecdoctes secrettes, Politiques & Littéraires, recueillies dans les Sociétés du bon ton, pendant les années 1786 & 1787. Accompagnés de Planches en taille-douce, dessinées et gravées par M. Moreau le jeune, Graveur du Cabinet du Roi & d'autres célèbres artistes. *A Paris*, 1787. 2 vol. in-18. (De 200 à 250 fr.)

Tome I : 4 ff. n. ch., 210 pp., plus 8 figures.

Tome II : 192 pp., plus 8 figures.

16 figures, réduction des estampes de Moreau et Freudeberg, gravées par Camelingue ou non signées.

Cette édition est la plus recherchée.

Il existe des feuillets additionnels que l'éditeur joignait aux fascicules de l'ouvrage; nous en avons eu cinq dans le bel exemplaire de la vente Renard, qui a passé ensuite chez G. Bengesco et de là chez M. R. Schuhmann.

Restif ne serait pas l'auteur de toutes les notices ou contes qui accompagnent les jolies réductions des estampes de Moreau parues antérieurement de format in-folio avec un texte tout différent. Voir à *Estampes* (*Suite d'*) *pour servir à l'Histoire des Mœurs et du Costume des Français pendant le XVIII*e *siècle*.

Cette jolie suite avait d'abord paru en un cahier de 12 pièces précédées d'un titre portant : *Seconde suite d'Estampes pour servir à l'Histoire des Modes et du Costume en France* et ornées d'un quatrain au bas de chacune d'elles. Elles sont numérotées de 13 à 24.

Il y a 4 pièces d'après Freudeberg et 12 d'après Moreau. Voici les titres qu'elles portent dans l'édition de 1787 : *Le Printemps, les Tuileries, Versailles, Fontainebleau, les Précautions, le Coin de la cheminée, les Petits Parrains, le Boudoir, le Bal, l'Opéra, la Leçon de musique, la Visite du Médecin, la Lingère, le Comité, C'est un fils, Monsieur, les Confidences* et *les Vrais Plaisirs*.

Un exemplaire en maroquin rouge de Hardy, 330 fr., vente Béhague (1184), revendu 115 fr., vente Guyot de Villeneuve (453); cartonné, non rogné, 52 fr., vente Portalis (1882, n. 16).

Il existe une copie gravée par Gleich, qu'on trouve tirée en bistre; on y lit en bas des planches : *Peint par M. Moreau jeune à Paris, gravé par Gleich*.

— Tableaux de la Vie, ou les Mœurs du Dix-huitième siècle, avec 17 figures en taille douce. *A Neuwied sur le Rhin, chez la Société typographique et à Strasbourg, chez J.-G. Treuttel*, s. d. 2 vol. in-18. (De 80 à 100 fr.)

16 figures d'après Freudeberg et Moreau.

Dans cette édition, postérieure à la précédente, les épreuves sont plus usées.

En demi-reliure de Raparlier, non rogné, pièces ajoutées, 155 fr., vente E. Martin (722); en maroquin rouge de Cuzin, non rogné, 104 fr., cartonné, non rogné, vente R. Lion (n. 62); cartonné, non ro-

gné, 80 fr., vente Destailleur (1891, n. 327); en demi-reliure, non rogné, 21 fr., vente Pichon (1897, n. 383 bis.)
Un autre tirage porte la date de 1791.

— Les Petites Parties et les Grands Costumes de la dernière Cour en France, ornées de gravures dessinées par Moreau jeune, et publiées par Restif de la Bretonne. *A Paris, chez Royez, s. d.* 2 vol. in-18. (De 30 à 40 fr.)

Même livre sous un autre titre.
Un bel exemplaire, en maroquin rouge de Bertrand, contenant les figures 13-24, avec la contrefaçon de Gleich, 980 fr., vente Colin (n. 21); en maroquin rouge ancien, 130 fr., vente Destailleur (1891, n. 402).

— Monument du Costume physique et moral de la fin du dix-septième siècle, ou Tableaux de la Vie, Ornés de Figures dessinées & gravées par M. Moreau le jeune, Dessinateur du Cabinet du S. M. T. C. & par d'autres célèbres Artistes. *A Neuwied sur le Rhin, chez la Société typographique,* 1789. Gr. in-fol. (De 1,500 à 1,800 fr.)

1 f. n. ch., 36 pp., plus 26 estampes de Moreau et Freudeberg (2 par ce dernier), gravées par Baquoy, Camligue, Dambrun, Delignon, De Launay, Guttenberg, Helman, Malbeste, Martini, Halbou, Patas. Romanet, Thomas, Ingouf et Bosse.
Restif composa ces historiettes pour le compte d'un éditeur désireux d'utiliser les planches de Moreau.
C'est le 3ᵉ tirage, non compris les états d'eau-forte, des gravures de Moreau parues en 1775 et 1776 sous le titre de *Suite d'Estampes pour servir à l'Histoire des Mœurs et du Costume des Français du XVIIIᵉ siècle.*
Le *Monument du Costume* comprend 26 planches parce qu'aux 24 planches de Moreau, formant la deuxième et troisième *Suite d'estampes,* on a joint deux planches d'après Freudeberg qui avaient été publiées séparément comme estampes.
En demi-reliure de Belz-Niedrée, 575 fr., vente Lebeuf de Montgermont (n. 215); en maroquin rouge de David, 1,000 fr., vente Béhague (n. 334).
Voir à Estampes (*Suite d'*)

— Monument du Costume physique et moral de la fin du XVIIIᵉ Siècle, ou Tableaux de la Vie. *A Londres, chez C. Dilly, Poultry,* 1790. 2 vol. in-12. (De 20 à 25 fr.)

2 figures, une en-tête de chaque volume (d'après Moreau), gravées par T. Holloway et J. Heat.
Contrefaçon anglaise Les 2 figures, avec légendes anglaises, représentent la *Declaration de grossesse* et le *Lever du petit-maître.* Elles sont finement gravées.

— Monument du Costume physique et moral à la fin du XVIIIᵉ Siècle, ou Tableaux de la Vie. *A Londres,* 1793. 2 vol. pet. in-8. (De 80 à 100 fr.)

26 figures.
Reproduction des 26 figures de l'édition originale travesties à l'anglaise, c'est-à-dire représentant les types et les costumes d'outre-Manche.

— Les Nuits de Paris, ou le Spectacle nocturne. *A Londres et Paris,* 1788-1794. 16 parties en 8 vol. in-12, (De 300 à 400 fr.)

Tome I: 2 ff. ch. et pp 1-384 (pour 484) plus 2 figures.
Tome II: pp. [485]-956, plus 2 figures.
Tome III: pp. [957]-1191 et [1197]-1440, plus 2 figures.
Tome IV: pp. [1441]-1920, plus 2 figures.
Tome V: pp. [1921]-2400, plus 3 figures.
Tome VI: pp. [2401]-2638, 1 f. n. ch., [2641]-2880, plus 3 figures dont un portrait.
Tome VII: pp. [2881]-2359 (pour 3359), et 11 ff. n. ch., plus 3 figures.
Tome VII: 1 (15ᵉ partie): 164 (pour 264) pp. et 12 ff. de catalogue, plus 1 figure.
Tome VIII. 2 (16ᵉ partie) : pp. [265]-564, plus 1 figure.
En tout 18 belles figures par Binet, non signées et 1 portrait.
Les 14 premières parties se trouvent assez facilement.
Le tome VII est daté de 1789.
La 15ᵉ partie est plus rare. Elle a un titre différent des autres : *La Semaine nocturne, Sept de Paris,* qui peuvent servir de suite aux III-CLXXX (*sic*) déjà publiées. Ouvrage servant à l'Histoire du Jardin du Palais-Royal. *A Paris chés Guillot,* 1790. — La 16ᵉ est presque introuvable, surtout avec les figures ; elle porte le titre *les Nuits de Paris, ou le Spectateur nocturne,* tome 18ᵉ, 6ᵉ partie, à Paris, 1794. La pagination va

jusqu'à la page 3359 cotée, 2359, qui termine la 14e partie; elle recommence ensuite à la 15e partie pour finir avec la 16e, de 1 à 564.

Le spectateur nocturne c'est Restif, que l'on reconnaît plus particulièrement avec son grand chapeau, dans la première figure. Entre autres sujets curieux, il faut remarquer Restif présentant sa fille à la comtesse Fanny de Beauharnais à un dîner chez Grimod de la Reynière; Louis XVI, auquel Bailly adresse des remontrances, figure qui doit former le frontispice de la *16e partie*, et Charlotte Corday sur l'échafaud, figure qui servit pour l'*Année des Dames nationales*.

Ce livre s'est vendu complet 400 fr., vente Brunet, et se trouve coté 750 fr., catalogue Fontaine.

Les tomes I-XIV, en demi-reliure aux armes de Marie-Antoinette, Bibliothèque nationale.

L'exemplaire James de Rothschild est complet, cartonné, non rogné.

— Le Thesmographe, ou Idées d'un Honnête-Homme, sur un projet de reglement, Proposé à toutes les Nations de l'Europe, pour opérer une Reforme generale des Loix : Avec des Notes historiques. — Salus Populi suprema lex esto. XII Tab. — *A la Haie, Chés Gosse-Junior et Changuion, libraires des Etats. Et se trouve à Paris, Chés Maradan*, 1789. 2 parties en 1 vol. in-8. (De 15 à 20 fr.)

590 pp. et 1 f. n. ch., de catalogue, plus 1 frontispice gravé. — Le frontispice dessiné par S. Dreppe et gravé par Delvaux est daté de 1773. — Le faux-titre porte : *Idées singulières. Tome cinquième.*

L'exemplaire James de Rothschild est cartonné, non rogné (Lacroix n. XXXVII).

— Le Palais-Royal. *A Paris, au Palais-Royal, d'abord : puis Partout; Même chés Guillot, libraire rue des Bernardins*, 1790. 3 vol. in-12. (De 150 à 200 fr.)

Tome I : 280 pp., plus 1 figure.
Tome II : 248 pp., plus 1 figure.
Tome III : 288 pp., plus 1 figure.
En tout 3 grandes gravures pliées en trois, non signées. Chaque volume porte en outre sur le titre : Première partie : *Les Filles de l'Alée des Soupirs*. — Seconde partie : *Les Sunamites*. — Troisième partie : *Les Converseuses*.

Les trois figures de ce livre représentent *Les trente-deux filles de l'Allée des Soupirs* (au Palais-Royal), *le Cirque* et *la Colonnade*. Il en a été fait des contrefaçons trompeuses.

L'exemplaire James de Rothschild est cartonné, non rogné. Celui des Goncourt en cuir de Russie par Lortic, appartient à M. Schuhmann. (Lacroix n. XL.)

— L'Année des Dames Nationales, ou Histoire, jour-par-jour, d'une Femme de France. *A Genève; et se trouve à Paris...* 1791-1794. 12 vol. in-12. (De 80 à 100 fr.)

Paginés de 1 à 3825 et portant le nom des douze mois :
Janvier. — Titre, pp. 1-308 et 2 ff., plus 1 frontispice et 1 figure, p. 136.
Février. — Titre, pp. [315]-596 et 2 ff., plus 1 frontispice et 2 figures, pp. 531 et 539.
Mars. — Titre, pp. [931]-1299 plus 1 frontispice et 3 figures, pp. 647, 657 et 771.
Avril. — Titre, pp. [603]-925 et 1 f., plus 1 frontispice et 1 figure, p. 961.
Mai. — Titre, pp. [1303]-1619, plus 1 frontispice et 2 figures, pp. 1454 et 1607.
Juin. — Titre, pp. [1623]-1916 et 2 ff., plus 1 frontispice et 2 figures, pp. 1657 et 1805.
Juillet. — Titre, pp. [1917]-2256 et 2 ff., plus 1 frontispice et 1 figure, p. 1981.
Août. — pp., [2263]-2560 et 2 ff., plus 1 frontispice et 1 figure, p. 2301.
Septembre. — Titre, pp. [2567]-2855, plus 1 frontispice et 1 figure, p. 2735.
Octobre. — Titre, pp., [2859]-3202 et 1 f., plus 1 frontispice et 2 figures, pp. 2861 et 2942.
Novembre. — Titre, pp. [3207]-3522 et 1 f., plus 1 frontispice et 2 figures, pp. 3427 et 3486.
Décembre. — Titre, pp. [3227]-3825 et 1 f., plus 1 frontispice et 1 figure, p. 3567.

En tout 12 figures très médiocres faites pour cet ouvrage et 24 figures tirées d'autres ouvrages de Rétif, tels que *le Paysan perverti* et *les Contemporaines*.

Aucune des figures n'est signée.

Plusieurs des gravures indiquées dans les tables manquent : celles de la page 34 au 1er volume; de la page 359, au 2e; de la page 1149, au 4e; et de la page 1521 au 5e volume. Le frontispice pour *Août* porte le titre *Avril*.

Les noms des femmes sont tirés du nom de leurs pays d'origine. Les titres et l'adresse varient de volume en volume.

Certaines notices biographiques sont curieuses. Pour rajeunir les exemplaires de *l'Année des Dames nationales*, qu'il était forcé de vendre au rabais. Restif leur confectionna ce nouveau titre: *les Provinciales, Histoire des Filles et femmes des provinces de Paris*. Paris, Gamery, 1791-94

L'exemplaire James de Rothschild est cartonné non rogné. (Lacroix n. XLII).

— Le Drame de la Vie, contenant un Homme tout-entiér. Pièce en 13 Actes des Ombres ét en 10 pièces régulières *Vita data est utenda*. Imprimé à Paris à la maison : chés la v. Duchesne et Mérigot jeun, 1793. 5 vol. in-12. (De 60 à 80 fr.)

Tome I : pp. 1-243, plus le portrait et 2 ff. pour le prospectus de *Monsieur Nicolas*.
Tome II : pp. [245]-496 et 6 pp. de prospectus.
Tome III : pp. [497]-776 et 2 ff. n. ch. de vers de Marmontel à la Guinard.
Tome IV : pp. [777]-1040 et 11 ff. n. ch. de prospectus.
Tome V : pp. [1041]-1396.

Contient un grand portrait plié de Restif dans le 1ᵉʳ volume, de format in-4, par L. Binet, gravé par L. Berthet.

Ce portrait de Restif avait d'abord paru séparément.

Catalogue Fontaine, 350 fr., en maroquin rouge.

L'exemplaire James de Rothschild est cartonné, non rogné (Lacroix, n. XLIII).

— Le Pied de Fanchète (sic), ou le Soulier couleur de rose. 3ᵉ édition, *imprimée à La Hayé*, 1786 (effectivement en 1794). 2 vol. in-12. (La pagination se suit.) (De 30 à 40 fr.)

2 jolies gravures non signées.

La 1ʳᵉ édition a paru sans figures, sous ce titre : *le Pied de Fanchette, ou l'Orfeline française*, La Haye et Paris, 1769. 3 vol. petit in-12.

L'exemplaire James de Rothschild de l'édition de 1786 est cartonné, non rogné.

Au catalogue Turner (n. 484) est porté un exemplaire eu maroquin rouge ancien, avec la date de 1776.

— Le Pied de Fanchette, ou le Soulier couleur de rose, par N.-F. Restif-la-Bretonne. 5ᵉ édition, revue, corrigée et augmentée de plusieurs anecdotes curieuses et amusantes. *A Paris, Cordier et Legros*, 1801. 3 vol. in 18. (De 20 à 30 fr.)

3 figures non signées.

Une partie de cette édition fut aussi tirée dans le format in-12.

— Les Posthumes; Lettres reçues après la mort du Mari par sa Femme, qui le croit à Florence. Par feu Cazotte. — *Lhetum non omnia finit. Propert.* — *Imprimé à Paris, à la maison ; se vend chés Duchêne, libraire*, 1802. 4 vol. in-12. (De 50 à 60 fr.)

Tome I : 2 ff. n. ch. et 356 pp., plus 1 figure.
Tome II : 2 ff. n. ch. et 360 pp., plus 1 figure.
Tome III : 360 pp., plus 1 figure.
Tome IV : 335 pp., plus 1 figure et 18 ff. de prospectus.

En tout 4 frontispices non signés.

En demi-reliure, non rogné, 15 fr., vente Massicot (n. 610).

L'exemplaire James de Rothschild est cartonné, non rogné (Lacroix n. XLVIII).

Restif a produit encore nombre d'autres ouvrages, sur lesquels on trouvera, ainsi que sur ceux dont nous venons de parler, tous les renseignements désirables, dans le livre si nourri que P. Lacroix lui a consacré sous le titre : *Bibliographie et Iconographie de tous les ouvrages de Restif de la Bretonne*. Paris, A. Fontaine, 1875. In-8. Comme ces livres sont sans figures, nous en donnerons simplement la liste :

La Famille vertueuse, 1779. — 4 vol. in-12.
Lucile, ou les Progrès de la Vertu, 1768. — In-12.
Lettres de lord Augustin de N..., etc., 1769. — 2 part. in-12.
La Fille naturelle, 1769. — 2 vol. in-12.
Le Pornographe, etc. 1765. — In-8.
Le Mimographe, 1770. — In-8.
Le marquis de T... ou l'Ecole de la Jeunesse, 1771. — 4 vol. in-12.
Adèle de Com..., ou Lettres d'une fille à son père, 1772. — 5 vol. in-12.
La femme dans les trois états, de fille, d'épouse et de mère, 1773. — 3 vol. in-12.
Le Ménage parisien, 1775. — 2 vol. in-12.
Les Nouveaux Mémoires d'un homme de qualité, 1774. — 2 vol. in-12.
Le Fin Matois, 1786. — 4 vol. in-12.
L'Ecole des Pères, 1776. — 3 vol. in-12.
Le Nouvel Emile ou l'Education pratique, 1770. — 4 vol. in-8.

Les Gynographes, etc. — 2 part. en 1 vol. grand in-8.
L'Andrographe, etc., 1782. — 2 part. en 1 vol. in-8.
Les Faiblesses d'une jolie femme, 1772. — 2 part. en 1 vol. in-12.
Les Veillées du Marais, 1785. — 2 vol. in-12.
La Femme infidèle, 1788. — 4 vol. in-12.
Ingénue Saxancour, 1789. — 3 vol. in-12.
Théâtre de Restif de la Bretonne, 1770 et 1792. — 5 vol. in-12.
Monsieur Nicolas, ou le cœur humain dévoilé, 1794-1797. — 16 vol. in-12.
La Philosophie de Monsieur Nicolas, 1796.
Les Nouvelles Contemporaines, an X (1802). — 2 vol. in-12.
Histoire des compagnes de Maria, ouvrage posthume, 1811. — 3 vol. in-12.
Dom B... aux Etats-généraux, etc... S. d. (1789). — In-8.
Ce dernier ouvrage est seulement attribué à Restif.

Enfin, il faut ajouter à cette liste, un ouvrage fort obscène :
— L'Antijustine, ou les délices de l'amour. Par M. Linguet, avocat au et en Parlement. *Casta placent Superis.* — Manibus puris sumite [cunnos]. Avec LX figures. Première Partie. *Au Palais-roial, chez feue la Veuve Girouard, très connue.* 1798. In-12. pp. 1-252.

Il n'en a pas été imprimé davantage et les figures annoncées n'ont jamais été même dessinées. Il en existe pourtant une liste des 38 premières par Restif qui figure aux pp. 193-200 de l'ouvrage.

On trouve à l'Enfer de la Bibliothèque nationale quatre exemplaires de cet ouvrage rarissime dont le seul complet est suivi des épreuves corrigées des pages 145 à 180.

Il existe un exemplaire des *Veillées du Marais* contenant 52 dessins inédits de Binet. Restif l'avait offert longtemps pour 724 livres : il était en 1877 chez un collectionneur parisien qui l'avait payé 25 fr. — Les 150 figures annoncées par Restif pour *Monsieur Nicolas* n'ont jamais paru.

La maison Fontaine avait formé, au temps de la grande vogue des *Restif*, la collection complète (sauf l'*Anti-Justine*) des *Œuvres de* N. *Restif de la Bretonne*, soit 212 parties en 154 volumes in-folio, in-8, in-12 et in-18. Cet exemplaire, relié par Chambolle-Duru en maroquin rouge, fut offert au prix de 20,000 fr. et acheté par M. Léon Mercier. Acquis depuis par la librairie Morgand, il a été revendu par parties détachées.

Antérieurement, à la vente Solar (1860), une collection reliée en 165 volumes et à laquelle il ne manquait que l'*Anti-Justine* et 2 volumes du *Théâtre*, s'est vendue 1,570 fr. au détail.

Tout récemment, à la vente Sardou, (n. 279-309) ; 196 fascicules ont été détaillés à 1,498 fr., mais ils étaient dans une reliure moderne assez peu attrayante.

On trouve une belle série de *Restif* (141 volumes) dans la bibliothèque James de Rothschild (n. 1916); il y manque l'*Anti-Justine*, les *Contemporaines* et dix autres ouvrages, mais presque tous les volumes sont cartonnés, non rognés. R.-S. Turner est le seul bibliophile qui ait possédé une suite de Restif en maroquin ancien. Il en avait en tout 85 volumes qui, divisés, ont produit à sa vente 2,273 fr. Par la suite, ces volumes furent presque tous rachetés par le baron Ferdinand de Rothschild.

Outre les dessins du *Paysan* et des *Contemporaines*, cités plus haut, nous avons relevé l'indication de divers dessins de Binet pour les œuvres de Restif :

Vente anonyme, 20 mars 1899 :
Quatre dessins, 450 fr.
Douze dessins, 3,720 fr.
Quatre dessins, 665 fr.
Vente du comte de C..., 17 décembre 1900 :
Plusieurs dessins, 405 fr.

RESTOUT. — Galerie Françoise, ou Portraits des Hommes et Femmes célèbres qui ont paru en France, gravés en taille-douce par les meilleurs artistes, sous la conduite de M. Restout, avec un abrégé de leur vie, par une société de lettres. *A Paris, Hérissant le fils,* 1771-1772. 2 parties en 1 vol. (De 80 à 100 fr.)

40 portraits peints ou dessinés par Aved, Blakey, Ph. de Champagne, C. N. Cochin, Colson, Duplessis, Du Roncerai, Fredou, Hallé, Tischbein, La Tour, Lépicié, de Lorraine, Loutherbourg, Monnet, Nattier, C. Restout, Restout fils, Rigaud, Roslin, Schmidt, Tournière, Vanloo, Vigée, gravés par Benoist, Bosse, Cathelin, Delvaux, Dupuis, Halbou, Henriquez, Ingouf, Lempereur, Cars, Levesque, Le Vasseur, de Lorraine, Maleuvre, Mellini, Miger, Moitte, Molés, Poletnich, Romanet, Tilliard, Voyez major et Voyez minor.

L'ouvrage n'a pas été terminé. Voici les noms des portraits placés au devant des notices :

D'Aguesseau, d'Argenson, Astruc, Belidor, maréchal de Belle-Isle, François Boucher, Caylus, M⁽ᵐᵉ⁾ du Châtelet, l'abbé Chappe, Chevert, Clairaut, Crébillon, le maréchal d'Estrée, Fleury, M⁽ᵐᵉ⁾ de Graffigny, Hénault, Henri IV, Le Cat, Louis XIII, Louis XIV, le Dauphin, de Mairan, Marivaux, Moncrif, de Noailles, l'abbé Nollet, l'abbé d'Olivet, Panard, Philippe d'Orléans, l'abbé Pluche, l'abbé Prévost, L. Racine, Rameau, Restout, Servandoni, C. Vanloo, le roi Stanislas, G. de Voysins, Winslow.

En 1792, pour écouler l'édition, on fit imprimer un frontispice portant cette date et le titre suivant : *Portraits des hommes et des femmes illustres par leur naissance, leur vertu et leurs talents, gravés par les meilleurs artistes.*

L'édition de 1771, en maroquin rouge de Petit, avec 36 planches seulement, 35 fr., vente Destailleur (1891, n. 560).

RÉSURRECTION DE LOUIS XVI, roi des Juifs. *A Jérusalem, de l'imprimerie du Saint-Sépulcre*, mai 1790. In-8. (De 8 à 10 fr.)

1 figure non signée.

RÉVÉRONY DE SAINT-CYR (Baron). — Pauliska, ou la Perversité moderne. Mémoires récents d'une Polonaise. *A Paris, Chez Lemerre et chez Courcier*, an VI (1798). 2 vol. in-12. (De 20 à 25 fr.)

2 figures non signées dans le genre de Chaillou.

Roman fort libre, inspiré des productions du marquis de Sade.

— Nos Folies, ou Mémoires d'un Musulman connu à Paris, en l'an 1798. *A Londres*, 1799, 2 vol. in-12. (De 10 à 15 fr.)

2 figures par Chaillou, gravées par de Launay.

RÉVOLUTION. — De Gruwel der Verwoestingen of Vrankryks moord-en treur-tooneel. *Amsterdam, J. Peppelenbos*, 1794. In-8. (De 25 à 30 fr.)

135 pp. et 16 figures assez médiocres mais fort curieuses, représentant des scènes de la Révolution et accompagnées d'un texte explicatif en vers hollandais.

REYRAC (De). — Hymne au Soleil, suivi de plusieurs morceaux du même genre., Par M. l'abbé de Reyrac, Censeur Royal... *A Amsterdam* (Paris,

Cazin), 1781, (ou *Londres, Aux dépens de la Compagnie*. 1791.) In-18. (De 8 à 10 fr.)

XL-138 pp. et 1 f. n. ch., plus 1 frontispice avec portrait, gravé par de Launay.

— Poésies tirées des Saintes Écritures, dédiées à Mme la Dauphine. *A Paris, Chez Delalain*. 1770. In-8. (De 8 à 10 fr.)

Portrait de Marie-Antoinette par d'Avenne, gravé par Hubert.

Sur grand papier fort, en maroquin rouge ancien aux armes du cardinal de Bernis, 255 fr., vente R. Liou (n. 142), aujourd'hui collection Ferdinand de Rothschild.

RICCOBONI (Louis). — Histoire du Théâtre Italien depuis la décadence de la Comédie Latine... *A Paris, De l'Imprimerie de Pierre Delormel*, 1728. In-8. (De 40 à 50 fr.)

XVI-219 pp. et 2 ff. n. ch., plus un titre gravé par Joullain d'après Micheux et 17 figures gravées par Joullain représentant le Théâtre de Vicence et les personnages de la Comédie Italienne.

On joint d'ordinaire à cet ouvrage un opuscule intitulé :

Dell'Arte Rappresentativa Capitoli sei di Luigi Riccoboni. *Londra*, 1728. In-8, de VI pp, 3 ff. n. ch. et 60 pp.

RICCOBONI (Mme). — Histoire de Miss Jenny, écrite et envoyée par elle à Milady, comtesse de Roscomond. *A Paris, Chez Brocas et Humblot*, 1764. 4 vol. in-12. (De 15 à 20 fr.)

4 jolies figures par Gravelot, gravées par Lemire et Prévost.

— Œuvres complètes de Mme Riccoboni, nouvelle édition, revue et augmentée par l'auteur et ornée de 24 figures en taille-douce. *A Paris, Volland*, 1786. 8 vol. in-8. (De 20 à 30 fr.)

24 figures par Brion de La Tour et Gravelot.

On peut trouver ces figures avant la lettre.

RICHARDSON. — Pamela, or Virtue rewarded, in a series of familiar letters, etc. *London*, 1742. In-8. (De 15 à 20 fr.)

29 figures par Heymann et Gravelot.

— Paméla, ou la Vertu récompensée, traduit de l'anglois, nouvelle édition, enrichie de figures en taille-douce. *A Amsterdam, aux dépens de la Compagnie*, 1743. 4 vol. in-12. (De 10 à 15 fr.)

4 frontispices (le même) par Yver et 29 figures de Punt et Yver.
Les mêmes figures se retrouvent dans la *Troisième édition, ibid.* 1744-1745.
Cette dernière, en maroquin rouge ancien, 95 fr., vente Sardou (n. 163).

— Paméla, ou la Vertu récompensée, Traduit de l'Anglais, de Richardson, Par M. l'abbé Prevost. Avec figures. *A Paris, Chez Lepetit*, 1793; 12 vol. in-18. (De 30 à 40 fr.)

Tome I : 196 pp., plus 1 figure.
Tome II : 198 pp., plus 1 figure.
Tome III : 196 pp., plus 1 figure.
Tome IV : 293 pp., plus 1 figure.
Tome V : 188 pp., plus 1 figure.
Tome VI : 194 pp., plus 1 figure.
Tome VII : 372 pp., plus 1 figure.
Tome VIII : 195 pp., plus 1 figure.
Tome IX : 197 pp., plus 1 figure.
Tome X : 180 pp., plus 1 figure.
Tome XI : 196 pp., plus 1 figure.
Tome XII : 194 pp., plus 1 figure.
En tout 12 charmantes figures non signées.

— Lettres angloises, ou Histoire de Miss. Clarisse Harlowe. *A Londres, Nourse* (Paris), 1751-1752. 12 parties en 6 vol. in-12. (De 60 à 80 fr.)

21 figures par Eisen et Pasquier, gravées par Beauvais, Delafosse, Legrand, Maisonneuve, Pelletier, Tardieu et Pasquier.
Les 13 figures des six premières parties sont d'Eisen ; elles sont supérieures à celles des six dernières. La traduction est de l'abbé Prévost, de même que dans l'édition suivante.

— Lettres angloises, ou Histoire de Miss Clarisse Harlowe, nouvelle édition, augmentée de l'Éloge de Richardson, des Lettres posthumes et du Testament de Clarisse, avec figures. *A Paris, chez les libraires associés*, 1766. 14 parties en 7 vol. in-12.

1 portrait de Richardson non signé, et 21 figures gravées par Duflos, d'après celles de l'édition de 1751.
Autre édition. Paris, 1776-77. 7 vol. in-12, et 21 figures. — La reproduction des figures d'Eisen y est meilleure.

— Lettres angloises, ou Histoire de Miss Clarisse Harlowe, augmentée de l'Éloge de Richardson, des Lettres posthumes et du Testament de Clarisse, avec figures. *A Londres* (Paris, Cazin), 1784. 11 vol. in-18. (De 30 à 40 fr.)

Tome I : 52-305 pp., plus 1 portrait et 3 figures.
Tome II : 354 pp., plus 3 figures.
Tome III : 380 pp., plus 2 figures.
Tome IV : 405 pp., plus 3 figures.
Tome V : 380 pp., plus 5 figures.
Tome VI : 371 pp.,
Tome VII : 384 pp., plus 1 figure.
Tome VIII : 347 pp., plus 1 figure.
Tome IX : 348 pp., plus 1 figure.
Tome X : 341 pp.,
Tome XI : 323 pp., plus 2 figures.
En tout 1 portrait gravé par Duponchel et 21 figures non signées (probablement par le même).

— Clarisse Harlowe, Traduction Nouvelle Et seule complète, par M. Le Tourneur, Faite sur l'Édition originale revue par Richardson, ornée de figures du célèbre Chodowiecki, de Berlin. *A Genève, Chez Paul Barde et se trouve à Paris, chez Moutard*, 1785-1786. 10 vol. in-8. (De 60 à 80 fr.)

Tome I : LI-517 pp., plus 1 portrait et 3 figures.
Tome II : 2 ff. n. ch., 527 pp., plus 2 figures.
Tome III : 2 ff. n. ch., 557 pp., 1 f. n. ch., plus 2 figures.
Tome IV : 512 pp., plus 2 figures.
Tome V : 560 pp., plus 2 figures.
Tome VI : 543 pp., plus 2 figures.
Tome VII : 559 pp., plus 2 figures.
Tome VIII : 557 pp., plus 4 figures.
Tome IX : 531 pp., plus 1 figure.
Tome X : 464 pp., plus 1 figure.

En tout 1 portrait par A. Pujos, gravé par F. D., et 21 figures dessinées et gravées par Chodowiecki.

Existe sur papier de Hollande avec les figures avant la lettre.

En cette condition, en ancien maroquin vert à dentelles, 140 fr., vente Radziwill (n. 1044); un autre, en maroquin vert ancien, 520 fr., vente Béhague (1226); le même (?) 1,255 fr., vente Sardou (n. 238.)

En veau ancien, aux armes de Marie-Antoinette, Bibliothèque nationale.

— Clarisse Harlowe. Traduction nouvelle et seule complète; Par M. Le Tourneur. Sur l'Edition originale revue par Richardson; avec figures d'après M. Chodowiecki de Berlin. *A Genève, Chez P. Barde*, 1785-1786. 14 vol. in-16. (De 50 à 60 fr.)

1 portrait par Pujos gravé par Topffer et 21 figures de Chodowiecki, réduction de celles que l'on trouve dans l'édition in-8.

— Clarisse Harlowe (même traduction). *A Paris, Lemarchand*, an X (1802), 14 vol. pet. in-12. (De 15 à 20 fr.)

14 gravures par Huot, gravées par Bovinet.

— Histoire de sir Charles Grandisson, contenue dans une suite de lettres publiées sur les originaux; ouvrage traduit de l'anglais, 2e édition. *A Leide, E. Luzac fils*, 1764. 7 vol. in-8. (De 12 à 15 fr.)

1 portrait non signé et 21 figures signées Stock sc.

— Nouvelles Lettres angloises, ou Histoire du Chevalier de Grandisson (traduites par l'abbé Prévost). Nouvelle édition, revue et corrigée et augmentée de plusieurs lettres, avec figures. *A Londres* (Paris, Cazin), 1786. 7 vol. in-18. (De 12 à 15 fr.)

8 figures de Brion et Gravelot, gravées par Chapuy.

RICHER (Adrien). — Théâtre du Monde, où, par des exemples tirés des auteurs anciens et modernes, les vertus et les vices sont en opposition. *A Paris, Nyon*, 1775. 4 vol. in-8. (De 40 à 50 fr.)

20 figures par Moreau et Marillier, gravées par Dambrun, Delignon, Gaucher, de Ghendt, Helman, Langlois, de Longueil et Simonet.

Belles illustrations qui existent avant la lettre.

En maroquin rouge ancien, aux armes de la reine Charlotte d'Angleterre, collection Ferdinand de Rothschild.

Les épreuves sont très fatiguées dans la réimpression en 4 vol. in-8 de 1787-1788. dans laquelle Defer de Maisonneuve, le nouvel éditeur, a mis de nouveaux titres aux premiers volumes. Aussi est-elle moins recherchée.

L'exemplaire E. Martin (n. 779) en veau marbré contenant trois eaux-fortes et trois épreuves avant la lettre, ne s'est vendu que 33 fr.

RIDINGER (Jean-Élie). — L'Art de monter à Cheval, en 23 planches inventées et dessinées par J.-E. Ridinger. *A Augsbourg, Chez J.-Chrétien Léopold*, 1744. In-fol. (De 60 à 80 fr.)

En demi-reliure de Hardy, 67 fr., vente Béhague (n. 44).

— Représentation et Description de toutes les leçons des Chevaux de manège et de la campagne, dans quelles occasions on s'en puisse servir, etc..., par J.-E. Ridinger (en allemand et en français). *A Augsbourg*, 1760. Grand in-4. (De 80 à 100 fr.)

En maroquin rouge de Capé, 175 fr., vente Béhague.

1re partie : 46 planches.
2e partie : (*Remarques du Carrousel*) 8 pp. et 16 planches.
En tout, 62 planches gravées par Ridinger.

RIDLEY (Jacques). — Les Contes des Génies, ou les Charmantes leçons d'Horam, fils d'Asmar, ouvrage traduit du persan en anglois par sir Charles Morell (masque de Jacques Ridley), ci-devant ambassadeur des établissements anglois dans l'Inde à la cour du grand Mogol, et en françois sur la traduction angloise (par J.-B.-R. Robinet). *A Amsterdam, chez Marc-Michel Rey*, 1767. 2 vol. pet. in-8. (De 20 à 25 fr.)

1 frontispice et 12 figures non signés.
En maroquin rouge ancien (daté de 1766 ?), 72 fr., vente E. Martin (n. 478).
Ce livre existe sur papier vélin.
Autre édition moins estimée : *Amsterdam*, 1782. 3 vol. in-16, avec les mêmes figures.

RIGAUD (J.). — Recueil choisi des plus belles vues des palais, des châteaux et maisons Royales de Paris et des environs, dessinées d'après Nature et gravées par J. Rigaud. *A Paris, Chez Chéreau et Basan*, s. d. (1720-1738). In-fol. (De 1,200 à 1,500 fr.)

Frontispice gravé et 129 planches.
Il y a deux tirages de la première édition, le premier étant reconnaissable à l'absence des *numéros*.
En deuxième tirage, veau ancien, 105 fr., vente Louis-Philippe (1852, n. 922), revendu 655 fr., vente Destailleur (1895, n. 744), aujourd'hui dans la collection Ferdinand de Rothschild ; un autre (titre et 131 planches) en maroquin rouge de Belz-Nédrée, 2,000 fr., vente Béhague (n. 369).
Une autre édition, publiée vers 1780, porte l'adresse de *Joubert et Basan* (Bull. *Morgand* II, 9, 1909, n. 541).
Une réimpression publiée vers 1820 par Treuttel et Wurtz, contient 121 planches.
Un des dessins originaux de Rigaud. (*Vue du château de Blois*) est porté au Bull. *Morgand* (II, 3, 1905, n. 515).

RIGENERAZIONE (La) dell'Olanda, specchio a tutti i Popoli regenerati. *Venezia, 1799, Appresso Giovani Zatta di Antonio, librajo all' insegna della Providenza in Frezzaria*. In-fol. (De 25 à 30 fr.)

20 planches caricaturales sur la Révolution, tirées en rouge (par Gillray ?).
En demi-reliure, non rogné, 28 fr., vente Daguin (n. 563).

RIVAROL. — Les Amours de Lysis et de Thémire dans l'île de Délos. *A Paris*, an VII. In-12. (De 5 à 6 fr.)

1 figure non signée.

ROBBÉ DE BEAUVEZET. — Mon Odyssée, ou le Journal de mon retour de Saintonge, poème à Chloé. *A La Haye*, 1760. In-8. (De 30 à 40 fr.)

125 pp., plus 4 figures par Desfriches, gravées par Cochin et 1 fleuron sur le titre par Boucher, gravé par Chedel.
Les eaux-fortes de C.-N. Cochin, très rares, sont dans l'exemplaire de Paillet, relié en maroquin citron de Cuzin, doublé de maroquin bleu (*Bull. Morgand*, n. 12386 : 650 fr.), aujourd'hui chez M. H. Beraldi, et dans celui de la vente Montgermont (1911, n. 184 : 720 fr.), en maroquin rouge doublé de maroquin bleu, par Chambolle.

— Œuvres badines de Robbé de Beauvezet. *A Londres* (Paris), 1801. 2 vol. in-18. (De 25 à 30 fr.)

2 frontispices par Monnet, gravés par Demonchy.

ROBERDAY (G.). — Essai des Tabatières à l'usage des graveurs et sizeleurs, in. et grav. par G. Roberday, 1710.

Deux suites chacune de 6 planches (Cabinet des estampes).

— Livre des principes de l'ornement en feuillage grotesque du goust le plus en usage, par E. Roberday, 1713.

Suite de 6 planches doubles. Collection Foulc, aujourd'hui chez M. Pierpont-Morgan.

ROBERT (Hubert). — Les Soirées de Rome, dessinées et gravées par Robert, Peintre de l'Académie. *Paris, J. Marchand*, s. d. (vers 1765). In-8. (De 60 à 80 fr.)

Suite de 10 planches dessinées et gravées par H. Robert et dédiées à l'abbé de Saint-Non.
Recueil fort rare publié en souvenir du voyage à Rome de Watelet et de Marguerite Leconte.

ROBINET. — De la Nature. *A Amsterdam*, 1761. In-8. (De 8 à 10 fr.)

1 titre rouge et noir, 1 beau frontispice et 1 vignette, les deux non signés.
Ouvrage philosophique mis à l'index en 1762.

ROCHON DE CHABANNES. — Heureusement, comédie en un acte et en vers. *A Paris, Sébastien Jorry*, 1762. In-12. (De 4 à 5 fr.)

1 figure par Eisen, gravée par Delafosse.

ROMAIN DE HOOGHE.— Hieroglyphica of Merkbeelden der oude Volkeren namentlijk Egyptenaren, Chaldeeuwen, Feniciers, Jodeu, Grieken Romeynen, enz. nevens een omstandig Bericht van het Verval en voortkruypende Verbastering der Godsdiensten, door verscheyde Eeuwen, en eyndelijk de Hervorming, Tot op deze Tijden toe vervog. In LXIII Hoofdstukken, en zoo veele kopere Printblaaden, beschreven en Verbeeld door Mr Romeyn de Hooghe. *Amsteldam, Joris van der Woude*, 1735. In-4. (De 15 à 20 fr.)

1 portrait par H. Bos, gravé par Houbraken, et 63 planches gravées à l'eau-forte.
En grand papier maroquin rouge de Chambolle, 68 fr., vente Massicot (546).

ROMAN (L'Abbé). — L'Inoculation, poème en 4 chants par M. L. R. *A Amsterdam et Paris, Lacombe*, 1773. In-8. (De 4 à 5 fr.)

1 frontispice par Berteau, gravé par Marchand.

ROMÉO ET PAQUETTE, parodie en cinq actes et en vers burlesques de Roméo et Juliette, tragédie par M. R..., représentée pour la première fois au carnaval de Venise par les Enfants de la Folie, en 1772. *A Vérone et à Paris, chez la veuve Ravenel*, 1773. In-8. De 8 à 10 fr.)

1 frontispice non signé.

ROME, Paris et Madrid ridicules, avec des remarques historiques et avec un recueil de poësies, choisies, par M. de B***(Blainville). *A Paris, Chez Pierre le Grand*, 1713. In-12. (De 25 à 30 fr.)

Frontispice gravé.
En maroquin bleu de Chambolle, 76 fr., vente Lebeuf de Montgermont (n. 489).
Par Saint-Amant, Cl. Petit et Blainville.

ROMET. — Lettre de Pétrarque à Laure, Suivie de Remarques sur ce Poëte & de la Traduction de quelques-unes de ses plus jolies Pièces. *A Paris, Chez Sébastien Jorry*, 1765. In-8. (De 4 à 5 fr.)

40 pp., plus 1 figure par Gravelot, gravée par Mme Pithoud.
Existe en grand papier.

ROSNY. — Adèle et Germeuil, ou l'Hermitage des Monts Pyrénées, par A. J. Rosny, orné de figures dessinées par Quéverdo et gravées par Villerey. *A Paris, Lepetit*, 1797. 2 vol. in-18. (De 10 à 12 fr.)

2 figures de Quéverdo, gravées par Villerey.
Existe sur papier vélin.

— Les Infortunes de la Galetière pendant le régime décemviral, contenant ses persécutions, sa fuite sous Robespierre, etc., par Joseph Rosny. 2e édition. *A Paris, chez Conort*, 1798. 2 parties en 1 vol. pet. in-12. (De 4 à 5 fr.)

2 figures de La Place et Binet.

— La Laitière de Saint-Ouen, suivie de Lorino. *A Paris, an VII*. Pet. in-12. (De 4 à 5 fr.)

1 figure non signée.

— Claude et Claudine, ou l'Amour au Village, roman pastoral. *A Paris, an VIII*. In-8. (De 5 à 6 fr.)

1 figure non signée.

— Histoire d'un écu de six livres transformé en pièces de cinq francs, par l'auteur du Péruvien à Paris. *A Paris*, 1803. In-18. (De 8 à 10 fr.)

1 figure non signée.

— L'Optique du jour, ou le Foyer de Montansier, par Joseph R***y. *A Paris, Marchand*, an VII. In-18. (De 8 à 10 fr.)

1 grande planche pliée dessinée par Binet et gravée par Bovinet.

— Le Tableau comique, ou l'Intérieur d'une troupe de comédiens formant suite à L'Optique du jour. *A Paris, Marchand*, an VIII.In-8. (De 8 à 10 fr.)

1 figure pliée en trois, dessinée par Binet et gravée par Bovinet.

ROSSET (P.-F. de). — L'Agriculture, poème. *A Paris, de l'imprimerie royale*, 1774-1782. 2 parties en 1 vol. grand in-4. (De 50 à 60 fr.)

1re *partie* : 6 ff. n. ch., LVI-277 pp. et 1 f. blanc, plus 2 frontispices et 6 figures. 2e *partie* : XVI-128 pp., sans planches.
En tout 2 frontispices par Saint-Quentin, gravés par Legouaz; 2 fleurons sur les titres et 2 petites vignettes ou fleurons dessinés et gravés par Marillier, 6 figures par de Loutherbourg, gravées par de Ghendt, Leveau, Lingé et Ponce, et 6 vignettes de Saint-Quentin, gravées par Hemery, Lingé, Laveau et Ponce.
Belles illustrations.
En ancien maroquin rouge à dentelle, 50 fr., vente Radziwill (n. 785); en maroquin rouge ancien, 160 fr., vente R. Portalis (novembre 1878, n. 63).
En maroquin rouge ancien, aux armes de Mme Adélaïde, 890 fr., vente Pichon (1897, n. 862).
En maroquin rouge ancien à larges dentelles, avec armes de l'auteur en mosaïque, 5,600 fr., vente Franchetti (1890, n. 171); aujourd'hui dans la collection Ferdinand de Rothschild; un autre en maroquin rouge ancien, 405 fr., même vente (n. 172); un autre, en maroquin rouge ancien, aux armes de l'auteur, 290 fr., vente Müller, (n. 102), revendu 2,400 fr., vente Montgermont (1911, n. 185).
En veau ancien, 20 fr., vente Ch. Cousin (n. 301); un autre, 15 fr., vente Massicot (n. 613).
On a vendu chez La Bédoyère (1862, n. 1026) pour 8 fr. 50 un bel exemplaire non rogné, sur papier de Hollande et pour 33 fr. (n. 380), 8 vignettes avant la lettre avec leurs eaux-fortes.

M. Beraldi a fait relier par Cuzin, en maroquin rouge doublé, un exemplaire broché, contenant des épreuves d'artiste des figures et les tirages hors texte des vignettes.
En maroquin rouge ancien, aux armes de Turgot, à la librairie Morgand.

ROSTAING DE SAINT-JORY. — Les Femmes militaires, relation historique d'une île nouvellement découverte, par C. D***. *A Paris, Claude Simon*, 1735. In-12. (De 8 à 10 fr.)

6 figures gravées par Fessard.

ROUBO. — L'Art du Menuisier (Paris), 1769-1775. 4 parties in-folio. (De 200 à 250 fr.)

382 planches gravées.
Les deux premières parties traitent de la menuiserie en général. la 3e de l'art du menuisier, carrossier et ébéniste, et la 4e, du menuisier treillageur.
Roubo est encore l'auteur d'ouvrages sur la *Construction des théâtres anciens et modernes*, avec planches de Radel. In-folio.

ROUCHER. — Les Mois, poème en douze chants, par M. Roucher. *A Paris, de l'imprimerie de Quillau*, 1779. 2 vol. grand in-4. (De 40 à 50 fr.)

5 belles figures par Cochin, Marillier et Moreau, gravées par Gaucher, Ponce et Simonet.
En maroquin rouge ancien, 120 fr., vente E. Martin (n. 279); un autre (?) 245 fr., vente Portalis (1882, n. 41); un autre (?), 140 fr., vente Delbergue (n. 114); en maroquin rouge aux armes de la comtesse d'Artois, 400 fr., vente R. Lion (n. 156).
Il existe des exemplaires en grand papier.

ROUGET DE LISLE. — Essais en vers et en prose. *A Paris, de l'imprimerie de Didot l'aîné*, an V de la République (1796). In-8. (De 30 à 40 fr.)

2 ff. n. ch., 157 pp., plus 1 jolie figure par Le Barbier, gravée par Gaucher, et 4 pages de musique avec titre gravé.
Ce volume contient le *Chant des combats*, *vulgairement L'Hymne des Marseillois aux mânes de Sylvain Bailly, premier maire de Paris*.

ROUQUET. — L'État des Arts en Angleterre. *A Paris, Jombert,* 1755. In-12. (De 5 à 6 fr.)

1 jolie vignette dessinée et gravée par Cochin en tête de la dédicace.

ROUSSEAU (Jean-Baptiste). — Œuvres Choisis du sr Rousseau. *A Rotterdam, chez Fritsch et Bohm,* 1713. Pet. in-8. (De 20 à 30 fr.)

Frontispice et figures de Bernard Picart. L'exemplaire de Pixerécourt relié par Bradel, 100 fr., vente Huillard.

— Œuvres Diverses de M. Rousseau. *A Londres, Tonson et Watts,* 1723. 2 vol. in-4. (De 15 à 20 fr.)

Frontispice de L. Chéron.
Un exemplaire relié par Padeloup en maroquin bleu aux armes du comte de d'Hoym, a figuré aux ventes Lefèvre-Dallerange, Ch. Giraud (1855, n. 1402 : 199 fr.), Pichon (1869, n. 599 : 435 fr.) Quentin-Bauchart (*Mes livres,* n. 81 : 600 fr.) et Lacarelle (n. 243 : 360 fr.)

— Œuvres Diverses de M. Rousseau, nouvelle édition, revue, corrigée et augmentée par lui-même; enrichie de figures en taille-douce. *A Amsterdam, Chez Fr. Changuion,* 1732. 3 vol. in-12. (De 15 à 20 fr.)

2 frontispices par Debrie et Picart, gravés par Bernarts, et 1 titre gravé par Picart pour le 3e volume ; 2 fleurons sur les titres, dont l'un par Duflos, et 8 figures par Debrie, gravées par Duflos, Bernarts, V. Gunst et Lacave.
Bonne édition assez jolie.
On trouve parfois de beaux exemplaires reliés par Padeloup. Un de ceux-ci daté de 1728, et en maroquin bleu aux armes du duc d'Aumont, 155 fr., vente Radziwill (n. 764) revendu 1,000 fr., vente Lebeuf de Montgermont (n. 429) et 755 fr., vente Franchetti (n. 168).
Il avait le tome IVe, contenant les épigrammes libres.
Autre édition : *Amsterdam,* 1734. 4 vol. in-12. Mêmes figures.

— Œuvres de Jean-Baptiste Rousseau, nouvelle édition, revue, corrigée et augmentée sur les manuscrits de l'auteur. *A Bruxelles* (Paris, Didot), 1743. 3 vol. grand in-4. (De 80 à 100 fr.)

1 fleuron sur le titre des 3 volumes, 12 vignettes, 56 culs-de-lampe et 12 lettres ornées, dessinés et gravés par Cochin, d'une exécution très remarquable.
Magnifique édition, digne en tout point du grand poète lyrique français.
On y trouve quelquefois joint le beau portrait de J.-B. Rousseau, gravé par Schmidt, d'après Aved.
En maroquin rouge ancien, doublé de tabis vert, collection Ferdinand de Rothschild.

— Œuvres choisies de Rousseau. *A Amsterdam,* 1777 (Cazin). 2 vol. pet. in-12. (De 8 à 10 fr.)

Portrait gravé par N. de Launay, d'après Aved.
Cette édition contient les épigrammes libres (p. 160 à 200 du 2e volume).

— Œuvres de Jean-Baptiste Rousseau, nouvelle édition, revue, corrigée et augmentée sur les manuscrits de l'auteur, et conforme à l'édition in-4 donné par M. Séguy. *A Paris, Rémont et Poignée,* 1795. 4 vol. in-8. Papier vélin. (De 60 à 80 fr.)

1 portrait d'après Aved, gravé par Anselin, et 8 figures par Laffite, gravées par Croutelle, Delvaux, Dupréel et Langlois jeune, sous la direction d'Anselin. Toutes ces figures, sauf une, sont connues en avant-lettre et en eaux-fortes.
En maroquin rouge de Bozérian, 500 fr., *Bull. Morgand* II, 13 (1911) n. 1490.

— Epigrammes de Jean-Baptiste Rousseau, ornées de jolies gravures, représentant les sujets les plus licentieux et les plus libertins. *S. l.,* 1791. In-12. (De 50 à 60 fr.)

9 planches, reproduisant 18 sujets libres, non signés.

ROUSSEAU (Jean-Jacques). — Discours qui a remporté le prix à l'Académie de Dijon en l'année 1750, par un citoyen de Genève, sur cette question : « Si le Rétablissement des sciences et des arts a contribué à épurer les mœurs. » *A Genève, s. d.* (1750). In-8. (De 5 à 6 fr.)

Beau frontispice gravé par Baquoy.

— Discours sur l'Origine et les Fondements de l'Inégalité parmi les Hommes. *A Amsterdam, chez Marc-Michel Rey,* 1755 et 1759. In-8. (De 6 à 8 fr.)

Sur le titre, fleuron-vignette par Fokke, frontispice dessiné par Eisen, gravé par Sornique, et fleuron en tête de la dédicace (armes de la République de Genève), signé Fokke.

— Émile, ou de l'Éducation, par J.-J. Rousseau, Citoyen de Genève. *A La Haye, Chez Jean Néaulme,* 1762. 4 vol. in-8. (De 30 à 40 fr.)

Tome I : 2 ff. n. ch., VIII pp., 1 f. n. ch., 466 pp., 3 ff. n, ch., plus 1 frontispice et 1 figure.
Tome II : 2 ff. n. ch., 407 pp., plus 1 figure.
Tome III : 2 ff. n. ch., 384 pp., y compris 1 f. blanc qui compte pour les pages 359-360, plus 1 figure.
Tome IV : 2 ff. n. ch., 455 pp., plus 1 figure.

En tout 5 figures par Eisen, gravées par Le Grand, de Longueil et Pasquier.
Edition originale.
En maroquin rouge par Thibaron, 100 fr., vente du comte Roger.
On recherche de préférence les exemplaires de format in-8. Tel est l'exemplaire James de Rothschild (n. 177) en maroquin rouge ancien ; de même l'exemplaire Lignerolles (n. 515 : 620 fr.), aussi en maroquin rouge ancien, celui de Richard Lion, relié de même (n. 42 : 250 fr.) et celui de Guyot de Villeneuve (n. 178 : 915 fr.) en maroquin rouge de Derôme provenant de la collection Soubise. Ce dernier a été revendu 4.000 fr., vente Montgermont (1911, n° 186).
Une réimpression sous la même date, de format in-12, en veau ancien, 8 fr. vente R. Portalis (novembre 1878, n. 85).
En maroquin rouge, aux armes de Mme Du Barry, bibliothèque de Versailles.
Quatre des dessins originaux d'Eisen à la mine de plomb se trouvent à Reims dans la collection Olry-Roederer.

— Émile, ou de l'Éducation, par J.-J. Rousseau, Citoyen de Genève. *A Londres,* (Paris, Cazin), 1780-1781. 4 vol. in-18. (De 15 à 20 fr.)

Tome I : 2 ff. n. ch., XI-386 pp., plus 3 figures.
Tome II : 2 ff. n. ch., 370 pp., plus 2 figures.
Tome III : 2 ff. n. ch., 434 pp. plus 2 figures.
Tome IV : 2 ff. n. ch., 388 pp., plus 1 figure.

En tout 8 réductions des figures de Moreau, gravées par Delvaux.
Cette édition a été tirée également sur grand papier in-12 et in-8.
En veau marbré, grand papier, figures avant et avec la lettre, 75 fr., vente R. Lion (n. 43). — En grand papier, relié en maroquin par Bradel, même prix, vente Radziwill (n. 267).

— Lettres de deux Amans, Habitans d'une petite Ville au pied des Alpes. Recueillies et publiées par J.-J. Rousseau. *A Amsterdam, Chez Marc Michel Rey,* 1761. 6 vol. in-12. (De 40 à 50 fr.)

Tome I : 2 ff. n. ch., 46 pp. ; 2 ff. n. ch., 91 pp., 1 f. n. ch., 407 pp., plus 2 figures.
Tome II : 2 ff. n. ch., 319 pp., plus 2 figures.
Tome III : 2 ff. n. ch., 255 pp., plus 2 figures.
Tome IV : 2 ff. n. ch., 331 pp., plus 2 figures.
Tome V : 2 ff. n. ch., 311 pp., plus 2 figures.
Tome VI : 2 ff. n. ch., 362 pp., plus 2 figures.

En tout 12 figures par Gravelot, gravées par Aliamet, Choffard, Flipart, Lemire, Lempereur, de Longueil, Ouvrier et A. de Saint-Aubin.
Edition originale de *La Nouvelle Héloïse*.
On y joint le *Recueil d'estampes pour la Nouvelle Héloïse avec les sujets des mêmes estampes tels qu'ils ont été donnés par l'éditeur.* Paris, Duchesne, 1761. In-12. 47 pp.
Il semble que la suite exécutée d'après Gravelot par les graveurs que nous venons d'énumérer ait été précédée d'une autre suite exécutée d'après ces mêmes dessins par des graveurs néerlandais et qui pour une raison quelconque aura déplue aux libraires parisiens.
Autre édition sous la même date comprenant :
Tome I : 2 ff. n. ch., XLIII-269 pp., plus 2 figures.
Tome II : 2 ff. n. ch., 206 pp., plus 2 figures.

Tome III : 2 ff. n. ch., 160 pp., plus 2 figures.
Tome IV : 2 ff. n. ch., 223 pp., plus 2 figures.
Tome V : 2 ff. n. ch., 200 pp., plus 2 figures.
Tome VI : 3 ff. n. ch., 183 pp., plus 2 figures.

En veau fauve anc., 33 fr., vente Béhague (n. 1073). En maroquin vert aux armes de Leclerc de Lesseville, 60 fr., vente Solar (n. 1973), revendu 165 fr., vente R. Portalis (février 1878, n. 119).
En veau ancien, aux armes de la duchesse de Brancas, 240 fr., vente Daguin (n. 564).
En maroquin rouge de Chambolle, 270 fr. au comte de Foy, vente L. de Montgermont (1876, n. 682); en maroquin rouge ancien, à la devise de Rousseau, exemplaire du duc de Marlborough, de Richard Heber et de Lord Orford (1895, n. 265 : 1,400 fr.) 1,780 fr., vente Guyot de Villeneuve (n. 1075), revendu 4,500 fr., vente Montgermont (1911, n. 187).
En maroquin rouge ancien, collection Francis Charmes.
Les dessins originaux de Gravelot à la plume et au bistre, se trouvent placés dans un manuscrit de ce roman, de la main de Rousseau, à la bibliothèque de la Chambre des Députés.
Des croquis préliminaires, provenant du marquis de Fourquevaulx, ont passé de la collection Emmanuel Bocher dans la bibliothèque Olry-Roederer.

— La Nouvelle Héloïse, ou Lettres de deux Amans habitans d'une petite Ville au pied des Alpes, recueillies et publiées par J.-J. Rousseau, nouvelle édition, corrigée et augmentée de Figures en taille-douce et d'une table des matières. *A Neuchâtel et Paris, chez Duchesne*, 1764. 4 vol. in-12 et in-8. (De 15 à 20 fr.)

Tome I : iv-408 pp., plus 1 frontispice et 2 figures.
Tome II : 2 ff. n. ch., 405 pp., plus 4 figures.
Tome III : 2 ff. n. ch., 432 pp., plus 3 figures.
Tome IV : 2 ff. n. ch., 382 pp., plus 3 figures.

En tout 1 superbe frontispice par Cochin, gravé par de Longueil et les 12 mêmes figures que dans l'édition précédente, sauf la 12e, gravée par de Longueil, qui est différente.

En maroquin rouge aux armes du duc de Choiseul-Stainville, 295 fr., vente R. Lion. (n. 239).
Le dessin original du frontispice à la mine de plomb, sur vélin, a figuré en 1879, à la vente Sieurin (n. 19.)
En maroquin rouge, aux armes de Mme Du Barry, bibliothèque de Versailles.

— La Nouvelle Héloïse, ou Lettres de deux Amans habitants d'une petite ville au pied des Alpes, recueillies et publiées par J.-J. Rousseau. *A Londres* (Paris, Cazin), 1781, 7 vol. in-18, papier vélin. (De 20 à 30 fr.)

1 frontispice et 11 figures de Moreau, (réductions des grandes figures in-4), gravés par Delvaux.

En maroquin rouge ancien, 195 fr., vente R. Lion (n. 240); un autre semblable, 185 fr., vente Müller (n. 191).
Il existe de cette édition un tirage sur grand papier in-8.
Autre édition, Lausanne, Lacombe, 1792. 6 vol in-12. avec copies des figures de Moreau par J.-A Pezant.
Autre édition, Paris, le Prieur, 1792. — 4 vol. petit in-12. — 12 figures gravées par Carrée, d'après Moreau.
Autre édition, Londres (Paris, Cazin), 1785. 7 vol. in-8.
En maroquin vert ancien, grand papier, figures avant la lettre, 255 fr., vente Turner (n. 477).

— La Nouvelle Héloïse, ou Lettres de deux Amants habitants d'une petite ville au pied des Alpes, recueillies et publiées par J.-J. Rousseau, citoyen de Genève, nouvelle édition ornée de 6 figures. *A Paris*, 1804. 4 vol. in-8. (De 50 à 60 francs).

1 portrait de Rousseau, d'après Degault, et 5 figures gravées par Copia, d'après les dessins de Prudhon.

Il existe des exemplaires sur papier vélin avec les figures avant la lettre.
Les eaux-fortes de ces jolies figures sont fort rares.
Le *premier Baiser de l'Amour* est une charmante pièce de l'œuvre de Copia. Le dessin original de cette figure, par Prudhon, se trouve au Musée du Louvre.
Sous la date de 1808, figures avec et avant la lettre (moins une), maroquin bleu de Mercier, 900 fr., vente Montgermont (1911, n. 188).

— Les Confessions (par J.-J. Rousseau). *A Paris, Poinçot,* an VI, 1798. 4 vol. in-12. (De 30 à 40 fr.)

1 portrait de l'auteur, 4 frontispices et 8 figures.

Première édition sans retranchements des *Confessions,* collationnée sur les manuscrits de l'auteur par l'autorisation du comité de l'Instruction publique. L'anecdote du vieux prêtre (L. II) se trouve ici pour la première fois.

Henri Houssaye, qui a signalé cette édition au baron Portalis, avait reconnu dans les figures des réductions de celles de Moreau, Le Barbier, etc. Dans son exemplaire, les figures sont avant la lettre et non signées.

— Du Contrat social, ou Principes du Droit politique. *A Londres,* 1782 (Cazin). In-18. (De 5 à 6 fr.)

Portrait-médaillon non signé.

— Œuvres choisies de Rousseau. *A Amsterdam* (Paris, Cazin), 1777. 2 vol. in-18. (De 5 à 6 fr.)

Tome I : 2 ff. n. ch., 216 pp., plus 1 portrait.
Tome II : 2 ff. n. ch., 200 pp., 1 f. n. ch.
Contient un joli portrait de l'auteur par Aved, gravé en 1780 par De Launay.

— Œuvres de M. Rousseau, de Genève, nouvelle édition, revue, corrigée et augmentée de plusieurs morceaux qui n'avoient point encore paru. *A Neuchâtel,* 1765. 6 vol. in-8. (De 40 à 50 fr.)

1 portrait de Rousseau par La Tour, gravé par Littret, et 4 frontispices par Gravelot, Eisen, Cochin et Pigalle, gravés par Cochin, Lemire et de Longueil.

Le frontispice qui représente une scène du *Devin du Village,* par Gravelot, gravé par Lemire, est un des plus jolis qu'il ait faits.

— Œuvres de J.-J. Rousseau, nouvelle édition, revue, corrigée et augmentée de plusieurs morceaux qui n'avaient point encore paru. *A Amsterdam, chez Marc-Michel Rey,* 1766, 12 vol. in-12. (De 40 à 50 fr.)

12 figures de Gravelot pour la *Nouvelle Héloïse,* gravées par J. Folkéma et Frankendaal, 1 figure de Moreau, 6 d'après Eisen pour *Emile,* gravées par Fritzch et 3 pour les autres œuvres signées Boily.

Autre édition du même éditeur en 1772.

— Collection complète des Œuvres de J.-J. Rousseau. *A Londres* (Bruxelles), 1774-1783. 12 vol. in-4. (De 300 à 400 fr.)

Tome I : 2 ff. n. ch., XXII-VIII et 378 pp., plus 1 portrait et 7 figures.
Tome II : 2 ff. n. ch., 399 pp., plus 6 figures.
Tome III : 2 ff. n. ch., 373 pp., plus 4 figures.
Tome IV : 2 ff. n. ch., 354 pp., plus 5 figures.
Tome V : 2 ff. n. ch., 465 pp., 1 f. n. ch., plus 2 figures.
Tome VI : 2 ff. n. ch., 484 pp., plus 1 figure.
Tome VII : 2 ff. n. ch., 516 pp., plus 1 figure.
Tome VIII : 2 ff. n. ch., 420 pp., plus 2 figures.
Tome IX : 1 f. n. ch., IX-538 pp., plus 1 figure et 13 planches de musique.
Tome X : 2 ff. n. ch., 420 pp., plus 2 figures.
Tome XI : 2 ff. n. ch., 615 pp., plus 2 figures.
Tome XII : 2 ff. n. ch., 704 pp., plus 4 figures.

En tout 1 portrait de Rousseau, gravé par A. de Saint-Aubin, d'après La Tour, 12 fleurons sur les titres, de Choffard, Le Barbier et Moreau, gravés par Choffard, Dambrun et Leveau, et 37 figures par Moreau (30) et Le Barbier (7), gravées par Choffard, Dambrun, de Launay aîné, de Launay jeune, Duclos, Duflos, Halbou, Ingouf, Lemire, Leveau, Martini, Romanet, Saint-Aubin, Simonet et Trière.

Belle édition remarquablement illustrée, par Moreau le jeune surtout, dont c'est l'un des meilleurs ouvrages. Plusieurs de ces figures sont de charmantes estampes à mettre en portefeuille.

Les 37 figures se répartissent ainsi qu'il suit :

6 figures pour les *Œuvres diverses;*
6 figures pour le *Théâtre* (la planche de *Pygmalion* existe découverte, à l'état d'épreuve d'artiste);
13 figures pour la *Nouvelle Héloïse;*
9 figures pour l'*Emile;*
3 figures pour les *Confessions.*

MOREAU-LE-JEUNE
DESSIN POUR LES *Œuvres* DE J.-J. ROUSSEAU (1774-1783)
APPARTIENT A LA BARONNE JAMES DE ROTHSCHILD

Ces belles figures se trouvent dans trois états différents :

1° Avant les numéros (tomaison et pagination). Ce sont les épreuves de choix et la collection en est fort recherchée.

2° Avec les numéros; les pontuseaux doivent être horizontaux.

3° Avec les numéros, sur papier plus mince et moins beau ; les pontuseaux sont verticaux.

Il existe quelques collections des eaux-fortes, à peu près complètes. Elles sont fort rares et fort chères.

Un certains nombre de figures portent une légende au bas; d'autres, au contraire, comme celles de la *Nouvelle Héloïse*, sont sans légende; ce qui n'a aucune influence sur l'*état* des pièces, la différence étant basée, nous l'avons dit, sur l'absence de numéros et la qualité du papier.

Un exemplaire en veau marbré, avec 20 figures avant les nos, 245 fr., vente R. Portalis (1882, n. 95).

Les beaux dessins à la sépia de Moreau (31) et Le Barbier (9) (dont trois pour des fleurons) ont figuré aux ventes Duriez et Hochart (n. 994). Vendus 2,500 fr., à cette dernière, ils sont maintenant dans la collection James de Rothschild (n. 229).

Autre édition, avec les figures moins bonnes. *Genève*, 1782-90. — 17 vol. in-4. Édition publiée par Du Peyrou, l'ami de Rousseau.

Un exemplaire de cette dernière édition, relié en maroquin vert par Derôme, 400 fr., vente Béhague (n. 1502).

La suite en demi-reliure de Capé, des figures avant les numéros et avec la plupart des eaux-fortes, 1,500 fr., vente E. Martin (548); une suite de 25 figures à toutes marges dont 22 avant les numéros, 1,400 fr., vente Béhague (n. 304); une autre suite, avec les 12 titres, en demi-reliure, 157 fr., vente Müller (n. 61); une autre encore, en veau marbré, 350 fr., vente Destailleur (1891, n. 1485); M. Beraldi a réuni une suite précieuse contenant le portrait avec son eau-forte (épreuve payée 700 fr.), les fleurons de titre tirés hors texte, toutes les figures avant les numéros et 28 eaux-fortes ; une autre belle suite, reliée en maroquin rouge, appartient à M. Francis Charmes; c'est celle vendue 6,600 fr., vente Mahérault.

Lord Carnarvon (n. 95) possédait une suite non rognée des figures avant les numéros, en maroquin rouge de Chambolle. Une autre suite semblable, en maroquin vert de Cuzin, a été payée 820 fr., vente Guyot de Villeneuve (n. 477) et revendue 3,000 fr., vente Montgermont (1911, n. 190).

— Œuvres complètes de J.-J. Rousseau, classées par ordre des matières, avec des notes (par Séb. Mercier, l'abbé Brizard et de L'Aulnaye). *A Paris, Poinçot*, 1788-1793. 39 tomes en 38 vol. in-8. (De 150 à 200 fr., et le double sur grand papier).

Tome I : 1 f. blanc, 1 f. n. ch., 488 pp., plus 2 frontispices et 2 figures.
Tome II : 1 f. blanc, 1 f. n. ch., 468 pp., plus 1 frontispice et 5 figures.
Tome III : 1 f. blanc, 1 f. n. ch., 488 pp., plus 1 frontispice et 3 figures.
Tome IV : 1 f. blanc, 1 f. n. ch., 484 pp., plus 1 frontispice et 4 figures.
Tome V : 1 f. blanc, 1 f. n. ch., 393 pp., 1 f. blanc plus 1 frontispice.
Tome VI : 1 f. blanc, 1 f. n. ch., 507 pp., plus 1 frontispice.
Tome VII : 479 pp., plus 1 frontispice et 1 figure.
Tome VIII : 487 pp., plus 1 frontispice.
Tome IX : 459 pp., plus 1 frontispice.
Tome X : 413 pp., 1 f. blanc, plus 1 frontispice et 3 figures.
Tome XI : 361 pp., plus 1 frontispice et 1 figure.
Tome XII : 450 pp., 1 f. blanc, plus 1 frontispice et 3 figures.
Tome XIII : 384 pp., plus 1 frontispice et 2 figures.
Tome XIV : 475 pp., plus 1 frontispice.
Tome XV : 485 pp., 1 f. blanc, plus 1 frontispice.
Tome XVI : 476 pp., plus 1 frontispice.
Tome XVII : 538 pp., plus 1 frontispice et 1 figure.
Tome XVIII : 444 pp., plus 1 frontispice et 6 figures.
Tome XIX : 456 pp., plus 1 frontispice.
Tome XX : 460 pp., plus 1 frontispice.
Tome XXI : 459 pp., plus 1 frontispice.
Tome XXII : 397 pp., 1 f. blanc, plus 1 frontispice et 13 planches de musique gravée.
Tome XXIII : 472 pp., plus 1 frontispice, 1 portrait et 3 figures.
Tome XXIV : 406 pp., 1 f. n. ch., plus 1 frontispice et 3 figures.
Tome XXV : 414 pp., plus 1 frontispice et 3 figures.
Tome XXVI : 478 pp., 1 f. blanc, plus 2 frontispices et 2 figures.
Tome XXVII : 434 pp., plus 1 frontispice.
Tome XXVIII : 408 pp., plus 1 frontispice.
Tome XXIX : 463 pp., plus 1 frontispice.
Tome XXX : 515 pp., plus 1 frontispice et 1 figure.
Tome XXXI : 480 pp., plus 1 frontispice.

Tome XXXII : 428 pp., plus 1 frontispice.
Tome XXXIII : 433 pp., plus 1 frontispice.
Tome XXIV : 434 pp., 1 f. blanc, plus 1 frontispice.
Tome XXXV : 534 pp., 1 f. blanc, plus 1 frontispice.
Tome XXXVI : 480 pp., plus 1 frontispice.
Tomes XXXVII-XXXVIII : 319-VI pp., de musique gravée, plus 2 frontispices.
Tome XXXVIII bis : 38 et 6 planches coloriées de botanique avec un titre imprimé et 44 ff. de texte explicatif.

En tout 40 frontispices et 43 figures par Moreau, Marillier, Le Barbier, Leclerc, Naigeon, Wheatly, Boucher, gravés par Baquoy, Berthet, Borgnet, Biosse, Chateau, Croutelle, Dambrun, Delvaux, Duhamel, Dupréel, Frussotte, Geoffroy, de Ghendt, Giraud, Helman, Hubert, Leclerc, Lépine, Le Roy, Le Tellier, Maillet, Martin, Michel, Petit, Ponce, Pruneau, Texier et Viguet.

Le nombre des figures varie : Sieurin en avait réuni jusqu'à 86 et on prétend qu'il en a été gravé en tout 90.

Existe sur papier vélin, et sur grand papier vélin de format in-4.

Réductions assez fines des figures de Moreau, de l'édition précédente ; le reste des 85 figures est en grande partie de Marillier et de Monnet.

Cette suite de figures se trouve avant les numéros sur la tablette des cadres.

En maroquin rouge ancien, exemplaire de la Malmaison, collection Schuhmann (provenant des collection J. Mathieu et Frossard).

La suite des figures, non rognée, demi-reliure, 41 fr., vente Massicot (n. 614).

— Œuvres choisies de J.-J. Rousseau, de Genève, nouvelle édition. *A Londres*, s. d. (mais vers 1785). 15 vol. pet. in-8. (De 80 à 100 fr.)

Tome I : 1 f. n. ch., VIII-160 pp., 28 pp. de musique gravée, plus 1 portrait et 4 figures.
Tome II : 229 pp., plus 1 figure.
Tome III : 292 pp.,
Tome IV : 268 pp.,
Tome V : 260 pp.,
Tome VI : 320 pp.,
Tome VII : 270 pp., 1 f. n. ch.
Tome VIII : A partir de ce tome, les volumes ne portent plus de titre général (œuvres choisies) mais un titre spécial pour chaque pièce.

Nouvelle Héloïse :
Tome I : 232 pp., plus 3 figures.
Tome II : 256 pp., plus 3 figures.
Tome III : 235 pp., plus 3 figures.
Tome IV : 1 f. n. ch,. 216 pp., plus 3 figures.

Émile :
Tome I : 2 ff. n. ch., 232 pp., plus 3 figures.
Tome II : 2 ff. n. ch., 177 pp., plus 2 figures.
Tome III : 2 ff. n. ch., 272 pp., plus 3 figures.
Tome IV : 2 ff., 205 pp., plus 1 figure.

En tout 1 portrait et 26 figures de Marillier, gravées par de Ghendt, Dambrun, de Longueil, Halbou, Ingouf, de Launay, Macret, Ponce, Trière.

Les figures de bon tirage portent en général les lettres A. P. D. R.

En maroquin vert ancien, gr. papier, figures avant la lettre, collection Le Barbier de Tinan, puis chez E. Paillet (*Bull. Morgand* n. 12396 : 1,500 fr.), aujourd'hui chez M. Henri Beraldi.

La suite avant lettre, 250 fr. vente R. Lion; cette même suite en feuilles, 335 fr., vente Destailleur (1891, n. 1486).

Les 27 dessins originaux de Marillier à la sépia, vendus 3,550 fr., en assignats chez Anisson-Duperron (1795, n. 922) ont passé récemment, de la collection Van Loo de Gand, et de celle de M. de Montgermont (1911, n. 189 : 14,100 fr.), dans celle de M. Henri Beraldi.

Quelques figures portent la date de 1780, 1781 et 1782.

Autres éditions des *Œuvres de J.-J. Rousseau*, Paris, 1791, — 40 vol. in-12, et les libraires associés, 1793, — 37 vol. in-18. Figures.

— Mélanges. *A Londres* (Paris, Cazin) 1782. 6 vol. in-18. (De 10 à 12 fr.)

Tome I : 321 pp., plus 1 frontispice.
Tome II : 300 pp.
Tome III : 312 pp.
Tome IV : 314 pp.
Tome V : 2 ff. n. ch., 291 pp.
Tome VI : 2 ff. n. ch., XL-282 pp., plus 3 figures.

En tout 1 frontispice et 3 figures gravés par Delvaux d'après Moreau le jeune.

Les quatre volumes de *Pièces diverses* (1782) faisant partie de la même série ne contiennent pas d'illustrations.

— Œuvres de J.-J. Rousseau, citoyen de Genève, édition ornée de figures et collationnée sur les manuscrits originaux de l'auteur, déposés au Comité d'instruction publique. *A Paris, Defer de Maisonneuve (Imprimerie de Didot le jeune) 1793-1800.* 18 vol. très grand in-4, papier vélin. (De 350 à 400 fr.)

Portrait par Degault, gravé par Langlois; 5 frontispices par Cochin et Monsiau, et 29 figures, en tout 35 figures par Cochin, Monsiau, de Ghendt, Pauquet, Regnault et Vincent, gravées par Choffard, Dambrun, de Launay, Delvaux, Dupréel, de Ghendt, Halbou, Ingouf, Le Beau, Lemire, Patas, Pauquet, Pillement, Ponce, Thomas, Trière; plus 24 planches de musique et 1 autographe en *fac-simile*.

Quelques-unes des compositions de Monsiau, surtout celles des *Confessions*, sont charmantes.

Les figures existent avant la lettre. On connaît aussi des collections d'eaux-fortes (sauf celle du portrait qui n'existe pas).

Un bel album des deux collections se trouve chez M. Francis Charmes; un autre, en demi-reliure, avec plusieurs pièces ajoutées, dont un dessin inédit de Monsiau, 655 fr., vente E. Martin (n. 547bis); les avant-lettre seulement, 400 fr., vente R. Portalis (février 1878, n. 44); le triple état des figures en maroquin rouge de Mercier 4,050 fr., vente Montgermont (1911, n. 191).

Il y a eu 15 exemplaires tirés de format in-folio. L'un de ceux-ci contenant les avant-lettre et les eaux-fortes a passé chez M. Beraldi qui les a retirés pour les relier à part.

Un des 4 (ou 6?) exemplaires tirés sur grand papier colombier, contenant les figures avant la lettre et les eaux-fortes, 2,660 fr., vente Schérer (1813, n. 645) revendu 540 fr., vente Labédoyère (1837, n. 1184).

Le desssin d'un frontispice, par Cochin, collection Mortimer d'Ocagne.

— Œuvres de J.-J. Rousseau (Collection de figures pour les), publiées sous la direction de Dupréel. (De 100 à 125 fr.)

12 livraisons comprenant un portrait par A. de Saint-Aubin et 64 figures tirées sur papier grand in-18 et in-8, et gravées par Dupréel, Adam, Bovinet, Delignon, Lamarre, Lecerf, Malbeste, Pauquet et Pigeot, d'après les dessins de Moreau, Chasselat, Le Barbier, etc...

Cette suite, connue sous le nom de *Collection Dupréel*, a été employée surtout par le relieur Bozérian pour orner les exemplaires de l'édition imprimée par P. Didot en 1796-1801. 25 vol. grand in-8. Les suites de figures tirées avant qu'un second cadre ait été ajouté sont préférables.

Un exemplaire relié en maroquin rouge par Bozérian, figures avant les cadres, 410 fr., vente Huillard.

M. Henri Beraldi possède cette suite avec les eaux-fortes.

ROWE. — The fair penitent, a tragedy. *London, Tonson,* 1750. In-12. (De 6 à 8 fr.)

1 frontispice par Duguernier, gravé par Van der Gucht.

ROY. — Œuvres diverses de M. Roy. *A Paris, chez Robustel.* 1727. 2 vol. in-8. (De 5 à 6 fr.)

4 titres avec arabesques et 1 figure dessinés et gravés par Scotin.

En maroquin rouge aux armes de Louis XV, à la librairie Morgand.

ROYLLET. — Les Nouveaux Principes de l'art d'écrire, ou la Vraye Méthode d'y exceller, divisée en deux parties par le Sieur Royllet. *A Paris, Chez A. Mesnier,* 1731. In-4. (De 10 à 15 fr.)

En maroquin rouge ancien, aux armes du président Portail de Vandreuil, exemplaire de dédicace, collection Ferdinand de Rothschild (Exemplaire vendu 60 fr., vente L. de Tinan, n. 82).

— Les Vrais principes de l'art d'écrire, ou les vérités de cet art, rendues faciles par demandes et réponses, par le sieur Royllet, expert juré écrivain à Paris, gravé par le sieur F.-B. Bailleul. *A Paris, chez Mesnier,* 1735. In-8 oblong. (De 8 à 10 fr.)

5 ff. de titre et dédicace et 16 planches de modèles d'écriture.

En veau marbré, 9 fr., vente Destailleur (1891, n. 854).

RUBENS. — La Gallerie du Palais du Luxembourg, peinte par Rubens, dessinée par les Srs Nattier et gravée par les plus illustres graveurs du temps, dédiée au Roy. *Se vend à Paris, chez Duchange, graveur du Roy*, 1710. Gr. in-fol. (De 150 à 200 fr. avec figures avant les n^{os}).

Beau portrait de Rubens d'après Van Dyck, gravé par J. Audran, et 24 planches (dont 3 pliées) gravées par Benoit Audran, J. Audran, Duchange, L. de Chastillon, G. Edelinck, Loir, Massé, B. Picart, C. Simoneau aîné, Trouvain et Vermeulen, d'après les peintures de Rubens.

C'est l'Histoire allégorique de Marie de Médicis. Les originaux de Rubens, qui ont orné longtemps le Palais du Luxembourg, construit pour cette princesse, sont maintenant au Louvre.

En demi-reliure avec les planches, avant les numéros, 190 fr., vente R. Lion (n. 56). En premières épreuves, également avant les numéros, 150 fr., vente E. Martin (n. 89).

En maroquin rouge à dentelles, aux armes de France, 430 fr., vente Mosbourg (n. 56).

Ce livre a été refait en 1808, sous le nom de *Galerie de Rubens, dite du Luxembourg*, dessinée et gravée sous la direction de M. de Sève, avec texte explicatif de Moithey. Grand in-folio. Figures en noir et imprimées en couleur. — Un exemplaire des figures en couleur avant la lettre coûtait 468 fr. Ce prix ne s'est pas maintenu.

— Théorie de la Figure humaine, ouvrage traduit du latin par Rubens, avec 44 planches gravées par Pierre Aveline, d'après les dessins de ce célèbre artiste. *A Paris, chez Ch. Ant. Jombert*, 1773, in-4. (De 20 à 30 fr.)

Portrait de Rubens par Aveline, fleuron sur le titre d'après Cochin par Flipart, charmante vignette d'après Cochin, par Baquoy et 44 planches d'après Rubens, par Aveline.

Le manuscrit ayant servi à cette édition a passé de la collection Firmin-Didot dans celle de la comtesse de Béarn.

— Les Plafonds ou les Tableaux des Galeries de l'église des Jésuites d'Anvers, peints par Rubens, dessinés d'après les originaux, par Jacob de Wit, et gravés par J. Punt. *A Amsterdam*, 1751. In-folio. (De 20 à 30 fr.)

46 planches.

RUINES DE BALBEC (Les), autrement dite Héliopolis dans la Coelesyrie. *A Londres*, 1757. In-fol. (De 10 à 15 fr.)

46 planches dessinées par Borra, gravées par Fourdrinier.

En demi-rel., 18 fr., vente Massicot (n. 615).

RUINES DE PALMYRE (Les), autrement dit Tedmor au désert. *A Londres, Millar*, 1753, In-fol. (De 15 à 20 fr.)

57 planches de Borra, Dawkins et Wood. La première est une vue générale des ruines de Palmyre, en largeur, qui manque quelquefois.

En demi-rel., 18 fr., vente Massicot (n. 616).

RUTLIDGE. — Le Bureau d'Esprit, comédie en cinq actes, par M. L. C. R. G. A. (M. le chevalier Rutlidge, gentilhomme anglais). *A Londres*, 1777. In-8. (De 10 à 15 fr.)

Frontispice gravé, non signé.

ACRE (Le) de Louis XV, Roy de France et de Navarre, dans l'eglise de Reims, le 25 octobre 1722. S. l. (Paris), 1723. Très gr. in-folio. (De 300 à 400 fr).

33 ff. gravés de texte, 1 f. plié gravé pour la table, 1 frontispice, 9 planches doubles par Audran, Beauvais, Cochin père, Desplaces, Duchange, Dupuis. Larmessin, Tardieu, Edelinck, Chereau, Drevet, Haussard et Petit et 30 planches de costumes.

Magnifique volume. — Le texte, rédigé par Danchet, est orné de riches encadrements, de cartouches et fleurons gravés par d'Ulin.

Voici la description des gravures principales :

Un grand cartouche-frontispice non signé.

8 grandes vignettes en-tête représentant :
Le Char du Soleil.
La Reine accueillie par la Religion.
La Reine en prière.
La Reine devant Dieu.
La Reine aperçoit les Vertus.
La Reine distribuant des couronnes.
La Reine allant s'asseoir sur le trône.
La Reine arrêtant la marche du temps.
La Reine retenant l'Abondance et les Grâces.

9 grandes planches doubles :
Le Lever du Roy.
Le Roy allant à l'Eglise.
L'Arrivée de la Sainte-Ampoule.
Le Roy prosterné devant l'Autel.
La Cérémonie des Onctions.
Le Couronnement du Roy.
Le Roy mené au Trône.
La Cérémonie des offrandes.
Le Festin royal.

Le curieux exemplaire d'E. Martin (n. 714 : 275 fr.) en demi-reliure de Raparlier, contenait toutes les figures moins une en avant-lettre et, à la place de plusieurs des textes gravés les manuscrits originaux calligraphiées par les graveurs.

En maroquin rouge aux armes de France. par Padeloup, 200 fr., vente Radziwill (n, 1473), revendu 690 fr., vente Béhague (n. 350); en maroquin vert aux armes royales reliure signée de Derôme, 550 fr., vente Sauvage (1880, n. 285); en maroquin bleu à riches dentelles aux armes du roi, 665 fr., vente R. Lion (n. 78); le même (?), 710 fr., vente Müller (n. 258); même reliure 2,325 fr., vente Doistau (n. 34); en maroquin rouge aux armes de Mme Adélaïde, dos refait, 570 fr., au comte de Gramont, vente Gosford (n. 109). En maroquin vert de Padeloup, aux armes royales, exemplaire de Cochin, 600 fr., vente Destailleur (1891, n. 262); en maroquin rouge de Padeloup, aux armes royales, 1,305 fr., vente Massicot (n. 617).

Le prince de Ligne possède, dans sa bibliothèque de Belœil, un précieux exemplaire en maroquin vert à dentelles, de Padeloup, aux armes de France, avec toutes les planches avant la lettre.

SACRE et Couronnement de Napoléon Ier, le 11 frimaire an XIII. *A Paris, Imprimerie impériale*. Très gr. in-folio. (De 200 à 250 fr.)

72 planches, d'après les dessins de Percier, Isabey et Fontaine, gravées par Delvaux, Massard, Simonet, Dien, Ribault, Pauquet, Dupréel, Lavallée, Audouin, Petit, Guttenberg, Dequevauviller et Godefroy.

L'exemplaire d'Isabey, qui contenait des planches inédites et de nombreux croquis, a été brûlé à Londres dans la maison Sotheby, le 29 juin 1865, lors de l'incendie qui consuma environ 2,000 ouvrages appartenant à J.-J. Techener, ainsi que la plus grande partie de la Bibliothèque de G. Offor.

En demi-reliure, non rogné, 82 fr., vente E. Martin (n. 738).

SADE (Le Marquis de). — Aline et Valcour, ou le Roman philosophique, écrit à la Bastille, un an avant la Révolution de France, 1793. 4 vol. in-18. (De 80 à 100 fr.)

16 figures non signées.

Sur certains titres on lit : Orné de quatorze gravures, par le citoyen S***. *Paris, Girouard*; sur d'autres : Orné de 16 gravures. *Paris, veuve Girouard*. En somme, il y a 8 parties reliées en 4 volumes, avec 8 faux-titres et 16 figures.

— Aline et Valcourt, ou le roman philosophique. Écrit à la Bastille un an avant la Révolution de France. Orné de Seize Gravure. *A Paris, Chez la veuve Girouard, Libraire, maison Egalité, Galerie de Bois, No 196*. 1795. 8 parties en 4 vol. in-18. (De 80 à 100 fr.)

Tome I : xiv pp., 1 f. blanc, 315 pp., plus 3 ff. après la p. 150; plus 4 figures.
Tome II : 2 ff. n. ch., 503 pp., plus 2 ff. après la p. 236), plus 4 figures.
Tome III : 575 pp, (plus 2 ff. après la p. 267), plus 4 figures.
Tome IV : 2 ff. n. ch., 374 pp. (plus 2 ff. après la p. 204), plus 4 figures.
En tout 16 figures non signées.

— Justine, ou les Malheurs de la Vertu. *En Hollande, chez les libraires associés*, 1791. 2 tomes en 1 vol. in-8. (De 80 à 100 fr.)

Tome I : 283 pp., plus 1 frontispice.
Tome II : 2 ff. n. ch., 191 pp.
1 frontispice par Chéry, sous la direction de Carrée.

Cette édition a été imprimée in-12, sous la même date, avec le frontispice réduit et retourné, par Chéry, gravé par Texier, et 12 figures libres, avec encadrements à têtes de mort, chaînes et instruments de supplices, qui sont de format in-16 ou in-18.

Cette édition est de la plus grande rareté avec les figures complètes.

— Justine, ou les Malheurs de la Vertu. *A Londres* (Paris, Cazin), 1792. 2 vol. in-18. (De 250 à 300 fr.)

Tome I : 291 pp., plus 1 frontispice et 2 figures.
Tome II : 308 pp., plus 3 figures.
En tout 1 frontispice, réduction de celui de l'édition précédente, et 5 figures libres, non signées.

Un des ouvrages les plus rares de la collection Cazin. Il en existe une imitation ou contrefaçon, en 4 vol., avec 4 jolis frontispices. En Hollande, 1800.

— Justine, ou les Malheurs de la Vertu, 3e édition, corrigée et augmentée. *A Philadelphie* (Paris), 1794. 2 vol. in-18. (De 100 à 125 fr.)

6 figures non signées.

Le texte est très joli et paraît avoir été imprimé par le même typographe que l'édition suivante.

— La Nouvelle Justine, ou les Malheurs de la Vertu, Ouvrage orné d'un frontispice et de quarante sujets gravés avec soin. *En Hollande*. (Paris), 1797. 10 vol. in-18, dont 4 de Justine et 6 de Juliette, ou les Prospérités du Vice. (De 500 à 600 fr.)

Tome I : viii-347 pp., plus 1 frontispice et 10 figures.
Tome II : 2 ff. n. ch., 351 pp., plus 10 figures.
Tome III : 2 ff. n. ch., 356 pp., plus 10 figures.
Tome IV : 2 ff. n. ch., 366 pp., plus 10 figures.

A partir du tome V, le titre porte :
La Nouvelle Justine ou les malheurs de la Vertu. Suivie de l'histoire de Juliette, sa sœur. Ouvrage orné d'un frontispice et de cent sujets gravés avec soin.

Tome V : 2 ff. n. ch., 371 pp., plus 10 figures.
Tome VI : 2 ff. n. ch., 360 pp., plus 8 figures.
Tome VII : 2 ff. n. ch., 357 pp., plus 10 figures.
Tome VIII : 2 ff. n. ch., 371 pp., plus 9 figures.
Tome IX : 2 ff. n. ch., 370 pp., plus 10 figures.
Tome X : 2 ff. n. ch., 352 pp., plus 12 figures.

En tout 1 frontispice et 100 figures libres non signées (40 pour Justine et 60 pour Juliette).

Un exemplaire, relié par Bozérian en maroquin rouge dans le VIIe *Catalogue des livres rares et curieux*, manuscrits et estampes brûlés à Londres (le 29 juin 1865), dans la maison Leigh Sotheby, J. Wilkinson et Hodge, ayant appartenu à J.-J. Techener père.

La plupart des gravures, qui ne sont pas signées, mais dont le faire rappelle beaucoup celui de Bornet, sont très médiocres, surtout celles de *Juliette*. Il existe deux éditions de *Justine*, sous la même date, sans compter les réimpressions qui portent toujours l'indication : En Hollande, 1797. Celle qui est à préférer, qui est la première et qui passe pour avoir été imprimé par Didot, se reconnaît à ce que la justification de *Justine* est différente de celle de *Juliette* et plus petite; que les caractère de *Justine* sont plus nets, et que le texte est beaucoup plus correct. En voici trois exemples pris au hasard :

1re ÉDITION, MEILLEURE	2e ÉDITION, MOINS BONNE
T. I, p. 73, l. 12 : Mais n'imagine pas.	Mais n'imagines. pas.
T. I, p. 240, l. 7 : Nouvelle morsure.	Nouvelle morçure.
T. I, p. 289, l. 15 : Reste donc.	Restes donc.

Il faut remarquer que deux figures de *Juliette* portent l'indication du tome V, p. 40. Celle où l'on voit deux vieilles femmes doit être placée à la page 276 du tome VI.

Il y a eu des réimpressions modernes qui portent toujours : En Hollande, 1797. Les figures copiées d'après la première édition, sont lithographiées pour *Justine* seule ou gravées soit au trait, soit en taille-douce, pour *Justine* et *Juliette*, mais mauvaises.

Feu M. Bégis, bibliophile à Paris, possédait tous les dessins originaux de *Justine*, plus un inédit, et 12 dessins originaux de *Juliette*. (Ils seraient aujourd'hui à Paris, chez M. Pierre L......)

Consultez, sur *Justine*, la *Bibliographie* du comte d'I., tome II, — le *Marquis de Sade, l'homme et ses écrits*, étude bio-bibliographique. Sadopolis, l'an 1000 (Bruxelles 1866), in-18; — l'*Intermédiaire des Chercheurs et des curieux*, 1874, 516 à 518, Assézat.

— La Philosophie dans le Boudoir, Ouvrage posthume de l'Auteur de Justine. La mère en prescrira la lecture à sa fille. *A Londres, Aux dépens de la Compagnie*, MDCCXCXV (1795), 2 vol. in-18. (De 150 à 200 fr.)

Tome I : 3 ff. n. ch., 180 pp., plus 1 frontispice et 2 figures.
Tome II : 2 ff. n. ch., 214 pp., plus 2 figures.

En tout 1 frontispice et 4 figures libres non signées.

— Les Crimes de l'Amour, nouvelles héroïques et tragiques Précédés d'une Idée sur les Romans et ornées de gravures, par D.-A.-F. Sade, auteur d'*Aline et Valcour*. *A Paris, chez Massé*, an VIII, 2 vol. in-18 et 4 vol in-12. (De 60 à 80 fr.)

Tome I : 2 ff. n. ch., XLVII-228 pp., plus 1 frontispice.
Tome II : 2 ff. n. ch., 274 pp., plus 1 frontispice.
Tome III : 2 ff. n. ch., 256 pp., plus 1 frontispice.
Tome IV : 2 ff. n. ch., 245 pp., plus 1 frontispice.

En tout 4 frontispices non signés.

A. Bégis en possédait un superbe exemplaire sur papier vélin, non rogné, avec les figures avant la lettre.

— Zoloé et ses deux acolytes, ou Quelques Décades de la vie de trois jolies femmes, histoire véritable du siècle dernier, par un contemporain. *A Turin, et se trouve à Paris, chez tous les marchands de nouveautés. De l'imprimerie de l'auteur, an VIII.* In-12. (De 80 à 100 fr.)

Frontispice gravé, non signé. Très rare. C'est ce livre, dit-on, et non *Justine*, qui fit renfermer l'auteur à Charenton. Le frontispice représente les trois héroïnes : Mmes Tallien, Visconti et Joséphine de Beauharnais.

Zoloé n'est autre que Joséphine, *Laureda* serait Madame Tallien; les autres personnages sont *Sabar* (Barras), *d'Orsec* (Bonaparte), *Fessinot* (Tallien), etc.

SAINT-AUBIN (Augustin de). — Mes Gens, ou les Commissionnaires ultramontains au service de qui veut les payer. *Se vend à Paris, chés Basan, rue du foin et chés St Aubin, graveur. S. d.* Pet. in-fol. (De 80 à 100 fr.)

1 frontispice et 7 figures dessinés par Augustin de Saint-Aubin et gravés par J.-B. Tilliard, la dernière non signée du graveur.

— C'est Ici les différents Jeux des Petits Polissons de Paris, chez l'auteur, *s. d.* In-4. (De 50 à 60 fr.)

Six pièces dessinées et gravées par Augustin de Saint-Aubin.

SAINT-AUBIN (Germain de). Voyez MARILLIER.

SAINT-AUBIN. — Le Désaveu de la Nature, nouvelles lettres en vers. *A Londres et Paris, Fetil*, 1770. Gr. in-8. (De 8 à 10 fr.)

64 pp., plus 1 figure.
Contient 1 figure et 2 vignettes par de Sève, gravées par Massard et Née.

SAINT-CHAMOND (Le Marquis de). — Ah! que c'est bête! par M. Timbré. *A Berne* (Paris), *de l'imprimerie des frères Calembourdiers, à la Barbe bleue*, 10007006016. In-8. (De 8 à 10 fr.)

1 jolie figure par Marillier, gravée par Halbou, quelque peu scatologique.
Facétie dans le genre de celles du marquis de Bièvre.

SAINT-CLAIR (De). — Les Égarements d'un Philosophe, ou la Vie du Chevalier de Saint-Albin, par M. de Saint-Clair. *A Genève et à Paris, chez Regnault*, 1789. 2 vol. in-12. (De 12 à 15 fr.)

2 figures par Binet, gravées par E. Giraud et Pauquet.

SAINT-EVREMOND. — Œuvres de Saint-Evremond, publiées sur ses manuscrits, avec la vie de l'auteur, par M. Desmaizeaux, membre de la Société royale; cinquième édition, revue, corrigée et augmentée, enrichies de figures gravées par B. Picart le Romain et Jean Punt junior. *A Amsterdam, chez Govens et Mortier*, 1739. 5 vol. petit in-8. — Mélanges curieux des meilleures pièces attribuées à M. de Saint-Evremond, et de quelques autres ouvrages, rares ou nouveaux. *A Amsterdam, Covens et Mortier*, 1739. 2 vol. pet. in-8; ensemble 7 vol. (De 40 à 50 fr.)

10 figures ou frontispices, un portrait par B. Picart, gravées par Punt et Schley, et 1 fleuron des mêmes.
Un exemplaire en ancien maroquin rouge, 265 fr., vente Béhague (n. 1498).

SAINT-FOIX (Poullain de). — Œuvres complètes de M. de Saint-Foix, historiographe des ordres du roi. *A Paris, veuve Duchesne*, 1778. 6. vol. in-8; papier de Hollande. (De 30 à 40 fr.)

1 portrait par Pougin de Saint-Aubin, ornementé par Marillier et gravé par Lemire; 1 figure dans le tome Ier, par Marillier, gravée par Halbou, et 1 frontispice dans le tome II, par le même, gravé par Le Beau.
Le dessin original du cadre orné du portrait, par Marillier, a passé de chez Philippe de St. Albin, dans la collection Portalis.
Ce livre existe en grand papier de Hollande. Sur ce dernier papier, en demi-reliure de Capé, 100 fr., vente Em. Martin (n 552bis) et en ancien maroquin rouge, 200 fr., vente Gosford, (n. 315); un autre, 35 fr. seulement, vente Destailleur (n. 1484); en maroquin rouge de Bozérian, 135 fr., vente Sardou (n. 219).

— L'Oracle, comédie en un acte et en prose, par M. de Saint-Foix. *A Paris, Prault*, 1740. In-8. (De 6 à 8 fr.)

1 fleuron dessiné et gravé par Cochin fils.

— Lettres Turques, revues, corrigées et augmentées. *A Amsterdam, chez P. Mortier*, 1750. In-12. (De 12 à 15 fr.)

Joli titre avec vignette, dessiné par Eisen et gravé par Sornique.

Autre édition sous la date de 1757, en 2 vol. in-12, avec 2 frontispices de Clavareau, gravés par Fessard et Sornique; en maroquin vert, aux armes de Mérard de Saint-Just, à la librairie Morgand.

— Lettres de Nadim Coggia. *S. l. n. d.* 2 part. en 1 vol. in-12. (De 8 à 18 fr.)

Titre dessiné par Clavareau, gravé par Fessard.

SAINT-JULIEN (Baillet, baron de). — La Peinture, ode de milord Telliab, traduite de l'anglais par M***, un des auteurs de l'Encyclopédie. *A Londres*, 1773. In-8. (De 4 à 5 fr.)

1 frontispice dessiné et gravé par J.-J. Pasquier.

SAINT-LAMBERT. — Les Saisons, poème. *A Amsterdam*, 1769. In-8. (De 40 à 50 fr.)

XXVIII-369 pp., plus 5 figures.

Contient 5 figures par Le Prince et Gravelot, gravées par Delaunay, Prévost, Rousseau, Saint-Aubin et Watelet : 1 fleuron en forme de lyre sur le titre et 4 vignettes en-tête gravées à l'eau-forte par Choffard.

En maroquin vert ancien, 44 fr., vente Pichon (1869, n. 606), revendu 399 fr., vente Béhague, (n. 696), aujourd'hui collection Ferdinand de Rothschild. Un autre semblable, 150 fr., vente Daguin (n. 567) avec l'ex-libris de la présidente de Rosanbo. En maroquin rouge ancien, 1,105 fr., vente Montgermont (1911, n. 192).

Les 4 dessins de Le Prince à l'encre de Chine, de format in-4, signés et datés de 1767, ont été vendus 1,100 fr., à la vente R. Portalis (février 1878, n. 34). Le 4ᵉ (l'*Hiver*) est inédit, ayant été remplacé, dans le livre, par une composition de Gravelot. Ces dessins sont entrés depuis dans la collection Rœderer, à Reims.

Les charmantes vignettes de Choffard existent en tirages ancien hors texte : vendus 80 fr., vente R. Portalis (novembre 1878, n. 36) et 145 fr., vente Destailleur (1891, n. 1105).

Le bel exemplaire de M. Henri Beraldi, relié par Cuzin en maroquin doublé, contient les eaux-fortes des figures et les tirages hors texte.

Réimprimé en 1771 comme 3ᵉ édition et en 1773 comme 5ᵉ édition.

L'édition de 1771, en maroquin rouge de Petit, 785 fr., vente Béhague (n. 697).

— Les Saisons, Poëme, Septième Édition. *A Amsterdam*, 1775. Gr. in-8. (De 80 à 100 fr.)

467 pp. et 1 f. n. ch., plus 7 figures.

Contient 5 belles figures par Moreau, gravées par Delaunay, Duclos, Prévost (2) et Simonet, 1 fleuron sur le titre et 4 vignettes par Choffard. — *Contes, Poésies fugitives* et *Fables orientales*. — 2 figures par Moreau, gravées par Lebas et Prévost.

Il existe des exemplaires sur papier de Hollande avec les figures avant la lettre.

On connait aussi les eaux-fortes de ces figures.

Les gracieux en-têtes de Choffard qui existent en tirages hors texte offrent quelques différences avec ceux de l'édition de 1769 illustrée par Le Prince.

En ancien maroquin rouge aux armes de Béthisy, 410 fr., vente Béhague (n. 698).

En veau ancien avec l'eau-forte du tirage à part pour l'*Automne*, 51 fr., vente Daguin (n. 568); en veau ancien, 41 fr., vente Sardou (212).

En maroquin vert ancien, 210 fr., vente R. Portalis (février 1878, n. 86); en maroquin rouge ancien à dentelles, 113 fr., vente Delbergue (n. 113).

Eugène Paillet avait fait relier pour lui, par Thibaron et Joly, en maroquin citron et mosaïque doublé de maroquin bleu, un bel exemplaire contenant les 5 tirages hors texte, plus les figures en double état avant et avec la lettre. Porté à 4,000 fr., au *Bull. Morgand* (n. 12404), il est aujourd'hui chez M. Henri Beraldi.

En maroquin rouge de Cuzin, avec les avant-lettre et les tirages hors texte, 1,465 fr., vente Guyot de Villeneuve (n. 443); le même (?), 2,920 fr., vente Montgermont (1911, n. 193).

L'exemplaire James de Rothschild (n. 855) en maroquin rouge ancien est signalé comme étant le n. 697 de la vente Béhague; nous croyons qu'il y a là une erreur.

— Les Saisons, poëme. *A Amsterdam*, (Paris, Cazin), 1777. In-18. (De 5 à 6 fr.)

1 frontispice, réduction de la figure du 1ᵉʳ chant de l'édition de 1775, par Moreau.

— Les Saisons. *A Londres* (Paris, Cazin), 1782. In-18. (De 3 à 4 fr.)

177 pp., plus 1 frontispice par Chevaux, gravé par Duponchel.

— Les Saisons. *A Paris, Imp. de F. Didot l'aîné*, 1796. Gr. in-4, papier vélin. (De 30 à 40 fr.)

2 ff. n. ch., XXIV-406 pp., 1 f. n. ch., plus 4 figures par Chaudet, gravées par Morel.

Il y a des exemplaires avec les figures avant la lettre.

En maroquin rouge de Bradel-Derôme, 19 fr., vente Radziwill (n. 788).

Un exemplaire unique sur vélin, enrichi des 4 dessins originaux au crayon noir de Chaudet, a été vendu 400 fr .en 1825, vente Galitzin (n. 79), puis 825 fr., vente H. Perkins (n. 836) et 1,500 fr., catalogue Fontaine (1875).

Un bel exemplaire formé par Pixerécourt, (n. 752 : 30 fr. 50), avec beaucoup de figures ajoutées et relié en maroquin rouge par Bozérian, 1,250 fr., vente Em. Martin (n. 258); il contenait les avant-lettre et les eaux-fortes.

SAINT-MARC. — Œuvres de Monsieur de Saint-Marc. *A Genève et se trouve à Paris, chez Monory*, 1775. In-8. (De 40 à 50 fr.)

2 ff. n. ch., 312 pp., plus 1 portrait d'après Danloux, 1 titre par Eisen, 1 figure par Moreau, tous gravés par Gaucher; contient aussi 2 vignettes par Eisen et Marillier, gravées par Gaucher et Elluin, et 1 cul-de-lampe par Eisen, gravé par Gaucher.

On préférera les exemplaires sur papier de Hollande.

Le joli portrait de Saint-Marc, par Gaucher, existe avant la lettre.

Derôme a relié en maroquin rouge quelques exemplaires. L'un d'eux, 320 fr., vente Rich. Lion, (n. 278); un autre sur grand papier de Hollande, 950 fr., vente E. Martin (n. 562); un autre (?), 150 fr., vente Guyot de Villeneuve (n. 442); un autre (?) 120 fr., vente Daguin (n. 120).

L'un de ceux-ci est dans la collection Henri Beraldi.

En maroquin rouge de Capé, 73 fr., vente Béhague (n. 1506).

— Œuvres de Monsieur de Saint-Marc. *A Paris, de l'imprimerie de Monsieur (Didot)*, 1781. 2 vol.in-8. (De 30 à 40 fr.)

1 titre gravé au 1ᵉʳ volume, outre le titre imprimé, par Eisen, gravé par Gaucher; 1 frontispice par Cochin, gravé par Le Veau; 3 vignettes par Cochin, Eisen et Marillier, gravées par Eisen. Elluin et Le Veau et 1 figure par Moreau, gravée par Le Veau.

Dans une autre édition en 3 vol. in-8 daté de 1785, les figures sont les mêmes, sauf une vignette de Marillier qui est nouvelle.

Un exemplaire de cette dernière édition, relié en maroquin rouge par Derôme, 305 fr., vente Rich. Lion (n. 279).

SAINT-MARD (Rémond de). — Œuvres de Monsieur de St Mard. *A Amsterdam, Chez Pierre Mortier*, 1749. 5 vol. pet. in-12. (De 15 à 20 fr.)

Tome I: VIII-383 pp. et 1 f. n. ch. d'errata, plus le frontispice et le titre gravé.

Tome II: II-399 pp., plus le frontispice et le titre gravé.

Tome III: 1 f. n. ch., 260 pp., plus le frontispice et le titre gravé.

Tome IV: 1 f. n. ch., XXVI pp., 1 f. n. ch., pp. 5-274, plus le frontispice et le titre gravé.

Tome V: 1 f. n. ch., 284 pp., plus le frontispice et le titre gravé.

En tout 5 frontispices non signés (le même répété aux tomes II-III et aux tomes IV-V). 5 jolis titres gravés avec fleurons de Fessard d'après Clavareau, et 5 vignettes en-tête par Halé, également gravées par Fessard.

En maroquin rouge ancien aux armes de Nic. René Berryer, à la librairie Morgand.

SAINT-NON (L'abbé Richard de). — Voyage pittoresque, ou Description du Royaume de Naples et de Sicile. *A Paris*, (Clousier imprimeur), 1781-1786. 4 tomes en 5 vol. in-folio. (De 250 à 500 fr.)

Voici la collation exacte de ce beau recueil, dont on trouvera dans Brunet (T. V., col. 55), une description plus minutieuse encore.

Tome I: 3 ff. n. ch., XIII pp., 1 f. n. ch., 252 pp., plus 47 planches, 3 cartes, dont 2 chiffrées 118-119 et 1 plan chiffré 46.

Tome II: 2 ff. n. ch., XXVIII-283 pp., 4 ff. supplémentaires marqués d'astérisques, dont 1 entre les pp. 78-79 et 3 entre les pp.,

108-109; plus 81 planches, 2 cartes dont 1 chiffrée 96 et une planche de Phallus à la page 52.

Tome III : 2 ff. n. ch., IV-XL-201 pp., 14 ff. supplémentaires, dont 3 marqués d'un astérisque à la page 112 et 11 paginés de 1 à 22, (à la page 130), plus 64 planches reproduisant 100 sujets chiffrés de 1 à 100, y compris 3 cartes num. 11, 25, 54, plus une planche additionnelle pour la Carte théodosienne.

Tome IV (1re partie) : 2 ff. n. ch., II-XVIII-266 pp., 2 ff. n. ch., plus 71 planches reproduisant 106 sujets chiffrés de 1 à 106, y compris 3 cartes num. 1, 39, 81.

Tome IV (2e partie) : 2 ff. n. ch., IV pp., 1 f. n. ch., pp. 267 à 429, plus 21 planches reproduisant 34 sujets chiffrés de 107 à 140 et 14 planches de médailles aux pp. 372-411.

En tout 5 fleurons sur les titres, 1 épitre dédicatoire à la Reine dessinée et gravée par l'auteur, 284 planches, 15 en-têtes, 96 culs-de-lampe, 6 cartes, 1 plan, 1 planche de phallus et 14 planches de médailles, dessinés par Auvray, Choffard, Cochin, Desmoulins, Després, Duplessi-Bertaux, Fragonard, Houel, Martini, Pâris, Renard, Hubert-Robert, Saint-Non, J.-B. Tierce et Weisbrod, et gravés par Aliamet, Allix, Berthault, Choffard, Couché, Dagoty fils, Dambrun, Daudet, Mme Denys, Desmoulins, Dequevauviller, Duflos, Duparc, Dupin, Duplessi-Bertaux, Fessard, Gaucher, de Ghendt, C. Guttemberg, H. Guttemberg, Helman, Henriquez, Le Bas, Le Mire, Lépine, Le Roy, Letellier, Liénard, de Longueil, Macret, Martini, Mathieu, Née, Nicolet, Pâris, Ponce, Prévost, Quéverdo, Racine, Saint-Aubin, Saint-Non, Vangelisti et Villiers.

Bel ouvrage richement orné de gravures, et exécuté aux frais de l'auteur, l'abbé de Saint-Non, qui se ruina dans cette entreprise. Beaucoup des culs-de-lampe représentant des antiquités sont gravés par lui.

Il faut avoir soin de s'assurer que la planche dite des *Phallus* (tome II, page 52) s'y trouve, ainsi que les 14 planches de médailles des villes de la Sicile, dites planches *doubles* de médailles parce qu'elles répètent les culs-de-lampe du tome IV en les groupant sur des planches.

Dans les exemplaires de premier tirage les planches 84, 85, 86, 87, 88 du tome III, sont numérotés 24, 11, 12, 24bis, 13.

L'exemplaire du Musée Dutuit (n. 598), en maroquin rouge de Derôme (signé) a les figures avant la lettre.

On signale l'exemplaire de la vente Le Gendre (1798) comme ayant renfermé les avant-lettre et les eaux-fortes. Morel de Vindé les avait, reliées à part. Enfin, le fermier général La Borde aurait possédé l'exemplaire unique aujourd'hui détruit, imprimé sur vélin avec les dessins originaux. Ce financier avait conclu avec Saint-Non, pour la publication de l'ouvrage, un acte d'association dont M. Schuhmann possède l'original.

Un bel exemplaire en maroquin rouge par Derôme, avec les figures avec la lettre, 600 fr., vente du baron R. Portalis, revendu 760 fr., vente Rich. Lion (n. 281). Un autre, en maroquin rouge (ancien?) aux armes de Masséna, prince d'Essling 205 fr., vente E. Martin (n. 634).

On connaît plusieurs des dessins originaux de Fragonard pour le *Voyage* :

La découverte d'un squelette à Pompéi, vente Tondu (1865).

L'enlèvement de Proserpine, collection Groult; provient de la vente Walferdin (n. 190 : 255 fr.) et peut-être de la vente Deveria, en 1858 (80 fr.)

L'éruption du Vésuve (cul-de-lampe), vente Jacquinot.

On signale encore 200 dessins à la pierre d'Italie dans la collection H. Lacroix, huit autres chez M. Maurice Delestre, dix chez M. E. Rodrigues et cinq chez M. Delafosse.

Un lot de dessins pour ce livre par Fragonard et d'autres artistes a figuré à la vente du comte de La Beraudière; d'autres encore provenant de Morel-Vindé, se trouvaient chez le comte de Chabot; huit dessins des fleurons figurent au catalogue Paignon-Dijonval.

On rejetera la médiocre réimpression de cet ouvrage (avec les mêmes planches) publié en 1829 à Paris, chez Dufour en 4 vol. in-8 avec un atlas de 3 vol. in-folio.

— Recueil de Griffonis, vues, paysages, fragments antiques et sujets historiques gravés à l'eau-forte et au lavis, par l'abbé de Saint-Non d'après différents maîtres. *A Paris, chez la veuve Lavoye, s. d.* Gr. in-folio. (De 500 à 600 fr.)

Curieuse réunion d'œuvres à l'eau-forte du graveur-amateur; un grand nombre de planches est d'après Fragonard et Hubert-Robert. La composition des exemplaires varie. Nous en avons vu un qui renfermait 268 sujets sur 162 planches et 28 planches d'antiquités; c'est le plus complet que nous ayons rencontré.

Il a été fait deux éditions de ce recueil : le premier sans lieu ni date, le second avec l'adresse de la *Toute Latove*. (Cf. les détails donnés au catalogue Destailleur, 1895, n. 1230 et n. 1231).

Un exemplaire dont les figures étaient lavées à la sépia sur eau-forte pure, probablement par l'auteur lui-même, en maroquin violet de Raparlier, 1.700 fr., vente E. Martin (n. 103), revendu 1.400 fr., vente Bordes (1897, n. 107), se trouve chez M. Beurdeley.

Les 85 dessins de Fragonard d'après l'antique qui servirent de modèle à Saint-Non, vendus 5.000 fr. en 1881 à la vente Mailand, passèrent ensuite chez H. Destailleur.

— Fragments choisis dans les Peintures et les Tableaux les plus intéressans des Palais et des Eglises de l'Italie. 1770-1773. In-4. (De 150 à 200 fr.)

Cinq suites, gravées à la manière du lavis par l'abbé de Saint-Non d'après les dessins de Fragonard. En voici le détail.

I : Rome (1770-1771), 40 planches. —
II : Rome (1771-1872), 20 planches. —
III : Bologne (1772), 40 planches. —
IV : Naples (1775), 30 planches, y compris 1 frontispice d'après Hubert Robert.

Il faut y ajouter une sixième suite de 20 planches au lavis gravées par Saint-Non, en 1775 d'après ses propres dessins et intitulée : *Choix de quelques morceaux de peintures antiques d'Herculanum extraits du Muszum de Portici. Seconde suite de Naples.*

En tout 161 planches dont 2 frontispices.

C'est un autre tirage de planches qu'on retrouve dans les *Griffonis*.

SAINT-PIERRE (Bernardin de). — Paul et Virginie, par Jacques-Henri-Bernardin de Saint-Pierre ; avec figures. *A Paris, Chez P. Fr. Didot, de l'imprimerie de Monsieur*, 1789. In-18. (De 60 à 80 fr.)

xxxv-245 pp., plus 4 figures par Moreau, la dernière en collaboration avec Joseph Vernet, gravées par Girardet, Halbou et de Longueil.

Première édition de ce roman célèbre détaché des *Etudes de la Nature*. Elle est très recherchée en papier vélin, surtout quand les épreuves sont avant la lettre.

Le papier vélin d'Essone avec les plus belles épreuves des figures, se vendait 6 livres et le papier écu fin, 4 livres.

Un exemplaire en papier vélin relié sur brochure en maroquin bleu par Bozérian, 32 fr., vente La Bédoyère (1862, n. 1469); relié par Trautz en maroquin vert, 550 fr., vente du comte Roger; en maroquin bleu, 130 fr., vente Potier: en maroquin rouge de Bozérian, 500 fr., vente Rich. Lion ; en maroquin rouge ancien, au chiffre de la baronne de Dancourt, figures avant la lettre, 2,085 fr., vente Franchetti (1890, n. 216); en maroquin bleu de Bozérian, figures avant la lettre, 1,500 fr., vente Guyot de Villeneuve (n. 464); en maroquin rouge ancien, figures avant la lettre, 1,600 fr., vente Montgermont (1911, n. 194); en maroquin bleu de Bibolet, figures avant la lettre, 1,450 fr., vente Daguin (n. 570); avec la lettre, en maroquin rouge ancien, 160 fr., même vente (n. 571).

Le charmant exemplaire en papier vélin de M. Le Barbier de Tinan, relié sur brochure par Trautz, en maroquin bleu doublé de maroquin bleu à petits fers, avec les figures avant la lettre, a été vendu 2,930 fr. en 1885 (n. 166); il est aujourd'hui chez M. Henri Beraldi.

On connaît de rares exemplaires des eaux-fortes : elles se trouvaient avec les avant-lettre dans l'exemplaire appartenant à Lord Carnarvon (n. 96) en maroquin bleu doublé de maroquin citron à mosaïque, par Mercier.

Il a été tiré quatre (ou, selon Ebert, cinq) exemplaires sur peau de vélin. Celui contenant les dessins originaux de Moreau fut vendu 600 fr., vente Bailly, passa vers 1810 chez Chardin, et se trouve aujourd'hui à Moscou, chez le prince Galitzin. (Cat. 1866, pp. 220-221, n. 918).

Il y a une contrefaçon sous la même date.

— Paul et Virginie. *A Paris, imprimerie de Monsieur*, 1789. In-18. (De 15 à 16 fr.)

1 titre d'après Moreau, gravée par Carrée.

— Paul et Virginie. *A Londres*, 1795 (Paris, Cazin). In-18. (De 15 à 20 fr.)

5 jolies figures non signées.

— Paul and Virginia, translated from the French by Helen Williams, author of letters on the French revolution, S. l. 1795. In-8. (De 10 à 15 fr.)

5 figures de Dutailly ou non signées, gravées par Clément, Lefebvre et Mme Lingée.

— Paul et Virginie, par Jacques-Henri Bernardin de Saint-Pierre. *A Paris, De l'Imprimerie de P. Didot l'aîné*, 1806. Gr. in-4, papier vélin. (De 60 à 80 fr.)

2 ff. n. ch., XCII-194 pp., et 3 ff. n. ch., plus 1 portrait par Lafitte, gravé par Ribault, et 6 figures par Gérard, Girodet, Isabey, Laffitte, Moreau et Prudhon, gravées par Bourgeois de la Richardière. Bovinet, Mecou, Pillement fils, Prot et Roger.

Les figures sont très belles. La composition touchante de Moreau et surtout la dramatique figure du *Naufrage de Virginie* par Prudhon rendent ce volume très intéressant, surtout lorsqu'il contient, comme certains exemplaires établis à l'époque, les figures en trois états, à l'eau-forte, avant la lettre et avec la lettre, épreuves imprimées en couleurs.

Dans ces conditions, relié en veau à compartiments par Ducastin, 430 fr., vente du baron R. Portalis (1882, n. 76), aujourd'hui chez M. Beraldi; un autre semblable, en maroquin violet doublé de maroquin citron, riche reliure de Thouvenin, 520 fr., vente E. Martin (n. 437); un troisième, en maroquin rouge de Thouvenin, collection James de Rothschild (n. 1577); un quatrième en maroquin rouge de Chambolle, 1,525 fr., vente Montgermont (1911, n. 195).

Il existe quelques exemplaires de format in-folio, avec les figures avant la lettre. Telle est celui cartonné non rogné, vendu 110 fr., vente R. Portalis (novembre 1878, n. 89).

Renouard possédait l'unique exemplaire imprimé sur vélin, et 6 dessins originaux. Ces derniers ont été vendus 1,510 fr., avec ceux de Moreau et Vernet.

Ils furent revendus 1,200 fr., vente Véron (1858) et se trouvent, croyons-nous dans la collection Lanz, à Mulhouse, sauf le dessin de Prudhon qui a été vendu séparément.

— Paul et Virginie. *A Paris, Descourtis, S. d.* (vers 1790). In-folio. (De 250 à 300 fr.)

Suite de 6 figures en couleur, in-folio en largeur, gravées par Descourtis d'après Schall.

Autre suite de 10 pièces in-8 de forme ronde gravées en couleur et au-lavis par Laurent Guyot, d'après Dutailly, sur 5 planches.

Cette dernière suite, 400 fr., vente Valentin (1912, II, n. 213 bis).

Autre suite de 8 pièces in-18, en couleurs, par le même.

— L'Arcadie, par Jacques-Henri-Bernardin de Saint-Pierre. *A Angers, Pavie*, 1781. Pet. in-12. (De 5 à 6 fr.)

1 jolie figure non signée.

— Voyage à l'Isle-de-France, à l'Isle Bourbon, au Cap de Bonne-Espérance, par un officier du Roi. *A Amsterdam et à Paris, chez Merlin*, 1773, 2 vol. in-8. (De 15 à 20 fr.)

3 figures par Moreau, gravées par Masquelier, Née et Duclos.

L'un des plus jolis dessins de Moreau pour ce livre se trouvait dans la collection de Mme Jubinal de Saint-Aubin et doit se trouver chez M. Duruy.

SAINT-RÉAL (Œuvres de M. l'abbé de.) Nouvelle édition enrichie de figures en taille-douce et de vignettes. *A Amsterdam, F. L'Honoré*, 1740. 6 vol. in-12. (De 40 à 50 fr.)

6 frontispices gravés par Tanjé, Coster et L. F. D. B. (Du Bourg) et fleurons gravés par Yver.

SAINT-URSIN (De). — L'Ami des Femmes, ou Lettres d'un médecin concernant l'influence de l'habillement des femmes sur leurs mœurs et leur santé... *A Paris*, 1804. (De 8 à 10 fr).

Frontispice gravé par Ponce et vignettes par Saint-Aubin.

SAINTE BIBLE (La), qui contient l'Ancien et le Nouveau Testament. *A Amsterdam, Chez les Wetstein*, 1710. In-12. (De 6 à 8 fr.)

Deux jolis frontispices gravés par de Breen.

Imprimé en petits caractères, avec musique notée pour les *Psaumes*.

En veau marbré ancien, 20 fr., vente E. Martin (n. 4).

SAINTE-BIBLE (La), contenant l'Ancien et le Nouveau Testament, traduite en français sur la Vulgate par Lemaistre de Saci, divisée en 2 tomes.

A Paris, G. Desprez, 1730. In-4. (De 60 à 80 fr.)

Titre gravé portant : *Histoire sacrée de la Providence et de la conduite de Dieu sur les hommes..., dédiée à la Reine par Demarne, graveur de S. M. à Paris*; portrait en pied de la Reine Marie Leczinska, par Vanloo, gravé par Demarne; vignette en tête de la dédicace qui est gravée; 500 figures, toutes gravées par Demarne, avec encadrements variés.

En maroquin rouge à dentelles, aux armes de Prondre de Guermante, 331 fr., vente Salvert-Bellenave (n. 217).

SAINTE BIBLE (La), traduite sur les Textes originaux, avec les différences de la Vulgate. *A Cologne (ou Amsterdam), aux dépens de la Compagnie*, 1739. In-8. (De 8 à 10 fr.)

2 ff. n. ch. et 884 pp., plus 1 frontispice dessiné par B. Picart. gravé par Yver.
En maroquin rouge ancien, 41 fr., vente Janzé (n. 3).

SAINTE BIBLE (La), contenant l'Ancien et le Nouveau Testament, traduite en françois sur la Vulgate, par M. Le Maistre de Saci, ornée de 300 figures gravées par les dessins de M. Marillier. *A Paris, Defer de Maisonneuve (de l'Imprimerie de Monsieur)*, 1789, an XII (1804). 12 vol. in-8. (De 200 à 300 fr.)

Tome I : xv-365 pp., plus 60 figures.
Tome II : 531 pp., plus 24 figures.
Tome III : 486 pp., plus 48 figures.
Tome IV : 485 pp., plus 36 figures.
Tome V : 549 pp., plus 12 figures.
Tome VI : 652 pp., plus 3 figures.
Tome VII : 628 pp., plus 9 figures.
Tome VIII : 476 pp., plus 12 figures.
Tome IX : 2 ff. n. ch., xii pp., et pp. 5 à 374, plus 36 figures.
Tome X : 400 pp., plus 48 figures.
Tome XI : 301 pp., plus 12 figures.
Tome XII : 367 pp., plus 1 carte pliée.

En tout 300 figures (204 pour l'Ancien et 96 pour le Nouveau Testament), par Marillier et Monsiau, gravées par Dambrun, de Launay jeune. Delignon, Dupréel, de Ghendt, Giraud jeune, Halbou, Hubert, Lebeau, Patas, Petit, Ponce, Triére, Varin et Viguet, et 1 carte repliée.

Dans le tirage in-4, il y a des cadres aux figures, qui sont avant la lettre. Pixerécourt possédait la collection complète des eaux-fortes, provenant du graveur Ponce.

Non rogné, figures avant la lettre, 455 fr., vente Solar (n. 13). Un recueil contenant la suite (moins 10) des figures avant la lettre et beaucoup des eaux-fortes, 990 fr., vente E. Martin (n. 16).

Un exemplaire de format in-4, avec figures avant la lettre, 3.000 fr. catalogue Fontaine; un autre, non rogné, figures avant la lettre, 1.100 fr., vente Duriez de Verninac, puis un, broché, figures avant et avec la lettre, 720 fr., vente La Bédoyère (1862, n. 1); un quatrième, en maroquin rouge ancien, grand papier, 1.000 fr., vente Sardou (n. 267).

La collection des dessins originaux de Marillier et Monsiau pour la *Bible* après avoir figuré en 1807 à la vente Detienne (n. 63) appartient en 1840, aux frères De Bure qui l'offrirent dans plusieurs de leurs catalogues au prix de 2.000 fr.; adjugée 1.299 fr., vente M.-J. de Bure (1849) et 3.995 fr., à la vente La Bédoyère (1862, n. 249), puis reliée par Capé en maroquin rouge, dans un bel exemplaire avec figures avant la lettre, elle a été revendue 24.500 fr. à Fontaine, à la vente Lebeuf de Montgermont (1876, n. 1). Elle apparaît ensuite au comte de Sauvage, à Bruxelles, qui la vendit pour 28.000 fr. et figure maintenant dans la collection Olry-Rœderer, à Reims.

SALCHLI. — L'Optique de l'Univers, ou la Philosophie des Voyages autour du Monde, poème. *A Berne*, 1799. In-12. (De 4 à 5 fr.)

1 frontispice et 1 fleuron dessinés et gravés par Dünker.

— Les Causes finales et la Direction du Mal, poème philosophique en quatre chants. *A Berne*, 1784. (De 4 à 5 fr.)

1 frontispice, 1 fleuron sur le titre, 4 vignettes et 1 cul-de-lampe dessinés et gravés par Dünker.

— Le Mal, poème philosophique suivi de remarques et dissertations relatives au sujet, en quatre chants. *A Berne*, 1789. In-8. (De 4 à 5 fr.)

1 frontispice dessiné et gravé par Dünker.

SALLENGRE. — L'Éloge de l'Ivresse. *A La Haye*, 1714. Pet. in-8. (De 8 à 10 fr.)

Frontispice allégorique non signé.
Autre édition : Leyde, 1715. In-12. — 1 frontispice. — Autre à *Bacchopolis et Paris, Michel*, an VI. In-12. — 1 frontispice de Binet, gravé par Le Roy.
Un exemplaire en maroquin vert de Hardy *A La Haye, Chez Adrien Moetjens*, 1715. In-12), 21 fr., vente Béhague (n. 1349).

— Histoire de Pierre de Montmaur, Professeur Royal en Langue Grecque dans l'Université de Paris, par M. de Sallengre. *A La Haye, chez Chr. van Lom, P. Gosse et R. Alberti*, 1713. 2 vol. pet. in-8. (De 15 à 20 fr.)

Tome I : 3 ff. n. ch., 316 pp., plus 1 frontispice et 6 figures.
Tome II : cxxxii pp., 1 f. n. ch., 312 pp., plus 1 frontispice et 2 figures.
En tout 1 frontispice répété en tête de chaque volume et 8 figures dessinés et gravés par Bleyswik.
En maroquin rouge de Capé, 70 fr., vente Béhague (n. 1438).
Il existe des exemplaires de ce livre en grand papier.
Tel est celui du Musée Dutuit (n. 548), en maroquin violet de Derôme.

— Mémoires de littérature... par M. de S. *A La Haye, Chez Henri de Sauzet*, 1715. 2 vol. in-8. (De 15 à 20 fr.)

Frontispice gravé et portrait par Bleyswik.
En maroquin rouge de Derôme, sur grand papier, 5 fr., vente Crozat (1751, n. 4697), revendu 55 fr., vente Pixerécourt (n. 1557), 165 fr., vente Pichon (1869, n. 822) et 800 fr., vente Béhague (n. 1431), aujourd'hui, collection James de Rothschild (n. 2,529). En maroquin vert de Derôme, 26 fr. au marquis de L'Aigle, vente Destailleur (1891, n. 1447).

SALLUSTE. — Caii Sallustii Crispi quæ extant opera. *Paris, David*, 1742 ou *Coustelier*, 1744. In-12. (De 6 à 8 fr.)

3 figures par Cochin, gravées par Fessard; 1 fleuron sur le titre et 3 vignettes par Pierre, gravées par Fessard ou non signées.
En maroquin rouge de Padeloup, 490 fr., à M. Bocher, vente S. de Sacy (1879, n. 767).

— La Conjuracion de Catilina y la Guerra de Jugurtha por Cayo Sallustio Crispo. *En Madrid por Joachim Ibarra*, 1772. In-folio. (De 100 à 120 fr.)

Figures de Maella, gravées par Salvador Carmona.
L'un des chefs-d'œuvre de l'imprimerie espagnole.
En maroquin rouge ancien, 37 fr., vente R. Portalis (février 1878, n. 132).
Le magnifique exemplaire de d'Hangard (1789, n. 2100 : 615 fr.) en maroquin rouge de Derôme, avec larges dentelles à l'oiseau, a été revendu 375 fr., vente Radziwill (n. 1356) et 470 fr., vente Lacarelle (n. 474), puis collection H. Beraldi.
En maroquin rouge de Derôme, larges dentelles, 320 fr., vente Müller (n. 249).
L'exemplaire Boutourlin, sur papier azuré en maroquin rouge ancien, est au Musée Dutuit (n. 646).

— Caii Crispi Sallustii Catilina. *Parisiis apud Ant. Aug. Renouard*, 1795. In-18. (De 8 à 10 fr.)

2 ff. n. ch., xix-156 pp. plus trois portraits dont 1 de Maréchal (gravé par Trière) et 2 par Saint-Aubin.
Imprimé par Didot jeune.
Un exemplaire sur papier bleu, relié en vélin est chez M. Schuhmann.
Le dessin original de Maréchal à l'encre de Chine était joint à un exemplaire de la traduction française du Catilina par Billecocq (*Paris, Crapelet*, an III. In-18) vendu 50 fr., chez R. Lion (n. 298).

— Caii Crispi Sallustii Jugurtha. *Parisiis, apud Ant. Aug. Renouard*, 1795. In-18. (De 6 à 8 fr.)

2 ff. n. ch., 249 pp. et 1 f. n. ch., plus 1 portrait par A. de Saint-Aubin.

SANDISSON (De). — Les Aventures d'Abdallah fils d'Hanif, envoyé par le sultan des Indes à la découverte de l'île de Borico où est la fontaine merveilleuse dont l'eau fait rajeunir, etc..., trad. en français sur le manuscrit arabe trouvé à Batavia par Mr de Sandisson. *A Paris, P. Witte*, 1712. In-12. (De 20 à 25 fr.)

9 figures non signées.
Première édition réimprimée plusieurs fois, en 1714, 1723 et 1745, en 2 volumes in-12.

— Les Aventures d'Abdallah, ou son Voyage de l'isle de Borico, traduction de l'arabe ; nouvelle édition, ornée de figures en taille-douce. *A La Haye et à Paris, chez Musier*, 1773. 2 vol. in-8. (De 8 à 10 fr.)

2 fleurons sur les titres, dont 1 par Eisen, gravé par Legrand, et 6 figures non signées.

SANTEUIL victime de l'Amour, etc., nouvelles galantes où se trouvent les intrigues de la belle cordonnière avec un chanoine. *A Paris, chez les marchands de nouveautés*, an VI. In-18. (De 8 à 10 fr.)

1 jolie figure non signée.

SARRAZIN. — La Fatalité des Ressemblances. *A Paris*, 1801. 2 vol. in-18. (De 15 à 20 fr.)

2 figures érotiques non signées.

SATYRE MÉNIPPÉE de la vertu du Catholicon d'Espagne et de la reine des Etats de Paris..., dernière édition (par Le Duchat), divisée en 3 tomes, enrichie de figures en taille-douce, etc... *A Ratisbonne, chez les héritiers de Mathias Kerner*, 1709, 1726 ou 1752. 3 vol. pet. in-8. (De 30 à 40 fr)

1 frontispice, le même pour les 3 vol., 4 portraits et 2 figures pliées en trois, dont la *Procession de la Ligue*, non signés.
Les figures ne sont que les reproductions de celles d'éditions plus anciennes.
En maroquin orange de Trautz, reliure sur brochure (éd. de 1726), 1.300 fr., vente Quentin-Bauchart (n. 43 = *Mes livres*, n. 214), revendu 595 fr., vente Lacarelle (n. 504) ; en maroquin rouge de Derôme (éd. de 1709), 1.500 fr., vente du 5 avril 1880 (n. 647).

SATYRES sur les femmes bourgeoises qui se font appeler Madame, avec une distinction qui sépare les véritables d'avec celles qui ne le sont que par caprice de la fortune, la bizarrerie et la vanité du siècle ; enrichies de figures en taille-douce par Jean-Félix. écuyer, sieur D. *La Haye, A. Frick*, 1713. In-8. (De 100 à 150 fr.)

12 figures non signées.
Beaucoup d'exemplaires ont le bas du titre coupé. parce que le livre ayant été saisi, on fit disparaître le nom du libraire pour vendre ceux qu'on avait pu dissimuler.
Un exemplaire, 150 fr., vente du baron J. Pichon. Un autre, en maroquin rouge de Duru et Chambolle, 225 fr., vente Béhague (n. 740).
L'ouvrage est attribué à D'Hennissart.

SAUNIER (J. de). — La Parfaite Connoissance des Chevaux, leur anatomie, leur maladies et les remèdes qui y conviennent, par J. de Saunier et donnée au public par G. de Saunier. *A La Haye, Chez Adrien Moëtjens*, 1734. In-folio. (De 50 à 60 fr.)

1 portrait gravé par Coster et 61 planches gravées par La Cave.
En demi-reliure 10 fr. seulement, vente Béhague (n. 428).

SAURIN (Jacques). — Discours historiques, critiques, théologiques et moraux sur les événements les plus mémorables du Vieux et du Nouveau Testament, par M. Jacques Saurin. ministre de l'Evangile, Roques et de Beausobre, avec des figures gravées sur les dessins de MM. Hoët, Houbracken et Picart. *A La Haye, chez Pierre de Hondt*, 1728-1739. 6 vol. in-folio. (De 120 à 140 fr.)

Beau frontispice dessiné et gravé par B. Picart avec l'inscription : *Figures de la Bible*, le frontispice du T. V. par Hoët, gravé par Muller, 6 fleurons répétés sur les titres par Hoët et Houbraken, gravés par Van Gouwen et de Broën ; 3 vignettes de dédicace et 212 grandes figures, dont 50 environ pliées, d'après les dessins de A. von Leiden, Bourdon, Carrache, Champagne, G. Hoët, Houbracken, Le Brun, Carlo Maratta, B. Picart, Raphaël, gravées par Beauvais, Bernarts, Bleyswyck, Blois, de Broën, Van Buisen, Duflos, Folkema, de Fonbonne, V. Gouwen, Huiberts, de Later, Mulder,

B. Picart, Pigné, Pool, Sluiter, Surugue, Thomassin, Tongman et Van Vianen.

Brunet indique que cet ouvrage a été tiré sur 4 papiers différents. Le plus beau et le plus fort serait le papier dit royal. (Bibliothèque Méjanes).

Les figures, gravées de longue date, parurent en recueil dès 1718.

Un exemplaire en maroquin, 450 fr., vente de la duchesse de Berry. — Sur grand papier royal, 140 fr., vente Radziwill (n. 23). Sur papier impérial, en maroquin rouge aux armes du prince de Soubise, 1,200 fr., à Parran, vente Béhague (n. 15), revendu 1655 fr., vente Stroehlin (1912, n. 480).

Les figures seules, en veau ancien, 190 fr., vente Béhague (n 16).

SAURIN (B.-J.) — Beverlei, tragédie bourgeoise, imitée de l'anglois, en cinq actes et en vers libres. *Paris, veuve Duchesne*, 1771. In-8. (De 8 à 10 fr.)

5 figures d'après Dugourc.

SAUTEREAU DE MARSY. — Almanach des Muses. *A Paris, chez Delalain*, 1765-1794, et *chez Louis*, de 1795 à 1808. 41 vol. in-18. (De 120 à 150 fr.)

Un frontispice pour chaque volume, dessiné et gravé par Poisson, (celui de 1785); depuis 1785, dessiné et gravé par Huet, ou non signé; depuis 1795, les frontispices sont dessinés par Bornet, Chaillou, Maréchal, Marillier, Monnet et Quéverdo, et gravés par Baquoy, Bovinet, Dambrun, Delvaux, Dien et Noël.

L'*Almanach des Muses* a été publié jusqu'en 1833.

Jusqu'en 1792, il fut tiré chaque année 50 exemplaires sur papier de Hollande de format in-12.

La bibliothèque de Bourges possède les années 1765-67, 1770-87, 1790-91, en maroquin rouge, aux armes de Mme du Barry.

— Le Petit Chansonnier françois, ou Choix des meilleures Chansons sur des airs connus. *A Genève et Paris, chez Duchesne*, 1778, 1780 ou 1782. 3 ou 2 vol. in-8. (De 15 à 20 fr.)

3 titres dessinés et gravés par Marillier.

Ed. de 1778, veau ancien, vente Stanley, revendu vente Heber et 92 fr., vente Turner (n. 368).

Cette même édition de 1778, en veau ancien, aux armes de Marie-Antoinette, Bibliothèque nationale.

SAVAGE. — The Works of Richard Savage, son of the Earl Rivers, with an account of the life and writings of the author; by Samuel Johnson. *London*, 1777, 2 vol. in-8. (De 20 à 25 fr.)

1 charmant fleuron, placé sur le titre de chaque volume, par Gravelot, gravé par Taylor.

SAVÉRIEN (Alexandre). — Histoire des Philosophes Modernes, avec leurs portraits gravés dans le goût du crayon. *A Paris, Bleuet et Guillaume*, 1760-1769. 8 parties en 4 vol. (De 80 à 100 fr.)

8 frontispices et 67 portraits. (Portraits de Bayle, Bacon, Descartes, Erasme, Galilée, Hobbes, Montaigne, Nicole, Newton, Pascal, Spinosa, etc.), gravés par François à l'aide de son procédé dit *en manière de crayon* et tirés à la sanguine.

Le même ouvrage a été réimprimé de 1762 à 1769 en 8 volumes in-12 avec les portraits réduits et en 1773, in-4.

— Histoire des Philosophes Anciens, par Savérien, avec leurs portraits gravés par François. *A Paris, Bleuet et Guillaume*, 1771-1773. 5 vol. in-4. (De 60 à 75 fr.)

1 frontispice à chaque volume et 200 portraits in-4.

Autre édition, 5 vol. in-12.

— Histoire des Progrès de l'Esprit humain, dans les sciences naturelles et dans les arts qui en dépendent, etc..., *A Paris, Lacombe*, 1775. In-8. (De 8 à 10 fr.)

1 figure par de Sève, gravée par Massard.

SAVIN. — Adélaïde ou le Repentir, anecdote volée par M. D. M. *A Amsterdam, Changuion et Paris, Costard*, 1769. In-8. (De 6 à 8 fr.)

1 frontispice, 1 titre, 1 vignette et 1 cul-de-lampe, gravés par Fessard.

SAXE (Le comte Maurice de). — Mes Rêveries, ouvrage posthume augmenté d'une Histoire de sa vie, par l'abbé Préau. *A Amsterdam et Leipzig, Paris, Desaint et Saillant*, 1757. 2 vol. in-4. (De 80 à 100 fr.)

94 planches consistant surtout en plans de bataille, gravées par Moitte, Tardieu et Patte.
Quelques planches coloriées de costumes militaires.

SCARRON. — Le Roman comique de Scarron, peint par Dumont et Pater, et gravé par MM. Surugue père et fils, Lépicié et Audran, graveurs du Roi. *A Paris, chez L. Surugue, rue des Noyers*. C. P. R. (De 400 à 500 fr.)

16 planches in-folio, en largeur, gravées par B. Audran, Jeaurat, Lépicié, G. Scotin, A. et L. Surugue (1727-1739).
Tel est le titre imprimé à la brosse qui se trouve en tête de cette belle et rare suite de 16 estampes, dont M. Rouquette père possédait naguère un remarquable exemplaire, qu'il a fait reproduire en estampes réduites par T. de Mare.

— Roman comique, Suite de Figures pour le gravée par Jean-Baptiste Oudry. *A Paris, chez Oudry, peintre du Roy au château des Thuilleries, cour des Princes et chez Duchange*. In-fol. (De 600 à 800 fr.)

Suite de figures extrêmement intéressantes et fort rares; l'illustration la plus artistique inspirée par le fameux roman de Scarron et interprétée à l'eau-forte par un véritable artiste.
Oudry, suivant Robert Dumesnil, aurait fait 38 compositions pour le *Roman comique*, mais n'aurait gravé que 21 pièces. Voici, d'après l'exemplaire de la Bibliothèque nationale, les planches qui portent la mention *inventé et gravé par J.-B. Oudry* :

Arrivée des comédiens au Mans;
Bataille arrivée dans un tripot;
La Rapinière tombe sur la chèvre;
L'Aventure du pot de chambre;
La Rancune en brancard abattu dans le bourbier;
Ragotin s'attire un coup de buse;
La Rancune coupe le chapeau de Ragotin qui était enfoncé;
Ragotin enivré par la Rancune;
Le Destin se signale dans le combat de nuit;

Renouvellement du combat où les deux servantes reçoivent des claques sur les fesses.

Les autres ne sont pas signées d'Oudry et ne peuvent lui être attribuées que pour la composition et non pour la gravure.
Il faut, d'après R. Dumesnil, distinguer cinq états :
1° A l'eau-forte non terminé;
2° Fini, au burin, avant le titre du sujet;
3° Avec le titre et l'adresse du Duchange;
4° Le titre effacé et remplacé par un autre;
5° Avec l'adresse de Desnos.
Une suite de 20 planches non rognées avec l'adresse de Huquier, 120 fr., vente Gosford (n. 106).
Il y aurait, dit-on, à la Bibliothèque nationale une suite des eaux-fortes pures, lavées à la sépia par Oudry lui-même.

— Roman comique de Scarron. *A Londres (Paris, Cazin)*, 1785. 3 vol. in-18. (De 8 à 10 fr.)

Tome I: 520 pp., plus le portrait.
Tome II: 2 ff. n. ch., 284 pp.
Tome III: 2 ff. n. ch., 386 pp.
En tout 1 portrait et 1 frontispice gravés par Chapuy.

— Le Roman Comique, Par Scarron, Edition ornée de Figures dessinées par Le Barbier et gravées sous sa direction. *De l'imprimerie de Didot jeune, à Paris, chez Janet et chez Hubert*, an IV (1796). 3 vol. in-8. (De 80 à 100 fr.)

Tome I : VII-277 pp., plus 1 portrait et 6 figures.
Tome II : VIII-252 pp., plus 6 figures.
Tome III : XIII-196 pp., plus 3 figures.
En tout 1 portrait gravé par Lemire et 15 figures de Le Barbier, gravées par Baquoy, Dambrun, Duclos, Hubert, Patas, Petit, Romanet et Simonet.
Il existe des exemplaires sur papier vélin avec les figures avant la lettre. Quelquefois la collection des eaux-fortes s'y trouve jointe.
En veau fauve de Bozérian, 52 fr., vente Daguin (n. 574); en demi-reliure de Thouvenin, figures avant la lettre, 250 fr., vente Destailleur (1891, n. 1398).
Avec les figures avant la lettre et les eaux-fortes, en demi-reliure de Thouvenin, maroquin brun, 650 fr., vente Em. Martin (n. 398); en maroquin vert de Cuzin avec

les avant-lettre et 7 eaux-fortes, 300 fr., vente R. Portalis (février 1878, n. 113); en demi-reliure, veau fauve, non rogné, avant-lettre et eaux-fortes, 950 fr., vente Sauvage (1880, n. 229). Un bel exemplaire en maroquin rouge doublé de maroquin rouge par Cuzin et contenant également les figures avant la lettre et les eaux-fortes, 1,300 fr., vente Rich. Lion (n. 232). Enfin, avec les dessins originaux, en maroquin bleu de Thouvenin, 440 fr., vente La Bédoyère (1837, n. 950, revendu en 1862, n. 1396 : 750 fr.), aujourd'hui dans la collection Rattier.

L'exemplaire Delbergue (n. 183 : 1,850 fr. aujourd'hui dans la collection Ferdinand de Rothschild), sur grand papier vélin en maroquin rouge de Bozérian, contient les eaux-fortes et les avant-lettre, qui sont aussi dans l'exemplaire Beraldi (en demi-reliure de Simier), dans celui de Lord Carnarvon (n. 50), dans celui en maroquin rouge doublé de maroquin rouge par Cuzin, offert à 1,500 fr. au *Bull. Morgand* II, 6 (1908), n. 631, dans celui d'Hémour (1899, n. 32 : 1,000 fr.) en maroquin rouge ancien à dentelle et dans celui de M. de Montgermont en maroquin rouge ancien (1911, n. 196 : 2.400 fr.)

— Œuvres de M. Scarron, Nouvelle édition, Revue, corrigée, & augmentée de l'Histoire de sa Vie & de ses Ouvrages, d'un Discours sur le style Burlesque & de quantité de pièces omises dans les éditions précédentes *A Amsterdam, Chez Wetstein*, 1752. 7 vol. petit in-12. (De 60 à 80 fr.)

Tome I: 15 ff. n. ch., 348 pp., plus 1 portrait.
Tome II: 5 ff. n. ch., 467 pp., plus 1 frontispice.
Tome III: 7 ff. n. ch., 608 pp., plus 1 frontispice.
Tome IV: 7 ff. n. ch., 560 pp., plus 1 frontispice.
Tome V: 1 f. n. ch., 528 pp., plus 1 frontispice.
Tome VI: 1 f. n. ch., 579 pp., plus 1 frontispice.
Tome VII: 5 ff. n. ch., 439 pp., plus 1 frontispice.

En tout 1 portrait de Scarron, 1 fleuron, le même pour les sept volumes, et 6 frontispices par Dubourg, gravées par Folkema. Un exemplaire relié sur brochure 205 fr., vente Potier; en maroquin bleu par Bozérian, 235 fr., vente Huillard; en maroquin rouge de Trautz, relié sur brochure, 1,100 fr., vente Lebeuf de Montgermont (1876, n. 796);

en maroquin rouge de Capé, relié sur brochure, 192 fr., vente E. Martin (n. 530); en maroquin rouge de Raparlier, vente R. Lion (n. 271); en maroquin orange de David, relié sur brochure, 80 fr., vente Daguin (n. 573).

En maroquin rouge de Derôme, exemplaire Radziwill, au Musée Dutuit (n. 573).

SCHELLENBERG (J. R.) — Recueil de Fables gravées à l'eau-forte par J. R. Schellenberg, 1780. In-8. (De 20 à 25 fr.)

20 figures à l'eau-forte par Schellenberg.

SCHOEN-SCHWARTZ (Van). — Histoire secrète anecdotique de l'Insurrection de Belgique, drame historique en cinq actes et en prose, etc., traduit du flamand de Van Schoen-Schwartz, par M. D. B. (M. de Beaunoir). *Bruxelles, chez de Vryheid et de Waarheid* (Liberté et Vérité), 1790. In-8. (De 15 à 20 fr.)

2 portraits et 6 figures non signés.

SECOND (Jean). Voy. TIBULLE.

SEDAINE. — Recueil de Poésies de M. S. *A Paris, Duchesne*, 1760. In-12. (De 5 à 6 fr.)

Joli frontispice gravé.

— Blaise le savetier, opéra-comique par M. S... *A Paris, Ballard*, 1762. In-8. (De 25 à 30 fr.)

6 figures par Desrais et Grangeret, gravées par Dupin fils et Thérèse Martinet. La suite des figures se trouvait dans la bibliothèque de Sardou, ainsi que la plupart des suites de 6 figures de Quéverdo et Martinet pour les opéras-comiques de Favart, de Falbaire, Laujon, etc... dans un recueil que nous avons décrit au nom de *Martinet* et qui comprend 21 de ces suites.

— Le Déserteur, comédie en 3 actes, mêlée d'ariettes. (Musique de Monsigny.) *A Paris, C. Hérissant*, 1769. In-8. (De 40 à 50 fr.)

6 figures de Quéverdo.
Quatre dessins originaux de Quéverdo à l'encre de Chine, signés et datés de 1770, ont été vendus 1,000 fr., à Morgand, pour

Louis Roederer, à la vente R. Portalis (février 1878, p. 7, n. 35).

Il existe une autre suite de figures pour *le Déserteur*, 6 pièces par Duclos, gravées par Duhamel, Lingée, Patas, Ponce et Prévost.

— De Deserteur zangspel naar het fransch gevolgd door Barth. Ruloffs. *Te Amsterdam*, 1782. In-8. (De 25 à 30 fr.)

Fleuron de De Vries sur le titre et vignette de dédicace de Vinkelès. On y joint les 6 figures de Duclos, faites pour l'édition française, gravées par Duclos, Duhamel, Lingée, Patas, Ponce et Prévost.

Traduction hollandaise de la pièce de Sedaine.

— Les Femmes vengées, Opéra-comique en un Acte et en Vers; Par M. Sedaine. La Musique de M. Philidor. *A Paris, Chez Musier*, 1775. In-8. (De 15 à 20 fr.)

2 ff. n. ch., 72 pp. et 1 f. n. ch., plus 1 figure par Cochin, gravée par Lingée.

En maroquin citron de Trautz, collection James de Rothschild (n. 1342).

— Le Jardinier et son Seigneur, opéra-comique en un acte, en prose mêlé de morceaux de musique etc., par M. Sedaine ; la musique de M. Philidor. *A Paris, Claude Hérissant*, 1761. In-8. (De 5 à 6 fr.)

1 figure par G. de Saint-Aubin, gravée par A. de Saint-Aubin.

Il existe pour cet opéra-comique une suite de six figures de Duclos et Patas, gravées par Dupin fils, Patas et Martinet. (De 25 à 30 fr.)

— On ne s'avise jamais de tout, opéra-comique en un acte en prose, mêlé de morceaux de musique (de Monsigny). *A Paris, Cl. Hérissant*, 1761, in-8, *A Paris, Ballard*, 1762. In-8. (De 25 à 30 fr.)

6 figures par Martinet et Quéverdo, gravées par Martinet, Thérèse Martinet et Prévost.

— Le Roi et le Fermier, comédie en trois actes, mêlée de morceaux de musique, par M. de Monsigny. *A Paris, Hérissant*, 1761 et 1770, in-8. (De 30 à 40 fr.)

6 figures par Quéverdo, gravées par Auvray et Frussotte.

— Rose et Colas, comédie en un acte, prose et musique. (Musique de Monsigny.) *A Paris, Claude Hérissant*, 1764, in-8 ou *A Paris, C. Ballard*, 1769. In-8. (De 30 à 40 fr.)

6 figures par Marie-Thérèse Martinet, Marie Quéverdo et Quéverdo.

— Les Sabots, opéra-comique mêlé d'ariettes (musique de Philidor). *A Paris, Hérissant*, 1768. In-8. (De 25 à 30 fr.)

6 figures par Duclos, gravées par Massard, Ponce, Duclos, Leveau et Thérèse Martinet.

— La Tentation de Saint-Antoine, ornée de figures et de musique. *A Londres*, 1781. — Le Pot-Pourri de Loth, orné de figures et de musique. *A Londres*, 1781. 2 parties en 1 vol. in-8. (De 150 à 200 fr.)

1 f. n. ch. (faux-titre de La Fontaine). 10 ff. de texte, 1 f. n. ch. (portant fin). 1 f. n. ch. (faux-titre du Pot-Pourri). 10 ff. de texte, plus 2 frontispices et 16 figures de Borel, gravées par Elluin.

Il existe de cet ouvrage, sous la date de 1781, deux éditions ayant le même nombre de pages et de gravures ; dans l'une, 5 des figures sont découvertes. Nous avons remarqué quelques différences dans la mise en pages de ces deux éditions ; de plus 4 fleurons dont celui du 1er titre sont différents.

Réimprimé en 1784, avec texte gravé et encadré et orné de culs-de-lampe gravés. Les figures portent un numéro au bas des planches.

Ce livre se trouve également de format in-18, à la date de 1782, avec les mêmes figures retournées, copiées sur celles de l'in-8 et contenant en plus 1 pièce intitulée : *Pour le jour de St-Pierre*, avec une figure nouvelle. (De 100 à 120 fr.)

En voici la composition : 11 ff. de texte ; 16 pp. de musique gravée ; 4 ff. de texte ; 11 ff. de texte foliotés 1-7 et 9-12) ; 24 pp. de musique gravée ; plus 19 figures.

Relié en veau fauve, 115 fr., vente Rich. Lion (n. 165). — En maroquin rouge par Biziaux, 200 fr., vente Béhague (n. 804).

Un bel exemplaire relié par Thouvenin et contenant 18 dessins originaux à la sépia par Borel, a passé chez Bérard et chez Hankey. Il se trouve aujourd'hui à Rouen dans une collection particulière.

SÉGUR (J.-A. de). — Les Femmes, leur condition et leur influence dans l'ordre social chez différents peuples anciens et modernes. *A Paris, imprimerie de Didot jeune*, 1803, 3 vol. in-8. (De 15 à 20 fr.)

6 figures par Harriet, gravées par Delvaux.
Il existe des exemplaires sur papier vélin avec figures avant la lettre.

SELLIUS et DUJARDIN. — Histoire générale des Provinces-Unies. *A Paris, Simon*, 1754-1770. 8 vol. in-8. (De 20 à 30 fr.)

1 frontispice et une vignette de dédicace, par Eisen, gravés par Lempereur ; 8 vignettes par Choffard et Eisen, gravées par Le Mire, plusieurs cartes avec cartouches par Choffard, et 18 portraits gravés par Flipart.

SÉNAC DE MEILHAN. — La La F.....manie, Poëme lubrique. Nouvelle édition, Avec figures. *A Sardanapolis, Chez les Amateurs*, s. d. (1778) In-8. (De 80 à 100 fr.)

79 pp., plus 6 figures non signées.
Première édition illustrée

— La F.....manie, poëme lubrique, Suivie de plusieurs autres Pièces dans le même genre. *A Londres* (Paris, Cazin), *Aux dépens des Amateurs*, 1780. (De 150 à 200 fr.)

1 frontispice et 8 figures libres de Borel, gravées par Elluin, non signées.
Les figures sont d'une beauté et d'une finesse remarquables. Les deux dernières, très inférieures, sont d'une autre main.
Ce livre, pour être complet, doit être suivi de la *Confédération de la Nature* dont la pagination continue, et qui manque dans beaucoup d'exemplaires.
Les 7 dessins de Borel se trouvaient dans la collection Bérard.

— La F......manie, poëme lubrique. *A Sardanapolis, aux dépens des amateurs*, 1780. In-8. (De 20 à 60 fr.)

7 figures non signées.

— La F...... manie, poëme lubrique en six chants suivi du Temple de l'Amour, nouvelle édition enrichie de gravures des meilleurs maîtres, dédié au beau sexe de Paris. *A Londres, aux dépens de la Chambre des pairs*, 1791. In-8. (De 40 à 50 fr.)

7 figures libres non signées.
Le frontispice est la reproduction du titre des estampes galantes de Boccace et plusieurs des figures sont évidemment dessinées et gravées par Martinet.

SENETERRE (Le marquis de). — Nouveaux Contes de Fées. *A Amsterdam, Aux dépens de la Compagnie* (Paris), 1744. Pet. in-8. (De 15 à 20 fr.)

XVI-79 pp. Contient 6 jolies vignettes non signées, dans le genre de Cochin.
La seconde édition, de 1745 a un fleuron sur le titre.

SÉRAILS DE LONDRES (Les), ou les Amusemens nocturnes, Traduit de l'Anglais. *A Paris, Chez Barba, An IX* (1802); 4 vol. in-8. (De 40 à 50 fr.)

Tome I : XXIV-150 pp., plus 1 figure.
Tome II : 2 ff. n. ch., 152 pp., plus 1 figure.
Tome III : 2 ff. n. ch., 146 pp., plus 1 figure.
Tome IV : 2 ff. n. ch., 160 pp., plus 1 figure.
En tout 4 figures non signées, gravées à la manière noire. Réimprimé en 1804.

SÉRAILS DE PARIS (Les), ou Vies et portraits des dames Pâris, Gourdan, Montigni et autres appareilleuses, ouvrage concernant la description de leurs sérails, leurs intrigues et les aventures des plus fameuses courtisanes. *A Paris, Hocquart*, an X. 3 vol. in-18. (De 30 à 40 fr.)

3 portraits, non signés.

SÉRAN DE LA TOUR (Abbé). — Amusement de la Raison. *A Paris, Durand*, 1747 ou 1752. 2 parties en 1 vol. in-12. (De 10 à 12 fr.)

xxiv-254 pp., 5 ff. n. ch.
Contient 1 joli fleuron non signé sur le titre et 4 vignettes de Durand, gravées par Fessard.

— Du Bonheur. *Paris, Dufour*, 1767. In-8. (De 4 à 5 fr.)

Frontispice dessiné et gravé par Goulet l'aîné.

SERGENT. Portraits des Grands Hommes, Femmes illustres et Sujets mémorables de France, gravés et imprimés en couleurs, dédiés Au Roi. *A Paris, Chez Blin*, s. d. (vers 1792?) In-4. (De 1,200 à 1,500 fr.)

Titre gravé, dédicace gravée et 192 planches imprimées en couleurs dessinées presque toutes par Sergent, gravées par Sergent, Mme de Cernel, Ridé, Morret, Roger, etc., elles sont réunies deux à deux, chaque portrait ovale étant suivi d'une estampe à mi-page.
Ce recueil parut en 48 livraisons de 4 planches.
En demi-reliure, complet des 192 planches, 1,050 fr., vente Sardou (n. 241), aujourd'hui chez la baronne James de Rothschild.
Voici le détail, cahier par cahier, des 192 planches de ce dernier exemplaire :
A : 6 planches (1-2, 5-8).
B : 22 planches (3-15, 12-20).
C : 52 planches (3-54).
D : 6 planches (3-8).
E : 6 planches (1-6).
F : 4 planches (3-6).
G : 12 planches (1-12).
H : 2 planches (1-2).
I : 2 planches (1-2).
K : 12 planches (1-6, 5-10).
L : 10 planches (1-4, 3-8).
M : 2 planches (1, 1).
N : 6 planches (3, 3, 5-8).
O : 6 planches (1-3, 3, 5-6).
P : 2 planches (3-4).
Q : 4 planches (1-4).
Y : 4 planches (1-4).
& : 6 planches (1-6).
AA : 4 planches (1-4).
BB : 2 planches (1-2).
CC : 2 planches (3-4).
EE : 2 planches (3-4).
NN : 2 planches (1-2).
UU : 2 planches (1-2).
XX : 2 planches (1-2).
FFF : 2 planches (1-2).
JJJ : 8 planches (1-5, 4, 7-8).
OOO : 2 planches (1-2).
Il faut donc observer que les numéros suivants ont été employés deux fois : B 12-15, K 5-6, L 3-4, M 1, N 3, O 3, JJJ 4.
Dans la première et deuxième livraison, les quatre planches de scènes sont des médaillons de forme ovale; dans le reste de l'ouvrage, ce sont des planches carrées à mi-page.

— Tableaux des Révolutions de Paris, depuis le mois de juillet 1789. Dessinés et gravés par Ant. F. Sergent. Avec un précis historique. Première livraison. Dédiés à la Société de la Révolution de Londres. *Se vend à Paris, chez l'auteur. Imprimé sous la direction de M. Clousier par les Enfants-Aveugles*, 1789. In-4. (De 2,000 à 2,500 fr.)

2 ff. (titre et prospectus), 8 ff. de texte et 4 très jolies planches par A.-F. Sergent, imprimées en couleurs.
Il n'a été publié que ce premier fascicule, dont le baron Pichon, puis Lord Carnarvon (n. 52) possédèrent un exemplaire cartonné, non rogné, passé ensuite chez M. de Montgermont (1911, n. 199 : 3,050 fr.).
Des quatre planches, deux étaient avant la lettre.
Voici le sujet de ces planches :
1° *La Charge du Royal Allemand.*
2° *La Promenade aux flambeaux.*
3° *Les Gardes Françaises, rue Basse-du-Rempart dans la nuit du 12 juillet 1789.*
4° *Le Duc du Châtelet poursuivi par le peuple.*

SERRÉ DE RIEUX (J. de). — Les Dons des Enfans de Latone : la musique et la chasse du cerf, Poëmes dédiés au Roy. *A Paris, Chez Pierre Prault*, 1734. In-8. (De 25 à 50 fr.)

xii pp., 2 ff. n. ch., 330 pp., 2 ff. n. ch. plus 1 frontispice de Lebas, 6 figures d'Oudry, 14 planches de musique après la p. 13 et 32 planches de musique à la fin.
En maroquin rouge par Hardy, 54 fr., vente de Béhague (n. 689).
En veau fauve, 3 fr., vente Soubise n. 5032, revendu 2 fr., vente Patu de Mello (n. 618) et 85 fr., vente Janzé (n. 260).

SHAKESPEARE (William). — The Works of Shakespeare. *London, Tonson,* 1735. 8 vol. in-12. (De 30 à 40 fr.)

1 frontispice et 43 figures par Duguernier et Foudrinier, la plupart très mauvaises.
Un neuvième volume contient les sept pièces additionnelles qui ne sont qu'attribuées à Shakespeare.

— The Works of Shakespeare, in six volumes carefully revised and corrected, and adorned with sculptures designed and executed by the best hands. *Oxford, printed at the Theatre,* 1744-1746. 6 vol. in-4. (De 80 à 100 fr.)

1 portrait de Shakespeare, gravé par Gravelot, 2 frontispices avec le portrait de l'auteur, par Gravelot, représentant des monuments funéraires, 36 figures dessinées par Hayman, et gravées par Gravelot et 2 culs-de-lampe par Gravelot, servant l'un dix fois et l'autre quatorze.
Intéressant travail du dessinateur Gravelot pendant son séjour en Angleterre.
L'éditon est due Sir Thomas Hanmer.

— The Works of Shakespeare, collated with the oldest copies and corrected, with notes, etc., by Mr Theobald. *London, Hitch,* 1762 ou *Tonson,* 1767. 8 vol. in-12. (De 50 à 60 fr.)

1 portrait gravé par Van der Gucht et 36 figures dessinées par Gravelot et gravées par Van der Gucht.
Ces illustrations de Gravelot se rencontrent, croyons-nous, pour la première fois dans une édition de Londres, 1740. 8 vol. in-12, réimprimée en 1757.

— Shakespear's Plays (Bell's edition of) as they are now performed at the Theatres Royal in London. *London, John Bell,* 1773-1775. 8 vol. in-12. (De 60 à 80 fr.)

1 portrait de Shakespeare, 1 de Garrick, 8 titres gravés et 72 figures, dont 25 environ gravées par Grignion.
La plupart de ces figures sont des portraits d'artistes dans leurs rôles.
Cette édition, peu estimée en Angleterre, comme texte, est très jolie et remarquable par ses belles illustrations.

A ces huit volumes, il faut joindre le suivant : *Poems written by Shakespeare. London, J. Bell et Etherington,* 1774. In-12.
1 frontispice et 2 figures, dont celle de Vénus et Adonis paraît avoir été gravée par Grignion.
En veau ancien, 70 fr., vente Daguin (n. 575).

— Théâtre de Shakespeare (en anglais). *A Londres,* 1775-1777. 25 vol. in-18. (De 80 à 100 fr.)

86 figures et portraits, par Moreau, Loutherbourg, etc..., gravés par Delattre, Grignion, Lemire, etc.

— Macbeth. *London, Tonson,* 1745. In-12. (De 5 à 6 fr.)

1 frontispice par Duguernier, gravé par Van der Gucht.

SIGRAIS (Bourdon de). — Histoire des Rats, pour servir à l'histoire universelle. *A Ratopolis,* 1737. In-8. (De 15 à 20 fr.)

2 ff. n. ch., xv-140 pp., 7 ff. n. ch., plus 1 frontispice et 1 figure.
Contient 1 fleuron sur le titre, 1 joli frontispice et 1 figure gravés par T. Otten.
Se joint quelquefois aux *Chats* de Moncrif.
En veau fauve ancien, 30 fr., vente E. Martin (n. 497).
Autre édition sous la date de 1738.

SIMON DE TROYES. Choix de Poésies, traduites du grec, du latin et l'italien contenant la Pancharis de Bonnefons, les Baisers de Jean Second, ceux de Jean Van der Does, des morceaux de l'Anthologie et des poëtes anciens et modernes, avec des notices sur la plupart des auteurs qui composent cette collection par M. F. T. S. D. T., etc., *A Londres* (Paris, Cazin), 1786. 2 vol. in-18. (De 12 à 15 fr.)

1 frontispice par Le Barbier, gravé par Thomas.
En maroquin violet ancien, 45 fr., vente E. Martin. (n. 174).

SIND (Baron de). — L'Art du Manège pris dans ses vrais principes, suivi d'une nouvelle méthode pour l'embouchure des chevaux, etc., par le baron de Sind, colonel d'un régiment de cavalerie, premier écuyer de S. A. E. de Cologne, prince de Munster, 3e édition. *A Vienne et se trouve à Paris chez Després*, 1774. In-8. (De 20 à 25 fr.)

1 portrait de l'auteur et 7 planches, la 5e dessinée par de Garsault et gravée par Ransonnette.

SMIRKE. — Suite de 24 figures pour les Mille et une Nuits. *A Londres*, 1802. In-4. (De 50 à 60 fr.)

La suite existe sur Chine avant la lettre, les noms des artistes à la pointe.
En cette condition, demi-rel. de David, 105 fr., vente E. Martin.

SMOLLET. — Falhemel et Melvil, traduit de l'anglois sur la quinzième édition. *A Paris, Gueffier*, An VII (1798). 4 vol. in-12. (De 10 à 12 fr.)

4 figures gravées par Legrand.

SOIRÉE (La) du Labyrinthe, débauche d'esprit suivie du Portefeuille galant par M***. *A Paris, Charles Guillaume*, 1732. In-12. (De 8 à 10 fr.)

1 jolie figure par J.-B. Scotin.
La dédicace est signée C***.

SOLITAIRES (Les) en belle humeur. Entretiens recueillis des papiers de feu M. le marquis de***. *A Paris, dans la grande salle du Palais, au pilier des Lingères*, 1722. 2 vol. in-12. (De 15 à 20 fr.)

Frontispice et 16 figures non signées.

SOLLIER (Pierre). — Manuel des Fous, ou le Grand Festin de l'Élysée. *A Paris, imprimerie de Cailleau*, an VIII (1800). In-12. (De 6 à 8 fr.)

1 titre dessiné par Binet, gravé par Mariage et 1 figure par Binet, gravée par Bornet.

SONNERAT. — Voyage à la Nouvelle Guinée, dans lequel on trouve la description des lieux, des observations physiques et morales et des détails relatifs à l'Histoire naturelle par M. Sonnerat. *A Paris, Ruault*. 1774. In-4. (De 30 à 40 fr.)

Frontispice gravé et 120 planches en taille-douce.

— Voyage aux Indes Orientales et à la Chine fait par ordre du Roi, de 1774 à 1781, par M. Sonnerat, commissaire de la Marine, naturaliste, etc. *A Paris, chez l'auteur, et chez Foulé, Nyon, Barrois*, 1782, 2 vol. in-4. (De 50 à 60 fr.)

140 planches d'après Sonnerat par Poisson (92), Desmoulins (8), Fessard (6), Avril (22) et Mioland (12).

SOREL (Ch.). — La Vraye histoire comique de Francion, composée par Nicolas de Moulinet, sieur du Parc, gentilhomme lorrain. *A Leyde, chez Henry Drumond*, 1721. 2 vol. in-8. (De 30 à 40 fr.)

Titre-frontispice et 8 figures non signées.

SOUZA (Mme de). — Adèle de Senange, ou lettres de Lord Sydenham. *A Genève et Paris*, 1798. (De 8 à 10 fr).

2 figures de Chaillou, gravées par Bovinet.

SPANHEIM. — Histoire de la Papesse Jeanne, fidèlement tirée de la dissertation latine de Mr. Spanheim. Seconde Edition augmentée. *A La Haye, Chez Scheurleer*,, 1720. 2 vol in-12. (De 50 à 60 fr.)

Tome I : 21 ff. n. ch., 285 pp., 1 f. n. ch., plus 5 figures.
Tome II : 1 f. n. ch., 336 pp.
En tout 5 planches non signées dont une qui se déploie.
Les mêmes figures se retrouvent dans les éditions suivantes.

SPECTACLE Historique, divisé par période de 25 ans ; chaque estampe représentant les événements les plus remarquables d'une période et les portraits des souverains qui ont le plus influé sur les affaires de leur temps, gravées par Godefroy, avec des notes explicatives par M. Levesque. *A Paris, chez l'auteur, s. d.* (vers 1770.) In-fol. (De 60 à 80 fr.)

1 frontispice et 10 planches de Marillier et Monnet.

STÉPHANOR ou les Aventures d'un jeune Portugais par A. P. F. M. D. G. *A Paris,* an VIII. 2 vol. in-12. (De 8 à 10 fr.)

2 figures par Binet.
Roman attribué à Ménegaud de Gentilly.

STERNE. — La Vie et les opinions de Tristram Shandy. Traduites de l'Anglois de Stern. Par M. Frénais. *A Londres* (Paris, Cazin), 1780 ou 1784. 4 vol in-18. (De 15 à 20 fr.)

Tome I : 2 ff. n. ch., XII-310 pp., plus 1 portrait et 2 figures.
Tome II : 2 ff. n. ch., VIII-377 pp., plus 2 figures.
Tome III : 2 ff. n. ch., 379 pp., plus 1 figure.
Tome IV : 2 ff. n. ch., 388 pp., plus 1 figure.
En tout 1 portrait et 6 figures gravées par Chapuy.

— Voyage Sentimental en France, nouvelle édition. *A Londres* (Paris, Cazin), 1784. In-18. (De 8 à 10 fr.)

2 figures dessinées et gravées par Duponchel.
En maroquin rouge ancien aux armes de Marie-Antoinette, Bibliothèque nationale.

— Voyage sentimental suivi des lettres d'Yorick à Eliza, par Laurent Sterne. En anglais et en français. *A Paris et Amsterdam, Chez Dufour, successeur de Defer de Maisonneuve, de l'imprimerie de Didot,* an VII. 2 vol. grand in-4. Papier vélin. (De 200 à 250 fr.)

Tome I : 2 ff. n. ch., 4 pp., 209 pp., plus 3 figures.
Tome II : 2 ff. n. ch., 227 pp., plus 3 figures.

En tout 6 figures par Monsiau, gravées par Dambrun, Miger, Patas et Pauquet.
Très belle édition. La figure de la servante lutinée par Sterne est particulièrement gracieuse.
Les figures existent avant la lettre, ainsi qu'à l'état d'eaux-fortes. L'une de ces dernières a été copiée en contre-partie.
Non rogné, figures avant la lettre, demi-reliure, 165 fr., vente E. Martin (n. 463).
— Egalement non rogné, avec quelques eaux-fortes ajoutées, 265 fr., vente Dugoujon.
En demi-reliure de Purgold, non rogné, figures avant la lettre, 15 fr., vente La Bedoyère (1862, n. 1596), aujourd'hui chez M. H. Beraldi qui y a ajouté *toutes* les eaux-fortes.

— Voyage sentimental, suivi des lettres d'Yorick à Eliza, par Laurent Sterne, en Anglais et en Français. Nouvelle édition dont la traduction française a été revue et corrigée sur le texte Anglais. Ornée de six figures d'après Monsiau. *A Paris, Chez Didot le jeune,* an VII (1799). 3 vol. in-12. (De 60 à 80 fr.)

6 figures d'après Monsiau, réductions de celles de l'édition in-4.
Cartonné, avec les figures avant la lettre, catalogue Carnarvon, n. 51.

— Voyage Sentimental, suivi des lettres d'Yorick à Élisa, en anglais et en français ; nouvelle édition. *A Paris, Kœnig,* 1801. 3 vol. in-12. (De 20 à 30 fr.)

6 figures par Monsiau, gravées par Levillain.
Réductions des figures de l'édition de l'an VII.

— A Sentimental Journey through France and Italy by Laurence Sterne. *A Paris, chez Ant. Aug. Renouard,* an X, 1802. In-18. (De 15 à 20 fr.)

Mêmes figures que dans l'édition de 1801.
En veau fauve ancien, 30 fr., vente E. Martin (n. 462).

— Œuvres complètes de Laurent Sterne, nouvelle édition, avec 16 gravures. *A Paris, Jean-François Bastien,* an XI (1803). 6 vol. in-8. (De 30 à 40 fr.)

1 portrait par Misbach et 15 figures par Misbach et Chasselat, gravées par Saint-Aubin.

Figures médiocres, édition mal soignée, comme toutes celles de Bastien. La traduction est de Frénais, de Bonnay et de Salaville. Il existe des exemplaires sur papier vélin.

— Das Leben und Meynungen des Herrn Tristram Shandy, aus dem englischen übersetzt. *Berlin und Stralsund, bey Gottlieb-August Langen*, 1769. 9 vol. in-8.

12 figures dessinées par Daniel Chodowiecki et gravées par Berger, plus 2 figures gravées par Glassbach d'après Hogarth.

STETTEN (Paul). — Lettres d'une Femme du quatorzième Siècle, traduites de l'allemand, ornées de très belles figures gravées en taille-douce. *A Amsterdam et Paris, Nyon*, 1788. In-18, papier vélin. (De 5 à 6 fr.)

1 frontispice et 10 figures non signés.

STICOTTI (A.-F.) — Les Soupirs d'Eurydice aux Champs-Elysées. *A La Haye et Paris, Costard*, 1770. In-8. (De 4 à 5 fr.)

1 frontispice dessiné et gravé par Cochin fils.

STOSCH (Ph. de). — Pierres antiques gravées sur lesquelles les graveurs ont mis leurs noms, dessinées et gravées en cuivre sur les originaux ou d'après les empreintes, par Bernard Picart, tirées des principaux cabinets de l'Europe, expliquées par Ph. de Stosch et traduites par de Limiers. *A Amsterdam, chez B. Picart*, 1724. In-folio. (De 60 à 80 fr.)

70 planches gravées par B. Picart et deux fleurons.

STOY. — Nouveau Manuel élémentaire, ou explication d'une Suite d'Estampes pour l'Instruction de la Jeunesse. *A Nurnberg, chez l'auteur et Winterthur, Steiner*, 1789. 3 vol. gr. in-8 et 1 atlas in-4. (De 80 à 100 fr.)

1 titre de Chodowiecki, gravé par Schellenberg, 1 frontispice par Penzel et 52 planches doubles de Chodowiecki et Schellenberg.

STRUTT. — L'Angleterre ancienne, ou Tableau des Mœurs, usages, armes, habillements, etc., des anciens habitants de l'Angleterre, ouvrage traduit de l'anglois de Strutt, par M. B*** (Boulard). *A Paris, Maradan*, 1789. 2 vol. in-4. (De 30 à 40 fr.)

67 figures; une est signée : *Strutt fecit*. L'ouvrage anglais avait paru de 1774 à 1776 en 3 vol. in-4. La traduction du 3ᵉ volume n'a pas été faite.

SUARD. — Apologie de Messire Jean-Charles-Pierre Lenoir, chevalier, conseiller d'État, ancien commissaire pour le Roi dans l'affaire de la Chalotais..., etc., ornée de gravures et dédiée à Mme la duchesse de Grammont par son très humble et très obéissant serviteur Suard, l'un des quarante. *De l'imprimerie de la Bibliothèque du Roi*, 1789. In-8. (De 8 à 10 fr.)

2 figures signées : Le Brun pinx.

SUBLEYRAS. — Nella Venuta in Roma di Madama Le Comte e dei Signori Watelet et Copette, Componimemti Poetici di Luigi Subleyras, colle figure in rame di Stefano della Vallée-Poussin. S. l. (Rome), 1764. In-8. (De 100 à 120 fr.)

Ouvrage entièrement gravé comprenant, 1 titre, 17 pages de texte, dont 14 avec encadrements ornés, 1 frontispice, 1 charmant portrait de Marguerite Lecomte non signé mais attribué à Weirotter, et 12 dessins par LaVallée-Poussin, gravés à l'eau-forte par lui-même, par Weirotter et par H. Robert. En tout 32 planches.

Rare et intéressant opuscule fait par les jeunes artistes de l'Académie de France à Rome pour célébrer le voyage du financier

Watelet, auteur de l'*Art de Peindre*, accompagné de sa maîtresse Marguerite Le Comte.

Les vers sont du jeune poète Louis Subleyras, fils d'un peintre d'origine française, établi à Rome.

Quelques exemplaires seulement (*six à ce que l'on assure*), furent tirés petit in-folio. L'exemplaire d'Anisson, tiré de ce format et qui se trouve à la Bibliothèque nationale, contient plusieurs portraits et pièces ajoutés.

En demi-reliure, maroquin noir, grand papier, 199 fr., vente Delbergue (n. 42); cart. non rogné, 110 fr., vente Guyot de Villeneuve (n. 427); en maroquin bleu de Cuzin, 455 fr., vente Montgermont (1911, n. 197).

SULLY (Maximilien de Béthune, duc de). — Mémoires De Maximilien de Béthune, duc de Sully, Principal Ministre de Henry le Grand. Mis en ordre : avec des Remarques. Par M. L. D. L. D. L. *A Londres*, 1745. 3 vol. in-4. (De 50 à 60 fr.)

Tome I : Titre en rouge et noir. xxxvi-596 pp., 1 f. n. ch. d'*Errata*, plus 25 portraits.

Tome II : 2 ff. n. ch., x-664 pp., 1 f. n. ch. d'*Errata*, plus 20 portraits.

Tome III : 2 ff. n. ch., vi-563 pp., 1 f. n. ch. (*Liste des portraits*), plus 11 portraits.

Sur les trois titres, le même fleuron de Duflos. Les portraits au nombre de 56 selon la table, mais auxquels on a souvent ajouté une ou deux pièces, sont tirés dans des encadrements de style rocaille et sont empruntés comme l'a reconnu M. Picot, à la collection réunie par Odieuvre pour l'*Europe illustre*, recueil qui ne parut d'ailleurs qu'en 1755.

Cette édition est due aux soins de l'abbé de L'Escluse des Loges qui a entièrement rajeuni le style pesant des secrétaires de Sully; de plus il a eu l'heureuse idée de faire parler son héros à la première personne.

Le bel exemplaire en maroquin rouge ancien de la collection James de Rothschild (n. 2238) renferme un portrait additionnel (celui d'Anne d'Autriche, tome II, p. 86); au portrait de Charles, cardinal de Lorraine (tome I, p. 38) on a substitué par erreur celui de Charles, cardinal de Bourbon (tome I, p. 245).

— Mémoires De Maximilien De Béthune, Duc De Sully, Principal Ministre de Henry Le Grand, Mis en ordre, avec des Remarques Par M. L. D. L. D. L. *A Londres*, 1747; 3 vol. in-4. (De 40 à 50 fr.)

Tome I : 2 ff. n. ch., xxxvi-607 pp., plus 1 frontispice et 2 figures.

Tome II : 2 ff. n. ch., x-612 pp.

Tome III : 2 ff, n. ch., vi-pp., 1 f. blanc 618 pp., plus 1 figure.

En tout 1 frontispice par Licherie, gravé par Baudet, 3 fleurons de titre, 3 vignettes en têtes par Gravelot, gravés par Fessard et 3 planches dont 2 pliées.

On ajoute généralement à cette édition une série de portraits d'Odieuvre. D'après Brunet il en faudrait 58 répartis comme il suit : Tome 1er 27, Tome 2e 19, Tome 3e 12.

En maroquin vert aux armes de Mme de Pompadour 3040 fr. au comte Foy, vente Gosford (n. 429).

Du même ouvrage, il a paru sous le même titre une réimpression datée de *Londres*, 1767, 8 vol. in-12. — 2 portraits, celui de Henri IV et celui de celui de Sully.

L'exemplaire James de Rothschild (n, 2239) est en maroquin rouge ancien aux armes de la comtesse Du Barry.

Un autre exemplaire d'une édition semblable (*A Londres*, 1763. 8. vol. in-12) en maroquin bleu, aux armes de Louis XV, 141 fr., vente Pixerécourt (n. 1860) revendu 3,750 fr., vente Gosford (n. 430), 3,610 fr., vente R. Lion (n. 305) et 4,200 fr., vente Sauvage (1898, n. 102).

SURGY (Rousselot de). — Les Vicissitudes de la Fortune, ou Cours de morale mise en action pour servir à l'Histoire de l'Humanité; ouvrage orné de figures en taille douce. *A Amsterdam et à Paris, chez Delalain*, 1762. 2 vol. in-12. (De 10 à 12 fr.)

4 figures dessinées et gravées par Ingouf.

SURVILLE (Marguerite-Éléonore-Clotilde de). — Poésies de Marguerite-Éléonore-Clotilde de Vallon-Chalys, depuis madame de Surville, poëte françois du XVe siècle, publiées par Ch. Vanderbourg. *A Paris, chez Heinrichs*, an XI-1803. In-8. (De 15 à 20 fr.)

2 ff. prel., CXXIII-259 pp., plus 1 frontispice gravé, 3 figures et 2 pages de musique gravée.

On en a tiré 2 exemplaires sur peau de vélin. Celui du marquis de Coislin (1847, n. 160 : 90 fr.) en maroquin bleu, doublé de maroquin violet, gardes de maroquin, par Thouvenin, avec 4 états des figures (noir, couleurs, avant-lettre, et avant-lettre sur Chine) a été revendu 295 fr., vente de Lassize (1863, n. 533), puis 400 fr. à Crepet à la vente Lebeuf de Montgermont (1876, n. 282); c'est sans doute celui qui avait été payé 350 fr., vente Bertin (1815, n. 182); le deuxième exemplaire a figuré à une vente de Silvestre, le 26 février 1820 (n. 86).

Sur papier vélin, en maroquin bleu de Bozérian, 15 fr., vente E. Martin (n. 184).

Le dessin original du frontispice se trouvait dans l'exemplaire en maroquin rouge doublé de maroquin rouge, vendu 23 fr. 50, vente Renouard (1854, n. 1265).

— Poésies de Marguerite-Éléonore-Clotilde de Vallon-Chalys, depuis madame de Surville, poëte françois du XVe siècle, publiées par Ch. Vanderbourg. *A Paris, De l'imprimerie de P. Didot l'aîné.* An 12 (1804). In-12. (De 8 à 10 fr.)

CI-257 pp. plus 1 frontispice gravé, 7 figures et 3 pages gravées de musique.

On en tira quatre exemplaires sur vélin : le premier fut conservé par l'éditeur, Vanderbourg; le deuxième fut vendu 129 fr. dans une vente de Bertin (29 février 1816), non rogné dans un étui; le troisième fut payé 3 guinées dans une vente chez Sotheby (n. 1051); le quatrième enfin en maroquin bleu de Bozérian, avec le dessin original par Fortier du frontispice et plusieurs épreuves de cette gravure a été successivement adjugé à 71 fr., vente Renouard (1854, n. 1266), 86 fr., vente Hebbelinck, (1856, n. 1049) et 295 fr., vente Desq (1866, n. 370); c'est peut-être le premier de notre liste qui fut vendu 195 fr., vente Sauvage (1880, n. 136), en maroquin vert de Capé-Masson-Debonnelle, figures en 2 états (une en 4 états) noires et coloriées.

SWIFT. — Le Conte du Tonneau, contenant tout ce que les Sciences et les Arts ont de plus sublime et de plus mystérieux, etc., par le fameux Dr Swift, traduit de l'anglois (par Van Effen). *A La Haye, Henri Scheurleer,* 1721. 2 vol. in-8. (De 10 à 15 fr.)

6 figures non signées (5 dans le premier vol., 1 dans le second).

Il y a des exemplaires sur grand papier. L'un d'eux en maroquin rouge par Boyet, 220 fr., vente du comte de Chabrol.

— Le Conte du Tonneau, contenant tout ce que les Sciences et les Arts Ont de plus Sublime et de plus Mystérieux, etc., par Jonathan Swift, Doïen de Saint-Patrick, en Irlande. Traduit de l'anglois (par Van Effen). *A La Haye, H. Scheurleer,* 1732. 3 vol. in-12. (De 10 à 15 fr.)

Tome I : 11 ff. n. ch., 300 pp., 6 ff. n. ch., plus 1 frontispice, 1 écusson et 5 figures.

Tome II : 7 ff. n. ch., 286 pp., 5 ff. n. ch., plus 1 figure.

Tome III : 2 ff. n. ch., XI pp., 2 ff. n. ch., 280 pp., 4 ff. n. ch.

En tout 1 frontispice, 3 fleurons sur les titres, 1 écusson et 6 figures très originales. Le 3e vol., qui n'en a pas, a pour titre : *Traité des Dissensions,* etc.

Autre édition, *La Haye,* 1757. — 3 vol. in-12. 1 frontispice et 6 figures.

Autre édition, *Lausanne et Genève,* 1756. — 3 vol in-12. 1 frontispice et 6 figures signées : Andréas Reinhardt filius sculp.

— Voyages de Gulliver (traduits de l'anglais par l'abbé Desfontaines). *A Paris, Gabriel Martin,* 1727. 2 vol. in-12. (De 30 à 40 fr.)

4 figures non signées

Première édition de cette traduction.

Ce livre a été réimprimé avec les mêmes figures en 1737. Paris, J. Guérin, 2 parties en 1 vol. in-12.

On y ajoute *le Nouveau Gulliver* par L. D. B. (l'abbé Desfontaines), Paris, veuve Clouzier, 1730. — 2 vol. in-12. (De 25 à 30 francs.)

Un exemplaire avec le Nouveau Gulliver, 4 vol. en maroquin vert de Trautz, 680 fr., vente Lebeuf de Montgermont (1876, n. 725); un autre exactement semblable, mais en 2 volumes, 955 fr., vente d'Essertenne (n. 91).

En maroquin bleu par Duru, 102 fr., vente Béhague (n. 1221).

Un exemplaire de *Gulliver,* 1727, en 2 volumes, maroquin rouge ancien, provenant de la collection H. Bordes a été vendu

1,606 fr., vente Lacarelle (n. 388); il est vrai qu'il portait sur les plats les armes et la devise de Mme du Barry.

— Vie du capitaine Lemuel Gulliver en divers pays éloignés. *A La Haye, chez P. Gosse et Neaulme,* 1727. 4 parties en 2 vol. in-12. (De 30 à 40 fr.)

5 figures, 4 cartes, 1 plan.
Les figures sont des copies de celles de l'édition de Paris.
Autre édition, *La Haye, chez Jean Swart,* 1741. 3 vol. in-12. Figures.

— Voyages de Gulliver, traduits par l'abbé Desfontaines. *A Paris, Musier,* 1772, 2 vol. in-12. (De 15 à 20 fr.)

2 fleurons et 4 jolies figures non signées.
En maroquin vert par Capé, avec figures ajoutées, 300 fr., vente Béhague (n. 1222).

— Voyages de Gulliver (traduction de l'abbé Desfontaines). *A Paris, de l'imprimerie de Didot l'aîné,* l'an V. 1797. 4 parties en 2 vol. in-18. (De 60 à 80 fr.)

Tome I: 2 ff. n. ch., XXXVI-303 pp. plus 1 frontispice et 5 figures.
Tome II : 358 pp., et 1 f. blanc., plus 4 figures.
En tout 1 frontispice et 9 jolies figures dessinés par Lefebvre et gravés par Masquelier en papier ordinaire.
Existe en papier ordinaire, en papier vélin, avec les figures avant la lettre, en grand papier vélin de format in-12, figures avant la lettre et enfin, ce qui est fort rare, avec les eaux-fortes et les contre-épreuves.
Les prix de publication étaient à l'origine de 15 fr. pour le papier vélin et de 30 fr. pour le grand papier vélin.

Avec les figures avant la lettre et les eaux-fortes, 26 fr. seulement, vente Renouard, en 1854.
Un exemplaire en grand papier vélin, figures avant la lettre, relié en maroquin bleu par Simier, 480 fr., vente Delbergue-Cormont (n. 213); en maroquin rouge ancien, exemplaire ordinaire, 125 fr., vente R. Lion (n. 257).
En maroquin rouge ancien, figures avant la lettre, 245 fr., vente Destailleur (1891, 1439).
En maroquin citron de Simier, grand papier vélin avant la lettre et eaux-fortes, collection Béraldi; en maroquin rouge de Simier, avant-lettre et eaux-fortes, 1,800 fr., vente Montgermont (1911, n. 198).

SY (Marquis de). — Mélanges de Poésies, tirées du portefeuille de M. le baron de S****, capitaine au régiment de Dauph***, *A Londres* (Grenoble), 1782. 2 parties en 1 vol. in-16. (De 12 à 15 fr.)

Texte encadré. — 1 frontispice dessiné et gravé par Alexandre Stone.

SYLPHE (Le), traduit de l'anglais (par Le Tourneur). *A Genève et Paris, Mérigot,* 1784. 2 vol. in-12. (De 5 à 6 fr.)

1 jolie figure dessinée et gravée par Ransonnette.

SYSTÈME du régime des Jésuites aujourd'hui celui de plusieurs évêques de France, dévoilé, orné d'estampes et suivi de pièces fugitives tirées de leurs principes. *A Londres, chez John Adansohn,* 1777. in-8. (De 10 à 15 fr.)

3 figures dessinées et gravées par Méer.

ABAC (Le), épître de Zerlinde à Marianne. *A Genève et à Paris, chez Delalain et Valade*, 1769. In-8. (De 5 à 6 fr.)

15 pp., plus 1 vignette de Ransonnette.

TABARIES (Hues de). — L'Ordene de Chevalerie, avec une dissertation sur l'origine de la langue française. (Publié par Barbasan.) *A Lausanne et Paris*, 1759. Pet. in-8. (De 10 à 15 fr.)

Frontispice par Le Lorrain, gravé par Fessard, daté de 1753.

TABLEAU des Mœurs d'un Siècle philosophe, Histoire de Justine de Saint-Val, par M. F. C. L. R. D. L. *A Mannheim, chez C. Fontaine, libraire, et à Paris, chez la veuve Duchesne*, 1786. 2 parties in-12. (De 25 à 30 fr.)

2 frontispices d'après Binet, non signés, et 1 figure.
Livre attribué par Barbier à François-Candide Le Roy de Lozembrune, dont le nom figure sur une autre édition. *Leipzig, Sommer, s. d.*

TABLEAU du nouveau Palais-Royal. *A Londres, et Paris, Maradan*, 1788. 2 vol. in-12. (De 15 à 20 fr.)

219-212 pp., plus 2 figures-frontispices pliées en trois, non signées.
Attribué à F. M. Mayeur de Saint-Pol.

TABLEAUX DE LA FABLE, ou Histoire poëtique des dieux, demi-dieux, etc... *A Paris, Savard*, 1787. 10 tomes en 5 vol. in-18. (De 60 à 80 fr.)

80 jolies figures imprimées en couleur, par Grasset de Saint-Sauveur et Sylvain Maréchal.

TABLEAUX DE LA NATURE (Les), par M*** (attribué à Renaud de la Grelaye). *A Amsterdam et à Paris, veuve Duchesne. s. d.* (1775). In-8. (De 10 à 15 fr.)

2 figures de Desrais, gravées par La Chaussée.

GRAVELOT
DESSIN POUR LA *Jérusalem Délivrée* DU TASSE (1771)
APPARTIENT A M. ROBERT SCHUHMANN

TABLEAUX de la Sainte-Messe, avec des prières choisies, *imprimés à Mannheim, dans l'imprimerie électorale*, 1738. In-4. (De 40 à 50 fr.)

35 figures gravées par Kilian, d'après les compositions du chevalier de Schlichten.

TABLEAUX HISTORIQUES (Collection complète des) de la Révolution Française, composée de 113 numéros en trois volumes. (Texte par l'abbé Fauchet, Champfort, Guinguené et Pagès). *A Paris, chez Aubert, éditeur et seul propriétaire, rue Saint-Lazare, Chaussée d'Antin, 42; imprimé par Didot l'aîné et terminé par Charles, rue de Seine*, an XIII de la République française (1804). 3 vol. in-folio, papier vélin. (De 300 à 400 fr.)

3 frontispices de Fragonard fils, gravés par Malapeau et Copia; 153 gravures dessinées par Delvaux, Duplessi-Bertaux, Fragonard fils, Girardet, Meunier, Ozanne, Prieur, Swebach-Desfontaines et Veny, gravées par Berthault, Choffard, Coiny, Desault, Duparc, Duplessi-Bertaux, Dupréel, Girardet, Lépine, Le Gouaz, Malapeau, Niquet et Pélicier, et 66 beaux-portraits-médaillons d'après Chinard, Gérard, Mme Lebrun, gravés par Levachez, au bas desquels se trouvent de charmantes vignettes dessinées et gravées à l'eau-forte par Duplessi-Bertaux.

Le premier volume et la moitié du second avaient paru en l'an VI (1798), quand les événements qui se produisaient obligèrent les éditeurs à modifier le plan de l'ouvrage, à réimprimer certains cahiers, afin de le mettre au courant des exigences de la politique, et en faire trois volumes. Ils utilisèrent les feuilles de textes et les gravures, intercalèrent 9 discours préliminaires, 6 gravures, et réimprimèrent le titre, ainsi qu'un nouveau frontispice.

Ce livre très intéressant, est très bien exécuté en somme. Les compositions, inventées et gravées par Duplessi-Bertaux surtout sont remarquables.

Les meilleures épreuves sont dans les exemplaires ayant les planches du premier tirage pour les 80 premiers discours ou mieux encore, ceux qui ont les planches avant la lettre.

Les portraits, exécutés à la manière du lavis, sont dus pour la plupart à Le Vachez.

Ces portraits sont au nombre de 66, avec les scènes de Duplessi-Bertaux en forme de bas-reliefs au-dessous. En voici les noms :

Louis XVI, Marie-Antoinette, Bailly, Lafayette, de Calonne, d'Éprémenil, Camille Desmoulins, Necker, Mirabeau, Dumouriez, Maury, Condorcet, Lavoisier, Malesherbes, Roland, Mme Roland, le duc d'Orléans, Lepelletier de Saint-Fargeau, Gensonné, Hérault de Séchelle, A. Clootz, Pétion, Lally-Tollendal, Guadet, Brissot, Charrette, Marat, Charlotte Corday, Robespierre, Cécile Renaud, Chalier, Fouquier-Tinville, Carrier, Danton, Chaumette, Manuel, Hoche, Marceau, Championnet, Luckner, Houchard, Custine, de Bry, Bonnier, Roberjot, Pichegru, Napoléon, Cambacérès, Lebrun, Talleyrand, Siéyès, Berthier, Moreau, Joubert, Masséna, Desaix, Kléber, La Tour d'Auvergne, Brune, Augereau, Bernadotte, Jourdan, Dubesme, Beurnonville et Macdonald.

L'ouvrage fut publié en 113 numéros et coûta 678 fr. aux souscripteurs.

L'exemplaire de Pixerécourt cartonné, non rogné, contenant les deux textes, avec la suite complète des figures avant la lettre et des eaux-fortes, 900 fr. en 1839. — Le même exemplaire a été revendu 3,800 fr, à la vente E. Martin (n. 732). Il a aussi figuré dans la collection Bertin de Vaux.

Celui de Renouard en 4 volumes, comme le précédent, ne fut vendu que 323 fr., en 1854.

Non rogné, demi-reliure, 225 fr., vente Daguin (n. 444).

Un exemplaire en maroquin rouge de David, en 5 vol., enrichi de plus de 400 pièces additionnelles, 2,550 fr., vente Massicot (n. 517).

L'exemplaire Ferdinand de Rothschild, en cuir de Russie a les tomes I et II avant la lettre et le tome III, comme à l'ordinaire, avec la lettre.

L'exemplaire Destailleur (1891, n. 174) vendu 3,000 fr., en 6 volumes veau ancien à dos de maroquin rouge contenait 26 dessins originaux, 82 eaux-fortes, 154 avant-lettre et la suite complète avec la lettre.

Ces dessins sont apparemment ceux qui avaient figuré à la vente Mahérault.

M. Tourneux dans sa *Bibliographie de la Révolution* a énuméré les diverses éditions publiées de 1791 à 1817, chacune avec un texte différent. Il distingue cinq textes différents :

a) Le texte dit révolutionnaire, par Fauchet et Chamfort,

b, c) Le texte déjà adouci de Fr. Xavier Pagès, publié en 1798 et dégagé de *toute rouille révolutionnaire*, en 1802.

d) Un texte remanié (1804).

e) Un texte nettement royaliste (1817).

L'édition de 1802 qu'on peut considérer comme définitive contient 3 frontispices, 144 planches pour les 144 tableaux, 9 planches accompagnant les 9 discours préliminaires et 60 portraits, soit en tout 216 planches. Ces planches, sauf les portraits, existent avant la lettre et en eaux-fortes. L'édition de 1804 contient 6 portraits de plus.

TABLEAUX Historiques de la Révolution Française. Tafereelen Van de Staat-Somwenteling in Frankrijk. *Amsterdam*, 1789-1801. 2 vol. in-8. (De 60 à 80 fr.)

25 frontispices gravés par Vinkelès, 79 portraits par Claessens et Portmann, et 77 figures pliées par Brion, Benazech, Casenave, Duplessi-Bertaux, Girardet, Monnet, Ozanne, Pellegrini, Swebach, Vernet, etc., gravées par Claessens, Vinkelès et Vrydag.

Copie hollandaise des *Tableaux de la Révolution* parue en 25 livraisons, sous la direction du graveur Vinkelès.

Les figures de Vinkelès, remontées in-folio, en album et accompagnées des dessins originaux au lavis, en demi-reliure de Raparlier, 800 fr., vente E. Martin (n. 731).

TABLEAUX Historiques des Campagnes d'Italie, depuis l'an IV, jusqu'à la bataille de Marengo, etc... Les vues ont été prises sur les lieux mêmes et les estampes sont gravées d'après les dessins originaux de Carle Vernet. *A Paris, de l'imprimerie de Herhan et Didot, chez Auber et Nicolle*, 1806. In-folio, papier vélin. (De 80 à 100 fr.)

30 planches gravées par Duplessi-Bertaux, Choffard, R. de Launay, Dupréel, etc..., d'après C. Vernet.

On trouve des exemplaires avec les figures avant la lettre.

Un exemplaire cartonné non rogné avec les eaux-fortes et les avant-lettres, 200 fr., vente E. Martin (n. 741); il provenait de Bertin de Vaux et de Pixerécourt, et contenait un certain nombre de pièces ajoutées.

TABLEAUX (Les), qui se trouvent à la Haye dans la chambre du Conseil de Justice de la cour de Hollande, peint par Gérard de Lairesse et gravés par d'habiles maîtres d'après les dessins de Nicolas Verkolje. *A Amsterdam*, 1737. In-folio. (De 60 à 80 fr.)

7 grandes planches gravées par Tangé et Duflos.

TABLETTES Historiques, topographiques et physiques de Bourgogne, pour l'année 1757. *A Paris, Ganeau et Dijon, Desventes*. In-8. (De 10 à 12 fr.)

1 frontispice avec les armes du roi et le titre avec portrait du prince de Condé, d'après G. de Saint-Aubin, gravés par Fessard.

TACITE. — C. Cornelii Taciti Opera quæ exstant, recensuit J. N. Lallemand. *A Paris, Desaint et Vaillant, imprimé par Barbou*, 1760. 3 vol. in-12. (De 12 à 15 fr.)

3 frontispices par Eisen, gravés par Lempereur.

En ancien maroquin rouge, 520 fr., vente du comte Roger.

Existe sur grand papier.

— Tibère, ou les Six premiers livres des Annales de Tacite, traduits par M. l'abbé de la Blèterie, professeur d'éloquence au Collège royal et de l'Académie royal des Inscriptions et Belles-Lettres. *A Paris, de l'Imprimerie Royale*, 1768. 3 vol. in-12. (De 40 à 50 fr.)

1 fleuron par Gravelot, gravé par Delaunay, répété sur les titres, 6 en-têtes avec des médailles romaines et 6 figures par Gravelot, gravées par Delaunay, Duclos, Massard, Rousseau et Saint-Aubin.

Charmante édition. Un exemplaire en ancien maroquin rouge, 305 fr., vente du comte Roger; un autre semblable, 250 fr., vente Montgermont (1911, n. 200).

Les dessins originaux de Gravelot, à la plume et à la sépia (5 sur 6), vendus 29,000 fr. en assignats à la vente Anisson-Duperron (1795, n. 1020) sont entrés au prix de 1,300 fr. dans la collection Rœderer; c'est là aussi que se trouvent les croquis préliminaires de Gravelot provenant du marquis de Fourquevaulx, et ayant appartenu ensuite à Emmanuel Bocher.

TALBERT DE NANCRAY (Abbé).
— Langroguet aux Enfers. *Imprimé à Antiboine, de l'imprimerie de Pincefilleux, à la Plume-de-Fer*, 1760. In-32. (De 30 à 40 fr.)

6 figures burlesques non signées.
Satire contre M. de Boynes, premier président au Parlement de Besançon.
Elle fut dit-on condamnée au feu par ledit Parlement. (Nodier, *Mélanges*, p. 183).
En maroquin rouge de Thouvenin 19 fr., vente Pixerécourt (n. 885) et 105 fr., vente Lebeuf de Montgermont (n. 478); en maroquin citron de Trautz, 190 fr., vente Béhague, (n. 743).

TANEVOT. — Adam et Ève, tragédie (en 5 actes). *A Paris, Prault*, 1741. In-8. (De 6 à 8 fr.)

Joli fleuron dessiné et gravé par Cochin fils.

— Adam et Ève, tragédie, dédiée à l'Académie Française, Revûe et Corrigée par l'auteur. Le prix est de 24 sols broché. *A Paris, chez Jean-Baptiste Garnier*, 1752. In-8. (De 5 à 6 fr.)

Frontispice de Marillier, gravé par de Launay.
En maroquin rouge ancien, richement doré aux armes du comte de Boulongne, exemplaire de Méon et de Soleinne, 27 fr., vente La Bédoyère (1862, n. 1303); cédé pour 450 fr. par M. Rouquette à Ch. Cousin (dont Tanevot était le quadrisaïeul), vendu 385 fr. à sa vente (n. 306).

TANT MIEUX POUR ELLE, conte plaisant. Il y a un commencement à tout. *S. l. n. d.* In-12.

137 pp., 1 f. n. ch., plus 1 titre frontispice gravé.

TANT-PIS POUR LUY, ou les Spectacles nocturnes. *S. l.* 1764. 2 parties en 1 vol. in-12. (De 10 à 12 fr.)

1 frontispice gravé.
Un joli exemplaire en maroquin vert aux armes de Mérard de Saint-Just a appartenu à M. Rouquette père.

TARTUFE (Le) révolutionnaire, imité de l'anglais par Mme ***. *A Paris*, an VIII (1800). 2 vol. in-12. (De 10 à 15 fr.)

2 figures non signées.

TASSE (Le). — La Gerusalemme Liberata di Torquato Tasso. *Londra, Tonson and Watts*, 1724. 2 vol. grand in-4. (De 50 à 60 fr.)

20 figures gravées par N. Fr. Haym, d'après celle de Carrache et Franco.

— La Gerusalemme liberata di Torquato Tasso. *In Parigi, 1771. Appresso Agostino Delalain, Pietro Durand, Gio. Claudio Molini* [*da' Torchi di Francesco Agostino Quillau*] 2 vol. gr.in-8, papier de Hollande. (De 100 à 150 fr.)

Tome I : 3 feuillets gravés (frontispice, titre, dédicace) et 331 pp., plus 10 figures.
Tome II : 2 feuillets gravés (titre, frontispice) et 340 pp., plus 10 figures.
En tout, 2 frontispices avec le portrait du Tasse et de Gravelot, 2 titres gravés avec fleurons par Drouët, une dédicace avec vignette par Le Roy, 20 figures, 9 grands culs-de-lampe et 14 petits à la fin des chants, et 20 vignettes en-tête avec portraits, le tout par Gravelot, gravés par Baquoy, Duclos, Henriquez, Leveau, Lingée, Le Roy, Massard, Mesnil, Née, Patas, Ponce, Rousseau et Simonet.
Très belle édition publiée par G. Conti, avec illustrations superbes. On en connaît des exemplaires tirés in-4. Les figures existent avant la lettre et à l'état d'eaux-fortes ou d'épreuves non terminées.
Les vignettes en-tête avec les portraits des héros du poème et les culs-de-lampe se rencontrent assez souvent en tirages hors texte. Mais il existe des vignettes un état antérieur rarissime dans lequelle les cartouches renfermaient, non des portraits, mais un argument gravé à chaque poème; cet état dont on n'a encore signalé qu'un seul exemplaire (chez M. Beraldi) est du reste conforme aux dessins originaux de Gravelot.
En tout cas, il faut prendre les vignettes avec les noms en italien, car on a fait pour l'édition française un tirage postérieur, qui est beaucoup moins bon et où les noms sont imprimés en français.
Les dessins originaux collés à la place des vignettes dans un exemplaire tiré exprès sans figures, relié en maroquin vert à dentelles par Derôme, appartinrent en dernier

lieu à Lord Carnarvon (n. 53), puis à la librairie Morgand, et se trouvent aujourd'hui chez M. Robert Schuhmann.

100 dessins ou croquis, au crayon, à la plume et au bistre provenant du marquis de Fourquevaulx, ont passé de chez Emmanuel Bocher dans la collection Roederer.

L'exemplaire de Marie-Antoinette, en maroquin rouge à ses armes, appartient à la Bibliothèque nationale; celui de la comtesse de Provence, également en maroquin rouge se trouve à Fontainebleau.

En maroquin vert ancien, de format in-4, 61 fr., vente Radziwill (n. 833).

En veau ancien, 67 fr., vente E. Martin (n. 308); en maroquin rouge ancien, 390 fr., vente R. Portalis (février 1878, n. 91); des exemplaires en maroquin rouge ancien : 700 fr., vente d'Essertennes (n. 48); 1,500 fr., vente du 5 avril 1880 (n. 368); 500 fr., vente Gosford (n. 198); 320 fr., vente Delbergue (n. 149); 400 fr., vente Lacarelle (n. 280); 500 fr., vente Guyot de Villeneuve (n. 436) et 785 fr., vente Doistau (n. 65); en maroquin rouge ancien, fers spéciaux desssinés par Gravelot, 300 fr., vente R. Lion (n. 188) et 700 fr., vente Montgermont (1911, n. 202).

Sur papier de Hollande, en maroquin bleu de Chambolle, 113 fr., vente Massicot (n. 621); en veau ancien, à l'oiseau, 85 fr., vente Sardou (n. 195).

La suite des figures en épreuves de choix, reliée en veau ancien avec les tirages à part des vignettes et culs-de-lampe, plus 2 eaux-fortes ajoutées, 380 fr., vente E. Martin (n. 309).

L'exemplaire de M. Henri Beraldi, en maroquin rouge doublé, par Cuzin, contient les figures en premières épreuves, les tirages à part, quelques eaux-fortes et le premier état des vignettes (*avant* les portraits). Celui de feu Paillet (*Bull. Morgand* n. 12467 : 2,500 fr.) sur grand papier, en maroquin rouge de Thibaron-Joly, renferme outre les suites avant la lettre de Gravelot et de Cochin, la série des tirages hors texte avec les noms en italien. L'exemplaire Portalis (1882, n. 45 : 350 fr.) contenait les 20 vignettes en hors texte, 15 fleurons en hors texte, 5 eaux-fortes, 10 avant-lettre et l'esquisse au crayon du fleuron de titre du tome Ier.

— Jérusalem Délivrée, poëme du Tasse, nouvelle traduction (par Lebrun). *A Paris, Musier fils,* 1774. 2 vol. in-8. (De 80 à 100 fr.)

Tome I : VIII, 341 pp., plus 1 frontispice, 1 titre gravé et 10 figures.

Tome II : V, 328 pp., 2 ff. n. ch., plus 1 frontispice, 1 titre gravé et 10 figures.

En tout, 2 titres avec fleurons gravés par Drouët, 2 frontispices avec portraits en médaillons du Tasse et de Gravelot, 20 figures du même, 23 culs-de-lampe et 20 vignettes en tête des portraits des personnages principaux du poëme, le tout par Gravelot.

On en trouve des exemplaires de format in-4, qui sont recherchés.

Les figures, les mêmes que dans l'édition italienne, sont tirées sur les mêmes planches. Les épreuves sont moins bonnes.

En ancien maroquin rouge, 510 fr., vente Béhague (n. 813). — En ancien maroquin vert à dentelles (Derôme) aux armes de Mérard de Saint-Just, 570 fr., vente R. Lion (n. 189) puis 1,550 fr., vente Müller (n. 140), puis collection Carnarvon (n. 54).

En papier fort, maroquin rouge de Derôme, 550 fr., vente Lebeuf de Montgermont (1876, n. 505) : en veau ancien, 80 fr., vente R. Portalis (novembre 1878, n. 68).

Musier a encore publié la même année une édition in-12, avec 1 frontispice, 2 fleurons et 2 vignettes.

Les mêmes figures de Gravelot ont reparu dans l'édition française de Bossange, Masson et Besson, an II, 2 vol. in-8, mais sans les vignettes de portraits.

— La Jérusalem Délivrée, Poëme du Tasse. *A Genève,* 1777 (Paris, Cazin). 2 vol. in-18. (De 6 à 8 fr.)

Tome I : 2 ff. n. ch., 256 pp., plus 1 portrait.

Tome II : 2 ff. n. ch., 252 pp.

Joli portrait avec encadrement par Marillier, gravé par de Launay, en 1781.

Cazin a encore publié une édition avec texte italien. Parigi, 1785. — 1 vol. in-18. Portrait gravé par Delvaux, d'après Titien.

— La Jérusalem Délivrée. Poëme du Tasse. Nouvelle traduction. *A Londres,* (Paris, Cazin), 1780. 2 vol. in-18. (De 8 à 10 fr.)

Tome I : 2 ff. n. ch., 342 pp., 1 f. blanc, plus 1 frontispice.

Tome II : 1 f. n. ch., 331 pp. et 1 f. blanc.

En tout 1 frontispice dessiné par Desrais et 2 vignettes non signées.

— La Gerusalemme Liberata di Torquato Tasso; stampata d'ordine di Monsieur (le comte de Provence). *A*

Parigi, presso Franc. Ambr. Didot l'aîné, 1784 2 vol. gr. in-4, papier vélin. (De 250 à 300 fr.)

1 frontispice et 40 figures par Cochin, gravés par Dambrun, de Launay, Delignon, Duclos, Lingée, Patas, Ponce, Prévost, A. de Saint-Aubin, Simonet, Tillard, Trière et Varin.

Il a été tiré quelques suites des avant-lettre et des eaux-fortes.

On connait deux exemplaires imprimés sur peau de vélin.

Livre établi avec grand luxe (à 200 exemplaires, dit-on) grâce à l'appui du comte de Provence qui paya les dessins à Cochin 40,000 livres. — 41 de ces compositions seulement furent gravées; les 41 autres sont restées inédites. Les 82 dessins réunis dans un album richement relié par Lortic figura successivement aux ventes de Clos (1812, n. 185 : 650 fr.), de Renouard (1854, n. 1660 : 500 fr.), et de Thibaudeau (3ᵉ vente : 425 fr.), dans une vente de Techener (1861 : 1,800 fr.) chez Léopold Double (1863, n. 321 : 3,910 fr.), chez Grésy (n. 6 : 5,105 fr.) chez Ricardo Hérédia (n. 784), chez Benedetto Maglione (n. 153 : 8,400 fr.) et chez M. de Montgermont (1911, n. 204 : 15,000 fr.). Il a été récemment vendu par la librairie Morgand à M. Robert Schuhmann.

Il y a dans la collection Rœderer un 2ᵉ dessin de chant I; les croquis au crayon noir ont passé dans les collections Cambray et Portalis; il y en avait 4 à la vente Destailleur (1891, n. 1179 : 40 fr.).

Un bel exemplaire en maroquin bleu par Cuzin, avec les figures avec et sans lettre et 25 eaux fortes, 1,000 fr., vente du baron R. Portalis (1882, n. 46).

En maroquin marbré ancien, avec le triple état des figures (lettre, avant-lettre, eaux-fortes), 3,000 fr., vente Montgermont (1911, n. 203).

Une 2ᵉ édition, *Paris, Didot* (1785/86). 2 vol. in-4 avec les mêmes figures, avec la lettre en italien. On prétend que cette édition n'a été tirée, comme la prédédente, qu'à 200 exemplaires.

— La Jérusalem délivrée, en vers françois, par L. P. M. F. Baour-Lormian. *A Paris, de l'imprimerie de P. Didot l'aîné*, 1796, 2 vol. in-4. (De 50 à 60 fr.)

1 frontispice et 40 figures par Cochin, gravés par Dambrun, de Launay, Delignon, Duclos, Lingée, Patas, Ponce, Prévost, A. de Saint-Aubin, Simonet, Tillard, Trière et Varin.

— La Jérusalem Délivrée, poëme traduit de l'italien (par Le Brun), nouvelle édition, enrichie de la Vie du Tasse (par Suard). *A Paris, Bossange*, an XI (1803). 2 vol. in-8. (De 30 à 40 fr.)

Portrait de Chasselat, gravé par Delvaux et 20 figures par Lebarbier, gravées par Bovinet, Courbe, Dambrun, Delignon, Delvaux, de Ghendt, Dupréel, Langlois, Thomas, Trière, Romanet, Villerey.

On recherchera les exemplaires sur papier vélin.

Cette édition a été réimprimée avec les mêmes figures. *A Paris, Bossange*, 1810.

En maroquin rouge doublé de maroquin brun, 79 fr., vente Massicot (n. 623).

Autre réimpression. *A Paris, Chez Bossange et Masson*, 1813. 2 vol. in-8.

En demi-reliure de Capé, sur grand papier vélin, avec les avant-lettre, les eaux-fortes et autres pièces ajoutées, 240 fr., vente E. Martin (311 bis).

En maroquin rouge ancien, papier velin, avant-lettre et eaux-fortes, collection Beraldi.

En maroquin rouge de Thouvenin avec les 20 dessins originaux de Le Barbier, les avant-lettre et les eaux-fortes, 750 fr. vente Schérer, puis 500 fr., vente Jourdan, vente La Bédoyère (1837, n. 740; revendu 760 fr., vente de 1862, n. 1184), aujourd'hui collection Rattier; les avant-lettre et les eaux-fortes de cet exemplaire furent ajoutées dans un exemplaire en maroquin rouge contenant aussi la suite de Gravelot et revendus ainsi 545 fr., vente Bancel (n. 499); un autre de même composition, en demi-reliure d'Allô, 230 fr., vente Destailleur (1891, n. 1178).

— La Gerusalemme Liberata di Tasso con le figure di G. B. Piazzetta. *Venezia, Albrizi*, 1745. In-folio. (De 25 à 30 fr.)

Figures.

— Jerusalem Delivered, an heroic poem translated from the italian, by John Hoole... with notes. *London*, *printed by T. Bensley, J. Johnson*, 1803. 2 vol. in-4.

Portrait et figures de Shelley.
En maroquin rouge, sur papier vélin, 28 fr., vente E. Martin (n. 312).

— Les Veillées du Tasse, avec le texte italien en regard, précédées de Mémoires historiques et de recherches littéraires sur sa vie ; traduites par M. Barrère ; édition ornée de 4 gravures. *A Paris, de l'imprimerie de Crapelet*, an XIII (1804). In-12. (De 10 à 15 fr.)

4 figures de Myris gravées par Baquoy, Delvaux et Saint-Aubin.
En maroquin citron, figures avant la lettre, 33 fr., vente E. Martin (n. 313).
En maroquin rouge avec les dessins originaux de S. Myris, 39 fr., vente Renouard (1854, n. 1672), revendu 46 fr., vente Hebbelinck (n. 1276).

— Aminta, favola boscareccia di Torquato. *A Parigi, Prault*, 1745. In-12. (De 8 à 10 fr.)

1 titre gravé avec fleuron, 1 vignette à l'épître dédicatoire *All' illustrissima comtessa di Nadaillac*, et 8 vignettes dessinées par Cochin fils et gravées par Aveline.
Charmantes vignettes très finement gravées. Les 8 jolis dessins originaux à la mine de plomb se trouvent dans la collection Olry-Rœderer, à Reims.
Réimprimé en 1768 avec un frontispice d'Eisen gravé par L. Legrand en plus.
Un exemplaire de l'édition de 1768, en maroquin rouge ancien aux armes de Mme Adélaïde figure à 500 fr. au *Bull. Morgan* II, 6 (1908) n. 653.

— Aminta, favola boscareccia di Torquato Tasso. *Londra, si vende in Livorno presso T. Masi*, 1780. In-12. (De 6 à 8 fr.)

1 frontispice et 5 figures de J. Lapi, gravés par le même et par Pompeo Lapi.

— L'Aminte du Tasse, traduction nouvelle. *A Paris* (Cazin), 1786. In-18. (De 4 à 5 fr.)

Titre gravé, non signé.

— Aminta, favola boschereccia di Torquato Tasso. *Parigi, appresso Ant. Aug. Renouard*, 1800. In-12. (De 8 à 10 fr.)

1 fleuron sur le titre (portrait du Tasse) par Roger, et 1 figure par Prudhon, gravée par Roger.
Le fleuron existe en tirage hors texte et la figure est connue en avant-lettre et en eau-forte.
En maroquin rouge, avec la figure avant la lettre, 41 fr., vente R. Lion (n. 215).
Le dessin original de cette figure, dans l'un des deux exemplaires sur peau de vélin a été vendu 700 fr., à la vente Renouard (1854, n. 1700). Il a appartenu ensuite à Henri Didier et à Alexandre Dumas fils ; il a été vendu en dernier lieu 13,000 fr., vente Mühlbacher (1899, n. 237).
Le deuxième exemplaire sur peau de vélin est à la Bibliothèque nationale.
En maroquin bleu de Bozerian, avant-lettre et eau-forte, collection H. Beraldi ; en maroquin rouge ancien, avant-lettre et eau-forte, tirage hors texte du fleuron, 500 fr., vente Montgermont (1911, n. 201).

— Il Goffredo ovvero Gerusalemme liberata nuova edizione arrichita di figure in rame, etc. *In Venezia, presso Antonio Groppo*, 1760. 2 vol. in-fol. (De 30 à 40 fr.)

1 portrait et 1 frontispice par Novelli, gravés par G. Leonardis, 20 grandes planches de Bern. Castelli, gravées par G. Leonardis, et 99 vignettes et culs-de-lampe dans le texte, non compris l'encadrement des têtes de chapitres, dessinés par Novelli et gravés par Leonardis.

TASSONI. — La Secchia rapita Poema eroicomico di Alessandro Tassoni. *In Parigi, Appresso Lorenzo Prault e Pietro Durand [Da' torchi di Prault]* 1766. 2 vol. gr. in-8. (De 30 à 40 fr.)

Tome I : CVIII-128 pp., plus un titre gravé, une dédicace gravée et 4 figures.
Tome II : 239 pp., plus 1 titre gravé et 8 figures.
En tout 2 titres gravés, chacun avec un fleuron différent, 1 dédicace, 1 portrait en médaillon par Gravelot, gravés par Le Roy, 12 figures par Gravelot, gravées par Duclos, Le Roy, Née, Pasquier, Rousseau et Simonet ; 12 en-têtes par Gravelot,

Le Roy, Marillier et Quéverdo, gravés par Le Roy, et 12 culs-de-lampe par Huet et Marillier, gravés par le même.

Jolie édition bien illustrée qui forme le pendant exact de la *Gerusalemme liberata* de 1771.

Un exemplaire en maroquin vert de Derôme, 240 fr., vente R. Portalis (1882, n. 47) ; en ancien maroquin rouge, 185 fr., vente Rich. Lion (n. 190); un autre 310 fr., vente Montgermont (1911, n. 205).

En maroquin rouge ancien, collection Ferdinand de Rothschild. M. Beraldi possède la suite des figures en épreuves d'artiste avec les fleurons en tirage hors texte.

L'exemplaire James de Rothschild (n. 1037) est en maroquin rouge ancien, imprimé sur papier fort avec doubles épreuves, en rouge et en noir, des titres, de la dédicace et des figures, et avec les tirages hors texte en rouge des vignettes et culs-de-lampe. Il a été payé 6,000 fr., vente du 5 avril 1880 (n. 370.)

J'ignore où se trouvent les dessins originaux des figures qui, exécutés à la sépia, appartenaient au comte de Chabot ; les croquis préliminaires de Gravelot sont dans la bibliothèque Olry-Roederer : ils proviennent du marquis de Fourquevaulx et de la collection Emmanuel Bocher. Le baron Portalis signale, en 1877, dans la collection Audoin, les dessins par Marillier, à la plume et au bistre de deux vignettes en-tête (chants II et III) et d'un cul-de-lampe.

— La Secchia rapita. *A Parigi, Prault,* 1768. In-12. (De 4 à 5 fr.)

1 portrait gravé par Demautort et 1 titre dessiné par Moreau et gravé par Aveline.

— La Secchia rapita, poema eroicomico di Alessandro Tassoni. *Parigi,* (Cazin) 1786. In-18. (De 3 à 4 fr.)

1 titre gravé, non signé.

— Le Seau enlevé, poème suivi de poésies diverses, nouvelle édition, corrigée. *A Paris, Didot l'aîné,* an VIII. In-12. (De 3 à 4 fr.)

1 jolie figure non signée.

TATIUS (Achilles). — Les Amours de Leucippé et Clitophon, traduits du grec par Perron et Castera ; nouvelle édition. *A Paris, Mayeur,* 1796. 2 vol. in-18. (De 10 à 15 fr.)

2 figures gravées par Bovinet.

— Les Amours de Clitophon et de Leucippe, par Achilles Tatius, traduit du grec, avec notes. *A Paris, de l'imprimerie de H. Jansen et Comp^e,* l'an 4 (1796). In-18. (De 5 à 6 fr.)

262 pp. et 1 f. blanc, plus 2 figures de Robin, gravées par Pauquet.

Il existe des exemplaires sur grand papier vélin avec les figures avant la lettre.

TAXE de la Chancellerie romaine, ou la Banque du Pape, dans laquelle l'absolution des crimes les plus graves se donne pour de l'argent ; édition augmentée de plusieurs pièces. *A Rome, à la Tiare, chez Pierre-le-Cerf* (Hollande), 1744. 2 parties en 1 vol. in-12. (De 12 à 15 fr.)

Titre allégorique gravé et 1 figure (*la Banque d'Iniquité*), non signés.

Cette édition est attribuée à Renoult, l'auteur des *Aventures de la Madone.*

TEMPLE DE VÉNUS (Le). *A Londres,* 1777. Gr. in-8. (De 30 à 40 fr.)

1 frontispice non signé, au-dessous duquel on lit : Les trois d'esses (sic).

TÉRENCE. — Publii Terentii Afri Comœdiæ Sex ad optimorum exemplarium fidem recensitæ accesserunt variæ lectiones, etc... *Londinii, Knapton et Sandby,* 1751. 2 vol. gr. in-8. (De 40 à 50 fr.)

Tome I : 12 ff. n. ch., 208 pp., plus 1 titre gravé et 3 figures.

Tome II : pp. 209-400, 3 ff. n. ch., plus 1 titre gravé et 3 figures.

En tout 2 titres gravés et 6 figures par Müller.

— Publii Terentii Afri Comœdiæ Sex ad optimorum exemplarium fidem recensitæ, etc. *A Paris, Leloup et Mérigot,* 1753. 2 vol. in-12 (collection Barbou). (De 20 à 25 fr.)

1 fleuron pour les deux titres, avec le portrait de Térence, 1 frontispice, 7 figures, 37 vignettes et 28 culs-de-lampe, tous par Gravelot, gravés par Delafosse et Sornique. Illustrations charmantes. Les culs-de-lampe sont d'autant plus remarquables que tous sont variés, quoique représentant toujours des masques scéniques.

Sur papier de Hollande, en maroquin rouge ancien, figures avant la letre, 70 fr., vente E. Martin (n. 331); sur papier de Hollande, en maroquin rouge ancien, 52 fr., vente Rich. Lion (n. 192).

Il en existe, assure-t-on, six exemplaires sur peau de vélin, parmi lesquels on peut citer celui de l'Arsenal et celui acheté en 1810, à la vente Le Blond, par la Bibliothèque nationale; on croit que ce dernier est celui de Gouttard (1780, n. 631 : 300 fr.), Lolliée (1790, n. 739 : 220 fr.) et Mel de Saint-Céran (1791, n. 30 des collections : 120 fr.). J'ignore où a passé celui de Lamy (1802 : 70 fr.), revendu 153 fr., vente d'Ourches (1811, n. 840).

— Les Comédies de Térence. Avec la Traduction et les Remarques de Madame Dacier. *A Rotterdam, Aux dépens de Gaspard Fritsch*, 1717. 3 vol. in-12. (De 40 à 50 fr.)

Tome I : LXXXVIII-511 pp., plus 1 frontispice et 20 figures.

Tome II : 1 f. n. ch. et 485 pp., plus 16 figures.

Tome III : 1 f. n. ch. et 431 pp., plus 11 figures.

1 fleuron, 1 frontispice par Bernard Picart, 1 vignette avec le portrait de Térence, et 47 figures par Bernard Picart, au trait, représentant des masques de théâtre et des scènes de pièces.

Les exemplaires en grand papier fin sont rares et recherchés.

L'un d'eux, en maroquin bleu de Bozérian, 185 fr., vente Yemeniz (n. 1899), revendu 195 fr., vente Portalis (1882, n. 51.)

En maroquin vert, 190 fr., vente Radziwill (n. 870), revendu 350 fr., vente Lebeuf de Montgermont (1876, n. 510).

Un exemplaire exceptionnel en grand papier fin et relié par Padeloup, en maroquin rouge ancien, vente Le Blond (1810), revendu 110 fr., vente Chateaugiron (n. 610). 191 fr., vente Pixerécourt (n. 93) et 350 fr., vente Gosford (n. 208), aujourd'hui au Musée Dutuit.

Un autre exemplaire en grand papier et en ancien maroquin rouge, 650 fr., vente Richard Lion (n. 193).

Un autre encore en maroquin rouge de Trautz, 410 fr., vente Huillard (n. 564), puis à 900 fr., chez Quentin-Bauchart (*Mes livres*, n. 117), aujourd'hui collection James de Rothschild (n. 1064).

En maroquin citron ancien, jolie reliure à l'oiseau, ventes La Vallière, Beckford et Sauvage, puis 800 fr., vente Montgermont (1911, n. 206.)

Un superbe exemplaire sur grand papier, avec les figures de Cochin ajoutées, maroquin bleu, 250 fr., vente Renouard (1854, n. 1180).

Les mêmes figures se retrouvent dans une réimpression de 1724. *Amsterdam, chez R. et G. Weistein*. 3 vol. in-12.

En maroquin vert ancien, grand papier, 41 fr., vente Destailleur (1891, n. 1300.)

— Les Comédies de Térence, avec la traduction et les remarques de Mme Dacier, nouvelle édition, etc. *A Amsterdam et Leipzig*, 1747. 3 vol. in-12. (De 20 à 25 fr.)

1 frontispice par B. Picart, 3 fleurons par Picart et Patter, 1 vignette avec le portrait de Térence, 12 vignettes en tête des comédies, dont plusieurs se répètent, non signées, et 48 figures au trait, d'après Bernard Picart.

Edition pour laquelle on s'est servi pour la plus grande partie des figures de l'édition de 1717.

— Les Comédies de Térence. Traduction nouvelle, avec Texte Latin à côté et des Notes. Par M. l'abbé Le Monnier. *A Paris, Chez Jombert père et fils... De l'imprimerie de Louis Cellot*, 1771. 3 vol. in-8. (De 60 à 80 fr.)

Tome I : XXIV-591 pp. et 1 f. n. ch., plus 1 frontispice et 2 figures.

Tome II : 2 ff. n. ch., 512 pp. et 1 f. n. ch., plus 2 figures.

Tome III : 2 ff. n. ch., 485 pp. et 1 f. n. ch., plus 2 figures.

En tout 1 frontispice et 6 belles figures de Cochin, gravées par Choffard, Prévost, Rousseau et Saint-Aubin.

Existe sur papier de Hollande avec les figures avant la lettre.

Dans cette condition, en maroquin de Constantinople, non rogné, 46 fr., vente Renouard (1854, n. 1182), revendu 76 fr., vente La Bédoyère (1862, n. 1252 bis).

En veau ancien, 30 fr., vente R. Portalis (novembre 1878, n. 72).

En maroquin rouge ancien, collection Ferdinand de Rothschild ; un autre sur papier de Hollande ; en maroquin rouge de Derôme, reliure signée, collection James de Rothschild (n. 1065) ; un autre encore, collection Schuhmann ; un quatrième, 1,350 fr., vente Montgermont (1911, n. 307).

La suite des avant-lettre et des eaux-fortes pour cette édition a été ajoutée par Bozérian à un Térence latin de 1758. (*Edimbourg, chez Hamilton, Balfour et Neill*) relié par lui en maroquin vert et qui a passé chez Renouard (1854, n. 1178 : 40 fr.), chez La Bédoyère (1862, n. 1251 : 46 fr.) et chez Paillet : il est aujourd'hui chez M. Henri Beraldi.

Les 7 dessins originaux de Cochin à la sanguine, ajoutés à un Térence latin de 1772 (*Birmingham*), furent vendus 180 fr., vente Baroud (1821), puis 631 fr., vente Taylor (1876) ; ils se trouvaient en 1877 chez Morgand et Fatout, qui les cédèrent à Louis Rœderer.

TERRIER DE CLÉRON. — Histoire de Louis Mandrin, depuis sa naissance jusqu'à sa mort, avec un détail de ses cruautés de ses brigandages et de son supplice. *A Amsterdam, Chez E. van Harrevelt*, 1755. In-8. (De 8 à 10 fr.)

Portrait.

En veau marbré ancien, 45 fr., vente Turner (n. 769).

TESSIER (L.). — Guilmard signale de ce peintre les suites suivantes publiées de 1716 à 1724. *A Paris, chez J.-Fr. Chéreau* :

Livre de vases de fleurs... 8 planches.
Livre de corbeilles de fleurs... 8 planches.
Livre de fleurs dessinées d'après nature...
Livre de fleurs dédié à M. Buffon... 6 planches.
Livre de principes de fleurs... 50 planches.

TESSIN (Comte de). — Faunillane, ou l'Infante Jaune, conte. *A Badinopolis, chez les frères Ponthommes, à l'enseigne du Roi d'Egypte* (Paris, Prault), 1741. In-4, réduit in-8 en 1743 et in-12 en 1767.

Cet ouvrage contient les figures qui ont depuis servi pour *Acajou et Zirphile*.

Les amateurs qui tiennent spécialement à la beauté des épreuves devront donc préférer *Faunillane* à *Acajou et Zirphile* parce qu'elles y sont incomparablement plus belles.

On dit que le comte de Tessin, ambassadeur de Suède en France, aurait, pour s'introduire auprès de la femme de Boucher, apporté au peintre ce petit roman, composé par Marivaux, afin de le faire illustrer. Il n'aurait fait tirer, dit M. Portalis, en 1740, que deux exemplaires de format in-4 ornés des figures et fleurons de Boucher, gravés par L. Cars. L'année suivante (1741) parut l'édition in-4, que l'on peut considérer comme l'original, avec les mêmes figures.

Elles furent réduites de format petit in-8 pour l'édition de 1743.

Le tirage n'ayant pas été considérable, le comte de Tessin fit présent de ses planches à Prault, lequel engagea Duclos à écrire un roman où l'on pût les utiliser.

C'est ainsi qu'est né le conte d'*Acajou et Zirphile* paru en 1764. (Voy. DUCLOS.)

D'autres prétendent, avec plus de vraisemblance, que l'édition de 1740 n'existe pas et que celle de 1741 serait la première ; que le texte serait non de Marivaux, mais du comte de Tessin lui-même ; que Prault aurait reçu l'ordre d'en tirer en tout deux exemplaires, l'un pour Tessin, l'autre pour son amie la comtesse de Sparre, mais que l'imprimeur en aurait imprimé deux autres exemplaires l'un pour Amelot, l'autre pour d'Argenson.

Quoi qu'il en soit, l'édition de 1741 est rarissime. Elle se compose de 3 ff. n. ch., de 23 pp. et de 1 f. blanc. L'illustration comprend 1 fleuron, 1 frontispice et 9 figures dessinés par Boucher et gravés par Chedel.

Un bel exemplaire en maroquin rouge ancien, qu'on assure avoir appartenu à Mme de Sparre fut payé 1,400 fr., vente Guyot de Villeneuve (n. 420) ; il provenait de la collection Valentine Delessert.

L'édition in-8 de 1743, selon une tradition recueillie par les De Bure, aurait été exécutée clandestinement par Prault (?) d'après des épreuves de l'édition in-4 de 1741 conservées par un compagnon imprimeur ; Duclos aurait racheté toute l'édition et l'aurait remise au ministre de Suède à Paris ; celui-ci aurait fait brûler en entier ; moins *huit* exemplaires que Tessin remit en présent à Duclos.

En fait l'édition in-8 (ou in-12 ?) de 1743 n'est guère moins rare que celle in-4, de 1741.

Un bel exemplaire relié en maroquin bleu ancien devant *Acajou et Zirphile* (1754)

fut payé 275 fr., vente Guyot de Villeneuve (n. 422).
Deux des dessins originaux de Boucher ont figuré à la vente Gustave Deloye (juin 1899, n. 11).

TÊTES FOLLES (Les). *A Londres et à Paris, chez Tilliard*, 1753. In-12. (De 6 à 8 fr.)

1 frontispice non signé, attribué à Boucher.
Cet ouvrage est par Bastide, selon Barbier.

TEULIÈRES (A.-F.-R.). — Les Quatre âges de la Femme, poème. *A Paris, Giguet et Michaud*, an XIII (1805). Pet. in-12. (De 10 à 15 fr.)

1 figure-frontispice de Moreau le jeune, gravée par de Villiers.

THÉATRE DE SOCIÉTÉ, ou Recueil De différentes Pièces, tant en Vers qu'en Prose, qui peuvent se jouer sur un Théâtre de société. *A La Haye et se trouve à Paris chez P. Fr. Gueffier*, 1768. 2 vol. in-8. (De 60 à 80 fr.)

Tome I : 2 ff. n. ch., 80, 62, 60, 120, 69 et 56 pp., plus 4 figures.
Tome II : 2 ff. n. ch., 487 pp.
Ce recueil contient les pièces suivantes : Le Rossignol. — La Veuve. — Le Bouquet de Thalie. — La Partie de Chasse de Henri IV, comédie, par M. Collé (avec 4 fig.). — Le Galant Escroc, comédie (par Collé). — Tanzaï et Neadarné, tragi-comédie (par Crébillon le fils). — L'Espérance, prologue, en vaudevilles et en prose. — Joconde, opéra-comique. — Nicaise, comédie. — La Vérité dans le Vin, ou les Désagréments de la Galanterie, comédie. — Madame, prologue. — Cozatrix, tragédie amphigouristique. — La Tête à perruque. — Le Jaloux honteux, comédie de M. du Fresny.
Les 4 figures de Gravelot avaient déjà été utilisées dans l'édition de 1766 de *La Partie de chasse de Henri IV*.
En veau fauve ancien, aux armes de Fontenu de Montretout, 62 fr., vente Daguin (n. 577).

THÉATRE de Sybaris, nouvelle édition. S. l. n. d. (Orléans, 1788). 3 vol. in-18, papier vélin. (De 25 à 30 fr.)

1 titre gravé à l'eau-forte par Caron, le même pour les 3 volumes.

THÉATRE des Boulevards. Recueil de Parades. *A Mahon*, 1756, 3 vol. in-8. (De 20 à 25 fr.)

Tome I : XIII-308 pp., plus 1 frontispice.
Tome II : 1 f. n. ch., XIII-308 pp., plus 1 frontispice.
Tome III : 1 f. n. ch., II pp., 1 f. n. ch., 436 pp., plus 1 frontispice.
1 frontispice répété trois fois.
En maroquin rouge, 50 fr., vente Massicot (n. 625).

THEATRO Italiano antico (di Trissino, Bibiena, Ariosto, Ruccellaï, Allamanni), Sperone Speroni, Machiavelli, Giraldi Cintio, Aretino, L. Dolci, Chiabrera, etc.) *Londra e Livorno, presso T. Masi*, 1786-89. 8 vol. in-12. (De 20 à 30 fr.)

25 figures de Cochi. Lapi et Rossi, gravées par Rosaspina, Pompeo Lapi et Pizzi.

THÉIS (De). — Le Singe de la Fontaine, ou Contes et Nouvelles en vers, suivis de quelques poésies. *A Florence, aux dépens des héritiers de Boccace et de la reine de Navarre*, 1773. 2 vol. in-12. (De 60 à 80 fr.)

2 titres dessinés et gravés par Moreau.

THÉOCRITE. — Les Idylles, traduites par J. M. Gail. Edition ornée de figures dessinées par Le Barbier, Moreau et Chaudet. *A Paris, de l'imprimerie de Didot jeune*, an IV (1796). 2 vol. in-12. (De 20 à 25 fr.)

2 portraits de Gail et de Théocrite par Le Barbier, gravés par Gaucher et Delignon et 14 figures de Le Barbier, Moreau et Chaudet, gravées par Dambrun, Delignon, Dupréel, Gaucher, Halbou et Ribault.
Existe en grand papier avec les eaux-fortes, moins 4 qu'on a oubliées de tirer.
D'ailleurs le nombre des figures varie suivant les exemplaires.
En maroquin bleu d'Adriaensen, avec les figures avant la lettre (sauf une) et 3 eaux-fortes, 80 fr., vente E. Martin (n. 134).
Lord Carnarvon avait un bel exemplaire (n. 55) en mar. rouge ancien, avec 23 avant-lettre et 20 eaux-fortes dont celles des 4 portraits ; il contenait notamment les 2 états de

la rarissime figure découverte pour *Daphnis et Naïs*; il est porté à 800 fr., au *Bull. Morgand* (II, 6, 1908, n. 658).

Un exemplaire imprimé sur peau de vélin, appartient à la Bibliothèque nationale.

— Idylles de Théocrite, traduites en français par J.-B. Gail, professeur de littérature grecque au Collège de France. Nouvelle édition ornée de figures gravées d'après les dessins de Le Barbier et Boichot. *A Paris, de l'Imprimerie de Baudelot et Eberhart*, l'an IV (1796). 2 vol. grand in-8, papier vélin. (De 40 à 50 fr.)

8 figures par Boichot, Fragonard fils, Lebarbier et Moitte, gravées par Baquoy, Bovinet, Lempereur, Mariage, Patas et Petit.

Les figures sont médiocres, surtout celle de Fragonard fils.

Les mêmes en 2 volumes in-4, avec un portrait et 10 figures.

THÉORIE des Sentimens agréables, Où, après avoir indiqué les règles que la Nature suit dans la distribution du plaisir, on établit les principes de la Théologie naturelle & ceux de la Philosophie morale. *A Paris, chez David le jeune*, 1749. In-8. (De 8 à 10 fr.)

XVII pp., 1 f. n. ch. et 224 pp. plus 1 frontispice par de Sève, gravé par Fessard.

Contient aussi 1 fleuron et 2 vignettes par les mêmes.

Ouvrage attribué à L.-V. Levesque de Pouilly.

En maroquin rouge ancien, 7 fr., vente Janzé (n. 91).

— Théorie des Sentimens agréables, où après avoir indiqué les règles que la Nature suit dans la distribution du plaisir, on établit les principes de la Théologie naturelle et ceux de la Philosophie morale. *A Paris, chez Debure père*, 1774. In-8. (De 5 à 6 fr.)

Mêmes figures que dans l'édition de 1746.

En maroquin rouge ancien aux armes du duc d'Aumont, 100 fr., vente Lignerolles (n. 491).

THÉVENOT DE MORANDE. — Le Gazetier cuirassé, ou Anecdotes scandaleuses de la Cour de France, etc... *Imprimé à cent lieues de la Bastille, à l'enseigne de la Liberté*, 1785. Pet. in-8. (De 25 à 30 fr.)

1 frontispice gravé et 1 plan de la Bastille.

En maroquin rouge ancien, 65 fr., vente E. Martin (n. 719).

Il existe une édition in-12 avec les mêmes figures; elle est moins estimée que celle de format in-8.

On joint souvent à ce volume satirique relatif à l'histoire intime de la cour de Louis XV, un volume analogue intitulé : La Gazette Noire, par un homme qui n'est pas blanc ou Œuvres posthumes du Gazetier cuirassé. *Imprimé à cent lieues de la Bastille...*, 1784. In-8.

THIERS (J.-B.) — Histoire des perruques. *A Avignon, L. Chambeau*, 1777. In-8. (De 15 à 20 fr.)

5 planches pliées.

Collection Ferdinand de Rothschild.

THOMAS. — Essai sur le Caractère, les mœurs et l'esprit des Femmes dans les différens siècles, par Thomas. *A Paris, chez Moutard*, 1772. In-8. (De 15 à 20 fr.)

2 ff. n. ch., 210 pp., 1 f. n. ch., plus le frontispice dessiné par Cochin, gravé par Saint-Aubin.

Existe sur grand papier. Le frontispice se trouve retourné et à l'état d'eau-forte.

En veau marbré, aux insignes de Mme du Deffand, 25 fr., vente Destailleur (1891, n. 1414).

Le dessin original de Cochin, à la sanguine, collection Audouin.

— Œuvres de M. Thomas, de l'Académie françoise, nouvelle édition, revue et augmentée. *A Paris, Moutard*, 1773. 4 vol. in-8. (De 25 à 30 fr.)

2 frontispices par Cochin et Taraval, gravés par Saint-Aubin, et 6 médaillons non signés, donnant les portraits du Maréchal de Saxe, de d'Aguesseau, de Duguay-Trouin, de Sully, de Descartes et de Louis, dauphin de France.

Sur grand papier de Hollande, en maroquin rouge de Derôme, 135 fr., vente Lacarelle (n. 433).

THOMPSON. — Les Saisons, poème, traduit de l'anglois de Thompson. *A Paris, Chez Chambert et Hérissant,* 1759. Pet. in-8. (De 20 à 30 fr.)

1 frontispice, 4 figures et 4 culs-de-lampe par Eisen, gravés par Baquoy.
En veau ancien, 10 fr., vente E. Martin (n. 319); en maroquin rouge ancien, 50 fr., vente Lignerolles (n. 1468); en maroquin rouge ancien à dentelle, 285 fr., vente Portalis (1882, n. 49), revendu 2,950 fr., vente Montgermont (1911, n. 210).
En grand papier, maroquin vert ancien, 8 fr. 25, vente Pixerécourt (n. 946), aujourd'hui au Musée Dutuit (n. 372.)
On a fait, pour écouler l'édition, un nouveau titre en 1779 (Paris, Pissot et Nyon).
Les figures existent à l'état d'eaux-fortes et les culs-de-lampe se trouvent en tirages anciens hors texte : ces derniers, 70 fr., vente R. Portalis (novembre 1878, n. 37).
La traduction est de Madame Bontemps.

— Les Saisons, traduit de l'anglais de Thompson. In-18. S. l. n. d. (Paris, Cazin). (De 4 à 5 fr.)

1 f. n. ch. et 315 pp., plus 1 frontispice et 4 figures, réductions de celles de 1759.

— Les Saisons, poème, traduit de l'anglais. *A Paris, Patris,* 1795. In-18. (De 5 à 6 fr.)

1 frontispice et 4 figures par Binet, gravés par Blanchard.
Autre édition, Paris, an VI. In-18. — 1 frontispice et 4 figures.
Existe sur papier vélin.

— Les Saisons, poème traduit de l'anglais de Thompson. Edition ornée de figures dessinées par Le Barbier, et gravées sous sa direction. *A Paris, chez Déterville, de l'Imprimerie de Didot le jeune,* an III, 1795. In-8, papier vélin. (De 15 à 20 fr.)

272 pp., plus 4 figures par Le Barbier gravées par Baquoy, Dambrun, Dupréel et Patas.
Les beaux exemplaires ont les figures avant la lettre.
Un exemplaire relié par Trautz en maroquin bleu et contenant les dessins originaux de Le Barbier, avec les figures avant la lettre et les eaux-fortes, 235 fr., vente du comte de La Bédoyère (1862, n. 1219bis).

revendu 2,500 fr., vente Huillard (n. 542), aujourd'hui à Reims, collection Olry-Roederer.
En veau ancien, 24 fr., vente R. Portalis (novembre 1878, n. 71).
En maroquin rouge ancien, avant lettre et eaux-fortes, exemplaire de Pixerécourt, chez M. Beraldi.
Sur papier bleu, veau ancien, figures tirées à la sanguine, 22 fr., vente Borluut de Noortdonck (1858, n. 1759) aujourd'hui chez M. Schuhmann.

— The Seasons by James Thomson, illustrated with engravings by F. Bartolozzi and P. W. Tomkins, historical engravers to their Majesties, from original pictures painted by W. Hamilton. *London,* printed for Tomkins, the letterpress by Bensley, the types by Figgins, 1797. Gr. in-folio. (De 60 à 80 francs.)

1 frontispice, 5 grandes estampes, 5 vignettes, 5 en-têtes et 5 culs-de-lampe, en tout 21 pièces d'après Hamilton, gravées par Bartolozzi (6) et Tomkins (15).
Beau spécimen d'illustration anglaise de la fin du XVIIIe siècle.
Quelques rares exemplaires ont les figures imprimées en couleurs. Un de ceux-ci, relié en maroquin se trouvait dans la collection d'Abel Giraudeau.
Un autre s'est vendu 1,350 fr., vente Hastings (Londres, Mai 1893, n. 250).

THÜMMEL (De). — Wilhelmine, poème héroï-comique, traduit de l'allemand de M. de Thümmel par M. Huber. *A Leipzig,* 1769. Pet. in-8. (De 15 à 20 fr.)

7 figures et 13 vignettes, par Oeser fils, gravées par Stock, Geyser, etc., ou non signées.

TIBULLE, CATULLE ET GALLUS. — Traduction en prose de Catulle, Tibulle et Gallus, par l'auteur des Soirées Helvétiennes et des Tableaux (de Pezay). *A Amsterdam et Paris, Delalain,* 1771. 2 vol. gr. in-8. (De 20 à 30 fr.)

1 frontispice d'Eisen, gravé par de Longueil, placé dans chaque volume.

TIBULLE. — Élégies de Tibulle, avec des notes et des recherches de mythologie, d'histoire et de philosophie ; suivies des Baisers, de Jean Second, traduction nouvelle adressée du donjon de Vincennes, par Mirabeau l'aîné à Sophie de Ruffey, avec 14 figures. *A Tours et Paris,* an III (1795) ; 3 vol. in-8. (De 15 à 20 fr.)

Le portrait de Mirabeau par Borel, gravé par Voysard, celui de Sophie, par Borel, gravé par Elluin, et 13 figures, dont 12 par Borel, gravées par Elluin, et 1 par Marillier, gravée par Dupréel.

Cette édition se trouve aussi sur papier vélin et sur grand papier vélin (très rare), avec les figures avant la lettre. Celles-ci sont fort jolies.

En grand papier vélin, figures avant la lettre, maroquin rouge ancien, 110 fr., vente Radziwill (n. 691), revendu 1,430 fr., vente Montgermont (1911, n. 211) ; même condition, 260 fr., vente R. Portalis (février 1878, n. 55).

Autre tirage, *Paris,* an VI (1798), avec les figures imprimées en couleurs. En grand papier vélin, figures avant les numéros, relié en veau racine ancien, 60 fr., vente E. Martin (n. 164).

TIPHAIGNE DE LA ROCHE. — Amilec, ou la Graine d'Hommes. *S. l.* 1753. Pet. in-12. (De 5 à 6 fr.)

Joli frontispice par Eisen, gravé par Sornique.

TISCHBEIN (W.). — Recueil de Gravures d'après les Vases antiques de travail grec trouvés dans les tombeaux des environs de Naples et tirés du cabinet de M. Hamilton. *A Naples et Florence,* 1791-1803. 4 vol. gr. in-fol. (De 80 à 100 fr.)

253 planches gravées.

Le 4ᵉ volume n'a que des planches, sans explications. Ce livre a paru également en anglais. — Autre édition, *Paris,* 1803.

Il avait été préparé, pour un cinquième volume, 99 (d'autres disent 113) planches, dont les cuivres, longtemps conservés à Munich, chez Cotta, ont disparu. On connaît de ce tome V, quatre exemplaires, tous incomplets, au British Museum (Departement des antiques), à l'Institut archéologique allemand de Rome, au Musée de Vienne (64 planches) et dans la collection Michel Jatta à Ruvo (40 planches) ; un cinquième (81 planches) appartenait à Otto Jahn (son catalogue, 1870, n. 2986). Les planches des 5 volumes ont été reproduites à petite échelle par S. Reinach. *Répertoire des vases peints grecs et étrusques,* tome II (Paris, 1900. In-12) pp. 279-365 ; cf. Heydemann, *Jahrbuch des arch. Institutes* I (1886) pp. 308-313.

— Umrisse griech. Gemalde auf antiken in Campanien und Sicilien ausgegrabenen Vasen, jetzt im Besitz des W. Hamilton. *Weimar,* 1796. In-folio. (De 20 à 25 fr.)

15 planches au trait.

TORCHEBŒUF (Claude). — Livre nouveau de toutes sortes d'ouvrages d'orfèvreries recueillies des meilleurs ouvriers de ce temps et se vendent chez Claude Torchebœuf. *A Paris,* 1701. (De 30 à 40 fr.)

Suite de 8 planches. Collection Pierpont-Morgan.

TOCSIN FRIBOURGEOIS (Le), pour être entendu de la ville et de la campagne, poème, etc..., par un citoyen inspiré de la patrie. *A Fribourg en Suisse,* 1783. In-8. (De 6 à 8 fr.)

Frontispice et figure non signés.
Les illustrations semblent être de Dünker.

TORO (J. Bernard). — Nombreuses suites d'ornements en cahiers de 6 pièces, gravées en Provence et à Paris et mises en vente à Paris, en 1716.

Guilmard (pp. 115-118) déclare n'en pas connaître d'exemplaire complet, mais décrit près de cent cinquante pièces d'après l'exemplaire Foulc, les collections Garré et Bérard, les cartons de l'Arsenal et du cabinet des Estampes. Il signale aux estampes 15 dessins originaux de Toro et 35 chez M. Foulc (aujourd'hui chez M. Pierpont-Morgan). Une autre suite de dessins, autrefois chez H. Destailleur, appartient aujourd'hui à la comtesse de Béarn.

TOUCHEMOLIN. — Neu eröffnete Reitschule gezeichnet von Œgidius

Touchemoulin, radirt von J. Ch. Erhard. *Nurnberg, bei Frauenholz. S. d.* In-4. (De 60 à 80 fr.)

50 figures d'équitation.

TOUR (Abbé de La). — Les Trois Femmes. Voyez à Mme DE CHARRIÈRE.

TOUSSAINT. — Les Mœurs. *A Paris*, 1747. 3 parties en 1 vol. in-8. (De 10 à 15 fr.)

1 frontispice, 3 vignettes et 3 fleurons sur les titres non signés.
Les exemplaires tirés sur papier in-4 sont rares.
Cet ouvrage fut condamné en 1748, par le Parlement, a être lacéré et brûlé, comme contraire aux bonnes mœurs, scandaleux, impie et blasphématoire.
Il existe une deuxième édition, sous la date de 1748, avec les mêmes frontispice et fleurons.
En maroquin rouge ancien, 13 fr., vente Lignerolles (n. 485); un autre, aussi en maroquin rouge ancien, mais tiré in-4 et relié avec l'arrêt du Parlement, 36 livres, vente d'Hangard (1789, n. 343), revendu 15 fr., vente Radziwill (n. 241) et 145 fr., vente Turner (154).
Nouvelle édition, *Amsterdam,* 1750. — In-12. 1 frontispice et 1 fleuron sur le titre gravés par Punt.

— Les Mœurs, avec Eclaircissement sur les Mœurs, par l'auteur. *A Amsterdam*, 1763. 2 vol. in-8. (De 8 à 10 fr.)

Mêmes figures.
En maroquin rouge ancien, exemplaire de Horace Walpole, collection Ferdinand de Rothschild.

TRAITÉ de la Peinture en Miniature, pour apprendre aisément à peindre sans Maitre... auquel on a ajouté un petit Traité de Peinture au Pastel, avec la Méthode de composer les Pastels, la manière de laver proprement toutes sortes de Plans, le secret de faire les plus belles couleurs, l'Or Bruny, l'Or en coquille et le vernis de la Chine. *A La Haye*, 1708, in-12. (De 15 à 20 fr.)

Frontispice et 2 belles planches, non signées.

TRAVAUX D'HERCULES (Les), ou le Rocambole de la f...erie. Par un Émule de Piron, Grécourt et Gervais. (Gervaise de la Touche). Seconde Edition. Revue, corrigée et considérablement augmentée. *A Paris, l'an deuxième de la liberté,* 1790. In-18. (De 50 à 60 fr.)

54 pp., plus 6 figures excessivement libres, très fines, non signées, contenant chacune deux sujets.
Il y a une édition de l'an IV de la Liberté et 1er de l'Egalité, 1792. In-12. — 13 figures.

TRENCK. — Mémoires de Frédéric baron de Trenck, traduits par lui-même sur l'original allemand, augmentés et revus par M. D***. *A Strasbourg, Treuttel*, 1789. 3 vol. in-8. (De 20 à 25 fr.)

Beau portrait de Trenck, dessiné et gravé par Mansfeld, une figure-frontispice pour le 2e volume, dessinée par Mansfeld et gravée par Lebert, et 8 figures de Borel, gravées par Borgnet, Mme Demonchy, Giraud, Huot, Langlois, Le Roy et Patas.

— Examen politique et critique d'un ouvrage intitulé : Histoire secrète de la cour de Berlin, ou Correspondance d'un voyageur français, par Frédérick baron de Trenck. *A Berlin, S. d.* (1789). In-8. (De 8 à 10 fr.)

Frontispice à l'aqua-tinte, non signé.

TRÉSOR de Fables choisies des plus excellents Mythologistes, accompagnées du sens moral expliquées par l'Écriture Sainte, etc. *A Bruxelles, chez la Ve Jacobs*, 1734. 2 vol. in-4. (De 40 à 50 fr.)

1 fleuron pareil sur les deux titres, 110 figures gravées par Krafft, 8 vignettes et 17 culs-de-lampe.

TRÉSOR des Antiquités de la couronne de France, représentées en figures d'après leurs originaux, soit en pierre, dans les batimens anciens, soit en or, argent, cuivre..., soit en peinture, gravure, sculpture et autres arts. *A La*

Haye, chez Pierre de Houdt, 1745. In-fol. (De 60 à 80 fr.)

En veau ancien, 70 fr., vente E. Martin (n. 683).

TRESSAN (Le comte de). — Histoire du petit Jehan de Saintré et de la Dame des Belles Cousines ; Extraite de la vieille Chronique de ce nom, par M. de Tressan. *A Paris, de l'Imprimerie de Didot jeune*, 1791. In-18. (De 40 à 50 fr.)

2 ff. n. ch., 248 pp., plus 4 figures par Moreau, gravées par Dambrun, Halbou et de Longueil.

Ce livre existe aussi sur papier vélin avec les figures avant la lettre, et sur grand papier vélin, avec les figures avant la lettre et les eaux-fortes.

Un exemplaire en papier vélin relié en maroquin rouge par Bozérian et contenant les figures avant la lettre et les eaux-fortes, lavées à la sépia, 710 fr., vente Rich. (n. 220).

En papier vélin, figures avant la lettre, veau ancien, 23 fr., vente Massicot (n. 627); un autre semblable en maroquin rouge ancien, collection Ferdinand de Rothschild; un autre, 1005 fr., vente Béhague (n. 931); les avant-lettre et les eaux-fortes se trouvent dans l'exemplaire en maroquin bleu de Bozérian, vendu 29 fr., vente La Bédoyère (1862, n. 1372), aujourd'hui chez M. Henri Beraldi.

Les dessins originaux de Moreau le jeune se trouvent dans un joli exemplaire en maroquin rouge ancien, adjugé 10,500 fr., vente Montgermont (1911, n. 213) à M. Louis Cartier.

Cet ouvrage, ainsi que le suivant, a été réimprimé à *Paris, chez Dufart, imprimeur-libraire*, an IV (1796). Petit in-8, papier vélin, avec les 4 figures de Moreau non signées (dont une retournée) avec de légères différences.

— Histoire de Gérard de Nevers et de la belle Euriant, sa mie. Par Tressan. Edition ornée de figures en taille-douce dessinées par Moreau le jeune. *A Paris, de l'imprimerie de Didot jeune*, 1792. In-18. (De 40 à 50 fr.)

2 ff. n. ch., 247 pp., 4 ff. n. ch., plus 4 figures de Moreau, gravées par Dupréel, de Ghendt, Malbeste et Simonet.

Ce livre existe aussi sur papier vélin avec les figures avant la lettre et avec les eaux-fortes et sur grand papier vélin de format in-12, avec les figures avant la lettre et les eaux-fortes.

En grand papier vélin, figures avant la lettre, relié en maroquin rouge, 999 fr., vente Béhague (n. 932).

En grand papier vélin, avant la lettre et eaux-fortes, maroquin bleu de Bozérian, 29 fr., vente La Bédoyère (1862, n. 1372), aujourd'hui chez M. Henri Beraldi.

En maroquin rouge ancien, figures avant la lettre, 317 fr., vente Destailleur (1891, n. 1300).

L'exemplaire en maroquin rouge ancien, contenant les 4 dessins originaux de Moreau et les figures avant la lettre, 1,630 fr., vente Rich. Lion (n. 219).

— Histoire de Huon de Bordeaux, par M. de Tressan, ornée de figures en taille-douce. *De l'imprimerie de Didot jeune. Paris, Déterville*, l'an VII (1779). In-8. (De 20 à 30 fr.)

3 figures de Chaillou, gravées par Coiny et Perdoux.

Existe sur papier vélin et sur grand papier vélin, avec les figures avant la lettre.

— Histoire de Tristan de Léonois et de la reine Yseult, par M. de Tressan; édition ornée de figures en taille-douce. *De l'imprimerie de Didot jeune, Paris, Déterville*, l'an VII (1799). 2 vol. in-18. (De 20 à 30 fr.)

5 figures par Berthon, gravées par Godefroy.

Existe sur papier vélin et sur grand papier vélin, avec les figures avant la lettre.

NOTA. — De ces 4 ouvrages il n'a été tiré que 15 exemplaires sur grand papier vélin.

— Roland l'Amoureux, de Matheo-Maria Boyardo, comte de Scandiano, Par Tressan. Edition ornée de figures en taille-douce, dessinées par Moreau le jeune. *A Paris, Dufart*, an IV (1796). 2 vol. in-18, papier vélin. (De 15 à 20 fr.)

Tome I : 102 pp., plus 1 frontispice et 1 figure.

Tome II : 2 ff. n. ch., 91 pp., plus 1 frontispice et 1 figure.

En tout 2 frontispices et 2 figures non signées.

— Œuvres choisies du comte de Tressan, avec figures. *A Paris, Basan, rue et hôtel Serpente,* 1787-1789. 12 vol. in-8. (De 60 à 80 fr.)

1 portrait de Borel, gravé par De Launay et 20 très jolies figures par Marillier, gravées par Croutelle, Delvaux, de Ghendt, de Launay, Langlois jeune et Mmes Demonchy.

L'exemplaire de Renouard, sur papier vélin, en demi-reliure, avec les dessins originaux de Marillier, vendu, en 1854, 145 fr., a été revendu 452 fr. à la vente Thibaudeau (1857, n. 482). Il contenait en outre une centaine d'autres gravures ajoutées et a passé depuis dans la collection Du Tillet.

Il n'a été fait de tirage sur papier vélin que pour les 9 premiers volumes. Les 2 derniers n'ont pas de figures, mais seulement un le portrait de Tressan.

TRIALS for Adultery, or the history of divorces, etc... (Histoires des divorces, formant un choix de procès en adultère, fornication, cruauté, impuissance, portés devant le tribunal de l'*Officialité* depuis l'année 1760 jusqu'au temps présent, etc.); a new edition, embellished with élégant prints: *A London, Bladon,* 1781. 7 vol. in-8. (De 200 à 250 fr.)

30 jolies figures, la plupart à intention libre, par Dodd, gravées par Cook et Grignion, dont le nom se trouve au bas de huit d'entre elles.

Livre rare, très intéressant et fort curieux pour l'étude des mœurs de la société anglaise dans la seconde moitié du XVIIIe siècle.

TRIBUT de la Toilette. *A Paris, chez Mme Boivin, marchande, rue Saint-Honoré, à la Règle d'or,* s. d. (vers 1740). 2 vol. in-8. (De 25 à 30 fr.)

Tome I : 376 pp. plus 6 ff. de table, plus 1 frontispice gravé.
Tome II : pp. 377-789 et pp. 7-12 de la table.
Recueil rare de chansons légères, avec la musique.

TROIS CHIENS (Les), conte en vers, distribué en trois chants, enrichi de figures en taille-douce. *A Paris, chez J. Bausch,* 1722. In-8. (De 10 à 12 fr.)

1 frontispice et 3 figures non signés.

TROIS VOLUPTÉS (Les). S. l., 1746. In-12. (De 10 à 12 fr.)

Fleuron sur le titre.

TURBEN. — Les Songes du Printemps, par Turben. S. *l. n. d.* (Vers 1750). Pet. in-12. (De 10 à 15 fr.)

1 frontispice et 1 vignette, par Eisen, gravés par Tardieu de la Montagne.
En maroquin rouge ancien, 65 fr., vente Montgermont (1911, n. 214.)

TURPIN. — Cyrus, procédé d'une lettre de l'auteur, par M. Turpin. *A Paris,* In-8. (De 6 à 8 fr.)

1 figure par Lang, gravée par Patas.

— La France Illustre, ou le Plutarque Français, contenant les éloges historiques des Ministres, des Généraux et des Magistrats de la nation française, par M. Turpin. *A Paris, Lacombe,* 1777-1782. 4 vol. in-4. (De 80 à 100 fr.)

48 portraits gravés par Beisson, Hubert, Romanet, Tardieu, Thomas, Vangelisty, et Voyez l'aîné, d'après Ph. de Champagne, Largillière, Masson, Rigaud, Van Loo, etc.

TYSSOT DE PATOT. — Voyages et Avantures de Jacques Massé. *A Cologne, Chez Jacques Kainkus,* 1710. In-12. (De 5 à 6 fr.)

Portrait et vignette sur le titre.
En maroquin rouge d'Anguerrand, exemplaire de Lamoignon, 330 fr., vente Turner (n. 466).

SSIEUX (D'). — Le Décaméron françois, par M. d'Ussieux. *A Paris, Costard et Dufour,* 1772. 2 vol. in-8. (De 50 à 60 fr.)

2 fleurons sur les titres, 10 figures, 10 vignettes et 10 culs-de-lampe par Caresme, Clère, Desrais, Eisen et Martini, gravés par Baquoy, Bradel, Delvaux, Fessard, Gaucher, Godefroy, Masquelier, Patas, Ponce et Mme Ponce.

Belle édition, belles illustrations. Les exemplaires sur grand papier sont recherchés.

Il existe une édition avec les mêmes figures, sauf que le fleuron des titres se répète, sous la date de Paris, Nyon, 1783-84. 2 vol. grand in-8.

7 des dessins originaux de Caresme pour ce livre, 250 fr., vente Jubinal de Saint-Albin.

— Les Héros françois, ou le Siège de Saint-Jean-de-Losne, drame héroïque en trois actes et en prose, suivis d'un précis historique de cet événement, par M. d'Ussieux. *A Amsterdam et Paris, Lejay,* 1774. In-8. (De 4 à 5 fr.)

1 figure par Eisen, gravée par Gaucher.

— Nouvelles françoises. *A Amsterdam et Paris, Brunet,* 1775-1779. 2 vol. gr. in-8. (De 30 à 40 fr.)

10 figures, 10 vignettes et 10 culs-de-lampe, par Martini et Desrais, gravés par Gaucher et Mme Ponce.

Existe en grand papier avec les figures avant la lettre.

— Les Nouvelles françoises, par M. d'Ussieux. *A Paris, Nyon et Belin,* 1783. 3 vol. in-8. (De 20 à 30 fr.)

Tome I : 3 ff. n. ch., 223 pp., plus 5 figures.

Tome II : 2 ff. n. ch., 50, 41, 43, 51, 52 pp., plus 5 figures.

Tome III : 2 ff. n. ch., 228 pp., plus 5 figures.

En tout, 1 fleuron qui sert pour le titre de chaque volume, 15 figures, 11 vignettes et 11 culs-de-lampe, par Binet, Desmaisons, Desrais et Martini, gravés par Berthet, Gaucher, Giraud l'aîné, Hemery, Leroy, Martini et Mme Ponce.

Les illustrations des deux premiers volumes sont celles de l'édition précédente; les épreuves sont fatiguées.

En basane, 60 fr., vente E. Martin (n. 429).

ADÉ — La Fileuse, parodie, d'Omphale, par M. Vadé. *A Paris, Duchesne,* 1752. In-8. (De 10 à 12 fr.)

1 portrait de Vadé gravé par Ficquet.

— La Pipe Cassée, poëme épi-tragi-poissardi-héroi-comique. *A la Liberté, chez Pierre Bonne-Humeur, avec permission du public, s. d.* (vers 1750). In-12. (De 100 à 125 fr.)

1 fleuron sur le titre et 4 vignettes par Eisen, gravées par Aveline et Sornique.
Les dessins originaux d'Eisen, à la mine de plomb, collection Olry-Rœderer, à Reims.
En maroquin vert ancien, orné d'une pipe cassée en mosaïque, 34 fr., vente Ch. Cousin (n. 307).

— La Pipe Cassée, Poëme, Epitragipoissardihéroicomique, par M. Vadé. Troisième Edition, Enrichie de belles vignettes en Taille-Douce. Le prix est de 24 sols. *A La Grenouilliere, Et se trouve à Paris, chez Duchesne, Libraire, rue St-Jacques, au dessous de la Fontaine St-Benoit, au Temple du Goût.* 1755. In-12. (De 50 à 60 fr.).

46 pp., 1 f. n. ch. (La pagination en chiffres arabes fait suite à la pagination en chiffres romains).
1 portrait par Richard, gravé par Ficquet et 4 vignettes d'Eisen gravées par Sornique.

— Les quatre Bouquets Poissards par M. Vadé. Suite de La Pipe Cassée. Troisième édition. Le prix est de 12 sols. *A La Grenouilliere. Et se trouve à Paris, chez Duchesne, Libraire.* 1755. In-12. (De 10 à 12 fr.).

24 pp., plus 4 curieuses gravures au trait non signées.

— Œuvres de M. Vadé, ou Recueil des opéras-comiques, parodies et pièces fugitives avec les airs, rondes et vaudevilles notés, nouvelle édition. *A Paris, Duchesne,* 1788. 4 vol in-8. (De 40 à 50 fr.)

Portrait de Vadé, gravé par Ficquet et les 4 vignettes d'Eisen pour la *Pipe cassée* (épreuves médiocres).
En demi-reliure de Capé, non rogné, 40 fr., vente E. Martin (n. 555).

— Œuvres complettes de Vadé, Avec les Airs notés à la fin de chaque volume. *A Genève,* 1777 (Cazin). 4 vol. in-8. (De 20 à 30 fr.)

VADÉ — VANIÈRE

Tome I : 2 ff. n. ch., 256 pp. et XXIV pp., plus 1 portrait.
Tome II : 2 ff. n. ch., 264 et X pp.
Tome III : 2 ff. n. ch., 321 pp. f. blanc, VI pp.
Tome IV : 2 ff. n. ch., 280 pp. et XVIII pp.
Contient un portrait en médaillon, gravé par C. Boilly d'après Richard.
En maroquin rouge, 71 fr., vente Turner.
Les pages chiffrées en caractères romains à la fin de chaque volume renferment la musique notée.

— Œuvres poissardes de J.-J. Vadé, suivies de celles de l'Écluse. *A Paris, De l'imprimerie de Didot le jeune*, l'an IV, 1796. In-4. (De 400 à 500 fr.)

4 figures par Monsiau, gravées par Clément et imprimées en couleur.
Édition tirée à 300 exemplaires, dont 100 sur grand papier. Une partie de ces derniers renfermaient les avant-lettre.
Les figures sont jolies et les beaux exemplaires recherchés.
Les charmants dessins originaux se trouvent dans l'exemplaire de M. Adolphe Bordes.
En demi-reliure, non rogné, 195 fr., vente R. Portalis (novembre 1878, n. 62); en maroquin citron, papier vélin, 180 fr., vente Béhague (n. 783); en demi-reliure non rogné, avec 2 figures ajoutées en noir, 270 fr., vente Destailleur (1891, n. 1109); en demi-reliure de Purgold, 450 fr., vente Guyot de Villeneuve (n. 461); en demi-reliure de Champs, non rogné, 367 fr., vente Massicot (n. 628); en maroquin rouge de Bradel, figures avant la lettre, collection Eugène Wassermann; en maroquin rouge de Chambolle, figures avant la lettre, 1420 fr., vente Montgermont (1911, n. 215), aujourd'hui chez M. Louis Cartier.

— Œuvres poissardes de J.-J. Vadé et de l'Écluse. *De l'Imprimerie de Didot jeune. A Paris, chez Vᵉ Defer, Demaisonneuve et Josse, L'an IV*, 1796. In-18. (De 20 à 30 fr.)

216 pp. plus 5 figures.
1 portrait et 4 figures non signées.
On trouve des exemplaires en papier vélin avec figures avant la lettre.
Dans ces conditions, et en maroquin citron, 180 fr., vente de Béhague.
En maroquin orange, figures avant et avec la lettre, 111 fr., vente Ch. Cousin (n. 308); en maroquin rouge de Niedrée, aux armes du marquis de Coislin, figures avant la lettre, 100 fr., vente Lignerolles (n. 1332); en maroquin orange ancien, figures avant la lettre, 250 fr., vente Montgermont (1911, n. 216).
En maroquin rouge de Simier, figures avant la lettre, collection Schuhmann.

— Œuvres badines de J.-J. Vadé, et de l'Écluse. *A Paris, Chez tous les marchands de nouveautés*. L'an VI. 1798. In-12. (De 8 à 10 fr.)

2 ff. n. ch. et 176 pp. plus 1 figure à la page 5.
Figure gravée par Bovinet.
Édition peu commune dont un exemplaire nous a été communiqué par M. Lucien Schloss.

VALCAVI. — Numismata Virorum illustrium, ex Barbadica; in latinum vertit E. X. Valcavius. *Patavii* (Padoue) *ex typographia Seminarii*, 1732, avec un supplément, daté de 1760. In-fol. (De 80 à 100 fr.)

1 frontispice, 1 fleuron sur le titre, 86 vignettes représentant, sauf la première, des médailles au milieu de superbes ornements, 87 culs-de-lampe et 85 lettres ornées, dessinés et gravés par Robert Van Audernaert, qui a signé R. V. A.
Magnifique ouvrage commandé par le cardinal Barbarigo et dont Valcavi a écrit le texte. Chose très rare, toutes les illustrations, jusqu'aux lettres ornées, sont différentes.

VAN BLARENBERGHE. — Exercices de Cavalerie (vers 1780). (De 100 à 150 fr.)

32 planches en largeur, gravées d'après les dessins de Blarenberghe par Aveline, Beurlier, Borgnet, Chatelain, Delvaux, Duponchel, Dupuis, Duret, Ingouf, Levillain, Louvion, Michel, Menil, Pruneaux, Thiébault, etc.

VANIÈRE (Jacques) — Jacobi Vanierii, Prædium rusticum. Nova éditio cæteris emendatior. *Parisiis, Ex Typographiâ Jos. Barbou*, 1774. In-8. (De 10 à 12 fr.)

XVI-427 pp. et 2 ff. n. ch.; plus 1 frontispice.
Frontispice par Gravelot, gravé par de Longueil.
Réimprimé en 1786 avec le même frontispice.

VANNEL et SAUVAL. — Les Galanteries des Rois de France, depuis le commencement de la Monarchie, nouvelle édition enrichie de figures en taille-douce, augmentée des Amours des Rois de France. Suivant la copie imprimée à Paris, chez Ch. Moette, 1731. 3 parties en 1 vol. In-12. (De 60 à 80 fr.)

1 frontispice répété deux fois et 5 figures de Bernard Picart.
En maroquin vert de Duru, 70 fr., vente Béhague (n. 1088); en maroquin rouge ancien, 72 fr., vente Lacarelle (n. 366).
En maroquin bleu ancien, collection Ferdinand de Rothschild.

— Galanteries des rois de France depuis le commencement de la monarchie... par M. Henri Sauval. *Suivant la copie imprimée à Paris, Chez Charles Moette*, 1738. 2 vol. in-12. (De 20 à 30 fr.)

Frontispice et figures par Bernard Picart.
En veau ancien, 8 fr., vente J.-J. de Bure (1853, n. 924). revendu 16 fr., vente E. Martin (n. 690).

VARIÉTÉS AMUSANTES (Les), ou les Ribauds du Palais-Royal, comédie en prose par Monvel de Sod... *A Paris, aux Variétés amusantes*, 1791. In-12. (De 20 à 30 fr.)

3 figures assez libres, non signées.
Pièce obscène, curieuse au point de vue des mœurs des artistes du XVIIIe siècle.

VAUGONDY (Robert de). — Atlas Universel... *A Paris*, 1757. In-fol. (De 60 à 80 fr.)

100 cartes ornées de cartouches, dessinés par Choffard et gravés par Élisabeth Haussard.

VELLEIUS PATERCULUS ET FLORUS. — Caii Velleii Paterculi Historiæ romanæ libri duo (contenant aussi Florus). *Paris, Barbou*, 1754. In-12. (De 10 à 12 fr.)

1 frontispice et 2 en-tête par de Sève, gravés par Fessard; une vignette et un cul-de-lampe non signés.

La première édition (David, 1746) ne contient pas *Florus*. Le frontispice est le même, mais il y a, au lieu des 2 en-têtes, 1 fleuron sur le titre, par de Sève, et 1 vignette par de La Borde, tous deux gravés par Fessard.
Réimprimé en 1777 avec les mêmes illustrations.

VELLY (L'abbé). — Histoire de France depuis l'établissement de la Monarchie jusqu'à Louis XIV, par l'abbé Velly (continuée par Villaret et ensuite par Garnier). *A Paris, Saillant, Nyon et Desaint*, 1770-1789. 25 vol. in-4. (De 150 à 200 fr.)

17 vol. in-4 de texte, y compris 1 volume de table et 1 vol. de l'*Histoire de France avant Clovis*, auxquels se joignent 8 vol. de planches ou portraits, sous le nom de *Collection des Portraits des Hommes illustres jusqu'à Louis XIV*, 1778-1785. 8 vol. in-4. — *Atlas de l'Histoire de France* de Velly, 2 vol. in-fol., 1787.
Les portraits d'après Boizot, Mierevelt, Titien, Vertue, etc., gravés par Flipart, François Gaillard, Wille, etc., etc., avaient servi pour la plupart dans l'*Europe Illustre* ou ailleurs.
En veau fauve ancien, bel exemplaire, 101 fr., vente Destailleur (1891, n. 1689).

VENDANGES (Les) gaillardes. Recueil de Contes en vers, chansons, épigrammes, etc. *A Paris, an XII*. In-18. (De 15 à 20 fr.)

1 figure de Martini.

VENERES et priapi. (Voyez HANCARVILLE).

VENI creator spiritus, par un citoyen passif. *Au Louvre, l'an de la liberté zéro* (1790). In-8. (De 10 à 12 fr.)

1 figure non signée, curieuse.
Pamphlet royaliste.

VENETTE (Nicolas). — De la Génération de l'homme ou le Tableau de l'amour conjugal par Nicolas Venette. *A Cologne, Chez Claude Joly*, 1702. In-12. (De 10 à 12 fr.)

Figures.

En maroquin citron ancien, 20 fr., vente R. Portalis (novembre 1878, n. 14).

— La Génération de l'Homme, ou Tableau de l'Amour conjugal, considéré dans l'état du Mariage. *A Hambourg* (ou *Londres*) 1751. 2 vol. in-12. (De 25 à 30 fr.)

Tome I : 4 ff. n. ch., XXI pp., 2 ff. n. ch., et 472 pp., plus 1 frontispice et 5 planches pliées.
Tome II : 8 et 494 pp., plus 5 planches pliées.
1 frontispice et 10 figures d'anatomie non signées.
Il y a des exemplaires en grand papier.
L'exemplaire de Pixerécourt, en grand papier, relié en maroquin rouge par Padeloup, 70 fr., vente Béhague (n. 197).
En maroquin olive ancien, mais sans le frontispice, 22 fr., vente Janzé (n. 132).

VÉNUS dans le Cloître, ou la Religion en chemise ; nouvelle édition enrichie de figures en taille-douce. *A Pékin, chez Roosen*, 1758. In-12. (De 40 à 50 fr.)

3 figures libres, non signées.
C'est la reproduction d'un opuscule libre paru d'abord à Cologne en 1683.

VERGIER. — Contes et Nouvelles et poésies diverses du Sr Vergier. *A Rouen*, 1743. 3 vol. pet. in-8. (De 10 à 15 fr.)

3 frontispices.

— Œuvres de Vergier, nouvelle édition. *A Lauzanne*, 1750. 2 vol. in-12. (De 10 à 12 fr.)

1 joli frontispice par Clavereau, gravé par Fessard.

— Œuvres de Vergier. *A Londres* (Paris, Cazin), 1780. 3 vol. in-18. (De 15 à 20 fr.)

Tome I : 2 ff. n. ch., 263 pp., plus le portrait.
Tome II : 2 ff. n. ch., 288 pp.
Tome III : 2 ff. n. ch., 288 pp.
Contient 1 portrait-médaillon de l'auteur non signé.

(Voyez *Recueil des meilleurs Contes*.)

VÉRITÉ CRITIQUE (La) des Tableaux exposés au Salon du Louvre en 1781. (Prix 16 sous). *A Florence et se trouve à Paris, au Louvre et chez les libraires qui vendent les Nouveautés*, 1781. In-8. (De 8 à 10 fr.)

1 frontispice à l'eau-forte non signé.

VÉRITÉS (Les) à l'ordre du jour, ou Nouvelle critique raisonnée tant des acteurs et actrices des théâtres de Paris que des pièces qui ont été représentées. *A Paris, Garnier*, 1798. In-8. (De 5 à 6 fr.)

Frontispice gravé, non signé.

VERNES. — Le Voyageur sentimental, ou Ma promenade à Yverdun, par M. Vernes le fils ; nouvelle édition corrigée et augmentée par l'auteur. *A Londres* (Paris, Cazin), 1786. In-18. (De 5 à 6 fr.)

1 frontispice par Marillier, gravé par Delvaux.

— La Franciade, ou l'Ancienne France, poème en 16 chants. *A Lauzanne, chez J. Maurer*, 1789. 2 vol. in-8. (De 6 à 8 fr.)

2 frontispices à l'eau-forte par Dünker.

— Le Voyageur sentimental en France sous Robespierre. *A Paris, S. d.* (1798). 2 vol. in-18. (De 6 à 8 fr.)

2 figures par Chaillou, gravées par Dambrun.

VERNET (Joseph). — Groupes de Figures tirés de Tableaux des Ports de France. (De 80 à 100 fr.)

12 planches gravées par Moreau et Le Bas.
Jolie suite de 12 groupes de personnages des tableaux de J. Vernet. L'eau-forte a été faite par Moreau le jeune (pour sept pièces) et le travail au burin par Le Bas.

VERRIEN (Nicolas). — Recueil d'emblèmes, devises, médailles et figures hiéroglyphiques, Au nombre de plus de douze cent, avec leurs explications. Accompagné de plus de deux mille Chiffres fleuronnez, simples, doubles & triples, d'une manière nouvelle & fort curieuse pour tous les Noms maginables. Avec les Tenants, Supports, & Cimiers servans aux Ornemens et Armes. Cet Ouvrage qui est enrichy de deux cens cinquante Planches en Taille-douce, est tres-utile aux Graveurs, Peintres, Sculpteurs, Orfevres, Brodeurs, Serruriers, & à tous ceux qui travaillent au Dessin. Par le Sieur Verrien, Maître Graveur. *A Paris, Chez Claude Jombert,* 1724. In-8. (De 60 à 80 fr.)

Frontispice, titre, titre gravé. pp. 1-62 de texte et pp. 1-62 de planches gravées, 2 ff. gravées, 16 pp. de texte. 155 pp. de chiffres gravés, 24 pp. de table; puis *Supports et Cimiers,* titre gravé et 17 pp. gravées.

Le frontispice présente le portrait de l'auteur par Edelinck.

Il existe de cet ouvrage des éditions antérieures au XVIII° siècle, notamment celles de 1685 et 1696.

VERTOT. — Histoire des Chevaliers hospitaliers de S. Jean de Jérusalem, appelez depuis les Chevaliers de Rhodes, et aujourd'hui les Chevaliers de Malte. Par M. l'abbé de Vertot. *A Paris, Chez Rollin,* 1726. 4 vol. in-4. (De 60 à 80 fr.)

Un bel exemplaire en grand papier avec les portraits, en maroquin bleu de Derôme le père, 355 fr., vente Renouard (1854, n. 2697), revendu 805 fr., vente Brunet (n. 585) et 1.920 fr., vente Lebeuf de Montgermont (n. 841); en maroquin citron, aux armes de Mme Sophie, 650 fr., vente Destailleur (1891, n. 1587).

Une édition en 7 vol. in-12 parut à *Paris, chez Prault,* en 1755. L'exemplaire de Mme de Pompadour en maroquin rouge à ses armes, 1.000 fr., *Bull. Morgand* II, 4 (1905) n. 638.

VIC (Claude) et Joseph VAISSETE. — Histoire générale de Languedoc, Avec des Notes & des pièces justificatives : Composée sur les Auteurs & les Titres originaux, & enrichie de divers Monumens. Par deux Religieux Bénédictins de la Congrégation de S. Maur. *A Paris, Chez Jacques Vincent,* 1730-1745. 5 vol. in-fol. (De 100 à 120 fr.)

Tome I : xx-758 pp., 214 colonnes et 1 f. n. ch., plus 1 carte et 8 planches.
Tome II : 3 ff., 648 pp. et 703 col., plus 2 cartes et 2 planches.
Tome III : x et 606 pp. et 706 col., plus 2 planches doubles.
Tome IV : XXII pp., 1 f. n. ch., 600 pp. et 570 col., plus 1 grande carte et 9 planches dont 2 sont doubles.
Tome V : VII pp., 1 f. n. ch., 688 pp. et 494 col., plus 14 planches.

4 cartes et 35 planches dessinées par J.-B. Nolin (3), Rolin (6), A. Cadas (4), Gleyse (4), Dufour (1), Despax (5) et anonymes (8); gravées par C.-A. de Bercy (1), Claude Lucas (11), Le Parmentier (2), C.-N. Cochin (2), C.-L. Lucas (3), et anonymes (9) et L. Mag. Hortemels, femme de Cochin (3); les 8 planches de sceaux et monnaies sont de la même, bien que deux ne soient pas signées. Les vignettes et culs-de-lampe gravés sur bois (non signés) sont de Jackson. Il y a de plus un fleuron de titre (le même dans chaque volume) par Cazes, gravés par C.-N. Cochin, un fleuron pour l'épître gravé par Magdeleine Hortemels Cochin, une initiale pour l'épître gravé par Cochin d'après P.-J. Cazes, et en tête de chaque livre un fleuron et une lettre grise. soit 50 de chaque, dessinés par P.-J. Cazes (94), Humblot (3), Jean Retout (1), anonymes (2) et gravés par Cochin (91) N.-H. Tardieu (6), N.-J.-B. de Poilly (2) et un anonyme. Enfin en-tête de la 1re planche des *Preuves* du tome I, est une belle vignette de Humblot, gravée par N. Tardieu.

Beaucoup de ces vignettes existent en tirages hors texte.

Cf. la description au *Catalogue J. de Rothschild,* n. 2347 d'un bel exemplaire en maroquin rouge ancien, aux armes du comte de Clare, gouverneur du Languedoc.

En maroquin rouge aux armes de Lamoignon, 820 fr., vente Lacarelle (n. 522).

VICTOIRES et Conquêtes de l'Empereur de la Chine, représentées en 16 planches gravées à Paris, de 1770 à 1774, sous la direction de Cochin, par Aliamet, Choffard, Le Bas, etc., d'après les dessins exécutés à Pékin par ordre de l'empereur Kien-Longh. In-folio. (De 150 à 200 fr.)

Suite de grandes planches gravées en France pour l'Empereur de Chine, par l'entremise de la Compagnie des Indes, et devenues rares, parce que, à l'exception de quelques-uns donnés en cadeaux, tous les exemplaires furent envoyés en Chine. M. de Marigny, auquel on s'était adressé, chargea Cochin de la direction des gravures d'après les dessins de P. P. jésuites Attiret, Damascus et Castillion.

Un exemplaire fut vendu 476 fr., en 1797.

Une brochure explicative de ces planches a paru à Paris, en 1791, sous le titre de : *Précis historique de la guerre dont les principaux événements ont été représentés dans les 16 estampes gravées à Paris pour l'empereur de Chine, sur les dessins que ce prince a fait faire à Pékin.*

Les planches ont été réduites sous le titre de *Faits mémorables des Empereurs de la Chine.* Voyez HELMAN.

VIDA en estampes de la benedita Santa Rosa de Lima. S. l. n. d. (Paris, vers 1740). In-8.

Titre et 59 planches. — Suite de 59 estampes de Philippe Le Bas, précédée d'une dédicace gravée à Don Diego Antonio de Parada, archevêque de Lima.

Cartonné, 40 fr., vente Destailleur (1891, n. 97).

VIE de Don Alphonse Blas de Liriàs (La) fils de Gil-Blas de Sentillane, avec figures. *A Amsterdam,* 1754. In-12. (De 10 à 12 fr.)

8 figures dessinées et gravées par Punt.

VIE de la Bourbonnaise, écrite par elle-même à sa mère. S. l., 1769. Pet. in-8. (De 8 à 10 fr.)

1 frontispice non signé.

VIE de Louis XVI, revue, corrigée et augmentée par M... *A Londres,* 1790. In-18 (format Cazin). (De 25 à 30 fr.)

125 pp., plus 1 portrait du roi et 3 figures non signées.

On attribue ce pamphlet à Mercier.

VIE (La) et l'Œuvre de feu l'abbé Bazin, évêque de Mizoura, en Mizourie. *A Paris,* an VII. In-18. (De 12 à 15 fr.)

1 figure non signée, dans le genre de Borel.

Attribué à Verden.

VIE politique de Marie-Louise de Parme, reine d'Espagne, contenant ses intrigues amoureuses, etc. *A la cour d'Espagne et se trouve à Paris chez tous les libraires,* 1793. In-18. (De 50 à 60 fr.)

1 portrait et 3 jolies figures.

Pamphlet rare.

VIE privée, libertine et scandaleuse, de Marie-Antoinette d'Autriche, ci-devant reine des François, depuis son arrivée en France jusqu'à sa détention au Temple. Ornée de vingt-six gravures. *Aux Thuileries et au Temple,* l'an premier (1793). 4 parties, in-12. (De 400 à 500 fr.)

26 figures non signées pour les 3 premières parties et 6 figures, en partie imitées de l'*Almanach de la Révolution* de Rabaut, pour la 4e partie qui est rarissime.

En veau ancien, 600 fr., *Bull. Morgand* (II, 6, n. 440 : exemplaire de Lord Carnarvon, n. 871.)

Plusieurs de ces figures sont fort libres.

VIE publique et privée de Honoré-Gabriel Riquetti, chevalier de Mirabeau, etc., nouvelle édition, dédiée aux amis de la Constitution monarchique. *A Paris, hôtel d'Aiguillon,* 1791. In-8. (De 12 à 15 fr.)

Portrait curieux tiré en bistre, non signé.

VIE voluptueuse entre les Capucins et les Nonnes, par la confession d'un frère de l'ordre. *A Cologne, chez Pierre le Sincère,* 1764. Pet. in-8. (De 30 à 40 fr.)

2 figures libres non signées.

VIEN. — Caravanne du Sultan à la Mecque, mascarade turque donnée à Rome par Messieurs les Pensionnaires de l'Académie de France et leur amis, au Carnaval de l'année, 1748. S. l. n. d. (De 60 à 80 fr.)

Titre gravé et 31 belles planches de costumes orientaux, gravées à l'eau-forte par Vien.

Ce curieux recueil est en premier tirage dans les exemplaires dont le titre ne porte aucune adresse de libraire.

Le second tirage, exécuté en 1768, porte l'adresse de Fessard, à Paris.

Un troisième tirage à l'adresse de Basan et Poignant est de beaucoup inférieur.

On connaît des exemplaires avec les planches coloriées à la main.

VIES (Les) des SS. Pères des déserts et des Saintes Solitaires d'Orient et d'Occident avec des figures qui représentent l'austérité de leurs vies. *A Anvers et Amsterdam, chez P. Brunel,* 1714. 4 vol. in-8. (De 100 à 150 fr.)

Figures gravées par G. Schouten.

En grand papier, veau brun, 60 fr., vente Renouard (1854, n. 2704) revendu, en maroquin brun de Trautz, 930 fr., vente Lebeuf de Montgermont (n. 842), puis 305 fr., vente Destailleur (1891, n. 1588).

Cet ouvrage est par J.-F. Bourgoing de Villefore.

VIGÉE (L). — Mes Conventions, épître à elle, par L. Vigée. *A Paris, Louis,* an IX. In-12. (De 6 à 8 fr.)

Frontispice de Adèle Romance, dite Romany, gravé par Delvaux.

VIGNOLE. — Livre nouveau ou Règles des cinq Ordres de l'Architecture, de Jacques Barozzio de Vignole. On y a joint un essai sur les mêmes ordres, suivant le sentiment des plus célèbres architectes; le tout enrichi de vignettes et cartels dessinés et gravés par Babel, Cochin, Blondel, etc... *A Paris, Jacques Chéreau,* 1747. In-4. (De 150 à 200 fr.)

1 frontispice par Moreau (l'aîné), gravé par Chéreau, et 150 planches numérotées de texte et figures gravées, non compris le titre avec fleuron et le privilège du roi, également gravés.

Bel ouvrage rempli de planches de meubles, serrurerie, portes, cheminées, etc.

En maroquin rouge ancien, aux armes, collection Ferdinand de Rothschild.

Une autre édition a paru en 1757 à Paris chez Charpentier, elle contient 109 planches, de format in-folio, par Cochin, Babel, Blondel et Cuvillier, gravées par Charpentier, Chéreau et autres. Les 60 dernières sont relatives à la décoration et à l'ameublement des intérieurs.

En maroquin vert de Belz-Niedrée, 180 fr., vente Béhague (n. 359).

Une autre édition encore, porte la date de 1767, à Paris, chez Petit; elle ne renferme que 104 planches.

VILLEMIN (N. X.). — Choix de Costumes civils et militaires des Peuples de l'Antiquité, leurs instruments de musique, leurs meubles et les décorations intérieures de leurs maisons d'après les monuments antiques, avec un texte tiré des anciens auteurs; dessiné, gravé et rédigé par N. X. Villemin. *A Paris,* 1798. 2 vol. in-folio. (De 80 à 100 fr.)

180 planches gravées.

VILLENFAGNE. — Mélanges de littérature et d'histoire. *A Liège, Desoer,* 1788. In-8. (De 5 à 6 fr.)

1 frontispice par Le Barbier, gravé par de Longueil.

VILLETTE. — Histoire de Nôtre-Dame de Liesse, par M. Villette, prêtre, Grand Archidiacre de l'Église de Laon. *A Laon et à Paris, chez Antoine Warin,* 1708. In-8. (De 10 à 15 fr.)

1 frontispice et 6 figures par Stella, gravées par Thomassin.

En maroquin rouge ancien, 19 fr., vente Destailleur (1891, n. 1628).

Réimprimé en 1718 avec 1 frontispice et 8 planches dont une repliée.

VILLETTE (Marquis de). — Œuvres du marquis de Villette. *A Londres,* 1782. (Cazin). In-18. (De 5 à 10 fr.)

Frontispice par Chevaux, gravé par Duponchel.

VILLETTE (De). — Éloge historique de Charles V, roi de France. *A Paris, Grangé,* 1767. In-4. (De 30 à 40 fr.)

1 portrait de Charles V par Danzel, gravé par Levasseur, 1 fleuron sur le titre, gravé par Simonet, d'après Eisen, et 6 vignettes ou culs-de-lampe d'Eisen, gravés par Simonet.

VINCI (Léonard de). — Traité de la Peinture, par Léonard de Vinci, revû et corrigé. Nouvelle édition, Augmentée de la Vie de l'Auteur. *A Paris, Chez Pierre-François Giffart,* 1716. In-12. (De 40 à 50 fr.)

VIII pp., 1 f. n. ch., pp. XIX-LIV, 17 ff. n. ch., 324 pp. et 13 ff. n. ch., plus 1 portrait et 30 figures. — 1 Portrait et 30 figures non signées plus beaucoup de petits bois dans le texte. La lacune de la page VIII à la page XIX se retrouve dans tous ces exemplaires.

En maroquin rouge de Derôme, 120 fr., vente Janzé (n. 153), aujourd'hui chez M. Louis Cartier.

VIRGILE. — P. Virgilii Maronis opera. *Londini, ex officina Jacobi Tonson,* 1715. In-12. (De 20 à 25 fr.)

Beau frontispice gravé par Du Guernier. Edition publiée par Mich. Maittaire. Il y a des exemplaires sur grand papier.

Un exemplaire en grand papier relié par Padeloup en maroquin, aux armes du comte de Hoym, 130 fr., vente du baron Pichon (1869, n. 426).

— Publii Virgilii Maronis Bucolica, Georgica et Æneis, illustrata, ornata et accuratissime impressa. *Londini, Knapton et Sandby,* 1750. 2 vol. gr. in-8. (De 30 à 40 fr.)

1 fleuron qui est placé sur chaque titre, 58 figures de médailles, de bas-reliefs, etc., et 1 cul-de-lampe, par Bonneau et Wilson, gravés par Grignion, Muller et J. S. M.

Il y a des exemplaires en grand papier. Cette édition a été réimprimée avec les mêmes figures en 2 vol. petit in-8, sous la même date.

Cet ouvrage, illustré d'une manière fort intéressante, contient malheureusement parmi les médailles des pièces imaginées par le savant antiquaire Goltzius, qui a laissé dans la numismatique une réputation d'auteur aussi dangereux que le marquis de Sade dans la littérature (Cohen).

— Publii Virgilii Maronis Opera, ex antiquis monumentis illustrata, etc... sumptibus Henrici Justice... (*Hagæ Comitum*), 1753-1767. 5 vol. gr. in-8. (De 100 à 125 fr.)

Edition entièrement gravée, contenant 767 figures, non signées, tirées des monuments anciens et se rapportant à chaque passage du texte.

Il existe un tirage in-4, dont tous les exemplaires, dit-on, furent achetés par Catherine II, à laquelle le livre fut dédié.

Les figures seraient du graveur vénitien Marco Villeri.

— Publii Virgilii Maronis Opera, curis & studio Stephani Andreæ Philippe. *Lutetiæ Parisiorum, Sumptibus Ant. Urb. Coustelier,* 1745. 3 vol. in-12. (De 25 à 30 fr.)

Tome I : XCVI-205 pp., plus 1 frontispice et 5 figures.
Tome II : XXIV-231 pp., plus 6 figures.
Tome III : XII-254 pp., plus 6 figures.

En tout 1 frontispice et 17 figures par Cochin, gravés par Duflos, 25 en-têtes et 22 culs-de-lampe non signés, dont plusieurs se répètent.

Il y a des exemplaires en papier de Hollande.

Même figures dans l'édition portant le nom de Barbou, 1754.

M. H. Beraldi possède un exemplaire en maroquin bleu ancien (par Anguerrand ?).

— Publii Virgilii Maronis Bucolica, Georgica et Æneis. *Birminghamiæ, typis Johannis Baskerville,* 1766. In-8. (De 10 à 12 fr.)

Frontispice gravé.

En ancien maroquin rouge, 35 fr., vente Béhague (n. 489).

La belle édition de *Virgile* de Baskerville publiée en 1757 est sans figures.

— Virgilii Maronis Opera, pristino nitori restituta, cum notis et variis lectionibus ex codicibus et optimis exemplaribus. *Paris, Barbou,* 1767. 2 vol. in-12. (De 12 à 15 fr.)

Mêmes figures par Cochin fils, et Duflos que dans l'édition de Coustelier, et 4 en-têtes, dont un porte le nom de Delafosse.

Réimprimé en 1790, figures usées.

— P. Virgilius Maro, varietate lectionis et perpetua adnotatione illustratus a Chr. Gottl. Heyne. Accedunt indices. Editio novis curis emendata et aucta. *Lipsiae, Casp. Fritsch*, 1800. 6 vol. in-8. (De 40 à 50 fr.)

Un précieux recueil de toutes les vignettes et illustrations *du Virgile* de Heyne, épreuves d'artiste tirées à part de format in-folio, en tout 205 pièces reliés en 1 vol. en maroquin rouge de Capé, 300 fr., vente E. Martin (n. 147), puis au *Bull. Morgand* II, 13 (1911) n. 1646.

— Publius Virgilius Maro, Bucolica, Georgica et Æneis. *A Paris, Pierre Didot jeune*, 1798. Gr. in-folio, papier vélin. (De 150 à 200 fr.)

1 frontispice et 24 figures par Gérard et Girodet, dont 8 pour les Bucoliques, 4 pour les Géorgiques et 12 pour l'Énéide gravés par Baquoy, Beisson, Copia, Godefroy, Malbeste, Marais, Urbain Massard, Mathieu, Patas, Simonet et Vielh.
Edition splendide et de grand luxe. Un exemplaire, actuellement à Londres, a été tiré sur vélin ; il provient de la bibliothèque de Firmin Didot, vendue en 1810, et renfermait les dessins originaux.
Sur grand papier il avait été tiré 250 dont 100 avec les figures avant la lettre.
Le prix de souscription avait été fixé pour les 100 premiers exemplaires à 900 fr., et pour les 150 derniers à 600 fr.
E. Martin avait ajouté dans un *Virgile* sur peau de vélin de Strasbourg, Dambach, 1789, 2 vol. in-folio, la suite de Gérard et Girodet en avant-lettre avec 8 eaux-fortes et deux épreuves d'artiste, plus divers dessins originaux du XVIIIe siècle ; vendu 690 fr. (n. 145).
La famille Firmin-Didot possède encore un des dessins de Gérard, un de ceux de Girodet et 173 dessins au trait par ce dernier pour les Bucoliques et les Georgiques ; d'autres dessins de Gérard ont appartenu à Mahérault (399 fr.) ; celui de la vente Turpin (165 fr.) a appartenu ensuite au baron Portalis.

— P. Virgilii Maronis Bucolica, Georgica et Æneis. *Londini, Dulau*, 1800. 2 vol. gr. in-8. (De 40 à 50 fr.)

14 figures gravées par Bartolozzi, Fittler et Sharp, d'après les figures de Gérard et Girodet.
En grand papier, de 80 à 100 fr.

— Les Œuvres de Virgile, traduites en françois, le texte vis-à-vis la traduction, Ornées de Figures en Taille-douce. avec des remarques, par M. l'Abbé des Fontaines. *A Paris, Chez Quillau père*, 1743. 4 vol. in-8. (De 50 à 60 fr.)

Tome I : 5 ff. n. ch. LXVI-324 pp., 2 ff. n. ch., plus 1 frontispice, 1 portrait et 5 figures.
Tome II : 2 ff. n. ch., LV-368 pp., plus 4 figures.
Tome III : 2 ff. n. ch., 448 pp., 1 f. n. ch., plus 4 figures.
Tome IV : 2 ff. n. ch., 508 pp., 3 ff. n. ch., plus 4 figures.
En tout 1 portrait par Toqué, gravé par Schmidt ; 1 frontispice et 17 figures par Cochin fils, gravés par Cochin père et fils.
Un bel exemplaire relié en maroquin rouge à l'oiseau, par Derôme, 365 fr., vente Richard Lion (n. 125).
En maroquin rouge ancien, 62 fr., vente Daguin (n. 578) ; en maroquin citron, ancien, 79 fr., vente Lignerolles (n. 779) ; en maroquin bleu de Padeloup, 53 fr., vente La Bédoyère (1837, n. 421), revendu 370 fr., vente Lacarelle (n. 126), aujourd'hui chez M. Schulmann ; en maroquin rouge ancien, 1,005 fr., vente Montgermont (1911, n. 218).
Les 18 dessins originaux de Cochin à la mine de plomb passèrent chez Morel-Vindé, et se trouvent aujourd'hui dans la collection H. Beraldi.
Il y a un carton aux pp. 27 et 37 du tome II : le traducteur ayant omis de rendre le vers 422 tout entier et les deux premiers mots du vers 301. Il y a d'autres cartons tome III, pp. 189, 201, 261, 339, 345 et tome IV, pp. 115 et 287. Les bons exemplaires ont toutes ces pages en double.

— Œuvres de Virgile, traduites en françois, le texte vis-à-vis la traduction avec des remarques, par M. l'abbé Desfontaines ; nouvelle édition. *A Paris, Plassan*, an IVe, 1796. 4 vol. gr. in-8. (De 30 à 40 fr.)

Tome I : XLI-478 pp., plus 1 portrait et 4 figures.
Tome II : 437 pp., plus 5 figures.
Tome III : 447 pp., plus 4 figures,
Tome IV : 510 pp., plus 4 figures.
En tout 1 portrait par Dupréel, et 17 figures par Moreau et Zocchi, gravés par Ba-

quoy, Dambrun, Delignon, Delvaux, Duhamel, Dupréel, Halbou, Ponce et Thomas.

L'in-8 a été tiré sur papier ordinaire et sur papier vélin. Il existe des exemplaires sur papier vélin grand in-4, avec les figures avant la lettre; mais plusieurs de celles de Zocchi sont de nouveaux tirages de l'édition italienne.

— L'Eneide di Virgilio, del commendatore Annibal Caro. *In Parigi presso la vedova Quillau*, 1760. 2 vol. in-8. (De 25 à 30 fr.)

Tome I : 2 ff. n. ch., 314 pp., 1 f. n. ch., plus 1 portrait, 1 titre gravé et 6 figures.

Tome II : 342 pp., 1 f. n. ch., plus 1 portrait, 1 titre gravé et 6 figures.

2 portraits, celui de Virgile par Ficquet et celui de Caro par Defehrt, 2 titres, 12 figures, 12 vignettes et 6 culs-de-lampe par Zocchi, sauf 1 par Prévost, gravés par Chenu, Defehrt, Lempereur, Leveau, Pasquier, Prévost et Tardieu.

Il existe des exemplaires en grand papier de format grand in-8.

Un de ces exemplaires en maroquin rouge ancien contenant 32 des 34 dessins originaux de Zocchi au crayon, plus les dessins des deux entourages des titres, 600 fr., vente E. Martin (n. 48), revendu 495 fr., vente Richard Lion (n. 126); on le trouve aussi dans une vente de Porquet (2 mai 1887, n. 74).

— L'Enéide, traduite en vers français par J. Delille. *A Paris, Giguet et Michaud*, 1804 (an XII). 4 vol. in-8. (De 30 à 40 fr.)

4 figures par Moreau, gravées par Baquoy, Delignon, Simonet et Thomas.

Il faut préférer les exemplaires sur papier vélin. Cette édition a été tirée de format grand in-4.

Les figurent existent avant la lettre.

— Les Eglogues de Virgile. Traduites en vers François avec le Latin à côté & diverses autres Poësies. Par Monsieur Richer, Avocat au Parlement de Normandie. *A Rouen, Chez Eustache Herault*, 1717. In-12. (De 4 à 5 fr.)

Frontispice gravé non signé, et figures.

En maroquin rouge ancien, exemplaire du duc de La Vallière, 11 fr., vente de Lignerolles (n. 780).

— Les Géorgiques de Virgile. Traduction nouvelle en vers francois, Enrichies de Notes et de Figures; Par M. Delille. *A Paris, chez C. Bleuet*, 1770. In-8. (De 50 à 60 fr.).

1 f. n. ch., 345 pp., plus 4 figures d'Eisen gravées par De Longueil.

— Les Géorgiques de Virgile, traduction nouvelle en vers françois, Enrichies de notes et de figures; Par M. Delille..., troisième édition. *A Paris, Chez C. Bleuet. (De l'Imprimerie de Lottin aîné)*, 1770. Gr. in-8. (De 30 à 40 fr.)

347 pp., plus 1 frontispice et 4 figures.

1 frontispice par Casanova et 4 figures par Eisen, gravés par de Longueil.

Mêmes figures que ci-dessus, mais avec le frontispice en plus.

Il a été tiré des exemplaires sur papier de Hollande.

L'exemplaire unique imprimé sur vélin de cette édition, contenant des dessins originaux de Moreau, 554 fr., vente Detienne (1807, n. 600) puis chez Chardin.

En maroquin rouge ancien, papier de Hollande, 137 fr., vente Daguin (n. 579); en maroquin rouge aux armes de la comtesse d'Artois, 700 fr., vente Delbergue (n. 85); en maroquin rouge ancien, aux armes de Mme Adélaïde, papier de Hollande, 405 fr., vente Destailleur (1891, n. 1016), puis collection Carnarvon (n. 56), puis *Bull. Morgand* II, 6 (1908) n. 685 : 500 fr.; en maroquin vert ancien, fort jolie reliure avec large dentelle, 8,700 fr., vente Montgermont (1911, n. 217).

L'exemplaire de Marie-Antoinette (4e édition) en veau aux armes, est à la bibliothèque de Périgueux.

M. Beraldi possède un exemplaire en maroquin vert ancien, auquel ont été ajoutées les eaux-fortes.

Nouvelle édition, *Paris, Bleuet*, an II. In-8. Figures d'Eisen.

Un exemplaire de cette édition, en maroquin rouge, 40 fr., vente Béhague, (n. 491).

— Les Géorgiques de Virgile, avec la traduction en vers françois; Par M. Delille... *A Genève*, 1777. In-18. (De 4 à 5 fr.)

2 ff. n. ch., 191 pp., plus un portrait médiocre.

— Les Géorgiques, traduites en vers français, par l'abbé Delille. (*Kehl*), *De l'imprimerie de la Société littéraire typographique*, 1784. In-8. (De 15 à 20 fr.)

1 portrait gravé par A. de Saint-Aubin et 5 figures gravées par Dambrun, Delvaux et Ponce.

On trouve ces figures avant la lettre.

— Les Géorgiques de Virgile, traduites en vers français par Jacques Delille, avec des notes et des variantes. *A Paris, Bleuet*, an XI (1803). In-8. (De 8 à 10 fr.)

1 frontispice de Casanova et 4 figures d'Eisen, gravés en réduction par Villeray.

Il existe un tirage sur grand papier vélin.

Un exemplaire sur peau de vélin ayant figuré en 1815 au catalogue Bertin de Vaux (n. 146) a été acquis en 1820 par la Bibliothèque nationale.

— Les Bucoliques de Virgile, traduites en vers français (par de Langeac). *A Paris, Giguet et Michaud*, 1806. Grand in-4, papier vélin. (De 60 à 80 fr.)

10 figures et 10 culs-de-lampe par J.-B. Huet et Fragonard fils, gravés par Copia.

Ce livre existe en grand papier vélin avec les figures avant la lettre.

Les mêmes culs-de-lampe sont placés au texte latin et au texte français.

On peut ajouter à cette édition le frontispice de Prudhon et les 8 figures par Girodet et Gérard, gravés par Copia, Delignon, Godefroy et Marais, d'un tirage fait après les 250 de l'édition du Virgile in-folio de Didot l'aîné.

L'exemplaire du comte de La Bédoyère (1862, n. 767 : 275 fr.) l'un des deux imprimés sur vélin, contenait les dessins originaux de Huet et de Fragonard fils, à l'encre de Chine, plus 2 dessins de culs-de-lampe non gravés, et les gravures tirées à part sur papier de Chine. Revendu 3,005 fr., vente Huillard (n. 273), cet exemplaire fut acheté par Léon Mercier et entra, au prix de 6,000 fr. dans la collection Rœderer, à Reims.

Autre exemplaire sur vélin, figures de Huet et Fragonard, sur Chine, 300 fr., vente Potier. Un exemplaire en grand papier vélin relié en maroquin rouge par Capé, avec figures avant la lettre, 400 fr., vente E. Martin.

Il existe une édition in-8, sous la même date, avec les mêmes figures.

VIXOUZE (De). — La Philippide, l'Avènement de Philippe de France à la couronne d'Espagne, poëme en XV chants. *A Aurillac, de l'imprimerie Antoine Viallanes*, 1784. In-8. (De 8 à 10 fr.)

Frontispice non signé.

VŒU DE LA NATURE (Le), ou les Aventures plaisantes d'une jolie femme, écrites par elle-même. *A Paris*, an III et an VI. In-18. (De 50 à 60 fr.)

Frontispice et 6 figures libres non signés.

VOISENON. — Romans et Contes de M. l'abbé de Voisenon, nouvelle édition considérablement augmentée, etc. *A Paris, Bleuet*, an VI (1798). 2 vol. in-18. (De 80 à 100 fr.)

1 portrait de Vigée et 4 figures dessinées par Quéverdo et Defraine, gravées par Quéverdo et Dambrun.

On trouve des exemplaires en papier vélin, contenant parfois les figures avant la lettre (sauf la dernière qui n'existe pas) et même les eaux-fortes (?).

En maroquin rouge de Capé, figures avant la lettre, 475 fr., vente Béhague (n. 1068); en maroquin rouge ancien, figures avant la lettre, 500 fr., vente Montgermont (1911, n. 210.)

Autre édition, Paris, Imbert, 1798. 3 vol. in-18. — 3 figures de Quéverdo et de Defraisne.

— Les Exercices de dévotion de M. Henri Roch avec Mme la duchesse de Condor, par feu l'abbé de Voisenon, de joyeuse mémoire, et de son vivant membre de l'Académie Française. *A Vaucluse* (Paris), 1787. Petit in-12. (De 25 à 30 fr.)

1 frontispice libre, non signé.

Saisis par la police, les exemplaires de ce livre léger sont devenus fort rares. Quoique

EISEN
DESSIN POUR LA *Henriade* DE VOLTAIRE (1769-1770)
APPARTIENT À M. HENRI BERALDI

attribué à Voisenon, il pourrait bien être de Meunier de Querlon.

VOITURE EMBOURBÉE (La) ou le Roman Naturel. *A Amsterdam. Par la Compagnie*, 1715. In-16.

174 pp.; 9 figures non signées.
Attribué à Marivaux.

VOLTAIRE. — La Henriade, de M. de Voltaire, poème épique. *A Londres*, 1728. In-4. (De 40 à 50 fr.)

Frontispice par de Troy, gravé par Surugue, fleuron sur le titre, dessiné par Michaux, gravé par C. (Cochin); 10 grandes figures par de Troy, Lemoine, Vleughels, gravées par Jeaurat, Dupuis, Desplaces, Cochin et Tardieu,; 10 vignettes dessinées par Michaux, gravées par Lépicié, Dupuis, Fletcher et Poilly, et 10 culs-de-lampe par les mêmes.
Première édition avec figures. (Bengesco, n. 365.)
En maroquin rouge ancien aux armes, 540 fr., vente Béhague (n. 676); un autre aux armes de Bernard de Rieux, 460 fr., vente Lignerolles (n. 1160); un autre, aux armes de la duchesse de Mirepoix, 1,605 fr., vente du baron Pichou (1897, n. 859), revendu 1,550 fr., vente Montgermont (1911, n. 220).
Un très bel exemplaire relié en maroquin rouge, à compartiments en mosaïque, par Padeloup, livres vente d'Hangard (1789). revendu 1500 fr., vente Radziwil (n. 776) et 3.000 fr., vente Lebeuf de Montgermont (n. 443).
Les exemplaires sur papier de Hollande sont rares.
L'exemplaire de la Bibliothèque nationale a les figures coloriées.

— La Henriade de M. de Voltaire, avec des remarques et les différences qui se trouvent dans les diverses éditions de ce poëme. *A Londres* (Paris, Gandouin), 1741. In-4. (De 15 à 20 fr.)

Frontispice et les 10 figures de l'édition de 1728.
L'exemplaire offert par Voltaire à l'impératrice Elizabeth, fille de Pierre le Grand (avec des vers autographes signés), en maroquin rouge ancien, passa chez Antoine Louis, chirurgien de Catherine II et se trouve aujourd'hui dans la collection Ferdinand de Rothschild.

— La Henriade, par M. de Voltaire, nouvelle édition avec les variantes et l'Essai sur la poésie épique. *A Amsterdam*, chez F. L'Honoré. 2 parties en 1 vol. petit in-18. (De 4 à 5 fr.)

1 portrait et 11 figures non signées.
Le chant X a deux figures.

— La Henriade, nouvelle édition avec des notes et variantes (précédée d'une préface de Marmontel et de l'Essai sur la Poésie épique). *S. l.* (Paris, Prault), 1746. 2 volumes in-12. (De 10 à 15 fr).

Tome I : Titre, XXIII et 220 pp.
Tome II : 1 f. n. ch. et pp. 221-447.
Titre gravé, avec un fleuron dessiné par Cochin fils et gravé par Fessard, et une vignette des mêmes artistes en tête du Ier chant.
D'après Jombert, Cochin aurait gravé en 1743, une vignette représentant Henri IV à cheval, qui n'aurait pas servi.
Édition dite la *Henriade des Damnés* à cause d'une note (T. I, p. 138), supprimée dans beaucoup d'exemplaires (Bengesco, n. 375).
En maroquin rouge de Derôme, 51 fr., vente Lignerolles (n. 1161).

— La Henriade de M. de Voltaire. *A Amsterdam, aux dépens de la Compagnie. S. d.* (1748). Petit in-12. (De 8 à 10 fr.)

Titre gravé, portrait de l'auteur par Largillière, gravé par Fessard, et 10 figures par de Troy, Vleughels, etc.
Réduction des figures de l'édition de 1728.

— La Henriade. Nouvelle édition. *A Paris, Chez la Veuve Duchesne, Saillant, Desaint, Panckouke et Nyon, libraires* (De l'imprimerie de Barbou), 1769-1770. 2 vol. in-8. (De 30 à 40 fr.)

Tome I : XL et 272 pages, plus 1 frontispice et 10 figures.
Tome II : 315 pp. et 2 ff. n. ch.
En tout 1 frontispice, 1 titre gravé, avec un beau portrait-médaillon de Voltaire en guise de fleuron, 10 figures et 10 vignettes, dessinées par Eisen et gravées par de Longueil.
Le tome II ne contient pas de gravures; il renferme les variantes, les notes, l'*Essai sur la poésie épique* et diverses pièces poétiques de l'auteur.

Les vignettes existent en tirage hors texte et les figures peuvent se trouver avant la lettre.

En maroquin rouge ancien, 950 fr., vente Béhague (n. 677); en maroquin vert ancien, figures avant la lettre, 1,200 fr., vente Gosford (n. 174); en maroquin rouge ancien, figures avant la lettre, 470 fr., vente R. Lion (n. 151) et avec la lettre, 555 fr., même vente (n. 150); en maroquin rouge ancien, 70 fr.; vente Ch. Cousin (n. 310); en veau fauve ancien, figures avant la lettre, 180 fr., vente Müller (n. 101).

En maroquin rouge ancien, jolie reliure d'Artaud, figures avant la lettre, 4,020 fr., vente Doistau (n. 64); en maroquin rouge de Derôme, figures avant la lettre, 1,100 fr., vente Montgermont (1911, n. 221).

En maroquin rouge de Lortic, figures avant la lettre, tirages à part des vignettes, 400 fr., vente Delbergue (n. 110); le même (?), vente Daguin (n. 582). Un autre semblable en maroquin rouge doublé de maroquin bleu, par Cuzin, 730 fr., vente R. Lion (n. 152); un troisième, dans le même état, en maroquin rouge de Capé-Masson-Debonnelle, 202 fr., vente E. Martin (n. 231).

L'exemplaire Ferdinand de Rothschild, en maroquin rouge ancien, doit être l'un de ceux cités plus haut.

La suite des 10 figures avant la lettre, s'est vendue 58 fr., vente R. Portalis (février 1878, n. 42).

M. Beraldi possède, outre un bel exemplaire en maroquin bleu doublé de maroquin bleu par Marius-Michel, fleurons hors texte, figures avant et avec la lettre, un précieux album contenant les dessins originaux d'Eisen, à la mine de plomb et provenant de la collection Morel-Vindé. Les Goncourt possédaient dix esquisses à la mine de plomb pour cet ouvrage.

Seconde édition avec les mêmes figures en 1775 et 3ᵉ tirage en 1780. — Figures moins bonnes.

— La Henriade, en dix chants. A *Genève*, 1771. In-12. (De 10 à 15 fr.)

1 portrait de Henri IV, 1 frontispice allégorique et 10 figures de Gravelot.

— La Henriade, poème par M. de Voltaire, suivi d'un Essai sur le Poème épique. A *Amsterdam*, 1772. In-8. (De 10 à 15 fr.)

1 portrait gravé par Folkema, et 10 figures par De Troy, Vleughels et F. M. C. F., gravées par Cl. Duflos et Lecave.

Autre reproduction des figures de l'édition de 1728.

— La Henriade en dix chants, par M. de Voltaire. A *Genève*, 1778. In-18. (De 4 à 5 fr.)

2 ff. n. ch. et 165 pp., plus 1 portrait. Portrait de Henri IV, gravé par L. Legrand.

— La Henriade en dix chants, suivie de la dissertation sur la mort de Henri IV, par M. de Voltaire. A *Londres* (Cazin), 1781 et 1789. In-18. (De 4 à 5 fr.)

1 portrait-médaillon.

— L'Enriade del sigr de Voltaire, tradotta in ottava rima. *Nella stamperia dell' Academia*. A *Monaco*, 1774. Pet. in-4. (De 25 à 30 fr.)

Frontispice dessiné par Winck, gravé par Jungwierth, titre gravé et 10 vignettes dessinées par Cuvilliés, gravées par Jungwierth. Édition italienne exécutée à Munich.

— La Henriade, poème suivi de quelques autres poèmes de Voltaire. *De l'imprimerie de la Société typographique* (Kehl), 1789. Grand in-4, papier vélin. (De 80 à 100 fr.)

2 ff. n. ch., 624 pp., plus 10 figures par Moreau, gravées par Dambrun, de Launay, Duclos, Guttenberg, Helman, Lingée, Patas, Romanet, Simonet et Trière, un portrait de Henri IV, par Porbus, gravé par Tardieu, et dans certains exemplaires, un portrait ajouté de Voltaire, gravé par Langlois, d'après La Tour.

Belle édition de *la Henriade* qui devait faire partie d'un *Voltaire* en 40 volumes in-4 que Beaumarchais se proposait de publier; on avait commencé à graver des figures de grand format d'après des dessins de Moreau. La *Henriade* seule fut faite ainsi, plus cinq pièces pour le *Théâtre* et les *Romans*, le fleuron de titre de la *Henriade* et le portrait de Frédéric-Guillaume de Prusse.

Une autre suite de 12 pièces faite en vue d'illustrer cette édition de *la Henriade* est due à Quéverdo, qui a dessiné et gravé à l'eau-forte les figures ornées de riches encadrements. Elles ont été terminées au burin par Baquoy, Dambrun, Delignon, Halbou et de Longueil.

Elles existent en trois états : avec la lettre, avant la lettre et en eaux-fortes.

On les trouve aussi dans l'édition de Didot. 1790, in-4.

L'édition de Kehl a été tirée à 27 exemplaires sur peau de vélin; celui de la Bibliothèque nationale a été acheté en 1810 à la vente Le Blond (n. 423).

— La Pucelle d'Orléans, poème divisé en quinze livres par M. de V***. *A Paris*, 1756. In-12. (De 12 à 15.)

Frontispice orné du portrait de Voltaire couronné de lauriers, non signé.
L'édition originale est datée de Louvain, 1755.

— La Pucelle d'Orléans, poème héroï-comique en vingt-quatre chants ; nouvelle édition avec de belles figures. *A Londres, aux dépens de la Compagnie*, 1761. In-8. (De 15 à 20 fr.)

Portrait de Voltaire en fleuron sur le titre, 1 frontispice, 1 vignette, 1 cul-de-lampe et 12 figures médiocres, non signés.
En maroquin orange par Hardy, 34 fr., vente Béhague (n. 680).

— La Pucelle d'Orléans, poème, divisé en vingt chants, avec notes. Nouvelle Édition, corrigée, augmentée & collationnée sur le Manuscript de l'Auteur. *S. l.* (Genève), 1762. In-8. (De 30 à 40 fr.)

2 ff. n. ch., VIII et 358 pp., plus 20 jolies figures non signées, sans autre lettre que l'indication du chant. Elles sont exécutées sur des dessins de Gravelot.
Première édition avouée par l'auteur.
En maroquin bleu par Hardy, 95 fr., vente Béhague (n. 681); en maroquin rouge ancien, 210 fr., vente R. Lion (n. 158).
En maroquin rouge ancien, collection Schuhmann.
Les 20 dessins originaux de Gravelot à la sépia plus le dessin additionnel, de Marillier, au crayon, figuraient dans un exemplaire de l'édition de 1774, vendu 6,500 fr., vente Mosbourg (n. 134), et que nous retrouvons au catalogue de Lord Carnarvon (n. 101).
Il provenait des collections Paignon-Dijonval et Morel-Vindé et se trouve aujourd'hui chez un amateur parisien. Il est recouvert d'une riche reliure ancienne à dentelles, en maroquin rouge doublé de maroquin vert.
La suite des croquis de Gravelot a appartenu successivement au marquis de Fourquevaulx, à Emmanuel Bocher et à Louis Rœderer, de Reims.

— La Pucelle d'Orléans, poème divisé en vingt chants; nouvelle édition, augmentée de cinq chants nouveaux et de notes collationnées sur le manuscrit de l'auteur, enrichie de variantes, de belles figures et de jolies vignettes. *A Londres, aux dépens de la Compagnie*, 1764. In-8. (De 25 à 30 fr.)

1 frontispice, 1 fleuron sur le titre, 1 vignette en tête de l'avant-propos, 1 portrait-fleuron (Voltaire) en tête de la préface, 1 cul-de-lampe et 20 figures, le tout non signé.
En maroquin rouge ancien, 69 fr., vente Lignerolles (n. 1326).
Les figures sont amusantes quoique médiocrement gravées. Quelques-unes sont libres.
Elles ont été souvent copiées et on les retrouve en mauvaises épreuves dans un grand nombre d'éditions postérieures.

— La Pucelle d'Orléans, poème divisé en vingt chants, avec des notes, Nouvelle Édition corrigée, augmentée, & collationnée sur le Manuscrit de l'Auteur. *A Conculix* (1765). 2 tomes en 1 vol. in-24. (De 12 à 15 fr.)

XV-266 pp. et 1 f. blanc, plus 2 titres gravés et 20 figures.
Titre gravé avec le portrait de Voltaire, titre pour le tome II et 20 figures non signées.
Petite édition assez rare.
Les figures sont pliées en trois. Le titre du tome II (qui manque souvent) porte : *Aux délices*, 1765. La pagination se suit.
En maroquin rouge ancien, collection Ferdinand de Rothschild et collection Schuhmann; en maroquin citron, 20 fr., vente Turner (n. 336).

— La Pucelle d'Orléans, poème divisé en vingt chants, avec des notes. *S. l.* 1768. In-16. (De 40 à 50 fr.)

1 frontispice et 26 figures encadrées non signés.
Le frontispice porte : *Recueil des Estampes de la Pucelle d'Orléans qui pourront être reliées dans toutes les sortes d'éditions, à Londres, gravées d'après les idées de l'auteur par L. Rake (sic)*.
Ce sont les figures de *Drake*, dont celles qui sont libres ont servi de modèles à bien des figures libres des éditions postérieures, notamment celle de Cazin de 1777.

Signalons ici le curieux exemplaire de l'édition de Londres 1756, relié en mosaïque de maroquin vert et citron sur fond rouge, pour le fermier général Augran de Fontpertuis et qui est enrichi de 29 dessins libres inédits, exécutés à la sépia et coloriés, vendu 2,080 fr., vente Lignerolles (n. 1325) et passé ensuite chez Lord Carnarvon (n. 99).

— La Pucelle d'Orléans, poëme héroïque-comique en dix-huit chants. *A Londres, s. d.* (vers 1770). In-18, texte encadré. (De 30 à 40 fr.)

1 frontispice et 18 figures médiocres.
Il n'y a, dit Cohen, que la 1re, la 2e, la 3e, la 10e, la 12e, la 13e, la 17e et la 18e qui soient tout à fait libres; les autres sont ou voluptueuses ou tout à fait chastes.

— La Pucelle d'Orléans, poëme divisé en vingt et un chants, avec les notes de M. de Morza (Voltaire) et la préface du même sous le nom de Apuleius Risorius. *A Londres* (Genève) 1771. In-8. (De 30 à 40 fr.)

21 figures assez jolies, non signés.
Réimpression ou plutôt second tirage avec les mêmes illustrations, sous la date de 1773.

— La Pucelle d'Orléans, poëme divisé en vingt et un chants, avec les notes de M. de Morza (Voltaire); nouvelle édition, corrigée, augmentée d'un chant entier, etc., *A Londres*, 1775. In-8, texte encadré. (De 80 à 100 fr.)

Frontispice allégorique et 21 figures non signées, dont plusieurs libres.
Les figures, gravées avec soin, portent au bas un ou deux vers du poème et le numéro du chant auquel elles se rapportent. On les a attribué à Desrais; elles existent avant la lettre.
En maroquin rouge ancien, 259 fr., vente Béhague (n. 682).

— La Pucelle d'Orléans. Poëme divisé en XXII chants. Nouvelle édition. Augmentée de six chants nouveaux, des notes et des variantes. Collationnée sur le manuscrit de l'auteur. Enrichie de figures. *A Paris, Aux dépens de la Compagnie*, 1775. 2 vol. in-18. (De 50 à 60 fr.)

Tome I : 2 ff. n. ch., VIII-140 pp., plus 10 figures.
Tome II : 2 ff. n. ch., pp. 141 à 304 plus 12 figures.
En tout 22 figures, non signées, presques toutes libres; et 1 fleuron répété sur chaque titre.

— La Pucelle d'Orléans, poëme héroï-comique en dix-huit chants. *A Genève* (Cazin), 1777. In-18. (De 150 à 200 fr.)

Portrait de Jeanne d'Arc, 1 frontispice représentant Voltaire assis et Jeanne d'Arc debout, et 18 figures libres fort jolies et non signées.
Cette suite de figures, connue sous le nom de suite anglaise parce qu'elle est imitée des figures de Drake, et aussi parce que les bonnes épreuves portent en haut la désignation *book I, book II*, etc., est due, selon toute apparence, à Marillier pour le dessin et à Duflos pour la gravure. Sieurin a connu un amateur qui avait acheté des suites chez Duflos lui-même.
Les exemplaires en grand papier, de format in-12, sont rares et recherchés. Ils offrent cet avantage que le mot *book* n'étant pas coupé en haut, on est sûr d'avoir les premières épreuves.
Cette même édition de 1777 se trouve également (2 ff. n. ch., 300 pp., plus la figure ou le titre) avec un seul titre gravé par Marillier, un portrait en médaillon avec un bas relief représentant le bûcher, et une jolie figure par Marillier et gravée par N. de Launay. Certains exemplaires n'ont les uns que le portrait, les autres que la figure. Dans ces deux derniers états, le volume est de peu de valeur.

— La Pucelle d'Orléans, poëme héroï-comique en dix-huit chants. Nouvelle édition, sans faute et sans lacune... *A Londres* (Paris, Cazin) 1780. In-18. (De 80 à 100 fr.)

286 pp., plus 1 portrait, 1 frontispice et 18 figures libres.
Mêmes illustrations que dans l'édition de 1777.
En maroquin rouge de Derôme, 1,100 fr., vente Lignerolles (n. 1327).

— La Pucelle d'Orléans, poëme en vingt-un chants, Avec des Notes, Auquel on a joint plusieurs Pièces qui y ont rapport. *A Londres* (Paris, Cazin), 1780. 2 vol. in-18. (De 50 à 60 fr.)

Tome I : 2 ff. n. ch., 218 pp. et 1 f. blanc, plus le frontispice.
Tome II : 2 ff. n. ch., et 180 pp.

En tout 1 frontispice et 21 jolies vignettes en-tête, par Duplessi-Bertaux, mais non signés.

L'édition a été tirée sur grand papier de format petit in-8 ; les exemplaires en sont très recherchés.

Les jolies vignettes de Duplessi-Bertaux existent en tirages hors texte; on les paye fort cher en cette condition ; celle du chant XXI est sans numéro et celle du chant XIX est marquée *chant XVIII*.

Un exemplaire sur grand papier, en feuilles, avec les vignettes en tirage à part et la suite dite *anglaise* ajoutée, appartenait à Eugène Paillet (*Bull. Morgand* n. 12510: 1,000 fr.)

En maroquin rouge de Hardy, la suite anglaise ajoutée en deux éditions différentes, 1,060 fr., vente Béhague (n. 683); en maroquin vert ancien, suite anglaise ajoutée, 640 fr., vente R. Lion (n. 159); en maroquin rouge ancien, suite anglaise avant la lettre, 250 fr., vente Béhague (n. 684).

En grand papier, maroquin rouge ancien, par Bradel-Derôme, 142 fr., vente Daguin (n. 583).

En maroquin rouge de Derôme, vente Viollet-le-Duc, revendu 200 fr., vente E. Martin (n. 235), puis chez Quentin-Bauchart, 150 fr., vente Guyot de Villeneuve (n. 451) et 215 fr., vente Montgermont (1911, n. 224); en maroquin citron de Trautz, 155 fr., vente Lacarelle (n. 253); en maroquin rouge ancien, 160 fr., vente Ch. Cousin (n. 312); en demi-reliure, non rogné, 47 fr., vente Daguin (n. 584).

M. Henri Beraldi a fait relier sur brochure par Cuzin, en maroquin doublé à mosaïque un bel exemplaire sur grand papier contenant les tirages à part en épreuves d'artiste avec remarques.

On trouve aussi ces tirages hors texte dans le bel exemplaire sur grand papier en maroquin brun doublé de maroquin vert par Lortic, vendu 500 fr., vente Montgermont (1911, n. 223).

— La Pucelle d'Orléans, poëme suivi de contes et satires. *De l'imprimerie de la Société littéraire typographique* (Kehl), 1789. Gr. in-4. (De 100 à 150 fr.)

21 figures par Moreau, gravées par Baquoy, Dambrun, Delaunay, Duclos, Halbou, Lemire, de Longueil, Lingée, Masquelier, Patas, Romanet, Simonet, Tardieu et Trière.

Edition de luxe pour laquelle Moreau avait fait graver 16 planches de format grand in-4. Cette suite ayant été interrompue après *la Henriade*, on fit, pour illustrer l'édition, agrandir par un cadre les figures de Moreau, in-8, de l'édition de 1784, et on les colla dans ce cartouche orné. Elles sont dans ces conditions avant la lettre et souvent tirées sur un papier très fin et très mince analogue au papier de soie.

Dans ces conditions et dans une reliure en maroquin bleu de Bozérian, 800 fr., vente Delbergue (n. 141).

Il existe de cette édition 30 exemplaires sur peau de vélin; celui de la Bibliothèque nationale provient de la vente Le Blond (1810, n. 424).

On trouve souvent le volume de *la Pucelle*, de l'édition de Kehl, avec cette indication : *A Birmingham*.

Avec cette adresse, les figures avant et avec lettre et 10 eaux-fortes, 820 fr., vente Portalis (1882, n. 30).

En 1785, Moreau avait entrepris d'illustrer sur le pied de cinq ou six planches par chant la Pucelle grand in-4. Il s'arrêta après avoir exécuté 30 dessins pour les chants I à V. Ces dessins, dans un album en veau ancien, ont été retirés à 16,100 fr., vente Mahérault (n. 147); ils sont aujourd'hui dans la collection Henri Beraldi.

Signalons aussi une fort belle suite inédite de 22 dessins lavés, dont un frontispice, exécutés par Monnet pour la Pucelle (vers 1780). Après avoir été offerte au *Bull. Morgand*, elle a passé dans la collection de Lord Carnarvon (n. 34) et se trouve aujourd'hui chez M. Robert Schuhmann.

— La Pucelle d'Orléans, poème en vingt et un chants, par Voltaire; édition ornée de figures gravées par les meilleurs artistes de Paris. *A Paris,, Didot jeune*, an III (1795). 2 vol. (De 150 à 200 fr.)

Portrait de Jeanne d'Arc dessiné et gravé par Gaucher, et 21 figures par Lebarbier, Marillier, Monnet et Monsiau, gravées par Baquoy, Choffard, Delignon, Delvaux, Duhamel, Dupréel, Lemire, Lingée, Malbeste, Patas, Pauquet, Ponce et Romanet.

Très belle édition. On trouve des exemplaires avec les figures avant la lettre (avec et sans les numéros des chants) et les eaux-fortes.

En maroquin bleu par Hardy, figures avant la lettre, 499 fr., vente Béhague (n. 685).

En cuir de Russie, aux armes de la duchesse de Berry, figures en avant-lettre, 200 fr., vente Portalis (1882. n. 31).

En demi-reliure d'Allô, portrait et figures, avant et avec la lettre, eaux-fortes (remontées) des figures, 300 fr., vente Daguin (585); l'exemplaire de M. H. Beraldi, en demi-reliure Cuzin, non rogné, contient les avant-lettre et les eaux-fortes; on les trouve aussi dans le superbe exemplaire de format in-folio en maroquin rouge de Chambolle, vendu 2,300 fr., vente Montgermont (1911, n. 225).

Un exemplaire de l'édition de Crapelet, an VII, en maroquin citron de Capé, enrichi de 7 suites différentes (en tout 150 pièces) a été vendu 1,900 fr., vente Béhague (n. 686); un autre, enrichi de près de 120 pièces, en maroquin rouge doublé en maroquin vert par Chambolle-Duru est chez M. Robert Schuhmann.

— La Pucelle d'Orléans, poëme en vingt-un chants; par Voltaire. Ornée de figures gravées par Ponce et sous sa direction. *A Paris (de l'imprimerie Crapelet) an VII.* 2 vol. in-8. (De 15 à 20 fr.)

Tome I: XIII, pp., 1 f. n., 223 pp., plus 1 portrait et 10 figures.

Tome II: 2 ff. n. ch. et 243 pp., plus 11 figures.

Ce sont les mêmes figures que dans l'édition précédente, mais sans les cadres.

— La Pucelle d'Orléans, poëme héroï-comique, en vingt-un chants. Non vultus, non color unus. *A Londres*, 1790. In-18. (De 100 à 150 fr.)

274 pp., plus 24 figures.

Trois frontispices donnant le portrait de Voltaire dans un médaillon au-dessus d'un bas-relief (le triomphe de Voltaire); celui de Jeanne d'Arc également dans un médaillon au-dessus d'un bas-relief (le bûcher); et une figure allégorique (l'âne devant un sarcophage) et 21 figures non signées gravées à l'aquatinte. Elles sont copiées sur la suite de Kehl.

Ce joli petit volume, qui se joint à la collection Cazin, nous a été communiqué par M. Schuhmann. Un exemplaire avec les figures retouchées au pinceau est porté à 45 fr. dans un catalogue de Claudin pour 1885. Sir David Salomons en possède un précieux exemplaire avec les planches imprimées en couleurs.

— Poëmes, épîtres et autres poésies. Par M. de Voltaire. *A Genève*, 1777, ou 1779. In-18. (De 8 à 10 fr.)

2 ff. n. ch. et 200 pp. plus le portrait.

1 frontispice avec portrait par Marillier, gravé par Delaunay.

En maroquin rouge ancien, 29 fr., vente Béhague (n. 670).

— La Mérope française, avec quelques pièces de littérature. *A Paris, Prault*, 1744. In-8. (De 10 à 15 fr.)

1 fleuron sur le titre par Boucher, gravé par Duflos et 2 figures gravées par Duflos et Fessard.

En ancien maroquin rouge, 30 fr., vente Béhague.

— La Princesse de Navarre (comédie-ballet en trois actes, en vers, avec un prologue par Voltaire) feste donnée par le Roy en son château de Versailles, le mardi 23 janvier 1745. (Paris), *De l'imprimerie de Ballard*. In-8. (De 30 à 40 fr.)

Beau frontispice signé : P. Baudouin invenit.

En maroquin citron ancien, aux armes de Louis XV, 482 fr., vente Daguin (n. 586). En maroquin rouge de Belz-Niedrée, 80 fr., vente Béhague (n. 877).

— Le Temple de la Gloire (opéra-ballet en cinq actes, musique de Rameau), feste donnée à Versailles le 27 novembre 1745. *De l'imprimerie de Ballard, doyen des imprimeurs du Roy*, 1745. In-4. (De 150 à 200 fr.)

4 belles et grandes figures de P. Baudouin, gravées par Pasquier (la 1re seule est signée), 5 vignettes et 5 culs-de-lampe, signés : P.-B. inv. et P. sc., et 5 lettres ornées non signées.

— Tancrède, tragédie par M. de Voltaire. *A Genève, chez les frères Cramer*, 1761. In-8. (De 30 à 40 fr.)

Frontispice de Gravelot.

Edition originale. Le frontispice représente un âne qui brait devant une lyre accrochée à un arbre. C'est une allégorie satyrique qui vise Martin Fréron, et qu'expliquent les vers placés au bas :

> Que veut dire
> Cette lyre ?
> C'est Melpomène en Clairon,
> Et ce Monsieur qui soupire
> Et fait rire ?
> N'est-ce pas Martin F.....?

Ce frontispice est assez rare, ayant été supprimé dans beaucoup d'exemplaires. Il était destiné, dit Sieurin, à *l'Ecossaise*.

En maroquin rouge de Thibaron, 66 fr., vente Bancel (n. 569).

— Tancrède, tragédie en vers croisés et en cinq actes. *A Paris, Prault*, 1761. In-8. (De 10 à 15 fr.)

1 portrait de Voltaire d'après La Tour, 1 fleuron sur le titre et 2 figures par L. R. et J. P., gravées par P. F. Tardieu.

En maroquin rouge de Belz-Niedrée, 56 fr., vente Béhague (n. 864); en maroquin rouge de Cuzin, 36 fr., vente Daguin (n. 589).

— Théâtre de Voltaire. *A Londres*, (Cazin) 1782. 10 volumes in-18. (De 20 à 25 fr.)

Portrait et 33 figures gravées par Lachaussée.

Un exemplaire en maroquin vert à dentelles, renfermant les dessins originaux de Bochegrain, 168 livres, vente du baron d'Heiss, en 1785 (n. 615).

— La Guerre civile de Genève, ou les Amours de Robert-Covelle, poème héroïque, avec des notes instructives ; dernière édition. *A Besançon, chez Nicolas Grandvel*, 1768. In-18. (De 10 à 15 fr.)

1 figure non signée.

— Élémens de la Philosophie de Neuton, Mis à la portée de tout le monde. Par M. de Voltaire. *A Amsterdam, chez Jacques Desbordes*, 1738. In-8. (De 10 à 15 fr.)

1 frontispice dessiné par J. Dubourg, gravé par J. Folkéma, 1 portrait par le même, 25 vignettes et 25 culs-de-lampe par Dubourg, Folkéma, Konder, Decave, B. Picart et Schley, 1 fleuron sur le titre par Debrie,
gravé par Duflos et un grand nombre de figures géométriques dans le texte et tirées à part.

Un bel exemplaire en papier fort, en maroquin vert de Derôme, 999 fr., vente Turner (n. 182).

En maroquin rouge de Derôme (reliure signée) 375 fr., vente Janzé (n. 136), à M. Robert Schuhmann.

— Candide, ou l'Optimisme, par M. de Voltaire. *A Berlin*, 1778. 2 part. en 1 vol. in-8. (De 15 à 20 fr.)

1 titre gravé avec portrait-médaillon de Voltaire et 5 jolies figures dessinées et gravées par Chodowiecki.

Relié par Duru en maroquin violet, 95 fr., vente Béhague (n. 1059).

— Zadig, ou la destinée, histoire orientale par M. de Voltaire. *A Londres, chez G. Sidney, pour G. Polidori*, etc., 1799. In-32. (De 50 à 60 fr.)

1 portrait de Voltaire, 13 figures dessinées et gravées à l'aqua-tinte par Le Cœur, et deux vignettes.

Jolie petite édition peu commune de ce roman.

Les figures existent imprimées en couleurs.

— Romans et Contes de M. de Voltaire. *A Bouillon, aux dépens de la Société Typographique*, 1778. 3 vol. in-8. (De 300 à 400 fr.)

Tome I : VI-204 pp., plus 1 portrait et 16 figures.

Tome II : VIII-320 pp., plus 1 frontispice et 19 figures.

Tome III : VI-236 et 102 pp., plus 1 frontispice et 20 figures.

1 fleuron sur les titres, 1 portrait de Voltaire gravé par Cathelin, d'après La Tour, 13 vignettes par Monnet, gravées par Deny, 57 figures par Marillier, Martini, Monnet et Moreau, gravées par Baquoy, Châtelain, Deny, Dambrun, Lorieux, Patas, Vidal et Elisabeth Thiébaut.

Très belles illustrations, pourvu que les gravures soient avant les numéros. On trouve à la fin du 3ᵉ volume un avis au relieur pour le classement des estampes.

La figure de Monnet dans *Candide*, représentant les deux jeunes filles poursuivies par des singes, existe découverte. Elle a été gravée en grand par Vidal.

Un exemplaire en maroquin bleu, 300 fr., vente Potier. En maroquin rouge par Hardy, figures avant les numéros, 425 fr., vente Béhague (n. 105). Avant les numéros, maroquin vert doublé de maroquin rouge par Cuzin, relié sur brochure, 815 fr., vente R. Lion (n. 241). Cartonné non rogné, avant les numéros, 395 fr., vente Lacarelle (n. 365) vendu et revendu, 282 fr. En maroquin rouge de Chambolle, avant les numéros, 400 fr., vente Müller (n. 214). En maroquin citron de Trautz, 1,350 fr., vente Guyot de Villeneuve (n. 448). En maroquin vert de Cuzin, 531 fr., vente Biays (n. 342). En veau ancien, 300 fr., vente Daguin (n. 588). Non rogné, figures avant les numéros, 730 fr., vente Gosford. Avant les numéros, en maroquin rouge de Lortic, 620 fr., vente Delbergue, (n. 132). Avant les numéros, maroquin vert ancien, 1,450 fr. vente Daguin (n. 587). Avec et avant les numéros, relié sur brochure par Cuzin en maroquin bleu, 2,200 fr., vente Montgermont (1911, n. 226).

Les 71 dessins originaux, lavés à la sepia (57 figures, 13 vignettes, 1 fleuron), provenant d'une vente le 11 décembre 1802 (n. 49) et de la vente Renouard (n. 2420 : 406 fr.), font partie de la collection James de Rothschild (n. 228). On y a joint la suite des figures avant les numéros et les tirages à part de 6 vignettes.

Pixerécourt (n. 424), possédait 38 des eaux-fortes; nous en trouvons 34 offerts pour 3,000 fr. au Catal. Roblin 40 (1885) n. 999 et 45 au *Bull. Morgand II*, 7 (1908) n. 822; mais nous n'en connaissons aucune suite complète.

— Romans et Contes, par Voltaire. *A Londres*, 1781 (Paris, Cazin). 3 vol. in-18. (De 15 à 20 fr.)

Frontispice allégorique dessiné par B. Chevaux, gravé par Duponchel.

— Romans et Contes de Voltaire. *A Lyon, Le Roy*, 1790. 6 vol in-18. (De 25 à 30 fr.)

15 figures non signées.
Il existe un tirage sur papier vélin.

— Œuvres de M. de Voltaire, nouvelle édition revue, corrigée et considérablement augmentée, avec des figures en taille-douce. *A Amsterdam, Jacques Desbordes*, 1738-1739. 7 tomes en 4 vol. in-8. (De 20 à 30 fr.)

1 frontispice, 2 fleurons sur les titres, et 18 figures par de Brie, de Troy et Vleughels, gravées par Duclos, Folkéma, Lacave, Patier, Philip et Tanjé.
Se trouve sur grand papier de Hollande.
Les figures de *la Henriade* sont des copies de celles de l'édition de 1728.

— Œuvres de Voltaire, nouvelle édition, considérablement augmentée, enrichie de figures en taille-douce. *S. l.* (Paris), 1751. 11 vol. in-12. (De 12 à 15 fr.)

26 figures d'Eisen, gravées par Aliamet, Aveline, Baquoy, Beauvais, Chenu, Le Mire, Legrand, Menil, Maisonneuve, Pasquier, Pelletier, de Surugue, Tardieu.
Les vignettes gravées par Le Mire pour *la Henriade* et *Zaïre*, etc., sont jolies.
Autre édition avec les mêmes figures, Paris, 1757. — 20 vol. in-8.

— Collection complette des Œuvres de Mr de Voltaire. *A Genève, chez les frères Cramer*, 1768-1774. 30 vol in-4, plus les volumes de la Correspondance. (De 100 à 150 fr.)

Tome I : LA HENRIADE, 2 ff. n. ch., xxxii-426 pp., 4 ff. n. ch., et pp. 427 à 483, plus 2 portraits et 10 figures.

Tome II : HISTOIRE DE CHARLES XII. 2 ff. n. ch., 607 pp., plus 2 portraits.

Tome III : THÉÂTRE. *Tome I* : 2 ff. n. ch., 546 pp., plus 1 frontispice et 6 figures.

Tome IV : THÉÂTRE. *Tome II* : 2 ff. n. ch., 502 pp., plus 5 figures.

Tome V : THÉÂTRE. *Tome III* : 2 ff. n. ch., 492 pp., plus 6 figures.

Tome VI : THÉÂTRE. *Tome IV* : 2 ff. n. ch., 542 pp., plus 6 figures.

Tome VII : THÉÂTRE. *Tome V* : 2 ff. n. ch., 564 pp., plus 9 figures.

Tome VIII : ESSAI SUR LES MŒURS. *Tome I* : 2 ff. n. ch., 504 pp., plus 1 portraits.

Tome IX : ESSAI SUR LES MŒURS. *Tome II* : 2 ff. n. ch., 515 pp.

Tome X : ESSAI SUR LES MŒURS. *Tome III* : 2 ff. n. ch., 573 pp.

Tome XI : SIÈCLE DE LOUIS XIV. *Tome I* : 2 ff. n. ch., 523 pp., plus 1 portrait.

Tome XII : SIÈCLE DE LOUIS XIV. *Tome* II : 2 ff. n. ch., 458 pp., plus 1 portrait.

Tome XIII : ROMANS. 2 ff. n. ch., 503 pp.

Tome XIV : ANNALES DE L'EMPIRE. 1 f. n. ch., 511 pp.

Tome XV : MÉLANGES. *Tome* I : 1 f. n. ch., 550 pp.

Tome XVI : MÉLANGES. *Tome* II : 1 f. n. ch., 516 pp.

Tome XVII : MÉLANGES. *Tome* III : 1 f. n. ch., 571 pp.

Tome XVIII : MÉLANGES. *Tome* IV : 2 ff. n. ch., 530 pp.

Tome XIX : MÉLANGES. *Tome* V : 2 ff. n. ch., IV-520 pp.

Tome XX : MÉLANGES. *Tome* VI : 2 ff. n. ch., IV-576 pp.

Tome XXI : MÉLANGES. *Tome* VII : 2 ff. n. ch., IV-524 pp.

Tome XXII : MÉLANGES. *Tome* VIII : 2 ff. n. ch., 535 pp.

Tome XXIII : POÉSIES. *Tome* I : 2 ff. n. ch., 524 pp.

Tome XXIV : POÉSIES. *Tome* II : 2 ff. n. ch., 526 pp.

Tome XXV : POÉSIES. *Tome* III : 2 ff. n. ch., 571 pp.

Tome XXVI : POÉSIES. *Tome* IV : 2 ff. n. ch., IV-528 pp.

Tome XXVII : QUESTIONS ENCYCLOPÉDIQUES. *Tome* I : 2 ff. n. ch., 538 pp.

Tome XXVIII : QUESTIONS ENCYCLOPÉDIQUES. *Tome* II : 2 ff. n. ch., 520 pp.

Tome XXIX : QUESTIONS ENCYCLOPÉDIQUES. *Tome* III : 2 ff. n. ch., 534 pp.

Tome XXX : QUESTIONS ENCYCLOPÉDIQUES. *Tome* IV : 2 ff. n. ch., 528 pp.

En tout 1 frontispice, 7 portraits et 42 figures par Gravelot, gravés par de Launay, de Lorraine, Duclos, Flipart, Helman, Le Vasseur, Leveau, de Longueil, Masquelier, Massard, Née, Ponce, Rousseau, Simonet et Tilliard. Les portraits sont d'après Janet, La Tour et Gardelle.

En maroquin rouge, aux armes de Mme du Barry, bibliothèque de l'Arsenal.

Cette édition comprenait 30 volumes à la mort de Voltaire : en 1796, les éditeurs firent paraître en supplément la *Correspondance*, ce qui porte cette collection à 45 volumes.

Les figures avant la lettre, pour cette édition sont fort rares.

La collection Ferdinand de Rothschild, renferme une suite des figures reliées à part en maroquin rouge ancien; un autre exemplaire de cette suite, en basane, 34 fr., vente Destailleur (1891, n. 1842); un autre encore, en veau ancien, 255 fr., vente Guyot de Villeneuve (n. 482); une suite cartonnée, 80 fr., vente Sardou (n. 186); en demi-reliure, 230 fr., vente Montgermont (1911, n. 227).

Les 44 beaux dessins originaux de Gravelot, à la plume et au bistre, retirés à la vente de Gravelot 1773 furent acquis par Paignon-Dijonval et passèrent chez Morel-Vindé et le comte de Chabot; ils appartiennent à M. Henri Beraldi; l'un d'eux est inédit.

60 croquis ont passé de chez le marquis de Fourquevaulx dans la collection Emmanuel Bocher, puis chez M. Olry-Roederer.

— Œuvres de Voltaire. (Cette édition ne porte point le titre d'Œuvres.) *A Genève*, 1775. 40 vol. in-8. Texte encadré. (De 100 à 150 fr.)

10 figures pour la *Henriade* par Martinet, le portrait de Voltaire gravé par Martinet d'après de La Tour, celui de Henri IV gravé par Giraud d'après Janet, 1 frontispice et 38 figures pour le *Théâtre* (presques toutes des réductions de Gravelot gravées par Martinet et Chatelin, sauf une par Marillier, gravée par Elisabeth Thiébault); pour la *Pucelle*, 1 frontispice et 21 belles figures non signées, et 2 très mauvais portraits pour le *Siècle de Louis XIV*.

La *Pucelle* a été tirée à part; les épreuves en sont presque toujours usées. Il existe une contrefaçon de ces figures où elles sont retournées et ordinairement tirées sur papier bleuâtre.

C'est la dernière édition des œuvres exécutées sous la direction de Voltaire.

La bibliothèque de Saint-Pétersbourg en possède un précieux exemplaire copieusement annoté et corrigé par Voltaire lui-même.

— Œuvres complètes de Voltaire (avec des avertissements et des notes par Condorcet, imprimés aux frais de Beaumarchais par les soins de M. Decroix). *De l'Imprimerie de la Société typographique* (Kehl), 1784-1789. 70 vol. in-8. (De 300 à 500 fr.)

Tome I : 2 ff. n. ch., x pp., 464 pp., plus 1 titre-frontispice, une dédicace avec portrait et 4 figures.

Tome II : 2 ff. n. ch., IV et 441 pp., plus 5 figures.
Tome III : 2 ff. n. ch., IV et 433 pp., 1 f. n. ch., plus 4 figures.
Tome IV : 2 ff. n. ch., IV et 442 pp., plus 4 figures.
Tome V : 2 ff. n. ch., IV et 488 pp., plus 5 figures.
Tome VI : 2 ff. n. ch., IV et 398 pp., plus 5 figures.
Tome VII : 2 ff. n. ch., IV et 423 pp., plus 5 figures.
Tome VIII : 2 ff. n. ch., IV et 447 pp., plus 5 figures.
Tome IX : 2 ff. n. ch., IV et 482 pp., plus 7 figures.
Tome X : 2 f. n. ch., 420 pp., plus 10 figures et un portrait de Henri IV.
Tome XI : 2 ff. n. ch., 407 pp., plus 21 figures et 4 portraits.
Tome XII : 2 ff. n. ch., 415 pp.
Tome XIII : 2 ff. n. ch., 424 pp.
Tome XIV : 2 ff. n. ch., 416 pp., plus 4 figures.
Tome XV : 2 ff. n. ch., 379 pp.
Tome XVI : 2 ff. n. ch., 573 pp.
Tome XVII : 2 ff. n. ch., 569 pp.
Tome XVIII : 2 ff. n. ch., 554 pp.
Tome XIX : 2 ff. n. ch., 484 pp.
Tome XX : 2 ff. n. ch., 511 pp.
Tome XXI : 2 ff. n. ch., 413 pp.
Tome XXII : 2 ff. n. ch., 438 pp.
Tome XXIII : 2 ff. n. ch., 367 pp.
Tome XXIV : 2 ff. n. ch., 435 pp., plus 1 portrait de Pierre Ier.
Tome XXV : 2 ff. n. ch., 569 pp.
Tome XXVI : 2 ff. n. ch., 543 pp.
Tome XXVII : 2 ff. n. ch., 468 pp.
Tome XXVIII : 2 ff. n. ch., 386 pp.
Tome XXIX : 2 ff. n. ch., 532 pp.
Tome XXX : 2 ff. n. ch., 555 pp.
Tome XXXI : 2 ff. n. ch., 504 pp. plus XIV planches de physique.
Tome XXXII : 2 ff. n. ch., 535 pp., plus 1 portrait de Voltaire.
Tome XXXIII : 3 ff. n. ch., 468 pp.
Tome XXXIV : 2 ff. n. ch., 423 pp.
Tome XXXV : 2 ff. n. ch., 356 pp.
Tome XXXVI : 2 ff. n. ch., 552 pp.
Tome XXXVII : 2 ff. n. ch., 572 pp.
Tome XXXVIII : 2 ff. n. ch., 552 pp.
Tome XXXIX : 2 ff. n. ch., 568 pp.
Tome XL : 2 ff. n. ch., 575 pp.
Tome XLI : 2 ff. n. ch., 512 pp.
Tome XLII : 2 ff. n. ch., 472 pp.
Tome XLIII : 2 ff. n. ch., 507 pp.
Tome XLIV : 2 ff. n. ch., 439 pp., plus 11 figures.
Tome XLV : 2 ff. n. ch., 470 pp., plus 3 figures.
Tome XLVI : 2 ff. n. ch., 515 pp.,

Tome XLVII : 2 ff. n. ch., 552 pp., plus 1 portrait.
Tome XLVIII : 2 ff. n. ch., 440 pp.
Tome XLIX : 2 ff. n. ch., 408 pp.
Tome L : 2 ff. n. ch., 592 pp.
Tome LI : 2 ff. n. ch., 450 pp.
Tome LII : 2 ff. n. ch., 508 pp., plus 1 portrait.
Tome LIII : 2 ff. n. ch., 494 pp.
Tome LIV : 2 ff. n. ch., 594 pp.
Tome LV : 2 ff. n. ch., 519 pp.
Tome LVI : 2 ff. n. ch., 520 pp.
Tome LVII : 2 ff. n. ch., 534 pp.
Tome LVIII : 2 ff. n. ch., 558 pp.
Tome LIX : 2 ff. n. ch., 564 pp.
Tome LX : 2 ff. n. ch., 627 pp.
Tome LXI : 2 ff. n. ch., 579 pp.
Tome LXII : 2 ff. n. ch., 428 pp.
Tome LXIII : 2 ff. n. ch., 478 pp.
Tome LXIV : 2 ff. n. ch., 524 pp., plus 1 portrait.
Tome LXV : 2 ff. n. ch., 439 pp.
Tome LXVI : 2 ff. n. ch., 436 pp.
Tome LXVII : 2 ff. n. ch., 380 pp., plus 1 portrait.
Tome LXVIII : 2 ff. n. ch., 503 pp., plus 1 portrait.
Tome LXIX : 2 ff. n. ch., 424 pp.
Tome LXX : 2 ff. n. ch., 516 pp.

1 titre-frontispice avec le buste de Voltaire par Moreau, une dédicace avec le portrait de Frédéric-Guillaume par Pourbus, et 93 figures par Moreau, gravés par Baquoy, Croutelle, Dambrun, Delaunay, Delaunay jeune, Delignon, Duclos, Fosseyeux, Guttenberg, Halbou, Helman, Langlois, Lemire, Leveau, Lingée, de Longueil, Masquelier, Maviez, Patas, Romanet, Simonet, Tardieu et Trière, plus 14 portraits (et 5 portraits additionnels).

Edition célèbre, due à Beaumarchais qui avait créé à Kehl une imprimerie, destinée expressément à mener à bien ce grand ouvrage.

Cette édition, tirée à très grand nombre (28,000 exemplaires, dit-on), existe sur cinq papiers différents. Le papier *bis* et le papier ordinaire, dit à la †, n'ont pas de figures. Elles ne se trouvent que dans les exemplaires en grand papier dit à *, en grand papier fin et en très grand papier vélin.

Les titres portent tantôt la date de 1784, tantôt celle de 1785, sans que cette particularité influe sur la valeur des exemplaires.

Beaucoup des volumes paraissent avoir été imprimés deux fois. Certains exemplaires présentent de petites différences avec la collation donnée ci-dessus.

Cette suite est un des chef-d'œuvre de Moreau et se soutient sans une défaillance d'un bout à l'autre pendant près d'une centaine de compositions.

Moreau s'était réservé un certain nombre de collections qu'il vendait à son profit chez lui, et pour lesquelles il avait fait graver le titre suivant :

Estampes destinées à orner les éditions de M. de Voltaire, dédiées à S. A. R. Mgr. le prince de Prusse par J. M. Moreau, dessinateur et graveur du Cabinet du Roi, et de son Académie royale de Peinture et de Sculpture; elles se vendent séparément des éditions. A Paris, chez l'auteur, rue du Coq-Saint-Honoré, près du Louvre, Beaublé scrip. A. P.D. R.

On trouve aussi ces mêmes figures avec un titre gravé portant l'adresse de Saugrain.

Les figures se répartissent en 1 frontispice, 1 dédicace avec le portrait du roi de Prusse; 44 figures pour le *Théâtre*, 10 pour la *Henriade*, 21 pour la *Pucelle*, 4 pour les *Contes en vers*, 14 pour les *Romans*, et 14 portraits (les premières épreuves du portrait d'Agnès Sorel portent *Sorelle*) ; plus 5 portraits ajoutés que l'on rencontre bien rarement au complet.

Assez commune en veau, l'édition de Kehl est très recherchée en maroquin ancien : en maroquin rouge ancien (72 vol.), 1,100 fr., à Piat, vente Béhague (n. 1500) ; en maroquin rouge ancien, dos richement ornés, 6,450 fr., vente Doistau (n. 77).

En même condition, collections Cahen d'Anvers, Edouard Kann et (dos ornés à la lyre, bel exemplaire du marquis de Villoutreys) Robert Schuhmann.

Les 110 dessins originaux de Moreau le jeune, (dont 2 inédits) lavés à la sépia, avaient été placés dans un exemplaire que Beaumarchais avait fait relier en maroquin rouge et se proposait d'offrir à l'impératrice Catherine II. La Révolution empêcha de donner suite à ce projet; l'exemplaire resta aux mains de la famille de l'éditeur, qui le fit présenter à la vente Viollet Le Duc. Retiré faute d'enchères, il fut acquis par le libraire Fontaine à qui M. Double l'acheta. Vendu 9,025 fr. en 1863, à sa vente, il fut acquis par Saint-Albin pour l'impératrice Eugénie, et il passe pour avoir été brûlé dans l'incendie des Tuileries en mai 1871.

Il existe de cette belle suite de jolies épreuves avant la lettre et même des eaux-fortes. Ces dernières sont rarissimes : 75 furent payées 2,800 fr., vente Techener (1887, II, n. 219); 78 se trouvaient chez Pixerécourt (250 fr.) et une suite, annoncée comme complète, reliée en maroquin rouge est portée à 2,500 fr. au Catalogue Roblin, 40 (1885) n. 969.

Les suites avant la lettre ne sont pas communes et l'on prétend qu'il n'en existe que 25. J'ignore si ce chiffre est exact ; voici en tout cas celles que j'ai pu retrouver :

1. En maroquin rouge ancien, figures avant la lettre, 3,065 fr., vente Franchetti (1890). n. 267, revendu en 1898, (n. 126), aujourd'hui chez M. Louis Cartier.

2. En maroquin rouge de Kalthœber, figures avant et avec la lettre, 4,025 fr., vente Beckford (IV, n. 301) puis collection Henri Beraldi, revendu 7,000 fr., vente Montgermont (1911, n. 222).

3. En maroquin rouge ancien, figures avant la lettre, collection de M. Georges Christophle.

4. En maroquin bleu de Koehler, figures avant la lettre et pièces diverses ajoutées, collection du prince Napoléon, puis à 10,000 fr., catalogue Fontaine 1875 acheté par M. Minoret, aujourd'hui chez le comte de Rochambeau.

5. Une suite presque complète se trouvait à la vente Ouachée.

6° En maroquin rouge ancien, figures avant la lettre, collection Ferdinand de Rothschild.

7° Une suite en feuilles des figures avant la lettre fut vendue 3.500 fr., vers 1883, par un marchand d'estampes parisien

8° Une suite des figures avant la lettre, choisie avec soin pour l'un des auteurs de l'édition de Kehl, Decroix, par le libraire Saugrain et reliée en maroquin rouge par Bradel Derôme, 305 fr., vente Renouard (1854, n. 2415), revendue 4,400 fr., vente Guyot de Villeneuve (n. 478), aujourd'hui chez M. Descamps Scrive, à Lille.

9° Paignon-Dijonval avait fait relier en un album la suite des avant-lettre, cette dernière finement gouachée et coloriée par Moreau ou dans son atelier. Cet album a passé ensuite chez Morel-Vindé, le comte de Chabot, Lord Carnarvon (n. 57) et se trouve à la librairie Morgand.

10° Dans un exemplaire du Voltaire de Beuchot (1829-1844), vendu 11,000 fr., à la vente E. Martin (n. 545) et à la vente Hoe (II, n. 3390) on avait ajouté la suite de Kehl en avant-lettre avec 20 eaux-fortes, celles de Renouard en avant-lettre et eaux-fortes, avec beaucoup d'autres pièces, parmi lesquelles deux dessins inédits de Moreau.

11° Renouard avait encore ajouté une suite des avant-lettre et beaucoup d'eaux-fortes dans un exemplaire de la petite édition de Kehl en 92 volumes, en demi-maroquin rouge non rogné (sa vente 1854, n. 2398 : 193 fr.)

12° Dans un bel exemplaire de l'édition Renouard (1819-1821, 66 tomes en 70 vol.) le même Renouard avait ajouté une troisième suite de Kehl en avant-lettre avec presque toutes les eaux-fortes et un grand nombre de pièces (sa vente, 1854, n. 2399 : 585 fr. Cet exemplaire a repassé à 20,000 fr. au *Bull. Morgand* (1880, n. 7281) est entré dans la collection Bayard, à Lyon où il a été augmenté encore, a repassé à 15,000 fr. au *Bull. Morgand* (11. 7, 1908, n. 822) et a été récemment cassé : les avant-lettre et les eaux-fortes sont entrées dans la collection de Sir David Salomons.

13° En maroquin rouge de Bozérian avec 4 volumes additionnels (en tout 74 volumes), avec les deux suites de Moreau en avant-lettre, retiré à la vente La Bédoyère, 1837 (n. 1183).

— Suite des figures pour les Œuvres de Voltaire. *A Paris, Renouard*, 1802. (De 80 à 100 fr.)

113 pièces dessinées par Moreau le jeune et gravées par Coiny, Croutelle, d'Elvaux, Girardet, de Ghendt, Godefroy, Halbou, Ingouf jeune, Nicollet, Petit, . Ribault, Roger, Romanet, Simonet, Thomas, Trière, Villecoq, Villerey et de Villiers.

Existe en grand papier.

Seconde suite d'Estampes exécutée par Moreau pour illustrer les *Œuvres de Voltaire*, et commandée par l'éditeur Renouard qui la plaça dans son édition de Voltaire (Paris, 1819-1825). Elle se décompose en 44 figures pour le *Théâtre*, 10 pour *la Henriade*, 21 pour *la Pucelle*, 33 pour les *Romans et Contes* et 5 pour le *Siècle de Louis XIV, Louis XV et l'Histoire de Charles XII*.

Renouard y ajouta une suite de 33 portraits qu'il fit graver par Augustin de Saint-Aubin, et d'autres portraits dont il avait les cuivres, ce qui porta la suite à 166 pièces.

Il fit tirer 14 collections des eaux-fortes dont 4 seulement avaient tous les portraits ; 8 collections des gravures sur Chine (une fut détruite par accident) et 40 collections in-4 des avant-lettre.

· La suite des 160 avant-lettre, 155 fr., vente R. Portalis (novembre 1878, n. 44); une autre, en demi-reliure, 410 fr., vente Destailleur (1891; n. 1483).

La suite des figures avant la lettre, avec 34 portraits à la lettre grise, 840 fr., vente Bancel ; une autre, 1,350 fr., vente Montgermont (1911, n. 228). — Un beau recueil des 113 pièces à l'état d'eau-fortes, auxquelles étaient jointes 28 eaux-fortes d'après Monnet pour les *Contes*, 3,100 fr., même vente.

Les 113 dessins originaux de Moreau, à la sépia et 30 dessins de portraits par Saint-Aubin, à l'encre de Chine, 1,645 fr., vente Renouard (n. 2416). Aujourd'hui dans la collection J. de Rothschild (n. 230). « Le nombre des dessins, dit M. Picot, n'est pas égal à celui des gravures parce que les portraits de Jeanne d'Arc, de Mme du Châtelet et de Bacon ont été gravés d'après les originaux, et que les portraits supplémentaires ont été tirées sur des cuivres qui n'avaient pas été gravés pour cette suite. »

On trouve souvent les deux collections des figures de Moreau pour Voltaire dans des exemplaires des *Œuvres complètes*, édition de Beuchot, *Paris, Lefevre*, 1829-1834. — 70 volumes plus 2 tables.

Un exemplaire de l'édition, de Renouard (1819-1825) a été vendu 1,500 fr., en 1872 par Morgand à M. Beraldi ; il contient outre la suite de Kehl, la 2e suite en 3 états: avant-lettre sur Chine volant et eaux-fortes.

VOYAGE à Cythère, contenant la description du Temple, les usages et les règlements établis par le tribunal d'Amour. *A Paris, au Magasins des petits formats*, 1788. In-18. (De 20 à 25 fr.)

1 figure allégorique non signée.

VOYAGE autour des Galeries du Palais-Royal, par S... (Sellèque?) *A Paris, Motter*, an VIII. In-18. (De 8 à 10 fr.)

1 figure gravée par Canu.

VOYAGE du jeune Anacharsis en Grèce (par l'abbé Barthélemy). *A Paris, de Bure*, 1788. 4 volumes In 4, et un atlas contenant les cartes et les figures. (De 40 à 50 fr.)

Un exemplaire en grand papier vélin, relié en ancien maroquin rouge, 150 fr., vente Radziwill.

VOYAGES EN FRANCE (Petits), ornés de gravures, avec des notes par La Mésangère. *A Paris, chez Chaignieau aîné, imprimeur-libraire ; Devaux, li-*

traire. An IV-VI. 4 vol. in-18. (De 25 à 30 fr.)

Tome I: 2 ff. n. ch., 194 pp., plus 1 frontispice, 5 gravures et 3 portraits.
Tome II: 2 ff. n. ch., 227 pp., plus 8 figures et 2 portraits.
Tome III: 2 ff. n. ch., 226 pp., 2 ff. n. ch., plus 3 figures et 1 portrait.
Tome IV: 2 ff. n. ch., 209 pp., 1 f. n. ch., plus 5 figures et 2 portraits.

En tout 1 fleuron sur les titres, 8 portraits, 1 frontispice, 1 médaillon représentant le port de Marseille et 21 figures par où d'après Blanchard, Cornille, Fragonard fils, Lebrun, Lemire, Malapeau, Monnet et de Noireterre, gravés par A. P. de B., Baquoy, Bertbault, Bertaux, Bovinet, Copia, Duparc, Dupréel, Duval, Gaucher, Lemire, Lingée, Malapeau, Panquet et Villerey.

On doit signaler tout particulièrement, au tome IV, le ravissant portrait de Gaucher, gravé par lui-même.

Ce joli recueil bien imprimé a été tiré aussi sur papier vélin avec les figures et les portraits avant la lettre. Il contient le *Voyage de Chapelle et de Bachaumont*; à la page 66 une planche de *Phallus* qui manque quelquefois; le *Voyage du Languedoc et de Provence* de Lefranc de Pompignan, etc.

Le *Voyage du Hâvre-de-Grâce*, écrit par le graveur Gaucher et fait en compagnie d'artistes, Basan, de Launay, Ponce est particulièrement gai.

En maroquin bleu par Hardy, avec les figures avant la lettre et toutes les eaux-fortes moins deux, 505 fr., vente Richard Lion (n. 280).

Cet ouvrage a été réimprimé en 1818 et en 1824 en 5 vol. avec les mêmes figures.

L'Édition de *Paris, Chaumerot*, 1808. 5 vol. in-18 en demi-reliure de Capé, non rogné, 26 fr., vente E. Martin (n. 629).

VOYAGES IMAGINAIRES, Songes, Visions et Romans cabalistiques, ornés de figures. *A Amsterdam et Paris*, 1787-1789. 39 vol. in-8. (De 100 à 150 fr.)

70 figures par Marillier, gravées par Berthet, Borgnet, Croutelle, Delignon, Delvaux, de Ghendt, Le Villain, Langlois, Delaunay, Giraud, Patas, Maillet, Dambrun, de Launay, Viguet et Mme de Monchy, plus 6 figures des mêmes pour l'*Histoire des Naufrages*.

Les dessins originaux de Marillier, lavés à l'encre de Chine, font partie de la collection James de Rothschild (n. 226). Ils proviennent des ventes de Renouard (n. 636: 405 fr.) et du comte de La Bedoyère (1862, n. 295: 519 fr.).

VUES d'un Solitaire patriote. *A la Haye et se trouve à Paris chez Clouzier*, 1784. 2 vol. in-12. (De 10 à 15 fr.)

2 frontispices dessinés et gravés par F.-N. Martinet.

Livre curieux sur les institutions et privilèges de l'ancien régime.

VUES des monumens construits dans les jardins de Franconville-la-Garenne... — Voyez LE PRIEUR.

VUES des places, ports de mer, anses et baies de l'île de Saint-Domingue. *A Paris*, 1785. In-4. (De 8 à 10 fr.)

37 planches gravées par N. Ponce.

Ces planches contiennent des vues et quelques cartes ou plans.

Cartonné, 10 fr., vente E. Martin (n. 106).

WALPOLE (Horace) and **VERTUE**. — Anecdotes of Painting in England, collected by Vertue and published from his original by Horace Walpole. *A London, Thomas Farmer, Strawberry hill,* 1762. Catalogue of Engravers who have been born or resided in England. *London,* 1771. 5 vol. in-4. (De 60 à 80 fr.)

109 planches ou portraits gravés par Bannermann. Bretherton, Chambars, Grignion, Miller et Walker.

WATELET. — L'Art de Peindre, poëme par M. Watelet, associé libre de l'Académie royale de Peinture et Sculpture. *A Paris,* 1760. In-4. (De 50 à 60 fr.)

1 frontispice, 1 fleuron sur le titre, 5 vignettes, 8 médaillons avec portraits, 6 culs-de lampe, et 2 figures par Pierre, gravés par Watelet.

Édition originale. — On y ajoute quelquefois un portrait de Watelet gravé par Cochin.

Dans la bibliothèque de J. Goddé se trouve indiqué un manuscrit de ce poème, calligraphié pour Mme de Pompadour, et daté de 1755.

Un bel exemplaire en maroquin vert aux armes de Mérard de Saint-Just, 385 fr., vente R. Portalis (février 1878, n. 84) à Fontaine qui le revendit à Delbergue-Cormont; revendu 370 fr. vente Delbergue (n. 112) et 295 fr., vente R. Lion (n. 154), il est aujourd'hui dans la collection Ferdinand de Rothschild.

— L'Art de Peindre, poëme avec des Réflexions sur les différentes parties de la peinture par M. Watelet, associé libre de l'Académie royale de Peinture et de sculpture. *A Paris, Guérin et Delatour,* 1760. Pet. in-8. (De 20 à 25 fr.)

1 frontispice, 1 fleuron, 5 vignettes, 8 portraits-médaillons et 10 culs-de-lampe, dont 4 par Marguerite Lecomte, plus 2 figures au trait, l'Antinoüs et la Vénus de Médicis, par Pierre, gravées par Watelet.

Un bel exemplaire en maroquin rouge à dentelles par Derôme, vente du comte de Sauvage (1898, n. 62). En maroquin rouge par Derôme, 199 fr., vente Béhague (n. 700); en maroquin rouge ancien, 115 fr. vente R. Lion (n. 154).

Avec plusieurs tirages à part des fleurons et culs-de-lampe, nombreux dessins et pièces ajoutés, en maroquin rouge de Raparlier, 400 fr., vente E. Martin (n. 239).

En maroquin rouge aux armes de Mme Adélaïde, bibliothèque de Fontainebleau ; en maroquin rouge aux armes de Mme du Barry, bibliothèque de Bourges.

— L'Art de Peindre, nouvelle édition augmentée de deux poëmes sur l'Art de Peindre par Dufresnoy et l'abbé de Marsy. *A Amsterdam, aux dépens de la Compagnie*, 1761. In-12. (De 15 à 20 fr.)

3e édition contenant un frontispice gravé par Folkema, 5 vignettes gravées par Franckendaal, 8 médaillons de portraits des grands maîtres et 2 figures au trait.

— Silvie... scribere jussit amor, Ovid. *A Londres* (chez Prault, à Paris). 1743. Pet. in-8. (De 30 à 40 fr.)

78 pp., plus 1 frontispice et 8 figures.

1 frontispice, 8 figures, 1 fleuron, 4 vignettes et 2 culs-de-lampe dessinés par Pierre, gravés à l'eau-forte par Watelet et terminés par Cochin.

D'après Jombert, Cochin aurait retouché quelques-unes des figures et gravé celle de la *Timidité d'Aminte*.

WATSON. — Histoire de Règne de Philippe II, roi d'Espagne, ouvrage traduit de l'anglais. *A Amsterdam, Changuion*, 1777. 4 vol. in-12. (De 8 10 fr.)

1 portrait gravé par Houbraken, d'après Van der Werf et 4 fleurons non signés sur les titres.

WATTEAU (Antoine). — Figures de Modes Dessinées et gravées à l'Eauforte Par Watteau et terminées au burin Par Thomassin le fils. *A Paris, Chez Du Change, s. d.* In-8. (De 100 à 120 fr.)

Titre gravé et 7 planches, que l'on peut trouver sans les numéros.

— Figures Françoises et Comiques. Nouvellement Inventées par M. Watteau, Peintre du Roy. *Se Vendent à Paris, Chez le S^r Du Change, s. d.* In-8. (De 100 à 120 fr.)

Titre gravé par Hecquet et 11 planches (que l'on peut trouver sans les numéros), gravées par Cochin, Deplace et Thomassin.

Cette suite et la précédente, en maroquin rouge de Hardy, 150 fr., vente Béhague (n. 325).

Les deux suites avec trois autres, en veau fauve, 680 fr., vente Béhague (n. 324); un recueil analogue et relié de même, 665 fr., vente Guyot de Villeneuve (n. 539).

Les planches des deux suites, réunies 4 à 4, forment les planches 35 à 39 de l'*Œuvre*, in-folio.

— Suite des figures inventées par Watteau, gravées par son ami C^{***}. (De 150 à 200 fr.)

Titre gravé et 24 planches gravées à l'eauforte par le comte de Caylus.

En maroquin vert de Cuzin, 130 fr., vente Guyot de Villeneuve (n. 539).

Les planches existent avant les numéros.

— L'Œuvre d'Antoine Watteau. Peintre du Roy En son Académie Roïale de Peinture et Sculpture Gravé d'après ses tableaux & Desseins originaux tirez du Cabinet du Roy & des plus curieux de l'Europe Par Les Soins de M. de Julienne. *A Paris, Fixé à cent exemplaires des p^{res} épreuves. Imprimez sur grand papier*. 2 vol. gr. in-fol. (De 15,000 à 20,000 fr.)

Ce somptueux recueil en deux volumes est un des livres les plus beaux et les plus rares du XVIIIe siècle. Des cent exemplaires qui furent tirés, à peine une trentaine existent encore aujourd'hui, les autres ayant été cassés par les marchands d'estampes. Voici une liste des exemplaires qui me sont connus ou que je trouve cités :

1. Celui de Quantin de Lorangère (1745, n. 94 : 212 fr.) relié avec les *Figures de différents caractères* en 3 vol. in-fol. (350 + 271 pièces y compris des planches additionnelles.)

2. Celui de Chauvelin (1762, n. 36 : 240 fr.) relié avec les *Figures* en 3 vol., maroquin rouge ancien (350 + 267 pièces).

3. Celui de M. de Julienne ne semble pas se retrouver à sa vente : le n. 1199 (399 pièces) vendu 300 livres, doit être le recueil des *Figures* avec planches additionnelles.

4. Celui du duc de Chaulnes (1770 : 91 fr.)

5. Celui de Lallemant de Betz (1774, est. n. 80 : 352 fr.) en veau écaille (289 pièces), vendu avec les *Figures*. (Table manuscrite des sujets.)

6. Celui de Mariette (1775, n. 878 : 260 fr.) contenant 300 + 350 pièces.

7. Un exemplaire vendu 150 fr., à l'Hôtel de Bullion en 1780.

8. Celui du baron d'Heiss (retiré à 60 fr. en 1782).

9. Celui du duc de La Vallière (1784, n. 1935 : 170 fr.) en 2 vol., maroquin rouge ancien (268 pièces).

10. Celui du Président de Cotte (1804, n. 613 : 80 fr.) en 2 vol., veau écaille.

11. Celui du baron de Vèze, détaillé en 1855.

12. Celui vendu chez Tross le 10 novembre 1856 (n. 559 : 3,705 fr.) avec les *Figures*, en veau écaille, reliure du temps (350 + 267 pièces). Il fut acheté par le marquis Maison.

13. Celui qui figura en décembre 1861 dans une vente de Vignères, 3,760 fr. avec les *Figures* (350 + 274 pièces).

14. Celui du duc d'Aumale (vente de 1864, n. 167) en veau marbré, reliure signée de Padeloup, avec les *Figures* (350 — 287 pièces). Contenait certaines planches en avant-lettre. Table manuscrite. Cf. n. 5.

15. Celui de Leblond, détaillé en 1869.

16. Celui en demi-reliure, maroquin rouge, non rogné, porté à 15,000 fr. (avec les *Figures*) au catalogue Fontaine (1874, n. 2492). Le tome I, contenait le titre, 1 f. n. ch., et 121 sujets et 92 planches dont 8 doubles ; le tome II, le titre et 145 sujets en 109 ff. — Soit en tout 350 +268 pièces.

17. Celui de Hulot (30 mai 1892, n. 1034 : 13,000 fr.) passé ensuite chez le baron Ferdinand de Rothschild, en demi-reliure non rogné, contenant outre les *Figures*, 273 pièces sur 205 ff., plus les 2 titres et 1 f. pour la *Fable*.

18. Celui d'Hippolyte Destailleur (1895, n. 974 : 10,000 fr.), aujourd'hui chez M. Fenaille, en maroquin brun de Petit, avec les *Figures*.
Les deux volumes de l'Œuvre contiennent les deux titres, la Fable et 227 planches, plus 94 pièces ajoutées (eaux-fortes, avant-lettre, etc.).

19. L'exemplaire de feu M. Sommier, encore dans sa famille. C'est celui offert pour 12,000 fr. par Morgand, *Livres et mss.*, 1900, n. 224. Il est relié en veau ancien et comprend aussi les *Figures*. Les volumes grand in-folio contiennent 340 pièces en y comprenant diverses planches ajoutées.

20. Celui du comte Greffulhe.

21. Celui du baron Edmond de Rothschild, en demi-reliure ancienne.

22. Celui de M. Louis de Montgermont ; c'est celui qui avait figuré à 12,000 fr. au *Bull. Morgand* (1896) n. 28486 (avec les *Figures*) et qui fut payé 315 l. st. dans une vente de Londres (6 novembre 1896, n. 6372). Il renferme 2 titres, 1 f. de *Fable* et 272 pièces.

23. Celui de M. Henri Vever, provenant de la vente du duc de Buccleuch en veau ancien (dos refait) avec armes sur les plats.

24. Celui de M. Edmond Foulc, aujourd'hui chez M. Pierpont-Morgan.

25. Celui signalé par Guilmard dans la collection Bérard.

26. Celui de la collection Beurdeley.

27. Celui du Cabinet des Estampes.

28. Celui de la Bibliothèque de Versailles.

29. Celui de Lord Rendlesham (fort incomplet) vendu 100 l. st. à sa vente (Londres, 1899, n. 45). Veau ancien.

30. Celui de la vente Lawson (Londres, 1908 : 590 l. st.), en veau ancien, aujourd'hui, à Paris, chez M. Louis Bihn.

31. Celui de M. Jacques Doucet, en maroquin moderne, avec la plupart des pièces remontées.

32. Un exemplaire en maroquin ancien à dentelles, aux armes du marquis de Gesvres, vendu chez Hodgson à Londres, et ayant ensuite appartenu à M. Hodgkins. Il se trouve aujourd'hui à Paris chez M. Belin ; il est en 4 volumes, avec les *Figures*.
Les 2 volumes, grand in-folio, renferment 261 pièces.

33. Celui de William Baker et de Clinton Baker en maroquin rouge ancien avec armoiries du marquis de Bute ajoutées sur les plats.
Après avoir figuré dans une vente à Londres (18 avril 1904, n. 1172 : 620 l. st.), il a été porté à 50,000 fr. au *Bull. Morgand* 5 (1907) n. 969 et vendu à M. Schuhmann. Superbe exemplaire dont nous donnons ci-après la collation. (2 titres, 2 planches de *Fable* et 202 planches donnant 271 pièces.)

34. Un autre en demi-reliure de Pagnant, figuré à 20.000 fr. (avec les *Fig.*) au *Bull. Morgand* (1904), n. 885.

Il contient 2 titres, 1 figure de *Table* et 232 pièces sur 173 planches.

35. M. Rahir possède à l'heure actuelle un bel exemplaire en veau ancien, aux armes de Lord Waldegrave (*Bull.* 9, 1909, n. 634 : 20.000 fr.); c'est, croyons-nous, celui d'Horace Walpole.

36. Celui de feu Polovtsoff de Saint-Péterbourg, acquis à sa vente (1910, n. 302 17.000 fr.) par M. Baer de Francfort.

37. Celui du duc de Cambridge, en demi-reliure, cédé en 1911, par M. Louis Bihn, à M. Jacques Rosenthal, de Munich.

38. Celui de Lesoufaché trouvé en Allemagne par M. Louis Bihn et aujourd'hui à l'Ecole des Beaux-Arts.

39. Celui du baron Robert de Rothschild.

40. Celui vendu vers 1909 chez Sotheby et aujourd'hui chez M. Louis Bihn. En veau ancien, avec filets et fleurons dorés.

41. Celui du Musée du Louvre, en feuilles, dans trois cartons.

Voici la composition exacte de l'exemplaire de M. Schuhmann :

1 Titre gravé (par F. Bailleul d'après Guiot).
2 *L'Art et la Nature*, fable allégorique (texte gravé dans un encadrement).
3 *Assis auprès de toy...* Watteau et M. de Julienne. (Gravé par Tardieu).
4 *Le Conteur*. (Gravé par C. N. Cochin).
5 *Le Dénicheur de moineaux*. (Gravé par Boucher).
6 *Le Berger content* (Gravé par L. Crépy); *Le Marchand d'Orviétan*. (Gravé par J. Moyreau). — Deux pièces sur une planche.
7 *La Favorite de Flore* (Gravé par J. Moyreau); *L'Heureux moment* (Gravé par L. Crépy). — Deux pièces sur une planche.
8 *Fêtes Vénitiennes* (Gravé par Lau. Cars).
9 *L'Enchanteur* ; *L'Avanturière* (Gravés par B. Audran). — Deux pièces sur une planche.
10 *Le Lorgneur* (Gravé par G. Scotin).
11 *La Lorgneuse* (Gravé par G. Scotin).
12 *La Terre*
13 *L'Eau*
14 *L'Air*
15 *Le Feu*   ⎫ Gravés par Huquier.
16 *Le Théâtre*
17 *La Grotte*
18 *Le Berceau*
19 *Retour de Chasse* (Gravé par B. Audran).
20 *La Troupe italienne* (Gravé par Boucher).
21 *Pomone* (Gravé par Boucher).
22 *Le Chasseur content*; *Le Repos gracieux* (Gravés par Huquier). — Deux pièces sur une planche.
23 *L'Accord Parfait* (Gravé par Baron).
24 *La Ste Famille* (Gravé par M. Jeanne Renard du Bos).
25 *La Danse Paysanne* (Gravé par B. Audran).
26 *La Cascade* (Gravé par B. Scotin).
27 *La Diseuse d'Aventures* (Gravé par Cars).
28 *La Surprise* (Gravé par B. Audran).
29 *Le Chat malade* (Gravé par J. E. Liotard).
30 *Tête de Watteau* (Gravé par L. Crépy); *La plus belle des fleurs ne dure qu'un matin* (Gravé par J. M. Liotard). — Deux pièces sur une planche.
31 *Bon voyage* (Gravé par B. Audran); *Coquettes qui pour voir galans au rendez-vous...* (Gravé par H. S. Thomassin fils). — Deux pièces sur une planche.
32 *Le Repas de campagne* (Gravé par Deplace).
33 *Le Sommeil dangereux* (Gravé par M. Liotard).
34 *L'Alliance de la musique et de la comédie* (Gravé par J. Moyreau).
35-38 *Figures de modes*. Seize pièces (dont le titre gravé) en 4 planches, gravées par Thomassin le fils (1), Jeaurat (2), Delaplace (5) plus 8 pièces non signées [5 de ces pièces se rattachent à la série suivante].
39 *Figures françoises et comiques*. Quatre pièces (dont le titre gravé sur une planche. Gravées par Hecquet, Cochin, Deplace et Thomassin fils.
40 *Le Galant* (Gravé par B. Audran).
41 *Acis et Galathé; Chasse aux oiseaux* (Gravés par C). — Deux pièces sur une planche.
42 *Colombine et Arlequin* (Gravé par J. Moyreau).
43 *Les Singes de Mars* (Gravé par J. Moyreau).
44 *La Colation* (Gravé par J. Moyreau).
45 *L'Escarpolete* (Gravé par L. Crépy).
46 *L'Eté* (Gravé par F. Boucher).
47 *Le Printemps* (Gravé par F. Boucher).
48 *L'Hiver* (Gravé par F. Boucher).
49 *L'Automne* (Gravé par F. Boucher).
50 *Le Concert Champêtre* (Gravé par B. Audran).
51 *Le Galant Jardinier; L'Amour paisible* (Gravés par Jac. de Favannes). — Deux pièces sur une planche.
52 *Heureux âge...* (Gravé par Tardieu); *Iris c'est de bonne heure...* — Deux pièces sur une planche.
53 *Harlequin jaloux* (Gravé par Chedel).
54 *Le Vendangeur* (Gravé par J. Moyreau).
55 *L'Enjoleur* (Gravé par P. Aveline).
56 *Le Frileux* (Gravé par J. Moyreau).
57 *Bacchus* (Gravé par P. Aveline).

58 *Belle n'écoutez rien...; Pour garder l'honneur d'une belle...* (Gravés par Cochin). — Deux pièces sur une planche.
59 *Voulez-vous triompher des belles...* (Gravé par Thomassin le fils).
60 *La Famille* (Gravé par P. Aveline).
61 *L'Amour désarmé* (Gravé par B. Audran).
62 *La Déesse* (Gravé par Huquier).
63 *La Pélerine altérée* (Gravé par Huquier).
64 *Le Printemps ; L'Eté* (Gravés par Huquier) — Deux pièces sur une planche.
65 *L'Automne; L'Hyver* (Gravés par Huquier). — Deux pièces sur une planche.
66 *Un bel âge...* (Gravé par J. Moyreau); *Les Entretiens badins* (Gravé par B. Audran). — Deux pièces sur une planche.
67 *Pour nous prouver que cette belle...; Arlequin, Pierrot et Scapin* (Gravés par L. Surugue). — Deux pièces sur une planche.
68 *Feste Bacchique* (Gravé par J. Moyreau).
69 *La Balanceuse* (Gravé par Le Bas).
70 *Le May* (Gravé par P. Aveline).
71 *Partie de Chasse* (Gravé par G. Scotin).
72 *La Voltigeuse* (Gravé par Huquier).
73 *Les Agréements de l'Eté* (Gravé par Joulin.)
74 *La Sérénade Italienne* (Gravé par G. Scotin).
75 *Le Printems* (Gravé par Desplace).
76 *L'Esté* (Gravé par M. J. Reuard du Bos).
77 *L'Automne* (Gravé par Fessard).
78 *L'Hyver* (Gravé par J. Audran).
79 *Frère Blaise Feuillun*, par De Troy (Gravé par B. Audran).
80 *Portrait de J.-B. Rebel.*
81 *L'Enlèvement d'Europe* (Gravé par P. Aveline). Planche double.
82 *L'Embarquement pour Cythère* (Gravé par Tardieu). Planche double.
83 *La Mariée de Vilage* (Gravée par C.-N. Cochin). Planche double.
84 *Le Triomphe de Cerès* (Gravé par Crépy). Planche double.
85 *Promenade sur les Remparts* (Gravé par Aubert). Planche double.
86 *Les Plaisirs du bal* (Gravé par Scotin). Planche double.
87 *L'Enseigne* (Gravé par P. Aveline). Planche double.
88 Titre du tome II (Gravé par Moyreau) : Œuvres Des Estampes Gravées d'après Les Tableaux & Desseins de feu Antoine Watteau Peintre Flamand de l'Académie Royale de Peinture et de Sculpture. Quatrième & dernière Partie (Encadrement en relief.)
89 *L'Art et la Nature...* (Répétition de la planche 2.)
90 *La Cause badine* (Gravé par J. Moyreau).
91 *Les Enfans de Momus* (Gravé par J. Moyreau).
92 *Escorte d'équipages* (Gravé par Cars).
93 *Entretiens amoureux* (Gravé par Liotard).
94 *La Marmotte : la Fileuse* (Gravés par B. Audran). — Deux pièces sur une planche.
95 *L'Indiscret* (Gravé par Aubert).
96 *Amusements champêtres* (Gravé par B. Audran).
97 *Pierrot content* (Gravé par E. Jeaurat).
98 *La Finette* (Gravé par B. Audran); *L'Indifférent* (Gravé par G. Scotin.) — Deux pièces sur une planche.
99 *Les habits sont Italiens...* (Gravé par Watteau, terminé par Simonneau fils); *Sous un habit de mezetin...* (Gravé par Thomassin fils). — Deux pièces sur une planche.
100 *Les Champs Elisées* (Gravé par N. Tardieu.)
101 *Les Agremens de l'Esté* (Gravé par Jacques de Favanes).
102 *Empereur chinois* (Gravé par Huquier).
103 *Divinité chinoise* (Gravé par Huquier).
104 *Les Fatigues de la guerre* (Gravé par G. Scotin.)
105 *Le Marais* (Gravé par L. Jacob).
106 *L'Abreuvoir* (Gravé par L. Jacob).
107 *Assemblée galante* (Gravé par Lebas).
108 *L'Esté ; l'Automne* (Gravés par Huquier). — Deux pièces en hauteur sur une planche.
109 *L'Hiver ; le Printemps* (Gravés par Huquier.) — Deux pièces en hauteur sur une planche.
110 *Venus* (?) *Berger* (?) (Gravés par Huquier). — Deux pièces en hauteur.
111 *Les Deux cousines* (Gravé par Baron).
112 *Le Bouffon ; la Chasseuse* (Gravés par Huquier). — Deux pièces sur une planche.
113 *Le Penitent* (Gravé par Filleul); *La Pollonoise* (Gravé par Aubert). — Deux pièces sur une planche.
114 *Diane au bain* (Gravé par P. Aveline).
115 (Les Médecins) *Qu'ay je fait assassins maudits...* (Gravé par le C. C., terminé par F. Joullain).
116 *Camp volant* (Gravé par N. Cochin).
117 *Retour de Campagne* (Gravé par N. Cochin).
118 *Les Jardins de Bacchus* (Gravé par Huquier).
119 *Les Jardins de Cythère* (Gravé par Huquier).
120 *La Conversation* (Gravé par M. Liotard).
121 *Retour de guinguete* (Gravé par P. Chedel).
122 *L'ille de Cithère* (gravé par Larmesin).

123 *Le Docteur* (Gravé par B. Audran); *La Villageoise* (Gravé par Aveline). — Deux pièces sur une planche.
124-126 *Paravent de six feuilles* (Gravé par Crépy. — Six pièces sur trois planches.
127 *La Chute d'eau* (Gravé par J. Moyreau).
128 *L'Amante inquiète; La Rêveuse* (Gravés par P. Aveline). — Deux pièces sur une planche.
129 *La Sculpture; La Peinture* (Gravés par Desplaces). — Deux pièces sur une planche.
130 *La Partie quarrée* (Gravé par J. Moyreau).
131 *La Ruine* (Gravé par Baquoy).
132 *La Danse Champestre* (Gravé par P. Dupin).
133 *La Persepective* (Gravé par Crépy).
134 *Le Teste à teste; le Rendez-vous* (Gravés par B. Audran). — Deux pièces sur une planche.
135 *Ornement* (Gravé par C.); *Les Canards* (Gravé par Jeaurat). — Deux pièces sur une planche.
136 *La Contredanse* (Gravé par Brion).
137 *Recrue allant joindre le Régiment* (Gravé par Thomassin).
138 *Détachement faisant Alte* (Gravé par C. Cochin).
139 *Les Jaloux* (Gravé par G. Scotin).
140 *Les Amusemens de Cythère* (Gravé par L. Surugue).
141 *Depart des Comédiens Italiens en 1697* (Gravé par L. Jacob).
142 *Les Charmes de la vie* (Gravé par P. Aveline).
143 *Le Naufrage* (Gravé par C.)
144 *Le Passe temps* (Gravé par B. Audran).
145-150 *L'Ouie; l'Odorat; Le Toucher; Le Goût; La Veue; L'Alliance; Le Printemps* (ornement); *L'Esté; L'Esté; L'Hiver; L'Hiver* (ornement). — Douze pièces (en forme de cœur) sur six planches (Gravées par Huquier).
151 *La Game d'Amour* (Gravé I. P. Lebas).
152 *Recréation Italienne* (Gravé par Aveline).
153 *Le Printemps* (Gravé par Brion).
154 *L'Eté* (Gravé par Moireau).
155 *L'Automne* (Gravé par J. Audran).
156 *L'Hiver* (Gravé par L. de Larmesin).
157 *Comédiens françois* (Gravé par Joannes Micael Liotard).
158 *Comédiens italiens* (Gravé par Baron).
159 *Dessus de Clavecin* (Gravé par C.).
160 *Venus blessée par l'Amour* (Gravé par C., retouché par P. Aveline).
161 *L'Occupation selon l'âge* (Gravé par Dupuis).
162 *Les plaisirs pastoral* (sic) (Gravé par N. Tardieu).

163 *l'euë de Vincennes* (Gravé par Boucher).
164 *La Coquete* (Gravé par Boucher).
165 *Rendez-vous de chasse* (Gravé par Aubert).
166 *Le Colin Maillard* (Gravé par Brion).
167 *La Sultane; Mezetin* (Gravés par B. Audran). — Deux pièces sur une planche.
168 *Les Délassements de la guerre* (Gravé par Crépy).
169 *Le Berger empressé; le Jardinier fidèle* (Gravés par Huquier). — Deux pièces sur une planche.
170 *Apollon; Diane* (Gravés par Huquier). — Deux pièces sur une planche.
171. *Les Enfants de Bacchus* (Gravés par Fessard).
172 *Louis XIV metant le cordon bleu à Monsieur de Bourgogne...* (Gravé par N. de Larmesin).
173 *Alte* (Gravé par J. Moyreau).
174 *Défilé* (Gravé par Moyreau).
175 *Le Temple de Diane* (Gravé par Huquier).
176 *Le Temple de Neptune* (Gravé par Huquier).
177 *Fêtes au dieu Pan* (Gravé par M. Aubert).
178 *Les Oiselleurs; Le Repos des Pellerins* (Gravés par Huquier) — Deux pièces sur une planche.
179 *Les Innocents badinages; les Plaisirs de la jeunesse* (Gravés par Huquier) — Deux pièces sur une planche.
180 *Femme chinoise de Kouei Tchéou; Viosseu ou musicien chinois* (Gravés par Hubert). — Deux pièces sur une planche.
181-186 Douze pièces en six planches de sujets chinois gravés par Boucher, savoir :
 1 *I Geng ou medecin chinois.*
 2 *Femme de Matsmey à la terre d'Ieço.*
 3 *Kouane tsaï ou jardinier chinois.*
 4 *Poï nou ou Servante chinoise.*
 5 *Con fouï ou femme du palais de l'Empereur de la Chine.*
 6 *Thau Kiene, Eunuque du palais à la Chine.*
 7 *Lao gine ou Vieillard chinois.*
 8 *Chao niéne ou jeune chinois.*
 9 *Koui nou ou jeune fille chinoise.*
 10 *Nikou femme Bonze ou Religieuse Chinoise.*
 11 *Tao kou ou religieuse de Tau à la Chine.*
 12 *Femme du royaume de Nipal.*
187 *Habillements des habitants de la Province de Hou Kouan à la Chine* (Gravé par Aubert).
188 *Habillements de ceux de Soutchovène à la Chine* (Gravé par Aubert).

189-194 Suite de costumes orientaux (Gravés par Jeaurat). — Douze pièces sur six planches, savoir :
1 Bonze des Tartares Mongeus ou Mogols.
2 Femme du pays de Lassa ou Boutan.
3 Mandarin d'Armes du Leaotung.
4 Fille du royaume d'Ava.
5 Chef de Samar de Tievang Raptan.
6 Talegrepot ou Religieuse du Pégou.
7 Officier Tartare du pays des Kuskas.
8 Femme du pays de Laos.
9 Telegrepo ou Bonze du Pégou.
10 Hoa nu ou musicienne chinoise.
11 Moc than ou pastre chinois.
12 Hia théo ou esclave chinoise.
195 Idole de la déesse Ki mâs são... (Gravé par Aubert).
196 La déesse Thru Chru dans l'île d'Hainane (Gravé par Aubert).
197 L'Amour au Théâtre Italien (Gravé par C. N. Cochin).
198 L'Amour au Théâtre François (Gravé par C. N. Cochin).
199 L'Amusement (Gravé par Huquier).
200 L'Heureuse rencontre (Gravé par Huquier).
201 L'Amour paisible (Gravé par Baron).
202 Antoine de la Roque (Gravé par Lépicié).
203 Leçon d'Amour (Gravé par Charles Dupuis).
204 L'Ile enchantée (Gravé par J. P. Lebas).
205 Le Banquet de Bacchus (Gravé par C. N. Cochin).
206 La Musette (Gravé par Moyreau).

Il est à observer que le Tome I contient uniquement des pièces à *regarder* en hauteur et le tome II des pièces à *regarder* en largeur. Quand il y a deux pièces sur la même planche, au tome I, ce sont donc des pièces en largeur, au tome II, des pièces en hauteur.

Le catalogue de l'œuvre de Watteau publié par Edmond de Goncourt indique les états connus de chacune de ces pièces. La collection du baron Edmond de Rothschild est la seule qui renferme une belle suite des eaux-fortes pures, bien incomplète encore.

— Figures de différents caractères de Paysages & d'Etudes dessinées d'Après nature, par Antoine Watteau. Peintre du Roy en son Académie Royale de Peinture et Sculpture, Gravées à l'Eauforte par des plus habiles Peintres et Graveurs du Temps, tirées des plus beaux cabinets de Paris. *A Paris, chez Audran, graveur du Roy en son Hôtel royal des Goblins et chez F. Chereau, graveur du Roy, rue Saint-Jacques, aux deux pilliers d'or. Roland scrips. F. Baillieul l'aisné sculpsit*, s. d. (vers 1735). 2 vol. in-fol.

Tome I : 7 ff. prél. gravés (titre; portrait de Watteau par lui-même gravé par Boucher, vie, 2 ff.; épitaphe, 2 ff.; préface 1 f.) et 132 sujets sur 101 planches.

Tome II : 5 ff. prél. (titre; avertissement; frontispice par Boucher) et 120 (ou parfois 121) ff. contenant les sujets 133 à 350.

Édition originale de ce précieux recueil publié par les ordres de M. de Julienne qui, selon Mariette, grava lui-même les n⁰ˢ 221 et 222. Les aquafortistes des autres planches sont Jean et Benoît Audran, Boucher, Cars, Caylus, Cochin, Desplaces, Lépicié, Sylvestre et Carle Vanloo.

On trouve assez souvent des épreuves isolées avant les numéros; mais on n'en a jamais vu d'exemplaire complet.

La bibliothèque de l'Arsenal possède un recueil très précieux formé par un ami intime de l'éditeur et renfermant de nombreuses pièces additionnelles qui, tirées à deux ou trois épreuves seulement, sont demeurées inédites.

On connaît beaucoup des dessins originaux de Watteau reproduits dans ce recueil; on en trouve dans les ventes ou collections Julienne, d'Ymecourt, de Cène, de Goncourt, Reiset, His de la Salle, Norblin, Thibaudeau, Chennevières, de Vos, Blockhuisen, Suermondt, Mariette, Denon, Dimsdale, Walferdin, Brisard, Saint, Bonnat, de Conantre, Mayor, Heseltine et Baroilhet; il y en avait un grand nombre chez James; plusieurs sont conservés à Chantilly; d'autres, fort beaux, sont au Musée du Louvre.

Cette édition, la seule bonne, est fort rare. Cartonné, non rogné, 1.500 fr., catalogue Fontaine 1874. n. 2.495;

En veau ancien, 2.500 fr., *Bull. Morgand* (1891), n. 20548;

En demi-reliure de Pagnant 5.000 fr., *Bull. Morgand* 1899), n. 35457; en feuilles, 5.500 fr., *ibid.* n. 36821.

Les cuivres furent achetés par Huquier qui fit une réimpression sans date (vers 1740) avec l'adresse : *A Paris chez Huquier*, in-folio, en un volume, de 7 ff. prél. gravés (frontispice; titre gravé; portrait; vie 2 ff.; épitaphe; avertissement) et 212 planches seulement, contenant 351 sujets.

Un certain nombre des cuivres ont été retravaillés au burin.

Cette deuxième édition, 1.750 fr., vente V. de Urria (1885).

Dans l'édition de Huquier les pièces sont réparties en XXX cahiers dont voici le détail :
I : 11 pièces en 7 planches.
II : 16 pièces en 7 planches.
III : 7 pièces en 7 planches.
IV : 7 pièces en 7 planches.
V : 8 pièces en 6 planches.
VI : 8 pièces en 6 planches.
VII : 11 pièces en 6 planches.
VIII : 24 pièces en 6 planches.
IX : 14 pièces en 7 planches.
X : 16 pièces en 8 planches.
XI : 24 pièces en 6 planches.
XII : 18 pièces en 8 planches.
XIII : 16 pièces en 8 planches.
XIV : 16 pièces en 8 planches.
XV : 12 pièces en 6 planches.
XVI : 14 pièces en 8 planches.
XVII : 11 pièces en 7 planches.
XVIII : 14 pièces en 7 planches.
XIX : 14 pièces en 7 planches.
XX : 14 pièces en 7 planches.
XXI : 8 pièces en 8 planches.
XXII : 8 pièces en 8 planches.
XXIII : 8 pièces en 8 planches.
XXIV : 8 pièces en 8 planches.
XXV : 8 pièces en 8 planches.
XXVI : 8 pièces en 8 planches.
XXVII : 7 pièces en 7 planches.
XXVIII : 7 pièces en 7 planches.
XXIX : 7 pièces en 6 planches.
XXX : 7 pièces en 6 planches.

Nous avons vu chez Mme de Polès un curieux exemplaire renfermant en double toutes les figures qui présentent quelque différence dans les deux éditions.

— Livre de différents Caractères de Têtes. Inventez Par M. Watteaux, Et Gravez d'après ses Desseins, par Filloeul. *A Paris, chés François Chereau,* 1752. In-4.

Titre gravé et 27 planches.
Collection R. Schuhmann.

WATTEAU DE LILLE (Louis). — Cris et costumes de Paris. *A Paris, Chez les Campion,* 1786. In-8 carré. (De 3,000 à 3,500 fr.)

Précieux recueil de six ravissantes planches, gravées en couleurs par Laurent Guyot d'après Louis Watteau. Elles portent pour titres : *Le Marchand d'Orviétan. — Jeune Elégant... — Marchande de Modes. — La Marchande d'oranges. — La Marchande d'huîtres. — La Marchande de bouquets.*

En feuilles, 3,200 fr., vente Garnier (1912, n. 735); en reliure moderne, avec la couverture originale d'une livraison, 4,010 fr., vente Sardou (n. 346).

WEIROTTER (F.-E.). — Œuvres de F.-E. Weirotter, peintre allemand, contenant 215 paysages et ruines, dessinés d'après nature, tant en France qu'en Italie; gravés à l'eau-forte avec beaucoup de goût par lui-même. *A Paris, Jean, s. d.* (1771). In-fol. (De 100 à 150 fr.)

Un portrait de l'auteur gravé à l'eauforte par V. Schmuzer et 215 pièces.
Les planches existent avant la lettre.

WERTHES. — Les Aventures d'Edouard Bomston, pour servir de suite à la Nouvelle Héloïse. *A Lausanne, chez Jean Maurer; à Paris, chez Lavillette,* 1789. In-12. (De 6 à 8 fr.)

1 vignette dessinée et gravée par Dunker.

WHIRSKER. — Les Métamorphoses de Melpomène et de Thalie, ou Caractères dramatiques des comédies françoise et italienne. *A Paris, chez l'auteur, et chez Mégré* (ou *chez les Campion*), etc. Dessiné d'après nature par Wirsker. In-8. (De 150 à 200 fr.)

1 très beau titre gravé, 23 figures numérotées et une planche gravée contenant la liste des artistes avec les titres des pièces.
En demi-reliure, maroquin vert, 150 fr., vente Béhague (n. 338); en feuilles, 67 fr., vente R. Lion (n. 66).
A la vente Béhague (n. 339) on paya 1,100 fr., une suite de 16 dessins originaux de Whirsker, sur vélin et coloriés avec soin, reliés en maroquin brun de Chambolle. Un autre recueil de 43 dessins, en maroquin bleu de Trautz, a figuré à la vente Guyot de Villeneuve (n. 986 : 1,150 fr.).
Ce recueil, très intéressant sous le rapport des costumes de théâtre du XVIIIe siècle, renferme les portraits en pied des principaux auteurs de la comédie française et de la comédie italienne.
Beaucoup d'exemplaires ont les figures coloriées.
Il y a une édition de Londres, 1770-72, renfermant 60 figures représentant les artistes anglais et français.

WIELAND. — Endymion, conte comique. *A Copenhague, et se trouve à Paris, chez Fétil*, 1771. In-8. (De 10 à 12 fr.)

1 frontispice gravé par Poincelot et 1 vignette dessinée et gravée par Ménil.

— Musarion, ou la Philosophie des Grâces, poëme en trois chants de Wieland, traduit de l'allemand par M. de Laveaux. *A Basle, J.-J. Thurneysen, imprimé avec les caractères de G. Haas*, 1780. In-8. (De 10 à 15 fr.)

1 frontispice, 3 figures et 3 culs-de-lampe par Saint-Quentin, mal gravés par Holzhalb.
Sur grand papier de Hollande, cartonné, non rogné, 29 fr., vente E. Martin (n. 325).
En maroquin rouge ancien, collection Ferdinand de Rothschild.

— Philoclès, imitation d'Agathon. *A Paris, chez Fuchs*, 1802. 2 vol. in-8. (De 5 à 6 fr.)

2 figures par Monsiau, gravées par Tardieu.

— Petite Chronique du royaume de Tatoiaba, par Wieland, traduit de l'allemand (par le baron de Bock). *A Paris, chez Dufart*, 1798. 2 vol. in-12. (De 6 à 8 fr.)

2 frontispices.

WINCKELMANN. — Histoire de l'Art chez les Anciens, ouvrage traduit de l'allemand (par Sellius et Robinet). *A Amsterdam, Van Harrevelt*, 1766. 2 vol. in-8. (De 10 à 12 fr.)

2 fleurons sur les titres et 5 vignettes et culs-de-lampe de Frankendaal.
Une autre édition de *l'Histoire de l'Art* contient les planches et fleurons gravés par Copia.

WOUVERMANS (Philippe). — Œuvres de Philippe Wouvermans, hollandois, gravées d'après ses meilleurs tableaux qui sont dans les plus beaux cabinets de Paris et ailleurs, dédiées à S. A. S. Mgr. le comte de Clermont, prince du sang. *A Paris, Moyreau*, 1737. In-folio oblong. (De 300 à 350 fr.)

1 portrait et 100 planches dessinés par C. de Visscher, de La Joue et P. Wouvermans, gravés par Moyreau, Le Parmentier et Dupuis.
En maroquin rouge ancien, aux armes du duc d'Orléans, fils du Régent, collection Ferdinand de Rothschild.

ÉNOPHON. — Les Amours d'Abrocome et d'Anthia, histoire éphésienne traduite de Xénophon par M. J*** (Jourdan), enrichie de figures en taille-douce, avec des notes sur la géographie, les mœurs et différents usages des anciens. *S. l.* (Paris), 1748. Petit in-8. (De 8 à 10 fr.)

1 fleuron sur le titre, non signé, 1 frontispice et 5 figures dessinés par Humblot et gravés par Maisonneuve, et 5 vignettes non signées.

En maroquin violet, 14 fr., vente E. Martin (n. 383).
En maroquin vert ancien, aux armes d'Amelot de Chaillou, 126 fr., vente Lignerolles (1746).

— Senofonte Efesio degli Amori di Abrocome e i Anzia libri V, tradotti del greco da A. M. Salvini. *A Crisopoli*, 1794. In-8. (De 6 à 8 fr.)

1 jolie figure de Prudhon, gravée par Roger.
Elle existe avant la lettre et à l'état d'eau-forte.
On en connaît même des épreuves tirées sur satin. Le dessin original appartient à Mme Jahan-Marcille.

YEUX (Les), le Nez et les Tétons, ouvrage curieux galant et badin, composé pour le divertissement d'une dame de qualité. *A Amsterdam*, 1735-1735-1736. 3 part. en 1 vol. in-12. (De 8 à 10 fr.)

3 frontispices non signés.

YOUNG. — Les Satyres d'Young sur l'Amour de la Renommée, traduction libre en vers français par J. Lablé. *A Paris, Marchand*, an X. In-12. (De 3 à 4 fr.)

1 jolie figure gravée par Bovinet.

YOUNG. — Les Nuits d'Young, traduites de l'Anglois, par M. le Tourneur. Seconde édition corrigée et augmentée du Triomphe de la Religion. *A Paris, Chez Lejay*, 1769. 2 vol. in-8. (De 8 à 10 fr.)

2 frontispices par Marillier, gravés par Mercier.
En maroquin rouge ancien, vente Lignerolles (n. 1469).

— Les Nuits d'Young, traduites de l'anglais par M. le Tourneur. *A Paris, Lejay*, 1769 et 1770. 2 vol. in-8. (De 15 à 20 fr.)

2 frontispices par Marillier, gravés par Mercier.
En maroquin rouge (1769) aux armes de Mme du Barry, bibliothèque de Versailles.

— Œuvres, traduites de l'anglais par M. Le Tourneur. *A Paris, Lejay*, 1769-70. 4 vol. in-8. (De 12 à 15 fr.)

1 portrait de Saint-Aubin et 3 figures d'Eisen et Marillier.

— The Poetical Works. Voyez CHAUCER.

ZACHARIE. — Les Quatre Parties du Jour, poëme traduit de l'allemand de M. Zacharie (par Muller). *A Paris, Chez J.-B.-G. Musier fils, 1769.* Gr. in-8. (De 50 à 60 fr.)

2 ff. n. ch., XXXII-163 pp., plus 1 frontispice et 4 figures.

Contient 1 frontispice, 4 figures et 4 vignettes par Eisen, gravés par Baquoy.

La pagination saute de 144 à 149 sans lacune.

En maroquin citron ancien, 1,600 fr., vente Delessert (1912, n. 173).

En maroquin rouge, aux armes de Mme du Barry, bibliothèque de Versailles.

On connaît les tirages à part, en épreuves de graveur, des vignettes d'Eisen. Elles se trouvent dans l'exemplaire de M. H. Beraldi, relié en maroquin doublé par Cuzin.

Les mêmes figures se trouvent aussi dans une traduction de ce poème en vers libres par l'abbé Aleaume. *Paris, Leprieur, 1773.* Gr. in-8.

L'édition de 1773, en maroquin rouge de Derôme, larges dentelles, armes du comte de Provence, 3,400 fr., vente La Béraudière (1883, n. 209); celui de la comtesse de Provence, aussi en maroquin rouge, est à la bibliothèque de Fontainebleau; celui de Louise-Auguste de Danemark, est dans la collection Ferdinand de Rothschild.

Le dessin original d'Eisen pour le *Soir* à la mine de plomb sur vélin était dans la collection V. Deséglise.

— Les Quatre parties du jour, poëme traduit de l'allemand de M. Zacharie (par Muller, sous le nom de Capitaine), ornées de figures et vignettes en taille-douce, dessinées par Eisen et gravées par Baquoy. *A Paris, chez Nyon l'aîné, 1781.* In-8. (De 12 à 15 fr.)

1 frontispice, 4 figures et 4 vignettes par Eisen, gravés par Baquoy.

En demi-reliure, veau ancien, 8 fr., vente Daguin (n. 592).

Sur très grand papier de Hollande, en veau de Thouvenin, 71 fr., vente E. Martin (n. 326), revendu 55 fr., vente Delbergue (n. 150).

— Les Métamorphoses, poëme traduit de l'allemand (par Muller). *A Paris, 1776.* Petit in-12. (De 10 à 15 fr.)

Joli titre dessiné et gravé par Moreau le jeune.

ZARATE (Auguste de). — Histoire de la Découverte de la Conquête du Pérou, traduite de l'espagnol par S. D. C. *A Paris, 1716.* 2 vol. in-12. (De 12 à 15 fr.)

1 frontispice, 1 carte et 12 figures non signés.

ZÉPHIRIN, ou l'Enfant du Plaisir, conte qui n'en est pas un. *A Paris, chez les marchands de nouveautés*, an VII. In-18. (De 25 à 30 fr.)

4 figures voluptueuses assez jolies.

ZECZECZEB. — Anecdotes Indostanes. *A La Haye*, 1741. 4 parties en 1 vol. in-12. (De 10 à 15 fr.)

Le même frontispice gravé par Tardieu, répété quatre fois.

ZÉLY, ou la Difficulté d'être heureux, roman indien suivi de Zima, etc... publié par Dantu. *A Amsterdam et Paris*, 1775. In-8. (De 7 à 8 fr.)

1 figure de Bertaux, gravée par Thérèse Martinet.

ZURLAUBEN (Le Baron de). — Tableaux topographiques, pittoresques, physiques, historiques, politiques, moraux, littéraires de la Suisse (avec la table analytique de Quétand). *A Paris, Clousier*, 1780-1788. 3 vol. de texte, avec un frontispice de Lorimier, gravé par Née, et 2 vol. de planches, ensemble 5 vol. in-fol. (De 200 à 250 fr.)

Texte :

Tome I : 4 ff. n. ch., LXXXIV pp., 1 f. n. ch., 368 pp., LXVI pp., 4 ff. n. ch., 10 pp.
Tome II : 2 ff. n. ch., 578 pp.
Table : 1 f. n. ch., 11-129 pp.

Planches :

Tome I : 1 f. n. ch. (faux-titre, au verso vignette en-tête) 7 pp., plus 1 frontispice, 126 planches de vues, 3 planches de médailles (86-91-103) et 3 cartes (XX-87-113).

Tome II : 1 f. n. ch., 1 titre gravé, 8 pp., plus 101 planches de vues dont 1 qui se déploie (211) 2 planches de médailles (209-214) 11 planches de portraits (166-195-196-202-203-207-208-213-216-267-273) et 4 cartes (171-185-212-215).

En tout, 1 frontispice de Moreau, gravé par Née, 1 titre gravé, 227 planches de vues, dont 109 avec 2 sujets, 5 planches de médailles, 7 cartes, et 11 planches de portraits, dessinés par Le Barbier, Châtelet, Bertaux, Pérignon, gravés par Née, Masquelier, Dequevauviller, de Longueil, Droyer, etc., etc......, 1 vignette gravé par Masquelier en-tête de la dédicace au comte d'Artois, et 1 grande vignette contenant les portraits en médaillon de Zurlauben et de La Borde, dessinée par Marillier, gravée par Née.

Cette description correspond exactement avec la table des estampes, bien que libellée d'une façon différente.

SUPPLÉMENT

ABRÉGÉ de l'Histoire romaine, 1789. (Col. 2.)

L'édition de 1796 ne renfermerait pas le frontispice de Piauger.

ALCORAN (L') des Cordeliers, 1734. (Col. 5-6.)

Le tome Ier contient 13 figures et le tome II, 7 figures.

ALGAROTTI, Il Congresso di Citera, 1768. (Col. 6.)

En maroquin rouge ancien, aux armes de Mme Adélaïde, collection James de Rothschild (n. 1745).

ALMANACHS ILLUSTRÉS. — Madame Edouard Chappey nous a aimablement communiqué une intéressante série de ces charmants livrets; nous y avons observé les articles suivants non décrits plus haut :

— Adélaïde ou l'Honneur des dames vengé... *A Paris, Chez Desnos, s. d.* In-24.

Titre gravé, frontispice et 9 figures non signées.

— Almanach Dauphin historique et allégorique dédié à la Nation. *S. l. n. d.* In-24.

12 figures non signées.

— Calendrier de la République française. *Paris,* 1797. In-32.

12 jolies figures non signées.

— Elite des Almanachs, les modes et conversation que tiennent les Dames et les Messieurs sur leurs nouveaux habillemens. *A Paris, Chez Desnos, s. d.* In-24.

Titre gravé, frontispice et 24 figures non signées.

— Le Petit Œdipe ou le Jeu des Enigmes, almanach de Société, chantant, récréatif et divertissant. *A Paris, Chez Desnos,* 1789. In-24.

12 jolies figures non signées.

— Toujours de l'Amour. Almanach nouveau sur les plus jolis airs. S. l. n. d. In-24.

12 jolies figures non signées.

Nous avons rencontré dans une vente récente un autre almanach non signalé :

— Les Tours de Gibecière de l'amour offerts au beau sexe par Vénus à Cithère. *A Paris, chez Jubert,* 1785. In-24.

Charmant almanach entièrement gravé contenant 12 jolies figures non signées, mais par Quéverdo.

En maroquin rouge ancien, 1,025 fr., vente du 1ᵉʳ juin 1911, n. 147.

Voici quelques notes additionnelles sur les almanachs déjà décrits :

— L'Almanach des Folies de l'Amour. (Col. 18.)

Existe aussi sous la date de 1795 (Collection Chappey).

— Almanach des Héroïdes. (Col. 19.)

Existe aussi sous la date de 1779 (Collection Chappey).

— Almanach galant, moral et critique... (Col. 25.)

Existe aussi sous les dates de 1779 et 1786 (Collection Chappey)

— Almanach utile et agréable de la loterie de l'École royale militaire. (Col. 29.)

Un des dessins originaux de Gravelot se trouvait en 1877 dans la collection Leroux.

— Les Belles Marchandes de Paris. (Col. 36.)

L'exemplaire du baron Pichon a été revendu 2,420 fr., vente Montgermont (1911, n. 1).

— Les Bygarrures de Cythère [1787]. Col. 36.)

Contient aussi 32 pp. de musique gravée.

— Calendrier historique des théâtres. (Col. 36.)

Le comte de Sauvage possédait (1898, n. 70) les années 1751-1794, 1800, 1801 et 1815, reliées en maroquin rouge.

— Étrennes du jour de l'an. Col. 48).

Existe aussi avec les figures tirées en bistre. (Collection Maurice Fenaille).

Avec les figures en couleurs, 4,610 fr., vente Garnier.

— Les Filets de l'Amour. (Col. 54.)

Existe avec les figures coloriées à la main. (Collection Chappey).

— Les Lacets de Vénus. (Col. 58.)

L'exemplaire du baron Pichon a été revendu 1,900 fr., vente Montgermont (1911, n. 2).

— Trésor des Devinations. (Col. 74.)

Contient un titre-frontispice et 11 (non 10) figures de Dorgez.

— Variétés amusantes. (Col. 74.)

Contient un titre gravé et 4 figures à transformations.

AMOURS (Les) de Mirtil, 1761. (Col. 77.)

En maroquin bleu de Thibaron, figures en noir et en sanguine, 365 fr., vente Mongermont (1911, n° 69)

AMOURS (Les) et les aventures du (sic) lord Fox, 1785. (Col. 78.)

Dans l'édition de 1785, les figures sont signées par Ransonnette.

AMUSEMENTS d'un convalescent, 1761. (Col. 78.)

Le dessin original du frontispice, par Gravelot, se trouvait dans la collection Goncourt.

ANACRÉON, Sapho, Bion et Moschus, 1773. (Col. 79-80.)

En maroquin rouge ancien, de format in-4 (sans Héro et Léandre), 4,000 fr., vente Montgermont (1911, n. 3); à la même vente on a payé 3,900 fr. la série des tirages hors texte provenant de la vente Guyot de Villeneuve.

ANACRÉON, Odes, inscription..., 1794. (Col. 81.)

En maroquin rouge de Bozérian, les avant-lettre et les eaux-fortes, 550 fr., vente Montgermont (1911, n. 5). — Les ff. n. ch., à la fin, sont au nombre de 4 et non de 2.

ANQUETIL, Histoire de Reims, 1756. (Col. 83.)

L'exemplaire du comte de Sauvage (1898, n. 111) était en maroquin rouge à dentelles, aux armes de Joly de Fleury.

ANSART (Dom André-Joseph). — Éloge de Charles-Quint, empereur. Traduit du Poeme Latin de Jacques Masenius, dédié à Madame la Dauphine, par Dom André-Joseph Ansart... *A Paris, Chez J. Barbou, 1774. In-8.* (De 25 à 30 fr.)

2 ff. n. ch., 52 et 32 pp., plus un joli portrait de Marie-Antoinette par Marillier, gravé par Le Beau.

En maroquin rouge ancien, exemplaire de dédicace aux armes de Marie-Antoinette, collection James de Rothschild (n. 2409).

AQUIN DE CHATEAU-LYON, Contes mis en vers par un petit cousin de Rabelais, 1775. (Col. 86.)

La date est de 1785. Le dessin original de la figure d'Eisen, à la mine de plomb rehaussée de sanguine, se trouvait dans la collection Feuillet de Conches.

ARGENVILLE, Abrégé de la vie des plus fameux peintres, 1745. (Col. 91.)

A la fin du tome I, il y a 2 ff. n. ch.

— *Même ouvrage*, 1762. (Col. 92.)

En maroquin rouge ancien, 1,400 fr., vente Montgermont (1911, n. 6).

ARIOSTE, Orlando furioso, 1773. (Col. 95.)

Sur grand papier, en maroquin rouge à dentelles, 8,000 fr., vente d'Essertenne (n. 49), revendu 3,920 fr., vente R. Lion (n. 185), puis 3,450 fr., vente Maglione (n. 435) et 14,000 fr., vente Montgermont (1911, n. 7).

ARIOSTE, Roland furieux, 1775-1783. (Col. 97.)

Rétablir comme suit la collation des deux premiers volumes :
Tome I, 1re partie : 2 ff. n. ch., 223 pp., plus 11 figures.
Tome I, 2e partie : 1 f. n. ch., pp. 225-488, plus 12 figures.

Ajouter aux prix cités : en maroquin rouge de Derôme, reliure signée, 2,950 fr., vente Montgermont (1911, n. 8), à M. Cortlandt F. Bishop.

ARNAUD, Epreuves du Sentiment, 1775-1778. (Col. 101-102.)

La plus grande partie des dessins originaux d'Eisen et de Marillier appartenaient à Guyot de Villeneuve; celui pour *D'Almanzi* se trouverait à Mulhouse dans la collection Lanz; d'autres ont appartenu à Mahérault, au baron Portalis et à Edmond de Goncourt; celui pour *Valmiers* a figuré à la vente Féral, celui pour *Rosalie* se trouvait chez Le Barbier de Tinan; trois des dessins de Le Barbier furent payés 120 fr. par Morgand à une vente faite par Clément en janvier 1877.

ARNAUD, Nouvelles historiques, 1774-1781. (Col. 102.)

Le dessin original de Le Barbier pour *La Duchesse de Châtillon* a été payé 21 fr., à la vente Emile Gautier.

AULNOY (Mme D'). — Histoire d'Hypolite, Comte De Duglas par Madame d'Aulnoy. Nouvelle édition enrichie de figures en taille-douce. *A Paris, chez Gabriel Villeyre fils, ruë de la vieille Boucherie, à l'Annonciation, et La Veuve Langlois, quai de Conti au coin de la rue Guénégaud, aux armes d'Angleterre, 1723. 2 vol. in-12.*

Tome I : 5 ff. n. ch., et 160 pp., plus 4 figures.
Tome II : 3 ff. n. ch., et 206 pp., plus 4 figures.
En tout 8 figures non signées.

— Histoire d'Hypolite, comte de Duglas par Madame d'Aulnoy. *A Amsterdam, par la Compagnie*, 1779. 2 vol. in-12.

Tome I : 2 ff. n. ch., 142 pp., plus 1 figure.
Tome II : 187 pp., plus 1 figure.
En tout deux curieuses figures non signées.

BARRE, Histoire Générale d'Allemagne, 1748. (Col. 113.)

Un bel exemplaire de cet ouvrage en maroquin rouge ancien, aux armes de Frédéric-Auguste III de Pologne, 130 fr., vente Béhague (n. 1877), aujourd'hui dans la collection James de Rothschild.

BASAN, Catalogue de Mariette, 1775. (Col. 115.)

En veau fauve ancien, frontispice en triple état (avec la lettre, avant la lettre, eau-forte), 55 fr., vente Renouard (1854, n. 649), revendu 36 fr., vente Destailleur (1895, n. 55).

BASAN, Cabinet Poullain, 1781. (Col. 117.)

En maroquin rouge de Mercier, figures avant la lettre, 460 fr., vente Montgermont (1911, n. 31).

BASAN, Dictionnaire des graveurs, 1789. (Col. 118.)

L'ouvrage contient 50 pièces sur 43 planches.

BAUDOUIN, Exercice de l'Infanterie française, 1757. (Col. 121.)

On trouve à la fin un feuillet gravé pour la table.
L'exemplaire de M. Georges Christophle est en maroquin rouge à dentelles aux armes de Madame de Pompadour.

BAYLE, Dictionnaire historique, 1720. (Col. 122.)

Sur grand papier, en maroquin rouge de Padeloup, aux armes du duc d'Aumont (n. 3089), collection James de Rothschild (n. 2502).

BEAUCHAMPS, Amours d'Ismène et d'Isménias, 1782. (Col. 123.)

Mahérault possédait le dessin original du frontispice exécuté par Marillier à la mine de plomb.

BEAUMARCHAIS, Eugénie, 1767. (Col. 124.)

En maroquin rouge à dentelles, aux armes de M. de Sartines, 700 fr., vente Montgermont (1911, n. 9).

BEAUMARCHAIS, La Folle Journée, 1785, avec la suite de Liénard. (Col. 125.)

L'exemplaire de la vente Montgermont (1911, n. 10 : 1,820 fr.) en maroquin rouge de Chambolle, figures avec et avant la lettre, renfermait un rarissime feuillet additionnel : *Epître dédicatoire aux personnes trompées sur ma pièce et qui n'ont pas voulu la voir.*

L'exemplaire célèbre (avec toutes les eaux-fortes) des collections Portalis, Guyot de Villeneuve et Carnarvon se trouve aujourd'hui à New-York, chez M. Mortimer L. Schiff.

BELLIN, Essai géographique sur les Iles Britanniques, 1757. (Col. 129.)

Lord Gosford et le comte de Sauvage (1898, n. 85) ont successivement possédé un bel exemplaire en maroquin rouge ancien avec les armes de Madame de Pompadour en mosaïque sur les plats. Le comte de Sauvage (1898, n. 87) avait aussi recueilli l'exemplaire de Madame de Pompadour en maroquin rouge à dentelles d'un autre ouvrage du même Bellin, dont voici le titre : Description Géographique de la Guyane contenant les Possessions et les Etablissements des Français, des Espagnols, des Portugais, des Hollandais, dont les vastes Pays..., avec des... Cartes, Plans et Figures... Par le S. Bellin, *A Paris, De l'Imprimerie de Stoupe*, 1763. In-4.

XIV pp., 1 f. n. ch., 294 pp., 1 f. n. ch., plus 1 titre gravé par Croisey, 20 cartes et 10 figures.

BÉNARD, Eloge de l'Enfer, 1759. (Col. 130.)

Rétablir comme suit la collation :
Tome I : 1 f. n. ch., VIII et X pp., 265 pp., plus 1 frontispice et 7 figures.
Tome II : VI-353 pp., plus 8 figures.

En tout 1 frontispice, 1 fleuron répété sur chaque titre, 1 vignette et 1 cul-de-lampe (répétés trois fois) et 15 figures par Sibelius.

BERNARD (P.-J.), Œuvres, 1797. (Col. 134.)

Sur papier vélin, figures avant la lettre, en maroquin rouge de Simier, bel exemplaire de Noilly, 800 fr., vente Montgermont (1911, n. 12).

BERQUIN, Idylles, 1775.

En maroquin rouge ancien, figures avant les numéros, 2,350 fr., vente Montgermont (1911, n. 13).

BERQUIN, Pygmalion, 1775. (Col. 141.)

Avec les tirages hors texte, en maroquin rouge, doublé de maroquin bleu, par Mercier, 5,250 fr., vente Montgermont (1911, n. 15); en maroquin rouge ancien, rarissime en cette condition, 7,000 fr., vente Delessert (1912, n. 181).

BIBLIOTHÈQUE BLEUE. (Col. 145.)

Il existe une autre édition en 3 volumes, avec figures gravées par Chatelain, Delvaux, Legrand, Marchand et Patas.

BIJOU DE SOCIÉTÉ (Le). (Col. 147.)

Ouvrage entièrement gravé contenant 2 titres gravés et 101 figures.

BILLARDON DE SAUVIGNY, Histoire amoureuse de Pierre le Long, 1765. (Col. 148.)

Contient à la fin 18 pp. de musique gravée; cette musique est de Philidor.

BILLARDON DE SAUVIGNY, Le Parnasse des Dames, 1773. (Col. 149.)

Contient 9 (et non 6) titres gravés. — Le baron Portalis a retrouvé plusieurs des dessins originaux de Marillier : un frontispice, daté 1772, à la plume et au bistre, a passé de chez M. Beraldi dans la collection Roederer; un autre est chez la baronne James de Rothschild; un troisième appartenait à Mahérault.

BION ET MOSCHUS, Idylles, 1795. (Col. 152).)

En maroquin rouge ancien, avec les avant-lettre et les eaux-fortes, 2,250 fr., vente Montgermont (1911, n. 16).

BITAUBÉ, Joseph, 1786. (Col. 153.)

L'exemplaire sur peau de vélin avec les dessins originaux, a aussi figuré aux ventes de Lamy (n. 395 : 150 fr.) et d'E. Gautier (n. 614 : 1,350 fr.).

BLONDEL, De la Distribution des maisons de plaisance, 1737-1738. (Col. 157.)

Contient, outre le frontispice de Cochin et les 156 planches de Blondel, 2 fleurons, une dédicace gravée, 8 vignettes en-tête, 8 lettres ornées et 7 culs-de-lampe.

BOCCACE, Il Decamerone, 1757. (Col. 159.)

L'exemplaire du chevalier de Fleurieu, en maroquin rouge à riche dentelle, revendu chez L. Techener et Franchetti, ne se trouve pas dans la collection Ferd. de Rothschild : il a reparu à la vente Montgermont (1911, n. 19) et a été acquis, pour 12,200 fr., par la baronne M. de Goldschmidt-Rothschild.

BOCCACE, Le Décaméron, 1757-1761. (Col. 160.)

Le tome I renferme 1 portrait, 1 frontispice et 22 figures.

BOILEAU, Œuvres, 1747. (Col. 169.)

En maroquin rouge ancien, papier fin, 2,900 fr., vente Montgermont (1911, n. 20).

BOILEAU, Œuvres, 1798. (Col. 171.)

En voici le vrai titre et la collation : Œuvres de Boisleau-Despréaux. Avec neuf figures dessinées et gravées par les meilleurs artistes. *A Paris, de l'imprimerie de Crapelet*, an VI, 1798. In-4. — x-18 pp., 1 f. n. ch., 535 pp., plus 1 portrait et 8 figures.

BOISARD, Fables, 1777. (Col. 172.)

En maroquin rouge ancien, 415 fr., vente Montgermont (1911, n. 21).

BONAPARTE, La Tribu indienne, 1799. (Col. 174.)

L'exemplaire Montgermont s'est vendu 8,000 fr. (1911, n. 22) et celui de Robert Hoe (I, n. 432), 8.625 fr.

BORDELON, Les Tours de maitre Gonin, 1713. (Col. 176.)

En voici la collation :
Tome I : 4 ff. n. ch., 407 pp., 2 ff. n. ch., plus 6 figures.
Tome II : 404 pp., 2 ff. n. ch., plus 6 figures.

BOUCHER (Juste-François), Livre de meubles...

— Une deuxième suite de planches d'ornements par le même artiste se rencontre assez fréquemment et peut être jointe à la première : elle se compose de 60 planches en 15 cahiers, avec signatures A à P.

BOUQUET ROYAL (Le), ou Recueil des meilleures Pièces, soit manuscrites, soit imprimées, qui ont été adressées à Leurs Majestés. *A Genève, Et se trouve à Paris, Chez Costard, Libraire*, 1776. In-8. (De 15 à 20 fr.)

80 pp., plus un joli frontispice par Desrais, gravé par J. Marchand.
Communiqué par M. Vuaflart.

BOYER, Histoire des caricatures de la révolte des Français. (Col. 184.)

En maroquin rouge de Chambolle, 1,120 fr. vente Montgermont (1911, n. 23.)

CABINET et Magasin des Modes, 1785-1789. (Col. 199.)

Le nombre des livraisons est de 132 et celui des planches est de 396 et non de 362. Un exemplaire complet dans son cartonnage original, provenant de Hollande, a été vendu 7,600 fr., vente Louis Garnier (Estampes, n. 233). A la même vente (n. 234) on a payé 15.500 fr., la continuation de ce recueil, publiée par Le Brun, sous le titre: *Journal de la Mode et du Goût ou Amusemens du Sallon et de la Toilette*. Paris, 25 février 1790; 1er avril 1793. 4 vol. in-8.

En tout 112 planches coloriées, plus 76 pp. de musique gravée.
La publication s'arrête au numéro du 1er avril 1793, dont les planches existent mais dont le texte n'a pas été imprimé.

CADRAN (Le) de la volupté, ou les aventures de Chérubin. *A Paris, au Théâtre de la Montansier, s. d.* In-18.

108 pp. plus 4 figures libres assez médiocres.
Libelle contre Marie-Antoinette. Il en existe plusieurs éditions.

CARNOT. — Exploits des Français depuis le 22 Fructidor An I jusqu'au 15 Pluviose An III de la République française. *A Bâle, chez J. Decker*, 1796. Pet. in-12.

1 frontispice non signé.
L'exemplaire de Carnot avec son autographe et le dessin original du frontispice, maroquin vert ancien, 452 fr., vente Daguin (n. 1494.)

CATULLUS, Tibullus et Propertius pristino nitori restituti et ad optima...... *Lugduni Batavorum*, 1743. 3 parties en 1 vol. in-12. (De 10 à 15 fr.)

1re partie. xvi-96 pp., plus 1 frontispice.
2e partie. pp. 97 à 168, plus 1 frontispice.
3e partie. pp. 169 à 344, plus 1 frontispice.
En tout 3 frontispices, 3 vignettes et 3 culs-de-lampe.

CAYLUS, Œuvres badines, 1787. (Col. 211.)

En voici la collation :
Tome I : 2 ff. n. ch., 578 pp., 1 f. n. ch., plus 1 portrait et 2 figures.
Tome II : 2 ff. n. ch., 426 pp., 1 f. n. ch., plus 2 figures.
Tome III : 564 pp., 1 f. n. ch., plus 2 figures.
Tome IV : 4 ff. n. ch., 392 pp., plus 2 figures.
Tome V : 3 ff. n. ch., 401 pp. plus 2 figures.
Tome VI : 457 pp., 1 f. n. ch., plus 2 figures.
Tome VII : 3 ff. n. ch., 467 pp., 1. f. n. ch., plus 2 figures.
Tome VIII : 598 pp., 1 f. n. ch., plus 2 figures.
Tome IX : 476 pp., 1 f. n. ch., plus 2 figures.
Tome X : 2 ff. n. ch., 592 pp., plus 2 figures.

Tome XI : 2 ff. n. ch., 112, 70, 156, 133 pp., plus 1 figure.
Tome XII : 4 ff. n. ch., 173 et 351 pp., plus 1 figure.

CAYLUS, Recueil d'antiquités, 1752-1757. (Col. 211.)

En maroquin rouge ancien, aux armes du duc d'Aumont, collection de Madame de Polès.

CAZOTTE, Ollivier, 1798. (Col. 213.)

En maroquin bleu de Cuzin, avec le triple état des figures, 920 fr., vente Mongermont (1911, n. 26.)

CERVANTÈS, Don Quichotte, 1746. (Col. 220.)

En maroquin bleu ancien, figures avant les numéros, 1,550 fr., vente Montgermont (1911, n. 29.)

CERVANTÈS, Don Quichotte, 1799. (Col. 220.)

Au tome II, *lire* 2 ff. n. ch., 232 pp., plus 4 figures.
Aux noms des graveurs, ajouter Halbou. Les dessins originaux de Lefèvre à la plume et à l'encre de Chine, étaient joints à l'exemplaire vendu 6,200 fr., vente Montgermont (1911, n. 28.)

CHATEAUBRIAND, Atala, 1805. (Col. 229.)

En maroquin rouge ancien, avant-lettre et eaux-fortes, 800 fr., vente Montgermont (1911, n. 30.)

CHODERLOS DE LACLOS, Les Liaisons dangereuses, 1792. (Col. 235.)

En maroquin rouge de Purgold, figures avant la lettre, 780 fr., vente Montgermont (1911, n. 105), à M. Cortlandt F. Bishop.

CHODERLOS DE LACLOS, Les Liaisons dangereuses, 1792. (Col. 237.)

En maroquin rouge ancien, figures avant la lettre, 4,000 fr., vente Montgermont (1911, n. 106). L'exemplaire Portalis, en maroquin bleu de Cuzin, avant-lettre et eaux-fortes au complet, se trouve chez Madame de Polès.

COLLECTION des drapeaux... 1789. (Col. 248.)

En veau ancien, bel exemplaire avec les figures coloriées, 520 fr., vente Montgermont (1911, n. 32), aujourd'hui chez M. Schuhmann.

COLLECTION générale des portraits..., 1790. (Col. 249.)

Se trouve aussi, sans date, avec un titre portant l'adresse de Treuttel et Wurtz, et une table imprimée des 215 portraits. On trouve presque toujours un 216e portrait non indiqué à la table.

CORNEILLE, Théâtre, 1764. (Col. 255.)

L'exemplaire de La Borde de Méréville s'est retrouvé chez Robert Hoe (II, n. 894) et a été acheté par M. Cortlandt F. Bishop; celui de Mme Du Barry, provenant de la vente Müller (n. 153 : 2,100 fr.) a reparu à la vente Montgermont (1911, n. 35) où M. Louis Cartier l'a payé 10,100 fr.

Nous avons récemment vu à Paris un joli exemplaire en veau, aux armes de Montmorency-Luxembourg.

En voici la collation :

Tome I : 4 ff. n. ch., 454 pp., 1 f. n. ch., plus 1 frontispice et 2 figures.
Tome II : 7 ff. n. ch., 413 pp., 9 pp., plus 3 figures.
Tome III : 3 ff. n. ch., 510 pp., plus 3 figures.
Tome IV : 3 ff. n. ch., 482 pp., 1 f. n. ch., plus 3 figures,
Tome V : 2 ff. n. ch., 429 pp., 1 f. n. ch., plus 2 figures.
Tome VI : 3 ff. n. ch., 442 pp., plus 3 figures.
Tome VII : 2 ff. n. ch., 467 pp., plus 3 figures.
Tome VIII : 3 ff. n. ch., 388 pp., plus 3 figures.
Tome IX : 3 ff. n. ch., 443 pp., plus 3 figures.
Tome X : 3 ff. n. ch., 495 pp., plus 4 figures.
Tome XI : 2 ff. n. ch., 500 pp., plus 4 figures.
Tome XII : 3 ff. n. ch., 355 pp., plus 2 figures.

CORNEILLE, Rodogune, 1760. (Col. 258.)

L'exemplaire de M. de Montgermont dans une riche reliure mosaïquée de Cuzin reproduisant l'exemplaire de Mme de Pompadour, a été payé 14,000 fr. (1911, n. 36) par le baron Henri de Rothschild. C'est dans cet exemplaire que se trouve le dessin original de Boucher pour le frontispice.

CRÉBILLON, Œuvres, 1785. (Col. 264.)

En voici la collation :
Tome I : 3 ff. n. ch., LXXVI-285 pp., plus 1 portrait et 3 figures.
Tome II : 2 ff. n. ch., 375 pp., plus 4 figures.
Tome III : 2 ff. n. ch., 333 pp., plus 2 figures.

En tout un portrait de Marillier (d'après La Tour) gravé par Ingouf jeune et 9 figures de Marillier, gravées par Dambrun, Duponchel, Ingouf, Macret et Trière.
En maroquin rouge ancien, figures avec la lettre, 700 fr., vente Montgermont (1911, n. 37).

CRÉBILLON, Œuvres, an VII. (Col. 264.)

En maroquin rouge ancien, avant-lettre et eaux-fortes, 320 fr., vente Montgermont (1911, n. 38.)

CRÉBILLON, Œuvres, 1818. (Col. 265.)

L'exemplaire renfermant les dessins originaux de Moreau est aujourd'hui chez le baron Henri de Rothschild qui l'a payé 4.900 fr., vente Montgermont (1911, n. 39.)

DANET, L'Art des Armes, 1766. (Col. 272.)

Tome I : 2 ff. n. ch., XXXVII-247 pp., 1 f. n. ch., plus 1 frontispice, 1 portrait et 33 planches.
Tome II : X pp., 2 ff. n. ch., 215 pp., plus 12 planches.
En tout 1 frontispice, 1 portrait, 1 cul-de lampe et 45 planches pliées, gravées par Taraval.

DAUBENTON (Mme). — Zélie dans le désert par Mme D***, nouvelle édition avec figures. *A Paris*, an III de la République française, une et indivisible. 4 vol. in-12.

4 figures sans légende.

DECREMPS. — La magie blanche dévoilée, ou explication des tours surprenants qui font depuis peu l'admiration de la capitale et de la province, avec des réflexions sur la baguette divinatoire, les automates joueurs d'échecs, etc., etc., par Mr Decremps. *A Paris, chez Langlois, Libraire, Rue du Petit Pont, Tiger, relieur, Place Cambray, et chez l'auteur, Rue de la Coutellerie, vis-à-vis celle de la Tacherie, avec permission, 1784.* In-8.

1 f. n. ch. (titre gravé) XVI-138 pp. et 1 f. n. ch. destiné à être chauffé pour rendre apparent le mot du logogriphe.
1 figure de Quéverdo, gravé par Hemery.

DÉCRETS des sens. (Col. 275.)

Les figures existeraient tirées en bistre et même en couleurs.

DEMOUSTIERS, Lettres à Émilie, 1809. (Col. 277.)

En maroquin bleu doublé de maroquin citron, par Chambolle, avant-lettre et eaux-fortes, 2,000 fr., vente Montgermont (1911, n. 40.)

DESMARAIS, Jérémie, 1771. (Col. 298))

L'exemplaire de Madame Adélaïde, en maroquin rouge à dentelle, a reparu à la vente Montgermont (1911, n. 43 : 450 fr.)

DESORMEAUX, Histoire de la Maison de Bourbon, 1772-1788. (Col. 299.)

Voici la collation rectifiée du tome I : titre, dédicace, 556 et 7 pp., plus le frontispice et 1 planche pliée de généalogie. L'exemplaire de Paillet avec les tirages hors texte a été payé 2,850 fr., vente Montgermont (1911, n. 44).

DESPRÉAUX, Mes passe-temps. 1806-1809. (Col. 301.)

En voici la collation :
Tome I : XIV-251 pp., plus 1 frontispice, 1 figure et 47 pp. de musique gravée.
Tome II : 306 pp., 1 f. n. ch., plus 1 figure.

DESTOUCHES, Œuvres. (Col. 301.)

Les six dessins de Borel signalés dans ce paragraphe, se trouvent aujourd'hui chez M. Robert Schuhmann.

DIDEROT, Bijoux indiscrets. 2 vol. s. d. (Col. 303.)

Dans la première édition, le fleuron du titre est le même pour les 2 volumes (Un amour fermant les rideaux d'un lit.) Dans la contrefaçon il y a également un fleuron gravé sur chaque titre, l'un est celui de la 1re édition, mais avec l'amour à gauche et l'autre est une composition différente. — Nous avons vu une autre édition en 2 vol. s. d.; les figures ne sont pas retournées, mais encadrées et avec une légende. Voici la collation de ces deux éditions.

Tome I : 4 ff. n. ch., 288 pp., plus 1 frontispice et 4 figures.

Tome II : 2 ff n. ch., 332 pp., plus 2 figures.

DIONIS DU SÉJOUR (et non DE SEJOUR), Origine des Grâces, 1777. (Col. 306.)

En maroquin moderne, avec les avant-lettre et presque toutes les eaux-fortes, 2,520 fr., vente Montgermont (1911, n. 53).

DORAT, Les Baisers, 1770. (Col. 310.)

En maroquin vert ancien, aux armes de Mérard de Saint-Just, 1,400 fr., vente Jérôme Pichon (1897, n. 861); en maroquin rouge ancien, 4,100 fr., vente Montgermont (1911, n. 45).

DORAT, La Déclamation théâtrale, 1766. (Col. 312.)

Un joli exemplaire, en maroquin rouge aux armes de Mme de Gramont-Choiseul, se trouvait chez le marquis de Mauduit; il a figuré depuis, à 2,500 fr., au *Bull. Morgand* (II, 13, n. 894).

En voici la collation; xxiv-176 pp., et 3 ff. n. ch.

DORAT, Fables, 1773. (Col. 315.)

La suite des tirages à part a atteint 5,700 fr., vente Montgermont (1911, n. 47); à la même vente (n. 46), on a payé 8,900 fr., l'exemplaire en maroquin rouge ancien de E. Martin et de Guyot de Villeneuve; en veau fauve ancien, 4,110 fr. vente Delessert (n. 178).

DORAT, Les Sacrifices de l'Amour, 1771. (Col. 322.)

En maroquin vert ancien, 400 fr., vente Montgermont (1911, n. 48).

DORVIGNY, Les Battus payent l'amende, 1779. (Col. 324.)

56 pp., plus 16 figures imprimées en couleurs, d'après Huet, publiées par Bonnet (et non *Basset*). Nous avons vu vendre à Paris (30 avril 1912, n. 49 : 2,400 fr.), un curieux exemplaire en maroquin rouge ancien, avec petite dentelle.

DUCLOS, Acajou et Zirphile, 1744. (Col. 331.)

L'exemplaire Guyot de Villeneuve, sur grand papier, maroquin rouge ancien, a été revendu 1,250 fr., vente Montgermont (1911, n. 50).

Nous avons vu un exemplaire de cette édition, contenant à la fin 12 pp. *Réponse du public à l'auteur d'Acajou*.

DUFLOS, L'Education de Henri IV. 1790. (Col. 334.)

Les deux titres gravés sont par Hérault.

DUPLESSI - BERTAUX, Histoire de l'enfant prodigue, 1816. (Col. 339.)

Contient 52 pp., plus 12 planches.

L'exemplaire avec les dessins originaux, après avoir appartenu à Van Loo, de Gand, a figuré en dernier lieu à la vente Montgermont (1911, n. 51 : 2,400 fr.) où il a été acquis par M. Cortlandt F. Bishop.

DU ROSOI, Les Sens, 1766. (Col. 340.)

L'exemplaire Guyot de Villeneuve, en maroquin rouge ancien, 1,450 fr., vente Montgermont (1911, n. 52).

ENFANT (L') du B....l, 1800. (Col. 346.)

Le tome I contient 2 ff. n. ch., 152 pp., plus 1 frontispice et 2 figures.

ERASME, L'Eloge de la Folie, 1751. (Col. 349.)

L'exemplaire renfermant les dessins originaux a figuré à la vente Montgermont

(1911, n. 54) où il a été acquis pour 21,000 fr. par M. Robert Schuhmann ; en maroquin vert ancien avec riches dentelles 6,050 fr., vente Delessert (n. 166).

ESMÉNARD, La Navigation. (Col. 350.)

La date est de 1806. En maroquin rouge ancien, 66 fr., vente Montgermont (1911, n. 55).

ESOPE en belle humeur, 1700. (Col. 351.)

En maroquin rouge doublé de maroquin rouge, belle reliure de Boyet, 255 fr., vente Montgermont (1911, n. 56).

ESTAMPES (Suite d') n. 2. Le Bain. (Col. 356.)

Le dessin original de cette planche qui était passé en Angleterre, vient d'être acquis par le baron Edmond de Rothschild.

ESTAMPES (Suite d'). (Col. 361).

Un exemplaire complet en maroquin rouge de Chambolle a été payé l. st. 300 dans une vente chez Sotheby, le 20 juin 1902 (n. 168).

ESTIENNE, Causes amusantes et connues, 1769-1770. (Col. 365.)

En voici la collation :
Tome I : 1 f. n. ch., XII pp., 1 f. n. ch., 402 pp., plus 5 figures.
Tome II : 1 f. n. ch., XII-451 pp., plus 4 figures.

ÉTATS GÉNÉRAUX tenus en 1789 ; Représentés par Figures Allégoriques, Accompagnées d'un Précis des Matières que l'on y a traitées. Par M. David, Graveur Ord de Monsieur Frère du Roi, Membre de plusieurs Académies. *A Paris, Chez M. David, Rue des Cordeliers*, 1789. In-8. (De 500 à 600 fr.)

Titre gravé avec les lettres A. P. D. R., 51 figures gravées à l'aquatinte par Janinet, avec une notice imprimée de 4 pages accompagnant chaque planche.
Ce sont les mêmes planches que dans les *Gravures historiques des principaux évènements depuis l'ouverture des États-Généraux.*

FABLIAUX ou Contes, 1829. (Col. 370.)

Avec le triple état des figures, en maroquin rouge de Chambolle. 1,520 fr., vente Montgermont (1911, n. 126).

FALLET, Les Aventures de Chœrée et de Callirhoé, 1775. (Col. 371.)

En voici la collation : 210 pp., 1 f. n. ch., plus 2 ff. n. ch., en tête du livre VIII, et 8 figures de Desrais, gravées par Thomas, Marchand, Hemery, Coron, Legrand et Le Roy.

FAUJAS DE SAINT-FOND, Première suite... (Col. 372.)

Voici la description exacte de ce second volume que l'on rencontre fort rarement :
Première suite des expériences aérostatiques de MM. de Montgolfier. Et de celles auxquelles cette découverte a donné lieu ; Contenant, les Voyages Aériens de la Muette..., etc. Ouvrage orné de cinq planches en taille-douce. Par M. Faujas de Saint-Fond. Tome second. *A Paris, Chez Cuchet*, 1784. In-8. 1 f. n. ch., 566 pp., 1 f. n. ch., plus 5 planches dont 1 pliée, les 3 premières de Lorimier, gravées par De Launay, les 2 autres non signées.

FAVART, Théâtre, 1763-1772. (Col. 375.)

Voici la collation de ce recueil :
Tome I : 2 ff. n. ch. XXXII pp., 1 f. blanc, 56 pp., 1 f. blanc, 67 pp. (5 pp. n. ch. Catalogue des pièces, des comédies, etc.) 1 f. blanc, 72 pp. 1 f. blanc, 1 f. n. ch. (titres des airs et vaudevilles, des divertissements. etc.) 7 ff. de musique chiff. 73 à 86 ; 47 pp. ; 1 f. blanc, 60 pp. ; 40 pp.. plus 1 portrait.
Chaque pièce a une pagination à part et est précédée d'un titre daté 1759 pour 4 pièces, et 1760 pour une pièce (la 2ème).
Tome II : 2 ff. n. ch., 60 pp., 1 f. blanc, 48 pp., 1 f., blanc, 64 pp., 1 f. blanc, la pagination reprend à 65 pour finir à 88. 1 f. blanc, 32 pp., 1 f. blanc, 96 pp., plus 1 figure « *Frontispice du tome second* », 4 des pièces ont un titre daté, la première, troisième et cinquième 1759, la deuxième, 1760 (la quatrième sans titre), pagination à part pour chaque pièce.
Tome III : 2 ff. n. ch., 80 pp., 120 pp., 1 f. blanc, 74 pp., plus 1 figure, *frontispice du tome III.*

Tome IV : 2 ff. n. ch., 84 pp., 16 pp., 64 pp., 2 ff. non ch., 120 pp., plus 1 figure « *Frontispice du tome IV* ». La première pièce et la troisième pièce ont un titre daté 1760. La deuxième et la quatrième ont un titre daté 1759, et la cinquième, un titre daté 1762.

Tome V : 2 ff. n. ch., 47 pp., 64 pp., 1 f. blanc, 75 pp., 1 f. blanc, 80 pp., 1 f. blanc, 56 pp., 1 f. blanc, 93 pp., 3 pp. n. ch. Catalogue général des théâtres, plus 1 portrait. La première pièce a un titre, la troisième et la quatrième ont un titre daté 1758, la cinquième a un titre daté 1761, la sixième a un titre daté de 1703, et la deuxième est sans titre.

Tome VI : 3 ff. n. ch., 64 pp., 68 pp., 1 f. n. ch., 64 pp., 46 pp., 72 pp., 47 pp., 80 pp., 72 pp., plus 1 figure. La première pièce a un titre daté de 1739, la troisième un titre daté de 1756, la quatrième un titre daté de 1761, la cinquième un titre 1760, les deuxième, sixième et septième pièces sont sans titre.

Tome VII : 2 ff. n. ch. 55 pp., 104 pp., 56 pp., 1 f. n. ch., 48 pp., 56 pp., 32 pp., 4 pp., 1 f. blanc, 56 pp., 7 ff. de musique chiffré, 49 à 62, plus 1 figure « *Frontispice du tome VII* », la quatrième pièce a un titre daté 1762, la septième un titre daté 1760, la troisième un titre daté 1760, les autres sont sans titres.

Tome VIII : 2 ff. n. ch., 31 pp., 63 pp., 56 pp., 8 ff. de musique chiffré, de 49 à 64., 64 pp., 53 pp. n. ch. (Catalogue des théâtres), 68 pp., 28 pp. n. ch., 48 pp., 76 pp., 1 f. n. ch. (privilège), plus 1 figure « *Frontispice du tome VIII* », la première pièce a un titre daté de 1766, la troisième un titre daté de 1767, la cinquième un titre daté de 1759, la huitième un titre daté 1760, la neuvième un titre daté 1702, les autres sont sans titre.

Tome IX : 2 ff. n. ch. 72 pp., 1 f. n. ch. (vers adressés à M. Favart) 72 pp., 1 f. blanc, 63 pp., 1 f. blanc, 2 ff. n. ch., 68 pp., 8 pp., 70 pp., 2 ff. n. ch. (approbation), la première et deuxième pièce ont un titre daté 1763, la troisième sans titre, la quatrième un titre daté 1765, la cinquième un titre daté 1766.

Tome X : 2 ff. n. ch., 91 pp., 1 f. n. ch. (Catalogue de pièces) IV-48 pp., 1 f. blanc, VIII-104 pp., 2 ff. n. ch. 45 pp., 1 f. blanc, 2 ff. n. ch., 82 pp., XVI-77 pp., plus 4 figures, la première pièce a un titre daté 1708, la deuxième un titre daté 1709, la troisième un titre daté 1770, la quatrième un titre daté 1776, la cinquième un titre daté 1787, la sixième un titre daté 1775.

En tout 2 portraits, 10 planches hors texte, 8 vignettes sur les titres, 1 en-tête du tome IV.

En 1809, la librairie Collin a mis en vente un tome XI, du Théâtre de Favart, dont voici la collation :

Théâtre de Favart, tome onzième. *Paris, Léopold Collin, Libraire, rue Git-le-Cœur, n° 4, 1809.*

1 f. n. ch., 5 pp., 56 pp., 1 f. blanc, 80 pp., 40 pp., 1 f. blanc, 1 f. n. ch. 204 pp., 18 ff. ch., 272 à 305, 2 ff. n. ch., 122 pp., 1 f. blanc, 400 pp., 1 f. blanc, 1 f. n. ch., 27 ff. ch. 342 à 394. 7 ff. ch. X à XXII.

Ce volume est orné d'un portrait de Mme Favart par Garaud, gravé par Chenu, différent de celui du tome V.

FELIBIEN. — Entretiens sur les vies et sur les ouvrages des plus Excellents Peintres anciens et modernes ; avec la vie des architectes par M. Félibien. Nouvelle édition, revue, corrigée et augmentée des Conférences de l'Académie Royale de Peinture et de Sculpture ; De l'idée du Peintre parfait, des Traitez de la Miniature, des Dessins, des Estampes, de la connaissance des Tableaux, et du Goût des Nations ; de la description des maisons de Campagne de Pline, et celle des Invalides. *A Trévoux, De l'Imprimerie De S. A. S.*, 1725. 6 vol. in-12.

Tome I : 1 f. n. ch., 364 pp., 6 ff. n. ch., plus 1 frontispice.
Tome II : 1 f. n. ch., 384., 4 ff. n. ch.
Tome III : 1 f. n. ch., 537 pp., 3 ff. n. ch., plus 4 figures.
Tome IV : 1 f. n. ch., 467 pp., 2 ff. n. ch.
Tome V : 1 f. n. ch., 466 pp., plus 1 frontispice.
Tome VI : 3 ff. n. ch., 283 pp., 6 ff. n. ch., CXVII pp., 1 f. n. ch., plus 8 planches dont 4 qui se déploient.

En tout 12 frontispices et 12 planches, dont 4 qui se déploient, non signés.

FÉNELON, Télémaque, 1734. (Col. 381.)

Lire X pp. XXVII pp. (En réalité il n'y a que X et XVII pp., les pages XV-XVI-XVII étant marquées par erreur XXV-XXVI-XXVII). En plus des gravures il y a 1 carte (double page) des voyages de Télémaque, signée de Broen.

Nous avons vu un exemplaire de l'édition in-4, relié en maroquin ancien, qui contenait :
4 ff. n. ch.. "*Dédicace à Son Altesse Serenissime Guillaume Charles Henri Friso, Prince d'Orange et de Nassau*", avec une vignette en-tête gravée par D. Coster. (Armes de la Maison d'Orange).

FÉNELON, Télémaque, 1776 et 1781. (Col. 383.)

Ces deux éditions se confondent. Celle de 1776 contient *six* et non *trois* livres. Sous la date de 1776, en maroquin rouge ancien, 1,300 fr., vente Montgermont (1911, n. 58) à M. Cortlandt F. Bishop.

FÉNELON, Télémaque, 1785. (Col. 385.)

L'exemplaire d'E. Martin, en maroquin rouge de Derôme a été revendu 5,300 fr., vente Montgermont (1911, n. 60). Un très bel exemplaire, avec la suite de Monnet, en maroquin rouge à larges dentelles, 14,100 fr. vente Delessert (n. 188). Nous avons vu une curieuse suite des contre-épreuves des figures de Moitte, tirées sur vélin et habilement gouachées par l'artiste lui-même.
C'est une suite semblable et non celle des dessins originaux qui, contrairement à ce qui est annoncé au catalogue, figura en 1825 à la vente Galitzin.

FÉNELON, Télémaque, 1790. (Col. 386.)

En maroquin brun de Lefebvre, avec la suite de Moreau en avant-lettre et en eauxfortes, 480 fr, vente Montgermont (1911, n. 61).

FÉNELON, Télémaque, 1796. (Col. 387.)

En maroquin rouge ancien, figures avant la lettre, 650 fr., vente Montgermont (1911, n. 62).

FENOUILLOT DE FALBAIRE, L'Honnête Criminel. (Col. 390.)

L'exemplaire Daguin, en maroquin rouge ancien, aux armes du maréchal de Beauvau portait la date de 1768, il a été revendu 620 fr., vente Montgermont (1911, n. 63).

FIELDING, Tom Jones, 1750. (Col. 394.)

En maroquin bleu ancien, exemplaire Lignerolles, 1,000 fr., vente Montgermont (1911, n.64)

FIELDING, Tom Jones, 1801. (Col. 395.)

En maroquin vert de Chambolle, 200 fr., vente Montgermont (1911, n. 65).

FIELDING, Tom Jones, 1833. (Col. 395.)

En maroquin rouge de Chambolle, avec avant-lettre et eaux-fortes, 500 fr., vente Montgermont (1911, n. 66).

FLORIAN, Galatée, 1793. (Col. 400.)

En maroquin rouge ancien, 1,000 fr., vente Montgermont (1911, n. 68) aujourd'hui chez M. Louis Cartier.

FROMAGEOT, Annales du règne de Marie-Thérèse, 1775. (Col. 413.)

En maroquin rouge de Chambolle, avec les tirages à part, 1.000 fr., vente Montgermont (1911, n. 71).

GACON, Anti-Rousseau, 1712. (Col. 417.)

En voici la collation : 8 ff. n. ch., 512 pp., plus le frontispice et la planche pliée. — Une autre édition sous la même date contient xii-554 pp.

GACON, Le Poète sans fard, ou discours satiriques sur toutes sortes de sujets, 1701. In-12.

5 ff. n. ch., 304 pp., 10 ff. n. ch., plus 1 frontispice général et 2 autres frontispices qui sont compris dans la pagination (pp. 120 et 230).

GALLERIE des Modes et Costumes français. (Col. 421.)

A la vente Louis Garnier (mars 1912) on a payé 8,100 fr. (n. 229) un exemplaire des tomes I et II, avec planches en noir, contenant le texte qui est fort rare (en maroquin rouge de Noulhac). On a donné 6,200 fr. des planches 1 à 108, presque toutes coloriées, en demi-reliure moderne.

GAUTIER DE SIBERT, Histoire des Ordres royaux..., 1772. (Col. 428.)

En maroquin rouge, aux armes de Louis XVI Dauphin, collection Henri Beraldi. — L'exemplaire renfermant les dessins originaux a été vendu 175 fr., vente Galitzin (1825) et 49 fr., vente La Bedoyère (1837).

GELLERT (C.-F.). — C.-F. Gellerts Fabelen en Vertelsels, in nederduitsche vaerzen gevolgd. *Amsterdam, Pieter Meyer*, 1781-1785. 3 vol. in-8.

Tome I : 2 ff. n. ch., 166 pp., 1 f. n. ch., plus 1 frontispice et 53 figures.
Tome II : 1. n. ch., 168 pp., 2 ff. n. ch., plus 61 figures.
Tome III : 2 ff. n. ch., 155 pp., 1 f. n. ch., plus 26 figures.

En tout 1 fleuron répété en tête de chaque volume et 140 figures de A. Buys, gravées par Allart et Vander Meer.

GERARD, Le comte de Valmont, 1777-1778. (Col. 429.)

Réimprimé en 1784, en 5 vol. in-12, avec les mêmes 14 figures de Monnet, gravées par Dambrun, Louis Le Grand, Maillet et Trière.

GESSNER, Œuvres, 1786-1793. (Col. 433.)

En maroquin rouge de Chambolle, figures avec et avant les numéros, 1,150 fr., vente Montgermont (1911, n. 72).

GESSNER. Œuvres. Dufart, s. d.; (Col. 424.)

Cette édition ne contient que 24 figures, 1 portrait et 2 titres-frontispices.
En voici la collation :
Tome I : 367 pp., plus 1 portrait, 1 titre-frontispice et 9 figures.
Tome II : 447 pp., plus 1 titre-frontispice et 15 figures.

GESSNER, Œuvres, an VII. (Col. 435.)

En maroquin bleu de Chambolle, avant-lettre et eaux-fortes, contenant 2 eaux-fortes différentes pour le *Sacrifice de Caïn*, 1,450 fr. vente Montgermont (1911, n. 73).

GESSNER, La Mort d'Abel, 1793. (Col. 436.)

En maroquin rouge ancien, 655 fr., vente Montgermont (1911, n, 74) aujourd'hui chez M. Louis Cartier.

GOETHE, Werther, 1797. (Col. 442.)

En maroquin vert ancien, figures en deux états, avant la lettre et avec noms à la pointe, 620 fr., vente Montgermont (1911, n. 75).

GOETHE, Werther, 1809. (Col. 442.)

En voici la collation : VI pp., 1 f. n. ch., 234 pp., plus 3 figures. L'exemplaire Beckford, en maroquin bleu de Bozérian avec les avant-lettre et les eaux-fortes, 1,410 fr., vente Montgermont (1911, n. 76).

GOETHE. — Lettres de Charlotte pendant sa liaison avec Werther traduites de l'anglais, Par M. D. D. S. G. Avec un Extrait d'Eléonore ; autre Ouvrage anglais, contenant les premières aventures de Werther. *A Londres, Et se trouve à Paris, chez Royez*, 1787. 2 vol. In-18. (De 15 à 20 fr.)

Tome I : 2 ff. n. ch., XIX-120 pp., 1 f. n. ch., plus 1 portrait.
Tome II : 2 ff. n. ch., 135 et 64 pp., 1 f. n. ch., plus 1 portrait.

En tout 2 portraits et 2 jolies vignettes par Chodowiecki gravés par Copia.
En maroquin rouge aux armes de Ducret de Saint-Aubin, 250 fr., *Bull. Morgand* II, 11 (1910) n. 200.

GRAFFIGNY, Lettres d'une Péruvienne, 1752. (Col. 447.)

En voici la collation :
Tome I : 284 pp., plus 1 titre gravé et 1 figure.
En maroquin vert de Lefebvre, 260 fr., vente Montgermont (1911, n. 78).

— Lettres d'une Péruvienne (Edition Bleuet). (Col. 448.)

Les dessins originaux de Lefèvre ont été récemment acquis par M. Robert Schuhmann.
En maroquin bleu de Chambolle, avant-lettre et eaux-fortes (dont deux en double avec des différences) 300 fr., vente Montgermont (1911, n. 80).

GRASSET DE SAINT-SAUVEUR.
— Recueil complet des Costumes des
législateurs, des autorités constituées,
civiles, militaires et de la marine, dont
les dessins ont été confiés au citoyen
Saint-Sauveur. *A Paris, Chez l'auteur*,
1796. In-4.

25 ff. de texte, 2 frontispices et 32 planches contenant 34 costumes dessinés et gravés par Labrousse.
En veau ancien, avec d'autres planches, 106 fr., vente Destailleur (1891, n. 431).

GRAVELOT et COCHIN, Almanach iconologique. (Col. 455.)

La collection complète, en maroquin rouge ancien. 2,250 fr., vente Montgermont (1911, n. 82).

GRAVELOT et COCHIN, Iconologie par figures. (Col. 467.)

L'exemplaire Radziwill, sur grand papier, en maroquin rouge ancien, figures avant la lettre, 3,000 fr., vente Montgermont (1911, n. 83).

GRESSET, Œuvres choisies, an II. (Col. 462.)

En maroquin rouge ancien, avant-lettre et eaux-fortes, 2,600 fr., vente Montger- (1911, n. 85).

GRIVEL. — Théorie de l'éducation utile aux pères de familles et aux instituteurs. *A Paris, Chez Moutard*, 1783. 3 vol. in-12.

3 frontispices par Monnet.

GUER, Mœurs et usages des Turcs, 1746-1747 *(lire ainsi la date)*. (Col. 465.)

L'exemplaire La Vallière-Beckford, passé ensuite chez M. Henri Beraldi, a été revendu 409 fr., vente Montgermont (1911, n. 88).

GUSTAVE III, Œuvres, 1804. (Col. 468.)

Voici le détail des volumes :
Tome I : 7 ff. n. ch., 247 pp., 1 f. n. ch., plus 1 portrait.
Tome II : 6 ff. n. ch., 320 pp., 1 f. n. ch., plus 3 figures.
Tome III : 2 ff. n. ch., 328 pp., 3 ff. n. ch., plus 4 figures.
Tome IV : 8 ff. n. ch., 367 pp.
Tome V : 5 ff. n. ch., 352 pp., 1 f. n. ch.

HÉNAULT, Nouvel abrégé chrononologique..., 1749. (Col. 482.)

Le frontispice de Boizot, gravé par Lépicié, ne fait pas partie du volume, et ne doit s'y trouver que quand on y joint les 36 portraits qui accompagnent ce frontispice. On aura donc en tout et pour tout. 2 ff. n. ch., VIII-636 pp., 28 ff. n. ch. L'édition de 1752 comprend aussi 2 ff. n. ch., VIII-636 pp. et 28 ff. n. ch. Celle de 1768 contient 4 ff. n. ch., 798 pp. et 36 ff. n. ch., plus 2 ff. n. ch. après la p. 474 et un grand cul-de-lampe hors texte à la p. 762.
L'édition de 1752, exemplaire Gosford, en maroquin à dentelles, aux armes de Louis XV, 9,000 fr., vente Montgermont (1911, n. 90); l'édition de 1768, en maroquin bleu de Derôme, exemplaire Renouard et du comte de Fresne, 900 fr., même vente (n. 91).

HÉNAULT, Pièces de théâtre, 1770. (Col. 485.)

En maroquin rouge, aux armes de la duchesse de Gramont-Choiseul, 525 fr., vente Montgermont (1911, n. 94).

HEUREUX MALHEURS (Les), ou Adélaïde de Wolver. Par M. B***. *A Cologne et se trouve à Paris, Chez Valade, Libraire*, 1773. In-12. (De 12 à 15 fr.)

2 ff. n. ch., XXXV-259 pp., plus 2 jolies figures de Fossier, gravées par Ingouf aîné et Ingouf jeune.

HISTOIRE du Vieux et du Nouveau Testament. 1700. (Col. 489.)

En maroquin rouge ancien, aux armes de Perrinet du Jars du Pezau, avant les clous, 600 fr., vente Montgermont (1911, n. 208).

HORACE, 1770. (Col. 499.)

Le frontispice porte la signature du graveur Henriquez.
En maroquin rouge à dentelles, avec armoiries, 600 fr., vente Montgermont (1911, n. 96).

IMBERT, Le Jugement de Paris, 1772. (Col. 506.)

En maroquin rouge ancien, 420 fr., vente Montgermont (1911, n. 100).

IMBERT. Fables nouvelles, 1773. (Col. 507.)

Lire VI pp., 1 f. n. ch., 232 pp., 2 ff. n. ch.

IMBERT, Historiettes, 1774. (Col. 507.)

En maroquin rouge de Chambolle, avec les eaux-fortes des vignettes, 755 fr., vente Montgermont (1911, n. 99).

INTRIGUES DU CABINET DES RATS, 1788. (Col. 511.)

En voici la collation :
IV-148 pp., plus 1 vignette hors texte qui sert de frontispice et 21 vignettes en-tête.

JANINET. — Louis Garnier possédait quatre des recueils de vues de Paris décrits par nous : celui en 42 planches qui est fort rare ne s'est vendu que 1520 francs et a été acquis par M. Bishop.

JULIE PHILOSOPHE, ou le bon patriote, Histoire à peu près véritable, d'une Citoyenne qui a été tour à tour agent & victime dans les dernières révolutions de la Hollande, du Brabant et de la France. S. l., 1791. 2 vol. in-18. (De 60 à 80 fr.)

Tome I : 2 ff. n. ch., plus 3 figures.
Tome II : 2 ff. n. ch., 224 pp., plus 3 figures.
En tout 6 figures libres non signées d'une assez médiocre exécution.
En maroquin rouge de Hardy, porté à 200 fr., catalogue Dorbon, 1910.

JULLIOT, Catalogue du duc d'Aumont, 1782. (Col. 523.)

Le deuxième exemplaire Pichon, avec les aquarelles de Charles-Germain de Saint-Aubin, était passé chez M. de Montgermont; il a été acquis à sa vente (1911, n. 25) pour 15,100 fr., par le baron Edmond de Rothschild.

JUNGER (J.-F.). — Marianne et Charlotte, ou L'apparence est trompeuse. Traduit de l'allemand de J.-F. Junger. Orné de figures. *A Paris, Chez Lepetit, Libraire, Quai des Augustins, n° 32 ; Dugrit, Libraire, rue de la Révolution, à Niort, Plas-Mame, Libraire, à Tours,* An III de la République. 3 vol. in-16. (De 30 à 40 fr.)

Tome I : 1 f. n. ch., 148 pp., plus 1 figure.
Tome II : 146 pp., 1 f. n. ch., plus 1 figure.
Tome III : 134 pp., 1 f. n. ch., plus 1 figure.
En tout trois figures de Quéverdo, gravées par Le Roy.

LABÉ. (Col. 533.) *lire*, Œuvres de Louise Charly, Lyonnoise, dite Labé, surnommée la Belle Cordière.

Voici la collation : XXXII-212 pp., plus le frontispice.

LA BORDE, Choix de Chansons, 1773 (Col. 537.)

Lire : 1 titre gravé avec fleuron et 3 frontispices.
La suite des 25 avant-lettre de Moreau, exemplaire Feuillet de Conches et Guyot de Villeneuve, a été revendue 6,750 fr., vente Montgermont (1911, n. 102); à la même vente, on a payé 7,600 fr., un bel exemplaire en maroquin rouge ancien d'E. Martin et la vente de Mosbourg ; aux exemplaires armoriés, ajouter celui en maroquin rouge ancien aux armes du baron d'Espagnac, qui a appartenu successivement à Danyau, à Quentin-Bauchart et à M. de Champrepus (n. 150 : 3,200 fr.). Un exemplaire ordinaire en veau granité a été payé 6,000 fr., vente Louis Garnier.

LA BRUYÈRE, Caractères, 1765. (Col. 541.)

En maroquin rouge ancien, 750 fr., vente Montgermont (1911, n. 103).

LACHAU et LEBLOND, Pierres gravées du duc d'Orléans, 1780-1784. (Col. 543.)

Les gravures et les tirages hors texte, dans un album, en maroquin bleu de Mercier, 600 fr., vente Montgermont (1911, n. 104).

LA FONTAINE, Fables, 1787. (Col. 553.)

L'exemplaire de Renouard, en maroquin bleu de bradel, avec toutes les eaux-fortes (moins une), a été revendu 11,000 fr., vente Delessert (n. 190.)

LA MOTTE. — Supplément à la vie et aux avantures de la comtesse de Valois de la Motte, suivi de quelques pièces intéressantes trouvées à la Bastille. S. l. (Paris), 1793. In-12. (De 30 à 40 fr.)

2. ff. n. ch., VIII pp., pp. 7-425 et 76 pp. pour le *Second mémoire justificatif*, plus 3 jolies figures à l'aquatinte. Ces figures représentent la *Comtesse de Valois de la Motte*, le *Bosquet*, et la reine *Marie-Antoinette de France*.

MARMONTEL, Chefs d'œuvre dramatiques, 1773. (Col. 690.)

Le bel exemplaire des vente Werlé et Montgermont, aux armes du comte de Maurepas, appartient aujourd'hui à M. Cortlandt F. Bishop.

MARTINET, Description historique de Paris, 1779-1781, 3 vol. in-8. (Col. 692.)

En voici la collation :
Tome I : XVI-c-384 pp., plus 1 titre gravé, 1 frontispice et 20 planches.
Tome II : XXIV-414 pp., 1 f. n. ch., plus 1 titre gravé, 1 frontispice et 11 planches.
Tome III : XI-420 pp., plus 1 titre gravé et 18 planches.
En tout, 3 titres gravés, 2 frontispices, et 49 planches dont 39 avec 2 sujets, et 2 vignettes en tête.
Dans les exemplaires de format grand in-8 et in-4 il y a, en plus, une troisième vignette, en tête de la page 1 du tome I. A la fin de la table des gravures du Tome I, on annonce que les exemplaires de format in-4 contiendront en plus 1 grand plan de Paris, qui n'étant pas complètement achevé, sera remis aux souscripteurs avec le 2ᵉ volume. Je n'ai jamais vu d'exemplaire avec ce plan.

MÉRIGOT, Promenade de Chantilly, 1791. (Col. 704.)

En maroquin vert ancien, bel exemplaire du marquis de Mauduit, collection de M. Louis Cartier.

MONCRIF. Les Chats, 1727. (Col. 721.)

En voici la collation :
1 f. n. ch., 203 pp., 8 ff. n. ch.

MONCRIF, Œuvres, 1768. (Col. 721.)

En voici la collation :
Tome I : XIV-233 pp., plus 1 titre gravé, 2 portraits, 2 figures, et 23 pp., de musique gravé.
Tome II : 200 pp., 1 f. n. ch., plus 1 titre gravé, et 1 figure.
Tome III : 233 pp., plus 1 titre gravé et 21 pp. de musique gravée.
Tome IV : 212 pp., plus 1 titre gravé et 16 pp. de musique gravée.

MORAND (Sauveur-Jérome). — Histoire de la Sᵗᵉ-Chapelle-Royale du Palais, enrichie de planches, par M. Sauveur-Jérôme Morand. *A Paris, Chez Clousier, Prault*, 1790. Pet. in-4. (De 12 à 15 fr.)

IV. 307-228 pp., 6 ff. n. ch., plus 17 planches gravées par Ransonnette, Sellier, ou non signées, dont 6 se déploient.

NERCIAT (Andréa de). — Les Ecarts du tempérament, ou le Catéchisme de Figaro. Avec figures. *A Londres*, 1785. In-16. (De 60 à 80 fr.)

172 pp., plus 4 figures libres non signées. C'est la première édition du commencement d'un ouvrage fort libres de Nerciat, « Le Diable au corps ». Il parait que ce fragment avait été dérobé à l'auteur et qu'il fut imprimé clandestinement en Allemagne.

OVIDE, Métamorphoses, 1767-1771. (Col. 770.)

En maroquin bleu de Doll, avec les avant-lettres et presque toutes les eaux-fortes, 300 l. st., vente du duc de Cleveland (1902, n. 441).

PERRAULT. — Contes de Monsieur Perrault. Avec des Moralitez. *A Paris, Chez la Veuve Barbin*, 1707. In-12.

4 ff. n. ch., 229 pp., 1 f. n. ch., plus 1 frontispice.

Réimpression page pour page, de l'édition originale de 1697; ornée du même frontispice gravé par F. Clouzier, et des mêmes vignettes à mi-page, qui sont au nombre de 9, 1 en-tête de l'épître et 1 en-tête de chaque conte. Ces vignettes sont également attribuées à F. Clouzier.
Cette édition est aussi rare que la première. En maroquin orange de Trautz, 210 fr., vente Delessert (n. 147).

PEZAY, Le Pot-Pourri, 1764. (Col. 796.)

M. Henri Beraldi, qui a consacré au marquis de Pezay, dans la *Montagne* de janvier 1912 (T. VIII, pp. 1-33) un fort intéressant article, nous a fait remarquer que le *Pot-Pourri* est de Dorat et que seule l'*Épître* qui vient ensuite peut être attribuée à l'auteur de *Zélis au bain*.

PRIX (Le) de la beauté, 1760. (Col. 826.)

La troisième vente Robert Hoe (n. 305) renfermait un exemplaire annoncé comme en maroquin rouge de Derôme, aux armes de Marie-Antoinette.

RABELAIS, Œuvres, An VI. (Col. 843.)

En voici la collation :
Tome I : 2 ff. n. ch., XVI-479 pp., plus 1 portrait et 37 figures.
Tome II : 2 ff. n. ch., 634 pp., plus 26 figures.
Tome III : 2 ff. n. ch., 595 pp., plus 12 figures.

RABELAIS, Songes drolatiques de Pantagruel. (Col. 844.)

L'exemplaire unique renfermant 122 planches a reparu à la vente H. Bordes (1911, n. 113) où il a été adjugé 555 fr.

RECUEIL d'Amateurs et d'Artistes,

contenant 200 pièces diverses composées et gravées à l'eau-forte par différents Peintres et Dessinateurs Célèbres. Se vend à Paris chés Basan et Poignant, M^ds d'Estampes Rue et Hotel Serpente.

Un titre et 200 pièces sur 116 planches.
En reliure moderne, 101 fr., vente Manchon (1911, n. 558).

ROUCHER, Les Mois, 1779. (Col. 900.)

En voici la collation :
Tome I : 4 ff. n. ch., 363 pp., plus 3 figures.
Tome II : 2 ff. n. ch., 380 pp., 1 f. n. ch., plus 2 figures.

VOLTAIRE. Pucelle d'Orléans, 1785. (Col. 1,033.)

Les très rares exemplaires sur peau de vélin que l'on connait de la *Pucelle d'Orléans*, avec l'adresse de Kehl ne sont pas de l'édition in-4 (1789), mais de l'édition de 1785, de format in-8. M. Hess, de Munich, en a décrit un (en maroquin de Bozérian) dans son récent catalogue illustré de livres du XVIIIe siècle et ce même libraire en a depuis retrouvé un second (en maroquin de Bradel) provenant de la vente Duriez, en 1827. — On a vendu récemment (vente Robert Hoe, II, n. 3,386) un exemplaire sur vélin de la *Henriade* (1785), en maroquin rouge de Chambolle, qui a été acquis par M. Cortlandt F. Bishop.

C'est aussi à M. Cortlandt F. Bishop qu'appartient le précieux exemplaire sur peau de vélin, de la *Pucelle d'Orléans* de 1795, contenant les dessins originaux de Lebarbier, Marillier, Monnet et Monsiau. C'est l'exemplaire qui, en 1845, appartenait au bibliophile Auguste Vivenel.

ERRATA

Col. 2, ligne 3, *lire* VIII *au lieu de* VII.

Col. 12, ligne 6, *lire* Grand-Carteret; ligne 17, *lire* royalistes.

Col. 16, ligne 25, *lire* 210 fr.

Col. 93, ligne 25, *au lieu de* 8, *lire* 80.

Col. 96. Supprimer les lignes 5 à 7.

Col. 97, ligne 6, en partant du bas, *lire* Olry *et non* Obry.

Col. 113, en bas, *lire* 11 vignettes en-tête (dont plusieurs se répétant), d'après Le Bas (2)...

Col. 115, ligne 12, en partant du bas, *lire* 1771 *et non* 1774.

Col. 116, ligne 5 en partant du bas, *lire* Moitte *et non* Moitta.

Col. 123, ligne 2, *lire* 1695.

Col. 139, lignes 5 et 6, en partant du bas, *effacer les mots* : n. 1396 : 199 fr.

Col. 142, ligne 4, en partant du bas, *lire* Maillet.

Col. 162, ligne 25, *au lieu de* Brunet, *lire* Bornet.

Col. 165, ligne 2, *au lieu de* Scotin sc., *lire* Duflos sc.

Col. 174, ligne 16, *lire* terminés.

Col. 182, ligne 24, *lire* ministres.

Col. 185, ligne 12, en partant du bas, *lire* Coislin.

Col. 210, ligne 30. Le frontispice serait signé de Cochin.

Col. 222, ligne 32, *lire* 1777.

Col. 250, ligne 10, *supprimer* 6 ff. n. ch.

ERRATA

Col. 268, ligne 3, *lire* Lebas.

Col. 265, ligne 17, en partant du bas :
    Au tome I, *lire* XIX pp., 2 ff. n. ch., 274 pp., plus 3 figures.

Col. 275, lignes 1-6.
    Il faut 2 ff. n. ch., en tête des tomes I, II, III et IV.

Col. 277, ligne 12, en partant du bas, *lire* Thouvenin.

Col. 282, ligne 4, en partant du bas, *lire* 1895.

Col. 301, ligne 15, *lire* Mazois *au lieu de* Marais.

Col. 339, ligne 9, *lire* Joubert.

Col. 403, ligne 24, *lire* :
    En tout 3 frontispices par Flouest, gravés par Guyard.

Col. 454, ligne 4, *lire* petits.

Col. 457, ligne 6, *lire* figures.

Col. 458, ligne 34, *lire* avec.

Col. 481, ligne 26 :
    Il faut 57 figures au tome III et 76 au tome IV.

Col. 521, ligne 20, *lire* Bauchart.

Col. 526, ligne 9, *lire* frontispices.

Col. 535, ligne 28, *lire* décrite.

Col. 537, ligne 7, *lire* de la page.

Col. 542, ligne 17, *lire* ensuite.

Col. 653, ligne 32, *lire* Eisen.

Col. 704, lignes 18-19 : ces deux lignes sont à supprimer.

Col. 726, ligne 5, en partant du bas, *lire* collections d'eaux-fortes.

Col. 728, ligne 13, *lire* un autre.

Col. 899, ligne 27, *lire* Leveau.

TABLE
DES OUVRAGES CITÉS

A

Aaba ou le triomphe de l'Innocence.	1
Abdeker, ou l'Art de conserver la Beauté.	611
Aben-Saïd, empereur des Mongols.	608
Abimelech.	82
Abrégé chronologique de l'Histoire ecclésiastique.	1
— chronologique historique..... de la Maison du Roi.	624
— de l'Histoire chronologique des Juifs.	225
— de l'Histoire romaine.	1, 1077
— de l'Histoire Universelle.	3
— de la Vie des plus fameux Peintres.	91, 1081
— du grand tout (L').	9
— historique des principaux traits de... Confucius.	479
Académie de l'Homme d'épée (L').	437
— des Dames.	240
Académie galante.	3
— militaire (L').	441
Acajou et Zirphile.	331, 1094
Accidens heureux (Les).	9
Actions célèbres des Grands Hommes.	679
Adam et Ève.	973
Adélaïde ou l'Amour et le Repentir.	693
— ou l'honneur des Dames vengé.	1077
— ou le Repentir.	945
Adèle (comtesse de Ponthieu).	598
— de Senage.	956
— de Germeuil.	898
Adolphine de Rostanges.	296
Adonis.	412
Agate.	450
Age heureux des Plaisirs (L').	9
Agenda des Bonnes gens (L').	5
Agrémens du Spectacle (Les).	9
Agriculture (L').	899
Ah ! que c'est bête.	923

Tome II

TABLE DES OUVRAGES CITÉS

Aimable fou (L').	9
A la plus digne de plaire.	10
Alberti.	239
Alcibiade enfant, etc.	636
Alcoran de Mahomet (L').	5
— des Cordeliers (L').	5, 1077
Alfred, ou les années d'apprentissage.	443
Aline et Valcour.	919
Allégories Orientales.	261
Amanach anacréontique.	10
— chantant.	10
— conteur.	233
— d'Aristide.	11
— d'Italie.	22
— dansant.	11
— dansant, chantant.	11
— dauphin.	11
— dauphin historique et allégorique.	1078
— de Berlin.	237
— de Coblentz.	12
— de Dieu.	12
— de Gœttingue.	237
— de Gotha.	12
— de la Convention Nationale.	14
— de la Fédération de la France.	15
— de la Mère Gérard.	15
— de la Naissance de Monseigneur le Dauphin.	15
— de la Samaritaine.	16
— de la Toilette et de la Coiffure des Dames françoises.	16
— de la Toilette et de la Coiffure des Dames françaises.	16
— de Lauenbourg.	237
— de poche pour l'année 1758.	10
— de Versailles.	22
— des Aristocrates.	16
— des Ballons.	17
— des Cocus.	17
— des Curieux.	18
— des douze Ministres.	18
Amanach des Folies de l'Amour (L').	18, 1079
— des Folies modernes.	18
— des Françoises.	18
— des Grâces, 1784. 1785-1786-1792.	19
— des Héroïdes.	19, 1079
— des Honnêtes gens.	19
— des Marchés de Paris.	20
— des Muses.	20
— des Prisons.	21
— des Sens.	21
— des Trois Règnes.	21
— du bon Français.	22
— du Cabriolet.	55
— du Chasseur.	22
— du Comestible.	23
— du Diable.	23
— du Mariage.	23
— du Parnasse.	24
— du Père Gérard.	249
— du Sort.	24
— folichon.	24
— galant.	25
— galant des Costumes français, 1782-1785.	55
— géographique.	25
— historique de la Révolution française.	837
— iconologique, 1764-1765, etc.	454, 1103
— littéraire.	26
— lyrico-galant, 1784-1786.	26
— lyrico-mithique.	26
— nouveau.	27
— poétique, énigmatique.	27
— pour l'année, 1745.	27
— pour la présente année.	27
— pour la présente année, 1776.	28
— pour la présente année, (1786).	28
— royal.	28
— utile et agréable de la Loterie de l'Ecole royale	28, 1079
Alpes (Les).	471
Alsace française (L').	76

TABLE DES OUVRAGES CITÉS

Amans désespérés (Les). 694
— *malheureux* (Les). 99
Amant trompé par l'amour (L'). 29
Amélie ou les écarts de ma jeunesse. 76
Ami de la Concorde (L'). 224
— *des Femmes* (L'). 934
— *des Filles* (L'). 76
— *du Roi* (L'). 29
Amilca ou Pierre le Grand. 308
Amilec ou la Graine des Hommes. 993
Aminta favola boscareccia di Torquato Tasso. 979, 980
Aminte du Tasse (L'). 979
Amitié à l'épreuve. 373, 689
— *scythe* (L'). 76
Amour à la Mode (L'). 825
— *à l'Epreuve* (L'). 30
— *à Olympe* (L'). 30
— *badin* (L'). 30
— *chez les Philosophes* (L'). 546
— *dans le Globe* (L'). 30, 31
— *en bonnes Fortunes* (L'). 31
— *en fureur* (L'). 77
— *Hermite* (L'). 31
— *Juge* (L'). 31
— *parmi les Jeux* (L'). 31
— *victorieux* (L'). 32
Amoureux de quinze ans (L'). 604
Amours d'Abrocome et d'Anthia. 1069
— *d'Héloïse et d'Abeilard* (Les). 32
— *d'Horace* (Les). 77
— *d'Ismène et d'Isménias* (Les). 123, 1084
— *d'Ovide* (Les). 776
— *de Cartouche* (Les). 76
— *de Charlot et Toinette* (Les) 77
— *de Léandre et de Héro* (Les). 742, 743
— *de Leucippe et Clitophon* (Les) 981, 982
— *de Lysis et de Thémire* (Les). 895
— *de Lucyle et de Doligny* (Les) 588
— *de Mirtil* (Les) 77, 1080
— *de Pierre le Long* (Les) 149
Amours de Psyché et de Cupidon (Les) 582, 583, 584
— *de Théagènes et Chariclée* (Les). 478, 479
— *de Zeokinizul* (Les). 265
— *de Zoroas et de Pancharis* (Les). 793
— *des Dames illustres de France* (Les). 194
Amours du bon vieux temps (Les) 544
— *du Chevalier de Faublas* (Les). 660
— *du fameux comte de Bonneval.* 451
— *et aventures galantes d'Alexandre* (Les). 78
— *et les aventures du lord Fox* (Les) 78, 1080
— *pastorales de Daphnis à Chloé* (Les). 648, 649, 650, 651, 652, 653, 654, 655, 656, 657.
Amusements des Eaux de Spa. 78
Amusement de la Raison. 78
Amusements champêtres (Les). 32
— *d'un convalescent.* 78, 1080
— *de Paris* (Les). 33
— *héroïques et galants.* 33
Amusette des grasses et des maigres. 78
Amusettes des grasses et des maigres. 78
An deux mille quatre cent quarante (L'). 701
Anacréon en belle humeur, 1783-1785. 33
— *Sapho, Bion et Moschus.* 79, 80, 1080
Analyse du Jeux d'échecs. 799
Anatomie des parties de la génération de l'homme. 427
Ancien et le nouveau Paris (L'). 82, 754
Anecdotes indostanes. 1075
— *intéressantes et historiques.* 83
Ane d'or avec le Demon (L'). 85
— *promeneur.* 445
Angleterre ancienne (L'). 950
Angola, Histoire indienne. 593
Annales du Musée. 597

TABLE DES OUVRAGES CITÉS

Annales du Règne de Marie-Thérèse. 412, 1100
— typographici. 671
Année champêtre. 88
— des Dames nationales (L'). 884
— galante. 34
Annette et Lubin 34, 376
Annuaire du Républicain. 307
Anthologie françoise. 723
Anti-Financier (L'). 84
Anti-Lucrèce (L'). 812
Anti-Lucretius. 812
Anti-Rousseau. 417, 1100
Antimagnétisme (L'). 787
Antique Rome (L'). 451
Antiquité expliquée en français et latin (L'). 731
Antiquités de la Maison de France (Les). 615
— étrusques, grecques. 474
Aphrodisiaque externe. 307
Aphrodites (Les). 750
Apollon mentor. 741
Apologie de la Tendresse. 34
— de Messire J.-Ch.-P. Lenoir. 960
— des Dames, les jolies Françaises.
— du Goût français. 208
— pour Hérodote. 364
Apothéose du beau Sexe. 85
Après-soupés de la Société (Les). 149
A-propos de la Folie. 604
— de la Société (Les). 604
Arcadie (L'). 934
Architecture des Jardins. 424
— françaíse. 157, 683
— moderne (L'). 516
Arétin d'A. Carrache (L'). 88
— de la Révolution. 89
— français. 89
Argillan. 407
Ariane (L'). 298
Aristée. 481
Aristénète français (L'). 753
Arithmétique de Barrême (L'). 114
Armorial des principales Maisons. 329
Arrest de la Cour du Parnasse. 208

Art d'aimer (L'). 775
— d'aimer et le Remède de l'Amour (L'). 775
— d'aimer et Poésies diverses (L'). 132, 133
— de conduire et de régler les Pendules. 143
— de dessiner. 103
— de faire éclore et d'élever en toutes saisons des Oiseaux. 855
— faire l'Amour. 104
— de la Coeffure des Dames (L'). 618, 619.
— de la Guerre (L'). 830
— de monter à cheval. 345, 894
— de peindre poëme. 1051, 1052, 1053.
— de péter (L'). 503
— de plumer la Poule (L'). 104
— de se reproduire (L'). 233
— de soigner les Pieds. 586
— des Armes (L'). 272, 763, 1091
— du Manège pris dans ses vrais principes (L'). 954
— du Menuisier (L'). 900
Arti di Bologna (Le). 204
Astuces (Les). 754
Atala — René. 229, 1089
Atlas Moderne. 105
— Universel. 1007
Auli Flacci Persii, D. Juvenalis... 792
— Persii Flacci Satyræ. 792
Auserlesene Werke. 461
Avare, comédie de Molière (L'). 670
Aventures d'Abdallah. 938, 939
— d'Ed. Bomston. 1066
— de Chærée et de Callirhoé. 371, 1096
— de Don Antonio de Buffalis. 531
— de Don Quichotte. 34, 215, 219.
— de J. Andrews. 396
— de la Madone (Les). 869
— de Messire Anselme. 300
— de M. Robert, chevalier de Beauchêne. 635

Aventures de Télémaque. 379, 380, 381, 382, 383, 384, 386, 387, 388, 389, 1098, 1099	
— divertissantes du duc de Roquelaure.	108
— du Chevalier des Grieux et de Manon Lescaut.	821
— du Dr Faust.	529
— et Espiègleries de Lazarille de Tormes.	502
Aventures et plaisante Education du chevalier Charles Le Bon.	695
— galantes de Rosalie	108
— merveilleuses du Mandarin.	466
— parisiennes.	34
Avis d'un Père à sa Fille.	86
Azalaïs.	371

B

Babillard instruit (Le).	35
Bachelier de Salamanque.	635
Bagatelles (Mes).	371
— anonymes.	308
Bains de Diane (Les).	295
Baisers (Les).	308, 311, 1093
Baladins ou Melpomène vengée (Les).	109
Balai (Le).	335
Banquet des Savants (Le).	104
Bâtiments de Saint-Sulpice (Le).	805
Battus payent l'amende (Les).	324, 1094
Beaux-Arts, réduits à un même principe (Les).	119, 120
Bélisaire.	688
Belle Captive (La).	451
— sans chemise.	129
Belles Marchandes (Les).	35
— Marchandes de Paris (Les).	35, 1079
Belvédère.	328
Bergère des Alpes (La).	688
Bernard et Rosalie.	84
Beverlei tragédit.	941
Bibliothèque bleue (La).	145, 1085
— de Campagne.	145
— de Madame la Dauphine.	738
— des Amans.	658
— des Artistes et des Amateurs.	793
— du Théâtre français.	605
Bickham's Musical Entertainer.	155
Bidet (Le).	187
Bienfaits de l'Assemblée nationale.	145
Bijou de la Reine (Le).	36
— de Société (Le).	147, 1085
— du Jour de l'An (Le).	37
— mignon des Dames (Le).	37
Bijoux des neuf Sœurs.	147
— du petit neveu de l'Arétin.	147
— indiscrets (Les).	303, 1093
Blaise le Savetier.	946
Blançay.	445
Bohémienne (La).	373
Bon Militaire (Le).	183
Bords rians de la Seine (Les).	37
Bouquet parlant du Fleuriste amateur (Le).	233
— royal (Le).	1087
Bouquets champêtres.	685
Boutique du Peintre (La).	103
Bréviaire des Enfants de la joie (Le).	187
— des jolies Femmes (Le).	187, 703.
— du diocèse d'Evreux.	187
Breviarum Aurelianeuse.	188
— Parisiense.	188
Bridgatina.	189
Brunettes ou petits airs tendres.	110
Bucheron (Le).	467
Bucoliques de Cythère (Les).	37
— de Virgile (Le).	1053
Bulletin des Couches de Mme Target.	709
Bureau d'Esprit (Le).	916
Bygarrures de Cythère (Les). 1787-1793.	36, 1079

C

Cabinet de Lampsaque.	197, 476	
— de Pierres antiques gravées.	197	
— des Fées.	197, 198	
— et Magasin des Modes,	199, 1097	
— Poullain.	116	
Cadran de la Volupté.	1088	
Cahiers de Trophées.	516	
Caii Crispi Salustii Catilina.	938	
— Sallusti Crispi quæ extant.	937	
— Velleii Paterculi Historiæ romanæ.	1007	
Calcul différentiel et le Calcul intégral (Le).	276	
Calendrier curieux et utile (Le).	37	
— de la République française.	1078	
— de Paphos.	37	
— des Saints.	612	
— historique des Théâtres de l'Opéra.	38, 1080	
Cannamélisme français (Le).	437	
Candide ou l'Optimisme.	1038	
Canevas de Paris (Les).	201	
Cantatrice par infortune (La).	202	
Cantiques et Pots pourris.	202	
— nouveaux de saint-Charles Borromée.	202	
Caprice amoureux (Le).	373	
Caprices de l'Amour et de Bacchus. (Les).	38	
— de Vénus (Les).	38	
Caprichos.	446	
Captivité de Lafayette.	5	
Caquet Bon-Bec.	523, 524	
Caquire, parodie de Zaïre.	202	
Caractère de M. de La Bruyère (Les).	559	
— de Théophraste (Les).	559, 540, 541, 1006.	
— des Passions.	612	
Caravanne du Sultan.	1014	
Caroline de Lichfield.	736	
— et Saint-Hilaire.	203	
Carte générale de la Monarchie Françoise.	620	
Cartouches nouveaux.	329	
Catalogue d'une belle Collection de dessins.	114	
— de l'Œuvre de Ch. N. Cochin fils.	520	
— de Tableaux, Sculptures.	608	
— des Chevaliers, de l'Ordre du Saint-Esprit.	205, 820.	
— des Tableaux, Dessins, de S. A. S. Mgr le Prince de Conty.	206	
— des Tableaux, Sculptures, etc., de feu M. Le Bas.	207	
— des Vases, Colonnes... feu M. le duc d'Aumont.	523, 1105.	
— historique du Cabinet de Peinture.	590	
— raisonné... de feu M. Bonnier de la Mosson.	206	
— raisonné.... du Cabinet de feu M. Quentin de Lorangère.	206	
— raisonné de Tableaux..... Cabinet Poullain.	609, 1083.	
— raisonné des différents Objets de curiosités..... de feu Mariette.	115, 1083	
— raisonné des Tableaux du cabinet de M. Peilhon.	206	
— raisonné des Tableaux, du Roy.	624	
— raisonné des Tableaux, etc..... de feu M. le Duc de Tallard.	206	
— raisonné d'un choix précieux de Dessins.	866	
Cataractes de l'Imagination.	228	
Catéchisme du Curé Meslier.	679	
Cato, a tragedy.	4	
Catulle, Tibulle et Gallus.	207	
Catullus, Tibullus et Propertius, etc.	207, 1088.	

TABLE DES OUVRAGES CITÉS

Cause des Esclaves nègres (La).	414
Causes amusantes et connues.	365, 1095
— *finales et la Direction du mal (Les)*.	936
Cécile.	191
Cécile, fille d'Achmet II.	214
Célibataire (Le).	311
Cénie.	447
Cent Fables choisies des anciens Auteurs.	371
— *Nouvelles Nouvelles (Les)*.	658
Ce qui plait aux Dames.	38
Cérémonies du mariage de Louis, dauphin de France.	
— *et Coutumes religieuses de tous les Peuples*.	134
Cerises (Les).	311
C'est ici les différents Jeux.	923
Chandelle d'Arras (La).	335
Chansonnier de la Montagne (Le).	225
— *des Grâces (Le)*.	224
— *périodique (Le)*.	39
Chansons choisies avec des airs notés.	224
— *des bons Cousins*.	224
— *nouvelles*.	802
Charlatanerie des Savants (De la).	698
Charles IX.	232
Charmes de l'Enfance.	517
— *de la Sensibilité*.	39
Charte constitutionnelle des Français.	228
Chartreux (Le).	305
Châteaux en Espagne (Les).	39
Chats (Les).	721, 1108
Chauve-Souris du Sentiment (La).	208
Chefs-d'œuvre dramatiques.	689, 1107
Chemises rouges (Les).	174
Chevalier de Blamont.	376
Chevaliers errants et le Génie familier (Les).	107
Chiens (Les).	268
Choix de Chansons joyeuses.	247
— *de Chansons mises en musique par M. de La Borde*.	534, 1106
— *de Costumes civils et militaires des Peuples*.	1016
— *de Fabliaux*.	508
Choix de petits Romans de différents genres.	787
— *de Pierres gravées, etc*.	343
— *de Poésies allemandes*.	500
— *de Poésies traduites du grec, du latin, etc*.	954
— *de Vues de l'Inde*.	492
— *du Sentiment (Le)*.	39
Christiade (La).	533
Christophe Colomb.	241
Civilogie portative (La).	39
Ciel réformé (Le).	192
Cimetière de la Madeleine (Le).	866
Cinq Aventures (Les).	324
Clarisse Harlowe.	892, 893
Claude et Claudine.	898
Cocarde citoyenne (La).	40
Code de la Nature (Le).	245
— *du Bonheur*.	350
Coeffures de Dames.	286
Colifichets lyrico-galants (Les).	40
Coligny ou la Saint-Barthélemy.	100
Collection complète de soixante drapeaux.	248
— *complète des Œuvres de J.-J. Rousseau*.	908
— *complète des Romances d'Estelle*.	397
— *complette des Portraits de MM. les Députés*.	276
— *d'un grand nombre de Culs-de-Lampe et Vignettes*.	249
— *de cent Silhouettes*.	84
— *de cinquante Vues du Rhin*.	247
— *de Portraits*.	818
— *de Portraits pour faire suite aux Hommes illustres*.	590
— *de 95 portraits de Personnes illustres*.	499
— *de Romans et Contes*.	599
— *de Sculptures antiques*.	3
— *de Vases*.	407
— *de Vignettes, fleurons et culs-de-lampe*.	243
— *de Voyages*.	597

Collection des Drapeaux.	248, 1090	Constitution en vaudevilles (La).	677
— des Œuvres poétiques de Gustave III.	468, 1103	— française présentée au Roi.	252
— des Ouvrages les plus intéressans présentés à la Cour.	248	Conte du Tonneau (Le).	963, 964
		Contemporaines (Les).	875, 876
— générale des portraits de MM. les Députés.	249, 1090	Contes, Aventures et Faits singuliers.	825
Colloques d'Erasme (Les).	347	— de Fées (Les).	107
Colomb dans les fers.	597	— de ma Mère l'Oye.	789
Colombiade (La).	328	— de Monsieur Perrault.	1108
Comédien (Le).	869	— de Pogge (Les).	811
Comédies de Molière (suite d'Estampes des principaux sujets des).	711, 720	— dérobés.	753
		— des Fées.	789, 791
— de Térence.	983, 984	— des Génies (Les).	894
Commentaire sur la Henriade.	534	— en vers et quelques Pièces fugitives.	187
Compère-Mathieu (Le).	336	— en vers par M. D***.	271
Compte Général de la dépense des édifices et bâtimens...	250	— et Fables indiennes.	146
		— et Idylles.	528
Comte de Comminges.	99, 100	— et Nouvelles de Marguerite de Valois.	680, 682
— de Saint-Méran.	671	— et Nouvelles en vers.	741
— de Soissons.	242	— et Nouvelles en vers par M. de la Fontaine.	555, 557, 558, 571, 572.
— de Valmont (Le).	428, 429, 1101		
Concerts républicains (Les).	40, 703		
Confédération de la Nature (La).	233	— et Nouvelles et poésies.	1009
Confessions (Les).	907	— et Poésies.	249
— d'un Solitaire.	250	— et Poésies du Collier.	513
— de St Augustin.	106	— mis en vers.	86, 1081
— du comte de***.	332	— moraux.	432, 686, 688, 701
Congrès de Cythère.	7	— moraux par M. Mercier.	701
— politique.	251	— nouveaux.	252
Congression di Citera (II), 1756-1768.	6, 7, 1077	— nouveaux (par M. de G***).	459
		— nouveaux en vers et Poésies.	801
Conjuration de Catilina y la Guerra (La).	938	— orientaux.	209
		— pour ceux qui peuvent encore rire.	252
— de Philippe (La).	251		
Conjurations de N. Gabrini.	331	— saugrenus, 1789, 1799.	252, 253.
Connaissance parfaite des Chevaux.	251		
Conseil de Momus (Le).	251	Contrastes (Les).	40
Considérations philosophiques sur les mœurs.	251	Contre-tems (Les).	40
		Conversation d'Emélie (Les).	347
— sur les causes de grandeur des Romains.	730	— d'une Courtisane philosophe.	752
— sur les Mœurs de ce siècle.	331, 332	— des Enfants (De la).	853
Constitution de la République française.	252.	— du Comte Jean-Frédéric Struensée.	742

TABLE DES OUVRAGES CITÉS

Copie de mille originaux (La).	41
Corbeille de Glycère (La).	41
Cornelii Nepotis excellentium.	258
— Taciti Opera.	972
Cornichon et Toupette.	259
Correspondance de F. Cortez.	397
Costumes civils actuels de tous les peuples.	677
— des Anciens à l'usage des Artistes.	272
— des Représentants du Peuple	452
— et Annales des grands théâtres de Paris.	226
— françois (Les).	259
Cour d'Amour (La).	148
Cour de Louis Seize dévoilée (La).	261
Coureur de Nuit (Le).	260
Cours d'Architecture.	108
— d'Hippiatrique.	587
Cours des Belles-Lettres.	120
— des principaux Fleuves et Rivières de l'Europe.	659
Cousin de Faublas (Le).	261
— de Mahomet (Le).	414
Crémentine, reine de Sanga.	444
Crimes de l'Amour (Les).	922
— des Empereurs d'Allemagne (Les).	607
— des Empereurs turcs.	607
— des Reines de France.	527
— des Rois de France.	607
Cris de Paris.	180, 812.
Cris et Costumes de Paris.	1065
Cultivateur à son fils (Le).	725
Cupidon logicien.	41
— vainqueur des Héros.	41
Cyane (roman grec).	147
Cymbalum mundi.	300
Cyrus.	1000
Cythère assiégée.	373

D

Dame de Charité (La).	204
Danger des Extrêmes (Le).	753
Danse (La).	311
— des Morts (La).	439
— des Morts de la Ville de Basle (La).	273
Daphnis et Chloé.	655, 658
— et le premier navigateur.	436
Das Leben und Meynungen.	959
Décaméron (Le).	160, 162, 1086
Decamerone (Il).	158, 161
Décaméron françois (Le).	1001
Déclamation théâtrale.	312, 1093
Découverte australe (La).	877
Décrets des Sens sanctionnés par la Volupté.	275, 1092
Degré des âges du plaisir (Le).	709
Délassemens du Boudoir (Les)	278
Délices de Cérès (Les).	41
— de l'Adolescence (Les).	42
— de la Solitude.	201
Délices de Paris.	278
— de Versailles (Les).	520
— des Césars (Les).	476
— des Yeux et de l'Esprit.	530
— du Palais-Royal (Les).	42
Démonstration de la quadrature du cercle.	207
Denonciation des crimes.	286
Dépit et le voyage (Le).	119
Dernière Aventure d'un Homme de Quarante-cinq ans.	878
— Héloïse (La).	274
Dernières fureurs utérines de Marie-Antoinette (Les).	415
Derniers soupirs de la Garce.	286
Desaveu de la Nature (Le).	923
Description abrégée des quinze Journées de la Révolution.	724
— d'une partie de la vallée de Montmorenci.	624, 625

Description de ce qui a été prati-
 qué pour fondre, en
 bronze... la figure
 équestre de Louis XIV 163
— de l'Église royale des
 Invalides. 377
— de la Feste et du feu
 d'Artifice. 622
— de la Grotte et des Fon-
 taines de Versailles. 377
— de la Place Louis XV. 615
— de la Ville de Paris,
 1717, 1718, 1725,
 1752. 188, 189
— des Bains de Titus. 814
— des Expériences de la ma-
 chine aérostatique. 372
— des Fêtes données par la
 ville de Paris. 288
— des principales Pierres
 gravées. 542
— des Travaux. 684
— du Catafalque. 289, 290,
 291.
— du Feu d'artifice. 288
— du Manège moderne. 345
— du Mausolée. 289, 290
— du Plan en relief de
 l'abbaye de la Trappe. 779
— générale et particulière
 de la France. 291
— historique de la ville
 de Paris. 800
— historique de Paris. 692, 1107
— historique du Château
 ...de Fontainebleau. 467
— historique et topographi-
 que de la grande route
 de Paris à Reims. 262
— historique sur l'hôtel
 royal des Invalides. 788
— nouvelle de ce qu'il y a
 de plus remarqua-
 ble dans la ville de
 Paris. 188
— sommaire des ouvrages
 de peinture. 94
— sommaire de Versailles. 379

Descrizione delle feste celebrate in
 Parma. 295
Déserteur (Le). 700, 946
Deserteur zangspel (De). 947
Desseins des meilleurs peintres
 d'Italie, etc... 820
Deux Avares (Les). 391
— Biscuits (Les). 450
— Chasseurs et la Laitière (Les). 83
— Reines (Les). 312
— Tonneaux (Les). 805
Dévirgineurs (Les). 312
Devoir des Enfans (Le). 679
Dévotions de M= Betzamooth (Les) 342
Diable amoureux (Le). 212
— au corps (Le). 750
— boiteux (Le). 628, 629, 630
— dans un bénitier. 787
— histoire satyrique (Le). 302
Dialogue entre le Dr Quickley et
 M. Amen. 302
— intéressant et vrai. 302
Dictionnaire comique, satyrique. 627
— de Chiffres et de Lettres 819
— de l'Académie fran-
 çaise. 302
— de la Fable. 752
— des Graveurs anciens
 et modernes. 118, 1085
— des Individus. 527
— héraldique. 234
— historique et critique. 122,
 1083.
— iconologique. 543
— portatif des Beaux-
 Arts. 543
— universel d'Agriculture. 302
Différens bâtimens de la Mer Mé-
 diterranée. 466
Différents sujets de marine. 777
Diners de M. Guillaume (Les) 306
Discours de la lanterne aux Pari-
 siens. 298
— historiques, critiques...
 du Vieux et Nouveau
 Testament. 940
— prononcé par Mlle Pe-
 rette de la Babille. 277

TABLE DES OUVRAGES CITÉS

Discours qui a remporté le prix de l'Académie de Dijon. 902
— *sur l'Origine et les fondements de l'Inégalité.* 903
— *sur la Peinture.* 338
— *sur les Monuments publics de tous les âges.* 661
Dissertation sur les Attributs de Vénus. 541
Disticha de moribus ad filium, etc. 207
Distribution des Maisons de Plaisance (De la). 156, 1086
Dithyrambe sur l'Immortalité de l'Ame. 280
Di Tito Lucrezio Caro. 665
Divers Ajustements et Usages de Russie. 625
Divers Habillements des femmes de Moscovie. 626
— *Habillements des Prêtres de Russie.* 625
— *Habillements suivant le costume d'Italie.* 463

Divers Ornements dédiés à M. Tavenot. 795
— *Paysages.* 545
Diverses Modes dessinées d'après nature. 136
— *Vues de Livonie.* 626
Diversités galantes. 42
Dix-huit Fructidor. 306
Doctorat In-promptu (Le). 749
Dolbreuse ou l'Homme du siècle. 647
Don Quichotte. 220, 397, 521, 1089.
Don Sebastian King of Portugal. 328
Dons des Enfans de Latone (Les). 952
Dot de Suzette (La). 397
Doutes sur la liberté de l'Escaut. 709
Doux loisirs de la ville. 325
Dramatick Works (The). 327
— — *of Beaumont (The).* 128
Drame de la Vie (Le). 885
Du Bonheur. 951
Du Contrat social. 907
Dunciade (La). 781
Duo Interrompu. 721

E

Ecarts du Tempérament (Les). 1108
Ecole de Cavalerie (L'). 587, 588
— *de la Chasse aux chiens courants (L').* 644
— *de la Modestie (L').* 42
— *de la Nature (L').* 342
— *des Armes (L').* 83
— *du Jardinier fleuriste.* 343
Economie de l'Amour (L'). 99
Ecosseuses (Les). 209
Edouard et Arabelle. 296
Education de Henri IV (L'). 334, 1094
Education des Enfants (De l'). 648
Edward ou le Spectre du Château. 344
Egaremens de l'Amour. 508
Egaremens d'un Philosophe (Les). 923
Eglogues de Virgile. 1021
Eighty-two Prints engraved by F. Bartolozzi. 114

Elégies de Properce. 827
— *de Tibulle.* 993
Elémens d'Architecture de Fortifications. 783
— *de la Philosophie de Newton.* 1037
— *généraux des Mathématiques.* 276
Eléments d'Orfèvrerie. 429
— *de Dessin.* 738
Eléonore de Rosalba. 851
— *ou l'Heureuse Personne.* 346
Elève de la Nature (L'). 467
Eliezer et Nephtaly. 398
Elite des Almanachs. 1078
— *des poésies de Chaulieu.* 231
Eloge de Charles-Quint. 1081
— *de Corneille.* 597
Eloge de Henri IV. 589
— *de l'Enfer.* 130, 1084

Eloge de l'Ivresse (L').	936	*Epître d'Héloïse à Abeilard.*	700
— *de la Folie (L').*	348, 349,	*Eponine.*	281
350, 1094.		*Epoques plus intéressantes des Révolutions de Paris.*	43
— *du Pet.*	703		
— *du Pou.*	703	*Epoux malheureux (Les).*	103
— *du Sein des Femmes.*	703	*Epreuves de deux petits caractères.*	410
— *historique de Charles V, roi de France.*	1016	— *du Sentiment (Les).* 101, 1082	
		— *du Sentiment (Suite des).*	101
— *historique de Mgr le Duc de Bourgogne.*	614	*Erotopægnion sive Priapeia.*	350
		Erreurs de la Vie (Les).	779
Embûches de Cythère (Les).	43	*Escapades de l'Amour (Les).*	43
Emile Chrétien.	409	*Esope en belle humeur.*	351, 1095
— *ou l'Education par J.-J. Rousseau.*	903	*Espiègleries de l'Amour.*	44
		Esprit de Henri IV.	820
Emilie de Varmont.	661	— *des Amans.*	44
Empire de la Beauté (L').	43	— *des Beaux-Arts (L').*	363
Enchanteur (L').	43	— *du Siècle (L').*	44
Encyclopédie carcassière (L').	676	*Essai d'Analyse sur les Jeux du hasard.*	736
— *de la Nature.*	346		
— *des Voyages.*	452	— *d'un Catalogue de l'Œuvre d'E. de la Belle.*	520
— *perruquière (L').*	676		
Endymion, conte comique.	1067	— *de Deux Amis.*	607
Enéide de Virgile (L').	262	— *de Littérature.*	603
— *di Virgilio (L').*	1021	— *de Philosophie morale.*	694
— *...par Delille (L').*	1021	— *des Tabatières.*	896
Enfant de mon Père (L').	336	— *géographique sur les Iles Britanniques.*	129, 1084
— *du B....l (L').*	346		
— *du Carnaval (L')*	801	— *sur l'Amour.*	351
Engravings illustrative of Don Quixote.	220	— *sur l'Architecture.*	603
		— *sur l'Art du vol aérien.*	429
Ennemis réconciliés (Les).	193	— *sur l'Histoire naturelle de quelques espèces de Moines.*	190
Entretiens de la Grille.	347		
— *de Phocion.*	669	— *sur l'Homme.*	815, 816
— *Drames et Contes moraux.*	546	— *sur la Musique ancienne et moderne.*	538
— *sur la Pluralité des mondes.*	408		
		— *sur la Peinture, la Sculpture.*	109
— *sur le Suicide.*	468	— *sur la Physignomonie.*	606
— *sur les Vices et sur les Ouvrages.*	1098	— *sur le Caractère, les Mœurs et l'Esprit des femmes.*	990
Epanchements de l'Ame.	603	*Essais de gravure.*	182
Epices de Vénus.	347	— *en vers et en prose.*	900
Epigrammes de J.-B. Rousseau.	902	— *historiques et politiques sur les Anglo-Américains.*	105
Epistole eroiche di P. Ovidio.	774		
Epître à Catherine II.	312	— *historiques sur la Vie de Marie-Antoinette.*	551
— *à Filon.*	668		
— *à l'ombre d'un ami.*	313	— *sur l'Electricité des corps.*	754
— *de P. Bagnolet.*	313	— *sur l'Equitation.*	740

Essais sur l'Histoire des Belles-Lettres.	526
— sur la Nécessité et les Moyens de Plaire.	721
— sur les Passions.	352
Estampes allégoriques des Evénements les plus connus de l'Histoire de France	224
— pour servir à l'Histoire des Mœurs (Suite d').	352, 353, 1095
Estelle.	398
— et Némorin.	398
Etat actuel de la France, etc.	44
— actuel de la Musique du Roi.	363
— des Arts en Angleterre (L').	901
Etats des Troupes.	364
Etats-Généraux tenus en 1789.	1095
Etrenne galante contenant le Calendrier pour l'Année 1749.	44
Etrennes à la Vérité.	45
— au beau Sexe.	45
— aux Amateurs de Vénus.	45
— aux Amis.	468
— aux Belles.	45
— aux Dames.	45
— aux F.....rs démocrates.	46
— aux Grisettes pour 1790.	365
— bienfaisantes du sentiment.	46
— chantantes.	46
— chronométriques.	627
— curieuses et utiles.	46
— d'Esope.	48
— de Cupidon.	46
— de l'Amour.	47
— de la Saint-Jean (Les).	209
— de mon Cousin (Les).	47
— de Piron (Les).	47
— de Polymnie (Les).	47
— des Saisons.	48
— des jolies Femmes.	48
— du Jour de l'an.	48, 1080
— du Sentiment.	49
— ecclésiastiques.	49
— en vaudevilles.	50
— françoises.	794
— galantes des Promenades.	50

Etrennes galantes ou l'instant heureux.	50
— galantes, ou tableau de l'hymen.	50
— géographiques.	51
— libertines.	51
— lyriques.	51
— lyriques, anacréontiques pour l'année 1781.	239
— mignonnes.	51
— nationales.	52, 365
— patriotiques.	52
— sans pareilles.	366
Etruria pittrice.	366
Etudes de différentes figures militaires.	608
— prises dans le bas peuple.	179
Eugénie, drame.	124, 1084
Eunuque (L')	450
Euphémie.	100
Europe illustre (L').	325
Eutropii Breviarum.	366
Evénements mémorables.	366
Evolutions de l'Infanterie française.	121
Examen critique du Poëme de la Pitié.	339
— politique et critique de Histoire de la cour de Berlin.	996
Exercice d'Imagination de différents caractères.	443
— de l'Infanterie françoise.	121, 1083
Exercices de Cavalerie.	1006
— de Dévotion de M. H. Roch (Les).	1024
Explication de Cent Estampes... costumes du Levant.	619
Explications des Cérémonies de la Fête-Dieu.	367
Exploits des Français.	1088
Expositions des doctrines philosophiques de Mr le Chevalier Newton.	670
Extrait de la maison de Mailly.	662
— du journal de mes Voyages.	779
— des différents Ouvrages.	368
Extraits des différents Ouvrages publiés sur la Vie des peintres.	782

F

Fabelen en Vertelsels.	1101
— uitgegeven door E.Bekker.	128
Fables by J. Gay.	428
— causides de la Fontaine.	554
— choisies d'Esope.	351
— choisies mises en vers par M. de La Fontaine.	546, 547, 548, 550, 551, 552, 553, 554, 555, 1107.
— d'Esope (Les).	350
— de Florian.	398, 399
— de Le Monnier.	621
— de Mancini-Nivernois.	673
— de Phèdre.	798, 799
— et Contes.	182
— et Œuvres diverses de l'Abbé Aubert.	105
— Héroïques.	692
— mises en action (Les).	763
— nouvelles.	792
— nouvelles d'Imbert.	507, 1105
— nouvelles de La Motte.	594, 595
— of J. Dryden (The).	328
— ou Allégories philosophiques.	313, 1093.
— par M. Boisard.	171, 172, 1086
Fabliaux ou Contes.	369, 1096
— — — des Poëtes français.	112
Fabricant de Londres (Le).	391
Fabulæ Æsopiæ.	287
Faculté vengée (La).	582
Faits mémorables des Empereurs de Chine.	479
Falhamel et Melvil.	955
Fanal des Patriotes (Le).	53
Fantaisies (Mes).	320
Fantaisies aimables.	53
Fantaisies militaires.	645
Faribolès du Parnasse (Les).	53
Fastes du Peuple français (Les).	452
Fastes républicains (Les).	53
Fatalité des Ressemblances (La).	959
Fat puni (Le).	815
Faunillane, ou l'Infante jaune.	985
Faux Ami (Le).	700
— Ibrahim (Le).	316
— Ravisseur (Le).	372
Faveurs et les Disgrâces de l'Amour (Les).	376
Favel, tragédie.	100
Félicia.	749
Femmes, leur condition et leur influence (Les).	949
— militaires (Les).	379, 900
— vengées (Les).	947
Feste d'Apollo.	392
Fête de la Rose.	392
— des Bonnes gens.	53, 392
— publique... Mariage du Dauphin.	393
Fêtes des Bonnes gens de Canon.	621
— et Courtisanes de la Grèce.	232
Fêtes publiques (Les).	392
Feuille sans titre.	594
Figaro au Salon de Peinture.	829
— et Blaise et Babet.	54
Figures de différents caractères... par Watteau.	1063
— de l'Histoire de France.	425, 737.
— de l'Histoire de la République Romaine.	710
— de l'Histoire sacrée.	684
— de la Passion de N.-S.-J.-C.	396
— de Modes, dessinées et gravées par Watteau.	1053
— françoises et comiques... par Watteau.	1053
Filets de l'Amour (Les).	54, 1080
Fileuse, parodie d'Omphale (La).	1003
Finesses cousues de fil blanc (Les).	54
Fléau des Tyrans et Septembriseurs (Le).	272
Fleur des Plaisirs (La).	54
Fleurettes (Les).	397
Flutte et le Tambour (La).	404
Folies sentimentales (Les).	406
Folle de Paris (La).	754
— Journée, ou le mariage de Figaro (La).	124, 125, 126, 1084

Fond du Sac (Le).	54, 752	*Franciade, ou l'ancienne France*	
Forces mystérieuses (Les).	376, 465	*(La).*	1010
Forêt (La).	852	*François II.*	484
F..... manie, poème lubrique (L').	949, 950.	*Fratricide (Le).*	669
		Fredaines lubriques.	411
Fragments choisis dans les peintures et les tableaux.	931	*Frédegonde et Brunehaut.*	736
		Frère Bonaventure.	412
— *d'Antiques et de Modernes.*	501	*Fumelh, ou le Triomphe des mœurs.*	414
		Funérailles de Guillaume-Charles-Henri, Prince d'Orange-Nassau.	829
Françaises (Les).	878		
France Illustre, ou le Plutarque Français. (La).	1000	*Fureurs utérines de Marie-Antoinette.*	415

G

Gabrielle d'Estrées à Henri IV.	811	*Geneviève de Cornouailles.*	695
Gage touché (Le).	417	*Géométrie pratique. (La).*	673
Gaillard de bonne humeur (Le).	55	*Géorgiques de Virgile (Les).*	1022, 1023.
Galanterie française (La).	418	*Gerusalemme liberata.*	974, 976, 978.
Galanteries de la cour de France (Les).	418	*Gli Amori pastorali di Daphnis et Chloé.*	657
— *des Rois de France (Les)*	1007	*Glorieuses Campagnes de Louis XV (Les).*	446
Galatée.	399, 400, 1100		
— *pastorale.*	55	*Goguettes Parisiennes (Les).*	55
Galerie de Florence.	419	*Gonzalve de Cordoue.*	400
— *de Tableaux (La).*	419	*Gorge de Mirza (La).*	753
— *des Modes et Costumes français.*	420, 1100	*Grâces (Les).*	803, 834, 835
		— *en goguettes (Les).*	55
— *des Peintres flamands, etc.*	422	*Grammaire des Dames.*	827
— *du Palais du Luxembourg.*	914	*Grand Castriotto d'Albanie.*	449
— *du Palais-Royal.*	259	*Grand Escalier du Château de Versailles (Le).*	610
— *françoise.*	888		
— *historique universelle.*	829	— *Livre des Peintres (Le).*	429
— *royale de Dresde.*	423	*Grande Fête donnée par les M*** de Paris.*	449
— *universelle.*	426		
— *universelle des Hommes.*	808	— *Galerie de Versailles (La).*	609
Gallerie du sieur Girardon (La).	423	*Grandes Prophéties du grand Nostradamus (Les).*	829
Garçon et Filles hermaphrodites.	425		
Gastronomie (La).	131	*Grandeur de Dieu.*	449
Gazetier cuirassé (Le).	990	*Gravures historiques des principaux Evénements en 1789.*	458
Gazette noire (La).	990		
Géant Isoire (Le).	544	*Groupes de Figures tirés des tableaux des Ports de France.*	1010
General System of Horsemanship.	752		
Génération de l'Homme (De la).	1008, 1009.	*Gruwel (De) der Verwæstingen of Vrankryks.*	889

Guerre civile de Genève (La).	1037	*Guide Royal.*	285
Guide du Cavalier (Le).	426	*Guillaume de Nassau*, 1773-1775.	152
Guide national.	56	*Guzmanade* (La).	470

H

Habillements de divers Nations.	626	*Histoire de Camouflet.*	487
Harley.	477	— *de dom B***.*	430
Harmonie imitative (L').	802	— *de Don Ranucio d'Aletes.*	487
Heads of illustrious (The).	500	— *de France.*	274
Hector Martin.	477	— *de France depuis l'établissement de la Monarchie.*	1008
Héloïse et Abeilard.	648		
Henriade de M. de Voltaire (La).	1025, 1026, 1027, 1028.	— *de Gérard de Nevers.*	997
		— *de Gil-Blas.* 630, 631, 632, 633, 634.	
Henri IV.	340		
Henri et Sophie.	485	— *de Gouberdom.*	431
Henriette de Wolmar.	191	— *de Guillaume.*	210
Heptameron.	682	— *de Guzman d'Alfarache.*	634
Herman et Dorothée.	443	— *de Huon de Bordeaux.*	998
Héro et Léandre.	742, 833	— *de Joseph.*	210
Héros français (Les).	1001	— *de l'Abbaye royale de St-Denis.*	378
Heures de Paphos.	486		
— *présentées à Mme la Dauphine.*	487	— *de l'Abbaye royale de Saint-Germain-des-Prez.*	181
Heureusement.	897	— *de l'Académie des Inscriptions et Belles-Lettres.*	184
Heureux Esclave (L').	186		
— *Jour* (L').	797	— *de l'admirable Don Quichotte de la Manche.*	214, 217
— *Malheurs* (Les).	1104		
— *Mariage* (L').	56	— *de l'Ancien-Testament.*	488
Hieroglyphica of Merkbeelden.	897	— *de l'Art chez les Anciens.*	1067
Hipparchia.	487	— *de l'Enfant prodigue.*	339, 1094
Histoire amoureuse de Pierre le Long	148, 1085.	— *de l'Hôtel royal des Invalides.*	450
— *amoureuse des Gaules.*	195	— *de l'Origine et des premiers progrès de l'imprimerie.*	676
— *civile et politique de Reims.*	83		
— *critiques des Pratiques superstitieuses.*	611	— *de la Campagne du Prince de Condé.*	128
— *d'Angleterre.*	274, 853	— *de la Caricature de la Révolte des Français.*	184
— *d'E. de St-Pierre.*	445		
— *d'Eléonore de Guyenne.*	602	— *de la Découverte de la Conquête du Pérou.*	1074
— *d'Emilie Montague.*	190		
— *d'Hypolite, comte de Duglas.*	1082, 1083.	— *de la dernière Guerre.*	488
		— *de la Galanterie chez les différents Peuples.*	232
— *d'O. Cromwel.*	334		
— *d'un Ecu de six livres.*	898		
— *de Bertholde.*	487	— *de la Grèce.*	678

TABLE DES OUVRAGES CITÉS

Histoire de la Guerre des Juifs. 521
— de la Maison de Bourbon. 299, 1092.
— de la Milice Françoise. 273
— de la Papesse Jeanne. 956
— de la Peinture ancienne. 808
— de la princesse de Montferrat. 488
— de la Province d'Alsace. 588
— de la Ste-Chapelle-Royale du Palais. 1108
— de la Secte anandryne. 758
— de la Vie de N.-S.-Jésus-Christ. 645
— de la Vie et de la Mort de Bianco Capello. 696
— de la Ville de Paris. 379
— de la Ville de Rouen. 372
— de Louis Mandrin. 985
— de Louis XV par médailles. 488
— de Mlle Christine, Comtesse de Meyrac. 820
— de Manon Lescaut et du Chevalier des Grieux. 823
— de Marie Stuart. 702
— de Miss Jenny. 890
— de Notre-Dame de Liesse. 1016
— de P. de Montmaur. 937
— de Pierre III. 606
— de Russie. 275
— de Saint-Louis. 518
— de Sir Ch. Grandisson. 893
— de Sophie de Francourt. 602
— de Suède. 828
— de Tom Jones. 394, 1099, 1100
— de Tristan de Léonois et de la reine Yseult. 998
— des Aventuriers Flibustiers. 761
— des Campagnes du Roy. 445
— des Caricatures. 184, 1087
— des Chevaliers hospitaliers de St-Jean de Jérusalem. 1011
— des Conquêtes de Louis XV. 337
— des Diables de Loudun. 105
— des Empereurs. 710
— des Imaginations extravagantes de Monsieur Oufle. 175

Histoire des Inaugurations des Rois. 144
— des Juifs. 520
— des Naufrages. 489
— des Ordres militaires ou des Chevaliers. 481
— des Ordres monastiques. 480
— des Ordres religieux et militaires. 480
— des Ordres royaux. 427, 1101
— des Perruques. 990
— des Philosophes anciens. 942
— des Pirates anglois. 761
— des Prisons de Paris et des départemens. 755
— des Progrès de l'Esprit humain. 942
— du Chevalier des Grieux et de Manon Lescaut. 822
— du Clergé séculier et régulier. 480
— du Ciel. 809
— du Duché de Valois. 203
— du petit Jehan de Saintré. 997
— du Peuple de Dieu. 143
— du Règne de Philippe II. 1053
— du Roi splendide et de la Princesse Hétéroclite. 780
— du Temps passé. 791
— du Théâtre Italien. 899
— du Vieux et Nouveau Testament. 439, 489, 491, 1104
— et Description générale de la Nouvelle France. 225
— générale d'Allemagne. 113, 1083
— — de Languedoc. 1011
— — des Guerres. 87
— — des Insectes. 704
— — des Provinces-Unies. 949
— — des Voyages. 824
Histoire littéraire des Femmes françaises. 600
Histoires les plus remarquables de l'Ancien Testament. 491
Histoires lubriques. 492
Histoire militaire de Flandre. 128
— — du prince E. de Savoie. 337

Tome II   37

Histoire naturelle.	854
— — *de la parole.*	261
— — *des Oiseaux.*	194
— — *éclaircie.*	92
— — *générale et particulière.*	193
— *philosophique de l'Homme.*	707
— *philosophique et politique des Etablissements et du Commerce des Européens dans les Deux-Indes.*	854, 855
— *physique, morale... de la Russie ancienne.*	613
— *prodigieuse... de J. Fauste.*	491
— *sacrée du nouveau Testament.*	491
— *secrète anecdotique de l'insurrection de Belgique.*	946
Histoires ou Contes du temps passé.	788, 789.

Historia naturalis.	808
Historiettes et Nouvelles en vers.	507, 1105.
History and Adventures of the renowned Don Quixote (The).	217
Hochets de ma Jeunesse (Les).	268
Homère vengé.	417
Homme des Champs (L'), 1800-1802-1805.	278, 279
— *ou le tableau de la vie (L').*	113
Hommes volans (Les).	850
Honnête criminel (L').	390, 1099
Honorine.	497
Hôpital des Fous (L').	404
Hudibras.	196
Huron (Le).	689
Hymen (L').	544
Hymne au Soleil.	889
Hymnes (Les).	200

I

Iconologie historique des Souverains de France.	486
— *par Figures.*	456, 1103
Iconologies où sont représentées les Vertus...	502
Idée d'un Règne doux et heureux.	639
— *de l'Education du Cœur.*	806
— *de la Gravure.*	675
— *générale d'une Collection d'Estampes.*	477
— *des Vices.*	505
Idylles de Bion et Moschus.	151, 1086
— *de St-Cyr.*	316
— *de Théocrite.*	988, 989
— *et Contes Champêtres.*	613
— *et Pièces fugitives.*	505
— *et Poëmes champêtres.*	431, 623
— *par M. Berquin.*	139, 140, 1085
— *polonaises.*	505
Il Goffredo ovvero Gerusalemme liberata.	980
Iliade d'Homère (L').	493, 494, 495, 496.

Iliade et l'Odyssée (L').	495
— *poëme.*	596
Illustres Fées, Contes galans (Les).	107
— *Français (Les).*	814
Images des Héros et des Hommes de l'antiquité.	201
Imagination (L').	279
Imaginations asiatiques (Les).	56
Imitateurs de Charles neuf (Les).	190, 509.
Imitation de Jésus-Christ (L').	257, 509, 510.
Impostures innocentes.	136
Incas (Les).	690
Indicateur (L').	510
Indigent (L').	700
Infortuné Napolitain (L').	764
— *reconnaissant.*	465
Infortunes de la Galetière.	898
Ingenioso hidalgo Don Quixote de la Mancha (El), 1780, 1797, 1798.	218, 219

Innocence du premier âge en France (L').	148	Irza et Marsis.	317
Innocents (Les).	694	Isabelle et Gertrude.	374
Inoculation.	897	Isle d'Ouessant (L').	148
Inquisition française (L').	869	— de France.	512
Intrigue du Cabinet des Rats.	510, 1105	— déserte (L').	249
Intrigues de la Capitale (Les).	56	Italien (L').	852
Introduction à l'Histoire moderne.	828	Itinéraire descriptif de Paris.	57

J K

Jacobinéide (La).	677	Jolis péchés d'une Marchande de Modes (Les).	755
Jacobi Vanierii Prædium rusticum.	1006	Joseph 1767-1777-1786-1797.	153, 154, 1086
Jacques le fataliste.	303, 304	Joujou des Demoiselles.	521
Jardin anglais (Le).	694	Journée amoureuse (La).	522
— de Monceau.	516	— de l'Amour (La).	375
— des Ames sensibles (Le).	57	— des Parques (Une).	635
Jardinier et son Seigneur (Le).	947	— d'une jolie Femme (La).	57
Jardiniers (Les).	247	Journées amusantes (Les).	444
Jardins (Les).	279, 853	Journal d'un voyage en Savoie.	534
Javotte.	517	— de ce qui s'est fait pour la réception du Roy.	522
Jean Hennuyer, évêque de Lizieux.	700	— de Henri III.	640
Jérémie.	298, 1092	— historique.	644
Jérusalem délivrée, poème du Tasse.	975, 976, 977, 978	Jugement de Paris.	505, 506, 507, 1105
— delivered, an heroic poem.	978	Julie Philosophe.	1105
Jésuitiques (Les).	518	Julii Cæsaris Commentariorum de bello gallico.	223
Jeu de Mail (Le).	518	— Cæsaris quæ extant, accesserunt annotationes, etc.	222
Jeux de Calliope (Les).	518	Justine ou les Malheurs de la Vertu.	919, 920
Jeunesse de Florian.	401	Justini Historiarum......	523
Jeux de la petite Thalie.	518, 710	Kailaz, ou les jeunes Sauvages.	527
Jeux de Polymnie et d'Erato (Les).	57		
Joachim.	154		
Joannis Meursii Elegantiæ latini Sermonis.	239		
Jolies françaises (Les).	57		

L

Lacets de Vénus (Les).	58, 1080	Langue (La).	-176
Laïs philosophe (La).	589	Lanterne magique (La).	58
Laitière de St-Ouen.	898	Laocoon (Du).	639
Lamentations de Jérémie.	100	Larmes de St Ignace.	600
Langrognet aux Enfers.	973	Laure.	252

Lauriers ecclésiastiques (Les).	594	*Lettres d'une Femme du quatorzième*		
Leben und Meynungen (Das).	959	siècle.		959
Leçons de Physique expérimentale.	753	— d'une Péruvienne.	447,	1102
— *pastorales des Favorites (Les)*	58	— de Caton d'Utique à César.		783
Légende joyeuse (La).	615	— de Charlotte.	443,	1102
Leiden des Jungen Werther (Die).	441	— de deux Amans.		904
Le je ne scai quoi, comédie.	172	— de M. l'Abbé Le Blanc.		608
Léonard et Gertrude.	793	— de Nadim Coggia.		925
Les plus courtes Folies sont les meilleures.	67	— de Ninon de l'Enclos.	621,	622
Lettre amoureuse d'Héloïse à Abeilard.	245	— en vers.		319
— *d'Alcibiade à Glicère..*	797	— et Epîtres amoureuses d'Héloïse et d'Abeilard.	641,	642
— *d'Ovide à Julie.*	318	— galantes et philosophiques de deux Nonnes.		642
— *d'une Chanoinesse.*	318	— persanes.	730,	731
— *de Biblis à Caunus son frère.*	155	— philosophiques sur les Physionomies.		788
— *de Barnevelt dans sa prison.*	317	— portugaises.		642
— *de Caïn après son crime.*	259	— turques.		924
— *de Don Carlos à Elisabeth.*	782	*Liaisons dangereuses (Les).*	234,	235,
— *de Dulis à son Ami.*	699	236, 237, 1089.		
— *de Gabrielle d'Estrées à Henri IV.*	155	*Libertin de qualité (Le).*		709
— *de Jean Calas à sa femme et à ses enfans.*	155	*Liber Veritatis.*		242
— *de l'Abbé de Rancé.*	114	*Libro del Perche.*		644
— *de l'Auteur de la Comédie des Philosophes au public.*	780	*Listes générales des noms, âges,... de tous les conspirateurs.*		646
— *de la duchesse de la Vallière à Louis XIV.*	155	*Lit de Noce (Le).*		647
— *de Lord Velfort.*	317	*Lits babillards (Les).*		647
— *de Marion de Lorme.*	539	*Livre d'Académies.*		748
— *de Pétrarque à Laure.*	898	— *d'Animaux terminé au burin par Le Bas.*		767
— *de Sapho.*	156	— *d'Architecture.*		163
— *de Valcour.*	318	— *d'Orfévrerie.*		189
— *de Zeila.*	318	— *d'Ornements.*		430
— *du Comte de Comminges.*	317	— *de Dessins qui représentent les parties du corps humain.*		680
— *écrite à Mme la Comtesse Tation.*	146	— *de différents Caractères de Têtes par Watteaux.*		1065
— *en vers de Gabrielle de Vergy.*	671	— *de Meubles, Gaines, etc...*	180,	1087
Lettres à Emilie sur la Mythologie, 1790, 1794, 1798, 1801, 1809.	283, 1092	— *de Serrurerie.*		186
		— *de taille d'épargne de goût ancien et moderne, etc.*		182
— *amoureuses de la dame de Lescombat.*	641	— *des Principes de l'Ornement.*		896
— *angloises.*	891, 892	— *nouveau de douze morceaux de Fantaisie.*		589
— *critiques.*	641	— — *de toutes sortes d'Ouvrages d'Orfévrerie.*		994
— *d'Héloïse et d'Abeillard.*	641			

Livre nouveau et utile pour toutes sortes d'Artistes.	545	Los dies libros de fortuna de Amor.	648
— — ou Règles des cinq ordres de l'Architecture.	1015	Louisiade (La).	805
		Lucien.	663
		Lucile.	689
Livres des Rêves.	647	Luxe (Le).	667
Lois de la Nature expliquées (Les).	268	Lusiade (La), *1735*, *1776*.	200
Loisirs de Paphos (Les).	58	Lutrin (Le).	171
Lolotte et Fanfan.	333	Lutteur (Le).	667
Lorimon, ou l'Homme tel qu'il est.	103	Lydia, ou Mres de Mylord D***.	598
		Lyre de la Raison (La).	59

M

Macbeth.	954	Maréchal-Ferrant (Le).	83
Magie blanche dévoilée (La).	1092	Margot la Ravaudeuse.	680
Maison rustique.	821	Mariage à la mode (Le).	372
Maître à danser (Le).	852	— de Sophie.	682
Mal, poème philosophique (Le).	936	Marianne et Charlotte.	523, 1106
Malédiction paternelle (La).	875	Marianne ou la nouvelle Pamela.	686
Malheur et la Pitié (Le).	280	Maria ou Lettres...	158
Malheureux imaginaire (Le).	233	Marie-Antoinette.	683
Malheurs de la Jalousie (Les).	698	Marmotte (La)	691
— de l'Inconstance (Les).	319	Mascarade à la grecque.	178
Malmantile racquistado (Il).	646	Mascarades monastiques et religieuses.	111
Manière de graver à l'eau-forte et au burin (De la).	177	Masque de fer (Le)	693
		Ma Tante Geneviève.	324
— de se bien préparer à la Mort (La).	232	Mathilde ou le Souterrain.	613
		Matinée libertine (La).	750
Manteaux (Les).	210	Maximes et Réflexions morales.	541
Manuel chrétien.	674	— et Réflexions morales de la Rochefoucauld.	600, 601
— de la Friandise (Le).	674	Mécanique générale.	276
— des Autorités.	675	Mécanisme de l'Artillerie.	335
— des Boudoirs.	702	Médailles du règne de Louis XV.	397, 441.
— des Dames (Le).	675		
— des Fous.	955	— sur les principaux Evénements du Règne de Louis le Grand.	695
— des Toilettes (Le).	59, 675		
— républicain.	675		
— typographique.	410	Médecin de l'Amour (Le).	307
Ma Philosophie.	319	Mélanges (par Doral).	320
Marci Accii Plauti Comœdiæ quæ supersunt.	808	— (par Rousseau)	912
		— de Littérature en vers et en prose.	673
Marci Annaei Lucani Pharsalia, cum supplemento Thomæ.	661		
Marci Tullii Ciceronis et Porcii Latronis in Catilinam orationes.	241	— de Littérature et d'Histoire.	1016

Mélanges de Poésie et de Littérature.	401	Mémoires sur les Objets les plus importans de l'Architecture.	786
— de Poésies fugitives.	124		
— de Poésies tirées du portefeuille de M. le baron de S**.	966	— turcs.	440
		Mémorial pittoresque de la France.	698
— littéraires.	324	Mérinval, drame.	100
Mémoire pour le Comte de Cagliostro.	697	Mérite des Femmes (Le).	616, 617
		Merlin bel esprit.	320
— pour servir à l'Histoire de France.	639	Merope françaises (La).	1036
		Mes Conventions, épître à elle.	1015
— pour servir à l'Histoire des Insectes.	855	Mes Gens.	923
		Mes Loisirs, à mes amis.	705
—. sur la déesse Vénus.	600	Mes Passe-Temps.	301, 1092
Mémoires de Frédéric baron de Trenck.	996	Mes premières Etourderies.	792
		Messaline françoise.	705
— de Gaudence de Lucques.	697	Métamorphoses, (Les).	1074
— de l'Académie des Colporteurs.	210	— d'Ovide (Les).	768, 769, 772, 773, 1108.
— de l'Académie des Sciences	697	— d'Ovide en chansons.	59
— de la Cour de France.	545		
— de Littérature par M. de S.	937	— de Melpomène et Thalie.	1066
		Méthode très facile pour former la noblesse.	514
— de Maximilien de Béthune.	961		
— de M. C. de Beaumarchais.	127	Meursius françois (Le).	240
		Microscope des Visionnaires (Le).	59
— de M. Du Guay-Trouin.	334	Mieux, conte moral (Le).	603
— de M. Goldoni.	443	Militaires au delà du Gange (Les).	648
— de Paul-Jones.	82	Mille et une Heures (Les).	466
— de Saturnin.	431	Mille et une Nuits (Les).	424
— de Suzon.	698	Ministre de Wakefield (Le).	444
— du Cte de Grammont.	471, 472, 473.	Misotechnites aux Enfers. (Les).	243
		Modes et Manières du jour.	275
— du comte de Maurepas.	698	— parisiennes.	59, 60
—. historiques sur R. de Coucy.	539	Mœurs (Les).	995
		— et Usages des Turcs.	465, 1103
— justificatifs.	596	Moine (Le).	644
— philosophiques du Baron de M**.	267	Mois (Les).	900, 1110
		— à la Mode (Les).	60
— politiques, amusants, etc.	646	Moissonneurs (Les).	374
— pour servir à l'Histoire de fête des Fous.	341	Momus fabuliste.	416
		— françois (Le).	627
— pour servir à l'Histoire de la Maison de Brandebourg.	411	Monde plein de Fols (Le).	722
		Mon Noviciat.	749
		Mon Odyssée.	896
— pour servir à l'Histoire des Hommes illustres de Lorraine.	234	Monrose.	749
		Monsieur Cassandre.	324
		Monstres ou les Ecarts de la Nature.	725

Monumens de la Vie privée des douze Césars.	474, 475	*Mort d'Adam (La).*	529
— *du Culte secret des Dames romaines.*	475	— *d'Azaël (La).*	334
		— *de Henri IV (La).*	617
Monument du Costume physique et moral.	352, 881, 882	— *de Socrate (La).*	150
		Mouche (La).	741
Monuments antiques.	112	*Moyen de parvenir.*	139
— *de la Monarchie françoise (Les).*	732	*Musarion.*	1067
		Musée Français.	743
— *érigés en France à la gloire de Louis XV.*	786	*Muse lyrique dédiée à la Reine (La).*	786
		— *triomphante (La).*	60
Morale d'Epicure (La).	120	*Muses à Cythère (Les).*	60
— *de Confucius (La).*	250, 539	*Musical Entertainer.*	145
— *des Sens (La).*	709	*Musique du Diable (La).*	745
More de Venise (Le).	325	*Mythologie dramatique.*	663
Mort d'Abel (La), par Gessner.	436, 1101.	— *mise à la portée de tout le monde (La).*	707, 746
		Mystères dévoilés (Les).	60
— *d'Abel (La), par Legouvé.*	616	— *du Christianisme (Les).*	746

N

Naissance de très haute...... Madame Constitution.	747	*Nouveau Livre de Serrurerie.*	408
Nanine.	747	— — *représentant des promenades champêtres.*	131
Narcisse dans l'Ile de Vénus.	672	— *Manuel élémentaire.*	959
Narcotique des Sages (Le).	61	— *Recueil de Parures de joyaillerie.*	819
Nature (De la).	896		
Navigation (La).	350, 1095	— *de Troupes.*	344
Nella Venuta in Roma...	960	— *des Troupes légères de France.*	602
Neu eröffnete Reitschule.	994		
Niches de Cupidon (Les).	61	— — *des Troupes qui forment la Garde.*	755
Nitétis.	271		
Noblesse commerçante.	262	— *Robinson (Le).*	200
Nocrion, conte allobroge.	210	— *Roman Comique (Le).*	755
Nœuds de l'Hymen (Les).	61	— *Testament (Le).*	756, 757
Nones fugitives (Les).	754	— *Théâtre de la Grande-Bretagne.*	528
Nos Folies.	889		
Notice historique sur l'Art de la Gravure en France.	238	— — *sentimental.*	204
		— *Traité de la Civilité.*	262
Nouveau Boccace (Le).	163	— *Voyage sentimental.*	445
— *Calendrier du diocèse de Strasbourg*	61	*Nouveaux Amusemens des Eaux de Spa.*	757
— — *perpétuel.*	62	— *Contes.*	419
— *Chansonnier.*	62	— — *à Rire.*	757
— *Diable boiteux.*	231	— — *de Fées.*	950

Nouveaux Contes Débarqués (Les).	617	*Nouvelle Traduction des Héroïdes d'Ovide.*	775
— — orientaux.	211	— Zélis au Bain (La).	797
— Dessins d'Arabesque.	543	*Nouvelles (de L.-V. de Charnois).*	226
— — d'Habillements.	438	— Avantures de l'Admirable don Quichotte.	628
— — pour graver sur l'Orfèvrerie.	693	— de Jean Boccace.	162
— Dialogues des Morts.	390	— de Marguerite.	680
— Élémens d'Odontologie.	613	— de Michel de Cervantes.	221
— Principes de l'Art d'écrire.	914	— ecclésiastiques.	759
— Torts (Mes).	320	— espagnoles de M. Cervantes.	222
— Trophées.	684	— françaises.	1002
— Voyages dans l'Amérique Septentrionale.	178	— Folies parisiennes (Les).	63
Nouvel Abeilard (Le).	874	— — sentimentales.	759
Nouvel Abrégé chronologique de l'Histoire de France.	481, 482, 483, 1104.	— galantes et tragiques.	702
		— historiques.	102, 1082
— Enfant trouvé (Le).	758	— Lettres angloises.	893
Nouvelle Académie de Dames (La).	758	— nouvelles.	402
— Assemblée des notables cocus du royaume.	758	— Vues perspectives des Ports de France.	777
— Héloïse (La).	905, 906	*Nouvelliste dupé (Le).*	782
— Iconologie historique.	277	*Novelas exemplares de Miguel de Cervantes Saavedra, 1734, 1743.*	221
— Justine (La).	920	*Novum Jesu-Christi Testamentum.*	760
— Lune (La).	608	*Nugæ venales.*	760
— Méthode d'enseigner les Enfants.	439	*Nuit et le Moment (La).*	266
— Omphale.	62	*Nuits de Paris (Les).*	882
— Sapho (La).	758	*Nuits de Young (Les).*	1071, 1072
— Traduction de Woman of pleasure.	242	*Numa Pompilius.*	402
		Numismata virorum illustrium.	1006
		Nymphes de Diane (Les).	374

O

Observations sur la Constitution militaire.	466	*Œufs rouges (Les).*	671
— sur les Antiquités de la ville d'Herculanum.	245	*Œuvre d'A. Watteau (L').*	1054
		— de Demarteau (Gilles) l'Aîné	282
Occasion et le moment (L').	699	— de J. Holbein.	492
Odalisque (L').	695	— de Juste-Aurèle Meissonnier.	696
Odes anacréontiques.	704	— de Louise Charly.	533
— d'Anacréon.	81, 82, 1081	— de Piranesi.	803
— d'Anacréon et de Sapho (Les)	81	— du chevalier Hedlinger.	477
Odes sur les Alpes.	471	— du graveur A. Marcenay de Ghuy.	676
Odyssée d'Homère.	496	— gravé de Chardin.	225
Oeconomie de la vie humaine.	307	— — de Grateloup.	453

Œuvre gravé de S. Gessner.	435
— priapique.	285
Œuvres badines complettes du Comte de Caylus.	211, 1088
— badines de J.-J. Vadé.	1006
— badines de R. de Beauvezet.	896
— — et morales de Mme***	213
— — — de M. Cazotte.	213
— choisies de Grécourt.	460
— — de Gresset.	462
— — de J.-J. Rousseau.	911
— — de l'abbé Prévost.	825
— — de Le Sage.	636
— — de M. de Graffigny.	448
— — de Rousseau.	907
— — de Sébastien Leclerc.	612
— — du comte de Tressan.	999
— — du Sr Rousseau.	901
— — et badines.	214
— complètes d'Homère.	496
— — d'Ovide.	776
— — de Bernard.	132, 133
— — de Berquin.	142
— — de Delille.	281
— — de Dorat.	307
— — de Grécourt.	460
— — de J.-J. Rousseau.	910
— — de J. La Fontaine.	585
— — de Laurent Sterne.	958
— — de Mme Riccoboni.	890
— — de M. Belloy.	130
— — de M. le C. de Bernis.	138
— — de M. de St Foix.	924
— — de M. Gessner.	432
— — de M. Palissot.	781
— — de P.-A.-C. de Beaumarchais.	127
— — de Plutarque.	810
— — du Chevalier de Parny.	784
— complettes de Pope.	817
— — de Vadé.	1004
— contenant un Recueil de Trophées.	852
Œuvres d'Alexis Piron.	805, 806
— d'Architecture.	269
— d'Arnaud.	103
— d'Homère.	494
— de Bernard Picart.	137
— de Boileau.	164, 165, 166, 167, 168, 169, 170, 171, 1086.
— de Cl. Marot.	691
— de Colardeau.	246
— de Crébillon.	263, 264, 1091.
— de différens genres par J.-B. Huet.	500
— de F.-E. Weirotter.	1066
— de feu M. de La Monnoye.	593
— de Fleurs, Ornemens, Cartouches, Figures, etc.	803
— de Florian.	403
— de Gessner.	433, 434, 435, 1101
— de Gilles-Marie Oppenord.	764
— de Gresset.	461, 462, 463, 1103
— de J.-B. Huet.	501
— de J.-B. Rousseau.	901, 902
— de J.-J. Rousseau.	907, 912, 913.
— de l'abbé de Chaulieu, 1750, 1777.	231
— de Léonard.	622
— de Louise Charly.	533, 1106
— de Mme et Mlle Deshoulières	296, 297, 298.
— de Maître François Rabelais.	839, 840, 843, 1109
— de M. de Campistron, 1722, 1750.	201
— de M. de La Motte-Houdard.	596
— de M. de Molière	711, 712, 714, 715, 716, 719, 720.
— de M. de Moncrif.	722, 1108
— de M. de Montfleury (Les)	733
— de M. de St-Marc.	927
— de M. de St-Mard.	928
— de M. Destouches.	301, 1093
— de M. Falbaire de Quingey.	391
— de M. l'Abbé de Saint-Réal.	934
— de M. le chevalier de Bert**.	144

TABLE DES OUVRAGES CITÉS

Œuvres de M. le Chevalier de
    Boufflers. 180, 181
— de M. Rémond de Saint-
    Mard. 869
— de M. Rousseau. 907
— de M. Scarron. 945
— de M. Thomas. 990
— de M. Vadé. 1004
— de Montesquieu. 731
— de Nicolas Berghem. 132
— de P. Corneille. 256
— de Ph. Wouvermans. 1068
— de Poésies de l'Abbé de *** 459
— de P.-J. Bernard. 134, 1085
— de Racine. 844, 845, 846, 847, 849, 850.
— de Regnard (Les). 864, 865
— de Régnier. 867
— de St-Evremond. 924
— de Sculptures en bronzes. 409
— de Vergier. 1009
— de Virgile. 1020
— de V.-J. Duval. 341
— de Voltaire. 1039, 1040, 1041, 1042.
— de Young. 1072
— diverses de Fontenelle. 407
— — de Grécourt. 459, 460
— — de Lalonde. 591
— — de M. Blin de Sainmore. 156
— — de M. de La Fontaine. 585
— — de M. L* F** de Pompignan. 614
— — de M. Piles. 802
— — de M. Rousseau. 901
— — de M. Roy. 914
— — de Pope. 816, 817
— du Marquis de Villette. 1016
— du Philosophe Sans-Souci. 411
— du Seigneur de Brantôme. 185
— galantes et amoureuses. 776
— mêlées de M. de La Fargue. 544
— — de M. de La Grange. 587
— pastorales de M. Merthgen. 705
— philosophiques. 303

Œuvres philosophiques d'Hemsterhuis. 481
— poétiques de Gresset. 461
— poissardes de J.-J. Vadé. 1005
— posthumes de Florian. 403
— — et facéties de Mirabeau le Jeune. 710
Office de la Semaine Sainte. 761, 762
Officii ad Marcum filium. 241
Oille (La). 252
Oiseau perdu et retrouvé (L'). 763
Olinde et Sophronie. 700
Ollivier. 213, 1089
Ombre du grand Colbert (L'). 546
Oniroscopie. 63
On ne s'avise jamais de tout. 947
Opere del S. A. P. Metastasio. 706
— di Guarini. 465
Optimisme des nouveautés (L'). 63
Optique de l'Univers (L'). 936
— du Jour (L'). 899
Opuscules de M. le Chevalier de Parny. 783, 784
— philosophiques et poétiques de Frère Jérôme. 787
— poétiques. 783
— sacrés et lyriques. 765
Oracle (L'). 924
Oraison funèbre... de F.-L. de Bourbon. 693
— funèbre de Mme la Duchesse de Parme. 765
— funèbre de Monseigneur le Cardinal de Fleury. 765
— funèbre de Monseigneur Louis, Dauphin. 765
— funèbre de M. le Cardinal Fleury. 751
— funèbre de Philippe V, Roi d'Espagne. 766
— funèbre de Stanislas Ier, Roy de Pologne. 766
— funèbre... Mme Elisabeth-Charlotte Palatine de Bavière. 766
— funèbre du Duc de Bourgogne. 766

TABLE DES OUVRAGES CITÉS

Oraison funèbre prononcée pour l'Infant Don Philippe.	766
Orangers (Les).	267
Ordène de Chevalerie (L').	967
Original Works.	492
Origine des Grâces.	306, 1093
— *des Puces (L').*	766
Origines typographicæ.	695
Orlando furioso.	95, 98, 1081
Ornements (Suite d').	994
Oronoko	598
Orphelin anglais (L').	174
Orpheline anglaise (L').	598
Ovidii Nasonis Opera quæ supersunt.	774
Ovids Verwandlungen.	773

P

Palais du Silence (Le).	87
Palais-Royal (Le).	883
Pamela or Virtue rewarded.	891
— *ou la Vertu récompensée.*	891
Panoplie de tout ce qui a trait à la Guerre.	204
Panthéon (Le).	678
— *des Philanthropes (Le).*	63
Pantin et Pantine.	782
Pantins des Boulevards (Les).	782
Papillons exotiques.	262
Paradise lost.	708
Paradis perdu.	707, 708
— *terrestre.*	328
Parapilla, poème.	176, 177
Parc au Cerf (Le).	182, 783
Parfait Cocher (Le).	751, 783
Parfaite Connaissance des Chevaux (La).	940
Parfait Ingénieur (Le).	276
— *Modèle (Le).*	63
Paris et la Province.	515
Paris métamorphosé.	754
Pariséide (La).	440
Parisiennes (Les).	879
Parnasse des Dames (Le).	149, 1085
Parodies du Nouveau Théâtre Italien (Les).	784
Partie de chasse de Henri IV (La).	246
Partisans démasquez (Les).	784
Passe tems des Paresseux (Le).	64
— — *du Boudoir (Les).*	785
Passe-temps (Mes).	301
— — *des jolies Françaises (Le).*	64
Passion et la Mort de Louis XVI (La).	785
Passions (Des).	86
— *du jeune Werther.*	441, 442
Pastoralium de Daphnide et Chloe.	652
Pastor fido (Il).	464
Paul et Virginie (Almanach).	64
— — .	931, 932, 933
Paul ou la Ferme abandonnée.	333
Paulin.	787
Pauliska.	889
Pausanias.	787
Pauvre Rentière (La).	620
Paysage du Poussin. (Le).	742
Paysan et la Paysanne pervertis (Le).	873
— *parvenu (Le).*	686
— *perverti (Le).*	871
— — (Le). *Les Figures.*	873
Paysanne parvenue (La).	741
— *pervertie (La).*	872
Peinture (La). (Lemierre).	620
— (La) (Michel).	707
— (La), *ode de Milord Telliab.*	925
Peintures de Ch. Le Brun et d'E. Le Sueur (Les).	609
Pensées de l'Empereur Marc-Antonin.	84
— *philosophiques.*	305
— *sur les Femmes et sur le Mariage.*	788
Père avare (Le).	788
Perfidies supposées (Les).	64
Petit Almanach de Paris.	64

Petit Boccace (Le).	65
— Chansonnier.	65
— — françois.	941
— Cousin de La Fontaine (Le).	66
— Manuel mythologique.	66
— Neveu de Boccace (Le).	807
— Œdipe (Le).	1078
— Philosophe (Le).	812
— Rameau (Le).	66
— Trésor des Artistes (Le).	793
Petits Riens lyriques (Les).	793
Petite Chronique du royaume de Tatoïaba.	1067
Petites Etrennes aux Artistes.	66
Petites Parties, ou les Grands Costumes de la dernière Cour en France (Les).	881
Pétrissée (La).	194
Pétrone, latin et français.	795
Phædri Aug. Liberti Fabulæ.	798
— — Fabularum libri V.	797
— Fabulæ.	798
Phaëton (Le).	371
Pharsale de Lucain (La).	662
Phédon, ou Entretiens sur la Spiritualité, etc.	699
Philippide (La).	1024
Philoclès, imitation d'Agathon.	1067
Philotanus.	459
Philosophe anglais (Le).	825
— sans prétention (Le).	546
Philosophes (Les).	780
Philosophie d'une Femme.	799
— dans le Boudoir (La).	922
— de la Nature (De la).	281
— du Bonheur (De la). 1796-1800.	281, 282
— occulte de H.-C. Agrippa (La).	643
Phrosine et Mélidore.	132
Picturæ Etruscorum in vasculis, etc...	800
Picturesque Representation of the Manners (A.).	104
Pièces de Théâtre (du Prés. Hénault).	484, 1104
Pied de Fanchète (Le).	885
Pierre-le-Grand.	321
Pierre philosophale des Dames (La).	205
Pierres antiques.	959
Pipe cassée, poème (La).	1003
Pitié (La).	280
Plafonds, ou les Tableaux des Galeries de l'Eglise des Jésuites d'Anvers.	916
Plaidoyer de M. Freydier.	412
Plaisir et l'Illusion (Le).	755
Plaisirs de l'Amour (Les).	806
— de l'Ancien Régime (Les).	807
— de la Ville et de la Campagne (Les).	66
— variés (Les).	67
Plan de Paris.	807
— topographique et raisonné de Paris.	785
Planches gravées d'après plusieurs positions.	457
Plans, Coupes, Elévations des plus belles Maisons, etc.	530
— et Elévations de la Place royale de Nancy.	486
— Profils et Elévations des Ville et Château de Versailles.	808
Plantes (Les).	205
Pléiade française (La).	86
Plus beaux Edifices de Rome moderne. (Les).	112
— beaux Monuments de Rome ancienne (Les).	112
— joli Chansonnier français (Le).	67
— joli des Recueils (Le).	809
Poème sur l'Education.	545
Poèmes d'Ossian et de quelques autres Bardes.	767
— Epitres et autres Poésies par Voltaire.	1036
Poésies choisies de Fontenelle.	408
— de Béranger.	131
— de Dorat.	324
— de Malherbe.	672, 673
— de Marguerite-Eléonore-Clotilde de Vallon.	962, 963
— de M. de la Monnoye.	592

Poésies de M. G.	461
— de M. Haller.	714
— de M. le marquis de La Farre.	544
— de Sapho.	150
— diverses de Frédéric II.	411
— — de M. le Chevalier de R...	837
— françoises.	867
— galliques.	767
— helvétiennes.	189
— lyriques.	232
— pastorales.	623
— sacrées de M. L* F***	614
— satiriques du XVIIIe siècle.	811
— tirées des Saintes Ecritures.	890
— variées.	260
Poïle (Le).	296
— sans Fard (Le).	417, 1100
Poetical Works of G. Chaucer (The).	229, 230
— — of John Milton (The)	708
Poétique d'Arioste (La).	99
Pogonotomie (La).	791
Point de Lendemain.	286
Poladire et Dirphé.	753
Politique tirée des propres paroles de l'Ecriture Sainte.	178, 179
Pompes sans cuirs.	273
Portefeuille récréatif (Le).	818
Portrait de feu Mgr le Dauphin (Le).	818
— de Henri IV.	612
— et la Vie secrète de la Reine Christine de Suède (Le).	818
Portraits des grands Hommes, Femmes illustres, etc.	951
— des Personnages célèbres de la Révolution.	175, 831
Posthumes (Les).	886
Pôt-pourri (Le) (par Caylus).	211
— (Le) (par Pezay).	796, 1109
— agréable.	67
— de Loth (Le).	591
Poupée (La).	145
Pratique de la Géométrie.	611
Pratique des Amants (La).	67
Précis de la Vie.	821
Préjugés Militaires.	645
Premier cahier de Fragmens... par J.-B. Huet.	501
— — des Arabesques, par J.-B. Huet.	501
— — des magnifiques Carrosses.	136
— deuxième et troisième livres de Chiffres et de Fleurs.	684
— livre de différens Trophées.	501
— — de différens Trophées par R. Carpentier.	227
— — des dessins de Jouaillerie.	682
— — de Pierreries pour la Parure des Dames.	723
— .... sixième livres.	344
Premiers Amours (Les).	821
Première suite de la description de la machine.	372, 1096
Premières Amours (Les).	288
— Observations au Peuple françois.	186
Prévention Nationale (La).	878
Priapi uti observantur.	476
Prières du Matin et du Soir.	825
Primerose.	738
Prince des Aigues Marines (Le).	643
Princesse de Navarre (La).	1036
Principales Aventures de l'admirable Don Quichotte (Les).	214, 216, 218
Principaux Evénements de la Révolution.	333
— Fondements du Dessin.	492
Principes de Caricature.	464
— de l'Art du Tapissier.	151
— de Philosophie.	305
Privilège du Cocuage.	826
Prix de la Beauté (Le).	826, 1109
Prix de l'Amour (Le).	68
Procès criminel de Marie-Antoinette.	827
Procession et les Cérémonies de l'Installation des Chevalliers (La).	803
Projet de deux Toilettes.	409

Projet des Embellissemens de la Ville et Faux Bourgs de Paris.	815	*Publii Virgilii Maronis Bucolica.*	1017, 1018, 1019
Promenade ou Itinéraire des Jardins de Chantilly.	439, 704, 1107	*Publii Virgilii Maronis opera.*	1017, 1,018.
— *ou Itinéraire des Jardins d'Ermenonville.*	439, 704	*Publius Virgilius Maro Bucolica.*	1019
		Pucelage nageur (Le).	199
Promenades champêtres (Mes).	613	*Pucelle d'Orléans (La).*	1029, 1030, 1031, 1032, 1033, 1034, 1035, 1110
Prôneurs (Les).	321	*Pucelle de Paris (La).*	329
Prototype des Ames sensibles (Le).	68	*P..... errante (La).*	90
Prusse galante (La).	827	*P.....s cloitrées (Les).*	850
Pseaumes de David (Les).	828	*Pygmalion, scène lyrique.*	141, 1085
Psyches et Cupidinis Amores.	85	*Pyramide de Neige (La).*	68
Publii Terentii Afri Comœdiæ sex.	982	*Pythonisse de Lutèce (La).*	68

Q

Quadragénaire (Le).	873	*Quatre Parties du Jour.*	1073, 1074
Quand (Les).	739	— *Poétiques (Les).*	120
Quart d'heure des jolies Françaises (Le).	68	— *Saisons et les quatre Heures du Jour (Les).*	69
— — *d'une jolie Femme (Le).*	234	*Quelques Figures, Chevaux, Paysages, etc.*	612
Quatre Ages de l'Homme (Les).	7	*Quinti Curtii Rufi de rebus gesti Alexandri Magni.*	836
— *Ages de la Femme.*	987		
— *Bouquets poissards (Les).*	1004	*Quinti Horatii Flacci.*	497, 498
— *Heures de la Toilette des Dames (Les).*	376	*Quintus Horatius Flaccus.*	499, 1104

R

Raccolta di poésie e prose.	844	*Recueil complet des Costumes des Législateurs.*	1103
Rébusou logogriphes.	767		
Recherches sur l'Origine.	476	— *complet représentant la vue-perspective de l'intérieur de la Chapelle des Enfants trouvés.*	856
— *sur les Costumes et sur les Théâtres de toutes les Nations.*	227		
Récréation des honnêtes Gens (La).	594	— *d'Amateurs et d'Artistes.*	1110
Recueil choisi des plus belles Vues des Palais.	895	— *d'Animaux de chasse.*	608
		— *d'Antiquités égyptiennes.*	211, 1089.
— *complet de Pièces curieuses concernant l'opération et l'accouchement de Dordrecht.*	856	— *d'Emblêmes, Devises, Médailles, etc...*	1010
		— *d'Estampes (de Crozat)*	267

TABLE DES OUVRAGES CITÉS

Recueil d'Estampes. 862
— d'Estampes d'après les tableaux des peintures d'Italie, etc. 183
— d'Estampes... du cabinet de S. E. M. le Comte de Bruhl. 191
— d'Estampes gravées d'après les tableaux du cabinet Choiseul. 115
— d'Estampes représentant les grades, etc. 334
— d'Idées nouvelles. 464
— d'Ornements à l'usage des jeunes Artistes. 208
— de cent Estampes de sujets. 117
— de cent Estampes représentant différentes Nations du Levant. 391
— de Chiffres à deux lettres. 856
— de Combats et d'Expéditions maritimes. 778
— de Contes et de Poëmes. 321
— de Desseins de Joaillerie. 333
— de Diligences, etc. 514
— de diverses Fables. 410
— de divers Monuments anciens. 112
— de divers Morceaux gravés. 607
— de Fables gravées à l'eau-forte. 946
— de Figures historiques. 857
— de Gravures d'après les Vases antiques du travail grec. 993
— de Griffonis. 930
— de Lions dessinés d'après nature. 136
— de Pièces choisies sur les Conquêtes et la Convalescence du Roy. 857
— de Pierres gravées antiques. 453
— de Pierres gravées du Cabinet du Roi. 212
— de Plans, Elévations. 485
— de Poésies de M. S. 946
— de Poésies françaises. 331
— de Poésies françoises. 857, 858

Recueil de Portraits des Rois de France. 858
— de Portraits dessinés par C.-N. Cochin le fils. 244
— de quelques Dessins... du cabinet de S. E. Mgr le Comte de Bruhl. 191
— de Romances historiques. 666
— de Testes de caractères et de charges dessinées par Léonard de Vinci. 212
— de Têtes de caractères et de charges. 623
— de tous les Costumes des Ordres religieux 110
— de toutes les Troupes qui forment les Armées françoises. 862
— de Veües de tous les différens Bastimens 466
— de Vues et Fabriques pittoresques d'Italie. 183
— des cent Sujets. 338
— des Chartres. 477
— des Contes lyriques. 69
— des différentes Modes du Temps. 858
— des Festes. 858
— des Habillements. 859
— des meilleurs Contes en Vers. 859, 861
— des Œuvres de Me du Bocage. 329
— des Opera. 861
— des Ouvrages en Serrurerie. 596
— des Pièces...... à l'occasion de la prise de Port-Mahon de France. 862
— des Portraits de la Famille royale. 154
— des Vues de l'Amérique septentrionale. 862
— des Vues..... de Saint-Domingue. 815
— élémentaire d'Architecture. 750
— général de Costumes et de Modes. 69, 70
— général des Coëffures. 863

Recueil général des Opera.	861	*Résurrection de Louis XVI.*	889
— *général des Pièces concernant le Procès entre la D^{lle} Cadière et le père Girard.*	863	*Retour du Philosophe (Le).*	443
		Retraite (La), les Tentations, etc.	342
		Réunion des Uniformes (La).	70
		Réveil-Matin (Le).	70
Recueils de divers petits Sujets agréables.	857	*Rêveries (Mes).*	942
		— *(Mes), contenant Erato et l'Amour.*	322
— *de petits Sujets et Culs-de-lampe.*	857	*Rhétorique d'Arioste (La),*	99
Réflexions critiques sur la Poésie.	329	*Rhinocéros (Le).*	466
— *morales de l'empereur Marc-Antonin.*	84	*Richardet (par Carteromaco).*	204
		— *(par Fortiguerra).*	409
— *ou Sentences morales.*	601	*Rideau levé (Le).*	709
— *sur la Miséricorde de Dieu.*	605	*Rigenerazione dell' Olanda (La).*	895
		Rodogune.	257, 1090
Réglement pour l'Opéra de Paris.	833	*Roi et le Fermier (Le).*	947
Régulus.	321	*Roland furieux.*	97, 98, 1082
Relation de l'Arrivée du Roi au Havre de Grâce.	868	— *l'Amoureux de Matheo Maria Boyardo.*	998
— *de l'Inauguration de Sa sacrée Majesté Marie-Thérèse.*	868	*Roman comique (Le).*	767, 944
		Romances, par M. Berquin.	141, 142
— *de l'Isle imaginaire.*	736	*Romans et Contes de M. l'Abbé de Voisenon.*	1024
— *de la Dédicace de la statue pédestre de sa Majesté Louis XV.*	868	— — *de M. de Voltaire.*	1038, 1039
Religieuse (La).	304, 305	*Romeo et Paquette.*	897
Religion (La).	851	*Rome, Paris et Madrid ridicules.*	897
— *à l'Assemblée du Clergé de France (La).*	869	*Rose.*	154
		— *et Colas.*	948
Remontrances au Parlement avec des Notes.	869	— *ou la Fête de Salency (La).*	148
		— *sans Epine (La).*	440
Renversement de la Morale chrétienne.	870	*Roséide ou l'Intrigant.*	322
		Roué vertueux (Le).	253
Répertoire des Artistes.	519	*Rousseau ou l'Enfance.*	299
Réponse de Valcour à Zeila.	322	*Royalisme ou mémoires de Du Barri St-Aunez.*	646
Représentation des Fêtes données par la Ville de Strasbourg.	870	*Ruines de Balbec (Les).*	916, 1068
		— *de Palmyre (Les).*	916, 1068
— *des Modes et Habillements.*	871	— *des plus beaux Monuments de la Grèce.*	627
— *et Description de toutes les Leçons de Chevaux.*	894	*Ruses de Braconage (Les).*	541
		— *et les Jeux de l'Amour (Les).*	70

S

Sabots (Les).	948
Sacre de Louis XV.	917
— et Couronnement de Louis XVI	785
— et Couronnement de Napoléon Ier.	919
Sacrifices de l'Amour (Les).	322, 1094
Sagesse (De la).	228
— de Louis XVI (La).	794
Sainte Bible (La).	934, 935
Saisons de St-Lambert (Les)	925, 926, 927.
— de Thompson.	991
Saltation théâtrale (De la).	106, 605
Santeuil victime de l'Amour, etc.	939
Satire de Pétrone.	795
Satires de Juvénal.	524
— de Perse.	792
Satyre Menippée.	939
Satyres d'Young (Les).	1071
— de Rabener.	844
— et autres Œuvres de Régnier (Les).	866, 867
— sur les Femmes bourgeoises.	939
Scènes champêtres et autres ouvrages du même genre.	791
Schriften (Gessner).	432
Schriften von B.-A. Dunker.	337
Science de l'Arpenteur (La).	820
— du Géomètre (La).	276
— et l'Art d'Equitation (La).	337
Seasons by J. Thomson (The).	992
Seau enlevé, poème (Le).	981
Secchia rapita (La).	980, 981
Seconde suite d'Estampes.	353, 354, 362
Second Livre de Pierreries.	723
Secrétaire des Dames (Le).	71
— des Messieurs (Le).	71
Sélim et Sélima.	322, 323
Senofonte Efesio degli Amori di Abrocome.	1070
Sens (Les).	339, 340, 1094
— petit Bijou (Les).	71
Sentimental Journey through France (A).	958
Sérail (Le).	451

Sérails de Londres.	950
— de Paris (Les).	950
Servante justifiée (La).	371
Shakespear's Plays.	953
Siège de Calais (tragédie) (Le).	129
Silvie.... scribere jussit amor.	1053
Simple Histoire.	510
Simplice.	154
Singe de La Fontaine (Le).	988
Sirop au cul.	450
Situation des Beaux-Arts en France (Sur la).	193
Six Nouvelles (Les).	401
Soirée de Paphos (La).	71
— du Labyrinthe (La).	955
Soirées de Célie (Les).	71
— de la Chaumière (Les).	333
— de Rome.	896
— provençales (Les).	131
Soldat parvenu (Le).	694
Soliman second ou les Sultanes.	374
Solitaires en belle humeur (Les).	955
Somnambule (La).	212
Songes drolatiques de Pantagruel.	843, 1109.
— du Printemps (Les).	1000
Songs in the Opera Flora.	457
Sonnettes (Les).	466
Sopha (Le).	266
Sophie, ou le Triomphe des grâces.	404
Sophronie, ou Leçon prétendue d'une femme.	130
Souffrances du jeune Werther (Les).	442
Soupers d'Eurydice aux Champs-Elysées (Les).	959
Souvenir à l'anglaise.	72
— à la hollandaise.	72
Souvenirs et autres Opuscules poétiques (Mes).	615
Spectacle de l'Histoire Romaine (Le)	799
— de la Nature (Le).	809
— historique divisé par période de 25 ans.	956
Statues et Bustes antiques des Maisons royales.	378

TABLE DES OUVRAGES CITÉS

Stéphanor ou les Aventures d'un jeune Portugais.	957
Strélits ancienne et seule Milice de Russie.	625
Sultitiæ laudatio D. Erasmi.	348
Suite d'Estampes gravées par Mme de Pompadour.	813
— d'Estampes nouvelles pour les Contes de La Fontaine.	556, 574.
— de 18 Compositions allégoriques.	418
— de 24 Figures pour les Mille et une Nuits (Smirke).	955
— de douze Figures pour Almanachs, Etrennes galantes.	271
— de Gravures à l'eau-forte Bacchanales.	602
— de petits sujets dessinés.	453
— de Vases.	793
— des Bagatelles anonymes.	323
— des figures inventées par Watteau.	1054
Suite des figures pour les Œuvres de Voltaire.	1047
— des Œuvres de M. de G.	459
— des Vases tirée du Cabinet de M. Du Tillot.	178
— du Comte de Saint-Méran.	671
— de Cris et divers Marchands de Pétersbourg.	626
Supplément à la Vie et aux Aventures de la comtesse de Valois de La Motte.	1107
— au Recueil élémentaire d'Architecture.	751
— aux Mémoires de Sully.	725
Suppositions de l'enjouement (Les).	72
Suprême bon Ton (Le).	72
Suprise nocturne, ou les Ah! (La)	72
Sybille gauloise (La).	544
Sylphe (Le).	640
— par Le Tourneur (Le).	966
Syphilis.	410
Système du Philosophe chrétien.	425
— du Régime des Jésuites.	966

T

Talac (Le).	967
Tableau comique (Le).	899
— de la Folie incroyable.	486
— de la Volupté	330
— de Paris (Le) (Almanach).	73
— de Paris (Mercier).	701
— des Mœurs d'un Siècle philosophe.	967
— du nouveau Palais-Royal.	968
— général de l'Empire Ottoman.	763
Tableaux de la Bonne Compagnie.	879
— de la Chapelle des Enfants trouvés.	747
— de la Fable.	678
— de la Fable, ou l'Histoire poétique des Dieux.	968
— de la Nature (Les).	299, 968
— de la Sainte Messe.	969
— de la Vie.	880
Tableaux des Mœurs du Temps.	599
— des Révolutions de Paris.	952
— historiques (Collection complète des).	969, 971
— historiques des Campagnes d'Italie.	971
— qui se trouvent à la Haye (Les).	971
— suivis de l'Histoire de Mlle de Syane.	797
— topographiques... pittoresques de la Suisse.	1075
Tablettes historiques topographiques.	73
— topographiques et physiques de Bourgogne.	972
Tancrède.	1036, 1037
Tangu et Félime.	589
Tant mieux pour elle.	973
Tant mieux pour lui.	973

Tanzaï et Néadarné.	265	Théâtre italien de Gherardi (Le).	436
Tapisseries de S. A. S. Mgr le Duc d'Orléans.	610	— italien (par Gillot).	438
		Theatro italiano antico.	988
Tarsis et Zélie.	643	The fair pénitent.	914
Tartuffe (Le).	720	Thémidore, ou mes Fredaines.	440
— révolutionnaire (Le).	973	Théorie de l'Education.	1103
Taxe de la Chancellerie romaine.	982	— de la Figure humaine.	107, 915
Tempio di Gnido (Il).	726	— — des Sentimens agréables.	989
Temple de Gnide (Le) (par Colardeau).	245	— et la Pratique du jardinage (La).	93
— — (par Léonard).	622	Thérèse philosophe.	733, 734, 735
— — (Le) (par Montesquieu).	725, 726, 728, 729, 730.	Thesmographe (Le).	883
		Thibère.	972
— de la Gloire (Le).	1036	Tibulle, Catulle et Gallus.	992
— de Mémoire (Le).	805	Tirannie des Fées, détruite (La).	119
— de Vénus (Le).	982	Titi Lucretii Cari de rerum natura libri sex.	664
— des Muses (Le).	531	Tocsin fribourgeois.	994
Tendresses bachiques.	109	Toilette des Grâces (La).	73
Tentation de St Antoine.	948	Tombeau philosophique (Le).	119
Tessier, peintre, suites diverses.	985	Tombeaux des Princes, des grands Capitaines, etc.	670
Têtes folles (Les).	119, 987		
Théagène.	323	Tom Jones, comédie lyrique.	811
Théâtre complet de Mercier.	701	— ou l'Enfant trouvé.	395, 599
— d'Eschyle.	4	Tonnelier (Le).	106
— de Corneille.	254, 255, 1090	Toujours de l'Amour.	1079
— de la Foire.	637	Tours de Gibecière (Les).	1079
— de M. Bret.	187	Tours de maître Gonin.	176, 1087
— de M. de La Fosse.	587	Tourterelles de Zelmis (Les).	323
— de M. de La Grange.	587	Traduction de divers Œuvres composées en allemand.	513
— de M. Fagan.	371		
— de M. Favart.	375, 1096	— des Fastes d'Ovide.	775
— de Plaute.	808	— en vers des Métamorphoses d'Ovide.	773
— de Pradon (Le).	820		
— de Shakespeare.	954	— nouvelle de l'Art d'Aimer.	779
— de Société.	428		
— de Société, ou Recueil de différentes Pièces.	987	Traité de Cavalerie.	326
		— de Géométrie théorique et pratique.	611
— de Sybaris.	987		
— de Voltaire.	1037	— de l'Origine de la Régale.	106
— des Boulevards.	254	— de la Couleur de la Peau humaine.	611
— des Boulevards, Recueil de Parades.	988		
		— de la Coupe des Pierres.	602
— des Grecs (Le) 1730, 1749, 1775, 1789.	191, 192	— de la Méthode antique de graver en pierres fines.	748
— du Monde.	893	— de la Peinture.	623, 1017
— et Œuvres de Collé.	247	— de la Peinture en Miniature.	995
— et Œuvres diverses (Pallas).	781		

Traité de la Vénerie et de Chasse.	446
— de Perspective.	517
— des Feux d'artifices.	412
Traité des Pierres gravées.	683
— des Pierres précieuses.	819
— des Prairies artificielles, des Enclos.	674
— des Renoncules.	87
— du Beau essentiel dans les Arts.	189
— philosophique des Lois naturelles.	268
— sur les Principes de l'Art d'écrire.	107
Traités des Fièvres continues.	836
Transactions philosophiques de la Société royale de Londres.	186
Travaux d'Hercules.	996
Trésor de Fables choisies des plus excellents Mythologistes.	996
— des Almanachs (Le).	73
— des Antiquités de la couronne de France.	996
Trésor des Devinations.	74, 1080
— des Grâces (Le).	73
— des Grâces, ou la Parure de Vénus.	74
Trials for Adultery.	999
Tribu indienne (La).	173, 1087
Tribut de la Toilette.	999
Triomphe de la Mort.	493
— de la Religion (Le).	740
— des Dames.	74
— des Grâces (Le).	835
— du beau Sexe.	74
Trois Chiens (Les).	1000
— Femmes (Les).	228, 603, 995
— Frères (Les).	312, 323
— Nouvelles (Les).	702
— Règnes de la Nature (Les).	280
— Voluptés.	1000
Troisième suite d'Estampes.	353, 354
Trophées de l'Amour (Les).	74
Trottoir du Permesse (Les).	75
Tulli Ciceronis Cato major ad Pomponium Atticum.	241

U

Umrisse grieu généralde auf antiken in Campanien.	994
Uniformes militaires.	735
Union de l'Amour et des Arts (L').	75
Univers (L').	172
Usage des Statues chez les Anciens (De l').	465
Utilité de la Flagellation (De l').	696
Utopie de Thomas Morus.	740

V

Valdeuil.	694
Valeri Martialis.	692
Valise trouvée (La).	636
Valmon, Anecdote française.	647
Valrose ou les Orages de l'Amour.	648
Variétés amusantes.	75, 1080
— amusantes ou les Ribauds du Palais-Royal (Les).	1007
— de Vénus.	75
Veillée de Vénus (La).	75
Veillées du Couvent (Les).	702
— du Tasse (Les).	979
Vendanges gaillardes (Les)	1008
Vendangeur.	703
Veni creator spiritus.	1008
Vénus dans le Cloître.	1009
Vercingentorixe, tragédie.	146
Véritable Almanach nouveau.	75
Vérité critique des Tableaux.	1010
— des Miracles (La).	733

Vérité fabuliste (La).	605	*Vie publique et privée de H.-G. Riquetti, chevalier de Mirabeau.*	1014
Vérités à l'ordre du jour (Les).	1010		
— *philosophiques.*	711		
Versailles immortalisé.	724	— *voluptueuse entre les Capucins et les Nonnes.*	1014
Vicar of Wakefield (The).	444		
Vice puni ou Cartouche (Le).	449	*Vies des St-Pères des déserts et des Saintes solitaires d'Orient, etc.*	1015
Vicissitudes de la Fortune.	962		
Vicomte de Barjac (Le).	663	*Vita excellentium Imperatorum ex recognitione Steph.-And. Philippe (De).*	258
Victoires et Conquêtes de l'Empereur de Chine.	1012		
Vida en Estampes de la benedicta sancta Rosa di Lima.	1013	*Vœu de la Nature (Le).*	1024
		Vœux de France (Les).	795
— *y hechos del ingénioso hidalgo Don Quixote de la Mancha.*	215	*Voiture embourbée (La).*	1025
		Voyage à Cythère.	1048
Vie de Don A. Blas de Lirias (La).	1013	— *à l'Isle de France, à l'Isle-Bourbon, etc.*	934
— *de Garçon (Ma).*	694		
— *de la Bourdonnaise.*	1013	— *à la Nouvelle-Guinée.*	955
— *de Louis XVI.*	1013	— *au Cap de Bonne Espérance.*	640
— *de Marianne (La).*	685, 686	— *au Levant.*	610
— *de mon Père (La).*	874	— *autour de ma Chambre.*	671
— *de N. S. Jésus-Christ (La).*	437	— *autour des Galeries du Palais-Royal.*	1048
— *de Pierre Mignard (La).*	736		
— *de Socrate (La).*	253	— *aux Indes orientales et à la Chine.*	956
— *des fameux Architectes.*	94		
— *des Peintres flamands.*	499	— *d'Amathouse.*	871
— *des Peintres flamands, allemands et hollandois.*	287	— *dans la Basse et Haute-Egypte.*	285
— *du Capitaine Lemuel Gulliver.*	965	— *dans le Boudoir de Pauline.*	129
— *du Chevalier de Faublas.*	659	— *dans les 102 Départements de la France.*	606
— *du Pape Clément XIV (La).*	203	— *de Chapelle et Bachaumont.*	224
— *et Aventures de Lazarille de Tormes.*	502	— *de l'Inde à la Mekke.*	598
		— *de Madame et de Madame Victoire.*	151
— *et l'Œuvre de feu l'abbé Bazin (La).*	1013	— *de Mantes.*	174
— *et les Amours de Tibulle (La).*	437	— *de Pallas.*	781
— *et les Aventures de Robinson Crusoé.*	404, 405, 406	— *de Paris à Saint-Cloud par mer.*	748
		— *du chevalier Des Marchais.*	533
— *et les Opinions de Tristan Shandy (La).*	957	— *du jeune Anacharsis en Grèce.*	1048
— *pastorale (La).*	75	— *en l'autre Monde.*	600
— *politique de Marie-Louise de Parme.*	1014	— *en Sibérie.*	225
		— *littéraire de la Grèce.*	468
— *privée de Louis XV.*	741	— *par l'Italie en Egypte.*	151
— — *du Cardinal Dubois.*	724	— *par la Moscovie en Perse.*	610
— — *libertine et scandaleuse de Marie-Antoinette.*	1014	— *pittoresque de la Grèce.*	238
		— — *de la Syrie.*	204

Voyage pittoresque de Paris.	94
— — des Iles de Sicile, etc.	500
— — et historique de l'Istrie.	205
— — ou Descriptions du Royaume de Naples et de Sicile.	928
— sentimental en France.	957
— sentimental, suivi des lettres d'Yorick à Eliza.	957, 958.
Voyages aux Enfers, en Purgatoire.	836
— Campagnes. ... de Munchausen.	468
— de Gulliver.	964, 965
— de Pythagore en Egypte.	679
— en France (Petits).	1048
— et Aventures de Jacques Massé.	1000
— imaginaires, Songes, etc.	1050
Voyageur sentimental (Le).	1010
Vrais Amans (Les).	76
Vrais Principes de l'Art d'écrire.	914
— — du Dessin (Les).	612
Vraye Histoire comique de Francion (La).	956
Vues d'un Solitaire patriote.	1050
— de Paris.	776
— des Monuments construits dans les jardins de Franconville-la-Garenne.	1050
— des Places, Ports de mer, etc. de St-Domingue.	1050
— des plus beaux Edifices publics et particuliers de Paris.	516
— des plus beaux Restes des Antiquités romaines.	112
— diverses des Environs de Paris.	502
—, pittoresques de l'Alsace.	449
— pittoresques des principaux édifices de Paris.	514, 515
— remarquables des Montagnes de la Suisse.	485

W

Walpole (H) and Vertue.	1051
Wauxhall populaire (Le).	200
Werther.	441, 442, 1102
Wertherie.	792
Wilhelmine, poème.	992
Works of Ben Jonson (The).	130
— of Molière (The).	714
Works of M. William Congreve (The).	251
— of Richard Savage (The).	942
— of Shakespeare (The).	953
— of the right honorable Joseph Addison (The).	4

Y Z

Yeux, (Les) le Nez et les Tétons.	1071
Zadig.	1038
Zélie dans le désert.	1091
Zélinda (La).	200
Zélis au Bain.	796
Zélomir.	739
Zelucco.	737
Zély, ou la difficulté d'être heureux.	1075
Zemir et Azor.	689
Zemire et Zilas.	288
Zeneide.	199
Zéphirin, ou l'Enfant du plaisir.	1075
Zéphirine, ou l'Epoux libertin.	425
Zoramus.	323
Zoé.	672
Zoloé et ses deux Acolytes.	922

TABLE ALPHABÉTIQUE

DES NOMS D'ARTISTES

A

Aartman, 301.
Abram, 744.
Adam, 4, 343, 444, 911.
Adeline, 221.
Agrain, 5.
Alard, 552.
Albane, 423, 743.
Albon (Ctesse d'), 625.
Aliamet, 17, 118. 150, 155, 158, 182, 193, 260, 306, 307, 309, 317, 318, 319, 322, 349, 375, 424, 455, 479, 483, 488, 489, 558, 564, 565, 566, 570, 603, 623, 666, 796, 797, 808, 828, 846, 904, 929, 1012, 1040.
Alix, 117, 227, 260, 483, 819, 929.
Allais, 249, 808.
Allart, 1101.
Allix, 249, 291.
Amand 118.
Angelis, 191.
Anglette, 5.

Anselin, 144, 280, 378, 783, 784, 902.
Anthing, 84.
Antoine, 143.
Aresten (d'), 88.
Armstrong, 634.
Arquitecto, 219.
Arrivet, 259, 314, 378, 684.
Asselyn, 422.
Atkinson, 104.
Attiret, 1013.
Aubert, 91, 92. 215, 260, 287, 424, 548, 609, 744, 1059, 1060, 1062, 1063.
Aubigny, 291.
Aubry, 305, 786.
Audouin, 283, 583, 743, 744, 919.
Audran, 88, 110, 267, 302, 327, 378, 588, 609, 649, 652, 653, 659, 697, 915, 917, 943, 1057, 1058, 1059, 1060, 1061, 1062, 1064.
Auvray, 83, 291, 613, 689, 710, 929, 948.

Aved', 263, 453, 850, 851, 888, 902, 907.
Aveline, 2, 93, 107, 162, 168, 192, 200, 215, 226, 267, 291, 394, 395, 424, 465, 466, 482, 548, 556, 572, 588, 589, 593, 598, 602, 609, 696, 724, 799, 800, 808, 828, 830, 858, 915, 979, 981, 1005, 1006, 1040, 1,058, 1059, 1060, 1061.
Avenne (d'). 890.
Avril, 743, 744, 803, 956.

B

Babel, 109, 163, 190, 393, 517, 602, 830, 1015, 1016.
Baccicio, 267.
Bacheley, 611.
Backuisen, 422, 744.
Bagnacavallo, 267.
Bailleul, 373, 380, 670, 800, 1057.
Bailly, 238.
Bakker (de), 170, 300.
Balechou, 191, 263, 423, 424, 696.
Balestra, 465.
Ballin, 291.
Baltard, 285, 744.
Bamboche, 744.
Bannermann, 1051.
Baptist, 490.
Baquoy, 1, 115, 120, 128, 131, 132, 133, 158, 182, 192, 203, 211, 231, 235, 246, 255, 260, 264, 277, 279, 281, 287, 304, 307, 309, 314, 371, 381, 387, 392, 420, 427, 429, 433, 435, 455, 459, 460, 524, 543, 544, 548, 558, 564, 565, 567, 599, 614, 616, 620, 660, 666, 687, 697, 710, 717, 722, 729, 743, 744, 756, 763, 765, 769, 774, 786, 808, 810, 814, 828, 846, 849, 854, 867, 874, 875, 881, 903, 911, 915, 941, 944, 974, 979, 989, 991, 1001, 1019, 1020, 1021, 1028, 1033, 1038, 1040, 1044, 1049, 1061, 1073, 1074.
Bar, 110, 111.
Barbault (J.), 112.

Barcelon, 219.
Barck, 726.
Bardin, 551.
Barker, 472.
Barlouw, 350.
Barns, 117.
Baron, 267, 363, 364, 598, 619, 1058, 1060, 1063.
Barranco, 219.
Barras (S.), 184.
Bartolozzi, 114, 328, 472, 706, 743, 799, 992, 1019.
Basan, 114, 115, 116, 118, 132, 191, 287, 423, 424, 590, 769, 1049.
Basire, 291, 292.
Bassan, 267.
Basseporte, 809.
Baudet, 378, 962.
Baudouin, 121, 1036.
Baussire, 622.
Bazin, 761.
Beauble, 425.
Beaudoin, 206, 620.
Beaulieu, 474.
Beaumont, 332.
Beauvais, 215, 249, 262, 267, 349, 381, 424, 548, 588, 609, 670, 697, 891, 917, 940, 1040.
Beauvarlet, 424, 548, 614.
Becquet (Mlle), 625.
Béga, 118, 191, 420, 743.
Béginot, 127.
Beisson, 133, 743, 849, 1000, 1019.
Belin, 602.
Beljambe, 260, 276.
Bellefonds, 744.
Bellester, 219.
Bellicard, 157, 245.
Bellin, 226, 423.
Benard, 429, 596.
Benazech, 971.
Benedicty, 773.
Benoist, 131, 181, 260, 287, 393, 436, 763, 888.
Benoist M^e, 284.
Benoit, 404, 625, 915.
Berain, 519.
Berainville (P. de), 22.

DES NOMS D'ARTISTES

Bercy (de), 1012.
Berger, 219, 606, 959.
Bergeret, 691.
Berggold, 464.
Berghem, 422, 423, 744.
Berkeyden, 422.
Bernaerts, 382, 768, 840, 901, 940.
Bernards, 81.
Bernard Picart. Voy. PICART.
Bernigeroth, 168, 328, 694.
Berryer, 335.
Berseneff, 260.
Bertaux, 117, 118, 729, 736, 1049, 1075, 1076.
Berteaud, 516, 897.
Berterham, 520, 864.
Berthaud, 260.
Berthault, 11, 50, 180, 205, 277, 285, 424, 530, 684, 763, 929, 969, 1049.
Berthaut, 25, 238, 852.
Berthet, 57, 150, 198, 222, 232, 256, 334, 599, 648, 855, 871, 872, 874, 875, 885, 911, 1002, 1040.
Berthon, 442, 998.
Bertin, 552, 671.
Bervic, 744.
Besson, 260.
Bettelini, 743.
Beugnet, 291, 324, 694, 765.
Beurlier, 327, 1006.
Bidault, 551.
Binet, 37, 59, 61, 70, 72, 75, 101, 104, 115, 150, 181, 189, 239, 267, 274, 307, 308, 309, 333, 344, 376, 389, 390, 407, 424, 434, 465, 583, 656, 664, 670, 671, 724, 734, 736, 754, 769, 779, 792, 871, 872, 873, 875, 876, 877, 878, 879, 885, 886, 898, 899, 923, 937, 955, 947, 967, 991, 1002.
Biosse, 198, 495, 497, 599, 825, 911.
Birrell, 472.
Biscaïno, 423.
Bitaubé, 495.
Blakey, 287, 288, 816.
Blanchard, 149, 180, 322, 334, 389, 412, 434, 583, 656, 675, 705, 708, 741, 755, 981, 1049.

Blanchon, 180.
Blaremberghe, 1006.
Bleschke, 773.
Bleyswyck, 587, 593, 740, 937, 940.
Bloemart, 422, 532.
Blois (A. de), 165, 490, 940.
Blomey, 799.
Blondel, 157, 163, 288, 393, 683, 712, 808, 1015, 1016, 1086.
Blondel fils, 270.
Blot, 117, 260, 422, 584, 743, 849.
Bodart, 492.
Boëce, 191, 424.
Bœttger, 14.
Boffrand, 163, 786.
Boichot, 81, 989.
Boily, 400, 414, 571, 641, 908.
Boilly, 1005.
Boisset, 546.
Boizot, 482, 483, 616, 858, 1008, 1104.
Bol, 743.
Bolognete, 744.
Bolomey, 2, 145.
Bonnard, 234, 416, 518, 635, 861.
Bonnart, 200, 380, 444, 449, 637, 638.
Bonneau, 1017.
Bonnefoy, 202, 582.
Bonnet, 224, 443, 501, 522, 744.
Bonneville, 175, 831, 832.
Bonvalet, 233, 372.
Borde, 327.
Bordone, 191.
Borel, 89, 90, 130, 140, 141, 142, 143, 176, 192, 202, 232, 333, 240, 243, 250, 282, 301, 307, 374, 375, 386, 395, 431, 598, 599, 602, 632, 735, 749, 810, 866, 948, 949, 993, 996, 999, 1014, 1093.
Borgnet, 117, 142, 198, 211, 291, 572, 599, 602, 636, 825, 911, 996, 1006, 1050.
Bornet, 546, 702, 750, 921, 941, 955.
Borra, 916.
Bos (H.), 897.
Bosc, 684.
Bosh, 14.
Bosq, 256, 260, 264, 369, 586, 720.
Bosquet, 337.

TABLE ALPHABÉTIQUE

Bosse (Alb.), 177, 298, 354, 488, 605, 881, 888.
Bossi, 178, 295.
Both, 422.
Boubers (de), 465, 688.
Bouchardon, 121, 179, 282, 288, 683, 684.
Bouche (M.), 409, 768.
Bouche (P.-P.), 768.
Boucher, 13, 48, 92, 93, 143, 158, 160, 161, 163, 168, 180, 188, 205, 206, 209, 214, 216, 257, 258, 263, 282, 296, 299, 300, 331, 337, 373, 374, 375, 386, 465, 545, 556, 594, 602, 607, 670, 707, 712, 713, 714, 715, 716, 719, 769, 771, 772, 805, 809, 813, 818, 820, 834, 835, 853, 867, 896, 911, 986, 987, 1036, 1057, 1058, 1062, 1064.
Bouillard, 260, 776, 793.
Bouiland, 538.
Boulè, 683.
Boulogne (le Jeune), 378.
Bourdon (S.), 184, 743, 940.
Bourgeois, 183, 744, 933.
Bourgeois de la Richardière, 933.
Boutrais, 180, 744.
Bouttats, 768, 797.
Bovalet, 795.
Bovinet, 103, 129, 131, 154, 191, 214, 250, 260, 284, 303, 304, 333, 443, 517, 608, 633, 670, 724, 744, 755, 792, 852, 855, 893, 899, 913, 933, 941, 956, 978, 982, 989, 1006, 1049, 1071.
Boydell (Jos.), 242.
Boyer, 184.
Boys, 191.
Bracci, 474.
Brackenburg, 422.
Bradel, 93, 222, 299, 1001.
Brandi, 219.
Brandouin, 189.
Bray (de), 422.
Bréant, 93, 847.
Brebiette, 118.
Bréemberg, 422, 744.
Breen (de), 934.

Brekclenkamp, 422.
Brémond, 186.
Breslau, 186.
Bretez, 800, 807.
Bretherton, 1051.
Bretin, 117, 422.
Breughel (de V.), 422.
Briard, 329.
Briceau, 189.
Brichet, 117, 287, 443.
Brie (de), 691, 1040.
Brieva, 219.
Bril, 422, 744.
Brion, 1, 22, 66, 753, 755, 890, 893, 971, 1061, 1062.
Brion de la Tour, 186.
Briseux, 189, 190.
Brœn (de), 390, 494, 596, 839, 940.
Bronthorst, 184.
Bruneseau, 422.
Brunet, 162, 754, 769, 830.
Brunetti, 219, 855.
Buchorn, 279.
Bullet, 181.
Burus (H.), 800.
Butler, 196.
Buys, 128, 422, 1101.
Buysen, 492, 545, 723, 940.

C

Cadas, 1012.
Caffieri, 806.
Calabresse, 423.
Calendi, 743.
Callet, 138.
Callot, 118.
Camaron, 219.
Camerata, 424.
Camligue, 354, 363, 880, 881.
Campana, 424.
Campion, 188, 287, 515.
Canale, 423, 424.
Cangiagi, 184.
Canot, 114, 803, 809, 862.
Cantarini, 423.
Cantini, 743.

DES NOMS D'ARTISTES

Canu, 336, 791, 1048.
Caquet, 292, 744.
Caravage, 184, 191, 267, 423, 743.
Cardon, 128, 444, 474, 595.
Carbone, 800.
Caresme, 225, 282, 335, 551, 599, 725, 759, 1001.
Carmona, 706, 938.
Carmontelle, 516.
Canicero, 219.
Caron, 987.
Carpentier, 605.
Carrache, 88, 114, 115, 184, 191, 212, 267, 424, 743, 744, 940, 974.
Carré, 678, 920.
Carrée, 906, 932.
Cars, 172, 205, 225, 244, 273, 397, 441, 488, 548, 588, 605, 609, 670, 712, 713, 867, 888, 986, 1057, 1058, 1060, 1064.
Casanova, 1022, 1023.
Cassas, 205.
Castelli, 184, 980.
Castello, (J. de), 219.
Castiglione, 118, 184, 423.
Castillon, 1013.
Catel, 279, 443, 642.
Cathelin, 154, 260, 263, 413, 540, 717, 722, 820, 847, 888, 1038, 1042.
Cause, 547.
Cauvet, 208.
Caylus (Cte de), 179, 191, 210, 211, 212, 267, 429, 438, 623, 649, 650, 683, 721, 734, 1054, 1064.
Caze, 181.
Cazenave, 336, 400, 436, 971.
Cazes, 114, 192, 381, 788, 809, 1012.
Cernel (Ml), 249, 951.
Cesari, 743.
Chaillou, 129, 154, 214, 278, 296, 303, 304, 324, 336, 497, 517, 633, 660, 661, 755, 852, 866, 889, 941, 956, 998, 1010.
Challe (Noël), 241, 289, 290.
Chalmandier, 684.
Chambars, 472, 1051.
Chamber, 83.

Champagne, 422, 743, 828, 850, 888, 940, 1000.
Chantereau, 607.
Chapuy, 286, 307, 406, 441, 442, 516, 675, 730, 893, 944, 957.
Charpentier, 200, 225, 227, 250, 423, 632, 756, 1016.
Charron, 100.
Chasselat, 297, 336, 913, 959, 978.
Chastillon (de), 744, 915.
Chataignier, 744.
Chateau, 117, 267, 810, 911.
Châtelain, 117, 119, 131, 327, 371, 372, 405, 422, 825, 1006, 1038, 1085.
Châtelet, 1076.
Chatelin, 322.
Châtillon, 744, 849.
Chaudet, 731, 849, 927, 988.
Chaufournier, 181, 379, 494, 596.
Chauveau, 257, 450, 548.
Chedel, 92, 93, 143, 276, 328, 331, 373, 374, 375, 394, 412, 482, 483, 557, 612, 624, 697, 708, 747, 828, 830, 896, 986, 1058, 1060.
Cheilet, 4.
Chenu, 2, 171, 191, 249, 291, 371, 424, 533, 538, 548, 613, 666, 697, 722, 782, 794, 799, 828, 1021, 1040, 1098.
Chereau, 118, 165, 267, 917, 1015, 1016.
Cheron (Soph.), 297, 809, 845, 901.
Chery, 227, 920.
Chevalier (J.). 48, 233, 325, 423, 613, 870.
Chevaux, 180, 239, 409, 686, 927, 1016, 1039.
Chevillet, 345, 548, 846.
Chevotet, 610.
Chevrier, 820.
Chinard, 969.
Chodowiecki, 13, 14, 33, 127, 152, 219, 237, 441, 443, 461, 606, 793, 892, 893, 959, 960, 1038, 1102.
Choffard, 22, 51, 78, 91, 95, 105, 115, 117, 118, 129, 142, 144, 156, 190, 195, 198, 213, 228, 229, 238, 260, 280, 299, 300, 350, 385, 447, 455

456, 479, 486, 506, 507, 514, 519, 543, 558, 559, 562, 563, 564, 568, 569, 570, 571, 573, 576, 581, 600, 601, 603, 615, 645, 660, 665, 769, 771, 772, 781, 802, 814, 850, 866, 904, 908, 913, 925, 926, 929, 949, 969, 971, 984, 1007, 1012.
Choiseul-Gouffier, 238.
Choquet, 401, 545, 691, 837.
Chovin, 273.
Chrétien de Méchel, 127, 419.
Cignani, 423, 743.
Cigoli, 184.
Cipriani, 95, 104, 510, 706.
Claessens, 472, 743, 744, 971.
Clamp, 472.
Claude Lorrain, 242.
Clavareau, 263, 266, 414, 477, 614, 621, 730, 864, 869, 925, 928, 1009.
Clément, 403, 436, 485, 708, 932, 1005.
Clère, 1001.
Clouk, 146.
Clouzier, 628.
Cochi, 988.
Cochin, 6, 26, 51, 85, 86, 95, 97, 98, 105, 115, 118, 120, 127, 130, 143, 153, 157, 158, 160, 168, 169, 170, 171, 172, 177, 185, 186, 188, 192, 199, 206, 210, 211, 213, 214, 215, 216, 225, 231, 239, 243, 244, 245, 249, 257, 258, 259, 266, 267, 272, 276, 279, 282, 289, 290, 296, 306, 329, 331, 332, 335, 373, 374, 375, 379, 381, 383, 384, 386, 391, 392, 393, 412, 425, 443, 450, 452, 454, 455, 456, 459, 464, 479, 481, 482, 483, 484, 488, 489, 495, 497, 510, 512, 517, 519, 520, 540, 542, 547, 548, 549, 557, 589, 590, 594, 602, 605, 608, 609, 611, 612, 614, 615, 619, 620, 621, 624, 634, 643, 644, 652, 653, 666, 674, 687, 688, 695, 706, 720, 721, 724, 730, 742, 751, 762, 763, 764, 765, 766, 775, 788, 792, 794, 805, 818, 820, 830, 834, 851, 854, 855, 857, 858, 867, 888, 896, 900, 901, 902, 905, 907, 913,
915, 915, 924, 928, 929, 937, 947, 950, 959, 973, 975, 977, 979, 984, 985, 990, 1012, 1013, 1015, 1016, 1018, 1020, 1025, 1026, 1051, 1053, 1054, 1057, 1058, 1059, 1060, 1061, 1063, 1064, 1086.
Cocquelle, 37.
Cœlmans, 184.
Coiny, 85, 220, 285, 448, 553, 622, 773, 777, 799, 823, 837, 849, 969, 998, 1047.
Colibert, 117, 400, 436, 516, 582, 708.
Colinet, 260, 422.
Collin, 250, 596.
Collombat, 392.
Colson, 888.
Conca, 267.
Conninck, 743.
Constant, 786.
Cook, 229, 230, 999.
Copia, 133, 260, 347, 428, 598, 613, 633, 678, 906, 969, 1019, 1023, 1049, 1068, 1102.
Coquart, 327, 335, 379, 588.
Corneille, 191, 302.
Cornille, 1049.
Coron, 1096.
Corrège, 184, 191, 423, 743.
Cortone, 743.
Coster, 695, 934, 940.
Cotelle, 519, 683.
Cottart, 519.
Couché, 117, 154, 228, 259, 260, 350, 422, 516, 603, 737, 838, 929.
Coulet, 616, 784.
Coupeau, 684.
Courbe, 162, 214, 276, 280, 660, 729, 744, 774, 851, 978.
Courtois, 2, 799, 819.
Cousinet, 548.
Coutellier, 126.
Coypel, 185, 214, 215, 216, 217, 218, 271, 272, 302, 380, 381, 453, 594, 595, 596, 605, 611, 617, 649, 652, 653, 654, 695, 711, 712, 714, 716, 721, 798, 802, 825, 855.
Craesbeck, 743.
Cramer, 262.

DES NOMS D'ARTISTES

Crayer (G. de), 422, 743.
Crepy, 176, 438, 635, 867, 1057, 1058, 1059, 1061, 1062.
Crescent, 552.
Crespy, 175, 743.
Crispin de Pas, 15.
Croisier (M.-A.), 204, 544, 763.
Croutelle, 198, 260, 285, 369, 516, 702, 720, 743, 763, 814, 866, 902, 999, 1044, 1047, 1050.
Crusius, 347.
Cunégo, 5.
Cuviliés, 269.
Cuviliés fils, 270, 1028.
Cuvillier, 1016.
Cuyk, 829.
Cuyp, 422, 743.

D

Dagoty, 426, 427, 803.
Dagoty fils, 426, 929.
Damascus, 1013.
Dambrun, 43, 50, 57, 84, 117, 142, 152, 198, 211, 220, 224, 235, 238, 271, 274, 296, 297, 307, 321, 322, 354, 387, 388, 398, 401, 402, 403, 422, 429, 433, 435, 461, 468, 495, 496, 517, 525, 583, 589, 599, 609, 622, 633, 636, 641, 660, 665, 669, 679, 710, 737, 756, 774, 825, 826, 849, 881, 894, 908, 911, 912, 913, 929, 935, 941, 944, 958, 977, 978, 988, 991, 997, 1010, 1021, 1023, 1024, 1028, 1033, 1038, 1044, 1050, 1091, 1101.
Danarceau, 38.
Daniel, 460.
Danloux, 927.
Dantle, 270.
Danum, 393.
Danzel, 260, 1017.
Darnstedt, 744.
Dassier, 453.
Dassonneville, 118.
Daubigny, 291.
Daudet, 115, 221, 744, 929.

Daullé, 114, 168, 171, 185, 302, 423, 424, 534, 695, 812, 830, 846.
David, 19, 184, 252, 268, 274, 275, 401, 422, 469, 474, 655.
Dawkins, 916.
Debrie, 77, 382, 901, 1037.
Debucourt, 48, 677, 833.
Debuigne, 260.
Decave, 1037.
Decker, 422.
Defehrt, 4, 1021.
Defraine, 192, 199, 1021.
Defraisne, 76, 454.
Defrey, 744.
Degault, 906, 913.
Delacroix, 129.
Delafosse., 27, 38, 120, 128, 191, 277, 296, 447, 533, 558, 564, 812, 891, 897, 983, 1018.
De la Haye, 422.
Delamonce, 494, 526, 707, 800, 816, 817.
De la Place, 1058.
Delâtre, 127, 763.
Delattre, 229, 230, 746, 954.
De Launay (Nicolas), 12, 86, 95, 97, 101, 102, 116, 117, 124, 133, 137, 138, 139, 141, 142, 150, 170, 180, 198, 203, 211, 222, 224, 225, 228, 246, 250, 256, 260, 297, 306, 307, 309, 311, 313, 314, 320, 324, 332, 354, 372, 383, 388, 390, 398, 400, 408, 413, 427, 433, 448, 455, 460, 461, 468, 479, 483, 495, 496, 506, 508, 510, 517, 544, 552, 597, 598, 604, 605, 636, 642, 660, 673, 680, 690, 692, 701, 710, 717, 731, 742, 744, 756, 763, 769, 774, 806, 821, 825, 834, 853, 854, 867, 881, 889, 890, 902, 907, 908, 912, 913, 925, 926, 935, 971, 972, 973, 976, 977, 999, 1028, 1032, 1033, 1036, 1041, 1044, 1049, 1050, 1096.
Delcroche, 734.
Delfos, 550.
Delignon, 117, 131, 133, 140, 142, 152, 181, 190, 192, 198, 231, 232, 235, 238, 260, 274, 291, 355, 388,

395, 398, 399, 401, 402, 406, 433, 478, 495, 496, 517, 586, 599, 602, 636, 664, 665, 737, 743, 744, 756, 825, 854, 865, 881, 894, 913, 935, 977, 978, 988, 1021, 1023, 1028, 1044, 1050.
Della Bella, 118.
Delvaux, 3, 76, 112, 115, 124, 131, 162, 171, 198, 236, 260, 263, 264, 279, 284, 298, 327, 332, 342, 386, 387, 388, 389, 406, 408, 429, 433, 434, 435, 436, 449, 461, 510, 539, 541, 546, 552, 572, 573, 584, 586, 636, 641, 660, 695, 706, 719, 720, 737, 756, 763, 774, 776, 806, 825, 826, 851, 860, 883, 888, 902, 904, 906, 911, 912, 913, 919, 941, 949, 969, 976, 978, 979, 999, 1001, 1006, 1010, 1015, 1021, 1023, 1047, 1050, 1085.
Demarne, 622, 638, 660, 935.
Demarteau (G.),, 282, 500, 501.
Demautort, 646, 981.
Demonchy (M^e), 140, 198, 582, 999.
Demonchy, 515, 582, 623, 708, 743, 896, 996.
Demortin, 518.
Dennel, 260.
Deni, 516.
Denis, 291.
Denon, 285, 319, 324, 435, 534, 536, 644.
Deny, 329, 572, 803, 1038.
Deny (Mlle J.), 332, 929.
Deplace, 1054, 1058.
Dequevauviller, 117, 205, 238, 260, 291, 422, 455, 744, 919, 929, 1076.
Des Angles, 137.
Desault, 969.
Desaulx, 260, 744.
Desbridins, 226.
Descamps, 287, 798, 868.
Descourtis, 485, 515, 933.
Desenne, 281, 284, 369, 616, 691.
Desfriches, 896.
Deshautesrayes, 794.
Desmaisons, 613, 1002.
Desmaretz, 85.

Desmoulins, 117, 929, 956.
Desnos, 795.
Desnoyers, 744.
Despax, 1012.
Desplaces, 262, 267, 588, 589, 609, 610, 697, 916, 1025, 1059, 1061, 1064.
Despreaux, 301.
Despres, 929.
Desrais, 26, 28, 33, 37, 46, 65, 69, 70, 71, 77, 119, 126, 128, 145, 191, 197, 199, 204, 222, 226, 233, 299, 322, 329, 332, 335, 340, 342, 343, 371, 372, 415, 420, 425, 451, 467, 487, 544, 551, 572, 594, 605, 623, 633, 689, 702, 743, 807, 808, 811, 835, 946, 968, 976, 1001, 1002, 1031.
Desrochers, 12, 417, 740.
Deveria, 281.
Devilliers, 162, 369, 534, 616, 742.
Devon, 743.
Dheulland, 226.
Dien, 110, 238, 494, 919, 941.
Dienkerpegh, 146.
Diepenbecke, 532.
Dietrich, 422.
Dnavelle, 127.
Dolci, 424.
Dominiquin, 267, 743, 744.
Dominichino, 114.
Doold, 999.
Dorgez, 9, 10, 18, 29, 30, 33, 36, 37, 38, 39, 40, 41, 42, 43, 44, 53, 54, 56, 57, 60, 61, 63, 64, 71, 74, 75.
Dorigny, 670.
Dorwen, 743.
Dosso, 424.
Dow (Girard), 191, 422, 744.
Drake, 1030, 1032.
Drappe, 182, 675, 859, 883.
Drevet, 154, 164, 382, 766, 917.
Droyer, 1076.
Drouais, 743.
Drouët, 551, 726, 974, 976.
Dubercelle, 437, 629, 630, 632.
Dubosc, 619, 845.
Du Bourg (L.-F.), 119, 194, 266, 268,

DES NOMS D'ARTISTES

269, 382, 587, 768, 840, 845, 934, 945, 1037.
Ducerceau, 519.
Duchange, 7, 62, 267, 482, 858, 915, 916.
Duché, 291.
Duclos, 79, 83, 95, 114, 225, 226, 238, 246, 247, 260, 292, 307, 316, 322, 354, 391, 413, 455, 506, 541, 603, 604, 605, 662, 687, 689, 690, 700, 706, 717, 737, 742, 769, 793, 794, 827, 848, 908, 926, 934, 944, 947, 948, 972, 974, 977, 978, 980, 1028, 1033, 1040, 1041, 1044.
Ducreux, 284, 413.
Duflos (Ch.), 154, 155, 165, 206, 223, 225, 253, 267, 281, 307, 321, 323, 331, 333, 380, 382, 422, 424, 455, 465, 480, 484, 485, 499, 509, 524, 585, 589, 605, 609, 644, 664, 670, 673, 684, 707, 722, 724, 737, 792, 805, 808, 854, 892, 901, 908, 929, 940, 961, 972, 1018, 1032, 1036, 1038.
Duflos (Me), 219, 334, 680.
Duflos le jeune, 3, 219, 333, 334, 433, 1027, 1032.
Dufour, 1012.
Dugourc, 249, 539, 795, 941.
Dugernier, 4, 130, 497, 914, 953, 954, 1017.
Duhamel, 83, 84, 376, 420, 462, 467, 583, 689, 694, 756, 866, 911, 947, 1021.
Dujardink, 115, 743, 744.
Dumautort, 162.
Dumonstier, 673.
Dumont, 622.
Dumoulin, 406.
Dunker, 115, 189, 214, 252, 337, 422, 441, 467, 471, 485, 680, 682, 701, 798, 799, 936, 994, 1010, 1066.
Duparc, 142, 260, 280, 285, 291, 461, 633, 744, 929, 969, 1049.
Duperons, 379.
Dupin, 155, 180, 225, 259, 420, 688, 929, 1061.
Dupin fils, 126, 467, 689, 946, 947.

Duplessi-Bertaux, 115, 226, 228, 235, 260, 285, 338, 339, 366, 442, 491, 554, 597, 598, 603, 616, 632, 709, 832, 837, 838, 859, 860, 929, 969, 970, 971, 1033.
Duplessis, 606, 786, 888.
Duponchel, 3, 180, 198, 239, 327, 409, 582, 601, 686, 705, 731, 776, 865, 867, 892, 927, 957, 1006, 1016, 1039.
Dupréel, 140, 142, 181, 235, 305, 387, 401, 406, 434, 435, 461, 462, 525, 583, 607, 656, 660, 662, 669, 744, 756, 763, 826, 837, 849, 850, 902, 911, 913, 919, 935, 969, 971, 978, 988, 991, 993, 997, 1020, 1021, 1049.
Dupuis, 267, 327, 381, 424, 437, 482, 488, 548, 588, 609, 610, 724, 858, 888, 916, 1006, 1025, 1061, 1063, 1068.
Durand, 306, 328, 371, 514, 516, 752, 753, 798, 808, 860, 951.
Durer, 136.
Duret, 291, 548, 1006.
Durmer, 343.
Du Roy, 384.
Dusart, 115, 422.
Dutailly, 932, 933.
Dutenofer, 744.
Dutertre, 126, 226, 660, 874.
Duval, 184, 250, 296, 672, 827, 849, 1049.
Duvivier, 698.

E

Earlom, 242.
Eckardt, 606.
Edelinck (N.), 154, 179, 267, 482, 494, 594, 595, 590, 858, 915, 917, 1011.
Edwards, 230.
Ehrenstrahl, 828.
Eichler, 680, 743, 744.
Eisen, 2, 6, 9, 16, 27, 38, 79, 86, 87, 95, 100, 101, 102, 103, 114, 118,

120, 123, 128, 132, 141, 150, 155,
156, 158, 160, 161, 168, 169, 182,
193, 207, 245, 254, 259, 260, 262,
263, 281, 282, 287, 296, 305, 307,
308, 309, 310, 311, 312, 313, 317,
318, 319, 320, 321, 322, 323, 325,
329, 330, 339, 340, 344, 345, 349,
352, 364, 365, 366, 371, 374, 375,
383, 392, 404, 409, 412, 427, 447,
459, 460, 484, 485, 488, 500, 505,
518, 521, 533, 546, 556, 558, 559,
561, 565, 567, 568, 569, 570, 571,
573, 593, 598, 599, 603, 605, 614,
623, 641, 643, 648, 653, 654, 666,
671, 672, 690, 692, 694, 710, 725,
726, 728, 730, 738, 742, 769, 771,
772, 774, 775, 776, 780, 788, 792,
796, 797, 799, 803, 808, 809, 812,
815, 818, 828, 835, 836, 854, 857,
891, 897, 903, 907, 908, 925, 927,
928, 939, 949, 972, 979, 991, 992,
993, 1000, 1001, 1003, 1004, 1017,
1021, 1022, 1023, 1026, 1040, 1072,
1073, 1074, 1081, 1082.
Eisenberg (d'), 345, 346.
Elant, 490.
Elgers, 489, 490.
Elliot, 85, 862.
Elluin, 89, 90, 176, 202, 233, 240,
243, 431, 735, 749, 927, 928, 948,
949, 993.
Elu (L'), 240.
Elzheimer, 422, 744.
Endner, 13, 14.
Erlinger, 861.
Esquirel, 744.
Essob (Bosse), 803.
Evrier, 800.

F

Fabregat, 219.
Farret, 494.
Fauvel, 862.
Favane, 93, 128, 381, 1058, 1060.
Favray, 468.
Fay, 592.

Fehrt (de), 27, 345, 548.
Ferdinand, 621, 622.
Férée, 743.
Ferro, 219.
Fessard (E.), 4, 38, 73, 91, 92, 101,
102, 120, 132, 177, 179, 192, 198,
210, 211, 212, 225, 231, 253, 258,
259, 263, 266, 277, 292, 296, 306,
335, 371, 375, 379, 383, 394, 395,
410, 414, 423, 424, 425, 447, 459,
482, 440, 541, 547, 548, 551, 557,
594, 605, 614, 621, 673, 694, 697,
715, 716, 741, 783, 798, 815, 847,
856, 858, 861, 869, 900, 925, 928,
929, 937, 941, 951, 956, 962, 967,
972, 989, 1001, 1007, 1008, 1009,
1026, 1036, 1059, 1062.
Fessard (Cl.), 291, 693.
Feti, 267, 424, 744.
Ficquet, 95, 118, 241, 277, 287, 288,
394, 482, 558, 563, 565, 569, 572,
825, 828, 858, 1003, 1004, 1021.
Fiesinger, 606.
Filhol, 778.
Filleul, 1060.
Fillœul, 191, 225, 292, 482, 556, 691,
858, 1065.
Finsonius, 184.
Fischer, 743, 849.
Fittler, 634, 1019.
Fletcher, 1025.
Flinck, 422, 743.
Flipart, 92, 157, 158, 255, 267, 349,
375, 393, 424, 465, 488, 489, 548,
558, 565, 566, 570, 614, 666, 724,
805, 844, 846, 848, 904, 915, 949,
1008, 1040.
Floding, 548.
Flouest, 399, 400.
Foin, 591.
Fokke, 197, 207, 216, 217, 301, 411,
424, 653, 680, 686, 789, 790, 903.
Folkema, 216, 217, 218, 221, 222, 382,
424, 540, 723, 768, 829, 840, 871,
907, 940, 945, 1027, 1037, 1040,
1053.
Fonbonne, 163, 724, 871, 940.
Fontaine, 919.

DES NOMS D'ARTISTES

Fontana, 744.
Fontbonne, 4, 182, 661.
Fordrin, 409.
Forier, 744, 963.
Forty (J.-J.), 171, 409, 410.
Fossati, 410.
Fosseyeux, 260, 285, 402, 599, 737, 743, 1044.
Fossier, 285, 486, 1104.
Fossin, 460.
Fourdriguier, 382, 714, 845, 916, 953.
Fournier le Jeune, 226.
Fra Bartholoméo, 743.
Fragonard, 232, 299, 300, 574, 575, 577, 578, 579, 580, 581, 929, 930, 931, 969, 989, 1025.
Fragonard fils, 235, 461, 1049.
Fraine, 810.
Francia, 424.
Franck, 422.
Franco, 974.
François, 4, 485, 486, 802, 942.
Frankeendaal, 631, 907, 1053, 1067.
Franssières (J. de), 619.
Frédou, 888.
Freudeberg, 13, 353, 355, 361, 362, 588, 680, 682, 750, 880, 881.
Frey, 267.
Friedrich, 581.
Fritzch, 87, 301, 513, 816, 908.
Fritzius, 701.
Frontier, 114.
Frussotte, 252, 274, 391, 736, 792, 911, 948.
Fuesli, 173.
Funck, 270.

G

Gabriel, 288, 786.
Gaillard, 287, 420, 482, 548, 567, 568, 1008.
Gaitte, 852.
Galien, 285.
Gallimard, 157, 245, 276, 424, 488, 489, 548, 608, 624, 666, 816.
Gandolfi, 743, 744.
Garand, 285, 371, 459.

Garaud, 1098.
Garbizza, 516.
Gardelle, 1041.
Gardinet, 472.
Garnerev, 127, 231, 232.
Garnier (B.), 229, 850.
Garofalo, 267.
Garreau, 117, 260, 422, 744, 777.
Garsault, 955.
Gaucher, 2, 26, 51, 81, 82, 132, 133, 139, 140, 147, 152, 154, 198, 200, 207, 220, 239, 244, 260, 283, 284, 299, 321, 383, 388, 399, 401, 402, 403, 410, 413, 422, 433, 447, 454, 455, 456, 468, 483, 495, 517, 597, 601, 608, 643, 706, 737, 775, 802, 825, 834, 848, 849, 894, 900, 927, 928, 929, 988, 1001, 1002, 1049.
Gaudenzio Ferrari, 267.
Gaultier, 289.
Gautier, 5, 127, 289, 708.
Gauven, 490.
Gayot, 737.
Gazard, 340.
Geissler, 744.
Genga, 267.
Genillion, 291.
Geoffroy, 911.
Gérard, 281, 584, 656, 849, 932, 969, 1019, 1023.
Gérard (Mlle), 48, 235, 660.
Gerhard, 490.
Germain, 93, 115, 429.
Gessner, 432, 435.
Geyser, 13, 14, 992.
Ghendt (de), 3, 19, 26, 95, 101, 118, 124, 139, 141, 142, 155, 171, 198, 211, 247, 284, 296, 297, 307, 312, 313, 314, 316, 317, 319, 320, 321, 322, 323, 340, 374, 375, 387, 422, 425, 427, 429, 433, 435, 442, 455, 456, 463, 473, 495, 496, 505, 524, 583, 586, 589, 616, 623, 660, 662, 665, 672, 678, 690, 700, 701, 710, 717, 720, 729, 731, 769, 774, 797, 835, 851, 861, 894, 899, 911, 912, 913, 929, 935, 978, 997, 999, 1047, 1050.

Tome II   39

Ghuy (M. de), 675, 676.
Gibelin, 518.
Giffard, 188, 378, 380, 480,
Gil, 219.
Gille, 683.
Gillot, 165, 437, 438, 594.
Gillray, 895.
Giordano, 424.
Giorgione, 267, 743.
Girardet, 435, 439, 596, 720, 731, 743, 931, 969, 971, 1047.
Giraud aîné, 211, 291, 305, 525, 599, 660, 669, 710, 756, 865, 872, 875, 878, 879, 911, 923, 935, 996, 1002, 1042, 1050.
Giraud jeune, 130, 150, 260, 433, 434, 461, 599, 875.
Girodet, 281, 752, 849, 932, 1019, 1023.
Glairon-Mondet, 260, 850.
Glassbach, 959.
Gleich, 880.
Gleyse, 1012.
Godefroy jeune, 260.
Godefroy, 101, 117, 124, 173, 198, 213, 220, 235, 260, 389, 422, 433, 455, 633, 656, 705, 739, 743, 744, 756, 814, 862, 919, 957, 998, 1001, 1019, 1023, 1047.
Godin, 406, 701, 783, 812.
Goerce, 490, 797.
Goez, 443.
Gois, 7, 274.
Golding, 634.
Goujet, 572.
Goulet, 795, 951.
Goumaz, 117, 198, 260.
Gouwen, 121, 490, 768, 940.
Goya, 446.
Grangeret, 946.
Grasset de St-Sauveur, 451, 452, 678, 968.
Grateloup (de) 453.
Gravelot, 2, 12, 27, 29, 33, 64, 77, 78, 87, 114, 127, 146, 155, 158, 159, 160, 161, 162, 205, 206, 210, 225, 239, 243, 246, 247, 249, 255,

256, 257, 327, 328, 332, 343, 348, 364, 373, 375, 390, 391, 394, 395, 396, 405, 410, 428, 454, 455, 456, 457, 458, 499, 518, 519, 524, 541, 544, 598, 603, 605, 611, 614, 628, 648, 662, 664, 665, 684, 687, 688, 689, 707, 711, 721, 724, 746, 759, 769, 771, 782, 783, 793, 794, 795, 799, 806, 811, 822, 823, 826, 848, 849, 853, 869, 874, 890, 891, 893, 898, 904, 907, 908, 925, 942, 953, 962, 972, 974, 975, 976, 980, 981, 983, 987, 1006, 1027, 1029, 1036, 1041, 1042, 1079, 1080.
Grégoire frères, 368.
Grégori, 772, 774, 775.
Greuze, 48, 95, 131, 148, 463, 464.
Grignion, 4, 83, 128, 229, 230, 251, 499, 708, 862, 953, 954, 999, 1017, 1051.
Grimm, 792.
Grohmann, 464.
Grose, 464.
Groux, 572.
Grünler, 14.
Guaspre, 184.
Guay, 813.
Guelard, 589, 636.
Guélin, 786.
Guerard, 182.
Guerchin, 115, 184, 424, 743, 804.
Guercino, 114.
Guérin, 260, 278, 422, 616, 697, 743.
Guetard, 509.
Guide (le), 184, 743, 744.
Guilbert, 260.
Guiguet, 763.
Guillebeau, 816.
Guiot, 1057.
Gunst, 77, 166, 382, 466, 768, 901.
Guttemberg (C.), 103, 115, 117, 118, 140, 142, 192, 238, 260, 279, 354, 363, 422, 680, 737, 743, 744, 881, 919, 929, 1028, 1041, 1044.
Guyard, 399, 400, 402.
Guyn, 83.
Guyot, 127, 515, 933, 1065.

H

Hakkert ou Hackert, 132, 422.
Halbou, 101, 102, 115, 117, 125, 140, 142, 192, 198, 235, 260, 307, 321, 353, 378, 400, 433, 446, 447, 455, 468, 469, 583, 589, 602, 636, 641, 660, 662, 679, 680, 729, 737, 744, 756, 774, 810, 825, 837, 849, 850, 865, 866, 881, 888, 908, 912, 913, 923, 924, 931, 935, 988, 997, 1021, 1028, 1033, 1044, 1047, 1089.
Halderwang, 279, 744.
Hall, 83, 472.
Hallé, 291, 371, 378, 379, 465, 489, 869, 888, 928.
Hals, 422, 453.
Hamilton, 992.
Harding, 472.
Harrewyn, 179, 214, 242, 262, 348, 351, 491, 502, 596, 634, 639, 663, 680, 711, 757, 785, 826.
Harriet, 949.
Hartwagner, 270.
Haussard, 129, 215, 267, 391, 619, 855, 917.
Haussard (Me E.), 1007.
Haym, 974.
Hayman, 217, 251, 708, 816, 953.
Heat, 882.
Hecquet, 736, 1054, 1058.
Hedlinger, 337.
Héland, 468.
Helman, 82, 95, 102, 228, 246, 354, 355, 392, 479, 643, 690, 717, 725, 737, 744, 769, 881, 894, 911, 929, 1028, 1041, 1044.
Hemery, 117, 208, 251, 422, 737, 814, 899, 1002, 1092, 1096.
Hemmerick, 748.
Henne, 5, 14.
Henriquez, 95, 260, 440, 680, 743, 744, 763, 775, 888, 929, 974, 1104.
Hérault, 1094.
Hérisset, 93, 163, 182, 683, 697, 724, 800.

Herrliberger, 345.
Heymann, 891.
Hilair, 238, 597, 598, 763.
Hill, 132.
Hjelin, 468.
Hobbéma, 422.
Hodges, 492.
Hoet, 490, 940.
Hogarth, 196, 714, 959.
Holbein, 348, 349, 422, 424, 492, 493, 692, 859.
Hollar, 118, 858.
Hollway, 882.
Holzhalb, 491, 606, 792, 1067.
Hooge, voir ROMAIN DE HOOGE.
Hoogstraten, 422.
Hortemels (Marie), 268, 724.
Hortemels 267, 628, 724, 1012.
Houbraken, 424, 499, 540, 672, 695, 897, 940, 1053.
Houel, 282, 469, 500, 551, 929.
Hourcastrémé, 500.
Huber, 260, 285, 825.
Hubert, 47, 117, 142, 211, 264, 387, 398, 401, 422, 465, 599, 632, 756, 837, 890, 911, 935, 944, 1000, 1062.
Hubert Robert, 929, 930, 931.
Hubner, 492.
Huet, 48, 258, 282, 324, 351, 425, 500, 501, 786, 941, 981, 1023, 1094.
Hulk, 1, 429, 481, 701, 737, 744, 774, 851.
Hulot, 763.
Humblot, 22, 192, 226, 381, 509, 611, 614, 741, 762, 787, 867, 1012, 1069.
Huot, 142, 302, 443, 444, 599, 607, 633, 648, 893, 996.
Huquier, 206, 228, 437, 438, 502, 590, 764, 796, 1057, 1059, 1060, 1061, 1062, 1063, 1064, 1065.
Hutin, 392, 424.
Huyberts, 490, 940.
Huysmans, 422.
Hyac, 112.

I

Immick (H.), 789.
Ingouf, 115, 145, 154, 264, 327, 433, 447, 455, 464, 517, 740, 763, 795, 881, 888, 908, 912, 913, 962, 1006, 1047, 1091, 1104.
Ingouf jeune, 238, 260, 353, 354, 401, 743, 1104.
Ingram, 373, 375.
Isabey, 276, 341, 616, 919, 932.

J

Jackson, 1012.
Jacob, 268, 424, 684, 1060, 1061.
Jacquemin, 221.
Janet, 1041, 1042.
Janinet, 126, 226, 458, 485, 514, 516, 698.
Janscha, 248.
Jardinier, 424.
Jeaurat, 268, 800, 943, 1025, 1060, 1061, 1063.
Jehotte, 324.
Jibelin, 99.
Joly, 84.
Jombert, 1026.
Jonghe, 494.
Jonxis, 198, 825.
Jordaens, 191, 422, 743.
Joubert, 526, 707.
Joue (de la), 1058.
Joulin, 1059.
Joullain, 215, 268, 438, 440, 712, 890, 1060.
Jourdan, 5, 260, 682, 773, 775, 855.
Jouvenet, 743.
Julien, 737.
Jugmann, 768.
Juillet, 93.
Jungwierth, 270, 1028.

K

Kaclewgh, 490.
Kalff, 422.
Kaltner, 270.
Karel du Jardin, 422.
Kauffmann, 633, 642.
Keil, 424.
Kent, 216, 221, 428.
Kessler, 744.
Ketterlin, 260.
Keyl, 191, 528.
Kibler, 343.
Kilian, 191, 424, 969.
Klauber, 260, 744.
Kneller, 4, 166, 251, 453, 648, 816, 817.
Knight, 472.
Kobell, 551.
Kohl, 343.
Konder, 1037.
Koning, 422, 723.
Korulein, 817.
Krafft, 996.
Kruger, 743, 744.
Kugelgen, 104.

L

Laan (A. V. D.), 5.
Labadye, 276.
Labeyle, 27.
Laborde (de), 1008.
Labrousse, 451, 1103.
La Cave, 194, 901, 940, 1040.
Lachaussée, 22, 66, 180, 299, 968, 1037.
Lacombe, 291, 292.
Lacour, 301.
Lacroix, 471.
La Cruz (J. de), 219.
La Cuesta, 219.
La Fage, 184.
La Ferté, 545.
La Feuille, 545, 870.
Lafitte, 260, 286, 902, 933.
Lafosse, 169, 345, 349, 366, 392, 404, 516, 566, 602, 730, 796.
Lafrensen ou Lavreince, 468.
La Gardette, 591.
Lagrenie, 489.

La Haye (de), 457.
La Hire, 744.
Lairesse (Gérard), 422.
La Joue, 589, 1068.
La Live, 590, 591.
Lallemand, 291, 292.
Lalonde, 592.
Lamarre, 911.
Lambert, 260.
Lamberti, 474.
Lamour, 172, 250, 596.
Lancret, 191, 556, 557.
Landon, 597.
Landry, 164.
Lanfranc, 424, 743.
Lang, 1000.
Langetti, 424.
Langlois, 112, 118, 192, 198, 235, 260, 387, 433, 636, 641, 731, 737, 756, 774, 837, 849, 850, 865, 894, 902, 913, 978, 996, 999, 1028, 1044, 1050.
Lanswelt, 811.
Laperra, 274.
Lapi, 979, 988.
Laplace, 403, 898.
Larcher (Toinette), 268.
Larcy, 467.
Largillière, 548, 1000, 1026.
Larmessin, 268, 335, 556, 557, 917, 1060, 1061, 1062.
Larrieu, 340.
La Rue (de), 78, 345, 599, 602, 761, 820.
La Serrie (J. de), 603.
Later (de) 490, 940.
Latouche, 91.
Latour, 263.
La Tour, 264, 447, 888, 890, 907, 908, 1028, 1037, 1038, 1041, 1042, 1091.
Latteur, 129.
Lattré, 51.
Launay (Voir de Launay).
Laurent, 88, 279, 469 530, 609, 743, 744, 793, 794.
Lauri, 743.
Lauson, 862.

Lavallée, 744, 850, 919.
Lavallée Poussin, 960.
Lavreince, 468.
Le Barbier, 81, 82, 101, 102, 104, 105, 142, 143, 147, 152, 173, 192, 220, 226, 227, 231, 232, 235, 236, 245, 284, 291, 292, 293, 305, 383, 385, 399, 400, 404, 433, 434, 447, 534, 535, 574, 576, 582, 646, 647, 658, 664, 678, 705, 728, 729, 763, 773, 774, 775, 802, 810, 849, 862, 907, 908, 909, 911, 913, 944, 954, 978, 988, 989, 991, 1016, 1076, 1082, 1110.
Le Bas, 4, 114, 116, 132, 180, 188, 214, 215, 216, 225, 263, 268, 287, 292, 295, 327, 329, 335, 345, 349, 373, 375, 383, 392, 422, 426, 479, 541, 543, 546, 548, 557, 588, 607, 608, 613, 614, 627, 717, 737, 792, 809, 822, 868, 870, 925, 929, 952, 1010, 1012, 1013, 1059, 1060, 1061, 1063.
Lebeau, 124, 139, 154, 198, 222, 252, 307, 314, 316, 321, 420, 433, 443, 636, 679, 694, 700, 817, 825, 913, 924, 935, 1081.
Lebert, 539, 996.
Le Blond, 378, 519, 683.
Le Boulanger, 100.
Le Bouteux, 104, 534, 535, 536.
Le Brun, 136, 378, 609, 610, 611, 743, 960.
Lebrun, 117, 155, 256, 597, 612, 768, 940, 969, 1049.
Lecanu, 277.
Le Carpentier, 786.
Lecave, 1027.
Le Cerf, 260, 911.
Leclerc (Seb.), 110, 193, 298, 378, 396, 420, 467, 556, 611, 612, 695, 736, 911.
Leclere, 551, 768.
Le Cœur, 808, 1038.
Lecomte (Marg.), 431, 436, 1052.
Le Daulceur (Mme), 328, 666.
Le Duc, 422, 744.
Lefebvre, 388, 389, 390, 823, 965.

TABLE ALPHABÉTIQUE

Lefèvre, 120, 181, 213, 220, 448, 590, 739, 799, 823, 932, 1089.
Legaré (Gilles), 683.
Le Geay, 163.
Le Gouaz, 139, 307, 314, 449, 524, 778, 899, 969.
Le Goux, 472.
Legrand, 2, 6, 77, 101, 117, 158, 187, 198, 201, 228, 246, 247, 263, 287, 307, 314, 317, 349, 374, 378, 422, 429, 454, 455, 456, 484, 485, 501, 516, 524, 548, 556, 568, 603, 646, 647, 687, 692, 716, 717, 726, 769, 786, 799, 815, 828, 846, 847, 854, 891, 903, 938, 955, 979, 1028, 1040, 1085, 1096, 1101.
Leiden (Von), 940.
Lejeune, 19, 173, 274.
Le Josépin, 184.
Le Lorrain, 393, 447, 608, 666, 697, 967.
Le Loup, 757.
Lelu, 794.
Le May, 291.
Lemesle, 171, 556.
Lemeunié, 277.
Le Mire ou Lemire, 4, 29, 118, 138, 158, 235, 238, 241, 249, 255, 259, 260, 264, 277, 287, 330, 347, 349, 352, 375, 383, 393, 423, 424, 425, 435, 454, 455, 518, 519, 521, 533, 544, 548, 555, 558, 559, 563, 564, 565, 566, 567, 570, 614, 628, 641, 654, 660, 662, 666, 687, 692, 724, 726, 728, 731, 769, 775, 786, 788, 796, 797, 798, 828, 846, 848, 890, 904, 907, 908, 913, 924, 929, 944, 949, 954, 1034, 1040, 1044, 1049.
Lemoine, 263, 269, 397, 766, 1025.
Le Monnier, 299.
Lemoyne, 441.
Lempereur, 86, 128, 158, 255, 337, 368, 424, 440, 548, 565, 566, 567, 808, 818, 828, 836, 846, 848, 888, 904, 949, 971, 972, 989, 1021.
Lenain, 744.
Léonard de Vinci, 424, 623, 743, 744.
Léonardis, 980.

Lepagelet, 625.
Le Paon, 292, 862.
Le Parmentier, 1012, 1068.
Lepautre, 106, 378, 379, 519, 683.
Lépicié, 215, 225, 268, 426, 482, 609, 712, 737, 858, 888, 943, 1025, 1063, 1064, 1104.
Lépine, 291, 433, 516, 763, 911, 929, 969.
Leprince, 225, 253, 282, 551, 625, 626, 744, 769, 925, 926.
Lerat, 581.
Leroi, 516.
Lerouge, 260, 763.
Leroux, 519, 683.
Le Roy, (Seb.), 190, 222, 307, 314, 455, 468, 523, 616, 684, 866, 871, 872, 911, 929, 937, 974, 980, 981, 996, 1096, 1106.
Leroy, 93, 127, 208, 250, 378, 420, 599, 627, 680, 760, 814, 1003.
Lespagnolet, 191.
Lespilliez, 270.
Lespinasse (de), 291, 763.
Lesueur, 88, 184, 268, 488, 510, 516, 609, 743, 754.
Le Tellier, 117, 186, 238, 276, 422, 434, 911, 929.
Letta (Fr.), 234.
Leu (de), 482.
Le Vachez, 821, 969.
Levallée, 730.
Levasseur, 124, 260, 390, 391, 688, 707, 743, 744, 782, 811, 848, 888, 1017, 1041.
Leveau, 105, 115, 117, 124, 158, 198, 247, 291, 307, 314, 455, 558, 564, 565, 566, 567, 603, 687, 688, 690, 706, 710, 717, 737, 769, 775, 899, 908, 928, 948, 974, 1021, 1041, 1044.
Leves (Mlle), 47.
Levesque, 2, 116, 150, 888.
Le Villain, 198, 211, 260, 327, 422, 428, 433, 623, 744, 810, 850, 958, 1006, 1050.
Leybold, 260.
Licherie, 962.

Liébault, 190.
Liebe, 13.
Liénard, 116, 125, 238, 260, 291, 292, 295, 744, 929.
Liévens, 118.
Limborch, 422.
Limbourg (de), 757.
Limmell, 468.
Linderberg, 491.
Lingé, 26, 83, 97, 101, 102, 116, 125, 235, 261, 307, 309, 313, 314, 325, 332, 353, 422, 447, 455, 461, 495, 496, 633, 665, 689, 710, 729, 763, 814, 899, 932, 947, 974, 977, 978, 1028, 1044.
Lingée (Me), 117, 572, 738, 1034, 1049.
Lingelbach, 422.
Liot, 428.
Liotard, 375, 609, 1058, 1060, 1061.
Liotter (Mlle), 208.
Lippert, 168.
Lips, 606.
Littret, 118, 130, 154, 345, 375, 731, 794, 819, 907.
Locatelli, 744.
Locke, 648.
Locker, 829.
Loir, 184, 328, 329, 519, 683, 915.
Lomeau, 183.
Longhi, 743, 744.
Longueil (de), 95, 100, 101, 102, 114, 117, 118, 130, 140, 142, 150, 155, 173, 189, 198, 207, 238, 247, 255, 260, 274, 282, 291, 307, 308, 309, 311, 312, 313, 314, 315, 317, 318, 319, 320, 321, 322, 323, 330, 339, 340, 344, 348, 375, 391, 398, 399, 401, 403, 422, 427, 433, 455, 484, 485, 500, 505, 510, 524, 527, 558, 564, 565, 566, 567, 570, 607, 613, 636, 643, 648, 662, 666, 671, 680, 687, 699, 710, 756, 759, 763, 769, 796, 797, 810, 825, 834, 837, 853, 854, 865, 899, 903, 904, 905, 907, 912, 929, 931, 992, 997, 1006, 1016, 1021, 1022, 1026, 1028, 1034, 1041, 1044, 1076.

Lorge, 648.
Lorieux, 214, 260, 363, 660, 661, 744, 814, 1038.
Lorimier, 372.
Lorrain Cl., 242, 556, 744.
Lorraine (de), 2, 603, 799, 888, 1040.
Lotha, 437.
Lotti (C.), 191.
Louis, 291.
Loutherbourg, 422, 551, 888, 899, 954.
Louvel, 763.
Louvion, 827, 1006.
Loyer, 786.
Loyola (Ignace), 335.
Lucas 94, 163, 182, 378, 589, 683, 800, 815, 1012.
Lupton, 242.
Lussy (M. de), 625.
Luyken, 490, 492.

M

Maag, 269, 270.
Maas, 768.
Macé, 855.
Machau, 347.
Machy (de), 698.
Macret, 101, 103, 117, 181, 260, 264, 282, 298, 327, 375, 401, 422, 474, 571, 572, 817, 851, 912, 929, 1092.
Madel, 809.
Maella, 938.
Maes, 422.
Maillard, 101.
Maillet, 47, 116, 130, 142, 211, 222, 422, 572, 574, 576, 599, 737, 911, 1050, 1101.
Mairet, 690.
Maisonneuve, 22, 593, 741, 891, 1040, 1069.
Major, 602, 869.
Malapeau, 125, 126, 187, 198, 291, 538, 633, 731, 737, 843, 969, 1049.
Malbeste, 260, 276, 277, 285, 292, 294, 295, 355, 678, 737, 743, 774, 881, 913, 997, 1019.
Malder, 768.

Maleuvre, 116, 117, 260, 353, 775, 888.
Manchard, 181.
Manfredi, 267.
Mangin, 522.
Mansfeld, 343, 763, 773, 996.
Mansuy, 850.
Marais, 260, 301, 584, 656, 849, 850, 1019, 1023.
Maratta, 114, 184, 267, 424, 743, 940.
Marchand, 99, 192, 260, 371, 372, 518, 599, 613, 810, 814, 835, 897, 1085, 1087, 1096.
Mare, 943.
Maréchal, 192, 679, 810, 938, 941, 968.
Mariage, 189, 239, 302, 344, 396, 586, 670, 756, 774, 779, 793, 851, 955, 989.
Mariette, 106, 108, 115, 118, 302, 640, 683.
Marillier, 3, 12, 19, 26, 41, 43, 50, 55, 71, 100, 101, 102, 105, 118, 123, 124, 127, 133, 138, 139, 140, 141, 142, 143, 149, 150, 153, 154, 155, 162, 176, 180, 181, 192, 198, 211, 212, 224, 261, 262, 264, 281, 295, 297, 307, 309, 310, 311, 313, 314, 316, 317, 319, 320, 321, 322, 323, 324, 334, 340, 363, 364, 386, 387, 388, 404, 414, 424, 433, 434, 436, 460, 461, 468, 478, 479, 489, 495, 496, 510, 521, 524, 530, 533, 544, 552, 573, 582, 589, 597, 598, 613, 623, 633, 634, 636, 637, 660, 661, 679, 684, 685, 695, 700, 701, 731, 757, 776, 780, 808, 810, 811, 814, 817, 818, 824, 826, 835, 853, 854, 861, 862, 865, 867, 894, 899, 900, 911, 912, 923, 924, 927, 928, 935, 941, 947, 973, 976, 981, 993, 999, 1010, 1029, 1032, 1036, 1038, 1042, 1050, 1072, 1076, 1081, 1082, 1084, 1085, 1091, 1110.
Mario de Fiori, 184.
Mark, 343, 775.
Marolles, 139, 581.
Marot, 188, 519.
Martial, 581.

Martin, 420, 911.
Martinasie, 159, 349.
Martinet, 76, 106, 139, 150, 194, 225, 284, 289, 292, 364, 374, 376, 419, 467, 569, 571, 605, 663, 692, 747, 776, 781, 790, 811, 826, 854, 862, 947, 950, 1042, 1050.
Martinet (Th.), 84, 106, 374, 376, 391, 588, 605, 689, 699, 736, 946, 947, 948, 1075.
Martini, 95, 116, 117, 132, 133, 191, 207, 208, 238, 354, 392, 422, 483, 508, 604, 605, 655, 706, 737, 881, 908, 929, 1001, 1002, 1008, 1038.
Marvye, 190, 393, 412, 517, 519, 548, 786, 830, 870.
Masquelier, 116, 124, 139, 192, 219, 235, 246, 276, 291, 292, 306, 307, 309, 313, 314, 387, 392, 419, 422, 455, 506, 507, 524, 534, 535, 536, 538, 539, 603, 623, 633, 643, 647, 661, 688, 690, 737, 743, 744, 769, 778, 821, 850, 854, 934, 965, 1001, 1034, 1041, 1044, 1076.
Massard, 79, 95, 100, 116, 118, 150, 155, 245, 246, 276, 296, 307, 309, 317, 318, 319, 321, 427, 455, 605, 643, 656, 672, 688, 706, 711, 725, 743, 744, 769, 797, 820, 834, 847, 850, 919, 923, 941, 948, 972, 974, 1019, 1041.
Massard (Urb.), 260, 605, 743, 744.
Massé, 609, 650, 722, 915.
Masson, 200, 693, 1000.
Mathey, 169, 259, 381, 784, 867.
Mathieu, 117, 238, 246, 247, 260, 584, 744, 763, 850, 929, 1019.
Maton, 694.
Mattei, 191.
Maviez, 260, 1044.
Mayer, 279.
Mechel (de), 477.
Mécou, 933.
Méer, 966.
Meil (J.-H.), 12, 13, 153, 411, 550.
Mellini, 888.
Menant, 808.
Menil, 699, 1006, 1040, 1067.

Méon, 781.
Mercier, 1072.
Meredo, 219.
Merghen (A.), 743.
Mérigot, 704.
Merigot fils, 439, 704.
Mesnil, 2, 93, 548, 974.
Methier, 260.
Metzu, 422, 743, 744.
Meulemeester (de), 744.
Meunier, 291, 327, 969.
Meuse (de), 328.
Meyer, 551, 693.
Michaud, 516, 744.
Michaut, 260.
Michaux, 1025.
Michel, 117, 232, 260, 375, 516, 793, 911, 1006.
Michel Ange, 108, 114.
Michelinot, 783.
Micheux, 890.
Michon, 250, 260.
Miel, 184, 744
Mierevelt, 1008.
Mieris, 191, 422.
Miger, 208, 290, 298, 299, 500, 744, 769, 818, 888, 958.
Mignard, 714, 715, 717, 719, 736, 743.
Milder, 490.
Milet, 422.
Miller, 4, 1051.
Millet (Franc.), 184.
Minguet, 219.
Mioland, 956.
Mirabeau, 162.
Mireveldt, 1008.
Mirys, 131, 279, 428.
Misbach, 350, 959.
Mittermayer, 270.
Mixelle, 501, 678, 679, 746.
Moëtte, 128, 191.
Moithey, 679, 799.
Moitte, 116, 117, 158, 260, 291, 385, 422, 424, 464, 487, 548, 615, 670, 742, 849, 888, 943, 989, 1099.
Mola, 184, 267, 744.
Moles, 219, 888.
Monce (de la), 808.

Monchy (de), 1050.
Mondon, 154.
Mongin, 282, 581, 679.
Monnet, 3, 19, 82, 95, 143, 144, 162, 172, 173, 181, 192, 202, 219, 228, 235, 236, 238, 239, 246, 274, 275, 281, 282, 283, 284, 296, 331, 383, 384, 385, 386, 389, 401, 403, 404, 426, 429, 434, 456, 461, 462, 468, 479, 517, 551, 574, 577, 579, 613, 633, 642, 660, 661, 665, 679, 699, 707, 724, 725, 737, 750, 769, 771, 781, 783, 784, 793, 810, 888, 896, 911, 941, 947, 971, 1034, 1038, 1047, 1049, 1099, 1101, 1103, 1110.
Monsiau, 131, 142, 171, 181, 279, 280, 281, 297, 350, 398, 400, 437, 544, 620, 656, 660, 661, 746, 773, 774, 913, 935, 958, 1005, 1067, 1110.
Montalais, 208, 600, 759, 857, 858.
Montigny (de), 735.
Montulay, 385, 551.
Mopille, 516.
Morace, 260, 743, 744.
Moreau, 6, 73, 84, 95, 96, 97, 98, 104, 115, 118, 131, 140, 141, 142, 148, 152, 153, 154, 162, 163, 171, 174, 175, 183, 188, 207, 212, 225, 238, 241, 248, 256, 257, 264, 265, 276, 279, 281, 284, 285, 290, 291, 292, 294, 295, 299, 301, 347, 354, 355, 356, 361, 363, 364, 368, 369, 370, 383, 386, 387, 389, 396, 399, 413, 424, 425, 426, 429, 435, 442, 462, 463, 464, 472, 473, 474, 483, 495, 506, 507, 508, 525, 534, 535, 536, 537, 555, 583, 584, 586, 603, 604, 607, 616, 617, 621, 622, 641, 643, 646, 669, 690, 691, 699, 702, 706, 707, 717, 718, 720, 729, 731, 737, 740, 742, 743, 744, 754, 756, 763, 769, 771, 773, 774, 810, 818, 834, 835, 837, 838, 850, 851, 854, 855, 865, 879, 880, 881, 882, 894, 900, 904, 906, 907, 908, 909, 911, 912, 913, 926, 927, 928, 931, 932, 933, 934, 954, 981, 987, 988, 997,

998, 1010, 1015, 1020, 1021, 1022, 1028, 1033, 1034, 1038, 1044, 1045, 1047, 1048, 1074, 1076, 1099, 1106.
Morel, 260, 743, 744, 927.
Morelse, 422.
Morghen, 744.
Morin, 154.
Morlaud, 48.
Morret, 951.
Mortimer, 229, 230, 274.
Moseder, 238.
Mosley, 648.
Moucheron, 422, 744.
Mouchy, 386.
Moucler, 127.
Mougeot, 744.
Moyreau, 268, 1057, 1058, 1059, 1060, 1062, 1063, 1068.
Mulder, 940.
Muller, 708, 743, 744, 940, 982, 1017.
Muntaner, 219.
Murillo, 743, 744.
Mutian, 267.
Myris (de), 291, 538, 710, 810, 979.

N

Naigeon, 911.
Natoire, 856, 867.
Nattier, 126, 483, 494, 596, 888.
Naudet, 1026.
Navarro, 219.
Neayle, 634.
Née, 73, 101, 102, 114, 139, 142, 153, 154, 205, 246, 247, 282, 291, 292, 295, 306, 307, 308, 309, 314, 318, 323, 455, 479, 506, 524, 534, 535, 536, 613, 643, 662, 690, 700, 717, 731, 763, 769, 775, 810, 848, 854, 923, 929, 934, 974, 980, 1041, 1076.
Néefs, 422, 744.
Néering, 128.
Nerbelin, 128.
Nesscher, 184, 422, 744.
Newton, 464.
Nicole, 596.
Nicolet, 260, 455, 743, 929.

Nicollet, 584, 1047.
Nicollo dell' Abbate, 424.
Nior (de), 422.
Nioul, 226.
Niquet, 260, 291, 744, 969.
Nodiot, 407.
Noel, 648, 941.
Noilli, 474.
Noireterre (de), 1049.
Nolin (J. B.), 1012.
Nonnotte, 533.
Norblin, 725, 828.
Normand, 286.
Notté, 517.
Nouvelli, 204, 980.
Noviance (V.), 48.
Nugent, 472.

O

Odieuvre, 325, 326, 961, 962.
Oeser, 992.
Oesterreich, 191, 694.
Ogborne, 472.
Olivart, 622.
Oppenord, 378, 712.
Orizzonte, 744.
Orléans (Ph. d'), 649, 652, 653, 654, 655.
Ostade, 115, 118, 422, 744.
Otten, 954.
Oudry, 548, 549, 550, 552, 553, 608, 767, 943, 944, 952.
Oulkine, 743.
Ouvrier, 158, 297, 392, 548, 549, 558, 565, 828, 904.
Ovenden, 763.
Overbeck, 768.
Ozanne, 132, 776, 777, 800, 969, 971.

P

Pacot, 396.
Pagani, 424.
Paillet, 164.
Pajou fils, 284.
Palomino, 219.

DES NOMS D'ARTISTES

Panini, 744.
Pannier, 516.
Papillon, 65, 782.
Paradis, 763.
Paris, 191, 291, 343, 384, 538, 929.
Parisot, 385.
Parizeau, 116, 307, 312, 602, 769.
Parker, 444, 472, 634.
Parmessan, 137, 184, 424, 743.
Parrocel, 282, 327, 588, 607, 870.
Pasquier, 109, 158, 210, 337, 349, 394, 395, 429, 548, 611, 687, 748, 785, 788, 822, 891, 903, 925, 980, 1021, 1040.
Passari, 267.
Patas, 28, 47, 69, 83, 116, 117, 128, 130, 132, 133, 171, 192, 198, 204, 211, 235, 260, 264, 274, 285, 340, 355, 376, 378, 386, 387, 398, 403, 420, 427, 447, 486, 495, 496, 544, 616, 623, 636, 660, 689, 710, 729, 731, 737, 747, 763, 785, 807, 810, 825, 849, 865, 881, 913, 935, 944, 947, 958, 974, 977, 978, 989, 991, 996, 1000, 1001, 1019, 1028, 1034, 1038, 1044, 1050, 1085.
Patel, 744.
Pater, 556.
Patier, 1040.
Patte, 270, 786, 943.
Patter, 984.
Pauquet, 142, 235, 260, 292, 293, 387, 433, 461, 583, 613, 636, 641, 656, 662, 731, 737, 825, 875, 878, 913, 919, 923, 958, 982, 1049.
Pelicier, 264, 420, 737, 969.
Pellegrini, 971.
Pelletier, 2, 180, 266, 548, 799, 891, 1040.
Penzel, 960.
Pépin, 298.
Percé, 744.
Percheron, 465.
Percier, 499, 554, 919.
Perdoux, 998.
Perelle, 118, 188, 278, 520.
Pérignon, 291, 1076.
Périno del Vaga, 115, 267.

Pernet, 515.
Pernotin, 402.
Perrin, 276, 662, 731.
Pésarèse, 743.
Peters, 744.
Petit, 81, 130, 140, 142, 192, 256, 264, 268, 433, 435, 583, 599, 710, 744, 756, 814, 911, 917, 919, 935, 944, 989, 1047.
Petitot, 178, 295, 600, 601.
Petting, 490.
Peyron, 264, 730, 731, 849.
Peyrotte, 282.
Pezant, 905.
Phelps, 489.
Philip, 1040.
Piauger, 2, 819, 1077.
Picard (B.), 6, 77, 81, 99, 104, 114, 118, 121, 123, 134, 135, 136, 165, 167, 170, 201, 214, 216, 218, 223, 269, 300, 332, 345, 348, 382, 405, 407, 417, 418, 425, 465, 480, 490, 494, 499, 531, 540, 545, 547, 550, 551, 587, 593, 594, 610, 648, 672, 698, 706, 745, 768, 769, 773, 840, 864, 901, 915, 924, 935, 941, 959, 983, 984, 1007, 1037.
Picart, 901, 940.
Picot, 746.
Picquenot, 117.
Pierre, 91, 118, 121, 199, 255, 259, 282, 328, 431, 436, 440, 937, 1051, 1052, 1053.
Pierretz, 519.
Pierron, 205, 260, 422, 710, 743, 744.
Pigalle, 907.
Pigeot, 586, 720, 913.
Pignatari, 474.
Pigné, 182, 940.
Pignon, 131.
Pillement, 260, 285, 292, 744, 778, 803, 913.
Pillement fils, 933.
Pillet, 680.
Pinacker, 744.
Pinssio, 287, 349, 482, 585, 621, 858.
Pintiwicchio, 267.
Piquenot, 291, 538.

TABLE ALPHABÉTIQUE

Pithoud (M^e), 898.
Pitouit, 622.
Pitre-Martenasie, 158, 182, 345, 548, 828.
Pitterie, 424.
Pitz, 776.
Pizzi, 988.
Pocquet, 257.
Pœlembourg, 184, 191, 422.
Poilly (De), 118, 215, 268, 378, 480, 637, 1012, 1025.
Poincelot, 1067.
Poisson, 812, 941, 956.
Pol, 424, 821.
Poletnitch, 548, 781, 888.
Pompadour, 151, 257.
Pompés, 988.
Ponce, 95, 97, 101, 102, 116, 117, 124, 132, 133, 139, 140, 141, 142, 149, 162, 191, 228, 246, 260, 282, 296, 297, 307, 308, 309, 313, 314, 332, 383, 387, 412, 425, 433, 434, 455, 495, 496, 524, 589, 620, 643, 690, 705, 729, 744, 769, 810, 814, 815, 825, 827, 850, 862, 899, 900, 911, 912, 913, 929, 934, 935, 947, 948, 974, 977, 978, 1001, 1002, 1023, 1041, 1049, 1050.
Ponce (M^e), 117, 191, 307, 314, 455, 521, 524, 538, 636, 874, 1001, 1021.
Poncet, 817.
Ponheimer, 343.
Pool, 490, 940.
Porbus, 422, 1028.
Pornot, 181.
Porporati, 706.
Porret, 219.
Porta, 287.
Portmann, 971.
Potter, 115, 422, 744.
Pouget, 819.
Poulleau, 793.
Pourbus, 1044.
Pourle, 472.
Poussin (Le), 173, 184, 431, 743, 744.
Preisler, 424, 609.

Prestel, 820.
Prévost, 95, 118, 172, 203, 243, 255, 260, 289, 290, 299, 383, 413, 449, 455, 464, 467, 479, 488, 510, 520, 548, 567, 589, 599, 605, 614, 620, 621, 644, 664, 689, 706, 765, 766, 850, 890, 925, 926, 929, 947, 977, 978, 984, 1021.
Prevotet, 683.
Prieur, 959.
Procaccini, 424, 743.
Prot, 933.
Provost, 213, 848.
Prudhommes, 186.
Prud'hon, 85, 133, 134, 173, 193, 256, 257, 418, 656, 657, 849, 850, 906, 933, 980, 1023, 1070.
Pruneau, 116, 327, 375, 911, 1006.
Puget, 184.
Pugin, 199, 924.
Pujos, 893.
Punt, 99, 394, 424, 550, 551, 714, 716, 719, 768, 816, 829, 830, 845, 891, 924, 995, 1013.
Pynacker, 422.

Q

Quéverdo, 6, 9, 10, 15, 18, 20, 21, 25, 30, 31, 40, 42, 47, 49, 50, 52, 53, 54, 55, 57, 59, 66, 68, 69, 81, 82, 84, 106, 187, 203, 220, 251, 271, 274, 283, 307, 320, 321, 374, 376, 388, 389, 391, 392, 398, 401, 402, 403, 404, 422, 440, 517, 522, 523, 527, 588, 603, 642, 647, 660, 675, 703, 749, 755, 763, 774, 776, 852, 898, 941, 946, 948, 981, 1024, 1028, 1079, 1092, 1106.
Quéverdo (Marie), 106, 374, 929, 948.
Quillau, 724.
Quinkhard, 540.

R

Rabelli (Bar), 111.
Racine, 205, 260, 737, 778, 929.

DES NOMS D'ARTISTES

Radel, 900.
Radigues, 255, 424, 548.
Raimbach, 634.
Raimbau (Melle), 819.
Rameau, 852.
Ranc, 594.
Ranson, 852.
Ransonnette, 2, 39, 45, 271, 306, 352, 426, 502, 503, 530, 607, 640, 955, 966, 967, 1080, 1108.
Raphaël, 137, 173, 184. 266, 743, 744, 804, 940.
Ravenet, 168, 180, 215, 268, 295, 345, 482, 557, 589, 609, 708, 858.
Raymond, 268.
Rebout, 1012.
Regnault, 725, 729, 913.
Régnault (M^e), 725.
Reindel, 744.
Reinhart, 490, 964.
Rembrandt, 118, 136, 137, 191, 210, 422, 424, 743, 744.
Ren (J. E.), 608.
Renard, 724, 929.
Renard du Bos, (J.) 1058, 1059.
Renaud, 773.
Renon, 95.
Restout, 99, 100, 888, 889.
Retor (Mlle) 198, 422.
Reys, 858.
Ribault, 256, 264, 369, 586, 720, 743, 919, 932, 988, 1047.
Ribera, 184, 191, 424, 743.
Ricard, 181.
Ricci, 424.
Richard, 1004, 1005.
Richardière (de la), 933.
Richomme, 82, 744.
Richter, 680.
Ridé, 227, 951.
Ridinger, 424, 894.
Rieg (Michel), 145.
Riepenh, 14.
Rieter, 606.
Rigaud, 93, 106, 165, 168, 170, 171, 179, 184, 288, 407, 423, 453, 547, 572, 583, 584, 585, 586, 766, 787, 812, 865, 888, 895, 1000.

Rigault, 558, 563.
Riland, 548.
Rillet, 7.
Riolet, 117, 697.
Riollet (Mlle) 291.
Riquart, 379.
Roberday, 896.
Robert, 83, 93, 94, 95, 268, 482, 809, 896, 960.
Robin, 982.
Rochard, 297.
Rochefort (P.), 619, 779.
Rochegrain, 1037.
Rochn, 402.
Rode, 548.
Roettiers, 429, 494, 596.
Roger, 85, 173, 193, 256, 284, 515, 656, 657, 720, 752, 851, 933, 951, 980, 1047, 1070.
Rolin, 1012.
Romain (Jules), 267, 424, 743, 768, 804.
Romain de Hooge, 233, 348, 491, 555, 658, 663, 680, 757.
Romance (A.), dite (Romany), 1015.
Romanelli, 267, 744.
Romanet, 116, 260, 261, 262, 353, 354, 422, 495, 641, 662, 737, 743, 780, 817, 849, 850, 881, 888, 908, 944, 978, 1000, 1028, 1034, 1044, 1047.
Roncerai (Du), 888.
Rooker, 862.
Roos, 422.
Rosaspina, 743, 744, 988.
Roseh, 270.
Rosenberg, 485.
Roslin, 291, 888.
Rossi, 988.
Rottenhamer, 422.
Roumey, 582.
Rousseau, 81, 116, 118, 155, 246, 455, 483, 662, 687, 769, 792, 793, 848, 925, 972, 974, 980, 984, 1041.
Rousset, 786.
Rouvier, 414.
Roy, 140, 183, 482.
Royer, 369, 759.

Rubens, 107, 118, 184, 191, 241, 378, 422, 423, 424, 570, 606, 743, 744, 915, 916.
Ruel, 184.
Ruotte, 103.
Ruysdaël, 115, 191, 422, 607, 744.
Ryland, 83, 598.

S

Sabran, 542.
Sacchi, 267, 743.
Saftleven, 422.
Saillard, 119, 298.
Saint-Aubin, 2, 73, 84, 85, 99, 100, 105, 116, 118, 120, 121, 127, 130, 153, 155, 158, 171, 172, 178, 206, 225, 229, 238, 241, 244, 257, 260, 264, 265, 280, 299, 306, 319, 338, 383, 391, 408, 420, 435, 455, 463, 473, 474, 479, 495, 497, 523, 533, 542, 575, 591, 599, 617, 620, 639, 657, 660, 672, 673, 684, 685, 687, 699, 706, 720, 724, 729, 730, 736, 769, 781, 786, 794, 799, 806, 809, 850, 851, 904, 908, 913, 923, 925, 929, 934, 938, 947, 959, 972, 977, 978, 979, 984, 990, 1023, 1047, 1048, 1072.
Saint-Gois, 769.
Saint-Jean, 541.
Saint-Morien, 591.
Saint-Non, 929, 930, 931.
Saint-Quentin, 104, 125, 126, 127, 534, 535, 536, 899, 1067.
Salley, 288.
Sallier, 142, 322.
Salliet, 238, 422.
Salvage, 639.
Salvator Rosa, 548, 607, 743.
Salvator y Carmona, 219.
Salviati, 424.
Sanaby, 862.
Sanry, 379.
Santerre, 165, 847, 848, 849, 850, 851.
Saracène (Fr.), 289.

Sarto (A. del), 184, 429.
Sauffray, 25.
Savard, 7, 291, 292.
Savart, 25, 118, 541, 552, 571.
Scarcellino, 424.
Schalken, 118, 422.
Schall, 582, 708, 933.
Schellenberg, 606, 946, 960.
Schenk, 382, 768.
Scherm, 490.
Schiavone, 267.
Schiavonetti, 472.
Schidone, 743.
Schley, (J.V.), 185, 216, 676, 685, 686, 924, 1037.
Schlichten, 969.
Schmidt, 14, 411, 482, 556, 557, 825, 888, 902, 1020.
Schmitz, 172.
Schmutzer, 743, 744, 1066.
Schoonebeck, 347, 480, 481.
Schotterbeck, 260.
Schouten, 711, 1015.
Schrœder, 744.
Schultzer, 744.
Schulze, 117, 343, 422, 744.
Schwab, 725.
Schwartz, 606.
Schynove, 348.
Scotin, 3, 165, 182, 186, 200, 201, 233, 234, 268, 298, 381, 382, 583, 592, 444, 449, 461, 467, 539, 608, 615, 619, 634, 635, 638, 649, 651, 652, 762, 769, 784, 787, 800, 808, 845, 861, 914, 943, 955, 1057, 1058, 1059, 1060, 1061.
Scriven, 104, 473.
Seghers, 422.
Sehoute, 757.
Sellier, 232, 372, 1108.
Selma, 219.
Serangeli, 849.
Sergent, 227, 249, 515, 679, 698, 951, 952.
Servandoni, 288, 622.
Seupel, 588.
Seve (de), 1, 46, 91, 120, 193, 205, 296, 297, 410, 427, 484, 485, 540,

542, 547, 548, 599, 605, 670, 722, 725, 731, 789, 790, 846, 848, 923, 941, 989, 1007, 1008.
Sharp, 230, 1019.
Shelley, 979.
Sheneker, 472.
Sibelius, 130, 686.
Silvester, 472.
Silvestre (L. de), 114, 191, 215, 1064.
Simon, 225, 553, 622, 678, 779.
Simoneau, 268, 378, 379, 392, 594, 609, 610, 619, 695, 724, 798, 802, 855, 915, 1060.
Simonet, 84, 95, 171, 235, 246, 247, 256, 260, 261, 264, 284, 301, 306, 307, 314, 318, 355, 373, 375, 383, 389, 390, 391, 396, 413, 420, 422, 435, 442, 455, 462, 463, 583, 604, 616, 641, 662, 689, 690, 706, 710, 717, 720, 737, 743, 744, 756, 763, 776, 834, 835, 837, 848, 851, 854, 865, 894, 900, 908, 919, 926, 944, 974, 977, 978, 980, 997, 1017, 1019, 1021, 1028, 1034, 1041, 1044, 1047.
Slingelandt, 422.
Slodtz, 393, 786, 868.
Sluiter, 490, 941.
Smirke, 220, 221, 633, 634.
Smith, 48, 492.
Snyders, 422.
Solimene, 424, 743.
Sollin, 25.
Sonnerat, 956.
Sorgh, 422.
Sornique, 46, 86, 120, 158, 169, 182, 192, 262, 287, 325, 375, 482, 519, 533, 548, 556, 599, 609, 666, 670, 722, 798, 805, 846, 903, 925, 983, 993, 1003, 1004.
Soubeyran, 118, 157, 177, 276, 288, 335, 412, 482, 484, 517, 609, 816, 830.
Souville, 381.
Spada, 743.
Spierre, 184.
Spline, 422.
Stagnon, 117, 422.

Steen, 422.
Steiner, 706.
Stella, 743, 1016.
Stenger, 773.
Stenwych, 184, 322, 744.
Stock, 893, 992.
Stoelzel, 743, 744.
Stone (Al.), 966.
Storck, 422.
Stothart, 229, 230, 406, 444.
Strœber, 773.
Struensée, 742.
Strutt, 960.
Stumpf, 606.
Sudarof, 260.
Superchy, 699.
Surugues, 4, 118, 215, 225, 262, 268, 382, 424, 548, 609, 610, 711, 724, 869, 941, 943, 1025, 1040, 1059, 1061.
Swaneveldt, 744.
Swart, 850.
Swebach Desfontaines, 969, 971.
Syfang, 816.
Sylved, 490.
Sylvestre (L. de), 422.

T

Tanjé, 216, 268, 269, 382, 424, 587, 841, 845, 934, 972, 1040.
Taraval, 272, 289, 990, 1091.
Tardieu, 2, 4, 51, 86, 87, 128, 129, 158, 163, 181, 191, 192, 215, 232, 260, 262, 277, 284, 296, 297, 327, 328, 329, 349, 380, 387, 393, 424, 438, 548, 556, 584, 585, 588, 593, 594, 609, 636, 640, 666, 670, 722, 731, 741, 743, 767, 775, 799, 812, 825, 846, 865, 867, 891, 917, 943, 1000, 1012, 1028, 1034, 1037, 1040, 1044, 1057, 1058, 1059, 1060, 1061, 1067, 1075.
Tardieu (fils), 609, 1021, 1025.
Tardieu (Alex.), 584.
Tardy, 189.
Tarsis, 86, 87.

Tassaert, 335, 607.
Taunay, 375, 849.
Tavernier, 292.
Taylor, 942.
Téniers (D.), 191, 422, 743, 744.
Téniers (le Vieux), 570, 607.
Terburg, 422, 744.
Testa, 267.
Testard, 515.
Teucher, 191, 287, 424, 548.
Texedas (M.), 219.
Texier, 101, 192, 198, 260, 422, 433, 444, 696, 737, 825, 911, 920.
Thénard, 424.
Thiébault, 680, 763, 1006, 1038, 1042.
Thomas, 171, 198, 211, 231, 235, 264, 284, 350, 354, 389, 422, 433, 462, 728, 737, 756, 774, 776, 849, 881, 954, 978, 1000, 1021, 1047, 1096.
Thomassin, 85, 106, 262, 268, 272, 480, 482, 602, 609, 724, 766, 858, 941, 1016, 1053, 1054, 1058, 1059, 1060, 1061.
Thouvenin (Mlle), 271, 277.
Tiarini, 424.
Tideman, 490.
Tierce, 474, 929.
Tijon, 409.
Tillard, 105, 225, 238, 241, 260, 384, 385, 660, 742, 756, 763, 888, 923, 977, 978, 1041.
Tintoret, 184, 267, 424.
Tischbein, 888.
Tischler, 191.
Titien, 184, 267, 424, 542, 744, 976, 1008.
Tixier, 744.
Tocqué, 609, 1020.
Tomkins, 472, 992.
Tongman, 941.
Toppfer, 893.
Toro, 994.
Tosta, 768.
Tournière, 830, 888.
Toussaint, 516.
Touzé, 334, 392, 574, 578, 579, 661, 763.
Trémolières, 168, 214, 216, 815.

Trevisani, 191,.
Trière, 102, 142, 145, 171, 235, 260, 264, 284, 301, 332, 354, 389, 422, 429, 433, 435, 473, 495, 496, 586, 660, 662, 706, 710, 743, 756, 774, 776, 817, 851, 865, 908, 912, 913, 935, 938, 977, 978, 1028, 1034, 1044, 1047, 1091, 1101.
Trouvain, 915.
Troy (De), 164, 165, 1025, 1026, 1027, 1040.
Turio, 424.

U

Ulin (d'), 788, 917.
Ulmer, 744.

V

Vaccaro, 424.
Vænius (O.), 184.
Vaillant, 798.
Valée, 268.
Valentin, 184, 191, 743.
Vallet, 164.
Vallin, 181.
Valnay (de), 198.
Van Asch, 422.
Van Audenaert, 1006.
Van Bergen, 422.
Van Blarembergne, 327.
Van den Eckout, 422.
Vanderbanck, 215, 409.
Vanderburg, 472.
Van der Gabel, 184.
Van der Gouwen, 165, 417, 658, 744.
Van der Gucht, 4, 215, 327, 328, 409, 428, 714, 798, 809, 845, 913, 953, 954.
Van der Heyden, 744.
Van der Laan, 691.
Van der Leuw, 744.
Van der Meer, 152, 170, 422, 1101.
Van der Meulen, 422, 744.
Van der Neer, 191, 422.
Van der Plaës, 490.

Van der Poel, 422.
Van der Schley, 137.
Van der Ulft, 422, 744.
Van der Werf, 121, 191, 422, 436, 743, 744, 1053.
Van Dyck, 184, 274, 422, 424, 591, 744, 859, 915.
Vangelisty, 93, 929, 1000.
Van Gouwen, 940.
Van Goyen, 422.
Van Gucht, 428.
Van Gunst, 798.
Van Hayen, 744.
Van Huysum, 744.
Van Kessel, 809.
Van Laer, 422.
Van Loo, 267, 282, 422, 427, 482, 775, 888, 935, 1000, 1064.
Van Mieils, 664,
Van Mol, 422.
Vanni, 184, 424.
Van Orley, 387, 520, 639.
Van Tol, 422.
Van Uliet, 111.
Van Velde, 115.
Van Vianen, 546, 798, 941.
Varin, 238, 260, 744, 763, 935, 977, 978.
Vassé, 666.
Vandramini, 743.
Vennines, 608.
Veny, 116, 969.
Véran, 763.
Verhelst, 14.
Vermensal, 783.
Vermeulen, 268, 915.
Verner, 422.
Vernet, 93, 731, 931, 933, 971, 1010.
Veronèse, 184, 267, 424, 743.
Verrien, 1011.
Verschuring, 422.
Vertue, 130, 215, 708, 845, 1008.
Veyrenc, 191.
Vianne, 490.
Vidal, 161, 572, 655, 1038, 1039.
Vielh, 260, 422, 850, 1019.
Vien, 489, 813, 1015.
Vigée, 699, 888, 1024.

Vignaud, 398.
Vignon, 203.
Viguet, 130, 433, 599, 669, 866, 911, 935, 1050.
Villecocq, 1047.
Villemin, 149, 1016.
Villerey, 76, 142, 388, 522, 586, 633, 642, 720, 852, 855, 898, 978, 1023, 1047, 1049.
Villeri (M.), 1018.
Villiers (de), 112, 396, 399, 586, 720, 929, 987, 1047.
Vin, 93.
Vincent, 299, 913.
Vinkeles, 170, 422, 550, 551, 947, 971.
Violet, 227.
Vischer, 1068.
Vispré, 558, 565.
Vivard, 292.
Vivares, 228, 803.
Vivien, 382, 383, 387, 388, 453.
Vivier, 553, 622,
Vleughels, 556, 594, 762, 1025, 1027, 1040.
Voet, 472.
Voger (D.), 378.
Voiriot, 246, 408.
Volpato, 295.
Vouet, 744.
Voyez, 117, 260, 276, 291, 296, 353, 687, 837, 888, 1000.
Voysard, 22, 37, 53, 171, 260, 277, 332, 420 427, 674, 781, 852, 993.
Vries (de), 947.
Vryday, 971.

W

Wagner, 424.
Walck, 490.
Wale, 499, 816.
Walker, 816, 1051.
Wallaert, 71.
Walter, 449.
Wandelaar, 768.
Watelet, 244, 255, 431, 436, 499, 925, 1051, 1052, 1053.

Waterloo, 118.
Watson, 642.
Watteau, 146, 191, 282, 420, 438, 468, 1053, 1054, 1059, 1060, 1063, 1064, 1065.
Weinranck, 642.
Weirotter, 118, 960, 1066.
Weisbroot, 115, 116, 117, 238, 929.
Weiss, 225, 870, 871.
West, 606.
Westall, 281.
Wheathy, 911.
Wicar, 260, 419.
Wiehl, 116.
Wille, 190, 339, 609, 816, 858, 870, 1008.
Williams, 48.
Wilson, 1017.
Winck, 1028.
Wirtker, 1066.
Witt (de), 422, 768, 916.
Witte (de), 744.
Wleughels, 724.
Wœnix, 422.
Wolf, 485.

Wood, 916.
Woodward, 464.
Wootton, 428.
Wouwermans, 191, 422, 607, 744, 1068.
Wust, 191, 424.
Wynants, 422, 744.

X

Ximeno (R.), 219.

Y

Yver, 85, 733, 845, 891, 934, 935.
Yves, 821.

Z

Zentner, 117, 422.
Zeustris, 743.
Ziëgler, 248.
Zocchi, 772, 774, 775, 1020, 1021.
Zuccaro, 267.
Zucchi, 424, 465.

www.ingramcontent.com/pod-product-compliance
Lightning Source LLC
Chambersburg PA
CBHW052334230426
43664CB00041B/1312